第54卷

民商法论丛

CIVIL AND COMMERCIAL LAW REVIEW VOL. 54

梁慧星/主编

中文社会科学引文索引（CSSCI）来源集刊

法律出版社
LAW PRESS CHINA

目　录

【基础理论】

论缔约过失
（合同无效或者没有完成订立时的损害赔偿）
…………………………………［德］耶林著　沈建峰 译（ 1 ）

一般诚信义务之界定及概念化
……………［美］罗伯特·S. 萨默斯 著　陈永强　张志远
薛　楠译　陈永强 校（ 70 ）

传统视角下侵权法的预防功能
……………［奥地利］海尔穆特·库齐奥 著　张玉东 译（101）

【专题研究】

法定未生效合同及其法律责任研究　………………　李陈婷（128）

论买卖合同中继续履行情形下的拆装和重新安装问题
——以德国联邦法院和欧洲法院判决为中心　……　夏昊晗（217）

萧规曹随？
——台湾民法错误论评析　………………………………　赵　毅（240）

【判解研究】

中国合同法：是否承认过失相抵规则？　……………　梁慧星（255）

现代婚姻家庭法的立法价值取向研究
——主要以《婚姻法解释（三）》有关夫妻财产关系的
规定为对象　……………………………　陈　苇　　黎乃忠（264）

【体育法】

什么是体育法？
——关于内容和术语的重述

…………………………………［荷兰］罗伯特·齐格曼 著
熊瑛子 译 郭树理 校(295)

【非洲法】

法律制度在中非商事关系中的作用及其完善
…………………［加］Moses N. Kiggundu 著 朱伟东 译(328)
南部非洲公司治理的理论与实践概述
………………联合国非洲经济委员会南部非洲办公室著
朱伟东 陈韦如 译(370)
非洲的选择性争议解决方式
……［美］Jasinmine C. Dickerson 著 朱伟东 周 婷 译(402)

【国际法】

《华沙公约》和《蒙特利尔公约》第18条评述 …… 唐 卫(415)
国际不正当竞争行为冲突规则研究 ……………… 张 鹏(462)
跨国公司
——跨国法律规范体系中的调整对象和立法主体
……………［美］Larry Catá Backer 著 宰丝雨 译(478)
国际私法上的文化认同
…………………［德］Heinz-Peter Mansel 著 邹国勇 译(505)
WTO争端解决报复制度对发展中国家的效用研究
…………………………………………………………… 齐倩倩(598)

【域外法】

印度土地征收与补偿制度研究 …………………… 李来孺(608)
日本股东代表诉讼制度的变革及发展动向
——兼谈对我国股东代表诉讼制度的启示 …… 樊纪伟(625)
日本、德国信托法的发展路径及其比较 …………… 赵立新(652)

【研究报告】

重庆市环境民事司法的调查与思考
——以渝北区、万州区环保法庭环境民事裁判文书为样本
………………………………………………… 陈 亮(666)

【建议法案】

《中华人民共和国器官移植法草案(建议稿)》…… 蔡 昱(687)

基础理论

论缔约过失

（合同无效或者没有完成订立时的损害赔偿）*

［德］耶林 著　沈建峰 译

目　次

一、法源素材中直接包含的内容
二、缔约过失责任的证成
三、有关缔约过失的疑难案件分析
补遗

如果一个论者所要论述的是已为人们所熟知的命题，则人们可以期待他将自己的论述限于自己发现的结论上，他无须通过陈述自己得出此结论的方法给读者徒增负担。但如果像本文这样，他想要介绍一个全新命题的话，情况就大不一样了。在此仅仅介绍他所得出的最终结论是不够的；他首先应当说明研究的必要性和意义，研究的出发点和目标，以使读者一开始就能根据以上信息自觉地跟随该研究（的思路），而这些最好通过向读者介绍他研究思路发展的过程来实现。本文接下来就遵循这样的思路展开。

---

* 本文发表在《当代罗马和德国私法教义学年鉴（Jahrbücher für die Dogmatik des heutigen römischen und deutschen Privatrecht）》1861 年第 4 卷，第 1 ~ 112 页。此译文依据该文译出。——译者注

当我在讲座课上做关于实质错误学说的报告时,发现一个多年来一直令我困惑不解、无法找到令人满意的解决方案的问题。该问题就是:是否犯错误的一方无须向对方承担赔偿因他自己的过失而造成对方损失的责任。有人想订购100磅的货物,但是他搞混了磅(Pfund)的符号和公担(Centner)①的符号;当100公担的货物送来时,他拒绝接收。或者一个商行的文书据说受老板委托订购了某种货物,但是却误署了自己的名字。如果疏忽确实被证明了,则合同无疑是无效的,但谁应当承担无用的包装和运送费用呢?有过失的一方无须向对方承担因为自己的过失而引起的费用吗?现有文献在此问题上对我几乎没有什么帮助。大部分教科书对此没有涉及,仅在四本较新的著作中我发现它们被作为问题提了出来。

在这四本书之中,两本②表面上看非常正确地给出了否定的答案。因为合同还没有成立,所以并不适用合同性过失的准则;而合同外的过失——阿奎利亚法诉权(act. Legis Aquiliae)中的过失——在此也一样难以适用。这一结果的不公正和在实践中的令人难以接受是显而易见的:有过失的一方不承担责任,没有过失的一方成了他人过失的牺牲品。如果罗马法的准则在事实上导致了这样的结果,则人们可以指责在此罗马法存在着一个重大漏洞。

另外两位作者对此问题给出了肯定回答。其中一位③尽管受正确的实践感指引,却没有对此做进一步的论证,除了指出,"如果一方因为恶意或者过失导致合同无效,而另一方对此并无过失,则后者可以根据一般法律原则要求损害赔偿"。"一般法律原则"的表述意味着该作者认为它并不合适。因为他本人基于合同的无效否认合同之诉的可能性,所以他只能——除了恶意情况下的恶意之诉外——考虑对这种过失适用阿奎利亚法之诉,但对他来说人们却很难根据一般法律原则允

① 磅和公担都是德制计量单位,1磅合500克,在德国1公担合50公斤,在瑞士、奥地利合100公斤。——译者注

② 参见萨维尼:《当代罗马法体系》第三卷,第295页脚注a;维特姆博·冯·韦希特(von Wächte, Würtemb)《私法》第二卷,第749页。

③ 施韦佩(Schweppe):《罗马私法》第三卷,第4版,第418节。

许提起阿奎利亚之诉。

在我看来，对我们的问题来说唯一值得进一步研究的是另外一位作者（的论述）。[①] 我认为他完全切中了要害，他基于如下要引证到的《学说汇纂》第18篇第4节片段8和9提出了如下主张：合同无效尽管可以排除合同履行之诉，但却无法排除基于过失的损害赔偿。或者是由于忽视了进一步贯彻该就其本质而言完全正确的观点，或者是由于学术上的偏见，总而言之，该学者提出的该令人赞赏的观点并没有在此后的文献中被接受。[②] 对此我本人也难辞其咎，因为直到我独立地从其他角度出发得出相同的结论之后，我才懂得欣赏里歇尔曼的观点。

在本年鉴[③]第一卷第280页至第282页我所谈到的信使的过失就是这样的情况。我请求一个前往不来梅旅行的朋友为我在我的香烟供应商那订购四分之一箱的香烟，但是他由于疏忽定购了四箱。这四箱烟被寄给了我，我拒绝接收。是应当由寄送人承担双倍的寄送费用，还是他可以要求信使或者我赔偿这些费用呢？如果人们对如下现象能保持平静的话，他肯定出于对罗马法的信赖，压制了自己内心健康法感情的冲动：由于缺乏对货物数量的合意合同并没有成立，所以合同之诉是不可能的，而阿奎利亚法之诉的前提也不存在。有谁不认为这儿需要一个损害赔偿之诉呢？但尽管如此，我们的法源却对此问题保持高度沉默，我们的文献也仅仅忠实地遵循着法源，因为除了特尔[④]希望针对信使提起恶意之诉予以救济外，我没有在任何地方看到有人提出此问

① 里歇尔曼：《错误对合同的影响》，汉诺威，1837年版，第129页以下。该作者援引了以前学者的观点，例如居亚斯（Cujacius），《校对修正评注全书》第二卷（2c. 5 Donellus Comm. Lib 12 c. 20 u a.），但这些作者却很少摆脱（罗马法）法源中的直接依据。

② 除了上引韦希特的著作。该作者尽管“基于允诺所产生的特别保障”，承认在合同无效时合同之诉的可能性，但是却认为里歇尔曼在这些情况下打算将赔偿之诉建立在被告过失之上的观点是不正确的，是从没有人考虑过的。萨维尼上著书限于提出：完成错误的是有些人（?）完全错误认为，陷入错误的出卖人应该因为过失而承担责任。因为过失并不是一般的债的发生原因，而仅可以修正事实上已经存在的合同。

③ 指本文发表的杂志，其全称为《当代罗马和德国私法教义学年鉴（Jahrbücher für die Dogmatik des heutigen römischen und deutschen Privatrechts）》，其第一卷出版于1857年。——译者注

④ 特尔（Thöl）：《商法》第一卷，第25节（第3版，第104页）。

题。尽管在诉权的必要性方面我和特尔的观点是一致的,但我却不能赞同他所做的选择。因为一个放弃"恶意"(dolus)这个要求而代之以"过失"的恶意之诉徒有虚名,在我看来只不过是将以合同外过失引起的损害作为前提的诉权——阿奎利亚法之诉——转而适用到了本案中的过失中而已;同时我也毫不掩饰我对如此扩张该诉权的不满。

贝尔(Bähr)发表在本年鉴(第1卷第462页注161)上的论文对我的观点——"在此罗马法对我们毫无帮助"——提出了反对意见。他认为,犯有过失的信使因此就变成了代理人,并作为代理人向第三人担保代理权存在。换句话说,就像根据罗马法代理人由于自己缔结了合同,首先自己要承担责任,同时由于超越代理权限丧失了指示第三人向委托人提起准经管人之诉(act. quasi institoria)的机会,这样一来信使就完全成了合同当事人,因而必须履行合同。但该观点在理论上不能得到合理性说明,在实践中也很难认为妥当。它意味着,为了惩罚,用一个本身不愿意成为合同当事人的人代替了按照所有参与其中的三个人的意思本身是合同当事人的人。例如,如果涉及缔结租赁合同,人们可以代替出租人可以接受的委托人将信使作为承租人强加给出租人吗?如果信使在缔结合同之后立即就发现了自己的错误,应当否定他更正的权利吗?如果合同本身要得以完善,更正的权利却是完全必要的。

信使疏忽的案例将我引向了另外一个刊登在当时公开发行报纸上的、轰动一时的案例。科隆的某公司X通过电报委托法兰克福的证券公司Z自担风险卖掉一笔数量可观的国债券,由于传送电报过程中的某个疏忽,"出售"(Verkaufen)一词的前缀"Ver"被疏漏掉了,[①]该电报就以这样的版本被交给了受托人并得到了执行。因为上述国债券立刻发生了严重贬值,由此产生的差额非常可观,据我所知,达到了3万费罗林[②](fl.)。法兰克福Z公司可否要求科隆X公司补偿这笔差价呢?

---

① 德语中销售一词是"verkaufen",而购买一词为"kaufen",所以疏漏掉了前缀,出售就变成了购买,因此出现本案的争议。——译者注

② 费罗林(fl.或Florin)包含两种含义:(1)英国旧货币单位两先令银币的名称;(2)荷兰盾的名称。——译者注

后者对此表示异议,因为委托和所有合同一样以合意为前提,但在本案当中却缺乏合意。尽管后者被有权机关判决补偿了,但基于怎样的(请求权)基础,我不得而知。尽管如此,该判决本身对我来说却具有非常大的意义,因为它强化了我的确信:在本案或者类似的案件中,生活并不能满足于根据罗马法而得出的单纯的合同无效(的结论),而是提出了不可拒绝的损害赔偿请求。无论最终在理论上如何进行设计,对我来说确定的是:尽管我一开始所选择的阿奎利亚之诉这个视角是站不住脚的,但损害赔偿请求权是不可或缺的,它必须为自己找到另外一个理论上令人满意的基点。

为了这个目的,我尝试着去探知至此我所提到的三个关于过失的案件相对于其他过失案件的特别之处。非常清楚的是,在非合同性交往中,书写错误、错误转达信息或电报本身绝对产生不了损害赔偿义务。我不想使任何出于帮助他人的意愿而将最新的行情或者对他人有重要影响的政治消息告知他人的人对自己在此过程中出现的过失承担责任;但相反,在上述三个案件中我明显感觉疏忽者需要承担责任。

这些案件事实形态上的区分何在?在上述三个案件中,过失发生在确立合同关系的过程中,一方当事人之所以遭受损失,是因为执行了一个由他人向他提出的从外在的角度来看已经成立的合同。因此,我为我们的过失找到了一个具有确定范畴的领域,也就是缔结合同中的过失:缔约过失(culp in contrahendo)。

从这一点出发继续分析,我立刻就发现一系列其他的案件。在这些案件中上述构成要件一再出现;并且令我高兴的是,在这些案件中赋予一类案件诉权的必要性已经得到理论上的承认,[①]尽管缺乏足够的论证。对我来说,最重要的发现在于,罗马法本身已经给予两类案件——非流通物的买卖以及不存在的遗产的买卖——损害赔偿的义务。这样一来,我的理论就建立在坚固的符合法源的基础和根基之上,现在我所要尝试的就是努力把深藏于法源判决中而不是明白表达的内容重新昭示天下。在此过程中,对我来说,最正确的莫过

① 也就是非现场缔约时,要约人撤回要约的情况,参见本文第三部分(三)。

于严格区分这些法源中直接并且无疑所包含的内容和只有通过推断才可以获取的内容。在本文第一部分中,我将首先确定法源中直接包含的内容;随后在第二部分依据已经得出的结论,尝试论证我所提出的缔约过失理论;并且最终在第三部分将该理论运用到所有我所找到的个案当中。

一、法源素材中直接包含的内容

本文所要使用到的法源中的片段如下:①D. 18. 1. 62. 1:②任何人在不知情的情况下将圣地、宗教用地以及公共土地当作私人土地而购买,尽管买卖合同无效,购买人却可以根据买卖合同对出售人提起诉讼,以获得如果没有被欺骗他所能得到的。《法学阶梯》的作者看起来在撰写如下片段时也注意到了上述片段:I. 3. 23. 5,任何人知道买卖的是圣地、宗教场所以及公共场所,例如市场或者大会堂,则(该买卖)无效。但如果他因出售人欺骗将这些物当作私人或者世俗的东西买卖,因为他无法获取该物,他可以提起如下买卖之诉:赔偿如果他没有被欺骗时的利益。这一点也适用于将自由人当作奴隶买卖。在唯一属于这种情况的案件中,裁判官告示给予了特有的诉权:D. 11. 7. 8. 1(乌尔比安):如果有人提出,一块宗教土地被作为普通土地出售,则裁判官将给予物所涉及的人和案情相适合的针对出卖人的诉权。该诉权也可以针对继承人,因为其在一定程度上属于源自买卖合同的诉权。D. 18. 4. 8 和

① 关于这些片段的旧文献,参见格吕克(Glück)《学说汇纂》,第十六卷,第48页以及对D. 18.1标题的解释。其他几个属于这儿的法源中的决定我认为在第三部分涉及它们的案件时使用更合适。此处的片段足以实现为(我的理论)找到符合法源的基础的目的,在此引入其他片段只会带来麻烦而不是必要的。因为由D. 19. 1. 21. 2所产生的疑虑(参见里歇尔曼上述书,第62页;萨维尼:《当代罗马法体系》第三卷,第287页以下。),我完全排除了它。

② 本译文采用通行的罗马法文献标注方法。字母的含义分别为:D. 表示《学说汇纂》,C. 表示《优士丁尼法典》,I. 表示《法学阶梯》。字母后的数字依次表示编,章,节,款。pr. 表示未标序号的首段。上述D. 18. 1. 62. 1的含义是《学说汇纂》,第18编,第1章,第62节,第1款。

D. 18. 4. 9 涉及第二个案件。D. 18. 4. 8(雅沃伦):[①]如果不存在可以作为买卖标的的遗产,则买受人可以要求出卖人返还支付的价款以及他为该物支付的花费。D. 18. 4. 9(保罗),以及买受人可能的利益。分析上述片段中处理的案情,无疑我们完全可以得出如下要点:

(一)从外在的视角来看,合同已经缔结了

这主要体现在(合同的)外在构成要件已经具备:对商品和价格的合意。

(二)由于出卖标的物的瑕疵,该买卖合同无效

其中在一类案件中是因为(标的)缺乏(流通)能力,[②]而在第二类案件中则标的根本不存在。对第二类案件我们不能像 D. 18. 4. 8 的字面含义——如果不存在可以作为买卖合同标的的遗产——所显示的那样,将其理解为当事人根本没有考虑到确定的遗产的情况,在这样愚蠢的交易中,如果买受人遭受损失的话,他自己也应当被谴责;此片段的用语已经表明,法学家希望将两类案件进行对比:客观上存在着遗产但是它不属于出卖人——对此买受人可以诉请履行——以及当事人所谓的遗产客观上不存在,例如被继承人根本没有死亡或者出卖人谎称某人是被继承人但该人却根本不存在。后一种情况才涉及我们此处所提到的损害赔偿之诉。

(三)出卖人本身的瑕疵,也就是说,缺乏某种出卖人根据合同必须确保的品质

有人根据上引 D. 18. 1. 62. 1 和 I. 3. 23. 5 中的表述“欺骗”(deceptum esse)、“骗”(deciperetur)推断出,出卖人知道该瑕疵,也就是说他是恶意的。事实上最近还有学者这么做,[③]但我认为这明显是不正确的。这个推论是如此的有问题,以至于该作者也无法忽视,他促

① 该片段的全文是,D. 18. 4. 8(雅沃伦):如果没有遗产属于遗产出卖人,则对于出卖人应对买受人承担什么责任这个问题应做如下区别处理:如果尽管存在着遗产,但它不属于出卖人,则出卖人应对遗产的价值负责;如果不存在可以作为买卖标的的遗产,则买受人可以要求出卖人返还支付的价款以及他为该物支付的花费。——译者注

② 参见 D. 45. 1. 34;D. 45. 1. 83. 5;D. 45. 1. 103; C. 9. 19; C. 3. 44. 2。

③ 蒙森(Mommsen):《债法文稿》第一卷,第 122 页。

请大家注意已由其他学者[①]发现的事实:欺骗在此并不必然以另一方的欺骗行为为前提,更多的是经常用来指称单纯的、客观意义上的由任何方式所引起的被骗了的状态(而并没有指向其他人的意图)。[②] 人们只要想一想,上述其余的片段以及它们中那个看起来仅传达了谕令的话语本身的片段都不包含一点点出卖人恶意这样的含义,则是应当将(恶意)这个前提塞入这些片段中,还是相反,顾及这些片段在客观意义上理解以上表述的选择问题就变得很难说没有把握了。

阻碍上述作者宣布支持他们不能否认其本身具有更大合理性的观点的状况之根源在于"只有恶意(dolus)——重大过失(lata culpa)和它一样——被一般性地承认为债的发生原因,轻过失(levis cupla)只有在阿奎利亚之诉的情况下才可以成为债的发生原因"。[③] 对此问题应从两个方面进行说明:

第一,某些片段中所提到的重大过失和恶意可以同样看待的观点仅涉及合同关系。[④] 如果在非合同法律关系中人们也完全可以像依据恶意一样,依据重大过失提出请求权,这将导致怎样的结果啊!一个轻率的表达、传播一个流言或者一个不正确的消息、一个不正确的建议、一个有欠考虑的判断、前雇主对一个本身不称职的女佣的推荐、一个对

---

① 例如萨维尼:《债法》(第二卷),第292页以下。

② 除了萨维尼和蒙森的引用,例如D.3.2.18、D.44.1.7.1之外,还有特别是D.21.1.1.2,在该片段的结尾,falli也以同样的方式被使用:"是由于自己的无经验还是因为对方的欺诈"。

③ 萨维尼:《债法》(第二卷),第109页、116页、123页以及136页脚注6。

④ 在这些片段中,D.11.6.1.1、D.16.3.32、D.26.10.7.1、D.44.7.1.5等明确地提到合同关系,只有D.50.26.226才完全是一般性地论及。就像(《学说汇纂》)最后一编中的一些片段尽管表面上进行的是一般性的论述,但仍应被限制在特定的关系中一样,此处的情况也是如此。这个问题值得进一步地探讨;我认为迄今为止它根本没有被深入分析过。格吕克:《学说汇纂评注》第四卷,第534页(以及根据他的观点,其他人,例如施韦佩:《罗马私法》第五卷,第998节)在关于D.4.3.7.10"因为只有在重大的、显然的欺诈时,才可以给予基于恶意的诉权"的问题上,也仅有限地提出如下评析:"有关被告欺骗性目的的清楚并可信的证据是必要的",但打算在根据情况一个几近乎欺诈的疏忽出现的情况下给予一个事实之诉。偶尔这个问题在新近又被人所提及,并且戈尔德施米特(L. Goldschmidt)对此问题给出了否定的答案,参见氏著:《Lucca-pistoja股权之争》,法兰克福,1959年版,第81页。

路人问路或者时间的答复等，简而言之，所有人以及任何人在尽管是善意但存在重大过失的情况下，也有义务赔偿因此而引起的损害；通过这样的扩张，恶意之诉（act. de dolo）将成为交际和交易真正的梦魇，所有无拘无束的交谈也会导致恶意之诉，最善意的言语也会成为羁縻。除了本文脚注13（译文脚注为第8页注②）所提到的一般性论述的片段之外，罗马法并没有传递出任何可作为上述观点理由的痕迹；相反，通过明确地将恶意之诉建立在欺诈性目的的基础之上，①它非常确定地排除了上述观点。根据以上认识，在我们提到的案件中，蒙森仅可作出如下选择：或者仅仅允许恶意情况下的损害赔偿之诉；如果他允许过失情况下提起损害赔偿之诉的话，则应同时允许轻过失情况下也提起该诉讼。

第二，如果人们像蒙森那样，打算依据非合同责任之准则给予买受人损害赔偿请求权，换句话说，仅仅认为在恶意之诉中才存在此处的损害赔偿请求权，那需要回答的问题是，究竟为什么罗马的法学家在此要使用合同之诉？为什么裁判官认为在上述案件中提供一个特有的诉权是必要的？恶意之诉据说已经足够了。如果人们又同意提供一个合同之诉，那该诉必然要实现通过恶意之诉所不能实现的目的。换句话说，偏离非合同责任之准则——蒙森通过对我们提到的片段的限制解释，认为应当拒绝此偏离——的原因必然就是我们所要论证的诉权的基础和目标。为何要发生这种偏离以及这种偏离如何得到合理性说明？此处还不是探讨这些问题的地方。

如果我们遵循片段中的表述，也即出卖人出卖不存在的遗产或不流通物，则无论如何，也就是说，不依据出卖人的意思，他都应当承担责任。人们能够基于他对物的瑕疵的不知悉而认为他有过失吗？对此，上述片段并没有任何表示。该问题也必须暂时搁置。

（四）买受人不知悉瑕疵的存在

莫德斯丁（Modestin）②明确地提出了这一点（不知悉 nesciens），

① D.4.3.1.2. 以本文所提到的观点为依据的吕贝克高等法院的认识也得到了佐伊费特（Seuffert）的赞同，参见氏著：《德意志国家高等法院判决档案》第九卷，案例145。

② 上述D.18.1.62.1源自于“莫德斯丁《论法律规则》第五卷”，所以作者提出莫德斯丁指出。

《法学阶梯》也借助“不被欺骗”(deceptum non esse)这样的表述清楚地提出了这个要求。此外,这一点本身也可以根据一般法律原则得到理解。如下文说述,我们所要论证的诉权主要针对如下问题:就买受人处于对合同有效的信赖所从事的对自己不利的行为而言,出卖人应使其不受损失。如果买受人知悉瑕疵,也即知道或者应当知道合同是无效的,[①]则该诉权就不再适用。

尽管该片段并没有说应当知道和知道同样处理,但对裁判官诉权(ädilitische Klage)的类推使我们对此深信不疑。因为在裁判官诉权中这种同样处理被明确地提及(参见 D21. 1. 14. 10),而该诉权也同样涉及出卖物的瑕疵。

(五)损害赔偿的合同之诉

有两个片段[②]明确地提出买受人可以根据合同之诉提出损害赔偿给予请求权;就因出卖宗教用地而提起的事实之诉(actio in factum)而言,为了论证由继承人承继该诉讼的合理性,乌尔比安评论道,“因为该诉权一定程度上源自于买卖合同”(quasi ex emto actionem contineat)。[③] 对于其他两个片段而言,我们也可以这么认为。为什么要根据合同之诉?这又如何与合同无效相协调?这些问题都已经超出了片段本身的内容,根据本文的安排,我将在下一部分讨论它。

可以直接从片段的文字中推知的是该诉权的实践性内容,其要点我打算立即在此作完整解析,在随后的论述中将不再回头分析此问题。买受人的请求权指向何在?他可以要求归还已经给付的价款这一点,本身可以通过有关无债因请求返还之诉(condictio sine causa)的准则得到理解,[④]而不需要买物之诉(act. emti)。所以此诉的标的仅仅是买

---

① 参见 Dig. 50,17,203,因为自己过错导致损失之人,无权要求赔偿。Dig. 19. 1. 1. 1, 这些都以买受人不知道用益权的存在为前提,因为知道该权利者显然不会被隐瞒。裁判官诉权也在该前提下停止,参见 D. 21. 1. 14. 10:“不知道或者不应当知道”。D. 5. 3. 45,因为在这种情况下他就没有被欺诈。

② 除了以下作者讨论的 D. 11. 7. 8. 1 外,还有前引 D. 18. 1. 62. 1。

③ 参见前引 D. 11. 7. 8. 1。——译者注

④ 在出卖不存在的遗产的情况下,D. 18. 4. 7 明确要求适用 condictio;此外,参见 D. 12. 1. 12、D. 18. 1. 23。

受人的利益,有三个片段使用了能够获得的利益[quod,(si quid) ejus interest]的表述。如果我们只分析它们中的一个,也就是 D. 18. 4. 9(保罗),“以及买受人可能的利益”,则由于该句话的不确定性使得此处的利益很难得到正确理解,而其他两个片段则有助于我们了解此处利益的含义。

在我们的案件中,我们可以从两个方面考虑买受人的利益①:一方面保持合同有效的利益,也就是对履行的利益——也即在合同有效的情况下,买受人以金钱等价物的形式获得的他本应拥有的一切利益;另一方面合同没有缔结时的利益——也即如果合同订立的外在事实根本没有发生他将保持他所拥有的东西。我将这两种利益分别称为积极合同利益和消极合同利益。有几个例子可以清楚地表明这二者之间的区别。如果出卖人要求返还因为实质性错误而发送给买受人的货物,那么即使不是在很多情况下,至少在货物的价值超过了销售价格的情况下存在着维持合同有效的利益;合同没有缔结的利益存在于赔偿运输费用。如果信使因为过失订购了 10 箱而不是十分之一箱香烟,则维持合同有效的利益是出卖人销售 10 箱香烟的利润,而没有缔结合同的利益则是赔偿包装和运输的费用,这种利益可能完全不存在,例如在信使立即更正了他的错误的情况下。

第一种利益以合同的有效为基础,第二种利益以合同的无效为基础。只有在合同有效的前提下,原告才可以要求履行合同或主张他对履行合同的利益。在第二种情况下,原告对被告提出的指责不在于合同无效——对此需要负责的不是被告而是法律,在于尽管被告知道存在合同无效的原因,依然和原告缔结了合同,并因此间接地引起了原告的损失。按照程序法上的表达,前者的诉讼依据在于主张合同有效,而后者的诉讼依据在于主张合同无效,并且如果不存在推定的话,必须由原告对此进行证明。

除了我们提到的特殊案件外,罗马法也认识到这种利益的对立。不说其他的例子,依裁判官诉权就可以证明这一点。解除契约之诉

---

① 蒙森也已经注意到了此处利益的对立,参见蒙森前著书,第 107 页以下。

(act. redhibitoria)[①]指向的就是消极(合同)利益,而减价之诉(act. quanti minoris)指向的就是积极合同利益。

我们的案件中买物之诉的标的是哪种利益,从莫德斯丁和《法学阶梯》片段的明确表达——在不被骗的情况下他能够获得的(quod ejus interfuit ne decoperetur)——来看,是毋庸置疑的。笔者本来不打算对此作进一步论述,但新近两位作者的不同观点却迫使我不得不继续。布尔夏迪(Burchardi)认为,[②]莫德斯丁片段中的用语"买卖合同无效"(licet emtio non teneat)可能具有如下含义,"尽管买卖合同在此处无法产生提供物本身的义务,但出卖人有义务给付一个等价物。"这就是说,以其他形式给予人们在此所拒绝给予的东西。但除了完全用金钱外,还有什么是可以作为一种合同履行方式的其他等价物的给付?特别是当根据罗马程序法的准则,原告的请求永远都是判决给付金钱而不是物本身时,对罗马法而言,这样的观点就更难成立。在我们的案件中法律宣布合同有效或者无效在实践中有哪些区别呢?在两个案件中,原告将获得完全相同的东西,所谓的无效成为了一个空洞的语言游戏。

另外一位作者——萨维尼[③]——同样打算赋予买受人"赔偿他无法直接获取的权利"的请求权。尽管他通过前后一致地认定合同有效而不是无效避免了上述的矛盾,但他又陷入了另外一个颇令人怀疑的与如下表述的矛盾:"买卖合同无效"(licet emtio non teneat)。[④] 如果罗马的法学家打算给予买受人一个履行利益请求权,则他不可能说这句话。这句话简直是空话,因为即使法学家认为该合同有效,则除了(上述萨维尼)假定的效力外,合同还能有哪些效果呢?

---

① D.21.1.1.23:随着买卖合同的废止,任何一方所要求的都不得比假如合同没有缔结多;D21.1.31.pr.:不能判处比价款还高的数额;D.21.1.59.pr.(从片段的内容来看,此片段应该D21.1.58.pr.——译者注):支付了奴隶损坏了的物的价值,出卖人只有通过放弃物而避免交还利益。蒙森,上著书,第一卷,第202页,第三卷,第411页,第二卷,第34页。

② 布尔夏迪:《恢复原状》,第328页。

③ 萨维尼:《债法》第二卷,第290页。

④ 参见上述片段D.18.1.62.1、I.3.23.5。

因此,完全可以确定的是买受人——从现在开始,当我们的讨论不限于上述片段中的案件时,我们称其为原告——仅仅可以主张合同没有订立时的利益,也就是说,要求赔偿(作为外在事实的)合同缔结给他带来的损失。我们应当对这种利益作进一步的考察。

对原告来说因合同所引起的不利后果可能部分在于因物而引起的直接损失,部分在于基于对物存在的信任而从事的行为。前者并不值得特别关注,这是因为:一方面,这种类型的案件非常少见;另一方面,在这种情况下除了始终得到允许的履行拒绝权(Retention)之外,一般情况下,因物而遭受的损害会得到阿奎利亚之诉的救济。需要思考的是那些人们可能最终还是难以达成一致意见的案件,也就是本文第7页脚注②的片段中所提到的那些案件。根据这些片段,(标的存在瑕疵时的)解除买卖契约之诉(Redhibitoriea)也可用以赔偿由出卖的奴隶所引起的损害。如果本案中的物品不是奴隶,而是一头传染病缠身的家畜并且它传染了买受人的其他家畜,则一方面在出卖人不知悉该瑕疵的情况下人们并不愿给予一个针对出卖人的阿奎利亚之诉;但另一方面如果该合同因出卖人的错误而在客观上无效的话,则赔偿因此而引起的治疗费用的解除买卖契约之诉(Redhibitoriea)却可以得到我们的法律规则的支持。①

因合同所引起的原告行为的不利后果可以表现为积极的损失或者没有得到的获利。属于前者的包括买受人因为合同的缔结或者执行而支出的额外费用,②例如在非常正式地从事合同行为时的印章费、公证费、开庭费(terminsgebühr)等;打包费用、运送费用、装卸费用、税收、通常的小费等;买受人、(根据不同情况)出售人或者承租人在物上的花费,受托人以委托事务的实施为目的所支出的花费;原告向他的买受人

① D.19.1.13.pr.看起来似乎在合同有效的情况下也使损害赔偿请求权取决于出卖人的知悉。但它所谈论的仅仅是买物之诉(在不知情的情况下出卖),该诉在该法律关系中使用其他准则而不是解除买卖契约之诉。因为在后者出卖人无论如何都要承担责任(D.21.1.1.2,可以和注释18中的片段比较),而在前者出卖人仅仅在知悉或者明确允诺不存在瑕疵的情况下才承担责任。

② D18.4.8通过如下表述涵盖了所有这些费用:(也就是说为了这个目的)在这个物上的花费。D18.4.9表明利益并不限于此。

所支付的损害赔偿(Evictionsleistung)——该损害赔偿源自于他出卖了后来由出卖人因为客体错误而从第三占有人(也即买受人——译者注)处索回之物——等等。[①]

对原告来说臆想的合同缔结可能导致利润丧失的后果,不论是他曾经还有另外一个缔结同样合同的机会,还是他在此期间放弃了寻找其他(缔约)机会。在因错误而在不是自己计划的那一天预定了马车夫,因对地址的疏忽而在此处而不是他处预订了房间的情况下,马车夫、饭店都没有因为该疏忽而遭受积极的损失,只是如果二者都因为该预定而拒绝了另外的使用他的马车或者房间的机会,则对这二者而言,在现金方面的损失是完全一样的。尽管如果没有这样的(缔约)机会则疏忽不会给他们带来任何不利后果。

在具体情况下,消极利益的损失可能和积极利益的数量一样多。在后两个案件中,原告应获得在合同得到履行的情况下他可以要求的全部;但如同至此为止的论述所表明的,这却基于其他完全不同的理由。该(在计算消极利益时的)数量也可能顾及积极损失,本文第6页[②]提到的电报案(也即上述电报委托卖出国债券的案件)就是一个明显的例子。受托人所要求的不多不少,正好是行为完全有效的情况下他可以获得的(如果我们不考虑他的佣金请求权,该请求权在委托事务的执行必然引起时间和精力花费的情况下无论如何也是可以成立的)。据此似乎在因错误订购了10箱而不是十分之一箱香烟,在该香烟发送后又被退回的案件中,商人也可以请求所失利润,前提是按照他的销售状况,这些份额肯定可以被卖掉。但那时候可能的,现在还可能,换句话说,对他来说利润不是失去了而是获得晚了,他可以把它追回来,而对酒店和马车夫来说这却不再可能。在商人的情况下案情也可能是这样的,至少对于某些商品来说,履行表面上的合同以及对取回

---

① 我们的请求权包括损害赔偿,但是在此合同没有缔结时的利益永远是决定标准,对此我在下文合适的时候[三、(二)]会再次谈及。是否合同无效从一开始就被发现,此后合同根本没有得到实施,或者合同无效在双方当事人履行之后才被发现,并因此而发生了真正的原物返回,是案例事实结构上的单纯区别;无效合同在后一个案件中比前一个案件中产生了更长时间的不利后果,但其效果是一样的。

② 此处为原文页码,指的是上述电报委托卖出国债券的案件。——译者注

的争议所引起的延误恰好导致毫无损失地丧失了其他的销售机会（如同 D4.3.33 所描述的那样，“对出卖人来说丧失了将物卖给顾客的可能性”）。例如流行的物件在此期间变得不再流行，海鱼在此期间腐烂了，书在此期间出了第 2 版，彩票在此期间已经开奖等。

无须特别说明的是，和原告可请求的利益可能高达履行利益的数量一样，其可请求的利益也可能降至一无所有。在信使走出商店以后发现他转达了错误的委托，并且立刻纠正了自己的错误时，在非当面缔约的情况下，撤回信或者对书写错误的更正在约定开始执行之前达到收信人时，则表面上的合同根本没有产生任何外在或者客观的后果；对于主观或者内在的后果，也就是说失望的不快，众所周知，法律不给予赔偿。

二、缔约过失责任的证成

至此的论述尝试着根据法源解析缔约过失损害赔偿请求权所赖以存在的实质要素，但是据此并不能理解其法律性质。而其法律性质的确定不仅对满足理论偏好是必要的，而且对实现从教义学的角度详细分析案件的目的也是必要的。如上所述，法源本身在这个问题上并不能给我们直接的解释，但我认为它所提供给我们的线索已足以回答这个问题了。

我们假定——事实上该情况在特别的事实之诉（act. In factum）中也确实出现了（上述第 9 页）①——实证法仅限于承认缔约过失规则所适用的个别比较重要的案件，例如书写错误，在非对话缔约时撤回要约等情况下的损害赔偿义务，而没有涉及该规则的法律属性。那我们如何在法律上对其进行构建呢？

当合同在法律上未成立时，我们似乎只有求助于非合同性损害。如果我们不想将该诉权作为法学上非常规的问题孤立看待且不做解释，那我们就只能在恶意诉权和阿奎利亚诉权之间进行选择。但针对两个诉权均存在着非常有力的反对思路。也就是说，只有在如下情况下这两个诉权才可以运用到合同未成立时的损害赔偿中：在恶意诉权中忽视恶意这个要件，在阿奎利亚诉权中忽视损害要如同所有权损害

① 指本文第 5 页处。——译者注

一样这个要件。这样一来,人们将得到一个新的诉权,一个位于阿奎利亚诉权和恶意诉权之间的诉权,一个从阿奎利亚诉权中吸收了过失,从恶意诉权中吸收了损害形式无所谓的诉权;换句话说,也就是一个非合同中的过失完全可以成为损害赔偿义务基础的规则。这样一个规则将何去何从?我们在第12页[①]已有所论述。将过失的责任效力限于阿奎利亚法规定的形式,也就是对外在(äußer)客体(物或者人)的可见的(sichtbar)物质性的损害,事实上并不是罗马实证法的规定,而是建立在事物本性基础上的。正是基于这样的原因,罗马人尽管在很大程度上允许自由扩张适用阿奎利亚诉权,但却始终坚守着该界限。他们通过恶意之诉解决在此之外依然存在的导致损害的案件,在这种案件类型中将损害赔偿义务限于恶意这个前提。这些清晰地表明,罗马人已经清楚地认识到:一方面,过失和损害形式的限制之间存在依存关系;另一方面,损害形式不受限制和恶意之间存在的依存关系。恶意诉权中损害形式的不受限制表现在两个方面:一方面,用一般的、抽象的财产概念代替了非法损害之诉所要求的外在、单个客体——财产减少了,但并没有涉及有形客体的外部构成部分,例如有人在他人恶意推动下承担了一个不利的担保;另一方面,用间接的、外部不可以识别的不利影响形式代替了机械性的、外部性的、可识别的、直接的不利影响形式。出于恶意而提供的糟糕建议、错误信息、错误推荐等从外部来看,根本不可以认为是对他人法律领域的侵犯,它们本身并非不法,本身并非已经导致了损害;更准确的是,通过和双方意志发生关联的方式,这些外部行为才获得了不法特征和不法后果:对被告来说,不法性特征在于意志指向的恶性;对原告来说,通过糟糕建议、错误信息、错误推荐而引起的意志决定导致的不利后果。根据目前的论述,如果不能将缔约过失时的损害赔偿请求权归入上述两类非合同性损害赔偿的情况中,并且又不存在其他的情况,那我们除了完全放弃缔约过失责任中过错具有非合同性特征的观念,别无他法。我们或者承认该请求权是一个从未建构过的请求权,或者探讨是否在合同无效时它就真不能归结为合同中的过失。事实上,我们将无法隐瞒,该责任具有明确地朝这个思

---

① 指本文第6页。

路发展的倾向。首先因为它外在的理由，也就是当事人意欲的、从外部来看似乎已经完成的合同缔结。在所有缔约过失诉权适用的案件中，这种当事人意欲的、从外部来看似乎已经完成的合同缔结一再出现，它一下子就导致我们得出如下推论：缔约过失损害赔偿请求权的本质属性包含在过错和合同关系的关联中。非常引人注意的是，在这个严格划定界限的范围之外，赋予过失绝对可以产生义务的威力是不可能的；而在这个范围之内，它却具有公正所要求的必然性。（参见第2页到第7页——此为原文页码，本文应为第2～4页）

可以想象的是，过失和合同关系的联系可能只是一种纯粹的外在联系，也就是说过失本身是非合同性过失，只在外在的合同缔结中该过失才有其存在的事实可能性，过失和合同的联系却丝毫不会影响这种事实可能性的法律属性。但事实上这种联系是一种内在的联系，此处出现的过失恰好就是我们仅在合同中承认的过失。为所有缔约过失的案件（如下第三部分）在法源中找到可类推适用的判决是毫不困难的，但所有这些裁判都和合同关系相关而不是和非合同关系相关。例如，在委托人死亡或者撤销委托使得委托不再完善，而受托人善意地从事了该委托时，委托人承担的补偿义务就如同委托本身很完善，却因为那些事由终止时一般。[①]对电报案中的义务可类推适用 D. 17. 1. 29. 1、[②]

① D. 17. 1. 26. pr. ：委托人的死亡也是委托关系终止的原因，死亡导致委托的解除；然而如果（受托人）不知情的情况下执行了委托，出于合目的的理由，人们必须承认受托人享有填补费用之诉。里歇尔曼上述书第138页利用该片段来证明对于罗马人来说，如下的做法似乎没有什么不正常的：通过不去区分委托是自始无效还是嗣后无效，允许（受托人）根据一个主要功能是（使委托）无效的诉讼提出填补费用的要求。对此我表示反对。因为根据一个不存在的委托而享有诉权和在发生使得受托人的代理权限消灭的事由后让曾经存在的委托关系的强制力继续存在，完全不是一回事。死亡导致委托解除只涉及前者而不涉及后者。根据同样的理由，笔者必须拒绝有同人根据 D. 12. 4. 5. pr. 对我的观点的支持。该片段涉及消极合同利益，它使得一方当事人承担填补另一方当事人因为他撤回赠与而遭受的损失的义务。但合同在此已经完全成立，只是事后被撤销了而已。

② D. 17. 1. 29. 1：研究是否保证人享有委托诉权这个问题不是没有道理的。如果保证人不知道他没有承担有效的义务而为支付，是否他享有委托诉权？如果情况是他对事实不知情，则他的不知情可以得到原谅；如果他对法律的情况不知情，则必须做出不同的决定。——译者注

D. 17. 1. 29. 2;[①]对撤回要约或者公开悬赏时的损害赔偿义务可类推适用 D. 12. 4. 5. pr. 。[②] 如果我们认真分析一下上述的书写错误案,则没有人因此产生怀疑:笔误者尽管如同在合同关系中一样引起了很大损害,但在非合同关系中他不承担责任;他需要根据既存的合同关系承担损害赔偿义务。如果正在形成中的合同关系中的损害赔偿具有了这种效力,这就意味着我们将其置于合同责任的准则之下,同样的如实质性错误、选错了信使等。在非合同关系中,它们没有什么意义,在合同义务中它们将导致损害赔偿。

依据罗马法,合同上过失的一个确定标志是该义务可以由继承人来承继。在不能承继的情况下,存在就是非合同性过失;在可以承继时,存在的是合同上的过失。在缔约过失损害赔偿之诉中,人们必然允许承继该义务,对此无须进一步地说明。这样就间接地决定了,此处涉及的是合同性请求权。

迄今为止,基于法律构造方面的理由而尝试证明其为必然的东西,也可以得到罗马法学的证实:为了实现损害赔偿目的,罗马法提供了合同诉权(买物之诉 act. emti)。众所周知的是,在罗马法学家的口中,该诉权的名称不仅仅是一个名称,或者不仅仅在程序上非常有意义,而且它还表达了它所调整的关系的实体法属性。在我们的案件中买物之诉翻译成实体法的用语后其丰富的含义是:基于合同性约束的损害赔偿请求权。

在合同已经无效的情况下,这一点何以可能?如果"无效"或者

---

① D. 17. 1. 29. 2:如果不知道债务人已经为了给付而为支付,我认为他享有委托诉权,也就是说人们必须原谅他。因为债务人必须通知他自己已经支付了,从而避免债权人打保证人的主意,利用保证人的不知情,从保证人处获得他担保的数额。——译者注

② D. 12. 4. 5. pr. :如果你为了去 Capua 而接受了钱,当你准备好旅行时,季节条件或健康条件阻碍了出行,在此需要考虑的是,是否可以要求你返还该钱?如果责任不在你,人们可以认为,返还请求失效。然而因为给钱人享有反悔权,所以被给予的钱无疑可以要回,只要你对于不把钱用于这个目的没有利益。如果情况是尽管你还没有出发,但你已经像你必然真的要出发那样安排好了你的事情,或者你已经为旅行支付了必要费用,则非常清楚的是,如果你支付了比你收到的更多的钱,则返还请求权失效;如果你支付了比给你的少的钱,则可以被主张返还请求,虽然你将被补偿你所支出的。——译者注

"买卖是无效的"(Nullam esse emptionem)意味着合同完全没有效果,根据这样一个合同而提起的买物之诉(act. emti)则是难以理解的,给予买物之诉是合同依然具有某种效力的很好例证。如果被恰当使用的话,无效仅具有有限的意义,预示着不是整个(sämtlich)效力不存在,而是特定(bestimmte)的效力不存在。任何合同的目的都在于履行(Erfüllung),(合同当事人)所追求的效果在于产生对履行的约束力。如果现在这种效力因为缺乏某种必要要求而被排除了,也就是合同本身的目的破灭了,我们将称其无效。我们根据合同的主要实践目的来确定合同有效或者无效的概念。与此相一致,该合同可以产生其他的约束,只是它不指向履行,例如指向返还已交付的物,指向买卖合同的成约定金(Arrha),或者指向损害赔偿。① 物作为不可交易物(res extra commercium)的特征必然排除了履行可能性,但并没有排除由该合同产生的其他义务。当事人达成了合意,除了标的的能力外,其他合同条件都已具备,为什么这样的合同就不能产生不以该客体的给付本身为目的的义务?

对于早期罗马法来说,这种分析可能太过细致,甚至有些矫揉造作,我没有在早期罗马法中发现任何采用这种分析方式处理的案件。但晚期的法律在三思之后采纳了这种思路,对此至少存在着两个铁证:(第一个是)在条件成就后依然允许依据附解除条件(Resolutivbedingung)的买卖合同提起价款请求之诉(act. Vediti)。② 众所周知,法学上通行的观点认为附解除条件的买卖合同条件成就后的情况似乎就像合同没有缔结一样,和自始就无效的合同是完全一样的。但(我认为)虽然合同的主要效力被排除了,它却并不涉及合同的辅助性效力,它可以产生只有通过履行义务的方式才能够恰当消灭的效力。新

① 这样就解释了大部分罗马的法学家一方面说合同无效,但另一方面又说合同存在的现象。参见18.1.4,D.18.1.70以及其他在脚注63中提到的片段(此处的脚注63指原文脚注,具体指C4.37.4.1——译者注)。前者所说的是合同的主要效力,后者所说的是合同的辅助效力。

② 价款请求之诉是指出卖人对买受人享有的支付价款的请求权。该诉权和act. emti相对,后者指买受人享有的交付标的的诉权。——译者注

法基于充分的理由允许在此提起合同之诉。①

第二种案件就是我们的案件。② 通过令人感兴趣的与物权领域出现的该案的对比来引出我们对该案件的分析是比较合适的。同样的现象,我们的案例提供的是合同之诉,在物权领域表现为物权性诉权。就像买物之诉原则上要求合同有效一样,返还所有物之诉(reivindicatio)要求被告占有物。但众所周知,在两种情况下主张返还所有物之诉并不需要被告占有物:(被告)恶意放弃占有(si dolo quis desiit possidere)和非占有人主动像占有人一样参加到诉讼中(si liti se obtulit)。在此,它们就具有了我们的案件中买物之诉的性质,也即损害赔偿之诉的性质。③ 就像在我们的案件中原告可以直接基于合同成立的要素不存在对被告提出指责一样,在此也是如此,只是存在着在合同关系和非合同关系的区分中建立起来的差异:在此指责以恶意为前提。两个诉权功能的相似之处在非占有人主动像占有人一样参加到诉讼的案件中表现得尤为明显。这个案件和那个案件一样,原告因被告的过错而错误地以为存在着作为诉讼基础的法律关系并因此而作出了不利的行为,从而导致了损害的发生。④

迄今为止的分析为我们表明,在合同无效时买物之诉在功能上作

① D. 18. 1. 6. 1, D. 18. 2. 16, D18. 3. 4. pr. , D. 18. 5. 6. 是否人们应该将开始是有效缔结的,但随后合同的主要目的或者因为意外事件(D. 19. 2. 33)或者因为合意解除(D. 19. 1. 11. 6, D. 4. 54. 2)而消失了的情况也算作该类型,是存在争议的。合同之诉在此也是指向其他目的而不是履行。

② 其他可类推适用的判决在罗马法上并不缺乏。相比较于受托人的反对诉权(act. Mandati contraria)只适用于一种情况,也即 directa 因为缺乏利益而对于委托人来说不可想象的情况,也就是在信用委托(mandatum qualificatum)时,共同财产分割之诉(act. Communi dividundo)只适用于丧失共有权后填补费用的情况(D. 10. 3. 6. 1, D. 10. 3. 11, D. 10. 3. 14. 1);在合同无效时提起买物之诉的情况既不多也不少。所有这些晚期法中的案例向我们展示了在该法律关系本身根据其主要的目的可以认为是不存在的情况下,有关诉权指向于它的辅助性目的。

③ 这两个案件中的第二个案件根据较早的法律(D. 5. 3. 45, D. 4. 3. 39)仅仅涉及损害赔偿,根据后来的法律(D. 6. 1. 25 – D. 6. 1. 27. pr.)也涉及刑罚问题;前一个案件则法律提供的有时,是赔偿有时是刑罚(D. 46. 3. 5. 9)。

④ 上一个引注中引用的片段 D. 5. 3. 45 中就使用了莫德斯丁和《法学阶梯》在缔约过失诉权中使用的同样的话:就像没有被欺骗一样(quanti ejus interfuit non decipi)。

为一个损害赔偿之诉,既不是孤立存在,又不是不可解释的现象,除去其表象,包含着非常朴素的规则:合同缔结所产生的不仅仅是履行义务,如果这个效果因为某种法律上的障碍而被排除了,在一定条件下,它还能产生损害赔偿的义务。根据罗马和现代的用语方式,合同"无效"这个表述仅表明(合同)不存在履行这个效果,而不是根本不存在任何效果。

尽管通过以上论述证明了合同性损害赔偿之诉在法学上的可能性,但在若干方面还需要对其作进一步的解释和确定。首先需要回答两个问题,也就是该损害赔偿之诉的基础和适用范围问题。缔约过失损害赔偿之诉建立在什么基础之上?它仅建立在法律恣意的规定之上,还是源自于合同关系的性质和内在需求?此外,它只能适用于法源中的两种案件,[①]或者还可以扩张适用于其他类似案件,例如合同因当事人没有能力而无效或者因错误而无效的情况?

缔约过失诉权的基础或者立法理由何在?人们可能会认为它和法律提供给善意占有人的保护有关。如同后者被假定为是所有权人一样,在我们的案件中买方被假定为缔约人。两种案件都是存在于当事人本人身上的障碍导致权利无法产生,但是双方都不知道这种障碍,也即认为存在着这样的权利。如同法律在一些案件中[②]使假设存在的法律关系产生其客观上存在时才有的效果或者至少是某些效果一样,人们也可能仅将我们的诉权看作是这种保护假设法律关系的一般思想影响的产物。监护之诉(actio protutelae)或者对假设监护人的诉权以及假设的支付,也就是在某种前提下向某个假定的而不是真正的债务人支付所欠的债等现象,[③]似乎都可以说明该思想在债法领域有用武之地。但我们必须断然拒绝这种想法。因为缔约过失之诉中假设的买受

① 指上述第一部分中的片段所提出的标的物不能和标的物不存在两种案件。

② 所有权,假设的时效取得名义(putativer Usucapionstitel),他物权,假设的婚姻(putative Ehe),自由的名义奴隶(liber bona fide serviens),假设的庆典承办人能力(putative faehigkeit des zugezogenen Solennitaetszeugen)(C. 6. 23. 1),假设的公务员能力(der Beamten)(D. 1. 14. 3)。

③ D. 46. 3. 32, D. 46. 34. 3, D. 46. 51 等。

人享有的买物之诉不是在模仿真正的买受人诉权——如果本文17、18页①反对的有关学者的思想是正确的,才会这样来处理,它是另外一个完全不同的损害赔偿之诉。此外,立法者不能以买受人的善意为基础强加给在不少情况下也是善意的出卖人以损害赔偿义务。只有同时存在的出卖人本身的因素给出理由时,才可以使得该规则得到合理性说明。永远不得以第三人的损失为代价保护善意占有人,在双方都是善意占有的情况下,被告优先得到保护。

因此缔约过失诉权的立法理由不可以在买方的善意中去寻找——上述思想恰恰是在买方的善意中寻找立法理由,该诉权和真正的买受人诉权根本不可等同视之。我们必须坚持这样的立场:它是一个损害赔偿之诉,并据此尝试看该立场能不能引导我们理解该诉权。一般情况下,损害赔偿义务在被告一方的前提是过错,如果我们在缔约过失诉权中也能证明这一点,那它的合理性基础的问题就迎刃而解了。

在我们已知的两类案件中,当法律要求卖方承担损害赔偿义务时,它对卖方提出的指责在于:你根本就不应当缔结该合同,因为你本应当知悉障碍的存在,但由于你的不知悉导致你的相对人遭受了损害。不能忽视的是,在特定情况下案情可能是对他来说即使他尽了最大注意也无法知悉该障碍,例如卖方遇到一个合成的,从外部难以判断的,他从没见过的物。卖方在这种情况下也要承担责任,这不仅根据法源中的表述是毫无疑问的,而且完全是公平的。因为如果涉及的问题是:是他还是买方承担他的无知导致的(不利)后果,该问题的回答就没有什么可犹豫的了。只是在此人们可以称其为过失(culpa)吗?

我毫不怀疑,当我对这个问题作肯定回答时,必然会陷入矛盾;我也不知道自己能否消除该矛盾。虽然我个人确信:罗马的法学家从不顾及个别的特别情况,毫不费劲地将出卖人的不知悉称之为过失。

就隐藏的缺陷或瑕疵而言,在裁判官诉权中也会产生同样的问题,也即是否出卖人的不知情无论如何都会给他带来负担?众所周知,谕

① 指本文第一部分"法源素材中直接包含的内容"中第五小部分"损害赔偿的合同之诉"中提到的两位作者布尔夏迪(Burchardi)和萨维尼。——译者注

令并不顾及出卖人知情或者不知情,要求出卖人无论如何都要为不知情的情况负责。乌尔比安努力在 D. 21. 1. 1. 2[①] 中提出了如下使其合理化的理由:出卖人本应当知悉瑕疵,并且是因为出卖人的无知还是诡计多端导致了买受人的损害,对买受人来说都一样。[②] 他使得出卖人无论如何对自己不知悉瑕疵承担不利后果,尽管不可避免的是,在特定情况下,如在我上述情况下,这种不知情是可以原谅的。乌尔比安也用同样的理由来论证当事人承诺不存在瑕疵时的买物之诉。

D. 19. 1. 13. 3(如果出卖人不知道奴隶是一个小偷,但是担保他非常能干、值得信赖,因此以较好的价格卖掉了他。我们应当看看,他是否应当根据买卖契约承担责任。)我认为他应当承担责任,尽管他不知道有关瑕疵,但是他不应当对自己不知道的事轻率地为担保。这和他知道瑕疵并没有太大的区别。知道瑕疵但保持沉默的人,本应当指出该奴隶是个小偷,他人也就不会轻率作出一个盲目的决断来。[③]

出卖人的不知情可能总能完全得到谅解(人们可以考虑一下出卖人瞎了的情况);但出卖人依然存在过失;不完全了解自己物品的人,就不应当出卖它;不应该贸然地去主张(non debet esse facilis ad temerariam indicationem)。是有关品质明确得到了承诺,还是例如标的的法律能力因为合同缔结而默示地得到了担保,没有什么区别。这一点无须赘述。

然而在那些片段中并没有使用过失的表述。这一点毫无疑问!但是如果法学家在对出卖人的不知情进行指责,如果法学家批评其对于

① D. 21. 1. 1. 2 的内容是:颁布该谕令的理由在于,避免出卖人的欺骗行为,为所有受到出卖人欺诈的买受人提供帮助。在此过程中,我们必须知道,即使出卖人不知道 Aedilen 的规定所要保障的是什么,他也应该承担责任。这并非不公平,因为出卖人能够知悉(缺陷)。为何买受人的预期落空了,是基于出卖人的不知情或者欺诈?这对于买受人来说是没有区别的。——译者注

② “因为出卖人能够知悉(缺陷)。为何买受人的预期落空了,是基于出卖人的不知情或者欺诈?这对于买受人来说是没有区别的。”舒尔廷(Schulting):《学说汇纂评注》指点参见西塞罗《论职责》:第三卷,第 17 页的表述:“对应该知道他的健康、跑步(能力)、偷盗(行为)的人……”

③ 耶林的引注中并没有括号中的内容,这部分是译者为了方便读者理解而根据罗马法片段添加的。——译者注

瑕疵应当并且必须知悉,并因此而说明了他承担责任的理由,这些难道不正说明法学家认为他有过失吗?

有人可能会进一步地反对我:这种不顾及个人特别情况而抽象确定的所谓的过失是一种虚构的过失,是一种(不可推翻的)法律推定(praesumtio juris es de jure)。我承认,罗马人原则上个别地确认过失的存在,所以一个行为不能无论如何都作为过失行为,或者即使推定(一个行为)是过失行为时(例如有人让物被偷掉),也允许通过反证来证明没有过错。但是另一方面,罗马法上也不乏如下的例子:法学家根据我们所提到的案件类型将依据案件的性质推演出的、完全不依赖于责任人个人行为的责任归因于该人的过失。

无论委托人是否有过失,他都要填补受托人因委托事务(而不仅仅是处理事务时)而遭受的损害,这一点为公正所要求。罗马法不仅在具体判决中,而且以抽象的形式承认了这一点。[①] 阿弗利卡(African)在此处脚注所引用的说明该原则的D. 47. 2. 61. 5中就利用了委托人的过失。原文的内容是受托人买了一个奴隶,该奴隶盗窃了受托人。阿弗利卡认为,委托人必须赔偿损失,即使他不知道奴隶具有小偷的品质。该决定的理由部分在于如果没有委托人的委托受托人就不会遭受损害,部分在于脚注中所提到的格言:履行义务不应给任何人带来损害,最终还在于:在本案中过失应不利于合同为其缔结的人,而不是合同的当事人。当然在委托的情况下,要求购买这样一个奴隶是委托人的过错。

阿弗利卡是否引入了过失的观点,对我来说无关紧要,对于我来说,他不调查个别情况就将委托人的不知情算作过失这一点就足以说

---

① 最晚在D. 47. 2. 61. 5中:……履行职务不应给任何人带来损害(nemini officium suum damnosum esse debet),除了那里给出的判决,例如D. 15. 3. 1. 15. pr. 据此委托人必须填补受托人借出去的非因自己的过错而丧失的钱。D. 17. 1. 8. 8和D. 17. 1. 29. 2. 类似在合伙的情况,D. 17. 2. 52. 4和D. 17. 2. 61以及其他地方如D. 18. 4. 2. 7。

明我的问题了。[1] 如果人们不了解他人物品的性质就是过失的话,那在出卖自己物品时这种不知情就更应当被称为过失了。

未经其他合伙人同意接纳第三人入伙者,应向其他合伙人为他的行为承担责任,[2]他应当承担自己选择的风险。他本人的选人过失(culpa in eligendo)在承担责任时是不需要的。但乌尔比安在 D. 17. 2. 23. pr. [3]中依然通过过失的观点来论证他的责任:他的过错在于他接纳了这个人。如果不这样理解的话,似乎缔结新合伙合同本身就包含着义务的违反;合伙人并没有做他不该做的事情,但是他应当对不利的结果承担责任。

众所周知,对于迟延人们也提出了这样的问题:是否它也属于过失可以适用的情况?我赞同肯定意见。[4] 在迟延的情况下,完全可以按照我们的案件结构来分析当事人的关系。有人允诺在特定期限给付某物,根据预计该物按时给付一点问题都没有,例如一件当地所有商人都在经销的商品,但它却出人意料地到处都销售一空了。在本案中允诺者的过失不在于他没有搞到该物品——他已经尽己所能地在搞了,而在于他缔结了一个(以)无法确保是他的物(为标的)的合同。这恰好也是我们对非交易物(rei extra commercium)的出卖人提出的责难;而

---

① 如果没有成见的话,不应该忽视——如同哈塞(Hasse),《论过失》,第 2 版,第 402 页,蒙森上述书第 369 页所做的那样——过失在此使用另外一个标准而不是人们通常使用的标准来衡量,如果使用常用标准的话,根据可以认定的情况,会得出完全不同的结论。如果委托人已经告知了所有可能的关于奴隶的信息,但依然构成了欺骗行为,个性化的过失何在?根据阿弗利卡的用语"于是当然"(nam certe),尽管如此,他依然要承担责任。

② D. 17. 2. 19 至 D. 17. 2. 23,合伙。

③ D. 17. 2. 23. pr. 的内容是:Pomonius 怀疑,是否他授权其他合伙人去诉(他自己擅自接受的合伙人)就足够了,这样一来,如果该人没有支付能力时,他将不需要给付;或者他依然要赔偿损害。我认为,他应该为他自己所接受的合伙人承担无限责任,因为人们难以否认,他的过错在于他接受了他。——译者注

④ 冯·范格洛(Von Vangerow),《学说汇纂教科书》(第三卷),第 588 节,注释 1。在我看来,反对意见的依据主要在过失一词上。应该承认,罗马人在此没有使用过失一词,因为他们有迟延这个特别的表述方式,只不过就像人们所否认的那样,迟延实质上就包含着尽管很特别但确实是过失运用的情况。对此我无法不予考虑。

他不可以当时的情况使他没有理由对物的法律能力提出怀疑为借口而拒绝该责难。

由此出发,也可以同时得出如下结论:可谅解的和不可谅解的错误之区分在此也没有意义。任何这种错误都是不可谅解的。[①] 作出允诺的人不应当犯错误,他应当以自己的代价来犯错误而不应当以相对人的代价来犯错误。

根据迄今为止的讨论,无可否认的是在我们的案件中可以将出卖人的责任建立在过错基础上。但依然有人会向我提出质疑:这为何必要?为什么不简单地坚持这样的观点:出卖人对标的能力承担责任,缺乏这种能力时,他应当赔偿损害。过错看起来只不过是出卖人承担责任的法定义务的另外一种表达,因为在存在责任的地方就被认为存在过失,所以过失的承认或者不承认没有什么实践意义。

但这只是表象。因为首先这种关于过失的观点具有法学上的论证功能,它解释了出卖人的损害赔偿义务。如果没有该观点,则出卖人的损害赔偿义务即使是正义所要求的,也只是完全孤立的实证法规定。通过该观点,出卖人的损害赔偿义务融入了合同理论的一般法则之下,该法则的内容是任何一方都要承担他方因为自己的过失而遭受的损害。没有该观点,它就是一个在他方当事人没有过错时(依然可以主张)的损害赔偿之诉。通过该观点就避免了该诉权的离奇性,使它获得了损害赔偿之诉的正常特征。

上述关于过失观点的另外一个益处将使我们回答上面提到的第二个问题,也即我们的诉权是否可以扩展到类似的案件,或者原则上将其一般化是不是正确的。只有通过过失(这个要素)缔约过失诉权才可以发展成一个一般准则。如果我们不利用过失这个要素,那就只能像迄今为止人们所做的那样固守法源中的两类案件了,也就缺乏从这两

---

① D.19.2.19.1谈到了这样的案件,如果有人在不知情的情况下出租了有缺陷的酒桶,那他无论如何也要承担赔偿承租人遭受的损害。不需要去证明他对瑕疵的不知情是完全能够被谅解的。例如,证明在制作酒桶时工厂方面出现了失误,该失误买方从外部是根本无法察觉的。D.19.2.13.6提到的也是这样的例子:将一件对转交者来说极易混淆的衣服交给了另外一个人。

类案件通向许多其他案件的桥梁,在这些案件中获得损害赔偿的需求大量存在。或者在将法源中关于两类案件的规定运用到例如错误的情况时,其法学上合理性说明的基础(我所说的不是立法政策的合理性基础)何在?

接下来我们将对迄今为止在运用法源中的两类案件时发展出来的缔约过失责任(cupal in contrahendo)的概念进行适当的一般化并予以论证。

在上述两类案件中,我们都将出卖人的损害赔偿责任建立在他的过失基础上,这不由地使我们要将同样的效果运用到所有存在同样过失的案件中。难以理解为何过失必须受到在法源中表现出来的具体形式的限制。对于不存在的遗产有效的规则,必然不对不存在的债权、物权等有效?对非交易物有效的规则,对处于禁止出售状态中的物就不能有效?对出卖人有效的规则,就不能对买受人有效?对买卖合同有效的规则,就不能对租赁合同、委托合同有效?如果我们除去上述两类案件中过失的具体、偶然的形式,则它表现为出卖人在订立合同,但是他本人却无法满足合同有效的要求,并且通过合同的表象将另一方引入歧途。订立合同的人已经从非合同性法律交往时纯粹消极的义务范围走到了积极的合同领域,从单纯的作为过失领域(culpa in faciendo)进入了不作为过失(culpa in non faciendo)领域,也即积极的照顾义务领域。此时,他所承担的首要的、也是一般性的义务是在缔约时承担起必要的照顾义务。如果不想使合同交往在这方面以容易受到侵害的方式进行,不想使任何缔结合同的人都要承担成为他人疏忽的牺牲品的风险,那么不仅仅合同的存在,而且合同的产生过程也应当置于过失规则的保护之下。[①] 为了确保缔约人免遭这种侵害,人们不能苛求他明确保证不存在过失或者特别保证合同有效的条件会满足,法律应当并且能够通过规定缔约过程中双方都默示地承担起了该保证,免除缔约人(上述明示保证)之苦。在非合同关系中,没有人可以要求他人值得

---

① 在我看来,该原则的产物之一就是如下有名的原理:如果条件的成就被对条件的不成就享有利益的人所阻碍,则尽管如此视为条件成就。(这段话源自于 D. 35. 1. 24——译者注)

信赖或者他人的表述或信息是真实的,法律仅针对恶意对其提供保护,而不针对过失;如果他因盲目地信任第三人的表述而产生了损害,他应自己承担(该损害),因为他必须意识到这些表述不具有约束力。与此相反,在合同交往中,这些表述本身应当具有约束力,他可以期待对方当事人已经审查了是否这些表述有充分的依据;他本人原则上也根本没有能力去审查。通过和其他人缔结合同,缔约人就向他人担保了该审查结果是没有问题的。如同在合同完美成立时,根据该原因他应通过给付积极合同利益确保明示的允诺(dicta promissa),(给付)免遭他人追夺(Eviction) 等,简而言之,确保他的担保得以实现一样,在合同因为他本人方面的、他本人没有注意到的瑕疵而无效从而间接给他人带来损害时,他也必须通过消极合同利益的给付确保他的担保得以实现。他通过语言还是行为担保他有能力缔结特定的合同,这一点并不重要,这种担保蕴藏于缔约行为中。

缔约的第一步是要约。缔约时必要的注意义务是否已经随着要约开始了? 当然! 但只要要约没有被承诺,它并不会引起问题。如果要约在承诺前被撤销(widerrufen),那即使另一方因此而遭受了损害,也不存在损害赔偿请求权。后者应当自己承担该损害。谁要是如此不注意,在要约发出后而不是在要约被承诺后就开始履行合同或者开始和第三人从事缔约行为,他本身就陷入过失了,因为他应当知道,要约直到被承诺的那一刻都存在着被撤销的可能性。直到要约被承诺那一刻他才可能基于已真正订立或者表面上已订立的合同开始进一步行动。如果为了(履行合同的)目的而采取的措施因为一个及时作出但是没有及时为他所知悉的要约撤销而落空了,他可以要求促使他从事该行为的相对人承担不利后果。具体问题我们在下述三、(三)2 进一步论述。

在以上的论述中我提出,缔约过失准则对社会交往不可或缺。我希望通过如下论证增强我的理论分析的分量。我要证明在共同法以及新近立法中该准则是如何被运用到一系列案件中的;尽管这种运用是无意识的,但对我的论证来说却是确定无疑的。在共同法中损害赔偿的必然性仅在上面列举的两类案件(本文第2页脚注③和第5页脚注

①)中得到了承认;[①]在新近的立法中,《普鲁士一般邦法》(das allgemeine preußische Landrecht)和《奥地利普通民法典》(das österreichische allgemeine bürgerliche Gesetzbuch),特别是前者在我看来提供了令人惊喜的对我观点的证明。在法国法中我没有发现与此有关的规定,但这可能是因为我自己的无知导致的吧。在结束对罗马法的分析后,我并没指望从上述两个法典中进一步扩大我的"战果",但是我的尝试却得出了远超我预期的"辉煌"结论。在以下的论述中,读者将看到,我把按照我的理论缺乏其将导致缔约过失责任的合同要素归结为三点:主体能力(Fähigkeit des Subjekts)、客体能力(Fähigkeit des Objekts)和意思的可靠性(Zuverlässigkeit des Willens)。我将按照上述三个视角分析这些法典[②]提供给我们的素材。

(一)主体能力

《普鲁士一般邦法》第一编第五章第33条:在经过合理的调查后依然被无能力者引诱(verleitet)缔约者,可以要求用该无能力者的财产消除损害。第36条:明知自己没有能力,依然引诱他人缔约者,应被作为欺骗者予以处罚。

上述第36条谈到了恶意,似乎第33条指的是这种情况(也就是恶意诉权)。但是由于第36条明确强调了对无能力的知悉,这等于就承认了也可能存在着不知悉无能力而引诱缔约的案件,所以第33条的表述"引诱"(verleiten)不仅涉及恶意(dolus),而更多的是和"促使"(veranlassen)同一意义。在该法所要调整的大部分案件,也即被监护者没有能力的案件中,尽管原则上(被监护人)知道(自己)没有能

① 在《佐伊费特最高法院判决档案》中除了现场交易时的要约撤回案外,没有别的。

② 对于奥地利法,除了还没有写到债法的翁格尔(Unger)的《奥地利私法》外,我能使用的只有蔡勒(Zeiller)的《评注》。该评注该说的没说,不该说的倒说了很多(der wie so manche spricht, wo er schweigen, und schweigt, wo er sprechen sollte.)。看到本文的来自于上述三个法典国家的专业人士请尽可能地给我提供你们的法律领域的理论和实践。我将在此后出版的增补版中加入这些意见。

力,[1]但也可能存在着相反的案件。[2] 所以《普鲁士一般邦法》承认了过失情况下的损害赔偿请求权。[3]

对家子认为自己是完全行为能力人(Homo sui juris)的案件,《普鲁士一般邦法》还包含着一个特别的决定。该法典第二编第二章第 2 节第 135 条规定:自身没有中等过失而被这样的债务人欺骗了的债权人可以根据法律的一般规则要求用其财产来填补损害。“欺骗”这个表述同时表明,此处涉及“恶意”。奥地利法则明确地将损害赔偿请求权限于恶意这个前提。《奥地利普通民法典》第 866 条规定:狡猾地假称有能力缔结合同并因此而欺骗了对该情况难以知悉的他人的人,有赔偿义务(Genugthuung)。第 248 条规定:如果年满 20 岁的未成年人在交易中谎称已经成年,且对方当事人在缔结该交易时对该表述的真实性难以了解,则该未成年人对所有损害负责。[4]

(二)客体能力

《普鲁士一般邦法》第一编第五章第 53 条规定:如果有条件的(客体)不能只为有义务从事不能行为或给付的人所知悉,则他应当完全赔偿对方当事人。该条为不能行为确定的规则根据第一编第五章第 67 条对非流通物有效。

这里的“完全赔偿”指的是赔偿积极利益还是消极利益存在意见

---

① 根据《普鲁士一般邦法》第一编,第五章第 34 条,在一方当事人 18 岁以下时,相对人不能主张不知悉对方未成年。

② 例如,根据罗马法,未成年人弄错了自己的真实年龄的情况(D. 4. 43. 4);根据《普鲁士一般邦法》,由于精神病保佑在法律上并不当然地停止(第二编第 18 章第 815 ~ 820 条),当痊愈的精神病人认为,他已重新获得了自然的和法律上的行为能力,缔结了合同的情况;超过 18 岁的未成年人,应该知道他们是没有能力的,但人们也不能断然认为他们对此是知悉的。根据法国法,未成年人自己已经成年的声明,并不能一下子排除恢复原状(rest. in integrum),要排除恢复原状,需要“特别的托辞或者欺骗手段”。参见察哈里埃(K. S. Zachariä)著:《法国民法手册》,第二卷,第 5 版,第 319 页。

③ 博尔内曼(Bornemann):《普鲁士民法体系化解说》,第 1 册,第 13 节,第 2 版持相反意见,其理由在于:“因为和无能力者协商时合同关系从来不存在,所以只可以依据侵权要求损害赔偿。”通过本文我希望反驳该理由。

④ 根据该法典的语言表述[第 1323 条的消除损害(Schadloshaltung)和损害赔偿(Genugthuung)],上一条涉及履行利益,下一条涉及消极利益。

分歧,[①]如果是第一种观点的话,则该诉权完全就不是我们所讨论的诉权,但第二种观点相比于罗马法不妥当地限制了该诉权,因为法律只在被告知情时才提供诉权。[②]

与此相反,奥地利法承认了过失不知情情况下的诉权。《奥地利普通民法典》第878条规定:(针对一切可以交易的东西都可以缔结合同。)不能履行的给付、不能以及不被允许的东西不能成为有效合同的客体。通过这类表述欺骗了他人者[③]、因为过失不知情导致他人受损者以及从他人的损害中获益者,对此负责。[④]

(三)意思通知的不可靠

在浩如烟海的案例中,我只想挑两个已提到案例来分析:其一,要约的撤回。《普鲁士一般邦法》第一编第五章第105条规定:如果他没有做到这一点(也即及时地告知撤销,该法第90条、第103条、第104条对此是允许的),以至于对方当事人在恰当的时间作出了承诺,则他

---

① 科赫(Koch):《普鲁士私法》第一卷,第228页、第229页持第一种观点;博尔内曼《普鲁士民法体系化解说》,第二卷,第234页、第235页也持第二种观点。

② 博尔内曼:《普鲁士民法体系化解说》,第二卷,第234页提到,尽管法律在双方对有条件的不能都不知情时并没有明确承认损害赔偿请求权,但是"根据合同缔结时承担过失的一般原则,在这种情况下,存在过失或者存在主要过失的一方必须赔偿对方当事人的损失"。

③ 法律只考虑了从外部看来交易已经缔结的情况,在此首先并不需要评论。蔡勒作品在法学上的崇高地位因此得到了清晰的表达,当作者对该条评注道:"任何人通过错误的陈述欺骗了他人,他是 paciscent 或者第三人,应赔偿。"法律说的是"允诺"(Zusage),评注者至少是为了使用另外一个表述,使用了"陈述"(Angabe),却不担心他已经在多大程度上偏离了法律的本意。

④ 文中括号部分的内容为译者根据当时的《奥地利普通民法典》条文所添加的内容。该条此后做了一些修改,现行条文内容为:不可能的东西不可以成为有效合同的客体。如果可能和不可能并存,且他人从合同中无法推出,合同的任何要点都无法与其他要点相独立,则可能的部分有效。缔结合同时知道或者应当知道不可能的人,在合同无效时,必须赔偿他方因为信赖合同有效而遭受的损失。——译者注

必须对为履行合同而做的准备工作在此期间产生的损害予以补偿。[①]其二,错误的案例。[②]《普鲁士一般邦法》第一编第四章第79条:如果表意人因为重大或者没必要的过失陷入错误,且对方当事人不知道表意人已陷入错误,则表意人有义务赔偿因为他的过错而产生的损害。

我将表示不清的案件也归入上述案件中分析,尽管针对这种案件,奥地利法有明确的规定。《奥地利普通民法典》第869条:利用不明确的表述或者虚伪行为使对方遭受损失者,应承担赔偿责任。只是由于该法要求(行为人)的目的,所以它所说的是恶意诉权,而不是我们所讨论的诉权。

与此相反,尽管法律不承认,但普鲁士法理论承认缔约过失规则可以适用的其他案件。按照《普鲁士一般邦法》第一编第11章第988条,只要悬赏(赏金)涉及"有益的脑力劳动,或者有利公益的体力才干或者活动",则其是可诉的,悬赏人在确定的期限届满前不得撤回赏金。因为根据法律撤回是不被允许的,所以如果要约撤回时人们要使其承担——用科赫的话来说,[③]——"赔偿所有已着手解决问题的人所付出的努力和费用的义务",则难以协调。但是按照博尔内曼的观点,[④]人们也可以将缔约过失诉权运用到一方面法律没有涉及,但另一方面人们认为禁止撤销是不合理的案件中,也就是人们为了发现犯罪、找到某

① 参见科赫(Koch):《普鲁士私法》,第二卷,第168页;尤其是博尔内曼:《普鲁士民法体系化解说》第二卷,第247页。奥地利法尽管排除了在该法第862条规定的期限届满前撤回要约的可能性,但对损害赔偿的问题却没有规定。然而,蔡勒对该条的评注是:"通过偶然事件(seltene Ereignung)和迟延,无视法律规定的预防措施给这方或者那方当事人造成损害的,必须根据损害赔偿法部分对过失和意外的规定进行判定。"

② 科赫:《普鲁士私法》第一卷,第220页;博尔内曼:《普鲁士民法体系化解说》第一卷,第144页。尤其是该书脚注2提到的苏阿仑兹(Suarez)的评论:"由此可知,这种犯错误的人必须给不知道该错误、信赖其意思表示并在此后采取了措施的对方当事人以赔偿。"这是一个关于《普鲁士一般邦法》的意义和他相对于罗马法精神上独立的有意思的例证。

③ 科赫前述书,第二卷,第460页。该观点在(《普鲁士一般邦法》)第二稿中真地被采纳了,在我看来它也理应被采纳。但是在(最终通过的)《普鲁士一般邦法》中,人们又回到了第一稿的规定。

④ 博尔内曼:《普鲁士民法体系化解说》,第三卷,第2版,第206节,第194页。

物等而设定悬赏广告的案件。该作者还提出了和上述案件有关的其他可适用的案件,也即悬赏人在公开自己的要求之后其目的已经实现,但没有及时公告这一点的案件。

在这为数不多的缔约过失诉权可以适用的案件之后,普鲁士的法典最终确立了如下规则:根据履行合同时的过错程度所要合理负担的东西,对缔约人在缔结合同时忽视了他所负担的义务的情况也是适用的。(《普鲁士一般邦法》第一编,第 5 章,第 284 条)人们还想要什么比该规定更明确地承认缔约过失规则的规定呢?在我可判断的范围内,[①]普鲁士法学几乎忽视了该如此重要的条款。而我们的整个理论都包含在该条款中,如果罗马法中也存在该条款的话,则它可以省去我所有的推理。是否一般邦法的起草者知悉该条款的效果,我更乐于不去讨论它,但是因为在此具有决定意义的不是推测,而是法律通过明确的语言所表达出来的内容,所以完全按照表述理解该条款是无可厚非的。

如果一个理论的实践价值的试金石在于该理论完全从自己路径出发得出了和立法一样的结论,它成功地把一些不仅是孤立的而且表面上还和主流学说矛盾的,仅仅是由实践需要所左右着的零星规则归入到一个上位的原则中并在理论上对其作出了合理性说明,那么我认为,缔约过失理论可以经受住该考验,它在实践上的合理性是毋庸置疑的。未来将会说明,是否还可以从罗马法出发对它在理论上的合理性提出异议。我本人经年思考、分析该理论,已经完全接受了它,完全确信它的正确性,并且对此是否我在将该理论运用到具体个案时(参见第三部分)在这儿或者那儿步子迈得还不够大深表怀疑。无疑,那些认为法学的使命仅在于在注释学高手的帮助下解释不清晰的法律片段的人可能会用简单的异议——缔约过失的表述在整个《国法大全》(corpus juris)中都没有出现——轻蔑地将我的整个理论置于一旁。

在迄今为止所获得的理论基础之上进一步推进,我现在打算把缔约过失的概念作为一个既定的概念来处理并进一步完善它的结论。最

① 除了一直使用的上述两部著作外,我还使用了比利茨(Bielitz)的《〈普鲁士一般邦法〉评注》。

终,我将我的理论概括为一句话:合同性的注意义务不仅对已订立的合同,而且对订立中的合同有效,违反该注意义务不仅在合同已订立而且在合同正在订立的情况下,都可以导致损害赔偿的合同之诉。缔约中的过失就是具有特别指向的合同性过失。由此可以得出如下结论:(1)就它的体系性说明而言,缔约过失理论的正确归属是合同关系中的过失学说,合同缔结的理论主要涉及的就是它。(2)就导致责任成立的过失程度而言,合同关系存续期间导致责任成立的过失程度也就是合同订立过程中导致责任成立的过失程度,因为从特定合同形式中衍生出来的、决定过失程度的理由在合同订立时也存在。(3)就具有过失的人而言,是缔约者而不是协作订立合同的第三人,并且只有特定种类的过失能够归责于缔约人时才可以(成立缔约过失)。

在此,我收回此前我在本年鉴(第一卷,第280页至第282页)上提出的观点[①],根据该观点,信使对自己递交委托时的疏忽承担责任。在当时,我没有意识到去推演信使使用者的责任,尽管感觉在必要时双方都要承担责任,但最终还是选择了由表面上单独有过失的信使承担责任;现在我提出相反的观点:我可以推导出发信人的责任(参见第三部分,三),但不能推演出信使的责任。[②] 后者通过向接收人转交口信并没有进入任何债的关系,因此如果要使接收人享有针对信使的损害赔偿诉权,则必须将合同外交往中的过失作为责任基础。这一点的必要性我已在上文(第12页)作出了评价。在此,不需要进一步就信使对发信人承担的责任进行说明。[③]

以上所述能否适用于代理人(Stellvertreter)取决于根据今天的法律,人们在多大程度上认为其是缔约人。在他被认为是缔约人的范围内,他就像承担源于合同的责任一样,也要承担缔约过失责任,他是赔偿人。也就是说,他虽然为别人缔约,但是以自己的名义缔约。因为给

① 指作者在《当今罗马法和德意志私法教义学年鉴》,也即《耶林法学年鉴》第一卷第273页以下发表的题为"为他人法律行为进行的协作"的文章中提出的观点。——译者注

② 对于特尔的尝试,我在上文第5页已做了必要的介绍(此处第5页为原文页码,本文中为第3页脚注③——译者注)。

③ 指本文第8页。——译者注

予代理人的委托对代理人来说仅仅是缔约的动机，所以他对委托内容的错误属于动机错误，所以尽管他以完全不同于委托事项的方式执行了合同，但他受合同约束。这就如同错误的前提促使某人为自己缔结合同的情况。不像委托人委托的那样，订购四分之一箱香烟，而是根据自己的理解订购了四箱香烟的赔偿义务人就是想从出卖人那里购买四箱香烟，其意思的内容和表示之间没有矛盾，所以合同不因实质错误而无效。根据合同，当事人可以向另一方缔约人要求的是实际履行，而不仅仅是损害赔偿。与此相反，如果赔偿义务人说了不同于他所想的，例如写错了数字或者地址，那他和所有缔约人一样，仅仅承担基于缔约过失的损害赔偿责任。

代理人的法律地位在原本的意义上就是中间人，他们不像信使，信使仅仅是通知他人意思的机制，而代理人独立地以他人的名义订立合同，例如他应当自主地寻找他要租赁的房屋并商定价格。他的地位确定不属于本文的主题范围。如果人们认为他是自己缔约，那合同性过失的原则对他就有效；如果人们认为他仅仅是在通知委托人（通过委托人才可以个性化确定）的意思，则委托人是缔约人，代理人享有的就是信使的法律地位，就无须因为过失超越委托权限而对第三人承担责任。①

由缔约过失责任而生的请求权在程序法上主张的形式是合同诉讼。由此可得出如下结论：（1）在合同之诉根本不可能或者因为“过失”而不可能时，也不可以基于缔约过失而主张合同之诉。也即在非合同性行为中，例如让渡（Tradition）作为交易、设定用益物权、赠与或遗赠时，尽管产生了对人诉权（persönliche Klage），但却不可主张缔约过失之诉。此外，在根据罗马法排除了过失可能性的合同中——例如借贷，或者仅仅单方承担义务的合同——例如要式口约，也不可以基于缔约过失而主张合同之诉。与此相反，在单务合同中债权人一方因为另一方的缔约过失享有请求权是可能的，在下一部分我们会举出与此有关的例子。由此出发进一步的结果是，不能被要求履行合同的当事

---

① 《纽伦堡商法草案》第54条存在着不利于“商事代理人”的规定，在缔结交易时超越了授权范围的，相对人可以选择主张要求其损害赔偿或实际履行给付。

人,也就是被监护人,也不能被要求损害赔偿,因为针对他的损害赔偿诉讼根本不能发生。这个结论是否正确将在如下三、(三)中做进一步探讨。(2)该请求权随着合同之诉可以由双方当事人的继承人继承。(3)该请求权的诉讼时效根据合同诉讼来处理。

现在我转向在疑难案件中落实我的理论。

三、有关缔约过失的疑难案件分析

以下论述的任务在于提出所有可想象的、缔约过失理论可以适用的案件并给出结论,我愿意朝这个方向做得更多而不是更少。对于知名的理论来说这样做的必要性不大;而对于像此处提出的、刚要获得接受和承认的理论来说,这却是必要的。基于两方面的理由,在此我将提供大量的疑难案件:一方面,通过疑难案件可以说明该理论运用范围的宽度;另一方面,也为了将该理论置于实践可操作性的考验之下。如果该理论经受住了所有它所涉及的案件的考验,至少从这个角度来说,它也获得了其合理性。

就像以上所提到的那样,我将从三个角度将这些疑难案件的素材予以类型化:(1)主体没有能力;(2)客体没有能力;(3)合同意思不可靠:①表示;②意思本身。

(一)主体没有能力

众所周知,法律认为通过部分或者完全地剥脱某些人——例如对被监护人、[①]妇女(债务担保)、家子(金钱借贷)——处分或者承担义务的法律之力(Macht),以保护这些人免受本人或者其他人之害是必要的。但是给予他们的这种照顾,不能变成对所有其他人的无视,不能去威胁交易安全,所以法律必须意识到,由这些人订立的合同没有约束力之准则不能给完全没有过失的第三人带来灾难,换句话说,法律必须保护上述第三人免受这些受保护者的特权的亏待。和这种需求相适应,对于妇女和家子法律要求只有在另一方当事人知悉或者应当知悉此当事人是债务承担的妇女或家子时,审判委员会才可以作出妇女做出的债务承担无效的决议和不给予家子作出的金钱借贷债权人诉权的

① 对未成年人来说我认为该观点也是正确的。

命令。对于其他上述之人,他们所缔结的合同没有约束力不取决于(知悉或者应当知悉)这个前提,在对方当事人知道或者不知道他们没能力时,合同都会完全无效。在此法律是如何避免当事人所面临的交易风险呢?首先可供其使用的是恶意诉权。在法院宣布为挥霍者的人订立合同时,在一个其他人根据其神态或者外表都认为其已成年的24岁的未成年人订立合同(除了在人们无法知道或者不必然知道其没有能力的地方订立合同时,例如点酒)时,至少对我来说找到恶意是没有疑问的。就像普鲁士法那样(参见上文主体能力部分的论述),为了找到恶意并不要求一个关于能力的积极欺诈行为;在此,恶意就存在于沉默中。但是与此相反,也可能存在着其他情况,它们使得承认恶意变得不合理。例如我们考虑一下这样的案件:未成年人的监护人一直以来已习惯了同意未成年人签订某种合同(例如书籍拍卖委托),后者也深信他得到了同意,但在一个案件中事与愿违,监护人拒绝给予同意。(也可参见脚注44——此为原文脚注序号,在本文中为第30页脚注①)在此,恶意之诉无法实现其目的,因此可能只能求助于我们的诉权。但是否应当给予该诉权,老实说,对此我也不是特别确信。

存在着如下反对意见:首先,D. 50. 17. 19. pr. 指出,和他人订立合同的人既不知道也不必然知道该人的状态;但是这个债务不可强加于继承人,因为他不是根据自己的自由意志和受遗赠人订立的合同。探知缔约相对人的情况是当事人自己的事。其次,当合同诉讼根本不能提起时,如何来使用我们的诉权呢?最后,对被监护人免受轻率缔约致害的保护因此会落空。

第一个反对意见一看就是不成立的,我不想将其作为讨论的重点。已经有人①对此作出了评论:如果要想使得继承人的例子得出一个合理的结论,则该片段看起来是以债务人而不是债权人为关注点的。如

① 居亚斯,上述书,第八卷,第36页。此处还举出了其他例子;舒尔廷:《学说汇纂评注》前述内容。

果人们根据一般性的理解将其运用于债权人,则至少 D. 14. 6. 3. pr.[①]会指出它所确立的规则是不正确的。该规则将导致怎样的结果呢?一个差不多25岁的未成年人暂时生活在一个成年年龄较早的国家,在此每个人都认为他是成年人,他在一个疗养地租了一周的房子、吃饭、赌博等欠钱,他的监护人之后拒绝支付他的债务。人们不能认为在他一方存在着恶意,他一开始是有意履行自己义务的;人们也不能指责和他签订合同的人必然具有"non ignari ejus conditionis",这一点可以用 D. 14. 6. 3. pr. 的话来反驳:有关当事人在公共场合被大部分人认为是家父,他以家父身份出现,订立合同承担公共事务。也许人们可以根据其他理由反对基于缔约过失责任的合同诉权,但是却不可以根据此处的理由。

第二个反对意见含有臆测的成分(petitio principii)。它的问题其实在于是否不能根据合同诉权要求实际履行,也就不能要求损害赔偿了。驳回对某人提起的合同诉讼首先仅涉及合同的执行,但却没有解决由缔约过失产生义务的可能性问题。考虑到在既存的合同关系中人们要根据一般原则对过失承担责任,那就很难否认在合同生成过程中的这种责任。

第三个反对意见是最重要的。当然也不乏使其重要性降低的因素。风险事实上没有初看起来那么大。在如下案件中它是没有意义的,当相对人知道或者应当知道没有能力时[②]——在现场缔约时,也就是缔约人年轻的外表就说明他是未成年人的情况。在特定种类的过失不能归责于年轻人的案件中,基于该理由我将在未成年人的案件中拒绝给予缔约过失诉权。尽管未成年人在法源中被称为不法能力者(injuriae capaces),但是几乎无须提示的是,并不是对所有不法类型该能力都是一样的,该能力根据不同的不法类型而不同,它应根据该人的判断能力对这个年龄段来说能否被信赖的标准来确定,例如盗窃行为的归责能力比伪造行为的归责能力就应当早,侵害他人所有权客体的

---

① 该片段的内容是:如果有人认为某人是家父,不是因为他没有缘由地这么认为或者出于对法律的无知,而是因为有关当事人在公共场合被大部分人认为是家父,他以家父身份出现,订立合同承担公共事务,则不可适用不给予家子所作出的金钱借贷债权人诉权的审判委员会决议。——译者注

② 当对丧失理智者和法院宣布的挥霍者监护时,存在着公告。

归责能力比我们的缔约过失责任要早。在认定后者时个人的情况具有决定意义。所以如果一个年轻人根据经验知道他订立的合同没有约束力,而且他的监护人不允许他订立任何合同,在他第二次诱导一个对他没有能力没有责任的不知情的外国人订立合同时,例如向外国的旧书店以书面形式发出卖书的要约,我将承认他的归责能力。在不能发现恶意的范围内,人们几乎不能避开基于缔约过失的责任。

最后,针对上述反对意见还可以指出,由缔约过失产生的责任数额原则上要比从合同本身中产生的责任数额少。尽管订购酒的未成年人必须填补他所引起的卖方将酒运来运去的费用,但他的处境永远比他必须保留酒还是要好得多。

尽管在我看来允许对未成年人提起缔约过失之诉的理由是很充分的,但是就像我已经提到的,我依然愿意承认该问题并非完全没有疑问,此外我也不认为该诉权如此重要,因为大部分案件可以通过恶意诉权解决。[①]

对醉酒者缔结的合同也可以提出我们的问题。尽管在他完全处于丧失意志能力状态的情况下亲自缔结合同时,相对人必然会注意到这一点。但如果他派出了信使,例如通过酒店的伙计为第二天定了一辆车,第二天他又不想坐了,则情况就不是这样了。在此合同没有缔结,也很少出现恶意,但是如同因为他自己有过失地使自己处于醉酒状态,所以他应当对处于这种状态而没有归责能力时从事的侵权行为承担责任一样,他也应当对这种状态时的缔约过失承担责任。处于这种状态时人们不应当缔结合同。

缺乏处分权限——尤其是出售禁止时——可以和个人没有行为能力同等看待。[②] 出售禁止引起缔约过失之诉权的前提是,它涉及合同的缔结,也就是说,不仅是当事人所打算的所有权转移,而且以此为指向的债权关系也被宣告无效了,例如一个诉争标的的买卖。[③] 根据优

---

① 在受监护人缺乏处分权限的理论中,人们不应该忽视关注恶意诉权。

② 其他的例子:不知道出卖人一方的出口禁令;无票据能力的人签发票据,对方当事人不知悉其没有票据能力;根据罗马法有些人对有些租赁没有能力(参见普赫塔:《学说汇纂》,第365节,注释)。

③ L. 27 § 1. ad SC. Vellej. si. litigiosum praedium emerit.

士丁尼安法中的实证规定,[①]出卖人在此应当向买受人支付买卖价格的三分之一作为惩罚。和我一样认为今天这样的规定不实用的人会主张在出卖人恶意时,买受人可以主张恶意之诉;在出卖人善意时,例如对争讼不知悉的继承人从事了出卖行为,则应当主张缔约过失之诉。

(二)客体没有能力

除了在第一部分中已充分分析的两类案件外,在法源中还存在着其他几种案件。经常提到的还有这样一类案件,尽管该案件对于我们已经没有实践意义了,但却不应当忽视它。为了避免在第一部分引入一个有争议的案件影响建立在没有争议的法源基础上的(对缔约过失的)探讨,我没有在第一部分处理该案件。从我们已经建立的理论基础出发,正确理解该案件将不再困难。

在该案中出卖人把一个自由人当作了奴隶。根据一般原则该买卖必须和不可交易物的买卖一样看待,因为他的目的和后者一样在于完成一个完全不可能的给付。事实上,已经有几个片段明确承认了这种同样对待,[②]但是也有片段似乎主张相反的观点,它们将买受人不知情的案件说成是"买卖"(emtio),[③]将追夺给付(Eviktionsleisung)的要式

① C.4.37.4.1.

② D.18.1.4(如果买受人对此不知情,出卖自由人——或者出卖人们不能占有的神圣以及宗教场所——的买卖被视为有效。——译者注),I.3.23.5[任何人知道买卖的是圣地、宗教场所以及公共场所,例如市场或者大会堂,则(该买卖)无效。但如果他因出售人欺骗将这些物当作私人或者世俗的东西买卖,因为他无法获取该物,他可以提起如下买卖之诉:赔偿如果他没有被欺骗时的利益。将自由人当作奴隶买的人也享有该诉权——译者注],和要式口约有关的是D.44.4.8.9.

③ Emtionem Contrahi posse,参见D.18.1.70(大部分人主张,在出卖人不知情的前提下,出卖自由人的合同有效;在出卖人明知被出卖人是自由的,却是善意时,合同也被认为有效;但如果买受人知道他所买的是自由人,则合同无效。——译者注),D.40.13.4;Emtio intelligitur 参见D.18.1.4;scientem emere non posse,参见D.18.1.6.pr.(Celsus der Juengere 却说,在明示时,人们不能买自由人,不存在不可出售的物的买卖。这些不可出售物例如神圣场所或者宗教场所或者缺乏法律上的交易能力的物,例如公共场地如练兵场,它不属于民众的金钱财产,而服务于公共使用。——译者注),D.18.1 34.2(在明知的情况下,我们不能购买自由人,即使附有"如果他成为了奴隶"这种条件的买卖或者要式口约也是不被允许的,尽管我们已经说过,人们可以买卖将来物。因为期望这样的事出现是罪恶的。——译者注)

口约解释为有效①。在此也不乏被这种表现所蒙蔽的论者。②

如果出卖自由人的合同真有效的话,就必然可以诉求履行或者诉请实现履行利益。是这样吗?没有任何片段说到这一点,事物的性质与此相反。自由人的价值如何得到尊重?人们应当向对待奴隶那样确定自由人的皮重吗?通过该权利人们将似乎会把非交易物升格为交易物。毫无疑问,在此价值或者履行利益被排除了。③

如果买卖自由人的合同可以产生履行利益之诉,那要式口约必然也可以。然而 D. 44. 7. 1. 9 明确将要式口约称为"无效"(inutilis),因为客体"基于自然原因而无效"(tale sit,ut darin non possit)——该理由对买卖合同的可适用性并不比要式口约小——并且在此自由人和"神圣或者宗教场所"也被完全一样看待。

如果可以要求履行利益,那么买卖合同根据我们上述的分析(第 8 页)就不是无效而是有效了,但是帕比尼安却明确地宣布其"无效"。④

如果买物之诉指向于履行利益的观点处处碰壁的话,是什么妨碍了我们用消极的合同利益(第 16 页)去代替它?唯一的妨碍理由是关于"买卖"的规定位于脚注 65 中*提到的片段中。但 D. 18. 1. 4 指明了此处"买卖"的意指。在 D. 18. 1. 4 中,彭波尼(Pomponius)将该表述既

---

① 参见 D. 40. 13. 20. 4,缔结了关于返还的要式口约(此处的片段标注似乎有误,D. 40. 13 并没有 20 这个片段。从内容上看,此处的片段需要应为 D. 40. 13. 4. 。——译者注),C. 8. 45. 25,C. 7. 17. 2。

② 例如,蒙森:《债法论文》第一卷,第 125 页以下;萨维尼:《债法》第二卷,第 290 页。

③ 对我来说,在 Spruchfakultaetspraxis 曾出现过这样的案例,有一块公共场地被木材商人常年作为卸货场使用,他的继承人在不知情的情况下将其卖掉了,在此为什么人们没法对这块土地进行估价呢?

④ D. 16. 1. 27. 1,"(如果为一个商事交往设置的奴隶以为妇女是适格的市民,和她订立了合同,则妇女可以用审委会抗辩来对抗所有权人。所有权人的地位通过奴隶明显地没有变坏;更多是所有权人什么也没有得到,)就像奴隶购买了有争议的土地或自由人一样。"(括号中内容为译者根据原片段的全部内容所添加——译者注)由其和宗教用地买卖的案件放在一起的现象可以得知,在此买卖涉及合同而不是让渡。根据正确的观点(参见 Von Vangerow:《教科书》第一卷,第 6 版,第 160 节,第 288 页注释),在宗教用地买卖中是出售合同而不是所有权让渡无效。

* 此处为原文脚注的序号,指本文第 40 页脚注②——译者注

用于神圣或者宗教场所的出卖,又用于自由人的出卖。就前者而言,按照我们以前的研究,买物之诉仅指向于消极合同利益,法学家在谈到买物之诉时,仅意指是这种效力。因为买卖自由人的案件和该案件是一样的,所以在买卖自由人的案件中买物之诉也没有其他的含义。这样一来,片段D.18.1.70① 和片段I.3.23.5之间的矛盾②就消除了,在两个案件中,买物之诉都明确地仅确保消极合同利益:他没有被欺骗时的利益。

这样一来,允许追夺给付(Eviktionsleisung)请求权所引起的表面上的困难也就一下子解决了。这个请求权可以指向积极合同利益(例如,当物现在的价值比出卖时高时),但是买受人却不需要它,买受人可以主张消极合同利益,限于填补自己为该物支出的费用。③ 对于我们的案件有几个片段一般性宣布买受人享有"利益",④根据迄今为止的分析,我们应当知道此处的利益作何理解。⑤ 在所谓的奴隶买卖中,无论是在交付给买受人之前或者在此后该奴隶被恢复自由身份(libertatem vindicirt),两种情况下买受人都可以主张"没有被欺骗时可以获得的"(quod ejus interfuit,non deceptum esse),并且在两种情况中,该请求权都不以买卖合同有效为前提。显而易见的是,买受人在此如在所有情况下一样,必须事先确定他的利益数额,因此脚注66* 中的片段"缔结了关于返还的要式口约"不会引起任何困难。

除了法律上的客体没有能力外,物自然地不存在也会导致客观不能。除了上述第一部分所分析的出卖不存在的遗产案件外,法源中还

---

① D.18.1.70 该片段的内容是:许多人认为,在善意的情况下,自由人的买卖是有效的。如果出卖人知道被出卖的人是自由的,而买受人是善意时,这一点也得到承认。如果与此相反,买受人知道买的是自由人,则买卖无效。——译者注

② I.3.23.5 认为买卖自由人的合同无效;而D.18.1.70 认为买卖合同在一定条件下有效,所以作者认为此处存在矛盾。——译者注。

③ 例如,购买奴隶时的教育费用,亦可参见D.6.1.27.5,D.6.1.28 至D.6.1.31.

④ C.8.45.18,C.7.45.8,C.7.17.2.

⑤ 以前我们使用过的片段D.18.4.9所作同样的表述,尽管如此它所涵盖的其实也是消极利益。

* 指本文第40页脚注③——译者注

存在其他案件。但是它们并没有就买卖的约束力问题给出详尽的回答。这也是为何我要在此处分析这些案件的原因。

物的存在可以分为现在存在和将来存在。在后一种情况下，只有出卖人提前就知道而买受人没有过错的不知悉物的出现不可能的前提下，才会涉及缔约过失之诉。D. 19. 1. 21. pr. 涉及的就是这类案件：如果出卖的是女奴的胎儿，但该女奴却不能怀孕或者年龄大于 50 岁，则在买受人对此不知情时，出卖人基于买卖关系承担责任。显而易见的是，这样的合同没有合同本身的效力，不可基于这样的合同诉请履行利益。因此，该片段仅意味着消极合同利益，也就是基于缔约过失的买物之诉(act. emti)。[①] 我想提出的问题是，[②]是否缔约过失诉权的前提在期待权买卖(emtio spei)的情况下就不会出现。与此相反，无须讨论的是，通过主观不能而导致的不能给付将来物从来不适合我们的规则；在此合同是有效的，诉权指向于履行利益。

双方都以它的存在为(订立合同)前提的物不存在的原因在于它从来没有存在过或者它已经灭失了。后一种情况又可分为允诺人知道以及不知道这种情况两种类型。允诺人知道，则他存在着恶意，根据已知的规则承担责任；在允诺人不知情时，根据法源[③]似乎任何责任都被排除了，因为其评论仅在于合同无效，并没有考虑发生缔约过失的可能。然而就像错误的情况一样，如果人们考虑到这样的过失的话，就会运用我们的理论。但原则上允诺人不知情时不能被指责；法源中也存在这样的案例，但其案件事实也可以作出(和法源)相反的建构。我们假设这样的案件，有人在海船已经报告沉没后出租它。在此出租人必然知道该情况，如果另一方通过合同订立遭受了不利益，例如货物在此期间因为政治事件而涨价了，则在双方当事人身上都出现了适用缔约过失之诉的前提。

物灭失的案件和上述案件是一样的，如果该物在合同存续期间从出卖人的财产中被分离出去了，前提也是双方当事人都以相反的假设

① 蒙森上述书第 133 页，也持相同的观点。

② D. 18. 4. 12 明确提到了期待权买卖(Hoffungskauf)时恶意的情况。

③ D. 18. 1. 15. 57.

为出发点。在拍卖活动中,有人出价购买一部罕有的著作,在场的一个旧书商通过提出他以现有的价格将"自己的版本"卖给该人,促使他放弃了进一步的报价,但是该旧书商根本不知道该书已经被自己的伙计给卖掉了。我认为,在此不能诉请履行合同,因为任何一方当事人考虑的都不是任意一个那个书的版本,而是以特定方式确定的"他的版本",而该版本已经不存在了。出卖人必然知道,买受人会因为这个买卖而遭受损失(例如他以其他方式获得该书,但会支付比拍卖会上获得那本书更高的价格),所以买受人根据缔约过失享有买物之诉。

本案事实上是在出售一个不存在的物,如果案情是出卖人从来没有占有过该标的,则本案会变得更清楚。双方当事人的目的在此不再是无论如何都要交付一个版本,其意愿默示的以出卖人占有的版本为前提。如同对特定方式标识出来的一卷钱的遗赠因为缺乏客体而无效一样,如果遗赠人从没有留出这卷钱或者后来他拆封、花掉了这卷钱,则客体不会转移到遗赠人同样数量的钱上,同样对一个个性化确定的、以特定要素存在为前提的客体的买卖也不能变更为对抽象确定的客体的买卖。"我的版本"和"如果我还占有一个版本"是一个意思。

出卖的客体不仅可以是物,而且可以是权利。对权利我们谈到的规则还有效吗?如果有效的话,允诺转移权利但根本没有拥有权利——例如地上权(Superficies)、永佃权(Emphyteusis)、继承权、债权——的人则可以简单地主张履行因客体的不存在而不可能。一个出卖所谓的属于他的物的人也享有这样的权利,因为所谓的所有权根本就不存在。在此,主观不能和客观不能的对立呈现出一种不同的形态。当以为存在的权利以及它的转移不仅对于这个出卖人,而且对于任何一个出卖人都是不可能时,客观不能出现。在此合同无效,缔约过失之诉有适用的空间。因为权利不能而发生的客观不能包括:出卖生者的继承权或者(根据早期罗马法)家子的继承权,在开奖后出售彩票,出售一个已经在一个地方被取消了的司法权、特权等;因转让不能而发生的客观不能包括:出售土地役权(Prädialservitut)或者用益(Usus)。只有在后两种案件中以及在其他案件中当买方是本国人也就是必然了解法律时,缔约过失诉权才会因为买受人一方的法律错误而被排除了。

与此不同的是,如果属于出卖人的权利根本能够存在,但却在任何地方都不存在或者在出卖人处不存在。任何误以为在他人的土地或者地面上享有一个地上权并出卖了它的人都应当给付履行利益。在此是否该地上权在他人之处可以存在是无关紧要的;该给付本身是可能的。在此前后完全一致的是,在罗马法上出卖人出卖不存在的债权时是要承担责任的。[①] 是否所谓的债权在其他人处真正存在——例如东西遗赠给了 X,但是存在着两个这样的名字,两人都主张该请求权,现一人受让了该请求权,而另外一个人是遗赠人真正愿意遗赠的人——或不存在,在此并没有区别,只要一个这样的债权真正可能存在就行。被禁止的赌博债权的出卖或者——在法国法上——(非婚生子女)对其父亲的抚养费请求权的出卖并不能产生约束力——该请求权在法律上和生者继承权一样是不可想象的,但是有人对某人不享有一个源自借贷的请求权不能如同他对某人没有继承权一样导致他本人的不能。他本能够享有它并且因为他确保能够享有它,所以他必须为此承担责任。与此相反,在不存在的物上任何人都不能享有所有权。

(三)合同意思的不可靠

意思进入外部世界的形式是通过语言或者行为所为的表示。意思的表达和意思本身却可能分离。或者意思缺乏严肃性,表示根据说话者或者行为者的目的并不应当具有真正的意义;或者虽然存在着意思,但是表达却无法涵盖它。

相对于这些可能性法律可以采取两种方案。它可以彻底不给予"意思"任何效力,也即在确定表意人是否以及想要什么的这个问题时,仅求助于表意人的表达方式。这样一来,任何对其他意愿的主张都被排除了,也就是不仅不再顾及伪装、谐谑或者错误等抗辩,而且不可以通过逻辑解释的方法调查和完善真正的意思内容。行为导向的模式在本质上是古罗马法定的模式,绝对交易安全的优势使其具有合理性;但极大的危险性又导致它不合理。新罗马法认为上述方案的不利之处大于有利之处,所以选择了相反的方案。它承认意思表示虚伪性是一

① 参见 D. 18. 4. 5 蒙森在前述书第 133 页的观点是不正确的,他忽视了文献中设定的区别。在此存在着一个对 D. 18. 4. 7 和 D. 18. 4. 8 的偏离。D. 18. 4. 7 和 D. 18. 4. 8 是为继承权的出售设定的规则。

个原则,允许对其修正,甚至允许完全排除意思外在表达的效力——前者通过逻辑解释,后者通过主张戏谑、错误等。这样一来似乎它为了堵住一个危险之源又开启了其他危险之源,也就是另一方的不安全。这一点尽管不会因逻辑解释而产生——因为逻辑解释建立在真实意思是可知的基础上,也就是它不仅为法官而且为另一方可知悉或应知悉,[①]但可能通过允许意思具有瑕疵的抗辩而导致。如果具体情况不足以导致对方当事人无法相信表示的可信赖性,那信赖该表示就是他的权利,他也无须通过重复的发问获得对表示可信赖性的确信。现在他出于这种信赖,缔结了合同并在此基础上采取了措施,履行了它,放弃了其他有利的缔约机会,但此后相对人主张,一切都只是个玩笑、他写错了或者他搞错了人或者物等,合同被宣告无效了,没有过错的一方承担了另一方不谨慎、不小心、疏忽所带来的成本。

这个如此明确的危险和不公平在法源中却根本没有被顾及,尽管在法源中经常遇到这样的案件。我们不去理会是否罗马人对此真的没感觉。这种案件出现了,需要对相对人予以保护以及罗马法为我们提供了缔约中的照顾义务这个规则用以保护相对人,这些就足够了。在缔约时每个人都必须为自己意思表示的可信赖性负责,使得对方当事人以为已经完满成立的合同事实上无法成立的意思表示瑕疵,将会使该表示人承担损害赔偿责任。*

在意思表示不可信赖的案件(意思的内容和形式的不同)之外,还存在着另外一种案件类型,也即意思本身的不可信赖性(也即,以前的愿意和现在不愿意之间有差距)。两类案件的不同将会在如下的分析中得以澄清,这种不同也构成了如下分析的基础。

1. 表示的不可信赖

这首先涉及表示不是认真的、不以产生约束力为目的的情况。需要明确的是虚伪行为完全不属于该类型案件,因为虚伪行为以双方都

---

① 在解释合同时,这一点必须得到严格坚守。法官不必顾及尽管可以确定表意人的真实意思,但另一方根本不知道或者不能知道的事实和情况。换句话说,他不能决定什么是表意人的真实意思,而是应该决定相对人根据他所处的情况如何理解该意思。

* 参见本文第27页。——译者注

同意为前提,所以虚伪行为尽管可能会诱导第三人,但不会诱导缔约人错误地以为存在合同,因此可以构成恶意之诉,但不可以构成我们的诉权。我想通过戏谑的案件来说明该(表示不是认真的、不以产生约束力为目的的)情况。如果情况是相对人本应当知悉意思表示人缺乏严肃的意愿,[①]而他没有认识到这一点,则他本身就具有过失,因此不能基于此原因主张缔约过失之诉。如果情况不是这样的,则我认为戏谑的抗辩根本不应当被许可,尽管从(相对人在缔结合同时不知道的)戏谑的情况中可以产生意思缺乏严肃性的证明。[②] 在我看来,在此应当适用我在脚注 78 中(此为原文脚注,本文中为第 46 页脚注①)提出的解释规则。

这样看来有意的意思和表示不合致的案件不能适用缔约过失诉权。但有一种案件值得进一步思考。为了向另一方说明汇票的形式,向他人出具了汇票。自己作为出票人,他人作为收款人,第三人作为付款人。他人受领了这样的汇票并将它背书给了其他人。被背书人能向签发人追偿吗?如果追偿在票据程序中无法进行,并且向背书人追偿无果,则可以适用缔约过失诉权,因为在出票人一方存在过失,他交出了汇票单据。由于在真实票据的情况下,背书使得出票人和被背书人之间建立了债权债务关系,也就是此方通过在票据上背书,在一定程度上是和不特定的人(in personam incertam)订立合同,所以人们不能提出在此过失是合同外过失的反对意见。

比有意使意思和表示不一致更重要的案件是无意的意思和表示的不一致。表意人真的有所意愿,但是他所意愿的是他人从他的表述中没有获得且无法获得的。或者因为他的错误,也即他对合同要素形成了一个和事实不符合的观念;或者在通知意思时存在疏忽。例如,一个剧院经理打算聘请一个歌星,但是却将该歌星和另外一个同姓者,如她

---

① 例如有人允诺如果伙计给他足够瓶酒的话,他将给伙计 100 金路易。

② 某人借着酒劲开玩笑,他将横扫市场,买下所有市场上的 Fuder Heu,并从他刚作完客的那家房前经过。出卖人丝毫没有理由认为该人在开玩笑,尽管法官对此没有任何怀疑。我所知悉的另外一个案件就不是这样的,在本案中,一个学生在母牛的拍卖会上出了一个最高的价格,所有出席拍卖会的人都清楚他的戏谑目的。

的妹妹,混淆了,从而聘请了另外一个,他对他要缔约的当事人有颠倒的认识,他犯错了。与此相反,如果他知道存在两个人并知道他人的名字,但在通信地址处写错了名字,那他没有错误,而是在通知他的意思时存在疏忽,进而他是他人错误的制造者。我们先来分析错误的案件。

法律承认实质错误是合同无效的原因越是合理,就越需要缔约过失之诉来完善它。在上述案件中,当该歌星放弃迄今为止的邀请,来到(剧院)后,当事人发现搞混淆时,她应当被简单地通过"在合同当事人方面存在着实质性错误","合同无效"等言语打发掉吗?我们应当承认,她不仅享有填补旅费的正当要求,而且还有填补其他损害的要求。当药剂师或者森林管理员以为印度日耳曼语词根词典(Indogermanisches Wurzellexikon)涉及药用根茎,①就在出版商处订购了该书时,人们可能会赞成,因为对客体实质性特征存在错误,因而他们不受合同约束。但在出版商不愿意收回该书时,由书的销售商承担损失是违反任何人法感情的。

实质错误是一种人们容易尝试使用解释多义表述的规则而不是错误规则(解决由它引起的争议)的制度。与有些货币有关的表达的不同意义成了大量双双误解的根源;存在着不止一种在这个地方的含义不同于其他地方的表述。② 通常情况下人们主张,该表述在争议所在地的含义决定了当事人争议中该表述的意义。所以,例如一个外国人在不来梅签订了一份以塔勒为单位的合同,就必须使用金塔勒。我认为在一般意义上这肯定是不对的。只有主张自己曾在不同于当地意义上使用有关表述的一方知悉或应当知悉该表述在当地的意义之前提

---

① 因为 Wurzeln 有根茎的意思,所以从字面上看"Wurzellexikon"的意思就是"根茎词典",因此产生外行的误解。——译者注

② 例如,塔勒(Thaler 分为普鲁士塔勒、不来梅金塔勒、南德意志王冠塔勒);古尔登(Gulden,分为南德意志古尔登和北德意志古尔登);格罗申(Groschen,分为三十字格罗申、银格罗申、好格罗申);赛克塞(Sechser,分为6克朗或6芬尼);先令(Schilling,分为汉堡先令=40普鲁士塔勒,梅克伦堡先令=48普鲁士塔勒,丹麦先令=128普鲁士塔勒);法郎(Frank,分为法国法郎=28克朗,瑞士法郎=40克朗);格劳盾(Groten,分为不来梅格劳盾和奥登堡格劳盾);马克(分为 Courant, Banco 和丹麦马克)等。这种多样性也表现在长度单位和重量单位上:艾勒(Elle)、英尺(Fuß)、磅(Pfund)等。

下,上述观点才是正确的。在这种情况下,通过放弃按照他的意义确定有关表述的含义,他接受了当地常用的意义。在外国人根本不知道有关表述含义的案件中,情况则完全不同。例如,一个法国人基于一个瑞士报纸上以法郎(但没表示其为瑞士法郎)为计价单位的广告,错误拟定了一个合同条款;一个刚来汉堡的丹麦人以确定数量的先令出售或者购买商品,但他根本不知道这个表述在当地具有不同于他的祖国的价值。在此处和彼处一样,双方对于价格根本没有合意,如果人们打算在此简单地使用该表述的当地含义的话,这就意味着所有关于实质错误的规则在此都不被承认了。罗马法在当事人对于价格存在意见分歧时,明确宣布合同无效;①误解是如何引起的,在任何地方都不重要,我们也不需要去关注它。双方当事人对特定数额的法郎或者先令的合意仅停留在字面上,停留在数额上,而不是在内容上;事实上当事人对价格在第一个案件中以7:10的比例,在后一个案件中以5:16的比例存在分歧。

笔者一方面在上述案件中认定合同无效,但另一方面将上述案件置于缔约过失规则之下。双方都没有理由认为法郎和先令在他的家乡之外的整个世界上具有共同的意义,他们应当在此前对此予以核实;因为他们没有做这项工作,所以他们应当对因此而产生的损害承担责任,也即是在特定情况下,支付所有对方所期待的价款。一个普鲁士人在不莱梅花10塔勒雇用了车夫,在行程结束后他知悉塔勒指的是金塔勒,他应当向对方支付该10塔勒,这是因为在此消极合同利益和积极合同利益是一样的。

和上述案例类似的情况是因为不知悉外语、技术用语、外来词等引起的误解。人们不能指责一个不完全会德语的、来德国的法国人用德语缔结合同却又对自己的事不完全确定。如果他使用自己母语的话,则事情就会完全反过来;他能够完全清楚、明了地表达,是没有过失的,

---

① D.19.2.52(如果我以10的价格将庄园出租给你,而你却认为以5的价格租了它,则我们之间不存在合同。但是如果我认为我以较低的价格出租了它,而你以为以较高的价格租了它,无论如何租赁合同不是以比我认为的价格高的租金缔结的。——译者注)

但可能他的相对人却没有用法语理解谈判的能力。此时,(使用母语)的法国人应当小心留神,并确定已正确理解了对方的表达。

对于通常的标识、简写[①]等的误解也属于这种类型。机械师在公布他的价目表时使用通常的符号来标识米(Meter)、寸(Zoll)、雷尼尔[②]等,则他可以期待在他那儿订货的人知悉这些符号的意义,订货人搞混了上述符号,尽管可能导致合同无效,但是避免不了缔约过失的指责,应承担其责任。

如果缔约人主张曾在不同于当地或者交易空间所使用的意义上使用表述或符号,而他又知道该表述或者符号在当地或者交易空间中的意义,则在所有迄今为止分析的案件中所谓的意思分歧根本不应当被顾及。一个和汉堡有业务往来的丹麦商人知悉马克和先令在汉堡和丹麦的价值差异,无论如何他的"他按照他的意义理解出卖人以先令表示的价格"的主张都根本不应当被听取。

我现在转向"疏忽"(Versehen)的案件。被告知道他想要什么,本身也没有陷入错误,但是在表示他的意思时犯了错误,该错误导致或必然导致原告对被告意思的错误。

就表达错误的问题,我再次重复上文关于区分解释领域和实质错误领域的观点。由于一方必然在这个意义上理解有关表述,所以另一方也受该理解约束的推理在此和在上述错误的案件中一样是不合理的。在特定情况下,它将导致事后无法否认合同;表意人由于愚钝而选错了表达方式,不知悉这种情况的对方当事人必然从他的处境出发对该表述做完全不同的理解,如果人们通过解释强迫合意,这对双方都将是不公平的。双方当事人所意愿的是不同的东西,没有合意,因为他们没有一致意见。所以合同是无效的,但是因为自己(表述)的不清楚而导致误解的一方应承担缔约过失责任。

起草对第三人的书面委托是疏忽的一种特有形式。在委托他人向"转交人本人"支付一笔钱的情况下,如果盗窃了委托书的人而不是委

---

① 我的一个熟人在汉堡的旧书商那里定了一些旧书,他认为书商的价目表上使用的马克符号的意思是银格罗申,卖方和买方在此对于价格存在着十倍的分歧。

② Linien为德国旧的长度单位,介于2和2.25毫米之间。——译者注

托人所意欲的转交人转交了文书并收取了那笔钱,则委托人应当为自己的疏忽承担责任。同样,如果他在标识钱的数额时出现了疏忽,例如他只写了数字,没有用字母将其重复一遍,并在数字后留了太多的空地,以至于再加一个数字还是可能的。[①] 和上述案件一样,在这儿委托书是不完美的,委托人并不想出具这样内容的委托书,但他的疏忽却导致受托人必然按照该意义理解该委托书。

以上所述也适用于某人出于特定的目的(例如为了向某人在公共图书馆支付押金,在有些地方这是必要的)而签发了空白票据,在该票据的空白处写着承担汇款、担保等内容。由新近几个作者[②]提出并作肯定回答的问题:在债权凭证、汇票、不记名证券违背签发人的意愿丢失后,该人是否必须对最后的持有人(受让人、被背书人、持有人)承担责任,也可以按照我们的规则得以回答。答案是肯定的,但是只可以根据缔约过失规则,接收人只可以要求赔偿损害,也就是如果他购买了该证券,则可以要求承担责任,但如果他获赠了该证券则不可以。

接下来我们来处理通知意思时的疏忽。我主要分析两种情况,也即自己以书面形式通知以及通过中间人通知。

无须赘述的是,涉及合同实质要点——例如数量、地址等——的书写错误将导致合同无效并作为缔约过失而引起承担损害赔偿义务的后果。但需要提醒的是,在此首先需要另一方满足善意(bona fides)的要求。就我们迄今为止处理过的案件而言,也可能出现如下类型的情况,根据这些情况原告应当知悉对方当事人存在着疏忽,例如从提供给他的不成比例的数额可以知道另一方弄错了硬币的价值。一个商人从他

① 在我的几个熟人身上就发生了一个这样的典型案例,尽管在该案中各方的过失相抵了。一个以前为 A 提供过服务的伙计走向了他们中的一个人 A,告诉他,在他生病一段时间后,他打算返回家乡,但是他依然缺少 2 法郎的路费,所以向 A 和 A 的朋友 B 求助。A 没有零钱,于是他给 B 写了如下内容的信:"亲爱的朋友,X 请求我们看在熟人的面子上补齐他依然欠缺的路费。我没有零钱,你把全部都给他吧;我的一半我明天早上给你。"X 带着这封信首先到 B 那儿,说自己所需要的是 3 法郎,并获得了该 3 法郎,但是没有把信还给 B。接着他拿着该信在共同的朋友 C 和 D 处得手。

② 拜尔:《论承认》,第 239 页,注释 3;翁格尔:《有价证券的法律属性》,第 125 页,注释 8。

的顾客处收到一封信,要订购10公担商品,但是该顾客习惯订购10到12磅商品。在这种情况下他应当怀疑该顾客疏忽大意地将公担的符号看成了磅的符号,作为正直的人,他应当通过问询查实这一点。同样的情况如以"千"(Mille)订购的物品,如雪茄,订单上写的是300万(Million);或者收到一个订单,但是从其内容应当推知,定货人所指的不是他,而是同一地点的一名同名的竞争者,只是订货人疏忽了名字而已。

笔迹不清晰的案件也可以通过我们的视角予以解决。如果有人写1-2块,但是中间的短线写得太小并且不清晰,以至于任何人必然将其识别为12;或者有人使用了个性化的缩写符号,但相对人却可以如他所愿地识别它。与此不同,在由一方为特定的一批货确定供货期限时,尽管笔体特征表明Jan=Junuar(一月),但客观情况指向的却是Jun=Juni(六月)的案件中,相对人又是不可免责的。

在自己通过书信通知时几乎很难找到当事人的过失不是显而易见的案件,而通过中间人通知时情况则完全不同了。尽管选择信使的行为——例如选择一个孩子、一个三心二意的人或者精神耗弱者——本身可能就构成了选人过失(culpa in eligendo),在此对此也无法提出质疑。但当他使用一个在他看来完全可以信赖的熟人,甚至国家机构,例如电报时,是否存在过失就非常有疑问了。如果在这样的情况下,他也应当对因为一个错误的订货而给对方当事人造成的损害承担责任,则我们可以推断,选择这样的通知方式本身就是一种过失了。

事实上,我并不反对使利用这些通知手段的人为自己(对这些通知手段)的信赖承担责任。无论是信使还是电报都不能提供绝对可靠的对表示的真实传递,因为即使是最值得信赖的信使也可能心不在焉,也可能忘记什么,电报通知的安全性不仅仅会因为报务员些小的疏忽,而且会因为雷雨天气、电路故障等受到影响。从他人处直接收到口头或者书面通知的人,因此会绝对信赖(该通知)的真实性,①如果该他人因为过错而出现了疏忽,该人应当对该疏忽承担责任。与此不同,间接

① 不同于自己书写书信,没有书写能力而让他人代写书信者,应该为代书人的疏忽或者有意歪曲承担责任。

通知为第三人疏忽的介入提供了机会，使他人遭受了他不可控告之人的粗心、心不在焉之害。尽管对交易来讲这种通知方式是不可或缺的，但是使用该通知方式的人应知悉其虚假性，如果他不愿意让这种虚假出现的话——在出现虚假时他要承担责任，则他应当确认自己的订单被正确地转交了：例如在电报通知时，通过回复电报；在信使通知时，通过其他方式再查明一下；通过通信通知时，通过出示或者签署自己所写的信件。但不论采取了怎样的安全措施，不是自己口头或者书面通知而是优先选择这种可能导致错误的通知手段的人，应当承担自己选择的风险。①

罗马法中并没有关于我们所讨论的问题的直接表述，但在该问题上它至少提供了确凿的论据。我希望有机会时能证明如下原则：有义务从事行为的人，让他人实施了该行为，则他无论如何对该人的过错都要承担责任；与此相反，仅需要挑选他人从事行为的人，仅在他出现选人过失时，才需要对该人的过失承担责任。② 将物交给他人以便转交的出借人（Commodatar）无论如何要承担责任，如果转交人摔掉了该物或侵吞了该物等；与此相反，对订购的货物不需要亲自转交只需要选择他人来转交的外地商人不需要承担责任，如果他对转运人或者承运人的选择无可指摘的话。将上述区分运用于我们讨论的问题，则可以说：每个缔约人都必须亲自表达自己的意思；使用他人表达自己意思者，应自担风险，或者用我们前引的片段中的句话来说，因为他自甘风险地使

① 在第6页我们所提到的案件（此处页码为原文页码，其所指的案件是文首“科隆的某公司X公司通过电报委托法兰克福的证券公司Z”的案件）中，对电报公函发出者的谴责在此彻底得到合理性说明。

② 参见 D. 17. 4. 8. 4：……他不能主张已经委托给了共同监护人而免责，因为本来他应该自己去买卖……（本片段的引用似乎有误。《学说汇纂》第十七卷并没有第4章，而只有两章。从片段引用的内容来看，正确出处应该是 D. 17. 1. 8. 4. ——译者注）D. 19. 2. 27. 7：……前提是，损失由他的或者他使用的辅助人的过失所引起……（本片段引用似乎也有误。《学说汇纂》第十九卷，第2章，第27节只有两个片段；从内容上看，该片段应该是 D. 19. 2. 15. 7. ）。D. 4. 9. 7. pr. ：……因为他自甘风险地使用了他人，所以有充分的理由让他对他人的行为承担责任（可以和 D. 44. 7. 5. 6 比较）。D. 17. 2. 23. 1（参见上述第38页——本文页码为第24页。）。根据以上片段，在此我不赞同乌贝洛德（Ubbelohde）最近在《实用法学档案》第7卷第229页以下就该问题发表的论文中的观点。

用了他人,所以有充分的理由让他对他人的行为承担责任(factum eorum praestare debet, cum ipse eos suo periculo adhibuerit.)。

在意思受领人利用(意思表示人的)信使转达自己的回复,而该信使在转达答复时存在过失时该如何处理呢?在此缔约中的过失似乎更多地存在于受领人一方,但无论如何双方的过失是可以相抵的。或者我们能持这样的观点吗?也即被要求通过信使立刻答复的人,仅仅是在利用对方当事人所意愿的通知媒介,所以对方当事人应对该媒介承担责任。

我必须承认,在该问题上我不是特别的确定。但无论如何,如果答复的复杂性或者信使的个性,例如儿童,足以引起使答复者特别的注意,例如采取书面答复,则我赞同第一种意见。

2. 意思本身不可靠

(1)非现场缔约时要约的撤销

不在场者的缔约对受要约人存在着固有的风险。受要约人收到要约时,可能通知他撤回(Widerruf)[①]该要约的信件正在途中,在他已经开始执行合同后,该信件才到达了。根据罗马法,合同在此根本没有成立,因为在最关键的时刻缺乏双方当事人同时的合意(对此亦可参见脚注 94 的类推决定),(此处为原文脚注,本文为第 55 页脚注①)因此受要约人采取的措施也就落空了。为了保护他免遭此种风险,上述的两部新法典(第 48 页)断然剥夺了要约人撤回要约的权利,但这却走得太远了;而《普通德意志商法典草案》(在二读之后)第 298 条则宣布,只要撤回先于或者和要约同时到达,撤回有效。在立法层面上,至少是对商事交往而言,我认为这个规定是最合适的。人们可能会说,将(上述规定中的)撤回(的意思表示)到达的时间推到承诺那一刻对受要约人也是没有危险的。然而要约人在此前可能已经(对受要约人)

① 我国法学理论区分要约到达前或和要约同时到达的撤回制度(《合同法》第 17 条),和要约到达后承诺前的撤销制度(《合同法》第 18 条)。但是德国法只有撤回制度,所以耶林在使用 Wideruf 一词时,有时指的中国法中的撤销(如此处),有时指的是中国法中的撤回。本文统一译为撤回。希望读者能根据上下文理解该撤回的含义。——译者注。

产生某些影响了。例如受要约人在该要约到达后考虑到该要约,立刻拒绝了他人的需要尽快答复的要约,尽管人们可以从现行法(bestendes Recht)出发,指责是他自己没有预见到这一点(参见第43页——本译文中为第28页),但从立法政策的角度来看,对商事交往来说(上述立法草案)已接受的处理方法更值得优先考虑。随着要约的到达,在追随该要约时,受领人必须能够确信,该要约立刻可以成为自己行动和安排的基础,这种确信对交易来说具有不可估量的价值。

如上所述,对罗马法来说这种处理方式是陌生的——该方式允许反复无常。[①] 但是承认撤回一方面排除了合同的成立,另一方面也成了受要约人遭受损害的原因,与此相关的当然结果就是损害赔偿。[②] 是否缔约过失之诉的前提在此真的具备?至多在要约人过失的问题上存在疑问,因为此外的其他条件都具备了:受领人善意,合同无效,换句话说是因为要约人本人的原因导致合同不成立。在法律赋予要约人撤回要约权利时,他的行为方式依然可以称为过失吗?我并不反对对这个问题做肯定回答。委托人、合伙人也享有随时退出的权利,但仅仅(有权利)这一点本身并不能排除行使该权利时的过失。当要约人撤回时,他必须考虑,在信件到达时受要约人可能已经开始执行合同了。如果他不想被指责的话,则他必须首先查明受要约人还没有执行合同或者以受要约人还没有执行合同为前提撤销要约。如果他没有这样做,则他的过失在于:他在(未查明而)不知情的基础上作出了决定,该决定——按照该消息早已到达或者未适时达到对方当事人的不同——或者未涉及对方当事人或者给对方当事人造成了损害。为了使自己解

① 当事人在已存在的合同关系中有赔偿损害的义务以及由此并不能得出该规则对形成中的合同关系也有效的结论,这一点我们在第27页已经讨论过了。(此处指本文第18页。——译者注)在运用于后者时应该注意到D.14.3.11.5的表述:如果交易主体犹豫不决,一会拒绝和这个交易对象一会拒绝和那个交易对象签订合同,那么所有的(交易伙伴)都可以针对他提出Geschaeftsleiterklage;因为缔结合同者不应该被欺骗。无论如何人们可以运用出卖物抗辩(exc. rei venditae),它由受所有权人委托而交付之物的受领人享有,如果后者在交付前出卖后撤销了(该委托)(参见D.6.2.14."wenn nicht mein Gewaehrsmann mit deinem willen verkauft hat.")

② 同样的观点参见特尔:《商法》第一卷,第57节,第3版,第242页。

脱出来,要约人在必要情况下会不顾及相对人的利益,不合理地要求对方成为自己反复无常的牺牲品;但却不能——在些微变动之后使用注释89中的表述(本文中为第55页脚注①)——翻来覆去地改变意思表示欺诈缔约人(variatione voluntatis contrahentes decipi debent.)。

和其他适用缔约过失之诉的情况一样,在上述情况下,缔约过失之诉也以从外部来看合同已经成功订立,也即受要约人承诺要约为前提;对承诺之前所为行为带来的损害,他不可以要求损害赔偿(参见第43页)。但是承诺本身却不以通过信件的方式完成为必要。在订货、委托等根据要约人的目的应当立刻执行,他并不等待(受要约人)答复时,承诺表现为执行行为的开始。① 接到拍卖委托的代理人、收到订购一双靴子的鞋匠、收到货物订单的商人等并不需要答复他接受订单;只有在不愿意或者不以当事人意愿的方式接受订单时才需要答复。通过开始执行订单,他就接受了订单。在此我想提出的问题是(对我们此处的论述而言,该问题并不重要),是否在这些默示行为本身被视为答复的情况中,就找不到承诺呢?或者人们是否可以取消为了第二天的出行而预定的马车,因为并且只要马车夫没有答复并没有开始执行订单?无论承诺变形为何种形式——沉默、答复或者执行,简而言之,当承诺在要约人发出撤回的信件后完成时,尽管合同因为缺乏同时的意思合致而不能成立,但承诺人完全有权利主张相反的情况并根据它来行为。如我们在第21页提到的,在此他是作为还是不作为是一样的,相信合同已经成立的不利后果可能还表现为,当事人耽误了其他的缔约机会,错过了弥补该耽误的最佳时机。

(2)通过中间人缔结合同时的意思改变

根据罗马法,中间人——无论是信使、代理人还是替补者——的参与完全可以对委托人产生效力。但众所周知,作为原则,在罗马法上这种效力的发生以委托和委托的执行完全一致为前提,这种一致不仅仅包括内容的一致,而且包括执行委托时委托人意志的存在。如果超越委托(权限)或者撤回了委托——即使是在中间人不知情的情况下,则不会对委托人产生一般情况下会产生的效力。在后一种情况下,在第

① 冯·溯伊勒(Von Scheurl):《罗马法研究论文》,第311页。

三人不可以要求受托人赔偿损害(参见第54页——本译文中为第35页)的范围内,第三人完全处于和我们上述案件相同的情况,对他来说也存在着同样的保护需求。无须进一步论证的是,在这种情况下他也应当和上述情况一样得到保护,唯一的区别在于人代替了信。[1]

(3)非当场缔约时承诺前要约人死亡

如果在信件或者中间人将要约传达给受领人那一刻,要约人已经死亡了,则根据罗马法的观点,合同不能成立,因为罗马法要求在这一刻双方缔约人意志的一致。人们可以针对该处理方式的立法目的和法学上的必要性展开争论——我对二者都持否定意见,[2]但毫无疑问,这是罗马法的规定。[3]

如果受要约人不知悉要约人已经死亡,接受了要约并以为合同成立了,履行了合同,则赔偿因此而产生的损害就具有非常大的合理性。

---

① 《纽伦堡商法草案》第45条以其他对商事交往来说在某种程度上合适的方式提供救济,如果他推动了代理权的消灭,只要第三人知悉或应当知悉这一点。

② 如果认为该处理方式可以在法学上得到合理性说明的话,我认为这是罗马人的偏见。为什么人们不能放弃"双方当事人的合意在一个时间点并且只有在这一时间点必须达成"这一规则,而主张相反的规则:"两个意志行为可以在不同的时间点分别作出"?据此,要约人事后的不愿意(Nichtwollen)或者不能愿意(Nichtwollen-können,也即死亡)将完全不被考虑或只在一定范围内予以考虑(如果受要约人不知道这一点的话)。为了论证这一点需要进一步的分析,这已经超出了本文的范畴。《纽伦堡商法草案》在所有案件中接受了后一规则,也就是就撤回而言:(1)信件要约(第298条);(2)代理。死亡没有影响而言:1.商人在商事交往中所发出的要约、委托或者代理(第280条);2.行为代理或者代理权(第52条)。顺便提请读者注意的是,第280条允许在当事人发出的意思表达以他的表示或者情况为出发点时因死亡而取消(该意思表示),这样一来,必须保证相对人不因死亡信息到达前自己的行为而遭受损害。在此应使用缔约过失诉权。

③ 这两种情况在一个案件中被同等对待。该案件和我们讨论的案件极端类似。在该案中多个人的意志行为持续了一段时间才完成,尽管按照严格的规则,它们应该在同一时间点完成。D.8.4.18:……情况就是这样的,如同所有的地役权同时设定一样。如果先设定的人在此前死亡或者以其他方式找到了继承人或者以其他方式处分了自己的份额,从而(仅)他的共同所有权人完成了设定,则该设定是无效的。如果正文中所提出的非现场缔约时合意的同时性要求需要一个符合法源的证据的话,除上述片段外,别无二选。在将该片段为它的案件所提出的规则——"如果为一个共有人设定的地役权,则在其他人身上也要发生相应的事"和"为后者设定的那个时间点,所有都设定了"——中的"设定"(Cedere)换成合意(consentire)之后,该规则完全适合于非现场缔约的情况。

但该请求权如何进行合理性说明？就受要约人一方而言，请求权的前提都出现了，但如何推出另一方的过失呢？我们不能将死亡称为过失吧!! 我承认我的理论遇到了不竭尽全力就无法搬掉的绊脚石。但是在这样的案件中拒绝给予损害赔偿诉权又截然有悖于我的法感情，我更愿意相信我在建构自己的理论时犯了某个我所不知悉的错误，而不是排除此处的诉权。如果要给予诉权，除了以如下方式推出过失，别无他法。如果是现场缔约的话，一方的死亡不会产生任何不利影响。如果不在场的人打算缔约，则他本人应当尽力防止另一方遭受非现场缔约的不利影响。如果他没有做到这一点，而是选择了简单地通过信件或者中间人的方式为通知，这样一来，他就为了自己的舒服而采取了将相对人至于上述危险中的形式。过失因此就在于，他没有采取自己口头通知这种最安全的方式，而是以他人的风险为代价采取了不安全的方式。

(4)公开悬赏广告的撤回

尽管公开悬赏对罗马人的生活来说绝不陌生，但是就我们所知，罗马法从来没有敢将其上升到法律上予以承认的高度。为了实现该目的，则必须不仅在所有权法、继承法①中，而且在债权法中②放弃既存的从古代法中流传下来的规则：法律行为只在特定人间可能。对罗马法来说也毫不缺乏这样的动因：罗马法中不可避免地存在着为将来才可以确定的人建立债权请求权的案件，也就是未成年人的收养(Arrogation eines Unmündigen)。收养人有义务在未成年人未成年前死亡时将未成年人的财产交付给如果没有发生收养则财产归其所有的人。具体是那个人在当时却无法确定，也就是不确定的人，和该人也不能订立要式口约。为了解决该困境，罗马法采纳了由一个特定的人——公奴隶(servus publicus)，代理这些不特定人的制度：为公奴隶

① 在前者通过不特定人之间的让渡，在后者通过对不特定人的遗嘱资助。

② 从纯粹罗马法的角度出发，萨维尼在《债法》第二卷第90页以下将悬赏广告的有效性限于恶意诉权是完全前后一致的。

出具保证[①]并且为了权利人的利益由他来行使诉权。

采取迂回路线（此外，通过它也可能为悬赏广告建立必要的安全性）[②]这一点表明，罗马法依然没有摆脱债的建立必须要求特定当事人的窠臼。当代交易的形态却已极大地帮我们突破了这种限制；允许不特定人之间的债是当今生活的事实，与此相反的对罗马法立场的坚持仅仅在纯粹罗马债法意义上是合理的。

悬赏广告就是不特定人之间缔约的现代形式适用的情况。在经历一些新的立法后（参见第50页——本译文中为第32页），共同法的理论新近越来越正确地承认了悬赏广告的可诉性。但是在处理该问题时，我感觉该制度的理论还不够有力，在我看来我有必要澄清该问题。[③]

任何悬赏广告的目的都是实现不论是一个人或者多个人的给付，实现此目的的手段是答应给予一笔报酬，对于该报酬无须提前承诺，给付本身就应当产生请求权。由此可知，仅仅包含着以通常方式订立合同时的缔约邀请的公开通知，例如认购正在建设的铁路股票的邀请、[④]订购正在出版的图书的邀请，以特定价格预告的商品或者书籍等都不是悬赏广告。在此只有通过认购、订购等合同才可以成立。该公告在何时撤销以及对打算拒绝那些缔约者都依赖于公告者。否则这些公告者的责任界限何在？或者难道当比他的存货多的货物被要求时，他还应当像已经和在他处申报的人缔约那样提供货物吗？但是对于公众来说，在某些案件中——也就是涉及公共交通秩序的通知，例如铁路、轮

---

① D. 1. 7. 18.（该片段的内容是：只有在他为一个公奴隶以如下方式设定了保证允诺时，才符合通过收养而将未成年人纳为子女的人的意志，也即如果未成年人在成年前死亡了，他将把他从未成年人的财产中获得的东西交给如果被收养的人身份没有改变则可以主张遗产的人。——译者注）

② 就像今天依然发生的通过将允诺的金钱提存到公权力机关的情况一样，参见《佐伊费特判决档案》第九卷，第275号案例。

③ 除了比洛（Buelow）在《论文》第一卷第271页首次对该问题的分析外，对此最好的分析是辛特尼斯（Sintenis）：《实用普通民法》，第二卷，第96节，注释58。除了撤销的效果外，对其分析我大部分是赞同的。

④ 《佐伊费特判决档案》第十一卷，第217号案例。

船的时刻表等——不遵守公开的通知却会引起很大的麻烦。人们可以要求国家机关为了公共利益,在颁发这种企业的许可证时通过刑法威胁确保严格遵守已公布的时刻表。但是私法对于防止这种风险却毫无帮助。就如同书商对于基于他的公告而订书的人,只有他接受了预定时才承担义务一样,铁路的管理者在卖票之后才承担义务。在此之前,没有人可以向他提出有效请求,尽管人们因为行车计划不被遵守而放弃乘车所带来的不利益可能是如此显著。[①] 否则,人们就会形成这样的认识:仅仅是和这些机构缔约的目的——远没有到购买车(船)票的程度——就能给予请求权,这将导致在车(船)次取消后,成千上万的人主张所谓自己打算乘坐该车(船)次。

悬赏广告的情况则与此完全不同。因为在以上分析的案件中要约根本不存在,仅仅存在一个向公众发出的根据该公告向自己发出要约的邀请,[②]这一点完全不同于悬赏广告的情况。根据悬赏人的目的,他并不打算决定是否以及与谁缔约,而是只要谁完成了给付,他就是债权人,给付行为本身发生承诺的效力。

如果我们对比一下悬赏广告和缔约的一般形式,似乎它是一个双务合同,在其中双方都承担给付,其与一般缔约形式的不同仅在于要约指向的人是不确定的。但这是不正确的,在双务合同中双方在给付之前都承担给付义务,而悬赏广告在申请人一方根本不论是在给付前还是给付后都不存在义务。因此我们必须持单方允诺(einseitiges Versprechen)的观点。表面上的双方给付在此只不过是附条件的允诺,只有在条件满足时另一方当事人才为给付;人们允诺如果找回丢失的狗,给特定的人10费罗林,还是不特定的人10费罗林,除了在确定人时的不同外,是没有什么差异的。由此可知,对这种附条件的允诺罗马法关于条件的规则——也就是阻碍条件实现的规则——是可以适用

① 例如某人很早之前就来到了港口,以乘坐特定一天的轮船去美国,现在他需要再等14天才可以乘坐下一班船。如果是一个谨慎的人,则他必须在此之前确保他的船票。

② 在本质上它和拍卖是同一过程,其区别仅在于在以上案件中出卖人的卖价提前已经确定了。在这两种情况中缔约的邀请指向于不特定的人,该不特定的人按照该条件出价或者要约,而出卖人承诺。但在悬赏广告中,悬赏人要约,给付者承诺。

的:对条件不成就享有利益的人影响了条件的成就,则视为条件已成就。[①] 在一般的附条件允诺中,承诺和条件实现是分离的,而在悬赏广告中它们是合二为一的,给付决定了债权人,包含着承诺和条件的实现。

在一般的附条件允诺中条件可以是一个事件,也可以是债权人的行为,在悬赏广告中也是如此吗?可以设想的是,人们可以对在这座城市中活到100岁的人或者首先出生的三胞胎作出有约束力的资助允诺。但是社会交往并不要求扩张该制度,在所有地方和所有可适用的情况中,该制度都遵守着"意思性条件"(Potestativbedingung)[②]之界限。通过悬赏所要实现的应当是一个行为、一个给付;具体是哪种类型无所谓,也就是说它可以是一个"给"(dare)或者"为"(facere),[③]例如可以表现为出席一个葬礼,传递一个消息等。[④] 同样不重要的是悬赏人就条件的具备具有怎样的利益,他是为了自己的利益还是为了公共利益设定的悬赏。因此,我不赞同在悬赏人对条件的不具备享有利益的案件中——例如工厂主允诺对证明自己的工厂不具备著名特征者给予赏金——拒绝承认悬赏的效力。先不考虑公众根本不知道他的利益何在,例如在水井管理人向水井租赁人保证矿泉水中不含有某种有害物质,而在公众中流传着该水中具有这种物质的谣言并导致销售额减少时,是否水井租赁人对查出这种物质的存在并解除合同就不享有更大的利益?也不可考虑这和有关条件的重要规则根本不协调,为了不陷入纯粹的恣意,我们不应远离这个法律本身给出的重要依据。不想拒绝给予向特定人作出的允诺诉权的人,在此也不应拒绝给予诉权,因为人们试图想在那种情况下否认法律约束力的理由也完全适合于这种情况。悬赏人对于条件的不出现享有利益的情况和打赌的情况一样,很

---

① D.50.17.161.例如悬赏人没有将参赛作品提交给提前任命的评奖者。

② 意思性条件是指取决于当事人意志的条件。——译者注

③ 在罗马法上,根据保罗的分类,债的标的可以分为三种:给(dare)、为(facere)和供(Praestare)。其中"给"指的是转移物权,"为"指转移物权以外的行为,包括作为或者不作为。

④ 为公开体操练习、民族娱乐活动、Viehschauen和跑步比赛等所允诺的奖金都属于此。

少会导致否认他的允诺约束力。打赌就是打赌者允诺在一定条件下给予一些东西并希望这些条件不出现。有人向他人允诺当他人向他证明在特定的材料中存在着所谓的不存在的物质时给其一笔报酬的情况和单方的、半打赌(在半打赌的情况中,仅一方当事人向另一方当事人因自己主张的真实性答应给予奖赏)有什么不同呢?因为打赌在我们这里——遗憾的是——是可诉的,有谁将反对在单方打赌的情况下,在法官数量方面自由裁量权的界限范围内承认获胜一方的诉权呢?如果一方面允许对不特定人的附条件允诺,另一方面承认打赌的可诉性,则我看不出为什么二者的结合——不特定人间的单方打赌,也即——公开打赌(Popularwett)——就应当不可诉?在一个它所适用的案件中人们很难对此提出怀疑,至少在我看来确认它的判决是众所周知的;案情是一个在公众场合露面的体操运动员主张对他的获胜允诺的奖金。人们不能在其他案件中前后不一致地排除在本案中同意给予他的东西。

如果悬赏广告是一个附条件的允诺,由此可知,无条件的对不特定人的允诺不能产生债,例如公开地宣布向穷人分发柴火。就像在此前谈到的案件一样,在此宣布者不仅可以随时撤回自己的允诺,而且可以完全按照个人的感觉拒绝个别的领取者。

如同一切可以成为意思性条件客体的都可以成为一方的给付一样,一切可以成为允诺客体的——也就是不仅"给"而且任何种类的"为"(例如允诺给予教育、无偿提供住处等)——都可以成为另一方的相对给付。

从悬赏广告的目的是向公众发出的邀请产生的结果是它必须公布。采取何种公布形式并不重要,它可以是对公众的口头通知(例如邀请体操运动员参加公开竞赛),也可以是通过公开叫卖或者通过媒体通知。

根据迄今为止的论述,我们可以将悬赏广告称为附有意思性条件指向不特定主体的单方允诺,或者用一个词来表达其后一个特点:公开允诺(Pupilarversprechen),该允诺通过实现条件而被接受。因为在接受前没有任何人由此享有诉权,所以在此之前不可否认允诺人撤回允诺的权利,但是另一方面这种可能性却包含着所有人都要承担悬赏任务取消的风险。如果不想让这种不安全性完全消除了该制度的实用价

值,则人们必须使公众能够抗拒这种风险。这种确保已从多个途径得以尝试,也即:

①通过完全禁止撤回。这是《普鲁士一般邦法》的立场。不可否认这种处理方式具有极大的简洁性优势,在法学上也可以通过类推捐赠的规则而得到合理性说明。捐赠就是向不特定人允诺给予一笔钱或者物。捐赠也可以负有意思性条件。所以,捐赠和悬赏的区分仅在于悬赏一次性就结束了,而捐赠却可以重复。一次性允诺的有偿征求答案是悬赏,周期性允诺给予征求答案以报酬的基金则是捐赠。如果国家作为不特定人的监护人在捐赠的情况下认为取消捐赠者的恣意是必要的,则人们就不能认为在悬赏的情况下国家这样做不合理。

但另一方面却存在着反对这种处理方式的重大顾虑。[1] 使得悬赏人认为通过悬赏可以实现的给付具有价值的情况可能发生变化,例如悬赏人支付报酬所要找到的狗疯掉了,上述案件中(参见上述第99页)的水井租赁合同被解除了等。(在这种情况下)只要现状没有改变(res intergra),也就是还没有人已打算完成给付就没有实在的利益通过悬赏撤回而受到侵害。

通过理论推演的方式——共同法的理论就是这样形成的——也不能获得悬赏广告不可撤销(的结论);相反,通过这种方式人们获得的规则是在条件成就前可以任意撤回。但另一方面,共同法的理论也无法否认,对由此而遭到威胁的第三人利益应当予以保护。[2] 这将导致在此可以考虑的第二种处理方式。

②撤回对于已经开始准备给付的人无效。这种观点的主张者[3]将其理论建立在如下基础上,该阶段已包含着一个承诺,从而在相对人一方建立了等待结果的义务,该义务进而就决定了请求权。

---

① 博尔内曼:《普鲁士民法体系化解说》第三卷,第206节(第2版,第194页以下)。

② 但施韦佩,《罗马私法》第三卷,第504节(第4版)认为无论如何允许在劳务给付前撤回悬赏,“因为合同此时还不存在”。同样的观点参见韦宁—英根海姆(Wening-Ingenheim):《共同民法教科书》第二卷,第238节(第四版)。

③ 翁特霍尔茨纳(Unterholzner)著:《债的关系理论》第一卷,第53页;普赫塔著:《学说汇纂》,第259节;辛特尼斯上述书;阿恩茨(Arndts)著:《学说汇纂》,第241节。

我不能赞同该观点。它看起来源自于“否则奖金要求者将完全得不到保护”的假设[①]——我希望能立刻证明该假设毫无根据。决定该假设成败的问题是:是否人们在任何准备行为中都能够找到承诺。对此我难以作出决定。通过条件真正实现承诺才得以完成,因此所有准备性的措施最多只能视为承诺的步骤,而不能视为承诺本身,也不能视为承诺的开始。因为谁来担保该步骤的成功或者将来该行为会进一步地进行?如果单纯的努力或者准备就是承诺的话,人们就不能赋予其对要约人的约束力。因此,该观点事实上将导致它所确立的法律规则是假设出来的,而不是演绎出来的。

这种假设必要吗?如下的观点可能将给出该问题的答案。[②]

③允许撤回悬赏,但应基于缔约过失承担损害赔偿义务

在其行为的过程中对悬赏广告撤回感到意外的请求者的地位和非现场缔约时受领人的地位是一样的,要约撤回以同样的方式涉及后者。两者都基于对要约人话语的信任从事了要约人所希望的行为,都体会到对他来说要约人所允诺的后果因为要约人意思的改变而落空了。就像在上述案件中一样,在此处的案件中要约人在撤回时也必须想到该行为的这些不利后果;如果此时他依然要撤回,则他就将缔约时针对他方而承担的照顾义务置之不顾了,也就是说,他从事了缔约中的过失(行为)。在两种情况下撤回都侵害了一个正在形成中的合同关系,通过阻碍合同关系的形成使得他所希望并引起的另一方的行为落空了。人们不应当被两种案件事实形态的不同所欺骗。在非现场缔约时,建立在没有承诺的要约基础上的行为不能产生损害赔偿(参见第43页——本译文中为第28页);为什么在此可以呢?这种不同的原因是显而易见的。在那儿,如果受要约人想要主张该请求权,则要约人可以反驳:为什么在行为开始前你不承诺要约呢?你拥有保护自己的手段,你却没有利用,你那被引诱而从事的行为的不利后果应当由你自己而不是我来承担。与此相反,悬赏人却不可以如此指责要求人,因为后者不能并且不应当首先通过语言承诺,而应当立刻开始行动。在合同和

① 辛特尼斯上述书,“否则他通过花费限于不利”。

② 冯·萨维尼:《债权》第二卷,第90页从恶意诉权的角度得出了同样的结论。

悬赏广告的情况下，诱使(dinducirt)另一方当事人从事合同性行为的撤回人应承担责任；但在前者只有在承诺人不知道撤销并进行了承诺时才可以称为诱使，而在后者行为前的承诺根据悬赏者的意思和交易的目的被排除了。

从迄今为止的论述也可以得出如下结论，申请人无须证明，他的行为事实上能导致所希望的结果。这一点在许多为了拿到奖金的要求者之间必然发生竞争，但因为悬赏的撤回竞争被提前阻止的案件中是根本无法证明的。

与此相反，和在所有缔约过失的案件中一样，在此自己的过失排除损害赔偿请求权。例如，如果有人带着一匹完全不中用的马来参加一个标明给予奖金的赛马比赛，直到参赛时才知道比赛取消了，他不能要求赔偿他的旅费。当悬赏人能够证明即使在没有要约撤销行为的情况下，原告的行为也不能达到目的时，我也拒绝给予请求权。在此撤回给后者没有带来任何损害，而损害是缔约过失之诉的前提。

由悬赏引起的该诉权可适用的另一个案件我已在以上论述中做了分析(参见第50页——本译文中为第32页)，在此不作赘述。

我想说的是尽管我已经小心谨慎地收集了此类案例，但仍可能存在疏忽，因此在文章结束时我向那些有能力向我提供论文者提出请求，请告知我这些被疏漏的案例，这样一来我可以在可能的将来对该学说进行修订时使用它们。

补遗

在本文付印期间，我拿到了《民事实务档案》第43卷第1册。在该册第94页至第124页上刊载有一篇马尔堡大学福克斯(Fuchs)教授的题为《电报法中的若干问题》的文章。该文提到了上一年度发表但我一直忽略了的赖舍尔(Reyscher)发表在《德国法杂志》第19卷，第271页至第320页上的题为《电报法——以不正确或者晚发电报为重点》的文章和第456页至第477页上科隆地方法院1856年7月28日的判决——“电报信件当事人的赔偿责任”，并附有赖舍尔的评注。上述材料分析了我们在第6页和第83页提到的电报案。尽管上述两篇论文并没有使我想修改自己的观点，但为了文献必要的完整性，在此我对该文章以补遗的方式予以关注。

赖舍尔赞同科隆地方法院的如下观点:在本案中实质性错误排除了合同的成立(参见上文第290页)。但他不愿意认可法院判决的理由(参见第292页和第472页),也即被告因为选择寄送手段时的过错而要承担责任。该判决理由的原文是:

考虑到电磁电报在目前依然是多少有些不准确、不可靠的通信工具,因为动力和对它的反作用、阻碍和迟延的影响还没有为人们彻底所熟知;此外,撇开纯粹机械操作方面的问题,由该事物的本性所决定的非同寻常的紧急、快速,可能容易引起电报职员行为的疏忽、错误和误解,所以所有存在电报事业的邦国都对不承担任何保证,因此使用该不安全手段通信并没有采取证实信息被正确传送的预防措施的人应当自己承担因为干扰、错误而产生的后果,赔偿他人因而产生的损害(民法典第1382条)①……

如我们所看到的,上述法院对问题有着正确认识,它完全是以我试图建立的观点,也就是过失为出发点的。只是它对此处的过失是合同外过失(最后引用的第1382条就着眼于此)还是合同性过失的问题没有做进一步的解释。

赖舍尔对该观点是否应当被允许提出争论。他认为即使通过电报通知不能提供和信件交往一样的安全性,人们仍不能对任何人因为使用全世界从商人机构到公共机构都在使用的、尽管比邮局不安全但又不可或缺的电报作为通信手段而进行指责。“由该事物的本性所决定的非同寻常的紧急、快速,可能容易引起电报职员行为的疏忽、错误和误解”,在邮局和铁路一样会出现,但是在此却不能将责任推给发送人。如果收件人收到了电报并执行了电报,则他自己也在使用电报,为何他能基于此对发信人进行指责呢?赖舍尔拒绝了科赫在《德意志铁路法》第2部分第351页注释3中提出的类推适用信使派出者对信使过失的责任,他驳斥道:“信赖错误信使或者对一个真正信使相信过多

① 此处应指《法国民法典》第1382条。因为本文发表于1860年,而上述判决于1856年作出,此时《德国民法典》还不存在。从德国法史的角度来看,科隆属于莱茵地区,在该地区《德国民法典》颁布之前,《法国民法典》一直得以适用。——译者注

的人必须承担自己轻信的过失;他只能要求欺骗他的人(承担责任)。”他认为,在所有电报存在错误的情况中,包括地址错误、发信人姓名错误以及内容错误,合同都是表面上成立了,但发信人只对自己真实的意思表示承担责任。只有在发件人承担了疏忽的风险时——也就是通过订单默示立刻执行订单时和在持续性合同关系中寄信人被假设为发信人时(也即作为发信人的代理人或仆人)——才存在对此的限制。发件人通过不清晰的字体对电报员的错误具有过错时,也可以要求发件人承担责任。他主张,与此相反,当1857年的《德意志—奥地利电报协会规则》并没有继续要求校对时,如果人们没有通过回复电报对电报进行校对,则发电报一方并不存在过错。根据赖舍尔第一篇文章来判断,我以为(福克斯也是这样认为的,参见其上述作品第101页,注释10)他反对科隆法院的判决。但是在第477页的第二篇文章中,他通过提出如下理由,赞同该判决的观点:科隆的企业通过授予显而易见的紧急委托默示地对电报可能的不正确承担了责任。当因回复电报而引起的时间迟延会直接阻碍委托事务的执行时,原告一方的电报回复根据案件的情况根本不再可能。

福克斯试图一般性地建立这样的规则:如果通过不正确的电报引起损害的话,应由发报人而不是接收人承担损害。但他认为借助过失这一要素却不能推演出该规则。一方面,电报因为相对于它的风险具有其他(通信方法)无论如何无法企及的优势,已成为日常交往中常见的通讯手段,“该特征排除了它的运用就是过失的观念”;另一方面,发信人不通过超出通常审慎而采取的措施——回复——进行电报校对也不能被指责。他主张,该责任更多的应当这样来建立:发信人承认发出的电报为他的表达,“为了没有任何通讯手段可以提供的快捷优势而必须承担电报通信因它的技术设施而必然存在的风险”。通过选择这种通信手段他就默示地承担了该风险——不是因为他有过错,而是因为他为了自己的利益而信赖了电报(所以他要承担不利后果)。他认为,不是在赖舍尔限定的案件中,而是在所有案件中都可以假设上述默示责任承担。立刻行动的委托默示地存在于所有电报中,也就是在于人们使用了电报而不是信件来通知。发件人和收件人是处于持续性关系还是暂时性关系并不能改变什么。如果关键问题是电报失真排除了合意,进而排除了责任,则电报失真在持续性关系中并不比在暂时性关系案件中更少出现。

如果人们认为赖舍尔所提出的默示责任承担的观点总体上可用的话,则应当同意福克斯打算将该观点运用于所有电报通知的案件。我完全赞同他针对赖舍尔提出的观点。但是二者针对科隆法院和我所使用的过失的观点提出的反对意见并不能使我确信该观点是不正确的。因为:

1.电报的使用非常普遍并不可或缺的事实并不能排除它是不安全的、虚假的通知手段的特征。在生活中我们也在某种程度上不少使用——即使不能经常使用——信使,如果人们采纳了"通常发生"这个标准,则两种手段的使用在某种程度上都不能视为过失了。即使人们以这种手段的"有用性"作为它的标准,人们也必须承认,在可靠性上二者远不如亲自的口头或者书面通知。使用它们的人就同时是在冒险。它——如福克斯本人所言——"引起"了"危险"。我不知道人们为什么不能说,他对它有过错。他在绝对安全的手段和根据经验不可靠的手段之间作出了选择;为了自己的利益他选择了后者并危害了后者。这些难道还不是过失吗?

2.1857年的《德意志—奥地利电报协会规则》取消了校对要求的意义仅在于支付单向费用不能再要求校对而不在于电报的发信人如果坚持要回复电报并将回复电报作为第二份电报支付费用时依然不能得到回复电报。为了省钱他放弃了该安全措施,所以指责他不去使用唯一但足以避免错误的手段是中肯的。我不认为普遍存在的不谨慎可以成为它不是过失的理由。

此外,如果赖舍尔打算为信使的派出人开脱他应为信使过失承担的所有责任,我想质疑的是,为什么他所提出的电报发送人应当承担责任的前提在信使的案件中就不能产生同样的效果呢?通过信使和通过电报媒介收到立即行动委托的收件人的地位在两种情况下是完全一样的,在此和在彼他都不应当也不能通过询问发信人确认通知的可信性。或者马车夫应当不按照订单要求立刻套车,而是派人去确认信使没有疏忽?我认为,科赫将电报和信使的案件同样处理的做法是完全正确的,在他提到的案件中电报发送人通过自愿承担损害赔偿义务仅仅证实外行良好的法感情原则上和法学通过严格的理论推演得出的结论是一致的。

（沈建峰，民商法学博士，中国劳动关系学院法学副教授，洪堡基金会联邦德国总理奖学金获得者）

一般诚信义务之界定及概念化

[美]罗伯特·S.萨默斯*著
陈永强　张志远　薛　楠 译　陈永强 校

目　　次

引言
一、认定
二、概念化
三、对批判的回应
结论
附录(条文与评论)

引言

1979 年,美国法律协会采纳了《合同法第二次重述》第 205 条,并在 1981 年公布了该条文的最终形式:

§205 条 诚信和公平交易的义务

"所有合同均要求每一方当事人在合同的履行和执行过程中承担诚信和公平交易的义务。"①

该条文与其评论和报告人的注释一起认定了美国法上的合同履行

---

* [美]罗伯特·萨默斯是康奈尔大学法学院的法律教授;1981~1982 年期间担任牛津大学莫顿学院的研究员。1955 年取得俄勒冈大学的理工科学士学位;1959 年取得哈佛大学的法学学士学位。本文译自《康奈尔法律评论》,第六十七卷,1982 年,第 810~838 页。

① 《合同法第二次重述》第 205 条,1979 年。

和执行过程中的一般诚信义务和公平交易义务，并使其概念化。① 此外，其他一些条文和评论以不同的方式对该一般义务做了具体说明。②

1932 年，《合同法第一次重述》中并没有与第 205 条相类似的规定。③ 这一新法条的产生反映了美国合同法在过去 50 年中取得的一项真正重大的进步。

已故的哈佛法学院教授罗伯特·布劳切尔作为《第二次重述》的报告人，酝酿并起草了第 205 条。布劳切尔教授承认，我在 1968 年发表的一篇有关这个主题的文章在很大程度上影响了第 205 条中对诚信的认识和概念化。④ 因此，对我来说，对最终的官方文本做一些评论可能是不合适的。然而，我想说，我对以前的扩展研究几乎没有什么可以补充的，除了两个可能的例外情形。⑤

在此，我将简略考虑以下问题：第 205 条所认定的一般义务的基础是什么？起草者是如何将第 205 条中的“诚信”概念化的，以及应如何回应这类概念化所受到的各种批评？从我们将诚信概念化的法律经验中，是否存在某种具有一般价值的东西，可以让法律起草者、法官和其他人学习如何将其他法律因素概念化？在解决这些问题时，我不想在背景问题上阐述和讨论现存的大量的司法判例以及制定法。大量文章

---

① 参见附录（包括 205 条文本、评论以及报告人的注释）。

② 参见《合同法第二次重述》第 34 条、第 74 条、第 157 条、第 172 条、第 176 条、第 188 条、第 228 条、第 241 条、第 248 条、第 251 条、第 257 条、第 259 条、第 264 条、第 265 条、第 277 条，1979 年。

③ 参见《合同法第一次重述》，1932 年。

④ 参见 Summers 文章的注释 25 和所附文本，该文章为 Summers，“good faith” in General Contract Law and the Sales Provisions of the Uniform *COMMERCIAL* code，54 *VA. L. REV.* 195（1968）[以下简称 Good Faith]，1967 年 12 月在美国法学院协会的会议上，我和布劳切尔教授就一般合同法中的诚信和《统一商法典》中的销售条款有过两次冗长的讨论。我可能还要对那些只想通过他们的作品来为法官判案提供便利的法律前辈提出如下的一些意见。20 世纪 60 年代末，在密歇根大学一位知名的商法学者对我说，上述条款对于我们法律的进一步发展几乎没有什么影响，因为这些条款对于绝大多数法官来说是很难去适用的。

⑤ 这些例外必须被进一步地考虑，我现在正在为法律目的而研究概念化的艺术对法治的影响及其关联价值。参见下文二（一）和二（四）部分。

已对该条做过充分的讨论,其中也包括我自己早期的一篇文章。[①]

第205条的制定是一个巨大的进步,理由有几个方面:第一,它反映了数量庞大的判例法和成文法的巨大发展。第二,该条文象征着法律体系所应具备的最根本的目标——正义及依据法律的正义——的承诺。[②] 因此,该条构成了"契约道德"明确要件的一部分,如显示公平理论[③]及各个一般衡平原则。[④] 对这些要件的日益认可是我们时代法律的一个标志。第三,尽管诚信与公平交易一般义务仅仅是一个最低限度的要求(而不是一个崇高的理想),它的相关因素在契约关系中是宽泛的,它排除了一系列不同的环境中的不同类型的恶意。第四,第205条包含了一个一般要求,这个要求在法律中发挥着特殊的重大作用。它就像一个"安全阀",法官可以借助它来填补因法律规则和契约的特定语言所引起的漏洞,也可以借助它来限制权利和义务。[⑤] 最后,第205条作为一个明确的一般要求,它比间接工具更具有直接和透明的优势。[⑥] 在契约法的长期历史中,法官并无该种工具,只能放任恶意不管,或者求助于间接的和隐蔽的方式,[⑦]从而导致法律的文学化,或者导致法律的含糊不清、不可预测以及法律不公正。[⑧]

---

① 参见 Burton, Good Faith Performance of a Contract With Article 2 of the Uniform Commercial Code, 67 IOWA. L. REV. 1(1981)(以下简称 Article 2 Good Faith); Burton, Breach of Contract and the Common Law Duty to Perform in Good Faith, 94 *HARV. L. REV.* 369(1880)(以下简称 Breach of Contract); Summers, Good Faith, supra note 5, at 203, 216 - 52(举例)。

② Summers, Good Faith, supra note 5, at 198.

③ 参见 J. WHITE & R. SUMMERS, HANDBOOK OF THE LAW UNDER THE UNIFORM COMMERCIAL CODE ch. 4 (2d ed. 1980)。

④ 参见 generally Summers, General Equitable Principles Under Section 1 - 103 of the Uniform Commercial Code, 72 *Nw. L. REV.* 906(1978)。

⑤ 参见 Ellinghaus, In Defense of Unconscionability, 78 *YALE. L. J.* 757, 779 - 780 (1969)。

⑥ 参见 Llewellyn, Book Review, 52 *HARV. L. REV.* 700, 703(1959)。

⑦ 此类诉请的大量例证,参见 Holmes, A Contextual Study of Commercial Good Faith; Good Faith Disclosure in Contract Formation, 39 *U. PITT. L. REV.* 381, 388 - 389 (1978); Summers, Good Faith, supra note 5, at 231。

⑧ 参见 Summers, Good Faith, supra note 5, at 198 - 199。

当然,以《重述》的方式认可诚信一般义务是重要的。[①] 美国法律协会集结了一群杰出的教授、法官和律师,它是唯一一个承担这一工作的机构:将已经发展成熟、可以作为一般权威加以认可的理论挑选出来。法官们通常对各种《重述》予以相当大的尊重,有些法院甚至将这些公式化的表述当作法律来适用。[②]

一、认定

第205条所认可的诚信的一般要求是基于大量的司法意见所赋予的一项诚信义务,及几个重要的制定法的发展以及法学教授出版的著作。20世纪60年代末,当第205条(当时的第231条)正在被起草时,判例法的积累已经相当可观了,这些判例法在"诚信购买人"概念之外赋予了一项契约诚信义务。尤其是处于主导性的两个州的法院,纽约和加利福尼亚的法院在那时已经作成了许多判决,针对合同关系中的各种各样的恶意行为,为相对人提供救济;其他司法管辖区相关判决也很多。[③] 而且,美国从没有发现一个案例认为"诚信在契约的履行和执行中是不必要的"。[④] 在我1968年的一篇文章中,我试图提供许多相关判决的概览和目录。在许多判例中,法官认可诚信义务,并排除了履行中恶意的许多类型,其包括:违背交易精神;缺乏谨慎和懈怠;只履行主要义务;滥用审查履行是否符合合同的权力;干涉或不协助对方履行。在这些判例中,法院突破了我们熟悉的履行标准,例如协议的特殊条款、一般的漏洞填补规则、交易过程、商业习惯与惯例,而求助于诚信的一般要求。许多法院在处理合同权利的主张、合同的和解和诉讼中的请求权与抗辩权时,对不同形式的恶意的处理所取得的进展是相似的。在其他一些情形中,他们把一些行为排除在恶意行为之外,例如:为了制造和解的基础而假装争议;对合同语言的过度解释或模糊的解

---

① 参见 Gordley, European Codes and American Restatements: Some Difficulties, 81 *COLUM. L. REV.* 140(1981)。

② 许多州法院几乎将重述作为直接权威并经常引用,譬如,我们可以参见 AMERICAN LAW INSTITUTE, RESTATEMENTS IN THE COURTS。

③ Summers, Good Faith, supra note 5, at 216 – 252.

④ 47 ALI PROCEEDINGS 490(1970).

释;利用对方的困境来获得对自己有利的修改;要求提供过度的履行保证;无正当理由拒不接受履行;故意放任损失的扩大;滥用审查一致性或解除合同的权力。在《合同法第二次重述》第205条及其评论和报告人的说明中,布劳切尔教授采纳了上述的几乎所有类型,评论中的绝大多数例证都是以1970年以前的判决为基础的,上述类型正是由这些判决所归纳形成的。①

然而,《合同法第二次重述》第205条的渊源不限于一般合同法判例。第205条要件的渊源——不同于它所包含的诚信地概念化——也包含在制定法中,尤其是《统一商法典》。② 在20世纪60年代末,该部新的统一法典已经被大多数的州所采纳。其中许多的条款和评论都要求当事人履行具体的诚信义务。而且,其中最著名的一个条款是第1-203条,该条文规定"本法下的每一个合同或者责任都应该被诚信地履行和执行"。③ 该项基本义务是美国成文法在20世纪50年代的一次重大变革,这也是《合同法第二次重述》第205条最近的渊源。这样,对于第205条的第一个评论中提到《统一商法典》关于诚信的规定就不足为奇了。④ 然而,本文的第二部分——《合同法重述》中的诚信的概念化,则表明《统一商法典》与《合同法第二次重述》存在明显的分歧。

第205条的立法史不长,在1981年之前,有两个版本,一个是1970年的,⑤另一个是1973年的,⑥该两个版本中都是"第231条"。这两个版本并没有什么实质性的不同。1970年的版本当年5月在华盛顿特区举行的美国法律协会的会议上被正式提交,并被暂时性地采纳了。此次会议的记录抄本包括了如下内容:

布劳切尔教授:

---

① 将《合同法第二次重述》第205条,评论d-e部分,报告人记录与Summers, Good Faith, supra note 5, at 232, 52作对比。

② 参见Summers, Good Faith, supra note 5, at 195, 207-216。

③ U.C.C. §1-203.

④ 《合同法第二次重述》第205条,评论a部分(1979)。

⑤ 《合同法第二次重述》§ 231(Tent. Draft No. 5, 1970).

⑥ 《合同法第二次重述》§ 231(Revised and Edited ed., Tent. Draft Nos. 1-7, 1973).

嗯,我随后将进入主题2,这个主题包含了一些较为新颖的规定。你可以用其他的标题,不过我认为那将没有什么新意。

这是有关解释的事项,但不只限于当事人的意思。这些事项是需要加以考虑的,我认为公平和公共利益是对它们的最好的描述了。第231条虽然对于我们的法律来讲没有什么新意,但对于"重述"来说它是全新的。

我被质问到很多有关第231条的问题:这真的是法律的重述吗?这是否只是一次想把训诫和教导写入《合同法重述》的一次尝试呢?

回答是:我认为我们可以在大量的司法判例中找到它的出处。对它的精练的表述出自《统一商法典》,但我认为在它存在于商法典的这段时间里,它并不被认为是法律中一个新颖的规定。

我要提醒注意这里有个限制。正如在商法典中一样,条文有关诚信的规定被限制在合同的履行和执行中,并不要求在谈判、要约和承诺中诚信。

这样,在合同的订立过程中要求诚信与公平交易义务,以区别于合同履行和执行过程中的诚信与公平交易义务。我不认为你能在普通法的整个历史中找到一个判例,在该判例中法院认为诚信义务在合同的履行和执行过程中是没有必要的。

当然,该条文的问题在于它非常概括和抽象,十分需要具体化,该项工作到现在也没有做。在它的制定上,我受益于萨默斯教授,我在《报告人注解》的第100页的评论上引用了他的成果。他做了相当大的努力去收集了大量的司法判决,这些判决认为在合同的履行和执行过程中要尽到诚信与公平交易的义务。然后他试着将其分类,我借鉴了他的分类方案,只是做了一些细微的补充。

不过,我并不想试图去区分这里所讲的东西。如果你在非常狭义的意义上来定义诚信的话,那么该提议是完全可以接受的;但是,当你更宽泛地定义诚信时,相应的问题也随即产生了。我在报告人说明的第100页提到了德国法中诚信所产生的问题。在第一次世界大战紧接着而来的通货膨胀的那些日子里,诚信成为对合同进行司法再造的许可证,这在美国是史无前例的。

现在,我假设我们在一个每个月通货膨胀率超过25%的地方,那么你也会发现一些司法激进主义的存在。幸运地,我们不大会碰到这个问题。

不管怎么说,该原则是在司法意见中找到的,并不是我所创造的原则。我们也能在《统一商法典》中找到它。我认为在纽约上诉法院和加利福尼亚最高法院存在着比其他地方法院更多的遵循该原则的司法意见,但也有人告诉我,在索赔法院的判决中也能找到许多类似的精彩案例,我要对此进行更深入的了解,因为我对这些判例并不熟悉。无论如何,它们确实存在着。(情况就是这样子)[没有评论]

我很惊讶……①

一般诚信义务最终在《重述》中被重新编为第205条,与其评论一起在1981年正式公布,其内容只是做了细微的修改。② 也许最值得一提的是当第205条首次被制定的时候,在报告人的注释中所涉及的一些新文献,这些文献对20世纪60年代后期的一些司法判决提供了支持。报告人的注释里引用了13个此类判例,但这些判例绝不代表在20世纪60年代末到1981年这段时间内有关合同诚信方面的所有判例,甚至不一定是最重要的判例。③

在美国法律协会的各种重述活动的历程中,时常会出现特定的重述法条(条文)因为缺乏合法性而受到质疑。这些质疑认为该条文缺乏判例法的基础,与判例法相冲突或在某些方面超出了判例法的范围。现在,很明显这些关于第205条的质疑都是毫无根据的,第205条拥有完全的合法性。

二、概念化

正如法律起草人和其他从事法律的人所面临的一样,我先对概念

① 47 ALI PROCEEDINGS 489 - 491(1970).

② 在1981年的最终版本除了案件理由有增加外,我们还应该注意到:(1)在1973年的版本中保留了1970年版本中评论c第一段的最后一个条款"但是磋商中的恶意行为也要受到制裁";(2)1970年版本中例4的结论句在1973年的版本中被修改;(3)1973年版本中的例6在1981年的版本中被保留。

③ 更多的关于诚信履行的案例,参见Burton, Article 2 Good Faith, supra note 7; Burton, Breach of Contract, supra note 7。

化的一般性问题做一个初步的讨论。[①] 接下来,我将第205条及其评论中的诚信描述为“排除器”式的概念,解释它的根源,并将其与《统一商法典》中的诚信概念做一比较。最后,我会对第205条与“法治”及其法治理念所蕴含的价值之间的一致性程度进行研究。

(一)概念化的一般性问题

概念化是指一种意识结构,其体现或包含了为一般目的或者特殊目的而以文字形式表现出来的一种观念。[②] 当起草者要制定一个法律条款时,他可能被要求将一个或多个观念加以概念化,以明确的语言写在法律的正式评论中或其他权威的立法性文件中。包含概念的法律条款的目的可能是为了建立某种正当行为模式(如实现其正当的期望),或者是为一般目的或者特殊的社会目的(如为了安全或为个人交易便利)。[③] 法律条款可能采取一般原则或者格言的形式,也可能采用非常具体化的规则形式。诚信的思想可能来源于众所周知的道德领域或者法律环境或者学术论文,也可能在很大程度上甚至就是法律自身的创造,例如“抗辩”或“减税”。诚信思想可能是直接用以形容普通人作为或不作为的特征,如“诚信的行为”。或者间接地和普通人的日常行为相关,如“司法审判”或“将来权益”。假如诚信思想与人的行为有关,那么该行为可能是多种多样的,例如“缔约行为”,或者也可能是一种相对稳定且相互独立的行为,如“填写纳税申报单”。假如该思想与人的行为有关,那么,行为可能涉及精神因素,或者也可能与精神因素无关。

除了上述问题,法律起草者还将面临影响概念化的其他变量。有一项变量值得进一步深入研讨。为了法律条款的目的而被概念化的思想或许只能由一种方式来概念化。当将为我们所知的来自于先前社会

---

① 在我早期的文章中,我不能分清那些想要去解释和适用判例法或成文法的人所面对的问题和法律起草者所面对的问题。这是个很严重的失误。然而,在我叫作概念化“排除”的那个案例证明它们可能既作为解释的有效的方法,又能为起草者提供范本。

② 我并不试图使之成为一个正式的定义。

③ 关于这个基本区分(其的确涉及很多不同的方面),参见 Summers, Two Types of Substantive Reasons: The Core of a Theory of Common-Law Justification, 63 *CORNELL L. REV.* 707(1978)。

的或法律的经验中的思想概念化时,尤其如此。这种思想自身构成一个特殊的整体,[①]法律起草者将不能凭其个人意愿来任意对待它,即使是为了法律本身的特殊目的。否则,他将会使法律人产生困惑,他还将冒其所采纳的概念不能为他原本想要的法律目的服务的风险。但这并不是说,法律起草者制定概念时,不能发挥主观能动性来重建思想以服务于更好的法律目的。但无论何种程度的重建,它确实意味着概念必须充分忠实于其所包含的思想。[②] 正如我们将看到的,《统一商法典》中有关诚信条款的起草者(他本身是一个出色的法律教授)并没有很好地把握这一原则。

对于这种思想而言,起草者在为法律的目的将其制定为概念之前,首先要直接给出这些思想,而不是试图进行概念化重构,这对于起草者很重要。如果他已经对概念化的一般方式有所了解,且认识到给定的思想只能适用于一种或多种方式,但不是其他方式时,他将能更好地胜任这个工作。考虑到篇幅有限,对于概念化的各种不同方式,此处不做论述;现在,仅仅提供一个非常简略的,但具有建设性的不同方式的目录已足够了:

1. 通过正式的定义来概念化——例如:使用一个词或词组来确定必要条件和充分条件。

2. 在有疑义时,采用同义释意来达到概念化(包括对比性解释)。

3. 通过范例来具体化一个词或词组,以此来概念化。

4. 主要通过列举或典型性的例子来说明某一词汇的应用,以此来概念化。

5. 不同用法的词或词组的类的相似性的特定化来概念化。

6. 以排除式的方法来概念化。

---

① "完整"一词在这里可能并不确切。这样的完整概念在科学技术思想领域很少被否定,它们可能已经以某种方式被植入到法律中。但在非科学和非技术思想领域,许多人对此持怀疑态度。依我看,这种先验的怀疑论是无根据的。其结果是,律师们应该警惕"墙头上的蛋"这样的症候群:"当我使用一个词,它的意义不多不少仅限于我选择它时的意义"。L. Carroll, Through The Looking Glass and What Alice Found There ch. 6 (1871).

② 所谓的"充分忠实"依特定情况而定,其不能被抽象阐述或预先确定。

上述并不是一个详尽的概念化方式的清单。为了法律目的而使用上述任何一种方法来概念化,都可以作为一篇独立论文的主题来进行论述。[①] 现在,我只是想强调法律起草者可以有多种方式来概念化;虽然有些思想能以多种方式来概念化,但是某些思想(为了法律目的)却只能用一种方式来表述。法律起草者应该很好地去领会这个原理,否则,可能会滋生混乱或以各种概念化方法的失调而告终,从而使法律目的落空。一个概念是否恰当,可以通过三个相关标准来判断:(1)它是否充分忠实于其所包含的思想;(2)它是否充分体现了正在制定的法律条款的目的;(3)它是否与更一般化的法律目的,即法治的目的相符。

(二)"排除器"式的概念

一些思想适应于这种"排除器"式的概念模式,自20世纪60年代中期以来,我就采用了这种概念模式,它对于诚信思想的分析是恰当的。此处我不再重复我曾在1968年的一篇文章中提出的对诚信的排除器式分析。[②] 我只是想总结其本质。依我看,对于内行而言,一些词或词组其本身在语境中或者在著述范围内并不具有一般的积极意义,相反,这些词的作用在于其根据语境排除各种事物。一些思想具有此一特性的观点并不新奇,也并非是我的创造。这种排除器式的概念化方式最早出现在亚里士多德的文章中,[③]后来牛津大学的J. L. 奥斯丁教授对其做了进一步的研究。他对"真正"这一术语的论述是极富启发性的:

---

① 如果我们有关于特定的方法的使用的文章可以提供给法律起草者,这不失为一件好事。但是,大多数相关的著作都出自哲学家之手,而且并非出于法律目的。例如,R. ROBINSON, DEFINITION (1950); L. WITTGENSTEZN, PHILOSOPHICAL INVESTIGATIONS (G. Anscombe trans. 1958); Hall, Excluders, 20 ANALYSIS 1(1959); Hart, The Ascription of Responsibility and Rights, 49 *PROCEEDINGS OF THE ARISTOTELIAN SOCIETY* 171, 181 (1941) ("defeasible" concepts); McGuinness & Matthews, Meaning and Contract, 43 PROCEEDING OF THE ARISTOTELIAN SOCIETY (Supp. Vol. 85, 1969)。

② 参见 Summers, *Good Faith*, supra note 5, at 199–207。

③ 3 ARISTOTEL, NICOMACHAEN ETHICS (W. Ross trans. 1925).

即,当明确主张某事是真实的,这只是指在特定的情况下可能是真实的,或者在特定情形下是不真实的。"一只真正的鸭子"与"一只鸭子"之间的不同仅仅在于它排除了各种不是真正的鸭子的情形——比如说一只玩具鸭子,一幅鸭子的画等。我不知道如何去正确判断是否是真正的鸭子,除非我正确地知道在特定情形下,论说者心里想要排除的不是真正的鸭子的情形。当然,这就是为什么给"真实的"或者可能是"真实的"东西找到一个共性是注定要失败的原因。"真实的"功能不在于从正面来确定事物的特性,而是在于去排除那些不是"真实的"的情形——这些情形对于特定种类的事物来说数量是巨大的,对于不同种类的事物来说其又是不同的。一般功能的特性与特定情形的巨大多样性一起,使得"真实的"这一词汇乍看起来便具有令人费解的特性,既不是一种单一的含义,也不是因具有多种不同含义而模糊不清。①

此外,"真正"这一词汇本身在法律中并不常用,在法律工作中,许多概念都是用排除分析法来界定的,效果也很好。"自愿"这一词,通常不仅适用于道德领域,而且也适用于刑法领域,它就像一个排除器式的概念。H. L. A. 哈特曾经认为"自愿"一词实际上排除了许多情形,例如人身强迫、胁迫、事故、错误等,而不是用以确定一种精神因素或状态。② "平等"这一概念在许多部门法领域中,也最好采用排除器式的概念,它排除了许多不合理歧视的情形。"公平"概念也可以采用排除器式。一位学者甚至主张,"正义"概念也最好采用排除器式。③

我认为,在普通的道德交易中一般诚信要件中的诚信,以及在60年代末的一般契约判例法中的诚信,最贴切地被描述为一个排除器。也就是说,通过一般的明确定义,比如说通过详述其充分必要条件来定义,并不能适当地定义诚信。相反,它的功能就像排除器,其排除了很多各种各样的恶意的形式。这并不是说解释和列举等其他概念化方法

① I. AUSTIN, SENSE AND SENSIBILIA 70 - 71 (G. Warnock ed. 1962).

② Hart, The Ascription of Responsibility and Rights, 49 PROCEEDINGS OF THE ARISTOTELIAN SOCIETY 171, 181 (1949).

③ Woozley, Injustice, 7 Am, PHIL. Q. MONO. SER. 109 (1973).

不能对该法律领域做进一步的研究。我们也不否认法律目的在界定诚信的范围和界限上所起到的独特作用。①（这个问题我会在后面再次提到。）最后，我们也不否认法官在认定一个特定的被称为恶意的行为是不是真的恶意时，应该清楚地表述其标准，当然，这些标准会随着语境的不同而不同。② 这个问题在后面也有论述。

（三）《重述》中"排除器"式的诚信概念

布劳切尔教授并不试图在第205条及其评论或报告人的注释中对"诚信"作出一般的明确的概念定义。比如，他并没有像《统一商法典》③的起草者那样采用一般的、不变的和近义词来将诚信界定为"交易行为中的事实上的诚实"。事实上，他没有对诚信作出一般的定义，④这与排除器式的分析方法是一致的。

和我在1968年的文章中的观点一样，布劳切尔教授认为，通过对比语境中被排除出去的各种形式的恶意，可以为特定的"诚信"用法提供明确的含义。含义随语境的不同而有所不同。⑤ 但是，他并没有试图在第205条中对这些不同的含义进行一般的、明确的、统一的概括。他认为，第205条中的诚信概念排除了许多恶意的行为，包括假意交易、懈怠缺乏谨慎、滥用解释合同条款的权力、引起虚假争议来迫使协商与修改、故意放任损失的扩大等。⑥ 许多法学家试图用一些必要的或单一的"意志因素"来对恶意进行定义，例如恶意动机。但是，布劳切尔教授认为这样也行不通，他说："借口和托词违背了合同履行中的诚信义务，即使当事人认为其行为是正当的。但是，诚信义务远不止这些，恶意可以是明显的作为，也可以是消极的不作为，公平交易要求比

---

① 我在早期的一篇文章中清楚地表述了这些目的，但是并没有就此进行深论。参见 Summers, *Good Faith*, supra note 5, at 198 - 199。

② 我意识到这个问题也是在早期的那篇文章中，但是也没有进行深入论述。参见 Summers, *Good Faith*, supra note 5, at 206。

③ 参见 U.C.C § 1 - 201(19)。

④ 参见附录。

⑤ 《合同法第二次重述》第205条，评论a部分(1979)。

⑥ 《合同法第二次重述》第205条，评论a,d,e部分。

诚实更多的东西。”[①]

布劳切尔教授进一步阐述了第205条的法律目的:为了确保忠实于合同的共同目的和确保与对方当事人的合理期待相一致,遵守社会共同体的礼仪、公平和合理的标准。[②] 但这与第205条对诚信所采用的一般的明确意义是不同的。即使承认,第205条必须依据自身的目的进行解释和运用,上述观点仍然是正确的。[③] 此外,作为排除器概念的必然结果,布劳切尔教授认为:“要想完全列举出所有恶意的类型是不可能的。”[④]

依我看来,第205条及其评论和报告人的注释中有关诚信的排除器式的概念充分满足了相关的充分性标准。它完全忠实于诚信所包含的法律思想的精髓,能很好地服务于法律目的,包括满足正当的期待。而且,由于它没有被严格地定义,因此它可以在不可预测的情况下起到一个“安全阀”的作用。它也能充分满足“法治”所蕴含的更为一般的目的。现在我将讨论其与“法治”的契合性问题。

(四)《重述》中的诚信概念与“法治”的契合性

“法治”并不要求所有的法律形式都由规则构成。[⑤] 第205条本身及其排除器式的概念并不是一条规则,它在本质上更多的是指一个原则或者一条格言,而且如果我是对的,它就应该是一个原则。第205条是针对不同寻常的特殊情形的规定,它排除了许多不同形式的恶意,其中许多情况不能在一个单一的规则中加以确定,而只在特定的情形下才能将其确定为恶意。[⑥] 那些认为所有的法律都必须由详细具体的规

① 《合同法第二次重述》第205条,评论d部分。参见Burton, *Breach of Contract*, supra note 7, at 384-387。

② 《合同法第二次重述》第205条,评论a部分。

③ 在我早期的文章中,我在一定程度上对这些目的做了不同的论述。不过,这两个不同的论述存有很大程度的重叠。请对照阅读《合同法第二次重述》第205条,评论a部分与Summers, *Good Faith*, supra note 5, at 198-199.

④ 《合同法第二次重述》第205条,评论d部分。参见generally Summers, *Good Faith*, supra note 5, at 199-207。

⑤ 参见generally R. DWORKIN, *TAKING RIGHTS SERIOUSLY* ch. 2 (1978); L. FULLER, *THE MORALITY OF LAW* (2d ed. 1969)。

⑥ 参见Summers, *Good Faith*, supra note 5, at 203, 215-216。

则组成，且与具体的法律事实相对应的所谓的坚持法治的人，他们很可能没有考虑到他们的立场所蕴含的用意。① 依据该种观点，那么仅仅商法领域就需要进行重大修改，其中包括《统一商法典》的大规模修改。不仅第 1－203 条有关诚信的条文需要修改，而且第 1－103 条有关公平原则的条文和第 2－302 条有关显失公平的条文也需要修改。许多其他的条文也需要修改和限缩。

尽管《合同法第二次重述》第 205 条作了这样的规定，但它并不排斥用其他形式的“诚信”法律规范解决相关问题。② 正如我们所看到的，《第二次重述》本身包含了一些旨在对第 205 条进行具体化的条文，用以解决第 205 条在特定情形下的特定要件的构成问题。除了这些条文之外，我们还有其他三种（在某些程度上会有一定的重叠）已经形成的或者正在形成的有关诚信的法律规范，用以解决具体的问题。第一，我们有大量的理性判例的积累。绝大多数都以默示或者明示的形式存在于法律之中，数量可观。③ 第二，法院和学者现在开始着手制定用来认定特定情形下的恶意的一系列标准。④ 这些标准的绝大多数都以法律的形式长期存在于我们的法律经验中。在我早期的文章中，它是我认可的法律的类型，“虽然我们经常说这些标准会随着语境的变化而有所不同，但是当法官要运用标准去判定一个特定的行为是否

---

① 他们也没有思考其动机。我经常与一些律师谈话，他们似乎认为那些法律起草者对于律师负有这样一种责任，即将法律以极小块形式制定并打包，这些小块的范围通常是当然的或预先可确定的。为什么呢？因为，据说，律师必须谋生，而这种类型的法律形式是最容易兜售给委托人的。

② 虽然我在 1968 年的文章中已经认识到这点，但是当时并没有给予足够的重视。

③ 关于这个法律要素的最佳理论论述是在制定法领域的，但是其经过必要的修改后，也适用于我们的合同法和商法。参见 Greenawalt，The Enduring Significance of Neutral Principles，78 *COLUM. L. REV.* 982（1987）。

④ 迄今为止，最为详细的例子要数 Professor Hillman 的关于合同中恶意限制的例子了，参见 Hillman，Contract Modification Under the Restatement（Second）of Contract，67 *CORNELL L. REV.* 680（1982）；Hillman，Policing Contract Modifications Under the UCC：Good Faith and the Doctrine of Economic Duress，64 *IOWA. L. REV.* 849（1979）. 关于另一则试图清楚论述特定情况下的特别标准的例子，参见 Holmes，supra note 13，at 451。

为恶意时,我们可以毫不费力地确认该标准。[①] 第三,在一些特定语境下法律经验的积累已经相当充分了,这些语境下恶意的特性也得到了详细阐述并经得起检验,这使得制定排除特定形式的恶意的规则成为可能。我并不想着手去制定这样的规则,不过假如有人制定出了超出《第二次重述》中第205条的规定,我也不会感到惊讶。

可以说所有的这些假定都是以现存的法律为基础,面对司法实践中没有遇到过的案例,法院将从根本上丧失法治的可预期性价值和统一性价值。事实上,假如诚信仅仅被定义为一个排除器式的概念的话,那么对于什么属于恶意,法官具有完全的自由裁量权。因此,在一些案件中法律就等于法官的个人意见。[②] 这被看作是以法治名义对第205条所进行的一次猛烈的抨击,无论有多隐蔽。在我们所设想的这些类型的案件中,法官会用到第205条及其评论和报告人的注释。这也是对布劳切尔教授的观点和与他一起制定《第二次重述》的同僚以及美国法律协会的一次猛烈抨击。当然,没有任何个人或组织是无可指责的法律圣人。不过,他们的集体智慧是我们所不可轻视的。我们必须承认在同时代的有关合同法和商法改革的所有学者中,布劳切尔教授是公认的头脑冷静和非常理智的一个人。法治的可预期性价值和统一性价值在他的法律价值理念中居于很重要的位置。

我认为,当法官在一个新案件中以排除器概念讨论第205条的诚信问题时,绝不缺少法治所要求的可期待性价值和统一性价值的意义指导。第一,他应从第205条的文义开始。第二,他应该去寻求第205条的法律目的,其主要在评论a中。这些目的原理将注入排除分析以各种意义,目的解释可以为法官判案提供指导是公认的(如对法规的

---

① 参见Summers, *Good Faith*, supra note 5, at 206。假如我现在要对这个构想进行修改的话,我会在"改变"后面加上"某种程度上",并且我将继续详尽地解释目前这篇文章的这一整小节中我所说的全部内容。

② 事实上,一些批评者也曾如此建议。参见Gillette, Limitations on the Obligation of Good Faith, 1981 *DUKE L. J.* 619, 650; Holmes, supra note 13, at 401 - 402。

目的性解释)。[1] 第三,进行目的解释之后,他应该从古老的普通法中寻找有关类比推理的方法,既可以从以前的案例中去寻找,也可以从第205条的评论中的各种例证中来寻求指导。这些推理,尤其是那些以前的法官提出的理由,可以为法官审理新型案件提供实质性洞见。第四,根据第205条的法律目的和一般的类比推理,他能分析可疑的或已被证实的有关事实来找到这些事实的具体原因及其暗含的价值,从而为判断恶意行为中的作为与不作为问题提供标准。第五,由于问题的本质性,排除器式的分析不仅忠实于事实,而且它本身也是解释理论的一个独特来源。它并不从正面去定义诚信由单一的或多元的要素组成,相反,它关注的是,在考虑到其法律目的和其与案件事实的联系时,哪些是第205条所排除的恶意行为。[2] 上述因素并没有穷尽第205条给我们提供的所有指引,但这已足够反驳那些认为诚信作为一个排除器式的概念使法官拥有很大的自由裁量权,并使法律成为仅仅是法官的个人专断的观点。

我想补充的是,德国合同法中的有关诚信的一般条款适用的漫长历史中并没有出现过很大的问题。该条款并没有变成像有些批判者所认为的那样成为司法专断的工具,就像他们认为《第二次重述》的第205条那样。[3]

(五)《统一商法典》的概念化方式相对落后

正如我们所知道的,《统一商法典》也包括了与《第二次重述》第205条相类似的一般条款。该法典的第1-203条规定:"本法下的任何合同和义务都应该被诚信地履行和执行。"另外,《统一商法典》中的

---

① 参见 L. FULLER, *THE ANATOMY OF LAW* 14-18, 38-39, 56-59, 82-86, 95 (1986); L. FULLER, *THE LAW IN QUEST OF ITSELF* (1940); L. FULLER, supra note 49, at 81-89, 224-232; Fuller, Positivism and Fidelity to Law—A Reply to Professor Hart, 71 *HARV. L. REV.* 630(1958)。

② 而且,当一项解释明显有误时,我们有必要知道什么是交易事项的"唯一正确的解释"。参见 Eisenberg, Legal Models of Management Structure in the Modern Corporation: Officers, Directors, and Accountants, 63 *CALIF. L. REV.* 375, 422(1975)。

③ 参见 J. DAWSON, THE ORACLES OF LAW 461-502(1968)。顺便提一下,我并没有试图将排除器式分析方法应用于德国判例法,但似乎其非常需要采纳这个方法。

许多其他条文和许多正式评论中都强调了诚信这一特殊义务。①

该部法典被认为是《第二次重述》第205条的一项权威性基础。不过,其影响也仅限于此。②《第二次重述》第205条将诚信定义为一个排除器式的概念,但《统一商法典》第1-203条却并没有这样做。③该法典的条文和相关的定义将诚信界定为"事实上的诚实"。E.艾伦·范斯沃思教授在1963年曾说,对诚信进行限制性的定义将削弱《统一商法典》第1-203条的作用,因为许多合同中的恶意并不是不诚实。④ 在我1968年的文章中,我试着去证明在某种程度上上述观点是正确的。⑤ 只有在对诚信进行定义时在前面加上"除非合同另有约定"和在《统一商法典》的其他条款包含有不太严格的定义时,上述概念的狭隘性才有可能部分地得到弥补。⑥ 这是法律起草者(卡尔·N.卢埃林教授)没有完全忠实于概念本身的特性来对其进行定义的一个典型例子。⑦ 这就强调了从法律上认识概念化是什么这一问题的重要性——概念化绝不仅仅是一个选择语言表达方式的形式问题。⑧

布劳切尔教授明白这一问题。他认为《统一商法典》将诚信定义为"事实上的诚实"太过狭隘。他特别指出,在诚信购买人的情形下定

① 参见 Summers, *Good Faith*, supra note 5, at 195, 207-216。

② 我们还应注意,这两种阐述都只限于"履行"和"执行",它们并没有明确地延伸到谈判阶段。我们还应注意措辞方面的一些不同:(1)《第二次重述》包含了词语"公平交易",而《统一商法典》并没有;(2)《统一商法典》将诚信要件适用每一个"法案所包含的契约或义务中",而《第二次重述》仅将其适用于"契约"。

③ 批评者们几乎一直未能指出这个基本的不同之处。例如,参见 Holmes, supra note 13, at 390。

④ Farnsworth, Good Faith Performance and Commercial Reasonableness Under the Uniform Commercial Code, 30 *U. CHI. L. REV.* 666, 673-674(1963). 另一个可能相同的限制性定义出现在 the Model Consumer Credit Act §1.201(1973)与 the Uniform Consumer Credit Code §1.110(1974)。

⑤ Summers, *Good Faith*, supra note 5, at 210-212.

⑥ Summers, *Good Faith*, supra note 5, at 212-214.

⑦ 在我看来,对此有数种不同的解释。参见 Summers, *Good Faith*, supra note 5, at 215。

⑧ 很多法学或非法学人士常常将我此处所讲的概念化的任务臆想为仅仅是关于"表达"的问题。

义为诚实是合适的,但在诚信履行的情形下是不合适的。① 在起草第205条的时候,他清楚地意识到不对诚信做明确定义,将会避免两种可能的危险:与斯库拉的相对具体理论相冲突,或者陷入卡里布迪斯的空洞的抽象理论。总而言之,他回避对诚信进行一般性的定义,相反,在第205条及其评论和报告人的注释中采用了排除器式的分析方法。因此,《第二次重述》对诚信的概念化相对于《统一商法典》对该概念的定义来说更为优越。

三、对批判的回应

第205条包含的诚信的一般构成要件及其排除器式的概念化方式,已经引起了强烈的反响。② 绝大多数的评论者都认为第205条的构成要件是合理的,不过也有许多人提出了批评和完善建议。总的来说,第205条制定得还是相当成功的,因此,我在这里将对第205条的直接的、明示的或默示的批评作出回应。我将着重对史蒂芬·巴顿教授(最近刚发表了两篇文章③)的文章做一些论述,因为他将我从教条主义的睡梦中唤醒。

(一)诚信构成要件的理论依据

诚信一般构成要件的理论依据(正如第205条中显现的那些)具有根本性意义。它们为法官提供了必不可少的指引,甚至其还可以作为一个将各种判决联系起来的统一理论。我认为,第205条的理论依据有两个:正义理论和基于法律的正义。④ 布劳切尔教授没有采用这

---

① 《合同法第二次重述》第205条,评论b部分(1979)。

② 例如,参见Burton, *Breach of Contract*, supra note 7; Eisenberg, Good Faith Under the Uniform Commercial Code—A New Look at an Old Problem, 54 *MARQ. L. REV.* 1 (1971); Gillette, Limitations on the Obligation of Good Faith, 1981 *DUKE L. J.* 619; Holmes, supra note 13; Stankiewicz, Good Faith Obligation in the Uniform Commercial Code: Problems in Determining Its Meaning and Evaluating Its Effect, 7 *VAL. U. L. REV.* 389 (1973)。当然,我并非指所有的批评者均做同样的批评或者说他们都以同样的方式提出质疑。

③ Burton, *Breach of Contract*, supra note 7; Burton, *Article* 2 *Good Faith*, supra note 7.

④ Summers, *Good Faith*, supra note 5, at 198.

种具体的表达方式,但是其所使用的语言和我个人的表达方式之间具有重叠之处。他认为诚信的构成要件要满足以下两点:(1)忠实于达成的共同目的并满足对方当事人的合理预期。(2)遵守共同体的礼仪、公平、理性的标准。① 在一般判例法中,法官经常认为这些理论依据具有显著的道义性。②

一些评论者否认上述以正义为导向的理论依据是诚信要件的理论基础,或者拒绝承认它们具有显著的道义性。③ 然而,上述理论依据经常在判例法中被提到。此外,上文引用的布劳切尔教授的论述直接来源于第205条的评论a中。

我们经常能发现一些理论家宣称对于如第205条这样的一些条款来说,其最合适的理论基础是经济原则,至少在诚信履行方面是这样的。④ 诚信构成要件通过减少交易成本(包括因选择交易对象而耗费的收集信息成本)、谈判和起草合同所需的成本、对未来的不确定所引起的成本,来提高经济效率。⑤ 诚信构成要件通过"允许一方当事人在发生上述情况的时候诉诸于法律"来实现上述经济目的。⑥ 这样,"经济理性人"将在法律空白处起到替代诚信的作用。⑦ 这要求经济理性对下面的这些观点作出一些回应。第一,经济理性无历史记载。历史已经证明,其他理性比经济理性更受喜爱。第二,其他理性,只要涉及诚信履行,其在很大程度上具有道义性,而且还包括了"履行契约义务"的原则。⑧ 说该原则是第205条的理论基础的一部分,并不是说该

---

① 《合同法第二次重述》第205条,评论a部分(1979)。

② 例如,参见Blachly v. United States, 380 F. 2d 665, 671(5th Cir. 1976).这并不是说第205条跟与它相对应的道德面是同一的。参见Summers, *Good Faith*, supra note 5, at 204 n. 46。

③ 巴顿教授并没有提到正义,在美国的学术研究中有某种传统,即寻求法律的"纯粹的道德观念"。参见Holmes, supra note 13, at 385-387。

④ Burton, *Breach of Contract*, supra note 7, at 392-394.

⑤ Burton, Breach of Contract, supra note 7, at 393.

⑥ Burton, Breach of Contract, supra note 7, at 393.

⑦ Burton, Breach of Contract, supra note 7, at 393.

⑧ Burton, *Article* 2 *Good Faith*, supra note 7, at 4.

条文本身是多余的。[①] 诚信履行学说的功能之一就是贯彻交易精神及默示的内在逻辑。有人甚至说,"正是由于缺乏明确性和完整性,使得每个合同都暗含诚信条款"。[②] 第三,总之,将该条款的理性基础认定为经济原则是相当可疑的,即使是诚信履行义务,也是如此。我们的确不知道对该项一般义务的认定是否符合经济效益原则。许多其他成本都应计算在内,其中包括对实施该学说的法律体系运行所耗费的分配成本。这证明该学说并不符合经济效益原则,或者说不是很明显,因此,认为经济原则是第 205 条的理论基础的观点如同那脆弱的芦苇是站不住脚的。第四,理性的功能之一是根据事实和法律,为特定案件的判决提供相应的依据。经济理性能否并在多大程度上有效和令人满意地完成该项任务的程度,一直存有疑问,凯利先生和我也尽了最大努力去寻找解决该问题的方法。[③]

(二)排除器式的分析方法根本不足信的可能性

正如我们所看到的一样,在第 205 条中诚信被定义为一个排除器式的概念——自身没有一般的、明确的内容——其功能是排除一系列恶意的情形。这种分析方法最早是由哲学家提出来的,其中包括亚里士多德和 J. L. 奥斯丁。[④] 有一位评论者曾指出,至少有两位法哲学家基于法律目的而反对该种方法。[⑤] 他所提到的两位法哲学家就是牛津大学圣约翰学院的研究员 G. P. 贝克先生和南加利福尼亚大学的迈克尔 · S. 摩尔教授。[⑥] 但实际上,贝克先生和摩尔教授他们两位都不反对排除器式的分析方法。[⑦]

---

① Burton, *Article* 2 *Good Faith*, supra note 7, at 4.

② Burton, *Breach of Contract*, supra note 7, at 380 n. 44.

③ Summers & Kelley, Economists' Reasons for Common Law Decisions—A Preliminary Inquiry, 1 *OXFORD J. LEGAL ATUD*, 213 (1981).

④ Summers, *Good Faith*, supra note 5, at 201 – 202.

⑤ Burton, *Article* 2 *Good Faith*, supra note 7, at 21 n. 136.

⑥ 事实上,只有后者才是法哲学家。

⑦ Baker, Defeasibility and Meaning, in Law, *MORALITY AND SOCIETY* 26, 43 – 56 (P. Hacker and J. Raz eds. 1977); Moore, The Semantics of Judging, 54 S. *CAL. L. REV*. 151, 237 – 238 (1981).

虽然贝克一度将法律要件中吸收了排除器式概念的观点与没有吸收排除器式概念但吸收了哈特所称的“可废止的”概念进行合并,[①]但是其文章实际上传达了后者中哈特的观点。[②] “排除器”式的概念与哈特的“可废除的”概念不同:哈特列举了很多有关契约义务的要件作为“可废除的”概念的例证。对他而言,契约是一个“可废除的”概念,它由一系列必要而充分的独立要件组成,这些要件受制于许多具体情形,比如说欺诈、胁迫、精神失常和醉酒。从另一方面来说,排除器式的概念不能通过一系列必要和充分的要件来对其进行定义,也不能赋予其任何明确的要素和内容。假如它们被赋予了一些内容,或者说它们包含了所有的评判标准,那么其评判标准本身就会变得很复杂。这可以解释为什么 J. L. 奥斯丁[③]试图要为诚信寻找必要充分的条件和共同特性的行为注定要失败。当然,法学家可以重构诚信,以便于能运用该种分析方法,但如果我是正确的,他们应该不会这样做。

此外,对贝克文章的仔细阅读会发现,他并不反对哈特的“可废除的”概念分析方法,更不用说亚里士多德和奥斯丁等人提出和发展起来的排除器式的分析方法。事实上,贝克提供了一种可选择的语义理论,它在很大程度上挽救了哈特的“可废除的”概念分析方法。

假如贝克最终怀疑排除器式分析方法的哲学意义,那么仅就这一点也不足以认为他对这种分析方法的法律意义也持同样态度。法律意义和哲学意义是不相同的。即使是一个受到哲学怀疑的排除器式的分析方法也可能通过类比为判例法的解释和法律要件的起草提供有用的方法和范本。[④]

现在,我简要地谈一下法哲学家摩尔教授的观点,摩尔教授被认为是反对或怀疑排除器式的分析方法的哲学家。[⑤] 但实际上,摩尔教授,像贝克一样,不是针对排除器式的分析方法本身,而是针对哈特的“可

---

① Baker, supra note 86, at 43.

② 参见 Hart, The Ascription of Responsibility and Rights, 49 *PROCEEDINGS OF THE ARISTOTELIAN SOCIETY* 171(1949)。

③ J. L. AUSTIN, *SENSE AND SENSIBILIA* 70 - 71(Warnock ed. 1962).

④ 顺便提一句,我曾与贝克先生讨论过前面提到的问题,他也同意我的分析。

⑤ Moore, supra note 86, at 237 - 242.

废除的”概念分析方法来说的。因此，刚才所提到的贝克的文章在这里也可以应用。摩尔教授关于类比关联性的一段话是很有价值的，我在这里引用如下：

作为一篇标准的论文，“可废除”的概念分析方法有着坚实的基础。尽管为“契约”、“犯罪意图”和其他一些相似的法律概念设定了封闭的标准是有可能的，但是，它们不应该被封闭，因为新型案件需要依据正义来裁判而，而不是根据一个固定的分类法来裁判。①

(三)诚信的不可定义性

许多评论者认为，他们愿意接受诚信是不能通过单一的、一般的、明确的方式来对其进行定义的事实，不过他们中的大多数人又觉得这种状态难以忍受。他们会不时地在文章和脚注中对诚信下一个一般的定义。这有一些例子：

——诚信就是“没有想要损害法律所要保护的金钱利益的意图”。②

——诚信履行就是合同的一方当事人在合同订立时的合理期待范围内行使自由裁量权，其在合同订立时被保留和被客观解释的。③

——诚信和公平行为包括“根据习俗和公认的个人期待所设定的合理标准而为的行为”。④

我认为所有这些为诚信下定义的行为都具有误导性，就像第205条一样。这些定义几乎没有为定义诚信提供真正明确的指引。此外，其中有些定义还限制性地扭曲了诚信的法律要件的范围。例如，文中对相关要素的定义也没有限制在“习惯”和“期待”所宣称的那样。⑤另外，这些定义将使法官和律师去思考和争论诚信的含义，并以这种或其他方式将重点从根据具体情况把所宣称的恶意类型也进行具体化的问题上引开。最后，我认为诚信并不适合这样的定义方法。

① Moore, supra note 86, at 239.

② Burton, *Breach of Contract*, supra note 7, at 372 – 373 n. 17.

③ Burton, *Breach of Contract*, supra note 7, at 373.

④ Holmes, supra note 13, at 452.

⑤ Note 95 supra.

所有这些并不是说上述定义中所使用的词汇是毫无用处的,它们构成了诚信的理论基础的一部分。但是,为诚信提供理论依据是一回事,对其进行定义又是另外一回事。

(四)在新型案件中对恶意的判断——巴顿模式

在我对诚信的早期研究中,并不试图去为新型案件制定一个模式化决策程序,这也是我早期研究成果的一个缺憾。[①] 我曾经提到过:"我们知道这些认定标准会随着语境的不同而不同,所以并不想要去确定法官该运用哪种标准来对具体行为是否为恶意进行判断"。[②] 在文章第二部分的第四点中,我试图去寻找法官面对新型案件时所要采纳的五个一般要素,我在其中也提到,在许多案件中,法官还可以诉诸第205条之外的其他三种有关诚信的方法来解决这方面的问题。

巴顿教授的一篇发表在《哈佛法学评论》上的文章[③]中,其为新案件中的诚信履行问题建立了一个模式化的决策程序。[④] 该模式的实质主要表现在以下几方面:契约的一方当事人始终具有巴顿教授所认为的"决定行为的自由"。在订立契约的时候,该方当事人也就放弃了一些行为自由,巴顿教授称之为"放弃的机会"(作为该方当事人的缔约成本)。所谓恶意契约性行为,就是指行使自由裁量权来获取在缔结契约之时已经放弃的机会。判断一个机会是否已经实际上放弃,需要考虑对方当事人的合理期待。假如享有自由裁量权的一方没有试图去重新获得已经放弃的机会,那么他的行为就是诚信的。巴顿教授认为"拥有自由裁量权的一方是否重新获取了已经放弃的机会是一个主观意图的问题"——一种主观的探究。另外,对方当事人的合理期待的客观探究也不能单独来决定拥有自由裁量权的一方当事人是否重新获取了已经放弃的机会。的确,巴顿教授也强调,对当事人主观意图的探究也是至关重要的。[⑤]

---

① 然而,就如何解释有关诚信的先前案例,我也曾向律师提出了一个建议性的进路。See also note 28 supra.

② Summers, *Good Faith*, supra note 7, at 206.

③ Burton, *Breach of Contract*, supra note 7, at 378 – 394.

④ 也可以参见 Burton, *Article 2 Good Faith*, supra note 7。

⑤ Burton, *Breach of Contract*, supra note 7, at 384.

我们可以引用巴顿教授的例子[①]来演示他的这种模式的运行程序。假设L和T签订了一个租赁契约,契约规定:T支付以其经营场所的毛收入的一定比例作为房子的租金。T在本城有另一家商店(他本人所有),他经常把L店的顾客招徕到该店里来,从而,减少了支付给L的租金。为此,L起诉了T,诉称T转移顾客的做法是恶意的。根据巴顿教授的观点,法院应该查明:(1)在L位置上的一个理性的人是不希望因T的这种招徕顾客的行为从而使其租金减少的;(2)T在实行该行为时怀有重新获得已经放弃的机会的主观意图。

巴顿教授不像那些批判诚信要件的人一样,他认可诚信并且试图使诚信变得更为有效。另外,他最终并没有试图像第205条那样以具有假定的明确内容的词汇来进行一般的定义,以此解决诚信问题。巴顿教授承认一般诚信要件所排除的内容在一定程度上也是随着语境的变化而变化的,并努力寻找排除所声称的恶意形式的原因。尽管他也有一些错误的主张,但总体而言,他的方法与第205条的精神及排除器式的概念是相一致的。

巴顿教授为了支持他的方法,提出了许多主张,来反对它所谓的"传统方法"(这些方法发轫于普通法产生之前不久,第205条也许也包括在内)。他认为他的方法提供了更多的分析重点,它以极大的特殊性分离出了判断诚信或恶意履行所要考虑的因素。[②] 我们不需要再去考虑各种具体语境,只需要考虑对方当事人的合理期待和有行使自由裁量权的一方的主观意图——由此确定行使自由裁量权的一方是否重新获得了已经放弃的机会,如果是这样的话,那他就构成了恶意。当遇到一些新型诚信履行案件时,提供比第205条更多的如这种分析方法所设计的聚焦点是否有必要?它所关注的重点是否正确?它做的足够了吗?这些都是大问题,我现在还不能对它们进行全面公正的评判。我曾试图在本文中说明:第205条为法官提供了许多的指引,不仅仅在新的诚信履行案件中,也在一般的履行和执行案件中。巴顿教授的模式引用了新的术语,且其似乎将问题减少到只有两个。不过,我并没有

---

① 参见Burton, *Breach of Contract*, supra note 7, at 384 – 385。

② Burton, *Breach of Contract*, supra note 7, at 391.

看到有什么变化。例如,为何我们要首先分析有自由裁量权的一方是否试图去获得已经放弃的机会,而不是根据不同语境来判断是否其行为已超出了对方当事人的合理期待?或者也可这么说,为什么在我们上述的租赁例子中需要考察承租人转移顾客的行为是否是试图重新获得已经放弃的机会,而不是考察承租人的行为是否违背了交易精神?

我们可能还会质疑是否巴顿模式真正抓住了事务的本质,比方说有自由裁量权的一方的主观心态是否真有其所宣称的那样重要吗?[①]依我看,其中的部分观点是,这种主观的探究是典型相关的,而不是偶然相关的。这与第205条是不相一致的。[②] 另外,在一些裁判得很好的契约履行案件中,法院很少甚至并不考虑到其主观因素。[③] 实际上,主观因素在巴顿教授的模式中的独立意义在一定程度上还是值得怀疑的。我们再来分析一下那个租赁案件。假如法院认为房东的合理期待已经排除了房客的转移顾客到其店里的行为,那为何还要再考虑房客的主观心态?我们考虑以下两点:(a)传统的分析方法主要关注受约人(promisee)根据协议所能获得的利益;(b)这也许还不够,因为立约人(promisor)也许会有权诚信地保留一些权利。[④] 无论(a)正确与否都不会影响(b)。假如立约人排除了受约人所保留的一些权利,那么这将具有决定意义。立约人有权保留什么样的权利取决于受约人所应得的(这并不是说在诚信履行案件中考察立约人的主观心态没有任何独立的意义)。

进一步说,我认为巴顿的模式还不够深入。它没有像《第二次重述》的第205条和一般判例法那样提供许多重点。我对制定一个能在诸多不同履行情形中用来判断诚信履行的有益的要素清单的可能性持有怀疑。巴顿教授似乎赞同期待合理性的一般标准无须界定。然而,

---

① 参见Burton, *Breach of Contract*, supra note 7, at 395。

② 《合同法第二次重述》第205条,解释d部分(1979)。

③ 参见generally Summers, *Good Faith*, supra note 5, at 232－243(例)。Burton教授举了一个关于主观探询的重要案例,在这个案例中,合同隐含了一个条款,其要求合同的履行应使受约人得到满足。Burton, *Breach of Contract*, supra note 7, at 390(例:Isbell v. Anderson Carriage Co., 170 Mich. 304, 136 N. W. 457)(1912)。

④ 参见Burton, *Breach of Contract*, supra note 7, at 387－392。

希尔曼教授[①]和霍姆斯[②]已经表明,在可比较的诚信情境中,进一步分析和区分各种相关因素是可能的。第205条中的排除器式概念并不存在与这些标准不相一致的地方。通过这些标准,诚信的一般要件能够排除由这些标准所确定的诸多恶意形式。[③] 实际上,正如我已经指出的,在某些情况下这样一些标准现在可以发展成为一种规则。

巴顿教授认为他的模式除了有更多的重点外,还比其他方法更具一般性,因此也"更像法律"。尤其是,他认为这并不是为专案司法直觉提供通行证。[④] 我不知道为什么在第二次重述的方法中很少有一般性。当然,布劳切尔在评论中所提到的每一个语境都是由许多分散的案件组成的。[⑤] 实际上,他采纳了对恶意一般类型的分类方法——这些类型都由实际判决所运用。[⑥] 另外,在这些语境中出现的法律的一般性时,没有理由不考虑诚信问题产生的不同合同阶段的各种因素。[⑦]

巴顿教授认为他的模式为诚信履行问题提供了一个更好的"新视角和政策框架",在这个框架内诚信履行问题更具可操作性。[⑧] 然而,进一步分析可以看出,巴顿教授的理论并没有如他所认为的那样具有一般性,它引入的经济思想和术语会产生不确定性和混乱。我将就这些观察的第一方面做进一步论述。因而,该模式不具有一般性,因为它实际上主要来自于一些案件,在这些案件中缔约双方实际上已经赋予

① 参见 Hillman 教授的文章,note 54 supra。

② 参见 Holmes, supra note 13。

③ Burton 教授曾经认为我站在这个观点的对立面,结果,他认为我在早期的文章中曾建议提出排出分析法,而不是决定的标准。Burton, *Breach of Contract*, supra note 7, at 369 - 370 n. 5. 他声称我"事实上否认任何一般的原则可以被精确阐述为司法判断的标准"。Burton, *Article* 2 *Good Faith*, supra note 7, at 21 n. 136. 我恳请大家否定对我的这两项"指控"。

④ Burton, *Article* 2 *Good Faith*, supra note 7, at 21 n. 136; Burton, *Breach of Contract*, supra note 7, at 369 - 370.

⑤ 这个属性出现在 Burton, *Article* 2 *Good Faith*, supra note 7, at 21 n. 136。

⑥ 参见《合同法第二次重述》第205条,评论d部分(1979); Summers, *Good Faith*, supra note 5, at 232 - 243。

⑦ 参见 Burton, *Article* 2 *Good Faith*, supra note 7, at 21 n. 136。

⑧ Burton, *Breach of Contract*, supra note 7, at 370 - 371 & n. 8.

了其中一方在合同履行中拥有一些自由决定的权力。不过许多诚信履行案件并不属于这种类型,他们没有被赋予履行行为的自由决定权。[①]要了解巴顿模式背后的可能动机并不难。采纳一个概念框架的策略在于,在该概念框架中,一方经常被认为享有适当的自由决定其行为的权力,这样会产生这样一个问题,即实行自由决定的一方可能不会诚信履行,这就确立了"主观心态"的考察在该模式中的核心地位。毕竟,"拥有自由决定权的一方当事人因为有更好的理由而享有所有的利益"。[②]然而,在许多诚信履行案件中并不存在这样的自由决定权,因此也就没有巴顿教授所说的那种可能性。即使情况并非如此,主观心态的考察也缺乏独立意义。

(五)诚信与道德准则

一位批评者最近表达了他强烈的担忧:法院可能会以利他主义、好撒玛利亚人(Good Samaritanism)、一般善行和道德理想主义等一系列名义来过分扩张适用第205条及其评论和报告人的说明中所体现的诚信要求。[③] 对该种担忧的最简单的回应是:迄今为止,大量的判例法并没有显示出这种趋势。[④] 不过,关于这一点,还是有必要说明一下。

任何理论都存在被过度使用的可能性。[⑤] 迄今为止的法律经验告诉我们该种危险对于第205条来说并不算大,这不足为奇。相对而言,我们的合同法向来没有怎么受到道德准则的影响,尤其是没怎么受到"好撒玛利亚人"等道德准则主义的影响。而且,法律上的诚信并不等

① Summers, *Good Faith*, supra note 5, at 232 - 243.

② Burton, *Breach of Contract*, supra note 7, at 384.

③ Gillette, Limitations on the Obligation of Good Faith, 1981 *DUKE L. J.* 619.

④ 事实上,Gillette教授很难找到一则看上去显示这种担忧的苗头的案例。

⑤ Gillette教授所写的"Summers教授的分析隐含了很大的自由裁量权",Gillette, Limitations on the Obligation of Good Faith, 1981 *DUKE L. J.* 619. at 646。可能包括"好撒玛利亚人"(他本人的说法)。Gillette, Limitations on the Obligation of Good Faith, 1981 *DUKE L. J.* 619. at 645. 我只能说,我最近重新审视了我的文章,来为他的观点寻找佐证,但归于失败。不过,我很荣幸地说,大家可以找到很多相反的观点。例如,参见Summers, *Good Faith*, supra note 5, at 265 - 266 以及198,200,204,205,206,220,233,243,248,261,263,264。

同于道德上的诚信。[①] 在任何案件中，诚信要件都只是一个最低的标准，而不是一个很高的理想。此外，在第205条及其评论和报告人的说明中设置了安全阀。法官和陪审团的判决要接受各种形式的审查。

最终的问题是，我们是否值得冒这个风险。我并不是说那些用诚信义务能很好处理的案件也能用其他方式处理得很好，尽管也有一些例外。当然，一些当事人在法庭之外的私人机构也会由于没有采取诚信义务理论而对合同的解释和合同争议的解决存在着很大的争议。最后，我们必须承认在诚信义务没有被一般承认之前，一些法官有时运用一些间接的、替代方法来对恶意进行补救，但这也涉及成本问题。

结论

第205条的最终被采纳和公布势必会对一般合同法中诚信制度的发展起到推动作用。这里至少有两个主要的任务要留给合同法学者。他们将继续承担评估、系统化和在时机成熟的时候提炼判例法的责任，以使诚信义务形成更多具体的类型和法的形式。还有一项很有趣的工作，即在判例法的发展过程中，要确定诚信对于合同法其他一般理论的隐含意义。这些隐含意义的发现和认识无疑可以为洞察合同的社会制度的深层奥秘提供一条很好的途径。

附录(条文与评论)

第205条　诚信与公平交易义务

每个合同的当事人在合同的履行和执行过程中应尽诚信与公平交易义务。

评论：

a. 诚信的含义。诚信在《统一商法典》第§1－201(19)条中被定义为“在有关行为和交易中的事实上的诚实”。《统一商法典》第§2－103(1)(b)条所提供的“有关商人的案件中”诚信是指，“事实上的诚实和遵守贸易中的公平交易的合理商业标准”。“诚信”这个词在许多不同语境中被使用，它的意思随语境的不同而有所不同。合同的诚信

---

① 参见Summers, *Good Faith*, supra note 5, at 204 n. 46。

履行和执行强调的是忠实于协议的共同目的和符合对方当事人的合理期待。它排除了许多违背正直、公平和合理性的社会标准的恶意行为。对违反诚信义务所进行的救济也会随具体情形的不同而不同。

b. 诚信购买。在许多情况下,支付了对价的诚信购买人可以获得比其前手更大的财产上的权利。参见 § 342 条。在该条文中"诚信"的核心是购买人的诚实,其不同于谨慎或疏忽。尤其在票据法中,诚信的调查仅限于所谓的"纯洁无恶意规则"(the rule of pure heart and the empty head)。当勤勉或调查成为购买者权利的一项条件时,仅有诚信是不够的。在诚信购买案件中将重点放在诚实上是合适的,然而其并不适合于诚信履行案件。

c. 诚信磋商。该条款与《统一商法典》§ 1 – 203 条相似,不适用于合同订立过程中的诚信。磋商中的恶意尽管不属于该条款管辖的范围内,但其也要受到制裁。特定形式的恶意磋商构成了合同缔结能力、双方合意、对价和因欺诈与胁迫而无效的规则的组成部分。例如,§ 90 和第 208 条。而且,在侵权法或返还法中,可以找到在缺少协议的情况下对恶意的救济方法。例如,诚信磋商的法定义务,参见《全国劳动关系法》§ 8(d)和联邦贷款法。在修改既存合同关系的磋商情形,修改既有的合同关系的情况下,该条款的规定可能与一些规定诚信磋商的具体条款相重叠。参见第 73 条、第 89 条和《统一商法典》的 § 2 – 209 条及其评论。

d. 诚信履行。托词和借口违反诚信履行义务,尽管当事人认为其行为是正当的。但是该义务的范围远不止这些:恶意可能是明示的,也可能是不作为,公平交易需要的不仅仅是诚实。对恶意类型进行一个完整的分类是不可能的,但是下面这些是已被司法判决所承认的恶意类型:违背交易精神,缺乏谨慎和懈怠,故意放任瑕疵履行行为,滥用特定条款的权力,干涉对方当事人的履行或没有为对方当事人的履行提供必要的协助。

例:

1. A 是一个石油交易商,从 B(石油供应商)那里借了 10 万美元,并且同意在规定的条件下购买 B 一定的石油产品,直到债务履行完毕。在债务履行完毕之前,A 与 B 的竞争对手 C 又签订了一份合同。

在这个新的合同下,A 的业务由 A 和 C 建立和拥有的一个公司来经营,并由 A 管理,该公司购买了所有 C 的石油产品。这个新的合同被认为是借口和托词,是违约行为。

2. A 是一家购物中心的所有人,出租了该购物中心的一部分给 B,并授予他经营超市的排他性权利,B 毛收入的一定部分作为租金。在租赁期间,A 取得了相邻土地扩大了购物中心,并将该相邻土地的一部分又租给了 C 来经营超市。除非这种行为被合理预期或被认为是正当的,否则该行为被认为是违约行为。

3. 保险公司 A 对 B 进行保险,以保险第三人引起的身体伤害的法律责任,责任限额为 10000 美元。保单规定,A 可以对抗可能解决的损害赔偿的诉讼。C 起诉 B,主张保单所包括的请求权,要求 B 赔偿 9500 美元。A 拒绝履行,其理由是赔偿数额过大,经过 A 一系列的辩护,判决驳回 B20000 美元的诉讼请求。A 没有上诉,并答应支付 10000 美元的赔偿金只要 B 服从判决,从而减少 B 协商解决的机会。B 提起上诉,花费了 7500 美元,并驳回了请求权。A 没有公平诚信地处理与 B 的纠纷,并应承担 B 的上诉费用。

4. A 和 B 签订合同,规定由 A 为 B 执行特定的拆除工作,并支付给 B 特定数额的材料剩余价值,该合同在特定的保险政策"全面实施和生效"之前并不生效。A 作出真诚的努力来获得保险,不过财政困难对 A 的雇员从事其他工作产生损害,又使 A 无法获得保险。A 的履行义务得以解除。

5. A 接受了 B 所提交的关于机场所需大约 4000 吨岩石的单价的报价。各方都执行由 A 提供的"招标、投标和中标"这样一个标准程序,其中包括类型化的条件"按规定交付项目","立即开始交付","A 可在任何时候撤销该合同"。诚信要求 A 在合理的时间内接受 B 的交付,除非 A 已经告知 B 要撤销合同的意图。

6. A 通过为 B 提供服务作为补偿,"在你看来其可能是合理的"。在 A 履行完其服务后,B 拒绝对 A 所提供的服务做任何价值的评估。A 享有通过法院来对其价值进行评估的权利。

7. A 遭受了财产损失,该财产由 B 所承保,A 向 B 提交了财产损失的通知和证据。该通知和证据不符合保险的形式和内容的要件。B

并没有指出这些瑕疵,而是对其存在的问题保持沉默和回避,告诉 A 要大致完善一下其要求。这些瑕疵不能阻止依据保单请求赔偿。

e. 诚信执行。诚信和公平交易义务可以扩展到合同主张、和解和诉讼中的主张与抗辩。参见 § 73 和 § 89 条。例如,引起虚假争议、虚假意思表示、伪造事实等不诚实的行为将违反该项义务。也可扩展到坦率而不公平的交易中,例如利用对方困难的处境,在没有合法理由的情况下对货物销售合同进行修改。参见《统一商法典》§ 2 - 209 条评论 2。其他违背该义务的行为已被司法判决所认定:过度要求对方当事人对履行提供担保、无正当理由拒绝履行合同、故意放任损失的扩大以及滥用决定合同履行还是终止合同的权力。合同终止情形的法定诚信义务,参见联邦 Automobile Dealer's Day in Court Act, 15 U. S. C. § § 1221 - 25(1976)。

例:

8. A 出售货物给 B,由 A 运送,采用赊账方式。合同规定:如果 B 的信用或资金情况受损或不能满足 A,A 在发货前可以要求现金支付或提供担保,并可在要求不能被满足时拒绝发货。这样,仅仅在 A 于忠实于合同的情况下有理由相信 B 预期的支付能力受损,其才可以恰当地请求现金支付或提供担保。

9. A 出售货物给 B,由 A 运送。在货物到达时,B 以迟延到达之不正当理由拒收,在这种情况下,如果 B 及时说明理由 A 就可以补救的,B 便不能以其所知的其他未说明的理由对 A 提出主张。

(陈永强,杭州师范大学法学院副教授,中国社会科学院法学研究所博士后;张志远、薛楠,杭州师范大学法学院硕士研究生。)

传统视角下侵权法的预防功能

［奥地利］海尔穆特·库齐奥*著　张玉东 译

目　次

一、导论：赔偿与预防
二、预防功能的一般性论述
三、与预防相关的几个个别问题

一、导论：赔偿与预防

几个世纪以来，①损害赔偿法的首要任务——一如其德文名称Shadenersatzrecht所表示的——是对受害人损害的赔偿。欧陆法系②对

* ［奥地利］海尔穆特·库齐奥（Helmut Koziol），奥地利国家科学院院士、维也纳欧洲侵权法与保险法中心主任，主要研究领域为侵权法、银行法。译者：张玉东，法学博士，烟台大学法学院副教授，烟台大学中欧侵权法研究院研究人员。本文为首发文章。

① 参见Jansen in：Schmoeckel/Rückert/Zimmermann（eds），Historisch – kritischer Kommentar zum BGB Ⅱ（2007）§§249 – 253，255 no 17 ff。

② F. Bydlinski，System und Prinzipien des Privatrechts（1996）187 ff；Magnus，Comparative Report on the Law of Damages，in：Magnus（ed），*Unification of Tort Law：Damages*（2001）185；Meder，Kann Schadensersatz Strafe sein？Rüping-FS（2009）125 ff；C. Schäfer，Strafe und Prävention im Bürgerlichen Recht，AcP 202（2002）399 f，414 ff；Schiemann in Staudinger BGB（Neubearbeitung 2005）Vor §§249 ff no 3；Schlobach，Das Präventionsprinzip im Recht des Schadensersatzes（2004）6 ff；Wilhelmi，Risikoschutz durch Privatrecht（2009）62 f. 欧盟法同样将损害赔偿作为首要功能，参见Kelliher，Aims and Scope，in：Koziol/Schulze（eds），*Tort Law of the European Community*（2008）10 ff；Oliphant，The *Nature and Assessment of Damages*，ibid 241；Oskierski，Schadensersatz im Europäischen Recht（2010）85 f。

此已无争议,甚至普通法①在一定程度上也接受了该观点。《奥地利民法典》第1295条是对损害赔偿义务的规定:任何人均有权就他人因过错对其造成的损失请求赔偿。《德国民法典》第823条也同样规定:损害赔偿的义务。故意或过失地不法侵害他人的生命、身体、健康、自由、所有权或其他权利的人,负有向该他人赔偿因此而发生的损害的义务。《瑞士债务法》第41条及第43条也同样明确规定了损害赔偿。由欧洲侵权法研究小组起草的《欧洲侵权法原则》②第10:101条第一句也强调了侵权法的赔偿功能:"损害赔偿是对受害者的金钱赔偿,即对受害人在金钱能够实现的范围内给予赔偿,使其恢复至损害发生之前的状态。"《共同参考框架草案》也作了同样的规定,其在第六编基本规定的第1:101条规定:"遭受法律上的相关损害的一方有权要求因故意、过失或其他可归责事由而引发该损害的另一方承担责任。"这里也明确提出了损害赔偿。需要注意的是,如果发生了非财产损害,也是如此。③

在欧洲各国法律中,均仅仅通过损害赔偿法规定其所需要的损害赔偿规则,也同样证明了此种观点的正确性。

相比于欧洲近期关于侵权法的各草案,新近颁行的中国《侵权责

---

① 参见 Baez, *Tort Law in the USA* (2010) 31; Cane, *Atiyah's Accidents, Compensation and the Law* (2006) 408 ff; Deakin/Johnston/Markesinis, *Markesinis and Deakin's Tort Law*(2007) 52; Quill, Torts in Ireland3 (2009) 3 f。

② 参见 Magnus, Nature and Purpose of Damages, in: *European Group on Tort Law, Principles of European Tort Law* (2005) 149 ff。

③ F. Bydlinski, Der Ersatz ideellen Schadens als sachliches und methodisches Problem, JBl 1965, 253 f; Karner, Der Ersatz ideeller Schäden (1999) 88 f, 132 ff; Köndgen, Haftpflichtfunktionen und Immaterialschaden (1976) 84 ff; E. Lorenz, Immaterieller Schaden und "billige Entschädigung in Geld" (1981) 95 ff;另参见 Art 10:301 PETL. Deutsch, Allgemeines Haftungsrecht2 (1996) no 904 ff; Oetker in MünchKomm, BGB II^5 (2007) §253 No 13。比较法视角的论述,参见 Brüggemeier, Prinzipien des Haftungsrechts (1999) 189 ff; B. A. Koch/Koziol, Comparative Analysis, in: B. A. Koch/Koziol (eds), *Compensation for Personal Injury in a Comparative Perspective* (2003) 420, 424 f; W. V. H. Rogers, Comparative Report of a Project Carried Out by the European Centre of Tort and Insurance Law, in: W. V. H. Rogers (ed), *Damages for Non-Pecuniary Loss in a Comparative Perspective* (2001) 251 ff。

任法》在其条文的第1条立法目的中并未提及损害赔偿，却提及了预防和惩罚功能。但其第15条规定了"赔偿损失"作为责任的承担方式之一种。因此，可以认为在中国侵权责任法上，损害赔偿并不是唯一甚至不是其首要的目的，但仍是其所要实现的功能之一。由于其在条文中仍对具体的损害赔偿进行了规定，我们不妨认为中国《侵权责任法》的主要目的之一也同样是损害赔偿。

然而，侵权法的这一首要功能的理念却屡次遭到怀疑。怀疑论者之一是克茨。① 但他的批评意见似乎主要是基于这样一个事实，即他希望损害赔偿这个概念能够澄清这一概念本身不欲澄清也确实无法澄清的问题（而这种无法澄清是可以理解的）。他认为，在侵权法中并非总是要求损害赔偿，同时，在对于立法者于选择损害赔偿的特殊归责基础时所要实现的目的问题上，损害赔偿原则也并未提供更多的洞见。他的观点是有道理的。但对其观点仍可提出不同看法。首先，对于将预防功能作为侵权法首要功能的观点，也可以提出与上述批评观点类似的反对意见：预防也并非总是存在，且预防原则也并未就预防措施的归责基础问题提供任何洞见。其次，我们必须强调，对赔偿理念的阐述并非在于传达任何对于归责基础的洞见，而仅在于澄清当满足侵权责任的构成要件时侵权法应具有什么样的功能。② 损害赔偿理念清晰地表达了侵权法的目的，③为损害赔偿的范围提供了指引，并因此排除了

① Ziele des Haftungsrechts, Steindorff-FS (1990) 644 f. 另参见 Möller, Das Präventionsprinzip des Schadensrechts (2006) 247 ff; Ott/Schäfer, Die Anreiz und Abschreckungsfunktion im Zivilrecht, in: Ott/Schäfer (eds), Die Präventivwirkung zivil-und strafrechtlicher Sanktionen (1999) 135 f; Schiemann, Argumente und Prinzipien bei der Fortbildung des Schadensrechts (1981) 185 ff; Visscher, Economic Analysis of Punitive Damages, in: Koziol/Wilcox (eds), *Punitive Damages: Common Law and Civil Law Perspectives* (2009) 6 and 57; *G. Wagner* in MünchKomm, BGB V^5 (2009) Vor § 823 no 38 f; G. Wagner, Prävention und Verhaltenssteuerung durch Privatrecht-Anmaßung oder legitime Aufgabe? AcP 206 (2006) 453 ff。

② 同样观点，参见 F. Bydlinski, System und Prinzipien 187 f; F. Bydlinski, Causation as a Legal Phenomenon, in: Tichy (ed), *Causation in Law* (2007) 12 f; cf Also Wilhelmi, Risikoschutz 63, 65 f。

③ F. Bydlinski, System und Prinzipien 187 f.

在损害赔偿法框架下的与惩罚性赔偿制度①或不当得利制度的融合——这是一个如果认识到就可以避免走很多弯路的发现,也是一个突出强调损害赔偿理念重要性的发现。

然而,必须指出的是,在现今应该大体上承认侵权法同样具有预防或遏制功能,或者如中国法上所确认的惩罚功能。除此之外,现今的一个时兴的趋势是拒绝损害赔偿的理念,而聚焦于制裁②或预防功能。③因此,损害赔偿可能会过分地高于或低于受害人所受到的损失。即便是在乍看之下,这样的理论也是有问题的,因为其与法律的实际规定相矛盾。此外,任何以预防为首要目的而对侵权法的重新构建都将造成制度上的缺陷:正如法律史和比较法所显示的,我们需要有以损害赔偿为首要目的的法律制度。因此,试图偏离现有侵权法一直以来所秉持的损害赔偿的目的,而创造新的、与现有法律相对的、处理损害赔偿问题的法律分支的做法是不明智的。

就此,我们必须讨论一下侵权法的首要功能为预防功能这一惊人的观点。以下,我将首先介绍传统法上对侵权责任预防功能的定位及预防功能是否能作为侵权法的首要功能;其次,在否认这种极端的观点之后,论述一些与预防功能相关的问题,并且阐释从传统视角(即将预防功能定位为附属功能而非首要功能)处理这些问题的结论。

---

① 更进一步的论述,参见 Koziol, Grundfragen des Schadenersatzrechts (2010) no 1/22 and 2/55 ff。

② 通过惩罚性赔偿而实现制裁的功能。就此参见 von Bar, Gemeineuropäisches Deliktsrecht I (1996) no 608 ff; Koziol/Schulze, Conclusio, in: Koziol/Schulze, *Tort Law of the European Community* 596 f; Koziol, Punitive Damages: Admission into the Seventh Legal Heaven or Eternal Damnation? in: Koziol/Wilcox, *Punitive Damages* 275 ff。

③ 参见 Ott/Schäfer in: Ott/Schäfer (eds), Die Präventivwirkung 132 ff; G. Wagner, AcP 206, 451 ff; Visscher in: Koziol/Wilcox, *Punitive Damages* 222 ff。

二、预防功能的一般性论述

(一)传统观点

如上文所述,欧洲已基本①但并非全部②地接受了侵权法也具有——作为副作用的③——预防功能:④因致害而负有损害赔偿义务的威慑,无疑为避免损害的发生提供了一般性的激励。就如中国《侵权责任法》第1条中所明确规定的,侵权法的实施也同样具有预防并制裁⑤侵权行为的功能,似乎中国侵权法将预防视为一种主要

---

① 参见 van Boom, *Compensating and Preventing Damage: Is there any Future Left for Tort Law?* Dufwa-FS (2006) 287; F. Bydlinski, System und Prinzipien 190 ff; Hachem, Prävention und Punitive Damages, in: Wolf/Mona/Hürzeler (eds), Prävention im Recht (2008) 198 ff; J. Hager in Staudinger, BGB (Bearbeitung 1999) Vor § § 823 ff no 10; Koziol, Österreichisches Haftpflichtrecht I3 (1997) no 1/15; Löwe, Der Gedanke der Prävention im deutschen Schadensersatzrecht (2000) 57 ff; Lunney/Oliphant, Tort Law: Text & Materials (2010) 18 ff; Deakin/Johnston/Markesinis, *Tort Law* 50 ff; Magnus in: Magnus, *Unification: Damages* 185 f; Möller, Präventionsprinzip; Ohly, Volenti non fit iniuria (2002) 404; Quill, Torts in Ireland3 4 f; Rohe, Gründe und Grenzen deliktischer Haftung-die Ordnungsaufgaben des Deliktsrechts, AcP 201 (2001) 125; C. Schäfer, AcP 202, 399 f; Schlobach, Präventionsprinzip 267 ff, 467 ff; Spickhoff in Soergel, BGB XII[13] (2005) Vor § 823 no 31; L. Tichy, Prävention im Haftungsrecht: Ansatz zu einer Revision, Koziol-FS (2010) 908 f; G. Wagner, Präventivschadensersatz im Kontinental-Europäischen Privatrecht, Koziol-FS (2010) 931 f. A stocktaking of German and European law developments is offered by K. Sailer, Prävention im Haftungsrecht (2005) 21 ff; Meder, Kann Schadensersatz Strafe sein? Rüping-FS (2009) 125 ff; Oskierski, Schadensersatz 86 ff。

② 持怀疑态度的观点,参见 Widmer, Der österreichische Entwurf aus der Sicht des Auslandes, in: Griss/Kathrein/Koziol (eds), Entwurf eines neuen österreichischen Schadenersatzrechts (2006) 129; van Boom, Dufwa-FS 288 f。另参见 Bühler, Ist die Schadensprävention kein Thema für das Schweizerische Haftpflichtrecht? Rey-FS (2003) 199。

③ Schlobach 认为预防功能与赔偿功能具有同样的地位,参见 Schlobach, Präventionsprinzip 273 ff。

④ 关于私法领域的预防功能,更多的细节详见 Schlobach, Präventionsprinzip 304 ff。

⑤ 由于惩罚首先服务于预防功能,因此,这两个目的很难被清晰地加以区分。

功能。①

对于实施侵权行为并承担损害赔偿责任的具体行为人而言,侵权法提供了避免损害发生的激励。然而,不能否认的是,惩罚的威慑力是否以及在多大程度上影响了人们的行为也是存在疑问的。②

同样需要强调的是,与侵权人责任相类似,受害人因与有过失而承担责任也同样具有预防效果,即激励每一个潜在的受害者保护自己的权益以免遭受损害,否则他可能无法获得全部赔偿。③ 此外,预防功能不唯过错责任所独有,严格责任也具有预防功能:④损害赔偿义务的威慑,同样会促使人们采取更多的办法在尽可能的范围内防止因危险源而造成的损害;这至少可以应用在(如法律经济分析所指明的)预防损害的成本没有超过损害赔偿义务的情形。

侵权法的预防功能在人格权被侵犯而是否及何时给予非财产损害赔偿的讨论中经常被加以强调。⑤ 这样的赔偿被认为是极为重要的,因为如果非财产损害赔偿被拒绝或在相当大的程度上受到限制,

---

① 参见 Koziol/Zhu, Background and Key Contents of the New Chinese Tort Liability Law, *Journal of European Tort Law* (JETL) 2010, 336 f。

② 参见 Dreier, Kompensation und Prävention (2002) 130。

③ Hinteregger, Contributory Negligence under Austrian Law, in: Magnus/Martin-Casals (eds), *Unification of Tort Law: Contributory Negligence* (2004) 10; Gilead, *Contributory Negligence under Israeli Law*, ibid 106; van Boom, *Contributory Negligence under Dutch Law*, ibid 133; Schwartz, *Contributory Negligence under United States Law*, ibid 223; Faure, *Economic Analysis of Contributory Negligence*, ibid 233; Hürzeler, Schadensprävention und Schadensminderung im Sozialversicherungs-und Haftpflichtrecht, in: Wolf/Mona/Hürzeler (eds), Prävention im Recht (2008) 163; *Koziol*, Grundfragen no 6/204.

④ Adams, Ökonomische Analyse der Gefährdungs-und Verschuldenshaftung (1985) 47 ff; Faure, Economic Analysis, in: B. A. Koch/Koziol (eds), *Unification of Tort Law: Strict Liability* (2002) 364 ff; Oertel, Objektive Haftung in Europa (2010) 34 ff; Rey, Ausservertragliches Haftpflichtrecht[4] (2007) no 16; Schäfer/Ott, *The Economic Analysis of Civil Law* (2004) 163 ff; Stoll, Das Handeln auf eigene Gefahr (1961) 347 ff; G. Wagner in MünchKomm, BGB V[5] Vor §823 no 17, 49, 52; *divergent* Rohe, AcP 201, 151.

⑤ F. Bydlinski, System und Prinzipien 223. 另参见 Körner, Zur Aufgabe des Haftungsrechts-Bedeutungsgewinn präventiver und punitiver elemente, NJW, 2000, 24 ff。

那么在民法上对人格权(最高位阶的权益)的严重损害往往会完全不受惩罚,除非法律在财产损害中规定间接损害。[①] 在知识产权法上,很多学者也进一步强调预防功能的重要性。[②] 因为在知识产权法领域,知识产权不仅非常容易受到侵害,而且在损害的确定上也极为困难。

此外,损害赔偿并非是法律制度对受保护的权益受有侵害或受有侵害之虞时的唯一应对措施:实际上在民法、行政法、刑法之下的武器库中有很多不同的武器,如通过抵御危险、赔偿损失、返还不当得利、没收违法所得、对未遂或既遂的犯罪行为处以刑罚等不同手段对权益加以保护。[③] 论及预防功能,我必须提及预防性禁令、正当防卫权和同样用于防止损害进一步发生的修复性禁令。[④] 最后但并非最不重要的是,相关事实表明,预防这一目的(独立于损害赔偿理念)也是刑法所要实现的首要目的;因此,不能孤立地去看民法上的措施。比如法律经济分析论者[⑤]认为杀一个人不会涉及侵权法[⑥]下的任何结果,除非死者的遗属要求行为人承担支付赡养费的责任。但由于刑法提供了对人生命的全面保护,则即便与侵权法无关,也并不存在法律保护上的漏

---

① Canaris, Grundprobleme des privatrechtlichen Persönlichkeitsschutzes, JBl 1991, 220; F. Bydlinski, Der immaterieller Schaden in der österreichischen Rechtsentwicklung, von Caemmerer-FS (1978) 785.

② 详细论述,参见 Dreier, Kompensation 57 ff, 128 ff, 413 ff。

③ 在某些问题上更为具体的论述,参见 Koziol, Gedanken zum privatrechtlichen System des Rechtsgüterschutzes, Canaris-FS I (2007) 631。更进一步的比较法上的分析参见 von Bar, Deliktsrecht I no 411 ff。

④ 详细论述,参见 Dreier, Kompensation 20 ff。

⑤ 参见 Schäfer/Ott, Economic Analysis 235 ff。

⑥ 这适用于德国法、奥地利法和瑞士法,参见 Koziol, Die Tötung im Schadenersatzrecht, in Koziol/Spier (eds), Liber Amicorum Pierre Widmer (2003) 203 ff。然而,在日本法上情况会有所不同,在日本法上会确认死者的损害赔偿主张并将其转至继承人。参见 Marutschke, Einführung in das japanische Recht2 (2010) 171 f; Nitta, Die Berechnung des Schadens beim Unfalltod eines minderjährigen Kindes, in von Caemmerer/Müller-Freienfels/Stoll (eds), Recht in Japan (1998) 77 ff。

洞。[1] 因此,我们需要对整个法律制度作一体的考虑。

(二)法律的经济分析

如上文所述,近来预防功能被认为是侵权法的首要功能,这尤其为法律经济分析的学者所提倡。[2] 他们试图通过运用经济学方法对此做全面的解释。[3] 兰德斯、波斯纳和加拉布莱西[4]从法律经济分析的视角认为,责任规则的制定可被解释为法律试图为社会效率而创造激励的行为。然而,经济分析论者认为预防是损害赔偿法唯一或根本功能的观点,则是一种误导。[5] 正如上文所述,根据欧洲各国法律的规定,损害赔偿法直接指向了损害赔偿这一目标,[6]这一功能也为其所规定的法律结果所清晰展现。预防功能仅是辅助功能,并且在损害赔偿法上,也不能仅以其自身为依据为高于损害的赔偿(不以损害赔偿为目的)或低于损害的赔偿提供正当性基础。这意味着,在侵权法上受害人的赔偿主张不能超出其所受到的损害。此种观点的正确性不仅取决于赔偿主张的相互正当性(mutual justification of the claims)——作为私法上的特征之一[7](在下文会有所论及),同时,也在于损害赔偿法根本不适合作为能够一以贯之的执行预防理念的制度。如果欲贯彻预防的理念,则有必要将应受谴责的实行行为及预备行为等与现代刑法及禁令

---

① Koziol in Koziol/Spier, Liber Amicorum Pierre Widmer 206; B. A. Koch, Der Preis des Tötens, Barta-FS (2009) 189; Kötz/Wagner, Deliktsrecht11 (2010) no 738.

② 对该理论在下文会进行更为详细的阐述,更进一步的论述参见 Koziol, Grundfragen no 3/17 ff。

③ 相关论述参见 Kötz/Schäfer, Schadensverhütung durch ökonomische Anreize, AcP 189 (1989) 502 ff; Gimpel-Hinteregger, Grundfragen der Umwelthaftung (1994) 43 ff; Faure, Comparative Analysis, in: Faure/Koziol (eds), *Cases on Medical Malpractice in a Comparative Perspective* (2001) 294 ff, 320。

④ 就此,参见 Schäfer/Müller-Langer, Strict liability versus negligence, in: Faure (ed), *Tort Law and Economics* 4 f。

⑤ 参见 Adams, Ökonomische Analyse; Schäfer/Ott, Economic Analysis, 二者均有更进一步的论述;特别参见 G. Wagner, AcP 206, 451 ff; idem, Koziol-FS 931 ff。

⑥ 参见 Taupitz, Ökonomische Analyse und Haftungsrecht-Eine Zwischenbilanz, AcP 196 (1996) 126; Koziol in: Koziol/Wilcox, Punitive Damages no 65; Wilhelmi, Risikoschutz 64 f. Qualifying this Möller, Präventionsprinzip 270 ff。

⑦ 更为细致的论述参见 Koziol, Grundfragen no 2/87。

法下的惩罚相联系,而并非是将行为与受到的损害相联系。损害赔偿的义务仅在损害发生时产生,而刑罚则仅是以法律所规定的行为为基础,刑罚显然与损害赔偿法的本质相异。① 最后,损害赔偿原则的批评论者(错误地)认为损害赔偿仅是一个空泛的原则,从中无法导出何时需要给予损害赔偿。但我们应该认识到,批评者所主张的预防理念也同样可以被认为失之于空泛。②

以上的这些论点也同样可以被用来反对瓦格纳③的观点。瓦格纳试图证明预防性赔偿(事实上是惩罚性赔偿,只是变换了一个说法)的目的不在于惩罚,而在于预防。此观点与法律经济分析论者主张的惩罚性赔偿观点有些相似,也与道布斯所主张的预防与惩罚性措施有所不同的观点相似。道布斯认为,当需要预防的时候,可以给予额外的损害赔偿。④ 损害赔偿数额应依预防所需而定,而非依据惩罚而定。在道布斯看来,因为侵权行为是发生在营利性活动之中,那么预防措施就应依照被告通过此行为所可能获得的益处或原告合理的诉讼费用(包括合理的律师费)而定。这样的结果就是,"惩罚性赔偿"将仍是额外赔偿,但不再具有惩罚性。

瓦格纳想用"预防性赔偿"来回避大多数观点对惩罚性赔偿的反对。在其看来,如果存在以下情况则必须给予预防性赔偿:其一,如果被告在实施行为时所欲得到的利益或利润超过了其可能需要承担的赔

---

① Spickhoff in Soergel, BGB XII[13] Vor § 823 no 31 and Koziol, Grundfragen no 2/60.

② 这已被 Wilhelmi 所正确地指出,参见 Wilhelmi, Risikoschutz 65 f。

③ G. Wagner, Neue Perspektiven im Schadensersatzrecht-Kommerzialisierung, Strafschadensersatz, Kollektivschaden, Gutachten A zum 66. Deutschen Juristentag (2006) 451 ff; *idem*, AcP 206, 451 ff; *idem*, Koziol-FS 931 ff. 参见 van Boom, *Efficacious Enforcement in Contract and Tort* (2006) 35 ff; Hachem, Prävention und Punitive Damages, in: Wolf/Mona/Hürzeler (eds), *Prävention im Recht* (2008) 201 ff; Visscher in: Koziol/Wilcox, *Punitive Damages* 222 ff。

④ Dobbs, Ending Punishment in "Punitive" Damages: Deterrence-Measured Remedies, 40 *Alabama Law Review* 1988/1989, 831 ff; 另参见 Dobbs/Hayden/Bublick, *The Law of Torts* III2 (2011) 56。相似的情形参见 *G. Wagner*, Schadensersatz-Zwecke, Inhalte, Grenzen, in E. Lorenz (ed), Karlsruher Forum 2006 (2006) 18 ff。

偿责任数额;其二,如果不实施预防性赔偿,则损害赔偿的主张不具有足够的威慑力。①

然而,这种观点如同主张惩罚性赔偿的观点②一样似乎并不具有说服力。因为刑罚不仅具有惩罚的目的,根据法律经济分析的观点,③预防甚至是其首要目的。④ 由于对这两个目的无法明确加以区分,即便法官仅考虑预防的目的而适用预防性赔偿,但在大多数案件的实际效果上也具有惩罚的作用。此外,现今美国的惩罚性赔偿也已包含了“有效遏制”⑤的思想,并因此也具有了预防的目的。这些都对瓦格纳的理论提出了根本性的反对。因此,预防既不是侵权法的唯一目的,也不是侵权法的根本目的,仅依据其自身尚无法为损害赔偿提供正当性基础。

由于侵权法的首要目的是损害赔偿,这要求原告受有损失,并且损害赔偿数额的计算也需要以该损失为依据。我对预防功能作为首要功能及预防性损害赔偿的反对有着更深层次的原因,即我坚定地认经济分析理论所持立场在原则上是错误的,因为它违背了私法的基本原则。对此,我已有过相关阐释,⑥在此也不宜做更多阐述,仅简要列举几点理由:首先,从历史上看,欧洲大陆的立法者⑦绝非仅追求效率这一目

---

① 对此问题,同样参见 Ott/Schäfer, Die Anreiz und Abschreckungsfunktion im Zivilrecht, in: Ott/Schäfer (eds), Die Präventivwirkung zivil-und strafrechtlicher Sanktionen (1999) 131 ff, 148 ff; Schaub, Streuschäden im deutschen und europäischen Recht, JZ 2011, 13 ff。

② 更为详细的论述,参见 *Koziol* in: Koziol/Wilcox, Punitive Damages no 43 ff; cf alsoidem, Grundfragen no 3/4 ff。

③ 参见 Entorf, Ökonomische Theorie der Kriminalität, in: Ott/Schäfer (eds), Die Präventivwirkung zivil-und strafrechtlicher Sanktionen (1999) 1 ff; Schmidtchen, Wozu Strafrecht? Einige Anmerkungen aus ökonomischer Sicht, ibidem 49 ff。

④ 参见 F. Bydlinski, System und Prinzipien 190 ff; H. Koziol, Haftpflichtrecht I³ no 1/15 and 17; C. Schäfer, AcP 202, 402 f。

⑤ A. J. Sebok, Punitive Damages in the United States, in: Koziol/Wilcox (eds), *Punitive Damages: Common Law and Civil Law Perspectives* (2009) 165 ff.

⑥ Grundfragen no 3/14 ff.

⑦ 参见 Jansen in Schmoekel/Rückert/Zimmermann (eds), Historisch-kritischer Kommentar zum BGB II (2007) § § 249 - 253, 255 no 156 ff。

标，且现今的法律制度也并不是只片面地指向这一目的；依据现有的历史解释、体系解释及目的论解释的方法也不会得出效率具有排他性的、决定性地位的结论。因此，正如艾登穆勒[①]所强调的，法律经济分析仅是欧洲大陆立法理论中的一种。[②]

经济分析论者也常常因其分析模式的基础远离现实生活而为人所诟病。[③] 例如，在强调侵权法的引导功能时，其前提应为参与的当事人均被完全地告知从社会角度来看其行为所引发的成本与收益分别是多少。[④] 当加拉布莱西[⑤]要求有过失的一方因其本可以用最少的成本来避免损害而必须承担责任时，一定会遇到这样的反对意见，即几乎没有人会在行为时或之前计算该行为所引发后果对社会的成本和收益。因此，注意义务仅能在事后被明确界定，而无法用预防目的是对特定行为创造激励的理论加以说明。[⑥] 此种质疑同样适用于著名的汉德公式。[⑦] 在刑法上也是如此。如果法律经济分析理论[⑧]希望犯罪分子在犯罪前先学习最新的利率统计方法，然后计算如果被关进监狱的损失或者罚金，再计算一下通过其行为获益的可能性，那么，经济分析论者显然是

---

① Effizienz als Rechtsprinzip (2005) 414 ff. 另参见 Bost, Effiziente Verhaltenssteuerung durch den Ersatz von Nichtvermögensschäden (2009) 262 ff,361 ff。

② 关于法律经济分析理论在德国和美国的不同影响，参见 Grechenig/Gelter, Divergente Evolution des Rechtsdenkens-Von amerikanischer Rechtsökonomie und deutscher Dogmatik, RabelsZ 72,513 ff。

③ 最近的论述，参见 Faure, *The Impact of Behavioural Law and Economics on Accident Law* (2009) 13 ff。此外，参见 Schäfer/Müller-Langer, Strict liability versus negligence, in: Faure (ed), *Tort Law and Economics* (2009) 13，作者承认在现实生活中会存在一定的不确定性。另参见 Wilhelmi, Risikoschutz 23 ff。

④ 参见 Schäfer/Müller-Langer in: Faure, *Tort Law* 11 f; Boccara, Medical Malpractice, in: Faure (ed), *Tort Law and Economics* (2009) 341。

⑤ 参见 Schäfer/Müller-Langer in: Faure, Tort Law 16 f。该文作者也论述了这些困难。

⑥ J. Hager in Staudinger, BGB (Bearbeitung 1999) Vor § § 823 ff no 16.

⑦ Judge J. Hager *Learned Hand* in United States v. Carroll Towing Co, 159 F. 2d 169 (2d Cir. 1947).

⑧ 参见 Entorf in: Ott/Schäfer, Die Präventivwirkung 5; Schmidtchen, in: Ott/Schäfer, Die Präventivwirkung 53。

高估了犯罪分子计算此种概率的能力和他们按照理性方式行为的可能性。

不仅法律经济分析的出发点——社会中的个体均完全为经济所驱动——与现实不符,而且即便在美国也并非如此。此外,同样很难被假定的是(如在无过错责任领域)每个人都会遵循对社会而言最优的注意标准。① 因为经验表明个人自身的利益往往才是其行为时优先考虑的。同时,经验也表明人们往往会高估自身防范风险的能力和手段,同时也会低估损害发生的概率。②

此外,不能忽视的问题是,经济分析所采取的方法仅能提供与经济相关的具体分析及结论。③ 但我们的法律制度却很明显地并非纯粹以经济为导向,同时其目的也并非在于仅仅促使人们在可能的范围内去创造最高的经济效益。尤其在对非财产利益的保护中,金钱价值并不具有决定性的地位。④ 生命和其他重要的人格利益位阶最高,远高于财产利益。尽管法律经济分析并未忽视这些非财产利益,但其无法在经济与人格权益之间建立明确的价值关联。因为非财产利益就其本质而言无法用金钱衡量。⑤

加拉布莱西⑥强调,赔偿的规则并非仅在于禁止可能造成损害的行为,而是允许行为人就是否从事该行为进行选择。如果其从事该行为所期望获得的收益大于其所造成的预期损害,则行为人应该从事该行为。依据该观点,那意味着如果存在相应的利益就不应禁止行为人侵犯他人的权益。换句话说,如果决定的作出是为了实现资源的分配,

① Schäfer/Müller-Langer in:Faure, *Tort Law* 10;Faure, *Impact of Behavioural Law and Economics on Accident Law* (2009) 15 ff,22 ff.

② 这为 Wagner 所明确指出,in MünchKomm,BGB V^5 Vor §823 no 60。

③ 这已为学者所明确指出,参见 F. Bydlinski, Fundamentale Rechtsgrundsätze (1988) 285。

④ 参见 Wilhelmi, Risikoschutz 26 with additional references;另参见 Spickhoff in Soergel BGB XII13 Vor § 823 no 33。

⑤ F. Bydlinski, Fundamentale Rechtsgrundsätze 285.

⑥ Calabresi, The Decision for Accidents,78 *Harv L Rev* (1975),715 ff. 就此参见 Taupitz, Ökonomische Analyse und Haftungsrecht-Eine Zwischenbilanz, AcP 196 (1996) 146 f。

那么,行为人会依据自身即将承受的利益与不利益而最后决定是否为某行为。[①]

此种独特的成本收益概率的参考和无视他人利益的做法将导致在法律制度框架下的对于利益分配的过度漠视:[②]如果避免损害的成本或社会从侵害第三人权益中所获得的收益大于受害人所遭受的损害,那么根据经济分析理论,对第三人财产的侵害就是被允许的。[③] 而因为可以获得更高的收益就允许行为人侵犯第三人的财产权,那么这是对财产权的否认,甚至是对全部主观权利的否认。因为权利人在被侵犯的范围内被剥夺了防卫的权利和决定如何处分自己财产的权利。[④]与此类似,对于权益分配和权益位阶的漠视,尤其是生命权和健康权,似乎也在强调这样的理念,即社会仅在预防措施的耗费不高于犯罪所带来的损害时才会预防犯罪。[⑤]

此外,当法律经济分析自身所具有的最为根本的事前视角与侵权法所具有的事后视角相结合的时候,法律经济分析会遭遇内部冲突。[⑥]基于此,Boccara[⑦] 写道:"一方面,经济学家从事前视角看待侵权问题,而另一方面,法律人从事后视角看待侵权问题。从事前视角看待侵权问题意味着创建预防损害发生的激励,而从事后的视角看待侵权问题则意味着受害者在何种程度上可以获得赔偿。此种事前——事后的二分法使得民事责任具备两个主要功能:预防功能与赔偿功能。"

对于事后导向的损害赔偿法,经济分析论者所提供的以预防为目

---

① Schäfer/Ott, Lehrbuch der Ökonomische Analyse des Zivilrechts2 (1995) 32 f. 另参见 Adams, Ökonomische Analyse 165。

② 参见 Wilhelmi, Risikoschutz 26。

③ 参见 Schäfer/Ott, *The Economic Analysis of Civil Law* (2004) 138; Schäfer/Müller-Langer, in: Faure, *Tort Law* 8; 另参见 de Mot, Pure Economic Loss, in: Faure (ed), *Tort Law and Economics* (2009) 204。

④ 参见 Schäfer/Müller-Langer in: Faure, *Tort Law* 7。

⑤ Entorf in: Ott/Schäfer, Die Präventivwirkung 3 f; Schmidtchen, in: Ott/Schäfer, Die Präventivwirkung 22.

⑥ 就此参见 Eidenmüller, Effizienz 400 ff。

⑦ 参见 Boccara, Medical Malpractice, in: Faure, *Tort Law* 344 f。

的的解决办法并不那么理想。[①] 根据经济分析支持者的观点,行为人安放一个炸弹,但在炸弹被引爆前的几分钟被他人发现了,此种情形不应对行为人课以预防性赔偿责任;或者一个企业为了提升销量,已经准备好生产毒药的一切条件且其侵犯了同业者的专利权,但是他在开始生产的那天被阻止了,此种情形也不应适用预防性赔偿。这意味着非常有可能造成损害的行为并未被加以处罚,也就是说,只要在个案中风险没有变为现实的损害后果,就没有创造阻止此类行为的激励。但为什么损害的发生对于预防措施具有关键的意义呢? 首先,人们广泛地认为损害预防功能优先于损害赔偿功能。[②]此外,问题的关键应该在于只有行为能够被影响。而且损害的发生并非是或多或少的巧合,否则预防的功能就会被减弱。但是,一个合乎逻辑的事前视角和尽可能全面地实现客观的预防功能要求,惩罚应与任何应受谴责的危险行为相联系,而不论损害是否已实际发生。因为该行为不仅有可能导致公共利益的减少,而且即便是基于法律经济分析的路径考量也应禁止该行为。

基于预防的理念,却仅在发生损害时方科以惩罚的做法,实际上并未完全贯彻预防的原则。同时也会引发另一个自相矛盾之处,即当损害的因果关系被宣布为实施惩罚所必备的要件时,而惩罚或预防措施却并不基于损害而产生。如果说并不是所有的受害者均会提起诉讼或即便提起诉讼也并不一定胜诉,抑或行为人的获益超出了其应赔偿的数额等情况导致损害赔偿仅具备较弱的预防效果,那么,作为预防措施

---

① 反对观点参见 G. Wagner, Koziol-FS 934 f;然而,至少在故意致害的案件中他的观点是不正确的。

② 参见 Bühler, Ist die Schadensprävention kein Thema für das Schweizerische Haftpflichtrecht? Rey-FS (2003) 199; von Hippel, Zur Notwendigkeit einer "Präventiven Jurisprudenz": Vorbeugen ist besser als Heilen, ZRP 2001, 145 ff; Karner/Koziol, Der Ersatz ideellen Schadens im österreichischen Recht und seine Reform, Gutachten für den 15. Österreichischen Juristentag 2003 (2003) 8 ff。

的损害赔偿就应高于受害人所遭受的损害。① 在此类案件中，往往被建议科以惩罚性赔偿。② 但问题是，如果损害赔偿的范围不取决于损害而是取决于行为人的受益，那么，赔偿也就不再与损害相关。③ 另外，同样需要强调的是，如果部分赔偿就已经具有了足够促使人们避免损害发生的激励，那么就不必给予全部赔偿。④ 这同样又会存在问题，即在实现侵权法的预防目的时，既然赔偿最终并不取决于损害，那为什么损害的发生在预防措施或惩罚的科以上仍处于决定性地位？

此外，基于预防的目的而对受害人给予超额赔偿会产生与私法的基本原则——相互正当性原则相抵触的结果。⑤ 因为倘若受害人获得了超过其自身所受损害的赔偿，尽管可能会对加害人承担此种赔偿义务找到理由，但在为何是受害人获得超额赔偿这一点上却无法找到正当理由。相反，如果因为预防的目的而使受害人不能获得全部赔偿，这也会与几个世纪以来早已为人们所接受的交换正义的理念相抵触。

在加害人与受害人这一私法上很重要的关系中，所有的观点均认为加害方应承担损害，并且不能期待受害人因为社会原因而由自己来承担损害。如果令个人承担这样的负担，无疑同样违反了平等对待原则。当一些法律经济分析论者强调私法必须在加害人和受害人间提供赔偿的时候，或许这样理念的实现也是曾具有过影响力的。⑥

最后但并非最不重要的是，在侵权法上施以惩罚性赔偿或预防性

---

① Visscher, Tort Damages, in: Faure (ed), *Tort Law and Economics* (2009) 167; G. Wagner, AcP 206, 451 ff; *idem*, Neue Perspektiven im Schadensersatzrecht-Kommerzialisierung, Strafschadensersatz, Kollektivschaden, Gutachten A zum 66. Deutschen Juristentag 2006 (2006) 98 ff.

② Polinsky/Shavell, Punitive Damages, in: Faure (ed), *Tort Law and Economics* (2009) 228 ff; Schäfer/Müller-Langer in: Faure, *Tort Law* 12 f; Visscher in: Faure, *Tort Law* 166 ff.

③ Visscher in: Faure, *Tort Law* 170 f.

④ Schäfer/Müller-Langer in: Faure, *Tort Law* 11; Visscher in: Faure, *Tort Law* 155 f.

⑤ 更为具体的论述参见 Koziol, Grundfragen no 2/59。

⑥ Lüderssen, Ökonomische Analyse des Strafrechts und Alternativen zum Strafrecht, in: Ott/Schäfer (eds), Die Präventivwirkung zivil-und strafrechtlicher Sanktionen (1999) 39.

赔偿是和刑法与民法的区分相抵触的,[①]而刑民二法的区分被认为是现代法律文化的一项杰出成就。而如果恢复到古代惩罚与赔偿相混合的状态,同样也违反了现代刑法的基本原则。[②] 刑法主要追求预防的目的,而且对权利人提供了相比于私法的更大程度上的保护。在举证责任的分配上更是存在着非常重要的不同,不同的证据标准,表面证据的受理,至少在德国刑法上过错的主观标准与民法存在不同,诉讼费用的偿付规则,等等。[③] 尤其需要考虑到罪行法定原则(欧洲人权公约第7条;国际刑事法院罗马规约第23条、第24条;德国基本法第103条第2款;奥地利刑法典第1条)。该原则对刑法上刑事犯罪的确定性和刑罚的范围有着特殊的要求,[④]并且禁止类推适用,但在民法上并不存在这样的情形。[⑤]

尽管存在以上反对理由,或许法律的经济分析在将来可以将其澄清。由于将其纳入合理性原则,对于经济因素的关注将具有重大的意义。因此,尽管经济因素能够起到作用,但起作用的绝对不仅仅只有经济因素,必然还有其他更为根本的且位阶更高的公平标准在发挥着作用。[⑥]

(三)结论

坦白地说,我并没有为法律经济分析的观点所说服。因此,我也并

---

① 关于刑民二法相分离的更为具体的历史论述,参见 R. Zimmermann, *The Law of Obligations* (1996) 914 f, 953 f;另参见 Rohe, AcP 201, 118。

② 参见 Dobbs, 40 Alabama Law Review 1988/1989, 837; Englard, *The Philosophy of Tort Law* (1993) 145 ff; Deakin/Johnston/Markesinis, *Markesinis and Deakin's Tort Law*[6] (2007) 944; G. Wagner in E. Lorenz, Karlsruher Forum 2006, 17。但有学者强调刑法上的惩罚具有谴责的效果,而私法中的惩罚却不具有此种效果。参见 *C. Schäfer*, AcP 202, 425 f。

③ 关于这些区别,参见 G. Wagner, Tort Law and Liability Insurance, in: Faure (ed), *Tort Law and Economics* (2009) 385;另参见 Schlobach, Das Präventionsprinzip im Recht des Schadensersatzes (2004) 417 ff。

④ Van Boom, *Efficacious Enforcement in Contract and Tort* (2006) 36.

⑤ 就此另参见 Oppermann, Gedanken zur Strafe im Privatrecht, Rüping-FS (2009) 160 ff。

⑥ F. Bydlinski, Fundamentale Rechtsgrundsätze (1988) 289 f.

不认为预防功能是侵权法的首要功能。但我同样也没有为私法上应禁止纯粹以预防为目的的救济的观点所说服。在我看来,现实情况也确实并非如后者所言,因为禁令制度的适用已经提供了足够的说明。我所反对的,是对现有欧陆制度下侵权法原则的出发点进行伪装的这一不诚实的处理方式。必须要强调的是,预防性赔偿与侵权法或者禁令法所规定的救济方式相比是一种不同的救济方式,而创造一个在欧陆法上不为民法所知的救济方式则需要特殊的正当性基础。

我试图在以损害赔偿为目的的侵权法和以预防为首要目的的其他救济措施之间划定一条明确的界限是基于这样一个现实,即不同的救济需要不同的构成要件。[①] 基于损害赔偿的理由而认为受害人可以获得远高于或者低于其损失的赔偿,从而获得暴利或承受不利,无论如何都不能令人信服。一个领域中的法律后果(如预防性赔偿),不能简单地附加在不同领域的要件上(如侵权法上的损害赔偿)。人们不应该滥用侵权法于其他目的(尽管是明智的),而应寄希望于或设计另外一个有着不同目标追求的法律分支。

最后但并非最不重要的是,尽管预防性赔偿具有了吸收违法行为收益的功能,但由于损害而非收益更具有关键性地位,所以于此情形不当得利制度要比侵权法更为适合。以获益为取向的请求作为侵权法的基础,实际上是对侵权法本身的一种不合理的侵犯。

即便从预防的视角来看,法律对权益的保护存在缺漏,而这一缺漏恰恰可以为预防性赔偿所弥补。但解决此问题的正确路径,也当然不应该是采取一种十分粗略的和纯粹概念性的方法去解决问题。因为这样的解决方式并非如损害赔偿一样是一种纯粹的预防措施,而且也不应将这一解决方式与侵权法捆绑在一起。正确的解决路径应该是,首先要考察就整个法律制度而言,哪些要求是预防措施所必须的。同时,这些要求也是能够为私法所完全满足的。此外,同样应考察大陆的私法,尤其是根据侵权法的原则能够在多大程度上认可预防性赔偿可以

---

① 参见 H. Koziol, Gedanken zum privatrechtlichen System des Rechtsgüterschutzes, Canaris-FS (2007) 631 ff,654 ff。

作为一种法律后果,并且,在促使当事人提起诉讼上哪些激励是必须的。[①] 以上足以说明,将预防性赔偿附加于私法是与私法的基本原则相抵触的。由此可知,在创制一个新的、中间性质的保护制度时,不仅要考虑必要性,还要考虑私法和刑法的结构性原则。因此,应该对社会需求和法律后果进行综合的考虑。如此,一个可能的选择应该是这样的规则(就如同预防禁令或损害赔偿诉讼一样[②]):授予某些组织起诉金钱惩罚[③]的权利,而将获得的赔偿给予公共基金或者至少是慈善机构。[④] 这样才不会违反侵权法上一直所强调的禁止获益原则[⑤]或私法上的相互正当性原则。此外,这种被认为必需的预防效果也可以在未给刑事法庭添加任何过多负担的情形下实现。

三、与预防相关的几个个别问题

(一)禁令与侵权法

禁令是主要的预防措施。因为就原告方而言不要求损害的发生,就被告方而言也不要求其承担损害赔偿责任,而仅仅要求被告不要为某种危险行为或者停止某行为。因此,在通常情形下,禁令的法律后果要轻于损害赔偿。

这也是欧陆民法[⑥](相较于中国《侵权责任法》第15条的规定[⑦])

---

① 参见 Schlobach, Präventionsprinzip 438; Koziol in: Koziol/Wilcox, *Punitive Damages* 306 f。

② 欧盟的一些国家规定了团体诉讼。更为具体的论述参见 van Boom, Efficacious Enforcement 29,33。

③ 为了鼓励提起这样的诉讼,可以考虑对于准备此诉讼的相关费用给予一次性付清。

④ 有学者明确主张这一观点,参见 Ben-Shahar, Causation and Forseeability, in: Faure, *Tort Law and Economics* (2009) 99 f。

⑤ 其发展过程,参见 Jansen in Schmoeckel/Rückert/Zimmermann (eds), Historisch-kritischer Kommentar zum BGB II (2007) § § 249 – 253,255 no 17 f,21,61. On the case law of the BGH cf Dressler, Schadensausgleich und Bereicherungsverbot, G. Müller-FS (2009) 11 ff。

⑥ 这与普通法存在差别,参见 Rogers, *Winfield & Jolowicz on Tort*[18] (2010) 1070 ff。

⑦ 更为细致的论述,参见 Koziol/Zhu, *JETL* 2010,342 f。

并不将禁令作为侵权法上救济手段的原因。预防性禁令在构成上仅需危及法律所保护的利益即可,而并不要求过错甚至也不要求违反注意义务,即其仅需要符合侵权责任的事实构成要件。[①] 这样对要件的要求是恰当的。[②] 因为从整个法律制度对权益保护的视角来看,预防性禁令这种能够阻止未来损害发生的防御性主张是极为重要的。也恰恰因此,它并非与已经发生的损害相关,而是与未来相关,并服务于预防的目的。[③] 此外,预防性禁令仅要求行为人不要从事特定的能够造成危害的行为,所以从法律后果上看行使预防性禁令能够更为容易地阻止被告的行为。[④] 而行为人并不被要求承担超出执行禁令所需的费用,即无须赔偿他人的损失,这是其与损害赔偿最大的不同。

关于修复性禁令,在一开始就具有争议。然而,大多数观点认为其大致上与预防性禁令相同,而不要求任何注意义务的违反。但以法律所保护的利益受到侵害为构成要件,这也意味着仅需要满足侵权责任的事实要件即足够。[⑤] 此外,从法律后果上看,很难在侵权法上区分修复性禁令与恢复原状。

我想此处并不适于对禁令制度进行过于细致的阐述。因此,我仅简要地阐述预防性禁令和修复性禁令的区别。[⑥] 如果仅要求行为人容忍受害人移去某危险源,则此种诉讼只能是预防性禁令。此种情况下,禁令的适用仅需满足侵权责任的事实构成要件即可。然而,如果要求行为人积极地移除侵害,则其需要承担因此而产生的费用。此时适用修复性禁令。相比于预防性禁令,修复性禁令在适用上要求行为人承担一定的费用,因此对行为人而言在结果上后者要比前者严重。在构建修复性禁令的构成要件上,需要对此加以考虑。同时,与损害赔偿相比,修复性禁令的适用在法律后果上要轻于前者,因为

---

① 更为细致的论述,参见 Koziol, Grundfragen no 2/7。

② 令人惊讶的是,《共同参考框架草案》并未对此予以考虑。参见 PEL Liab Dam Art 1:102 and 6:301; von Bar, PEL Liab Dam, Chapter 1 Art 1:102。

③ 这一观点尤为 Wilhelmi 所强调,参见 Wilhelmi, Risikoschutz 56 ff, 71 ff, 352。

④ Wilhelmi, Risikoschutz 165.

⑤ Koziol, Grundfragen no 2/16.

⑥ Koziol, Grundfragen no 2/22 ff.

行为人仅需承担移除侵害源的费用即可,而无须进一步给予赔偿。因此,应在预防性禁令和损害赔偿之间合理地设置修复性禁令的构成要件。基于此种构成要件上的定位,如果仅满足侵权责任的事实构成要件尚无法适用修复性禁令,但也不要求行为人具有主观过错,而应要求其同时具有客观过失。此外,侵权法上的替代责任和严格责任中也可同样适用修复性禁令,因为修复性禁令的法律后果并不十分严重,其适用条件也不应十分严格,较小程度的危险同样可适用修复性禁令。①

(二)侵权法的预防效果与责任保险

从侵权法的视角来看,无论是强制的还是自愿的第三者责任保险都会与侵权法的预防功能产生矛盾。② 由于第三者责任保险会替代损害赔偿,所以一个毫无疑问的事实就是第三者责任险至少在很大的程度上妨碍了预防功能的实现,甚至完全消解了预防功能。③ 人们对于这样的结果并不非常满意。行为人避免损害发生的激励会随着其所承担的赔偿义务的降低而减少。如果行为人有第三者责任险,那么无论是在过失责任下抑或是在严格责任下,损害赔偿的责任都无法在经济上对其构成影响。④

尽管存在上述矛盾,但这并不能成为取消第三者责任保险的理由,因为即便在没有第三者责任保险的情形下,也会出现没有预防效果的

① 参见 *Koziol*,Canaris-FS 649 f。

② Cousy,Tort Liability and Liability Insurance:A Difficult Relationship,in:Koziol/B. C. Steininger,European Tort Law 2001 (2002) 18 ff. 进一步的论述参见 Hinteregger,*Die Pflichthaftpflichtversicherung* im Schadensrecht-eine funktionelle Analyse, Reischauer-FS (2010) 513 f;G. Wagner,Comparative Report and Final Conclusions,in:G. Wagner (ed), *Tort Law and Liability Insurance* (2005) 338 ff。

③ 参见 von Bar, Das Trennungsprinzip und die Geschichte des Wandels der Haftpflichtversicherung,AcP 181 (1981) 311 ff; van Boom, Compensating and Preventing Damage:Is there any Future Left for Tort Law? Dufwa-FS (2006) 288 f; Brüggemeier, Prinzipien des Haftungsrechts (1999)4 f,638;Scheel,Versicherbarkeit und Prävention(1999) 181 ff,270;Schlobach,Präventionsprinzip 318 ff,413 f。

④ 责任保险通常不适用于故意致害的情形,参见 § 152 German Insurance Act; § 152 Austrian Insurance Act;further van Boom,Dufwa-FS 289。

情况。比如,由于行为人极为富有,即便其承担了损害赔偿的义务,对其而言也并不算是负担;或者与此相反,行为人没有任何财产,其根本无法履行损害赔偿义务。同时,不应忽视第三者责任险对受害人而言也具有积极的意义,①因为第三者责任保险能够确保受害人的损害得以赔偿。由此,它实际上服务于侵权法的首要功能——损害赔偿。②所以,第三者责任保险也是非常可取的制度,甚至在很多情形下基于上述理由而被规定为强制性保险,③尤其在机动车责任中。此外,第三者责任保险对于企业运作过程中责任风险的计算也是必不可少的。

因此,第三者责任保险提升了作为侵权法首要功能的损害赔偿功能,但同时也弱化了作为侵权法附属功能的预防功能。然而,对于第三者责任保险对侵权法预防功能的削弱,仍可通过相关的制度设计使得此消极方面尽可能缓解,尤其可通过调整保险奖惩制度中的免赔额和保费来实现。④

---

① 就此参见 Baker, The View of an American Insurance Law Scholar: Six Ways that Liability Insurance Shapes Tort Law, in: G. Wagner, *Tort Law* 297 f; Hinteregger, Reischauer-FS 511 ff; Lewis, The Relationship Between Tort Law and Insurance in England and Wales, in: G. Wagner, *Tort Law and Liability Insurance* (2005) 48 f, 51 f; Schilcher, Schadenstragung und Schadensverteilung als Haftungsgründe, Posch-FS (2011) 676; Wantzen, Unternehmenshaftung und Enterprise Liability (2003) 83。

② 参见 F. Bydlinski, System und Prinzipien 113; Looschelders, Bewältigungdes Zufalls durch Versicherung? VersR 1996, 529, 535 ff。

③ 更为详细的论述,参见 Faure, The View from Law and Economics, in: G. Wagner (ed), *Tort Law and Liability Insurance* (2005) 240 ff; *idem*, Economic Criteria for Compulsory Insurance, The Geneva Papers 31 (2006) 149 ff; Hinteregger, Reischauer-FS 507 ff。

④ Rodopoulos, Kritische Studie der Reflexwirkungen der Haftpflichtversicherung auf die Haftung (1981) 45; Faure in: G. Wagner, *Tort Law* 265 ff; Schlobach, Präventionsprinzip 318 f, 415; Hürzeler, Schadensprävention und Schadensminderung im Sozialversicherungs-und Haftpflichtrecht, in: Wolf/Mona/Hürzeler (eds), Prävention im Recht (2008) 166; Hinteregger, Reischauer-FS 517 f; G. Wagner in: G. Wagner, *Tort Law* 339 f; G. Wagner, Tort Law and Liability Insurance, in: Faure (ed), *Tort Law and Economics* (2009) 391.

(三)预防效果与获益

一些学者认为,[①]行为人通过侵权行为的获益越多,那么赔偿受害人损害所具有的预防效果就越弱。假设行为人是一个经济人,如果他实施侵权行为后的经济状况相比于其不为侵权行为时的经济状况更糟糕时,损害赔偿将具有预防的效果。因此,如果行为人的财产在不承担责任的情况下总是比承担责任时多,就会一直存在预防功能。这可以简化为(也是一直为论者所主张的)以下这一简单且总是有效的公式:[②]如果原来的财产与侵权行为获益之和减去损害赔偿之后的数值小于原始财产加上未实施该侵权行为的正常收益,则就会发生预防效果。因此,如果损害赔偿大于侵权行为的获益减去未实施该侵权行为的正常收益,则总是会存在预防效果。

该公式乍看之下似乎很具有说服力,实则并非如此。如果仔细分析会发现该观点存在致命缺陷,因为它忽视了一个基本的事实,即在行为人因侵权行为而获益的情况下,行为人不仅需要对损害后果进行赔偿,同时还应根据不当得利制度返还其因侵权而获益的部分。[③] 因此,该公式必须加以修正。正确的公式应并不要求考虑每个因侵权行为的获益,而仅仅要求这样的获益不被挪用。此外,该公式同样忽略了侵权法以外的其他法律对行为人行为的影响,如刑法或行政法上的惩罚措施。如果仅仅将焦点聚集在某一项救济措施上,而忽略整个法律制度内部分支之间的相互作用及可能使用的救济措施,那么,这样的做法是不恰当的。

(四)知识产权领域对预防功能的特殊需要

有观点认为,即便是与其他制度中的保护措施相结合(如不当得利),侵权法也无法为法律所确认的权益提供必要的保护,此种情形尤其体现在知识产权领域。[④] 基于此种观点,在知识产权领域权利人可

① 参见 Dreier, Kompensation und Prävention (2002) 133 ff。

② Dreier, Kompensation 134.

③ 这也同样为 Schmidtchen 所忽略,参见 Ott/Schäfer, Die Präventivwirkung 64; Schlobach, Präventionsprinzip 457 f。

④ 更为详细的论述,参见 Dreier, Kompensation 60 ff, with additional references; Schlobach, Präventionsprinzip 174 ff。

以获得侵权人应缴纳许可费的两倍赔偿。[①] 当然,此种赔偿可以被理解为是惩罚性或预防性损害赔偿。由于知识产权具有无形性,其可在同一时间于不同地点为不同人群所使用。恰恰是由于此种特点,即便权利人并未授权给行为人,其也无法防止行为人对该权利的使用。同时,不当得利制度对于侵权获益行为的预防作用也是很小的。因此,上述观点持有者进而认为,即便是适用了不当得利制度,对于侵权人而言也仅仅是返还其非法所得而并未对其造成任何其他不利,这仅仅意味着行为人不能实现其希望实现的利益而已。此外,该观点最后提到,在侵犯知识产权的案件中,行为人被抓到的危险也不是很高。

如上所述,由于知识产权所具有的特点致使对受害人的救济措施在预防效果上存在不足的观点是具有说服力的。但是,同样需要指出的是这样的情况也可能会出现在有形财产领域。一个较为典型的例子就是大众运输系统。大众运输系统也同样可以同时为很多人所使用,而在未经权利人授权为行为人使用的情况下,权利人也很难证明其所遭受的损失。于此情形下,根据不当得利制度[②]行为人被强制支付的合理费用也同样不具有预防效果。如果某人无票乘车,其一旦被抓,也仅需赔偿其应承担的费用。此外,其不被抓到的概率也很大。

因此,当使用者依法使用知识产权时,很难找到合理的理由令其支付双倍的使用费。这一做法也应适用于未经授权而使用他人知识产权的情形。但同时需要强调的是,如果赔付正常的使用费确实不会实现必要的预防效果。

在知识产权领域,反对惩罚性赔偿的基本观点认为不应令行为人支付双倍使用费(至少从表面上看是如此)。然而,我认为即便是令行为人支付双倍使用费,也同样体现的是损害赔偿的理念而非惩罚性赔偿的理念。一方面,令行为人赔偿通常使用费的双倍仅是对损害赔偿的一个非常有限的增加,因此不会存在往往为人们所担心的惩罚会存

---

① 进一步的论述,参见 Dreier, Kompensation 293 ff。

② 关于民法上的请求权,参见 Stefula, Zivilrechtliche Fragen des Schwarzfahrens, ÖJZ 2002,825 ff。

在不确定性的问题。① 另一方面,双倍的费用确实可以不被理解为独立于损害的一种惩罚,而被理解为在缺乏充分评估手段的情形下对所受损害的赔偿。这些损害包括调查和寻找未经授权的用户、实行索赔通常所必须的大笔费用等。而这些都是极难证明的。同样,在知识产权受到侵害时,证明因扰乱市场而引发的损害,在证据上也会遭遇难以逾越的困难。当然,如果没有其他更为明确的指标,损害的程度按规定应与使用费相等。将使用费加上那些难以证明的费用,则权利人获得双倍使用费就能够与侵权法上的损害赔偿理念相调和了。

(五)权利持续理念(*Rechtsfortsetzungsgedanke*)

权利持续理念是预防功能存在的基础。② 在奥地利,学者也普遍认为权利持续理论为损害的客观抽象衡量提供了正当性基础。权利持续理念认为,受到侵害的权益在损害赔偿的主张中继续存在。损害赔偿替代了被侵害的权益,由此产生了受害人对加害人的请求权。由于法律所保护的权益是以该权益在法律上的一般增值为基础的,因此,基于权利持续理念主张的是一般价值(ordinary value)的损害赔偿,即市场价值的损害赔偿,而不去考虑受害人的具体利益损失。

因此,在满足其他归责标准的情况下,权利持续理念确保了损害赔偿义务的产生,并也因此而服务于预防功能。③ 如果被侵害的客体拥有一般增值,致害方必须赔偿作为最低损害的客观抽象的价值损失。即便受害人的主观损害小于客观抽象的损失或者受害人的损害已经转移的情况下,致害方仍应按上述标准赔偿。这种对损害赔偿义务的保

① Dreier 也同样强调此点,参见 Dreier, Kompensation 547。

② 参见 Neuner, Interesse und Vermögensschaden, AcP 133 (1931) 277; Wilburg, Zur Lehre von der Vorteilsausgleichung, JherJB 82 (1932) 51; F. Bydlinski, Probleme der Schadensverursachung nach deutschem und österreichischem Recht (1964) 29 f; ibidem, System und Prinzipien 191 f; Schiemann, Argumente und Prinzipien bei der Fortbildung des Schadensrechts (1981) 205 ff; Koziol, Haftpflichtrecht I3 no 1/18; J. Hager in Staudinger, BGB (Bearbeitung 1999) Vor § § 823 ff no 9; Stoll, Haftungsfolgen im bürgerlichen Recht (1993) 194 ff. 最近权利持续理念也为学者所强调,参见 Dreier, Kompensation 144 f; *Gebauer*, Hypothetische Kausalität und Haftungsgrund (2007) 12, 101 ff, 221 ff, 256 ff。

③ F. Bydlinski, System und Prinzipien 191 f.

障,强化了避免未来发生损害的激励。

此种客观抽象的损害计算方式并未与禁止获利原则相抵触。① 因为从客观评估上看,受害人事实上确实遭受了金钱损失,他当然对该损失价值享有处分权。此种客观抽象的损害计算方法也是以权利持续理念为基础的。

尽管部分奥地利学者②强烈反对此方法,但它却为奥地利实定法(奥地利民法典第1332条)所明确确认。同时《奥地利损害赔偿法草案》第1315(5)条及《欧洲侵权法原则》第10:201条也明确规定了此方法。

同样值得一提的是,在德国③一般情况下仅采用主观具体的损害评估方法。因此,客观抽象的损害评估方法是被坚决拒绝的。④ 但在一些疑难案件中,实际上也是通过客观方式加以评估的,尽管这并不为人们所承认或至少不被公开地承认。

一个很好的例子就是赔偿减少的交易价值(merkantiler Minderwert)。这一减少的价值是基于这样的事实而计算出的,即在汽车交易市场上一个曾经发生过事故的汽车,即便被完全修理好且不存在任何技术设备上的缺陷,其价值也要小于没有发生过事故的汽车。因此,这并不是实际使用价值的减少,而仅仅是市场价值的减少。如果车的价值依据主观标准计算,只有在该汽车销售时才能知道损害的大小。而在该汽车的使用直至报废的过程中,是难以依据主观标准计算出其损失大小的。然而,德国最高法院认为,⑤,销售汽车时是否表现出价值的减少并不是关键性的,而市场价值的客观减少才是唯一的基础。事实上,这是对损害的客观抽象评估,因为这里仅仅考虑市场价值而并

① Lange/Schiemann, Schadensersatz3 (2003) 251.

② 参见 Reischauer in Rummel (ed), ABGB II/13 (2002) § 1332 no17。

③ 参见 Oetker in MünchKomm, BGB II[5] § 249 no16 ff。

④ 参见 Lange/Schiemann, Schadensersatz3 248, 250 f。

⑤ 德国判例法,参见 BGHZ 35, 396 = JZ 1967, 360(Steindorff)。更为具体的论述参见 Oetker in MünchKomm, BGB II[5] § 249 no 52 ff。另参见 Martens/Zimmermann, Collective Damage in: Winiger/Koziol/Koch/Zimmermann (eds), *Digest of European Tort Law II: Essential Cases on Damage* (2011) 2/24 no 1 ff。

未考虑受害人主观具体的利益。[①] 此外,如果此种做法的理论根据是这样的,[②]即如果市场考虑交易价值的损失,在修理之后受害人所拥有的财产已经因为市场的标准而丧失了价值。那么,这就已经非常明显地承认了以市场价值为基础的客观抽象损害评估。这样,以往的理论上的错误标签应该因此而最终被废除了。

权利持续原则并不适用于纯粹经济损失的情况,因为在此种情况下损害赔偿的主张并不体现受害利益的持续效果。[③] 此外,客观抽象评估方法的适用也不仅仅局限于奥地利民法典第1332条所规定的财产损害情形。事实上,当受法律保护的权利或客体具有市场价值而受有损害时,其经常作为一般原则而被加以适用。例如,受害者的工作能力受到损害时,其可获得抽象的年金作为赔偿。[④] 另外,如果某人被杀,即便是基于权利持续理念也不能适用客观抽象评估规则而获得赔偿,[⑤]尽管生命这一受到绝对保护的权利受到了侵犯。[⑥] 之所以不能采用客观抽象评估规则,原因在于从买卖的意义上而言生命并不具有客观的可评估的价值。[⑦] 此外,有观点认为,如果某人被杀害,对于死者的价值或仅仅是工作能力的损害应给予赔偿[⑧],并由其继承人继承。由于工作能力会随着人的死亡而消失,尽管其是一项资产,但也无法被

① Steindorff, JZ 1967, 360.

② Lange/Schiemann, Schadensersatz3 266.

③ Koziol, Haftpflichtrecht I3 no 2/66.

④ OGH 2 Ob 143/03y in SZ 2003/106; F. Bydlinski, Schadensverursachung 50 ff; Danzl in Koziol/P. Bydlinski/Bollenberger (eds), Kurzkommentar zum ABGB3 (2010) § 1325 no 21.

⑤ 参见 Koziol, Die Tötung im Schadenersatzrecht, in: Koziol/Spier (eds), Liber Amicorum Pierre Widmer (2003) 203 ff; *B. A. Koch*, Der Preis des Tötens, Barta-FS (2009) 188。

⑥ 法律与经济分析学派的支持者认为,基于预防理念,此时应产生损害赔偿责任。参见 *Schäfer/Ott*, The Economic Analysis of Civil Law (2004) 235 ff。

⑦ 参见 Neuner, AcP 1931, 306。

⑧ 对法律经济分析观点持完全相反的意见,参见 F. Bydlinski, Die"Umrechnung" immaterieller Schäden in Geld, in: Koziol/Spier (eds), Liber Amicorum for Pierre Widmer (2003) 43 ff。

包含进遗产中,并无法为继承人所继承。如果因杀人而产生责任,则该损害赔偿主张就会作为一项普通的金钱损害赔偿而被包含于遗产之中。而最后的效果则是,一个具有紧密人身性的并因此而无法被继承的权益就会转变为一个非人身性的并因此而可以被继承的金钱赔偿。然而,最终继承人在此种情况下所获得的财产是其本不应该得到的财产。因此,当某人被杀时,考虑到工作能力与其密不可分且会随其死亡而消灭的事实,承认此种损害赔偿的主张并不具有意义。① 基于同样的理由可以用来更为强烈地反对对生命给予损害赔偿的主张。与工作能力形成对比,生命不是一个能用金钱衡量的客体,而且其仅能归属于特定的人,因为生命具有高度的人身性而且从本质上而言也具有不可转移性。

① 该观点也同样可以用来反对日本法上的做法。就此,参见 Marutschke, Einführung in das japanische Recht2 (2010) 171 f;Nitta, Die Berechnung des Schadens beim Unfalltod eines minderjährigen Kindes, in: von Caemmerer/Müller-Freienfels/Stoll (eds), Recht in Japan (1998) 80 ff;同时也可以用来反对 *Pfeifer* 所提出的相关理论,参见 Schadensfall Tod: Zur Ersatzfähigkeit entgangenen Gewinns bei Tötungsdelikten, AcP 205 (2005) 807 ff。

专题研究

法定未生效合同及其法律责任研究

李陈婷

目　次

一、前言
二、法定未生效合同的概念界定
三、法定未生效合同的类型化分析
四、法定未生效合同下的法律责任
五、结语

一、前言

(一)问题的提出

本文问题的提出,源于“特洛伊木马”里的批准、登记条款。

合同自由原则作为私法自治原则的重要体现,不仅在我国《合同法》中得到确认,而且也成为《合同法》中最重要、最有代表性的原则。但是“风能进,雨能进,国王不能进”的纯粹自由主义不曾在中国的土壤上真正生根、发芽和成长;相反,国家利益、社会公共利益的考量在中国却有着广博深厚的法学理论传统和法律适用传统。所以,在中国这样一个社会主义泱泱大国,民法规范与行政审批有着千丝万缕的联系。

我国现行法律、行政法规中的行政审批最主要有两种类型:第一种是对交易行为本身的审批,即市场主体每从事一次交易行为都必须去办理一次审批手续;第二种是对市场准入资格的审批,即当事人经过行政审批取得准入资格了,以后当事人在从事相应的交易行为时,每次交易行为便不用再审批。[①] 从民法规范论原理的角度分析,行政审批所对应的法律规范应该都是强行性规范;而违反强行性规定对合同效力的影响是丰富多样的,可能无效,可能有效,也可能未生效,不可一概而论,常须从规范目的入手进行判断。[②]

在第一类对交易行为本身的行政审批中,有一类批准、登记条款所对应的行政审批比较特殊:这些批准、登记条款所对应的行政审批能成为特定合同的特别生效要件。违反这些批准、登记强行性规范,相应合同便处于法定未生效状态。这类批准、登记条款便是本文考察法定未生效合同的起点和重点。

这类批准、登记条款所对应的行政审批何以能进入民事领域,成为特定合同的特别生效要件呢?因为《合同法》第 44 条以及相应的司法解释规定,法律、行政法规规定合同应当办理批准、登记等手续生效的,而当事人未办理批准、登记手续的,人民法院应当认定该合同未生效。笔者认为,《合同法》第 44 条与《合同法》第 52 条是同胞兄弟,其都是具有双重作用的"引致条款",[③]它们一方面作为民法中的强行性规范,

---

① 王轶教授认为,我国现行法律、行政法规中的行政审批最主要有两种类型:第一种是对交易行为本身的审批,即市场主体每从事一次交易行为都必须去办理一次审批手续。这类法律条文确立的法律规则对应的法律规范,依据民法规范论原理,它属于强行性规范中的强制性规范。第二种是对市场准入资格的审批,即当事人经过审批取得资格了,以后当事人在从事相应的交易行为时,每次交易行为便不用再审批。它属于管理性的禁止性规范。参见"论外商投资纠纷若干疑难问题"民商法前沿论坛第 342 期,载中国民商法律网,http://www. civillaw. com. cn/article/default. asp? id = 47820,访问时间:2011 年 3 月 14 日。"专家论坛——合同法相关问题研究(二)(王 轶)",载东营市中级人民法院网,http://dyzy. chinacourt. org/public/detail. php? id = 5352,访问时间:2011 年 3 月 26 日。在本文中,笔者在法定未生效合同语境下所讨论的批准、登记等行政审批是第一种类型的行政审批中的一部分,即这些批准、登记条款属于王轶教授语境下的强制性规范。

② 参见崔建远:《合同法总论》(上卷),中国人民大学出版社 2008 年版,第 282 页以下;苏永钦:"违反强制或禁止规定的法律行为",载苏永钦:《私法自治中的经济理性》,中国人民大学出版社 2004 年版,第 30 页以下。

③ Werner Flume, Allgemeiner Teil des Bürgerlichen Rechts, Zweiter Band, Das Rechtsgeschäft. 4. Auflage, Springer Verlag Berlin 1992, S. 341.

对法律行为内容加以限制;另一方面又"提供了一条公法规范进入私法领域的管道"。[①] 于是,法律和行政法规中的强制性规定得以合法地通过《合同法》第44条与第52条这两条"管道"而进入有关民事生活和交易市场的私法领域,从而实现其干预的目的。[②] 有学者比喻说,公法上的强制性规定像躲在木马里面的雄兵一样涌进特洛伊城,摇身一变成为民事规范,私法自治的空间就这样随着国家管制强度的增减而上下调整。[③] 所以,本文所考察的这类批准、登记条款所对应的行政审批,便是躲在《合同法》第44条这个"特洛伊木马"里的"希腊雄兵",源源不断地进入民事合同领域,影响特定合同的生效制度。从而,法定未生效合同便在"特洛伊城"里定居繁衍。

(二)本文的讨论范围

本文重点讨论两大问题:第一,法定未生效合同的认定;第二,法定未生效合同下当事人的法律责任。

关于法定未生效合同的认定,讨论的切入点便是成为合同特别生效要件的批准、登记条款。这类批准、登记条款所对应的行政审批属于对交易行为本身所进行的行政审批中很特殊的一小类。在学术界和司法界,有关对这类特殊的批准、登记条款的认定存在很大的分歧。而对这类特殊的批准、登记条款的辨别和认定直接决定了法定未生效合同的适用范围。所以,本文第二、三章分别对法定未生效合同的内涵和外延进行了界定,以期解决"法定未生效合同是什么"这个基础性前提性问题。

在司法实务中,法定未生效合同最常出现的问题便是当事人经常将合同法定未生效作为拒绝履行合同义务的借口,将未生效合同等同

---

① 苏永钦:《民法经济法论文集》,台湾政治大学法律系法学丛书编辑部1988年,第90页。另参见董安生:《民事法律行为》,中国人民大学出版社2002年版,第188~189页。

② 有学者称之为公法规范进入私法规范的"惊险跳跃"。不属于民法领域的,并且仅仅规定了民法以外的制裁措施的法律禁令……通过与我国《合同法》第44条和第52条等引致条款相结合才变成了民法上的完善法律。参见[德]梅迪库斯:《德国民法总论》,邵建东译,法律出版社2001年版,第483页。

③ 参见苏永钦:《私法自治中的国家强制》,中国法制出版社2005年版,第9页。

于无效合同,意图使另一方的合同权益得不到司法救济。[①] 这就涉及法定未生效合同下当事人的法律责任问题。

关于法定未生效合同的法律责任,学术界和司法界更是众说纷纭。学术界存在四种法律责任学说的分歧,司法界前后所出台的法释〔2009〕5号和法释〔2010〕9号两部司法解释对法定未生效合同下当事人法律责任的认定,也从缔约过失责任论向违约责任论转变。本文第四章重点讨论合同处于法定未生效状态下,有过错的当事人一方应该承担什么类型的法律责任,这个法律责任在司法实务中具体应该怎样分配的问题,以期解决"法定未生效合同应该怎么办"这个实务性问题。

(三)本文的研究意义

本文的研究意义在于构建司法权和行政权的动态平衡和良性互动。

司法权和行政权在现代法治社会必然会不期而遇,相互交叉。在本文中,有关的讨论和考察都围绕如何协调司法权与行政权之间关系的问题,尽可能使不诚信的当事人难以从司法权与行政权衔接的罅隙中获益,并且完善诚信当事人的救济措施。

笔者认为,在法定未生效合同认定的问题上,应该谨慎地甄别、挑选出能装进《合同法》第44条这个"特洛伊木马"里的批准、登记条款,严格限制法定未生效合同的适用范围,尽量避免行政权对合同领域过大范围的、不必要的干预。在严格限定法定未生效合同的适用范围后,司法权在判定法定未生效合同的法律责任时,应该更多地协助行政权进行必要的合同管制,科加逃避行政审批的当事人比较重的法律责任,以督促合同当事人自觉办理行政审批手续,实现国家对这类合同效力的特别评价。

所以,司法权和行政权的动态平衡可以具体体现为两个层面:第一,行政权对私法领域的干预应该具有高度的谨慎性,严格控制在必要干预和合理干预的范围内;第二,针对必要的行政干预,司法权应该给

---

① 参见李刚:"采矿权转让合同有关问题的探讨",载最高人民法院审判第一庭编:《民事审判指导与参考》(总第37集)。

予足够的支持和配合,促进行政干预的实现。只有这样,才有利于构建司法权和行政权的动态平衡和良性互动。

(四)本文讨论问题的属性及研究方法

本文所讨论的两大问题——法定未生效合同的认定和法定未生效合同的法律责任,从民法问题类型化区分的视角上看,应该都归属于价值判断问题。“价值判断问题关注依据特定的价值取向,决定生活世界中哪些类型的利益关系适合采用民法手段进行协调;并根据特定的价值取向对相应的利益关系作出妥当的安排。”[①]法定未生效合同的认定,关系到哪些领域的合同应该以必要的行政审批作为生效要件,其他领域的合同则无须经行政审批而自成立时生效。合同效力的认定不同,当事人之间权利义务的分配自然不同。所以,通过对批准、登记条款的辨别而解决的法定未生效合同的认定问题,是一个价值判断问题。法定未生效合同的法律责任,包括继续履行责任和损害赔偿责任,关系到合同双方当事人法律后果的承担和合同利益的重新分配,这也是一个价值判断问题。

价值判断问题的研究方法,“唯有以实体性的论证规则为前提,遵循作为程序性技术的论证规则和形式,运用妥当的论证方法,方可达致相互理解,也才有可能在相互理解的基础上就具体的价值判断问题形成价值共识”。[②]“在没有足够充分且正当的理由下,不得主张限制民事主体的合同自由”这一实体性论证规则下,[③]笔者遵循程序性论证规则——主要利用综合法律解释的方法对批准、登记条款进行妥当辨别,厘清法定未生效合同的适用界限;并且利用利益衡量的方法,通过将当事人类型化的过错与类型化的损害相结合,合理分配法定未生效合同下当事人的法律责任——以期在法定未生效合同领域的研究中得到比较妥当的价值判断结论。

---

① 王轶:《民法原理与民法学方法》,法律出版社2009年版,第29页。

② 王轶:《民法原理与民法学方法》,法律出版社2009年版,第29页。

③ 参见王轶:“民法价值判断问题的实体性论证规则——以中国民法学的学术实践为背景”,载《中国社会科学》2004年第6期。

二、法定未生效合同的概念界定

(一)未生效合同的概念界定及类型化分析

合同未生效有广义和狭义之分。广义上的合同未生效包括合同无效、效力待定、被撤销和生效条件未成就等多种情形。即除了合同不成立和合同有效外,其他合同效力的各种情形均构成广义上的合同未生效。① 而笔者在本文中所讨论的合同未生效是指狭义上的合同未生效,指合同因某种生效条件未成就时的效力状态。

所谓狭义的合同未生效,是指已经成立的合同尚未具备生效要件,暂时不能完全按照当事人的合意赋予完整的法律拘束力。② 之所以有未生效合同的存在,正是由于合同成立与合同生效在理论上处于两个不同的时间节点上。合同成立,是指合同当事人就合同的主要条款达成意思一致,合同在双方当事人之间产生了一定的法律拘束力,即形式拘束力,主要是指当事人一方不能擅自变更或解除合同的法律拘束力。可以认为合同本质上是一种合意,合同成立属于当事人意思自治的范畴,只要当事人对合同的主要内容达成意思一致,便足以认定当事人之间成立了某种合同法律关系,即合同成立。而合同生效是指已成立的合同具备一定条件后开始在双方当事人之间产生完整的法律拘束力,尤其是履行合同的效力。合同生效主要是属于国家对合同的效力进行价值判断和效力评价的范畴,体现了国家干预的原则。合同生效系以合同成立为前提。合同成立后,在符合生效条件时才能生效。③ 所以,

---

① 参见陈自强:《民法讲义Ⅰ:契约之成立与生效》,法律出版社 2002 年版,第 279 页。

② 学者对狭义合同未生效的定义,“所谓合同未生效,是指已经成立的合同尚未具备生效要件,至少暂时不能完全或者完全不能按照当事人的合意赋予法律拘束力,即至少暂时不能发生履行的效果”。参见崔建远:“合同效力瑕疵探微”,载《政治与法律》2007 年第 2 期。

③ 参见王利明:《合同法研究》(第一卷),中国人民大学出版社 2003 年版,第197 ~ 203 页、第 492 ~ 504 页。韩世远:《合同法总论》(第 2 版),法律出版社 2008 年版,第 129 ~ 131 页。张雪楳:“论合同生效”,载《法律适用》2009 年第 11 期。崔建远:“合同效力瑕疵探微”,载《政治与法律》2007 年第 2 期。

当合同成立但生效条件尚未成就时,合同便处于未生效状态。

《合同法》第 44 条第 1 款规定:“依法成立的合同,自成立时生效。”所以在实践中,针对大部分合同,其成立的时间结点与其生效的时间结点是合二为一的,合同不存在未生效状态。但是,也存在着一部分合同,其成立的时间结点与生效的时间结点是分立的。《合同法》第 44 条第 2 款规定:“法律、行政法规规定应当办理批准、登记等手续生效的,依照其规定。”《合同法》第 45 条和第 46 条还分别规定了附条件合同和附期限合同。所以,未生效合同在我国司法实践领域中主要有法定未生效合同和约定未生效合同两种类型。第一种类型的法定未生效合同是指,依照《合同法》第 44 条的规定,有一种类型的合同须在法定生效条件——办理行政批准、登记等手续——成就时,方可生效。这类合同在成立后,但法定生效条件尚未成就时,即未办理批准、登记手续时,便处于未生效状态。笔者称这类合同为法定未生效合同。第二种类型约定未生效合同是指,依照《合同法》第 45 条和第 46 条的规定,合同须在约定生效条件成就时或约定生效期限届至时,方可生效。这类合同——即附生效条件合同和附生效期限合同——在成立后,但约定生效条件尚未成就时或约定生效期限尚未届至时,便处于未生效状态。笔者称这类合同为约定未生效合同。① 笔者认为,在约定未生效合同中,国家对合同效力的效力评价在合同成立时已经完成。而约定未生效合同的合同生效时间结点之所以晚于合同成立时间结点,是因为当事人意思自治的约定;而法定未生效合同是因为国家需要对合同效力进行特别的慎重的效力评价,所以才由法律、行政法规强行规定合同生效时间晚于合同成立时间,这也构成了法定未生效合同和约定未生效合同的重大区别,使得两者在法律规则的适用上不能互相借鉴。

另外,关于未生效合同,在司法文件中出现了第三种类型:《北京市高级人民法院关于审理公司纠纷案件若干问题的指导意见》(京高

① 有学者将未生效合同可能存在的情形列举为三种:需要办理批准登记手续的合同、附生效条件的合同和附生效期限的合同。这种划分与笔者的划分仅仅是文意表达上的差异,并没有实质内容上的差异。参见韩世远:《合同法总论》(第 2 版),法律出版社 2008 年版,第 130 页。

法发〔2008〕127 号)第 6 条规定:“公司提供担保未履行《公司法》第 16 条[①]规定的公司内部决议程序,或者违反公司章程规定的,应认定担保合同未生效,由公司承担缔约过失责任。担保人不能证明其尽到充分注意义务的,应承担相应的缔约过失责任。”即如果公司代表人违反《公司法》第 16 条规定,未经过公司相关的决议程序,以公司名义与交易相对人签订担保合同,担保合同未生效。这是北京市高级人民法院在司法文件中所做的相关指导性规定,只是指导北京市法院系统的规范性文件,不具有全国范围的法律拘束力。北京市高级人民法院将未经过公司决议的公司对外担保合同认定为未生效,具有一定的建设性:一方面肯定了《公司法》第 16 条的管理性规范的规范性质,即违反《公司法》第 16 条并不必然导致合同无效;另一方面认定未经公司决议的对外担保合同未生效,在立法目的上看是为了维护公司决议行为的安定性。但是笔者认为,将未经过公司决议的公司对外担保合同认定为未生效合同,是有待商榷的。理由主要有以下两个方面:第一,从未生效合同的构成来看,《合同法》第 44 ~ 46 条规定了只有特定的行政审批和双方当事人之间的特别约定才能使得合同的生效时间晚于合同的成立时间,才能派生出未生效合同。公司的内部决议是一种多方民事行为,[②]既非公权力机关的行政审批,又非双方民事主体间的自由约定,不足以构成使得合同生效时间晚于合同成立时间的事由,不足以构成限制双方当事人合同自由的足够充分且正当的理由。所以,在法律没有明确规定的情况下,将公司内部决议行为认定为公司对外担保合同的特别生效要件是不太妥当的,肆意扩大了未生效合同的适用范围。第二,从未经公司决议进行公司对外担保的行为性质上看,公司代表人

① 《公司法》第 16 条规定:“公司向其他企业投资或者为他人提供担保,依照公司章程的规定,由董事会或者股东会、股东大会决议;公司章程对投资或者担保的总额及单项投资或者担保的数额有限额规定的,不得超过规定的限额。公司为公司股东或者实际控制人提供担保的,必须经股东会或者股东大会决议。前款规定的股东或者受前款规定的实际控制人支配的股东,不得参加前款规定事项的表决。该项表决由出席会议的其他股东所持表决权的过半数通过。”

② 参见王利明主编:《民法》(第 5 版),中国人民大学出版社 2010 年版,第 103 ~ 104 页。

未经公司决议,而擅自以公司名义进行对外担保,是一种无权代表行为。由于《公司法》第16条对公司对外担保需要经过内部决议程序做了法律的强行性规定,所以公司代表人的这种无权代表行为不会构成《合同法》第50条下的表见代表。这种在无权代表下所签订的公司对外担保合同,应该依据《合同法》第48条的规定,认定为效力待定合同,由公司股东会或董事会决定是否予以追认。所以,笔者认为,未经过公司决议的公司对外担保合同应该被认定为效力待定合同,而非未生效合同。另外,在司法裁判中,关于未经公司决议的公司对外担保合同在北京地区法院的相关司法判决,也未出现未生效合同的实际判决。相反,在2009年由北京市第二中级人民法院一审、北京市高级人民法院二审的"中建材集团进出口公司诉北京大地恒通经贸有限公司、北京天元盛唐投资有限公司、天宝盛世科技发展(北京)有限公司、江苏银大科技有限公司、四川宜宾俄欧工程发展有限公司进出口代理合同纠纷案"中,北京市第二中级人民法院和北京市高级人民法院均认定江苏银大科技有限公司所签订的未经公司决议的公司对外担保承诺有效,江苏银大科技有限公司应承担连带保证责任。这一判决结果也得到了最高人民法院的首肯,被收入至《最高人民法院公报》。[①] 所以,无论从理论上探讨,还是从司法确定性裁判上分析,未经公司决议的公司对外担保合同不应该被认定为未生效合同。未生效合同应该只包括两种类型:法定未生效合同和约定未生效合同。

笔者在本文讨论中将论域限制为第一种类型的法定未生效合同,重点关注我国《合同法》中以行政批准、登记作为合同生效要件的这一类特殊合同。

(二)法定未生效合同的概念界定

为了公共利益或者行政管理的需要,我国民商事合同领域有一类

---

① "中建材集团进出口公司诉北京大地恒通经贸有限公司、北京天元盛唐投资有限公司、天宝盛世科技发展(北京)有限公司、江苏银大科技有限公司、四川宜宾俄欧工程发展有限公司进出口代理合同纠纷案",载《最高人民法院公报》2011年第2期。

特殊合同需要以办理相关批准、登记手续作为这类合同生效的特别要件。① 这类特殊合同在成立后未经批准、登记的状态下，便是法定未生效合同。最高人民法院《关于适用〈中华人民共和国合同法〉若干问题的解释(一)》(法释〔1999〕19 号)第 9 条是认定法定未生效合同最主要的依据。

法释〔1999〕19 号第 9 条规定："依照合同法第四十四条第二款的规定，法律、行政法规规定合同应当办理批准手续，或者办理批准、登记等手续才生效，在一审法庭辩论终结前当事人仍未办理批准手续的，或者仍未办理批准、登记等手续的，人民法院应当认定该合同未生效；法律、行政法规规定合同应当办理登记手续，但未规定登记后生效的，当事人未办理登记手续不影响合同的效力，合同标的物所有权及其他物权不能转移。合同法第七十七条第二款、第八十七条、第九十六条第二款所列合同变更、转让、解除等情形，依照前款规定处理。" ②

法释〔1999〕19 号第 9 条区分了物权登记与合同登记、批准，并且明确了只有合同登记、批准才能派生出法定未生效合同。物权登记是"法律、行政法规规定合同应当办理登记手续，但未规定登记后生效

---

① 有学者认为，合同审批是这类合同的法定的生效条件，而非特别生效要件。参见麻锦亮："合同审批的民法效力——以外资审批为中心"，载《判解研究》2010 年第 2 辑。

② 有学者质疑法定未生效合同存在的必要性，认为应该是把合同效力与行政审批相脱钩，即未经行政审批的合同是有效的，而非未生效。须批准合同与须批准合同的履行之间，存在类似于债权行为与物权行为之间的关系。法释〔1999〕19 号第 9 条中的所谓不生效，系指不产生物权移转的效果，而非指须批准合同这个债权合同不生效。参见叶林：《公司法研究》，中国人民大学出版社 2008 年版，第 224 ~ 225 页。刘贵祥："论外商投资纠纷若干疑难问题"，载中国民商法律网，http://www.civillaw.com.cn/article/default.asp? id = 47820，访问时间：2011 年 3 月 14 日。刘向林："论出资额转让协议未批准阶段的法律责任"，载《外商投资企业法高端论坛论文集》2010 年 6 月 19 日。笔者认为，在我国民法原理中，并没有承认债权行为和物权行为的划分。所以，在这里还是应该对法释〔1999〕19 号第 9 条中的"未生效"文义解释为债权合同未生效。批准、登记等行政审批在我国《合同法》中客观构成了相关合同的特殊生效要件。法定未生效合同在我国《合同法》中是客观存在的。

的”,物权登记不影响合同效力,只影响合同标的物的物权的转移。[①]合同登记是“法律、行政法规规定合同办理登记等手续才生效”,合同登记影响合同效力,未经合同登记的合同未生效。批准(即行政审批)是“法律、行政法规规定合同应当办理批准手续,或者办理批准等手续才生效”,与合同登记的法律效果是相同的,与物权登记的法律效果不同。

《物权法》第15条规定:“当事人之间订立有关设立、变更、转让和消灭不动产物权的合同,除法律另有规定或者合同另有约定外,自合同成立时生效;未办理物权登记的,不影响合同效力。”该条进一步确立了我国物权变动的“区分原则”,即区分合同效力和物权变动的效力。该条主要适用于不动产物权的变动,但对于动产物权、权利物权的变动也具有重要的参照意义。[②] 但是相较之法释〔1999〕19号第9条,《物权法》第15条针对涉及物权变动的债权合同,在合同登记和批准的范围上进一步缩小了,只有法律有规定合同登记和批准的权限,行政法规没有规定合同登记和批准的权限。根据新法优于旧法的原则,结合法释〔1999〕19号和《物权法》第15条的规定,在涉及物权变动的债权合同中,合同登记应该是“法律规定合同办理登记等手续才生效”;批准应该是“法律规定合同应当办理批准手续,或者办理批准等手续才生效”。即在涉及物权变动的债权合同中,若是行政法规规定合同应当办理批准手续或者办理批准、登记等手续才生效的,债权合同无须批准、登记,自成立时生效。

物权登记与合同登记、批准的明确区分,正是公法对民事行为两种管制方式的区分。“就公法对民事行为的管制而言,主要有两种方式,一是对意思表示行为的管制,二是对事实行为或处分行为进行管制。前者直接通过对债权合同效力的影响来达到管制目标,后者常常通过对事实行为或处分行为效力的否定,阻遏或制止债权合同目的或效果

---

① 参见王利明、崔建远:《合同法新论·总则》,中国政法大学出版社2000年版,第251页。

② 参见王利明:《物权法研究》(修订版),中国人民大学出版社2007年版,第318页。王利明主编:《民法》(第5版),中国人民大学出版社2010年版,第165页。

的发生，从而对债权合同间接施加影响。”①所以，只有公法对民事行为的第一种管制方式——对意思表示行为的管制，即法释〔1999〕19号第9条所区分出的合同登记、批准，才能派生出所谓的法定未生效合同。

我们可以对法定未生效合同做这样一个概念界定：法律、行政法规中明文规定有些合同“应当办理批准手续”，或者“办理批准、登记手续才生效”，这些合同便是以办理相关的批准、登记手续作为生效要件的特殊合同（以下简称特殊合同）。这类特殊合同在成立后，当事人未依法办理批准、登记手续的，便是法定未生效合同。

（三）法定未生效合同的比较法概观

合同自由堪称合同法的灵魂，在各国合同法中均处于核心地位。但是，一部合同自由的历史，就是合同如何受到限制，经由醇化，从而促进实践合同正义的记录。② 所以在比较法上，对合同自由进行合理的干预也是合同法上的一个核心问题。其中对合同自由进行行政干预的一种重要方式便是要求一些重大合同须经行政机关批准、登记才能生效。于是，比较法上的法定未生效合同便应运而生。

笔者认为，比较法上的讨论尤其值得我们注意的是各国各地区法律环境的“前见”，我们应有意识地“将法律文化解释的研究成果引入我们的讨论”。③ 法律被认为是地方性知识，法律的解释应将对所发生事件的本地认识与对可能发生事件的本地想象结合起来。④ 海德格尔认为，先有、先见和先知构成理解的先决条件。人必须存在于一个文化之中，历史和文化先占有了我们，而不是我们先占有了历史和文化。⑤ 所以，在解释、评述和借鉴比较法上的法定未生效合同制度时，不可或缺的研究工作是比较各国各地区法律环境的“前见”，再充分结合我国

① 蒋文军：“论行政审批对特定财产权利转让合同效力的影响——基于负担行为和处分行为的视角”，载《判解研究》2010年第2辑。

② See P. S. Atiyah, The Rise and Fall of Freedom of Contract, 1979. 转引自王利明主编：《民法》（第5版），中国人民大学出版社2010年版，第30页。

③ 参见王轶：《民法原理与民法学方法》，法律出版社2009年版，第97页。

④ 参见［美］克利福德·吉尔兹：“地方性知识：事实与法律的比较透视”，邓正来译，载梁治平编：《法律的文化解释》，三联书店1994年版。

⑤ 参见殷鼎：《理解的命运》，三联书店1988年版，第254～255页。

法律环境的“前见”,寻求法定未生效合同中匹配中国式“前见”的法律解释和制度构造。

1. 德国民法上的批准登记生效合同

德国民法是法律行为制度的源头,且在传统上擅长以批准登记制度影响合同效力。所以,德国民法在此问题上积累了丰富的学说和实务经验,是比较法研究的头号“样本”。

严格来说,德国民法典除了在零散法条处涉及须批准生效的合同之外,并没有就批准行为本身做专门规定。可值得注意的是,有关德国民法典的经典评注几乎都会在讨论民法典第一编第三章第六节时专章(节)评释批准生效行为。德国法上的批准基本区分为基础行为须批准和履行行为须批准,①类似于我国民法中的合同登记和物权登记。基础行为须批准这一类型中,便包括本文所讨论的批准登记生效合同。具体来说,德国法上关于基础行为须批准的法律规范条文主要集中在以下几个领域:第一,涉外经济领域和反对限制经济领域,《反限制竞争行为法》(GWB)第1条以下规定的卡特尔行为、《货币法》(WahrG)第3条规定的外汇业务。第二,土地管理领域,《土地交易规章》(GrdstVO)第2条措辞明确地要求有关土地转让的债权合同以及地上权设置(转让)的债权合同均须批准。第三,营业许可领域,德国民法典第763条规定:“摸彩活动或者抽奖活动经国家批准的,摸彩合同或者抽奖合同有效。”第四,监护行为领域,德国民法典第1829条第1款规定:“监护人未经监护法院的必要批准而订立合同的,该合同的有效性取决于监护法院的事后批准。”第1831条规定:“监护人未经监护法院的必要批准而实施的单独法律行为,不生效力。”②

基础行为的批准还要求再区分两种情况:第一,批准是某一具体合同的生效要件。比如,须批准的外汇业务合同或卡特尔合同等。第二,

① 参见Vg1. Palandt/Heinrichs, Bürgerliches Gesetzbuch, C. H. Beck München 2006, §275, Rn. 35f。

② 这种法院批准有时与上述行政批准一并讨论,有时被区分出来专列为“法院批准”,但是对法律行为效力的影响是一致的。Bamberger/Roth, Beck´scher Online-Kommentar BGB. 2003, Vor §182, Rn. 13.

缺乏"前置"批准时法律禁止的法律行为。这尤其多见于营业许可的场合,即营业许可相对于营业者后续实施的法律行为就是"上游的"或"前置的"批准。例如德国民法典第 763 条关于摸彩和抽奖活动的批准。① 德国民法上对基础行为的批准所做的这两种区分类似前文所述我国学者对行政审批所做的类型化区分,即批准可以分为对交易行为本身的批准和对市场准入资格的批准。② 所以,本文所讨论的批准登记生效合同便是德国民法上基础行为须批准中的第一种情况。

在基础行为批准的第一种情况下,即在具体合同自身须批准的情形下,一个未经批准的合同原则上不是无效,而是未生效力。③ 这种情况——基础行为批准的第一种情况便是本文所讨论的法定未生效合同。而在第二种情况下,即"前置"批准的情形下,欠缺批准时后续合同的效力应该具体依据规范目的论的解释,判定其是否适用德国民法典第 134 条的无效条款,其结论有可能是未生效力,有可能是无效,也有可能是有效。④

所谓的未生效力(unwirksam),是指从法律行为成立至最终确定批准为止,存在着一个不稳定的无效状态(schwebende Unwirksamkeit),指示的是一个未定状态(Schwebezustand),⑤未生效力是指法律行为因尚未完成而未生效力,该行为因所缺生效要件的补完而溯及地有效。只有要件成就时法律行为才完成;若该要件不再能成就,则此法律行为

---

① 参见 Staudinger/Rolf Sack, Kommentar zum Bürgerliches Gesetzbuch 2003, §134, Rn. 167 - 169 Rn. 177。

② 参见"论外商投资纠纷若干疑难问题",载《民商法前沿论坛》第 342 期,中国民商法律网,http://www.civillaw.com.cn/article/default.asp? id = 47820,访问时间:2011 年 3 月 14 日。王轶:"专家论坛——合同法相关问题研究(二)",载东营市中级人民法院网,http://dyzy.chinacourt.org/public/detail.php? id = 5352,访问时间:2011 年 3 月 26 日。

③ 参见 Staudinger/Rolf Sack, Kommentar zum Bürgerliches Gesetzbuch 2003, §134, Rn. 168,9。

④ 参见 Staudinger/Rolf Sack, Kommentar zum Bürgerliches Gesetzbuch 2003, §134, Rn. 179。

⑤ 参见[德]拉伦茨:《德国民法通论》(下册),王晓晔等译,法律出版社 2003 年版,第 668 页。

确定无效。[①] 未生效力行为,在德国民法上也称为效力未定行为,除了包括批准生效合同之外,主要例子还有《德国民法典》第108条第1款(未成年人未经允许订立合同)、第177条第1款(无权代理人订立合同)、第181条(自己代理和双方代理)、第1366条第1款(配偶一方擅自订立的合同)、第1427条第1款(夫妻共同财产管理人擅自订立的合同)。[②] 其共同之处在于,都需要经过私法或公法上的同意或批准方能生效。

未生效力状态下,关于当事人的权利义务方面,在批准作出之前,原则上不能基于须批准生效的合同主张履行请求权。[③] 但是当事人被特别要求尽可能地促成批准,而且不应该做任何阻碍批准进行的行为。[④] 这种促成批准的义务是依诚实信用原则产生的协作义务:当事人首先互相负有义务,为促成批准而相互协作。按照慕尼黑评注的说法,这个协作义务的实践价值尤其存在于批准生效合同。[⑤] 在这个协作义务中,最关键的是申请批准。[⑥] 所以如果当当事人懈怠申请批准或者拒绝履行批准这一协作义务时,应负损害赔偿责任。[⑦] 至于这里的损害赔偿责任应归属于何种类型,德国法中也存在着争议。通说认为,违反此项义务将导向缔约过失责任。[⑧] 但也有些学者如弗卢梅明确提出批评,他认为违反此项义务也可能导致违约责任,违约责任的赔

---

① 参见汤文平:"德国法上的批准生效合同研究",载《清华法学》2010年第6期。

② 参见 Jauernig/Jauernig, Kommentar zum Bürgerliches Gesetzbuch, 2006, Vor §104, Rn. 20。

③ 参见 Volker Emmerich, Das Recht der Leistungsstörungen, 2003, S. 77。

④ 参见 Staudinger Kommentar/Gursky, Kommentar zum Bürgerliches Gesetzbuch, 2001, Vor §§182ff, Rn. 54. (Palandt/Heinrichs §242Rn. 33)。

⑤ 参见 Münchener/Roth, Kommentar zum Bürgerliches Gesetzbuch 2001, §242, Rn. 216。

⑥ 最高人民法院《关于适用〈中华人民共和国合同法〉若干问题的解释(二)》(法释〔2009〕5号)第8条规定的报批义务与此相近。

⑦ 参见 Volker Emmerich, Das Recht der Leistungsstörungen, 2003, S. 79。

⑧ 参见 Volker Emmerich, Das Recht der Leistungsstörungen, 2003, S. 77。

偿范围也应该是履行利益。[①] 其次,除了申请批准之外,这个协作义务还包括当事人负有一般的保护义务及说明义务。例如任何一方当事人都必须告知对方他所知道的有关行政批准的要求,违反这一义务,使得批准被拒绝、合同无效,当事人也应当承担缔约过失责任。[②]

综上所述,德国法上对法定未生效合同的制度构建是比较完整的:明确规定了一些合同以公法批准(包括行政批准和法院批准)作为生效要件。这类合同未经公法批准的效力状态,与未经私法批准的合同的效力状态,合称为未生效力或者效力待定。未经公法批准的未生效力,在当事人之间无法产生合同履行效力,但是强调当事人负有申请批准、保护告知等协作义务。若是一方当事人违反这一协作义务,尤其是申请批准的协作义务,通说认为应该承担缔约过失责任,少数说认为应该承担违约责任,赔偿损失。笔者认为,德国法是法律行为制度的源头,其合同法领域的一系列法律制度设计积累了丰富的学说和实务经验,比较完整且精细。同时,德国法中社会法的色彩也颇为浓重,在法律传统上擅长以批准制度影响合同效力。德国这些法律环境的"前见"与中国法律传统有着一些共通之处,所以上述德国法上的制度设计规则和解释适用规则是我国比较法研究借鉴的重要素材。

2. 我国台湾地区民法上的批准登记生效合同

(1)登记生效合同的演变

我国台湾地区民法上也存在着将登记作为特别生效要件的合同,主要体现在修正前"民法典"第407条关于不动产赠与合同的规定和"民法典"第1050条关于协议离婚合同的规定。但是有关这两个条文的适用,在台湾地区存在着比较大的争议,同时也经历了一个演变过程。

首先,立法上出现了特别生效要件的规定。修正前"民法典"第

---

① 参见:"中国法学会民法学研究会2010年年会暨学术研讨会简报(三)",载大特区民商法律网,http://www.hncivillaw.com/shownews.asp?news_id=6825,访问时间:2011年4月17日。

② 参见 Münchener/Roth, Kommentar zum Bürgerliches Gesetzbuch 2001, Vor § 275. Rn. 83。

407条规定:"以非经登记不得移转之财产为赠与者,在未为移转登记前,其赠与不生效力。"第1050条规定:"两愿离婚,应以书面为之,有两人以上证人之签名,并应向户政机关为离婚之登记。"依修正前第407条规定,不动产物权移转登记是不动产赠与合同的生效要件,其立法目的在于保护赠与人,使得赠与人不致因为一时情绪冲动、考虑不周,贸然应允将价值贵重的不动产无偿赠与他人,即受法律上的拘束,以至于遭受财产上的不利损害。① 依第1050条规定,根据文义解释、体系解释、历史解释和目的解释,可以认定离婚登记是合意离婚合同的生效要件,其立法目的在于以社会公示的方式促使当事人慎重选择离婚。②

其次,司法判例上创设了"一般契约之效力",认定这两类合同成立后便对当事人产生拘束力,当事人负有履行促进合同生效的登记义务。关于修正前407条的适用,"最高法院"曾作有三则重要的判例——1951年台上字第1496号判例、1952年台上字第175号判例和1955年台上字第1287号判例,从而创设了"一般契约之效力":不动产赠与合同经当事人意思表示一致成立,合同即发生一般契约效力,赠与人便负有补正登记促使赠与合同生效的义务。③ 关于"最高法院"的"一般契约之效力"是否适用于第1050条的协议离婚,实务上发生争论:1986年台上字第382号判决持肯定说,基于对"最高法院""一般契约之效力"的确信,离婚协议合同成立后,当事人一方拒不向户政机关登记,另一方可以提起结付之诉,法院可以判决被告履行登记义务。相反,1986年台上字第894号裁定持否定说,当事人一方拒不向户政机关登记,则协议离婚合同尚未生效,另一方提出给付之诉缺乏法律依

① 参见王泽鉴:"不动产赠与契约特别生效要件之补正主义",载王泽鉴:《民法学说与判例研究》(修订版)(第二册),中国政法大学出版社2005年版。

② 参见王泽鉴:"离婚契约之约束力与特别生效要件之履行",载王泽鉴:《民法学说与判例研究》(第五册),中国政法大学出版社2009年版。

③ 参见陈自强:《民法讲义Ⅰ:契约之成立与生效》,法律出版社2002年版,第344页。王泽鉴:"不动产赠与契约特别生效要件之补正主义",载王泽鉴:《民法学说与判例研究》(修订版)(第二册),中国政法大学出版社2005年版。

据，法院不予支持。1986 年民庭庭推会议决议也采取了此见解。[①]“一般契约之效力”的适用受到了学者们的批判，合同成立未生效时，当事人之间没有合同上的权利义务关系，“一般契约之效力”纯属虚构，欠缺法律依据。且“一般契约之效力”理论使得修正前第 407 条的保护赠与人的立法目的落空，从而架空了修正前第 407 条。[②] 关于第 1050 条的适用，学者也认为应该突破“一般契约之效力”判例的束缚，采取区分适用的方式，严格区分不动产赠与这一类财产性法律行为与协议离婚这一类身份性法律行为，“一般契约之效力”判例至多只能适用于财产性法律行为而不能适用于身份性法律行为。[③]

最后，“一般契约之效力”的废止。1999 年 4 月 2 日通过的“民法”债编修正条文删除第 407 条，立法理由是：“赠与为债权契约，于依第 153 条规定成立时，即生效力。惟依条文规定，以非经登记不得移转之财产权为赠与者，须经移转登记始生效力，致不动产物权移转之生效要件与债权契约之生效要件相同，而使赠与契约之履行与生效混为一事。未免疑义，爰删除本条。”[④]就不动产赠与而言，所谓“一般契约之效力”已无存在余地，既属契约法异体物，自应随之俱逝，不应再予援引”。[⑤]

(2)批准生效合同的空白

我国台湾地区同样也存在着有关批准等行政审批的法律规范，比如“公平交易法”第 11 条规定，符合相关条件的事业结合必须经过主

---

① 参见王泽鉴：“两愿离婚‘登记’法律性质之争议在法学方法论上之检讨”，载王泽鉴：《民法学说与判例研究》(第五册)，中国政法大学出版社 2009 年版。王泽鉴：《债法原理 基本理论 债之发生：合同·无因管理》，北京大学出版社 2009 年版，第 154 ~ 155 页。

② 参见王泽鉴：“不动产赠与契约特别生效要件之补正主义”，载王泽鉴：《民法学说与判例研究》(修订版)(第二册)，中国政法大学出版社 2005 年版。陈自强：《民法讲义 I：契约之成立与生效》，法律出版社 2002 年版，第 344 ~ 345 页。

③ 参见王泽鉴：“两愿离婚‘登记’法律性质之争议在法学方法论上之检讨”，载王泽鉴：《民法学说与判例研究》第五册，中国政法大学出版社 2009 年版。

④ 陈自强：《民法讲义 I：契约之成立与生效》，法律出版社 2002 年版，第 344 ~ 345 页。

⑤ 王泽鉴：《债法原理 基本理论 债之发生：合同 · 无因管理》，北京大学出版社 2009 年版，第 156 页。

管机关批准。[①]“华侨回国投资条例”第6条、第11条[②]和“外国人投资条例”第7条、第11条[③]规定,华侨或外国人在台湾地区设立投资企业以及投资企业的股权转让均应经过经济部投资审议委员会批准。“台湾地区与大陆地区人民关系条例”第35条、第36条规定,台湾地区的个人和团体经过“经济部”批准方可在大陆地区从事投资或技术合作,台湾地区金融保险证券期货机构经过“财政部”批准方可与大陆地区进行商事业务往来。[④]

但是这些有关批准等行政审批的法律规范只是成为相关主体承担行政责任的法律依据,似乎都不会影响到私法上相关合同的效力,也不会派生出法定未生效合同。下面以“公平交易法”第11条为例作进一步的详细分析:若应申请批准的事业结合合同的当事人未履行报批义务,则结合合同的效力如何?结合台湾地区民事上法律行为的相关规

① 我国台湾地区“公平交易法”第11条规定:“事业结合时,有下列情形之一者,应先向中央主管机关提出申报:(1)事业因结合而使其市场占有率达三分之一者;(2)参与结合之一事业,其市场占有率达四分之一者;(3)参与结合之事业,其上一销售年度之会计金额,超过中央主管机关所公告之金额者。”这里的“事业合并”与企业兼并不完全一致。因为这里的“事业”,除了公司企业之外,还包括工商行号、同业公会及其他提供商品或服务从事交易的个人或团体。且这里的“事业合并”的方式,除了企业兼并的形式外,还有以其他方式取得事业财产、人事任免权等情形。所以这里的“事业结合”比企业兼并所涵盖的范围宽广。参见林诠绍:《商事法》,普林斯顿国际有限公司2008年版,第407页。

② “华侨回国投资条例”第6条规定:“华侨依本条例所为之投资,由经济部设投资审议委员会审议及处理之。”第11条规定:“投资人转让其投资时,应由转让人及受让人会同向投审会申请核准。”

③ “外国人投资条例”第7条规定:“外国人依本条例所为之投资,由经济部设投资审议委员会审议及处理之。”第11条规定:“投资人转让其投资时,应由转让人及受让人会同向投审会申请核准。”

④ “台湾地区与大陆地区人民关系条例”第35规定:“台湾地区人民、法人、团体或其他机构,经经济部许可,得在大陆地区从事投资或技术合作……台湾地区人民、法人、团体或其他机构,经主管机关许可,得从事台湾地区与大陆地区间贸易……”第36条规定:“台湾地区金融保险证券期货机构及其在台湾地区以外之国家或地区设立之分支机构,经财政部许可,得与大陆地区人民、法人、团体、其他机构或其在大陆地区以外国家或地区设立之分支机构有业务上之直接往来。台湾地区金融保险证券期货机构在大陆地区设立分支机构,应报经财政部许可;其相关投资事项,应依前条规定办理……”

定，学术界存在着三种学说认识。第一，无效说。采无效说的学者认为，该合同违反法律中的效力规定，依据台湾地区“民法典”第71条的规定，结合合同无效。第二，效力未定说。持效力未定说的学者认为，应经第三人允许才能生效的结合合同，未经允许而从事相关法律行为的，依照台湾地区“民法典”第79条的规定，其结合合同的效力是经第三人追认后才生效。第三，有效说。有效说也是台湾地区学界的通说。持有效说的学者认为，依据“公平交易法”第13条的规定，在应报批的结合合同未经报批时，主管机关得禁止其结合、限期命其分设事业、处分其全部或者部分股份、转让其部分营业、免除担任职务或作出其他必要的行政处分。而这些行政处分显然应该是以该结合合同在民法上有效为前提。只有结合合同有效，行政机关才有利用该等行政处分要求结合事业予以全部或部分恢复原状的余地。“公平交易法”在行政上既无自始使结合合同无效，也无阻止结合合同生效的意旨。在私法上，为确保交易安全，自然也没有认定结合合同无效或者不生效力的必要。所以在事业结合中，应申请批准而未申请的结合合同在民法上仍然是有效合同。① 另外，在民事责任承担方面，若当事人违反“公平交易法”第11条的规定，并不会承担合同法上的相关民事责任，而是有可能承担相关的侵权责任：依照“公平交易法”第30条、第31条的规定，结合合同的当事人违反报批的相关规定，如果致使他人权益遭受侵害，受害人可以要求其停止侵害；如果有损害发生，受害人可以要求其承担损害赔偿责任；如果有侵害发生的危险时，受害人可以要求其消除危险、排除妨碍。②

综上所述，目前我国台湾地区民法上并不存在法定未生效合同的相关制度设计。一方面，有关登记生效合同的规定和适用经历了从肯定到否定的过程：先是在立法上规定了若干个特定的登记生效合同，并且在司法判例中肯定了未经登记的法定未生效合同具有“一般契约之效力”，课以当事人履行促进合同生效的登记义务；但是在民法发展过

① 参见黄茂荣：《公平交易法理论与实务》，植根法学丛书编辑室1993年版，第174页。

② 参见林诠绍：《商事法》，普林斯顿国际有限公司2008年版，第408页。

程中,逐步终止了登记生效合同的适用,使得登记不再构成相关合同的特别生效要件。另一方面,我国台湾地区的民商事法律中虽然存在着不少有关批准的行政审批法律规范,但是相关的批准要求只是构成行政处分的法律依据,并不影响相关合同的效力;而实际上,相应的行政处分正是以相关合同的有效成立作为逻辑前提的。笔者认为,台湾地区不存在批准登记生效合同的特殊情况,除了出于构建合同效力完美理论体系的考虑之外,恐怕更多源于行政审批、登记从来就不是台湾地区债法上的主角名旦这一历史“前见”。在修订后的台湾地区“民法典”里,能够有力影响合同效力的是第166－1条中所规定的民间公证制度,①而非行政审批、登记。这充分体现了台湾地区民法中合同自由的肥沃土壤。在这种法律环境“前见”下,批准、登记条款对合同效力的影响力实为有限,法定未生效合同自然也就没有其存在的空间。

3. 我国民法上批准、登记条款历史作用的演变

批准与登记,是我国合同法中两个极为普遍的法律行为,其在我国合同法历史舞台上扮演的角色由强渐弱、由中心逐步走向边缘。但是,由于中国社会主义制度的基本制度体系以及中国社会主义初级阶段的基本国情,批准、登记依然会是现代中国合同法中不可或缺的组成部分。

计划经济时代的中国,广大无边的行政权渗透到国家经济社会生活的方方面面。行政审批、登记自然成为合同法中最为举足轻重的角色。许多合同未经行政审批则不成立或者自始无效。一方面,批准、登记曾经一度是许多民商事合同的成立要件。比如1985年公布的《涉外经济合同法》第7条规定,应当由国家批准的合同,获得批准时,方为合同成立。1987年公布的《技术合同法》第10条规定,按照国家规定需要经过有关机关批准的,自批准时起成立。另一方面,不仅仅是未办理批准、合同登记手续,而且未办理物权登记手续也往往使得合同直接无效甚至不成立。这与其说是法律的明确规定,还不如说是司法实践所

① 我国台湾地区“民法典”第166－1条规定:“契约以负担不动产物权之移转、设定或变更之义务为标的者,应由公证人作成公证书。未依前项规定公证之契约,如当事人已合意为不动产物权之移转、设定或变更而完成登记者,仍为有效。”

创立的一项规则。1990年最高人民法院在给黑龙江高级人民法院《关于公房买卖的成立一般应以产权转移登记为准的复函》中,认为房屋买卖协议签订后,未办理产权转移登记手续,应认为该民事法律行为依法尚未成立,允许一方反悔或解除买卖协议。在司法实践中,各个法院对未办理过户登记的合同都直接判决无效或者不成立。

改革开放的春风吹来了我国市场经济的繁荣发展,逐步健康、成熟的市场将我国民法中合同自由的理念提升到了一个前所未有的高度。于是被经济基础所决定的法律制度开始在合同法领域清查行政审批、登记制度,摒弃不必要的行政干预,尽可能地减少行政审批对合同效力的影响。一方面,满载行政审批、登记的《经济合同法》、《涉外经济合同法》和《技术合同法》三部合同法被废止,从而许多普通的民商事合同不再以批准、登记作为成立要件或生效要件;另一方面,取而代之的《合同法》及其司法解释充分确立了合同自由的原则,规定民商事合同在双方当事人意思达成一致时即成立,原则上成立即生效。例外情况下,需要批准、登记才生效的合同,未经批准、登记,也不能直接认定为无效或者不成立,而应该认定为未生效。最后,《物权法》的出台,正式确立了区分合同效力和物权变动效力的"区分原则",未办理物权登记手续不再影响相关合同的效力,即未办理过户登记的合同都是有效的。

国家通过行政批准、登记对合同法领域进行干预,这是我国法律环境的"前见",是我国几千年来中央行政集权文化的积淀。即使在现代中国,随着市场经济大潮的滚滚前进,行政干预日趋薄弱。但是与台湾地区"民法"中历来有合同自由的肥沃土壤不同,纯粹的自由主义从来没有在大陆真正生根、发芽、成长,在社会主义法治原则的指导下,服务于国家利益、社会公共利益考量的各种社会政策构成了合同自由原则的外部边界,社会法思想对于我国的法律环境产生着不可估量的影响。① 而且,在国际化浪潮中,中国政府有着坚持社会主义公有制基本经济制度,防止国有资产流失,维护国家经济安全的艰巨使命,这就依然需要行政审批、登记作为民族市场经济的守卫者。我国特殊的法律环境"前见",更多地与德国法律传统相通,决定着大陆法定未生效合

① 王轶:《民法原理与民法学方法》,法律出版社2009年版,第135页。

同有其存在的合理空间,不可能像台湾地区"民法"中法定未生效合同最终走向灭亡。但是,我们需要从德国法上汲取行政权如何妥当干预民事合同的法律制度设计的营养,使得行政审批、登记这个守卫者在实现其维护国家经济安全的使命的同时,尽可能少地妨碍民事主体的合同自由,从而促进市场经济的健康发展。

三、法定未生效合同的类型化分析

前文已经对法定未生效合同进行了基础性的概念界定,但是具体来说,法定未生效合同的适用范围到底如何?我国民商事合同中哪些合同是以行政批准、登记作为生效要件的,从而需要适用法定未生效合同的制度规则?这就需要对法定未生效合同进行类型化分析。

根据法定未生效合同的概念界定,我们可以知道,对法定未生效合同的认定,实际上是对特殊合同的认定;对特殊合同的认定,进一步来说,其实是对我国法律、行政法规中批准、登记条款的甄别,辨别出哪些批准、登记条款可以解释为办理批准、登记手续是相应合同的生效要件,即辨别出哪些批准、登记条款可以构造出特殊合同。换言之,只要对批准、登记条款进行妥当的辨别,就能够完成对法定未生效合同的类型化分析。批准登记条款、特殊合同与法定未生效合同的内在关系如图所示。

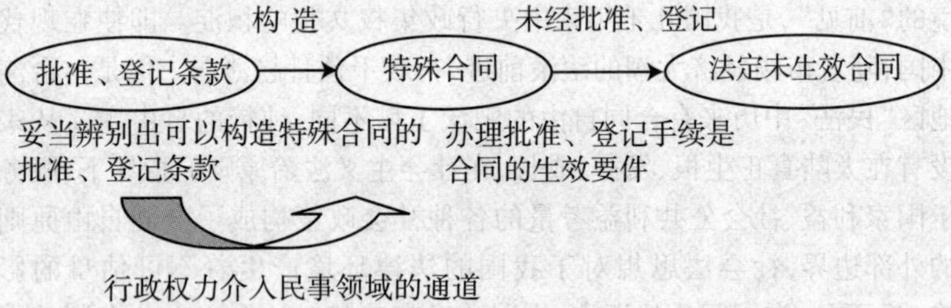

图　批准、登记条款 vs. 特殊合同 vs. 法定未生效合同

在我国的法律、行政法规中,明文规定"应当批准"、"必须批准"、"办理批准、登记手续才生效",甚至"必须先批准、后登记"的条文条款多如繁星:主要是涉及土地管理领域、外商投资领域、国有资产国有企业领域、建筑房地产领域、国家资源开发领域等多项由于关系国计民生而不能完全遵循市场化自由的领域。据笔者统计，仅在土地管理领域，各项法律、行政法规中共计就有将近30条批准、登记条款。[①] 但并不是所有的这些带有“批准”、“登记”字眼的批准、登记条款都可以构造出特殊合同，从而派生出法定未生效合同。

根据法释〔1999〕19号第9条的规定，我们对法定未生效合同可以得出比较一致的概念界定。但是具体来说，到底哪些批准、登记条款应该归属为能构造出特殊合同的批准、登记条款，即到底哪些合同是属于特殊合同，讨论者仍然无法达成比较一致的共识。有的学者认为特殊合同主要包括国有企业转让国有资产的合同和上市公司国有股转让合同；[②]有的学者认为包括中外合资合作经营合同、对外合作开采自然资源合同、土地使用权转让合同、知识产权转让合同和其他需要办理特定生效手续的合同；[③]有的学者认为包括中外合资合作经营企业合同、对外合作开采石油合同、我国大陆企业与华侨、港澳同胞举办合资合作经营企业的合同、保证合同、房地产转让合同、房屋买卖合同、土地使用权转让合同、技术合同、技术引进合同、运输工具转让合同、抵押合同和质押合同；[④]有的学者认为包括土地使用权转让合同、机动车辆交易合同、抵押合同、质押合同和中外合资合作经营合同。[⑤] 也有的学者在探讨《反垄断法》中的经营者合并合同是否属于特殊合同。[⑥]

关于这些批准、登记条款的解释适用，不仅仅是学术界的学者们在

① 《土地管理法》第15条、第40条、第44条、第53条、第56条、第59条、第60条、第61条，《城市房地产管理法》第11条、第39条，《城乡规划法》第38条、第39条、第41条、第43条、第44条，《农村土地承包经营法》第8条、第20条、第48条，《土地管理实施条例》第17条、第21条、第22条、第23条、第24条，《城镇国有土地使用权出让和转让暂行条例》第18条、第25条、第27条、第45条、第46条。

② 参见张雪楳：“论合同生效”，载《法律适用》2009年第11期。

③ 参见罗秀兰：“论合同未生效阶段的法律责任——兼谈合同责任体系的进一步完善”，载《河北法学》第22卷第9期。

④ 参见曹守晔等：“《关于适用合同法若干问题的解释（一）》的理解和适用”，载《人民司法》2000年第2期。

⑤ 参见胡艳玲：《未生效合同研究》，吉林大学2007年硕士学位论文。

⑥ 参见蒋文军：“论行政审批对特定财产权利转让合同效力的影响——基于负担行为和处分行为的视角”，载《判解研究》2010年第2辑。

讨论中存在分歧,而且在司法裁判中也出现法律适用的混乱,即使是针对同一条法条的适用,不同的法官也给出了截然不同的判决结论。

比如《土地管理法》第15条第2款规定:"农民集体所有的土地由本集体经济组织以外的单位或者个人承包经营的,必须经村民会议三分之二以上成员或者三分之二以上村民代表的同意,并报乡(镇)人民政府批准。"如何认定未经(乡)镇人民政府批准的对外承包经营合同的效力在司法裁判中出现了较大分歧,如表3-1所示:①

表3-1 司法裁判中对未经(乡)镇人民政府批准的对外承包经营合同的效力的认定

法院司法裁判	未经批准的对外承包经营合同的效力
钟叙初与广州市萝岗区萝岗街萝峰村坑围经济合作社农业承包合同纠纷上诉案 (2006)穗中法民二终字第1569号	一审判决:无效 二审判决:无效
海南陵水金果有限公司与游耀庭农业承包经营权纠纷上诉案 (2006)海南民三终字第212号	一审判决:无效 二审判决:未生效
许三伦与广州市番禺区化龙镇草堂村民委员会等农业承包合同纠纷上诉案 (2006)穗中法民二终字第2297号	一审判决:驳回起诉,交由行政机关处理 二审裁决:撤销一审判决,发回重审
吴家来等与广州市萝岗区九龙镇旺村第一经济合作社等农业承包合同纠纷上诉案 (2006)穗中法民二终字第2278号	一审判决:无效 二审判决:有效

① 笔者利用中国司法案例数据库,使用北大法律信息网上"法条联想"的功能,搜索出和《土地管理法》第15条相关的所有76篇裁判文书。参见 http://clink.chinalawinfo.com/pkulaw/slc/slfc.aspx? Gid = 54997&Tiao = 15&km = fnl&subkm = 0&db = fnl,访问时间:2011年3月13日。对这76篇裁判文书进行逐一排查,将其中在法释〔1999〕19号颁布后审理的涉及未经(乡)镇人民政府批准的对外承包经营合同效力应如何认定的案例抽离出来,共得5则案例。

续表

法院司法裁判	未经批准的对外承包经营合同的效力
海南省临高县医药总公司与临高县新盈镇良爱村民委员会等土地承包合同纠纷上诉案 (2007)海南民三终字第162号	一审判决:未生效

再如,根据法律、行政法规的规定,中外合资企业、中外合作企业和外商投资企业(以下简称三资企业)的股权转让均需要批准。未经批准的三资企业股权转让合同的效力如何,在现今的司法裁判中也没有出现完全一致的结论,如表3-2所示:①

表3-2 司法裁判中未经批准的三资企业股权转让合同的效力的认定

法院司法裁判	未经批准的三资企业股权转让合同的效力
强生高科技产业有限公司诉中国上海外轮代理公司等中外合作经营合同股权转让纠纷案 (2002)沪二中民五(商)初字第31号	一审判决:未生效
谢民视诉张瑞昌、金刚公司股权纠纷案 《最高人民法院公报》2003年第81期	一审判决:未生效
郭元泰等诉金相牛股权转让合同纠纷案 (2003)青民四初字第233号	一审判决:未生效
声辉投资有限公司诉沈阳燃料集团总公司中外合资经营合同纠纷案 (2003)沈民(4)外初字第26号	一审判决:未生效

① 笔者同样利用上一注解中提到的方法,在中国司法案例数据库中抽离出涉及未经批准的三资企业股权转让合同效力应如何认定的案例,共26则案例。值得注意的是,由于2005年12月《最高人民法院第二次全国涉外商事海事审判工作会议纪要》第88条明确规定,外商投资的股权转让合同未经审批应认定为未生效,所以,在2006年以后的司法裁判中,对这类合同采取未生效的认定和处理正在逐渐达成共识。

续表

法院司法裁判	未经批准的三资企业股权转让合同的效力
陈文伟与张灿然股权转让侵权纠纷上诉案 (2004)粤高法民四终字第20号	一审判决:有效 二审判决:未生效
广州市建筑置业公司与深圳国际俱乐部有限公司欠款纠纷上诉案 (2004)粤高法民四终字第117号	一审判决:未生效 二审判决:未生效
吕培蛟与珠海市澳仕发展有限公司等股权转让合同纠纷上诉案 (2004)粤高法民四终字第40号	一审判决:未生效 二审判决:未生效
伟科发展有限公司与天津裕田生物科技开发有限公司股权转让合同纠纷上诉案 (2004)粤高法民四终字第75号	一审判决:无效 二审判决:未生效
何寿宜与佛山市顺德区均安镇星槎居民委员会买卖合同纠纷上诉案 (2004)佛中法民二终字第248号	一审判决:无效 二审判决:无效
李建峰诉忠明发展有限公司等股东权纠纷案 (2004)合民四初字第1号	一审判决:未生效
许守成诉曾国龙出资纠纷案 (2005)沪二中民五(商)初字第88号	一审判决:未生效
南宁百利物业开发有限公司与新丰荣私人有限公司等股权转让合同纠纷上诉案 (2006)桂民四终字第12号	一审判决:未生效 二审判决:未生效
上海领尚实业有限公司等诉湖州城区国豪印花厂等股权转让侵权纠纷案 (2006)湖民二初字第53号	一审判决:未生效
谢水吉等与李声钟股权转让纠纷上诉案 (2006)琼民一终字第24号	一审判决:无效 二审判决:未生效
海南优联投资发展有限公司诉香港怡高集团有限公司等股权转让纠纷案 (2007)三亚民二初字第13号	一审判决:无效

续表

法院司法裁判	未经批准的三资企业股权转让合同的效力
华顺达置业有限公司诉广州市商业储运公司等股东权纠纷案 (2007)穗中法民四初字第102号	一审判决:无效
丹阳市金帆车辆部件厂诉郭励进等股权转让合同纠纷案 (2008)镇民三初字第91号	一审判决:无效
梁铭中诉陈锦耀等股权转让纠纷案 (2009)浙杭商外初字第286号	一审判决:未生效
黄嘉彦诉林后涛股权转让纠纷案 (2009)沪一中民五(商)初字第46号	一审判决:未生效
广州市仙源房地产股份有限公司与广东中大中鑫投资策划有限公司、广州远兴房产有限公司、中国投资集团国际理财有限公司股权转让纠纷案 (2009)民申字第1068号 《最高人民法院公报》2010年第8期	一审判决:有效 二审判决:未生效,视为生效 再审判决:未生效
上海文喜实业有限公司与日本荐田纸工业株式会社股权转让合同纠纷上诉案 (2009)苏民三终字第0108号	一审判决:未生效 二审判决:未生效
绍兴中兴商城发展有限公司等与黄婉凤股权转让合同纠纷上诉案 (2009)浙商外终字第65号	一审判决:未生效 二审裁决:未生效
广州市知胜房地产开发有限公司与广州市黄埔区城市建设开发有限公司股权转让合同纠纷上诉案 (2010)穗中法民二终字第1024号	一审判决:无效 二审判决:无效
蔡国镜与蔡凤荣股权转让纠纷上诉案 (2010)闽民终字第528号	一审判决:未生效 二审判决:未生效
沈以标等与薛世蓉股权转让纠纷上诉案 (2010)苏商外终字第0004号	一审判决:未生效 二审判决:驳回起诉,被告不适格

续表

法院司法裁判	未经批准的三资企业股权转让合同的效力
北京中汽联贸易有限公司与骏升投资国际有限公司股权转让合同纠纷上诉案(2010)鲁民四终字第7号	一审判决:未生效 二审判决:未生效

这些批准、登记条款,如果从民法规范论原理分析,似乎也无法直接甄别出哪些是能构造特殊合同从而派生出法定未生效合同的批准、登记条款。这些批准、登记条款应该属于强行性规范,而不属于任意性规范或其他类型的规范。王利明教授认为,强行性规范可以分为管理性规范和效力性规范。违反前者规范,合同并不必然无效,可能有效,也可能未生效;违反后者规范,合同必然无效;区分这两种规范有三条规则。[①]《合同法司法解释(二)》也采取了管理性强制性规范和效力性强制性规范[②]的二分法,并提出了肯定性识别和否定性识别正反两面的区分标准。[③] 但是,即使通过上述各种区分方法,把批准、登记条款这些强行性规范进行二分,可以把一部分批准、登记条款归属为效力性规范,使其影响合同效力至无效,从而将之排除在能构造特殊合同的批准、登记条款之外,但是另外那一部分归属为管理性规范的批准、登记条款可能派生出有效合同,也可能派生出法定未生效合同。而学者并未对管理性规范再做进一步的区分,从而甄别出能派生法定未生效合同的批准、登记管理性规范。王轶教授认为,强行性规范可以划分为

① 参见王利明:《合同法新问题研究》,中国社会科学出版社2003年版,第320~322页。

② 最高人民法院《关于适用〈中华人民共和国合同法〉若干问题的解释(二)》(法释〔2009〕5号)第14条规定:"合同法第五十二条第(五)项规定的'强制性规定',是指效力性强制性规定。"

③ 参见沈德咏、奚晓明主编:《最高人民法院关于合同法司法解释(二)理解与适用》,人民法院出版社2009年版,第105~113页。人民法院出版社编辑部中心编:《最高人民法院合同法司法解释(二)问答》,人民法院出版社2009年版,第59~65页。冯文生主编:《最高人民法院关于适用〈中华人民共和国合同法〉若干问题的解释(二)原理精解·案例与适用》,中国法制出版社2010年版,第85~90页。

强制性规范和禁止性规范；禁止性规范可以再细分为管理性禁止性规范和效力性禁止性规范。只有违反效力性禁止性规范的合同才必然无效。违反强制性规范和管理性禁止性规范的合同可能有效，也可能未生效。强制性规范是要求当事人必须采用特定行为模式的强行性规范；禁止性规范是禁止当事人采用特定行为模式的强行性规范。① 按照这种区分标准，批准、登记条款均是要求当事人必须采用特定模式的强行性规范，即强制性规范。违反批准、登记这些强制性规范，不会导致合同无效，但有可能导致合同未生效，也有可能不影响合同效力即合同有效。同样，学者也没有进一步再对强制性规范进行区分，区分出哪些强制性规范会派生出法定未生效合同，哪些强制性规范即使违反了也不影响合同效力。所以，笔者认为，依据目前民法规范论原理的分析，②我们无法直接甄别出哪些批准、登记的强行性规范能构造出特殊合同。

为了厘清学者们和法官们的上述争议，从而妥当甄别出能构造特殊合同的批准、登记条款，笔者将在本章中做以下努力：首先，笔者将上述所涉及的所有批准、登记条款进行初步地划分，分为确定性批准、登记条款和疑难批准、登记条款两大类型。确定性批准、登记条款是确定能构造出特殊合同的批准、登记条款；疑难批准、登记条款则存在着异议。其次，笔者重点甄别疑难批准、登记条款，尝试运用原则性辨别和解释性辨别两条规则，对疑难批准、登记条款进行逐一地综合法律解释，以期从这些疑难批准、登记条款中辨别出确定能构造特殊合同的批准、登记条款。

（一）确定性批准、登记条款与疑难批准、登记条款

笔者将上述所涉及的所有批准、登记条款进行初步的划分，分为确定性批准、登记条款和疑难批准、登记条款两大类型。确定性批准、登

---

① 参见王轶：《民法原理与民法学方法》，法律出版社 2009 年版，第 245 ~ 252、287 ~ 298 页。

② 关于民法规范配置中强行性规范的类型化区分，学者们还存在着不少分歧。具体参见耿林：《强制规范与合同效力——以合同法第 52 条第 5 项为中心》，中国民主法制出版社 2009 年版，第 73 ~ 102 页。许中缘：《民法强行性规范研究》，法律出版社 2010 年版，第 26 ~ 37 页。

记条款是指学者们并无异议的、可以直接确定为能构造出特殊合同的批准、登记条款。这类条款只有10条,包括外商投资领域的9条和开采海洋石油资源领域的1条。疑难批准、登记条款是指学者们存在争议的、有可能但还不确定属于能构造出特殊合同的批准、登记条款:这类条款比较多,分别存在于土地管理、建筑、采矿探矿、国有资产企业、反垄断竞争、外商投资(包括港澳台华侨投资领域)6个领域,共计70余条。

1. 确定性批准、登记条款

依照法释〔1999〕19号第9条的规定,法律、行政法规中明文核心字义[①]规定"合同应当办理批准手续",或者"合同办理批准、登记手续才生效"的批准、登记条款则毫无异议地、确定属于能构造特殊合同的批准、登记条款。据笔者统计,这类确定性批准、登记条款为数不多,共有10条,包括外商投资领域的9条和开采海洋石油资源领域的1条,它们分别是:《中外合资经营企业法》第3条,[②]《中外合资经营企业法实施条例》第14条、第43条,[③]《中外合作经营企业法》第5条,[④]《中外

① 法律条文的文义是指可能的文义范围,包括核心文义和边缘文义。参见王利明:《法律解释学导论——以民法为视角》,法律出版社2009年版,第198页。

② 《中外合资经营企业法》第3条规定:"合营各方签订的合营协议、合同、章程,应报国家对外经济贸易主管部门(以下称审查批准机关)审查批准。审查批准机关应在三个月内决定批准或不批准。合营企业经批准后,向国家工商行政管理主管部门登记,领取营业执照,开始营业。"

③ 《中外合资经营企业法实施条例》第14条规定:"合营企业协议、合同和章程经审批机构批准后生效,其修改时同。"第43条规定:"合营企业订立的技术转让协议,应当报审批机构批准。"

④ 《中外合作经营企业法》第5条规定:"申请设立合作企业,应当将中外合作者签订的协议、合同、章程等文件报国务院对外经济贸易主管部门或者国务院授权的部门和地方政府(以下简称审查批准机关)审查批准。审查批准机关应当自接到申请之日起四十五天内决定批准或者不批准。"

合作经营企业法实施细则》第 11 条,[①]《外资企业法实施细则》第 16 条,[②]《最高人民法院第二次全国涉外商事海事审判工作会议纪要》第 85 条、第 88 条、第 89 条,[③]《对外合作开采海洋石油资源条例》第 7 条。[④] 这 10 条批准、登记条款的核心文义明确阐明“合同(协议)应当

---

① 《中外合作经营企业法实施细则》第 11 条规定:“合作企业协议、合同、章程自审查批准机关颁发批准证书之日起生效。在合作期限内,合作企业协议、合同、章程有重大变更的,须经审查批准机关批准。”

② 《外资企业法实施细则》第 16 条规定:“外资企业的章程经审批机关批准后生效,修改时同。”

③ 《最高人民法院第二次全国涉外商事海事审判工作会议纪要》属于司法解释,权且可以认为司法解释作为法律漏洞的补充,其效力可以视为等同法律的效力。《最高人民法院第二次全国涉外商事海事审判工作会议纪要》第 85 条规定:“中外合资经营企业合同、中外合作经营企业合同应当报经有关审查批准机关审查批准,在一审法庭辩论终结前当事人未能办理批准手续的,人民法院应当认定该合同未生效。由于合同未生效造成的损失,应当判令有过错的一方向另一方承担损害赔偿责任;双方都有过错的,应当根据过错大小判令双方承担相应的民事责任。”第 88 条规定:“外商投资企业的股权转让合同,应当报经有关审查批准机关审查批准,在一审法庭辩论终结前当事人未能办理批准手续的,人民法院应当认定该合同未生效。由于合同未生效造成的损失,应当判令有过错的一方向另一方承担损害赔偿责任;双方都有过错的,应当根据过错大小判令双方承担相应的民事责任。”第 89 条规定:“中外合资经营企业、中外合作经营企业的承包经营合同应当报经有关审查批准机关审查批准,在一审法庭辩论终结前当事人未能办理批准手续的,人民法院应当认定该合同未生效。由于合同未生效造成的损失,应当判令有过错的一方向另一方承担损害赔偿责任;双方都有过错的,应当根据过错大小判令双方承担相应的民事责任。”

④ 《对外合作开采海洋石油资源条例》第 7 条规定:“中国海洋石油总公司就对外合作开采石油的海区、面积、区块,通过组织招标,采取签订石油合同方式,同外国企业合作开采石油资源。前款石油合同,经中华人民共和国商务部批准,即为有效。中国海洋石油总公司采取其他方式运用外国企业的技术和资金合作开采石油资源所签订的文件,也应当经中华人民共和国商务部批准。” 另外,此条例的第 23 条也涉及了行政审批:“石油合同区产出的石油,应当在中华人民共和国登陆,也可以在海上油(气)外输计量点运出。如需在中华人民共和国以外的地点登陆,必须经国务院指定的部门批准。”笔者认为,第 23 条明确指出了应该对石油合同区产出石油的登陆地点进行行政审批。而石油合同区产出石油的登陆地点应该是石油合同的必备条款,所以这个审批应该可以视为对石油合同进行审批的重要组成部分,从而直接从属于第 7 条的规定,即对石油合同区产出石油的登陆地点的审批应该是石油合同的生效要件之一。

办理批准手续”,或者“合同(协议)办理批准、登记手续才生效”,或者“合同(协议)经批准后生效”,或者“应当将合同(协议)报请审查批准”,或者“合同(协议)自审查批准机关颁发批准证书之日起生效”,或者“合同(协议)经批准,即为有效”,或者“应当报经有关审查批准机关审查批准,在一审法庭辩论终结前当事人未能办理批准手续的,人民法院应当认定该合同未生效”。这些条文的核心文义明确表明,办理批准、登记手续是相关合同的生效要件。所以,这10条确定性批准、登记条款可以当然性地派生出法定未生效合同。[①] 换言之,三资企业的设立合同、企业章程、股权转让合同、承包经营合同和技术转让协议以及中国海洋石油公司与外国合作开发石油所签订的石油合同都是以办理相关的批准、登记手续为生效要件的,未经批准、登记,这些合同则为法定未生效合同。

2. 疑难批准、登记条款

但是,确定性批准、登记条款委实不多。更多情况下,法律、行政法规总是出现一些性质比较模糊的批准条款。这些疑难条款在核心文义中仅是出现了“应当批准”、“并办理批准手续”、“由……批准”等字眼,无法直接确认其报批的对象是相关合同还是相关处分行为,即无法确认批准是否相关合同的生效要件。据笔者统计,这种出现“批准”字眼的疑难法条有许多。如前所述,学者们就特殊合同的认定以及类型化尚未达成共识,司法裁判中存在着法条解释和法律适用混乱,正是因为学者们和法官们对这些疑难批准法条的性质有着不同的认识。除了上述10条确定性批准、登记条款之外,笔者将学者们有异议的、所有可能归属为能构造出特殊合同的批准、登记条款进行了以下六种类型化的列举,统称它们为六类疑难批准、登记条款:

第一,土地管理领域的批准、登记条款:如《土地管理法》第15、40、44、53、56、59、60、61条,《城市房地产管理法》第11、39条,《城乡规划

① 《探矿权采矿权转让管理办法》第10条的核心文义也明确了“转让合同自批准之日起生效”的字眼,本应属于确定性批准、登记条款,但是由于探矿权、采矿权转让合同属于涉及物权变动的债权合同,其是否应优先适用《物权法》第15条的规定,自成立时生效,学者们存在着异议。后文将详细论述。

法》第38、39、41、43、44条,《农村土地承包经营法》第8、20、48条,《土地管理法实施条例》第17、21、22、23、24条,《城镇国有土地使用权出让和转让暂行条例》第18、25、27、45、46条。

第二,建筑领域的批准、登记条款:如《建筑法》第11、42条。

第三,采矿、探矿领域的批准、登记条款:如《矿产资源法》第6条、《探矿权采矿权转让管理办法》第10条。

第四,国有资产企业领域的批准、登记条款:如《企业国有资产法》第34、35、40、53条,《企业国有资产监督管理暂行条例》第21、23、24条,《全民所有制工业企业法》第16、18条,《国务院办公厅关于加强国有企业产权交易管理的通知》第1、2条,《国务院关于坚持国有股筹集社会保障资金管理暂行办法》第15条。

第五,反垄断竞争领域的批准、登记条款。如《反垄断法》第21条,《国务院关于经营者集中申报标准的规定》第3条。

第六,外商投资领域(包括港澳台同胞投资领域)的批准、登记条款:[①]如《中外合资经营企业法》第13、14条,《中外合资经营企业法实施条例》第6、19、20、21、27条,《中外合作经营企业法》第7、10、24条,《中外合作经营企业法实施细则》第6、23、47、48条,《外资企业法》第6、9、10、20条,《外资企业法实施细则》第7、8、17、22、33、35、70、71、72条,《台湾同胞投资保护法》第8条,《国务院关于鼓励华侨和香港澳门同胞投资的规定》第19条。

另外,如前文所述,学者们还提到知识产权转让合同、保证合同、房地产转让合同、房屋买卖合同、技术合同、技术引进合同、运输工具转让合同、抵押合同和质押合同也属于特殊合同。但笔者认为,可以比较确定地认定这些合同不属于特殊合同,相应的批准、登记条款也不列入疑难条款。理由如下:第一,关于知识产权转让合同。《专利法》第10条规定:"专利申请权和专利权可以转让。中国单位或者个人向外国人、外国企业或者外国其他组织转让专利申请权或者专利权的,应当依照有关法律、行政法规的规定办理手续。"这里只是说专利申请权和专利

① 外商投资领域中除了有上文所列举的9条确定性批准、登记条款外,也有一部分疑难批准、登记条款需要综合解释,具体甄别。

权的转让应当办理手续,并未明确说是应当批准或登记,所以这条不应属于批准、登记条款。第二,关于保证合同。《担保法》第8条规定:"国家机关不得为保证人,但经国务院批准为使用外国政府或者国际经济组织贷款进行转贷的除外。"使用外国政府或者国际经济组织贷款进行转贷,由国家机关作为保证人的保证合同,应当报经国务院批准。但是这类合同更多涉及国家主权和国家经济安全等公法领域,并不是民事领域的普通合同,可以不列入本文所讨论的范围。第三,关于房地产转让合同、运输工具转让合同、抵押合同和质押合同。依照《物权法》规定,房屋、运输工具过户登记和抵押权、质押权登记均属于物权登记,并不影响房地产转让合同、运输工具转让合同、抵押合同和质押合同的效力。所以,这些已经确定属于物权登记的登记法条不属于疑难法条。第四,关于房屋买卖合同、技术合同、技术引进合同。《城市私有房屋管理条例》、《技术合同法实施条例》和《技术引进合同管理条例》均已经失效,所以其批准、登记条款也已经失效。

上述六类疑难批准条款虽然均出现了"批准"、"审核"等需要行政审批的字眼,但根据其核心文义,无法直接判定批准是否相关合同的生效要件,无法直接甄别其是否可以构造出特殊合同,需要我们具体去分析、逐个去甄别,才能准确认定其是否属于能构造出特殊合同的批准、登记条款。

所以,笔者将从疑难批准、登记条款的辨别着手,辨别出哪些批准、登记条款可以构造特殊合同。通过对能构造出特殊合同的批准、登记条款进行类型化分析,进而对特殊合同进行类型化分析,而最终可以完成对法定未生效合同的类型化。

(二)疑难批准、登记条款的辨别

在诸多疑难批准、登记条款中,哪些批准、登记条款会构造出特殊合同?即哪些批准、登记条款会影响相关合同的效力,使相关合同未经批准、登记即成为法定未生效合同?这个甄别问题不是一个简单的法条认定问题,而是一个价值判断问题。第一种情况,当一个疑难批准、登记条款被认定为可以构造出特殊合同的条款,那么当当事人不作为而不履行报批义务时,合同即成为法定未生效合同。第二种情况,当这个疑难批准、登记条款被认定为不影响合同效力的条款,那么即使当事人不作为而不履行报批义务，合同也已然生效，当事人之间适用违约责任解决纠纷。第三种情况，依照前述王利明教授和最高法院司法解释对于强行性规范的类型区分，这个疑难批准、登记条款还有可能被认定为《合同法》第52条第5款中的效力性强制性规定，合同便自始无效，当事人之间适用无效合同的法律责任解决纠纷。所以，对相应批准、登记条款性质的认定关系到对相应合同效力的认定——合同是生效、未生效还是无效；而合同在不同效力下，当事人受到合同拘束力的影响大为不同，那么当事人之间的利益安排也有着天壤之别。这就是合同法依据特定的价值取向对当事人的“利益关系作出取舍，或安排利益实现的先后序位的过程，就是一个作出价值判断的过程”。①

既然对疑难批准、登记条款的甄别问题是一个价值判断问题，那么笔者便力图从民法的基本原则出发，综合运用民法法律解释的方法，尝试构建疑难批准、登记条款的两条辨别性规则：原则性辨别和解释性辨别，并完成与之相对应的论证阐明工作，以期能从疑难批准、登记条款中妥当地辨别出可以构造特殊合同的批准、登记条款。

1. 原则性辨别

所谓疑难批准、登记条款的原则性辨别，根源于我国民法学者在讨论价值判断问题上的一条实体性论证规则：在没有足够充分且正当的理由下，不得主张限制民事主体的合同自由。所以，只有在足够充分且正当的理由下，批准、登记条款才能对合同效力产生影响；在没有足够充分且正当的理由下，批准、登记条款不影响合同效力，即不存在特殊合同，也不存在法定未生效合同，更不能随意认定合同无效。这里所谓足够充分且正当的理由，需要兼具实质上的正当性和形式上的正当性。所谓实质上的正当性，主要是基于国家利益和社会公共利益的考虑，即公共利益。所谓形式上的正当性，主要是指主张批准、登记条款能构造出特殊合同的讨论者承担论证责任，论证阐明限制合同当事人的自由符合体系强制。② 对合同自由限制得越大——认定合同无效，其论证

① 王轶：《民法原理与民法学方法》，法律出版社2009年版，第32～33页。

② 参见王轶：“民法价值判断问题的实体性论证规则——以中国民法学的学术实践为背景”，载《中国社会科学》2004年第6期。

负担就越重。这条实体性论证规则是两条辨别性规则中的原则性规则。

这条实体性论证规则也体现了司法权和行政权动态平衡的第一个层面:行政权对私法领域的干预应该具有高度的谨慎性,严格控制在必要干预和合理干预的范围内。在没有足够充分且正当的理由下,私法自治、合同自由应该得到充分的尊重,不能给予行政权肆意干预的空间。

2. 解释性辨别

在实体性论证规则的思路指导下,依然需要对疑难条款进行具体的法律解释,才能确定其性质,判断其是否可以构造特殊合同。笔者认为,应该综合运用文义解释、体系解释和目的解释的狭义法律解释方法,具体分析、逐个甄别,以准确认定这些疑难批准、登记条款的性质。

对疑难批准、登记条款进行解释,辨别其是否可以构造特殊合同,应采用狭义的法律解释方法——在可能文义范围内进行解释的方法,而不需要运用漏洞填补、价值补充等方法。[①] 关于狭义的法律解释方法的具体运用,首先必须从文义解释出发,并且最终要回到法律的可能文义的范围之内。如果对法条文义的边缘领域,通过文义解释出现了复数解释结论,就需要通过体系解释、当然解释、反面解释、限缩扩张解释等方法来确定文本的含义;在这些方法运用之后,仍然存在复数解释结论时,再采用目的解释、历史解释等方法来探求立法目的和意图以确定文义;再依次是社会学解释;最后采用合宪性解释。其中,体系解释和目的解释常常联系在一起,统称为体系目的解释(systematisch-teleologische Auslegung)。[②]

所谓狭义的法律解释方法,从另一个角度来看,可以理解为:为了得到一个妥当的法律解释结论,我们应该尽可能把一切与法律解释相关的观点或因素考虑进来。这些被考虑进来的因素主要分成五大类,

---

① 参见杨仁寿:《法学方法论》,中国政法大学出版社1999年版,第128~131页。王利明:《法律解释学导论——以民法为视角》,法律出版社2009年版,第195~200页。

② 参见王利明:《法律解释学导论——以民法为视角》,法律出版社2009年版,第195~411页、第597~625页。

即文义因素、历史因素、体系因素、目的因素及合宪性因素。① 后文论证的过程,实际上就是综合考虑各类疑难批准法条的文义因素、体系因素和目的因素进行法律解释的分析,从而得出笔者认为比较妥当的法律解释结论,完成了最终的甄别工作。

(1)文义解释

"法律解释,应以文义解释为先。"②"探求文字(规定)之意旨所在者,为解释学之功能。盖只有解释学上的探究,才能充分考虑预先储藏于该规定之上之价值。"③

所以,法律解释的第一步,我们应该探求这些疑难批准、登记条款的可能的文义范围。这些疑难条款通常出现了"应当批准"、"并办理批准手续"、"由……批准"等字眼。从可能的文义范围上看,这些条文的边缘文义可能有以下三种不同的含义:一是未经批准无效论:依照前述王利明教授和最高法院司法解释对于强行性规范的类型区分,批准条款属于效力性强制性规范,违反效力性强制性规范的合同,是绝对无效的合同。二是未经批准未生效论。即批准条款属于法释〔1999〕19号第9条所涵摄的批准、登记条款,违反能构造出特殊合同的批准条款,是法定未生效合同。三是未经批准有效论。即批准条款属于前两种情况以外的其他情形:可能属于仅影响物权变更的批准条款,可能属于倡导性规范,也可能属于管理性规范。违反这些类型的批准条款,合同效力不受影响。而且,更加值得注意的是,在司法实践中,不同的法官在适用同一条疑难批准、登记条款时,出现了截然不同的法律解释结论和判决结论。

比如《土地管理法》第15条第2款规定:"农民集体所有的土地由本集体经济组织以外的单位或者个人承包经营的,必须经村民会议三分之二以上成员或者三分之二以上村民代表的同意,并报乡(镇)人民

① 关于解释因素的讨论,参见 Larenz, Kennzeichen geglückter richterlicher Rechtsfortbildung, 1965, (FN. 1), S. 305ff. ; Franz Bydlinski, Juristische Methodenlehre und Rechtsbegriff, 2. Aufl. , Wien/New York, 1991, (FN. 2), S. 437ff. ; Tipke, Die Steuerrechtsordnung, Band I, 1993, (FN. 1), S. 1240。

② 杨仁寿:《法学方法论》,中国政法大学出版社1999年版,第139页。

③ 黄茂荣:《法学方法与现代民法》,法律出版社2007年版,第81页。

政府批准。"这个条款是一个典型的疑难批准条款,无法从核心文义中确定报批手续是否承包合同的生效要件——是合同要报批还是承包经营权的取得要报批?所以,从可能的文义范围上看,这个条款的边缘文义有以下三种不同的含义,司法实践的裁判中也出现了相应的以下三种不同的判决结果:一是相关的承包合同未经乡(镇)人民政府批准无效。即"并报乡(镇)人民政府批准"属于效力性强制性规范,违反效力性强制性规范的合同,是绝对无效的合同。① 二是相关的承包合同未经乡(镇)人民政府批准未生效。即"并报乡(镇)人民政府批准"属于法释〔1999〕19号第9条所涵摄的"合同应当办理批准手续",可以构造出特殊合同。承包合同未经乡(镇)人民政府批准未生效。② 三是未经批准有效论。即"并报乡(镇)人民政府批准"属于前两种情况以外的其他情形:可能属于仅影响承包经营权变更的批准条款,可能属于倡导报批的规范,也可能属于农村承包经营管理中的管理性规范。违反这些类型的批准条款,承包合同效力不受影响。③

多意的文字和复杂的思想,使得我们无法简单地从字面含义本身去理解法律适用的具体方法。"也许,对于复杂的社会现象而言,本质的东西总是被掩盖在表面之下的。"④于是,当文义解释出现复数结论时,我们就尝试运用狭义的法律解释方法中的下一个次序的方法——体系解释方法来进一步分析。

(2)体系解释

"最佳的解释,要前后对照。"⑤"法律制度本身是一个完整的体系,

① "钟叙初与广州市萝岗区萝岗街萝峰村坑围经济合作社农业承包合同纠纷上诉案",(2006)穗中法民二终字第1569号。

② "海南陵水金果有限公司与游耀庭农业承包经营权纠纷上诉案",(2006)海南民三终字第212号。"海南省临高县医药总公司与临高县新盈镇良爱村民委员会等土地承包合同纠纷上诉案",(2007)海南民三终字第162号。

③ "吴家来等与广州市萝岗区九龙镇旺村第一经济合作社等农业承包合同纠纷上诉案",(2006)穗中法民二终字第2278号。

④ 耿林:《强制规范与合同效力——以合同法地52条第5项为中心》,中国民主法制出版社2009年版,第195页。

⑤ 郑玉波:《法彦(一)》,法律出版社2007年版,第310页。

体系解释就是从法律制度本身的体系性出发来阐释文本的含义。”①“体系解释是在文义解释出现了复数解释的情况下而采用的一种解释方法,其在法律解释方法体系中处于仅次于文义解释的优先位阶。”②

第一,在探矿、采矿领域,有关未经批准的探矿权、采矿权转让合同的效力问题分歧较大。行政法规《探矿权采矿权转让管理办法》第10条规定:“申请转让探矿权、采矿权的,审批管理机关应当自收到转让申请之日起40日内,作出准予转让或者不准转让的决定,并通知转让人和受让人。准予转让的,转让人和受让人应当自收到批准转让通知之日起60日内,到原发证机关办理变更登记手续;受让人按照国家规定缴纳有关费用后,领取勘查许可证或者采矿许可证,成为探矿权人或者采矿权人。批准转让的,转让合同自批准之日起生效。不准转让的,审批管理机关应当说明理由。”

第一种观点认为,《探矿权采矿权转让管理办法》第10条规定探矿权、采矿权“转让合同自批准之日生效”。据此,并根据《合同法》第44条以及法释〔1999〕19号第9条的规定,双方当事人签订探矿权、采矿权转让合同,应当向审批管理机关申请报批转让,转让合同自批准之日起生效。若当事人没有办理批准手续,则探矿权、采矿权转让合同未生效。③ 在司法实践中,法官裁判也支持了探矿权、采矿权转让合同未经批准处于未生效状态的观点。④

第二种观点认为,《探矿权采矿权转让管理办法》第10条是行政法规而非法律的规定。因此根据《物权法》第15条,甲乙双方所签订

① 王利明:《法律解释学导论——以民法为视角》,法律出版社2009年版,第241页。

② 王利明:《法律解释学导论——以民法为视角》,法律出版社2009年版,第243页。

③ 参见李刚:“采矿权转让合同有关问题的探讨”,载最高人民法院审判第一庭编:《民事审判指导与参考》(总第37集)。

④ 参见云南省高级人民法院(2008)云高民一终字第60号民事判决书。转引自蒋文军:“论行政审批对特定财产权利转让合同效力的影响——基于负担行为和处分行为的视角”,载《判解研究》2010年第2辑。哈密地区中级人民法院(2007)民二终字第27号民事判决书。转引自李刚:《采矿权转让合同有关问题的探讨》,载最高人民法院审判第一庭编:《民事审判指导与参考》(总第37集)。

的合同不属于"法律另有规定或者合同另有约定外"的情形,故探矿权、采矿权转让合同自成立时生效。未经批准的探矿权、采矿权转让合同有效。①

第三种观点认为,应将批准、登记条款按照负担行为和处分行为的区分,对其规制的范围予以限缩性解释,将未批准不生效的对象限定为处分行为或者物权合同。即在探矿权、采矿权转让合同中,将批准限定为探矿权、采矿权转让的处分行为的生效要件,而非探矿权、采矿权转让合同的生效要件。未经批准的后果,将是探矿权、采矿权的转让处分不生效,而非探矿权、采矿权转让合同不生效。即探矿权、采矿权转让合同未经批准依然有效。②

笔者同意第二种观点,理由如下:首先,探矿权、采矿权转让合同是涉及物权变动的债权合同。《民法通则》第81条第2项规定:"国家所有的矿藏,可以依法由全民所有制单位和集体所有制单位开采,也可以依法由公民采挖。国家保护合法的采矿权。"《物权法》第123条规定:"依法取得的探矿权、采矿权、取水权和使用水域、滩涂从事养殖、捕捞的权利受法律保护。"依照《矿产资源法》第5、6条规定,探矿权、采矿权依法有偿取得并可流转。所以,探矿权、采矿权转让合同是涉及物权变动的债权合同。其次,根据体系解释,探矿权、采矿权转让合同应该适用《物权法》第15条的规定。既然探矿权、采矿权转让合同是涉及物权变动的债权合同,那么按照新法优于旧法的适法原则,在界定探矿权、采矿权转让合同何时生效方面,《物权法》的适用应优先于《合同法》。从《物权法》第15条的规定可以看出:一般情况下,涉及物权变动的债权合同在成立时生效;当法律另有规定或者当事人另有约定时,从其规定或约定。在这个除外规定中强调的是"法律"另有规定,而不是"法律、行政法规"另有规定。与《合同法》第44条相比,合同效力界定的法律依据范围变窄了,即由"法律、行政法规"变为了"法律"。在

① 参见翟广民、杨杰:"采矿权转让合同的效力分析",载中国法院网,http://www.chinacourt.org/html/article/200907/08/364499.shtml,访问时间:2011年3月4日。

② 参见蒋文军:"论行政审批对特定财产权利转让合同效力的影响——基于负担行为和处分行为的视角",载《判解研究》2010年第2辑。

探矿权、采矿权转让领域,法律《矿产资源法》第6条规定,探矿权人经依法批准,可以将探矿权转让他人;行政法规《探矿权采矿权转让管理办法》第10条规定,转让合同自批准之日起生效。所以,只有行政法规而非法律明文规定批准是探矿权、采矿权转让合同的生效要件。因此,探矿权、采矿权转让合同效力的界定标准在《物权法》实施后有了质的变化,是成立生效说,而并不是《探矿权采矿权转让管理办法》规定的批准生效说。最后,我国《物权法》并没有承认德国法上负担行为和处分行为的区分。若依照第三种观点,将所有的批准、登记条款的效力一概等同于物权登记的效力,即将所有批准、登记条款限缩为仅影响处分行为的效力而不影响负担行为的效力,这将对我国现有《物权法》和相关理论构建产生解构性的冲击。这种大刀阔斧的改革并不利于法律的稳定和传承,也未必符合中国行政审批、登记的国情。所以,通过对照《物权法》第15条所做的体系解释,前文所类型化分析出的第三类采矿、探矿领域的转让批准法条款不应当归属为能构造出特殊合同的批准、登记条款。

第二,在企业改制合同法相关法律法规体系中,最高人民法院《关于审理与企业改制相关的民事纠纷案件若干问题的规定》(法释〔2003〕1号)第17条规定:"以协议转让形式出售企业,企业出售合同未经有审批权的地方人民政府或其授权的职能部门审批的,人民法院在审理相关的民事纠纷案件时,应当确认该企业出售合同不生效。"第30条规定:"企业兼并协议自当事人签字盖章之日起生效。需经政府主管部门批准的,兼并协议自批准之日起生效;未经批准的,企业兼并协议不生效。但当事人在一审法庭辩论终结前补办报批手续的,人民法院应当确认该兼并协议有效。"

首先,在国有资产企业领域,由于重要的国有独资企业、国有独资公司和国有资本控股公司大多是关系国民经济命脉或者关系国家安全的重要行业和关键领域的企业,为了有利于政府推进国有经济布局和结构的战略性调整,为防止国有资产的流失,这些企业的出售、兼并都需要经过相关行政部门的批准、审核,以体现国家意志。在前文所类型化分析出的第四类国有资产企业领域的疑难批准条款中,有大部分条款都涉及国有资产企业改制、兼并、分立、股权转让、产权交易等,需要经过相应行政机关的审核批准,它们分别是《企业国有资产法》第 34、40、53 条,《企业国有资产监督管理条例》第 21、23 条,《全民所有制工业企业法》第 18 条,《国务院办公厅关于加强国有企业产权交易管理的通知》第 1、2 条和《国务院关于坚持国有股筹集社会保障资金管理暂行办法》第 15 条。那么,根据法释〔2003〕1 号所进行的体系解释,这些疑难批准条款便可以解释为这一系列企业改制合同(包括企业出售合同、企业兼并合同、企业分立合同、股权转让合同、产权交易合同)需要以行政机关的批准审核为其生效要件。换言之,通过对照法释〔2003〕1 号所做的体系解释,国有资产企业领域的上述有关企业改制的疑难批准条款应当归属为能构造出特殊合同的批准、登记条款。

其次,在反垄断竞争领域,经营者合并即企业兼并是经营者集中的最重要表现形式。《反垄断法》第 21 条、《国务院关于经营者集中申报标准的规定》第 3 条要求,达到国务院规定的申报标准的经营者集中,需要经过国务院反垄断执法机构的批准。同样,根据法释〔2003〕1 号所进行的体系解释,前文所类型化分析出的第五类反垄断竞争领域的这些疑难批准条款便可以解释为达到国务院规定申报标准的企业兼并合同需要以商务部的批准审核为生效要件。换言之,通过对照法释〔2003〕1 号所做的体系解释,前文所类型化分析出的第五类反垄断竞争领域的所有疑难批准法条应当归属为能构造出特殊合同的批准、登记条款。

最后,在外商投资领域,三资企业也涉及企业合并、分立、股权转让需要行政审批的问题。但是,最高人民法院《对〈商务部关于请确认〈关于审理与企业改制相关的民事纠纷案件若干问题的规定〉是否适用于外商投资的函〉的复函》(〔2003〕民二外复第 13 号)明确规定:"中国企业与外国企业合资、合作的行为,以及外资企业在中国的投资行为,虽然涉及企业主体、企业资产及股东的变化,但他们不属于国有企业改制范畴,且有专门的法律、法规调整,因此,外商投资行为不受上述司法解释的调整。"所以,由于〔2003〕民二外复第 13 号的直接排除,前文所类型化分析出的第六类外商投资领域的有关三资企业合并、分立、股权转让需要行政审批的疑难批准条款不能依照法释〔2003〕1 号作出相应的体系解释。

第三，在合同法相关法律法规体系中，法释〔1999〕19号第9条的规定可以适用明示其一即排斥其他的规则——“法律条文中明确提及特定种类的一种或多种事项，可以视为以默示的方法排除了该种类以外的其他事项。”[①]换言之，法释〔1999〕19号第9条明示法律、行政法规中明文规定“合同应当办理批准手续”，或者“合同办理批准、登记手续才生效”的批准、登记条款才是能够构成特殊合同的批准、登记条款，其他的未在法律、行政法规中明文规定办理批准、登记手续是合同生效要件的批准、登记条款，视为排除在这种能构造出特殊合同的批准、登记条款的类型之外。通过对照法释〔1999〕19号第9条进行体系解释所得出的结论便是，诸多疑难批准条款中，只要未通过其他诸如体系解释、目的解释等法律解释方法足以论证其能构造出特殊合同的，由于其未明示批准是合同的生效要件，从而不属于能构造出特殊合同的批准、登记条款。与此相关的合同即使未经批准也不构成法定未生效合同。这种解释结论恰好也符合原则性辨别规则中的实体性论证规则——在没有足够充分且正当的理由的情况下，不可以限制民事主体的合同自由，即不可以随意认定疑难批准、登记条款会派生出法定未生效合同。足够充分且正当的理由在这里便具体表现为立法者由于公共利益的需要在法条条文中明示规定批准是合同的特别生效要件，或者司法者通过目的解释、体系解释等法律解释方法可以妥当论证相关批准成为合同的特别生效要件。相应地，这种解释结论可以实现司法权和行政权动态平衡的第一个层面的要求：行政权对私法领域的干预应该具有高度的谨慎性，严格控制在必要干预和合理干预的范围之内。

(3)目的解释

目的解释，是指通过探求制定法律文本的目的以及特定法律条文的立法目的，来阐释法律的含义。目的解释甚至于“就像魔杖一样，可以在你任何需要它的关键时候突然现身，大展身手”。[②]目的解释之所

---

① 王利明：《法律解释学导论——以民法为视角》，法律出版社2009年版，第263页。

② 耿林：《强制规范与合同效力——以合同法第52条第5项为中心》，中国民主法制出版社2009年版，第206页。

谓目的,不仅仅指法律之整体目的——公平正义的价值理念,还应该包括个别法条个别制度之规范目的,否则客观目的解释将陷入解释者肆意自由裁量的深渊。[①] 目的解释和体系解释是可以并用的,称为体系目的解释:因为在同一个法律体系中,若干个不同的法律规范可能会有其共通的规范目的,那么在同一个规范目的的指导下,针对这几个法律规范的法律解释结论也可以是共通并互相借鉴的。

甄别疑难法条是否属于能构造出特殊合同的批准、登记条款,必然要对照前文已经论证过的确定的可以归属为能构造特殊合同的批准、登记条款。若通过体系目的解释,在同一个法律体系下,有些疑难法条的规范目的与若干个确定性批准、登记条款的规范目的是一致的,那么这些个与确定性法条有共通规范目的的疑难法条应该也可以解释为能构造出特殊合同的批准、登记条款。

另外值得注意的是,在第一条原则性辨别规则——实体论证规则的指导下,笔者认为,应该充分尊重当事人的合同自由,从而严格限制批准、登记对合同效力的影响。所以体系目的解释,在同一个法律体系下考量规范目的是否相同,应该将"同一法律体系"尽量限制在同一部法律之内。因为在同一部法律之内,我们可以根据历史解释的方法推定,立法者对同一规范目的的事项应该采取的是相同的解决思路。所以,如果是在同一部法律之内,有些疑难法条的规范目的与若干个确定性批准、登记条款的规范目的是一致的,那么这些个与确定性法条有共通规范目的的疑难法条才应该可以解释为能构造出特殊合同的批准、登记条款。比如,《中外合资经营企业法实施条例》第14条关于设立批准的规定与其第20条关于股权转让批准的规定,可以因其规范目的一致而做相同解释。但是《矿产资源法》第6条与《探矿权采矿权转让管理办法》第10条关于采矿权转让批准的规定由于分属不同的法律规范中,恐怕不能只因其规范目的一致而做相同的解释。

第一,在三资企业领域,前述有9条确定性批准、登记条款明确规定行政批准为相关合同的生效要件。这9条法条分别是《中外合资经

---

① 参见梁慧星:《民法解释学》,中国政法大学出版社2003年版,第226~230页。王利明:《法律解释学导论——以民法为视角》,法律出版社2009年版,第296~300页。

营企业法》第3条,《中外合资经营企业法实施条例》第14、43条,《中外合作经营企业法》第5条,《中外合作经营企业法实施细则》第11条,《外资企业法实施细则》第16条,最高人民法院《第二次全国涉外商事海事审判工作会议纪要》第85、88、89条;它们分别规定了中外合资企业的设立合同、企业章程、股权转让协议、①技术转让协议和承包经营合同,中外合作企业的设立合同、企业章程、股权转让协议和承包经营合同,外资企业的企业章程需要经相关行政机关的批准后才生效。但是,在外商投资领域的三资企业法中,存在着许多疑难批准条款,并未明确批准的性质如何——是合同生效需要批准,还是相应的权属转移需要批准,或者属于其他性质。这些疑难批准条款分别是《中外合资经营企业法》第13、14条,《中外合资经营企业法实施条例》第6、19、20、21、27条,《中外合作经营企业法》第7、10、24条,《中外合作经营企业法实施细则》第6、23、47、48条,《外资企业法》第6、9、10、20条,《外资企业法实施细则》第7、8、17、22、33、35、70、71、72条。这些疑难条款涉及三资企业中合营期限(经营期限)的延长、企业的解散终止、企业的分立合并、注册资本的增减、外国投资者非现金的合作出资、出口进口限制配额的取得、土地使用权的取得和转让等诸多事项需要相应的批准。

笔者认为,三资企业法中很大一部分都是围绕着外资审批建立起来的。外资审批包括设立审批和变更审批。变更审批是指对三资企业"重大变更"事项的审批,主要是指与重大资本变动、外资变动相关的

① 关于股权转让的审批性质,在三资企业法中没有明确。但是在最高人民法院《第二次全国涉外商事海事审判工作会议纪要》第88条中已经明确规定:涉及外商投资的一切股权转让均应当审批,而且审批的性质均是股权转让合同的生效要件。有学者认为,根据《中外合资经营企业法实施条例》第20条的规定,中外合资企业股权对内转让无须审批,对外转让才须审批。笔者认为,这种观点没有考虑到最高人民法院《第二次全国涉外商事海事审判工作会议纪要》第88条已经做了法律漏洞填补的规定,不可采纳。参见南秋萍、宋如康:"未经批准登记的合资企业股权内部转让合同效力分析",载浙江金道律师事务所网,http://www.zjblf.com/zxlgview.asp? id=1015&bcg_id=133,访问时间:2011年3月5日。

事项。[1] 同处于三资企业法这个法律体系中,规定各项外资审批的诸多法律规范条文的规范目的应该是共通一致的:国家为了维护经济主权,规范外商投资,促进民族产业的发展,在外商投资领域加强国家干预。具体体现在以下几个方面:"(1)禁止或限制外资进入有关国家安全、国计民生以及重大利益的国民经济关键行业和部门,防止外国资本对本国政治与经济命脉的控制和渗透;(2)确保外国投资符合本国法律法规的要求,使每一项投资适合国民经济发展的需要,促进本国整个技术水平和经济水平的提高;(3)优先引进先进技术、出口创汇的外资项目,促进改善本国的国际收支状况;(4)避免外国投资过分集中于少数经济部门,造成经济上的畸形发展;(5)防止外资的膨胀,避免重复引进,既可充分发挥利用外国投资的经济效益,又能有计划、有目的、有重点地保护本国民族经济的发展和经济建设的总体目标。"[2]这种做法在各个国家都是比较普遍的:比较典型的是印度,其设置大量强制性公法规范,比如外商准入制度,公司登记、经营监管、垄断限制等。[3]

所以,在外商审批事项中,无论是对企业设立、股权转让的审批,还是对企业解散终止的审批,抑或是其他事项的审批,其规范目的是共通的,那么其解释结论也应该是共通的。换言之,在一致的规范目的指导下,在三资企业法体系中,既然企业设立、企业章程、股权转让、承包经营和技术转让所必需的行政批准已经确定属于设立合同、企业章程、股权转让合同、承包经营合同和技术转让协议的生效要件,那么企业解散终止、企业分立合并等其他诸多事项所必需的行政批准,根据体系解释

---

① 参见付荣、麻锦亮:"论外资审批效力",载《法律适用》2010年第1期。付荣、麻锦亮:"解释学视野下的外资审批制度",载《判解研究》2009年第5辑。刘贵祥:"外商投资若干前沿问题之探讨",载《判解研究》2009年第5辑。

② 肖冰:"外资审批制度的法律问题研究",载《现代法学》1997年第5期。另参见刘向林:"论出资额转让协议未批准阶段的法律责任",载《外商投资企业法高端论坛论文集》2010年6月19日。

③ "论外商投资企业法与行政审批——外商投资企业法高端论坛实录一",载中国民商法律网,http://www.civillaw.com.cn/article/default.asp?id=49845,访问时间:2011年3月5日。

方法中的类推解释方法，①也应该将其视为企业解散终止合同、分立合并合同等一系列相关合同的生效要件。最高人民法院《关于审理外商投资企业纠纷案件若干问题的规定(一)》(法释〔2010〕9号)第1条规定："当事人在外商投资企业设立、变更等过程中订立的合同，依法律、行政法规的规定应当经外商投资企业审批机关批准后才生效的，自批准之日起生效；未经批准的，人民法院应当认定该合同未生效。当事人请求确认该合同无效的，人民法院不予支持。"所以，根据对法释〔2010〕9号第1条和前述9条确定性批准、登记条款进行体系目的解释，三资企业法中的疑难批准条款均可以属于能构造出特殊合同的批准、登记条款。另外，法释〔2010〕9号第22条规定："人民法院审理香港特别行政区、澳门特别行政区、台湾地区的投资者、定居在国外的中国公民在内地投资设立企业产生的相关纠纷案件，参照适用本规定。"所以，《台湾同胞投资保护法》第8条和《国务院关于鼓励华侨和香港澳门同胞投资的规定》第19条有关设立企业的批准也应该解释为设立合同的生效要件。这2条疑难批准条款也可以归属为能构造出特殊合同的批准、登记条款。综上所述，通过对法释〔2010〕9号和前述9条确定性批准、登记条款进行体系目的解释，前文所类型化分析出的第六类外商投资领域(包括港澳台同胞投资领域)的所有疑难批准条款均应当归属为能构造出特殊合同的批准、登记条款。②

第二，在国有资产企业领域，前文已经论证，根据对照法释〔2003〕1号所做的体系解释，企业出售、兼并、股权转让等企业改制所必需的行政审批是相应的企业改制合同的生效要件；即《企业国有资产法》第

---

① 参见杨仁寿：《法学方法论》，中国政法大学出版社1999年版，第214～217页。

② 有学者认为，三资企业的相关合同由合同目的决定，已经突破了合同的相对性，对三资企业具有约束力，是三资企业成立、变更的依据。三资企业合同的效力分为对内效力和对外效力。对内效力是指其对签订合同的投资人的效力；对外效力是指其对三资企业的效力。三资企业合同如果不具有合同法规定的一般无效情形，自成立时起即在合同主体之间发生效力，即从成立时起就产生对内效力。而《合同法》第44条规定未经批准不生效，是指未经批准三资企业合同不发生对外效力。参见李元宏："外资审批与外商投资企业合同的效力"，载人民法院报，http://rmfyb.chinacourt.org/paper/html/2010-07/07/content_11943.htm，访问时间：2011年3月14日。

34、40、53条,《企业国有资产监督管理条例》第21、23条,《全民所有制工业企业法》第18条,《国务院办公厅关于加强国有企业产权交易管理的通知》第1、2条和《国务院关于坚持国有股筹集社会保障资金管理暂行办法》第15条已经确定归属为能构造出特殊合同的批准、登记条款。但是,在国有资产企业领域的法律、行政法规中,存在着一些疑难批准条款,并未明确批准的性质如何——是合同生效需要批准还是相应的权属转移需要批准或者还是其他性质。这些疑难批准条款分别是《全民所有制工业企业法》第16条、《企业国有资产法》第35条和《企业国有资产监督管理暂行条例》第24条。这些疑难条款涉及企业设立、企业发行债券以及其所设立的子企业的重大事项等需要相应的批准。

笔者认为,同处于国有资产企业法律这个法律体系中,规定各项行政审批的诸多法律规范条文的目的应该是共通一致的:为防止国有资产的流失,为了有利于政府推进国有经济布局和结构的战略性调整。所以,在国有资产企业的行政审批事项中,无论是对企业出售、兼并、股权转让等企业改制所进行的审批,还是对企业设立、企业发行债券以及其所设立的子企业的重大事项的审批,其规范目的是共通的,那么其解释结论也应该是共通的。换言之,在一致的规范目的指导下,在国有资产企业法律体系中,既然企业出售、兼并、股权转让等企业改制所必需的行政批准已经确定属于相关改制合同的生效要件,那么企业设立、企业发行债券以及其所设立的子企业的重大事项所必需的行政批准,根据体系解释方法中的类推解释方法,也应该视为设立合同、发行债券合同、与所设立的子企业的重大事项相关的一系列合同的特别生效要件。所以,通过对照前述已经论证的确定能构造出特殊合同的批准、登记条款进行体系目的解释,前文所类型化分析出的第四类国有资产企业领域的所有疑难批准条款均应当归属为能构造出特殊合同的批准、登记条款。

综上所述,在疑难法条出现复数的文义解释结论时,我们可以采取体系解释、目的解释等下一个阶位的狭义法律解释方法,从而将国有资产企业领域、反垄断竞争领域和外商投资领域(包括港澳台投资领域)的疑难批准法条认定为能构造出特殊合同的批准、登记条款,并且认定采矿、探矿领域的疑难批准法条不属于能构造出特殊合同的批准、登记条款。相应地,通过明示其一即排斥其他的体系解释方法,其他的疑难条款(如土地管理领域、建筑领域的疑难条款)则不能认定为能构造出特殊合同的批准、登记条款。①

(三)批准、登记条款的类型化分析

所有的可以构造出特殊合同的批准、登记条款包括确定性批准、登记条款和从疑难批准、登记条款中甄别出的可以构造特殊合同的批准、登记条款。关于疑难批准、登记条款的甄别:首先,在实体性论证规则的思路指导下,除非有足够充分且正当的理由——比如法条明文规定批准、登记是合同的特别生效要件或者通过严格的法律解释可以认定批准、登记是合同的特别生效要件,否则批准、登记原则上不能影响合同的效力。其次,通过法律解释,可以将第四类国有资产企业领域、第五类反垄断竞争领域和第六类外商投资领域(包括港澳台投资领域)的疑难批准条款认定为能构造特殊合同的批准、登记条款,并且可以认定第三类采矿、探矿领域的疑难批准条款不属于可以构造特殊合同的批准、登记条款。相应地,其他的所有疑难条款(如土地管理领域、建筑领域的疑难条款)则不能认定为能构造出特殊合同的批准、登记条款。

综上分析,笔者认为,我国法律、行政法规中能构造特殊合同的批准、登记条款可以做以下四种类型化的分析:

第一,外商投资领域(包括港澳台投资领域)批准、登记条款:主要有《中外合资经营企业法》第3、13、14条,《中外合资经营企业法实施条例》第6、14、19、20、21、27、43条,《中外合作经营企业法》第5、7、10、24条,《中外合作经营企业法实施细则》第6、11、23、47、48条,《外资企业法》第6、9、10、20条,《外资企业法实施细则》第7、8、16、17、22、33、35、70、71、72条,《最高人民法院第二次全国涉外商事海事审判工作会

① 针对土地管理领域的相关批准、登记条款,最高人民法院典型司法裁判已经认定其不是能构造出特殊合同的批准、登记条款,不能派生出法定未生效合同。参见“海军航空兵海南办事处诉深圳市三九旅游酒店有限公司等房屋租赁合同纠纷上诉案”,(2003)民一终字第35号,载《最高人民法院公报》2003年第4期。

议纪要》第85、88、89条,《台湾同胞投资保护法》第8条,《国务院关于鼓励华侨和香港澳门同胞投资的规定》第19条。

第二,国有资产企业领域的批准、登记条款:主要有《企业国有资产法》第34、35、40、53条,《企业国有资产监督管理暂行条例》第21、23、24条,《全民所有制工业企业法》第16、18条,《国务院办公厅关于加强国有企业产权交易管理的通知》第1、2条,《国务院关于坚持国有股筹集社会保障资金管理暂行办法》第15条。

第三,反垄断竞争领域的批准、登记条款。主要有《反垄断法》第21条,《国务院关于经营者集中申报标准的规定》第3条。

第四,开采海洋石油资源领域的批准、登记条款。主要有《对外合作开采海洋石油资源条例》第7条。

所以,以上四种类型的批准、登记条款可以解释为:批准、登记是相应合同生效的特别要件;未经批准、登记,相应合同将处于法定未生效状态。

(四)法定未生效合同的类型化分析

通过以上对能构造出特殊合同的批准、登记条款进行类型化分析,笔者从而界定了特殊合同的范围。笔者认为,特殊合同应该包括外商投资领域(包括港澳台投资领域)的一系列合同、国有资产企业领域的一系列合同、反垄断竞争领域的经营者合并合同以及中国海洋石油公司与外国合作开采海洋石油资源的石油合同四种类型。

特殊合同在成立后而未经批准、登记的情况下便被认定为法定未生效合同。换言之,法定未生效合同的范围也是一定的,应该限制为这四类合同:第一,外商投资领域(包括港澳台投资领域)一系列须经批准、登记的合同未经批准登记;第二,国有资产企业领域一系列须经批准、登记的合同未经批准登记;第三,反垄断竞争领域的经营者合并合同未经审批机关批准;第四,中国海洋石油公司与外国合作开采海洋石油资源的石油合同未经审批机关批准。

笔者认为,应该对法定未生效合同的适用范围做如上的严格限制,限制于这四类特定领域内的相关合同。即除非有法律、行政法规的法条明文规定或者通过如上严格的狭义法律解释可以妥当论证批准、登记是相关合同的特别生效要件,否则批准、登记条款均不能派生出法定未生效合同。只有对法定未生效合同的适用范围做这样严格的限制，才能防止行政权对私法领域的不必要干涉，才能实现司法权与行政权动态平衡、良性互动的第一个层面的要求。

四、法定未生效合同下的法律责任

通过以上对法定未生效合同的概念界定和类型化区分，关于法释〔1999〕19号第9条法定未生效合同的适用范围已经清晰界定了。

在司法实务中，法定未生效合同最常出现的问题便是当事人将合同法定未生效作为拒绝履行合同义务的借口，将法定未生效合同等同于无效合同或者合同不成立，意图使另一方的合同权益得不到司法救济。[①] 比如，最常见的例子便是外商投资领域的股权转让合同纠纷：当协议签订之后，股权转让方发现股权的价值上升，或发现有更大利益的时候，就会以股权转让合同未经审批为由请求法院认定合同无效、不成立或者未生效。相反，在股权价值变低的时候，则多是受让方提出来合同无效。有的受让人已经在企业中从事了很长一段时间的经营管理，后来感觉到股权不值钱了，可能要赔本，便以股权转让合同未经外资审批为由主张无效、不成立或者未生效。这时，如果将股权转让合同法定未生效的责任状态等同于合同无效或者不成立的责任状态，便使不诚信的当事人可以从司法权与行政权衔接的罅隙中获益，不利于维护健康诚信的市场秩序。

那么，为了解决以上司法实务中的难题，我们需要厘清的问题是：这些特殊合同未经批准、登记，处于法定未生效状态，当事人之间的权利义务为何？法定未生效的具体效力为何？不履行报批义务的一方当事人应该承担何种法律责任？

（一）合同成立、有效和生效

《合同法》第8条规定："依法成立的合同，对当事人具有法律约束力。当事人应当按照约定履行自己的义务，不得擅自变更或者解除合同。"合同成立但未生效期间，对当事人有着哪些法律拘束力？如果一

---

① 参见李刚："采矿权转让合同有关问题的探讨"，载最高人民法院审判第一庭编：《民事审判指导与参考》（总第37辑）。

方当事人不履行报批义务,则应该承担何种法律责任?学者们为了在解决法定未生效合同法律责任的问题上建立自己各自的理论体系,首先进行了基础理论前提的讨论——关于合同成立、有效和生效辨析的讨论。换言之,学者们在讨论未生效合同当事人的法律责任这个问题时,往往从对合同成立、有效和生效进行辨析入手。学者们存在两种观点的分歧:

第一种观点认为,合同生效就是合同产生效力,即合同有效。换言之,合同的有效要件等同于合同的生效要件。合同一经成立,便产生法律拘束力,主要体现在当事人不得擅自变更或者解除合同。[①] 学者们称之为"契约之拘束力"、[②]"形式拘束力"[③]或者"合同内容的维护"。[④] 但是这时合同因其并未生效而并未有效。在这里需要特别指出的是,传统大陆法上合同的形式拘束力只包括一项内容,即当事人不得擅自变更或者解除合同。但是,随着法定未生效合同的大量出现,论者们在这里往往补充扩大了合同形式拘束力的内容,使其主要包括两项内容:(1)当事人不得擅自变更或者解除合同;(2)当事人应履行根据合同的性质、目的、交易习惯及法律规定而负有的通知、协助、保密、报批、登记、不恶意阻却或促成条件的成就等合同随附义务。[⑤] 合同生效后,其产生了另一项重要的法律拘束力:当事人应当按照约定全面履行合同义务。这时,合同方为有效。学者们称之为"契约之效力"[⑥]、"实质拘

① 参见江平:《中华人民共和国合同法精解》,中国政法大学出版社1999年版,第35页。杜万华:《合同法精解与案例评析》(上),法律出版社1999年版,第13页、第44页。

② 参见王泽鉴:《债法原理 基本理论 债之发生:合同·无因管理》,北京大学出版社2009年版,第152页。

③ 参见陈自强:《民法讲义Ⅰ:契约之成立与生效》,法律出版社2002年版,第102~103页。

④ 参见张家勇:"未生效合同辨析——以《合同法解释》第9条的规定为依据",载《民商法论丛》第20卷。

⑤ 参见麻锦亮:"合同审批的民法效力——以外资审批为中心",载《判解研究》2010年第2辑。

⑥ 参见王泽鉴:《债法原理 基本理论 债之发生:合同·无因管理》,北京大学出版社2009年版,第152页。

束力”[①]或者“合同内容的实现”。[②] 所以,法定未生效合同因其不具备履行效力而构不成有效合同。[③] 这种观点是传统大陆民法中对合同成立、有效和生效的辨析观点。持这第一种观点的学者们相应地认为,法定未生效合同中,不履行报批义务的一方当事人应该承担缔约过失责任或者效力过失责任。第一种观点下,合同成立、生效与有效的关系如图 4 - 1 所示:

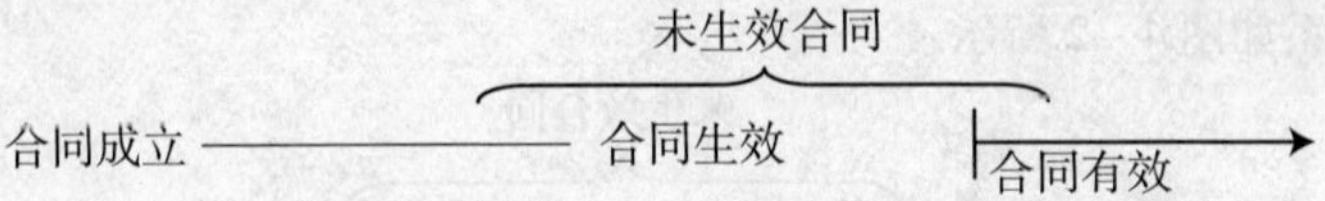

图 4 - 1　合同成立、生效与有效的关系(一)

第二种观点认为,合同一经成立,便产生法律拘束力,即合同有效。换言之,合同的有效要件等同于合同的成立要件。合同因成立而有效的效力具体体现在两个方面:(1)当事人不得擅自变更或者解除合同;(2)当事人应履行根据合同的性质、目的、交易习惯及法律规定而负有的通知、协助、保密、报批、登记、不恶意阻却或促成条件的成就等合同随附义务。学者们称这两项合同效力为“保护效力、救济效力”、[④]“一般法律拘束力(合同准备义务)”[⑤]或者“合同部分有效”。[⑥] 合同生效以合同有效为逻辑前提,只有在合同有效的前提下才能涉及合同生效与不生效以及何时生效的问题。合同生效后,合同在当事人之间便产生了完整的法律拘束力,即合同完全有效。合同因生效而产生了第三项合同效力:当事人应当按照约定全面履行合同义务。学者们称这项

---

① 参见陈自强:《民法讲义 I:契约之成立与生效》,法律出版社 2002 年版,第 102 ~ 103 页。

② 参见张家勇:“未生效合同辨析——以《合同法解释》第 9 条的规定为依据”,载《民商法论丛》第 20 卷。

③ 参见王利明:《合同法研究》(第一卷),中国人民大学出版社 2003 年版,第492 ~ 493 页。韩世远:《合同法总论》(第 2 版),法律出版社 2008 年版,第 133 页、第 135 页。张家勇:“未生效合同辨析——以《合同法解释》第 9 条的规定为依据”,载《民商法论丛》第 20 卷。

④ 参见马齐林:“合同有效与合同生效辨析”,载《学术交流》2004 年第 4 期。

⑤ 参见胡艳玲:《未生效合同研究》,吉林大学 2007 年法学硕士学位论文。

⑥ 参见李永善:“未生效合同的效力”,载《延边大学学报》(社会科学版)2010 年第 6 期。

合同效力为"履行效力"、[①]"特别法律拘束力(合同实现义务)"[②]或者"狭义的合同效力"。[③] 所以,法定未生效合同是有效合同,只是不具备特别生效要件,所以不具备合同履行效力。[④] 这种观点其实是对"合同有效"做了重新的定义。持这第二种观点的学者们相应地认为,法定未生效合同中,不履行报批义务的一方当事人应该承担违约责任或者合同责任下的一个亚层次责任。第二种观点下,合同成立、生效与有效的关系如图4-2所示:

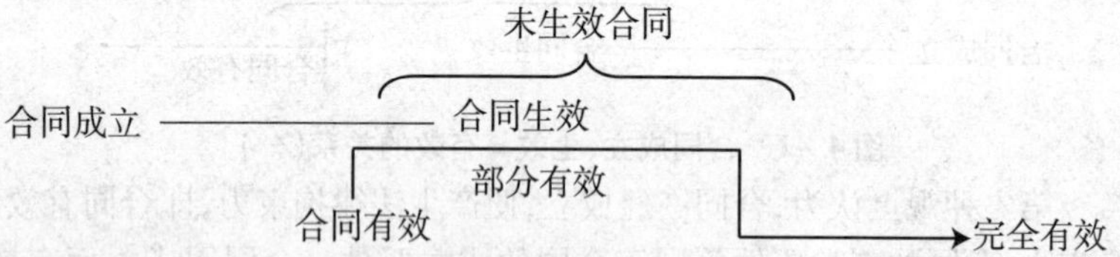

图4-2 合同成立、生效与有效的关系(二)

(二)法定未生效合同当事人的法律义务

笔者认为,如果从认定法定未生效合同当事人的法律义务的内容上看,以上两种观点的分歧只是一个解释选择问题。[⑤] 两种观点在价值判断问题上是一致的,即合同完整的、全部的法律约束力应包括三个方面:(1)当事人不得擅自变更或者解除合同;(2)当事人应履行根据

① 参见马齐林:"合同有效与合同生效辨析",载《学术交流》2004年第4期。

② 参见胡艳玲:《未生效合同研究》,吉林大学2007年法学硕士学位论文。

③ 参见赵旭东:"论合同的法律约束力与效力及合同的成立与生效",载《中国法学》2000年第1期。赵旭东:《合同法学》,中央广播电视大学出版社2000年版。

④ 参见崔建元:"合同效力瑕疵探微",载《政治与法律》2007年第2期。李刚:"采矿权转让合同有关问题的探讨",载最高人民法院审判第一庭编:《民事审判指导与参考》(总第37辑)。张晓远:"合同成立、合同生效与合同有效辨析",载《西南民族学院学报》(哲学社会科学版)2001年第6期。唐艳、孙玉红:"对法律行为效力的反思",载《昆明理工大学学报》(社科法学版)2008年第7期。孙美兰:"合同成立、有效、生效及强制执行力之区分",载《商场现代化》第553期。党亦恒:"论合同有效、生效及其法律约束力——谈对《合同法》、《合同法解释(一)》有关条文的理解",载北大法律信息网,http://article.chinalawinfo.com/Article_Detail.asp? ArticleID=1651,访问时间2011年3月13日。

⑤ "解释选择问题,关注如何用民法的语言将价值判断的结论及附属因素表述出来,从而完成从'生活世界'向'民法世界'的转换,为民法的成文化开辟可能。"王轶:《民法原理与民法学方法》,法律出版社2009年版,第81页。

合同的性质、目的、交易习惯及法律规定而负有的通知、协助、保密、报批、登记、不恶意阻却或促成条件的成就等合同随附义务；(3)当事人应当按照约定履行自己的义务。当合同成立而未生效期间，合同具有前两项法律拘束力；当合同生效之后，合同又具备第三项法律拘束力，即履行效力。两种观点的分歧只是在于学者们对“合同有效”的定义不一致：第一种观点中，学者将“合同有效”定义为当合同同时具有三项完整的法律拘束力时方为有效；第二种观点中，学者将“合同有效”定义为当合同具有任一项法律拘束力时即为有效。

所以，综合学者们的讨论，在合同法定未生效阶段，当事人应承担的法律义务主要包括以下两个方面：

第一，当事人不得擅自变更或解除合同，即“法定的不作为义务”。[①] 合同一经成立，双方合同权利义务的内容即告确定。在合同法定未生效阶段，当事人均应履行维护合同内容、对已同意的约定言而有信的义务。“所谓契约之拘束力(受契约之拘束)者，系指除当事人之同意或有解除原因外，不容一方任意反悔、请求解约、无故撤销。易言之，即当事人一方不能片面废止契约。”[②]另一方面，“当事人不得擅自处分合同标的物。在合同的未生效阶段，合同标的物尚未按照合同约定转移，此时它的处分权人对它的处分权应当受到限制”。[③]

第二，合同附随义务。根据《合同法》第60条第2款的规定，当事人应当遵循诚实信用原则，根据合同的性质、目的和交易习惯履行通知、协助、保密等义务。在法定未生效合同中，合同附随义务多是法定义务，具体体现在以下两个方面：

(1)“办理批准、登记等合同生效手续。一方面，各方当事人应相互配合，慎重地准备报请批准、登记的有关材料，积极地向有关部门提出申请，不应敷衍了事、拖延时间，这是从当事人的作为义务的角度来

① 参见李永善：“未生效合同的效力”，载《延边大学学报》(社会科学版)2010年第6期。

② 王泽鉴：《债法原理 基本理论 债之发生：合同·无因管理》，北京大学出版社2009年版，第152页。

③ 罗秀兰：“论合同未生效阶段的法律义务”，载《前沿》2004年第10期。

谈的。另一方面,当事人不应干涉合同的审查批准过程,不得采用不正当的手段阻碍合同得到批准、登记,使已成立的合同无法生效,这是从当事人的不作为义务的角度来谈的。”①

(2)保密、通知等其他合同附随义务。一方面,当事人应该严格履行保密义务。在合同成立之后生效之前,当事人一方基于对相对方的信赖往往会向其提供一些不为外人所了解的情况,比如个人身份、财产状况及商业秘密等。泄露或未经允许使用这些秘密很可能会给提供方的利益造成损害。因此,要求得悉相对方秘密的当事人承担保密义务是有必要的。另一方面,当事人还应该尽到必要的通知义务。在合同法定未生效阶段,当事人之间应保持联络,尤其对于涉及合同生效的事项应及时沟通信息,比如对于审查批准的政策发生变化、合同标的物毁损灭失等情况应当及时通知不知情的相对方,以免其因不了解情况而遭受损失。②

(三)法定未生效合同当事人的法律责任

法定未生效合同中,最常见的违反法律义务的情况是,一方当事人出于己方私利的考虑,怠于甚至拒绝履行报批义务,损害对方当事人的利益。本文所讨论的法定未生效合同当事人的法律责任主要集中在未履行报批义务的当事人所应该承担的法律责任。

最高人民法院《关于适用〈中华人民共和国合同法〉若干问题的解释(二)》(法释〔2009〕5 号)第 8 条规定:“依照法律、行政法规的规定经批准或者登记才能生效的合同成立后,有义务办理申请批准或者申请登记等手续的一方当事人未按照法律规定或者合同约定办理申请批准或者未申请登记的,属于合同法第四十二条第(三)项规定的‘其他违背诚实信用原则的行为’,人民法院可以根据案件的具体情况和相对人的请求,判决相对人自己办理有关手续;对方当事人对由此产生的费用和给相对人造成的实际损失,应当承担损害赔偿责任。”另外,最高人民法院《关于审理外商投资企业纠纷案件若干问题的规定(一)》(法释〔2010〕9 号)第

① 罗秀兰:“论合同未生效阶段的法律义务”,载《前沿》2004 年第 10 期。

② 参见罗秀兰:《论合同未生效阶段的法律责任》,湖南师范大学 2003 年硕士学位论文。

1、5、6、8、9、10条详细规定了三资企业的法定未生效合同中,未履行报批义务的当事人在不同情况下的报批义务和损害赔偿责任。

通过对以上司法解释的具体解读,笔者试图厘清这些问题:不履行报批义务的当事人应当承担何种类型的法律责任?损害赔偿责任所对应的是何种利益的损害?这些具体的法律责任分配问题在学术界和司法裁判中均存在着较大的争议。

1. 法定未生效合同特殊的法律责任

前文已述,在有关辨析合同成立、有效和生效的探讨中,学者们出现了两种观点的分歧。如果从认定法定未生效合同当事人的法律责任类型上看,这两种观点的分歧不再是一个解释选择问题,而是一个价值判断问题。若采取第一种观点定义"合同有效",法定未生效合同不是有效合同,那么未履行报批义务的合同当事人应当承担缔约过失法律责任或者效力过失责任;若采取第二种观点定义"合同有效",法定未生效合同即是有效合同,那么未履行报批义务的合同当事人应当承担合同违约责任或者合同责任下的一个亚层次责任。而前两种责任所对应的是对方当事人的信赖利益,后两种责任所对应的是对方当事人的履行利益。一般情况下,信赖利益的保护范围都比履行利益小。相应地,未履行报批义务的合同当事人就后两种责任的承担就要比前两种责任的承担重。这使得双方当事人的利益分配有着明显的不同。

换言之,持未履行报批义务的合同当事人应当承担缔约过失责任或效力过失责任论的学者,将判定"合同有效"的时间点保留在了"合同生效"的时间点上。而持未履行报批义务的合同当事人应当承担违约责任或合同责任下的一个亚层次责任论的学者,便将判定"合同有效"的时间点提前至了"合同成立"的时间点上。以下对我国学术界这四种学说做简要的综述:

(1)缔约过失责任说。由于法定未生效合同并不是有效合同,所以难以主张合同的违约责任。相应地,可以将《合同法》第42条的"订立合同过程"扩张解释为合同生效之前的所有状态都是"订立合同过程",都可以适用缔约过失责任。在法定未生效合同下,当事人未履行报批义务时,承担缔约过失责任的方式有两种:第一,履行报批义务,促成合同生效;第二,赔偿对方当事人的信赖利益损失并承担相关费用。[①] 法释〔2009〕5号第8条的规定似乎支持了缔约过失责任说,将法定未生效合同的法律责任作为"缔约过失责任的一种特殊形态"。[②] 当然这里对缔约过失责任做了两处扩张解释:第一,将传统缔约过失责任的适用范围由合同成立前扩大到合同生效前;第二,将传统缔约过失责任的承担方式由单一的损害赔偿扩大到继续履行和损害赔偿相结合。[③] 如前文"德国民法上的批准生效合同"中所介绍的,德国民法中通说对此也持缔约过失责任说。

(2)效力过失说。将法定未生效合同的法律责任单独列为效力过失责任,与缔约过失责任共同形成先合同责任。法定未生效合同的法律责任的最大特点在于它产生的阶段的特殊性——合同成立之

---

① 参见张雪楳:"论合同生效",载《法律适用》2009年第11期;曹守晔等:"《关于适用合同法若干问题的解释(一)》的理解和适用",载《人民司法》2000年第2期;曹守晔:"《关于适用合同法若干问题的解释(二)的理解与适用》",载《人民司法》2009年第13期;叶建丰:"缔约过失制度研究",载《民商法论丛》第19卷;何志:《合同法原理精要与实务指南》,人民法院出版社2008年版,第111页、第128页;李国光:《中国合同法条文释解》,新华出版社1999年版,第83页;向阳:"成立未生效合同初探",载《恩施职业技术学院学报》(综合版)2007年第2期;沙迪:"合同成立、生效及效力若干问题研究(下)",载中国民商法律网,http://www.civillaw.com.cn/article/default.asp? id=8450,访问时间:2011年3月14日;李莲叶:"违反先合同义务的责任",载《河南社会科学》2003年9月;余泽:"缔约上过失责任论纲",载《法学评论》1993年第6期;陈建成:"论合同订立过程的界定",载《湖南省政法管理干部学院学报》2002年第6期。

② 沈德咏、奚晓明主编:《最高人民法院关于合同法司法解释(二)理解与适用》,人民法院出版社2009年版,第71页。构成缔约过失责任这种特殊形态的构成要件有四:第一,只适用于依照法律或者行政法规规定须经批准或者登记才生效的合同;第二,合同已经成立且无其他无效情形;第三,按照法律规定或者合同约定负有办理批准或者登记手续之义务;第四,未办理批准或者登记手续无正当理由,即有过错。另参见沈德咏、奚晓明主编:《最高人民法院关于合同法司法解释(二)理解与适用》,人民法院出版社2009年版,第73~75页。人民法院出版社编辑部中心编:《最高人民法院合同法司法解释(二)问答》,人民法院出版社2009年版,第31~39页。冯文生主编:《最高人民法院关于适用〈中华人民共和国合同法〉若干问题的解释(二)原理精解·案例与适用》,中国法制出版社2010年版,第54~61页。

③ 有学者提出,用违反先契约义务责任吸收传统的缔约过失责任并弥补缔约过失责任救济不周的不足。参见邹雄:"违反先契约义务责任探讨——兼谈《合同法》第42条的实现",载《现代法学》1999年第10期。

后生效之前，有别于适用于合同成立之前的缔约过失责任，更加不同于适用于合同生效之后的违约责任，所以应该单独列为“效力过失责任”、[①]“合同未生效阶段的法律责任”[②]或者“违反合同成立后生效前之先契约义务”。[③] 但是效力过失责任与缔约过失责任有着比较紧密的联系，尤其是两者的保护利益均为信赖利益，所以应该将效力过失责任与缔约过失责任构成一个小类，称之为“先契约义务责任”[④]或者“先合同责任”。[⑤] 从而，先合同责任、违约责任与后合同责任三者环环相扣，构成了整个合同过程严密的责任体系。[⑥]

(3)违约责任说。合同成立后即有效，法定未生效合同是有效合同。法定未生效合同下当事人申请批准的法律义务属于有效合同关系下的法定义务，所以未履行报批义务的当事人应承担违约责任。在法定未生效合同下，当事人未履行报批义务时，承担违约责任的方式有两种：第一，履行报批义务，促成合同生效；第二，赔偿对方当事人的履行利益损失。在这里，要求当事人承担履行报批义务的法律责任是继续履行的责任承担方式，当然地归属于违约责任承担方式，而非缔约过失责任承担方式。而且，科加未履行报批义务的当事人以违约责任，更有

---

① 参见胡艳玲：《未生效合同研究》，吉林大学2007年法学硕士学位论文；姜淑明："先合同义务及违反先合同义务之责任形态研究"，载《法商研究》2000年第2期。

② 参见罗秀兰：《论合同未生效阶段的法律责任》，湖南师范大学2003年硕士学位论文。

③ 参见陈丽苹、黄川："论先契约义务"，载《中国法学》1997年第4期。

④ 参见陈丽苹、黄川："论先契约义务"，载《中国法学》1997年第4期。

⑤ 参见罗秀兰：《论合同未生效阶段的法律责任》，湖南师范大学2003年硕士学位论文。姜淑明："先合同义务及违反先合同义务之责任形态研究"，载《法商研究》2000年第2期。

⑥ 另有学者认为，法定未生效合同的法律责任应为效力过失责任，但是这里的效力过失责任不可以责令过错方履行报批义务，因为履行报批义务是合同义务，而此时合同并未生效。另外，这里的效力过失责任更多保护受害方的履行利益，损害赔偿的范围应大于缔约过失责任所保护的信赖利益。参见毛海波："外商投资企业股权转让疑难问题探析"，载中国民商法律网，http://www.civillaw.com.cn/article/default.asp?id=51549，访问时间：2011年3月14日。

利于合同的生效和履行,有利于全面保护守约当事人的利益。①

(4)合同责任下的一个亚层次责任说。将法定未生效合同的法律责任单独列为合同责任下的一个亚层次责任,与违约责任共同形成合同责任。合同成立后生效前这一阶段的民事责任有其特殊性,独立于违约责任,但其与违约责任联系较为紧密,共同产生于合同关系这个有机体内,且两者的保护利益均为履行利益。所以,法定未生效合同的法律责任属于合同责任下的一个亚层次责任,与违约责任一同构成了合同责任。从而,缔约过失责任、合同责任与后合同责任三者环环相扣,构成了整个合同过程严密的责任体系。②

在我国台湾地区民法上对类似问题也有争议。台湾"民法典"第166-1条规定:"契约以负担不动产物权之移转、设定或变更之义务为标的者,应由公证人作成公证书。未依前项规定公证之契约,如当事人已合意为不动产物权之移转、设定或变更而完成登记者,仍为有效。"所以,未经公证的涉及不动产变动的债权合同是未生效的。关于这类未生效合同下当事人的法律责任,台湾地区的民法学者们也存在着争议。有的学者认为,守约方可以依据损害填补原则,主张过错方对其进行履行利益的赔偿,即主张违约责任。也有的学者认为,出于立法目的

① 参见刘贵祥:"论外商投资纠纷若干疑难问题",载中国民商法律网,http://www.civillaw.com.cn/article/default.asp?id=47820,访问时间:2011年3月14日;叶林:"论出资额转让协议的性质与效力——以《中外合资经营企业法》为例",载《法律适用》2010年第1期;李鸿渊:"对依法成立但未生效合同性质的再认识",载《行政与法》2002年第1期;沈雄杰:"未生效合同的保护",载《广西政法管理干部学报》2005年第5期;李永善:"未生效合同的效力",载《延边大学学报》(社会科学版)2010年第6期;王锋:"论合同成立未生效的责任",载中国民商法律网,http://www.civillaw.com.cn/article/default.asp?id=16616,访问时间:2011年3月14日;党亦恒:"论合同有效、生效及其法律约束力——谈对《合同法》、《合同法解释(一)》有关条文的理解",载北大法律信息网http://article.chinalawinfo.com/Article_Detail.asp?ArticleID=1651,访问时间:2011年3月13日;郑颖:"论未经行政审批的涉外股权转让合同纠纷案件的处理",载中顾法律网,http://wenku.baidu.com/view/75907fea998fcc22bcd10db7.html,访问时间:2011年3月14日。

② 参见赵艳敏、张映文:"试述合同成立后生效前的责任规制",载《甘肃政法学院学报》2001年3月。

的考虑,守约方只能主张信赖损害赔偿:“民法”第166-1条的立法目的,是希望当事人在进行土地买卖之类价格重大的法律行为时,应该慎重考虑再三,且应至公证人处听取法律咨询,以免权益有所损害。在双方当事人皆未完成公证之前,基于上述的谨慎性和咨询性考量,不动产买卖契约不生效力,当事人无须受其约束,不能赔偿履行利益的损害。[①] 当然,这里需要我们注意的是,我国台湾地区“民法”第166-1条的规定虽然涉及的是一种未生效合同,但不是本文所说的法定未生效合同,因为债权合同的特别生效要件是民间公证,而非行政审批。

笔者认为,法定未生效合同下当事人的法律责任,主要是指未履行报批义务的当事人的法律责任,应该独立形成一种既有别于缔约过失责任又有别于违约责任的特殊责任体系。笔者认为这个特殊责任体系的主要特殊之处有两点:第一,合同法定未生效期间,未履行报批义务的当事人需要承担报批义务的履行责任;第二,合同法定未生效期间,未履行报批义务的当事人需要承担的损害赔偿责任的对象“游走”于对方当事人信赖利益损害和履行利益损害之间。换言之,未履行报批义务的当事人并不是都赔偿对方当事人的信赖利益损失,也不是都赔偿对方当事人的履行利益损失,而是应该根据双方过错程度等具体情况,在不同的情况下赔偿对方当事人不同的利益损害。

前述四种学说中,前两种缔约过失责任说和效力过失说扩张解释了缔约过失责任或者是先合同责任的适用范围和责任承担方式,可以将法定未生效合同特殊责任的第一个特殊之处——当事人需要承担报批义务的履行责任纳入缔约过失责任和效力过失责任的范围内。但对于法定未生效合同特殊责任的第二个特殊之处却无能为力。持这前两种学说的学者普遍认为,未履行报批义务的一方当事人均应该赔偿对方当事人信赖利益的损失。但是笔者认为,如果在所有法定未生效合同下,都坚持只赔偿受害方信赖利益的损失,那么在损害赔偿问题上,法定未生效合同的效力与未成立合同的效力、无效合同的效力事实上相同,在一定程度上使法定未生效合同的存在失去了意义,也纵容了当事人逃避法定未生效合同下的报批义务,从而有利于恶意当事人。后

① 参见刘昭辰:“履行利益、信赖利益”,载《月旦法学杂志》第116卷。

两种违约责任说和合同责任下的一个亚层次责任说扩张解释了“合同有效”的适用范围,也可以将法定未生效合同特殊责任的第一个特殊之处——当事人需要承担报批义务的履行责任纳入违约责任和合同责任下的一个亚层次责任的范围内。但对于法定未生效合同特殊责任的第二个特殊之处也无能为力。持这后两种学说的学者普遍认为,未履行报批义务的一方当事人均应该赔偿对方当事人履行利益的损失。但是笔者认为,如果在所有法定未生效合同下,都坚持赔偿受害方履行利益的损失,将科加一些过错不大的当事人过重的赔偿责任。所以,应该通过当事人过错情况对法定未生效合同下损害赔偿责任进行类型化区分,不同的情况下赔偿不同的利益损失,这样才能实现公平最大化。

如前所述,学者们为了在解决法定未生效合同法律责任的问题上建立以上四种学说中自己各自的理论体系,首先进行了基础理论前提的讨论,从而引发了辨析合同成立、有效和生效问题上的两种观点的争议。笔者认为,既然这四种学说均无法完全妥善地解决法定未生效合同法律责任的特殊之处,那么这个基础理论前提的争议也就没有太多的实际意义了。在辨析合同成立、有效和生效这个问题上,笔者倾向于维护法律的稳定性,坚持传统民法中对“合同有效”的定义,即当合同生效后合同方有效。因为将“合同有效”的时间点由“合同生效”提前至“合同成立”,扩大违约责任的适用范围或者创造出一种“合同责任下的一个亚层次责任”,也没有完全妥善解决法定未生效合同的特殊的法律责任问题,所以就没有必要对“合同有效”做这样的重新定义。

法定未生效合同下当事人两种特殊的法律责任的承担并不是非此即彼的,而是互相结合的。守约当事人若想实现原合同的目的,可以主张对方当事人承担报批义务的履行责任并赔偿损失;若想放弃与对方当事人的继续合作,则可以主张解除合同,并要求对方赔偿损失。法定未生效合同的特殊责任不仅仅由于其产生阶段的特殊、其责任承担方式的特殊,更由于其损害赔偿责任对象的特殊,应该单独形成一个特殊的责任体系,与缔约过失责任、违约责任并列,从而构成整个合同过程严密的责任体系。

2. 报批义务的履行责任

法定未生效合同特殊法律责任的第一个特殊之处便是未履行报批义务的当事人必须承担报批义务的履行责任。法院应该也可以责令当事人履行报批义务的法律责任在理论学说上和司法裁判中都基本上达成了共识。

在理论学说上，论者们认为，在须报批合同中，合同以批准为其法定生效要件，而批准又以当事人的报批为前提。为尽量促成合同生效，从而使当事人享有因合同有效而产生的交换利益，有必要承认报批义务的独立性，即其不以主合同的生效为前提。否则，若不承认法定未生效合同下当事人负有报批义务，则会产生如下悖论：合同需要报批而生效，在未报批之前，合同未生效；合同未生效则当事人不负有报批义务；当事人不负有报批义务，则合同断难生效，当事人的缔约目的就难以实现，诚实信用的交易秩序就无从建立。因此，应认定有关报批义务的内容具有独立性，它不以主合同的有效为前提，相反，倒是主合同以报批义务的履行为前提。① 在司法裁判中，以前述在中国司法案例数据库中抽离出的未经批准三资企业股权转让合同26则案例为例，在这26则案例中，有20则案例关于未经批准的合同效力的终审判决结论是未生效合同。在这正确裁判为法定未生效合同的20则案例中，共有7则案例中的当事人均提出要求对方当事人履行报批义务的诉讼请求，其

① 参见麻锦亮："合同审批的民法效力——以外资审批为中心"，载《判解研究》2010年第2辑；刘贵祥："外商投资若干前沿问题之探讨"，载《判解研究》2009年第5辑。关于报批义务的性质，麻锦亮法官认为其属于先合同义务，这可以代表法释〔2009〕5号的观点；而刘贵祥法官认为其属于合同义务，这可以代表法释〔2010〕9号的观点。笔者认为，法定未生效合同下特殊的法律责任既不归属于缔约过失责任，也不归属于违约责任，所以这个特殊责任项下的报批义务的性质究竟属于先合同义务还是属于合同义务，讨论的意义已不太大。因为无论其是先合同义务还是合同义务，其价值判断结论是一致的，即承认报批义务的独立性，法定未生效合同下当事人应该承担报批义务的履行责任。

中有6则案例的法官支持了当事人这一诉讼请求,[①]只有1则案例的法官驳回了当事人这一诉讼请求。[②] 尤其是在支持的这6则案例中,其中包括2则案例被载述于《最高人民法院公报》上,[③]最高人民法院将法院判决支持守约方要求对方当事人履行报批义务的诉讼请求作为全国法院系统内的示范判决。这足以显示,在司法裁判中,已经普遍承认当事人报批义务的履行责任。

法释〔2009〕5号第8条规定:"……人民法院可以根据案件的具体情况和相对人的请求,判决相对人自己办理有关手续……"法释〔2010〕9号第1条规定:"……合同因未经批准而被认定未生效的,不影响合同中当事人履行报批义务条款及因该报批义务而设定的相关条款的效力。"第6条规定:"……受让方……请求转让方与外商投资企业在一定期限内共同履行报批义务的,人民法院应予支持。受让方同时请求在转让方和外商投资企业于生效判决确定的期限内不履行报批义务时自行报批的,人民法院应予支持。转让方和外商投资企业拒不根据人民法院生效判决确定的期限履行报批义务,受让方另行起诉,请求解除合同并赔偿损失的,人民法院应予支持。"

基于上述司法解释,笔者以三资企业中股权转让合同当事人为例,详细探讨法定未生效合同下当事人报批义务的履行责任的承担。在须

① 这6则案例分别是:"强生高科技产业有限公司诉中国上海外轮代理公司等中外合作经营合同股权转让纠纷案",(2002)沪二中民五(商)初字第31号;"谢民视诉张瑞昌、金刚公司股权纠纷案",载《最高人民法院公报》2003年第81期;"李建峰诉忠明发展有限公司等股东权纠纷案",(2004)合民四初字第1号;"南宁百利物业开发有限公司与新丰荣私人有限公司等股权转让合同纠纷上诉案",(2006)桂民四终字第12号;"广州市仙源房地产股份有限公司与广东中大中鑫投资策划有限公司、广州远兴房产有限公司、中国投资集团国际理财有限公司股权转让纠纷案",(2009)民申字第1068号,载《最高人民法院公报》2010年第8期;"上海文喜实业有限公司与日本荐田纸工业株式会社股权转让合同纠纷上诉案",(2009)苏民三终字第0108号。

② "黄嘉彦诉林后涛股权转让纠纷案",(2009)沪一中民五(商)初字第46号。

③ "谢民视诉张瑞昌、金刚公司股权纠纷案",载《最高人民法院公报》2003年第81期;"广州市仙源房地产股份有限公司与广东中大中鑫投资策划有限公司、广州远兴房产有限公司、中国投资集团国际理财有限公司股权转让纠纷案",(2009)民申字第1068号,载《最高人民法院公报》2010年第8期。

经批准才生效的股权转让合同中，一般由转让人和三资企业主要履行报批义务，[①]受让人协助履行报批义务。

首先，当事人负有报批义务，法院可以据此判令其在一定期限内履行这一义务。[②] 这里值得注意的是，根据“不告不理”的原则，法官判决当事人承担报批义务的履行责任应该是以对方当事人在诉讼中提出该项请求为前提的。如果对方当事人未提出这项行为给付诉请，法官可以通过行使释明权予以释明。

其次，如果法院已经判令当事人履行报批义务，但是应当报批的当事人拒不履行或拖延履行报批义务的，法院可以判令对方当事人自行办理报批，即司法解释法释〔2009〕5 号首创的所谓“间接履行”或“履行替代”。[③] 但是法院判决“履行替代”应当符合以下几个条件：(1)对方当事人提出该项请求；(2)按照法律的规定并未限制合同当事人单方办理批准或者登记手续的能力。如《房屋登记办法》第 12 条就规定了可以由当事人单方申请登记的 7 种情形；《土地登记办法》第 7 条也

---

① 如前文所述，法定未生效合同下，转让人由于负有合同附随义务而负有报批义务。但是，三资企业负有报批义务的依据何在？第一，是基于法律的规定。合同中虽然没有约定由三资企业履行这种报批义务，但是商务部相关法规明确规定由三资企业准备相关文件、办理申请批准具体事项。第二，三资企业是投资者设立的独立法律主体，从信托法理论上看，其地位相当于投资者投入财产的受托人，应在信托目的范围内履行对投资者的义务，向审批机构申请出资额转让的变更。因为投资者转让出资额必须经过其他投资者同意，在其他投资者已同意转让的情形下，一般不会发生三资企业拒绝报批的问题。所以，在裁判案件中，法官可以考虑把三资企业追加为第三人参加诉讼。如果三资企业无故不履行报批义务，投资者有权请求三资企业履行报批义务。参见刘贵祥：“外商投资若干前沿问题之探讨”，载《判解研究》2009 年第 5 辑；刘贵祥：“论外商投资纠纷若干疑难问题”，载中国民商法律网，http://www. civillaw. com. cn/article/default. asp? id =47820，访问时间：2011 年 3 月 14 日；叶林：“论出资额转让协议的性质与效力——以《中外合资经营企业法》为例”，载《法律适用》2010 年第 1 期。

② 参见何继祥、姜旭阳：“未经强制性审批的股权转让协议的效力认定”，载中国民商法律网，http://www. civillaw. com. cn/article/default. asp? id = 37939，访问时间 2011 年 3 月 14 日；郑颖：“论未经行政审批的涉外股权转让合同纠纷案件的处理”，载中顾法律网，http://wenku. baidu. com/view/75907fea998fcc22bcd10db7. html，访问时间：2011 年 3 月 14 日。

③ 刘贵祥：“外商投资若干前沿问题之探讨”，载《判解研究》2009 年第 5 辑。

规定了可以由当事人单方申请登记的9种情形。但是,如果法律法规明确规定办理批准、登记手续的当事人必须是双方当事人或者必须是拒不报批的一方当事人时,其他当事人不能代行此项权利,人民法院就不能判决"履行替代"。[①] 另外,"履行替代"所产生的一切费用和造成的实际损失由被代替的当事人承担。

值得注意的是,法释〔2010〕9号第6条第1款规定:"外商投资企业股权转让合同成立后,转让方和外商投资企业不履行报批义务,受让方以转让方为被告、以外商投资企业为第三人提起诉讼,请求转让方与外商投资企业在一定期限内共同履行报批义务的,人民法院应予支持。受让方同时请求在转让方和外商投资企业于生效判决确定的期限内不履行报批义务时自行报批的,人民法院应予支持。"所以,依据当事人的双重递进诉求,法院是可以在处理当事人报批义务履行责任的问题上同时作出两个相互补充的判决结论的,即先判决义务人自己去履行报批义务,但若义务人在规定期限内拒不履行,那么相对人只要符合自行报批条件的,便可以直接"履行替代",无须再为"履行替代"之诉求提起新的诉讼。这样同时包含双重递进判决结论的判决模式有利于提高司法效率,更有利于及时保护当事人利益。

3."游走"在信赖损害赔偿与履行损害赔偿之间的损害赔偿责任

(1)损害的区分

法定未生效合同特殊法律责任的第二个特殊之处,也是最关键的特殊之处,在于未履行报批义务的当事人必须承担的损害赔偿责任是"游走"于信赖损害赔偿与履行损害赔偿之间的。

在合同法领域,大陆法系存在着履行利益和信赖利益之分;[②]英美法系存在着期待利益、信赖利益和返还利益之分。[③] 其中英美法上的信赖利益基本上等同于大陆法上的信赖利益,均可以称为信赖损害;英

---

① 参见沈德咏、奚晓明主编:《最高人民法院关于合同法司法解释(二)理解与适用》,人民法院出版社2009年版,第76页。

② 参见史尚宽:《债法总论》,中国政法大学2000年版,第288~289页。

③ 参见[美]L. L. 富勒、小威廉·R. 帕杜:《合同损害赔偿中的信赖利益》,中国法制出版社2004年版,第5~11页。

美法上的期待利益基本上等同于大陆法上的履行利益，均可以称为履行损害。而且，期待利益或者是履行利益，一般都会涵盖英美法上的返还利益。[①] 所以，在损害的分类中，我们重点区分信赖损害和履行损害。

信赖损害，又称为信赖利益、消极利益，指的是一方当事人由于信赖法律行为的有效性而遭受的损害。履行损害，又称为履行利益、积极利益，是指一方当事人因另一方当事人没有履行而遭受的损害。[②] 信赖损害的赔偿结果，是使当事人达到合同未曾发生时的状态；而履行损害的赔偿结果是使当事人达到合同完全履行时的状态。[③]

积极损害，又称所受损害，是既存利益的灭失。消极损害，又称所失利益、可得利益，是指因损害事故的发生，赔偿权利人财产应增加而未增加的额数，主要是指未来可以得到的利益，比如利润。[④] 信赖损害和履行损害均各自包括积极损害和消极损害。[⑤]

由此可见，损害赔偿责任的范围由小及大应该是：信赖损害（包括积极损害和消极损害），履行损害中的积极损害，履行损害（包括积极损害和消极损害）。笔者将以未经批准的三资企业股权转让合同为例，详细区分这三种损害：

---

① 参见［美］L. L. 富勒、小威廉 · R. 帕杜：《合同损害赔偿中的信赖利益》，中国法制出版社2004年版，第37页。

② 信赖损害或履行损害，和合同生效与否无关。参见刘昭辰："履行利益、信赖利益"，载《月旦法学杂志》第116卷。

③ 参见王利明：《合同法研究》（第一卷），中国人民大学出版社2003年版，第315页；王利明：《合同法研究》（第二卷），中国人民大学出版社2003年版，第619～629页；曾世雄：《损害赔偿原理》，中国政法大学出版社2001年版，第135～136页；崔建远主编：《合同法》（第5版），法律出版社2010年版，第320～321页；韩世远：《合同法总论》（第2版），法律出版社2008年版，第554～557页；韩世远：《违约损害赔偿研究》，法律出版社1999年版，第47～50页、第160～189页；叶建丰："缔约过失制度研究"，载《民商法论丛》第19卷。

④ 曾世雄：《损害赔偿原理》，中国政法大学出版社2001年版，第156～160页；史尚宽：《债法总论》，中国政法大学出版社2000年版，第300～303页。

⑤ 参见［美］L. L. 富勒、小威廉 · R. 帕杜：《合同损害赔偿中的信赖利益》，中国法制出版社2004年版，第8～9页；史尚宽：《债法总论》，中国政法大学2000年版，第289页。

在三资企业股权转让合同中,信赖损害一般包括因未履行报批义务而造成的实际损失及其利息所得、股权转让款的损失及其利息所得,这是第一类损害,也是范围最小的一类损害;履行损害中的积极损害一般包括信赖损害以及股权收益(亏损),这是第二类损害;履行损害一般包括履行损害中的积极损害及其股权的差价损失,这是第三类损害,也是范围最大的一类损害。司法实践中最常见的有以下四种情况:

股价上涨背景下,在一个三资企业股权转让合同中,双方约定受让方支付转让款后转让方办理报批手续,受让方按期支付股权转让款后,转让方不履行报批义务,受让方出于想获得股权、达到原合同目的的考虑,可以要求转让方履行报批义务并赔偿损失:若转让方赔偿第一类损害,则包括受让方因转让方未履行报批义务而造成的实际损失及其利息;[①]若转让方赔偿第二类损害,则包括第一类损害转让方的股权收益;[②]若转让方赔偿第三类损害,则包括第二类损害以及股权转让款的差价。[③]

股价上涨背景下,在一个三资企业股权转让合同中,双方约定受让方支付转让款后转让方办理报批手续,受让方按期支付股权转让款后,转让方不履行报批义务,受让方出于不再与转让方合作的考虑,可以要求解除合同并要求转让方赔偿损失:[④]若转让方赔偿第一类损害,则包括受让方因转让方未履行报批义务而造成的实际损失及其利息;若转让方赔偿第二类损害,则包括受让方已经支付的股权转让款及其利息、受让方因转让方未履行报批义务而造成的实际损失及其利息;若转让方赔偿第二类损害,则包括因转让方未履行报批义务而造成的实际损

① 利息的计算时限应是从损害发生时起算,一直到诉讼结束时。

② 股权收益的计算时限应是从股权转让合同在正常履行报批义务情况下所应该生效时起算,一直到合同正式生效时。

③ 股权转让款差价的计算应是股权转让合同在正常履行报批义务情况下所应该生效时的股权转让价,与合同正式生效时的股权转让价之间的差额。

④ 由于合同成立后,转让方的不作为致使合同目的不能实现,受让方可以依据《合同法》第94条的规定,行使法定解除权解除合同。参见王利明:《合同法研究》(第二卷),中国人民大学出版社2003年版,第283~295页。关于法定未生效合同下,守约方要求解除合同的同时是否可以要求对方赔偿可得利益的损失,笔者将在下文详细论述。

失及其利息;若转让方赔偿第三类损害,则包括若转让方赔偿第二类损害,则包括第一类损害以及转让方的股权收益以及股权转让款的差价。

股价下跌背景下,在一个三资企业股权转让合同中,双方约定受让方支付转让款后转让方办理报批手续,受让方未支付或未完全支付股权转让款,并且受让方不协助履行报批义务,转让方出于想出让股权、达到原合同目的的考虑,可以要求受让方协助履行报批义务并赔偿损失:如果受让方赔偿第一类损害,则包括转让方因受让方未按期支付转让款及未协助履行报批义务而造成的实际损失及其利息;若受让方赔偿第二类损害,则包括第一类损害、受让方应该支付的转让款及其利息以及转让方的股权亏损;若受让方赔偿第三类损害,则包括第二类损害以及股权转让款的差价。

股价下跌背景下,在一个三资企业股权转让合同中,双方约定受让方支付转让款后转让方办理报批手续,受让方未支付股权转让款且不协履行报批义务,转让方出于不再与受让方合作的考虑,可以要求解除合同并要求受让方赔偿损失:如果受让方赔偿第一类损害,则包括转让方因受让方未按期支付转让款及未协助履行报批义务而造成的实际损失及其利息;若受让方赔偿第二类损害,则包括第一类损害以及转让方的股权亏损;若受让方赔偿第三类损害,则包括第二类损害以及股权转让款的差价。①

以上对损害进行了三种类型的区分,范围依次从小至大。笔者认为,法定未生效合同下的损害赔偿责任范围并不是固定的,而至少应该是在这三种类型范围内"游走"的。根据个案的具体情况,当事人所应承担的损害赔偿责任范围应该和当事人的过错有关。当事人的过错越小,赔偿范围越接近第一种类型,主观恶意越大,赔偿范围越接近第三种类型。所以,根据个案中当事人的过错程度不同,其具体的赔偿责任范围则"游走"于最小范围信赖损害和最大范围履行损害之间。

---

① 若受让方不是完全没有支付股权转让款,而是支付了一部分转让款后不再继续支付,并且不协助履行报批义务;转让方若主张解除合同并要求受让方赔偿损失,受让方在赔偿三类损害中的任一类损害时,转让方均须将已支付的股权转让款返还于受让方。

(2)过错对损害赔偿范围的影响

在法定未生效合同下,一方当事人未履行报批义务的主观要件,在原则上不会影响到合同效力的判断,但应该会影响到其承担相应损害赔偿责任的范围。当事人违反报批义务的主观恶性越大,应当对其课加越重的法律后果,即越重的损害赔偿责任。这符合利益衡量的民法精神:民法在后果制裁中应充分考量当事人之间的利益衡量。

笔者将法定未生效合同下,当事人不履行报批义务的过错区分为轻微过错、一般过错和恶意过错。

所谓轻微过错,是指当事人负有履行报批的义务(包括一方当事人的主要报批义务和另一方当事人的协助报批义务),但是双方当事人均未互相提及报批事项,也未收到任何来自对方的有关报批的催告,一审法庭辩论终结前当事人仍未办理批准手续的,双方当事人即存在轻微过错。关于损害赔偿责任的承担方面,在轻微过错的情形下,一方当事人赔偿对方当事人第一种类型的损害,即信赖损害。[①]

所谓一般过错,是指当事人负有履行报批的义务,有一方当事人怠于履行或者拒绝履行报批,经对方当事人催告后在合理期限内仍未履行的,且在一审法庭辩论终结前当事人仍未办理批准手续的,受催告方当事人即存在一般过错。关于损害赔偿责任的承担方面,在一般过错的情形下,过错当事人赔偿对方当事人第二种类型的损害,即履行损害中的积极损害。

所谓恶意过错,是指当事人负有履行报批的义务,人民法院经过审理,判决一方当事人履行报批义务的,一方当事人拒不根据生效判决在确定的期限内履行报批义务的,这一方当事人即存在恶意过错。关于损害赔偿责任的承担方面,在恶意过错的情形下,过错当事人赔偿对方当事人第三种类型的损害,即履行损害。“之所以扩大赔偿范围,意在使过错方因不履行报批义务所获得及可能获得的利益归属于守约方,

① 即使有证据能够证明双方当事人是为了规避审批而互相默认故意不报批,那么根据过失相抵的原则,在这里也属于轻微过失,只赔偿信赖损害。

进而达到促成过错方自觉履行报批义务之效果。”①

综上所述，损害的三种类型——范围由小到大——与过错的三种类型——程度由轻到重——紧密联系在了一起：轻微过错只需赔偿信赖损害，一般过错赔偿履行损害中的积极损害，恶意过错赔偿履行损害。通过不同类型的过错判定不同类型的损害赔偿责任，能够比较妥当地解决当事人之间的利益衡量问题。当然，过错的情况远不止以上笔者所列举的不催告不报批、催告后不报批和判决后不报批三种情况，纷繁复杂的案件中当事人的过错情况也不胜枚举，比如存在先期的隐名投资过错，比如受到各国政治金融政策影响无法支付转让款或无法报批等各种具体情况。所以过错的判定还需要考虑过失相抵和其他客观条件的影响，需要法官对比个案中双方当事人的主观要件作出一定的自由裁量。需要注意的是，由于损害赔偿责任是合同当事人之间的相对责任，所以过错的判定也应该判定当事人之间的相对过错是轻微、一般还是恶意，而非针对行政机关或第三人的绝对过错。

以三资企业股权转让合同为例，当事人不同程度的过错对其损害赔偿范围的影响如图 4－3、图 4－4 所示：

法释〔2010〕9 号第 5、6、7、8、9 条对未经批准的三资企业转让合同中的损害赔偿问题做了比较详尽的规定，但是笔者认为，其也有不周详之处：

法释〔2010〕9 号第 9 条第 1 款规定：“外商投资企业股权转让合同成立后，受让方未支付股权转让款，转让方和外商投资企业亦未履行报批义务，转让方请求受让方支付股权转让款的，人民法院应当中止审理，指令转让方在一定期限内办理报批手续。该股权转让合同获得外商投资企业审批机关批准的，对转让方关于支付转让款的诉讼请求，人民法院应予支持。”笔者认为，这种做法并不妥当。如果在判决中将当事人报批义务的履行责任和损害赔偿的责任割裂开来，赋予当事人报批义务的履行责任具有先行性，那么第一次判决宣告后，大致会出现以下三种情况，要么合同经审批生效，要么合同经审批确定不能生效后而

① 刘贵祥、高晓力：“《最高人民法院关于审理外商投资企业纠纷案件若干问题的规定（一）》解读”，载《判解研究》2010 年第 2 辑。

- 转让方不报批受让方诉求
  - 报批履行+损害赔偿
    - 转让方轻微过错：实际损失及其利息
    - 转让方一般过错：
      - 实际损失及其利息
      - 股权收益
    - 转让方恶意过错：
      - 实际损失及其利息
      - 股权收益
      - 股权差价
  - 解除合同+损害赔偿
    - 转让方轻微过错：
      - 转让款及其利息
      - 实际损失及其利息
    - 转让方一般过错：
      - 转让款及其利息
      - 实际损失及其利息
      - 股权收益
    - 转让方恶意过错：
      - 转让款及其利息
      - 实际损失及其利息
      - 股权收益
      - 股权差价

图 4－3　受让方按期支付股权转让款后，转让方不履行报批义务，法院可以支持的受让方诉求

归于无效，要么当事人不执行法院判决依然拒不履行报批义务。无论出现哪种情况，法院接下来针对当事人损害赔偿责任的二次判决都将清晰明了，分别依据有效合同下违约责任的承担、无效合同下缔约过失责任的承担或者法释〔2010〕9 号第 6 条的规定，判决过错当事人承担相应的损害赔偿责任。但是这样的判决方式虽然保证了判决结果的无异议性，但是却牺牲了司法效率，更牺牲了守约方的合法利益。守约方的损害无法在第一次判决中得到弥补，还可能在第一次判决后不断扩大。而且损害赔偿可以真正得到实现的第二次判决的程序启动权基本上掌握在过错当事人的手里，取决于过错当事人是否依照法院的第一次判决及时履行报批义务。这样的判决模式，无法在当事人的利益衡量中实现公平公正，是不太妥当的。笔者认为，法官的一次判决在责令当事人履行报批义务的同时，也应该同时判决过错方根据其过错程度承担损害赔偿责任，使得守约方的利益能够及时全面地得到保障。

法释〔2010〕9 号第 5 条规定：“外商投资企业股权转让合同成立

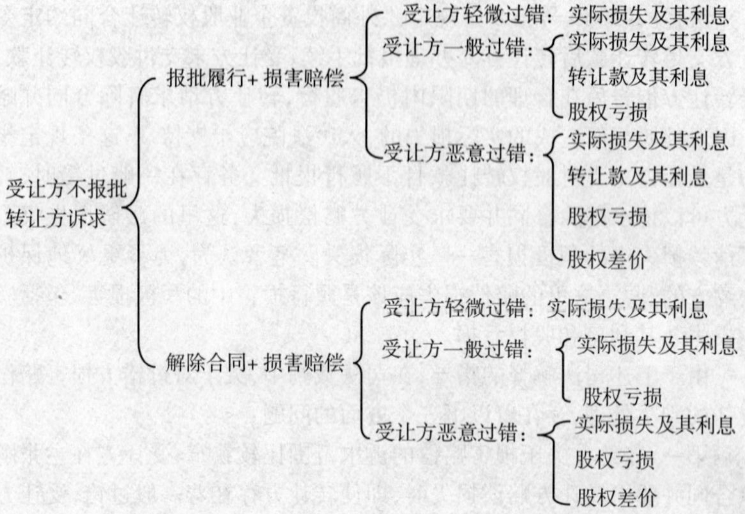

图4-4　受让方未支付股权转让款,并不协助履行报批义务,法院可以支持的转让方诉求

后,转让方和外商投资企业不履行报批义务,经受让方催告后在合理的期限内仍未履行,受让方请求解除合同并由转让方返还其已支付的转让款、赔偿因未履行报批义务而造成的实际损失的,人民法院应予支持。"这条规定指的是转让方不履行报批义务存在一般过错时,受让方可以请求解除合同并要求转让方赔偿损失,这里的赔偿损失仅限于信赖损害中的积极损害——股权转让款以及实际损失。笔者认为,为了更好地保护守约方的利益,这里的赔偿损失应该是履行损害中的积极损害,包括股权转让款及其利息、实际损失及其利息和股权收益。

法释〔2010〕9号第6条第2款规定:"转让方和外商投资企业拒不根据人民法院生效判决确定的期限履行报批义务,受让方另行起诉,请求解除合同并赔偿损失的,人民法院应予支持。赔偿损失的范围可以包括股权的差价损失、股权收益及其他合理损失。"这条规定指的是转让方不履行报批义务存在恶意过错时,受让方可以请求解除合同并要求转让方赔偿损失,这里的赔偿损失基本上涵盖了履行损害——股权转让款及其利息、实际损失及其利息、股权收益和股权差价。笔者认同这一赔偿范围。

法释〔2010〕9号第8条规定:“外商投资企业股权转让合同约定受让方支付转让款后转让方才办理报批手续,受让方未支付股权转让款,经转让方催告后在合理的期限内仍未履行,转让方请求解除合同并赔偿因迟延履行而造成的实际损失的,人民法院应予支持。”这条规定指的是受让方不支付股权转让款且不履行报批义务存在一般过错时,转让方可以请求解除合同并要求受让方赔偿损失,这里的赔偿损失仅限于信赖损失中的积极损害——实际损失。笔者认为,为了更好地保护守约方的利益,这里的赔偿损失应该是履行损害中的积极损害,包括实际损失及其利息和股权亏损。

由于上述司法解释的指导,在司法裁判中,关于对过错方损害赔偿责任的判决处理,存在着以下三个方面的问题:

第一,守约方关于损害赔偿的诉求范围比较狭窄:受让方在主张解除合同并要求转让方赔偿损失时,即使转让方存在着一般过错,受让方往往也只主张股权转让款及其利息的返还,即仅主张信赖损害赔偿。以20则三资企业股权转让正确裁判案例为例,其中有7则案例当事人主张解除合同并赔偿损失,①但是这7则案例中的原告都只主张了股权转让款及其利息的损害赔偿。② 其实这7则案例中,有许多情况是过错方在催告后依然不履行报批义务,已经构成一般过错,但是守约方却都没有向法院主张因对方未履行报批义务而造成的实际损失及其利息以及股权收益的损害赔偿,即没有主张履行损害中的积极损害赔偿。当事人没有这些损害赔偿的诉讼请求,法院限于“不告不理”原则的限

---

① 这7则案例中的受让方都还没有实际投资,参与投资企业的正常运营。若受让方已经参与投资企业的正常运营并分配利润后,则涉及履行行为对合同效力的影响问题,这不属于这里所讨论的一般守约方要求损害赔偿的问题。履行行为对合同效力的影响问题,笔者在下文再专门讨论。

② 在有约定违约金和定金的合同中,当事人一般也会再主张违约金的支付或者定金的返还。关于违约金和定金的问题,笔者在下文再专门讨论。

制，也不可能判决过错方承担更大范围的损害赔偿责任。[①] 所以，笔者认为，在法释〔2010〕9号实施后，应该进行有关的宣传和典型案例的指导，使得当事人在诉讼请求中扩大损害赔偿的诉求范围，更好地维护自己的利益，使法院判决更多地朝着不利于不履行报批义务的过错方发展，从而督促当事人更好地履行报批义务。

第二，根据法释〔2010〕9号第9条第1款的指导，法官往往认定当事人报批履行责任的承担优先于损害赔偿责任的承担。在"谢民视诉张瑞昌、金刚公司股权纠纷案"中，法院作出先行判决，支持谢民视（股权转让方）要求张瑞昌和金刚公司（股权受让方）履行报批义务的请求并予以执行；批准手续办妥后，二次开庭，继续审理，认定合同生效，审理股权转让款支付事宜。[②] 同样，在"上海文喜实业有限公司与日本荐田纸工业株式会社股权转让合同纠纷上诉案"中，二审法官支持了文喜公司（股权转让方）要求荐田株式会社（股权受让方）履行办理合同审批手续的请求，但驳回了文喜公司要求荐田株式会社继续支付剩余股权转让款以及承担违约责任的诉讼请求，同时也驳回了荐田株式会社要求文喜公司返还已经支付的股权转让款的反诉请求。因为后两项请求"须待股权转让合同效力能否获得审批确定后方能裁决，在本案中予以驳回，待涉案股权转让合同经行政机关决定是否审批后，当事人再另案主张"。[③]另外，在"李建峰诉忠明发展有限公司等股东权纠纷案"中，受让方李建峰不仅要求转让方忠明公司履行报批的法律义务，

---

① 这7则案例分别是："上海领尚实业有限公司等诉湖州城区国豪印花厂等股权转让侵权纠纷案"，(2006)湖民二初字第53号；"北京中汽联贸易有限公司与骏升投资国际有限公司股权转让合同纠纷上诉案"，(2010)鲁民四终字第7号；"梁铭中诉陈锦耀等股权转让纠纷案"，(2009)浙杭商外初字第286号；"蔡国镜与蔡凤荣股权转让纠纷上诉案"，(2010)闽民终字第528号；"伟科发展有限公司与天津裕田生物科技开发有限公司股权转让合同纠纷上诉案"，(2004)粤高法民四终字第75号；"郭元泰等诉金相牛股权转让合同纠纷案"，(2003)青民四初字第233号；"谢水吉等与李声钟股权转让纠纷上诉案"，(2006)琼民一终字第24号。

② "谢民视诉张瑞昌、金刚公司股权纠纷案"，载《最高人民法院公报》2003年第81期。

③ "上海文喜实业有限公司与日本荐田纸工业株式会社股权转让合同纠纷上诉案"，(2009)苏民三终字第0108号。

而且要求忠明公司返还自合同签订之日起至股权变更行为完成之日投资企业明湖公司应分配的股东权益。在转让方制造障碍、拒绝履行报批义务,已经构成一般过错的情况下,法院仅支持了受让方要求转让方履行报批义务的诉求,却驳回了受让方要求转让方承担股权收益损害赔偿责任的诉求:"李建峰是否能依据股权转让协议取得股东地位,应视审批机关的审批结果而定。因股权转让协议尚未获得审批机关的批准,原告李建峰现诉请被告忠明公司返还自2002年11月13日至股权变更行为完成之日应分配的股东权益没有事实和法律依据,本院不予支持。"①这类割裂过错方报批义务履行责任的承担和损害赔偿责任的承担的判决处理模式,笔者认为是不妥的,原因前文已述,这里不再赘述。

第三,法官在判定损害赔偿范围时,不区分当事人的过错程度,一刀切地按缔约过失责任赔偿信赖损害,使得合同未生效的损害赔偿法律后果等同于合同无效或者合同不成立的损害赔偿法律后果。以上述7则当事人主张解除合同并赔偿损失的三资股权转让合同为例,有2则案例,法官完全不考虑当事人的过错,直接判决赔偿信赖损失:在"上海领尚实业有限公司等诉湖州城区国豪印花厂等股权转让侵权纠纷案"中,法官没有考虑当事人的相对过错,直接判决恢复原状,返还股权转让款;②在"北京中汽联贸易有限公司与骏升投资国际有限公司股权转让合同纠纷上诉案"中,法官没有考虑过错,直接判决返还股权转让款和利息。③ 有2则案例,法官考虑了当事人的相对过错,但是当事人已经达到一般过错的程度,法官依然判决赔偿信赖损失:在"梁铭中诉陈锦耀等股权转让纠纷案"中,法官考虑了当事人的相对过错:"原告为此要求被告办理相关股东变更的批准和登记手续,但被告以种种理由推托,不予办理。"这时转让方已经存在一般过错,但是法官

① "李建峰诉忠明发展有限公司等股东权纠纷案",(2004)合民四初字第1号。

② "上海领尚实业有限公司等诉湖州城区国豪印花厂等股权转让侵权纠纷案",(2006)湖民二初字第53号。

③ "北京中汽联贸易有限公司与骏升投资国际有限公司股权转让合同纠纷上诉案",(2010)鲁民四终字第7号。

依然只是判决转让方返还股权转让款和利息。[①] 在"蔡国镜与蔡凤荣股权转让纠纷上诉案"中,法官考虑了当事人的相对过错,转让方已经向受让方发送了"催款函",但是受让方依然没有继续支付剩余的股权转让款且未履行报批义务。受让方已经存在一般过错,但是,终审法官适用了法释〔2010〕9 号第 8 条的规定,只判决由转让方返还受让方已经支付的股权转让款,没有对过错受让方科加任何损害赔偿责任。[②]有 3 则案例,法官考虑了当事人的相对过错,认定过错方过错相对轻微,所以判决其承担信赖损害赔偿责任:在"伟科发展有限公司与天津裕田生物科技开发有限公司股权转让合同纠纷上诉案"中,法官考虑了当事人的相对过错:"《股权转让协议》未生效,双方当事人都有责任",则转让方存在轻微过错,所以法官判决恢复原状,返还股权转让款。[③]在"郭元泰等诉金相牛股权转让合同纠纷案"中,法官考虑了相对人的相对过错,转让方应属于轻微过错,判决返还股权转让款。"两原告要求被告返还投资的请求,本院予以支持。由于两原告向被告交付的款项明确用于投资,并未约定利息,且两原告对于隐名出资也有过错,因此,两原告要求被告支付利息的请求,应予驳回。"[④]在"谢水吉等与李声钟股权转让纠纷上诉案"中,法官考虑了当事人的相对过错,受让方由于韩国国内金融政策的原因而无法继续支付转让款:"汇付第二期款项时,因该行金融监督院认为应对汇款收款人有无异常及外汇汇出的其他资料进行调查,汇款受阻。"所以受让方属于轻微过错,转让方应根据缔约过失责任,返还股权转让款。[⑤] 笔者认为,后 3 则案例的判决才是比较妥当的,前 4 则案例的判决在当事人过错程度已经超过轻微过错时,依然坚持只赔偿信赖损害,这种判决结果值得商榷。当然,如前所述,法院的这种判决结果很大程度上和当事人的诉求范围狭窄有关。

---

① "梁铭中诉陈锦耀等股权转让纠纷案",(2009)浙杭商外初字第 286 号。

② "蔡国镜与蔡凤荣股权转让纠纷上诉案",(2010)闽民终字第 528 号。

③ "伟科发展有限公司与天津裕田生物科技开发有限公司股权转让合同纠纷上诉案",(2004)粤高法民四终字第 75 号。

④ "郭元泰等诉金相牛股权转让合同纠纷案",(2003)青民四初字第 233 号。

⑤ "谢水吉等与李声钟股权转让纠纷上诉案",(2006)琼民一终字第 24 号。

综上所述,在法释〔2009〕5号和法释〔2010〕9号的指导下,司法裁判中似乎达成这样的共识:在法定未生效合同下,不履行报批义务的一方当事人只应该根据诚实信用原则承担缔约过失责任,恢复原状,双方互相返还财物,赔偿信赖损害。从总体上来看,笔者所构建的"游走"在信赖损害与履行损害赔偿之间的损害赔偿责任,较之现有的司法解释和司法裁判所认定的损害赔偿责任严苛,损害赔偿范围相对较大,即当事人经催告后不履行报批义务便应该赔偿守约方履行损害中的积极损害而非只是信赖损害;当事人经判决后不履行报批义务便应该赔偿守约方的履行损害。

未履行报批义务的当事人所应该承担的损害赔偿范围大小应该如何界定,这就涉及在法定未生效合同下损害赔偿责任的认定中,对相关冲突利益的衡量问题。既然对法定未生效合同当事人的法律责任的认定是一个价值判断问题,那么利益衡量方法就是价值论证方法的具体表现:对具体冲突利益进行取舍和排序面对不确定条款、立法漏洞或者其他复数解释结论时,逻辑演绎就到了尽头,概念逻辑保持沉默的同时,我们应该重启对价值论证的重视,其中利益衡量的方法有助于我们发现系争案件背后对应的当事人的及其他的利益冲突。在法定未生效合同下,未履行报批义务的当事人所应该承担的损害赔偿范围背后对应着以下两种冲突利益:第一种是未履行报批义务当事人承担赔偿范围比较大的损害赔偿责任所对应的利益;第二种是未履行报批义务当事人承担赔偿范围比较小的损害赔偿责任所对应的利益。我们继续利益发现的过程,可以分析出,具体来说,第一种利益——未履行报批义务当事人承担的赔偿范围比较大的损害赔偿责任所对应的利益,可以包括三个层次的利益:(1)守约当事人合同项下的合法利益;(2)督促当事人尽快履行法定报批义务,从而促进合同尽快生效的市场交易利益;(3)督促当事人尽快履行法定报批义务,从而实现行政权所必要的合同管制。在这三个层次的利益中,第一个层次的利益属于合同当事人的私人利益;第二个层次的利益涉及我国合同法上尽可能促成合同效力发生、鼓励交易的立法宗旨，[①]应归属于公共利益；第三个层次的利益涉及司法权和行政权动态平衡的第二个层面的要求，即针对必要的行政干预，司法权应该给予足够的支持和配合，科加逃避行政审批的当事人比较重的损害赔偿责任，从而促进当事人自觉履行报批义务，进一步促进行政干预的实现。行政权对私法领域进行必要的干预本身就是出于公共利益的考虑，所以支持和配合行政干预的这第三个层次的利益也应归属于公共利益。第二种利益——未履行报批义务当事人承担的赔偿范围比较小的损害赔偿责任所对应的利益，包括以下两个层次的利益：①未履行报批义务当事人合同项下的合法利益；②理论体系意义——赔偿范围比较大的履行损害赔偿对应的是违约损害赔偿，违约损害赔偿责任的承担从理论体系上是对应合同生效后的责任体系。所以，合同法定未生效时，不能课加当事人承担赔偿范围比较大的履行损害赔偿责任。在这两个层次的利益中，第一个层次的利益属于合同当事人的私人利益；第二个层次的利益严格来说，并不属于民法所调整的社会生活中的利益类型，其只是一种保持理论体系贯穿性、完整性的学理意义。这一种学理意义缺失时并不当然危机相关利益的保护，而且可以通过理论体系中的例外解释来补强理论体系的贯穿性和完整性。依照民法价值判断的实体性论证规则，没有足够充分且正当的理由不能限制民事主体的自由，[②]在以上两种利益发生冲突后，对利益进行取舍的过程中需要有限制一方利益的足够充分且正当的理由，笔者认为第一种利益所对应的两个层次的公共利益足以构成对第二种利益进行限制的足够充分且正当的理由。换言之，在对冲突利益进行衡量后，第一种利益处于排序的优先位置，即未履行报批义务的当事人可以承担赔偿范围比较大的损害赔偿责任。所以，在笔者所构建的“游走”在信赖损害与履行损害赔偿之间的损害赔偿责任体系中，损害赔偿范围会因为当事人的主观过错的加剧而呈现与违约损害赔偿范围同等的

---

① 参见王利明：《合同法研究》（第一卷），中国人民大学出版社 2002 年版，第186～193 页。

② 参见王轶：“民法价值判断问题的实体性论证规则——以中国民法学的学术实践为背景”，载《中国社会科学》2004 年第 6 期。

情况,从而大大突破了缔约过失责任中信赖损害赔偿的范围。

另外,有学者提出,“合同解除时,一般不包括可得利益的赔偿。”① 笔者认为,正是出于以上利益衡量的考虑,在法定未生效合同下,守约当事人提出解除合同并要求对方当事人承担损害赔偿责任时,可以出现“合同解除时,一般不包括可得利益的赔偿”的例外情况,即在对方当事人存在恶意过错时,守约方可以在要求解除合同的同时,要求对方赔偿可得利益的损失;构成这种例外情况的足够充分且正当的理由便是以上所论证的两个层次的公共利益的考量。

综上所述,笔者认为,应该根据当事人不同的过错程度来认定损害赔偿的范围,在过错方已经达到一般过错甚至恶意过错的程度时,应该给予守约方更大赔偿范围的救济,从而有效督促当事人自觉履行报批义务,促进行政机关对此类批准生效合同进行必要的行政干预。否则,合同法定未生效的损害赔偿法律后果将完全等同于合同无效或者合同不成立的损害赔偿法律后果,从而使法定未生效合同存在的意义大为降低。

4. 特殊法律责任下的其他问题

法定未生效合同的特殊责任的特殊性主要在于以上所述的报批义务的履行责任和“游走”的损害赔偿责任两者。但是,除此之外,法定未生效合同的特殊责任下还有一些问题需要我们特别关注,其中包括合同履行行为对法定未生效合同效力的影响,以及法定未生效合同中的违约金条款和定金条款的效力。

(1) 合同履行行为对法定未生效合同效力的影响

现实生活中,有些合同虽然因为未经审批而法定未生效,但是其已经大部分或者完全得到履行。比如在有些三资企业股权转让合同中,除未办理行政审批手续外,合同约定的事项大部分已得到履行,如转让方已收取了股权转让价款并已完全退出企业,受让方已全面参与企业的经营并获取股权收益或承担股权亏损。甚至在受让方参与经营很长时间后才发生股权转让合同效力认定的纠纷,纠纷发生时企业状况已完全不同于股权转让之时。当这种损益状况悬殊时,转让方或受让方

① 王利明:《合同法新问题研究》,中国社会科学出版社2003年版,第638页。

均有可能恶意地把“股权转让合同未办理行政审批手续不生效”作为法律利器来破坏形成已久的交易稳定局面。在这种情况下,如果诉讼中双方未能补办行政审批手续——实际上诉讼中的对立状态决定了当事人几乎不可能补办审批手续,那么,按法释〔2010〕9 号第 10 条的规定,“外商投资企业股权转让合同成立后,受让方已实际参与外商投资企业的经营管理并获取收益,但合同未获外商投资企业审批机关批准,转让方请求受让方退出外商投资企业的经营管理并将受让方因实际参与经营管理而获得的收益在扣除相关成本费用后支付给转让方的,人民法院应予支持。”即法律规定在此种情况下,受让方对转让方承担缔约过失责任,赔偿信赖损害,双方恢复到股权转让合同未订立前的状态。但是,笔者认为,这样的处理方式虽然符合理论上的体系解释,却破坏了法律的安定性,也忽略了结果考量,无法实现当事人间利益的公平衡量。

笔者认为,当法定未生效合同已经充分得到履行的情况下,应该着重考量履行后的法律利益关系,考虑批准、登记强行性条款所预防的结果是否因合同履行而不存在或消除。首先,结果考量的导向功能要求法官在适用法律时,应该通过对已有的行为结果进行评估,从而理解和把握法律规范的目的。[①] 法定未生效合同充分得到履行后,若其履行的后果未危害到社会公共利益,并没有出现《合同法》第 52 条所规定的无效情形时,则批准、登记强行性规范的规范目的也得到了实现,国家也实现了对这类合同效力的肯定性评价。这时候法律的适用不妨使法定未生效合同产生有效的法律后果。其次,法律的安定性要求保护当事人由期待已经变成现实的利益关系。从某种程度上来说,一种基于已经履行的合同的安定性利益,要大于强行性规范的保护利益。[②] 所以,笔者认为,出于结果考量的法律适用和法律安定性的维护,应该赋予合同项目已经履行完毕的法定未生效合同以有效的法律后果。

司法裁判中,在处理合同履行行为对法定未生效合同效力的影响

① 参见耿林:《强制规范与合同效力——以合同法第 52 条第 5 项为中心》,中国民主法制出版社 2009 年版,第 260 ~ 268 页。

② Westphal, Zivilrechtliche Vertragsnichtigkeit, S. 117.

的问题上,已经作出了积极的探索:在"广州市建筑置业公司与深圳国际俱乐部有限公司欠款纠纷上诉案"中,法院认定"尽管本案(股权转让)合同(未经批准)未生效,但国际俱乐部已按照约定向广明公司投入资金5350万元。之后,三方决定达成新的协议,签订《广明公司合作项目协议书》……《广明公司合作项目协议书》是三方真实意思表示,对各方均具有法律约束力。置业公司应依约向国际俱乐部支付款项"。[①] 所以,虽然股权转让合同未经批准而未生效,但是受让方已经实际投资,且又签订了新的开发项目。法院既然判决新的开发项目协议有效,那么也就是使前一个未生效的股权转让合同实际产生了合同有效的法律效果。在"席德元诉广州市黄埔区民政局等中外合作经营合同纠纷案"中,法院认定投资者席德元已经实际投资,投资企业也已经正常运转。虽然设立中外合作经营企业的设立合同未经批准而未生效,但是法院判决席德元不能要求解除合同,也不支持席德元要求返还投资款的诉讼请求。"席德元若想收回投资款,则应该由投资企业清算后再解决。但是对方当事人广州市黄埔区民政局有过错,未履行报批义务,所以判决其赔偿席德元投资款利息。"[②]

(2) 法定未生效合同中的违约金条款和定金条款的效力

法定未生效合同中,当事人有可能约定了相应的违约金条款和定金条款。笔者认为,在主合同未经审批尚未生效时,违约金条款和定金条款也是没有效力的,守约方不能主张未履行报批义务的当事人支付约定的违约金或双倍返还定金。

违约金条款是一种从合同,它是以主合同生效为条件的。换言之,只有在双方当事人就主合同的内容达成一致的意见,并且合法生效的情况下,违约金条款才能生效。[③] 所以,在法定未生效合同下,主合同

① "广州市建筑置业公司与深圳国际俱乐部有限公司欠款纠纷上诉案",(2004)粤高法民四终字第117号。

② "席德元诉广州市黄埔区民政局等中外合作经营合同纠纷案",(2006)穗中法民四初字第293号。

③ 参见王利明:《合同法研究》(第二卷),中国人民大学出版社2003年版,第702页;崔建远主编:《合同法》(第5版),法律出版社2010年版,第343~344页;韩世远:《合同法总论》(第2版),法律出版社2008年版,第590~591页。

尚未生效,则违约金条款也相应尚未生效,支付违约金的诉讼请求也不应该得到支持。但是在司法裁判中,有些法官没有厘清违约金条款的从合同地位。在"广州市仙源房地产股份有限公司与广东中大中鑫投资策划有限公司、广州远兴房产有限公司、中国投资集团国际理财有限公司股权转让纠纷案"中,一审、二审和再审的法官均支持了法定未生效合同下,受让方要求未履行报批义务的转让方支付违约金的请求。①

定金合同的有效以主合同的有效成立为前提,定金合同是主合同的从合同。② 所以,在法定未生效合同下,主合同尚未生效,则定金条款也相应尚未生效。以三资企业股权转让合同为例,受让方要求有过错的转让方双倍返还定金的请求不应该得到支持;在支持当事人要求解除合同的请求的同时,根据《合同法》第97条"恢复原状"的要求,定金应当全额返还于受让方。但是在司法裁判中,有些法官也没有厘清定金条款的从合同地位。在"谢水吉等与李声钟股权转让纠纷上诉案"中,终审法官在判决双方解除合同的情况下,只是部分支持了受让方要求返还定金的诉讼请求,判决转让方返还受让方一部分定金。③

五、结语

(一)本文的讨论结论

为了公共利益或者行政管理的需要,我国民商事合同领域有一类特殊合同需要以办理相关批准、登记手续作为这类合同生效的特别要件。这类特殊合同在成立后未经批准、登记的状态下,便是法定未生效合同。

1. 法定未生效合同的认定

根据法定未生效合同的概念界定,我们可以看出,对法定未生效合同的认定,实际上是对特殊合同的认定;对特殊合同的认定,进一步来

---

① "广州市仙源房地产股份有限公司与广东中大中鑫投资策划有限公司、广州远兴房产有限公司、中国投资集团国际理财有限公司股权转让纠纷案",(2009)民申字第1068号,载《最高人民法院公报》2010年第8期。

② 参见王利明:《合同法研究》(第二卷),中国人民大学出版社2003年版,第711页;崔建远主编:《合同法》(第5版),法律出版社2010年版,第197页。

③ "谢水吉等与李声钟股权转让纠纷上诉案",(2006)琼民一终字第24号。

说,其实是对我国法律、行政法规中批准、登记条款的甄别,即辨别出哪些批准、登记条款可以解释为办理批准、登记手续是相应合同的生效要件,即辨别出哪些批准、登记条款可以构造出特殊合同。换言之,只要对批准、登记条款进行妥当的辨别,就能够完成对法定未生效合同的类型化分析。

为了对批准、登记条款进行妥当的辨别,首先,笔者将所涉及的所有批准、登记条款进行初步的划分,分为确定性批准、登记条款和疑难批准、登记条款两大类型。确定性批准、登记条款是确定能构造出特殊合同的批准、登记条款;疑难批准、登记条款则存在着异议;其次,笔者重点甄别疑难批准、登记条款,尝试运用原则性辨别和解释性辨别两条规则:第一,在实体性论证规则的思路指导下,除非有足够充分且正当的理由——比如法条明文规定批准、登记是合同的特别生效要件或者通过严格的法律解释可以认定批准、登记是合同的特别生效要件,否则批准、登记原则上不能影响合同的效力。第二,运用文义解释、体系解释和目的解释的狭义法律解释方法,将国有资产企业领域、反垄断竞争领域和外商投资领域(包括港澳台华侨投资领域)的疑难批准条款认定为能构造出特殊合同的批准、登记条款,并且认定采矿、探矿领域的疑难批准条款不属于可以构造出特殊合同的批准、登记条款。相应地,其他的所有疑难条款(如土地管理领域、建筑领域的疑难条款)则不能认定为能构造出特殊合同的批准、登记条款。

所以,笔者通过对能构造出特殊合同的批准、登记条款进行类型化分析,进而对特殊合同进行类型化分析,而最终完成了对法定未生效合同的类型化。法定未生效合同的范围,应该限制为这四类合同:第一,外商投资领域(包括港澳台华侨投资领域)一系列须经批准、登记的合同未经批准登记;第二,国有资产企业领域一系列须经批准、登记的合同未经批准登记;第三,反垄断竞争领域的经营者合并合同未经审批机关批准;第四,中国海洋石油公司与外国合作开采海洋石油资源的石油合同未经审批机关批准。

2. 法定未生效合同下的法律责任

在合同法定未生效阶段,当事人应承担的法律义务主要包括以下两个方面:第一,当事人不得擅自变更或解除合同;第二,合同附随义务,包括办理批准、登记等合同生效手续和保密、通知等其他合同附随义务。

在合同法定未生效阶段,当事人的法律责任,主要是指未履行报批义务的当事人的法律责任,应该独立形成一种既有别于缔约过失责任又有别于违约责任的特殊责任体系。这个特殊责任体系主要的特殊之处有两点:第一,合同法定未生效期间,未履行报批义务的当事人需要承担报批义务的履行责任;第二,合同法定未生效期间,未履行报批义务的当事人需要承担的损害赔偿责任的对象"游走"于对方当事人信赖利益损害和履行利益损害之间。根据双方过错程度等具体情况,在不同的情况下赔偿对方当事人不同的利益损害。

法定未生效合同下当事人这两种特殊的法律责任的承担并不是非此即彼的,而是互相结合的。守约当事人若想实现原合同的目的,可以主张对方当事人承担报批义务的履行责任并赔偿损失;若想放弃与对方当事人的继续合作,则可以主张解除合同,并要求对方赔偿损失。

(1)报批义务的履行责任

当事人不履行其报批义务,法院可以据此判令其在一定期限内履行这一义务。如果法院已经判令当事人履行报批义务,但是应当报批的当事人拒不履行或拖延履行报批义务的,法院可以判令对方当事人自行办理报批,即"间接履行"或"履行替代"。

(2)"游走"在信赖损害赔偿与履行损害赔偿之间的损害赔偿责任

损害赔偿责任的范围由小及大应该是:信赖损害(包括积极损害和消极损害),履行损害中的积极损害,履行损害(包括积极损害和消极损害)。法定未生效合同下,当事人不履行报批义务的过错大致可以区分为不催告不报批的轻微过错、催告后不报批的一般过错和判决后不报批的恶意过错。损害的三种类型——范围由小到大与过错的三种类型——程度由轻到重紧密联系在了一起:轻微过错只需赔偿信赖损害,一般过错赔偿履行损害中的积极损害,恶意过错赔偿履行损害。通过不同类型的过错判定不同类型的损害赔偿责任。所以,根据个案中当事人的过错程度不同,其具体的赔偿责任范围则"游走"于最小范围信赖损害和最大范围履行损害之间,从而能够比较妥当地解决当事人之间的利益衡量问题。

以未经批准的三资企业股权转让合同为例,在不同情况下,当事人应该承担如下这两项特殊的法律责任:

股价上涨背景下,在一个三资企业股权转让合同中,双方约定受让方支付转让款后转让方办理报批手续,受让方按期支付股权转让款后,转让方不履行报批义务,受让方出于想获得股权、达到原合同目的的考虑,可以要求转让方履行报批义务并赔偿损失:若转让方是轻微过错,则应赔偿受让方因转让方未履行报批义务而造成的实际损失及其利息;若转让方是一般过错,则应赔偿受让方因转让方未履行报批义务而造成的实际损失及其利息、转让方的股权收益;若转让方是恶意过错,则应赔偿受让方因转让方未履行报批义务而造成的实际损失及其利息、转让方的股权收益以及股权转让款的差价。

股价上涨背景下,在一个三资企业股权转让合同中,双方约定受让方支付转让款后转让方办理报批手续,受让方按期支付股权转让款后,转让方不履行报批义务,受让方出于不再与转让方合作的考虑,可以要求解除合同并要求转让方赔偿损失:若转让方是轻微过错,则应赔偿受让方已经支付的股权转让款及其利息、受让方因转让方未履行报批义务而造成的实际损失及其利息;若转让方是一般过错,则应赔偿受让方已经支付的股权转让款及其利息、受让方因转让方未履行报批义务而造成的实际损失及其利息、转让方的股权收益;若转让方是恶意过错,则应赔偿受让方已经支付的股权转让款及其利息、受让方因转让方未履行报批义务而造成的实际损失及其利息、转让方的股权收益以及股权转让款的差价。

股价下跌背景下,在一个三资企业股权转让合同中,双方约定受让方支付转让款后转让方办理报批手续,受让方未支付或未完全支付股权转让款,并且受让方不协助履行报批义务,转让方出于想出让股权、达到原合同目的的考虑,可以要求受让方协助履行报批义务并赔偿损失:如果受让方是轻微过错,则应赔偿转让方因受让方未按期支付转让款及未协助履行报批义务而造成的实际损失及其利息;若受让方是一般过错,则应赔偿转让方因受让方未按期支付转让款及未协助履行报批义务而造成的实际损失及其利息、受让方应该支付的转让款及其利息以及转让方的股权亏损;若受让方是恶意过错,则应赔偿转让方因受让方未按期支付转让款及未协助履行报批义务而造成的实际损失及其利息、受让方应该支付的转让款及其利息、转让方的股权亏损以及股权转让款的差价。

股价下跌背景下，在一个三资企业股权转让合同中，双方约定受让方支付转让款后转让方办理报批手续，受让方未支付股权转让款且不协助履行报批义务，转让方出于不再与受让方合作的考虑，可以要求解除合同并要求受让方赔偿损失：如果受让方是轻微过错，则应赔偿转让方因受让方未按期支付转让款及未协助履行报批义务而造成的实际损失及其利息；若受让方是一般过错，则应赔偿转让方因受让方未按期支付转让款及未协助履行报批义务而造成的实际损失及其利息、转让方的股权亏损；若受让方是恶意过错，则应赔偿转让方因受让方未按期支付转让款及未协助履行报批义务而造成的实际损失及其利息、转让方的股权亏损以及股权转让款的差价。

(3)特殊法律责任下的其他问题

当法定未生效合同已经充分得到履行的情况下，出于结果考量的法律适用和法律安定性的维护，应该赋予合同项目已经履行完毕的法定未生效合同以有效的法律后果。

法定未生效合同中，当事人有可能约定了相应的违约金条款和定金条款。在主合同未经审批尚未生效时，违约金条款和定金条款也是没有效力的，守约方不能主张未履行报批义务的当事人支付约定的违约金或双倍返还定金。

法定未生效合同的特殊责任不仅仅由于其产生阶段的特殊，更由于其责任承担方式的特殊，其损害赔偿责任对象的特殊，应该单独形成一个特殊的责任体系，与缔约过失责任、违约责任并列，从而构成整个合同过程严密的责任体系。

(二)余论

在法定未生效合同的认定上，重点在于辨别能构造出特殊合同的批准、登记条款。在本文中，为解决这一问题，笔者运用的最主要方法是狭义的法律解释的方法，通过文义解释、体系解释和目的解释的方法，通过排除、类比、归类，从而确定疑难批准、登记条款的性质，辨别出能构造特殊合同的批准、登记条款。笔者认为，这个方法是一个法律解释和法律适用的具体方法,在司法实务中有着举足轻重的作用,可以对单个疑难批准、登记条款进行具体剖析,以得出比较妥当的结论。

但是,在理论体系的构建上,笔者认为,如果能从民法规范论原理的角度,将这类构成合同生效要件的行政审批法律规范从理论上抽象出来,将对法定未生效合同的认定产生质的理论飞跃。即在王利明教授的管理性强行性规范、王轶教授的强制性规范中做进一步的类型化区分,区分出完全不影响合同效力的法律规范和影响合同效力致使合同未生效的法律规范。笔者一直在探求这个问题,但是由于理论知识储备的不足,对这个问题的探求始终未果。而这也是笔者接下来所要努力和研究的方向。

引用王轶教授在著述中的一句题记:“我们身处的,是一个确定性丧失的时代,也是一个人们转而寻求相互理解并力图达成共识的时代。”[①]笔者期望通过自己的努力,能在这个确定性丧失的时代,在相关问题上去理解更多的共识、探求更多的共识,至少是笔者心目中经过充分论证的、足以被接受为共识的共识。

(作者系中国人民大学法学院民商法学专业博士研究生)

---

① 王轶:《民法原理与民法学方法》,法律出版社 2009 年版,第 32 页。

论买卖合同中继续履行情形下的拆装和重新安装问题

——以德国联邦法院和欧洲法院判决为中心

夏昊晗

目　次

一、问题的提出
二、德国围绕拆装和重新安装问题的论争
三、德国联邦法院的传统见解
四、欧洲法院的相反见解
五、德国联邦法院对欧洲法院判决的转化
六、德国法学界对欧洲法院判决的批评
结语

一、问题的提出

依买卖合同标的物的性质或其使用目的，买受人有时需要将标的物予以安装后方可加以利用。① 这种情形在日常生活中并不少见，比如墙纸、地板砖、组合型家具、整体厨房、电器产品等通常均涉及安装的问题。在以此种类型的物为标的物的买卖合同中，如果买受人在安装

① 此处在广义上使用“安装”一词，意指按照一定的方法将物件固定在某地方，同时在相反的意义上使用“拆装”一词。

后始发现标的物存在瑕疵,自可要求出卖人继续履行,或者除去瑕疵,或者重新交付新的无瑕疵的物。唯在此种情况下,会产生一个在实务中极具重要性的问题,即如果买卖合同并未规定出卖人负有安装义务,而买受人在发现瑕疵之前已经依照标的物的性质及其使用目的对其进行了安装,那么在继续履行过程中,应该由谁负责拆装已经安装了的有瑕疵的标的物和重新安装经过更换或修理的无瑕疵的标的物,或者承担由此而产生的必要费用呢?出卖人抑或买受人?

欧洲法院一则涉及此问题的判决曾遭致德国法学界的激烈抨击,迄今尚未平息。这个问题的处理虽然与德国法的特殊性有所关联,但其在实质上关涉继续履行的范围或者说射程问题,弄清楚这个问题对于深入认识继续履行问题有着重要的意义。因此,本文以德国联邦法院和欧洲法院关于此问题的判决为中心,对此问题进行系统梳理。

二、德国围绕拆装和重新安装问题的论争

(一)法律框架与不同处理方式的差异

根据《德国民法典》第433条第1款的规定,出卖人的履行义务体现为交付无瑕疵的标的物并移转其所有权于买受人。如果标的物存在第434条意义上的瑕疵,依据第437条的规定,买受人享有以下救济权利:一是依据第437条第1项并结合第439条第1款,要求出卖人继续履行,①而继续履行的方式分两种,一种为除去瑕疵,另一种为重新交付无瑕疵物。德国法学将前一种情况称为"Nachbesserung",将后一种情况称为"Ersatzlieferung"。因继续履行而产生的必要费用,根据第439条第2款,应该由出卖人承担。二是依据第437条第2项并结合关于合同解除的规定或者关于减价的规定,行使合同解除权或减价权。三是依据第437条第3项并结合第280条及以下各条,要求损害赔偿。其中损害赔偿又分为两类,一类是第280条第1款规定的可以与继续履行同时并存的损害赔偿,因此又被称为"履行之外的损害赔偿"(Schadensersatz neben der Leistung),另一类则是第280条第1款和

① 此处将德语"Nacherfüllung"翻译为"继续履行",而没有译为"事后补充履行"或"再履行",系考虑到"继续履行"在我国的使用几成惯例,并不致滋生理解上的错误。

第3款并结合第281条及以下各条规定的"替代履行的损害赔偿"(Schadensersatz statt der Leistung)。根据第280条第1款第2句,在义务违反不可归责于出卖人的情况下,出卖人无须承担损害赔偿责任,也就是说,损害赔偿责任实行过错推定,而第439条规定的继续履行系无过错责任。此外,在德国法上,与解除合同、减价和替代履行的损害赔偿这些违约救济手段相比,继续履行处于优先地位,只有在继续履行不可能或者出卖人拒绝继续履行时,买受人才能行使其他救济权利。立法如此处理的一个重要目的在于给予出卖人第二次履行的机会,而这在通常情形下亦符合买受人的利益。①

在这种法律基本框架之内,对于出卖人和买受人而言,对拆装和重新安装问题的不同定性将导致出现完全相反的结果。如果将拆装和重新安装视为第439条第1款规定的继续履行义务的组成部分,或者将拆装和重新安装费用视为第439条第2款规定的因继续履行而产生的必要费用,那么出卖人即便没有过错也要承担拆装和重新安装义务,或者承担为此而必须支付的费用。如果出卖人拒绝拆装和重新安装或承担相应费用,买受人可以根据第437条第3项并结合第280条第1款和第3款以及第281条第1款请求"替代履行的损害赔偿",此时出卖人的过错体现为没有合理理由拒绝继续履行。反之,如果认为继续履行并不包括拆装和重新安装在内,那么,即使出卖人同意继续履行,但是拒绝拆装和重新安装,买受人此时亦不能行使解除合同、减价或者替代履行的损害赔偿这些救济权利。此时唯一的救济途径是根据第437条第3项并结合第280条第1款,将拆装和重新安装费用作为损害要求出卖人予以赔偿,这种损害赔偿在性质上系"履行之外的损害赔偿"。拆装和重新安装费用显然属于第249条第1款规定的可得赔偿的财产损害,因为,如果出卖人自始交付的即是无瑕疵的物,那么根本不会产生拆装和重新安装费用。问题是,如前所述,这种损害赔偿责任实行过错推定,出卖人可以通过推翻这种推定而免责。而在出卖人并非同时作为生产者的场合,作为销售者,出卖人通常对销售的产品并无检验义务,生产者的过错亦无法通过第278条归责于出卖人,因为生产

---

① Medicus/Lorenz, Schuldrecht Ⅱ, Besonderer Teil, 15. Aufl., § 78, Rn. 123.

者并非出卖人的履行辅助人。[①] 这也就是说,出卖人并不存在过错,从而无须赔偿买受人所支付的拆装和重新安装费用。

因此,问题的关键在于:拆装和重新安装是否包括在继续履行的范围之内?

(二)德国法学界的论争

对此问题,德国法学界区分继续履行的方式予以不同回答。在继续履行采取除去瑕疵这种方式的情况下,德国法学界一致认为拆装和重新安装包括在继续履行的范围之内。因为在通常情形下,如果瑕疵物处于安装状态,出卖人无法有效除去瑕疵,为了有效除去瑕疵,出卖人必须先将瑕疵物拆装,在除去瑕疵后再重新进行安装,因而拆装和重新安装费用属于第439条第2款所规定的因继续履行而产生的必要费用。[②] 而在继续履行采取重新交付这种方式的情况下,德国法学界的意见分歧,争执不下。可以将这些意见粗略归纳为如下三种:

1. 否定论

否定论者认为拆装和重新安装均不属于继续履行的范畴,[③]所援引的论据主要为:一是继续履行义务是原先的履行义务的逻辑结果,因而继续履行义务的范围不得超过原先的履行义务的范围,而依据第433条第1款的规定,出卖人所负担的原先的履行义务仅仅在于使买受人获得无瑕疵的物的占有及其所有权。因此,在合同没有约定安装义务的情况下,继续履行自然不应该包括拆装和重新安装在内。[④] 二是通过继续履行回复的状态应该是标的物在风险转移时所处的状态,而此时标的物的安装尚未进行。[⑤] 三是如果将拆装和重新安装纳入继续履行的范畴之内,则混淆了买卖合同和承揽合同的区别。[⑥] 以地板

① Vgl. BGH, NJW 1981, 1269 (1270); NJW 2008, 2837(2837).

② Kettler/Hamelmann, VersR 2011, 1527(1533).

③ Vgl. Thürmann, NJW 2006, 3457 (3460); Ayad/Hesse, BB 2008, 1926 (1928); Skamel, NJW 2008, 2820(2822); Katzenstein, ZGS 2009, 29(31).

④ Vgl. Thürmann, NJW 2006, 3457.

⑤ Vgl. Schneider/Katendahl, NJW 2007, 2215.

⑥ Vgl. Lorenz, ZGS 2004, 408(408).

砖为例,承揽人不仅有义务交付无瑕疵的地板砖,并且有义务将地板砖铺好,而出卖人按照第433条第1款的规定只有交付无瑕疵的地板砖并移转其所有权的义务,如果买卖合同没有规定出卖人的安装义务,出卖人和安装则没有任何关系。[①] 四是在债法改革中,通过废除原《德国民法典》第467条第2句,[②]立法者意在将这种类型的合同费用的补偿设定为实行过错推定的损害赔偿责任,如果将拆装和重新安装纳入继续履行中,这种费用的补偿将成为无过错责任,这有违立法者试图建立的体系。[③] 这种观点主要为德国联邦法院采纳。

2. 肯定论

肯定论者则针锋相对,认为拆装和重新安装均属于继续履行的范畴,[④]最为根本的理由略为:根据继续履行的意义和目的,通过继续履行所要回复的状态是标的物在继续履行时所处的状态,而标的物在继续履行时处于已经被安装的状态,因而出卖人在继续履行时必须先拆装然后再重新安装,唯有如此,方能将买受人置于交付的标的物自始即无瑕疵的状态。这种观点意味着,继续履行回复原状的时间点不是在否定论者所主张的风险转移时,而是标的物在继续履行时所处的状态,这就自然要求将买受人在标的物上所进行的改变(包括安装)也要重新予以恢复或保持。[⑤] 此外,肯定论者亦认为,区分处理重新交付和除去瑕疵缺乏合理依据,并且认为,将拆装和重新安装排除于继续履行之外涉嫌违反《欧盟消费品买卖指令》(以下简称《指令》)保护消费者的立法目的。[⑥] 与否定论相比,肯定论的支持者比较少,但一些地方高等

---

① Vgl. Greiner, ZGS 2010, 353(357).

② 原《德国民法典》第467条第2句规定,在解除合同的情况下,出卖人有义务补偿买受人支付的合同费用(Vertragskosten)。

③ Vgl. Katzenstein, ZGS 2008, 450(454).

④ Vgl. Terrahe, VersR 2004, 680; Witt, ZGS 2008, 369; Faust, in: Bamberger/Roth, § 439, Rn. 18.

⑤ Vgl. Terrahe, VersR 2004, 680(682).

⑥ Vgl. Witt, ZGS 2008, 369(374). 此处的《欧盟消费品买卖指令》指 Richtlinie 1999/44/EG des Europäischen Parlaments und des Rates vom 25. Mai 1999 zu bestimmten Aspekten des Verbrauchsgüterkaufs und der Garantien für Verbrauchsgüter。

法院支持这种观点。[①]

3. 折中论

介于两者之间的折中论者则区分对待拆装和重新安装,认为拆装属于继续履行的范畴,而重新安装则不属于。[②]折中论者援引的理由主要为:一是只有在重新交付新的无瑕疵物的同时通过拆装将瑕疵物从买受人处移除,才能真正实现买受人对于合乎合同约定的无瑕疵物的占有;二是根据第 439 条第 4 款,在重新交付时,出卖人对于瑕疵物有返还请求权,相应地出卖人对瑕疵物有取回义务,出卖人为了履行其取回义务,自然必须首先将瑕疵物予以拆装;[③]三是继续履行的地点应该为瑕疵物所在地,由此亦可推导出出卖人的拆装义务。[④] 需要注意的是,肯定论者采用的论据也在很大程度上被折中论者用于证明自己观点的合理性。这种折中观点居于主流地位,并且也得到一些地方高等法院的支持。[⑤]

三、德国联邦法院的传统见解

如前所述,德国联邦法院属于否定论者,在坚决否定重新安装属于继续履行范畴的同时,也倾向于对拆装问题作同样认定。

(一)关于重新安装问题

德国联邦法院关于重新安装问题的见解体现于 2008 年的"木地板案"。[⑥] 在该案中,原告(消费者)从被告(企业)处购买木地板,在铺完后发现木地板上下两层脱离,原因在于木地板的上下两层在生产过程中没有牢固粘连。由于这种瑕疵无法通过修理消除,原告要求被告重新交付新的无瑕疵的木地板,并承担拆装和重新安装费用。被告同意支付拆装费用,但是拒绝重新交付和承担重新安装费用。于是原告打

---

① Vgl. OLG Karlsruhe, ZGS 2004, 432.

② Vgl. Ackermann, JZ 2002, 378 (385); Schneider, ZGS 2008, 177; Lorenz, NJW 2009, 1633 (1635); Unberath/Cziupka, JZ 2009, 313 (315).

③ Vgl. Lorenz, ZGS 2004, 408(411).

④ Vgl. OLG Köln, NJW-RR 2006, 677.

⑤ Vgl. OLG Köln, NJW-RR 2006, 677; OLG Frankfurt a. M., ZGS 2008, 315.

⑥ BGH, NJW 2008, 2837. 以下关于案情和判决意旨的介绍,不再另行引注。

算从别处购买木地板,但是诉至法院,要求被告承担重新安装费用。[①]在两审败诉后,原告上诉至德国联邦法院。

德国联邦法院首先指出,第439条第1款第2种情形规定的重新交付无瑕疵物这种继续履行方式不包括重新安装义务在内。[②]因为,第439条第1款规定的继续履行义务只不过是原先的履行义务的修正(Modifikation),两者在义务范围上是一致的,而根据第433条第1款的规定,出卖人的履行义务在于交付无瑕疵的物并移转其所有权于买受人,出卖人的继续履行义务也就仅仅限于此,不能少,但是也无须多,只要在买卖合同中没有约定出卖人负有安装义务。此外,继续履行的目的在于给予出卖人第二次机会,履行其根据第433条第1款所负担的义务,而不在于保护买受人免受因标的物瑕疵而导致的财产损害,也就是说继续履行指涉的是买受人的履行利益,而非买受人的固有利益,因而,由于出卖人交付瑕疵物而引起的财产损失或者费用支出不是继续履行的问题,而是损害赔偿的问题。因此,买受人只能根据第437条第3项并结合第280条及以下各条的规定请求损害赔偿,由于出卖人没有过错,买受人无法据此主张赔偿重新安装费用。紧接着,德国联邦法院指出,重新安装费用并不属于第439条第2款规定的费用范畴。[③]因为第439条第2款仅仅规定了为实施继续履行而支出的必要费用,并没有在第439条第1款确定的义务之外扩充继续履行的义务范围。既然重新安装不属于第439条第1款规定的继续履行的义务范围,那么重新安装费用自然也就不属于第439条第2款规定的费用。由于第439条第2款系转化上述《指令》第3条第4款而来,[④]德国联邦法院最后结合《指令》的有关规定对此种意见进行了分析。德国联邦法院认为,《指令》的目的在于通过继续履行将消费者置于如同消费品自始即

① 此时,原告尚未支付价款。

② 《德国民法典》第439条第1款规定:"作为继续履行,买受人可以根据自己的选择,或者请求除去瑕疵,或者请求交付无瑕疵的物。"

③ 《德国民法典》第439条第2款规定:"出卖人必须负担为继续履行目的所必要的费用,尤其是运输费、道路费、劳动费和材料费。"

④ 《指令》第3条第4款规定,"无偿"概念包括将消费品回复至合乎合同状态所必要的费用,尤其是运输、劳动和材料费用。

以符合合同的状态交付的状态。但是,由此只能推导出,出卖人必须根据《指令》第3条第4款承担为回复合乎合同的状态所需支出的必要费用,而不能推导出,出卖人必须在重新交付无瑕疵物之外尚需重新安装,因为出卖人根据买卖合同并不需要承担安装义务,因而重新安装费用也就并非为回复合乎合同的状态所需支出的必要费用。因此,即便根据《指令》也无法对第439条第2款进行扩充解释,以便将重新安装费用纳入其中。

由于德国联邦法院认为自己对第439条第1款和第2款在重新安装问题上的解释符合《指令》的立法意旨,因而根本没有考虑将此问题提交欧洲法院预先裁决。[①]该判决也得到了德国学术界的广泛支持。

(二)关于拆装的问题

德国联邦法院关于拆装问题的理解,可以通过分析2009年发生的"地板砖案"管窥。[②] 在该案中,原告(消费者)从被告(企业)处以1382.27欧元的价格购买了地板砖,在请人将地板砖铺到大约三分之二的时候,在地板砖表面发现用肉眼即可看到的阴影。经鉴定,阴影属于微小的打磨痕迹,是由于生产者的失误造成的。由于此种瑕疵从技术上根本无法消除,必须将全部的地板砖进行更换。在被告拒绝更换后,原告诉至法院,要求被告重新交付无瑕疵的地板砖并支付拆装和重新安装费用共计5830.57欧元。一审法院从原告并没有主张的减价的角度出发,判决被告承担273.10欧元,二审法院则判决被告重新交付无瑕疵的地板砖,并承担2122.37欧元的拆装费用。出卖人认为,根据德国法律,买受人无权要求出卖人承担拆装费用,因此出卖人是否有义务承担拆装费用取决于对《指令》第3条第2款和第3款的解释或者对

① Vgl. Medicus/Lorenz, Schuldrecht II, Besonderer Teil, 16. Aufl., 2012, § 78, Rn,132.

② BGH NJW 2009,1660. 以下关于案情和判决意旨的介绍,不再另行引注。

《德国民法典》第439条进行符合指令的解释。① 为此,出卖人将判决中的拆装费用承担部分上诉至德国联邦法院。

德国联邦法院肯认,根据司法实务中的主流观点和学术界的流行看法,在重新交付的情况下,买受人可以要求出卖人拆装或者要求承担相应的拆装费用。但是,德国联邦法院依然认为,根据德国法,出卖人在重新交付时并没有拆装义务,拆装费用只能通过主张损害赔偿请求权实现。德国联邦法院所采用的理由和在重新安装问题上的理由同出一辙:一方面,与出卖人根据第433条第1款负担的履行义务一致,继续履行义务在内容上仅仅指无瑕疵物的交付及其所有权的移转,拆装并不属于第439条第1款规定的继续履行义务的范围。另一方面,根据第439条第2款,出卖人需承担基于继续履行而支出的必要费用,尤其是运输费用和材料费用等。从其文义看,只有为继续履行而支出的费用才是该款规定必须由出卖人承担的必要费用。然而如前所述,拆装并不属于继续履行义务,因此拆装费用不属于第439条第2款规定的费用范畴。此外,德国联邦法院认为不能将其在1983年"瓦片案"中的判决意旨适用于该案。②因为在"瓦片案"中,瓦片只是被"松散"地铺在屋顶上,而在本案中,地板砖是通过铺设固定在地板上,进而构成建筑物的重要组成部分,被告对地板砖已经无权要求返还,也无法要

① 《指令》第3条第2款规定,在存在合同违反之场合,消费者有权请求通过修理或重新交付无偿将消费品回复到合乎合同的状态,或者要求合理的减价,或者解除合同。第3款第1句规定,消费者可以首先要求销售者无偿修理消费品或者无偿重新交付,只要这并非不可能或不成比例。第2句规定,如果救济措施给消费者导致的费用与替代救济措施相比是不可以合理期待的,该救济措施被视为不成比例,在判断时应该考虑消费品在无合同违反状态时的价值、合同违反的影响、是否可以在不对消费者造成显著不便的情况下采取替代救济措施。第3句规定,修理或者重新交付必须在合理期限内进行并且不得对消费者造成显著不便,此时应该对消费品的性质和消费者需求消费品的目的加以考虑。

② BGH, NJW 1983, 1479。该案发生于债法改革之前,当时德国联邦法院认为,根据第467条第2句,在解除合同的情况下,买受人有权依据迟延履行损害赔偿请求权要求出卖人承担拆装费用。理由是:出卖人在合同解除情况下对于瑕疵物拥有返还请求权,因而买受人享有相应的瑕疵物取回请求权,而出卖人则相应地负有取回义务。如果出卖人不履行取回义务,那么买受人可以将拆装费用作为迟延损害要求赔偿。

求买受人予以价值赔偿(Wertersatz),因而也就不存在与出卖人的取回义务相对应的买受人的取回请求权。在本案中,买受人只能根据第437条第3项并结合第280条第1款和第3款以及第281条第1款主张损害赔偿,但是由于出卖人没有过错,出卖人无须承担损害赔偿责任。

但是,德国联邦法院认为,对于第439条第1款和第2款的解释有可能违反《指令》第3条第2款和第3款第3句。根据《指令》第3条第2款,在交付的消费品违反合同的情形下,消费者有权要求出卖人将消费品"无偿"回复至合乎合同的状态,而根据《指令》第3条第3款第3句,在考虑到消费品的性质及其使用目的情况下,重新交付"不得对消费者造成显著的不便"。结合《指令》规定的"无偿"和"不得对消费者造成显著的不便"这两个原则,《指令》可能要求出卖人在重新交付时不仅仅交付合乎合同的消费品,而且需要同时移除此前交付的违反合同的消费品,以便为消费者依照其性质和使用目的对消费品予以使用创造空间,因此,拆装有可能包括在重新交付的义务范围之内。基于这种考虑,德国联邦法院决定将下述问题提交欧洲法院预先裁决:《指令》第3条第2款和第3款第3句是否必须如此解释,即在通过重新交付将消费品回复至合乎合同的状态时,出卖人必须承担因依照物的性质和其使用目的进行安装而产生的拆装费用?①

---

① 需要注意的是,德国联邦法院认为此问题在本案中只是次要问题,因为即便出卖人有义务承担拆装费用,但是由于《德国民法典》第439条第3款赋予出卖人在继续履行费用不成比例的情形下的拒绝履行权,因此,首要问题是,出卖人是否有权拒绝履行?根据第439条第3款,不仅在买受人选择的继续履行方式相对于另外一种履行方式给出卖人造成不成比例的费用时,也就是相对不成比例的情形,出卖人可以拒绝继续履行,即便买受人选择的继续履行方式是唯一的可能,只要这种方式给出卖人造成不成比例的费用,也就是绝对不成比例的情形,出卖人亦可以拒绝继续履行。而在本案中涉及的就是绝对不成比例的情况,因为除去瑕疵的方式从技术上不可能,唯一的继续履行方式是重新交付,但是交付新的无瑕疵地板砖的费用大约是1200欧元,而拆装费用大约是2100欧元,也就是说,继续履行费用高达3300欧元,这远远超出了地板砖在无瑕疵状态下的价值。问题是,德国法在绝对不成比例的情形下赋予出卖人拒绝继续履行权有可能违反《指令》第3条第3款,因为根据该款的字面意思,似乎只包括相对不成比例的情形。因而德国联邦法院将第439条第3款是否合乎《指令》作为首要问题提交欧洲法院预先裁决。

四、欧洲法院的相反见解

(一)提交欧洲法院预先裁决的两个案件

提交欧洲法院预先裁决的案件除了上述德国联邦法院审理的"地板砖案"外,[①]尚有德国一个地方法院提交的"洗碗机案"。[②]

在该案中,原告(消费者)在被告(企业)处购买洗碗机。原告在将洗碗机安装后方才发现,洗碗机存在无法通过修理除去的瑕疵。原告要求被告重新交付新的洗碗机,并进行拆装和重新安装或者承担相应的费用。被告同意重新交付新的洗碗机,但是拒绝进行拆装和重新安装或者承担相应的费用。此后,原告宣告解除合同,并诉至地方法院,要求被告返还价款。

地方法院认为,根据德国法律,只有在为出卖人继续履行指定了合理的期限而无结果的情况下,买受人方可解除合同。因此核心问题在于,买受人是否有权要求出卖人拆装和重新安装或承担相应的费用。地方法院进一步指出,依据德国法,在没有过错的情形下,出卖人并没有义务进行拆装和重新安装或者承担相应的费用,即便买受人在发现瑕疵之前依照标的物的性质将其进行了安装。但是,地方法院认为,此种义务有可能从《指令》推演出来,因为《指令》意图提供较高的消费者保护水平,根据第3条第3款第3句的规定,重新交付的进行"不得对消费者造成显著的不便"。就重新安装费用而言,如果出卖人对此不予赔偿,那么意味着买受人必须支付两次安装费用,而在出卖人依约履行时,买受人只要支付一次安装费用即可。因此,德国现行法规定出卖人仅仅在有过错的情形下才有义务赔偿重新安装费用,其妥当性是值得怀疑的。考虑到买受人没有任何过错,消费品的瑕疵更应该归责于

---

① 根据《欧盟运作条约》第267条,成员国法院在遇到涉及欧盟条约和指令的解释问题时,如果对该问题的回答为判决所必要,那么该法院可以将此问题提交欧洲法院预先裁决。一般而言,欧洲法院作出的预先裁决,对提出申请的法院以及所有存在类似程序问题的法院产生拘束力。提出申请的成员国法院必须将欧洲法院作出的裁决意旨适用到自己审理的具体案件中去。

② AG Schorndorf,ZGS 2009,525.以下关于案情和判决意旨的介绍,不再另行引注。

出卖人而非买受人,因此不考虑过错而一概由出卖人承担重新安装费用更为合理,况且与买受人相比,出卖人也更容易向消费品的生产者追偿。就拆装问题,该地方法院认为,《指令》要求出卖人通过重新交付将消费品回复到合乎合同的状态,这不仅包括重新交付无瑕疵的物,而且也包括,不得让瑕疵物继续停留在买受人的家中,并且无瑕疵物停留在自己家中对买受人构成显著的不便。此外,《指令》第 3 条使用的重新交付(Ersatzlieferung)这个概念也有可能意味着,出卖人的义务不仅仅限于重新交付无瑕疵的物,而且需要对瑕疵物进行更换(Austausch)。因此,该法院认为出卖人依据《指令》亦有义务拆装。为此,法院中止审理并将下述问题提交欧洲法院预先裁决:根据《指令》第 3 条第 2 款和第 3 款,出卖人是否有义务承担拆装和重新安装义务,或者承担相应的费用?

(二)欧盟委员会和成员国意见①

对于德国法院提交预先裁决的上述问题,德国、奥地利和比利时三国政府和西班牙、波兰两国政府以及欧盟委员会的意见相左。前者认为,《指令》第 3 条第 2 款使用的重新交付(Ersatzlieferung)这个概念仅仅包括交付合乎合同的消费品,不得要求出卖人在此之外承担依据买卖合同根本无须承担的义务。虽然《指令》第 3 条第 3 款和第 4 款要求继续履行的进行应该“无偿”,并且“不得对消费者造成显著的不便”,但是由此并不能得出出卖人必须承担拆装和重新安装义务的结论,因为《指令》所指的“无偿”和“不得造成显著不便”仅仅指向重新交付行为本身,并不能由此要求出卖人承担合同约定之外的义务。买受人因为拆装和重新安装而遭受的损害应该根据成员国的法律予以解决,因为损害赔偿问题并不在《指令》的适用范围之内。后者则持相反观点。西班牙政府认为,出卖人应该承担与重新交付有关的所有费用,包括拆装和重新安装费用在内,否则消费者将承担两次费用,而这与《指令》意图提供的高水平的消费者保护不相吻合。波兰政府则强调,《指令》第 3 条第 3 款和第 4 款的立法目的在于确保消费者在继续履行时无须

① 在欧洲法院预先裁决程序的庭审阶段,当事人、成员国、欧盟委员会和部长理事会可以发表对所涉问题的看法并相互辩论。

承担任何费用。在此基础上,欧盟委员会认为,《指令》第3条第2款和第3款将除去瑕疵(Nachbesserung)与重新交付(Ersatzlieferung)作为回复消费品至合乎合同状态的两种并列的继续履行方式,由此可以推导出,如同除去瑕疵一般,重新交付必须将消费品回复到合同违反时所处的状态。如果违反合同的消费品已经依照其性质和使用目的被安装,那么使新的消费品处于瑕疵消费品所处的安装状态便构成回复合乎合同状态的目标。此外,如果出卖人不将瑕疵消费品拆装并移走,消费者必须继续保有违反合同的消费品,在未安装的状态下,消费者也无法对重新交付的消费品加以利用,对于消费者而言,这显然构成《指令》第3条第3款意义上的“显著的不便”。

（三）欧洲法院佐审官的处理建议①

欧洲法院佐审官明确支持德国政府的意见。在其对两个提交预先裁决案件的处理建议中,②佐审官认为,《指令》第3条规定的继续履行以回复合乎合同的状态为标准,因此原来的买卖合同决定了继续履行的范围,而拆装和重新安装和依据买卖合同自始就负担的交付相区别,因而不在继续履行的范畴之内。将消费者置于如同履行自始合乎合同的状态,只能通过以过错为前提的损害赔偿责任来解决,而这并不在《指令》的规制范围之内。“无偿”和“不得造成显著不便”的要求只是涉及重新交付的履行,而并非扩大重新交付的义务范围。从《指令》加强消费者保护的目的来看,将拆装和重新安装问题包括在继续履行中似乎比较合适,但是其中关涉的问题并非如此简单,《指令》提供的救济不能简单地偏向消费者或企业(出卖人),而是必须在他们之间形成合理的利益均衡。

（四）欧洲法院的判决

由于提交预先裁决的两个案件实质上涉及同一个问题,欧洲法院

---

① 佐审官(Advocates-General 或 Generalanwalt)的职责主要是为欧洲法院审理的案件提供法律意见。佐审官的意见通常仅具有建议性质,且不拘束法院。不过这些意见仍然具有相当的影响力,且在多数案件中,这些意见会被法院采纳。

② Schlussanträge v. 18. 5. 2010 in den Rs. C – 87/09, BeckRS 2010, 90584, und C – 65/09, BeckRS 2010, 90583.

将其合并在一个判决中予以回答。①

欧洲法院认为,对《指令》第3条第3款和第4款的解释,应该如此进行,即如果买受人已经依照物之性质和使用目的对其善意进行了安装,那么在重新交付的情形下,出卖人必须负责对瑕疵物进行拆装并对重新交付的无瑕疵物进行安装,或者承担相应的必要费用。至于出卖人依据合同是否承担安装义务,则在所不问。

在阐释判决理由时,欧洲法院综合运用文义解释、体系解释、目的解释和立法解释等方法,对其观点进行论证,要点如下:

1. 根据《指令》第3条的规定和与此相关的前期立法准备工作,欧盟立法者将回复合乎合同状态的"无偿"视作《指令》意欲实现的高水平消费者保护的重要组成部分,而继续履行的无偿进行可以避免消费者出于经济负担的顾虑而放弃行使救济请求权。如果将《指令》第3条解释为出卖人没有义务拆装和重新安装或者承担相应费用,那么重新交付对于消费者来说并非无偿的,这显然违反立法者的初衷。

2. 虽然拆装和重新安装费用不属于《指令》第3条第4款明确规定的费用,但是该款使用的是"尤其是"(insbesondere),②因而只是对继续履行的必要费用进行了列举,但并未穷尽。拆装和重新安装费用系更换违反合同的消费品所必要的费用,因而构成回复合乎合同状态所必要的费用。

3. 从《指令》规定的体系考虑,除去瑕疵和重新交付属于并列的两种继续履行方式,两者应该保障同样水平的消费者保护,而除去瑕疵通常需要回复消费品在瑕疵出现时所处的状态,也就是说,此时消费者无需承担拆装和重新安装的费用。因此在重新交付的情形下,消费者也应该无须承担此种费用。

4. 欧盟立法者的目的在于提供有效的消费者保护,因此《指令》第3条第3款规定的"不得造成显著不便"这个概念不得如同德国政府那样被严格解释。对于消费者而言,出卖人无须拆装和重新安装毫无疑

① EuGH, NJW 2011, 2269. 以下关于案情和判决意旨的介绍,不再另行引注。

② 《指令》第3条第4款规定,"无偿"概念包括将消费品回复至合乎合同状态所必要的费用,尤其是运输、劳动和材料费用。

问构成显著的不便。尤其是在本案中,为了依照其性质和使用目的使用,消费者必须首先对消费品进行安装,这也使得此后的拆装成为必要。何况,第3款也明确规定,在考虑“不得造成显著不便”时,必须注意消费品的性质和使用目的。

5. 将第3条第2款和第3款解释为出卖人在重新交付的情形下,如果消费品已经按照其性质和使用目的在发现瑕疵前被安装,那么出卖人有义务拆装和重新安装或承担费用,符合《指令》提供更高水平的消费者保护的立法目的。

6.《指令》的德文版使用“Ersatzlieferung”指称“重新交付”,但是在《指令》的其他语言的大部分版本中,与此对应的语词,比如英文版本的“replacement”、法文版本的“remplacement”,存在一个共同点,即包含“更换”(Austausch)的意思,在重新交付时,消费品必须实际上被替换,而这自然要求出卖人将瑕疵物拆装并将无瑕疵物重新进行安装。

7. 对《指令》进行这样的解释也不会导致不合理的结果。尽管出卖人对于消费品违反合同不存在过错,但是不可否认的是,出卖人没有依约履行合同义务是导致产生拆装和重新安装费用的原因,因而出卖人必须承受不适当履行的后果。而消费者对此并无过错,他不仅依约支付了价款,并且是基于对消费品合乎合同的信任而在发现瑕疵之前善意地依照其性质和使用目的予以安装。在双方均无过错的情形下,由出卖人承担拆装和重新安装费用是合理的,因为,如果出卖人自始依约履行,根本不会产生额外费用。

8. 此外,经由《指令》第5条第1款规定的2年的短期时效、第3条第2款规定的拒绝履行权、第4条规定的追偿,出卖人的经济利益亦得到了很好的保护。

9. 欧洲法院认为,出卖人是否应该承担拆装和重新安装费用和出卖人根据合同是否负有安装义务无关。尽管根据《指令》第2条,需要根据买卖合同确定合乎合同的状态,并据此确定何种情形构成合同违反。但是,出卖人由于不适当履行而承担的义务不仅仅基于买卖合同,而是首先基于关于消费者保护的规定,尤其是《指令》第3条。这些规定施加的义务与合同约定无关,而是有可能超过合同约定的义务范围。

10.《指令》第3条赋予消费者权利的目的并不在于使消费者获得

比依照买卖合同更有利的地位,而是为了回复出卖人自始交付合乎合同的消费品的状态。这些权利依据《指令》第7条是不可以通过约定排除的。此外,根据《指令》第8条第2款,《指令》提供的是最低限度的保护,成员国立法不可以提供低于此种保护水平的保护。

五、德国联邦法院对欧洲法院判决的转化

欧洲法院在判决中没有明确这个问题:买受人是否首先应该给予出卖人自行拆装和重新安装的机会,只有出卖人拒绝时方可要求出卖人承担费用,还是可以直接要求出卖人承担相应的费用?因此,对于德国法院应该如何转化欧洲法院的判决,德国学术界提出了两套方案。一套方案主张对第439条第1款第2种情形进行合乎指令的解释,将拆装和重新安装纳入重新交付的范畴。[①] 比如,有学者认为,在德国法中,相较于其他救济措施,继续履行享有优先地位,因此,首先应该给予出卖人自行拆装和重新安装的机会,使得出卖人享有第二次提供履行的权利。并且,在很多情况下,出卖人可以较一般消费者更为便宜地进行拆装和重新安装。况且,合乎指令的解释依然可以为第439条第1款第2种情形的文字覆盖。[②] 另外一套方案则主张对第439条第2款进行合乎指令的解释,将拆装和重新安装费用归属于为进行继续履行而必要的费用。[③] 这种意见认为,根据文义,第439条第1款第2种情形只包括无瑕疵物的重新交付,而无法包括拆装和重新安装,因而无法通过对该款的合乎指令的解释对欧洲法院判决进行转化。[④] 由于德国联邦法院已经将第439条第2款视为独立的请求权基础,因而通过对该款进行合乎指令的解释是可行的,这样的好处是可以继续维持德国法的体系尤其是继续履行和损害赔偿的区分,进而可以避免买卖合同法中瑕疵担保法的急剧变革。[⑤]

---

① 比如,Faust, JuS 2011, 744 (747); Lorenz, NJW 2011, 2241 (2243); Förster, ZIP 2011, 1494ff.

② Vgl. Lorenz, NJW 2011, 2241(2243).

③ 比如,Greiner/Benedix, ZGS 2011, 489(493); Kaiser, JZ 2011, 978(984)。

④ Vgl. Greiner/Benedix, ZGS 2011, 489(493).

⑤ Vgl. Greiner/Benedix, ZGS 2011, 489(493).

应该说，第一套转化方案比较符合欧洲大陆尤其是德国法的传统，因此，德国联邦法院采纳了该方案对欧洲法院判决进行转化，并在转化判决中指出，[①]合乎指令的解释尚可以为第439条第1款第2种情形的文义所覆盖。根据一般的语言使用习惯，"liefern"被理解为"bringen"或者"übergeben"，在德国买卖合同法中，"Lieferung"原则上也仅用于指代出卖人履行交付和移转所有权的义务。但是这并不排除对其进行宽泛理解，因为这个概念是可以补充的，具有一定的价值评判空间。第439条第1款第2种情形是用于转化《指令》第3条第2款第2种情形的，立法者在立法理由中多次将"无瑕疵物的重新交付"(Lieferung)与德文版《指令》使用的"Ersatzlieferung"同等对待，而根据欧洲法院的意见，后者含有以合乎合同的物更换违反合同的物的含义。因此，可以认为第439条第1款第2种情形所规定的重新交付包括拆装和重新安装在内。更为重要的是，通过第439条第4款对第346条第1款第1种情况的引致，在重新交付的情况下，出卖人可以要求返还瑕疵物，立法者意在表明，"Lieferung"包含有一定的更换的因素(Austauschelement)在内。[②]

由于欧洲法院认为在绝对不成比例的情况下，[③]出卖人亦不得拒绝继续履行，德国联邦法院认为，即使拆装费用不成比例，卖方首先有义务也有权利自己拆装。只有当出卖人根据第439条第3款以费用不成比例拒绝自己进行拆装时，买受人才可以要求出卖人对相应的费用进行补偿。买受人要求补偿费用的请求权不以自己已经进行了拆装、费用已经产生为前提，而是可以在拆装之前，要求出卖人先行支付一部分。而在确定费用的具体金额时，应该根据物在无瑕疵状态的价值和

① BGH, NJW 2012, 1073. 以下关于案情和判决意旨的介绍，不再另行引注。

② 对于第439条第3款第3句，德国联邦法院认为无法通过狭义的简单解释进行合乎指令的转化，因为这违反立法的明确文义。德国联邦法院认为在此出现了违反计划的隐藏的法律漏洞，需要通过目的限缩的方式对第439条第3款第3句进行合乎指令的解释。在这个转化判决中，德国联邦法院明确绝对不成比例的情况下，如果涉及的是消费者合同，出卖人不得行使拒绝履行权。

③ 所谓绝对不成比例，是指买受人选择的继续履行方式是唯一的可能，但是这种方式给出卖人造成不成比例的费用。

瑕疵的影响将其限制在一个合理的范围内,但是不得因此而导致买受人要求费用补偿的权利在实际上被架空。具体到本案,德国联邦法院认为,地板砖上的阴影仅仅只是视觉上的瑕疵,不影响其实际功效,而地板砖在无瑕疵状态下的价值大概为 1200 欧元,因此判决被告向原告给付 600 欧元作为费用补偿。

需要注意的是,在此转化判决中,仅仅涉及拆装费用问题,因为德国联邦法院当时提交预先裁决的问题没有包括重新安装问题。但是由于另一个提交预先裁决的案件包括重新安装问题,并且欧洲法院对拆装和重新安装给予了同等处理,因此拆装和重新安装都属于继续履行的范畴。

此外,在这个转化判决中,德国联邦法院没有明确,是否将判决意旨限制适用于消费者合同,德国法学界对此亦有不同看法。[①] 德国联邦法院于 2012 年的一则判决中对此问题予以了肯定,也就是只有在消费者合同中,出卖人在继续履行时才承担拆装和重新安装义务。[②]

六、德国法学界对欧洲法院判决的批评

部分德国学者对欧洲法院的判决表示欢迎,[③]认为该判决增强了消费者保护,对拆装和重新安装进行同等对待值得肯定,因为德国司法和学术界部分人士支持的区分对待没有足够说服力。[④] 并且认为该判决也并非是完全出人意料的,因为在此判决之前,德国的主流观点已经倾向于让出卖人至少承担拆装费用。此外,欧洲法院的判决也不会导致不良后果,因为根据欧洲法院的判决意旨,只有安装依标的物的性质及其使用目的为必需,且买受人是在不知道物的瑕疵的情况下即善意地进行了安装时,出卖人才有义务对此费用进行补偿,这样,出卖人对

---

① 主张限制适用,比如 Förster, ZIP 2011, 1493(1500); Greiner/Benedix, ZGS 2011, 489(494); Lorenz, NJW 2011, 2241(2244)。相反意见则主张一体适用于所有的买卖合同,比如 Kaiser, JZ 2011, 978(985); Faust, JuS 2011, 744(748); Jaensch, NJW 2012, 1025(1027)。

② BGH, Urteil v. 17. 10. 2012 – VIII ZR 226/11.

③ Vgl. Purnhagen, EuZW 2011, 626(629).

④ Vgl. Augenhofer, JuS 2011, 680(684).

于拆装和重新安装费用的产生应该能够合理预见。①

但是,欧洲法院的判决在德国遭致的是更为猛烈的抨击,②被认为完全是“出人意料”(Paukenschlag)的,③因而是“令人吃惊”的(erstreckend)。④ 德国学者对判决的驳斥主要体现为如下几个方面:

1. 认为欧洲法院混淆了实行无过错归责原则的瑕疵担保责任(包括继续履行)与实行过错责任原则的损害赔偿责任的区别,结果导致出卖人承担无过错的损害赔偿责任。⑤ 这是欧洲法院判决最为德国学者诟病之处。欧洲法院认为,在重新交付时,应该将买受人置于如同出卖人自始交付无瑕疵物的地位,而这在内容上涉及的是损害赔偿的范围问题。⑥ 德国法上的继续履行意在回复标的物在风险转移时所处的状态,⑦而非回复标的物在当前的状态,⑧而对瑕疵担保责任和损害赔偿责任进行区分是有必要的,⑨况且,损害赔偿问题已经超出了《指令》的适用范围。⑩

2. 欧洲法院援引的诸种论据中最具有杀伤力的是《指令》规定的继续履行的“无偿原则”和“不得造成显著不便原则”。但是有学者认为,这两大原则针对的是具体选择的继续履行措施的执行,如果拆装和重新安装并不属于继续履行的范围,那么自然谈不上违背这两项原则的问题,这两大原则本身并不能扩充继续履行的义务范围。况且,所谓“无偿”(Unentgeltlichkeit),即便根据最宽泛的理解,也应该是指出卖人不得在继续履行过程中向买受人收取费用,即英文所说的“free of

① Vgl. Stellungnahme des Deutschen Anwaltvereins zur Umsetzung des Urteils des EuGH vom 16.06.2011.

② Vgl. Lorenz, NJW 2011, 2241; Förster, ZIP 2011, 1493.

③ Lorenz, NJW 2011, 2241 (2241).

④ Kaiser, JZ 2011, 978 (978).

⑤ Vgl. Förster, ZIP 2011, 1493 (1497).

⑥ Vgl. Greiner/Benedix, ZGS 2011, 489.

⑦ Vgl. Medicus/Lorenz, Schuldrecht II, Besonderer Teil, 16. Aufl., 2012, § 78, Rn, 132a.

⑧ Vgl. Greiner/Benedix, ZGS 2011, 489 (490).

⑨ Vgl. Büdenbender/Binder, DB 2011, 1736 (1740).

⑩ Vgl. Pfeiffer LMK 2011, 321439.

charge”。[①]“不得造成显著不便”是指继续履行的进行不得对买受人造成显著不便,而拆装费用和重新安装费用均是第一次安装的后果,并不是因为出卖人的重新交付而产生的。并且,这种解释也符合立法目的,因为立法者如此规定的目的是避免消费者出于经济负担的顾虑而不行使救济权利,而这个费用在继续履行之前已经产生了,根本不会产生此种阻碍作用。“不得造成显著不便”这个概念应该如此理解,即出卖人在继续履行时必须顾及消费者的利益,而继续履行的义务范围本身并不受其影响。[②]

3. 欧洲法院在其论证中多次援引《指令》的立法目标在于实现高水平的消费者保护,德国一些学者首先认为这种论证方式从方法论上存在问题,因为这种论证其实是以结果为导向的,缺乏足够的说服力,并且对某一法律条文进行解释必须首先依据该具体规定的立法目的,而一般的立法目标只能作为辅助性的论证手段。[③] 如果可以将一般的立法目标作为一般化的论据,则几乎可以由此合理化有利于消费者保护的对出卖人义务的任意扩充。[④] 从结果上来看,欧洲法院判决也并非真正有利于消费者,因为消费者保护并非是免费的,而是通过价格最后由消费者自己承担。[⑤]因此,欧洲法院判决形成的结果对于消费者来说,只不过是付出了极大代价的“胜利”。[⑥]

4. 欧洲法院认为出卖人在继续履行时是否需要承担拆装和重新安装义务,与买卖合同是否约定出卖人承担安装义务无关,属于对合同自由的严重干预。[⑦] 在较低的价款、自行安装和较高的价款、出卖人安装之间,买受人应该有权自由选择,而欧洲法院的判决导致买受人实际上将只有唯一的可能性。由此,当事人签订买卖合同和承揽合同的自

① Vgl. Greiner/Benedix, ZGS 2011, 489(491).

② Vgl. Greiner/Benedix, ZGS 2011, 489(491).

③ Vgl. Pfeiffer, LMK 2011, 321439.

④ Lorenz, NJW 2011, 2241(2243).

⑤ Lorenz, NJW 2011, 2241(2243).

⑥ Lorenz, NJW 2011, 2241(2245).

⑦ Vgl. Förster, ZIP 2011, 1493(1498).

由在消费者保护的名义下被限制。① 而德国联邦法院的传统观点，即继续履行请求权原则上不得超过原先的履行请求权，有利于保障合同自由。

5. 从法律政策的角度考虑，德国法实行过错推定的损害赔偿责任足以保护买受人，②将拆装义务和重新安装义务纳入继续履行的义务范围，将对出卖人构成沉重的经济负担，而出卖人在此种情形下并无过错可言。尽管只有出卖人存在义务违反行为，善意安装标的物的买受人不应该被谴责，但是买受人的安装行为至少与拆装和重新安装费用的产生具有因果关系，因此并不能将此费用完全归结于出卖人。瑕疵物的交付不应该被赋予过重的意义，因为《指令》第3条第2款已经通过重新交付义务制裁了出卖人的不适当履行。因此，在继续履行时让出卖人承担原本无须负担的拆装和重新安装义务，既无必要，也不合适。③《联合国货物销售合同公约》虽然规定了出卖人的无过错的损害赔偿义务，但是其规定只适用于商人之间，并且允许通过合同进行责任排除，而《指令》和德国法均禁止对消费者不利的另行约定。④ 尤其是，欧洲法院认为即便在绝对不成比例的情况下出卖人也不得拒绝继续履行，这就迫使出卖人进行经济上毫无意义的继续履行措施，这是无法忍受的状态。⑤《指令》提供的出卖人利益保护也非常有限，因为两年的诉讼时效仅适用于瑕疵明显微不足道的情形，虽然出卖人理论上可以向生产者追偿，但是出卖人至少承担了生产者破产的风险，况且这种追偿有时候必须在国外起诉或执行。⑥

6. 欧洲法院的判决不足以保证法的安定性，因为许多问题尚待进一步澄清。判决要求消费者必须是善意安装了标的物，这是否会导致要求消费者承担目前无须承担的检查义务，有待观察。比如，要求消费者先试用洗碗机，确认没有问题后方予以安装，对于消费者而言，至少

① Vgl. Jaensch, NJW 2012, 1025 (1026).

② Vgl. Förster, ZIP 2011, 1493 (1497).

③ Vgl. Förster, ZIP 2011, 1493 (1497).

④ Vgl. Lorenz, NJW 2011, 2241 (2244).

⑤ Vgl. Lorenz, NJW 2011, 2241 (2245).

⑥ Vgl. Förster, ZIP 2011, 1493 (1497).

是可以合理期待的。买受人的费用请求权如何限制？无瑕疵物的价值是否是上限？如此等等,不一而足。[①]

结语

欧洲法院判决之所以在德国法学界引起一片哗然,[②]最为根本的原因是这则判决破坏了德国法学构建的无过错的继续履行与过错的损害赔偿的二元划分体系。即便原则上对欧洲法院判决表示欢迎的学者也不得不承认,欧洲法院的判决意旨与德国法的体系严重抵牾。

与德国法相比较,我国法虽然对于拆装和重新安装问题亦没有明文规定的处理规则,但是由于我国《合同法》在违约责任问题上实行无过错的归责原则,而且根据主流观点,[③]瑕疵担保责任在我国法上已经丧失了独立的地位,被统一纳入了违约责任的范畴,[④]因此买受人可以依据《合同法》第 107 条的规定主张,[⑤]或者以继续履行的方式要求出卖人拆装或重新安装,或者要求出卖人补偿相应的费用。由于我国立法并没有赋予继续履行相对于其他违约救济措施的优先地位,因而从法律效果上来看,无论采取哪种处理方式在我国法上并没有任何差异。

问题是,德国法上的这种区分是否合理？如上所述,德国法学界的主流意见认为这种区分是必要并且合理的,有利于形成出卖人利益和买受人利益的合理平衡。在我国的语境之下,这个问题实质上涉及的是:我国立法对违约责任采取一元化的无过错责任原则是否妥当？对

---

① Vgl. Förster, ZIP 2011, 1493(1500).

② 德国学者一方面对欧洲法院判决进行批评,从法政策角度考虑"应然"的正确立场,另一方面从"实然"角度探讨德国法院应该如何转化,这种态度值得我国学者学习,因为我国学者在考虑问题时多从立法论的角度着眼,在法律规定不符合其理想时,经常超越立法的明确文义,通过所谓的"法律解释"使之形成具文。

③ 参见韩世远:"出卖人的物的瑕疵担保责任与我国合同法",载《中国法学》2007 年第 3 期。

④ 关于这个问题,崔建远教授持不同见解,参见崔建远:"物的瑕疵担保责任的定性与定位",载《中国法学》2006 年第 6 期。

⑤ 《合同法》第 107 条规定:"当事人一方不履行合同义务或者履行合同义务不符合约定的,应当承担继续履行、采取补救措施或者赔偿损失等违约责任。"

此，我国学者在《合同法》立法前后意见纷纭，[①]虽然最后采纳无过错责任的一元论占据了上风，但是这种争论本身至少从一个侧面表明，如同德国法一般的区分处理的确有其合理成分在内。具体采取何种立法，可能更多的只是立法力量对比和法律政策衡量的结果，并不必然代表何种立法处理更为合理。在未来的民法典制定中，也许依然需要对此问题进行重新的审视。

（作者系德国波恩大学法学院博士研究生）

① 例如，韩世远教授认为《合同法》实行一元化的无过错责任归责原则，导致违约责任扩张、民事合同商事化、违约责任教育功能削弱，虽然他没有明确提出质疑，但是可以看出是倾向于否定这种立法处理的。参见韩世远：《合同法总论》（第3版），法律出版社2011年版，第593～596页。

萧规曹随?

——台湾民法错误论评析*

赵 毅

目 次

一、引言:戴尔案
二、错误类型之界分:建构本土话语
三、错误撤销之过失要件:立法最闪光处
四、结论

一、引言:戴尔案

2009年,荷兰戴尔企业股份有限公司台湾分公司(以下简称戴尔公司)误标价格一案,成为全台热点话题,在法律界引发之探讨,则至今仍未消退。该公司于是年6月25日在官方网页上将19寸液晶电视标价新台币500元、20寸则标示为新台币999元,以至少低于市价7000元的价格出售。大批消费者通过推特等社交网站知悉后,疯狂下单,有人一口气线上刷卡狂订200台,八小时内逾10万台液晶电视被下单。①7月

* 本文受“2011年度大陆法学博士生赴台研修计划”资助,衷心感谢台湾中正大学谢哲胜教授的邀请。在台访学期间,笔者受到台湾中正大学法律系廖蕙玟老师和高文琦老师诸多悉心指导,在此深表谢忱。

① “荧幕7999卖999 戴尔乌龙涌10万订单”,载台湾《联合报》2009年6月27日A6版。

5 日，该公司再次标错笔记本电脑价格，亦引发消费者大量购买。①两事皆引发纠纷，消费者敦促戴尔公司依官网当时所示价金履行合同，戴尔公司则只愿进行一定程度的补偿。②全台从南到北皆有消费者对戴尔公司提起诉讼，除因程序问题被裁定驳回者外，经过实质处理的十多件判决中，几乎都是戴尔公司胜诉，但亦有一件台北地方法院二审确定之判决，却是消费者胜诉，引发瞩目。③

电子商务之发展引发网络购物新潮流，但若网店在商品信息传输时发生错误，极易引发标价错误之消费争议。忝列民法传统论题的错误论在新的时代有了新的表现形式，其关乎"法律行为及私法自治的核心问题"，④盖因意思表示发生瑕疵时，表意人所欲达成之永续法律效果将大打折扣，从而引发意思优先还是表示优先这一颇费斟酌之衡量。台湾地区"民法"虽直接继受于德国民法典，法律行为与意思表示之理论又多译自德国文献学说，第 88 条亦仿《德国民法典》第 119 条规定而来，但错误论之义理在若干关键之处，又呈独特光芒。本文借戴尔案之契机，冀望系统梳理经由本土经验改造后之台湾民法错误论，以求与读者诸君共同品位西法东渐以来，错误论如何借立法者神来之笔，成大陆法系规制该问题之又一好望角，以使法学者不至见民法而生"萧规曹随"之叹！

二、错误类型之界分：建构本土话语

我国台湾地区"民法"第 88 条第 1 项第 1 句规定："意思表示之内容有错误，或表意人若知其事情即不为意思表示者，表意人得将其意思表示撤销之。"同条第 2 项规定："当事人之资格或物之性质，若交易上认为重要者，其错误，视为意思表示内容之错误。"依传统德国学理，第 1 项第 1 句前段之"意思表示之内容有错误"为"内容错误"，第 1 项第

---

① "戴尔又出包笔电 6 万变 1 万 8"，载台湾《联合报》2009 年 7 月 6 日 A1 版。

② "2 度标错价戴尔 8 折优惠补救"，载台湾《联合报》2009 年 8 月 17 日 A8 版。

③ 刘姿汝："网页标错价格之消费契约争议——以戴尔案为例"，载温丰文教授六秩五华诞祝寿论文集编辑委员会主编：《民事法学的现代课题与展望》，台北元照出版有限公司 2011 年版，第 180 页。

④ 王泽鉴：《民法总则》，2010 年自版，第 397 页。

1句后段之“表意人若知其事情即不为意思表示”为“表示行为错误”，第2项之规定为“性质错误”。此等错误类型乃德国民法第二草案所区分，[①]台湾学理皆以此共识为基础展开论述。

(一)“内容错误”与“表示行为错误”之界分

德国著名学者克勒尔和梅迪库斯都反对在错误论的框架下划分内容错误与表示行为错误。[②] 台湾学者黄立持相同看法。[③]理由之一，两者界限模糊，因为“意思表示之内容有错误”时，通常“表意人若知其事情”也不会“为意思表示”。理由之二，第88条将两种错误同等看待，皆发生可撤销之法律效果，将它们与不重要的动机错误加以区别才有意义。如是，传统上对“内容错误”与“表示行为错误”的区分将无必要，这是错误论在台湾本土化后面临的第一个挑战。

今日所见之台湾民法教科书将“内容错误”与“表示行为错误”之界分视为当然，但对该类型化界分之缘由惜墨如金。笔者试图从立法史、学说史和裁判史之些许脉络，寻觅个中因由。

台湾现行民法典未历法统断续，可溯至清末变法修律。在清宣统三年(1911年)修订法律馆制订的《民律一草》中，错误论虽承德国立法，但并无明确区分“内容错误”与“表示行为错误”的意识。其第181条第1款谓：“意思表示之内容有错误，或表意人不欲为该内容之意思表示者，表意人得将其意思表示撤销之。但以可认为表意人若知审其事情即不为此意思表示者为限。”[④]条文第1句似将内容错误与表示行为错误并列，但第2句又似将表示行为错误作为内容错误的限定条件。究其原因，在于立法者混淆了错误与不知的区别并等同视之，造成逻辑上的失序。1925年的《民律二草》意识到了这个问题，分别用两款对其进行规范，第117条第1款第1句谓：“意思表示之内容有错误者，表意

① Dirk Schwaab, Zum Irrtum beim Vertragsschluß, Frankfurt am Main: P. Lang, 2000, S. 98ff.

② Vgl. Helmut Köhler, BGB Allgemeiner Teil: Ein Studienbuch, 31. Aufl., München: C. H. Beck, 2007, S. 69；[德]迪特尔·梅迪库斯：《德国民法总论》，邵建东译，法律出版社2000年版，第569页。

③ 黄立：《民法总则》，中国政法大学出版社2002年版，第292页。

④ 邵义：《民律释义》，北京大学出版社2008年版，第91页。

人得将其意思表示撤销之。”第 2 款谓：“前项规定，于表意人就所为之意思表示，若详知其事情即不为者，准用之。”[①]立法者界分内容错误与表示行为错误之意识昭然若揭。尽管后来最终生效的民法典又将两者糅在一项统一规定，但进一步于现行“法典”第 88 条第 1 项第 2 句完整采用了“以其错误或不知事情”的表述，学说上区分错误与不知以寻求错误类型化界分之因由蔚为发端。

最早的民法权威史尚宽先生即称：“不知谓正当认识之不存在，即欠缺真实之观念。而错误不特无正当认识，而且有积极的谬误之认识，即以不真实之观念代替真实之观念。错误与不知，二者观念上虽不同，然全无正当认识之不知，如表意人知其情事即不为表示者，其效力与错误同。”[②]如此，错误则仅及内容错误，表示行为错误当属不知，而类推适用于错误制度，这有限缩错误范围之嫌。但如将错误与不知统称为错误，则又带来逻辑上的问题，前者只能是狭义的错误（内容错误），后者则为广义的错误（包含了内容错误与表示行为错误）。郑玉波在此基础之上进行了一定程度的理论改进，将指称内容错误的狭义“错误”以“误认”代之，这样，与“不知”共同成为广义“错误”的下位概念。[③]新近的学者则从意思表示的构成要素出发，认为内容错误发生于意思表示主观要素之效果意思部分，表示行为错误乃发生于意思表示之客观要素表示行为部分，二者清晰可见。对因两者法律效果相同而区分无益之责难，以“厘清其概念有助于判定具体个案之构成要件”的理由反驳之。[④]

在学者竭力建构错误论本土话语的同时，台湾法院判决也助益不小。对表示行为错误，如按文义解释，极易引发疑义，因为无论内容错误还是动机错误，亦可“若知其事情即不为意思表示”。“最高法院”1992 年的一份判决将表示行为错误界定为表示方法错误，即“欲写千

---

① 杨立新主编：《中国百年民法典汇编》，中国法制出版社 2011 年版，第 232 页。

② 史尚宽：《民法总论》，中国政法大学出版社 2000 年版，第 395 页。

③ 参见郑玉波：《民法总则》，台北三民书局 2009 年版，第 281 页。

④ 廖蕙玟：“民法第八十八条意思表示错误之类型与界限”，载台湾《国立中正大学法学集刊》2008 年第 24 期。

公斤、误为千台斤”之情形。[①]故有学者呼吁为防不当扩大表示行为错误之滥用,应主要将其限缩于误言、误写、误取之范畴。[②] 1994年的另一份判决则在司法上第一次明确区分了内容错误与表示行为错误,[③]获得学界高度赞誉,其所用错误与不知二分之方式,又与史尚宽建构的本土话语一脉相承。此口一开,后续各级法院判决皆以区分两者作为认定案件类型之前提。[④]

至于内容错误之具体形式,王泽鉴认为包括当事人本身的错误(误认某人为地震救命恩人而为赠与)、标的物本身的错误(误甲犬为乙犬)和法律行为性质的错误(误买卖为赠与),[⑤]当为通说。依德国学理,它们又可称为“同一性错误”。批评者强调相对人或标的物不特定时方为同一性错误,但若相对人或标的物已经特定时,如某甲为甲该人,乙犬为乙该犬,则将发生性质错误问题,故王泽鉴针对内容错误所举之例备受质疑。[⑥] 此亦引发同一性错误和性质错误之区分问题,以及学者就性质错误究竟属于动机错误还是内容错误之争论,开启了错误论本土话语建构之第二阶段。

---

① 参见台湾“最高法院”1992年台上字第323号判决。

② 参见郭丽珍的发言,载廖蕙玟等:“意思表示错误之态样与界限——民法研究会第二十七次学术研讨会记录”,载台湾《法学丛刊》2002年第4期。

③ 参见台湾“最高法院”1994年台上字第2960号判决。

④ 参见台湾“高等法院台南分院”2007年上字第57号判决,台湾“高等法院”2002年上字第407号判决,台湾“高等法院”2000年重上字第514号判决,台湾“台北地方法院”2007年诉字第8894号判决,台湾“台北地方法院”2004年诉字第4966号判决,台湾“台北地方法院”2001年诉字第1707号判决,台湾“基隆地方法院”2007年诉字第102号判决,台湾“桃园地方法院”1998年诉字第1059号判决,台湾“新竹地方法院”2008年竹简字第239号判决,台湾“嘉义地方法院”2006年诉字第429号判决,台湾“高雄地方法院”2007年凤简字第407号判决,台湾“高雄地方法院”2002年保险字第36号判决,台湾“高雄地方法院”2001年重劳诉字第9号判决。

⑤ 王泽鉴:《民法总则》,2010年自版,第402页。

⑥ “误认某人为地震救命恩人而为赠与”被批评为未详加区分表意人为意思表示时是否已经特定其相对人;“误甲犬为乙犬”被批评为与表示行为错误之事例(误A笔为B笔而抛弃之)几无区别,因叙述过于简化,无法辨明究竟系同一性错误、性质错误还是表示行为错误,参见廖蕙玟:“民法第八十八条意思表示错误之类型与界限”,载台湾《国立中正大学法学集刊》2008年第24期。

(二)性质错误之定位

就性质错误到底属于动机错误还是内容错误,第88条第2项并未正面回答。相较而言,《民律一草》第181条第2款明确将其排除为内容错误,其辞曰:"当事人之资格或物之性质,虽不为意思表示之内容,若公认为重要者,于其错误准用前项规定。"[①]但《民律二草》则将性质错误紧随内容错误后同处一款规定,谓:"交易上认为重要之当事人资格或物之性质有错误者,亦同。"[②]表示行为错误则另起一款规定。立法者此时将性质错误与内容错误等同,这又是与民律一草截然不同的立法取向。现行规定似取折中之道,将之"视为"内容错误,又引发学说之无穷争论。乍看之下,此等争论并无实益。作为被继受条款之德国民法典第119条第2项,甚至被贬为立法者之随性之作:该规定既无法说明其与同条第1项之关系,亦不能有意义地与一般不受斟酌之动机错误相区别。[③]然纯理论之争执自有意义,实与该规定之适用范围大小相关:[④]适用范围愈大,撤销之可能性愈大,愈有可能危及相对人对合同有效成立之信赖。

德国通说认为性质错误系动机错误,只是因法律特别规定而例外得撤销。[⑤]台湾民法通说从之,[⑥]更有学者强调,"资格或性质"与同一性有别,[⑦]"视为"一词即法律拟制之宣示,将概念上不属于内容错误之

① 邵义:《民律释义》,北京大学出版社2008年版,第92页。

② 杨立新主编:《中国百年民法典汇编》,中国法制出版社2011年版,第232页。

③ 陈自强:"意思表示错误之基本问题",载台湾《政大法学评论》1994年第52期。

④ [德]迪特尔·梅迪库斯:《德国民法总论》,邵建东译,法律出版社2000年版,第582页。

⑤ [德]卡尔·拉伦茨:《德国民法通论》(下册),王晓晔等译,法律出版社2003年版,第515页;[德]汉斯·布洛克斯、沃尔夫·迪特里希·瓦尔克:《德国民法总论》(第33版),张艳译,中国人民大学出版社2012年版,第252页。

⑥ 史尚宽:《民法总论》,中国政法大学出版社2000年版,第405页;王泽鉴:《民法总则》,2010年自版,第403页。

⑦ 参见施启扬:《民法总则》(修订第八版),中国法制出版社2010年版,第247页。

案型,与内容错误相同处置之。[①]法院见解亦受通说影响甚巨。[②]

但少数说的影响日益扩大。除经典教科书外,[③]新一代学者如陈自强、廖蕙玟最近的一些研究论文更进一步提升了讨论之空间。[④] 笔者于台访学期间,幸运受到少数说代表人物之一的廖蕙玟教授亲自指点,亦感受此问题之困难。窃以为,考察作为大陆法系源头的罗马法有助于对这一问题认识的深化,因为"《德国民法典》中关于错误的规定毫无疑问是以查士丁尼所传承的罗马法为基础演变而成的,所以只有从历史源流出发才能理解现行法中的错误制度。"[⑤]从理论建构的逻辑看来,厘清前述同一性错误与性质错误之区别,实为探讨性质错误究竟属于动机错误还是内容错误之前提。

在罗马法中,使得行为无效的实质性错误有行为性质的错误(error in negotio)、人身的错误(error in persona)、标的物错误(erro in corpore)和性质错误(erro in substantia)四类。[⑥]前三者分别属于行为同

---

① 参见姚瑞光:《民法总则论》,中国政法大学出版社2011年版,第236页;林诚二:《民法总则》(下册),法律出版社2008年版,第370页;梅仲协:《民法要义》,中国政法大学出版社2004年版,第110页;李模:《民法总则之理论与实用》,自版,修订版,1998年,第187页。

② 参见台湾"高等法院"2009年上易字第124号判决:"是除当事人之资格或物之性质有误,且为交易上认为重要者,始可视为意思表示内容之错误外,其余动机错误若未表示于意思表示中,且为相对人所明瞭者,不受意思表示错误规范之保护,否则法安定性及交易安全无从维护,此观民法第88条第2项规定自明。"台湾"高等法院"2008年重上字第45号判决、台湾"高等法院"2007年上易字第87号判决、台湾"台北地方法院"2007年诉字第7105号判决、台湾"新竹地方法院"2008年竹简字第239号判决亦同此旨。

③ 参见王伯琦:《民法总则》,台北正中书局1979年第8版,第159页;郑玉波:《民法总则》,台北三民书局2009年第11版,第283页;刘得宽:《民法总则》(修订新版),台北五南图书出版公司1996年版,第251页;黄立:《民法总则》,中国政法大学出版社2002年版,第294页及以下。

④ 参见陈自强:"意思表示错误之基本问题",载台湾《政大法学评论》1994年第52期;廖蕙玟:"民法第八十八条意思表示错误之类型与界限",载台湾《国立中正大学法学集刊》2008年第24期。

⑤ Werner Flume, El negocio jurídico, traducción de José María Miquel González y Esther Gómez Calle, 4th edn, Vol. 2, Madrid: Fundación Cultural del Notariado, 1998, p. 517.

⑥ Cfr. Pasquale Voci, Istituzioni di Diritto Romano, 6. a ed., Milano: Giuffrè, 2004, p. 149.

一性的错误、当事人同一性的错误和标的物同一性的错误，最后一类在罗马法中出现得最晚，[①]见于 D.18,1,9,2：

乌尔比安：《萨宾评注》，第 28 卷。接下来的问题是如果不存在物的同一性的错误，但关于物的性质（substantia）存在错误，比如把醋当作酒、把铜当作金、把铅或别的类似于银之物当作银出售，买卖是否有效？马尔切勒在《学说汇纂》第 6 编中认为，尽管就其材料（materia）存在错误，合同仍然有效，因为对一个特定之物存在合意。在售酒的情形中我持相同看法，因为如果酒变酸了，在实体上（ousia）它与醋几乎完全相同；但如果不是酒变酸了，而一开始就是特别准备好的醋，那么事情就是把此物作彼物出售。但是在其余情形中，我坚持认为无论何时存在材料（materia）的错误，就没有买卖存在。

从该片段中，我们至少可以明确得出这个结论：罗马法上的性质错误不同于同一性错误。根据乌尔比安的观点，"一开始就是特别准备好的醋"当酒卖，是"把此物作为彼物出售"的标的物错误；而"酒变酸而成之醋"当酒卖，才是性质错误，如同"铜为金卖"、"铅为银卖"一样，这里自始至终只有一个物，只是对该物的性质发生错误。可见，性质错误与同一性错误是完全能够区分的。拉伦茨在批评蒂策"无法区分同一性错误和性质错误"的观点时比罗马法学家更进一步，通过引入"动机"对两者进行了有效界分：B 欲购 A 之赛马"水妖"，以为其是奖金得主。如果 B 见过名为"水妖"的该赛马，只是错误地以为其是奖金得主，则毫无疑问因动机导致对马的性质发生错误。而如果 B 未见过"水妖"，认为"水妖"不是这匹叫"水妖"的赛马，而是一匹据其所知已获得奖金的赛马，则是误此马为彼马，当为同一性错误。[②]不难看出，性质错误实为内心对某一特定物之特性发生的错误，当属动机错误，但由于在交易上其殊为重要，故立法特别将其作为动机错误的例外来处理，"视为"内容错误。可见，无论德国民法还是我国台湾地区民法，"视

---

① Cfr. Vincenzo Arangio-Ruiz, Istituzioni di Diritto Romano, 14. a ed., Napoli: Casa Editrice Jovene-Napoli, 2006, p. 102.

② ［德］卡尔·拉伦茨：《德国民法通论》（下册），王晓晔等译，法律出版社 2003 年版，第 508 页。

为”一词之采用,自有道理,少数说学者亦无法对此提出有力批驳,而只能以遣词上“不免小暇”为借口。①另外,“性质错误”(动机错误之例外)、“内容错误”、“表示错误”之类型分别对应于意思形成阶段至意思表示阶段之过程,亦更为符合逻辑。

三、错误撤销之过失要件:立法最闪光处

台湾民法错误论中被誉为立法者神来之笔者,首推第88条第1项但书之规定:“但以其错误或不知事情,非由于表意人自己之过失者为限。”盖德国民法典并无考量表意人主观心态而决定是否允其撤销错误意思表示之规定,其错误撤销之立法理由,乃着重于表意人利益之保护,而非相对人之信赖保护,②这与台湾“民法”第88条旨在调和表意人意思自主与相对人信赖保护之立法目的,有所差异。从法源来看,该规定取自日本民法第95条之但书,这与日本法律专家普遍参与近代中国立法不无关系。③ 但是,它在《民律一草》和《民律二草》中皆付阙如,④直到1929年5月颁布的《民国民法典》(即现行台湾地区“民法”)方将之确立。根据民法典总则起草说明书列举的立法理由,它是特别注重社会公益与安全的结果,因为“中国人本来就散漫不堪,所以更须及早防范,以免造成危害”。⑤ 可见,该民法典也并非仅简单模仿外国立法,而是融入了对本土传统和国民性格的考量。台岛后续学理和判例对此的发展,亦在这一理念下得到印证。

(一)对过失之界定

对过失之概念,因立法并未界定,判例与学理皆不一致。在法院的

---

① 廖蕙玟:“民法第八十八条意思表示错误之类型与界限”,载台湾《国立中正大学法学集刊》2008年第24期。

② 参见陈自强:“意思表示错误之基本问题”,载台湾《政大法学评论》1994年第52期。

③ 参见李显冬:《从〈大清律例〉到〈民国民法典〉的转型——兼论中国古代固有民法的开放性体系》,中国人民公安大学出版社2003年版,第139页。

④ 对此详细的考察,参见黄钰慧:《意思表示错误之研究》,“国立”中兴大学法律学研究所硕士学位论文,1992年,第86页及以下。

⑤ 参见李显冬:《从〈大清律例〉到〈民国民法典〉的转型——兼论中国古代固有民法的开放性体系》,中国人民公安大学出版社2003年版,第221页。

判决中，有“重大过失”[①]与“轻过失”之分。重大过失乃指欠缺一般人应有之注意义务；而轻过失基于欠缺注意义务所采之主体标准又可分为“具体轻过失”[②]及“抽象轻过失”[③]。前者是一个主观过失概念，认为行为人须尽到与管理自己事务同一之注意义务，因有具体之人可以比拟故而得名；后者是一个客观过失概念，又称“善良管理人之注意义务”，即依交易上一般观念，认为有相当知识经验及诚意之人应尽之注意。三者依其责任轻重次序为：重大过失、具体轻过失、抽象轻过失。[④]还有判决径直以表意人“无过失”一语带过。[⑤]学说上对此亦无一致意见，传统学者有解于重大过失者，[⑥]但批评者认为此与法律文义不符，因为台湾民法对重大过失均特别指明。[⑦] 从保护交易安全的角度，多

---

① 参见“最高法院”1933 年上字第 2558 号判决、台湾“最高法院”2007 年台上字第 1202 号判决、台湾“最高法院”2007 年台上字第 1105 号判决、台湾“高等法院台南分院”2001 年上字第 257 号判决、台湾“高雄地方法院”2011 年诉字第 913 号判决。

② 参见台湾“最高法院”1973 年台上字第 140 号判决、台湾“最高法院”2003 年台上字第 2307 号判决、台湾“高等法院高雄分院”2008 年上易字第 58 号判决、台湾“高等法院台南分院”2007 年上字第 57 号判决、台湾“高等法院”2003 年上易字第 934 号判决、台湾“高等法院”2003 年上字第 706 号判决、台湾“台北地方法院”2004 年诉字第 3467 号判决、台湾“台北地方法院”2004 年北消简字第 18 号判决、台湾“台北地方法院”2002 年劳诉字第 49 号判决、台湾“台中地方法院沙鹿简易庭”2007 年沙小字第 1332 号判决、台湾“台南地方法院”2006 年诉字第 1026 号判决。

③ 参见台湾“最高法院”1971 年台上字 1108 号判决、台湾“高等法院”2006 年重上更(一)字第 64 号判决、台湾“高等法院台南分院”2007 年上易字第 166 号判决、台湾“高等法院”2000 年上更(一)字第 347 号判决、台湾“台北地方法院”2007 年诉字第 8894 号判决、台湾“桃园地方法院”1998 年诉字第 1059 号判决、台湾“台中地方法院”1999 年重诉字第 614 号判决、台湾“嘉义地方法院”2006 年诉字第 429 号判决、台湾“高雄地方法院”2001 年诉字第 913 号判决、台湾“台东地方法院简易庭”2008 年东简字第 4 号判决。

④ 参见台湾“最高法院”1953 年台上字第 865 号判决。

⑤ 参见台湾“高雄地方法院”2004 年诉字第 1393 号判决。

⑥ 参见王伯琦：《民法总则》，台北正中书局 1979 年第 8 版，第 162 页；黄立：《民法总则》，中国政法大学出版社 2002 年版，第 307 页。

⑦ 参见王泽鉴：《民法总则》，2010 年自版，第 410 页。

数学者认为应采抽象轻过失;①亦有学者冀望在过苛的抽象轻过失和危及交易安全的重大过失中作出调和,究法条“自己之过失”语义而解于具体轻过失。②但新一代民法学者皆倾向于依各法律行为之内容而个别认定过失标准。③诚然,从立法本意上看,表意人之过失实乃撤销权行使之限制,其既未确切规定注意义务之程度,当可推知立法者系将该具体化之义务交由法官依具体个案不同而自由裁量。2005 年的一个判决很好地阐述了这一点:“关于意思表示错误之撤销,表意人过失程度之决定自应依该意思表示之特征、所欲成立之法律行为内涵加以判断,法院可以弹性地权衡、调整双方当事人之利益,而不必先机械地界定本项过失之标准,换言之,在不同法律行为,表意人有不同之注意义务,相对应之过失程度即依此而决定。”④

此处更受关注之问题在于,第 88 条第 1 项之但书主要局限于对表意人之规制,通过增添过失要件以强化交易安全,但于相对人之过错或诚信状况,并无规定。新的讨论亦由此引发。

(二)相对人可归责性之考量

根据第 88 条第 1 项之但书,原则上并不须考虑相对人之主观心态,相对人是否知悉表意人之错误、若不知则其不知是否存有过失等,均不在考虑范畴之内。相对人知悉与否或过失之有无,仅涉及相对人是否得于表意人撤销意思表示后,依第 91 条之规定以“信赖利益”为范围之损害赔偿而已。

但意思表示错误既然旨在调和表意人意思自主和相对人信赖利益之对立,则在判断是否应允许表意人撤销其基于错误之意思表示时,相

① 参见史尚宽:《民法总论》,中国政法大学出版社 2000 年版,第 410 页;施启扬:《民法总则》(修订第八版),中国法制出版社 2010 年版,第 249 页;李模:《民法总则之理论与实用》,修订版,1998 年自版,第 190 页。

② 参见郑玉波:“民法总则”,台湾三民书局 2009 年第 11 版,第 285 页。

③ 参见陈自强:“意思表示错误之基本问题”,载台湾《政大法学评论》1994 年第 52 期;张哲源:“意思表示之解释与错误”,载台湾《玄奘法律学报》2005 年第 4 期;廖蕙玟:“民法第八十八条意思表示错误之类型与界限”,载台湾《国立中正大学法学集刊》2008 年第 24 期。

④ 台湾“台北地方法院”2005 年消简上字第 7 号判决。

对人是否亦有值得保护之信赖存在，自应为是否限制表意人撤销之考量要素。有学者引入社会诚信理论，认为相对人若明知表意人意思表示错误，或因违背社会诚信而不知表意人之意思表示错误，则应认为相对人不值得加以保护，而应允许错误表意人于有过失情形亦能行使撤销权。[①]另有学者运用“可归责性”标准，以作评价相对人之利器，在相对人已知悉表意人之错误时，则根本不存在相对人之信赖保护；而即使相对人对该错误为“不知”，只要该“不知”具有“可归责性”，亦应降低对其之保护。[②]两种观点皆诚为可叹，较好地把握了台湾民法错误论之立法意旨。盖因《德国民法典》第119条主要在于保护表意人利益，既无限制表意人撤销之“过失”要件，遑论考虑相对人过错以达致双方利益平衡。然台湾地区“民法”对错误撤销之“过失”要件于表意人而言，稍许严厉，既然错误论之目的在于调和表意人与相对人之利益，则在判断是否应允许表意人对错误进行撤销时，“相对人是否有值得保护之信赖存在”及“相对人之主观心态”自应一并斟酌。[③]与表意人之过失认定相似，相对人之可归责性亦宜归于法院依个案事实考量为佳。

（三）“戴尔案”之评析

电商时代，标价错误案会层出不穷。就本文引言所述之戴尔案，鉴于本文重心在于对错误论予以分析，故先不讨论戴尔公司之网络标价是否为要约邀请，而是默认契约已经达致。在此情况下，须明了消费者发现电商企业出现标价错误而纷纷订购之时，电商企业是否有不受限制之撤销权，从而一概以“民法”第88条第1款之表示行为错误而主张撤销之。

首先，戴尔公司之标价错误是否存在过失？如果存在过失，应属何种类型之过失？按照前述对过失之开放性阐释，应依个案事实予以判断。在买卖双方均为个人之情形，由于双方地位不至于极大不对等，如

① 廖蕙玟：“民法第八十八条意思表示错误之类型与界限”，载台湾《国立中正大学法学集刊》2008年第24期。

② 黄国昌：“意思表示错误理论之检讨——民法第88条过失概念的相对化”，台湾《台湾本土法学杂志》2003年第43期。

③ 参见台湾“台北地方法院”2004年北消简字第18号判决。

果表意人发生错误,对其过失之认定以其是否欠缺与处理自己事项同一注意之具体轻过失标准为足。但戴尔为世界知名公司,电子商务又自须更高技术要求与管理水平,且电商交易建立于消费者无法亲眼见到所买商品之较弱地位,只能将一切信息依赖于电商企业之销售网页处,故双方处于极大之不对等。此种情况下,如再主张电商企业只需具备具体轻过失,实在有失公平。2005年的一个法院判决即指出:"鉴于上诉人之经营规模以及网络交易之性质,上诉人就系争电视价格在网路广告上刊载错误之疏失,显应负较高度之善良管理人之注意义务,在本件关于上诉人标售价格意思表示之错误,判断过失程度应视其有无抽象轻过失为据。"①就戴尔案,"台南地方法院"的一个判决亦认为,戴尔公司"短时间内竟然连续两次标错价格,非但有违常情,亦与戴尔公司之商誉差距太大"。②再者,根据台湾地区"民法"第345条,价金乃买卖契约成立之必备要素,无论标价错误出于何种原因,其疏失程度显难认其已尽所负善良管理人之注意义务。故戴尔公司成立过失无疑。

其次,消费者是否具有可归责性?法院判决呈两种对立之理由。一种观点认为,在网络标价与市场差价实在过巨之情况下,消费者应可判断知悉此网页上所登价格有相当可能出于误写,如因此而狂下订单,实在有违诚信原则。③另一种观点则认为,当前经济生活中,不论网络交易亦或实体店之购物,商家为促销突然大幅度降价乃常见之事,本案1.2至1.9左右的折扣亦可为当前台湾社会商家接受,且消费者无从了解商家就商品定价之标准或心态,亦无衡量各项商品卖价是否合理之义务。④两相权衡,窃以为诚信原则与权利不得滥用之机理实为达致社会公平之更高价值考量,且消费者纵然被撤销订单,亦可于他处以合理价格购买同等商品,而厂商一旦受巨量低额订单胁迫而不得撤销,将蒙受巨大损失,于市场机制之良性运作和社会诚信价值之构建亦是毁灭性之打击。故而,对戴尔案之种种因由,还是应一分为二分析,引入

① 台湾"台北地方法院"2005年消简上字第7号判决。
② 台湾"台南地方法院"2009年诉字第1009号判决。
③ 台湾"台北地方法院"2005年消简上字第7号判决。
④ 台湾"台北地方法院"2010年消简上字第1号判决。

“下单数量”这一标准，如单个人单份订单且处于商家可接受范围之内，则更应考虑消费者之信赖利益，但下单数量明显不为满足个人需要而有权利滥用之嫌者，当给商家予错误撤销权。

四、结论

民法错误论之核心在于调和表意人意思自主与相对人信赖保护之对立。在台湾地区民法错误论之架构下，须首先厘定错误发生之类型，即将案由归入内容错误或表示行为错误，且于保障交易安全及法律行为安定性之立场，认为动机错误不构成意思表示错误，表意人不得撤销，仅于涉及当事人之资格或物之性质时，例外地视为意思表示内容的错误。其次，进一步认定表意人就错误之发生有无过失，如无过失则许其撤销其错误之意思表示，如有过失则否。在过失的认定上，应斟酌具体个案而采重大过失、具体轻过失或抽象轻过失。同时，亦应探讨相对人之可归责事由，在相对人明知错误或对错误之不知可归责时，可拓宽有过失之表意人行使撤销权之利益。如是，当能达致意思自由与交易安全之完美平衡。

台湾民法源自德国民法，虽“萧规曹随”却未因循守旧，从清末变法修律始，民法历经百年而未中断，渐融入台岛本土并自成一统。仅从错误论一窥，即可推知已经走上了一条立法、学理、裁判良性互动的道路。民法的形式理性特征使得较多民法概念具有普世性，由此决定了概念性移植成为法律移植的主导方式。[①]但诚如卡尔·曼海姆所言：“同一个术语或同一个概念，在大多数情况下，由不同语境中的人来使用时，所表示的往往是完全不同的东西。”[②]因此，立法者或者裁判者在法律继受之时，不能生搬硬套地将某一或某些域外法律制度强行纳入内国法体系。台湾“司法院”大法官苏永钦也说道：“民法制度相互借鉴或混合继受，可说在所难免。但如果不能意识到中间的环环相扣，移

① 易军：“中国民法继受中的体系性瑕疵与协调”，载《法商研究》2010年第1期。

② 转引自[英]史蒂文·卢克斯：《个人主义》，阎克文译，江苏人民出版社2001年版，第1页。

植进来就变成体系的异质因素,容易发生排斥。”[①]谆谆教诲,实乃真言。大陆改革开放后重启法律移植,历三十余年,法治有期。民事立法续采大陆法系传统,与台湾地区民法实为殊途同归。大陆现行《民法通则》与《合同法》对错误问题,以“重大误解”称之,相应学说建构,亦未臻完善,同根同源之台湾民法错误论,当可为吾借鉴。

(作者系厦门大学法学院博士生,贵州师范大学历史与政治学院讲师)

① 苏永钦:《民事立法与公私法的接轨》,北京大学出版社 2005 年版,第 26 页。

判解研究

中国合同法:是否承认过失相抵规则?

梁慧星

中国合同法是否承认过失相抵规则,学者间意见不一。持肯定意见的学者认为:合同法虽无明文规定,但过失相抵规则,适用于所有的损害赔偿请求权,不论是基于违约的损害赔偿还是基于侵权行为的损害赔偿。因此,肯定中国合同法有所谓过失相抵规则。[①] 持否定意见的学者认为:中国合同法以"不可预见理论"和"受害人防止损失扩大义务",对违约损害赔偿予以限制,并无所谓过失相抵规则。[②]

要论断何种意见正确,须先考察发达国家和地区立法如何对待违约责任的过失相抵问题。

法国民法典和瑞士债务法未有规定。德国、意大利、日本、荷兰民法典及我国台湾民法规定了违约责任的过失相抵,但所规定过失相抵的适用范围有所不同:

第一种立法例,仅规定受害人过失(原因)助成债务人违约,亦即受害人对于违约方的违约行为(债务不履行)与有过失。如日本民法第418条规定:"关于债务不履行,在债权人与有过失时,对于定其损害赔偿的责任及其金额,由法院斟酌之。"

第二种立法例,仅规定受害人过失助成损害发生,亦即受害人对于损害的发生与有过失。如《德国民法典》第254条规定:"(1)被害人对

① 韩世远:《合同法总论》,法律出版社2011年版,第634页;崔建远:《合同法》,法律出版社2003年版,第268~271页。

② 李永军:《合同法》,法律出版社2004年版,第642~657页。

损害的发生有共同过错的,应根据情况,特别是根据损害在多大程度上是由当事人的一方或者另一方造成的,确定赔偿义务和赔偿范围。”《意大利民法典》第1227条:“因债权人的过失致使损害发生的,根据过失的程度及其所致后果的严重程度减少赔偿额。债权人只要尽勤勉注意即可避免的损失,不予赔偿。”《荷兰民法典》第6:101条规定:“1.损失亦因可归责于受害人的原因造成的,应当根据受害人和赔偿义务人在造成损失中的可归责情形在双方之间分担应赔偿的损失,从而减轻赔偿义务人的赔偿义务。根据案件中的过错严重程度和其他情形,公平原则有此要求的,分担比例可以有所不同,或者赔偿义务可以全部消灭或者全部不被分担。”

第三种立法例,规定受害人过失助成损害发生或者扩大,亦即受害人对于损害的发生或者扩大与有过失。如中国台湾地区“民法”第217条规定:“损害之发生或扩大,被害人与有过失者,法院得减轻赔偿金额,或免除之。”

与大陆法系上述立法例不同,英美法系合同法不承认过失相抵规则。英美法不承认违约责任的过失相抵,其理论根据在于,英美法认为违约与过失无关,当事人有订立合同的自由,也当然有违约的自由。

美国权威合同法专家范斯沃思在《美国合同法》一书中,对于违约的自由有专门论述。他先引用上一辈权威学者霍姆斯(Holmes)的话。霍姆斯说:“合同与当事人的主观意志毫无关系,我们只能通过当事人的外部行为来判断合同的约束力问题。”“合同当事人只是或者履行合同,或者支付由此造成的损失,因此他选择支付由此造成的损失,他就没有过错。他只是在两种方式中选择一种来履行他的义务。”然后范斯沃思作出结论:“无论如何,与著名的订约自由一样,也应当有相当程度的违约自由。”①

由此可见,按照英美合同法原理,既然当事人不仅有订约的自由,也有违约的自由,因此违约与过失无关。此区别于侵权行为。侵权行为人通常具有过失,因此可以适用过失相抵规则,以限制侵权人承担的

① [美]E.艾伦·范斯沃斯:《美国合同法》,葛云松、丁春艳译,中国政法大学出版社2004年版,第750页。

赔偿责任，使其不至于承担过重的赔偿责任，以求侵权人与受害人之间利益关系的平衡。既然违约与过失无关，当然不能适用过失相抵规则。要限制违约方的赔偿责任，协调违约方与受害人之间的利益关系，只好采用别的方法。这就是减损规则和不可预见规则。

值得注意的是，由联合国国际贸易法委员会（UNCIT-RAL）起草，并于1980年4月11日在维也纳召开的外交会议上通过的《联合国国际货物销售合同公约》（以下简称《维也纳公约》）①，正好采纳了上述英美合同法不承认过失相抵的立场。

中国曾长期实行计划经济体制，无所谓合同法和合同法理论。1978年实行改革开放政策，开始向市场经济转轨，才将合同立法提上日程。1981年制定的《经济合同法》第32条第2句规定，如属双方的过错，造成经济合同不能履行或者不能完全履行，应“根据实际情况，由双方分别承担各自应负的违约责任”，②与过失相抵规则处理的是同一问题，但与过失相抵规则赋予违约方主张减轻赔偿责任的抗辩权不同。

1985年制定《涉外经济合同法》。《涉外经济合同法》由当时的对外经济贸易部负责起草，中国刚加入的《维也纳公约》，理所当然成为起草《涉外经济合同法》的主要制度依据。《涉外经济合同法》多数制度和条文均可从《维也纳公约》找到其渊源。

如前所述，《维也纳公约》不承认过失相抵规则，而规定减损规则（第77条）和不可预见规则（第74条第2句）。

《维也纳公约》第77条规定：“声称另一方违反合同的一方，必须按情况采取合理措施，减轻由于该另一方违反合同而引起的损失，包括

---

① 《联合国国际货物销售合同公约》是联合国国际贸易法委员会（UNCIT-RAL）于1980年4月11日在维也纳召开的外交会议上通过的。该公约于1988年1月1日生效。1981年9月30日中华人民共和国政府代表签署本公约，1986年12月11日交存核准书。核准书中载明，中国不受公约第1条第(1)款(D)、第11条及与第11条内容有关的规定的约束。

② 《经济合同法》第32条规定：“由于当事人一方的过错，造成经济合同不能履行或者不能完全履行，由有过错的一方承担违约责任；如属双方的过错，根据实际情况，由双方分别承担各自应负的违约责任。”

利润方面的损失。如果他不采取这种措施,违反合同一方可以要求从损害赔偿中扣除原可以减轻的损失数额。”

《维也纳公约》第74条第2句规定:“这种损害赔偿不得超过违反合同一方在订立合同时,依照他当时已知道或理应知道的事实和情况,对违反合同预料到或理应预料到的可能损失。”

《维也纳公约》第77条的特色是,先规定他方违约情形受害人负有减损义务,然后规定受害人不履行减损义务致使损失扩大时,违约方可要求从损害赔偿中扣除该扩大的损失。扣减损害赔偿的前提,是受害人“违反减损义务”,而不是所谓受害人“与有过失”,因此与所谓过失相抵规则不同。质言之,《维也纳公约》拒绝采纳大陆法系所谓过失相抵规则,而代之以英美法系合同法上的“减损规则”。

中国《涉外经济合同法》,以《维也纳公约》第77条作为自己的立法基础。该法第22条规定:“当事人一方因另一方违反合同而受到损失的,应当及时采取适当措施防止损失的扩大;没有及时采取适当措施致使损失扩大的,无权就扩大的损失要求赔偿。”

中国《涉外经济合同法》,以《维也纳公约》第74条第2句的规定作为自己的立法基础。该法第19条规定:“当事人一方违反合同的赔偿责任,应当相当于另一方因此所受到的损失,但是不得超过违反合同一方订立合同时应当预见到的因违反合同可能造成的损失。”

应当肯定,中国《涉外经济合同法》规定减损规则和不可预见规则,拒绝大陆法系的过失相抵规则,严格遵循了《维也纳公约》的立场。

1986年制定《民法通则》。《民法通则》起草人将违约责任和侵权责任合称民事责任,设第6章规定民事责任,下设三节:第1节规定民事责任的一般原则,第2节规定违约责任,第3节规定侵权责任。

假如立法者承认违约责任的过失相抵规则,可以有两种方案:一是在第1节规定过失相抵规则,使之同时适用于违约责任和侵权责任;二是在第2节和第3节分别规定过失相抵规则(缺点是重复)。但结果是,这两种方案,均未被采纳。

我们看到,《民法通则》第6章民事责任,其第1节“一般规定”,未规定过失相抵规则;第2节“违反合同的民事责任”,也未规定过失相抵规则,却规定了减损规则(第114条);(仅在)第3节“侵权的民事责任”,明文规定了过失相抵规则(第 131 条)。显而易见,中国《民法通则》只规定侵权责任的过失相抵规则,拒绝规定违约责任的过失相抵规则,坚持了《涉外经济合同法》和《维也纳公约》的立场。①

值得注意的是,中国《涉外经济合同法》和《民法通则》定违约责任的过失相抵的立场,并未获得民法学界的认同。② 1993 年开始制定统一合同法,由六位学者和两位法官共同设计的《合同法立法方案》,建议并行规定减损规则和过失相抵规则。③

但最后由 12 个单位学者根据立法方案起草的《合同法草案试拟稿》,在第 8 章“违约责任”的第 3 节“损害赔偿责任”中,规定了过失相抵规则(第 152 条),却未规定减损规则。

《合同法草案试拟稿》第 152 条【过错相抵】规定:“对于损害的发生或扩大,受害方也有过错的,可以减轻或者免除违约方的赔偿责任。”④

民法学者起草的《合同法草案试拟稿》,废弃《民法通则》和《涉外经济合同法》的“减损规则”,规定违约责任的过失相抵规则,这给立法机关出了一道难题。恰好在这个时候,《国际商事合同通则》⑤为中国立法机关提供了一个解决方案:就“损失扩大”规定减损规则,就“损失

---

① 1987 年颁布的《技术合同法》亦采取同样立场,仅规定减损规则(第 17 条)而不规定过失相抵规则。其第 17 条第 4 款规定:“因另一方违反合同受到损失的当事人,应当及时采取适当措施防止损失的扩大;没有及时采取适当措施致使损失扩大的,无权就扩大的损失要求赔偿。”

② 参见朱卫国:“过失相抵论”:“民法通则 131 条虽规定于侵权责任中,但学说对于它在过错引起的债务不履行场合的适用一般并无异议。”载《民商法论丛》第 4 卷,第 411 页。

③ 《合同法立法方案》第 8 章违约责任第 3 节损害赔偿:“并应规定扩大损害规则;过失相抵规则”。所谓“扩大损失规则”,即减损规则。

④ 显而易见,其所参考的是我国台湾地区“民法”第 217 条:“损害之发生或扩大,被害人与有过失者,法院得减轻赔偿金额,或免除之。”

⑤ 《国际商事合同通则》,由国际统一私法协会理事会于 1994 年 5 月公布。中国对外贸易经济合作部条约法律司司长张月娇是国际统一私法协会理事。中国对外经济贸易大学教授、曾任中国对外贸易经济合作部条约法律司副处长黄丹涵,是国际统一私法协会国际商事合同通则起草工作组成员。

发生”规定过失相抵规则。

《国际商事合同通则》第7.4.7条规定过失相抵规则(部分归咎于受损害方当事人的损害):“如果损害部分归咎于受损害方当事人的作为或不作为,是由该方当事人承担风险的其他事件所导致,在考虑到每方当事人的行为的情况下,损害赔偿的金额应扣除因上述因素导致的损害部分。”①

国际商事合同通则第7.4.8条规定减损规则(损害的减轻):“1.不履行方当事人对于受损害方当事人所蒙受的本来可以采取合理措施减少的那部分损害,不承担责任。2.受损害方当事人有权对试图减少损害而发生的一切合理费用要求赔偿。”②

我们看到,1997年4月1日的合同法(征求意见稿)就采取了这一“并行规定”方案:

第79条规定:“当事人一方因另一方违约受到损失的,应当及时采取措施防止损失的扩大;没有及时采取措施致使损失扩大的,无权就扩大的损失要求赔偿。”

第88条规定:“受害人对于损失的发生也有过错的,可以减轻或者免除违约方的责任。”

此后的两个合同法草案均坚持了“并行规定”方案。即1997年5月14日的《合同法(征求意见稿)》,第80条规定减损规则,第89条规定过错相抵规则;1997年9月24日的《合同法(征求意见稿)》,第104条规定减损规则,第105条规定过错相抵规则。

但是,到了1998年,情况发生了变化,立法机关从合同法草案中删去了规定过失相抵规则的条文。1998年6月16日的《合同法(草案)》,删去了过错相抵规则,仅保留减损规则(第119条);同年8月24日,提交九届全国人大常委会第四次会议第一次审议的《合同法(草案)》,亦仅规定减损规则(第122条),未规定过失相抵规则。

---

① 对外贸易经济合作部条约法律司编译:《国际商事合同通则》,法律出版社1996年版,第177页。

② 对外贸易经济合作部条约法律司编译:《国际商事合同通则》,法律出版社1996年版,第179页。

此后的第二次审议稿、第三次审议稿,直至1999年3月提交九届全国人大二次会议审议的法律案,均仅规定减损规则,未规定过错相抵规则。最终通过颁行的中国《合同法》,第119条规定减损规则,①第113条第1款末句规定不可预见规则。②

回顾中国合同法草案的起草、修改、审议的全过程,我们可以看到,中国立法机关关于违约责任是否规定过失相抵规则,经历了一个“否定——肯定——否定”的历程:

《涉外经济合同法》、《民法通则》采纳了《维也纳公约》否定过失相抵规则(仅规定减损规则)的立场,合同法草案修改讨论过程中,面对民法学者规定过失相抵规则(删除减损规则)的建议,试图采纳《国际商事合同通则》的折中方案,“并行规定”减损规则和过失相抵规则,但最终放弃了这一“并行规定”方案,回到《涉外经济合同法》、《民法通则》和《维也纳公约》的立场:否定过失相抵规则(规定减损规则和不可预见规则)。

须要回答的一个问题是,中国《合同法》(特别是合同总则部分)参考借鉴《国际商事合同通则》之处甚多,何以在违约责任的过失相抵问题上,不采《国际商事合同通则》并行规定减损规则和过失相抵规则的经验?下面是可能的理由:

其一,从违约形态分析,不宜规定违约责任的过失相抵规则。

违约形态通常分为债务不履行、迟延履行和瑕疵履行。其中迟延履行和不履行债务,给受害方造成的损失,不发生受害人与有过失问题;瑕疵履行给受害方造成的损失,通常是瑕疵标的物本身价值的减损,也不发生受害人与有过失问题;唯在瑕疵标的物造成受害人人身、财产损害情形,才有发生受害人与有过失的可能。

---

① 《合同法》第119条规定:“当事人一方违约后,对方应当采取适当措施防止损失的扩大;没有采取适当措施致使损失扩大的,不得就扩大的损失要求赔偿。当事人因防止损失扩大而支出的合理费用,由违约方承担。”

② 《合同法》第113条第1款规定:“当事人一方不履行合同义务或者履行合同义务不符合约定,给对方造成损失的,损失赔偿额应当相当于因违约所造成的损失,包括合同履行后可以获得的利益,但不得超过违反合同一方订立合同时预见到或者应当预见到的因违反合同可能造成的损失。”

但在瑕疵标的物造成受害人人身、财产损害情形,如果适用过失相抵规则减轻违约方的赔偿责任,与民法公平原则和社会生活经验显然违背。例如,受害人驾驶过失致汽车撞到路旁石墙,因汽车安全气囊未启动,造成受害人人身损害案,可以认为"受害人对于损失的发生也有过错",但公平原则和社会生活经验不允许减轻违约方(供货商)的赔偿责任。

其二,《国际商事合同通则》第7.4.7条"注释"的两个举例,[①]按照中国《合同法》,均不应适用过失相抵。

举例1:"特许经营连锁店合同限定A只能从B处进货,并规定可以在90天内付款,但B却要求A立即付款,A无法办到,只得从C处进货。于是B要求A支付违反排他条款的罚金。但B只能得到部分罚金,因为是他的行为导致了A的不履行。"

举例2:"豪华班轮的吊机没有按要求停落在甲板上,造成乘客A被砸伤。船主B对A被伤害的后果负有责任,B从该船启航前检修吊机的公司C处寻求补偿。然而事实证明,如果吊机较好地停落在甲板上,事故是可以避免的。既然这是B的责任,B不能从C那儿得到完全赔偿。"

按照中国《合同法》,举例1,B的行为导致A违约(不能遵守排他条款),应当认定A不构成违约。此在《维也纳公约》第80条设有明文规定。[②] 举例2,(船员)不按要求停落吊机造成乘客A受伤,属于船主B的责任,与检修该船的C无关,应当肯定C不构成违约。

《国际商事合同通则》就过失相抵规则所举两例均不适当,不能不令人深思。至少说明,很难就违约责任适用过失相抵规则举出适当的案例。因此,我们有理由怀疑违约责任过失相抵规则的正当性,如合同法贸然加以规定,将难免导致裁判实务之滥用。

其三,不规定过失相抵规则,并不造成违约方与受害方之间利益关

① 对外贸易经济合作部条约法律司编译:《国际商事合同通则》,法律出版社1996年版,第177~178页。

② 《维也纳公约》第80条:"一方当事人因其行为或不行为而使得另一方当事人不履行义务时,不得声称该另一方当事人不履行义务。"

系的失衡。

大陆法系民法认可违约责任的过失相抵规则，其立法目的，在谋求违约方与受害方之间的公平。[①] 中国合同法违约责任制度，以《涉外经济合同法》和《民法通则》关于违约责任的规定为基础，坚持《维也纳公约》不承认过失相抵规则，而以减损规则（第119条）和不可预见规则（第113条第1款末句），协调违约方与受害方之间的利益关系，足以实现当事人之间的公平。且因减损规则和不可预见规则采取客观化判断方法，回避了判断主观过失的困难，具有方便操作的优点，易于使法院裁判实现这一立法目的。

由上可知，中国合同法制定时，就谋求实现违约方与受害方之间的公平这一立法目的，在认可过失相抵规则与否定过失相抵规则两个立法方案之间，经过再三斟酌之后，既未采纳学者建议规定过失相抵规则（删除减损规则）的方案，也未采纳《国际商事合同通则》并行规定过失相抵规则和减损规则的方案，而坚持《涉外经济合同法》、《民法通则》和《维也纳公约》的立场，其否定过失相抵规则的立法者意思十分明显，不得认为存在“立法漏洞”。毫无疑义，企图透过解释方法认可违约责任过失相抵规则的意见和做法，是错误的。

（作者系中国社会科学院学部委员）

① 1999年台上字第2093号判决：“查民法第217条第1项规定之过失相抵原则，于契约所定之损害赔偿除有反对之特约外，亦有其适用（参见本院1965年台上字第2433号判例意旨）。因此项规定之目的，在谋求加害人与被害人间之公平。”

现代婚姻家庭法的立法价值取向研究

——主要以《婚姻法解释(三)》有关夫妻财产关系的规定为对象

陈苇 黎乃忠

目 次

一、婚姻家庭法之平等价值
二、婚姻家庭法之自由价值
三、婚姻家庭法之公平价值
四、婚姻家庭法之安全与效率价值
五、余论

法律的价值取向,既是立法的指导思想,也是修改、补充和完善立法的依据。不同的法律部门,由于其调整对象的不同,其立法的价值取向会有所差异。在现代社会的绝大多数国家,婚姻家庭法属于民法的组成部分,以婚姻家庭关系为调整对象。现代婚姻家庭法以民法的平等、自由、公平、安全与效率的价值取向为根据,针对调整对象的特殊性,设立某些不同于一般民事法律的特有法律规范,以维护婚姻家庭成员的合法权益,保障婚姻家庭职能的实现。本文根据现代婚姻家庭法的立法价值取向,以我国现代夫妻财产制为研究对象,阐明现代婚姻家庭法以平等、自由、公平、安全与效率为立法的基本价值取向。在此基础上,针对2011年8月13日实施的我国最高人民法院《关于适用〈中华人民共和国婚姻法〉若干问题的解释(三)》(以下简称《婚姻法解释

(三)》)有关夫妻财产关系的规定进行评析,虽然其大部分规定都体现了对现代婚姻家庭法的平等、自由、公平、安全与效率之价值取向的保障,但亦有少部分规定还存在不足。为保障实现现代婚姻家庭法之平等、自由、公平、安全与效率的价值取向,针对《婚姻法解释(三)》之不足,提出修改、完善立法的建议。

一、婚姻家庭法之平等价值

对于平等的理解,美国学者博登海默曾指出:"所谓平等就是指凡是被法律视为相同的人,都应当以法律所确定的方式对待。"①他所说的这种平等是指在法律形式上的平等,蕴含的是机会上的均等。然而,这种机会上的均等只是一种假设,它必须让位于追求实质平等的考虑,比如对弱者的利益加以保护等。正如日本学者所指出的那样,现代民法已经进入一个"根据社会的经济地位及职业的差异把握更加具体的人,对弱者加以保护的时代"。② 我国2001年修正后的《婚姻法》新增第40条,确认了离婚时的经济补偿请求权。即法律确认在婚姻期间夫妻一方为支持或协助夫妻他方获得学历文凭及职业资格证书所做的非经济贡献和经济贡献,在离婚时接受帮助的夫妻他方应当给予适当的经济补偿。这体现了法律对家务劳动等价值的承认,有利于平衡夫妻双方在婚姻期间所得的经济利益。③ 现代婚姻家庭法在设定婚姻期间的夫妻财产关系规则时,既应当考虑能够实现形式上的平等,更应当考虑能够实现实质上的平等,此乃保障实现法律之平等价值的必然要求。

---

① 他认为,法律规则把人、物和事件归于一定的类别,并按照某种共同的标准对它们进行调整。由于所有的社会(成员——译者注)都遵守规则或一般性标准,所以通过规范性制度本身的运作,就可以在各地实现某种程度的平等。参见[美]E. 博登海默:《法理学:法哲学与法律方法》,邓正来译,中国政法大学出版社2004年版,第308页。

② 参见[日]星野英一:"私法中的人——以民法财产法为中心",王闯译,载梁慧星主编:《民商法论丛》(第8卷),法律出版社1997年版,第182~190页。

③ 参见陈苇、曹贤信:"论婚内夫妻一方家务劳动价值及职业机会利益损失的补偿之道——与学历文凭及职业资格证书之'无形财产分割说'商榷",载《甘肃社会科学》2010年第4期。

(一)我国现代夫妻财产制的平等价值之考察

对我国现代夫妻财产制的平等价值,我们拟从夫妻的财产地位平等和夫妻对共同财产享有平等的权利,①这两个方面进行考察。

1.夫妻的财产地位平等

夫妻的财产地位平等主要体现在夫妻财产制上。1950年《婚姻法》第23条明确规定:"离婚时,除女方婚前财产归女方所有外,其他家庭财产如何处理,由双方协议;协议不成时,由人民法院根据家庭财产具体情况、照顾女方及子女利益和有利发展生产的原则判决。"据此表明当时的法定夫妻财产制为一般共同制。并且,在离婚时,女方的个人婚前财产仍归女方所有,而男方的个人婚前财产则纳入离婚分割的范围。乍看之下,似对妻子权利有相当之保护,然却适应了当时历史的发展,对此应以历史的眼光审视之:解放前妇女处于封建的"四权"②的重压之下,经济地位低下,为实现夫妻地位的实质平等,将男方个人婚前财产纳入离婚财产分割的范围,这表面上看似男女不平等,但却体现夫妻财产地位由形式平等向实质平等的过渡,其有利于保障女方处于实质平等的财产地位,具有合理性。而依1980年《婚姻法》第13条规定,夫妻在婚姻关系存续期间所得的财产,归夫妻共同所有,双方另有约定的除外,此法定夫妻财产制为婚后所得共同制。依2001年修正后的《婚姻法》第17条规定,法定夫妻财产制仍沿用婚后所得共同制。③

我们认为,以婚后所得共同制作为我国的法定夫妻财产制,这是由我国的历史传统和现代社会夫妻财产地位平等之要求决定的。在历史传统上,我国古代小农经济条件下实行几代同堂的大家庭生活方式,家

① 必须说明,基于"夫妻的财产地位平等"之要求,夫妻对共同财产亦承担平等的义务,但限于本文的篇幅,对此论述从略。

② 毛泽东同志在《湖南农民运动考察报告》中论述旧中国妇女地位时曾讲过,中国的妇女不但受封建政权、族权、神权的统治和压迫,而且还受夫权的压迫和奴役。

③ 目前国外立法采用较多的有婚后所得共同制、分别财产制和剩余共同制。剩余共同制虽名为共同制,而其实为分别财产制……此制之特色,在于婚姻解销时,就各配偶由婚姻解销时之财产(终末财产),扣除结婚时之财产(当初财产),以计算其剩余额。剩余额较少之配偶,对于剩余额较多之配偶,就剩余差额的1/2,有债权的请求权。参见史尚宽:《亲属法论》,中国政法大学出版社2000年版,第331页。

庭财产归属于家庭全体成员共有，家庭共有财产权则由一家之家长掌握（家长一般由男性尊者担任），以维护家庭财产的完整和统一，满足家庭物质生产和人口生产的需要，即当时的小农经济社会条件是我国古代采取家庭共同财产制的物质基础。到近现代社会，随着我国小农经济社会的逐渐解体，家庭共有财产制的物质基础逐渐丧失，一对夫妻及其未成年子女组成的核心家庭亦逐渐取代了几代同堂的大家庭，但婚姻家庭财产“共有”的传统思想之影响仍存在。据我国学者的调查，目前我国现实生活中的绝大多数家庭，仍然实行法定夫妻财产制即“婚后所得共同制”。[①] 在婚后所得共同制之下，夫妻一方在婚姻期间从事社会生产劳动所得的工资、经营所得的收益等经济收入都属于夫妻共同财产。即使一方（通常是女方）没有外出工作而专事家务劳动，此价值也被认为与外出工作没有差别。受历史传统影响，并综合考虑我国“男主外女主内”的家庭分工依然存在，以婚后所得共同制为我国的法定财产制，保障了夫妻财产地位的实质平等，符合现代婚姻家庭法的平等价值取向。

值得注意的是，随着社会的发展，自 20 世纪下半期至 21 世纪初期，基于夫妻财产地位平等的理念，世界上有不少国家都对夫妻财产制进行了变革。在以婚后所得共同制为法定夫妻财产制的国家，在共同财产制中引入了分别财产制的因素，如我国 2001 年修正后的《婚姻法》确认了个人财产的范围；而在以分别财产制为法定夫妻财产制的国家，在分别财产制中引入了共同财产制的因素，如美国、澳大利亚等国在离婚时夫妻双方应当公平地分割婚姻期间夫妻各方所得的财产。而瑞士的所得分享制（所得分配制）[②]、德国的剩余共同制等折中性的财产制，则在一定程度上融合了共同财产制和分别财产制的优点。可见，“兼采共同财产制与分别财产制的合理因素，已成为越来越多国家

① 巫昌祯：《婚姻法执行状况调查》，中央文献出版社 2004 年版，第 5 页。

② 此制在婚姻中，以分别的财产制为原则，个别管理及处分其财产，配偶双方于婚姻中所取得之财产，于婚姻解销时形成一共同财团而分配于双方配偶，故亦称为所得分配制。参见史尚宽：《亲属法论》，中国政法大学出版社 2000 年版，第 331 页。

夫妻财产制的改革方向”。[1] 它一方面保证了夫妻双方在共同财产关系终止之时对共有财产的平等权利,也维护了夫妻在财产的共同共有期间的平等支配权。

2. 夫妻对共同财产享有平等的权利

我国1950年《婚姻法》第10条规定:“夫妻双方对于家庭财产有平等的所有权与处理权。”此规定确立了夫妻对共同财产享有的平等权利。但其对夫妻共有财产范围的界定不科学,把家庭财产一律归夫妻所有和处理,侵害了其他家庭成员的财产权利。1980年的《婚姻法》和2001年修正后的《婚姻法》把夫妻平等的财产处理权的范围,限定在夫妻双方的共同财产范围,这是科学的、合理的。对于夫妻共同财产,夫妻双方享有平等的占有、使用、收益、处分的权利。我国最高人民法院《关于适用〈中华人民共和国婚姻法〉若干问题的解释(一)》(以下简称《婚姻法解释(一)》)第17条进一步解释规定:“婚姻法第十七条关于‘夫或妻对夫妻共同所有的财产,有平等的处理权’的规定,应当理解为:(一)夫或妻在处理夫妻共同财产上的权利是平等的。因日常生活需要而处理夫妻共同财产的,任何一方均有权决定。(二)夫或妻非因日常生活需要对夫妻共同财产做重要处理决定,夫妻双方应当平等协商,取得一致意见。他人有理由相信其为夫妻双方共同意思表示的,另一方不得以不同意或不知道为由对抗善意第三人。”[2]此规定明确了夫妻一方单方对夫妻共同财产处理的权利仅限于家庭日常生活的范围之内。而对婚姻家庭住房等重大夫妻共同财产的处理,必须由夫妻双方平等协商决定,这也是夫妻对共同财产处理时应当承担的义务。否则,如果夫妻一方擅自将婚姻家庭住房等重大的夫妻共同财产出售给第三人,夫妻另一方应当享有撤销权。对此我们将在下文中论述。

---

① 陈苇:《中国婚姻家庭法立法研究》,群众出版社2000年版,第180页。

② 由于处分权是所有权的最高形式,因此,此款规定的处理权也就是所有权的另一种表述。参见蒋月:《夫妻的权利与义务》,法律出版社2001年版,第150页。

（二）《婚姻法解释（三）》有关夫妻财产关系规定的平等价值之评析

1.平等价值之保障

《婚姻法解释（三）》第4条规定："婚姻关系存续期间，夫妻一方请求分割共同财产的，人民法院不予支持，但有下列重大理由且不损害债权人利益的除外：（一）一方有隐藏、转移、变卖、毁损、挥霍夫妻共同财产或者伪造夫妻共同债务等严重损害夫妻共同财产利益行为的；（二）一方负有法定扶养义务的人患重大疾病需要医治，另一方不同意支付相关医疗费用的。"除"但书"规定的两款特殊原因之外，人民法院不支持在婚姻关系存续期间夫妻一方分割共同财产的请求。我们认为，在实行法定的夫妻财产制之下，夫妻的共同财产是夫妻在共同生活期间的共同劳动收入，是共同购置和积累起来的财产，应当归夫妻双方共有，并且这种共有关系属于共同共有，夫妻双方对共同所有的财产具有平等的权利。其理论基础是民法的共同共有——在共有关系存续期间，共同共有人非依法定理由一般不得请求分割共同财产；在共有关系存续期间，共有人对共有财产的份额是不确定的共同共有关系。只有在共有关系终止时，共有财产分割后，才能确定各共有人的份额。因此，在婚姻关系存续期间，一般情况下，夫妻任一方均不能提出分割夫妻共同财产，当出现法定的事由或者夫妻共同财产制终止时，才能依法分割夫妻共同财产，以保证夫妻对共同财产的平等权利，从而维持夫妻共同财产的稳定，保障实现婚姻家庭的职能。否则，如果允许夫妻一方任意分割夫妻共同财产，很有可能使处于经济强势地位的一方任意分割夫妻共同财产，危及另一方配偶对财产的平等权益。综上，《婚姻法解释（三）》第4条有关除"但书"规定情形之外不允许分割夫妻共同财产的规定，有利于保障实现夫妻财产地位的平等。

此外，《婚姻法解释（三）》第5条规定："夫妻一方个人财产在婚后产生的收益，除孳息和自然增值外，应认定为夫妻共同财产。"此即把夫妻一方个人婚前财产在婚后产生的收益，除法律规定的"孳息和自然增值"外，都认定为夫妻共同财产。在一般情况下，对个人财产的孳息而言，根据传统民法孳息随原物的原理，原物属夫妻个人婚前财产，孳息也属于夫妻个人婚前财产。而对个人财产的自然增值而言，夫妻一方或双方对该夫妻一方个人财产并没有进行管理、投入劳动,该孳息和自然增值应当被排除于夫妻共同财产之外,因此,这一规定原则上符合现代婚姻家庭法之平等价值。①

2. 平等价值保障之不足

《婚姻法解释(三)》第13条第1款规定:"离婚时夫妻一方尚未退休、不符合领取养老保险金条件,另一方请求按照夫妻共同财产分割养老保险金的,人民法院不予支持……"即将夫妻一方在婚姻期间取得的养老金期待利益排除在夫妻共同财产之外。我们认为,这有悖夫妻共同财产权益的平等保护,不符合现代婚姻家庭法之平等价值理念。其主要理由如下:

第一,从我国2001年修正后的《婚姻法》之婚后所得共同制的精神上看,婚后一方积累的养老金的期待利益应属于夫妻共同财产。在以婚后所得共同制为法定财产制之下,除夫妻双方另有约定或法律另有规定的外,婚后所得之财产和利益(包括现实利益和期待利益)均属于夫妻共同所有,夫妻双方对婚后所得财产和利益之权利范围,亦应包括婚后一方缴纳养老金及养老金的期待利益。并且,以夫妻共同财产缴纳养老金产生的期待利益,虽然并不是立即可以取得的,但这种期待利益的取得是可以预期的。在经过一定期间、符合一定的条件后,期待利益则转化为现实利益而为夫妻双方实际享有。

第二,从夫妻婚后积累的养老金的来源看,养老金一般是用夫妻一方的工资缴纳的,依我国的婚后所得共同制,既然工资属于夫妻的共同财产,那么用工资积累的养老金利益包括期待利益理应都属于夫妻的共同财产。

第三,养老金期待利益的分割体现了对家务劳动价值的承认。家庭基于不同的分工而相互协作、共同生活,组成一个生活的共同体。夫妻一方外出工作,另一方从事家务劳动,照顾家庭,双方从事的劳动价值是相同的,所不同的是劳动的表现形式。诚然,进行家务劳动的一方

① 但如前所述,此规定亦存在不足,在特殊情况下,如果夫妻一方个人财产在婚后之孳息的取得,是因为夫妻一方或双方对该夫妻一方个人财产进行了管理、投入了劳动,我们认为该孳息就应当被认定为夫妻的共同财产,这将在下文论述。

无法获得养老金的积蓄,但另一方在工作时积累的养老金及养老金的期待利益也是双方协作的结果。[①] 因此,如果赋予养老金期待利益的可分性,也包含了将家务劳动纳入婚姻家庭法的价值评判之中。

第四,国外立法有对养老金期待利益的分割规定。例如《德国民法典》[②]第1587条第1款规定:“须予均衡的要求供给[③]的权利:在离婚配偶双方之间,发生供给的均衡,但以就离婚双方或其中一方而言在婚姻存续期间对第1587a条第2款[④]所称种类的养老金或从业能力减弱的定期金的期待权或指望权已设立或保持为限。”同时,该条第2款规定,从结婚所在的月的月初到离婚申请的诉讼系属[⑤]发生前的月份终了的期间,视为关于供给均衡的规定的意义上的婚姻存续期间。也即是德国法将夫妻在婚姻期间的养老金的期待利益纳入可供分割的财产范围。

既然养老金及其期待利益在理论是可以分割的,但如何对夫妻离婚时养老金的期待利益进行估价与分割却是离婚当事人和离婚诉讼中法官面临的一个难题。在这一方面,澳大利亚的立法经验对我国具有借鉴意义:澳大利亚2001年《家庭法(退休金)修正法》第八B章专门增加了退休金的分割等问题的规定。澳大利亚1975年《家庭法》第4条第1项和第90MC条规定了退休金被视为一种在婚姻解除时可以进行分割的财产。第90MZD条规定了对负责退休金发放的第三方托管人进行约束。第90MS条规定了夫妻在对退休金的分割不能达成协议的,由法院作出“分割命令”和“标记命令”,[⑥]标记命令旨在约束退休

① 参见陈苇:“婚后积累的养老金期待利益应当由夫妻共享——〈解释(三)〉(征求意见稿)第14条之商榷”,载《中国社会科学报》2010年12月7日第10版;陈苇、陈思琴:“澳大利益夫妻离婚时养老金分割立法及其借鉴”,载《法商研究》2008年第6期。

② 陈卫佐译注:《德国民法典》(第2版),法律出版社2006年版。

③ 此供给是指养老金、退休金和从业能力减弱者的定期金等。

④ 1587a条第1款规定的是夫妻一方有权要求他方给付双方养老金期待利益差额的一半。第2款规定确定养老金价差额的价额基础。

⑤ 即是指向被告送达诉状时起到法院的判决生效的期间。

⑥ “分割命令”主要针对已经实际取得的养老金由法院根据一定的规则在配偶间进行分割。“标记命令”主要是针对尚未实际取得的退休金进行标记。

金管理机构,命令管理者不支付退休金,并要求管理者在退休金可以支付时通知法院,以便法院到时对该退休金在离婚配偶之间依法进行分割。①

综上所述,我国《婚姻法解释(三)》承认对夫妻在婚姻期间积累的、在离婚时实际取得的养老金进行分割,这有利于维护婚姻当事人对该养老金的财产权利,体现了现代婚姻家庭法的平等价值取向。但其却将夫妻在婚姻期间积累的、在离婚时未实际取得的养老金的期待利益排除在可分割的财产范围之外,这是对平等价值保障之不足。因此,我们建议我国借鉴德国、澳大利亚等国的立法经验,将夫妻一方在婚后积累、在离婚时未实际取得的养老金的期待利益纳入夫妻共同财产的范围,并借鉴澳大利亚对养老金的期待利益的分割立法,完善我国夫妻离婚时养老金及其期待利益的分割制度。

二、婚姻家庭法之自由价值

现代民法以意思自治为基石构建了契约自由的理念,人的意志可以依其本身的法则去创设自己的权利义务,"每一个人自然是其自己利益的最好评判者,因此应该让他有按他自己的方式行动的自由"。②在民事领域,民事法律关系的当事人能够按照自己的意志设立、变更、终止民事关系。在婚姻家庭关系领域,婚姻当事人能够依法自由约定夫妻财产制以及其他财产关系等。法律保障婚姻家庭当事人享有约定财产关系的自由权,以实现其婚姻家庭中的财产权益。

(一)我国现代夫妻财产制的自由价值之考察

婚姻当事人在财产关系上的约定是自由的表现形式,其主要体现在约定夫妻财产制与约定夫妻个人婚前财产和婚后所得财产的归属这两个方面。

① 参见陈苇主编:《外国婚姻家庭法比较研究》,群众出版社2006年版,第600~601页。

② [英]亚当·斯密:《富国论》。转引自李仁玉等:《契约观念与秩序创新》,北京大学出版社1993年版,第100页。

1. 约定夫妻财产制的自由

(1)约定夫妻财产制的类型。实行什么类型的财产制,关系到夫妻双方重大的财产权利义务,而法律对夫妻财产制类型的规定则影响到夫妻双方自由的实现程度,在确定夫妻财产制类型之始,夫妻双方就非常希望有一个法律作参照,以便明了自己的财产制类型的约定是否符合法律的要求以及将有什么样的后果。在我国,从婚姻法的立法进程看,夫妻财产制从1950年《婚姻法》之内容单一的法定共同财产制,①到1980年《婚姻法》的法定财产制与约定财产制并立,再到2001年修正后的《婚姻法》之约定财产制的完善与夫妻特有财产制的确立,如果把约定夫妻财产制的不断完善看成是自由的话,则"这一变化的进程表现为不断地扩大夫妻个人决定其财产状况的自由权利"。② 但1950年《婚姻法》着眼于身份的解放,确立了婚姻中男女平等、婚姻自由的原则,却对法定夫妻财产制的内容规定得很简略,并且未规定夫妻双方可以约定夫妻财产的类型。而1980年《婚姻法》的夫妻法定财产制为婚后所得共同制,明确地规定夫妻对于双方的财产关系另有约定的除外。即夫妻的约定财产制应优先于法定夫妻财产制被适用③,第一次以法律的形式确立了夫妻约定财产制的自由,这与1950年《婚姻法》相比是一个进步,满足婚姻当事人的多样化价值需求。2001年修

① 《中央人民政府法制委员会就有关婚姻法施行的若干问题的解答》中虽然明确"夫妻对于任何种类家庭财产的所有权与处理权,均得由双方自愿约定",但该问答不是以法律的形式来明确规定夫妻财产制的类型。并且,由于受传统习惯的影响和新中国成立初期具体条件的制约,实际生活中进行财产约定的现象并不普遍。

② 参见巫昌祯、夏吟兰:"改革开放三十年中国婚姻立法之嬗变",载陈苇主编:《改革开放三十年(1978~2008)中国婚姻家庭继承法研究之回顾与展望》,中国政法大学出版社2010年版,第8页。

③ 在约定财产的效力上,我国学术界曾经产生了两种观点:第一种根据1980年的《婚姻法》"另有约定除外"的规定,认为我国夫妻财产是以法定为主,约定为辅。参见刘莉:"对我国夫妻财产制的探讨",载《西北政法学院学报》1985年第4期;张贤钰:"完善我国夫妻约定财产制的立法思考",载巫昌祯、杨大文主编:《走向21世纪的中国婚姻家庭》,吉林人民出版社1995年版,第134~139页。第二种观点认为约定先于法定。参见陈苇:"完善我国夫妻财产制的立法构想",载《中国法学》2000年第1期;王洪:"夫妻财产制的修改:法政策之检讨",载《西南政法大学学报》2000年第2期。

正后的《婚姻法》第19条对约定财产制作了补充,进一步地细化了夫妻约定的财产——婚前财产或婚后财产,约定的形式——书面形式,约定的归属——归各自所有、共同所有或部分各自所有、部分共同所有。其既原则上规定了约定财产的范围和可供选择的财产制内容,又明确规定夫妻实行约定的财产制须为第三人所明知,才对第三人具有法律效力。总之,从夫妻约定财产制之法律规定的脉络来看,2001年修正后的《婚姻法》对夫妻约定财产制的补充和完善,扩大了夫妻对财产关系的自主决定权的范围。

(2)约定夫妻个人婚前财产和婚后所得财产的归属。如前所述,1950年《婚姻法》对夫妻个人婚前财产和婚后所得财产的归属已经作了规定,即男方的个人婚前财产在婚后归属双方共同所有,女方的个人婚前财产归属女方个人所有,夫妻婚后所得财产归属双方共同所有。但对夫妻约定个人婚前财产和婚后所得财产没有明文规定;而根据1980年《婚姻法》第13条规定,夫妻各自的个人婚前财产均被排除在夫妻共同财产之外,夫妻对财产关系另有约定的,可以排除法定财产制被优先适用,但仍然没有具体规定夫妻双方可以约定财产的范围。2001年修正后的《婚姻法》第19条对约定财产制作了进一步补充,明确规定夫妻可以约定个人婚前财产和婚后所得财产的归属,夫妻双方依法享有约定个人婚前财产和婚后所得财产归属的自由权。在夫妻财产关系的约定上,如果把夫妻双方的婚姻关系看成是主契约的话,那么夫妻对个人婚前财产和婚后所得财产归属的约定则应当居于从契约的地位,从契约的效力取决于主契约的效力,即婚姻当事人对个人婚前财产和婚后所得财产归属约定于婚姻关系成立时发生效力,这与民法传统的主从契约的生效规则相一致。在约定的时间上,从契约一般以主契约成立后订立为通例,但夫妻财产契约的订立时间却有其特殊之处——婚姻当事人对个人婚前财产和婚后所得财产归属既可以在婚前约定,也可以在婚后约定,法律赋予婚姻当事人更大的自由,尊重夫妻对财产关系约定的意思自治。

2. 夫妻日常家事代理权之财产处分自由

我国1950年、1980年《婚姻法》和2001年修正后的《婚姻法》均未规定夫妻日常家事代理权,对于夫妻日常家事代理权的概念、权利的范围、权利行使的限制以及权利的效力等立法均呈空白。我国《婚姻法解释(一)》第17条规定:“因日常生活需要而处理夫妻共同财产的,任何一方均有权决定。”这实际上是对夫妻日常家事代理权的规定。据此规定,夫妻任何一方在行使日常家事代理权的范围内,均有权处分夫妻共同财产。日常家事代理权制度源于古罗马法,在夫妻财产地位不平等之下,其设计的初衷是为了扩张丈夫行为的能力,丈夫将家事范围内的一部分事务“委任”给妻子,使丈夫无须事必亲躬,而妻子日常家事行为的后果由丈夫承担,其虽是妻子对丈夫的一种权利,其实质是妻子对财产只享有相当有限的权利。此制度发展到今天,基于男女平等的理念,日常家事代理权成为夫妻双方均享有的权利,夫妻任何一方均有因日常家事需要而处分财产的自由。诸如法国、瑞士、德国等都规定了夫妻一方因日常家事而具有处分夫妻共同财产的自由。[①] 这是现代婚姻家庭法之自由的价值取向。但需要指出的是,自由从来都不是绝对的,非因家事需要处分夫妻共有财产,就不能仅仅考虑维护市场交易秩序,而应当考虑兼顾保护夫妻和家庭的财产权益与善意第三人的利益和交易安全。[②]

(二)《婚姻法解释(三)》有关夫妻财产关系规定的自由价值之评析

1. 自由价值之保障

《婚姻法解释(三)》第7条第1款规定:“婚后由一方父母出资为子女购买的不动产,产权登记在出资人子女名下的,可按照婚姻法第十八条第(三)项的规定,视为只对自己子女一方的赠与,该不动产应认定为夫妻一方的个人财产。”本条规定看似与《婚姻法解释(二)》第22条第2款的规定相矛盾,[③]而实质上它们属两种不同的规定——在民事法律关系中,民事法律行为意思表示的载体,可分为明示和默示两种

① 《法国民法典》第220条、《瑞士民法典》第162条、第163条、《德国民法典》第1357条。

② 参见陈苇:《中国婚姻家庭法立法研究》,群众出版社2000年版,第168页。

③ 《婚姻法解释(二)》第22条第2款规定:“当事人结婚后,父母为双方购置房屋出资的,该出资应当认定为对夫妻双方的赠与,但父母明确表示赠与一方的除外。”

形式,《婚姻法解释(二)》第22条第2款的规定表明,父母在当事人婚后的购房出资,除明示赠与夫妻一方外,其默示的出资行为应当推定为对夫妻双方的赠与;而《婚姻法解释(三)》第7条第1款的规定则承认出资为子女购买不动产的父母,以自己行为表示的方式(将产权登记在自己子女名下)表明将该不动产仅仅赠与自己的子女,与《婚姻法解释(二)》第22条第2款未指明赠与的主体不同,出资父母用产权登记在自己子女名下的表示方式,其实已经指明了是对自己子女一方的赠与。这尊重了财产赠与人的意愿,是民法的意思自治原则在婚姻家庭法领域的运用,保障了赠与人依法享有的处分其个人不动产的自由权利。

同时,《婚姻法解释(三)》第14条规定:“当事人达成的以登记离婚或者到人民法院协议离婚为条件的财产分割协议,如果双方协议离婚未成,一方在离婚诉讼中反悔的,人民法院应当认定该财产分割协议没有生效,并根据实际情况依法对夫妻共同财产进行分割。”承认夫妻双方达成的以登记离婚或到人民法院协议离婚为条件的财产分割协议的效力。在此情形下,登记离婚或者到人民法院协议离婚是该财产分割协议生效所附的条件,如果条件成就(即夫妻双方登记离婚或到人民法院协议离婚),则夫妻双方达成的财产分割协议生效,双方应当按照协议进行财产分割;如果双方没有进行登记离婚或到人民法院协议离婚,该财产分割协议所附的条件没有成就,则该财产分割协议没有生效。也许有人会提出异议:我国实行的是离婚自由原则,并且离婚是人身权方面的规定,所附条件不能以限制人身权为要件。但本条实质上是规定离婚夫妻共同财产分割问题,只要夫妻双方自愿离婚,在符合法定离婚条件的情况下,对于离婚方式,夫妻双方既可采取登记离婚,也可选择到人民法院协议离婚,如果夫妻双方同意登记离婚或到人民法院诉讼离婚,在这种“友好”的氛围之下,一方可能基于某些考虑而在财产上作出让步,就形成了以登记离婚或到人民法院协议离婚为条件的财产分割协议。但在离婚登记前或法院准许离婚的司法文书下发之前,不产生离婚的后果,也不会产生协议中财产分割的后果,如果一方反悔,则为一方放弃登记离婚或到人民法院协议离婚的离婚方式,而采用另一种——诉讼离婚的方式,法律这样规定并没有限制离婚自由,婚姻当事人在登记离婚或到人民法院协议离婚不成的情况下，仍然可以进行离婚诉讼。所以，此规定其实是对双方登记离婚或到人民法院协议离婚之财产分割自由之约定在法律上的确认，体现了保障现代婚姻家庭法之自由价值的理念。

2. 自由价值保障之不足

依《婚姻法解释（三）》第7条第2款，由双方父母出资购买的不动产，产权登记在一方子女名下的，该不动产认定为夫妻双方按份共有的规定体现了对自由价值保障的不足。诚然，我国学者指出："十年前修改婚姻法时，房子的问题还不突出，十年后房子已经成了个人或家庭中最重要的财产了。"①目前，由于畸高的房价，结婚买房的问题困扰着许多的年轻人。而结了婚，并在父母资助之下买了房屋的年轻人，离婚时的房屋分割问题也同样困扰着他们和他们的父母。结婚之时，单凭自己的收入，一般的年轻人很少能买得起房，父母出资为子女购房可能倾其一生之积蓄，根据我国现行《婚姻法》及《婚姻法解释（一）》、《婚姻法解释（二）》的规定，父母在子女婚后为其购买的房屋未指明归属，则该赠与应为子女夫妻共同财产。这也成为了某些出资购房父母的"心病"。正是在这种背景之下，我国最高人民法院颁布的《婚姻法解释（三）》第7条第2款规定："由双方父母出资购买的不动产，产权登记在一方子女名下的，该不动产可认定为双方按照各自父母的出资份额按份共有，但当事人另有约定的除外。"我们认为，此规定既不符合我国2001年修正后的《婚姻法》的精神，也违背婚姻家庭法的自由价值取向。

首先，它不符合我国现行《婚姻法》的精神。根据2001年修正后的《婚姻法》第17条、第18条的规定，继承或赠与所得的财产，除了指明归一方所有的以外，应当为夫妻共同财产。对于夫妻共同财产，双方是不分份额的共同共有。然而，《婚姻法解释（三）》第7条第2款却规定夫妻双方按照各自父母的出资份额按分共有，这显然违反了我国现行《婚姻法》的"婚后所得共同制"之共同共有的精神。

① "法学家杨立新解读《解释三》"，载 http://wenku.baidu.com/view/f55f0e0103d8ce2f006623dc.html，访问日期：2011年11月16日。

其次,不符合我国现代婚姻家庭法的自由价值取向。我们认为,虽然《婚姻法解释(三)》第7条第1款规定婚后父母一方出资购买的不动产登记在自己子女名下视为对自己子女的赠与,体现父母一方的财产自由处分权,是对自由价值的保障,但《婚姻法解释(三)》第7条第2款规定由双方父母出资购买的不动产是按各自的出资比例对自己子女的赠与,却是对自由价值保障的不足。一方父母出资购买不动产并登记在自己子女名下时,可以以自己的行为推定该不动产赠与自己的子女,但如果双方父母共同出资购买不动产,则不能简单地适用推定规则,也不能简单地按照双方父母的出资比例确定夫妻双方拥有的不动产份额。

事实上,在大多数情况下,双方父母出资时往往并不会约定自己的子女对该不动产占有多大的份额,这有别于民法的合伙关系。在合伙关系中,合伙人可以约定各自在合伙关系中所占的份额,没有约定时,以出资比例确定各自的份额。这是因为各合伙人结成合伙的目的一般是为了获得利润,但双方父母出资为子女购买不动产的目的一般是为了保障子女的婚姻家庭生活,而不是为了投资、获得利润,这与合伙关系具有本质的区别。从这个意义上说,婚后双方父母出资购买的不动产,除另有约定外,应当属于夫妻共同共有财产。

三、婚姻家庭法之公平价值

(一)我国现代夫妻财产制的公平价值之考察

对夫妻财产制而言,所谓"公平"主要是指婚姻当事人双方财产地位平等、财产权利和义务平等、财产权利保护平等。而保证离婚时夫妻一方经济补偿请求权的实现,以及承认家务劳动的价值,是现代婚姻家庭法的公平价值取向之表现形式。

1. 离婚经济补偿请求权

在我国,1950年《婚姻法》的法定夫妻财产制是一般共同制,这部法律没有关于约定夫妻财产制的规定,所以更不用说在夫妻约定分别财产制之下的离婚经济补偿请求权的规定。1980年《婚姻法》虽然规定了夫妻可以约定实行分别财产制,但却没有规定在分别财产制下,夫妻一方因照顾家庭而付出较多义务之离婚经济补偿请求权。2001年修正后的《婚姻法》增补了此规定，其第40条规定：“夫妻书面约定婚姻关系存续期间所得的财产归各自所有，一方因抚育子女、照料老人、协助另一方工作等付出较多义务的，离婚时有权向另一方请求补偿，另一方应当予以补偿。”夫妻一方享有离婚经济补偿请求权的适用前提条件是夫妻约定实行分别财产制，因为共同财产制本身已经包含了抚育子女、照顾老人等家务劳动的价值评判，只有在夫妻约定分别财产制之下，才因夫妻一方从事家务劳动付出了较多的义务，在离婚时有权主张另一方作出补偿。“离婚经济补偿制度彰显了法律的公平、正义之价值。”①

2. 家务劳动贡献之经济补偿请求权

如前所述，我国1950年《婚姻法》、1980年《婚姻法》及2001年修正后的《婚姻法》之夫妻法定共同财产制，是婚姻家庭法对家务劳动价值的承认，家务劳动应被视为与社会生产劳动具有同等价值。“妻之家务劳动，②有用而不可或缺，应无疑问。因有妻之家务劳动，夫之劳动力始得以再生产，因此，夫以其劳动所得之收入，非夫一人劳动之结果，而是夫妻复合劳动之结果。”③在英国19世纪50年代婚姻及离婚王室委员会的报告书中陈述：妻通过照料家事、养育子女而对共同事业的贡献，与夫维持家计、扶养家族具有同等的价值。但1969年的《英国离婚法》生效前，配偶一方不能因为从事家务和照看孩子而受益，显然，这对从事家务劳动的妻子而言是不公平的。此后，英国1973年的法案规定在判决案件时应考虑夫妻哪方对家庭利益包括看家或照顾整个家庭在内的(现在或将来)贡献。④《瑞士民法典》第165条规定：“在协助配偶他方从事职业或经营事业中，配偶一方的付出显著超过其为扶养家庭应作出的贡献的，其有权请求为此得到合理的补偿金。”

---

① 参见陈苇、于林洋：“论我国离婚经济补偿制度的命运：完善抑或废除”，载《法学》2011年第6期。

② 在家务劳动领域，绝大多数为妻子的家务劳动，也即是家庭主妇的家庭内劳动。

③ 中尾英俊：“夫妇の平等と夫妇财产制”，载台湾《法制时报》第33卷第9号，第15页。转移自林秀雄：《夫妻财产制之研究》，中国政法大学出版社2001年版，第148页。

④ 参见陈苇主编：《外国婚姻家庭法比较研究》，群众出版社2006年版，第423页。

从上述国外立法规定可见,将家务劳动的价值与职业劳动的价值进行相同的评价,对夫妻在婚姻期间取得的财产在离婚时依公平原则进行分割,可补救离婚财产分割时对作有特别贡献的一方"照顾无力"的弊端,可以防止夫妻一方利用夫妻他方的人力、物力达到其目的后即提出离婚,恶意抛弃他方,变相剥夺他方对婚姻共同生活的"投资"和预期利益,造成对他方的"系统性剥夺"。[①] 在我国,2001年修正后的《婚姻法》新增第40条规定:"夫妻书面约定婚姻关系存续期间所得的财产归各自所有,一方因抚育子女、照料老人、协助另一方工作等付出较多义务的,离婚时有权向另一方请求补偿,另一方应当予以补偿。"可见,保障夫妻对婚姻期间所得财产享有公平分配,这是现代婚姻家庭法的立法价值取向之一。

(二)《婚姻法解释(三)》有关夫妻财产关系规定的公平价值之评析

1. 公平价值之保障

《婚姻法解释(三)》第13条规定:"婚后以夫妻共同财产缴付养老保险费,离婚时一方主张将养老金账户中婚姻关系存续期间个人实际缴付部分作为夫妻共同财产分割的,人民法院应予支持。"此即承认在婚姻期间夫妻一方个人实际缴付的养老金属于夫妻的共同财产,体现了现代婚姻家庭法的公平原则。从联合国有关国际文献的精神看,1979年联合国《消除对妇女一切形式歧视公约》(以下简称联合国《消除歧视公约》)第16条规定:"缔约各国应采取一切措施消除在婚姻家庭关系的一切事务上对妇女的歧视,并特别保证……配偶双方在财产的所有、取得、经营、享有、处置方面,不论是无偿的或是收取价值酬报的,都具相同的权利。"离婚时,将个人实际缴付的养老金进行分割,体现了联合国《消除歧视公约》倡导的夫妻双方应平等地共享婚姻期间所得的一切财产权利的精神。[②] 由于夫妻一方养老金账户中的个人实际缴付部分,一般是工资的组成部分,我国法定

① 陈苇:"完善我国夫妻财产制的立法构想",载《中国法学》2000年第1期。

② 参见陈苇:"婚后积累的养老金期待利益应当由夫妻共享——《解释(三)》(征求意见稿)第14条之商榷",载《中国社会科学报》2010年12月7日第10版。

的夫妻财产制是婚后所得共同制，夫妻一方在婚姻期间所得的工资属于法定的夫妻共同财产，则夫妻一方养老金账户中的个人实际缴付部分亦应属于夫妻的共同财产，另一方配偶在离婚时有权请求法院对其进行分割。

另外，值得注意的是，依《婚姻法解释（三）》第 13 条规定，婚姻关系存续期间个人实际缴付的养老保险费可以作为夫妻共同财产分割，这体现了公平的价值取向，彰显了立法的一个进步。但是，该条只将个人缴付的部分作为夫妻共同财产，而未将单位相应的缴付部分纳入夫妻共同财产的分割范围，当属立法的疏漏与不足。

2. 公平价值保障之不足

《婚姻法解释（三）》的公平价值保障之不足，主要表现为对夫妻一方个人婚前财产在婚后所得孳息归属的规定。[①] 该解释第 5 条规定："夫妻一方个人财产在婚后产生的收益，除孳息和自然增值外，应认定为夫妻共同财产。"

我们认为，判断夫妻一方个人婚前财产在婚后所得孳息是否属于夫妻共同财产，应该考察该孳息的产生是否有夫妻一方或双方对该个人婚前财产投入了管理等劳动。因为对于物质生产资料的管理等劳动都会产生经济价值。如果夫妻双方或一方对夫妻一方个人婚前财产没有投入劳动，根据孳息随原物的民法原理，该个人婚前财产所生的孳息应属于夫妻一方的个人财产；如果夫妻双方对一方个人婚前财产或夫妻一方对夫妻他方的个人婚前财产进行了管理、投入了劳动，该个人婚前财产所生的孳息就应当属于夫妻的共同财产。例如，夫妻一方在婚姻期间对个人所有的果林进行浇水、施肥、嫁接等管理而产生的果实，应当被认定为经营管理所得的收益而归属于夫妻共同财产。否则，正如学者认为的，如果将此收益认定为夫妻个人财产则有悖于公平的价值取向，是在赤裸裸地维护着夫妻中的资本一方之利益，等于"在家庭

① 所谓孳息，在民法上分为天然孳息和法定孳息。天然孳息，指不需要人力作用就能获得的孳息，如天然牧草等。法定孳息，指物因某种法律关系所产生的收益，如租金、利息等。

中建立资本主义式的个人财产制”。[①] 从另一个方面说,在婚姻期间,如果夫妻一方对其个人的婚前财产投入了管理等劳动,势必会减少其投入到使夫妻共同财产增值的劳动量,在夫妻一方一定时间内劳动量总额一定的情况下,投入到使夫妻共同财产增值的劳动量的减少,则夫妻共同财产的增加额也会相应地减少。因此,如果夫妻一方或双方在婚姻期间对个人婚前财产进行了管理等投入劳动,所产生的孳息应当被纳入夫妻共同财产增值的价值之中,归属于夫妻共同财产,这才能体现法定婚后所得共同制之婚姻期间夫妻一方或双方劳动所得均属于共同财产的要求,符合公平的价值理念。

此外,我们认为,有些个人财产所生法定孳息应被认定为投资所得的收益。例如,夫妻一方个人的房屋出租所得的租金,从性质上既可以被认定为法定孳息而属于《婚姻法解释(三)》中的个人财产,其又同时符合2004年实施的最高人民法院《关于适用〈中华人民共和国婚姻法〉若干问题的解释(二)》(以下简称《婚姻法解释(二)》)第11条规定的“个人财产的投资收益”,属于夫妻共同财产。由于《婚姻法解释(三)》不区分夫妻一方个人财产的法定孳息中是否包含了劳动的因素,而一律归属于夫妻一方的个人财产,这造成与《婚姻法解释(二)》第11条[②]的规定互相矛盾。事实上,如果夫妻一方个人的房屋在婚后出租,则一般会对房屋及其附属设施进行修缮、管理而投入劳动,根据前文所述,这部分的租金孳息应当被认定为个人财产的投资收益而属于夫妻共同财产。

目前,在采取婚后所得共同制的一些国家或地区中,夫妻一方婚前个人财产在婚后所得孳息的归属,主要有三种立法例:一是一律属于夫妻共同财产,如《意大利民法典》第177条之规定;[③]二是一律属于夫妻

---

① 赵晓力:“中国家庭资本主义化的号角”,载《文化纵横》2011年2月刊。

② 依《婚姻法解释(二)》第11条规定,夫妻一方以个人财产投资取得的收益,属于“其他应当归共同所有的财产”。

③ 《意大利民法典》第177条规定:“下列物品属于共同财产:……b)在夫妻共有关系终止以前已经分离的、尚未消费的、属于夫妻个人财产的孳息。”参见费安玲等译:《意大利民法典》,中国政法大学出版社2004年版,第53页。

个人财产，如《俄罗斯联邦家庭法典》第36条之规定；[①]三是部分共有、部分共同所有，如《法国民法典》第1401条、第1406条[②]之规定。我们认为，法国的立法例值得我国借鉴。[③] 即对于夫妻一方个人婚前财产在婚姻期间所得孳息，应区别不同情况而确定其归属，即应当考察夫妻是否投入了劳动、管理等人力成本。个人财产婚后所得的孳息，除与有价证券相关的、不含夫妻一方或双方管理等劳动投入的法定孳息归属于个人所有外，其余的孳息应当归属于夫妻共同所有。

综上，我国《婚姻法解释（三）》将夫妻一方个人财产在婚后所得的孳息一律认定为该方的个人财产，这是不合理的。在21世纪，基于注重夫妻财产公平的理念，在婚姻期间夫妻一方对其个人婚前财产的管理等劳动都应视为经营行为，由此所生的孳息属于经营所得的收益，应归属于夫妻共同财产。这才符合公平的价值取向。

四、婚姻家庭法之安全与效率价值

（一）我国现代夫妻财产制的安全与效率价值之考察

德国学者温德沙伊德认为："所有的私法，要做的事情，有两个目标：(1)财产关系；(2)家庭关系。因此，私法的主要划分是财产法与家庭法的划分。"[④]虽然这种说法过于绝对化，带有一定的片面性，但反映出了商品经济中的财产关系与婚姻家庭中的财产关系不同，因此，其相应的价值取向也应有所侧重。民事规则首先出现在交易领域，其形成于原始社会晚期，随着劳动成果的剩余和私有财产的出现而出现，不同私有主体的交易成为了必然，交易也需要有相应的规则。起初的规则

---

① 《俄罗斯联邦家庭法典》第36条规定："夫妻各方婚前的财产，以及在婚姻期间一方获得赠与、依继承方式或依其他无偿行为获得的财产，为个人特有。"

② 《法国民法典》第1401条、第1046条分别规定："共同财产的组成，其资产是指夫妻在婚姻期间共同取得或分别取得的财产以及夫妻凭各自的技艺所得的财产与各自财产之果实与收入所形成的结余。""以自有财产之附属物的名义取得的财产，以及与自有的有价证券相关的新证券及其他增值，属于各自的自有财产，但如有必要，对所有人给予补偿之情形，不在此限。"

③ 参见陈苇主编：《婚姻家庭继承法学》，法律出版社2002年版，第197～198页。

④ 转引自徐国栋："再论人身关系"，载《中国法学》2002年第4期。

由誓言和习惯保障。当誓言和习惯不足以充当交易的规则时,就产生了相应的成文法规范。迄今发现最早最完备的成文法典是《汉穆拉比法典》,其交易之规定奉行的是严格的形式主义,重形式轻内容,即使合同的内容违法,但只要合同的形式符合要求,合同仍然有效。[①] 这导致的后果是合同的效率大大提高,但合同当事人的安全得不到保障。经过了近代的发展,到了现代社会,法律的规则更加完备。随着交易的大量出现,合同已经主宰了我们的生活,促进合同高效、快捷地订立,保障合同适当、安全地履行成为合同法的主要任务。[②] 至此,安全与效率成为了包括合同法在内的民事立法首要关注的对象。

而婚姻家庭法的价值取向与民事交易立法的价值取向明显不同。1950年《婚姻法》第10条规定:“夫妻双方对于家庭财产有平等的所有权与处理权。”这反映了我国的夫妻法定财产制是典型的一般共同制,其共同财产的范围极为广泛。关于约定财产制,该法无明文规定,带有立法解释性质的中央人民政府法制委员会《关于中华人民共和国婚姻法起草经过和起草理由的报告》中,“不妨碍夫妻间真正根据男女权利平等和地位平等原则来做出任何种类家庭财产的所有权、处理权与管理权相互自由的约定”的规定,等于承认各种在维护男女平等基础之上的约定夫妻财产制的效力。但这一时期的婚姻家庭财产立法具有明显的家庭本位理念,个人的财产权利没有得到足够的重视。到1980年,随着人们思想的解放和生产力的发展,婚姻家庭剩余财产增加,婚姻当事人对婚姻财产的权利意识觉醒,而婚姻家庭法也适应时代的需要而适时地进行了修改,增加规定夫妻财产制的约定效力先于法定。此时的婚姻家庭立法已经透露出一些保护个人利益的倾向,但这并不能当然地认为,我国婚姻家庭法建立了以平等、自由和公平的价值理念,更没有财产交易上的安全与效率的价值踪迹。如最高人民法院在1993年11月《关于人民法院审理离婚案件处理财产分割问题的若干具体意见》的规定中,在对夫妻共同财产的认定问题上,作过如下解释:一方婚前个人所有的财产,婚后由双方共同使用、经营、管理的,房

① 参见韩世远:《合同法总论》,法律出版社2004年版,第25～27页。

② 参见王利明:《合同法研究》(第二卷),中国人民大学出版社2003年版,第Ⅲ页。

屋和其他价值较大的生产资料经过8年,贵重的生活资料经过4年,可视为夫妻共同财产。这一时期的婚姻家庭法的价值取向仍然是家庭本位的。2001年修正后的《婚姻法》明确了夫妻共同财产和夫妻一方的个人财产的范围,将夫妻一方个人财产和夫妻共同财产相区分。夫妻一方对个人所有的财产具有处理权;夫妻双方对共同财产有平等的处理权,使夫妻对共同财产的平等处分价值取向贯穿婚姻家庭法的始末。2001年之前的《婚姻法》,几乎将所有的婚姻期间所得财产规定为个人财产,甚至个人婚前财产经过一定的年限也转化为夫妻共同财产,这无疑极大地侵犯了个人财产的所有权,造成婚姻家庭的财产理念与商品经济的财产理念的严重冲突,而《婚姻法解释(一)》第19条取消了1993年规定的夫妻一方婚前个人财产经过一定年限转化为夫妻共同财产的情况,使夫妻财产关系更加公平。至此,可以说婚姻家庭法关于夫妻财产制以平等、自由和公平为核心的价值取向正式确立。同时,婚姻家庭法开始对善意的第三人给予同等的保护——2001年修正后的《婚姻法》第19条规定:"夫妻对婚姻关系存续期间所得的财产约定归各自所有的,夫或妻一方对外所负的债务,第三人知道该约定的,以夫或妻一方所有的财产清偿。"《婚姻法解释(一)》第18条规定,夫妻一方对"第三人知道该约定"负有举证责任。《婚姻法解释(一)》第17条规定:"夫或妻非因日常生活需要对夫妻共同财产做重要处理决定,夫妻双方应当平等协商,取得一致意见。他人有理由相信其为夫妻双方共同意思表示的,另一方不得以不同意或不知道为由对抗善意第三人。"

在婚姻家庭法中规定保护善意第三人的利益,维护市场的交易秩序,把婚姻家庭中的财产关系分为对内关系和对外关系,对内关系即以夫妻之间的财产关系为主,对外关系即夫妻与第三者之间的财产关系。至此,婚姻家庭法中的财产关系才不仅仅限于婚姻家庭内部,与市场交易中的财产流转关系形成对接。这反映了学界对婚姻家庭法地位的共识,即婚姻家庭法应遵循民法的一般规则,受民法基本原则的指导,确立了婚姻家庭法属于广义民法的立法体例。此外,新中国最早的婚姻家庭立法是1950年的《婚姻法》,此时,我国的《宪法》尚未制定,而先出台了《婚姻法》,可见,当时的社会急需《婚姻法》规范婚姻家庭关系,维护婚姻家庭的稳定和婚姻当事人(特别是女性)的权益。而新中国最早的民事立法是1986年的《民法通则》,以单行法的形式规范民事行为和民事权利义务等,至此,我国学界才逐步对婚姻家庭法应受民法统率形成共识。此后陆续出台的《合同法》、《物权法》等民事法律规范,保证物的利用和流转效率,确立了民事领域安全与效率的价值取向。因此,从《婚姻法》和《民法通则》的形成时间和发展脉络上可以看出,我国1950年《婚姻法》制定伊始是独立于民法之外的,在相当长的一段时间里,其并不以民法的安全与效率作为自己的价值取向,因为那时我国还未形成民事法律规范体系。直到1986年《民法通则》出台后,《婚姻法》和民法的思维观念才开始逐渐融合,才开始在夫妻财产上兼顾保护第三人的利益。综上所述,从我国婚姻家庭法整个立法进程上看,夫妻财产制的立法从家庭本位向个人本位的平等、自由与公平的价值取向,以及向第三人利益兼顾的安全与效率的价值取向的过渡。

我国现代夫妻财产制的法律规定中,能够体现安全与效率价值的,除了上文所述的我国2001年修正后的《婚姻法》第19条和《婚姻法解释(一)》第17条、第18条外,还有《婚姻法解释(二)》第23条:"债权人就一方婚前所负个人债务向债务人的配偶主张权利的,人民法院不予支持。但债权人能够证明所负债务用于婚后家庭共同生活的除外。"《婚姻法解释(二)》第24条:"债权人就婚姻关系存续期间夫妻一方以个人名义所负债务主张权利的,应当按夫妻共同债务处理。但夫妻一方能够证明债权人与债务人明确约定为个人债务,或者能够证明属于婚姻法第十九条第三款规定情形的除外。"从以上的法律规定中也不难看出,2001年修正后的《婚姻法》、《婚姻法解释(一)》和《婚姻法解释(二)》关于夫妻财产关系之安全与效率的规定主要是夫妻双方或一方与第三人的债权债务关系,对于这种债权债务关系,婚姻家庭法的立法指导精神主要是倾向于认定在婚姻期间的债务属于夫妻共同债务。在解释这种规定时,原最高人民法院副院长黄松有曾指出:"将夫妻一方在婚姻关系存续期间以个人名义所负的债务推定为夫妻共同债务,既能够减轻财产交易的成本,便于及时、合理地解决纠纷,又符合日常家事代理的基本法理。”[①]其法理无外乎就是夫妻共同财产制度，“这种对共同财产不分份额地共同共有以及平等的处分权，决定了夫妻对共同债务应不分份额地平等地承担义务”。[②] 婚姻法的夫妻财产法制度认定夫妻共同债务的标准，以交易安全为最终价值，但这也造成了对债权人的过度保护和对配偶的不信任。债权人只要借钱给已婚的债务人，不论用途，不论恶意善意，只要没有约定为个人债务或者声明对债务人夫妻的财产制一无所知，法院均奉送法定连带保证人一名。[③]

虽然安全与效率是婚姻家庭法的价值取向之一，但安全与效率毕竟不是婚姻家庭法首要的价值取向。《民法通则》、《合同法》、《物权法》等主要是反映商品经济的要求，促进物的利用和流转的效率，保护相对人的财产安全，即以安全与效率为首要的价值取向，而婚姻家庭法在财产关系上主要考虑夫妻双方财产权利上的平等、财产上的自由和公平，维护婚姻家庭的稳定，即以平等、自由和公平为首要的价值取向。价值取向位阶的不同，决定了在婚姻家庭领域之财产关系上发生矛盾时优先适用的价值是不同的。

在民事领域，保护财产静的安全和动的安全。静的安全是对公民所拥有财产的法律保护，防止侵犯合法的财产所有权；动的安全主要是指新财产取得的安全，一般发生在交易领域，所以又叫做交易安全。夫妻双方既是婚姻家庭成员，又是社会成员，因此，夫妻为法律行为处理双方的共同财产时，既应该维护夫妻双方对共同财产的静的安全，也应该保障第三人的财产安全，即动的安全。当静的安全与动的安全两者发生矛盾时，如果交易行为发生在纯市场交易领域，则应以安全和效率价值为指导，但如果交易的发生涉及婚姻家庭的重大财产或婚姻家庭生存权的保障，无论其举证规则如何分配，都应首先考虑公平的价值，因为公平正义原则是分配举证责任的最高法律原则，是分配举证责任

---

① 黄松有：《婚姻法司法解释(二)理解与适用》，人民法院出版社 2004 年版，第 295 页。

② 刘淑芬：“社会转型中夫妻共同债务初探”，载《贵州大学学报》(社会科学版) 2000 年第 3 期。

③ 参见朱凡：“我国夫妻债务制度的缺陷与完善”，载陈苇主编：《家事法研究》(2007 年卷)，群众出版社 2008 年版，第 69 页。

最初的起点和检验分配是否适当的最后工具。①

(二)《婚姻法解释(三)》有关夫妻财产关系规定的安全与效率价值之评析

1. 安全与效率价值之保障

《婚姻法解释(三)》第4条规定,在以下特殊情况下,婚姻关系存续期间,夫妻一方可以请求分割共同财产:(1)一方有隐藏、转移、变卖、毁损、挥霍夫妻共同财产或者伪造夫妻共同债务等严重损害夫妻共同财产利益行为的;(2)一方负有法定扶养义务的人患重大疾病需要医治,另一方不同意支付相关医疗费用的。此即婚姻期间夫妻请求共同财产分割的法定条件。

在婚姻期间分割共同财产法定条件的规定,在我国尚属首次。在该《婚姻法解释(三)》施行前,夫妻一方在婚姻期间要求分割夫妻共同财产,没有法律上的依据,在司法实践中,一般也不会获得人民法院的支持。此种规定之缺失,不利于共同财产权利受侵害的一方的财产安全,特别是当夫妻一方染上吸毒、赌博等恶习,或者夫妻一方为将要提起的离婚诉讼做准备而转移夫妻共同财产,以达到多占有共同财产的目的时。如果法律此时还固守着只有离婚才能分割共同财产的理念,将会使夫妻他方的财产利益受到极大的损害。同时,对于一方负有法定扶养义务的人患重大疾病需要医治,另一方不同意支付相关医疗费用的,如果不能分割共同财产,则负有法定抚养义务的一方不能以夫妻共同财产承担相应的义务,婚姻家庭的养老育幼功能无从发挥,这显然是有悖于婚姻家庭法关于财产利用效率的价值取向的。在现实生活中可能存在这些情况:夫妻一方的财产权利受到夫妻他方的侵害,或其患重大疾病需要医疗费用而对方不同意支付,此时夫妻感情尚未破裂。如果只有离婚才允许分割夫妻共同财产,则等于变相支持夫妻一方以离婚作为代价维护自己的财产权利,不离婚,则其享有的财产权利不能受到法律的保护,这显然不利于夫妻一方的财产安全与效率。

综上,《婚姻法解释(三)》有关婚姻期间夫妻共同财产分割法定条件的规定是对现行《婚姻法》夫妻财产制内容的补充。这反映了夫妻

---

① 参见丁巧仁:《民商事案件裁判方法》,人民法院出版社2006年版,第97~99页。

财产安全和夫妻财产利用效率的要求，有利于保护夫妻一方的合法财产权益，符合现代婚姻家庭法的安全与效率的价值取向。

在此需要指出的是，在婚姻期间分割共同财产的前提是实行夫妻共同财产制，或实行具有分别财产制性质的剩余共同财产制、所得分享制。[①] 在其他一些国家，实行共同财产制或具有分别财产制性质的共同财产制时，也有关于在婚姻期间共同财产分割的规定，例如《法国民法典》[②]第1443条第1款规定："如因夫妻一方理事混乱、管理不善或行为不正，继续维持共同财产制将使另一方配偶的利益受到危害时，该另一方配偶得向法院诉请分别财产。"《俄罗斯联邦家庭法典》[③]第38条规定："夫妻共同财产的分割既可以在婚姻期间进行，也可以在婚姻解除后按照夫妻任何一方的请求进行……"《越南民法典》[④]第18条规定："婚姻关系存续期间，若一方要求分割共同财产并有正当理由，则可以依照本法第40条（离婚时财产分割）的规定予以分割。"依《瑞士民法典》[⑤]第185条的规定，如配偶他方危害到申请人或婚姻共同生活的利益，可以申请法院命令宣告采取特别夫妻财产制——夫妻分别财产制。通过这些国外立法例可见，我国《婚姻法解释（三）》对婚姻期间分割夫妻共同财产法定条件的规定，与上述国家婚姻期间分割夫妻共同财产的立法内容有相似之处，但尚未规定一套系统、完整的"非常法定财产制"，这是其不足之处。[⑥] 目前，世界上有些国家设有较为完善的"非常法定财产制"。在婚姻期间，当出现法定事由时，直接依据法

---

① 如德国的"剩余共同制"、瑞士的"所得参与制"。

② 《法国民法典》，罗结珍译，法律出版社2005年版，以下亦同。

③ 鄢一美译：《俄罗斯联邦家庭法典》（1995），载中国法学会婚姻法学研究会编：《外国婚姻家庭法汇编》，群众出版社2000年版，以下亦同。

④ 吴远富译：《越南民法典》（2005），厦门大学出版社2007年版。

⑤ 殷生根、王燕译：《瑞士民法典》，中国政法大学出版社1999年版，以下亦同。

⑥ 所谓"非常法定财产制"，是指婚姻期间，在特殊情况下，当出现法定事由时，经夫妻一方申请，由法院宣告或依据法律的直接规定，解除原依法定或约定设立的共同财产制，改设为分别财产制。瑞士、意大利等国设有较为系统、完善的"非常法定财产制"。法国、德国等则设有共同财产制的解除或撤销制度，以满足夫妻在特殊情况下实行分别财产制的需要。参见陈苇："完善我国夫妻财产制的立法构想"，载《中国法学》2000年第1期。

律的规定或经夫妻一方申请,由共同财产制当然改为分别财产制或由法院宣告改为分别财产制,从而保护夫妻另一方的财产利益。

2. 安全与效率价值保障之不足

我国《婚姻法解释(三)》对安全与效率价值保障的不足,主要表现在其未对夫妻一方擅自处分夫妻共有的婚姻家庭住房的行为给予限制。该解释第11条第1款规定:"一方未经另一方同意出售夫妻共同共有的房屋,第三人善意购买、支付合理对价并办理产权登记手续,另一方主张追回该房屋的,人民法院不予支持。"该条解释确立了保护善意第三人,以维护交易的安全、提高物的流转效率的价值取向。诚然,随着商品经济的发展,夫妻对外交往逐渐增多,夫妻一方与第三人的交易随时随地都有可能发生,法律不能要求与夫妻一方进行交易的第三人,在交易之前必须查清交易相对人(即夫妻一方)有无配偶,查清交易相对人(即夫妻一方)的配偶是否同意此交易。但法律也不应该顾此失彼地以忽视夫妻他方财产安全与效率为代价,换取对第三人财产安全与效率的强有力的保护。

一般来说,夫妻一方未经他方同意,擅自处分夫妻重大共同财产,属于滥用财产处分自由的权利,侵害了夫妻他方的财产权利。但从保护善意第三人和维护交易安全与效率的理念出发,法律一般承认这种擅自处分共同财产的行为具有法律效力。然而,在特殊情况下,如果此被夫妻一方擅自处分的重大共同财产属于婚姻家庭的住房,仍承认夫妻一方擅自处分行为的效力,虽然优先保护了善意第三人的利益,但却损害了婚姻家庭成员的居住权这一生存权。在现实生活中,婚姻家庭成员一般是生活在家庭之中,而家庭又依托于房屋才使得各个成员取得了安身立命之所。正是如此,有学者指出,住房不是可有可无的消费品,它是生存的基本条件之一,属于完全的刚性需求。婚姻家庭住房是人类维持生存的最基本条件,它是人们居住生活、遮风挡雨、避寒夜眠之场所。①

虽然我国《婚姻法解释(三)》第11条的规定符合我国《物权法》善

① 参见郑尚元:"居住权保障与住房保障立法之展开——兼谈《住房保障法》起草过程中的诸多疑难问题",载《法治研究》2010年第4期。

意取得制度之优先保护善意第三人利益的价值取向,但我们认为,从生存权与发展权上说,婚姻家庭是人们生活的基本单位,法律保护婚姻家庭住房权,是为了保障婚姻家庭成员有房可居,以维持家庭成员的基本生存需要,婚姻家庭住房权与人的生存权密切相关,此属生存权的内容;法律保护善意当事人的受让物之所有权,是为了维护交易安全,以保障社会经济的正常发展,此属发展权的内容。从生存权与发展权两者的关系看,生存权应当优先于发展权。人只有首先是生存着的,才能有进一步的发展,当居无定所时,发展也就无从谈起。所以,在立法价值取向上,婚姻家庭法应当优先保护婚姻家庭住房权这一婚姻家庭当事人赖以维持生存的基本人权。①

在世界上,目前已有不少国家和地区基于保障婚姻家庭成员的基本人权之居住权,或对婚姻家庭住房的居住权有保护性规定,或对夫妻一方擅自处分婚姻家庭住房之滥用财产处分自由权的行为给予否定的评价。例如,在英国,为保障夫妻对婚姻家庭住房的居住权以满足家庭生活之需要,离婚时法院有权签发居住权命令,判决婚姻家庭住房由不享有所有权的夫妻一方居住,②直到特定事件发生(如居住在该住房内的配偶再婚、与他人同居、③主动搬迁或者甚至死亡)时为止。在法国,《法国民法典》第 215 条第 3 款规定:“夫妻各方,未经他方同意,不得擅自处分家庭住宅据以得到保障的权利,也不得处分住宅内配置的家具。对处分行未予同意的一方配偶,得请求撤销处分。”并且,该法第 1427 条规定:“如夫妻一方对共同财产有越权行为,另一方得诉请撤销此种行为。”我国澳门地区的《澳门民法典》第 1548 条规定:“一、仅在夫妻双方同意下,方可将共同拥有之不动产或商业企业转让、在其上设定负担、将其出租或在其上设定其他享益债券,但不影响商法规定之适用。二、仅在夫妻双方同意下,方可将家庭居所转让、在其上设定负担、

① 参见陈苇:“婚姻家庭住房权的优先保护”,载《法学》2010 年第 12 期。

② 参见[英]凯特·斯丹德利:《家庭法》,屈广清译,中国政法大学出版社 2004 年版,第 67 ~ 68 页。

③ 在英国,同居者不享有“法定居住权”。参见[英]凯特·斯丹德利:《家庭法》,屈广清译,中国政法大学出版社 2004 年版,第 68 页。

将其出租或在其上设定其他享益债券。”①

综上,我们认为,《婚姻法解释(三)》不区分被夫妻一方擅自处分的房屋是否属于婚姻家庭住房,而一律适用《物权法》的规则,这是不合理的。即对夫妻一方擅自处分婚姻家庭住房这一基本生活所需的共同财产之行为,法律没有给予任何限制,对夫妻他方的财产权之安全与效率保障明显存在不足。

五、余论

法的价值是一个多元、多维、多层次的庞大体系,因此,法的价值冲突是法的价值产生以来就不可避免的。② 一般在每部法律中都包含了数种价值取向,但考虑到立法背景、立法目的等,其数种价值取向中也必然存在不同的位阶,不同的位阶决定了每部法律的数种价值取向发生冲突的优先适用性,婚姻家庭法的立法也不例外,如前所述,平等、自由、公平、安全与效率都属于婚姻家庭法的立法价值取向,当这些价值取向发生冲突时,何者优先是一个值得思考的问题。

首先,我们认为,平等价值是婚姻家庭法的首要立法价值取向。资产阶级革命家卢梭在论述自由与平等的关系时,认为一切立法体系最终目的的全体最大幸福可以归结为自由和平等,但其中平等更为重要,因为没有它自由便不能存在。③ 平等是整个婚姻家庭法立法的基石,是婚姻家庭法立法首要的价值取向。从历史沿革上,在奴隶社会和封建社会,私有制经济决定了男子掌握家庭权力,实行公开的男尊女卑,夫权统治,男女两性在家庭中无任何平等可言。④ 在婚姻家庭领域,财产关系依附于人身关系而存在,在奴隶社会和封建社会中,由于男女的家庭人身地位不平等,造就了夫妻之间的财产地位的不平等,家庭中的丈夫拥有对财产的所有权包括自由处分权,而妻子则无这种财产所有

---

① 赵秉志总编:《澳门民法典》,中国人民大学出版社1999年版,第389页。

② 参见卓泽渊:《法的价值论》(第2版),法律出版社2006年版,第908页、第935页。

③ 参见韩明德、石茂生主编:《法理学》,郑州大学出版社2004年版,第85页。

④ 参见陈苇主编:《婚姻家庭继承法学》,法律出版社2005年版,第52页。

权包括自由处分权,此对夫妻中的妻子一方而言是不公平的,也正是由于夫妻人身和财产地位的不平等,妨碍了妻子在夫妻财产关系上的自由、公平、安全与效率,因此,可以说平等价值是自由、公平、安全与效率价值的前提与基础。自中华人民共和国成立后,根据《宪法》规定的男女平等原则,《婚姻法》也将男女平等原则确立为我国《婚姻法》的基本原则,使夫妻及其他不同性别的家庭成员之男女平等有了法律保障。这为实现婚姻家庭领域的自由、公平、安全与效率奠定了基础。另外,从婚姻家庭法与民法的关系上,近年来,我国多数学者主张婚姻家庭法回归民法而将其作为民法典的亲属编,并起草了多部民法典草案。而婚姻家庭法回归民法的前提条件是两者具有某些的共性,这就是主体地位的平等。因此,须在承认主体地位平等的前提条件下,探讨自由、公平、安全与效率价值,以解决婚姻家庭法回归民法的诸多问题。因此,从这个意义上说,平等是婚姻家庭法的首要价值取向。

其次,相对于公平价值取向而言,在婚姻家庭法的财产法领域,自由应是婚姻家庭法的第二位阶的价值取向。纵观中华人民共和国成立后的婚姻家庭立法的进程,无论是从约定夫妻财产制的发展,还是从个人财产权利的产生,都可以看出,《婚姻法》及相关司法解释都在不断地扩大夫妻在财产关系上约定的自由,自由价值是平等价值的延续和必然结果。虽然法律有时会对自由进行适当的限制,但这种限制的目的并不是在剥夺自由,而是为了既保护婚姻当事人在约定财产上的自由,又保护第三人的利益和交易安全。

最后,相对于安全与效率的价值取向,公平价值应处于婚姻家庭法立法价值取向的第三位阶。因为,其一,每部法律总是有最先关注的价值取向性,这样的价值取向性在法律制定伊始就成为指导法律制定、修改、补充法律的依据,这样的价值取向在位阶上也具有优先性。就此意义上说,婚姻家庭法自从重视婚姻当事人的平等、自由以来,公平的价值取向就天然地存在于婚姻家庭法领域,其与平等、自由价值一起构成了婚姻家庭法核心的价值取向。而安全与效率价值是在商品经济发展之后,夫妻作为社会经济活动的主体之一,广泛参与社会经济活动,为了解决交易安全与婚姻家庭法的平等、自由、公平价值取向之冲突而引入婚姻家庭法领域的。其二,每部法律都有自己的目的性,“在生产领域,应当以安全与效率为先,只有这样才能促进社会生产率的提高,增加社会财富,而社会财富总量的增加,又是达到较为公平分配的前提。在生产领域之外,则应当把公平优先原则贯彻下去”。[①] 对民法而言,其主要目的是促进商品的流转和利用,通过维护财产安全与提高财产使用效率,从而达到社会财富的增加,民法主要反映物质生产领域的社会关系,所以其首先注重安全与效率价值;对于婚姻家庭法而言,其主要目的是维护家庭的和谐,保障婚姻家庭的稳定,强烈的伦理性与紧密的人身关系使其财产关系主要反映物质生产领域之外的社会关系,所以其更加注重公平的价值。综上,在婚姻家庭法的立法价值取向中,公平价值应当优先于安全与效率价值。

(陈苇,西南政法大学外国家庭法及妇女理论研究中心主任、民商法学院教授、博士生导师;黎乃忠,西南政法大学民商法博士研究生,江苏省连云港市中级人民法院法官)

① 谢鹏程:《基本法律价值》,山东人民出版社2000年版,第206页。

体育法

什么是体育法?

——关于内容和术语的重述*

[荷兰]罗伯特·齐格曼**著
熊瑛子 译　郭树理 校

目　次

一、引言
二、"体育法"这一事物究竟是否存在?
三、什么是"体育法"?
四、术语和内容的重新界定
五、体育法的硬核

---

* 原标题为"What is sports law?: a reassessment of content and terminology",系作者于2011年6月10日接受荷兰鹿特丹伊拉兹马斯大学(Erasmus University)法学院国际与欧洲体育法特聘教授职位所做的就职演讲,该文稿的部分内容作者曾于2011年11月分别在中国政法大学、北京师范大学、山东大学、山东经贸大学、武汉大学、湘潭大学做过演讲。原文载 Robert C. R. Siekmann and Janwillem Soek (eds.), *Lex Sportiva*: What is Sports Law?, Hague: T. M. C. Asser Press, 2012, pp. 359 – 391。译校者感谢作者慷慨授权翻译、发表该文中译本。

** [荷兰]罗伯特·齐格曼,荷兰海牙阿瑟尔国际体育法中心(the Asser International Sports Law Center)主任、研究员,荷兰鹿特丹伊拉兹马斯大学法学院国际与欧洲体育法特聘教授、莱顿大学斯拉夫语语言学专业文学硕士、莱顿大学国际法专业法学硕士、阿姆斯特丹大学国际法专业法学博士。

六、结论

一、引言

什么是"体育法"(sports law)? 这一问题经常被学生、学者、律师和普通人问到。试图找到答案的人常常做了一些徒劳的研究后,得出的结论不仅难以令人信服,同时还显示出他们对"体育法"知之甚少。要获得明确答案的困难可能在于——至少部分是——获得相关信息的不确定性。"什么是体育法"这一疑问试图将我们的注意力集中于体育法的实践上吗? 换言之,体育法实践中哪个实质领域是"体育法"的核心? 或者说"体育法律师"应该关注的主要领域是什么? 从这一点上考虑,我们应当搜寻的信息是由这一领域的律师的业务所提供的。最后,也许求知者会探寻一个更根本的问题:"体育法"这一事物存在与否?①

换言之,体育法是否构成独立的实体法领域? 它是否应得到认可? 为什么? 这事实上是一个需要回答的基础性问题,因为这个问题已有的回答并非无懈可击。"什么是体育法"这个问题将在后文中谈到。本文拟分为以下几个部分:(1)体育法[无论是单数形态(a sport law),还是复数形态(sports laws)]作为独立部门法是否存在? (2)体育法由哪些要素组成? (3)术语和内容的重新界定;(4)体育法的"硬核"(hard core)是什么? 其中,内容和术语的重新界定部分将涉及笔者自己对体育法的构成要素这一问题的看法,其得益于对已有一些立场和观点的综述。

二、"体育法"这一事物究竟是否存在?

贝洛夫(Beloff)说道,"体育之法"(*lex sportive*)——在这里就是

---

① 参见 Timothy Davis,"What Is Sports Law?", *in*: *Marquette Sports Law Review*, Vol. 11, Spring 2001, p. 211. [该文中译本:"体育法是什么"(周青山译,郭树理校),载《民商法论丛》第44卷,法律出版社2009年版。——译者注]

“体育法”(sports law)的意思[①]——是否存在是一个老生常谈的问题。体育法是否构成一套紧密的规则体系，抑或它仅是从一些一般性规范或独立部门法——这些部门法包括合同法、侵权法、知识产权法、行政法等——中任意抽离出的大量规则的集合，这个问题也一直在争论中。这个问题不只是在学术上有意义，也不像一些消极悲观的人所形容的那样毫无实践价值。那些为前一主张(认为体育法是存在的)而争辩的人如此做是为了提高这一学科的地位，[②]但这也并不意味着支持后一主张(认为体育法并不存在)的人的目的就是要削弱体育法的地位。不过，支持者明确地为这个学科选择了一个拉丁术语“*lex sportive*”(体育之法)——以便借助这一古典词汇的假象，表述体育法模糊的含义——有时也选用替代性术语“*lex ludica*(裁判之法)”，[③]尽管这也是一个不恰当的选择，因为它如果被错误地翻译理解为“游戏的法”或“玩耍的法”(playful law)，意思是荒谬可笑的。贝洛夫认为，尽管体育法是否存在不是一个极其关键的问题，但也非一个毫不重要的问题。[④]米腾(Mitten)和奥佩(Opie)评论道，用法律来调整体育的学术研究是最近才兴起的，事实上，他们也认为，由于可以规制体育行业的判例或规则的数量正在快速增长，体育法是否已经成为法学的独立部门？抑或体育法还仅是一般法律规则的应用，它应被叫做“体育与法律”更为适宜？这个问题学者之间也并未达成共识。争论主要涉及的问题包括：这一领域的规则是否具有同质和独立属性？或者说，从更多其他独立部门法中分离出的原则是否很少显示出此种特别性或特殊适用性？[⑤] 戴维斯(Davis)已重新勾勒出一个可能的框架去回答这个关于

---

① 同时参见本文“三(一)体育之法”之下的内容。

② 以“自卫演说”(*oratio pro domo*)的方式。

③ 同时对比本文“三(四)裁判之法”以下的内容。

④ 参见 Michael J. Beloff Q. C.，“Is there a Lex Sportiva?”，*International Sports Law Review* (2005) p. 49。

⑤ 参见 Matthew J. Mitten, Hayden Opie, “‘Sports Law’: Implications For The Development of International, Comparative, And National Law And Global Dispute Resdolution”, *Marquette University Law School Legal Studies Research Paper* No. 10 – 31, June 2010, pp. 3 – 4 en n. 6, p. 4.

“体育与法律”的问题。但在界定那个框架之前,他粗略地认为有三种看法和立场值得关注:

第一,从传统的观念来看,“体育法”并不存在:体育法没有独立的可识别的法律体系,并且,这类法律成体系发展起来的可能性也很遥远。依据这一解释,“体育法”(sports law)仅仅是与体育相关的不同领域的实体法内容和要素的整合;自从“体育”作为一项活动,从整体上受到法律体系的规制后,“体育法”这一术语便成了一种误称。①

第二,折中的观点主张,体育法可能发展成一个独立的法律部门:持这一观点的人认为,2001年,戴维斯的文章发表,标志着体育法未来的发展正朝向这一方向迈进,他们将注意力集中于体育中的特定事项,及它所要求的具体分析,以及在一些案件中,单独适用针对特定体育事项的法律规则。

第三,体育法是独立的部门法:这种观点的支持者强调,单独调整体育领域的成文法不断增多,法院特别针对体育运动的判例法也不断增多,正是一个显著的标志。他们还提出,那些认为体育法只是各种实体法要素混合的人,忽视了当前一个重要现实——很少有实体法能离开其他实体法而独立地形成法律部门。规则的重叠适用不仅存在于体育法中,也存在于其他法律领域。反对意见则认为,体育法介于各学科之间的特性并没有帮助其在案件中构成独立的法律部门,而支持这一观点的人却认为,拒绝将体育法视作独立部门法的意见反映了知识界长期以来轻视体育、不严肃对待体育的态度。在此他们强调,边缘化体育法学研究的危害,更甚于将体育视为可以由普通商业法律调整的社会结构。

体育法是否可以作为独立的部门法存在的争议,并不意味着提出新的法律领域的合理性是不寻常的。例如,类似的争议还伴随着“网络与计算机法”的出现。这类法律领域很多,如雇佣法、健康法、环境法都有着相似的命运,争论一直存在,直至它们被普遍认可为独立的部

---

① 这种观点的显著表现是,体育法在英格兰的显赫地位。Edward Grayson, *Sport and the Law*, 2nd ed., London 1994, p. XXXVII. 关于这种观点最近的一个出版物,如:Laura Donnellan, *Sport and the Law: A Concise Guide*, Dublin 2010。

门法。一部新法被认可的过程是缓慢的，因为其体现的是社会中所发生的根本性变化，涵盖在这个转变过程中的是新的行为和合作模式寻求普遍承认的过程。体育法是否应当像上述法律部门一样被承认接受，这一问题并非一个严格的科学意义上的问题。一个法律领域被确认、构建和命名是一项复杂的工作，甚至在一定程度上存在一些武断，并没有官方的认可程序，它只是律师和学者慢慢将该法律适用于新的社会生活领域的过程。依据戴维斯的理论，①体育法是否构成独立的法律部门的问题，最终将取决于体育法的实践、教学和学术研究的丰富和发展。

决定体育法是否是一门独立学科存在的因素或标准是什么？

戴维斯在文章中列举了至少 11 个标准。然而，这些标准都只是指导性的，尽管这些要素提供了一个细致的指标，但体育法是否为一独立的法律部门这个问题仍然不能得到精确的回答。这些标准包括：

1. 存在单独的、区别于其他法律规则的能被法院适用的法律；

2. 提出的问题具有实际的独特性、需要进行特别的分析；

3. 该学科包含的论题产生于多个普通法或成文法领域；

4. 在这一学科中，各部分是相互关联、相互影响或交叉的；

5. 该领域内的法律裁决与其他法律领域的裁决相冲突，该领域内的裁决能影响其他部分事项；

6. 该学科必须显著地影响国家（或世界）的商业、经济、文化或社会；

7. 规制特定关系的干预立法的发展；

8. 该学科专门的判例教科书的出版；

9. 专门刊登该学科论文的法律杂志和其他出版物的发展；

10. 该学科为法学院所承认；

11. 该学科被法律学会所认可，例如律师协会认为其已构成一个独立的法律部门。

戴维斯自己并未清楚而系统地将这一评价体系适用于体育领域。

---

① 参见 Timothy Davis，“What Is Sports Law?”，in：*Marquette Sports Law Review*，Vol. 11，Spring 2001，p. 211。

尽管我们适用以上标准,也不能清楚地说明“体育与法律”的所有问题,但是,毋庸置疑的是,在2011年,我们的研究可以得出以下结论:一个独立的法律部门诞生了,它的名字就是“体育法”(sports law)。

以上列举的11项标准特别关注该领域自身内在的同质性,以及区别于其他法律部门的独立与特殊属性。此点似乎可用“体育特殊性”(sport specificity)这个从欧盟法中发展而来的术语来表达。这个术语暗示了欧盟法院承认常规法在一定程度上存在例外,因为在一些案例中,没有这些例外,有组织的体育运动的规则将不得适用,运动员也不可能以一种恰当、正确的方式完成体育比赛。[①] 举一个经典的例子,在莱赫托宁案件(*the Lehtonen case*)[②]中,足球界的惯例是,赛季开始前和结束后的两个阶段,职业球员才可以从一个俱乐部转会到另一个俱乐部(通常,两个阶段是指赛季结束后的夏季假期以及冬天的假期,即所谓的“冬歇期”)。[③] 然而,这一规则和欧盟允许劳工自由流动的法律相矛盾,但是没有这一规则,正常比赛的秩序也会受到威胁。因为,举个例子来说,一支受到降级威胁的球队,在最后关头得到外部资金的赞助,购买了强有力的外援,这对于他们的对手来说是不公平的,外援在这时候加入比赛也是不合适的,这会打破全体参赛者之间的公平和平等,使整个比赛难以进行下去,甚至威胁该项运动的长足发展。体育的特殊性值得关注,这一点是非常清楚的,因此,如果例外是不可避免的,应当允许例外的存在。[④] 至此,戴维斯框架重述中标准1和标准2已经完全满足,然而,冲突(标准5)并不总以法律向体育规则妥协的方式来解决。一个很好的例子就是被国际足联所采纳的“6+5”规则,这个

---

① “体育特殊性”的概念同样也在“欧盟体育法”中有出现[参见本文三(六)的内容]。在国际层面举个例子说,足球领域的球员转会规则,由FIFA内部足球争议解决机构(DRC)和CAS相关判例创设。[参见韦伯斯特、马特祖莱与德尚克迪斯的“买断”案例(*Webster, Matuzalem and De Sanctis Case*)]

② Case C-176/96.

③ 所谓的“转会窗”。

④ 除此之外,作者的观点认为,传统形式的转会窗制度(两个赛季之间和赛季开始前)已经可以满足球员转会的需求,也是公平的,因为它阻止了冬歇期后所确定的俱乐部之间潜在的平衡竞争关系遭到破坏。

规则规定在任何比赛中，每支球队只能有最多5名外籍球员，其他球员必须都是本地球员。这一规则由于“国籍限制”而受到批判，因此，在欧盟范围内未被适用，因为这项规则对于建立一支国家强队并不是不可或缺的。实践证明，有天赋的年轻球员或者有经验的本地球员完全可以在外国培养。荷兰国家队就是一个最好的例子，它包括了许多正在最好的外国足球联盟中效力的本国球员，他们很大程度上提高了国家队的水准。此外，体育的特殊性通过标准7的适用来表达。世界上很多国家拥有由国家制定和颁布的纲领性的体育法令。这些国家通常属于“干涉主义国家”的类别。另一类国家则通过特殊领域的特别立法来进行干预，如荷兰制定的旨在规制球迷的不良行为及其他破坏行为的足球法案（*Voetbalwet*）是一个经常提到的例子。另外，在国际层面的立法有：由于国际社会呼吁而被欧盟理事会与联合国教科文组织采纳的反兴奋剂国际公约。

在体育法领域，戴维斯框架重述中的其他标准同样也得到了广泛遵守，尤其是实践性的部分更是发展繁盛，例如体育法学案例集的出版、体育法学专业期刊的发行、体育法学学术研究和教学的发展，同时在世界的许多地方，体育法学的专门协会开始出现①（参见标准8至11）。

如标准4所要求的，在实践中，有组织的体育运动同样拥有充足的、制度性的联系或相互影响。从全球范围来看，有组织的体育运动就

① 参见 Matthew J. Mitten, Hayden Opie, “‘Sports Law’: Implications For The Development of International, Comparative, and National Law and Global Dispute Resdolution”, *Marquette University Law School Legal Studies Research Paper* No. 10 – 31, June 2010, pp. 3 – 4 en n. 6, p. 4. 米腾（Mitten）和奥佩（Opie）评论道：几乎所有的法律部门（包括广泛而重要的部门法，如竞争法、债法、知识产权法、雇佣法等）均可——单独地或联合地——调整体育比赛，专门教授体育法课程的教授却数量很少，成为专门的体育法学者的人也很少，据美国法学院联合会（AALS）对2009 – 2010法学院教师的统计，仅有120名体育法的教授，而有超过340名竞争法教授、1800余名宪政法学教授和360余名雇佣法教授。以上三个法学领域是美国调整体育运动的主要的公法领域，因此，我们应当更关注这些法律部门对体育运动的调整。可以参见荷兰阿瑟尔国际体育法研究中心网站[www. sportslaw. nl，在“The Centre”（体育法中心）菜单下]，列出的在全球范围内，国际或国家的体育法协会、体育法研究中心或体育法杂志。

像是一座金字塔,各个运动项目都有其普遍性的组织机构,如足球领域的国际足联,以及处于金字塔最顶端的奥运会组织机构——国际奥林匹克委员会(IOC)。体育界还拥有一个"世界法院":国际体育仲裁院(CAS),它的总部设在瑞士洛桑,还有一个国际反兴奋剂机构(WADA),各国际体育组织均是其成员。这些机构相互作用、相互影响,共同促进体育运动长足发展。现在,只剩下标准3、标准5的第二部分和标准6,没有举出适用的例子。我们知道,与运动相关的争议发生于不同的法律部门,加之,体育法拥有跨学科的特点,因此,由体育所生争议均产生于独立法律部门之中,而不是相反(如标准3所言)。关于标准5,很明显的是,体育组织的内部决定有时会影响法律领域的其他事项,那些体育组织的规则也构成体育法律规则的一个部分。例如,国际足联要废除经纪人的制度,那自然会给整个球员转会规则带来负面影响(标准5的第二部分)。至于标准6适用的例子,更是比比皆是。体育,以及体育法,在国家内部及国际层面上,已具有了可观的经济、文化、社会影响,这一点是不言而喻的。在英格兰,职业足球被贴上了"产业"的标签,使足球成为一个市场的产物、一个独立的商业部门,并拥有自身日趋完善的权利。近年来,由于商业化和电视转播权买卖的影响,大量金钱正在涌向职业运动领域。诸如奥运会或世界杯等大型赛事,全球约有上十亿的观众在观看①(标准6),体育正以前所未有的姿态,对世界经济、文化、社会产生寓意深远的影响。

总之,已有足够的现象可以说明,体育法内部的紧密关联性和外部的明显区分性,可以证明"体育法"作为法律的独立部门而存在。

三、什么是"体育法"?

要想证明体育法现在是独立存在的并获得了正当的地位,首先,它应当符合戴维斯所提出的框架重述标准。接下来,我们还将可能提出以下几个问题:什么是体育法?体育法的要素是什么?它应当涵括哪

① 举个例子,皇家马德里,一个世界排名领先的俱乐部,在2010年得到多达4.38亿欧元的收入,职业俱乐部的总收入在去年第一次超过40亿欧元(依据Deloitte公司的统计,2011年2月11日发表于NRC Handelsblad)。

些范畴？

首先，从体育法的本质属性来论述，贝洛夫（Beloff）认为应当严格区分“横向的法”和“纵向的法”。前者是指规则体系横跨适用于全部人类活动的法律，后者是指规则体系只调整某项人类活动的法律。侵权法或竞争法属第一类；体育法、航空法和银行法，实质上属于第二类。①

在研究相关文献后，可以发现，以下用以表示体育法，或是它的组成部分的概念：“体育之法”、全球体育法（global sports law）、跨国体育法（translational sports law）、“裁判之法”（*lex ludica*）、国际体育公法（public international sports law）或者是“体育世界的万民法”（“the law of nations of sport”）以及欧盟体育法（European sports law），它们彼此含义的明显差别，是有意为之的。接下来本文将对这些概念进行讨论。需要注意的是，“体育之法”这一术语的重复出现有时是指其本身的含义，有时又指体育法的概括性含义。顺便说一句，所有这些文献的作者，都坚持一个论调——体育法作为法的独立部门是存在的。

（一）“体育之法”

纳夫齐格（Nafziger）指出，CAS 在实践中所作的仲裁裁决或发表的咨询意见对之后的案件具有指导意义，很大程度上影响之后的案件，发挥着先例作用。为了巩固和增强国际体育法已有的规则和原则，CAS 的裁决已逐渐形成一类法律渊源，这类渊源称为“体育之法”，他

① 参见 Michael J. Beloff Q. C.，“Is there a Lex Sportiva?”，*International Sports Law Review* (2005) p. 49. 例如在涉及打击体育欺诈特别是赌球问题时，所采取的措施可以作出纵向适用的规则与横向适用的规则的区别，对赌博问题普遍适用的国家法律是横向适用的，而专门针对体育赌博的专门法规是纵向适用的。参见 Negotiated procedure EAC/25/2011, Study on the legal framework applicable to sporting fraud, notably match-fixing, in the EU Member States, European Commission, Directorate-General for Education and Culture, Annex 1—Terms of Reference, para. 3.2., p. 4。

补充道,“体育之法”的概念一般仅限于CAS的法官造法。[1] 福斯特(Foster)也指出,CAS自己已承认以前作出的仲裁裁决具有先例效力。[2][3]

卡西尼(Casini)认为,CAS仲裁裁决的数量已经增长到其中的原则和规则已发展成为一套与体育相关的特别规则的程度,“法官造法”可以更名为“体育之法”。这个名称让我们想起熟知的、已经被广泛接受的“商人法”(*lex mercatoria*)或“电子法”(*lex electronica*)的概念,它们的含义随时间得到扩充和发展,作为一种跨国间体育法律规则同样得到人们的认可。[4]

福斯特同时又强调,2005年,CAS官方还不能确认“体育之法”这一概念是否存在。CAS并不像许多学者所倡导的一样,认为自己是“体育之法”这个不明确的概念的首创者。这个概念的边界太模糊和不确定,以至于很难用它来厘清体育组织和运动员之间具体的权利义

---

① James A. R. Nafziger, “Lex Sportiva”, in: 1 - 2 *The international Sports Law Journal* (ISLJ) (2004) p. 3; 同时参见“Lex Sportiva and CAS” in: Ian S. Blackshaw, Robert C. R. Siekmann and Janwillem Soek (eds), The Court of Arbitration for Sport 1984 - 2004, The Hague 2006, p. 409. 同时参见 James A. R. Nafziger, *International Sports Law*, New York 2004, p. 48。

② Devyatovski v. IOC, 2009 A 1752.

③ Ken Foster, “Lex Sportiva: Transnational Law in Action”, in: 3 - 4 *The International Sports Law Journal* (ISLJ) (2010), p. 20; 此论文发表于2010年9月22日在印度尼西亚的雅加达希望之光大学召开国际体育法会议期间,该会议是在印尼体育法协会的协调和组织下召开的,并且接受了印尼国家对外事务部、国家奥委会和阿瑟尔体育法研究中心和印尼足球联盟的支持。

④ Lorenzo Casini, “The Making of a *Lex Sportiva*: The Court of Arbitration for Sport Der Ernährer”, 该文原为参加2010年6月14~15日在海德堡举行的马克斯·普兰克中心(Max Planck Institution)召开的主题为“超越争议:作为造法者的国际司法机构”(“Beyond Dispute: International Judicial Institutions as Law-Makers”)的国际会议而作。(最近的版本出现在国际法和司法工作论文集中,2010年5月发表,标题是“The Making of a *Lex Sportiva*: The Court of Arbitration for Sport ‘The Provider’”,参见 http://www.iilj.org/publications/2010-5.Casini.asp; 最后的版本发表于《德国法律评论》[German Law Journal (GLJ) 2011, Vol. 12 No. 05, pp. 1317 - 1340.]

务关系。[1] 因此，CAS 并未在后来公布的裁决中进一步引用这一概念，直到最近关于安德森等诉国际奥委会（*Andersonetal v. IOC*）[2]案件的仲裁裁决书中，CAS 才明确"体育之法"这一概念的存在，并正式接受了它。[3]

厄布森（Erbsen）谈到，CAS 已发展出一套完备的判例法体系，但遗憾的是，它得到了一个容易引人误解的名称，遮掩了其中部分的意义。在 CAS 成立以来 20 年的历史中，一种日益得到公认的通俗的解释认为，CAS 创设了一个全新的国际体育法体系，称为"体育之法"。之后，评论者并未将争论的焦点集中于"'体育之法'是什么？"的探讨上，相反他们中的许多人都坚信"体育之法"的存在。甚至，这个术语只是将拉丁语"法"的标志与一个模糊的概念相结合［"法"（*lex*）和"体育"（*sportiva*）相结合］，更增加了这个术语的神秘性，勾起了学者们研究的兴趣。厄布森继续说，"体育之法"的概念并不能完全地描述和解释 CAS 的法律体系，但当第一次用它的时候，这个术语唤起了一幅图景，新形式的体育规则浮现出来。它们可能帮助 CAS 获得认可，促进其成为一个受尊重、有权威的委员会。然而，这个术语已经老而无用了，"体育之法"已成为一个涵括不同类别的制定法、过于"笼统化"的不精准的概念。有关 CAS 的描述性或者规范性的学术研究受益于一个更微妙的解释，那就是涉及运动员和体育官方组织争议时，CAS 怎样将一般法律原则适用到争议具体情形中去？依据厄布森的观点，通过"仲裁"解决国际体育争端是在创设"体育之法"，这种说法在近十年内获得越来越多的承认；"体育之法"这一术语，自 1990 年第

---

① FIFA v. WADA，CAS 2005/C/976 and 986.

② CAS 2008/A/1545.

③ Ken Foster，"*Lex Sportiva*：Transnational Law in Action"，in：3 – 4 *The International Sports Law Journal*（ISLJ）（2010），p. 20.

一次被提出后,[①]日益频繁地出现在 CAS 官方的自述中,尽管法的渊源和围绕体育法的基础理论,仍存在较多争议,这一术语还是经常出现于 CAS 判例集、体育法和一般普通国际法的学术论文、教科书、演讲、体育官员的讲话,以及在这一领域专家云集的学术会议中。但是,"体育之法"这一术语所涵盖的法律渊源的范围,以及对其进行界定的论证方式,仍然存在重大的分歧。关于"体育之法"(*lex sportiva*)这个概念的范畴、渊源和表达形式的争议依旧存在。厄布森特别指出了这一点,福斯特也提到了(参见以下),纳夫齐格也关注到了这一现象。但是,厄布森认为,"体育之法"这一术语作为一种影响国际体育界的新的法律发明,被越来越多的人所使用,但其含义暧昧,会带来很多问题。[②]

(二)全球体育法(global sports law)

福斯特在研究中提出一个问题,是否存在一个概念叫做"国际体育法"(international sports law),如果存在,它与"全球体育法"(global sports law)之间的区别是什么。关于这两个问题,他的思考如下:首先,这两个概念都是存在的,最重要的区别是,"国际体育法"可以被国家法院所适用,但是,"全球体育法"暗含了不受国家法律管辖的豁免。其次,他批评一些学者用"体育之法"这一概念,以一种肤浅的方式,来描述体育法全球化而发生的变化。他认为,"体育之法"应对等于"全球体育法",正如明确"全球体育法"强调它是各国际单项体育联合会要求永久自治的托词一样,"体育之法"主张国内法律体系和国际体育

---

① 麦克拉伦说,"国体体育法"(lex sportiva)这一术语最初是由 CAS 前秘书长马修·瑞博(Matthieu Reeb)提出,他在 CAS 出版第一本《仲裁裁决摘要(1986 - 1998)》中使用了这一词语。参见 Richard H. McLaren, "The Court of Arbitration for Sport: An Independent Arena for the World's Sports Disputes", *Valparaiso University Law Review* (2001) p. 379, footnote 11;在第二本《CAS 的裁决摘要(1998 - 2000)》中,瑞博写到,CAS 第一本《仲裁摘要(1986 - 1998)》中,已开始使用"国际体育法"(lex sportiva)这一术语(p. XXX)。

② Allan Erbsen, "The Substance and Illusion of Lex Sportiva", in: Ian S. Blackshaw, Robert C. R. Siekmann and Janwillem Soek (eds), *The Court of Arbitration for Sport* 1984 - 2004, The Hague 2006, pp. 441, 443 - 444.

法均不干涉体育事务，由此可见，他反对用一个公法规范来调整国际体育运动。福斯特进一步解释他的观点，他认为区分“国际体育法”和“全球体育法”这两个概念非常必要。国际法处理国家间的关系，因此，“国际体育法”被定义为国际法原则在体育领域的运用。相比而言，“全球体育法”可被暂时定义为：由管理国际体育的民间的全球性机构制定的跨国自治的法律制度。它的主要特点有：首先，它是一种契约性规范；其次，它不受国内法律体系管辖。因此，它被称作“没有国家的全球法”，它是由各国际单项体育联合会的规则及其解释所衍生的跨国法律规则创造出的自成一套的原则，这是一种独立的法律制度，它是在全球范围内自治的规则。这也暗示着各国际单项体育联合会不受国内法院或是一国政府的管辖，它们只能由它们自己的国际机构或是由它们自己创设或承认的外部机构来进行自我管理。福斯特认为，“国际体育法”和“全球体育法”之间的根本区别是非常重要的。他还指出，最近许多学者赞同用“体育之法”的概念表示“国际体育法”的特殊性。这一用法混淆了“国际体育法”和“全球体育法”之间的区别，与“体育之法”自身的定义相矛盾。①

福斯特进一步指出，有一种主张认为 CAS 的仲裁实践促进和发展了“体育之法”，这些人认为，CAS 自身的法律体系即是“国际体育法”(international sports law)，它在解决体育争议时不仅仅涉及国际法或一般法律原则的适用，更重要的是，它催生了一个独立的法律体系，即 CAS 仲裁裁决中适用一套独立的、具有普适性的法律原则和规则。依据福斯特的理论，“体育之法”是一个包含几个不同概念的不严谨的术语，我们有必要区分其不同用法。首先，“体育之法”只不过是体育组织对体育规则的恰当解释和适用——在国际体育管理中适用的特别法(*lex specialis*)，因为它来源于体育组织创设的管理体育运动的一般性规定。其次，从更广泛的意义上来说，“体育之法”的渊源可扩充到从国际单项体育联合会的多样实践中发展和创设的自身管理原则。以上两个层面是“体育之法”这一概念严格而确切的含义内容。福斯特说，

---

① Ken Foster, “Is There a Global Sports Law?”, in: *Entertainment Law*, Vol. 2, No. 1, Spring 2003, pp. 1 – 2, 8.

这个概念粗略地符合他关于“全球体育法”——他认为和“国际体育法”同等重要的概念——的定义。“体育之法”包含几个重要的要素：其一,它是一部跨国民间自治规则;其二,这些法律规章由国际单项体育联合会创设的常规性或总括性的规范组成;其三,它由管理体育运动的全球性民间机构创设,规则渊源于国际单项体育联合会丰富的实践和惯例。“全球体育法”是一套民间体育自治体系,拥有其全球性的仲裁机构:CAS。①

卡西尼认为,由于体育规则在世界范围内得到普遍公认,它拥有与生俱来的“全球性”,并且,它们受到“国际”和“国家”双重标准的规制,直接影响运动员的权利。首先,加强体育运动的全球化趋势(global)应当从规范出发。正如我们所知,“全球体育法”(global sports law)已经初具雏形,它由体育组织创设和颁布的全部规则和标准组成。这些规则由占主导地位的体育管理机构,如国际奥委会、国际单项体育联合会、世界反兴奋剂机构,还包括国内相关项目的体育联合会,如国家奥委会和国内反兴奋剂组织,所创设的规则组成。从这个层面来看,“全球体育法”存在不同的位阶。卡西尼用“体育之法”这一术语表示“全球体育法”更广泛的含义,所以,“全球体育法”这一术语包含了学者用来描述体育组织创设的原则、规则的全部定义。②

(三)跨国体育法(transnational sports law)

拉蒂(Latty)认为,跨国间体育自治以“跨国法”(transnational law)为出发点,由具有民间性质的体育团体制定,其效力超越国家的干涉和国家的边界,旨在规范团体的内部事项。这一分析表明,“体育之法”的组成来源于国际单项体育联合会的法律体系,这一法律体系从某种意义上来说,是以国际奥委会的法律规范为中心的,由国际体育仲裁院(CAS)和世界反兴奋剂机构(WADA)的规范和实践来补充。“体育之

① Ken Foster, “*Lex Sportiva* and *Lex Ludica*: The Court of Arbitration for Sport's Jurisprudence”, in: Ian S. Blackshaw, Robert C. R. Siekmann and Janwillem Soek (eds), *The Court of Arbitration for Sport* 1984 - 2004, The Hague 2006, pp. 420 - 421.

② Lorenzo Casini, “The Making of a *Lex Sportiva*: The Court of Arbitration for Sport Der Ernährer”, http://www.iilj.org/publications/2010 - 5. Casini. asp.

法”可与“商人法”（*lex mercatoria*）或全球性的天主教教会法规（the canon law）相提并论。它们创设了全球性的、超国家的法。拉蒂还特别提到“体育之法”的自治程度——尽管它要受到欧盟法的限制，但还是在很大程度上逃离了国家法律的管束，仅在一些分散的国际法律规范中受到一定限制。①

（四）裁判之法（*Lex ludica*）

依据福斯特的理论，“裁判之法”是一套独立的行为规范和准则，可完全区别于“体育之法”这一概念。他提议将这些规则称为“裁判之法”（*lex ludica*）。② 由于“裁判之法”的效力不同，适用的具体运动项目也不同，这些规则有两种独立的类型：第一种是裁判或赛场官员适用和实施的现行规则；第二种被称为“体育精神”（sporting spirit），它涵括所有的运动员应当遵守的道德准则。所以，“裁判之法”这个概念包含比赛的正式规则以及比赛中公平竞赛的原则。它们是体育规范与管理的“内部”原则。③

（五）国际体育公法（public international sports law）

瓦克斯（Wax）指出，“国际体育公法”（public international sports law）作为国际体育法（international sports law）的一个中心的部分，一直以来几乎未受到关注。从广义上来定义，“国际体育公法”包含适用于体育运动的所有国际公法规则。根据这些规则，国际公法的主体允许他们自身被这些规则直接或间接地调整。从狭义上来定义，“国际体育公法”包含不与国内或者国际的体育组织规则和章程相联系的所有规则，以及不与欧盟体育法或国内体育法相联系的所有规则。“国际

① Franck Latty，“Transnational Sports Law”，in 1－2 *The International Sports Law Journal*（ISLJ）（2011）. 同时参见 Franck Latty，La lex sportiva-Recherche sur le droit transnational，Études de Droit International Volume 3，Leiden-Boston 2007。

② CAS 案例 AEK 与 SK 俱乐部诉欧洲足联案（AEK&SK vs. UEFA）中，“lex ludica”被描述为一套不成文的法律原则，一种类似于体育界的“商人法”的规则。（参见 CAS1998/200 第 156 段）（CAS 2009/A/1768 段落 5.2，参引 CAS 1998/200）

③ Ken Foster，“*Lex Sportiva* and *Lex Ludica*：The Court of Arbitration for Sport's Jurisprudence”，in：Ian S. Blackshaw，Robert C. R. Siekmann and Janwillem Soek（eds），*The Court of Arbitration for Sport* 1984－2004，The Hague 2006，pp. 420－421.

体育公法”与以下四个领域尤其相关:(1)在体育运动中反对种族隔离或其他形式歧视的战斗;(2)奥运会中的停战行动;(3)与体育赛事或比赛相关的反暴力行动;(4)体育比赛中预防和反兴奋剂的战斗,以及认同“运动权”是一项人权的议题。反过来,这四个领域又可以再分为两个种类:(1)反对种族隔离(一般种族歧视)和其他形式的歧视;(2)认同“运动权”是一项人权,以及在体育实践中预防和反对兴奋剂的战斗。在这些事项中,提到“国际体育公法”很可能是狭义上的界定。然而,奥运会中的停战行动,与体育赛事相关的预防和反暴力行动并非附属于体育实践而存在,而是与之直接相关的(广义上),因此,这一类事项则涉及“国际体育公法”更广义上的界定。

“国际体育公法”是国际体育法律制度的重要组成部分。当有一天体育变得日益“正当化”,“国际体育公法”将成为调整体育运动国际化需求的一个正确的方式。瓦克斯认为,一方面,国际体育组织的章程和规范发现“国际体育公法”中的相关规则是自己的“双打选手搭档”(doubles partner);另一方面,“国际体育公法”是一个适当的工具,它能将国际体育运动精确地归入(并促进其达成自身的目的)由法律规制的领域,因为那些涉及体育运动的争议本质上的法律属性,可以避免体育自治组织权力过分膨胀。①

(六)欧盟体育法(European sports law)

“欧盟体育法”是否存在?威瑟希尔(Weatherill)说这个问题最简单的答案是:“是的,存在。”但是,这个简单的答案会引来误解,这里也有一个例子。2009年12月1日《里斯本条约》的生效,似乎可看作是“欧盟体育法”存在的标志。体育已被清楚地界定为欧盟法可以介入的领域。然而,这个论述可能被误解为两个完全不同的含义。首先,在欧盟体育法成形过程中,2009年12月的《里斯本条约》当然是一座里程碑,但它忽略了一个事实——相关条款已在谨慎地起草,并在欧盟范

① Andreas Wax,“Public International Sports Law—A ‘Forgotten’ Discipline?”, in: 3-4 *The International Sports Law Journal* (ISLJ) (2010), pp. 25, 28;同时参见 Andreas Wax, Internationales Sportrecht-Unter besonderer Berücksichtigung des Sportvölkerrechts, Tübinger Schriften zum internationalen und europäischen Recht Band 90, Berlin 2009。

围内受到限制，他们并没有着力地将欧盟提升到欧洲“体育运动调节者”的地位。所以，人们不必过分夸大那些条款的作用。其次，2009年改革的一个焦点并未认定：35年来，欧盟已经在欧洲的体育运动管理上施加了过多的影响。以1974年瓦尔拉夫与科赫案（*Walrave and Koch case*）著名的裁决开场，欧洲法院已将体育运动归入那时的欧洲共同体法（现在是欧盟法）的规范中，但前提是该项体育运动必须构成一项经济行为。所以直到2009年12月，体育都不是欧盟条约中一块清晰的领域，不过在那之前的情况也很好，体育，虽没有在条约中提到，但它被要求遵守其自身的规则直至构成了一项经济行为，才可能受到欧共体法的调整。那意味着，首先，体育实践将接受欧共体条约的规制，条约禁止与公平竞争相悖的原则，这些措施会阻碍成员国之间的自由贸易，条约还禁止以国籍为基础的歧视。因此，欧盟体育法（或诸如此类的名称）是对体育规则施加经济影响或受欧盟法干涉的判例法稳步发展的结果。欧盟不能确信自己知道体育运动该怎样来组织，但它能将违反条约的选择排除。因此，欧盟体育法的核心是它首创了一种模式，将首先察明体育实践是否遵守欧盟的经济法规，其中大部分都与欧盟保障流动自由和竞争自由的原则有关。当欧盟法院做这类裁决时，需要考虑体育的特殊性，这一点已在2009年《里斯本条约》中有清晰的表达。然而，欧盟法在适用范围上不是宽泛的，在欧盟层面上，几乎没有体育可直接适用的立法。并且，它的“消极”影响——条约禁止，根本上集中于反竞争或阻碍成员国之间的自由贸易的实践中。欧盟在决定财产权利、合同法或刑法方面几乎无事可做。所以，在这样的背景下，才产生了欧洲体育法或者说欧盟体育法，它有着实践和理论的双重意义。但它与国家层面的体育法有太多的不同，或者说与之相比太缺乏体系性与全局性。①

（七）小结

以上学者从不同视角深入分析了“什么是体育法？”，“体育法组成

① Stephen Weatherill, “Is There Such a Thing as European Sports Law?”, in: *Global Sports Law and Taxation Reports* (GSLTR) 2010/1; also in: 1 – 2 The International Sports Law Journal (ISLJ) (2011). 同时参见 Stephen Weatherill, *European Sports Law: Collected Papers*, The Hague 2007。

部分是什么?”这两个问题,得出的观点可做如下总结:首先,“体育之法”这一概念在体育理论与实践的研究中,发挥着关键性作用,它也成为讨论中被使用得最久的术语。然而,不同的学者给予它不同的解释,纳夫齐格从一个传统的角度出发,认为“体育之法”这一概念应被限定为 CAS 的“法官造法”。厄斯本则指出,用“体育之法”这个术语表达体育法律的含义是不恰当的选择,因为它包含了几个不同的含义,而且其中没有一个能精准地阐明这一概念。

福斯特引入了“全球体育法”(global sports law)这一概念,建议将其与“体育之法”平等对待。拉蒂谈到“跨国体育法”(transnational sports law)的概念与“体育之法”相联系,但这两者实质上是同样的含义,即指国际体育组织的规则和制度,以及与此相关的判例法。他们关于“体育之法”这一概念的解释比纳夫齐格更广泛,即它不仅仅只包含 CAS 的法律体系。另外,福斯特用“裁判之法”这一术语表示体育项目自己的比赛规则。

瓦克斯强调了“国际体育公法”(public international sports law)在国际体育法律体系中的重要地位。最后,欧盟体育法被界定为一个地区性公法的变形(威瑟希尔)。

四、术语和内容的重新界定

(一)内容

很明显,从以上关于“什么是体育法”的字面意义的探讨中,很难构建一个清晰的概念,同时,我们也没有集中的视角,通过体系性的比较来界定一个范畴,容纳体育法概念所有可能的要素和方面。因此,这次讨论的目的是介绍内容和术语的结构,以完成对它们的再定义。最终,逐渐厘清这一主题已存在的混沌局面。

首先,也是最重要的,我们假定“体育法”(sports law)(如果你愿意,可加不定冠词“a”或定冠词“the”)是一个独立可识别的法的领域,并且是实体法的领域。“体育法”这一概念不过是“体育”与“法”这两个要素的组合。它是“关于体育的法律”(the law of sport)。因此,第一个问题就是:在这个组合中,我们怎样理解“体育”这个词呢?紧接着另一个问题就是:我们又是怎样理解“法”这个词的?

什么是“体育”？回答这个问题并不需要首先罗列“体育”这个概念已存的所有定义，并从中选择。我们可以将其限定在戴维斯“体育法是否存在”的框架重述中的一个标准来理解，即在这一学科中，各部分相互联系、交叉，相互影响（标准4）。这样一种连接、影响或内在关联的存在，为体育制度性组织结构提供了最清晰的证据。有组织的体育运动从性质上讲是超越国界的。每项运动的国家协会是地区性、大洲性、国际性、全球性体育联合会的分支。就像一个金字塔。举一个足球的例子：在荷兰，荷兰足球联合会（KNVB）隶属于地区性的欧洲足球联合会（UEFA）和全球性的国际足球联合会（FIFA）。从组织和行政管理上看，体育是跨越国界的。每个运动项目除了全国锦标赛，还有欧洲和世界锦标赛，除此之外，还有奥林匹克运动会和所有被奥运会承认的项目联合会，均以国际奥委会为最高领导。无论是国家的还是国际的，有组织的体育运动形成了一个独立的社会部门。因此，“体育法”包含了适用于上述各层级体育组织的所有规则。

体育运动可分为业余运动和职业运动两种。在金字塔的所有层级中，均存在竞技性项目。即冠军需要通过比赛来赢得。这意味着不具有竞技性的休闲或放松运动——虽然它们从社会的角度来看非常重要，将不会最先成为体育法的研究内容。然而，那并不意味着将对这类体育实践（也许包括学校的体育课）的研究排除在外。但是，探讨“体育”这个概念精确的定义几乎没有意义，因为它的界定是不断变化的。同样，在“什么是体育”与“什么是简单的游戏（game）”之间也存在一个灰色地带。关于什么是游戏的法律问题也自然需要解答。例如：一个有独立行为能力的人去马路上跑步锻炼，只需要了解马路上的交通规则，而无须了解体育法。然而，从什么是体育运动的实质，进而推导出什么是体育法的实质，这些问题最恰当的回答即是框架重述标准4的内容。

与“何谓体育”相伴而来的一个问题就是“什么是法”。原则上最宽泛的解释为附着于体育的所有法律，更清晰地理解为：与“体育”相关的所有法律的集合构成“体育法”。它不仅包含体育组织自身的规则和规范，还包括其他一切被国家或国际组织承认的、规范体育运动的法律规则。此外，进行补充的还有，体育组织自身的法律裁决机构或者法庭创设的判例体系,以及国际、国内普通法院创制的判例体系①。如果我们将体育自身的规则,标识为体育法“私法的部分”,那很明显其他部分都是“公法性质的”。自然地,私法的部分,或自律的部分,也有一个“公法”的基础:它与一般公法适用相关,尤其与行业协会法相关,与具体的被叫做“体育”的社会部门或至少在定义上具有公法内容的法律部门相关。体育组织不能从属于其中一部分的常规管辖范围中脱离出来。如果一个人要将所有已存在的法律,包括众多部门法纳入一个单独的法律框架,同时也将体育法纳入这一框架之中,一幅图景(轮廓 configuration)将会出现,其中包含许多不同程度的盲点,它们是那些没有被体育法所覆盖的领域或那些还没有适用于体育中的法律规范。例如,海牙的国际法院或国际刑事法院,与体育还没有任何关联,尽管无预先排除的情况,也不应当和体育发生任何联系。② 因此,体育法是一个独立的、特定的社会部门。

尽管体育法的“公法”特性是次要的,“私法”部分才是关键的,但是,因为涉及体育运动的外部组织环境的问题,我们将更深入地研究,什么是体育法的公法部分,它将怎样在更广阔的社会框架中寻找定位,它将如何成为一套更高层次的法律规则。我们知道,体育自身的一套规章和规则通过立法,构成体育法的私法部分的核心或实质。然而,公法的部分也可分为国内体育法和国际体育法。公法层面上存在国内体育法的例子是,目前,世界上已有五十多个国家拥有单行体育立法,还有一些国家在宪法中包含体育法的条款。③ 这种做法意图在社会上提升体育法的地位,并更好地调整体育管理机构与体育运动之间的关系(体育管理)。

---

① 民事法庭和刑事法庭。

② 作为“开战的理由”的一个例子——战争中法律程序的新的含义——诸如边境冲突的一个事件:20世纪60年代,萨尔瓦多和洪都拉斯开战,原因是一系列逐渐升级的不受控制的足球比赛(对比传统意义上的开战的理由)[参见 Richard Kapuściński, The Soccer War (Wojna futbolowa),1978]。

③ 参见 Janwillem Soek,“Sport in National Sports Laws and Constitutions: Definition, Ratio Legis and Objectives”, in: *The International Sports Law Journal* (ISLJ) 2006/3-4, pp. 28-31 and 33-35.

我们习惯上将其区分为"干涉主义国家"和"不干涉主义国家",[①]荷兰属于后者,因此在其宪法中没有体育法的条款,更不用说拥有一部单行体育法。在欧洲南部的一些国家,如法国、葡萄牙、意大利和西班牙,政府在传统上对体育有更多的干涉。另外,拥有一部单行体育法对于那些体育及其组织还处于发展初期,体育法依然在初步发展阶段的国家来说是很重要的。在这一点上看,印度尼西亚和中国都可以成为例子。[②] 除了国家一般性体育法规之外,同样还存在一些指向特定领域的特殊立法。最有名的例子是荷兰针对足球流氓的特别法令,这是一部经常被提及的足球法令,之后英国也效仿了相同的做法。[③] 另外,欧洲或其他地区同样存在反兴奋剂的特别立法,[④]国家在体育立法中规定犯罪的例子是,2010 年南非世界杯中引起争议地将隐性市场营销行为[巴伐利亚女郎事件(the

① André-Noël Chaker, *Good governance in sport—a European survey*, Council of Europe Publishing, Strasbourg 2004, pp. 9 – 11.

② 参见印度尼西亚共和国《关于国家体育系统的第 3 号法令》,2006 年。中国 1995 年《体育法》正在被重新审议,参见 James A. R. Nafziger & Li Wei, "China's Sports Law", in: *The American Journal of Comparative Law*, Volume XLVI, Summer 1998, Number 3, pp. 453 – 483。

③ 参见 Peter T. M. Coenen, "At Last, a Football Law in the Netherlands?", in: *The International Sports Law Journal* (ISLJ) 2009/3 – 4, pp. 59 – 61 and 64 – 65; Geoff Pearson and Mark James, "The Legality and Effectiveness of Using Football Banning Orders in the Fight against Racism and Violence at Sports Events", in: Simon Gardiner, Richard Parrish, Robert C. R. Siekmann (eds), *EU, Sport, Law and Policy: Regulation, Re-regulation and Representation*, The Hague 2009, pp. 535 – 554。

④ 参见 Hans-Georg Koch in: Klaus Vieweg and Robert Siekmann (eds.), *Legal Comparison and the Harmonisation of Doping Rules—Pilot Study for the European Commission*, Beiträge zum Sportrecht Band 27, Berlin 2007, pp. 95 – 158 (Part II. B: Public Law)。

Bavaria girls)]①定性为犯罪的立法。

除了国内的体育公法,同样存在国际体育公法。例如奥林匹亚休战(*ekecheiria*)制度的复活。奥林匹亚休战是历史上最长时间的休战,一开始,为了加强了国际法的地位(在体育领域),联合国采取一系列措施致力于现代奥林匹克运动中的国际停战行动,自1993年起,奥林匹亚休战不间断地在即将来临的奥运会上保障"奥林匹克和平"。② 从国际层面来看,1968年到1993年之间,反对运动中种族隔离的解决方案被联合国大会采纳。1977年,反对运动中种族隔离的国际宣言在纽约通过,紧接着1985年的联合国公约与之达成一致。联合国安理会发动了针对南非种族隔离的体育抵制。2005年,全球联合国教科文组织公约的签署旨在统一禁止在体育运动中使用兴奋剂。从地区层面来看,欧洲理事会早在1985年即通过反足球流氓的公约,紧接着1989年

① 2010年南非世界杯足球赛上,荷兰巴伐利亚啤酒公司不是世界杯指定赞助商,但他们却想利用世界杯造势。世界杯之前,他们与南非当地的一家中介公司达成协议,中介为他们寻找36名荷兰裔美女球迷,啤酒公司提供球票,美女需要穿啤酒公司提供的印有该公司商标的迷你裙出现在看台上。不过球迷遍地都是,美女球迷却不容易找。于是中介公司在南非当地的几家模特公司聘请了30多位模特冒充球迷,并承诺亮相一场给800兰特。在荷兰队对丹麦队比赛的看台上,这些美女通过电视转播被曝光后,很快被国际足联请出球场并送到了警察局。巴伐利亚啤酒公司的行为涉嫌侵犯世界杯官方赞助商百威啤酒的利益。——译者注

② Andreas Wax, Internationales Sportrecht-Unter besonderer Berücksichtigung des Sportvölkerrechts, Tübinger Schriften zum internationalen und europäischen Recht Band 90, Berlin 2009. Francis G. Jacobs, "Tourism, sports and other forms of leisure from the point of view of international law, General report on the twenty-fourth A. A. A. Congress", Nicosia, 22 to 27 May 1972, Annuaire de l' A. A. A. /Yearbook of the A. A. A. 1972/73 Volume 42/43, La Haye/The Hague 1975, p. 52,表明古希腊奥运会是国际法发展之上体育发挥影响的最早的例子,因此,这些奥运会也被视作不同人种之间创设真正的国际法的第一步,但是是完全的市民自治。

又通过一部反兴奋剂公约。[①]《里斯本条约》第165条的体育法条款，是最近一个关于"地区体育公法"(public regional sports law)的例子，它可以被纳入欧盟体育法体系之下。[②] 在欧盟的层面，过去也存在体育抵制增多的情况，如抵制尼日利亚就是一个例子。[③] 最后，可以参考关于保护奥林匹克标志的《内罗毕公约》(1981)。

运动本身设定的规则和制度(民间性、自律性、非政府间的体育法规则)首先可分为奥运会规则、每项运动的国内规则、地区或国际组织规则等部分。[④] 奥林匹克运动规则(*Lex Olympica*)存在于《奥林匹克宪章》中，所有与奥运会相关的体育事项均应协从于它[⑤]。体育组织的规

---

① 欧盟议会在体育运动领域的活动，参见 Robert C. R. Siekmann and Janwillem Soek (eds), *The Council of Europe and Sport: Basic Documents*, The Hague 2007. 关于在欧盟范围内反足球流氓的战斗，参见"Football Hooliganism with an EU Dimension: Towards an International Legal Framework", Final Report AGIS Programme 2003, T. M. C. Asser Instituut, The Hague 2004；同时参见 Hans Mojet and Robert Siekmann, "Legal Aspects of Combating Football Hooliganism in Europe", in: Simon Gardiner, Richard Parrish, Robert C. R. Siekmann (eds), *EU, Sport, Law and Policy: Regulation, Re-regulation and Representation*, The Hague 2009, pp. 499－533。

② 参见 Robert Siekmann and Janwillem Soek (eds), *The European Union and Sport: Legal and Policy Documents*, The Hague 2005；参见《里斯本条约》中特别提到的"体育条款"："Lisbon Treaty and EU Sports Policy"，欧洲议会委托阿瑟尔体育法研究中心和英国知山大学和拉夫堡大学所作的研究报告，2010年9月(Study for the European Parliament, commissioned to the T. M. C. Asser Instituut and Edge Hill University and Loughborough Universities, September 2010.)。作为与"欧洲体育法"相对比的例子，参见 James A. R. Nafziger, "A Comparison of the European and North American Models of Sports Organisation", in: 3－4 *The International Sports Law Journal* (ISLJ) (20080 pp. 100－108；同时参见 Stephen Weatherill, Resisting the Presuures of "Americanization": The Influence of European Comminity Law on the "European Sport Model", in: S. Greenfield and G. Osborn (eds), *Law and Sport in Contemporary Society*, London 2000, p. 155 et seq.；同时收录于：Stephen Weatherill, *European Sports Law: Collected Papers*, The Hague 2007, pp. 155－176。

③ 参见 R. C. R. Siekmann, "The Sports Boycott of Nigeria: Sports, Politics and Human Rights", in: *The International Sports Law Journal* (ISLJ) 2008/1－2 pp. 121－124。

④ 国际单项体育联合会(IFs)区别于其他国际组织的一个显著特点是，它的"规范"功能，甚至少数人认为它们为体育法独立成法作出了重要贡献。

⑤ 参见 Alexandre Miguel Mestre, *The Law of the Olympic Games*, The Hague 2009.

则一方面可包含比赛规则[在足球领域即为足球比赛规则(Laws of the Game)],它在世界范围内广泛而平等地适用;另一方面,可包含组织章程、规则或规范。这些规则附属于相关运动管理制度。竞赛规则也可归于这一类。① 许多规则都有跨国界的特点,意味着它们可以强制地适用于国家法层面之上,或转换成与国家法相一致的规则,再加以运用。说明这个问题的一个很好的例子是,在反兴奋剂领域,有一部《世界反兴奋剂规则》,该法典已被在体育领域反禁药的联合国教科文组织公约赋予其合法性。② 但是在一定程度上,这部法典是"半公法性质"的,因为许多国家的国内政府已涉入管理反兴奋剂的领域,荷兰国内的体育法律机构(Nederlandse Instituut Sportrechtspraak)的反兴奋剂规则几乎完全参照《世界反兴奋剂规则》,因此,后者必须得到完全的遵守和适用。在过去,每一个国家的体育协会和国际单项体育联合会都有自己的反禁药规则,直至2004年,《世界反兴奋剂规则》的出台标志着统一工作的完成。③ 另外,在足球领域有一个更为熟知的例子,即有关职业球员身份与转会规则以及足球经纪人的规则即将修改④。在地区的层面,作为参考,举个例子,为了实现欧盟足球联合会的安全与保障规则,欧洲各国的国内足球联盟必须特别重视打击足球流氓。

在体育运动领域,履行刑事职能和处理民事争议的法院的角色,均被分配给了体育纪律处罚机构和体育仲裁机构,这些机构分布在不同

① 参见 Robert C. R. Siekmann and Janwillem Soek (eds), *Basic Documents of International Sports Organisations*, The Hague/Boston/London 1998.

② 参见 Lorenzo Casini, "Global Hybrid Public-Private Bodies: the World Anti-Doping Agency (WADA)", in: *International Organizations Law Review* 6 (2009) pp. 421 - 446;一般性论述参见 Paul David, *A Guide to the World Anti—Doping Code-A Fight for the Spirit of Sport*, Cambridge 2008。

③ Robert C. R. Siekmann, Janwillem Soek, Andrea Bellani (eds), *Doping Rules of International Sport Organisations*, The Hague 1999. 同时参见 Janwillem Soek in: Klaus Vieweg and Robert Siekmann (eds), *Legal Comparison and the Harmonisation of Doping Rules—Pilot Study for the European Commission*, Beiträge zum Sportrecht Band 27, Berlin, pp. 159 - 561 (Part III: Sport Rules and Regulations).

④ 参见 Robert C. R. Siekmann, Richard Parrish, Roberto Branco Martins, Janwillem Soek (eds), *Players' Agents Worldwide: Legal Aspects*, The Hague 2007。

的地域，拥有不同级别的设置。[①] 在这一体系下，CAS 作为“体育国际法院”，发挥着普遍性的作用，同时在反兴奋剂案件中，它也扮演着上诉法庭的角色。[②] 不过，足球领域有其自身非常重要的、专业处理球员转会争议的机构：国际足球联合会的争议解决庭（FIFA's Dispute Resolution Chamber）[③]对解决足球领域相关争议，也发挥了重要作用。

（二）术语

因此，“体育法”由国家、地区或国际的（在一定意义上普遍的、全球性的）体育管理机构或自治组织创设和认可的，具有公法或私法性质的与体育运动相关的所有法律法规构成。严格地说，“体育之法”这一术语可以用来涵括体育法（sport law）的全部概念，因为“体育之法”从字面上分解开来，就是体育法的意思，并且就“体育之法”本身而言，它是个中性的名称。这个生造的拉丁词汇本意上也完美契合了“体育法”的名称，因为这表现了“体育之法”独立性的特点［对比商人法（*lex mercatoria*）］。这个术语的引入强调了体育法是独立的、可识别的实体法领域。然而，“体育之法”通常的用法也存在一些异议。有的学者认为，这个创新太过深奥晦涩，容易引起更深层的术语混乱，不利于构建该学科的理论体系。从纯学术的角度来看，这也许是对的。总之，每位研究者都有权提出独创性的、新鲜的概念体系，当然包括他们认为的更合适的术语，只要能够自圆其说，便能具备一定的说服力。然而，“体育之法”这一术语在实践中并未得到认可。首先，在开设体育法及其相关课程的大学，并没有以“体育之法”[④]命名的课程；其次，在字面上

---

① 参见 Robert C. R. Siekmann and Janwillem Soek, *Arbitral and Disciplinary Rules of International Sports Organisations*, The Hague 2001；同时参见 Ian S. Blackshaw, *Sport, Mediation and Arbitration*, The Hague 2009。

② Ian S. Blackshaw, Robert C. R. Siekmann and Janwillem Soek (eds), *The Court of Arbitration for Sport* 1984－2004, The Hague 2006.

③ 参见 Frans de Weger, *The Jurisprudence of the FIFA Dispute Resolution Chamber*, The Hague 2009。

④ 雅加达（印尼）是唯一拥有以“体育之法”（lex sportive）命名的“体育之法学会”（Lex Sportiva Instituta）的地方。其由辛查·潘查伊坦博士（Dr Hinca Pandjaitan，海牙国际体育法协会荣誉会员）在 2010 年 9 月建立，是一个私人创设的法律实体，与任何大学无关。

来看,通说认为,“体育之法”并不是仅指体育界最高裁决机构CAS的判例法系(纳夫齐格),至少还应包含体育组织自治规则和相关判例体系(私体育法)(福斯特,拉蒂)。因此,更重要的是,我们应当充分尊重体育法概念的既有理论,并继续深入研究,以求在某种程度上达成共识。我们的研究从实用主义路径出发,也许更有成效。在私法层面上来说,依据福斯特的观点,“体育之法”就是“全球体育法”,甚至是“跨国体育法”(拉蒂),因此,它在全球范围内不应受到限制,至少在国际和地区层面不应受限制。“体育之法”这一拉丁术语表示其事实上由国际、地区或国家的体育立法组成。“体育之法”私法性质的部分构成独立的、连贯性的实体法领域,得益于其具有的跨国、跨边界和超民族的特性。任何对“体育之法”有些常识的人,都知晓它是由国内法演变而来的。不像国际公法,私法性质的体育法无边界可言。在体育领域里,国家主权不值一提。当一项体育比赛在一国的疆域内举办,协会之间的边界实际上仅是一条虚线。(相比较而言,国家的边界是实线。)关于这一点,最好的例子是每项运动都有其独特的比赛规则。国际足联采纳和解释足球规则,并在全世界范围内统一适用,使足球运动变得独一无二。

因为法律不仅仅是成文立法组成,也可由先例或判例法(法官造法)组成,因此,我更倾向于采纳“体育之法”广义上的用法,而不是狭义上的用法(CAS判例法)。法律,不仅指正式的、成文的法律,在实践中也会逐渐产生一些习惯法。这一点很少谈到,在关于“体育法的讨论”(sports law debate)中更是没有。但习惯法已得到认可,成为私法部门法的正式渊源。是否存在习惯法的问题可以举足球领域的一个例子来说明。通常,如果对方球员在场地上受伤,不能继续比赛时,带球的运动员应将球踢出场外,同样,对方运动员也不能将界外球发给自己的队友,而应转向将球发给将球踢出场地那队的队员。这看上去像一项道德义务[公平竞赛(fair play)],同样也是一项惯例。虽然拥有界外球的一方得到一项权利进行开球,因为另一方将球踢出场外,构成犯规:除非不可能比赛,那么球就应该在场地中。这个不成文的规则更适合叫做“软法”,而不是成文法或惯例法,因为裁判也无权强化这项公平比赛的不成文规则的适用,于是他只能创新性地适用“不具备体育精神的行为”(unsporting behaviour)这一原则[以前称为不绅士的行为(ungentlemanly conduct)]来行使其权力。这个由比赛规则规定的理由，根本上说，将球传回去的传统是以一个“君子协定”为基础的，但这场比赛将怎样重新开始呢？通过另一队掷回界外球？比赛规则并没有明确的规定。通过直接判任意球给另一队吗？那不可能，因为球不会有效地传回场地上。掷球的运动员如果把球发给自己的队员，是否会受到黄牌警告？或者说这个犯规发生在他自己的队员接到球时，是否可以判罚任意球？但谁会得到黄牌？掷球的运动员还是接球的运动员？或者是他们两个呢？这种“掷球错误”并非罕见，在职业比赛中，当这种情况发生时，甚至会引起对手和观众强烈的不满。① 不过，当对手受伤时，将球踢出场地外的惯例现今受到很大的压力和挑战，因为在职业比赛中一个有意思的假定认为，只有裁判才有权中止比赛。尽管这一说法是正确的，但是只有在场上球员严重受伤的情况下，裁判才会中止比赛。因此，当对方球员受伤倒地，躺在场地上时，如果裁判不鸣哨，比赛还是会继续，这也是一种趋势。举个例子，如果他是假装受伤的，为了打乱对方队员的节奏呢？无论如何，职业球员不会直接将球发给对方球员，而是会发给本队另外一名队员，后者远离对方球员或处于安全区域，再由他把球开给对方，因此他们并不会从这一惯例中遭受任何损失。如果真的发生把球直接发给自己队员展开进攻的情况，开球的运动员由于不尊重比赛的不恰当行为理应受到裁判处罚。②

福斯特认为，比赛规则，或称“裁判之法”，应被视作体育法中一类

---

① 不将球还给对方的最著名的例子发生1999年2月13日阿森纳和谢菲联的足总杯比赛中，在平局的局势下，第一次代表阿森纳出场的恩万科沃·卡努错误地从队友处拿到了本应给对方的球，并传给马克·奥维马斯打进致胜球。随后，阿森纳主教练阿尔塞纳·温格提议重赛，结果重赛后，阿森纳再次以2比1取胜。

② 本文作者在接下来的几年将从比较和历史的角度深入研究国际足联制定的足球比赛规则（特别是球队比赛规则），尤其对越线规则（off-side rules）、犯规规则（错误或不恰当行为）将做重点关注。还将参考刑事法律的一般性原则，研究这些规则对球员进一步适用的意义（参见未尽注意义务的概念、在国际足联足球比赛规则第12条已提及的过度暴力的概念等），参见 Sir Stanley Rous C. B. E. and Donald Ford M. A. , *A history of the Laws of Association Football*, Published by F. I. F. A. , Zurich Switzerland, 1974。

独立、可识别的规则。然而,我认为,“裁判之法”,一个生涩的拉丁术语,不能因为其词源的关系,即成为与“体育之法”相并列的概念,其应当仅仅只是“体育之法”的一部分,一个亚种类而已。表现两者内部关系最好的例子是:足球场上球员获得裁判的红牌后将被命令离开场地,紧随着会被给予一或两场禁赛的纪律处罚。这项规则没有被任何“普通”法院确认,是在实践中逐渐形成的,这也许是这类规则的一个显著特点,但不能由此判断它们是完全独立的一个种类,甚至独立于“体育之法”。反过来说,没有独特的比赛规则,体育和体育法都没有存在的意义,所以,从这个角度,“裁判之法”的内容是体育法的硬核。

在我看来,“体育法”从更广义上来说,不仅由“体育之法”和亚种类的“裁判之法”组成,它还应包含公法的部分(国内的、地区的或国际层面的)。这部分及其附属部分的术语和用法还没得到普遍认同。德语术语“体育公法”(*Sportvolkenrecht*)(由瓦克斯提出)是至今为止唯一的建议,但将其翻译成体育领域的通用语——英语时,局面又变得混沌不堪:应该译成“国际体育公法”?还是“体育世界的万民法”?加之我们不应当忘记还有各种国内公法的部分,公国家体育法或国内体育公法?另一方面,“欧盟体育法”(威瑟希尔所用)已变成一个标准化术语,我们知道,这一概念主要是指公法,也不能涵盖在欧洲地区的体育私法。

最后,为了在整个体育法领域创设一个通用的术语,人们也许会考虑以下解决办法,作为一个解开术语之结的尝试。这是一种纯理论性、纯学术的解决办法,即将“体育之法”(体育管理规则)和“裁判之法”(比赛项目的规则或规范)的含义对立起来。“体育之法”代表体育公法(在体育领域设立的管理“法规”),可以分为“国家内部体育法令”、“国际体育法”(或地区性体育法如欧盟体育法);“裁判之法”是指运动规则或游戏规则(体育运动自设规则),它也可以分为国家的、国际的或地区的,像国际足联制定的足球比赛规则(The Laws of Game)之类在性质上都属于“国际裁判法”。这种解决办法是以一个想法为前提的,即我们在体育法上只有两个存在并可适用的界标:“体育之法”和“裁判之法”[此外,还有奥林匹克法(*Lex Olympica*),它是关于一系列国际赛事的规则的总称]。在这个意义上使用“体育之法”和“裁判之法”这两个新兴词汇的好处是，它们作为拉丁语常被当做专有名词使用，而不用翻译成不同国家的语言。因此，它甚至比总括性术语“体育法”更加适合，因为后者也是从体育领域的通用语——英语翻译而来。最后，需要解释的是，为什么用“体育之法”这一术语表示体育法的公法部分而用“裁判之法”表示私法部分？它们难道不能简单地以相反的含义适用吗？——即反过来适用。原因在于，从字面意思来看，“裁判之法”与体育作为一种比赛的含义更近（体育运动的根基就在于比赛，因此，比赛规则、规范是体育法的硬核），而“体育之法”作为一个更一般性、中性的术语，与比赛规则的含义更远，而且其自身含义更接近与体育管理相关的意思。

对这样一种全新的法律领域的定义和名称也可以作为标准 12 加入戴维斯（Davis）的框架重述中。如果这个标准 12 适用于体育法的领域，从上面的证据可知，接下来还需要展开一些讨论。

五、体育法的硬核

在戴维斯的框架中，为了证明是否存在“体育法”，我选取了一个论据，当回答为“是的，存在”时，很明显，标准 1、2、5 和 7 可以简明地回答这个问题（与体育相关规则的其他部门法的单独适用；对体育问题的特殊对待；体育规则与其他领域的法相冲突的本性；为体育创设的强制干预立法，并包含以国际法形式存在的公约等）。它们被认为是该框架的硬核。它们是区分其他部门法、具有独立本性的全部因素或标准。因此，它们不仅可以解释体育和法是否构成“体育法”（换言之，体育法是否存在），还可以回答体育法内涵的“硬核”是什么这个问题——体育法之所以有独特的、自成一体的硬核，同样可以回答什么是体育法、体育法的独特性是什么等问题。当然，所有的体育法——如上文四（一）所述，以及四（二）中提供的诸多术语——在定义上都是独特的，它们是指所有与体育有关的法律的集合，但那不足以论证应将体育法提升为一门有研究价值的学术部门法。我不能因此指定此处体育法是“更广义的解释”，但我感兴趣的是，体育法规与正常社会中一般性规范发生冲突时，会如何处理。有组织的体育运动所形成的亚文化中，体育自治规则将如何进入法律社会体系？从人们已有的研究来看，对这个问题的分析应当定位于对“法官造法”的研究上。从世界范围来看,CAS是解决体育争议和纠纷的终局性和关键性机构。由此,纳夫齐格热切地希望“体育之法”这一术语只用来单独代表CAS所创设的判例法体系也是有一定道理的。

CAS适用并解释体育规则——也包括一般性社会立法和规范。这点将在下面的例子中得到说明。依据欧洲足联的纪律规定,欧洲的足球联盟、俱乐部均应对他们球迷的行为负责。在鹿特丹费耶诺德俱乐部诉欧洲足联(*Feyenood Rotterdam v. UEFA*)的案件①中,CAS确认了这项规则,即便是在那些俱乐部并没有被要求为球迷的不恰当行为负责的案例中,也是如此。欧足联的规则,以及CAS的裁决决定均证实了这项规则,但这很明显与法的基本原则和“无罪不罚”的刑事程序相违背。索伊克(Seok)②成功地捍卫了与禁药违规相关的程序法是伪刑法的主张,认为《欧洲人权法公约》第6条中“无罪推定”原则适用于反禁药相关法规,它与在“自动责任”(automatic liability)推定下“严格责任原则”(strict liability)的适用是矛盾③的。在这个案件中,CAS不顾所有的反对,支持一项运动规则(俱乐部已做了竭尽可能的一切,也不能制止这一不当行为,而所谓的支持俱乐部球队的球迷并非是俱乐部的真正成员,甚至不是官方的球迷俱乐部的成员,而且,他们引起骚乱的欧洲比赛发生在国外——法国),然而,这项体育规则是否会在国家法院面前承受住挑战的考验,这一点是不确定的。

CAS的“法官造法”,为发展体育法私法部分的渊源作出重大贡献。尽管事实上,CAS与国际体育组织,尤其是国际奥委会关系密切,但通常意义上,它还是一个高效、独立的权威机构。不过,就我所知而言,CAS的判例体系并未拓展其空间,将体育领域的特定原理和原则

---

① CAS 2007/A/1217.

② Janwillem Soek, *The Strict Liability Principle and the Human Rights of Athletes in Doping Cases*, The Hague 2006.

③ 关于这一主题的详细阐释来自费耶诺德诉欧洲足联的案件(Feyenoord/UEFA case),参见Hans Mojet and Robert Siekmann, Legal Aspects of Combating Transnational Football Hooliganism in Europe, in: Simon Gardiner, Richard Parrish, Robert C. R. Siekmann (eds), *EU, Sport, Law and Policy*, The Hague, pp. 530 - 531。

输出，来丰富其他部门法的既有规则。

欧盟体育法很大程度上依托于欧盟法院的“法官造法”。欧盟法院的法律体系是通过“里程碑案件”的瓦尔拉夫案件（*Walrave*）、博斯曼案件（*Bosman*）和米克门蒂娜案件（*Meca-Medina*），[①]到最近关于培养青年职业球员的俱乐部能否得到赔偿的伯纳德案件（*Bernard case*）等，逐渐形成的。[②] 这借助了以尊重体育协会及其规则自治的潜在原则为基础的判例法的发展，这些规则和裁判进一步证明了体育法的特殊性，因此赞同欧盟法存在例外是有道理的。[③]。所谓“体育特殊性”这一问题在伯纳德案中有所论述。在这个案件中，欧盟法院接受了一项原则，即对训练有天赋的年轻球员的俱乐部进行赔偿是必要的，以便促进足球运动长足发展，即使这一机制事实上与雇员更换雇主的自由相冲突，也在所不论。然而，威瑟希尔[④]质疑了这项裁决，他认为，赔偿的诱惑也许会同样地鼓励大学或超市雇佣或训练新的、有天赋的年轻雇员。那么，足球领域为什么不同？为什么在这一领域这项规则应被允许呢？这些也是值得我们思考的。

当然，欧盟法院并不总是赞同已存在的体育规范和裁决。它们设置了一套允许与不允许的限制标准。最明确否决体育规则的例子当然

---

① 分别参见 Case C－36/74，Case C－176/96 与 Case C－519/04。

② Case C－325/08.

③ 参见 Richard Parrish and Samuli Miettinen, *The Sporting Exception in European Union Law*, The Hague 2008. 参见欧洲法院的判例：“体育博彩”（从泽娜蒂案（Zenatti, 1999）到卡门案（Carmen Media, 2010），并不具有体育的独特性，相关国家的博彩立法和政策与欧盟法相违背；体育博彩法的内容与体育有关，但是并不是体育运动所不可或缺的，其处于欧盟体育法的边缘，而不是内核。参见 Robert C. R. Siekmann, “Sports Betting in the Jurisprudence of the European Court of Justice: A Study into the Application of the Stare Decisis Principle”，或者是 the Application of the “Reversal Method” of Content Analysis and the Essence of the ECJ Case Law on Sports Betting', in: 1－2 *The International Sports Law Journal*（ISLJ）（2011），同时参见 Paul Anderson, Ian Blackshaw, Robert Siekmann and Janwillem Soek（eds），*Sports Betting: Law and Policy*, T. M. C. Asser Press, The Hague。

④ Stephen Weatherill, “The Olivier Bernard Case: How, if at All, to Fix Compensation for Training Young Players?”, in: *The International Sports Law Journal*（ISLJ）2010/1－2 pp. 3－6.

还是著名的博斯曼案件(*Bosman case*)。它废止了欧洲职业足球中的转会制度和国籍条款。这项新规则简直掀起了欧洲职业足球领域的一场革命。它意味着,球员自终止合同之后可以自由转会,而不需要"新"加入的俱乐部支付"旧"俱乐部任何费用;而且不考虑球员的国籍,球员可以欧盟公民的身份自由转会。随着体育运动的发展,许多运动规则也正受到挑战,欧盟法院通过判例,努力阐明许多有争议的问题,欧盟委员会也为其所做裁决殚精竭虑,尤其涉及与竞争法相关的集体电视转播权买卖问题时尤为慎重。然而,特殊体育规则能否与欧盟法共存这一点上,仍然存在许多问题。最近的一个例子也许可以说明这点。近年来,欧盟委员会从运动员个人处收到大量投诉,抱怨欧盟另一成员国组织比赛时,对运动员基于国籍而实施歧视。运动员是否能在其他欧盟国家参加该国国内的锦标赛是一个引起广泛争议的问题。这类歧视是否应当禁止,以至于允许外国运动员参加传统上为本国人保留的体育赛事,这是一个将会打破体育世界传统思维的问题。尽管这在有些国家(如斯堪的纳维亚国家)已经成为可能。想要回答这类问题的人必须先弄清一个基本的、和法律无关的事实。体育法律师必须要充分了解在实践中体育是怎样运作的,尽管他无须熟悉体育运动中的"更衣室文化",当然,如果他了解一点的话,肯定对他的工作有帮助。举个例子,在这个案件中显著相关的是:有争议的国内锦标赛和欧洲或世界杯甚至奥运会的参赛资格之间的关系问题。为了被允许参加同一水准的比赛,运动员必须持有他所代表的国家的护照,这一点是很重要的。在直接决定参加国际赛事参赛资格的全国锦标赛中,如果允许外国运动员参加,该外国运动员也许本来在自己本国无法获得冠军并获得该项国际赛事的参赛资格,他参赛后,却打败了这个国家的所有运动员,并获得冠军,他能否取得该国际赛事的参赛资格?他将代表哪国出赛?所以外国运动员的参赛将会带来竞赛的混乱。游泳是一项没有身体接触的运动,因此,这里将不会有任何问题。你在自己单独的区域游,单独计时。然而,柔道是一项对抗性的运动,参加者必须在一系列的回合中淘汰对手。如果你在预赛中遭遇到很强的外国对手,你将不会进入决赛。乒乓球和羽毛球同样也是淘汰对手的例子,拳击当然也是。因此,我们得出的结论就是:在这类比赛中,为"非本国国籍"的参赛者设置参加国内锦标赛的禁令是正当的，从而又可能构成欧盟法的一项例外。①

六、结论

综上所述，结论如下：（1）体育法是存在的；（2）依据本文运用的"法律渊源进路理论"，体育法可由公法部分和私法部分组成；（3）我们提议将公法部分内容称为"体育之法"（*lex sportive*，或者用英文表达为 *sporting law*），私法部分称为"裁判之法"（*lex ludica*，或者用英文表达为 *sportive law*）；（4）体育法的硬核简要地表述为"法官造法"，欧盟法院以及各国国内法院的地区实践可作为公法部分的渊源，CAS 仲裁的全球性的实践可作为私法部分的渊源。

另外，从一个不同的视角来看，也可以主张：体育比赛规则（Law of the Game，这里的术语表示一种通用的含义）事实上就是体育法的硬核。它们同样应包含国内的、地区性的和全球性的体育运动管理机构创设的规章和制度，将这些混合起来即构成所谓的"裁判之法"（*lex ludica*，*sportive law*）。在这个循环模式中，"裁判之法"在一定层面上也包含"体育之法"的内容。

（熊瑛子：武汉大学法学院体育法学专业博士研究生；郭树理：湘潭大学法学院教授，博士生导师，法学博士）

① 参见 2010 年 12 月欧盟委员会委托荷兰阿瑟尔研究所、英国知山大学与荷兰莱顿大学对非国家队赛事中个人运动员的平等对待问题的调研报告：Study on the equal treatment of non-nationals in individual sports competitions, Commissioned by the European Commission to the T. M. C. Asser Instituut and Edge Hill and Leiden Universities, December 2010. See for the Study's Introduction, Analysis, Conclusion and Recommendations, and Executive Summary. 对该项调研的介绍、分析、结论和建议，以及执行情况，参见 *The International Sports Law Journal*（ISLJ）2011/1－2, pp. 152－172。

非洲法

法律制度在中非商事关系中的作用及其完善

[加]Moses N. Kiggundu* 著　朱伟东 译

目　次

一、导论
二、概念性框架:制度和组织的作用
三、中国和非洲国家有关经济管理的法律和司法制度概述
四、本研究所采用的方法
五、研究结果
六、总结、探讨与展望

一、导论

人们普遍认为,以法治、公正、尊重基本人权体现出来的法律制度的品性,与可持续发展有密不可分的联系。当国家致力于经济改革,以促进经济的发展和多样化时,商业交易的范围、数量、多样性和复杂性随之增加,这就进一步要求有同样精细的商事立法和司法与之配套。但在大多数情况下,现有的或传统的法律和司法制度远不能满足这一要求。对中国和非洲

* [加]Moses N. Kiggundu,加拿大安大略省渥太华市卡尔顿大学 Sprott 商学院教授、博士(Sprott School of Business, Carleton University, Ottawa Ontario Canada)。

而言,尤其如此。中、非双方都在进行重大的社会经济和政治转型,以促进并加强双方的经济、商业、社会和政治关系。双方正采取各种措施推行旨在为所有合法经营者提供互利保护并能促进中非经济、商业关系快速发展的法律、法规、规章、制度和程序。洪永红教授和朱伟东教授(2009)对中非法律交流和合作的历史进行了分析,根据他们的分析,这种交流和合作可以追溯至1874年,当时的黄金海岸(现加纳)适用了最初于1865年制定的、在香港施行的英国法。他们还注意到,日益增长的中非经济、商事关系,特别是2000年第一届中非合作论坛召开后,已经引起中非双方律师、学者了解彼此法律制度和司法实践的极大兴趣。① 虽然中国和一些非洲国家在此方面已取得了一定的进步,但挑战依然存在。

1979年中国走上了经济改革之路,激发了新的创业热情,促进了省际贸易的发展,允许外资进入,并鼓励企业和个人走向全球,在世界其他地方包括非洲寻找商机和合作伙伴。根据裴敏新(音译)的观察,与商业发展接踵而来的是商事法庭受理的案件数量激增。在1979~1982年间,法院年均受理的案件大约是14,000件。到1997年年底,新受理的案件数量已达150万件,增加了100多倍,而由仲裁委员会、传统调解组织所受理的商事案件数量鲜有增长。② 企业数量的增加,非正式争端解决机制执行能力的减弱,这就表明需要加强国家正式的法律和司法制度。在同一时期,非洲国家也在大力对其商事法律制度进行协调化,以吸引外国投资。例如,在1993年,16个非洲国家成立了非洲商法协调组织(OHADA),③试图对各自的商法进行简化,能够为其他国家和地区的投资者提供简明、现代的商事法律,并加速商事争端的解决。从双边角度来看,中国已和许多非洲国家签订了有关避免双重征税(如毛里求斯)、税收规避(如南非)、投资促进和保护(如尼日利

① Yonghong Hong and Weidong Zhu, China-Africa Legal Exchange and Cooperation: The Past, Present and Future 2009, (pp. 263 - 369). In Hongwu Liu and Jiemian Yang (Eds.), *Fifty Years of Sino-African Cooperation: Background, Progress & Significance*, Yunnan University Press.

② Minxin, Pei. Does legal reform protect economic transactions? Commercial disputes in China. In Peter Murrell (ed.), *Assessing the value of law in Transition Economies*, 2001 Ann Arbour: University of Michigan Press.

③ 刚果民主共和国已经加入该组织,该组织现有17个成员国。——译者注

亚、突尼斯)以及民商事司法协助(如埃及)等领域的条约和协定。实际上,中国政府和投资者希望非洲国家采取更多的立法和司法协调化措施,特别是利用已建立的地区性贸易组织如西非国家经济共同体(ECOWAS)、南部非洲发展共同体(SADC)、东非共同体(EAC)和东南非共同市场(COMESA)等来开展此类措施,因为这样做可以减少交易成本、增强中国投资者在非洲投资的信心。中国也希望同非洲国家在诸如国际商事交易的保护、民商事和刑事司法协助、反恐、人权、打击腐败和非法转移资金以及商事争议的仲裁等事项中开展更广泛的法律和司法交流与合作。① 这就需要中国和非洲国家对法律和司法制度、法律和司法体制的管理和程序进行重大改革和加强。

本文的目的是对中国和非洲国家调整日益复杂的中非经济关系和利益的法律和司法制度的行为、实施和演化做一比较的、纵向的评价,并因此阐明已取得进步的领域,以及还存在挑战的领域。由于中非双方各自的经济都在发展,相互依赖性日益增强,这就相应需要更为有效的复杂的制度来制定、调整、仲裁、实施适用于这一经济关系的规则。本文分析的结果将指明对于中非双方来说需要进一步改革和进行能力建设的领域。通过这一结果,本文将探讨中非双方携手建设有助于经济、商业和金融关系不断发展的、更为有效的、可信赖的、制度化的法律和司法制度和惯例所采取的战略。

本文参考其他文献,②将"制度"界定为规则、实施机制、中介包括国内外代理人的行为规范以及实施规则和行为规范以实现预定结果的

① Pei, Ibid.; Yelpaala, Kojo, In search of a model investment law for Africa, 2006, *Law for Development Review*, Vol. 1. Africa Development Bank, pp. 1 – 75; Zhu, Weidong. OHADA: As a base for Chinese investment in Africa Penant, Vol. 119, No. 869.

② North, Douglas C. *Institutions, Institutional Change and Economic Performance*, 1990, p. 32, Cambridge: Cambridge University Press; World Bank, *World Development Report: Building Institutions for Markets*, 2002, Washington, D. C.; Murrell Peter (Ed.), *Assessing the Value of Law in Transition Economies*, 2001, Ann Arbor, Michigan: The university of Michigan Press; Economic Commission for Africa, *Africa Governance Report 2005*, Ethiopia Addis Ababa, www.uneca.org; Cooter Robert D. and Hans-Bernd Schafer, *Solomon's Knot: How Law Can End the Poverty of Nations*. Princeton and Oxford: Princeton University Press; Trebilcock, Michael J. and Mariana Mota Prado, *What Makes Poor Countries Poor? Institutional Determinants of Development*, Cheltenham, UK, Edward Edgar.

组织。本文还会关注制度演化(institutional evolution)、制度校正(alignment)、制度趋同(convergence)和制度杂化(hybridization)[①]等与经济改革相关的概念。本文还分析了制度漏洞(institutional void)[②]这一概念,这有助于我们辨明并解释制度实施不力或不能实施的领域,它们与一国促进双边经济关系的法律和司法制度有关。我们还会援引有关管理和组织的文献,因为从更为微观实施的层面来看,制度是以组织的形式建构和管理的。正是这些组织的领导、管理、监管以及战略性结构才最终决定了相关制度的表现及其完整性。[③] 在制度和组织体系运行正常的工业化国家,法律、规则和条例的渐进改革会促进经济发展、提高经济效率,并在经济发展和其他社会所欲实现的目标之间导向一种适当的平衡。

"法律必须保护对社会有用的创新,同时在早期阶段排除创新的障碍"。[④] 库特和谢夫利用"所罗门王结"(Solomon's Knot)这一比喻来阐释国家可以如何消除国家的贫困。他们指出,发展中国家经济的可持续发展需要通过企业家在市场和组织中的创新来实现。但进行创新会在拥有点子的创新者和拥有资本的投资者之间产生信任问题。解决这种他们所谓的创新者和投资者之间"双重信任危机"的最好方法是通过法律的手段。他们的著作解释了财产、不可执行的合同、无法追回的债务、经济诈骗以及其他法律问题是怎样阻碍了企业的发展,从而导致国家的贫困的。[⑤] 罗伯特从远征经济学(expeditionary economics)的框架入手,通过分析不同数据,证明对于甚至诸如像巴基斯坦这样面临严重治理和内部冲突挑战的国家,法治也可以激发创业精神,并最终

① Pei, Minxin. 2001. Does legal reform protect economic transactions? Commercial disputes in China.

② Khanna Taruk and Krishna G. Palepu, *Winning in Emerging Markets: A Road Map for Strategy and Execution*, Harvard Business Press, Boston, 2010.

③ Kiggundu, Moses N. *Managing Organizations in Developing Countries: An Operational and Strategic Approach*, 1989, Kumerian Press, West Hartford; Mintzberg, Henry, *The Structuring of Organizations*, 1979, Prentice Hall: Englewood Cliffs NJ.

④ www. fauffman. org/Thoughbook2011, p. 95.

⑤ Cooter and Shafer, op. cit,.

促进经济发展。① 布洛克认为,为了避免出现像在伊拉克和阿富汗体制变更期间所发生的同样的破坏性“转型空白”(transition gap),国际社会必须使用杠杆力(如利比亚的反对派)以确保在新政府成立期间维持法治的制度——警察、司法、反腐、管理和廉政机构——得以持续。②

本文还参考了许多已发表的评估数据,如世界银行投资环境监管数据以及世界经济论坛全球商业竞争力数据,重点关注那些有关法律和司法制度质量和业绩的数据。具体而言,本文会提供一些有关合同执行、财产登记、投资者保护和跨境交易的数据。从全球竞争力报告中,将专门抽取有关财产权利、知识产权保护、司法独立、争议解决的法律制度的效率以及警察服务的可靠性等数据。本文将把与中国有最紧密经济联系的非洲国家的制度表现和发展同中国做一比较。更为明确的一点是,本文的样本主要来自16个非洲国家,它们都与中国签订有双边投资保护协定(BITs)(截至2010年),此外,还有其他5个在当前中非经济关系中有重要地位的非洲国家。本文将通过评价法律和司法制度的贡献以及阐明存在“制度漏洞”的领域,来探讨这些结果,这对于完善管理、加强能力建设、促进中非经济关系的发展十分必要。

本文除导论外,还分五个部分。第二部分简要探讨制度和组织的概念,因为这些概念与一国法律和司法制度的性质和表现以及它们与其他国家的关系有关。通过这一探讨,可以为理解一国的法律和司法制度以及其组成部分和重要变量提供一个制度性框架。这一框架可以用于识别哪些领域已取得进步、哪些领域还存在挑战以及哪些领域还需要进一步改革或干预(变量)。第三部分简要评析了当前中国和非洲国家法律和司法制度及组织的互动和表现,以便在提供经验数据前提供一个背景信息。第四部分概述了提供有关中国和非洲国家法律和

① Looney, Robert, Entrepreneurship and the process of development: A framework for applied expeditionary economics in Pakistan, *Kauffman Foundation Research Series*, February, 2012.

② Dahl, Brock, Closing the transition gap: The rule of law imperative in stabilizing environments, *Small Wars Journal*, August 19, 2011.

司法制度表现的经验数据所采用的方法。第五部分和最后一部分分别提供了其中的结果与讨论。本文特别关注探讨那些经验数据的意义,不仅仅是因为这些数据能够识别存在制度缺点的领域,更为重要的是,它们能够指明中国和非洲国家可以携手并进解决这些制度缺陷,并建立互惠的法律和司法制度所应采取的战略。本文同样希望阐明将来需要在中非法律和司法体制的制度性或组织性层面需要研究的领域。

二、概念性框架:制度和组织的作用

根据诺斯的观点(1990),①世界银行(2002)将"制度"界定为规则、执行机制和组织。这包括委托人和代理人所应遵守的行为规范,他们通过实施行为规范和规则的组织进行相互交往,以取得预期的结果或过程。制度和组织一样可能是公共的、私人的,或介于两者之间,但无论如何,它们具有高度的相互依存性,因此,一套制度或组织如警察或商事法院的改革或完善,会有助于改善其他制度(如宏观经济管理)的行为或表现。制度可能是正式的,或非正式的,在许多国家,非正式制度被用于团体内的争端解决或合同的执行,它包括非正式的借方和贷方,②以及传统的当地酋长。在对全球竞争力的决定因素进行概念化时,世界经济论坛③强调了公共制度和私人制度的重要性。它特别指出,一系列的研究都把制度的成功或失败与长期的、跨境的经济增长与市场发展联系起来。例如,政府能否成功提供法律以及司法和警察的表现,与公民和投资者对其财产权利保护的信心程度密切相关。本文将警察和法院视为组织而不是制度的象征。

罗德里克非常关注如何使制度更好地为经济发展服务,并积极参与到全球经济与全球社会。他对制度形式(institutional form)和制度功能(institutional function)进行了区分,并对全面移植外国的制度形式所带来的风险提出了警告。虽然所有经济都需要遵守最低程度的经济

① North, op. cit.

② World Bank, *World Development Report*: *Building Institutions for Markets*, 2002, Washington, D. C., p. 172.

③ www. weforum. org.

治理原则,如财产权、监管与财政偿付能力等,但它们无须复制同一制度形式。[①] 裴敏新在专门论及中国的法律改革和对经济交易的保护时,提出了"制度杂化"(institutional hybridization)这一概念,似乎赞同这一观点。"制度杂化"指的是不同制度形式的混合,它可以调和社会和商界新兴政治、经济利益团体和相冲突的利益的融合。裴特别指出,为了应对不断变化的经济、政治和社会变革,中国虽然对法律和司法制度进行了大刀阔斧的改革,但并没有产生一个"理想化的法治愿景"(an idealized version of the rule of law)。[②] 裴认为"制度杂化"这一概念十分有用,它揭示了诸如中国和非洲国家等新兴和革新国家在司法管理过程中所存在的显性冲突。这些冲突包括:(1)严重腐败问题与公正司法能力共存;(2)在商事争端解决中存在行政和司法干预;(3)司法体制中模糊性、不确定性与可预见性、清晰性并存;(4)明显的政治干预与名义上的司法独立;以及(5)在向理想化实践发展中偶尔出现一些原始做法。这些发现对正在进行改革的中国和非洲国家而言十分重要,它表明改革不是直线式前进的,而是依赖一定的路径,这是一条"之"字形的、变幻莫测、前途难卜的道路。这些发现也支持了本文所提出的观点,即将制度与组织区分开来。组织为制度行为和表现提供了平台,只有通过了解组织,我们才能解释与制度杂化相关的显性冲突。裴也支持诺斯的制度变迁的递增性理论,这样在经济或管理的改革中,法律制度或组织就能对变化中社会经济环境的新需求作出反应,即使它们曾在历史上处于弱势地位。

先介绍两个相关概念:制度校正(institutional alignment)和制度趋同(institutional convergence)。

制度校正和制度趋同是指不同制度绩效指标汇集或分散的程度。具体而言,制度校正指的是对于某一特定国家法律和司法制度与组织彼此间结合的程度,以便能够有效实施。例如,如果一国所有的监管指标显示有总体上升的趋势,这就表明具有高度程度的联盟,但如果某些

---

① Rodrik Dani, *One Economics Many Recipes: Globalization, Institutions, and Economic Growth*, 2007, Princeton University Press.

② Pei, op. cit., p. 206.

指标上升,而其他一些指标下降,这就说明立法和司法体制的某些相关制度和组织的联盟程度还较低,这相应地会对经济的整体表现产生负面影响。制度校正是一个国内性概念(within-country concept)。相反,制度趋同是指彼此交易的两个或两个以上的经济体之间的制度的配置。具体而言,制度趋同指的是参与经济活动的各个经济体的相关法律和司法制度与组织在改革期间,在各自经济体内向相似方向共同前进的程度。例如,如果中国和非洲国家如南非的监管指标显示共同上升的迹象,这就表明具有很高程度的制度趋同,人们会认为两国的相关法律和司法制度与组织(如法院、警察、监管部门、私人律师事务所)运行良好,这就会促进两国间经济、商业和交易的发展。反之,如果制度趋同程度较低,两国间的制度和组织没有朝着相同的方向前进,我们就可以认为这些制度实施不力(如争端解决、财产权保护、合同执行等)。制度趋同会促进相关制度间的彼此强化,反之亦然。对于制度趋同程度较低的国家,会面临更多的没有解决的争端。制度趋同是一个国家间的概念(between-country concept)。

制度校正与制度趋同与制度杂化有关。在制度趋同较高且具有可持续性的情况下,不同的法律和司法组织都能运作良好,制度杂化出现的机会就较少。如果制度趋同程度较低,一些法律和司法组织运作较好,而其他法律和司法组织运作不好的话,就可能存在较高程度的制度杂化。在像中国和非洲国家这样的经济伙伴国家之间,较高程度的制度趋同可以产生更为有效的、协调的且彼此尊重的法律和司法制度。低程度的制度校正(国内)和低程度的制度趋同(伙伴国家之间)会在国家之内或之间导致高程度的制度杂化,不可能带来所期望的国际交易。中国、[①]非洲[②]以及其他国家[③]在改革初期就出现过此类情况。例

① Fulin Chi, *Reform Determines Future of China*, 2000, Foreign Language Press. Beijing; Redding Gordon and Michael A. Witt, *The Future of Chinese Capitalism*, 2007, New York: Oxford University Press.

② Economic Commission for Africa, *Africa Governance Report*, Ethiopia Addis Ababa, www. uneca. org.

③ Murrell Peter (Ed.), *Assessing the Value of Law in Transition Economies*, 2001, Ann Arbor, Michigan: The university of Michigan Press.

如,姆莱尔在报告中指出,如果警察较弱,且法院不独立时,它们就倾向对外国公司产生偏见,这是较低程度制度趋同的一种表现。相反,如果法律和司法制度实现了较高程度的制度校正和制度趋同,执法机构得以强化,法院独立得以保证,这就可以为国内和外国公司以及其他经济行为者提供一个更为公平的竞技环境。① 考虑到中国国内和不同非洲国家国内及它们之间存在的制度、行政和社会差异,采取实际措施促进制度校正和制度趋同比一些中国研究者所倡议的推进法律的协调化更为现实可行。②

接下来,我们将介绍制度漏洞(institutional void)这一概念,它与一国立法和司法体系、制度和组织的改革和发展有关。阚纳(Khanna)和帕勒普(Palepu)以新兴经济体和国内与国际交易为焦点,探讨了制度(硬制度和软制度)和制度漏洞的概念。③ 他们将制度漏洞界定为"因缺乏市场中介所产生的空白"。在新兴经济体中,投资者和企业深受制度漏洞之害,这些制度漏洞通常是因落后的基础设施(有形的和制度方面的)、信息不畅(如有关信用的信息)、仲裁体制不健全(当出现争议时),以及因缔结合同特别是与外国伙伴缔结合同时的困难所造成的。对于一国立法和司法体系以及制度/组织而言,最为相关的两个制度和容易产生制度漏洞的是裁判者(adjudicator)和监管者(regulator)。裁判者可以帮助当事人解决法律和合同争议,而监管者制定并实施适当的监管制度和政策。裁判者包括商事法院、仲裁员、破产专家、检察官和调查人员等。监管者包括公共和私人机构。虽然制

① Clement, Cynthia and Peter Murrell, 2001. Introduction. In Peter Murrell (Ed.). *Assessing the Value of Law in Transition Economies*, 2001, 1 - 19: The University of Michigan, Ann Arbour.

② Weidong Zhu, Arbitration as the best option for the settlement of China-African Trade and Investment Disputes. The Centre for African Laws and Society, Faculty of Law, Xiangtan University, Hunan Province, PRC; Paper presented at the Workshop on Africa-China Relations: Towards Sustainable Chinese Investment in Africa, The University Of Hong Kong, School of Humanities, African Studies Programme, May 6 - 7, 2011.

③ Khanna Taruk and Krishna G. Palepu. *Winning in Emerging Markets: A Road Map for Strategy and Execution*, 2010, Harvard Business Press, Boston.

度漏洞可以带来一定商机(如可以提供相关服务来填补这一漏洞),但在立法和司法体制内,它们会阻碍相关制度和组织的有效、公正运作,并因此导致低水平的制度校正或趋同。例如,资金紧缺的法院系统会影响经济的发展,并影响人们利用这一体系,特别是对于外国投资者和企业而言。在非洲,人们经常提及,影响私营部门发展的一个障碍就是缺乏有力的合同执行制度,因为人们通过法院执行合同时通常会需要很长时间,这会导致额外的交易费用并可能产生不确定的后果。非洲国家必须采取措施解决制度漏洞,以减少给有意投资非洲的投资者所带来的各类限制和不必要的费用。

与制度漏洞相似的还有两个概念,即制度腐败(institutional decay)和组织病变(organizational pathologies)。制度漏洞是关于市场中介及市场中介的缺失,而制度腐败和组织病变是指因制度或组织层面的不健全的体制、结构、过程、资源、管理、运作、行为或实施所表现出来的倒退或恶化。斯科特探讨了组织病变的各种原因,包括分裂、失衡和过度顺从,所有这些因素对于理解和改革中国和非洲国家的法律和司法体制具有潜在的意义。[①] 在体制范围内所进行的改革的早期阶段,制度一般会经历腐败和组织病变这一过程,这会导致制度的实施比改革前更为不力。如果不采取实际措施改变这一发展倾向,以后的改革会变得更为艰难,因为受到影响的强势利益团体会行动起来反对改革。中国在"文化大革命"时期就经历过这种情形,非洲国家独立后,在1980年代进行结构调整计划时,也经历过同样情形。一国立法和司法体制的可持续改革需要了解这一趋向,并采取实际的干预措施,以克服因特定部门制度无力和组织病变所造成的制度实施问题。[②] 像阿拉伯之春这样的变革通常是因制度范围内所发生的制度腐败和组织病变引起的,它们也无法满足人民的合法期望。

最后,我们介绍一下与制度相关的"组织"(organization)这一概

---

① Scott, Richard, W., 1998. *Organizations: Rational, Natural and open systems*, 4th edition, Prentice Hall: Upper Saddle River, NJ, chapter 12.

② Kiggundu, Moses N., 1989. *Managing Organizations in Developing Countries: An Operational and Strategic Approach*, 1989, Kumerian Press, West Hartford, pp. 63 – 64.

念。制度为行为者(如买方和卖方、投资者与缔约当事方)界定了游戏的规则,而组织是事情得以完成的平台(platform)。制定适当的规则对法律和司法制度的有效实施是必要的,但并非是充分的。与治理、领导、管理、监督和运作有关的组织体系也必须相应建立,以便一国法律和司法制度的不同制度组成部分得到有效实施。例如,作为组织,必须对警察和公共检察官办公室分别进行界定、分析并予以发展,以便它们能够有效实施它们各自的、相互协调的功能。在学术文献中有很多将制度与组织联系起来的分析框架。如基贡督(Mose Kiggundu)提出的组织系统分析框架(organizational general framework),①这一分析框架关注战略性和实施性任务(strategic and operational task)及它们之间的协调,并且已被运用于分析并强化印度尼西亚的农业制度、②管理电讯改革的能力建设③以及发展中国家和新兴经济体内的行政机构改革。④同样,中国和非洲国家为建立有效的、相互信任的立法和司法体制所进行的能力建设,需要关注作为制度以及制度构成部分的组织的体制的建设。下面我们简要分析中国和非洲国家立法和司法体制的现状及制度实施情况。

---

① Kiggundu, Moses N., Civil service reforms: limping into the twenty-first century (pp. 155 - 171). In Martin Minogue; Charles Polidano, and David Hulme (ends,). *Beyond the New Public Management: Changing Ideas and Practices in Governance*, 1998, Edward Elgar, Cheltenham, UK.

② Kiggundu, Moses N., Managing Research Institutions in Developing Countries: Test of a Model, *Public Administration and Development*, 1994, 14, 2, 201 - 222.

③ Kiggundu, Moses N., Capacity development for managing telecommunications reform and restructuring: a corporate approach from Indonesia. *Journal of Asian Business*, 1997, 13, 2: 19 - 57.

④ Kiggundu, Moses N., Civil service reforms: limping into the twenty-first century (pp. 155 - 171). In Martin Minogue; Charles Polidano, and David Hulme (ends,). *Beyond the New Public Management: Changing Ideas and Practices in Governance*, 1998, Edward Elgar, Cheltenham, UK; Kiggundu, Moses N., 2002. Bureaucracy and administrative reform in developing countries. In Colin Kirkpatrick, Ron Clarke and Charles Polidano (Eds.). *Handbook on Development Policy and Management*, 2002, Edward Elgar, Cheltenham, UK.

三、中国和非洲国家有关经济管理的法律和司法制度概述

(一)中国有关经济管理的法律和司法制度

一般而言,世界上存在两大法系:普通法系和大陆法系。普通法起源于英格兰,在不列颠、前英殖民地国家及属地包括大部分英语非洲国家得到广泛接受。以拿破仑法典著称的大陆法起源于罗马法,在德国、斯堪的纳维亚国家、法国及大部分非洲法语国家被广泛接受。虽然中国具有世界上最为古老的法律制度之一,但中国目前的法律是传统中国法和外国法的复杂混合体,既不是纯粹的普通法,也不是纯粹的大陆法。雷丁(Redding)和威特(Witt)对此有很好的描述:“对中国目前出现的法律体系进行分类存在风险,只能说它是以大陆法为基础,具有国家控制司法程序的悠久传统,缺乏独立的司法系统,现在正大量移植国外法律制度的新理念,而在中国框架下对它们进行解释(2007:29-30)。”[①]这就表明中国的立法和司法体系、制度和相关组织还处于不断变动中,其行为和实施还存在很大不确定性和不可预见性。实际上,当邓小平在1978年开始经济改革时,中国还不具有大量的处理商业交易和争议的法律制度。因“文化大革命”受到破坏的司法系统急需重建,法律职业团体也需要恢复,中国当时高水平的律师和法律专家还如凤毛麟角。

库特(Cooter)和谢夫(Schafer)认为中国20世纪80年代以来的令人印象深刻的经济增长,得益于“法律领域的巨大变革”,[②]这引发了邓小平的改革,包括解散农业公社,恢复私营经济,增强对财产的保护及合同的执行,并用国家保护的(state-protected)经济增长方式取代了国家领导的(state-led)经济增长方式。不过,在中国,企业大都由个人或家族所有,而不是公众所有。这对营业组织的稳定和力量带来负面影响。虽然中国采用了有限责任的企业组织形式,但企业所有权还主要

---

① Redding Gordon and Michael A. Witt, *The Future of Chinese Capitalism*, 2007, New York: Oxford University Press.

② Cooter Robert D. and Hans-Bernd Schafer, *Solomon's Knot: How Law Can End the Poverty of Nations*, 2012, Princeton and Oxford: Princeton University Press, p. 21.

属于个人而不是公众。此外,中国传统文化认为,当作为企业所有人的父母去世后,企业资产应在家族成员中进行分割。有关中国家族企业有个耳熟能详的说法:“富不过三代。”这是因为如果父母一代企业经营成功,家族财富就会增加,在企业所有者健在时,或他们的子女能够很好地经营企业时,这些财富会持续增加。但如果父母死亡,子女没有能力或不愿经营这些企业,或家族出现矛盾时,这些财富就会流失。由于中国所存在的家族以及紧密企业组织以外信任的缺乏,很难建立起有效的法律和司法体制。① 正如卢梭之言:“只有铭刻在人民内心里的法律才能发挥作用”。② 确实,克莱蒙特(Clement)和姆莱尔(Murrell)也在他们有关对转型经济体中法律价值的评价所做的研究中发现,微观层面的企业决策制定者的态度和知识决定着他们是否利用、忽略或规避法律。③ 如果正式的法律体制没有得到企业的充分信任,它们就更可能利用非正式的体制或关系网,而此类体制或关系网并非总能处理更为复杂的交易或争端。实际上,复杂性的财产权利不能仅仅通过立法的方式确立。④

一位中国海归(从西方留学归国人员)在描述后邓小平时代企业者的商业环境时,指出当时中国还没有公司法,政府官员不得不制定相应规则,这使企业的运作具有高度不确定性。她还指出,成功的中国企业家一定可以从更为透明、更为清晰的规则中受益。⑤

尽管面临上述挑战,中国仍然在对有关企业和商业交易与争端的法律制度改革中取得巨大成就。例如,根据裴敏新的论述,中国的法律

---

① Chen Ming-Jer and Danny Miller, 2010, West Meets East: Toward an Ambicultural Approach to Management, *Academy of Management Perspectives*, 2010, Volume 24, Number 4, November: 17 - 24.

② quoted in North, op. cit., p. 60.

③ Clement, Cynthia and Peter Murrell, Introduction, In Peter Murrell (Ed.), *Assessing the Value of Law in Transition Economies*; 1 - 19: The University of Michigan, Ann Arbour.

④ Lubman Stanley B., *The Evolution of Law Reform in China: An Uncertain Path*, 2012, Cheltenham, UK, Edward Edgar; Jiang yu, Wang. *Company Law in China: Regulation in Business Organizations in a Transition Economy*, 2012, Cheltenham, UK, Edward Edgar.

⑤ Jianying Zha. *Tide Players: The Movers and Shakers of a Rising China*, 2011, New York, The New Press, p. 68.

制度在“文化大革命”之前还处于初步发展阶段,从20世纪70年代以来,开始进行改革。在中国内部,这些改革在治理国内经济和商业活动、解决民事争端、实施法律和命令以及界定国家权力和社团与私人的权利与自治方面发挥了重要作用。在中国之外,这些立法和司法改革以及在机构规则和组织行为及表现方面所采取的相应变革影响了中国与世界其他国家之间交流的性质和质量,包括中非之间的经济和商业关系。裴提供的数据支持了这一观点,即中国所进行的立法和司法体制改革对经济争端的解决发挥了日益重要的作用。例如,在1992－1996年间,中国法院审理的案件数量以及案件平均标的额急剧增长,特别是在经济大省和地区。① 这些数据同样表明,在同一期间,案件的绝对执行量几乎增加一倍。但由于中国所存在的地方保护主义,地方和地区部门的行为也影响了案件执行的效果。地方保护主义(local protectionism)是指地方政府部门、政府机构以及执法部门包括警察和法院,为了保护本地经济、政治和社会利益而采取的阻挠司法的行为。这样做的原因有多种,包括担心案件的执行会给当地带来不利,如因裁员导致的失业、工厂或生产设备可能转移至其他地区等。同样,一些国有企业,特别是当地政府部门拥有或与政府部门有紧密关系的乡镇企业(TVEs),也往往对法院裁决置如罔闻,因为它们可以享有私人企业所不能享有的国家保护。由此我们可以看到,中国省级或地方层面的分割的政治体制,影响了中国所采取的全国范围内的提高案件执行能力的措施,这就导致低水平的制度校正以及高概率的制度杂化。

从国际及跨境角度来看,有证据显示中国的法律和司法制度并没有有效规范个人和公司的行为。近来有关发展中国家的非法资本转移、②透明国际的《行贿者指数》(Transparency International's Bribe Payers Index)③以及国际上利用法律制度在国外隐藏所窃取的资产的

① Pei Minxin, op. cit. , pp. 186－187, Tables 6.4, 6.5.

② Kar Dev and Karly Curcio, 2011, Illicit Financial Flows from Developing Countries: 2000－2009 Update with a Focus on Asia. *The Global Financial Integrity*, January, Washington, D. C.

③ www. transparencyinternational. org/bribepayersindex.

现象,[①]都说明在这方面还存在严重问题。例如,根据卡尔(Kar)和柯晓(Curcio)的研究,在2008~2009年间,一些个人和公司从中国转移的非法资本约为22,000亿美元,主要是通过交易定价的差异而不是支付平衡方式进行转移的。维利波瓦(Willebois)及其合作者的报告提供了详尽的文件,说明中国和非洲的一些犯罪分子是如何利用"公司工具"如公司、基金、信托等来隐藏财产、转移或接收资金、掩盖他们非法的国际交易活动以及如何使这些行为貌似合法。他们的报告也揭示在国际商业和资本中还存在一些制度漏洞,而一些非法投资者和贪腐的政府官员就是利用这些漏洞来避免受到侦查和起诉的。他们的报告描绘出一个由国内和国际机构包括银行和金融机构、执法部门、政策制定者、公司、投资者等编织成的复杂的网络,它们一起形成一个全球性的隐藏货币与资本的制度性组织。政策制定者和执法机构与组织所面临的挑战,就是要培养必要的能力、技能和观念来揭开这些非法公司的面纱,查明并惩罚那些始作俑者,发现并没收被隐藏的金钱和资产,并将它们成功归还给它们的原合法所有者。大部分的转型经济体如中国和非洲国家,还未能形成并保持这种应对高度复杂化、全球性的犯罪行为的能力。[②]

世界银行在其最近一期的《营商报告》中注意到,中国在完善商业规定方面取得了巨大成绩。自2005年以来,中国对9个领域的政策进行了改革,包括2005年新《公司法》、2006年新的信用登记制度以及2007年通过的破产法,这是自1949年以来第一部调整私营企业的破产法。[③]

就公司海外行贿的倾向而言,根据2008~2011年间对不同国家所作的调查显示,中国公司在最可能行贿的公司中排名第二,仅次于俄罗

① Willebois, Emile van der Does de, Emily M. Halter, Robert a. Harrison, Ji Won Park, and J. C. Sharman, *The Puppet Masters: How the Corrupt Use Legal Structures to Hide Stolen Assets and What to Do About It*, 2011, Washington, D. C. The World Bank.

② J. C. Sharman, *The Puppet Masters: How the Corrupt Use Legal Structures to Hide Stolen Assets and What to Do About It*, 2011, Washington, D. C. The World Bank.

③ World Bank, Doing Business 2012, p. 9.

斯公司。[1] 该报告还提供了不同行业的相关数据，结果表明一些工业部门比其他部门更倾向于行贿。报告指出，建筑业、石油和天然气业以及矿业是最倾向于行贿的行业。显然，这些行业是中国公司，包括国有公司和私有公司，在全球特别是在非洲积极参与的行业。正如芭芭拉(Barbara Hardoon)所正确指出的，这些行业不仅仅倾向于行贿，它们还对非洲国家人民的生活产生举足轻重的影响，而在非洲贪污、贿赂盛行，中、非之间的利益日益增长。[2] 总之，目前对中国有关国际商业的立法和司法体制的评估是，虽然中国为解决所面临的一些挑战付出了巨大努力，但进步还很缓慢，结果还比较复杂。不过，世界银行最近出版的《中国2030》报告号召建设一个现代、和谐、创新的高收入社会，这是以存在一个相对应的现代、高效、能够在全球发挥作用的法律和司法制度为前提的。[3]

（二）非洲有关经济管理的法律和司法制度

和中国一样，非洲也经历了快速的经济增长，并在国内和国际上产生了大量复杂的经济和商业交易，这日益需要有相应的精细的立法和司法体制以及实施机构。不过，与中国不同的是，非洲不是一个单一国家，非洲不同国家为改革其制度并创建有效的组织和机构所付出的努力及取得的成绩各异。非洲国家除具有传统的法律制度外，大部分国家都采用了从前殖民者那儿继承来的法律制度。例如，大部分法国前殖民地国家都采纳了法国民法典，而英国前殖民地国家基本都采纳了英国的普通法。由于这些非洲国家进行经济改革，采取措施刺激经济并吸引外来投资，它们也开始寻求其他方法来改革各自的商业和投资立法，[4]并取得了不同程度的成功。根据世界银行年度《营商报告》的

---

① See Transparency International's Bribe Payers Index Scores 2008 - 2011, Appendix C, p. 28.

② Private communication, December 8, 2011.

③ World Bank, *China* 2030: *Building a Modern*, *Harmonious*, *and Creative High-Income Society*, 2011, Washington, D. C..

④ Yelpaala, Kojo, In search of a model investment law for Africa, *Law for Development Review*, 2006, Vol. 1. Africa Development Bank; Zhu (2011), op. cit.; Hong & Zhu, 2009, op. cit.

记录,非洲国家除对专门用于改善投资环境的制度进行改革外,还努力引进示范法、非洲商法协调组织的商法、仲裁以及与其他国家签订更多的双边投资条约、投资促进与保护协议。

2005年,非洲经济委员会发布了《非洲治理报告2005》,该报告对非洲整体的以及所挑选的一些非洲国家的立法和司法体制的现状、能力及实施做了详尽评估。① 该报告认为,基本上在每一个非洲国家,以快速、有效的方式获得司法(access to justice)是存在问题的。法院审理案件过程冗长,而且昂贵,要获得司法通常要取决于涉案当事人的社会地位。虽然许多非洲国家的宪法都规定保障司法独立,但人们普遍认为,司法只是部分独立。在大部分非洲国家,涉及商业合同执行的法律和安排是合同法的一部分,但许多非洲国家的合同法没有进行修订,以考虑前殖民国家所做的相应修改,也更少考虑国家和经济出现的新情况、新要求。相应地,纸面上的法律不能给法官、检察官以及其他负责司法管理的人员提供充分的指导,这些人必须依赖以前判决的决定,在英联邦国家尤其如此,当面临法律漏洞及冲突时,他们必须这样做。

该报告提供了不同非洲国家的数据。在肯尼亚获得司法的平均等待时间是3年。在埃及,由于商事法律制度的效率极其低下,以致在20世纪90年代中期商事纠纷的结案率仅为36%。在毛里求斯,虽然企业主可在违约情况下寻求法院救济,但由于法院过程复杂、昂贵并且具有不确定性,大部分企业主更乐意借助仲裁解决纠纷,可以利用《执行外国仲裁裁决公约》执行公约。毛里求斯在1931年加入了该公约。在赞比亚,人们不能从法院充分地获得司法,这是因为由于资金短缺、人员匮乏、缺少适宜的住所和现代化的办公设备包括信息技术和软件等,公共检察官办公室(the Office of the Director of Public Prosecution)尚不具备高效、良好的能力。该报告补充指出,该公共检察官办公室要依赖地方法院和警察局的检察官来对案件进行起诉,而他们中的许多人不是经过训练的法律人,因此,这就会影响赞比亚主要司法部门的质

---

① Economic Commission for Africa, *Africa Governance Report 2005*, Ethiopia Addis Ababa, www. uneca. org.

量和表现。不过,该报告也指出,一些非洲国家已取得巨大进步。例如,在纳米比亚对一些专家所做的抽查显示,96%的专家认为纳米比亚的司法完全或在很大程度上是独立的,比较埃及、马里和喀麦隆的情况,这一数据分别为70%、35%和22%。[①] 该报告在结论中建议,非洲国家为了在执行商业合同方面取得进步,就必须采取以下几项能力建设措施:(1)对法律进行修订,以反映当前的需求和社会现实;(2)尽量减少在获得法院救济方面所存在的延误、花费及不确定性;(3)彻底改革司法制度,使之更为高效、透明、负责。[②] 卡伊兹—穆格瓦(Kayizzi-Mugerwa)以及魏鲍格(Wihlborg)以前对非洲制度改革所做的研究也确认了这些结果,他们发现大部分非洲国家的法律体系质量低下,这就解释了这些国家的经济部门为何表现欠佳。[③]

有关非法资金转移、利用法律制度隐藏非法窃取的财产以及透明国际《行贿者指数》的研究,对于评价非洲国家的立法和司法体制也是息息相关的,正如对中国的立法和司法体制所作的评价那样。卡尔和卡崔特—斯密斯(Cartright-Smith)在一项有关非洲非法外流资金的研究中指出,在1970~2008年的39年中,非洲可能损失了1.8万亿美元的资金。这一数量不是每十年增加的,而是累积而成的,它已远远超出非洲国家在2008年所欠外债的数量。这些非法资金大部分来自于石油、天然气和其他资源的出口国,如尼日利亚、安哥拉、刚果民主共和国、南非、埃及和阿尔及利亚。这些国家明显是与中国有最多、最快增长的经济和商业关系的国家。然而,和中国一样,它们看来并没有在立法和司法机构中培育出必要的能力、权能、技巧及心态来阻止这种隐蔽的资金损失,用于国内经济的发展。维利波瓦(Willebois)他们没有将窃取资产的损失仅局限在非法的资金转移,他们呼吁有关国家培育必

① Economic Commission for Africa, *Africa Governance Report 2005*, Figure 7.3, p. 204.

② Economic Commission for Africa, *Africa Governance Report 2005*, p. 110.

③ Kayizza-Mugerwa, Steve (ed.), *Reforming Africa's Institutions: Ownership, Incentives and Capacities*, United Nations University Press, Ney York; Wihlborg, Clas, Insolvency and Debt Recovery Procedures in Economic Development: An Overview of African Law, *Discussion Paper* No. 2002/27, UNI/WIDER.

要的制度能力,包括通过培训和其他更好手段培育起的调查能力,这样调查人员就可得到很好的训练,从而担负起"21世纪所要求的日益复杂的跨境调查任务"。① 跨境交易从性质上讲,涉及不同国家。因此,调查需要跨境进行,不同国家的主管机构必须有能力或有意愿进行合作。这就要求既有制度的校正又有制度的趋同。在《行贿者指数》所研究的28个主要经济体中,非洲国家中只有南非做到了这一点。和中国一样,南非得分居中(在28个国家中排名第15位),这表明南非企业和中国企业一样很可能在商业交易中行贿。南非经济和中国经济一样在建筑业和矿业发展活跃。由于中国和南非经济和商业关系是非洲大陆上截止目前最为复杂的关系,双方公司彼此在对方不同行业投资,对它们法律和司法制度的校正和趋同程度以及相关组织提供必需服务的能力进行详尽分析,应该具有高度的指导意义。

布林克斯(Brinks)和高瑞(Gauri)最近所做的有关诉讼对穷人的影响的实证研究提供了不同的角度。② 该研究以阿纳托(Anatole France)对法律面前穷人和富人平等的观点提出的批判,即"法律的神圣平等性既禁止富人也禁止穷人在桥下露宿、在街道上乞讨以及盗窃面包"为出发点,对巴西、印度、印度尼西亚、尼日利亚和南非法院有关经济社会权利的诉讼是对穷人有利还是对富人有利这一问题进行分析。总体而言,该研究发现不同指标有不同的变量因素,但印度和南非法院的判决对穷人比较有利,巴西和印度尼西亚情况接近中性,而尼日利亚的情况完全对穷人不利。就监督(regulation cases)这一指标而言,由于它们能够强迫政府改变规则以提高公众获得基本权利的可能,因此它们为穷人带来最大希望。而从职责(obligation cases)指标来看,虽

---

① Willebois, Emile van der Does de, Emily M. Halter, Robert A. Harrison, Ji Won Park, and J. C. Sharman, *The Puppet Masters: How the Corrupt Use Legal Structures to Hide Stolen Assets and What to Do About It*, Washington, D. C. The World Bank, p. 3.

② Brinks, Daniel M. and Varun Gauri, The Law's Majestic Equity? The Distributive Impact of Litigating Social and Economic Rights, March 2012 World Bank, Development Research Group, Human Development and Public Services Team, Policy Research Working Paper WPS5999. Also see Free Exchange: The law and the poor. *The Economist* (print edition), March 31st 2012: 87.

然它们旨在改变有义务提供基本权利的那些人员的行为,但它们最不可能帮助穷人,因为判决影响的只是那些已接受服务的人员。最后,就要求政府提供新的商品或服务的"提供"(provision case)指标而言,根据判决涉及的可能范围不同而出现了不同的结果。根据这些结果,我们可以推断出对穷人有利的法律制度也有利于商业的发展,因为它们能够使更多的人脱贫,并因此扩大国内消费市场。

中国两位著名的非洲法学者洪永红教授和朱伟东教授倡议中非之间加强法律合作,非洲国家进行法律的协调化,并通过仲裁解决中非纠纷。① 他们两位注意到,通过诸如中非合作论坛这样的机制,中非之间的立法、司法、警察和其他执法部门以交流和协商的形式进行合作,以提高共同防范、调查、打击犯罪行为的力度,加强在司法协助、犯罪嫌疑人的引渡及移交以及移民管理等方面的合作。他们还呼吁非洲国家之间应通过诸如非洲商法协调组织(OHADA)这样的组织进行更大程度地商法协调化工作。非洲商法协调组织是在1993年由16个非洲国家成立的,"目的是为投资者提供简单、清晰、现代化的商法制度,并推动通过仲裁解决合同争议"。② 他们还建议通过非洲现有的组织如西非国家经济共同体(ECOWAS)、南部非洲发展共同体(SADC)以及东南非共同市场(COMESA)来推动非洲商法的协调化,以增强中国投资者在该地区投资的信心。朱伟东教授还观察到大部分中非商事纠纷是通过仲裁而不是诉讼解决的。③

虽然这些学者的建议很有意义,特别是对于促进中国在非洲的利益而言,但如果参与其中的每个非洲国家不对其各自的法律和司法制度的能力进行改革和完善,并达到非洲经济委员会和维利波瓦等人④所建议的水平的话,它们就不能有效地得以实施并坚持下去。只有这些国家实现了上文所论述的制度和组织的校正与趋同后,合作、协调化

---

① Hong Yonghong & Zhu Weidong, 2009, op. cit.; Zhu Weidong, 2011, op. cit.

② Hong Yonghong & Zhu Weidong, 2009, op. cit., p. 268.

③ Zhu Weidong, 2011, op. cit.

④ Willebois, Emile van der Does de; Emily M. Halter; Robert A. Harrison, Ji Won Park, and J. C. Sharman, 2011. *The Puppet Masters: How the Corrupt Use Legal Structures to Hide Stolen Assets and What to Do About It*. Washington, D. C. The World Bank.

乃至仲裁才能取得成功。例如,2011年9月根据来自斯泰伦伯斯大学中国研究中心[①]的消息,加纳和中国开发银行之间颇具争议的30亿美元贷款合同被认为是非法的。加纳的一家政策、研究和分析智库即Danguah研究所[②]的执行主任盖比(Gabby Asare Otchere-Darko)认为,该贷款合同违反了加纳《石油税收管理法》。这一案例表明,随着中非双方经济、商业合作的日益频繁、扩大、复杂,在没有充分的制度安排以解决此类不可避免的纠纷时,中非之间所要面临的法律挑战会日益增加。[③] 另一个需要引起关注的潜在领域涉及中国将落日产业转移至非洲的可能性。据报道,世界银行正和中国当局商谈,以推动中国将一些落日产业如组装(例如自行车)、轻加工(如小发动机)、小电子产品(如家用商品、电视)、服装和纺织业转移至一些失业率较高、熟练劳工供应充足的非洲国家,如埃及和肯尼亚。虽然此类投资会产生广泛的积极效应,但它也会给双方带来有趣的法律和司法挑战。例如,如果中国的落日产业准备和非洲的朝阳产业建立国际合作关系,特别在服务行业(如金融业、信息与通讯技术、旅游业、农业综合企业、房产业),就可能会产生严重的冲突与争议。如果没有制度的校正与趋同,这些冲突与争议将很难解决。此处需要的可能是诉讼而不是仲裁,法律的协调化可能也解决不了此类问题。

在突尼斯召开的非洲能力建设基金(ACBF)有关非洲能力指标报告(2012年1月19~20日)验证论坛上,作为首席经济学家兼非洲发展银行副行长的穆素里(Mthuli Ncube)教授指出,由于一些非洲国家存在的能力缺陷,非洲投资环境的改善并没有带来大量的外资(如卢旺达)。这包括在这些国家的法律和司法制度以及相应组织存在的能力缺陷。非洲能力建设基金将能力(capacity)(发展)界定为包含人民、组织、制度和社会整体能力在内的、能够有效管理其事务的才能,通过这一过程,人民、组织以及社会整体能够长期释放、加强、产生、适应并维持这种能力以设定并实现目标。《非洲能力指标(African Capacity

① Centre for Chinese Studies, www. sun. ac. za/ccs.

② www. danguahinstitute. org.

③ 见下文方框一。

Indicator, ACI)报告》分析了非洲和包括中国在内的其他国家在跨境能力发展和合作方面面临的主要问题及挑战。非洲能力指标从以下四组体系进行衡量:(1)政策环境;(2)实施过程;(3)国家水平的发展结果;(4)实现发展成果的能力。它还从三个层面对能力进行评估:(1)制度/可行环境;(2)组织方面的;以及(3)个体方面的。截至2012年,非洲能力建设基金已发布两份非洲能力建设报告,这两份报告都实证地认为,在参与能力评估研究的42个非洲国家中,大部分国家在实现发展成果方面的能力有限,特别是在组织(如法院、警察、税收、许可等)以及个人(如公民、雇员、专业人员、经理等)层面,该报告指出对于大部分非洲国家实现发展成果的能力而言,还存在组织和个人层面拖后腿的现象。[①] 在最近的一份《非洲能力指标报告》中,结果表明“当我们从‘政策环境’(第一组)转向‘实现发展成果的能力’(第四组)时,大部分国家从‘很高程度’(very high)变为了‘很低程度’(very low),这表明大多数非洲国家在国家水平的发展结果方面得分非常低或低(62%),并且几乎所有国家在实现发展成果的能力方面得分极低(79%)”。[②] 这些发现与以前非洲经济委员会有关非洲治理的发现一致。

世界银行《营商报告(2012)》注意到,大部分撒哈拉以南非洲国家深受软弱无力的司法制度和花费高昂的监管程序之苦。[③] 该报告指出,过去十年来,中国在监管质量方面取得成就。从2005年以来中国对九个领域的商业监管政策进行了调整,这些调整包括在2005年制定了新的公司法,在2006年采用了新的信用登记制度,在2007年通过了新中国成立以来的第一部调整私人企业的破产法。[④] 近期的经济学人集团(Economist Intelligence Unit,EIU)报告指出,40%的全球投资者认为,软弱无力的法律和政府制度是在非洲投资的主要挑战,仅次于

---

① www. acbf-pact. org.

② African Capacity Indicator Report,2011,Table A,p. 12.

③ World Bank,Doing Business 2012,p. 3.

④ World Bank,Doing Business 2012,Figure 1. 1,p. 3.

(41%)将贪污、腐败视为主要挑战的人数。[①] 方框一提供了能够反映新型中非商事法律争议性质的近期案例,方框二提供了中国企业有关犯罪、监管和合同执行的一些数据。

方框一:近期的中非商事法律争议

加纳政府 vs. 中国开发银行案

2011 年 9 月,有消息(南非斯泰伦博斯大学中国研究中心:www. sun. ac. za)称,加纳和中国开发银行有争议的 30 亿美元贷款合同是非法的。Danguah 研究所的执行主任盖比认为,该贷款合同违反了加纳《石油税收管理法》。该案表明,随着中非双方经济、商业合作的日益频繁、扩大、复杂,在没有充分的制度安排以解决此类不可避免的纠纷时,中非之间所要面临的法律挑战会日益增加。

尼日利亚政府 vs. 中兴公司案

2011 年 12 月,有消息称尼日利亚议员成立了一个由警察、公共采购、债务管理和 IT 行业官员组成的联合调查小组,对中兴公司同尼日利亚签订的建设国家通讯安全网络的、超过 4.7 亿美元的合同展开调查。该项调查旨在确定中兴公司获得这项合同是否符合尼日利亚有关政府合同的正当程序原则。尼日利亚政府和中兴公司签订这项合同是为了在尼日利亚联邦首都区建设通讯安全网络,包括首都区重要地区安装闭路监视系统的(CCTV)摄像设备,以应对该地区因恐怖团体所带来的安全挑战。

乌干达政府 vs. 中国进出口银行案

4 个月前,乌干达政府中止了来自中国进出口银行用于建设电子移民管理项目的 7400 万美元的贷款。这个项目中止的原因是因为怀疑在采购过程中存在问题以及定价过高。此前,中国华为公司曾牵涉一项涉及在乌干达铺设光纤电缆合同招标的争议案件中。该项目涉及来自中国进出口银行的 1.06 亿美元贷款,为乌干达建设国家转播网络及电子政府。该项目因被指控花费过高和使用不当电缆而被中止。

---

① Economic Intelligence Unit, Into Africa: Institutional Investors' Intentions to 2016, 2012.

肯尼亚政府和中国泛非网络集团(the Pan African Network Group of China)

2011年8月,这家中国公司获得为肯尼亚建设电子电视信号转播系统的合同。肯尼亚议会的反对派成员声称肯尼亚政府忽视招标程序,违反了肯尼亚法律,并阻止肯尼亚当地公司对该合同进行投标。

(资料来源:Michael Malakata:Nigeria Investigates ZTE Cyber Security Contract. http://news. idg. no/cw/art. cfm? id', accessed December 15,2011。)

方框二:中国:犯罪、法院与合同执行①

中国:犯罪和法院(2003年数据)	
在面临税收官员检查时可能行贿的公司	38%
商业登记时可能行贿的公司	7.5%
在申请进口许可时可能行贿的公司	22%
认为犯罪成为开展商业活动障碍的公司	20%
执行合同的要求	
遭遇买方、供应商/消费者迟延付款的公司	73%
通过法院诉讼解决争议的公司	22%
对有关执行争议合同或财产权利的法律充满信心的公司	82%

四、本研究所采用的方法

(一)样本

本研究所采用的样本包括中国以及截至2010年同中国签订有双边投资保护协定的16个非洲国家。此外,我们增加了5个非洲国家:安哥拉、肯尼亚、马里、坦桑尼亚和赞比亚,因为这几个国家对中非经济和商业关系具有重要的历史意义和不断增长的重要性。因此,总共有

① World Bank,Enterprise Survey,2003.

21个非洲国家作为本次研究的样本。总体而言,这21个非洲国家目前在中非经济关系、贸易、投资、对外援助等方面占有最大的比重。① 根据这些非洲国家所处的地区位置或所属的贸易组织(如西非国家经济共同体)对它们进行了分组,以便为同中国及地区间进行比较提供一个基础。这是很重要的,因为中国乐于同非洲地区性或次区域组织进行合作(见表一)。根据联合国贸发会议(UNCTAD)的定义,双边投资条约是指两国间相互鼓励、促进和保护本国公司在另一国领域内投资的协议。这些条约的内容涉及投资的界定和范围、投资准入与开业、国民待遇、最惠国待遇、公平和公正待遇、在征收或对投资造成损害情况下的赔偿、资金转移的保证以及国家间、国家与投资者间、投资者之间的争端解决机制。② 因此,缔结双边投资条约就很好地表明相关国家之间对双边经济/商业关系的重视,正如本研究样本所使用的中国和16个非洲国家之间的情况一样。

(二)数据

本研究所使用的数据是从资信良好的国际组织所提供的各种公开出版的年度数据库中收集的。特别是我们从世界银行《营商报告》(Doing Business)、世界经济论坛《全球竞争力报告》[Global Competitiveness Report (GCR)]以及世界银行的《有关私营部门发展的小型数据手册》(Little Data Book on Private Sector Development)中获得了一些数据。我们从这些数据中选取一些与本研究主题相关的变量,即相关国家的法律和司法体制、制度和组织。世界银行的《营商报告》十分有用,因为它的一些指标反映了特定经济体的商业监管质量。例如,该报告指出,“营商的基本前提是,经济活动必须有良好的规则——包括确立并明晰财产权以及减少争端解决费用的规则、增加经济活动可预见性并为合同当事人提供确定性并防止合同被滥用的规则”。③《营商报告》指标关注两类监管指标。一类是法律得分指标(Legal Scoring Indicator),如有关投资者保护和借贷双方当事人法律

① China Investment Profile, 2008, 2010; Kiggundu, 2008, op. cit.

② http://www.unctadxi.org.

③ Janamitra Devan, Doing Business in 2011, Preface, p. v.

权利的指标，为书面法律和法规条文提供了一种衡量标准。另一类是“时间和运行指标”(time and motion indicators)，如有关财产登记、合同执行、跨境交易以及解决商业破产案件的指标，通过这些指标可以考量根据书面法律完成某项交易的程序、时间和费用。① 对于《全球竞争力报告》，我们感兴趣的是财产和知识产权的保护措施、司法独立、解决商业纠纷的法律制度的效能、挑战商业监管的法律制度的效能、警察服务的可靠度。② 这些因素也是全球能力指标第一支柱“制度”的组成部分。我们还从非洲能力建设基金网站③发布的《非洲能力指标报告》中收集一些最新公布的数据。本研究所使用的每一变量的具体数据来源在下文“结果”部分中都在适当位置予以指明。④

五、研究结果

(一)中国和非洲国家商业监管质量比较

表1提供了中国以及其他作为本研究样本的21个非洲国家的概况。这21个非洲国家分属一些地区性经济共同体如西非国家经济共同体、南部非洲发展共同体，还有一些是北非国家或其他区域的非洲国家。该表提供了这些样本国家当前(2011～2012)有关监管质量指标(《营商报告》)、全球竞争力指数所统计的全球竞争力以及非洲能力指标所统计的有关非洲竞争力的比较性表现数据。在全球竞争力样本中，中国的表现优于其他非洲国家(排名第27位)，但它并非在所有方面都表现最好。例如，在监管质量方面，中国排名第79位，落后于毛里求斯(第20位)、南非(第34位)、加纳(第67位)、突尼斯(第55位)和赞比亚(第76位)。在非洲能力指标中，加纳在整体发展能力方面独占鳌头，然而，让人惊讶的是，南非在所有42个非洲国家中排在第28位。从区域层次来看，北非国家在监管质量和全球竞争力(没有非洲

---

① www. doingbusiness. org.

② www. weforum. org.

③ www. acpf-pact. org.

④ Tables containing detailed annual ranking for each of the ten indicators, time motion and legal scoring, are available from the author.

能力指标)方面表现较好。样本中的西非经济共同体国家在非洲能力指标方面表现好于南部非洲发展共同体国家,但在全球竞争力方面,这两个地区性组织排名都低(属于第四象限)。总之,这一初步发现表明,大部分非洲经济体都受到来自监管质量、全球竞争力和发展能力的挑战。在这些非洲样本国家中,同样出现一些差异因素,这表明非洲国家还受到上文界定的制度歧异(低程度的制度趋同)的潜在挑战。下面详细地列举了上述结果。

表 1　商业监管质量比较:中国和所选择的非洲经济体(2006 ~ 2011)①

排名 2006	第一象限排名 第 1 ~ 35 的国家	第二象限排名 第 36 ~ 77 的国家	第三象限排名 第 78 ~ 116 的国家	第四象限排名 第 117 ~ 155 的国家
#非洲经济体	毛里求斯 南非 N = 2	肯尼亚 突尼斯 赞比亚 N = 3	中国(第 78 位) 埃塞尔比亚 加纳 摩洛哥 莫桑比克 尼日利亚 N = 5	阿尔及利亚 安哥拉 埃及 马达加斯加 马里 塞内加尔 苏丹 坦桑尼亚 津巴布韦 N = 9
所占百分比; N(国家数量) = 91	10.5	15.8	26.3	47.4

① 表 1(a)参与评价的国家共有 155 个,其中非洲国家有 91 个(N = 91)。这 155 个国家被分成 4 组,分属 4 个 1/4 圆(象限)内。其中排名第 1 ~ 35 的国家为第一象限,排名第 36 ~ 77 的国家为第二象限,排名第 78 ~ 116 的国家为第三象限,排名第 117 ~ 155 的国家为第四象限。表 1(b)参与评价的国家共有 183 个,也根据排名分属 4 个象限。——译者注

表1(a) 根据2006年《营商报告》第92页表A-1统计,没有统计佛得角和加蓬的数据。

排名 2011	第一象限排名 第1~45 的国家	第二象限排名 第46~91 的国家	第三象限排名 第92~137 的国家	第四象限排名 第138~183 的国家
#非洲经济体	南非 毛里求斯 N=2	中国(第79) 突尼斯 加纳 赞比亚 N=3	阿尔及利亚 埃及 埃塞俄比亚 肯尼亚 摩洛哥 莫桑比克 尼日利亚 坦桑尼亚 N=8	安哥拉 赤道几内亚 加蓬 马达加斯加 马里 塞内加尔 苏丹 津巴布韦 N=8
所占百分比; N(国家数量)= 91	9.5	14.3	38.1	38.1

表1(b):根据2011年《营商报告》第4页表1.2统计。

表1(a)和(b)提供了对中国和非洲样本国家负责商业监管的不同制度在2006年和2011年的表现进行比较的纵向比较数据。《营商报告》的排名按照从高到低分为四个象限。对中国而言,这些数据表明在2006~2011年间,中国的排名几乎没有变化,从第78位到第79位,不过,同期的绝对分数可能已有了很大提高(《营商报告》没有提高单项数据)。同一时期,中国从第三象限上升到第二象限。

表2　样本研究的总体评价:监管、竞争力和发展能力①

经济体	监管质量:《营商报告》2010～2011年排名及所在象限 N＝83	全球竞争力:《全球竞争力报告》2010～2011年排名及所在象限 N＝139	发展能力水平:2012年《非洲能力指标报告》N＝42
中国	第79位(第二象限)	27(第一象限)	无
西非国家经济共同体			
佛得角	132(第三象限)	117(第四象限)	中(第14位)
加纳	67(第二象限)	114(第四象限)	高(第1位)
尼日利亚	137(第三象限)	127(第四象限)	中(第6位)
马里	153(第四象限)	132(第四象限)	中(第7位)
塞内加尔	152(第四象限)	104(第三象限)	中(第12位)
南部非洲发展共同体			
安哥拉	163(第四象限)	138(第四象限)	很低(第38位)
马达加斯加	140(第四象限)	131(第四象限)	很低(第42位)
毛里求斯	20(第一象限)	55(第二象限)	很低(第40位)

① 《营商报告2011》第4页(www.doingbusinessin.org)。样本国家被分为4个同等象限:排名第1～45的国家为第一象限;排名第46～91的国家属于第二象限;排名第92～197的国家为第三象限;排名第138～183的国家为第四象限。例如,中国排名第79位,属于第二象限;《全球竞争力报告2011》第12页(www.weforum.org)也将样本国家分为4个同等数量的象限:排名第1～35的国家为第一象限,排名第36～70的国家为第二象限,排名第71～105的国家为第三象限,排名第106～139的国家为第四象限。共有139个国家(N＝139),“无”是指没有进行评估的国家;《非洲能力指标报告2012》(www.acbf－pact.org)共统计了42个国家,最高为100分,0～20分为“很低”(very low),21～40分为“低”,41～60分为“中”,61～80分为“高”(high),81～100分为“很高”(very high)。加纳在42个评估的国家中排名第一。“无”是指没有进行评估。

续表

经济体	监管质量:《营商报告》2010～2011年排名及所在象限 N=83	全球竞争力:《全球竞争力报告》2010～2011年排名及所在象限 N=139	发展能力水平:2012年《非洲能力指标报告》N=42
南非	34（第一象限）	54（第二象限）	低（第28位）
坦桑尼亚	128（第三象限）	113（第四象限）	低（第16位）
赞比亚	76（第二象限）	115（第四象限）	中（第8位）
津巴布韦	157（第四象限）	136（第四象限）	中（第9位）
北非			
阿尔及利亚	136（第三象限）	86（第三象限）	无
埃及	94（第三象限）	81（第三象限）	无
摩洛哥	114（第三象限）	75（第三象限）	低（第18位）
突尼斯	55（第二象限）	32（第一象限）	无
其他			
赤道几内亚	164（第四象限）	无	无
埃塞俄比亚	104（第三象限）	119（第四象限）	中（第4位）
加蓬	156（第四象限）	无	中（第13位）
肯尼亚	98（第三象限）	106（第四象限）	中（第2位）
苏丹	154（第四象限）	无	无

上述有关非洲国家的结果稍显混乱。虽然一些非洲国家自2006年至2011年取得进步,如卢旺达(没有在样本国家中)从第四象限上升到第一象限,但与其他经济体相比,非洲国家的总体表现没有多大起色。只有两个非洲国家即毛里求斯和南非在2006年和2011年都保持在第一象限。其他三个非洲国家即加纳、突尼斯和赞比亚保持在或升

至第二象限,超过了中国。截至目前,大部分非洲国家仍在最后两个象限(第三象限和第四象限)。在所排名的非洲样本国家中,在2006年有73.7%的国家处在最后两个象限,在2011年有76.3%的国家在最后两个象限。从积极性的一面来看,在同一时期,有更多的国家从第四个象限上升至第三象限。在2006年,有5个非洲国家即埃塞俄比亚、加纳、摩洛哥、莫桑比克、尼日利亚与中国同处在第三象限,在2011年仅有3个非洲国家即突尼斯、加纳、赞比亚与中国同处在第二象限,这表明在中国和其非洲经济伙伴之间的制度趋同程度出现衰减。这些结果意义重大,因为在2006~2011年间,国际共同体在世界银行的引导下同非洲政府紧密合作,以提高它们的监管质量。这些数据同样反映了通过排名方式衡量业绩改善的困难,因为排名的提高也取决于世界上其他经济体改革其制度的有效性。例如,在同一时期,纳米比亚(未在样本国家中)和肯尼亚都处于下降态势。

有一点需要指出的是,在2006年和2011年,根据报告,一些非洲国家在实施商业监管制度方面比中国做得更好,特别是南非、毛里求斯和博茨瓦纳(未在样本国家中)。例如,在2011年的监管质量排名中,作为一个重要的贸易和投资伙伴,毛里求斯排名第20位,而中国排名在第79位。在投资者保护方面,毛里求斯(排名第12位)和南非(排名第10位)也比中国(第93位)做得更好,而且在跨境交易方面,毛里求斯的排名(第22位)也比中国的排名(第50位)靠前。但中国(排名第15位)在执行合同方面比毛里求斯(排名第61位)和南非(第149位)表现更好。这些结果清楚地表明,在某些方面中国需要向这些国家学习,而处于第四象限的其他国家如马里和苏丹需要向中国学习。

（二）中国和非洲国家时间和运行指标的比较

表3 中国和非洲的比较：商业监管和便利化的时间和运行指标（2007～2011年的5年变化）①

经济体排名	解决商业争端的效率	执行合同	法律制度挑战商业监管的效能	司法独立	警察服务的可靠度	登记财产	跨境交易
中国	+12	+48	+13	+19	+8	-17	-12
西共体							
佛得角	+12	+42	+19	+1	无	+18	-35
加纳	+1	+5	+12	+11	+19	+77	-28
尼日利亚	-7	-31	+37	+5	-10	-6	-9
马里	-17	+7	-2	-43	-61	+5	+13
塞内加尔	+17	-10	+13	+3	-18	-16	+69
南共体							
安哥拉	-16	-48	-43	-27	无	-13	-20
马达加斯加	-42	-47	-21	-44	-42	0	+25
毛里求斯	-43	+48	+39	-75	-65	+21	-1
南非	+1	-42	+3	-12	0	-22	-82
坦桑尼亚	+9	+33	+3	-16	-1	+6	-42
赞比亚	+14	-35	+21	+10	+2	+25	+20
津巴布韦	+51	-17	0	+10	-2	+2	0
北非							

① 资料来源：2007～2011年《营商报告》；2007～2008年至2011～2012年《全球竞争力报告》；《五年排名变化》，2006～2007年至2011～2012年；“+”（正号）是指“积极变化”（排名上升），“-”（负号）是指“消极变化”（排名下降）；“无”是指“缺乏相关数据”（该国没有纳入年度报告中）。

续表

经济体排名	解决商业争端的效率	执行合同	法律制度挑战商业监管的效能	司法独立	警察服务的可靠度	登记财产	跨境交易
阿尔及利亚	-51	-66	-4	-55	-40	-9	-15
埃及	-12	+14	-23	0	-12	+48	+62
摩洛哥	-5	+21	0	-16	-5	-76	-13
突尼斯	-4	-38	-2	-26	-4	-100	+9
其他							
赤道几内亚	无	+19	无	无	无	-22	-41
埃塞俄比亚	+30	+25	+15	+14	+30	+37	-8
加蓬	无	-71	无	无	无	+17	-22
肯尼亚	+19	-58	+43	-6	+19	-14	+1
苏丹	无	+12	无	无	无	-11	+22

表3提供了中国和21个非洲国家在商业监管和便利化方面7个时间和运行指标的5年(2007~2011年)纵向比较数据。和法律得分指标不同,时间和运行指标能够更为现实地反映制度行为(如法律制度挑战商业监管的效能)以及组织表现(如警察服务的可靠度)。特别是这些指标从企业管理者和企业主的角度记录了根据相关规定完成一项交易的过程、时间及花费,这可以评估实现一项监管目标的效率及复杂性。[①] 这些从《营商报告》和《全球竞争力报告》中获得的数据提供了所研究的国家5年期间在7个指标中每一项指标的排名净变化。例如,中国在解决商业争议效率方面为+12分,这是在5年期间的一个净(积极)提高。同样,中国在财产登记和跨境交易方面得分分别是-17、-12,这表明在同一期间中国在这两方面排名倒退。

由于表3的数据与中国及非洲国家的商法有关,这些数据证明了

① World Bank, Doing Business 2011, Box 1.1, p.1.

前面论述的制度校正、制度趋同或分化、制度杂化、制度漏洞/制度腐败以及组织行为是存在的。要检验是否存在制度校正,我们就可考察每一个国家内7个指标在表现上升时一起改变的程度。例如,中国显现出中等程度的制度校正,因为7个指标中有5个指标呈现积极上升。而尼日利亚在7个指标中只有2个指标是积极上升的,这就证明该国有关商业监管和便利化的法律制度和组织之间制度校正的程度不高。表3中的数据表明,在制度校正方面表现最好的国家是佛得角(6/6)、埃塞俄比亚(6/7)、加纳(6/7)和赞比亚(6/7)。没有一个国家在所有7个时间和运行指标方面实现完全的制度校正。这方面表现最差的国家包括阿尔及利亚(0/7)、安哥拉(0/6)、尼日利亚(2/7)、马达加斯加(1/7)、摩洛哥(1/7)和突尼斯(1/7)。对于北非而言,这些数据表明,由于制度腐败以及不断恶化的组织表现,这可能引起公众的不满。对于制度校正不佳的国家,我们同样会预料它们在商法特定领域的制度行为和组织表现也不会很好。南非就是一个典型,该国在商法的一些重要领域如执行合同、司法独立、登记财产和跨境交易方面表现欠佳(参见表3)。

接下来看存在制度杂化的证据。制度杂化是指因混合制度形式的存在而导致制度行为和组织表现存在巨大摆幅的现象。和制度校正一样,制度杂化是一个国内指标。表3中有一些国家在7个指标中的某些指标有很高的上升(正分数),而在另外一些指标中却有很高的负分。中国在执行合同方面上升最多(+48),而在登记财产方面表现最不佳(-17),与中国相比,非洲国家中摆幅最大的国家有毛里求斯(执行合同:+48,司法独立:-75)、突尼斯(跨境交易:+9,登记财产:-100)、加纳(登记财产:+77,跨境交易:-28)以及肯尼亚(法律挑战商业监管的效能:+43,执行合同:-58)。这些结果显示,这些经济体一方面有良好的制度行为和组织表现,而另一方面也存在拙劣或不规范的制度行为和低下的甚至有害的组织表现。例如,毛里求斯在执行合同和挑战监管方面的表现有很大改善,但在司法独立和警察服务的可靠度方面表现恶化(参见表3),这就存在着较高程度的制度杂化,这不是法治的理想愿景。

现在我们再看制度趋同的证据。制度趋同是衡量不同国家间的相关制度和组织朝着同一方向一起改进(提高)的程度,并由此强化彼此行为和表现的一种指标。我们首先看中国和其主要的贸易和投资双边伙伴。表3显示中国商法的时间和运行指标与佛得角、埃塞俄比亚、加纳和赞比亚实现了最佳的制度趋同,但和埃尔及利亚、安哥拉、马达加斯加、摩洛哥和突尼斯之间的制度趋同不尽如人意。我们再仔细分析南非、毛里求斯和尼日利亚的情况,它们都是中国在非洲的重要的贸易和投资伙伴。南非在执行合同方面得分为-42,而中国为+48,南非在司法独立方面得分为-12,而中国为+19。这就表明,在这些商法领域,两国背道而驰。同样,毛里求斯在商业争端解决方面得分为-43,而中国为+12,在司法独立方面,毛里求斯和中国得分分别为-75、+19,在警察服务可靠度方面,毛里求斯得分为-65,而中国为+8。在这些商法领域,两国同样朝相反的方向前进。对于尼日利亚而言,数据表明它和中国在执行合同方面(尼日利亚-31,中国+48)和警察服务可靠度(尼日利亚-10,中国+8)方面存在着制度分化。贸易和投资伙伴国之间在制度行为和组织表现方面制度趋同的缺失,会因行为不当或行为失范而给投资者、经理、企业主以及两国国民带来许多问题。

最后,我们再看地区性经济组织之间制度趋同的程度。由于表3中的数据不能提供一个清晰的模式,我们只能作出一般的分析。在西非经济共同体内,表现最佳并且与中国实现了最佳制度趋同的经济体是佛得角、加纳以及一定程度上的塞内加尔,而表现出明显制度分化的是马里和尼日利亚。对于南部非洲发展共同体而言,与中国显示出较好制度趋同的国家是坦桑尼亚、赞比亚和津巴布韦。前面提到,南非还存在一定程度的问题。最后,北非国家同中国的制度趋同程度不高,它们在争议解决、挑战商业监管、司法独立、警察服务可靠度、登记财产(埃及除外)和跨境交易方面都存在排名下降现象。这一结果指出了中国投资者、管理人和企业主在同特定非洲国家进行合作时必须注意的特定商法领域,反过来,对于非洲国家也是如此。

(三)中国和非洲国家处理破产案件的比较

考察一个国家的商法制度是否快速、有效的另一个标准是看有关破产和企业关闭的案件是否快捷、低廉。表4提供了中国和21个非洲国家在2005年和2011年之间在解决破产案件所花费时间方面取得的进步。此处，中国再次比大部分非洲国家取得更大进步，将破产案件的处理时间从2.5年减少到1.7年，而考察的大部分非洲国家在这7年间没有明显的进步。只有赞比亚有所进步，将破产案件的处理时间从3.1年减少到2.7年。还有少数非洲国家甚至破产案件的处理时间反而延长了：尼日利亚处理破产案件的时间从1.5年延长到了2.0年，埃塞俄比亚处理破产案件的时间从2.4年延长到了3.0年。

表4　中国和非洲国家在改善破产案件和企业关闭案件方面时间改善的比较（2005～2011）①

经济体/年	中国	西共体	加纳	尼日利亚	马里	塞内加尔	南共体	安哥拉	毛里求斯	南非	坦桑尼亚	赞比亚	津巴布韦	北非	阿尔及利亚	埃及	摩洛哥	突尼斯	其他	埃塞俄比亚	加蓬	肯尼亚
2005	2.5		1.9	1.5	3.6	3.0		6.2	1.7	2.0	3.0	3.1	3.3		2.5	4.2	1.8	1.3		2.4	5.0	4.5
2011	1.7		1.9	2.0	3.6	3.0		6.2	1.7	2.0	3.0	2.7	3.3		2.5	4.2	1.8	1.3		3.0	5.0	4.5

表4提供了中国和非洲经济体在一个极为重要的商法领域内组织表现的纵向比较数据。显然，对于正在进行改革的非洲经济体而言，这是一个需要进行能力建设的领域，从而改革制度，完善组织、管理、职业和行政方面的体制、结构、程序、技能，以便减少处理破产案件所需要的时间。

（四）中国和非洲国家有关法律和司法制度表现的总体比较

下面的表5通过比较中国和非洲经济体在7个时间和运行指标以及3个法律得分指标方面的情况，简要总结了法律制度的表现。需要专门指出的是，对于每一类的制度表现，该表分别列举了表现同中国相似或更好的非洲经济体、改善最多的经济体、下降最多的经济体以及排名最低的经济体。应注意的是，在执行合同方面，没有一个非洲经济体和中国表现相似或更好，有12个国家出现了最大幅度的下降或出现最低排名，这表明对于本研究所涵盖的大部分非洲经济体而言，执行商业合同对它们是一个严峻的挑战。在知识产权保护方面，只有南非和中

① 资料来源：世界银行《有关私营部门发展的小型数据手册》。本表没有将未评估的国家列入，它们分别是佛得角、马达加斯加、赤道几内亚和苏丹。

国表现相似或更好,有6个非洲国家或出现最大降幅(毛里求斯、马达加斯加、马里)或排名最低(阿尔及利亚、马达加斯加、安哥拉),这对于很多非洲国家来说仍然是一个挑战。同中国相比,它们没有表现出对知识产权进行有效保护,虽然中国的知识产权保护也没有达到世界水平。一些非洲国家看来表现比较好的一个领域是对投资者的保护(法律得分指标),有9个非洲国家在这方面和中国表现相似或更好。

表5　法律制度表现:中国和非洲的总结结果①

制度表现类别	和中国表现相似或更好的国家	改善最多的国家	降幅最大的国家	排名最低的国家
司法独立	南非、埃及、突尼斯、佛得角	中国、加纳	阿尔及利亚、马里、马达加斯加、毛里求斯	马达加斯加、安哥拉、阿尔及利亚、毛里求斯
保护投资者	南非、埃及、突尼斯、毛里求斯、加纳、安哥拉、坦桑尼亚、阿尔及利亚、赞比亚	突尼斯、埃及	加蓬、摩洛哥、马里、塞内加尔	塞内加尔、加蓬、摩洛哥、赤道几内亚、苏丹
解决商业争议	南非、突尼斯、埃及、加纳	津巴布韦、埃塞俄比亚	阿尔及利亚、马达加斯加、毛里求斯	安哥拉、阿尔及利亚、马达加斯加
执行合同	无	中国、毛里求斯、坦桑尼亚、佛得角	加蓬、阿尔及利亚、肯尼亚、安哥拉、赞比亚、尼日利亚、马达加斯加	安哥拉、塞内加尔、加蓬、苏丹、马达加斯加

① 资料来源:根据表3来源报告编制。

续表

制度表现类别	和中国表现相似或更好的国家	改善最多的国家	降幅最大的国家	排名最低的国家
挑战商业监管	南非、突尼斯	尼日利亚、毛里求斯、肯尼亚	安哥拉、埃及、马达加斯加	安哥拉、阿尔及利亚、马达加斯加
财产权利的清晰界定	南非、突尼斯	中国、埃塞俄比亚	毛里求斯、阿尔及利亚、马里	津巴布韦、安哥拉、阿尔及利亚、马达加斯加
知识产权保护	南非	中国、埃塞俄比亚、赞比亚	毛里求斯、马达加斯加、马里	阿尔及利亚、马达加斯加、安哥拉
登记财产	加纳、苏丹	加纳、埃塞俄比亚、埃及、赞比亚	摩洛哥、突尼斯、南非	尼日利亚、塞内加尔、安哥拉、突尼斯、阿尔及利亚、马达加斯加、坦桑尼亚
跨境贸易	毛里求斯、埃及、突尼斯	埃及、塞内加尔、马达加斯加	南非、赤道几内亚、佛得角、加纳	安哥拉、马里、赞比亚、埃塞俄比亚、津巴布韦
警察服务的可靠度	突尼斯、塞内加尔	中国、加纳、埃塞俄比亚	马里、马达加斯加、毛里求斯、阿尔及利亚、摩洛哥	马达加斯加、毛里求斯、肯尼亚、尼日利亚、马里、津巴布韦、南非

表5还显示了在每一指标中改善最大的经济体。总之，五年(2007～2011年)中在更多领域改善最显著的是中国和埃塞俄比亚。下降幅度最大的国家有阿尔及利亚、毛里求斯、马达加斯加、马里和摩洛哥。在一些制度指标方面(如警察服务可靠度、登记财产)南非再次出现下滑迹象。该研究样本中的每一非洲经济体都至少在一个领域的制度表现方面排名最低，而中国没有一项指标排名最低，这又是一个缺乏制度趋同的证明。此处我们通过关注特定领域的制度行为和组织表现，可以

从另一个角度理解国家的落后性。这就需要进行有针对性的制度完善、组织发展、变革管理以及人力提高。例如,在组织表现方面降幅最大的国家应采取紧急措施以扭转这种趋势,因为这会引起大众的广泛不满、混乱甚至公开的冲突。同样,像安哥拉这样的国家可能需要在商法的所有领域进行紧急改革,而像赞比亚这样的国家则需要在跨境贸易这一面临严重挑战的领域进行更为审慎的、更有针对性的改革。这是一种对症下药的方法,因为没有可以解决所有的问题一劳永逸的策略。

六、总结、探讨与展望

本文旨在对中国以及所选择的非洲国家的法律制度和组织的行为、表现和演化进行纵向比较的评价,以便有效、可持续地管理日益复杂、活跃的中非经济关系,并据此确定哪些领域取得了进步,哪些领域还面临挑战。本文概念性地对制度和组织理论的一些方面进行了分析,并提出了制度校正、制度杂化、制度趋同和制度漏洞等概念。本文的数据来自世界银行年度《营商报告》、《有关私营部门发展的小型数据手册》、世界经济论坛年度《全球竞争力报告》。分析结果表明,中国和所选择的非洲国家在一些特定商法领域取得了进步,而一些领域还停滞不前。这些结果还表明,数年来中国在改革商法制度方面比所研究的大部分非洲国家成果显著。实际上,对于非洲经济体来说,比较而言虽然取得了一定的进步,但在商法的许多关键领域特别是时间和运行指标方面仍然面临严峻挑战,这反映了实际的制度行为和组织表现。

这些结果对中非开展商业合作具有重要意义。例如,制度校正和制度杂化概念关系到双方经济行为者可以对对方相关制度和组织的行为和表现的可预见性和一致性进行预期的程度。如果某一非洲经济体存在很高程度的制度校正,就可以使中国投资者、贸易商、企业主和企业管理人确信该经济体具有高质量的法律服务。反之亦然。另一方面,频繁的制度杂化事件会降低制度实施的一致性和可预见性,因为商业伙伴将无法纯粹根据案件的是非曲直来预测事件的结果。这也存在着使法外干涉(如行贿、相互勾结、渎职、政治干预等)成为合法的规避和管理风险的方式,特别是在大型的基建合同或法律案件中。中国政府及其国有企业在非洲商业和发展中的广泛参与,被认为是造成非洲和中国制度杂化事件频发的主要因素。反过来看,中国和非洲国家法律制度和组织之间高程度的、积极的制度趋同,有助于使双方的商业合作更为便利,因为商业伙伴可以从双方改善的、一致性的行为和表现中受益,并对他们交易的结果或在争议发生时具有更高程度的自信。

本研究受到许多限制。例如,它所依据的数据是用于其他目的的二手数据,并非专门用于法律制度和组织的研究。同样,我们没有有关中国及所研究的非洲国家的特定组织或个体的实际表现的数据。并非所有的非洲国家都包含在本研究的样本中,和中国有密切合作的一些国家如喀麦隆、刚果民主共和国、利比亚、纳米比亚和南苏丹本应纳入该研究中。最后,本文没有提供制度漏洞实际存在及其后果的直接证据,如裁判者(仲裁员、商事法庭、破产专家、检察官、侦查员等),不过本文提供了有关制度漏洞重要性的间接证据,因为它们与中国及所研究的非洲经济体内法律制度和组织的行为和表现有关,例如,本文所注意到的许多非洲国家在执行合同和解决争议方面的软弱无力,可能就是因作为当事人定分止争的商业或工业法庭的弱势地位或不存在此类法庭所造成的。警察服务可靠度方面的问题可能也是因民众对国内警察服务监督不力或不存在此类监督造成的。还有一点值得注意的是,当对自然资源的需要超过对良好制度行为和组织表现细节的关注时,制度校正、制度杂化及制度趋同这些问题可能就显得微不足道了,至少就短期而言。

展望未来,我们希望本文能够激发更多的研究,并能解决上面所提到的一些研究限制。过去,公共行政和管理专业的学生也没有太多关注法律制度和组织及其对商业发展、公共服务改革、国际商业及发展,尤其是中非经济和商业关系的影响这方面的研究。今后,应鼓励学生多从事这方面的研究。

非洲能力建设基金发布的两份《非洲能力指标报告》(2011 年和 2012 年)的结果显示,大部分非洲国家至少在政策/环境层面具有中等的发展能力,但在组织和个体层面,它们的发展能力处于从低(low)到很低(very low)的程度。如果把这些结果适用于本研究,作者就强烈建议这些国家进行旨在从个体层面和组织层面完善其法律制度表现的改革,并关注仍面临严峻挑战的那些领域(如表三所显示的)。显然,仅靠议会制定法律或由行政部门更改规章是远远不够的。此外,还必须进行具体的干预以解决制度漏洞问题,进行管理和组织方面的改革与完善,培训并完善职业型、技术型和行政型职员,并落实有关制度、结果、程序和激励机制以便相关组织能够具有有效、可持续性的表现。中国和非洲国家(政府、国有企业、私营企业、教育部门、非政府组织以及普通国民)必须携手进行必要的投资(政治的、组织的、金融的等),以大幅度提升它们各自法律体制的制度行为和组织表现。

中国可以通过与非洲国家建立关系、推动合作、增强互信以及提供技术援助的方式,在缩小与其非洲贸易和投资伙伴的表现差距方面发挥重要作用。同样,不应该仅仅采取中非合作论坛那样的宽泛合作机制的战略,应根据具体所确定的领域的特定需求,同更多国家、干预性组织进行合作,提出相应战略。例如,对于旨在提高安哥拉、加蓬、马达加斯加、塞内加尔和苏丹执行商业合同的能力的项目(参见表五),中国商业伙伴可从中受益。最近一项有关非洲地区性经济组织如西非国家经济共同体和南部非洲发展共同体的能力需求的调查,在其结论中指出,这些地区性经济组织并不具备实现其任务的能力、技能及资源,更不用说要完善成员国法律体制的能力了。[①] 因此,我们建议采取一种更为温和的但目标更为明确的方式,让精心选择的一些国家彼此合作,共享经验,取长补短,共谋大业,以满足彼此具体、明确的能力发展需求及利益,而不是坚持利用非洲地区性或次地区性组织来推动非洲能力建设。例如,根据上述表五的结果,塞内加尔(表现更好)可以和马里合作,以完善警察服务的可靠度,加纳可以和尼日利亚合作,以完善财产登记制度,南非可以和安哥拉、马达加斯加合作,以提升挑战商业监管方面的表现,突尼斯可以和阿尔及利亚合作,以改进商业争议解决机制。这些双边的、具体层面的合作更可能产生可持续性的、积极的结果,因为这样的合作范围、规模、程度都很小,更容易取得毕其功于一役的效果。这样的合作也更容易得到当地的参与和认同。这样的方法比基于现有地区性或次地区性组织提供援助的方式可能更易取得较好

① Africa Capacity Building Foundation,2008.

的结果。

总之,我们认识到中非经济关系并非存在于真空中。所以,本研究的结果对全球经济和社会包括南非合作和多边技术援助如何进行和界定都具有广泛的意义。虽然非洲仍然从英国和美国获得大多数的外来直接投资,①大部分改革中的非洲国家同样加强了与其他新兴经济体如金砖集团(BRICKS,包括南韩、南非)的经济和商业联系。例如,南非和安哥拉正同印度、巴西和中东国家强化经济关系,本文的研究对它们各自有关国际商业交易的法律制度同样具有借鉴意义。WTO 所领导的国际共同体继续提供技术援助,特别是在国际贸易法事项方面。例如,在 2012 年 5 月,WTO 与国际贸易与可持续发展中心(ICTSD)以及 WTO 法咨询中心(ACWL)合作,以帮助发展中国家寻求新的解决贸易法律争议的方法。这些措施及其他相似措施可以使参与者很好地解决相关问题,并为他们提供了更为广泛的合作机会,但是,如果在实施这些措施后能够采取一些本文所建议的目标更为集中、针对性更强的合作方式,它们的效果及可持续性将会得到显著提升。

(朱伟东,湘潭大学法学院教授、法学博士、湘潭大学非洲法律与社会研究中心副主任)

---

① Ernst & Young, It's Time for Africa: Africa's Attractiveness Survey, 2011, www.ey.com/Publication/vwLUAssets/2011_Africa_Attractiveness_Survey/ Accessed May 04, 2012.

南部非洲公司治理的理论与实践概述

联合国非洲经济委员会南部非洲办公室著
朱伟东　陈韦如 译

目　次

前言
一、导论
二、公司治理:概念问题
三、公司治理标准
四、南部非洲实践中的公司治理
五、南部非洲公司治理面临的主要问题及挑战
六、结束语

前言

联合国非洲经济委员会认识到国家在经济活动中所发挥的作用日益衰退,已不遗余力地推动私营部门作为非洲经济增长和减贫的动力。该组织所进行的工作包括开展研究、推广宣传,并召集国际、区域和国内的利益相关者探讨阻碍私营部门增长的问题。此类活动和会议的主题之一是,利益相关者如何协助成员国制定、采纳和实施良好的公司治理原则。

此外,联合国非洲经济委员会最近在治理和公共行政司(GPAD)创建了一个部门,专门关注私营企业问题,其中关键问题是如何实施良好公司治理原则及惯例。这次联合国非洲经济委员会部门重组与该委

员会的重新定位活动一致,包括推动地区一体化,以支持非洲联盟的活动和《非洲发展新伙伴计划》(NEAPD)的实施。过去,联合国非洲经济委员会在2002年支持发表了《增强非洲良好经济和公司治理的准则》,该文件是应《非洲发展新伙伴计划》国家元首和政府首脑执行委员会的要求所作的,以便能够借助联合国非洲经济委员会的专业知识制定《准则》,从而在非洲大陆推行良好的经济和公司治理。

因此,本文是非洲经济委员会为创设有利于私营企业发展的环境所作出的持续努力。本文的前一草案曾作为背景文件提交给2005年12月7~9日在赞比亚首都卢萨卡举行的“经济和公司治理及问责”研讨会。

我要感谢John Lungu教授(赞比亚铜带大学),作为顾问,他起草了本文;还要感谢Doreen Kibuka-Musoke,作为发展管理官员,他指导顾问开展工作。还有许多其他人士为本文提供了富有创见的观点,包括赞比亚银行行长Caleb Fundanga博士、南非大学经济系的Akinboade教授、联合国非洲问题特别顾问办公室的Ejeviome Otobo先生、赞比亚董事协会的Chandi先生、赞比亚孔科拉铜矿的Augustin Seyuba先生、赞比亚总统办公室的Martin Kalungu-Banda先生、URS的Markus Reichardt先生、博茨瓦纳Debswana钻石公司(PTY)的Joe Matome先生、赞比亚银行的Mwanakatwe先生、赞比亚董事协会的Mumba Kapumpa先生、南非南部非洲发展银行的Lewis Musasike先生、赞比亚金融银行的John Machayi先生、非洲商业圆桌会议主任David Govere先生、南非莱利银行集团有限公司Armith Singh先生、赞比亚发展银行执行董事Bwalya Ng'andu先生、全球公司治理论坛主管Phillip Armstrong先生、赞比亚啤酒厂的Ezekiel Sekele先生以及赞比亚大学的Carlson Anyangwe教授。他们所做的贡献丰富了本文的内容,并使联合国非洲经济委员会进一步认识到实施良好公司治理原则所取得的成绩,以及在将目前的公司培养成良好的企业公民并吸引新的公司成为良好的企业公民时,所面临的此起彼伏的、令人望而却步的法律、体制及实际方面的挑战。

最后,我要感谢我在治理与公共行政司的同事对文章初稿所提的宝贵意见,还要感谢刊物和会议管理科(PCMS)以及行政司的同事对本文所做的编辑、排版和发表工作。

珍妮弗·卡尔博主任

联合国非洲经济委员会南部非洲办公室

一、导论

引言

在过去的15年,南非政治和经济转型迅猛。尽管一些在1990年之前已取得政治独立的国家对其经济实行严格控制,并创建了大量的国有企业部门,然而在20世纪90年代这些体系被完全推翻,其中包括政治以及经济领域。该地区的许多国家在推行民主化政治改革时,采用了更为自由的经济政策,正对大多数国有企业进行私有化或已完成私有化。

在此期间,它们采取了旨在减少国家对经济的控制及增强市场作用的改革方案。一些政治和经济上比较封闭的国家通过黑人经济复兴计划采用了更为包容性的政策,而那些独立后就把市场经济作为发展导向的国家,现在由于面临来自转型国家的挑战,而正设法巩固其经济。

证券交易所的设立是转型过程中一个最显著的发展,随着私营部门的发展,其设立有助于促进资本市场的发展。除了南非证券交易所外,其他大多数国家在20世纪90年代已经建立了证券交易所。该地区的每个国家,正在努力增强自我竞争力,以吸引外国投资并刺激本地投资。

政治治理转变到民主制度这一变化即使仍在萌芽阶段,已经在经济领域中产生新的治理标准。在此非常时期,一些国家针对世界银行的要求,已经制定出中期预算标准,以提高公共财政的治理。此外,国家还进行了立法改革,以使经济发展符合市场体制:由国家控制转型为国家服务。这些广泛的变革也影响了这些国家企业的所有及运作模式。国家退出对大多数企业的管理,这已严格界定了股东和经理与公司董事和少数股东之间的差异。

这些变革也加强了私营公司在国家发展中的作用。但也不能忽略国有企业所发挥的发展性作用,因为国有企业控制它们的支出和投资决策。现在的问题是,私营公司可否在国家发展中发挥类似的作用,由此产生了处于争议中的公司治理的概念的重要性问题。

本文试图对国家发展过程中的公司治理问题进行有序的解析,结构如下:下一部分评论有关政治、经济和公司治理的概念,这是以假设公司治理派生于经济和政治治理为基础的;在第三部分,文章将探讨根据已经变化了的、从国有体制转变为私有体制的经济体系所发展而来的公司治理标准。

文章接着指出,虽然一些治理标准受到政治变革的驱动,但其他治理标准则源于在私有财产权的基础上发生的所有权变更。该文然后对这些标准在金融业、农业和国有企业部门(现在还有大量的尚未私有化的国有企业)的应用进行概述 。该文的最后一部分提出了在公司治理争议中需要解决的问题或挑战。

二、公司治理:概念问题

(一)引言

治理问题已成为发展过程的中心问题,特别是在有关非洲发展的议程中。[①] 因为在过去的45年里,大多数的非洲问题都与治理问题联系在一起:主要由国家控制或治理。在此背景下,治理已被理解为政治治理。这是因为经济变革或转型依赖于政治精英掌控经济的方向。因此,非洲许多国家经济运行不佳被归咎于不合适宜的政治环境,尤其是治理不善问题。

众所周知,政治环境限定了经济治理和公司治理的范围。奥拓布(Otobo,2000)指出,政治治理、经济治理和公司治理之间的关系就像一个以公司治理圈为中心、外围依次为经济治理圈、政治治理圈同心圆。如下图所示:

---

① Otobo, E. E. , "Contemporary External Influences on Corporate Governance: Coping with the Challenges in Africa", 2000, A Paper Prepared for the African Development Bank as a background paper for its Africa Development Report 2001 on *Fostering Good Governance in Africa*.

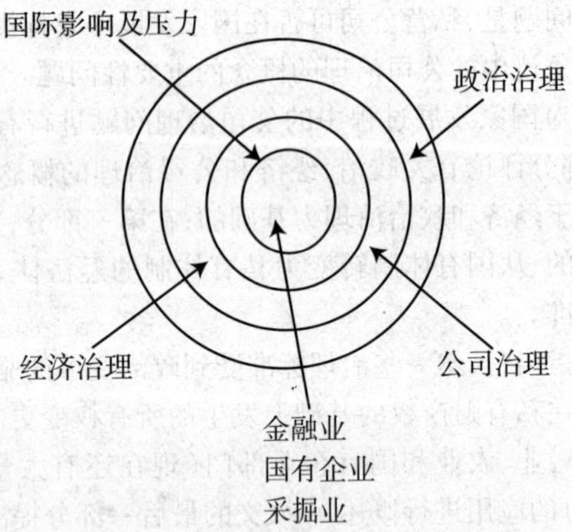

图　政治、经济治理和公司治理之间的关系

来源:Otobo(2000)。

在这种模式下,政治、经济和公司治理都受到来自国际趋势和影响的压力。例如,苏联解体引发其他国家发生了一系列的变化和改革。首先引发的是政治变革,它为私营部门和公共部门带来了新的经济政策和治理标准。在同心圆的核心为公营和私营部门,它们面临着来自更为常见的经济和政治势力方面的压力。

在经济理论中,根据特定的意识形态,基本上有三种类型的经济体系。首先是自由市场经济体系,在该体系中,市场是买卖双方相互联系和交易的主要机构。市场体系是以资本意识形态为基础的。与它截然相反的是中央计划或控制的经济体制,在该体制中,中央政府直接或间接设定产量目标、收入和价格,它是以社会主义意识形态为基础的。第三类是混合经济体制,它可能是受折中主义的影响。混合经济是最常见的经济体系,因为在实践中纯粹的市场和计划经济体系是不存在的。然而,应指出的是,也不存在不受政府干预和监管的经济体制。

我们将在后面谈到政府监管在公司治理中的重要性。混合经济体制要么倾向自由市场发展,要么倾向中央计划经济体制,这取决于政治精英所偏好的政治意识形态,而这又会限定经济和公司治理框架。在一个自由市场体系中,最重要的机构为私营公司,在中央计划经济体制中则是国有企业(SOE)。根据这一理论,混合经济中存在私营公司和国有企业相混合的情况。

（二）公司治理定义

关于非洲公司治理的文献刚刚兴起。虽然经济发达国家的学者已经发表了大量有关此主题的文献，但有关非洲公司治理的文献还乏善可陈。此类文献的缺乏部分归因于在大部分非洲国家现代公司所有权和管理权的分离是新生事物这一事实，因为非洲大部分地区的经济以国有企业为主导，国有企业的所有权和管理结构起源于同一部门：政府。随着目前对国有企业的私有化而进行的公司所有权和管理权的分离，那些有效控制公司（管理人员和董事会股东）的人员的利益可能会出现分化。根据 Okeahalam 和 Akinboade 的观点，①在所追求的公司管理活动中，本人—代理人关系可能有所反映，这可能损害公司股东的利益。在他们看来，因此类代理关系所产生的问题只能通过良好公司治理所提供的保护得到解决。那么，什么是公司治理呢？

治理的概念很广泛。因为治理问题涉及许多领域的人类活动，包括一国经济和实体管理方式，治理国家的政治和司法方式，特定团体内的争议解决方式。而公司治理是私营和公共机构商业实践中所专有的。阿曼（2001）将公司治理定义为私人和公共制度，包括法律、规章和公认的商业惯例，它在市场经济中调整公司管理者和企业家（公司内部人员）与公司投资人之间的关系。②

其他人则认为公司治理就如预防盗窃一样简单。③ Shleifer 和 Vishny（1996）认为，④公司治理是关于公司的资金供应商如何确保自己能从自己的投资中获得回报，他们如何确保公司管理者不会窃取这

---

① Okeahalam, C. C., and Akinboade, O. A., "A Review of Corporate Governance in Africa: Literature, Issues and Challenges", A Paper prepared for the Global Corporate Governance Forum, 2003.

② Oman, C., "Corporate Governance and National Development", Technical Paper Number 180, 2001, OECD Development Centre, Paris.

③ Nganga, S., Jain V., and Artivor, M., *Corporate Governance in Africa: A Survey of Publicly Listed Companies*, 2003, London Business School.

④ Shleifer, A., and Vishny, R. W., "A Survey of Corporate Governance", NBER Working Paper Number W5554, 1996 (April).

些资金或将资金投向不好的项目。换言之,公司治理是“保护外部投资者的财产不会被公司内部人员剥夺的一种机制”。[①] 根据这个定义,内部人员包括管理人员、大股东(个人、其他企业、家族利益或政府)以及诸如银行这样的大债权人。外部投资者包括股权投资者、债主及小股东。到目前为止,有关公司治理争论的分歧存在于那些在公司中有管理作用的内部人员(管理层或董事会层面的人员)和那些对公司存在利益但无管理权的人员之间,即通常所说的公司外部人员。

Nganga 等[②]列举了公司财产可能被非法剥夺的许多形式,[③]包括抽逃资金、转移定价、过度的行政赔偿以及将资金投向不适宜的项目以使某些公司内部人员受益。由于存在不同形式的非法剥夺公司资产的行为,就必须采用适当的公司治理机制以避免公司资产被非法剥夺,保护小投资者以及债主的利益不会被大投资者以及股权投资者侵害。

虽然文献中主要讨论公司内部关系,特别是管理者和投资者之间的关系,但公司治理的概念比这要广泛得多。一般说来,它还包括公司与股东、员工之间所产生的关系。

公司治理还包括一套适当的法律、经济和体制环境,使公司能够追求长期的股东价值以及以人为本的最大发展,同时意识到它们对股东、环境和社会所承担的责任。[④] 从这种方式考虑,公司治理体现了一种发展的思路,并能从而解释有关该主题的讨论在世界各地所引起的关注。现在,良好的公司治理实践与整个社会的进步息息相关。公共和私人利益的规定都受到公司治理实践的影响。它还涉及调整各种制度的过程、体系、实践和程序以及正式和非正式的规则。它会关注规则和

---

① Shleifer, A., and Vishny, R. W., “A Survey of Corporate Governance”, NBER Working Paper Number W5554, 1996(April).

② Shleifer, A., and Vishny, R. W., “A Survey of Corporate Governance”, NBER Working Paper Number W5554, 1996(April).

③ Shleifer, A., and Vishny, R. W., “A Survey of Corporate Governance”, NBER Working Paper Number W5554, 1996(April).

④ Okeahalam, C. C., and Akinboade, O. A., “A Review of Corporate Governance in Africa: Literature, Issues and Challenges”, A Paper Prepared for the Global Corporate Governance Forum, 2003.

条例得以适用和遵守的方式、这些规则和条例所决定或创设的关系以及此类关系的性质。

从这个讨论中可明确看出，公司治理不仅关注股东财富最大化，也是为了平衡股东和其他诸如经理、雇员、客户、公司产品供应商和投资者等利益相关者之间的利益，以实现长期可持续发展的价值，并对公司经营所在国家的经济发展作出贡献。这种广泛定义暗含企业社会责任(CSR)的概念。这是因为良好的公司治理能促进充分、有效和可持续的合作，有助于通过创造财富和就业来增加社会福利。它能促进负责任的、应变的合作，以及通过诚信、正直和透明度所进行的并认可和保护股东权利的合法的合作。所有这些因素和公司治理概念都源于民主的概念。

民主可以被看作是管理政府的实践或体制。作为惯例，它指的是依法治理以及对社会平等观念的重视。作为政府的体制，它是指由选举产生的代表所进行的治理。在其他文献中，它被定义为民有、民治、民享。这意味着，大多数的人是能主动、积极选择政府代表的。因此，在民主体制下，获得人民的同意是政府形成的必要前提先决条件。正如桑帕所言，①"人民的同意是必需的"。在一个民主国家，人民普遍要求更多的政治权利、更少的专制统治以及自由和公正的选举。②

政府治理也需要透明度和信息公开。这是善治的因素。良好的治理包括对人、自然、经济和金融资源的透明和负责任的管理，以达到公平和可持续发展(克雷布斯，2001年)。③ 良好的公司治理源于这样一种政府制度。

三、公司治理标准

(一)引言

许多机构甚至国家或国家集团一直在努力制定公司治理标准，以

① Sampa, R. Snr. , *Sunday Mail*, 2001, September 2.

② Shattuck, J. and Atwood, J. B. , "Defending Democracy: Why Democrats Trump on Autocrats", *Foreign Affairs*, 1998, Volume 77, Number 2.

③ Krebs, J. , "Accountability From a Donor Perspective", *The Accountant*, 2001, April-June.

改善企业运行以及保护利益相关者权益的方式。到目前为止,最为显著的一些成果当属下列:

● 《经济合作与发展组织(OECD)的公司治理原则》;

● 《南非公司治理的金报告(2002)》;

● 《非洲发展新经济伙伴(NEPAD)计划同行评议原则》;

● 英联邦公司治理协会——《CACG准则》、《英联邦国家公司治理原则》以及其他标准,如由南非的基准基金会制定的标准。

在本文中,我们只考察经合组织、非洲发展新伙伴计划和金报告所制定的标准。准则的增加表明控制公司权力的需求,以期这些公司的董事和经理会反过来理解,企业和公司不只是追求利润最大化,而且,作为良好的企业公民,他们需要满足一些经济和社会可持续发展的要求。

(二)经合组织标准

经合组织标准认为国际投资对于世界经济来说是非常重要的,而跨国企业在投资过程中发挥着重要作用。第三世界国家极大地受益于外国直接投资,特别是促进当地社区经济、社会和环境发展需要的投资。因此,经合组织的标准鼓励企业对促进经济、社会和环境发展作出贡献,以实现可持续发展。为此,这些标准对跨国企业提供了一套准则,其目的是鼓励企业普遍遵守一系列商业原则或公司治理标准,以促进信息披露、改善劳资关系、加强环境保护等。

欧盟自1993年以来一直提倡、呼吁公司要有"社会责任感"——这种社会责任感关乎"终身学习、工作组织、机会平等、社会包容性和可持续发展的最佳做法"——进行一场反对社会排斥的斗争。这一努力的结果是,许多国际公司都开始推动企业践行企业社会责任,来应对各种社会、环境和经济压力。这些抽象概念、原则以及良好企业行为和公民身份的标准的内容是什么?它们包括以下内容:

● 人们希望企业促进经济、社会和环境进步,以实现可持续发展。

● 企业必须尊重受其活动影响的人员包括员工和所在社区的人的人权。

● 它们应该鼓励通过与当地社区包括本地企业的合作促进当地的能力建设。

● 它们应鼓励通过为其雇员提供创造就业机会和培训机会来形

成人力资本。

● 企业不得寻求有关环境、健康、安全、劳动、税务、财政鼓励措施或其他问题的法规中没有规定的豁免。

● 它们必须支持、发展、坚持和适用良好公司治理原则和实践。

● 它们必须发展和适用有效的自我监管措施和管理制度，促进企业和它们所在的社区之间的信任和相互信任的关系。

● 它们必须通过宣传适当政策包括培训方案来促进雇主意识和遵守公司政策。

● 它们不得对就违法行为向管理层或在适当情况下向主管当局作出善意报告的员工采取歧视措施，或对其作出纪律处分。

● 鼓励业务伙伴，包括供应商和分包商适用与良好公司治理和社会负责任公民相兼容的切实可行的企业行为原则。

● 最后，它们必须努力放弃任何不当参与当地的政治活动。

本文已提到涉及企业行为的一些概念、原则和标准。以下各小节会讨论信息披露、就业、劳资关系以及环境问题，因为这些问题涵盖了公司内部关系和社会与自然环境。

1. 信息披露

信息披露涉及企业活动的透明度，企业参与这些活动并就其结果对受这些活动影响的雇员、政府和社区负责。具体来说，企业应确保及时、定期披露可靠的有关企业活动、结构、财务状况和业绩的相关信息。

企业应适用高质量的信息披露、会计和审计标准。这些标准同样适用于非财务信息，包括环境和社会报告。

经合组织标准鼓励企业披露下列重大信息：①

● 公司的财务和经营业绩；

● 公司的目标；

● 主要的股权和投票权；

● 董事会和主要管理人员及其报酬；

● 实质性风险因素；

---

① Mesnard, M., *The OECD Guidelines on Corporate Governance of State-Owned Enterprises*, 2005, Kiev.

● 有关雇员和其他利益相关者的重要问题;

● 治理结构和政策。

根据这些信息披露要求,人们还希望或鼓励企业披露其他信息,其中可能包括有关风险管理和遵守法律的制度、有关商业行为准则的信息以及有关员工和其他重要利益相关者之间关系的任何信息。

2. 就业和劳资关系

在这方面,企业应根据所适用的法律、规章以及现行的劳动关系和就业实践披露下列有关信息:

● 由工会和其他善意员工代表代理其雇员的权利,员工单独或通过雇主协会与这些代表进行实质谈判以达成就业条件协议的权利;

● 致力于有效废除童工;

● 致力于废除各种形式的强迫或强制劳动;

● 在就业或就职中因种族、肤色、性别、宗教、政治见解、民族血统或社会出身等理由对员工的歧视,除非基于雇员特征的选择性促进政府的既定政策,这一政策专门是为了促进更多的平等就业机会,或这一选择性与工作的内在要求有关;

● 为雇员代表提供便利,以促成集体协议提供必要的协助;

● 为雇员代表提供信息,以促进就业进行有意义的谈判;

● 促进雇主与雇员及其代表之间就共同关心的问题进行磋商与合作;

● 为员工及其代表提供信息,证实企业绩效的真实与公平性;

● 遵守不低于东道国其他类似雇主所遵守的就业和劳资关系标准;

● 采取适当措施,确保工作健康和安全;

● 在最大限度上,雇用当地人员并提供培训以提高技能水平。

● 最后,对其运营中发生的、对员工生活产生重大影响的任何变化进行合理通报,特别是在关闭企业或部分企业造成员工大量失业或解雇的情况下。

3. 环境

关于环境问题,人们普遍希望企业在其经营地国家的法律、法规和行政惯例的框架内,考虑保护环境、公众健康和安全需要,以可持续发展这一长远目标为指导开展企业活动。

特别是,这些企业应:

● 建立和保持一个适用于企业的环境管理体系,包括足够信息的收集和评估;

● 建立可衡量的目标,并在适当情况下,改善环境绩效,包括定期审查这些目标的持续相关性;

● 定期监测和验证环境、健康和安全进展情况;

● 考虑成本、商业秘密和知识产权保护;

● 为公众和员工提供充足和及时的有关企业活动对环境、健康和安全的潜在影响的信息,其中可能包括改善环境进展情况报告,并与受到企业环境、健康和安全政策及其实行有直接影响的社区进行适时的沟通和协商;

● 评估和应对可预见的有关整个企业生产过程、产品和服务的环境健康和安全相关的影响;

● 准备适当的环境影响评估,这些拟议的活动经主管机关的决定可能有显著的环境、健康或安全影响;

● 对所涉及的风险,应科学地全面地考虑人类健康和安全需要,而不是以缺乏充分科学性为理由不采取节约成本效益的措施,防止或减少严重破坏环境的任何威胁;

● 保持应急计划,防止、减轻和控制因公司运作包括意外和紧急情况对环境和健康造成的严重损害,并建立立即向主管机关报告的机制;

● 适时不断地寻求提高企业环保能力,此类活动包括:

a. 通过在企业所有部门采用技术和操作程序,使环境保护成为企业表现最好的部门;

b. 开发和提供不会对环境造成不当影响的、使用安全、节能、节约并能循环使用或可安全处置的产品或服务;

c. 提高客户使用企业产品和服务对环境影响的意识;

d. 研究并长期提高企业环保性能;

● 给员工在环境、健康和安全方面提供足够的教育和培训,包括有害物质的处理和环境事故的预防,以及更为一般的环境影响评估程序、公共关系和环境技术。

● 通过能够促进环保意识的合作或举措,致力于完善环境有利性、经济高效性的公共政策。

从前面的讨论可得知,经合组织的标准显然不仅关注股东财富最大化,还关注企业在利益最大化目标和其社会与环境责任之间寻求一种平衡。

(三)《金报告》

1994年,《有关公司治理的金报告》(《金报告一》)出版。该报告旨在促进南非公司治理的最高标准。除涉及公司治理的金融和监管方面的问题外,第一份金报告提倡一种维护广泛利益相关者利益的良好治理的综合方法。虽然这是一个突破性的报告,但全球经济环境的变化和立法的发展使得有必要对该报告进行更新。

因此,南非《有关公司治理的第二份金报告》(德克尔,2002年)[①]出版。该报告承认,有从单一底线(股东利润)向三重底线转向的发展,三重底线包括公司活动的经济、环境和社会三方面。该报告指出:"21世纪世界成功的治理,要求公司采取包容性而不是排斥性的态度。公司必须公开机构活动,必须更加重视可持续或非金融方面的业绩。董事会必须对一切行为和疏忽适用公正、问责、负责和透明的标准,对公司负责,并对公司可确定的利益相关者作出回应并承担责任。必须在遵守公司治理原则和在企业经营之间找到正确的平衡,但每一公司对此采用的方法不同。"

《金报告二》概述了从董事会到审计功能的具体的公司治理标准。具体如下:

● 它列举了董事会的职能。它建议采用单一的、由执行董事和非执行董事组成的董事会,且最好大多数为非执行董事。非执行董事会应独立于管理层,以保护少数股东的利益。在给予董事会广泛权力的同时,又使其负责任命首席执行官,遵守法律,制定涉及董事和管理层行为的公司行为准则,并对公司面临的风险领域和业绩指标进行评估。

---

① Dekker, C. (Attoneys), *King Report on Corporate Governance for South Africa*, 2002, www. clifedekker. com.

● 该报告对董事会主席和首席执行官之间进行了区别，并强调其作用有明显不同。董事会主席主持公司的股东会议，全面领导董事会，参与董事会成员的选择，保持与该公司股东的关系，并制订董事会年度计划，而首席执行官的任务是执行董事会的决定。如果因任何原因，这两个角色必须结合，则董事会副主席必须是一个非执行董事，并且董事会必须有大多数的非执行董事。这一切是为了保护少数股东的利益。此外，如果作出合并两个角色的决定，该决定必须公开，并应每年进行审查。

● 该报告界定了执行董事和非执行董事的职责。应对董事进行一些有关其活动的指导和发展教育培训。该报告还建议在任何正式公布公司财务结果前，或在任何交易敏感时期，禁止董事和雇员买卖本公司证券。董事的交易也应加以规范和监督。在股东大会召开之前，作为信息披露的一部分，董事会必须向股东充分解释其建议的影响。

● 该报告还涉及风险管理。公司的风险评估应解决以下问题：

◆ 实际的、经营中的风险；

◆ 人力资源风险；

◆ 技术风险；

◆ 业务连续性和灾难恢复；

◆ 信用风险和市场风险；以及

◆ 合规性风险。

风险管理过程中，应利用内部控制减轻和控制风险。

● 该报告考虑到了内部审计的职能。根据国际内部审计师协会的界定，"内部审计是一个独立的、客观的保证和咨询活动，增加价值和改善组织的运营。它可以帮助公司实现其目标，使其系统化、规范化，来评价和增强其风险管理的有效性、可控性和治理过程"。

《金报告》要求，公司应具有有效的内部审计职能，这一职能应得到董事会和管理层的尊重与合作。对于那些不愿意建立这种职能部门的董事会，该报告敦促它们在该公司的年度报告中披露其原因，并披露其实行的内部控制机制。内部审计职能是必要的，因为管理层可能无法充分识别和监控公司面临的风险。

如果董事会决定设立内部审计职能，它必须批准"内部审计章程",以界定内部审计活动的目的、权力和责任。此外,内部审计人员必须独立进行审计活动,客观公正履行其工作。作为内部监管部门,内部审计人员应提供审查工作的分析、评价、建议、咨询及管理相关资料。他们应该进一步提出建议,以减轻未来的风险。

● 该报告增加了一章有关综合可持续发展报告的内容。这一概念被解释为实现一种平衡的、整体的经济、社会和环境绩效(三重底线)。该报告敦促企业完善其信息披露实践,认识到企业和社区之间关系的重要性。为此,要求公司每年报告其社会转型、道德、安全、健康和环境管理的政策和实践的性质和程度。对于任何南非公司,该报告敦促董事会批露:

(i) 公司处理和管理艾滋病毒/艾滋病的潜在影响的战略、计划和政策。

(ii) 该公司的正式的、将黑人经济复兴计划纳入考虑的采购政策。

(iii) 该公司是否已制定并实施了一套确定的、基于明确道德行为准则的标准和实践。

在综合可持续报告体制下,《金报告》还论及社会转型问题,其中包括促进机会平等,特别是对先前处于不利地位的企业进行培训活动和员工发展提供平等机会。该报告敦促公司关注人力资本开发,因为这对于公司未来的发展前景会作出极大贡献。

● 该报告论及会计和审计制度,特别是外部审计。外部审计职能对由董事提出和准备的财务报表编制可以进行独立和客观的检查。因此,年度审计是所需权力制衡机制的重要组成部分,是公司治理的基石之一。在这种情况下,外部审计师应:

◆ 遵守商业和职业道德的最高水平,特别是他们的独立性不应受到损害。

◆ 客观、自觉地意识到他们对股东的责任。

◆ 与审计委员会合作,审计委员会的成员必须以知晓财务的非执行董事会成员为主。

◆ 将遵守和实施公司治理问题作为公司董事会和其他公司利益相关者之间的事项。不过,《金报告二》还可适用于:

▶ 在约翰内斯堡上市的所有证券公司;
▶ 银行、金融和保险机构;
▶ 某些公共部门的企业。

从上面的论述中,需要重点指出的是,《金报告二》重视董事会的正常运作是良好公司治理的关键所在。它所提出的标准和原则在众多的国家的标准中被提倡并予以采纳,特别是在英联邦国家,在1992年英国的Cadbury报告发表之后。[①]《金报告》的显著之处在于,它对良好公司治理采用了一种综合性方法,考虑到了社会、伦理和环境实践,以服务更广泛利益相关者的利益。

《金报告二》是在1994年后根据南非经济和全球市场的变化情势所起草的,本文对该报告的论文十分概括。该报告旨在阐述法律所界定的良好公司治理实践。必须强调的是,它无意取代法律,也无意修正南非有关公司治理的法律制度中所存在的缺陷。相反,该报告只是阐明法律所存在的缺陷,向有关当局提出建议。虽然在立法层面还没有采取什么措施来解决报告所指出的缺点,但是《金报告》仍不愧是公司治理文献方面的开山之作。

(四)《非洲发展新伙伴计划》的标准

《非洲发展新伙伴计划》是在2001年10月通过的,接着又通过了非洲同行审议机制(African Peer Review Mechanism, APRM)。这两个举措对于决定非洲大陆的未来具有重要意义。《非洲发展新伙伴计划》认识到发达国家在帮助非洲重回经济发展和增长轨道并在减少和消除贫困上发挥的作用。不过,非洲领导人现在意识到,来自发达国家的更多援助或贸易壁垒的消除还不足以使非洲大陆摆脱贫困(估计在46%)。领导人认为,互补的援助和消除贸易壁垒是必要的,应采取良好的公司治理形式。

非洲同行评审机制所涵盖的公司治理问题可归纳为下列五个主要目标:

---

① Armstrong, P., Segal, N., and Davis, B., *Corporate Governance: South Africa, a Pioneer in Africa. Global Best Practice*, Report Number 1, 2005, The South African Institute of International Affairs, Johannesburg.

● 为经济活动提供有利环境和有效的监管框架;

● 确保企业在人权、社会责任和环境可持续性方面尽良好公民之职责;

● 通过实现公司目标适用良好的商业道德守则;

● 确保公司公平对待其所有利益相关者(股东、员工、社区、供应商和客户);

● 规定公司、董事及高级职员的责任制。

虽然理论和实践存在差异,该机制仍然是一个改善非洲公司治理实践的重大举措。虽然许多人认为在非洲谈论公司治理法规过早,因为非洲公司私营部门非常小,资本市场相当不发达。与此相反的意见则认为,任何一个社会需要一套最起码的条件,可以帮助吸引外国直接投资,并鼓励当地人民进行生产性投资。

此外,同行审查机制的采用也推动了非洲公司治理方面的研究。研究是必要的,因为它最终会指出每个国家的优缺点,并建议如何消除弱项。值得一提的是,由于该机制的便利性,南非国际事务研究所在马拉维和加纳对同行评审机制进行了研究。它们的主要发现是,在理论/法律框架和这些框架实际适用之间存在差距。

虽然在理论上,任何双方当事人之间的合同都可依法执行,但法院缺乏处理案件的能力。这个启示对于两国提高法律制度是重要的。从另一方面来看,《非洲发展新伙伴计划》的努力同样重要。它将政治领导人是否愿意改变经济结构引入到良好公司治理的讨论中来,这对于经济转型过程是必需的。上述五个目标需要与经合组织或《金报告》的标准放在一起进行探讨和解释。

(五)来自标准的影响以及完善制度的必要性

大多数南部非洲国家的经济政策都经历了从半计划经济体制向市场为导向的体制的巨大转变。在南非,这一变革将种族隔离时代被排除参与经济活动的黑人社区纳入其中。大多数国家都采用了自由化的经济,并正对国有企业进行私有化。虽然私有化涉及所有权的改变并可能产生良好的公司治理的实践,但也需要制定私有市场体系的制度。①

南部非洲国家正在对财产权利和规则进行界定,并创设了扶持财产所有权的行业和组织。界定产权、私法契约、信托责任、纠纷解决机制的法律框架和私营企业准入和推出机制的法律框架正在形成。法院正加强提高他们在审理商业纠纷中的独立性。同时,为信用评级机构和消费者保护协会、会计师事务所、独立媒体的运作提供关键信息的监察机构也逐渐设立或得到加强。

总之,创造切实可行的公司治理制度至关重要。这些制度包括主要的行为者以及正式或非正式的规则。其中包括赋予公司法人人格、决定公司章程要求和根据公司所有人所持股票限制其责任的有关立法,以及发行交易公司股票和债务证券的立法,这其中包括有关债务证券的发行者与市场中介组织比如经纪人和经纪公司、会计师事务所、投资顾问责任承担的相关法律。行为者还包括证券委员会,它是经授权通过执行证券法来规范公司证券发行和交易的政府机构,还包括制定有适当上市要求的证券交易所。

公司必须满足这些条件才能上市,并在证交所交易其股票。另一个主要的行为者是具有完全独立的有效执行的司法体系。其他行为者还包括专业会计师协会、股票经纪人和董事会。这些都是界定和保持职业操守标准的重要组成部分。它们包括可以通过正式的或非正式的方式影响其成员行为的行业协会,如商会、证券市场行为的私人和公共监督者或诸如媒体这样的行为者。在采掘业,矿业商会已成为本行业知识共享的重要机构。

四、南部非洲实践中的公司治理

(一)引言

公司治理影响到国民经济各部门,包括私营和公共部门的企业以及财务部门的企业。文章这部分讨论了财政部门、采矿业和国有企业

---

① Gray, C. W., "In Search of Owners: Lessons of Experience with Privatization and Corporate Governance in Transition Economies", *Policy Research Working Paper Number* 1595. The World Bank, 1996, Washington DC.

公司治理问题。它记录了公司治理实践是如何融入这些领域的,并提出了应予关注的一些问题。

(二)金融部门

金融体系是任何经济中最重要的环节之一。其参与者众多并为金融市场提供指导规则。一般来说,非洲金融体系按照已建立的模式发展,经历了从货币市场到资本市场的发展。金融市场是一个能把借款人、储户结合在一起的由个人、机关、机构和程序组成的体系。

金融市场可分成两个主要市场:货币市场和资本市场。货币市场为融资期限为一年以下的短期资金市场,而资本市场为长期债务和公司股票市场。货币市场的主要功能是为商业、政府和个人满足短期现金需要提供流动性,而资本市场为未来现金盈余或赤字提供转让机会。这种定义很广泛,还包括按揭市场。

货币市场由因存款性质而无法提供长期融资的商业银行所主导。商业银行存款主要为活期存款,不能长期用于放贷。这抑制了金融中介的深化发展,因为资金没有从储户转移至贷款人。由于商业银行资产和责任的短期性以及调节准备金的要求,在许多国家商业银行无法提供长期资本,因此就需要建立资本市场。① 商业银行因长期投资政府国库券,致使无力贷款情况恶化,而私营部门又无法进入政府债券领域。很多商业银行持有资产中政府短期债券占了大部分比重。由于这些原因,资本市场已成为国内和国际资本流通的更好的途径。

为了资本市场正常运行,需要建立证券交易所、结算及交收系统、执行合同的法律制度以及向投资者提供有关亟待吸收投资的公司的可行性信息的体系。此外,资本市场的有效运作需给投资者带来信心,使他们相信自己的资金是安全的。总之,资本市场通过提供转移资金和获得大量本地和外国投资者的简单机制,为公司长期生产性投资资金的筹集和分配提供便利。此外,为便利储户和投资者,它们还扩大一系列的金融机制,增加金融体系竞争力。过去15年,随着自由化和私有化成为大多数非洲国家发展战略中的主题,资本市场的发展已成为私

① Kibuthu, W. G., "Capital Markets in Emerging Economies, A Case of the Nairobi Stock Exchange", Unpublished MA Thesis, 2005, The Fletcher School, Tufts University.

营部门发展的必不可缺部分。大多数非洲国家除了旧证券交易所外，还设立了许多新的证券交易所。事实上，1988 年非洲包括南非只有 7 个证券交易所，到 1995 年上升到 15 个，到 2002 年上升到 19 个。在南部非洲，大多数国家都设立了证券交易所，其股票市值正在增加。下表显示了所选南部非洲国家在 2002 年年底的证券交易所市值。

表 2002 年南部非洲证券交易所及市场资本化

国家	证券交易所名称	股票市场资本化(美元:百万)
南非	约翰内斯堡证交所	182,616
津巴布韦	津巴布韦证交所	11,689
博茨瓦纳	博茨瓦纳证交所	1717
赞比亚	卢萨卡证交所	231
纳米比亚	纳米比亚证交所	201
斯威士兰	斯威士兰证交所	146
马拉维	马拉维证交所	107

来源:Kibuthu (2005)。①

中央银行、商业银行、证券交易所、证券和外汇委员会是货币和资本市场的主要参与者。虽然已讨论过各商业银行和证券交易所的作用，但应注意的是，中央银行和证券委员会也扮演重要的角色。中央银行监管着货币市场，而证券委员会监管着资本市场。不过，资本市场内也有其他监管机构。我们已以抵押贷款市场为例说明了这一点。这意味着，有必要加强抵押贷款市场与其他机构同步立法和平等地调节各监管机构活动。大部分的良好治理实践都是在关注资本市场的情况下发展而来的，但其影响已扩展到其他方面。现在，我们集中关注所选择的南部非洲国家的资本市场发展情况，先从南非开始。

① Kibuthu, W. G., "Capital Markets in Emerging Economies, A Case of the Nairobi Stock Exchange", Unpublished MA Thesis, 2005, The Fletcher School, Tufts University.

1. 南非

本文在导论中指出,南部非洲大多数国家已处于政治以及经济转型期。在南非,自19世纪末期矿藏资源发现以来,私营部门对该国经济运行至今仍十分重要。直到1990年,南非经济被少数控制各种活动和投资的矿业金融公司所控制。它们主要在南非经营,要遵守严格的外汇管制法规并顺应该国的政治环境。事实上,这在很大程度上抑制了市场机制的正常运作以及以透明度和信息披露为表现形式的健全的企业文化的培育。①

阿姆斯特朗、西格尔和戴维斯②认为,这一问题由于政府和私营部门的过分"寻租"行为进一步恶化,经常牺牲员工和股东利益。这种状况通过广泛的机制,包括由集团控制和其他方法的集团内部交易,这些加剧了利益冲突。同时,资本市场和货币市场以少数保险和养老基金主导。有时会使用相互所有制结构,在这一结构内,仍以相同的私营部门机构为中心。所有其他经济领域的战略性行业都为国有企业掌控,而从来没有认真考虑治理问题。

以种族为基础的政治制度解体后,南非社会经济结构变化深刻。新政府实行了自由化的经济,特别强调资本市场的发展以及公司的复兴。③ 它也逐步对国有企业进行私有化。2001年和2004年间,一些国有企业如Telkom、Transnet、Eskom以及Denel的大部分股份将出售给私人投资者。这四家公司占南非最大的15个国有企业总资产约75%的比例。

到目前为止,以下这些公司已将其部分股份出售:SABC广播电台(100%)、Telkom公司(30%)、Sun Air(100%)、机场公司(25%)、南非航空公司(20 %)、Connex公司旅游(100%)、Transwerk Perway(65%)、夸祖鲁—纳塔尔Safcol(75%)、Eastern Cape North(75%)。还

---

① Kibuthu, W. G., "Capital Markets in Emerging Economies, A Case of the Nairobi Stock Exchange", Unpublished MA Thesis, 2005, The Fletcher School, Tufts University.

② Kibuthu, W. G., "Capital Markets in Emerging Economies, A Case of the Nairobi Stock Exchange", Unpublished MA Thesis, 2005, The Fletcher School, Tufts University.

③ Kibuthu, W. G., "Capital Markets in Emerging Economies, A Case of the Nairobi Stock Exchange", Unpublished MA Thesis, 2005, The Fletcher School, Tufts University.

有更多的企业被私有化，如 ACSA 的（航空）、Denel（国防）、Petronet（管线管理）和 Eskom 公司。公司治理已经成为这一进程的一大特点。作为非洲最大的单一经济体，特别是在南部非洲，南非预计在大陆事务中发挥更大的作用，这可以从其在非洲发展新伙伴关系和非洲以及其他次区域所进行的商业利益行为中所发挥的作用看出来。

改革后，南非的金融体系已经成为一个成熟和发达的经济部门。提高金融服务对经济的重要性，导致本地和国际投资者增加本地股票市场的投资活动。[①] 外国投资者通过施加压力（见第二部分中图一模型）对市场化改革和采用较高的公司治理标准起到了推动作用。此外，南非已加入世界贸易组织（WTO），会进一步推动国内监管改革，以建立一个以市场为导向的企业文化。

在南非，《金报告》有助于提高对良好治理的认识。《金报告二》的一些建议现在已纳入到《劳资关系法》（1995 年）、《就业基本条件法》（1992 年）、《就业公平法》和《国家环境管理法》（1998 年）中。同样，南非证交所（约翰内斯堡）的上市要求也已进行了广泛的修订。

约翰内斯堡证交所是非洲最古老的证券交易所，也是南部非洲领先的证券交易所。最初的约翰内斯堡证交所合并了南非期货交易所和南非债券交易所，成为南非证券市场改革的一部分。由于约翰内斯堡证交所是南部非洲数一数二的证券交易所，现在有人强力推动要求在南部非洲发展共同体内进行的交易符合约翰内斯堡证交所的上市要求。这意味着马拉维证券交易所、博茨瓦纳证券交易所、纳米比亚证券交易所、毛里求斯证券交易所和斯威士兰证券交易所需要与此一致。卢萨卡证券交易所已经以约翰内斯堡证交所为蓝本制定了相关要求。

约翰内斯堡证交所对上市规则进行了再次全新修订，将《金报告二》中的一些建议转化为强制性要求，并就其他原则的遵守方面适用了“遵守或解释”原则（comply or explain principle）。约翰内斯堡证交所的一个有趣特点是，市场资本化约占国内生产总值的 1.65 倍。[②] 这

① Kibuthu, W. G., “Capital Markets in Emerging Economies, A Case of the Nairobi Stock Exchange”, Unpublished MA Thesis, 2005, The Fletcher School, Tufts University.

② Id.

比一些发达国家如英国、法国、德国、甚至美国的程度都要高。《金报告》的建议同样影响到了银行业,导致南非《银行法》的修正,包括制定了一些具有治理性质的强制性规定、银行董事和高管对股东和储户的注意义务的法定化。

2. 津巴布韦

津巴布韦在1980年独立,该国一直都有相当多的私营部门。它有一个证券交易所,即津巴布韦证券交易所(ZSE),是根据议会通过的一项法案而设立的。《津巴布韦证交所法》和《公司法》规范津巴布韦境内的公司。目前,津巴布韦还没有资本市场监管机构。股份可以自由转让,股东权益在公司章程中作出规定。股东可以通过代理投票,基本上投票遵循了一股一票的原则。股东有提议、召集会议的权利,持有约5%股份的股东或50名股东可以要求该公司召开特别会议,而持有5%以上股份的股东或100名以上的股东可以要求对任何问题进行调查。然而,津巴布韦法律对外资持股比例限制为约40%,并且任一外国股东不得持有上市公司10%以上的股份。

尽管津巴布韦政治治理上有负面影响,而该国的商业法律制度被认为是很有效率的,该国成立于1995年的商业仲裁中心被认为可以充分、有效地解决商业纠纷。尽管没有资本市场监管机构,但津巴布韦证交所仿照伦敦证交所和约翰内斯堡证交所的规则制定了自己的上市规则。津巴布韦的董事协会(Institute of Directors)也很有效,实施了来源于英国《凯德伯瑞报告》(Cadbury Report)和南非《金报告》的公司治理标准。

英联邦秘书处与董事协会密切合作,为董事和股东提供培训。津巴布韦当前的公司治理标准包括下列规定,如必须设定最低的董事人数(2),必须任命审计委员会,至少一名董事必须居住在该国。公司治理标准中还有有关股东保护的规定。如果投资者在上市公司的股份达到35%的门槛,该股东须向少数股东作出要约。公司的重大决策如撤消董事、兼并和收购或自愿清算等事项必须得到75%的股东支持。会计和审计遵循的是国际会计标准。从商业的角度来看,即使人们担心政治治理标准可能会蔓延到商业领域,但津巴布韦的公司治理标准仍然很高。

3. 博茨瓦纳

博茨瓦纳是非洲一直奉行自由市场政策的少数国家之一。该国拥有一家证券交易所即博茨瓦纳证券交易所，这是一个由8人组成的委员会自我约束的证券交易所。该交易所在2003年开始全面运作，在此之前，安永会计师事务所代表政府管理交易所。2004年年初，交易所有16家上市公司。博茨瓦纳的上市公司必须遵守博茨瓦纳1994年《证券交易法》、1959年《公司法》和博茨瓦纳证券交易所会员规则及上市规则。

博茨瓦纳的上市公司大部分是外国公司，控股公司拥有70%～75%之间的股份，这意味着，实际上只有很小比例的公司在本地证券市场上市。截至2004年，博茨瓦纳还没有明确的公司治理规则，不过，大多数上市公司与南非密切联系，并遵守《金报告》中的南非公司治理标准。预计博茨瓦纳的所有公司都要遵循博茨瓦纳会计师协会所监督的国际会计标准。

博茨瓦纳的资本市场存在一些缺点。虽然1959年《公司法》和上市规则早有保护少数股东的相关规定，但博茨瓦纳的商法典需要修订，对公司治理事项作出安排。其他缺点是，博茨瓦纳的法院系统效率低下，该国没有专门的商业法庭。因此，一些商业案件需要等待一年的时间才能得到审理。博茨瓦纳没有专门立法涉及商业纠纷，该国也需要建立一个独立的监管机构。

4. 赞比亚

赞比亚经济改革经历了一个圆形循环，该国在1968年之前已开始市场经济，1968年至1991年进行国有化，1991年后又进行市场经济。1964年至1968年期间，几乎所有的企业为私有。采矿业是该国最大的部门，占50%的政府收入和66%的出口收入。所有矿藏由两个跨国公司操控：英美公司（Anglo American Corporation）和罗德西亚精选信托公司（Rhodesian Selection Trust）。

1968年后，通过穆隆古希（Mulungushi）改革，赞比亚几乎所有的制造业被国有化。其次是通过1969年的马特罗（Matero）改革使铜矿国有化。因此，从1968年到1991年，国家在经济中扮演着重要角色，拥有全国约80%的企业。然而，由于在此期间经济的不景气，随着外部和内部的压力,该国不得不进行改革,将国有企业返还给私人。赞比亚1991年的政治变革为改革提供了必要的环境。政府开放经济,并开始对国有企业进行私有化。迄今为止,该国282家国有企业中约259家已进行了私有化。

矿业巨头赞比亚联合铜矿(ZCCM)私有化后,被分割成更小单位,实行了所有权的多元化。还有一些企业等待私有化,其中包括该国的电力生产商和供应商赞比亚电力供应公司(ZESCO)、赞比亚国家商业银行(ZANACO)和赞比亚电信公司(ZAMTEL)。赞比亚全国广播公司(ZNBC)仍然掌握在政府手中。如果今后赞比亚遵循南非的做法,那么赞比亚全国广播公司也可能被私有化。

随着私有化的过程中,赞比亚政府也开始建立支持私营部门发展的机构。已创建最重要的机构是卢萨卡证券交易所(LuSE)和证券交易委员会(SEC)。截至2004年12月,卢萨卡证券交易所有12家上市公司和10家挂牌公司,拥有市场资本总值16.5亿美元。即使上市的发展适合于新兴市场,但外国投资者在卢萨卡证券交易所的交易从2003年的11%下降到2004年的4.82%。另外,国内投资者在卢萨卡证券交易所的交易从2003年的89%上升到2004年的95%。截至2004年12月,也有7万美元的净外资流出。

这只是意味着外国投资者出售的股票比买的股票多。作为交易所的目标之一是有助于调动外国投资,这种趋势令人担忧。同样要指出的是,没有一家矿业公司在当地上市,所以目前适用于上市公司和挂牌公司的公司治理标准并不适用于它们。不过,认识到这一点很重要,即卢萨卡证券交易所正与约翰内斯堡证券交易所建立联系,这可以用来实施公司治理标准,因为约翰内斯堡证券交易所要求在其他地方经营的南非公司必须遵守公司治理标准。

赞比亚还有一些其他在该国经营但在欧洲和亚洲注册的矿业公司。虽然欧洲注册的公司符合经合组织的公司治理标准,在赞比亚的亚洲公司似乎还不太关注环境和员工的安全标准。一个典型的例子是一家中国企业并不认为向其员工提供安全靴是必需的。

大多数公司要根据赞比亚《公司法》(赞比亚法律第388章)登记,该法规定了公司董事的最低数量,还规定公司可自主决定公司备忘录及公司章程。这些会界定公司的行为方式。问题是,只要许多公司是在卢萨卡证券交易所以外的范围运作,遵守标准就会流于空谈。这是因为赞比亚《公司法》规定,董事会可以自由选择会计标准。这基本上意味着,不同的公司在编制其财务报表时可以使用不同的标准,从而限制了公司之间的财务状况和业绩的比较。

在法律方面,和在该区域的其他国家一样,赞比亚已构建了选择性争端解决机制,以解决法院案件积压问题。不过,选择性争端解决机制似乎运行并不很好。不过,应提及的是,赞比亚商界也成立了董事协会,作为在成员公司内实施公司治理标准的方法之一。这似乎运作良好。

(三)采掘业

采掘业是指从地球上开采、挖掘或获取自然资源用于加工或直接出售的行业。在采掘过程中,它们可能会使一块土地贫瘠不堪,也可能通过倾销过多的土壤而影响其他部分的土地。在开采自然资源的过程中,它们也可能以固体废物的形式对外部环境产生负面影响,如空气和水的污染。这些活动需要监测,因为完全忽视这些活动,可能危及人类赖以维持生命系统的生物圈。这就要求在公司的运营中纳入可持续发展的概念。

可持续发展的概念要求今天的发展能够满足当前人口的需求,不破坏未来所需资源。这种方法认为,长期的规划、对需求的理解、维持人类得以生存的资源的可获得性以及限制资源的开发必须得到认可。在采掘业,这个认识甚至变得更加重要。控制或影响工业活动对人群健康和环境的影响的方法已在美国和西欧发生变化。而在以前则更重视立法和监管结构和行业的响应,现在工业主要制定有效的环境管理制度。

1992 年地球高峰会即在里约热内卢召开的联合国环境与发展大会(UNCED)就政府和企业如何合作以解决威胁人类生存系统的环境问题达成共识。对于工业而言,越来越多的人认为排放废物和废水对环境的影响是不可接受的。在世界许多地区,工业部门必须遵循环保标准。[1] 在采掘业,环境问题和企业社会责任排名较高,不过,关键是要推动它们在工业部门的实施。

一般来说,采掘业(石油、天然气和采矿业)在坚持它们所谓的“社会许可经营”(social liscence to operate)中面临巨大挑战,尤其是在发展中国家。传统的企业责任界限受到越来越多的压力。这些压力包括可持续发展议程的呼吁,越来越高的来自民间社会的期望,本国政府的政治需要,采掘公司与社区/民间社会之间的冲突,以及尊重人的尊严的企业文化和价值观的演变。只要自然资源开采发生在发展中国家或在偏远的、大多是欠发达的地区,公众就会期望当地社区和东道国应该能够从开采公司的活动中受益。[2] 其中一项利益就是财政回报的最大化以及负面环境影响的最小化。

经济利益的最大化以及环境负面影响的最小化的挑战并不是新的。许多不同的论坛中都进行过此类讨论,现在显而易见的是,实施和行动远远比空谈更重要。马莱克(Malaika)、李(Lee)和科齐尔(Koziell)指出,[3]国家应对这些挑战的方法之一是与主要利益相关者建立关系或结成伙伴关系。“多方利益相关者程序”(multi-stakeholder process)描述了对于某一特定事项旨在通过全新的通信和决策应对(以及可能的决策)形式将所有主要利益相关者汇集在一起的过程。[4] 它们建立在认识到在与利益相关者的沟通中实现公平、权责清晰及透明度的重要性的基础之上。

然而,迄今为止,与利益相关者的对话或使他们了解决策过程以及具体的后续行动的方式似乎大多数都是在临时的基础上组织和准备的。在Hemmati看来,[5]政府和政府间机构、工业界、非政府组织、地方

① Lungu, J. and Mulenga, C., *Corporate Social Responsibility Practices In the Extractive Industry in Zambia*, Mission Press, 2005, Ndola.

② Malaika, C., Lee, B., and Koziell, L., 2003, *Towards an Improved Governance Agenda for the Extractive Sector*, The Royal Institute of International Affairs, 2005, London.

③ 同上。

④ 同上。

⑤ Hemmati, M., *Multi-stakeholder Processes for Governance and Sustainability: Beyond Deadlock and Conflict*, London, 2002, Earthscan.

政府和其他利益相关者仍然在尝试各种方法。目前,采掘业对此问题的反应是什么呢？马莱克·李和科齐尔认为,①作为开始,世界银行集团已发布了《采掘业评论》(Extractive Industries Review)来探讨银行在采掘业的未来作用。这是正在进行中的工作,其目的是提供一系列建议,以指导世界银行集团在石油、天然气和采矿业的参与。

另一项举措是《矿业、矿产和可持续发展》项目。这是一个全球性矿业倡议的一部分,它已经完成了一项为期两年的研究项目,寻求了解矿业和矿产部门如何促进可持续发展。《矿业、矿产和可持续发展》项目受到可持续发展世界商业理事会委托(WBSCD),是集体行动的明确证明,但重组后的采矿业协会即国际矿业和金属理事会(ICMM)是否有足够的动力将工作推荐到实施阶段,还需拭目以待。

在石油和天然气部门,国际石油和天然气生产商协会(OGP)在2002年与国际石油工业环境保护协会(IPIECA)一起准备制定本行业的指导性文件。他们列出了他们认为重要的问题清单,以获得有关石油和天然气项目的社会方面的答案。另一项重大举措是商业发展伙伴(BPD)的“国家资源集群”(National Resources Clusters)计划。该项目一直关注公司、政府机构和市民社会组织的三方伙伴关系如何能够成为减少社会风险、促进社会和区域发展的一种有效方式。

此外,需要提及的是,2002年10月,英国皇家国际关系学会根据查塔姆研究所规则②主办了以“可持续发展研讨会:融资和监管责任”为主题的研讨会。研讨会着重探讨可持续发展的社会经济和环境方面的问题,研讨会目的在于了解采掘业在制定和实施发展协议的参与过程中迈出了多远。

通过以上所述可知,采掘业和工业集团在参与“伙伴关系”以及利益相关者程序以促进该行业管理和实施重要的可持续发展项目这一进

---

① Hemmati, M., *Multi-stakeholder Processes for Governance and Sustainability: Beyond Deadlock and Conflict*, London, 2002, Earthscan.

② 查达姆研究所守则(英国皇家国际事务研究所规则):遵守查达姆研究所守则召开的某个会议或会议的部分;其与会者可以自由使用在会议中获得的信息,但不得透露发言者及与之相关机构的身份;不得透露任何其他与会者及其相关组织的身份。——译者注

程中有了显著的进步。虽然这些国际努力一直在进行,但实际做法却不同。

例如,在赞比亚,所有矿业公司已免除环境责任。这就意味着,当涉及空气、水和环境污染时,社会对矿业公司还没有任何办法。虽然矿业公司声称,它们正在致力于实施与国际标准一致的健康、安全和环境管理体系,但根据采矿业事故数量以及不断恶化的空气和水的污染记录,似乎有所不同。矿业公司似乎认为,它们的核心业务是生产铜,其余的活动是不必要的,可以避免费用。①

虽然这一想法符合企业利润最大化的目标,但重要的是要意识到,公司是人、有形资产和信息的组合,公司所立足的社会是必然的利益相关者,因为它构成了公司经营的周围环境。在南非,一个被称为南德班社区环境联盟(SDCEA)的非政府组织与丹麦的Naturfredningforening(DN)的合作,收集了通过水和空气污染破坏环境的案例,以及这种污染对居住在污染企业周围的社区的影响。它们还收集了位于德班的Engen炼油厂和SAPREF(壳牌和BP)炼油厂的污染案例。这些企业有的在世界各交易所上市,人们希望这些企业尊重《金报告》和经合组织标准所提出的一些建议,但无济于事。

南非和赞比亚这几个例子在大多数南部非洲国家每天都发生,实际上,非洲的石油业就是如此,尼日利亚的情况更为清楚地证明了这一点。通过对采掘行业的简短论述,要认识到环境对企业周围社区的影响远比所有制结构更令人关注。这是因为采掘行业的大多数——如果不是全部的话——公司都是跨国公司,它们大多没有所需的本地资本,因为它们是在经营地国家以外募集资本的,它们的所有权结构不会影响当地社区。

(四)国有企业

尽管现在大多数南部非洲经济以私营部门企业为主,国有企业(SOEs)仍然发挥着非常重要的作用。在南非,国有企业仍然占该国的资本总额的1/4,并产生全国总储蓄额的大约1/3(阿姆斯特朗、西格尔

① Lungu, J. and Mulenga, C., *Corporate Social Responsibility Practices In the Extractive Industry in Zambia*. Mission Press, 2005, Ndola.

和戴维斯,2005 年)。[1] 在赞比亚,正如前面提到的,三个非常重要的机构(ZESCO、ZANACO 和 ZAMTEL)仍由国家控制。博茨瓦纳也有相当比例的国有企业。这只是意味着公共部门在南部非洲国家的资源分配中起着关键作用。

公司治理标准对经济影响巨大。在所有这些国家,公共部门企业通常缺乏行为问责制。在赞比亚,有许多报道指出,该国的许多公共机构包括当地政府有不当滥用金钱的行为却没有被追究相应的法律责任。即使不一定全面,但 ZANACO 公司的前执行董事的证词即公共部门的经理在决策时不会被人们质疑,仍能说明一定的问题。

莱索托一个公共机构的前负责人曾被一家国际公司行贿,以换取价值 2100 万美元的高地水项目合同。还有更多的欧洲公司被传唤至法院接受有关该工程项目的询问。在南非,对欧洲航空和航天公司(EADS)的调查显示,该公司曾对南非官员和政治家进行行贿,以换取国防合同。南非政府授予该公司 5000 万美元的合同,为其提供了数百万美元的军事装备。[2]

这些事例表明,在政治家的合作下,公司治理标准被政治家践踏,也表明了国有企业的董事会和管理层的弱点。这是因为在大多数情况下,董事会的成员都由政府的部长任命,并总是遵守所在党派的路线。大多数国有公司的首席执行官也由国家任命,也总是与任命机构打成一片。由于任命方面存在的任人唯亲,被任命的董事会或管理层通常无法抵抗来自政治方面的压力。众所周知,几乎所有的政府都有公共审计员以监督在公共部门包括国有企业的不当行为,然而,这些审计部门的人员往往无权直接指控违法者。

五、南部非洲公司治理面临的主要问题及挑战

在对本文进行总结之前,必须指出有关南部非洲公司治理讨论中

---

① Lungu, J. and Mulenga, C., *Corporate Social Responsibility Practices In the Extractive Industry in Zambia*. Mission Press, 2005, Ndola.

② Okeahalam, C. C., and Akinboade, O. A., "A Review of Corporate Governance in Africa: Literature, Issues and Challenges", A Paper prepared for the Global Corporate Governance Forum, 2003.

出现的问题。首先需要指出的一点是,所有考察过的公司治理标准都包含了一些基本要求,以保护股东的财产,如建立一个用于接受质疑、成员多样化、决策透明化以及权责明晰的董事会。此外,重要的是要将行政补偿与公司财政、社会和环境业绩的分红相结合,将它们与社区要求得到公正、合理的补偿结合起来。

这些公司治理标准还指出,公司需要为它们的环境、社会和金融活动制订计划,包括有效的评价机制。在董事会内部,这些公司治理标准坚持将所有非执行董事纳入常设审计中,设立赔偿委员会。应鼓励这样做,以免股东的财产被征收。虽然上市公司可能实施这些标准,但非上市公司很难实施这些标准,除非修改其他立法包括公司法,将公司治理问题纳入其中。

还有需要对资本市场同步立法,以确保可以解决多重监管的问题,并将抵押贷款市场纳入资本市场。在一些国家,证券交易所是自我监管的。重要的是,要让监管机构保护投资人的利益。为促使这些公司治理标准得到实施,还要加强南部非洲所有国家的公司法,因为该地区的许多公司都没有上市挂牌。此外,在许多情况下,即使几乎所有国家都存在会计机构,它们也往往倾向实行自我监管。这是另一个需要监管的领域。因此,可以得出的一般结论是,南部非洲的公司治理还面临监管方面的挑战。

《非洲发展新伙伴关系计划》已经表明,非洲可能有执行善政的政治意愿。然而,重要的是要加强《非洲同行评审机制》(APRM),以帮助规范南部非洲的商业环境,因为这些国家似乎还处于实施公司治理标准的不同阶段。《非洲发展新伙伴关系计划》应有助于在所有南部非洲国家采纳《金报告》和经合组织的标准。因此,第二个挑战是政治意愿。第三个挑战涉及政府创造出有利于宏观和微观经济环境的措施以吸引投资,并与私营部门不断进行对话以消除任何可能出现的误解。重要的是政府要保护财产权利,因为它们是可以做到这一点的唯一机构。在津巴布韦出现的政治治理问题可能蔓延到经济治理的担忧应该得到澄清,特别是因为这一问题出现在该区域每一个国家。

采掘部门的企业还面临着提高企业社会责任的挑战。目前对它们的付酬做法、对环境的态度还有负面影响,人们对它们的普遍看法是它们总追求利润最大化,这些都需要得到改善,这样,从事采掘业的公司也可以被人们视为良好的企业公民。

六、结束语

本文试图对公司治理的概念进行界定。为此,本文指出公司治理并不限于企业的运行方式以及管理层、董事会成员和其他股东之间的区别。本文认为,这个概念要广泛得多,因为它还包括公司活动的总体影响。总之,这个概念包括公司的企业社会责任,不仅仅作为慈善活动,还要作为该公司为所在国家发展的贡献。

这一概念框架也表明,了解公司以外的势力同样影响公司治理标准这一事实的重要性。这包括来自全球的压力以及来自当地的政治和经济环境的压力。在这方面,本文概述了由经合组织、《非洲发展新伙伴关系计划》和南非《金报告》所确立的公司治理标准。

这些标准对该次区域内其他公司运作的影响是显而易见的,即使仍需要做大量的工作。《金报告》的影响似乎通过证券交易所与约翰内斯堡证券交易发展联系而渗透到其他国家。这是良好公司治理的重要环节。然而需继续加强大多数国家有关企业的法律,强迫企业遵守国际公认的公司治理标准。这些立法对审计的规定不是很强,因为南部非洲国家的很多董事会有权选择自己的审计员,也有权选择审核标准。

本文进一步讨论了公司治理标准在金融业、采掘业和国有企业的适用情况。它提出了涉及采掘业的严重问题,如企业社会责任。它还指出,强调利润最大化已危及安全和环保标准,即使企业声称它们的运作机制与国际标准一致。总体而言,南部非洲地区有很强的运动,以改善政治、经济层面以及公司之间的公司治理标准。还需要做大量工作,加强立法以符合这一标准。

(朱伟东,湘潭大学法学院教授、法学博士,湘潭大学非洲法律与社会研究中心副主任;陈韦如,湘潭大学法学院2011级国际法专业硕士研究生)

非洲的选择性争议解决方式

[美]Jasinmine C. Dickerson*著
朱伟东　周　婷译

目　次

一、引言
二、非洲可适用的不同类型的选择性争议解决方式
三、非洲大陆纠纷解决的历史考察
四、非洲特定国家的选择性纠纷解决方式的服务和实践
五、非洲提供选择性纠纷解决服务的地区性组织
六、结语

一、引言

选择性争议解决方式(ADR)包括一系列可替代的、用以解决两方或多方当事人之间纠纷的许多程序。它被认为是商业经营以及冲突解决的一个较为高效的方式。因为冲突是许多商业交易中不可避免的产物,此类冲突的解决方式可能成为持续变化的商业关系的争执点和终结点。借助仲裁、调解、和解等争议解决机制,通过提供快捷可执行的裁决,选择性争议解决方式在有效解决各种商业纠纷中发挥了重要作用。由于非洲国内和国外的投资均在增加,在非洲大陆成立一个公平且有组织性的选择性争议解决方式组织势在必行。因为外国投资者对

* [美]Jasinmine C. Dickerson,纽约大学法学院。

非洲国家常受腐败、漫长而昂贵的诉讼程序以及缺乏有效的执法等问题困扰的司法制度深表担忧。①

在非洲，公司、政府、个人以及非个人组织都在寻找提供解决商业纠纷的最佳途径。“当在非洲进行商业活动或者与某个非洲国家进行商业往来时，将会有一系列可适用的法律与惯例影响商业活动的进行。企业与非洲国家或者非洲公司订立合同时，必须在纠纷问题出现以前考虑到法律对于合同关系以及仲裁程序的适用。”②本文首先概述了非洲大陆上商业纠纷的仲裁机制，接着介绍了非洲大陆上各种类型的选择性争议解决方式以及其发展历程，同时分析了几个国家和地区目前解决商业纠纷的机制。本文认为，当前非洲虽然存在选择性争议解决方式的架构，但非洲的选择性争议解决方式还需要完善、需要时间、需要合法性，这样它在该地区才能有效实施。

二、非洲可适用的不同类型的选择性争议解决方式

在非洲国家有许多不同的选择性争议解决方式。最普遍的是调解和仲裁。调解和仲裁常用于劳资纠纷，旨在维持现有的劳动关系，修复当事人之间的权利失衡问题。仲裁在解决纠纷中是诉讼前的最后一种途径。下面将深入描述可适用的不同类型的选择性争议解决方式。

谈判（negotiation）是一个自愿的非正式的方式，在谈判过程中当事人可以选择对他们来说最有利的方案。其结果通常是达成一项双方都能接受的协议。在这个非正式的过程中，通常对可能拿到谈判桌上的请求、证据以及利益没有限制。这使商业纠纷无须通过第三方得以解决，因此提供了一种更加（保密）能接受的协议。

调停（mediation）被用于纠纷当事人准备开诚布公地讨论问题的时候。这是一种选择性争议解决方式，公正中立的第三方调停人促使

① Barthelemy Cousin & Aude-Marie Catron, “OHADA: A common legal system providing a reliable legal and judicial environment in Africa for international investment”, www. ohada. com, Ohadata D－07－27.

② “Dispute Resolution in Africa: Questions and Answers”, http://www. internationalarbitrationlaw. com/dispute-resolution-arbitration-africa/, 2012.

双方在一个结构化的多级过程中协商,从而达成一个确定性的、双方满意的协议。调停人不能像仲裁员那样将一种解决方案强加于当事人。在调停程序中,调停人与当事人共同努力,推动当事人进行讨论,陈述他们自己的利益,引导他们形成一个公平、持久、可行、适合他们自己的解决方案。当事人在调停程序中发挥主动作用,要确定各种利益所在,提议合适的解决方式,对其他当事人的建议作出决定。"一个成功的调停可以通过摈弃前嫌、展望未来的方式,为当事人提供一个创造性解决其争议的机会。它主要的优点包括当事人控制整个过程,选择他们的调停人,并避免审判程序的使用。"①调停通常被视为一种和平解决纠纷的手段,是既存法庭审判机制和仲裁的一种补充。

当争议的当事人之间存在重归于好的可能时,通常适用调解(conciliation)方式解决争议。第三方调解人是一个被指定的中立者,推动当事人进行协商,然后根据他们所认为的公正妥协来制定一个解决办法。不像仲裁,调解的整个过程较少具有对抗性,在这个过程中,调解人试图发现所有被侵犯的权利或者被违反的情形,并寻找最佳的方式来弥补裂痕。"实际上,调解者可以被视为解决纠纷方式的设计者,这一点与调停相比也许是截然相反的,调停过程中当事人被引导着来设计他们自己的解决方式。"②调解人在纠纷解决中起着直接的作用,为当事人设计出了最佳的解决方案,并将最终成为调解草案。

仲裁(arbitration)把纠纷视作一种法律分析(合法的分析),基于授权和权利寻找一个解决办法。严格来说,"在国际纠纷中仲裁经常忽视个人的利益和需求,没有考虑文化差异对问题的影响"。③ 与诉讼相同的是,仲裁是一个裁判过程,在这一过程中单个仲裁员或者多个仲裁员将一个解决方案施加给当事人。与诉讼不同的是,仲裁通常服从仲裁员、当事人之间形成的保密协议以及仲裁地的法律。

当研究选择性争议解决方式时,必须记住,纠纷解决被视为一种在

① Brainch, Brenda, "The Climate of Arbitration and ADR in Kenya", Paper given to the Colloqium on Arbitration and ADR in African States, Kings College London, June 2003.

② 同上。

③ 同上。

国家法律法院之外的机制。仲裁是种类繁多的选择性争议解决方式中的一种，有时候包括像调停与仲裁、调解与仲裁的混合机制。值得注意的是，在仲裁中将有一个最终的有约束力的裁决，然而在其他选择性方式中，除非当事人达成一致，否则不存在最终裁断。认识到这一点非常重要，所以当纠纷出现的时候，一些非洲国家决定制定法律来限制如仲裁、和解的选择性争议解决方式。

三、非洲大陆纠纷解决的历史考察

在整个非洲大陆，一些特定国家和地区设立的选择性争议解决机构日益增加，在这些地区司法系统低效且缺乏公正性。仅在西非，就有16个以上地区性和当地纠纷解决机构为投资者提供服务，还有65个以上的律师事务所提供选择性纠纷解决服务。① 选择性纠纷解决方式对于非洲来说并不是一个新事物，早在殖民时期以前就有一种更为乡土的争议解决方式广为存在着。非洲国家"可以向其他国家借鉴丰富的经验。它们不需要经历选择性纠纷解决方式演化过程中的成长的烦恼，它们无需全盘照搬，只需取人之长、补己之短"。②

在大部分非洲国家，选择性纠纷解决方式是一种悠久的文化现象。和解是解决双边或多边关系中所产生的纠纷的一种传统方式。事实上，非洲社会通过传统的协商协议来解决纠纷。不幸的是，这些国家成为殖民地后，殖民政府用纠纷解决机制代替了古老的习惯法制度。有些传统的纠纷解决机制仅作为非正式的体制以及司法体系中较低级法院的形式得以留存下来。③ 在传统视野中，（村庄、小村庄、定居点、城镇）纠纷解决方式与人类传统和文化一样古老。习惯法作为团体内被

---

① T. Sutherland, and G. Sezneck, "Alternative Dispute Resolution Services in West Africa: A Guide for Investors", A Guide Sponsored by the Commercial Law Development Program US Department of Commerce, 2003.

② Brainch, Brenda, "Justice Sector Reform in Sub-Saharan Africa: Strategic framework and practical lessons", Dispute Resolution Centre, Kenya, November, 2006.

③ D. Kohlhagin, "Alternative Dispute Resolution and Mediation: The Experience of French Speaking Countries" Presentation at EACC Conference: How to Make ADR Work, in Addis Ababa, Ethiopia.

人接受的规则而被广为知晓,它是不成文的法律,它最值得称道的特点是它的灵活性。

在本土管理体制下,在过去和现在和解(reconciliation)仍是有些地方解决纠纷的主要方式。在肯尼亚,51% 的人宁愿选择向社区领导而不向警察反应问题,60%的人不使用法庭解决这一方式。① 比如,仲裁员或者和解人的角色由长者或者首领担任,所有的解决办法有益于维持村庄或者定居点的社会稳定。"任何人如果觉得当事人之间的纠纷会威胁到社区的和平,就可以启动和解程序。在这一程序中,当事人有机会阐述他们的案件和期望,但是最终的决定权在长者手上。通常所说的仲裁不是私下进行的,而是组织起来使整个团体都参与其中,因此,团体内的人员都会在场。当事人可通过这一程序化解恩怨,维持他们的友好关系。当一方当事人获得裁决时,整个团体都得以见证,并能监督是否执行。社会排斥或孤立对于有错一方当事人是一个强有力的制裁,因此裁决的执行就不再是问题了。"②这种解决纠纷的方式显示了非洲国家掌握传统纠纷解决的能力,以及更直接、更商业性地使用这种方式的能力。考虑到"商业的"(commercial)这个术语"有一个广泛的理解 ,包括商业性质的关系中所产生的所有问题,无论是是否是合同关系——包括简单的货物和商品的供应和交换",人们就能明白,甚至是村庄关系也能从选择性纠纷解决方式中获益,并可在较小规模上纳入非洲大陆的争议解决机制。③ 实际上,乌干达已见证了这一情况,1995年的乌干达宪法已将传统的习惯法合并到了审判程序,法官处理的包括商业性纠纷在内的所有案件,要求当事人先选择调解。该国2000年制定的《仲裁和调解法》规定了一项新的司法权力,允许法官将

① Brenda Brainch, ADR in the World: an African Perspective on Community mediation, 2007.

② Owasanoye, Bolaji, "Dispute Resolution Mechanisms and Constitutional Rights in Sub-Saharan Africa," UNITAR, 2001.

③ Brenda Brainch's comment on The UNCITRAL Model Law Footnote to Article 1, 2003.

案件提交和解解决，以达成友好的解决方案。①

这里所说的每一种选择性纠纷解决方式，比如像仲裁、和解、协商和调解均为当事人提供了诸多便利，被视为整个司法程序的补充。然而，调解是非洲社会传统习惯法的具体代表。贝宁是一个典型代表，贝宁全国有很多调解法庭，此类法庭能够处理与民法相关的所有纠纷。"调解记录移送到第一审法院后有两种情况：一是对成功的调解进行确认；二是如果调解失败，法院取得管辖权。"②如果调解记录被法院确认，它就获得了同法院最终判决一样的效力，当事人只能通过向更高一级法院上诉对相关法律问题提出异议。就这样，贝宁把调解、仲裁和司法程序综合成了一个独特的方式。它也表明，如果顺其自然发展的话，非洲大陆具有解决纠纷的潜力。

四、非洲特定国家的选择性纠纷解决方式的服务和实践

非洲大陆采用选择性纠纷解决方式的程度不尽相同，有的国家如南非、尼日利亚和埃及有比较先进复杂的选择性纠纷解决制度，有的国家如贝宁只是在底层方面以及特定行业采用选择性纠纷解决方式。非洲许多国家已经在商业领域加强选择性纠纷解决方式的实践。有些国家甚至制定法律来采用选择性纠纷解决方式，以减少法庭诉讼。例如，坦桑尼亚已经将选择性纠纷解决方式纳入了它的法律体系里。莫桑比克也制定了与世贸组织标准一致的《仲裁、调解、和解法》，使非法院体制内的选择性纠纷解决方式得以合法化。莫桑比克国民大会还同意修正《商法典》，允许商业纠纷用选择性纠纷解决方式解决。③ 这些国家的发展显示出了选择性解决方式在该地区的发展势头，以及它是如何与其他不同方式合并的。事实上，"加纳的立法也有此类默示规定，当需要的时候可以采用选择性纠纷解决方式。1993 年《法院法》授权作

---

① Owasanoye, Bolaji, "Dispute Resolution Mechanisms and Constitutional Rights in Sub-Saharan Africa", UNITAR, 2001.

② Kohlhagen, Domink, "How to Make ADR Work in Ethiopia", EACC Addis Abada, Supra at 8.

③ Brainch, Brenda, "Justice Sector Reform in Sub-Saharan Africa", Commercial ADR, Kenya, November 2006.

为司法机关的法院采用与特殊案件相适应的任何选择性纠纷解决方式以便促成和解。”①下面是对喀麦隆、马里、塞内加尔和肯尼亚四国当前不同选择性纠纷解决方式的具体实践的概述。

在喀麦隆,对于商业组织来说,采用仲裁、调解、和解方式是很正常的。政府也倾向于使用仲裁和调解。② 选择性纠纷解决方式的成功归因于选择性纠纷解决方式专家综合网的建立,这些专家得到喀麦隆企业家协会仲裁中心的培训(Centre d'Arbitrage de Groupement Interpatronal du Cameroon,“GICAM”)。GICAM 是一个专业性联盟,由喀麦隆 80% 以上的企业构成。该组织代表了喀麦隆 192 个企业,基本上占据了整个商业行业。GICAM 仲裁中心设在杜阿拉,可以为喀麦隆和中非地区的企业和个人仲裁服务。喀麦隆在 GICAM、非政府组织和司法部的帮助下,通过举办信息研讨会和讲座,扩大选择性纠纷解决方式的使用。③ 这些研讨会注重于讲解仲裁程序和合同条款,提高企业和个人签订调解和仲裁合同的能力。喀麦隆商会正在策划成立一个仲裁中心,专门针对保险行业的争议解决。在喀麦隆,私人律师事务所所从事的仲裁、和解、调解都是临时性的,这是因为根据该国《民商程序法典》第 3 条和第 4 条规定,调解是纠纷解决的第一道程序。④ 喀麦隆还是国际投资争端解决中心(ICSID)和非洲商法协调组织(OHADA)的成员国,这两个组织都有关于商事仲裁的其他规定和仲裁规则。

不像喀麦隆所取得的成就,马里虽然为商业纠纷提供了许多选择

---

① Brainch, Brenda, “Justice Sector Reform in Sub-Saharan Africa”, Commercial ADR, Kenya, (November 2006). 14. S72(1) places responsibility on the Bench and Officers of the Court to Ensure That it is Done. Amended Commercial Court Rules 2004 Reinforce This by Now Compelling Parties to a Pre-Trial Conference Where ADR is Applied, Outside the Court System, and before litigation although terms of Settlement are Entered as a Judgment of the court.

② http://baseswiki.org/en/Cameroon.

③ D. Kohlhagin, “Alternative Dispute Resolution and Mediation: The Experience of French Speaking Countries”, Presentation at EACC Conference: How to Make ADR Work, in Addis Ababa, Ethiopia.

④ No. 2003 - 2009 of 10 July 2003, No. 2007/001 of 19 April 2007, and Law No. 2002/004 of 19 April 2002.

性纠纷解决方式,但严格地来说都是不成熟的。[①] 马里的选择性纠纷解决方式要得到发展,首先要从政府的司法改革开始,这个项目将增强选择性纠纷解决方式在司法系统中的力度,并在马里工商会重新设立了仲裁中心,这一项目旨在推动在马里的司法体系中使用选择性纠纷解决机制,并推动国内新的仲裁机构的成立。值得注意的是,马里政府制定了两项法律来规范选择性纠纷解决的实践,马里《投资法》特别规定所有商业纠纷必须友好解决,如果不能友好解决就必须实行仲裁,[②]另一部法律授权通过仲裁解决与外国投资者有关的争议。[③] 马里工商会曾经为纠纷解决提供了仲裁和调解服务,不过,它正在进行改革,以模仿塞内加尔的仲裁中心。[④] 目前,马里的私人律师事务所和女性法律组织也提供和解和调解服务。女性法律组织是专门为女性服务的一个机构。

塞内加尔与马里相似,制定了几部法律,在不同的部门法中都规定了选择性纠纷解决方式,[⑤]但是,塞内加尔现有的解决仲裁案件的基础设施不稳固。塞内加尔所有的仲裁规则和条例必须与塞内加尔所参加的非洲商法协调组织所制定的规定一致。即使制定了法律使仲裁成为解决纠纷的一种途径,但仲裁也只是在塞内加尔小范围内实施。事实上,塞内加尔的大学正在推进普及法律和商业组织有关选择性纠纷解决方式的相关知识。塞内加尔在1998年成立了商会、达喀尔农工商联合会以及仲裁中心,为塞内加尔的商人提供仲裁服务。仲裁中心的当事人来自从国家能源公司到建筑公司的各行各业。塞内加尔共和国调

---

① Note:Mali is a party to the ICSID,NY Convention,OHADA,and the Code CIMA which could provide avenues for commercial arbitration outside of the national law and judicial system.

② Law No.91 -048/AN -RM,26 February 1991.

③ Decree 2956 of 15 September 1999.

④ T. Sutherland, and G. Sezneck, "Alternative Dispute Resolution Services in West Africa:A Guide for Investors", A guide sponsored by the Commercial Law Development Program US Department of Commerce,2003.

⑤ Law No.87 -47,Title XII,Art.332 -339,《海关法》规定了涉及海关争议的仲裁解决方式;Law No.97 -17,Title VI,Art.332 -339,《劳动法》允许采用仲裁方式解决劳资争议;Decree No.2002 -550,《公共市场法》也涉及ADR解决方式。

解局(Le Mediateur de la Republique de Senegal)是一个政府机构,专门调解国家和自然人或公司之间的争议。最近,塞内加尔司法部决定成立一个解决商业纠纷的调解中心。①

肯尼亚显示出了仲裁程序发展的终极机会。肯尼亚1995年《仲裁法》与联合国国际商事仲裁示范法几乎一样,调整肯尼亚的国内和国际仲裁。该法案要求提出仲裁的当事人达成一个书面的仲裁协议,任何纠纷当事人都可达成书面仲裁协议。当事人选择一位仲裁员(或者仲裁庭),仲裁员要适用肯尼亚的实体法,但控制着仲裁程序和进程。②肯尼亚的仲裁也受仲裁规则的调整。根据肯尼亚《仲裁法》第40条的授权,肯尼亚在1997年5月6日制定了《仲裁规则》。而且,肯尼亚的特许仲裁委员会也制定了一些仲裁规则,以调整仲裁程序。肯尼亚宪法也规定"国家立法必须提供包括协商、和解和仲裁方式的选择性纠纷解决机制,以解决国家间纠纷(如国民与国家政府之间的纠纷)"。③

尽管选择性纠纷解决方式在肯尼亚新宪法和民事立法中有所发展,但肯尼亚并没有建立一个完善的选择性纠纷解决方式框架,或者说没有用一种系统化的方式将选择性纠纷解决方式并入到法院体系中来。和解和仲裁在商事法院及其程序中以及在更为非正式的土地纠纷解决机构中依然有可用性。当前,特许仲裁委员会、纠纷解决中心以及调解培训机构为调解员提供培训,同时也提供调解服务。肯尼亚特许仲裁委员会成立于1984年,它监督、推动和促进仲裁以及其他选择性纠纷解决方式来解决争议。肯尼亚特许仲裁员协会分会大概有300个注册成员,有一支知识渊博、经验丰富的仲裁员队伍,可随时指定仲裁员。④ 当当事人通过协会选择仲裁员时,协会依靠会员关系管理仲裁活动。肯尼亚也是纠纷解决中心(the Dispute Resolution Centre)所在地,该中心是一个独立的、非营利性组织,通过仲裁和占主导地位的和

① Government of Senegal, http://www.gouv.sn/ 2012.

② http://baseswiki.org/en/Kenya. 2009.

③ §189 (4).

④ Chartered Institute of Arbitrators, http://www.ciarbkenya.org/. 2012.

解、专家裁断以及早期中立的评估，有效、经济地解决了许多纠纷。[①]当前，在肯尼亚有关仲裁机构的合法性以及司法机构对仲裁裁决的执行方面仍有许多工作要做。不过，该国已启动了几项有关选择性纠纷解决方式的培训，以便司法部门、法律行业和学者能够了解这一机制。[②]

当国家不存在有关选择性争议解决机制的具体计划和方案时，在这些国家完善选择性纠纷解决机制框架或在出现商业争议的情况下，一些地区性组织的选择性争议解决机制可以填补这一缺漏。

五、非洲提供选择性纠纷解决服务的地区性组织

根据所在的非洲区域，非洲国家的当事人涉入商业纠纷仲裁时有几个处理选择方式。虽然非洲的一些地区性组织成立较晚，还存在着一些组织和合法性方面的担忧，但它们在提供商业纠纷的选择性规则和平台方面朝正确的方向上迈出了前进的一步。

非洲商法协调组织(OHADA)是根据1993年10月17日所签署的条约而成立的一个超国家组织。该组织由撒哈拉以南16个国家组成，他们是：贝宁、布基纳法索、喀麦隆、中非、科摩罗、刚果、科特迪亚、加蓬、几内亚、几内亚比绍、赤道几内亚、马里、尼日尔、塞内加尔、乍得和多哥。[③] 非洲商法协调组织的主要目的是促进区域融合，推动经济增长，通过确保成员国的商法统一来创设一个安全的法律环境。一旦部长理事会通过一项有效的统一法，该法将推翻成员国内与之相矛盾的法律。该组织在1999年通过了《仲裁法统一法》，该法案采用了选择性纠纷解决方式的实践，制定了程序规则，为成员国提供了一套执行机制，并创设了一个重要的区域性选择性纠纷解决中心：司法与仲裁共同

---

① http://www.disputeresolutionkenya.org.

② Brainch, Brenda, "Justice Sector Reform in Sub-Saharan Africa", Commercial ADR, Kenya, November 2006.

③ T. Sutherland, and G. Sezneck, "Alternative Dispute Resolution Services in West Africa: A Guide for Investors", A guide sponsored by the Commercial Law Development Program US Department of Commerce, 2003. 该组织现在有17个成员国，刚果民主共和国在2012年9月加入该组织。——译者注

法院。《仲裁统一法》统一并取代了各成员国的仲裁法。司法与仲裁法院有潜力和能力解决包括商业纠纷在内的复杂问题。

亚非法律协商组织(AALCO)是由亚非两洲47个国家组成的国际性组织。1978年,亚非法律协商组织建议成立地区性国际商事仲裁中心。[①] 目前已设有四个地区性国际商事仲裁中心:吉隆坡地区国际商事仲裁中心、开罗地区国际商事仲裁中心、拉各斯地区国际商事仲裁中心、德黑兰地区国际商事仲裁中心。所有的仲裁中心都遵守联合国国际贸易法委员会仲裁规则,旨在提供一个被广泛接受的国际仲裁标准。所有地区国际商事仲裁中心所在国都是《纽约公约》的签署国,因此,它们作出的裁决可以在其他缔约国得到执行。来看一下尼日利亚的拉各斯地区国际商事仲裁中心,该中心促进并管理国际商事仲裁。该中心提供与仲裁有关的建议和帮助,还有其他纠纷解决的选择方式,如协商、和解、调解。在这个中心处理的纠纷必须是国际性的,但是案件的当事人可以是个人、企业或者国家。[②]在这里受理的案件主要涉及石油业,目前正向矿产业和知识产权方向扩展。

东非法院(East African Court of Justice)是由东非共同体建立的。东非共同体是一个区域性的政府间组织,由布隆迪、肯尼亚、卢旺达、坦桑尼亚和乌干达组成。该共同体旨在推动东非经济、社会、文化和政治一体化。历史上,这些国家已在该地区建立了几个贸易和关税联盟,东非法院是该地区齐心协力合作的结果。该共同体通过根据《东非共同体条约》第9条建立的几个部门和机构而运作,东非法院就是这些机构之一。东非法院成立于2001年11月,是一个临时法院。该法院有10个法官,每一成员国指定2位法官。[③]

东非法院对条约的解释和适用有管辖权。同时对如下三类案件有仲裁管辖权:一种是共同体或其任一机构作为一方当事人的合同和协

---

① For a discussion of the history and purposes of AALCO see its website www.aalco.int.

② T. Sutherland, and G. Sezneck, "Alternative Dispute Resolution Services in West Africa: A Guide for Investors", A guide sponsored by the Commercial Law Development Program US Department of Commerce, 2003.

③ Establishment and Composition of the East African Court of Justice, http://www.eac.int/eacj.html. 2012.

议中的仲裁条款授予了此类管辖权;第二种是成员国之间就条约所发生的争议,而争议各成员国根据特殊协议将争议提交东非法院处理;最后一种情况是商业合同或协议中的仲裁条款规定将管辖权授予给东非法院。① 这个法院有潜力成为该地区解决跨国商业纠纷的权威机构。它公布的一系列仲裁规则和程序与其他国际性、地区性组织的规则和标准有所不同。② 目前,成员国以及区域内的人并没有认真对待这个法院的潜在作用。因此,旁观者也不确定这个法院是否能形成一个区域性的纠纷解决机制。自2000年以来,在成员国和东非共同体的共同努力下对该法院的结构进行了完善,巩固了其在该地区的地位,采取了包括与成员国的国家法律体制合作以防止共同体法律体系的碎片化,允许东非国家的公民享受该地区法院的服务,更好地组建法院结构,提高法院的透明度,扩大法院的管辖权以及缓解人力和财政资源不足的问题等措施。③

非洲ADR(Africa ADR)是一个创建于2009年的非营利性的、管理纠纷解决的机构。④ “非洲将成为在非洲的投资者和商人之间、非洲之内和非洲之外的商业团体之间以及国际商业团体之间的仲裁桥梁。非洲ADR能够促进仲裁文化在非洲的传播,推动国际贸易的发展。”⑤ 非洲ADR最初由南非仲裁基金领导的一个多国指导委员会管理,指导委员会通过仲裁、调解、和解在所同意的地点为整个非洲大陆提供全面而完善的争端解决服务。该机构已经在毛里求斯路易港、莫桑比克首都马普托、南非的比勒陀利亚、约翰内斯堡、开普敦建立了仲裁地点。

非洲ADR为调解和仲裁制定了不同的规则和条例,以确保所有的商业纠纷能够通过最适合的纠纷解决方式得到有效的管理。和国际商会仲裁院(ICC)一样,该组织也成立了一个秘书处,来处理仲裁或调解

---

① East African Court of Justice, "Strategic Plan:2010 - 2015", April, 2010.

② East African Court of Justice, "Arbitration Rules of the East African Court of Justice", http://www.eacj.org/docs/EACJ_Arbitration_Rules.pdf, Arusha, Tanzania, 2004.

③ Brenda Brainch, ADR in the world: an African perspective on community mediation, 2007.

④ www.africaadr.com.

⑤ Kuper, Michael, Chairman of the Arbitration Foundation of Southern Africa.

程序方面的问题。[1] 非洲ADR提供了一个现代、快捷、高效、温和的跨国纠纷解决机制。正如在其他仲裁机构看到的情形一样,合同双方当事人必须在合同中通过语言选择在该机构进行仲裁或调解,这样,才能利用非洲ADR的程序和规则。[2]

当在非洲国家进行商业活动时,除了需要了解上面所列出的组织和各种条约外,还应对其他一些知名的条约和组织有所了解,包括西非经济和货币联盟、中非经济货币共同体、非洲货币联盟、南部非洲发展共同体等。还有一点也非常重要,在非洲国家经商或者解决商业纠纷时,还要了解争议可能涉及哪些双边或多边条约。

六、结语

选择性纠纷解决方式在非洲大陆的重要性正在逐步增加。非洲许多国家已经通过商会建立了相关的和解、调解和仲裁服务机构。虽然有时候缺乏组织和财政资金,但是这些国家在非对抗性的纠纷解决方法上的努力,对增加国内外投资至关重要。在这个过程中,最大挑战是在当前的司法框架内找到此类机构存在的合法性,特别是在一个将大陆法、普通法和习惯法合并的多元化国家内。采用如联合国国际贸易法委员会《国际商事仲裁示范法》和《纽约公约》这样的国际仲裁规则,可以帮助投资者减少对仲裁裁决执行的担心。一国的司法部门应成为这一进程中必不可少的一部分,以确保成功执行裁决以及仲裁、和解、调解与实际执行之间的顺利转化。只有时间将会说明,选择性纠纷解决方式在解决商业纠纷中的影响力和成功性。

(朱伟东,湘潭大学法学院教授、法学博士,湘潭大学非洲法律与社会研究中心副主任;周婷,湘潭大学法学院2012级国际法专业硕士研究生)

---

① For more information regarding the exact language and rules to the Africa ADR, visit Africaadr. org.

② For more information regarding the exact language and rules to the Africa ADR, visit Africaadr. org.

国际法

《华沙公约》和《蒙特利尔公约》第18条评述

唐 卫*

目 次

引言
第一章 第18条调整的范围
第二章 承运人的责任期间
第三章 责任期间内的证据规则
第四章 航空运输中出现地面运输情形时承运人的责任期间
小结

引言

当国际航空运输业在第一次世界大战后发展起来时,并没有同时产生很多规范其运行的相关法律规则,而这时的海运已经发展了几百年,有着相当完善的规则。民用航空本身的属性使得民用航空中存在很多复杂的法律问题需要调整,所以从一开始这个行业面临的一个实际而重大的问题就是已经发展完备的海运法律体系是否可以适用于航空运输,是否能够将它的一些规则借鉴到航空运输中来。从法律渊源

* 本文作者系四川大学法学院国际法专业2010级硕士研究生。

上来看,1929年的《统一国际航空运输某些规则的公约》(简称《华沙公约》)是受到1924年的《统一提单的若干法律规则的国际公约》(简称《海牙规则》)的很大影响的。在海运中有关于承运人责任期间的规定,在制定《华沙公约》时,公约的起草者们就借鉴了海运中的这一规则,在公约中也写入了航空货运承运人的责任期间的规定。只是《海牙规则》中规定的承运人的责任期间是"钩到钩"的原则,即承运人的责任期间起于货物在起运港挂上吊钩,终于货物到达目的港时卸下吊钩。而《华沙公约》第18条中规定航空货运承运人的责任期间是行李或货物在承运人掌管下的期间,无论是在航空站内、航空器上或在航空站外降落的任何地点。

既然责任期间是确定承运人是否适用《华沙公约》体系的规定的重要时间标准,承运人究竟需要在多长的期间内对所承运的货物承担责任也就是一个很有必要加以讨论的问题。在《华沙公约》关于货物运输承运人的责任期间的规定主要包含在第18条当中,在第31条中也涉及货物运输责任期间的内容。在民用航空当中,由于国际货物运输本身的特点,和对有关公约的规定本身的不同理解,使得航空货物运输中承运人的责任期间的确定与其他运输方式相比更加复杂。为了求得统一的标准和法律适用,对《华沙公约》的修改一直没有停止,直到1999年的《统一国际航空运输某些规则的公约》(简称《蒙特利尔公约》)诞生。1999年由52个国家签署的《蒙特利尔公约》中关于货物运输承运人责任期间的内容仍然主要规定在了第18条当中,公约的第36条和第38条也进一步完善了承运人责任期间的规定。《蒙特利尔公约》是《华沙公约》全面现代化的产物,在航空货物承运人的责任期间的问题上总体是和《华沙公约》一致的,两者间存在很高的一致性,但是在细微处也做了相应的修改,《蒙特利尔公约》的这些变化是以《华沙公约》在国际航空中的实践为基础的。因此对于国际航空运输中承运人责任期间的问题本文将主要以《华沙公约》和《蒙特利尔公约》第18条为主要线索来加以讨论。

第一章 第18条调整的范围

航空货物运输可以追溯到1871年,在当时的普法战争中法国人用热气球把政府官员、物资和邮件等运出被敌军围困的巴黎。在第二次世界大战中,日军切断作为中国战时最后一条路上交通线的滇缅公路后,为了打破日军对中国陆地运输通道的封锁,中美两国被迫在印度东北部的阿萨姆邦和中国云南昆明之间开辟了一条转运战略物资的空中通道,用飞机将抗战物资从南亚运往抗战后方。这条空中通道就是日后著名的"驼峰航线"。这可以看作是现代国际航空货物运输的开端。在战后由于航空运输具有速度较快,适于鲜活、季节性商品、电子产品,破损率低、安全性好等优点而在民用领域得到迅速发展。货物运输已经成为民用航空运输的重要组成部分,根据成员覆盖 118 个国家、拥有 240 家航空公司的国际航空运输协会(IATA)的统计,该协会成员在 2010 年的货运总量为 4400 万吨,其中 30 万吨为国际货物运输。[①] 因此,责任期间的确定对于国际航空货物运输的承运人有着越来越重要的意义。而在《华沙公约》和《蒙特利尔公约》中关于货物运输承运人的责任期间的内容主要规定在了第 18 条当中,哪些问题属于《华沙公约》和《蒙特利尔公约》第 18 条所调整的范围也就是一个首先要加以讨论的问题。

第一节　《华沙公约》第 18 条调整的范围

《华沙公约》第 18 条规定:"1. 对于任何登记的行李或者任何货物因为毁灭、遗失或者损坏而产生的损失,如果造成损失的事件是在航空运输期间内发生的,承运人应当承担责任。2. 上款所指的航空运输期间包括行李或货物在承运人掌管下的期间,无论是在航空器上、在航空站内或者航空站外降落的任何地点。3. 航空运输期间不包括在航空站以外的任何陆地运输、海运或河运。但是此种运输是在履行航空运输合同时为了装载、交付或转运货物而办理的,在没有相反证据的情况下,所发生的任何损失推定为在航空运输期间发生的事件造成的损失。"承运人根据《华沙公约》第 18 条的规定对基于航空运输合同的财产损失承担责任。该条明确表示不适用于按照《国际邮政公约》的规定而办理的运输和旅客自己随身携带的行李。第 18 条第 1 款设置了赔偿责任,责任的持续期间是由第 2 款规定的。第 3 款规定了陆运和

① http://www.iata.org/pressroom/facts_figures/fact_sheets/pages/iata.aspx.

水运在何种情况下也可以计算在责任区间以内。与其他交通法律法规的条款类似,承运人要对特定时间段的货物损害承担责任的原则同样适用于航空法。与其他交通法规对比起来,这段责任期间不是开始于接受和终于交付,而是航空运输期间。这个期间在第18条第2款中定义为货物在承运人的掌管下的期间,不论是在航空站内、航空器上或在航空站外降落的任何地点。

《华沙公约》第23条规定:“企图免除承运人的责任或定出低于本公约所规定的责任限额的任何条款均属无效,但是此种无效条款不影响整个合同的效力,合同仍然受到本公约规定的约束。”从第23条的规定可以看出承运人的责任是强制的,不能通过订立更低标准的责任而得到减轻或者是免除。但是,承运人可以通过证明自己已经采取一切必要的措施以避免损失的发生或是采取这样的措施是不可能的来减轻自己的责任。另外,只有在1929年的《华沙公约》第20条第2款中规定了承运人可以通过证明损失的发生是由于驾驶上、航空器操作上或领航上的过失,而且承运人及其代理人已经采取一切必要措施时,承运人才可以不用为货物的损失承担责任。这条规定已经在《海牙议定书》中删除了,因为随着航空技术的发展和成熟,这些已经不能再成为承运人免除责任的理由。然而修改后的《海牙议定书》第23条规定“由于所运货物的固有缺陷、品质或瑕疵所引起的遗失或损坏,本条的第一款不予适用”。这种规定在1929年的《华沙条约》中是不可能出现的。

在《华沙公约》第17条中,承运人对旅客运输的责任限定在航空运输期间的“事故”导致的责任,但是货物和登记的行李方面,承运人将对责任期间的任何“事件”导致的损失承担责任。与旅客伤害责任不同,对货物和登记行李发生损害所承担的责任不要求以有意外事件的发生为前提条件。再者,事件不是发生在实际的航空运输的过程中,承运人的责任也可能发生,按照第18条的规定,货物或行李在航空站内这种责任就可以产生。这样相较于对于旅客的责任期间,承运人对于货物的责任期间被延长了。

航空运输除了会运输货物和登记行李外,还会运送相当数量的邮件。然而第18条不能用作航空邮件损坏的索赔依据,因为在《华沙公约》第2条第2款中明确规定航空邮件服务不受公约的调整。相应地，有关法院判决判定承运人对邮件运输限额责任只受国内法的调整。Lerakoli Inc. v. Pan American World Airways, Inc. [①]案件当中，1980年，Lerakoli Inc. 作为寄件人，将声称装有珠宝的11个包裹交由邮局[The United States Postal Service (USPS)]，通过挂号信的方式从纽约寄到比利时，邮局将这11个包裹分别装在了3个邮袋中，交付给了要飞往比利时的航空承运人也就是案件中的泛美航空公司，但是这些邮件没有到达日的地。其中，两个邮袋并没有到达比利时，并且再也没有找到，第三个邮袋被寄到了德国，打开邮袋的封条后邮局发现原告的包裹从邮袋中失踪了。原告声称由此造成了400万美元的损失。因此1983年邮寄方作为原告向纽约东区地区法院提起诉讼。法院判决，被告泛美航空公司运输航空邮件时，由美国、比利时和其他一些国家一起签订的调整航空邮件运输的《洛桑公约》(the Lausanne Convention)已经生效，因此美国和比利时之间的航空运输邮件应当由该公约来调整。虽然泛美航空不是该公约的签署者，但是它作为邮局的代理人也应当受到该公约的约束。对于被告提出的《华沙公约》的诉讼时效的条款的抗辩，法院认为国际间的航空邮件运输是不适用于《华沙公约》的。

后来该案上诉到美国联邦第二巡回上诉法院，法院维持原来的判决。《洛桑公约》是一个调整美国国内和国际邮件运输的国际公约、联邦法律和政府规章的集合体。《洛桑公约》第44条规定，邮政当局只对挂号邮件的丢失负责，挂号信丢失的，每件邮件寄件人只能获得40金法郎(francs)[②](15.76美元)的赔偿 。航空承运人作为邮局的代理人在国际邮件运输中也可以适用《洛桑公约》对于没有送达邮件的责任限额的规定。航空邮件的托运人能否不仅找邮政当局索赔损失，同

---

① Lerakoli Inc. v. Pan American World Airways, Inc. 83 F. 2d 33, 54 USLW 2426, C. A. 2 (N. Y.), February 05, 1986 (No. 196, 85 - 7503), Westlaw.

② 此处虽然英语版本的原文用的是"francs"，但是并不是指作为法国货币的法郎，而是指普安卡雷法郎。普安卡雷法郎是在普安卡雷任法国首相期间预定要铸造的金法郎，但是后来并未实际铸造。为了和法国的法定货币区分开来，许多人也直接称它为金法郎。它是《华沙公约》所采用的国际货币单位，按照《华沙公约》第24条第4款的规定，金法郎为65.5毫克、纯度为900‰的黄金。

时也找承运人赔偿的问题由《第4号蒙特利尔议定书》予以回答了。之后对第2条第2款的解释为,根据相关的法律条款,承运人应当对在运输途中造成的邮件损害向邮政主管机关承担赔偿责任,但是,不对第三方包括托运人承担责任。

因此,《华沙公约》调整的范围包括以下几个方面:第一,调整的对象是已登记的行李和货物,不包括旅客和邮件;第二,调整的运输方式是航空器运输,除了第3款规定的情况外,不调整航空器运输以外的运输方式;第三,承担责任的期间为航空运输期间内;第四,导致损害的原因是发生在航空运输过程中的事件。另外,第18条规定的这种责任是强制性的,不能通过订立其他的合同条款来规定比公约更低的责任限额或者免除承运人的责任。

第二节 《蒙特利尔公约》第18条调整的范围

《蒙特利尔公约》是《华沙公约》体系经过1955年《海牙议定书》、1961年《瓜达拉哈拉公约》、1966年《蒙特利尔协议》、1971年《危地马拉议定书》和1975年四个《蒙特利尔议定书》等多次修改后的最新成果,是《华沙公约》全面现代化的产物,它的规则在整体上与《华沙公约》是保持高度一致的,但是也全面总结吸收了《华沙公约》在实践中的经验,在具体规则中作出了完善和修改。这一特点在《蒙特利尔公约》第18条的制定上同样很突出地存在。《蒙特利尔公约》第18条规定:"1. 对于因货物毁灭、遗失或者损坏而产生的损失,只要造成损失的事件是在航空运输期间发生的,承运人就应当承担责任。2. 但是,承运人证明货物的毁灭、遗失或者损坏是由以下一个或者几个原因导致的,在此范围内承运人不承担责任:(a)货物的固有缺陷、质量或者瑕疵;(b)货物包装不良,而货物的包装是由承运人或者其受雇人、代理人以外的人完成的;(c)战争行为或者武装冲突;(d)公共当局实施的与货物入境、出境或者过境有关的行为。3. 本条第一款所指的航空运输期间是指货物处于承运人掌管下的期间。4. 航空运输期间不包括航空站外的任何陆地运输、海运或内水运输过程。但是,此种运输是在履行航空运输合同时为了装运、交付或转运而办理的,在没有相反证明的情况下,所发生的任何损失推定为在航空运输期间发生事件造成的损失。承运人未经托运人同意,以其他运输方式代替当事人各方在合同中约定采用航空运输方式的全部或者部分运输的,此项以其他方式履行的运输视为航空运输期间。"《蒙特利尔公约》中第18条的调整范围和《华沙公约》基本上是一致的,只是在第18条的用语上有所变化。《蒙特利尔公约》第18条第1款规定中只使用了"货物"(cargo)这个词,而不是《华沙公约》中所使用的"登记行李或者货物"(any registered luggage or any goods),对于行李损失的责任规定在了第17条当中。对于承运人承担赔偿责任的强制性,《蒙特利尔公约》第26条仍然规定承运人的责任是强制的,不能通过订立更低标准的责任而得到减轻或者是免除,任何这种条款的无效并不影响整个合同的效力,该合同仍然受到本公约的约束。《蒙特利尔公约》和《华沙公约》一样不适用于国际航空邮件运输。此外,对于责任期间的规定上也有一些变化,《蒙特利尔公约》进一步延长了承运人的责任期间,改变了承运人责任的归责原则,增加了替代运输的规定,具体内容将在下面予以讨论。

第二章 承运人的责任期间

按照《华沙公约》第18条第1款的规定,承运人要为发生在航空运输期间的登记行李和货物的毁灭、遗失和损坏而产生的损失承担法律责任。第2款将航空运输定义为行李或货物在承运人的掌管之下,不论是在航空港内、航空器上或是航空港外降落的任何地点。这样公约定义的责任期间就和大多数交通运输法律有所不同。在其他的运输法律中一般规定承运人的责任期间是从接受货物开始到交付货物结束。《华沙公约》是参照两个标准定义责任期间的,第一个是货物所在的地点,第二个是承运人掌控货物的事实。《华沙公约》第18条第2款的规定在实际适用中产生一个疑问:需要同时满足这两个标准,还是只需要符合一个标准,可以构成公约中规定的航空运输期间?

按照《华沙公约》第36条的规定,法文文本是唯一可信的文本,与其他翻译文本相比具有优势地位。原本法文条款第18条的规定,航空运输同时包括"掌管货物"和"在航空港内、航空器上"这两个准则。这同样得到英译文本第18条第2款的支持。这就意味着在一个案件中只有两个标准当中的一个时不能被认为是公约第18条下的航空运输。

例如,航空器降落在机场外的情况下,货物虽然在承运人的掌控下,但是却不在航空港或是航空器上,就不受第18条的调整。如果承运人在他航空站外的办公室储存货物,那么货物处于承运人掌控的条件就已经满足,但是货物在航空港或在航空器上的要件没有满足,也不能说货物已经处于公约中规定的航空运输期间内。两个标准必须要同时满足才可以。在United Stables v. Pacific Western Airlines①(即国际联合马房设备公司诉太平洋南方航空公司案)案件中,原告买了6匹马要从新西兰运到蒙特利尔。整个运输过程中除了在檀香山休息时外,马匹都一直在航空器上。在从檀香山到旧金山的途中,一匹马跑出了它自己在飞机上的小隔间,变得难以控制并因此而威胁到航空器的安全,因此机长下令击毙了这匹马。在案件审理过程中,承运人就声称虽然马已经在航空器上,但承运人并没有因此就掌控这些马,因为这些马有其训练有素并配带麻醉剂的训练者陪伴。法院采取的立场却是即使有其他人照看货物,但是承运人仍掌控货物,这仍然构成航空运输。另外,有训练者陪护这个问题在马匹因为疾病或操作不当导致死亡时会更有说服力。遇有托运人或收货人协助照料货物时,并无排除承运人责任的意思。整个第18条是意图延长航空运输期间,让它能包含在航空器起飞前和降落后的一段时间。第18条第2款的目的在于修正责任开始和结束的时间,并没有在有承运人或收货人协助照管货物时排除承运人责任的意思。因此,马匹的损失是发生在公约中所采用的"承运人掌管期间"内,货物的毁灭发生在航空运输期间。

第一节 对于"掌控"的理解

在其他种类的运输法中,承运人的责任是基于应有的谨慎义务。承运人不仅要运输货物,还需要将货物置于自己的掌控之下以避免货物发生损害。尽管如此,调整国际航空运输的《华沙公约》却没有对掌控这个术语给出明确的定义。法语中被翻译为"charge"的"la garde",不仅仅是照看属于别人的物品的意思,还包含应当尽到包括保护、应有

---

① 1969 Carswell BC 53;68 W. W. R. 317,5 D. L. R. (3d) 67;British Columbia Supreme Court;March 26,1969;Westlaw.

的谨慎和管理货物的义务的意思。[①] 因此,在实践中对“掌控”存在一种严格解释,这种解释要求托运人和收货人完全放弃对货物的控制,实际的控制货物的权利和义务移交给承运人。

但是这种对掌控一词的严格解释也受到了反对。反对的意见认为第18条第2款的意义和目的是为了延长承运人对损害的责任期间,这种责任不仅发生在实际的运输中,也发生在货物在航空港、航空器上和机场以外降落的任何地方,只要货物还在承运人的控制之下,他就应当保护货物不受损害和丢失。这就不要求承运人实际的控制和拥有这些货物,也不要求托运人放弃其所拥有的对货物控制权的可能性。承运人的主要责任是安全地运输货物,为了能够做到这一点,托运人不得不把货物交给承运人,这样承运人才能掌管货物。在目前的情况下,承运人不得不执行不属于日常职责的多个任务。承运人为了实际控制货物而协助托运人完成的任务不能构成对承运人不利。至少,在单独的案件中,应当仔细地检查承运人仅仅是协助托运人还是实际上掌管货物,因而由他完全控制货物和承担责任。

《华沙公约》仍然没有涉及的一点就是承运人是只能由自己亲自掌管货物,还是可以使用第三方提供的服务来完成。托运人希望承运人接收货物后能在运输过程中保障货物的安全,但是,并没有期望承运人独自完成这些工作。另外,托运人想要确定在他和收货人对货物进行处置的权利可能性丧失后,承运人对货物的掌控没有在这一时间点也同时丧失,从而不会使货物可能存在无人照管的情况。因此,即使承运人让第三方代其履行合同义,货物仍然在承运人的掌管之下和在他的责任范围内。在这种情况下讨论承运人是否通过与其他公司签订保管货物的合同等形式而设立地面运输服务并没有太多的意义。在所有的这些情况下,承运人与托运人之间的合同关系是不受影响的,新加入运输的第三方和托运人之间并不会产生新的法律关系。承运人的责任并没有因为将货物移交给一个第三方保管就结束,这并不会免除承运人的义务。这就意味着在着陆后,货物由第三方储存直到交付给收货人的这个期间仍然属于航空运输期间。当货物单独由托运人的受

---

① 《新世纪法汉大词典》,外语教学与研究出版社2005年版,第1233页。

雇人和代理人照管时,因为托运人此时仍掌管货物,因此托运人自己要对这个期间产生的损害负责,而不是承运人或者承运人的受雇人、代理人。

第18条第2款中对掌管货物给定了限制因素,即货物必须在航空器上、遇有在机场外降落时的任何地点或在航空站内。当货物在航空器上时并没有争议,这种情况下的货物是处于承运人的掌管之下的。因此,装载和卸载货物之间的这段时间是在责任期间的范围内的。任何情况下的被迫降落都不会终止承运人对货物的控制,劫机还是技术性的故障都不例外。另一个因素就涉及在货物装载之前和货物卸载之后的一段时间,在这段时间里要求货物必须是在航空站内,才能说是在责任期间内。因此,承运人只对在空中和地面产生的货物损害负责,对于在地面的责任只限定于在航空站的范围内,超出这个范围的将不再承担责任。这里又出现了同样的问题,就是《华沙公约》并没有对航空站给出定义,只能参考《国际民航组织公约附件14》中的定义。其规定为"机场就是一个在地面或水上的拥有建筑、设备和设施的,全部或部分用于飞机的降落、起飞和地面活动的限定区域"。[①] 因此,机场就是一个地点固定的区域。因此,某些活动,像货物的存储,因为机场本身的空间的限制而不得不在机场外进行的,就不能认为是发生在机场内,进而就不受公约规定责任的调整。在 Victoria Sales Corp. v. Emery Air Freight, Inc. [②]案件中,作为被告的 Lassen 公司要将一批医药产品从法兰克福运到纽约, Victoria Sales Corp. 作为货物的收货人。货物从航空器上卸载后就储存在 Emery Air Freight 离机场不到1/4英里处的仓库里。但是当原告来取自己的货物时,却发现货物丢失了。法院认为本案不适用《华沙公约》。在审理中,被告表示对于第18条所使用的语言应当考虑现代商业的实际情况,这样的话, Emery 的仓库,即使在航

---

① 原文" Aerodrome: A defined area on land or water (including any buildings, installations and equipment) intended to be used either wholly or in part for the arrival, departure and surface movement of aircraft. Annex 14 to the Convention on International Civil Aviation. "

② Victoria Sales Corp. v. Emery Air Freight, Inc, 917 F. 2d 705, 59 USLW 2261, C. A. 2 (N. Y.), October 22, 1990 (NO. 90 - 7041, 1257, 1418, 90 - 7131) Westlaw.

空站外,也应当被认为是航空站的一个功能组成部分,视为在航空站内。这样货物在仓库的这段时间也应当算在航空运输期间内。

虽然知道商业的实际情况会迫使仓库坐落在航空站实际的范围之外,但法官还是认为这种辩解理由应当加以拒绝,因为这样的解释得不到公约本身所使用的文字的支持。对《华沙公约》第 18 条的解释应该按照文字的字面意义来,得出唯一的一种合理的能经受推敲的解释。而且条约本身的表述不能通过解释来修改。通过司法判决将这种解释加入到公约中的做法是不能被允许的,也是违反当时公约起草者的原意的。如果这样解释的话,第 18 条对于排除在航空站外的陆地、河运和海运的规定就形同虚设。第 18 条的规定将航空站的边界作为分界线,公约排除在航空站外的任何运输。虽然第 18 条也创设了一个推定,但是这种推定是可以被确实的证据推翻的。案件中大家对于货物是在 Emery 的仓库里丢失这一点都没有异议。因此法院判决货物的丢失并不在《华沙公约》规定的航空运输期间内。

General Elec. Co. v. Harper Robinson & Co[①]. 案件中,通用公司作为原告,Harper Robinson & Co.、Tri-State Motor Co.、J. H. Rose Truck Line Co. 和法国航空公司为被告。被告 Harper Robinson 是一家报关行,Tri-State Motor Co. 是一家运输公司,法国航空公司是航空运输的实际承运人。1988 年 6 月 21 日左右,印度航空公司签发了一张从印度孟买运输一个喷气式发动机给俄亥俄州的通用公司的空运单。法国航空公司将该发动机从孟买运到了纽约的肯尼迪机场。发动机在抵达机场后将被运到俄亥俄州的埃文斯代尔。本案的被告 Harper Robinson & Co. 准备了发动机通过美国海关的通关文件,并顺利地通过海关。被告 Harper Robinson 还安排了同样作为本案被告的 Tri-State 公司、将发动机从肯尼迪机场运到俄亥俄。原告通用公司、被告 Harper Robinson 之间的协议的条款和运输条件载于两张发票上。一张发票是 Harper Robinson & Co. 提供准备和递交入关文件的服务。另一张发票涉及由 Harper Robinson & Co. 安排内陆运输。在 1988 年 6 月 29 日,Tri-State

① General Elec. Co. v. Harper Robinson & Co., 818 F. Supp. 31, E. D. N. Y., April 01, 1993) [No. 89 CV 3452 (SJ)] Westlaw.

用平板拖车来运送发动机,之后发动机用叉车装上了平板车。原告声称法航的工作人员告诉 Tri-State 的驾驶员说发动机并没有超高。驾驶员在装运之前也没有实际去测量发动机的高度。Tri-State 离开肯尼迪机场,通过高速公路将发动机运往俄亥俄州。在开行大约 20 分钟后,发动机撞上了立交桥,并对发动机造成损害。在 Tri-State 最终将发动机交给法航时,发动机再次撞上了立交桥。Tri-State 公司是根据它和通用公司的运输合同来运输货物的,而该合同将 Tri-State 公司的责任限制为 10 万美元。

这个案件的一个焦点问题同样是损害是否发生在《华沙公约》第 18 条定义的航空运输期间内。原告通用公司认为本案中,《华沙公约》不适于由于法航的疏忽而导致的赔偿,因为发动机的损坏发生在 Tri-State 公司载着发动机离开机场以后。该案件的法官同意上面说到的 Victoria Sales Corporation v. Emery Air Freight, Inc. 案中法官的观点:第 18 条的规定将航空站的边界作为分界线,公约排除在航空站外的任何运输。法院认为,法国航空公司将通用公司的发动机运到了纽约并交给了 Tri-State,在离开肯尼迪机场后直到发动机撞上立交桥,发动机都被装在拖车上在高速公路上行驶,发动机的损害很明显不是发生在航空运输期间内。既然案件中损害是发生在高速公路上,第 18 条关于发生在航空运输期间的责任推定的规定已经被成功地推翻,此时的航空运输期间已经结束,因此法院认为《华沙公约》不能适用于原告对于法国航空公司由于疏忽的索赔。既然损失不是发生在航空运输期间内的,《华沙公约》在这个案件中不予适用,原告应当按照与 Tri-State 签订的地面运输合同,向其主张赔偿。

在解释承运人的责任时,对于责任发生的地点,判例法国家倾向于紧密联系《华沙公约》第 18 条第 2 款的规定,将机场的界限作为是否承担责任的分界线。即使承运人的行为与航空运输有关系,但是限于机场的空间有限而不能在机场内进行而发生在机场外时,承运人将不会因此而承担公约规定的责任。但是这样做的结果就是,如果承运人同时拥有的两个仓库,一个在机场内,一个在机场外时,在承担责任时将面对完全不同的情况。

承运人的责任在什么时候开始、何时结束可以通过掌管、在航空站内和在航空器上以及参考第18条第3款来确定。一般情况下,若有证据证明损害是发生在航空站外的地面运输过程中。换句话说,就是从托运人的住所搬运货物到机场或从机场搬运货物到收货人的住所地的过程并不属于航空运输期间,而只是为完成航空运输合同的辅助性工作,在这种时候承运人已经不再受到航空运输合同的调整。这个规则也适用于承运人根据国际航空运输协会运输条件或自己的运输条件做的接驳服务。在这种地面运输造成的损害的情形下,承运人的责任不是以第18条为基础,只适用按照合同协商适用的国内法或者其他运输公约。若不能证明损害发生的地点的,由承运人完成的这段航空站外的地面运输就仍然推定处于航空运输期间内。

从上面的分析来看,承运人在第18条之下的责任的开始和结束的时间已经很清楚了:通常情况下,要是承运人在航空站外边接收货物并获得对货物的掌管的权利,那么航空运输开始的时间为货物通过航空站的大门,也就是进入航空站的界内的时间;如果承运人只是在航空港内从托运人或他的代理人处接管货物,运输并没有从货物通过航空港的界限进入航空港时开始,而是从承运人实际获得对货物的控制权时开始。航空运输的结束时间是当承运人同意在机场外交付货物的情况下,货物离开目的地的航空站;否则为在机场将货物交给收货人时。

承运人掌管货物的时间在其他领域的运输法中也同样是起着决定性作用的限制承运人责任的标准。在大多数关于运输货物的国内法和国际规范中,掌管货物的期间的标准是“接受”和“交付”。虽然不同的条款实际使用的语言可能不一样,但是所涉及实际操作的过程是一样的。CITEJA(航空法专家国际技术委员会)的公约初稿同样也涉及货物的接受和交付,交付的说法也出现在了《华沙公约》第18条第3款中。依据公约,航空运输责任期间的开始和结束也应该由接受和交付货物的时间决定。只是在实际的案例中存在对这些术语的不同的理解,理解的不同就会对案件的结果产生不同的影响。这里结合相关的案例对这些术语进行界定。

第二节　什么是航空运输中的“接受”

用在货物运输中的“接受”一词的通常定义就是以运输为目的由承运人受领货物后占领或保管货物的行为。在承运人掌管货物时,托运人不用移交对货物的所有控制权给承运人,因为这样交付所有控制权的解释并不能从《华沙公约》第 18 条或任何其他条款得出来。只要货物在承运人的控制范围内的要求得到了满足,承运人就处于保护货物不受损害和丢失的地位。尽管航空运输责任期间和其他运输方式的责任期间在规定上有所不同,但是承运人对货物的掌管也必然应当是从接受货物开始的。那么,对货物的接受从什么时候开始算起呢?实践中,对货物的接受直到承运人有机会去检查核对货物的具体情况时才发生。在 General Electric v. Circle Air Freight① 案中就出现了对于这个问题的讨论。

1990 年 9 月,通用公司(GE)和货运代理 Circle Air freight Corporation(CAC)签订了一份运输合同。合同为 CAC 从纽约运送一个通用公司所有的拖拽式水雷探测器和它的相关设备到普莱塞海军系统在英国朴茨茅斯的朴茨茅斯造船厂。这些货物直到 1990 年 9 月 5 日下午 10:02 才到达 CAC 在纽约劳伦斯镇的仓库,而这时伴随着货物的托运人指示信(Shipper's Letter of Instruction,SLI),已经被 CAC 的仓库管理员写上了时间和日期。CAC 的空运单在 1990 年 9 月 6 日签发。在通用公司与 CAC 签订让 CAC 作为间接承运人的合同后,CAC 与法国航空公司签订了让法航作为直接承运人,将设备运到伦敦希斯罗机场的合同。这份协议的内容作为法航在 1990 年 9 月 7 日签发的空运单的一部分。CAC 在 9 月 7 日当天或 7 日左右将设备交付给了法航。CAC 在空运单中将 Circle Freight International("CFI")指定为收货人。这就表示 CFI 将作为其在英国的货物代理人(break-bulk agent)。通用和 CAC 都同意经过巴黎运输,因为没有现成的直达希斯罗机场的航班。货物在 9 月 8 日搭乘法航的航班离开肯尼迪机场并在 9 日到达巴黎的奥利机场后在同一天搭乘法航的另一架航班飞往伦敦的希斯罗机场。当货物到达希斯罗机场时,包装货物的箱子看起来状况良好,之后货箱被放在了法航在机场的仓库内。然而,当 CFI 将货物

① General Electric v. Circle Air Freight, Not Reported in F. Supp., 1997 WL 129400, S. D. N. Y., March 20, 1997 [No. 92 CIV. 6333 (KMW)], Not Reported in F. Supp., 1997 WL 129400, S. D. N. Y., March 20, 1997 [No. 92 CIV. 6333 (KMW)], Westlaw.

在9月13日左右运到朴茨茅斯时,一个普莱塞的雇员注意到货物已经损坏了。

案件审理中,空运单签发的时间是一个重要的争议焦点。通用公司声称被告不应该被允许援用《华沙公约》有关责任限制的条款,因为他们在CAC签发空运单以前就接受了货物。通用依赖的是《华沙公约》第9条的规定,该条明确规定:"如果承运人接受货物而未填写空运单……承运人将无权援用公约中有关排除或限制责任的条款。"通用主张该规定的要求是空运单必须在接受货物或接受货物之前就签发。

从而,这个案件的情况就涉及《华沙公约》第9条所用到的"接受"(accept)的定义问题。当通用在1990年9月5日下午10:02将货物交付给CAC的仓库时,仓库管理员并没有在当晚收到货物时签发空运单,但是他却在托运人的指示信上填写了时间和日期。CAC的代理人在第二天早上开始工作并按照托运人指示信的内容核对货物后就签发了空运单。通用主张对货物的接受发生在CAC的仓库管理员在SLI上填写时间和日期时。CAC辩称,对货物的接受要直到有人检查SLI和查对货物的重量、尺寸体积、数量和状况后才能发生。法官注意到CAC的解释遵循的是海运承运人的程序,在海运中承运人给出一个与SLI相像的收据,随后在出发之前开出提单。虽然海事法院认为第9条的文字表述是"清楚的",但是也说在"公约第9条没有提供明确指导"时,仍然允许看到公约背后的意图。[①] 另外,当一个条款的解释语言仍然是不清楚的时候,法院就不应当孤立地只看某个条款,而应当"考虑其他条款的规定和公约的整体目的"。[②]

第9条的目的就是要通知托运人公约的适用和有关的责任限制条款,如第8条第q项。不管通用是在1990年9月6日晚上还是7日早

---

① Maritime Ins. Co. Ltd. v. Emery Air Freight Corp. 983 F. 2d 437, 1993 A. M. C 933, 61 USLW 2437 Westlaw.

② Lisi v. Alitalia-Linee Aeree Italiane, S. p. A., 370 F. 2d 508, 512 (2d Cir.), Westlaw。在该案件中法院拒绝按照《华沙公约》第3条第2款的字面意思仅仅要求交付客票,而是支持考虑其他条款和公约的整体目的。

上收到CAC开出的空运单的,都不会明显地影响其通知通用公司《华沙公约》的适用。总之,在货物起运之前就已经通知了通用公司公约责任限制条款的适用。当法官把第9条和其他的条款一起看时,法官认为公约的起草者并没有在公约的其他地方对空运单的签发时间有要求。第5条第2款规定,在空运单缺失、丢失和不合规定的制裁中并没有特别要求空运单的签发时间。如果公约的第9条对签发空运单有时间要求,这将影响到公约的其他条款。另外被告也指出如果公约起草者打算将“接受”理解为“将货物交给承运人时”,那么他们会像在公约其他的条款中一样用清晰明确的语言表述出来的。比如第22条第2款中规定的那样,“在将行李交给承运人时”托运人需要特别声明行李的价值。

最后,事实证明,通用公司所主张的第9条的目的在于表示接受货物的立场与实际操作中的交付和接受货物是不相符的。法官认为,如果因为卸载货物和签发空运单之间的时间不同而支持通用公司关于被告不能援用责任限制条款的观点,那么承运人和托运人之间的业务将会改变。特别是为了不让托运人在下班时间内发货,承运人将需要显著地增加他们的员工或者是在下班时间内拒绝接受货物。所以,法官认为对第9条中的“接受”应该作出这样的理解,对货物的接受直到CAC的代理人在1990年9月7日开始工作,检查货物并签发空运单时才完成,任何其他的解释都将给承运人和托运人的商业行为带来不可实行的限制。

当承运人已经接受货物并掌管货物后航空运输就开始了,只要接收是在机场,这些货物不一定需要立马就由飞机运输。如果为了将货物储存在承运人在航空站内的仓库而将货物交付给承运人,就应当认为承运人已经掌管货物,要为货物的丢失负责。即使这样的损失发生在实际的航空运输开始之前。如果托运人的代运人用他自己的交通工具将货物运进航空站内的,在货物跨过航空站的界限进入航空站内后,不管货物只是在航空站内还是已经进入承运人在航空站内的仓库当中,承运人并没有获得对货物的控制权。不管怎样,承运人需要采取进一步的行动以接受货物,获得对货物的控制。这种行动将会使托运人失去对货物的控制,使货物处于承运人的掌管之下。因此,如果货物是由卡车运进航空站的，当托运人让承运人处于能够接管货物的地位并且开始卸载货物以表明他的确愿意这样做时，对货物的掌管才移交到承运人手中。对货物的接受按照《华沙公约》第11条第1款的规定，可以通过空运单来予以证明。同样从前面说过的国际联合马房设备公司诉太平洋南方航空公司案法院的判决中，可以得出当这些马由它的训练者在没有承运人的雇员或代理人协助的情况下被从卡车上引导到承运人的集装箱时，承运人并没有立即掌管案件中涉及的马匹的结论。

第三节 航空运输中的交付

交付(delivery)在运输法中的通常定义，就是承运人默示地或明示地赞同收货人实际控制货物，放弃对货物的掌管行为。这与交付是否发生在运输合同中约定同意的地点没有关系，只要收货人赞同交付就可以了。在抵达同意的交货地点之前就已经交付的，承运人不对从实际交货地点到原定交货地点之间的运输期间产生的损害承担法律责任。承运人对货物的掌管随着对货物的交付而结束，但是前提是承运人要让收货人可以没有任何困难地将货物置于自己的占有之下。收货人不是必须实际地占有货物，但是承运人则必须要放弃对货物的占有。

第四节 在接受和交付期间的掌管

从上面的讨论可以看出，只是货物到达目的地并不构成交付，责任期间也不是在机场卸载货物就宣告结束。责任持续的时间为从承运人储存货物到交付给收货人。责任也同样延展至货物在整个运输过程中间的短暂储存。航空运输合同覆盖了货物由承运人掌管的整个期间。因而承运人对于在他所有的航空站内仓库中货物的失窃也是要承担责任的。[1] 承运人的合同责任在他将货物交付给收货人时才算履行完成。损失发生在将货物移交给收货人或者其授权的代运人之后的，也就是发生在航空运输已经结束之后的，这种损失承运人不再需要承担任何的责任。但是，当有关货物运输单据上签署的收货人没有实际收到货物时，通常认为交付并没有完成。当被授权代理人或收货人为了获得海关必要的文件而签订写有“收到货物有序良好”的票据，但是货

---

① Westminster Bank Ltd. v. Imperial Airways Ltd., *King's Bench Division* [1936], 2 All ER 890, *LexisNexis*.

物实际仍然在承运人位于航空站内的仓库中保存时,承运人仍然应当承担责任。这种情形下应当认为航空运输还没有结束,因为文件性的交付并没有终止对货物的掌管,只有实质地交付了货物才构成对货物掌管的终止。但是,如果收货人或是被授权的代理人在完成文件性的交付后,在无任何障碍的情况下拖延实际的交付货物的话,情况就不同了。要是收货人长时间地拖延接收货物,那么承运人的责任期间也不能无限地被延长,它将被认为在完成单据性的交付时就已经结束。之后承运人对货物的存放将按照保管合同处理。如果收货人拒绝接受货物,承运人的责任也没有结束,收货人拒收货物时,承运人要通知托运人并向其请示如何处理。托运人如果没有指示或是货物在海关,承运人的责任就到此结束。收货人拒收,又需要将货物退回给托运人时,直到将货物交付给托运人,承运人的责任才结束。

既然是要将货物交给一个有权收货的人才能满足责任期间结束的要求,很明显的是,承运人在机场将货物交给他的代理人或者是受雇人的情况肯定是不能构成责任期间的结束的,因为货物仍然处于承运人的掌管之下。承运人的责任期间并不会因为他放弃对货物的占有而结束,只有当其同时也满足将货物交付给一个有权接受货物的人时才能够终止。因此我们就不能认为将货物交给一个没有权利接收货物的人就可以结束第18条规定下的承运人的责任期间。有权接受货物的人是指空运单上填写的收货人或者是得到收货人授权的代运人。在集体装运需要分发的散货运输中,被授权的代理人被视为收货人。如果托运人要求把货物交付给空运单上填写的收货人以外的人,那么这个人也是有权接收货物的人。要是收货人提名一个代运人作为有权的收货人,那么将货物交付给这个代运人就可以结束航空货运合同。空运单上填写的需要通知的人不是有权利接收货物的人,那只是在货物到达时需要承运人通知的人。将货物交付给空运单上填写的需要通知货物到达的人,如果有权的收货人不能收回货物,就应当认为在运输期间发生了损失。相似的情况还有,当承运人将货物交付给了没有得到适当授权的人时,他的责任期间也没有结束。这种情况下,承运人如果可以证明他是在认真精心地检查了未经授权的代理人递交的通过欺诈的方式获得有关文件后,没有发现问题才交付的货物,那么可以引用第20

条规定的免责事项,不对由此产生的损失承担责任。

按照《华沙公约》第 30 条第 1 款和《蒙特利尔公约》第 36 条第 1 款的规定,连续运输的承运人在合同中由其办理的一段范围内作为运输合同的订约方。那么在一个连续运输中,当一个承运人将货物移交给下一个承运人时,他的责任期间也就相应地结束了。当前一个承运人的责任终止,下一个承运人的责任开始时,可能会出现两种不同的情形:第一种是当货物被装载到下一承运人的航空器上时他的责任终止,这种情况下肯定是转运货物,也就是在从上一架航空器上卸载货物,再将货物装载到下一架航空器之间发生的行为,是由上一个承运人的受雇人或代理人来完成的;第二种情况就是在上一个承运人的雇佣人员或代理人将货物卸载下来后,由下一个承运人的受雇人或代理人开始将货物装上航空器时,上一个承运人的责任结束,下一个的责任开始。但是,要是这种转运活动是由转运公司或者货物在中途的停留是由仓储公司提供服务的,那么上一个承运人与下一个承运人之间的责任期间的结束和开始就要根据具体的案件加以判断,而不能给出断然的答案了。或许就需要参考与这些公司签订的合同的具体规定才能解决这个问题。

货物在运输开始前或者运输结束后仍处在受承运人保护的位于航空站内的仓库内的,承运人仍对其承担责任。在 Westminster Bank v. Imperial Airways① 案件中,被告在 1935 年 3 月 5 日派了一辆面包车到原告在伦敦的办公地点去取将要托运的金条。这些金条将通过航空运输送到巴黎的威斯敏斯特外资银行。被告完整地填写了货运单。货物到达在伦敦克里登(Croydon)的机场后,将装黄金的箱子称重并放进了保险库。第二天早上却发现保险库的门是打开的,黄金不见了。法院的观点是承运人对于其已经接收的,在实际运输开始之前保存在其在航空站内的仓库内的货物承担《华沙公约》规定的责任。这当然是仓库在航空站内的情况。要是这个仓库在航空站外,那又是另一种情况了。即便这个仓库距离航空站只有百米之遥。只要跨出航空站的大

---

① Westminster Bank Ltd. v. Imperial Airways Ltd., *KING'S BENCH DIVISION*, [1936] 2 All ER 890, *LexisNexis*.

门,承运人在公约第 18 条之下承担的责任就已经结束。正如在前面的 Victoria Sales Corp. v. Emery Air Freight, Inc. 提到的情况一样。但是这种解释是严格按照第 18 条的字面意义解释的,这与现在的航空运输现状并不协调。因为航空站内实际上没有足够的空间供承运人在里面建设自己的仓库。只要仓库是在航空站内,在实际运输结束后直到交付货物给收货人的这段时间的货物储存也算是在"航空运输期间"内,在这个时间段中出现的货物损失算作在运输期间内发上的损失。这与实际运输之前和之后有关的货物存储和货物是存放在承运人自己的仓库,还是交有合作关系的仓储公司存储没有关系,因为即便是存放在仓储公司的仓库里,这时负责掌管货物的仓储公司可以被看成是《华沙公约》第 20 条中的承运人的代理人或是雇佣人员。在 1968 年的 Wing Hang Bank, Ltd. v. Japan Air Lines Co., Ltd. ①(永亨银行诉日本航空公司)案中就是如此。在案件中,25 万美钞包件实际上在纽约机场的美国航空公司所有的仓库内,但是法院判决货物处于承运人日本航空公司的掌管之下,需要就货物的丢失承担《华沙公约》下的责任。

在 1968 年 9 月 3 日,永亨银行[Wing Hang Bank (WHB)]在其香港的处所清点、包装和密封总共 25 万美元的混合面额的纸币。这个重 15.5 千克的包裹,要被送到在纽约的北美国家银行[National Bank of North America in New York (NBNA)]。它将在香港机场搭乘日本航空公司[Japan Air Lines (JAL)]的航班运往纽约。货物在 1968 年 9 月 4 日早上 5 点左右到达纽约。包裹从飞机上卸载下来并储存在 JAL 在肯尼迪机场内安全的仓库内。当时 JAL 在肯尼迪机场内没有足够的仓库储存要运输和通关的货物。根据协议,美国航空公司(AAL)承担向 JAL 提供仓储和处理所有从 JAL 收到的终止运输的货物的通关手续的义务。大约在 9 月 4 日早上 9 点 10 分,为了清关和储存,包裹由 JAL 交付给 AAL 照管,直到收货人来取走货物。AAL 处理了包裹的通关手续并将其放回贵重货物区等待 NBNA 来取。AAL 通知 NBNA 的有权代理人 Freeslate International 包裹已经到了。Freeslate 的工作人

① Wing Hang Bank, Ltd. v. Japan Air Lines Co., Ltd., 357 F. Supp. 94, S. D. N. Y., April 17, 1973 (No. 69 CIV. 2548), Westlaw.

员在9月4日下午4点左右打电话通知NBNA货物已经到达、通关，可以取了。收到信息的一个NBNA雇员打电话给另一个雇员，要求派一辆装甲车去取这些钞票，但是却被告知当天是不可能的，但是会在第二天最先做这件事。在9月5日清晨，武装劫匪闯入贵重货物区，偷走了原告的包裹和里面的其他物品。

原告承认航空承运人的责任受《华沙公约》的调整，但是声称被告JAL存在有意的不良行为，要求被告按照实际损失承担责任。法院判决原告对于承运人JAL的损害赔偿的主张只能按照《华沙公约》规定的每千克250金法郎计算，而AAL仅仅是作为JAL的代理人，不用承担赔偿责任。从该判决可以看出货物存放在代理人的仓库中时，承运人对货物的实际控制并没有受到影响，货物仍然处于承运人的控制之下。从这样的判决中也同样可以看出，如果承运人将货物移交给一个接受海关的命令来保管货物的第三方时（如没收、扣押货物时），这个第三方就不再是承运人的受雇人员或是代理人，此时货物也就不在承运人的控制之下了。

承运人在机场里将货物移交给他的转运公司，也不能就此结束他的责任。因为这时的转运公司同样被认为是其雇佣人员或者代理人。在连续运输中，当货物从前一个承运人的航空器上卸载下来要装上下一个承运人的航空器时，有必要小心地决定转运公司是作为谁的代理人在搬运货物，以便更好地确定在这个装载货物的过程中哪个承运人在掌管货物。在将货物放进仓库或搬出仓库到航空器上的过程中，货物都处于承运人的掌管下。这里讨论的是承运人和仓储公司或者装运公司签订有合同的情况，如果承运人是将货物交给了和没有合同关系的独立的仓储公司、运输公司的情况下，航空运输期间就已经结束了。

在货物移交给海关的时候，对于承运人的责任期间是结束、中断还是继续的问题存在争议。各国法院对此类问题的处理都不一致。在1950年“法弗雷诉比航”案（Favre v. Sabena）中，比利时布鲁塞尔上诉法院就认为从履行海关手续将货物交给海关时起，承运人就解脱了他对货物的责任，因为这个时候货物已经不在他的控制下了。在1973年的“赫尔姆斯保险公司诉泛美航空公司”案（Hermes Assurance Co. v. Pam Am）中，阿根廷法院也赞同此种理论。在这个案件中，货物存放在承运人的代理人的仓库里,仓库的启封需要由其他公司和海关联合决定。[①] 但是这样的判决也是存在问题的,因为从原则上说,只有当把货物交付给空运单上记载的收货人后运输才能宣告结束。但是,海关并不是收货人,而是依照相关的海关法律仅仅代表国家利益行动,独立于运输合同中的任何一方当事人。

从20世纪60年代起,法国法院一律按照其本国的运输法来解释,即"法律上的掌管"为准,而不论货物是否由承运人实际掌管,直到完成交付货物给收货人这一法律行为,运输期间才能宣告结束。[②] 在判例法国家普遍流行的理论是货物移交海关的情况下承运人的责任并没有终止。在 Bennett Importing v. Continental Airlines[③] 案中,原告主张当货物进入被告美国大陆航空公司在海关的保税仓库后,航空运输期间就已经结束。但是法院认为海关人员在承运人的仓库里检查货物时,承运人仍对货物负有责任,因为作为仓库的看管者,承运人仍然实际地控制着货物。

在1987年7月13日,作为被告的大陆航空公司在墨西哥瓜达拉哈拉收到 Huaramex,S. A. 作为托运人的21件标有"皮鞋"字样,要送到纽约肯尼迪机场的货物。空运单上的收货人写的是"Terra Is Incorporated"(Terra)。这批货物在1987年7月15日到达纽约并放进了大陆航空公司的保税货物仓库。Alto Customhouse Brokers, Inc.(Alto)作为经纪人,Camel Trucking 作为获得授权搬运货物的货运公司。在1987年7月20日,美国海关签发了将货物放行给 Alto 的文件。但是 Alto 并没有收到货物。在7月30日,Bennett 正式向大陆航空发出货物丢失的索赔要求。在8月1日,Camel Trucking 从大陆航空公司那里提取了货物。8月8日,大陆航空收到了 Bennett 发出的注明日期是7月30日的货物丢失索赔信。1987年11月,Bennett 向法院起诉要求赔偿因为迟延运输而造成损失80,000.00美元。

---

① 赵维田:《国际航空法》,社会科学文献出版社2000年版,第342页。

② 赵维田:《国际航空法》,社会科学文献出版社2000年版,第342页。

③ Bennett Importing v. Continental Airlines, *Not Reported* in F. Supp. 2d, 1998 WL 34031697, D. Mass., December 27, 1998 (No. CIV. A. No. 87 CV 29), Westlaw.

既然案件是一个从墨西哥到美国的国际运输，如果这些纠纷是发生在第 18 条规定的航空运输期间内，任何关于货物的丢失和损害的索赔都应当受到《华沙公约》有关条款的约束。案件被告有一个抗辩理由，就是因为原告的名字没有出现在空运单上，因此原告不具有起诉的资格。而被告的这个理由又是以《华沙公约》应当适用于这个案件为前提的。这个前提反过来又是以发现案件中的损害是发生在航空运输期间的事实为基础的。因此案件中要讨论的一个重要的问题就是损害是否发生在航空运输期间。因为损失是否发生在航空运输期间将决定被告是按照《华沙公约》的规定承担限额责任，还是按照其他法律承担违约赔偿责任。法院在解释和适用第 18 条时认为，货物丢失是否发生在航空运输期间由承运人对货物的实际控制程度、丢失发生的地点和丢失是否发生在附带(incidental)和临时的存储货物的期间内来决定。

在审理过程中，双方提交证据证明在货物丢失时大陆航空是否保有对货物的控制。被告指出货物一到达肯尼迪机场就放到了大陆航空在机场的仓库内。货物一直在仓库直到交付给收货人或当地的运输公司。所有的海关检查都是在被告的仓库中完成的。在整个海关通关过程中，货物都没有处于收货人或者其代理人的照管之下。因此，被告辩护称，航空运输期间从货物在墨西哥存放在承运的仓库开始，持续到收货人或指定的运输公司来肯尼迪机场从大陆航空公司手中把货物取走。

原告也提出了三个关于航空运输期间终止的事实。第一个是由于货物是存放在大陆航空公司位于海关保税区的仓库内的，航空运输期间终止。这样的说法和海关在这个过程中的作用是不相符的，也是和《华沙公约》第 18 条的明确意思相违背的，第 18 条中的评判标准是承运人是否掌管货物。

大陆航空公司有义务在货物到达肯尼迪机场后将其存放在保税仓库内。如果它没有在货物到达肯尼迪机场后将货物存放一段时间，那么它就没有完全履行其作为承运人的义务。这里没有任何的书面证据或誓章(affidavit)证明货物在保税仓库时，大陆航空公司丧失对货物的任何控制。因此法官不能接受原告的航空运输期间在货物进入仓库就终止的辩护。

原告提出的第二个事实是航空运输期间在承运人签发承运人证明文件时就已经结束。向海关递交证明文件,并没有改变货物所在的地点和对货物的控制。递交证明文件只是一个标准程序而已,它将允许海关开始检查货物。虽然在证明文件中承运人将货物上的权利从大陆航空公司转移到Terra,但是没有证据支持签发证明文件改变了大陆航空公司对货物的实际控制的程度。因此,法官对于这一点也不支持。不能说航空运输期间在1987年7月16日终止。

原告的第三个理由是当海关决定货物可以放行时,航空运输期间结束。没有证据支持原告认为海关的放行行为会终止《华沙公约》中关于遗失、损坏和迟延规定的观点。在这个案件中,原告主张的是货物没有准时到达,因而主张运输迟延的损失。要获得运输迟延的损害赔偿金,这里有一个假设,那就是因为货物在运输过程中或者暂时的丢失而导致货物没能按时交付的,但是承运人为了接受货物采取了所有必要步骤时,将适用《华沙公约》。原告并没有提供证据支持这样的一个规则:在货物暂时丢失但是仍然为承运人所保有时,《华沙公约》将不再适用。

因而,法官得出的结论是,航空运输期间包括在货物进入美国后由大陆航空公司保管到将货物交给Camel Trucking之前的这段时间。为从海关通过的特定目的而储存货物和之后的将货物交给有授权的代理人,是将货物从墨西哥运到美国的运输合同的附属行为,是这个合同的一部分。因而,因为法官判定货物的丢失发生在运输的附带存储期间内(period of incidental storage),法官判决《华沙公约》在这个案件中是适用的,原告的诉讼要求要按照《华沙公约》中的条件和限制来提出。

从前面的Wing Hang Bank,Ltd. v. Japan Air Lines Co. ,Ltd.(永亨银行诉日本航空公司)案件的判决同样可以得出将货物移交海关不会终止承运人的航空运输期间的结论。因为案件中的25万美钞是在通关手续完成之后在仓库被抢劫的,法院仍然判令被告承担《华沙公约》中的限额责任。如果法院支持海关的介入会导致航空运输期间终止的观点,就会判定通关手续完成之后航空运输期间已经结束,承运人不再受到公约限额责任的保护,应当按照违约责任赔偿原告的损失。

当承运人将货物提交海关,将货物带进关税区域的时候,货物已经处于海关的监护下。法院主张承运人仍然能实际控制货物,即使受到公法的一定限制。由于根据公法所产生的保管货物关系,海关对承运人负有保护货物安全的责任。承运人有权监督海关是妥善地履行保护货物安全的义务。从另一方面来说,如果承运人在海关检查之前就把货物交给了得到收货人授权的代理人,他就无须对由海关检查造成的损失负责了。

现在需要来讨论一下涉及的有关海关法律的相关法条和海关检查的实际操作程序。在货物通过海关时,承运人对货物的持续控制应当能够成立,因为相关的海关法律条款给予了承运人在法律上和实际上控制货物的很大的可能性。在法律上存在承运人可以影响海关对货物处理的可能性。那么当货物接受海关检查时存放在承运人的仓库,当然就确定地实际存在对货物的控制,正如前面说到的 Bennet Importing v. Continental Airlines 案件一样 。当海关的检查是发生在与承运人签订仓储合同的第三方的仓库中时,如海关代理人的仓库中,承运人对货物在法律上的实际控制的可能性并没有改变,虽然在一般情况下,承运人是不能像进入自己所有的仓库那样自由进入第三方的仓库的。但是货物被海关扣押或者没收时承运人是否能实际控制货物就存在疑问了。从上面的分析来看,在货物移交给海关的时候,对于承运人的责任期间是结束、中断还是继续的问题,依据每个案件自己的情况来判断案件似乎更为合适。

通常的观点就是,只要在海关检查时货物是在承运人自己的仓库当中或受承运人委托存放货物的第三方的仓库中,那么承运人对货物实际控制的可能性,在法律上没有受到影响。在海关处理货物时既不在承运人自己的仓库,也不在受承运人委托存放货物的第三方的仓库中进行时(如货物被海关没收、扣押),承运人实际上没有处在能对货物实施实际控制的地位,在这个期间他没法保护货物不受损害。直到承运人重新得到对货物的完全的控制权,再次得到保护货物不受损害和丢失的地位为止,他都不受公约第 18 条的责任的约束。因为货物本身的问题而被海关扣押的,承运人不承担第 18 条下的责任,只对货物因为他的错误行为而脱离他的控制负责。货物被海关没收是按照官方的规定办理的,不在承运人的责任范围之内,而应当是收货人或者是托运人为这种状况负责。在交付海关之前已经将货物交付给收货人或其授权的代理人的，航空运输期间在交付时结束。

第五节　《蒙特利尔公约》第18条中责任期间标准的变化

与《华沙公约》定义航空运输期间两个要素的标准不同，《蒙特利尔公约》在第18条第3款中定义的航空运输期间是单一要素标准，即货物在承运人的掌管之下即可。该款将航空运输期间的定义做了改变，将航空期间定义为货物处于承运人掌管之下的期间，而删除了《华沙公约》中“无论是在航空站内、航空器上或者在航空站外降落的任何地点”的内容，使得航空运输期间大大延长了。出现这样的时间标准的原因主要有以下几个，第一是在订立《华沙公约》时，民用航空运输业才处于起步阶段，管理技术和行业规模的发展都是相当不成熟的。管理技术的不成熟就可能导致货物毁灭、遗失和损坏的情况出现的频率比较高；再加上行业规模较小，若经常发生需要赔偿的情况，将会影响到承运人的经济收益，进而影响到航空业的进一步发展。而采用两个标准可以限制承运人承担责任的时间段，减少因为管理技术的不成熟而造成的承运人需要对货物的毁灭、遗失和损坏承担责任的机会。现在，随着航空业的不断发展，承运人的管理技术和航空业的规模都有了很大的发展。承运人对于货物的掌控照管能力有了很大的提高，航空运输业也不再是幼稚产业，而是相当成熟的产业了，不用再作出这样的特别照顾航空业发展的规定。第二是为了平衡托运人与承运人之间的利益。相应地，随着航空业的发展壮大，托运人在航空货物运输中相对于承运人处于弱势的地位。在将货物交付给承运人之后，货物就处于承运人的控制之下，托运人对货物的实际掌控的权利丧失了。在《华沙公约》规定下，当货物处于承运人掌管下，但是又不在航空器或者航空站内时，货物就不处于航空运输期间了。如果这时承运人放弃对这些货物的照管，那货物就可能处于无人照管的境况，这对于托运人来说肯定是不公平的，因此需要规定单一要素标准来延长承运人的责任期间，进一步保护托运人的利益。第三是更符合航空运输仓储的实际发展状况。随着航空货物运输规模的发展和受到机场面积的限制，不是所有的承运人都会在机场内拥有仓库或者其在机场内的仓库能容纳下需要储存的所有货物，在这种情况下，承运人在机场外设有存放货物的仓库就很正常。按照《华沙公约》中的规定，就会出现承运人存放在机场仓库内的货物在发生损害时适用《华沙公约》，而存放在机场外的货物发生损害时不适用《华沙公约》的奇怪情况，正如前面提到的Victoria Sales Corp. v. Emery Air Freight, Inc. 案件一样。在《蒙特利尔公约》的规定下，货物存放在航空站外的仓库内期间也将可能处于航空运输期间内。

第三章　责任期间内的证据规则

在航空运输的整个过程中，当托运人将货物交付给承运人或者承运人的代理人、受雇人之后，直到再次将货物交给收货人或收货人的代理人为止，货物都处于承运人的照管之下，承运人或是其受雇人、代理人将是整个过程中对货物状况最为了解的人，而托运人不可能随时跟踪货物了解货物的状况，双方在整个运输过程中对货物信息的掌控情况是不同的，因此在整个运输过程中如果货物发生损失，将适用什么样的证据规则，由谁来提供证据证明损失是否在航空运输期间内发生，采用何种归责原则呢？本章将对第18条的证据规则和归责原则加以具体分析。

第一节　《华沙公约》第18条第3款的证据规则

《华沙公约》第18条的一般规则是承运人只对发生在航空运输过程中的损害承担责任，而不对其他方式的运输产生的损害承担责任。但是当这些陆地运输和水上运输是为了履行航空运输合同中的交付、转运和装载的义务时，在没有相反证据的情况下，在这个过程中发生的损失，就被认为是航空运输期间的损失了。这种可以推翻的假设也进一步支持了前面的一般规则。

这种方式对托运人、收货人（一般他们会作为案件的原告提起诉讼）是有利的，因为他不用去证明损害到底是发生在航空运输期间，还是发生在地面运输的时候。实际上对一般的托运人、收货人来说，要让其证明这一点也几乎是不可能的。正因为这样，有观点认为这一证据规则只对原告有利。当然，这样设计的主要初衷可能是这样的。但是，从另一方面来看，这也对承运人很有利。承运人没有理由不允许借助于这种推定而适用公约的有关规定。因为这里推定适用公约比适用国内法更为有利。在公约下承运人可以按公约的规定承担限额责任,赔偿额在没有价值申明的情况下是按照货物的实际重量来计算的,即便在为运输的价值申明的时候,所要赔偿额也是可以事先确定的。如果损失不是发生在航空运输期间,承运人就要按照国内法有关规定,承担违约责任或者是侵权责任,这种情况的赔偿额就可能要高得多。但这也只是个推定,只要能够提供相反的证据,就能够推翻。如果损失很明确是在航空站外的运输中发生的,那么第18条第3款就不能适用。如果承运人想要免予公约下的责任,他就需要证明损失是在地面运输时发生的。在某些情况下承运人自己完成地面运输,并且损坏的确是在这个时候发生的,那么,他将按照具体运输方式的有关法律承担责任。根据不同的案件,这时有可能要适用的还有《国际公路货物运输合同公约》(Convention on the Contract for the International Carriage of Goods by Road,CMR),或者是《海牙规则》等国际公约。比如,承运人要执行一个需要跨越边境的地面运输,将货物从离边境很近的机场运送到在邻国的收货人的办公地点。这样的运输显然要得到双方的同意,并且要求一份满足CMR第1条的公路运输合同。如果能证明货物是在这个公路运输中发生的损失,那么就将按照CMR的规定来处理;如果这个运输活动不是由承运人自己来完成,而是选择一个运输公司来完成从机场运送货物给收货人,或者是从托运人那里将货物运到机场,能够清楚地确定损害是发生在这一地面运输过程中的,运输公司将按照适用于该种运输方式的法律承担相应的责任。如果不能确定究竟在运输的哪个阶段发生的损害时,第18条第3款中的推定就将得到适用。但是第18条第3款的内容不是适用于运输公司,而是适用于承运人,因为只有根据航空运输合同由自己承担责任的承运人才能被认定为公约第18条规定的航空承运人。

《蒙特利尔公约》第18条第4款的规定沿袭了《华沙公约》第18条第3款的证据规则,并且在第18条第4款中加入了有关替代运输的内容。该款规定:“承运人未经托运人同意,以其他运输方式代替当事人双方在合同中约定采用航空运输方式的全部或者部分运输的,此项以其他方式履行的运输视为在航空运输期间。”这一条款采用推定的方式,在没有相反的证据出现时便推定替代运输过程中的损失发生在航空运输期间内，这进一步补充完善了航空运输期间证据规则。

第二节 《蒙特利尔公约》第 18 条第 2 款的证据规则

《蒙特利尔公约》第 18 条增加的第 2 款规定："承运人证明货物的毁灭、遗失或者损坏是由于以下一个或者几个原因造成的，在此范围内承运人不承担责任：(1)货物的固有缺陷、质量或者瑕疵；(2)由承运人或者其受雇人、代理人以外的人包装货物，货物包装不良的；(3)战争行为或者武装冲突；(4)公共当局实施的与货物入境、出境或者是过境有关的行为。"货物包装不良并不只是指缺少包装，还包括包装不能很好地保护货物不受到正常运输造成的外部冲击。在特定情况下，甚至用的包装材料不合要求也能认定为包装不良，存在缺陷。海关扣押货物或者是禁运都可以看做是公共当局的行为。承运人只有在第 18 条第 2 款中规定的四个条件中的一个或者多个例外条件是造成损害的唯一的原因时才可以完全不用承担责任。如果除了这些原因之外还有别的原因共同造成了损害的发生的，承运人仍然要对例外条件之外这部分损害承担责任。如果承运人不能证明至少有《蒙特利尔公约》第 18 条第 2 款中规定的一条原因是导致损害的原因的，还可以援用《蒙特利尔公约》第 20 条的规定，证明损失是由索赔人或者是索赔人从其取得权利的人的过失或其他不当行为、不作为造成或促成的，应当根据造成或促成这种损失的过失或不当行为、不作为的程度，相应全部或者部分免除承运人对索赔人的责任。

第三节 归责原则的变化

《华沙条约》和《海牙议定书》第 18 条中，承运人承担的是推定过失责任，在 1975 年的《第 4 号蒙特利尔议定书》中修改为："1. 对于任何已经登记的行李因毁灭、遗失或损坏而产生的损失，如果造成这种损失的事件是发生在航空运输期间的，承运人应当承担责任。2. 对于货物因毁灭、遗失或损坏而产生的损失，只有当造成损失的事件是发生在航空运输期间时，承运人才承担责任。3. 然而，承运人如果能够证明货物的毁灭、遗失或损坏完全是由下面的一个或者多个理由造成的就不用承担责任：(a)货物的固有缺陷 、质量或者瑕疵；(b)货物包装不良，而货物的包装是由承运人或者其受雇人、代理人以外的人完成的；(c)战争行为或者武装冲突；(d)公共当局实施的与货物入境、出境或者过境有关的行为。4. 本条上述各款所指的航空运输期间包括行李或者货物在承运人的掌管下的期间,无论在航空站内、航空器上或在航空站外降落的任何地点。5. 航空运输期间不包括在航空站外的任何陆地运输、海运和河运。但是,如果这种运输是为了履行航空运输合同,是以装货、交货或者转运为目的的,在没有相反证据的情况下,所发生的任何损失应当推定为是在航空运输期间发生事件造成的损失。”从这个规定可以看出承运人需要承担责任性质发生了改变。《第4号蒙特利尔议定书》的这种责任的规定也为《蒙特利尔公约》采用。承运人只有证明具有《蒙特利尔公约》第18条第2款(也就是与《第4号蒙特利尔议定书》在第18条第3款中一样的内容)中规定的一项或多项原因造成损害时,才能减轻责任。赵维田认为承运人需承担的责任从过错推定转变为严格责任,①黄力华认为这仍然是过错推定责任,②也有人认为这是从过错推定转变为衡平责任。

过错推定原则属于过错责任的一部分,是过错责任原则适用的一种很特殊的情况。它以承运人的过错为承担责任的根据,承运人的过错是通过推定的方式认定的,并且需要在推定行为人有过错之后才能让其承担相应的过错责任,行为人若想免除责任就需要证明自己没有过错。《华沙公约》第18条第1款规定:“任何登记的行李或者货物因毁灭、遗失或者损坏而产生的损失,只要造成这种损失的时间是发生在航空运输期间,承运人应当负责。”这样的规定就是推定承运人对这种损害是负有过失的。承运人如果想要免责或者减轻责任,就要能证明自己符合第20条或者第21条的规定才可以。这样规定是因为航空运输具有很高的专业性,并且货物交付给承运人后,托运人就无法再跟随照管货物,因而,要让托运人或者索赔人来证明承运人在运输的过程中存在过失是不现实的。如果还是按照一般的合同法的程序由原告来承担举证责任显然是不公平的。从第20条和第21条中规定的“承运人证明”的文字可以看出这里的举证责任是由承运人来承担的。

《蒙特利尔公约》中的承运人责任是指在货物发生损害后,确定承

---

① 赵维田:《国际航空法》,社会科学文献出版社2000年版,第233页、第235页。

② 黄力华:《国际航空运输法律制度研究》,法律出版社2007年版,第196页。

运人是否要承担责任时，应当主要考虑结果是否是因为承运人的行为造成的，而不考虑承运人的行为是故意还是过失。也就是说，航空货物运输中所采用的承运人责任不依赖承运人的过失或者故意，而是以其违反了与托运人之间订立的合同中的绝对义务为基础的。

《蒙特利尔公约》中适用这种承运人责任是有其合理性的。航空货物运输是基于运输合同而产生的运输。在合同中，双方的权利义务是事先约定好的，双方都应当按照合同的约定严格地履行，这也是“诚实信用”原则的要求。在过错推定责任中，承运人有很多的理由（如不可抗力、索赔人的过错）可以免除责任，但是在新的规定中，承运人可以免除责任的理由相应地减少，扩大其承担责任的范围。过错推定中不可抗力作为各国法律中普遍规定的一种免责事由，通常包括自然灾害、战争，国家行使其司法、行政职能等行为。这些情况导致损害的发生与在航空运输的承运人的行为之间并不存在因果关系，因而不用承担责任。但是在 1975 年蒙特利尔召开的航空法外交会议上，以微弱的优势否定将地震、洪水等自然灾害，非法劫持航空器、非法干扰国际航班和罢工等不可抗力作为减轻责任的理由。因此在《蒙特利尔公约》第 18 条第 2 款中只规定了 4 项承运人可以免责的条款。对承运人责任的这种规定会促使承运人尽力地按照合同的规定履行合同，降低违反合同的概率。另外，免除责任理由的减少还能使受到损害的一方有更多的机会得到赔偿，弥补损失。

第四章　航空运输中出现地面运输[①]情形时承运人的责任期间

在整个航空货物运输的过程中，不可避免地会出现一些以航空器以外的交通工具来运输货物的情况。这种情况出现时责任期间又将怎样划定呢？《华沙公约》和《蒙特利尔公约》中关于货物运输中承运人责任期间的条款均主要规定在了第 18 条中，但《华沙公约》第 31 条中关于联合运输的条款中同样涉及关于承运人责任期间的问题；《蒙特利尔公约》第 38 条关于联合运输的条款中也包含有承运人责任期间的内容。它们都包含有以其他运输工具运输货物时承运人责任期间的规

---

① 这里的地面运输是指除了航空器运输以外的运输方式，包括陆运、海运和河运。

定。由于这些条款之间的相互关系相当密切,相互牵连,很难在说到一条的时候不涉及其他的条款内容。这些都需要在本章中一起加以讨论。

第一节　航空运输中的联合运输

通常国际运输中当事方会事先约定整个运输过程的一部分由航空运输完成,一部分由其他形式的运输完成。在这种情况下,要为整个运输过程发出一张空运单,还要为每种不同的运输方式单独开出一张货运单。这种运输就被定义为《华沙公约》第31条、[①]《蒙特利尔公约》第38条[②]中的联合运输。联合运输中的地面运输路程由运输合同双方事先约定,相较于以交付、转运和装载为目的的地面运输,这里地面运输的距离通常更长,倾向于与整个航空运输过程发生相当大的联系。两个公约条款中都写明只有联合运输中符合第1条规定的航空运输部分才能适用公约的有关规定,其他的连接航空运输的陆运、海运和水运的部分分别适用于各自的运输责任的法律规定,而不受公约的约束。由于地面运输期间发生损失而产生的承运人的责任并不是基于《华沙公约》第18条和《蒙特利尔公约》第18条而产生,而是以相应地面运输法律为基础的,这样的话,原告在起诉时就可能会遇到与公约责任限额、诉讼时效和免责条款等不一样的规定。

就用其他运输方式代替合同中规定的航空运输的全部或者一部分的,在航空运输以外的其他运输方式中,还要区分作为履行航空运输合同的以交付、装运和转运为目的的接驳运输和直接以履行航空运输为目的的代替运输。两者都与联合运输有着相似的地方,但是都不是联合运输。很多航空承运人都清楚地表明,依照各自的一般运输条件的

① 《华沙公约》第31条规定:“1. 对于一部分用航空运输,一部分用其他方式联合办理的运输,本公约的规定只适用于符合第1条条件的航空运输部分。2. 在联合运输中,在航空运输部分遵守本公约的规定的条件下,本公约并不妨碍各方在航空运输凭证上列入其他运输方式的条件。”

② 《蒙特利尔公约》第38条规定:“1. 部分采用航空运输,部分采用其他运输方式履行的联合运输,本公约的规定只适用于符合第1条规定的航空运输部分,但是第18条第4款另有规定的除外。2. 在航空运输部分遵守本公约的条件下,本公约不妨碍联合运输的各方当事人在航空运输凭证上列入有关其他运输方式的条件。”

条款或在空运单上的记载保留他们雇佣其他运输模式的权利。这时采用其他运输模式进行的地面运输应当是替代运输，不受《华沙公约》第31条和《蒙特利尔公约》第38条规定的联合运输的调整，比如按照《蒙特利尔公约》第18条第4款中的规定，承运人在未经托运人同意的情况下就用其他运输方式代替合同中规定的航空运输的全部或者一部分的，仍然视为航空运输期间。

第二节 以装运、转运和交付为目的的地面运输

《华沙公约》第18条第2款对什么是航空运输期间给出了一个定义，紧接着的第18条第3款说到航空站以外的任何海运、河运和陆运都不属于航空运输。同样地，《蒙特利尔公约》第18条第3款给航空运输期间作出限定，第4款规定排除航空站外。由此，《华沙公约》的第18条第3款、第31条和《蒙特利尔公约》第18条第4款、第38条中涉及的这个运输过程一部分由航空器完成，一部分由其他运输工具完成的联合运输就联系了起来。但是《华沙公约》第31条和《蒙特利尔公约》第38条只是说运输的一部分由航空器完成，从《华沙公约》第18条第2款、第3款和《蒙特利尔公约》第18条同样能得出这样的推论。那么，为了履行航空运输合同而以装运、转运和交付为目的的地面运输到底是什么呢？

虽然《华沙公约》第18条第3款和《蒙特利尔公约》第18条第4款的第一句话就清楚地表明，航空运输期间不包括航空站外的海运、河运和陆地运输，但是第二句话却包含了一个重要的例外情形。这种例外就是如果这种运输是为了履行航空运输合同，为了装运、转运和交货的需要，那么由这种运输产生的任何损坏应当被认为是在航空运输期间发生的事件导致的结果，除非有相反的证据证明。

根据《华沙公约》第18条第3款和《蒙特利尔公约》第18条第4款的说法，在航空站外的海运、河运和陆地运输都被排除在航空运输的范畴之外。《华沙公约》第18条第1款和《蒙特利尔公约》第18条第1款不能适用于在机场之间将货物从机场的一个航空器转运到另一个机场的航空器上的地面运输。另外，《华沙公约》第18条第3款和《蒙特利尔公约》第18条第4款第一句的反面意思就是在这里列举的这些运输方式如果发生在机场内，那么它们就可以成为航空运输的一部分，比方

说前面已经讨论过的在航空站内将货物用叉车从一架航空器上装运到另一个承运人的航空器上,或者将货物从航空器上卸载到位于航空站内的仓库内。但是第二句话却又给出了一个例外的情况,如果能够证明是为了履行航空运输合同而发生在航空站外的地面运输,则仍然受公约的调整。

两个公约并没有提供任何用来判断地面运输目的的标准,比如如何判断一个运输是否为了装运货物、交付或者转运货物的需要而产生。那么在实际操作中我们要以什么为判断的标准?

签发空运单的日期可以作为这样的一个标准。在 Boehringer Mannheim Diagnostics, Inc. v. Pan American World Airways, Inc. ①案中,法院所持的观点就是在签发空运单与装载货物的日期之间的专门的陆地运输就是为装载货物服务的。在空运单上注明交付不是发生在机场,而是收货人自己在市区的办公地点的,从航空站到收货人办公室的这段陆地运输算作只为履行交付目的的运输。另外在 Jaycees Patou v. Pier Air International② 案中也涉及以交付为目的的运输问题。在该案件中,原告 Jaycees Patou, Inc. 与 Tous Transport Aeriens of Bologne, France (TTA France)签订了一份运输和交付27个纸箱女性衣服的运输合同。TTA France 安排用环球航空公司(TWA)的国际航班将其中的20箱货物从法国巴黎运到纽约肯尼迪国际机场。到达纽约后,航班上全部的货物被直接运到了 J & J Air Container Station, Inc. (J & J)的仓库,以便将货物分开、接受海关通关前的检查和将其交付给收货人。根据承运人的证明文件,20箱货物中10箱货物的纸箱子,在 J & J 从 TWA 那里收到或者 Pier Air 从 J & J 那里收到时是被打开过和被压皱的状态,虽然里面的东西没有受到损伤。

被告陈述说承运人的证明文件表明 J & J 从 TWA 收到货物时,10

---

① Boehringer Mannheim Diagnostics, Inc. v. Pan American World Airways, Inc., 531 F. Supp. 344, 1983 A. M. C. 1214, S. D. Tex., November 24, 1981 (No. CIV. H – 80 – 1421), Westlaw.

② Jaycees Patou, Inc. v. Pier Air Intern., Ltd., 714 F. Supp. 81, S. D. N. Y., May 26, 1989 [No. 88 CIV 1732 (SWK)], Westlaw.

箱货物是被打开过并且压皱了，但是证明文件表面上表明是Pier Air从J & J那里取货时，货物呈现包装被打开过和被压皱的状态。紧接着货物清关和分装，Pier Air从J & J的仓库取走货物并在1986年7月16日在原告曼哈顿的处所将货物交付给了原告。据被告所说，他根据TTA France和原告之间的空运单将货物交付给原告。被告交给原告的交货单表明，在交付的20箱货物中有15箱在被告收到时就已经损坏。原告认为，这个交货单只证明一个单独的地面运输合同。原告在1985年7月25日向TTA France在纽约的子公司（TTA New York）发出了一份索赔的预通知。在1986年2月，原告的代理人向TTA New York写信，在信中声称其应当为货物损失承担责任并威胁要提起诉讼。Pier Air称他从未收到正式的索赔通知。原告在1987年9月11日提起诉讼，TTA New York，Pier Air，J & J都成为本案的被告。

作为一个美国正式批准的条约，《华沙公约》有着和联邦法律同样的效力。[①] 根据《华沙公约》的规定，"《华沙公约》适用于所有以航空器运送旅客、行李或货物而收取报酬的国际运输"。公约将国际运输定义为"根据各方订立的合同，出发地和目的地是在两个缔约国领土内……的任何运输"。在这个案件中，空运单要求法国和美国之间的货物运输是航空运输，两个国家又都是公约的缔约国。根据运输合同的条款，《华沙公约》将适用于这个案件。而第18条中又为特定情况下丢失和损坏货物创立了一个推定责任。

原告辩论称这个案件不适用于《华沙公约》，因为声称的损害直到货物被TWA交付给了J & J后才发生。因此损害不是发生在公约规定的航空运输期间内。货物在地面上时，原告主张《华沙条约》只适用于国际航班飞行结束后放行货物前的这段时间。被告则强调说原告处于一个单一的空运单的约束下，这个空运单为原告提供从法国到其在曼哈顿的营业处的"门到门"的运输。因为从航空站开始的地面运输也包括在空运单的范围之内，被告认为合同应当作为一个整体看待。

---

① 原文为："Since the Warsaw Convention is a treaty, it is the supreme law of the land." Data General Corp. v. Air Exp. Intern. Co., 676 F. Supp. 538, S. D. N. Y., January 07, 1988 [No. 86 CIV. 7633 (CHT)], Westlaw。

法院同意被告的立场,因为原告关于损害发生地点的辩论没有证据支持。原告唯一的证据就是承运人的证明文件表明有10箱货物发生了损害,然而Pier Air的送货单却表明其在收到货物时有15箱货物发生了损害。两个数字的不同表明有5箱货物,可能像原告辩论的那样在从J&J的仓库运送到原告的处所的过程中发生损害,也可能仅仅涉及关于货物在运送到纽约的途中发生了损害或者存放在仓库中的时候发生损害的争议。这个证据对于要推翻第18条的推定损害发生在航空运输期间的规定来说肯定是不充分的。另外,即使一些损坏是发生在地面运输中的,原告的说法也承认了大多数的损坏是发生在之前的推定的航空运输期间的。这样,法院能够推定损害是发生在航空运输期间,《华沙公约》的条款可以适用。

在另一个涉及和这个案件相似问题的案件中,审理该案件的伊利诺伊北区法院这样认为:"推定责任的目的,(《华沙公约》)第18条第3款的规定明确表示接受航空运输承运人在合同中规定在航空运输中提供地面运输——这是一种措辞的艺术。"①在该案件中,原告雇用了一个货运代理公司,这家货运公司又雇用了一个航空公司将货物运送到阿根廷境内的一个地方(即买方所在地布宜诺斯艾利斯)。货物交付给作为收货人的一家银行照管,银行将持有这些货物直到买家实际付款时为止。但是却由于错误,银行或是航空公司中的一个允许在买方付款以前将货物交付给了买方。

法院分析认为,由于原告通过货运代理人与航空公司签订的空运单要求将货物直接交付给作为原告的收货人的银行,那么航空运输期间就一直持续到将货物交付给银行时为止,尽管地面运输影响了整个行程的最后一段。然后该法院陈述说:只要货物根据运输合同条款的规定仍然处于航空承运人的实际占有或者是推定占有时,航空运输期间就没有结束。如果航空公司将原告的货物装上一辆卡车并将其从布

---

① 原文为:"[f]or presumptive liability purposes, Article 18(3)'s terms expressly embrace an air carrier's contractual undertaking for land delivery within 'transportation by air'—a term of art." Magnus Electronics, Inc. v. Royal Bank of Canada, 611 F. Supp. 436, 439 (N.D. Ill. 1985). (No. 84 C 7630), Westlaw。

宜诺斯艾利斯机场运到买方所在地，那么原告和航空公司都没有声称航空运输期间已经结束的依据。

相似的问题在 Railroad Salvage of Conn. v. Japan Freight Consolidators① 案中也存在。在这个案件中法院得出的结论，是航空运输期间在原告的货运公司从航空站内的仓库中将货物拿走以前就已经结束了，因而这个案件不适用《华沙公约》。在这个案件中原告 Railroad Salvage 授权一个进口商为其采购一批无绳电话，然后进口商从一家日本公司那里购买了一批电话。这家日本公司安排本案的被告 Japan Freight Consolidators（JFC）将货物运到纽约。JFC 准备了空运单并通过 Flying Tiger Airlines 运送货物。JFC 在纽约的肯尼迪机场收到货物后就联系作为收货人的银行。由于这家银行已经安排货款的支付了，所以银行给了放行货物的许可。这样，JFC 就联系了真正的买家并通知货物已经到达机场，买方回应称他们的卡车司机将会来提货，货车运输公司取货之后货物却不见了。法院判定《华沙公约》不适用于这个案件，因为损失是发生在货物交给运输公司之后的，这时航空运输已经结束了。

这两个案件与本案的事实还是有区别的。有助于加强法院结论的，是在这个案件中单一的空运单延长了航空运输的推定责任期间直到原告在曼哈顿的处所交付货物。这个案件中是 TTA France 安排将货物从法国运到纽约的机场，再从机场运到原告在机场外的处所。这个运输合同是以一个单一的空运单为依据的。原告主张说其承认收到货物的交货单证明地面运输是一个单独的运输合同。法院反对这样的观点，并说没有一个理性公平的陪审团会得出这样的结论。交货单只能证明那就是一个将货物交付给 Patou 的命令。交货单上没有给出任何支付条款的内容，也没有证据证明原告在收到货物时单独支付了此次地面运输的费用。实际上，交货单上唯一一个表示已经付款的“C. O. D.”的栏目里并没有填写任何东西。相反，在 TTA France 开具的空

① Railroad Salvage of Conn., Inc. v. Japan Freight Consolidators (U. S. A.) Inc., 97 F. R. D. 37, 36 Fed. R. Serv. 2d 716, 12 Fed. R. Evid. Serv. 1999, E. D. N. Y., February 23, 1983 (No. 80 CIV 3089), Westlaw.

运单中包含有航空运输和陆地运输各自的线路和费用。根据上面讨论的案件事实,法院得出的结论是第18条第3款中设定的推定的航空运输期间直到将货物交付到原告的处所时才结束。

这里为履行航空运输合同而实施的以交付、转运和装载为目的的地面运输只是航空运输的一个辅助运输,而不是联合运输。它只是帮助航空运输的完成,也就是在运输合同中双方同意的受航空运输合同调整的一部分路线中存在的,由于附近没有合适的机场或者缺少合适的连接两段航程的航班而转运货物,从机场将货物运送到机场外的某个交货地点交付,从机场外的仓库将货物运到机场装运,不得不由地面运输来完成的短距离运输。

因此,受到《华沙公约》和《蒙特利尔公约》规定调整的以交付、转运和装载为目的的地面运输应当符合相应的条件:第一,陆地运输、海运或河运需要以装载、交付或转运货物之一为其目的。第二,这种运输需要是为了完成航空运输合同的需要,在合同签订的时候双方同意将这种运输作为整个运输过程的一部分,并在空运单中注明。这些在航空站外的只以交付、装运和转运货物为目的的服务协助承运人完成航空运输,只要不能确定损失到底发生在哪个阶段,它们受到相关的航空法的调整,《华沙公约》第18条第3款和《蒙特利尔公约》第18条第4款的推定就是适用的。像《蒙特利尔公约》第18条第4款中规定的"没有取得托运人的同意,而以其他方式部分或者全部代替当事人约定的航空运输的"地面运输,虽然同样视为航空运输期间,受到公约的调整,但是它属于代替运输,而不是此处讨论的以转运、装载和交付为目的地面运输。

根据《华沙公约》和《蒙特利尔公约》第11条的规定,空运单是合同内容的初步证据。但是空运单只是缔结合同和合同内容的初步证明,协议的实际内容可以通过空运单以外的文件证明,如保险单据和进口申报单据。那么,如果同意其他方式辅助运输在航空单上或合同上没有写,而是通过单独的协议达成共识,那么这些单独协议是否也可以与合同作为一个整体呢?如果涉及航空器以外的其他运输方式的单独的协议也可以与航空合同作为一个整体看待,那么"为了履行航空运输合同"的条件就会更容易和清晰地得到满足。

第三节 替代运输

《蒙特利尔公约》第 18 条第 4 款的规定与《华沙公约》第 18 条第 3 款的差别在于它明确地添加了替代运输的内容，明确规定“承运人未经托运人同意，以其他运输方式代替当事人各方在合同中约定采用航空运输方式的全部或部分运输的，此项以其他方式履行的运输视为在航空运输期间”。代替运输应该和上面讨论的以装运、转运和交付为目的的地面接驳运输和联合运输区分开来。依据航空运输合同，承运人的主要任务是用航空器运输货物。在一般情况下并不排除在需要将货物运到航空器上时或在航空站外为了装运、交付货物使用地面运输和联合运输。

要是运输合同规定整个运输过程都由航空运输来完成，在某段路线上有定期航班服务，但是实际在这段航线上货物运输却是通过地面运输进行的，那么就不能认为这段运输是为了装载、运输或者转运货物而提供的辅助性运输或联合运输，而应当被认为是替代航空运输的地面运输。这种替代运输方式在从承运人所在的中心航空站点到国内或国际机场支线运输上越来越多地为承运人所选择。选择这样做的理由有很多，主要是从经济和效率方面考虑。第一，支线飞机的运载能力可能不足或者运力没有被预定满，不能充分利用飞机的运力而减少经济效益。第二，经济的洲际大型飞机只能从一些中心站点起飞，在支线上没有这样的航班，因此只能用其他方式先将货物运到有这样的航班开通的属于中心站点的航空站。第三，在很多欧洲国家的机场是禁止飞机在夜间起飞或是降落的，这就阻止了在深夜交付的货物及时赶到中心枢纽港口去搭乘早上的联程航班，同样地在枢纽航空港的货物也不能及时到达支线机场。这时地面运输的优势就体现出来了，因为地面运输是不禁止夜间通行的。

如果运输双方同意运输全部或者部分不由航空运输完成，而由其他地面运输方式完成，当损害发生时，就必须首先确定这种替代运输是否属于航空运输合同调整的范围，如果不是，这种损害就可能会构成一般违约。

三种运输方式示意图

A. 联合运输

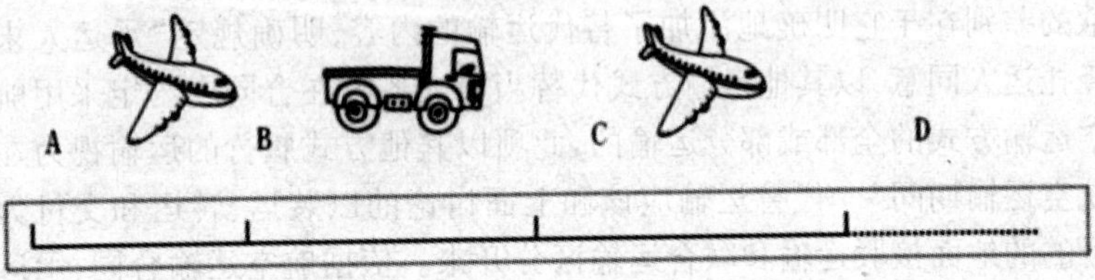

当事方事先约定整个运输过程的一部分由航空运输完成,一部分由其他形式的运输完成。在这种情况下,要为整个运输过程发出一张空运单,还要为每种不同的运输方式单独开出一张货运单。

B. 替代运输

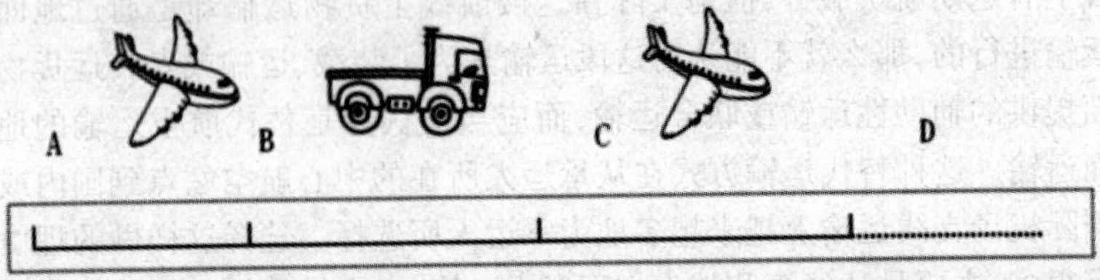

运输合同规定整个运输过程都由航空运输来完成,在某段路线上有定期航班服务,但是实际在这段航线上货物运输却是通过地面运输进行的,那么这段运输被认为是替代航空运输的地面运输。

C. 以装运、转运和交付为目的的地面运输

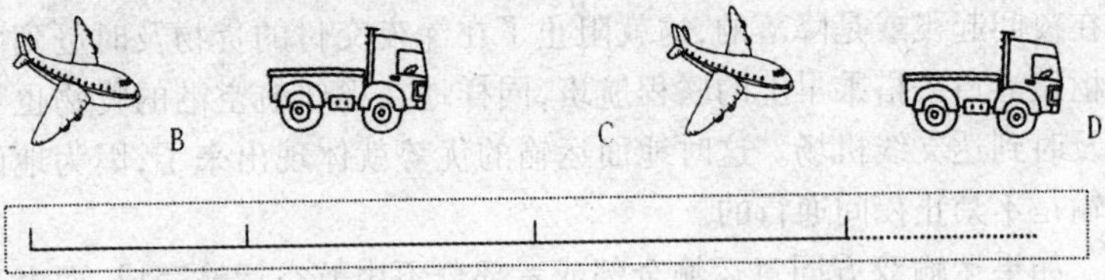

以装运、转运和交付为目的的地面运输只是航空运输的一个辅助运输,它只是帮助航空运输的完成,包括在运输合同中双方同意的航空运输路线中的一部分,由于附近没有合适的机场或者缺少合适的连接两段航程的航班,不得不由地面运输来完成的货物转运,和从机场将货

物运送到机场外的某个交货地点交付、从机场外的仓库将货物运到机场装运两种情况。

一、国际航空运输协会(IATA)507B 正式决议下的替代运输

1971 年,国际航空公司通过 IATA 引进和采用了 IATA507B 号正式决议。IATA507B 号正式决议明确地定义了在何种情况下替代运输可以采用。这个决议只约束国际航空运输协会的成员。决议中的内容对其他承运人没有影响,因此该决议并不具有法律效力,而只是一般的商业条款和条件而已。但是,当在空运单中涉及时,它就成为航空运输合同的一部分,具有了法律效力。不把全部的运输总条件(the General Conditions of Carriage,GCC)的内容都印刷在票据或者文件上,而是最多摘录一部分并提及可以查看的详细版本的做法在航空运输中是惯例。这些条款和条件的详细版本都可以在承运人的任何分支机构和开通定期航班的机场或其销售代理人那里查阅到(当然,不管是这些摘要的条款还是运输总条件的全文都要求以特定的语言印刷,因为在国际贸易中需要采取国际通用的语言)。在这种情况下,推定根据《华沙公约》和《蒙特利尔公约》第 11 条第 1 款,不仅仅是简略版的运输总条件被纳入了航空运输合同,整个在承运人处可供查阅的运输总条件都被吸纳进了航空运输合同。比如,在卢浮汉莎货物运输股份公司的运输总条件中,第 1 条第(d)款就规定,由承运人自己或者是由第三方履行的任何运输包括服务,应当服从这些由承运人决定的运输条款和条件以及其他的条件、规则和航班时刻表。[①] 这里可以认为 IATA 的 507B 决议也包含在其中。

根据 IATA507B 决议,在满足特定条件的情况下,承运人可以采用航空运输以外的其他替代运输方式。这些条件就是:1. 运力不足,即

---

① 原文是:"any carriage performed by the carrier either itself or through third partied, including all services relating thereto which are either performed by itself or by such third party, are subject to... (d) these terms and conditions of carriage and other conditions, rules, regulations and flight schedules as determined by the carrier; these can be inspected at any branch office and at the airports from where the carrier operates scheduled air services." http://lufthansa-cargo. com/fileadmin/user _ upload/corporate/pdf/04 _ Company/ march2011GTC_of_Carriage_of_Cargo. pdf。

承运人提供的航空服务无法给货物提供足够的空间;2. 承运人运营的这种类型的航空器不适合于、不能接受托运货物的尺寸、重量或者货物的本身属性,比如这种货物本身具有一定的危险性;3. 承运人拒绝接受托运的货物;4. 如果用航空运输可能会迟延到达中转站时,它的第一站可以改用地面运输,如果用航空运输会迟延到达目的地的,最后一站可以使用地面运输;5. 货物不能在接收后24小时内完成运输或者货物在到达一个中转站后的24小时内不能完成运输;6. 用航空运输将错过联程航班。

虽然IATA507B决议给了承运人很大的自由裁量的权利去改变原来设定的航空运输方式,但是它也没有使托运人处于不合理的不利地位。通常情况下,托运人感兴趣的是货物能否尽快地到达目的地,如果货物通过其他运输方式能比通过航空运输方式更快并且安全地到达目的地,这并不违反他的本意。从这一点出发,当缺少联程飞机或运力不足时,运输过程中一部分路程采用其他运输方式也是为托运人的利益着想的。即便托运人重视的是他认为航空运输比其他运输方式更为安全,也不会认为替代运输条款对托运人构成不利,因为这最终为托运人提供了快速的服务。

二、依据航空运输合同的替代运输

全部替代和部分替代两种形式的替代运输都是在承运人与托运人签订的运输合同的基础上开展的。只是后者负有要使用航空运输的方式将货物运到约定的目的地的义务,而前者可以完全不用航空运输,只用其他的地面运输方式。不管这种替代运输是遵守了合同还是违反了双方的协定,或者这种承运人对履行方式的变更是否视为取得了托运人的默示的同意,替代运输几乎是常见的做法。

承运人能够从托运人那里得到用其他地面运输方式替代航空运输的权利。这并不要求在航空运输合同订立时托运人同意某种特定的代替运输方式。承运人可以根据履行合同的需要自己决定最适合的运输方式,承运人应该拥有这样的自由裁量权。即使运输合同的双方已经就采取特定的运输方式达成了协议,承运人仍然保有选择的权利,只要他是在合理的范围内行使自己的自由裁量的权利。具体采用何种运输方式的决定一经作出,它就应当是确定的,保持不变的。原则上,事先确定和运输中根据实际情况自由裁量两种方式都是可以接受的。但是,即使承运人保留使用其他运输方式代替航空运输的权利的,也不应该引起托运人很大的反对意见,即使一般运输条件已经作为合同的一部分包含在了所签订的运输合同中。

我们会看到空运单的背面印有一个条款说与合同条款拥有相同的效果,实际上那就是简略版的一般运输条件。然而,这种允许以其他运输方式代替的行为必须以托运人的利益为导向,不能随便地行使。因为托运人都希望他的货物能以尽可能快的速度被运达目的地。所以,如果承运人将要采取的替代运输方式不能够比航空运输节省时间,他就不可以采用这种方式代替航空运输。诚然,与旅客运输不同,货物运输中没有预定机票,所以并不是以下一班可以乘坐的航班来衡量是否能够节约运输时间,而是以下一班可乘坐的并且航班的运力也合适的航班所要花费的运输时间作为标准,来衡量替代运输是否会节约运输时间。对于替代运输还有一个限制条件,通常印刷在空运单正面的显眼位置。条款的大致内容为:"除非有托运人的具体的相反的指示,货物可以通过包括公路在内的任何其他方式运输。"这句话的意思就是,如果托运人不愿意给承运人这种自己决定替代运输的权利,他必须在空运单上明确地表示他不愿意。

三、依照合同的替代运输的法律责任

在承运人和托运人双方签订航空运输合同时,也就意味着托运人知道并同意合同中的条款,但是很明显托运人主观上想通过航空器运输的方式将货物运到目的地。虽然在实际操作中很多情况下,承运人可以依照合同或者空运单上的有关条款自主决定是否采取替代运输的方式完成货物运输,但是,这种行为是否会构成违约,是否要承担相应的法律责任,这种情况下的替代运输是否是在航空运输期间呢?

在B. R. I. Coverage v. Air Canada① 案件中,货物根据空运单上的记载要从纽约运送到多伦多,但实际上并没有用航空器运输,整个过程

① B. R. I. Coverage Corp. v. Air Canada, 725 F. Supp. 133, E. D. N. Y., November 09, 1989 (No. 86 CV 282) Westlaw.

只是用了卡车运输。但是法院判决《华沙条约》适用于这里的公路运输,因为从空运单上的表述来看,公约的条款构成了运输合同的基础。但是这样的判决只有在国内法的强制性规定不适用时才可以。在该案件当中原告 B. R. I. Coverage Corp. (BRI)是一家主要营业地点在纽约的纽约公司。被告 Air Canada 是一家加拿大政府的附属公司。Victor Goodman, Limited (Victor Goodman)是加拿大多伦多的一家皮货批发商。原告是 Victor Goodman 投保的保险公司的理赔代理人。

在1985年2月26日,Victor Goodman 在 Elbeco Marketing Company (Elbeco)组织的拍卖会上购买了11,023张毛皮。Victor Goodman 指示 Elbeco 将这些货物从纽约运到加拿大多伦多的 Reliable Fur Dressers, Inc. (Reliable)。Elbeco 将这些货物打包装进了16个纸箱当中,并将这些纸箱交付给 Air Canada 负责运输。Air Canada 接受了这些要运送的纸箱并且签发了 Air Canada 的注明日期为1985年2月28日的空运单。空运单上填写的这16箱生皮的总重量是2490磅。为运输的价值申明是201美元。Air Canada 安排卡车在夜间将这些货物运到了多伦多的莱斯特皮尔逊国际机场。在3月4日,Reliable 的货运公司打算去接收货物,但是 Air Canada 却无法找到其中四箱货物,只将剩下的12箱货物交付给了 Reliable。在1985年5月这些失踪的货物在第三方的仓库中找到了。这些货物被及时地交给了 Air Canada 并交给 Victor Goodman 处理。Victor Goodman 对货物的检查发现这些纸箱外面有大量的水痕并且皮毛严重损坏。

案件审理中,双方都同意案件是适用《华沙公约》的,但是就为什么适用该公约说法不一。原告认为《华沙公约》作为法律依据是因为双方签订了国际航空运输的合同。被告则认为《华沙公约》的条款已经通过空运单吸收到运输合同当中,是合同内容的一部分。双方对于运输是由卡车运输完成的没有争议。但是,《华沙公约》只适用航空运输,很明显它不能仅仅作为一般的法律那样加以适用。

但是,缔结合同的双方可以通过引用公约条款的方式来吸收公约的条款作为合同的一部分。① 空运单规定"下面涉及的运输受《华沙条约》关于责任的有关规定的约束"。空运单中列明的被告的价目表、条件(defendant's valid tariffs, terms)将约束运输合同。公约作为合同的一部分适用是因为空运单通过引用公约的条款而把公约合并入了合同当中。通过卡车运输货物而不是空运货物,并不是有意的不良行为,也不是重大违约,即使空运单中载明打算用航空器运输,同样的卡车运输也是被承运人的价目表(defendant's tariffs)所允许的。比如 Air Canada's tariff G42(B)(2)就规定:当承运人决定有必要加快运输速度时,承运人可以背离任何空运单上显示的路线或者通过其他的运输方式转运货物。② 因此,承运人有权根据《华沙公约》或者他的价目表主张责任限制。

从前面的讨论可以看出,在航空运输合同下选择一种地面运输方式并不必然构成有意违约,替代运输也受到《华沙公约》的调整,是在航空运输期间的。另外,1999 年《蒙特利尔公约》第 18 条第 4 款中规定"承运人未经托运人同意,以其他运输方式代替当事人各方在合同中约定采用航空运输方式的全部或者部分运输的,此项以其他方式履行的运输视为在航空运输期间"。当然,在运输合同中商定用某种特定的运输方式,并规定承运人不得改变这种运输方式的,承运人在实际运输过程中改变了这种运输方式的,就可能构成有意的违约。

四、替代运输、联合运输共同存在但是损害发生的地点不确定时

实际中还存在的一种情况就是在一个航空运输过程中既存在联合运输,又存在替代运输。这种情况下,替代运输和联合运输中的航空器运输以外的运输都属于地面运输。在这两种地面运输的过程中,当能够确定损害是发生在什么时候、哪一个运输阶段时,承运人当然就按照

---

① 原文为:"This interpretation is consistent with the Warsaw Convention provision pertaining to the limitations period, incorporated by reference into the contract." Blaw-Knox Constr. Equip. Co. v. The Royal Jordanian Airlines, No. 87 Civ. 7866, 1988 WL 53190 (N. D. Ill. May 12, 1988). Westlaw。

② Air Canada's tariff rule G42(B)(2) provides that "[w]hen the carrier determines that it is necessary to expedite delivery, carrier will deviate from any route shown on the Airbill or forward [the goods] via any... other transportation."

损害发生时的运输方式有关运输的法律条款承担责任,这个是没有问题的。若货物损害发生在替代运输过程中,则适用航空运输期间的规定,若发生在联合运输的航空器以外的其他运输方式中,则适用相应的国内运输法律或者国际公约;但是若损害发生的地点不能确定是发生在替代运输过程中,还是发生在联合运输中的地面运输过程中时,要如何处理呢?

这和前面讨论的辅助运输一样,如果让原告来证明损害发生在哪一个阶段几乎是不可能的,考虑原告在举证能力方面的不足,以及举证责任应当由享有更有利的责任限额的一方承担,因此通常应由被告来承担举证责任。当然如果某一特定的运输法律对承运人更为有利,那他应当举证证明该法律对于本案件是适用的。例如承运人想要适用《华沙公约》或者《蒙特利尔公约》的限额保护,他就需要证明损害是发生在航空器运输过程中,而不是发生在联合运输的地面运输阶段,如果他不能证明损害发生在航空器运输期间,他就不能享有公约规定的限额保护。若被告不能证明损害发生的具体运输阶段的,法院应当适用对原告更有利的法律规则,承运人需要承担举证不能所带来的风险。

小结

1929年的《华沙公约》为国际航空货物运输承运人的责任期间划定了统一的标准,它为解决有关责任期间的争议起到了重要的作用,促进了航空运输业的发展。该公约将有关货物运输中承运人的责任主要规定在了第18条当中。《华沙公约》第18条对于承运人的责任期间采用的双要素的标准,既要求货物在承运人的掌管之下,还要求货物是在航空站内、航空器上或者是航空站外降落的任何地点。第2款原则上将承担责任的范围限定在航空器上和航空站的边界范围内,但是第3款的推定责任又延长了承运人的责任期间,将责任期间延长到了地面运输。虽然《华沙公约》第18条规定从字面上看是清晰、明确的,但是在实际适用中却常常存在争议。在实践中,各国法院的判例不断地补充和完善了《华沙公约》第18条中对于航空货物运输期间的规定。通过判决的方式确定了公约的性质、责任期间的开始和结束时间、地面运输中的责任等问题。这些努力和实践都使公约关于承运人责任期间的规定更加具体和明确，有利于解决航空运输产生的纠纷，促进民用航空运输从一个稚嫩的产业发展为一个相当成熟的产业。

1999 年的《蒙特利尔公约》以减少争议和适应航空运输业的发展情况为目标，它将华沙公约体系的文件合并并将之现代化，努力在规则的合理性、符合现代航空运输的需要和能够被大多数国家接受、批准之间找到平衡点。这一点在《蒙特利尔公约》第 18 条上得到了充分的体现。

《蒙特利尔公约》第 18 条将原来的双要素的责任期间改为了单要素，即只要求货物处于承运人的掌管下。这不仅使得文字表达上更加简洁，也更进一步延长了承运人的责任期间。还在第 18 条第 4 款中写入了"承运人未经托运人同意，以其他运输方式代替当事人各方在合同中约定采用航空运输方式的全部或部分运输的，此项以其他方式履行的运输视为在航空运输期间"的规定，进一步完善了航空运输期间的规定。在责任性质上，《华沙条约》第 18 条中承运人承担的推定过失责任，《第 4 号蒙特利尔议定书》对于货物损害的责任制度做了修改，使用的文字表述发生了变化，使得承运人要在比原来更大的范围内承担责任，这种改变也为《蒙特利尔公约》采用。在《蒙特利尔公约》生效后与航空货物运输相关的案例还不是很多，对于它是否能实际地减少操作中的争议，运作得比《华沙公约》更好，我们将拭目以待。

国际不正当竞争行为冲突规则研究

张 鹏

目 次

一、问题的提起
二、诸外国学说及实践
三、结合《涉外民事关系法律适用法》的相关规定解释国际不正当竞争行为的冲突法规则适用
四、结语

一、问题的提起

随着新型传播途径的发展，跨境经济活动愈加频繁，近年涉及国际不正当竞争行为的案例也逐渐增多。围绕着国际不正当竞争行为的冲突法适用问题，我国司法实践中的做法尚不统一，特别是在下级法院的司法实践中，对于带有涉外因素的不正当竞争行为，有的法院直接选择适用我国《反不正当竞争法》来处理，①而有的则将反不正当竞争行为

① 直接选择适用我国《反不正当竞争法》进行处理的案例诸如：

涉及仿冒行为的案例：意大利费列罗公司与蒙特莎（张家港）食品有限公司、天津经济技术开发区正元行销有限公司不正当竞争纠纷案［天津市高级人民法院民事判决书（2005）津高民三终字第36号，最高人民法院民事判决书（2006）民三提字第3号。见于《中华人民共和国最高人民法院公报》2008年第6期（总第140期）。

涉及侵害商业秘密行为的案例：逊阿科股份有限公司与刘恒、大庆瑞升科技有限公司侵犯技术秘密和不正当竞争纠纷案［哈尔滨市中级人民法院民事判决书（2007）哈知初字第28号，黑龙江省高级人民法院民事判决书（2008）黑知终字第60号］。

视为侵权行为的一种，进而援引侵权行为的准据法规则进行处理。①

其中在直接适用我国《反不正当竞争法》的案例中，法院并没有说明直接适用我国《反不正当竞争法》的理由。作为可能性之一，可以推测上述法院有可能认为我国《反不正当竞争法》具有公法或强制性规定的性质，并没有适用冲突规则的必要性，应直接适用我国法律处理相关纠纷。

而在将不正当竞争行为视为侵权行为的一种，进而援引侵权行为

涉及虚假宣传行为的案例：新加坡安创科技（私人）有限公司、安创自动化科技（苏州）有限公司、马来西亚安创工业机械（私人）有限公司与天永机械电子（上海）有限公司不正当竞争纠纷案[上海市浦东新区人民法院民事判决书（1999）浦知初字第4号]。

① 援引侵权行为的准据法规则进行处理的案例诸如：

涉及仿冒行为的案例：莱尔食品（天津）有限公司与西班牙达迈尔产品股份公司不正当竞争纠纷案[最高人民法院民事裁定书（2009）民申字第95号]；百事公司（美国）PEPSHO. INC与河南百事饮品有限公司商标侵权及不正当竞争纠纷案[河南省郑州市中级人民法院民事判决书（2009）郑民三初字第436号]；L‘OCCITANESA与戚红新、广州市番禺区大石镇洛溪成业美容美发用品厂、广州成德日用品有限公司侵犯商标权及不正当竞争纠纷案[重庆市第一中级人民法院民事判决书（2009）渝一中法民初字第4号]；德国德恩杰阀门技术有限公司与武汉策尔曼自动化设备有限公司侵犯商标专用权及不正当竞争纠纷案[湖北省武汉市中级人民法院民事判决书（2008）武民商外初字第5号，湖北省高级人民法院民事判决书（2008）鄂民三终字第43号]。

涉及商业诋毁行为的案例：中芯国际集成电路制造有限公司、中芯国际集成电路制造（上海）有限公司、中芯国际集成电路制造（北京）有限公司与台湾积体电路制造股份有限公司不正当竞争、商业诋毁纠纷案[北京市高级人民法院民事判决书（2006）高民初字第1575号]；常州灵通展览用品有限公司与奥克坦姆系统科技（苏州）有限公司、奥克坦姆建筑构件贸易有限公司损害商业信誉、商品声誉纠纷案[江苏省常州市中级人民法院民事判决书（2006）常民三初字第6号]。

涉及侵害商业秘密行为的案例：广州威尔曼药业有限公司与辉瑞有限公司侵犯经营秘密及其他不正当竞争纠纷案[广东省广州市中级人民法院民事判决书（2007）穗中法民三初字第29号，广东省高级人民法院民事判决书（2009）粤高法民三终字第99号]。

涉及虚假宣传行为的案例：中国国际旅行社总社与China Int’l Travel Services（USA），Inc.侵犯商标专用权及虚假宣传纠纷案[上海市浦东新区人民法院民事判决书（2007）浦民三（知）初字第129号]。

涉及域名的案例：蒋海新诉荷兰皇家飞利浦电子股份有限公司计算机网络域名案（参见杨煜：“蒋海新诉荷兰皇家飞利浦电子股份有限公司计算机网络域名案”，载《法学》2004年第3期）。

准据法的做法中,对于侵权行为冲突规范的连接点,即侵权行为地的理解也存在着一定的分歧。[①] 在最高人民法院《关于贯彻执行〈中华人民共和国民法通则〉若干问题的意见(试行)》(以下简称《民通意见》)第187条中规定,侵权行为地法律包括侵权行为实施地法律和侵权结果发生地法律。如果两者不一致时,人民法院可以选择适用。而具体适用于国际不正当竞争行为上时,在中芯国际集成电路制造有限公司、中芯国际集成电路制造(上海)有限公司、中芯国际集成电路制造(北京)有限公司与台湾积体电路制造股份有限公司不正当竞争、商业诋毁纠纷案[②]中,法院认为芯国际主张台积电公司实施的不正当竞争行为,其侵权结果发生在中国、部分侵权行为实施地亦在中国,故本案应适用《反不正当竞争法》。也就是说,尽管该案中部分商业诋毁行为是在美国境内实施的,但其结果发生在中国市场上,所以以侵权结果发生地为依据适用中国《反不正当竞争法》。

但是对于侵权结果发生在外国,仿冒行为发生在我国的案例,实践中也存在不同的做法。在莱尔食品(天津)有限公司与西班牙达迈尔产品股份公司不正当竞争纠纷案中,天津市高级人民法院二审认为,达迈尔公司所诉莱尔食品公司制造、销售假冒PECTOL产品的侵权行为发生在我国境内,故本案应适用中华人民共和国法律。从案情上看,该案并不属于侵权结果发生在我国境内的不正当竞争案件,被告的仿冒行为影响的是原告在其传统市场尼日利亚市场上由于出现的假冒达迈尔公司PECTOL薄荷糖产品而造成的损失。所以该案判决可以理解为在侵权行为实施地法律和侵权结果发生地不同时,适用了侵权行为发生地的法律。尽管最高人民法院指令天津市高级人民法院再审该案,但也并没有就准据法问题提出任何明确的意见。[③]

---

① 根据《民法通则》第146条的规定,侵权行为的损害赔偿,适用侵权行为地法律。而《涉外民事关系法律适用法》也保留了侵权责任适用侵权行为地法的一般原则,在该法第44条规定了侵权责任,适用侵权行为地法律。万鄂湘主编:《中华人民共和国涉外民事关系法律适用法条文理解与适用》,中国法制出版社2011年版,第314页。

② 北京市高级人民法院民事判决书(2006)高民初字第1575号。

③ 最高人民法院民事裁定书(2009)民申字第95号。

一方面针对上述《民通意见》把选择的权利赋予法官的裁量的做法,学说上也认为在侵权行为实施地与损害结果发生地之间作出适用哪国法律的选择,容易产生不确定性之流弊。① 但是另一方面更重要的是,该种选择性适用能否满足国际不正当竞争行为冲突规定的特点,也就是说,会不会导致在适用侵权行为地作为国际不正当竞争行为冲突规范的连接点时,使得侵权行为实施地法予以适用,而真正由于不正当竞争行为而受到影响的市场地法不能予以适用。

在《涉外民事关系法律适用法》中对于国际不正当竞争行为并没有单独制定冲突规则,而在此前的学者建议稿中均针对国际不正当竞争行为单独制定了冲突规范。② 虽然并未能在《涉外民事关系法律适用法》的立法过程中查明其原因,但是可以肯定的一点是,我国对于《涉外民事关系法律适用法》的立法例并没有采用对于国际不正当竞争行为制定单独的冲突规范的做法,但这是否意味着援引适用该法第44条有关侵权责任的冲突规范就能体现国际不正当竞争行为在冲突法适用上的特点?而这也是本文所要研究的核心问题。

本文将在第二部分列举诸外国学说及实践,用以说明不管是选择单独制定针对国际不正当竞争行为的冲突规范之立法例,还是援引适用侵权行为冲突规范之立法例,问题的关键在于如何确保国际不正当竞争行为的连接点规定为市场影响地,从而适用市场受影响地法。而该主张的背后体现了不正当竞争行为区别于一般侵权行为所体现出的

---

① 参见金彭年:“国际私法上侵权行为的法律适用”,载《法学研究》1998年第3期。

② 例如,黄进主编:《中华人民共和国涉外民事关系法律适用法建议稿及说明》,中国人民大学出版社2011年版,第93页。其中认为,对于不正当竞争侵权,适用受影响的市场所在地法律。市场受影响地本质上是侵权行为地,但较之侵权行为地更为明确,也符合不正当竞争法律关系的本质特征;在《国际私法示范法》(第六稿)第122条也规定,不正当竞争的损害赔偿,适用侵权结果发生地法。中国国际私法学会:《中华人民共和国国际私法示范法》,法律出版社2000年版。

作为强制性规定的特点。[①] 国内学者虽然对于《反不正当竞争法》的多元目的,即保护竞争者、消费者和公共利益有所认识,[②]但是对于该多元目的所体现的强制规定性,以及如何体现于冲突规范的选择中的研究尚不充分。[③] 所以这也是笔者在该部分通过介绍日本学者关于强制性规定理论的论述,着重予以明确的问题。在接下来的第三部分,笔者将结合《涉外民事关系法律适用法》的相关规定,具体解决如何在援引侵权责任冲突规范的诸多规定的同时,结合国际不正当竞争行为的特点,建立与其规范功能相适应的解释论。

---

① 对于强制性规范的出现与应用的理解,一般认为与各国力图通过立法强化公共政策以及对经济和民商事关系实施国家干预的深厚背景有关。例如,在合同法领域,许多国家法律以强制性规范的形式,对民商事关系中特殊群体的利益加以保护,规定了辞退雇员的通知期、工作环境的安全性及卫生条件等。此外,一些强制性规定还涉及一国经济体制,体现了干预市场经济的国家意志,其中包括反垄断、进出口限制、物价调控及外汇监管等规定。尽管强制性规定在不同国家存在着形式上与内容上的差异,但其都具有一国国内法上的强制约束力,当事人或法院均不得以选择法律为由,排除这些规定的适用。因此,在国际私法领域,强制性规定已成为当事人选择法律以及法院适用外国法的例外。参见单海玲:"涉外劳动纠纷中竞业禁止协议准据法之研究——以微软与Google纠纷案为视角",载《政法论坛》2006年第3期。相同观点亦见于王胜明:"涉外民事关系法律适用法若干争议问题",载《法学研究》2012年第2期。在《罗马I规则》第9条第1款对强制性法律也作出了定义,即强制性法律是被某一国家为了维护其公共利益(诸如其政治、社会或经济组织)而认为遵守它乃至关重要,以致要求将之适用于一切进入其适用范围的情事的强制性规定,而不论依本规则以其他方式适用于合同的法律体系为何。2013年1月7日起施行的最高人民法院《关于适用〈中华人民共和国涉外民事关系法律适用法〉若干问题的解释(一)》(法释〔2012〕24号)在第10条中除对何为我国法律的强制性规定进行了一般性描述外,还以不完全列举的方式解释了《法律适用法》中强制性规定的含义。此外,在最高人民法院民四庭负责人就"解释"答记者问中也强调对于"强制性规定"的理解应当严格、谨慎,如果滥用,将会大大折损国际私法的积极作用,甚至带来消极后果。载最高人民法院官方网站:http://www.court.gov.cn/xwzx/jdjd/sdjd/201301/t20130106_181593.htm(访问时间2013年4月27日)。

② 参见谢晓尧:《在经验与制度之间:不正当竞争司法案例类型化研究》,法律出版社2010年版,第1页。

③ 目前我国国际私法教材、专著、译著和论文中大多尚未涉及这个问题,其中仅有的比较重要的研究包括程卫东:"论涉外不正当竞争的法律适用",载《法商研究》1997年第2期;程卫东:"涉外不正当竞争冲突规则确立的立法与司法实践",载《江海学刊》1998年第3期。

二、诸外国学说及实践

1. 诸外国立法例

从比较法的角度看,存在一些国家针对国际不正当竞争行为单独制定有关冲突规范的实践。例如在《欧洲议会和欧洲联盟理事会关于非合同之债准据法的第864/2007号规则》(以下简称《罗马Ⅱ规则》)第6条第1款中规定,因不正当竞争行为而发生的非合同之债的准据法,适用竞争关系或消费者的集体利益在其境内受影响或可能受影响的国家的法律体系。瑞士1987年12月18日《关于国际私法的联邦法》第136条也规定,除了在存在当事人共同的经常居住地法时适用该经常居住地法律的情况外,①因不正当竞争而提出的请求,适用不正当竞争行为结果发生地的市场所属国家的法律,②同时,不正当竞争行为仅仅对受害人的企业利益造成损害的,适用受害人的营业所所在地国家的法律。③ 而在《罗马Ⅱ规则》生效前,于1978年通过并于1979年生效的《奥地利联邦国际私法》第48条第2项也就不正当竞争行为规定了特别的冲突规定,即因不正当竞争而发生的损害与其他求偿权,依受此竞争影响的市场所在国家的法律。④

此外,1983年国际法学会(Institut de Droit International)在其剑桥会议上也讨论了涉外不正当竞争的法律适用问题,并建议确定不正当

---

① 第136条第3项。参见陈卫佐:《瑞士国际私法法典研究》,法律出版社1998年版,第302~303页。

② 第136条第1项。该条文的翻译引自邹国勇译注:《外国国际私法立法精选》,中国政法大学出版社2011年版,第170页。

③ 第136条第2项。该条文的翻译引自邹国勇译注:《外国国际私法立法精选》,中国政法大学出版社2011年版,第170页。

④ 参见徐冬根等编:《国际公约与惯例》(国际私法卷),法律出版社1998年版。本条规定经2009年《修订〈关于国际私法的联邦法〉,〈保险监管法〉以及〈交通事故遇难者赔偿法〉及废除〈关于欧洲经济区的国际保险合同法的联邦法〉的联邦法》第1条第5项修订后删除。邹国勇译注:《外国国际私法立法精选》,中国政法大学出版社2011年版,第125页。

竞争准据法时使用一套自主的规则,[①]其中主要以市场地为冲突规范的连结点。[②]

但是需要特别指出的是,上述诸国所采之立法例均存在各自特殊的立法背景。例如,《罗马Ⅱ规则》第 6 条不过是为了进一步明确同规则第 4 条[③]的规定而制定的,即仅以同规则第 4 条的规定也可以导出国际不正当竞争行为适用结果发生地的市场所属国的法律的结论。[④]如果说《罗马Ⅱ规则》第 6 条的制定包含什么特殊意义的话,可以说与一般侵权行为的法律适用不同,对于不正当竞争行为可以不适用《罗马Ⅱ规则》第 4 条第 2 款及第 3 款规定的例外条款。[⑤] 而就瑞士国际

① The conflict-of-laws rules on unfair competition, *institute of international law, yearbook*, Vol. 60, part2, 1983, p. 293.

② 在其采纳的《有关于不正当竞争的冲突规则》的决议中,第 2 条第 1 项规定,在某一特定市场若由于可以合理预见到具有损害效果的行为造成某一竞争者受到损害时,对于当事人间的权利义务所适用的法律应为该市场所在地国法,而不论该行为发生在该国或其他国家。

③ 《罗马Ⅱ规则》第 4 条是关于侵权行为准据法的通则性规定。除《罗马Ⅱ规则》有相反规定外,因侵权行为而发生的非合同之债的准据法是损害发生地国家的法律体系,而不论损害的原因事实发生于何国,也不论该事实的间接后果发生于何国(第 4 条第 1 款)。可见,《罗马Ⅱ规则》原则上对于侵权行为之债适用损害发生地法(lex loci damni),而损害发生地法可以理解成"侵权行为地法"(lex loci delicti)的一种具体化形式。参见陈卫佐:"欧共体国际私法的最新发展——关于非合同之债准据法的《罗马Ⅱ规则》评析",载《清华法学》2008 年第 5 期。

④ P. Huber, *Rome Ⅱ Regulation*, Sellier European Law Publishers, 2011, Art. 6 Rdn. 36 [M. Illmer]. 亦见于高杉直:"ヨーロッパ共同体の契約外債務の準拠法に関する規則(ローマⅡ)案について—不法行為の準拠法に関する立法論的検討—",载《国際法外交雑誌》2004 年第 103 卷 3 号,第 1 页;佐野寛:"契約外債務の準拠法に関する欧州議会及び理事会規則(ローマⅡ)案について",载《岡山大学法学会雑誌》2004 年第 54 卷 2 号,第 320 页。

⑤ 即在损害发生时,如果加害人和受害人在同一国家有其惯常居所,则适用该国的法律体系(第 4 条第 2 款)。这意味着在加害人和受害人在同一国家有惯常居所的情况下,该国的法律体系应优先于第 4 条第 1 款所规定的损害发生地国家的法律体系而予以适用。如果从全部情况来看,侵权行为与第 4 条第 1 款或第 2 款所指定的国家以外的另一国家有显然更密切的联系,则应适用该另一国家的法律体系第 4 条第 3 款。参见陈卫佐:"欧共体国际私法的最新发展——关于非合同之债准据法的《罗马Ⅱ规则》评析",载《清华法学》2008 年第 5 期。

私法来说，与《罗马Ⅱ规则》不同，对于不正当竞争行为若援引该法关于一般侵权行为的冲突法规则的话，并不一定能够保障以市场地作为连接点，所以在该国的国际私法中不得不特别明确规定不正当竞争行为的冲突法规则。①

而从未针对不正当竞争行为单独规定冲突规则的国家的实践来看，例如在日本《关于法律适用的通则法》（以下简称《通则法》）第17条中规定，因侵权行为而发生的债权的成立及效力，适用加害结果发生地法。但如果在通常情况下不能预见结果在该地发生，则适用加害行为实施地法。可见，该法以损害结果发生地法的适用为原则，仅在不能预见的情况下才例外地适用实施地法。而对于不正当竞争行为来说，适用一般侵权行为的冲突法规则一般就可以导出适用市场地法。②

在《罗马Ⅱ规则》生效前，德国也将不正当竞争行为视为侵权行为的一种，进而通过目的论解释德国《民法典施行法》（EGBGB）第40条第1款③的规定，将不正当竞争行为的冲突法上的连结点解释为与当事者利害冲突相关的市场地法。而该解释的背景就是由于EGBGB第40条第1款赋予了被害者在"行动地"（Handlungsort）和"结果发生地"（Erfolgsort）间选择准据法的权利。④ 所以存在被害人不选择作为市场

① 《瑞士关于国际私法的联邦法》第133条第2款规定，加害人与受害人的惯常居所不在同一国家时，适用侵权行为实施地国家的法律。如果侵权行为结果发生于另一国家，并且加害人应当预见结果将发生在该另一国家，则适用损害结果发生地国家的法律。该条文的翻译引自邹国勇译注：《外国国际私法立法精选》，中国政法大学出版社2011年版，第169页。

② 这里的市场地（Marktort）是指不正当竞争行为的实施者与其竞争者利害关系相冲突地，在该地域由于不正当竞争行为而导致了竞争者受到影响的市场所在地。更准确地说，市场地应为市场影响地（Markeinwirkungsort）。嶋拓哉："国際的な不正競争行為を巡る法の適用関係について一抵触法上の通常連結と特別連結を巡って一"，载《知的財産法政策学研究》第37号（2012年），第282页。

③ 因侵权行为而产生的请求权，适用赔偿义务人行为地国法律。受害人得要求代之以适用结果发生地国法律。该项指定法律的权利，仅能在第一审法院第一次开庭日期届满前或书面预审程序终结前行使。该条文的翻译引自邹国勇译注：《外国国际私法立法精选》，中国政法大学出版社2011年版，第13页。

④ 亦称为优遇原则（Günstigkeitsprinzip）。

地的结果发生地法作为准据法的情况。而为了回避该情况,德国法院在解释EGBGB第40条第1款时发明了包含行动地及结果发生地的上位概念“行为地”(BegehungsortoderTatort),进而针对不正当竞争行为将“行为地”解释为与当事者利害冲突相关的市场地,从而排除了“偏在主义”(Uniquitätlehre)带来的被害者选择权的问题。[①]

从上述比较中可以得出这样的结论,国际不正当竞争行为是否存在单独设立冲突规则的必要性问题,取决于援引适用该国一般侵权行为的冲突规则时能否体现不正当竞争行为的特殊性,即在连结点上适用市场地国法。而不正当竞争行为区别于一般侵权行为的特殊性究竟为何?为何要区别于一般侵权行为,针对国际不正当竞争行为设置该特别的冲突规范?对于上述问题的解答则要通过不正当竞争行为的强制性规定属性来探寻。

2. 学说上有关作为强制性规定的不正当竞争行为的介绍

学说上最先提出国际不正当竞争行为冲突规范适用上的特殊性问题的,是德国著名国际私法学者凡格勒尔(Wilhelm Wengler)教授,在其1955年于美国比较法杂志上发表的论文[②]中,他认为,与不正当竞争行为相关的外国法一般作为市场规制规范,该外国法的立法意图通常是通过该规制手段达成特定的经济目标,而且大多数国家都针对其所规制的反不正当竞争行为设立了相应的刑事责任条款,所以适用该外国法的做法亦有执行外国经济政策之嫌。因此,尽管反不正当竞争法的实现形式是竞争中受害者一方通过私诉的形式来实现的,但是该私诉不过是立法者为实现经济政策目的的道具而已。在允许为了实现私人间的权利行使而适用外国法,和主权国家拒绝执行外国国家经济

① 日本北海道大学的嶋拓哉教授明确地分析出了德国就该款规定适用的原理及背景。参见嶋拓哉:“国際的な不正競争行為を巡る法の適用関係について—抵触法上の通常連結と特別連結を巡って—”,载《知的財産法政策学研究》第37号(2012年),第286页。

② W. Wengler, Law Concerning Unfair Competition and the Conflict of Laws, *the American Journal of Comparative Law*, 1955, Vol. 4, p. 167.

手段二者之间,存在着两难的抉择。[①] 但是在该论文中,对该难题的解决凡格勒尔教授并没有提出具体的解决之道。

而关于此难题的解决,日本学者通过对反不正当竞争法中强制性规定的甄别,进而区分出了"与市场相关的不正当竞争行为"及"与营业相关的不正当竞争行为"两种类型,并将前者视为绝对强制性规定,从而直接适用法院地国法,不允许冲突规则的适用;对于后者则援引一般侵权行为冲突规则规范适用市场地国法。该学说从《日本反不正当竞争法》的立法宗旨出发,认为尽管该法希望通过权利侵害理论,将不正当竞争行为作为侵权行为的一种,并作为侵权行为法的特别法予以规制。但是,该法的目的不止于维护当事者间的公平竞争,更主要的是通过维护市场的竞争秩序达到公益的目的。[②]

以下将以提出该学说的较有影响的东京大学的石黑一宪教授和名古屋大学的横沟大教授为代表详细论述。其中,石黑教授认为在一国的反不正当竞争法规制的对象中,存在以维护市场秩序为目的的国家非民事规制形式和作为处理存在于私主体间请求的民事规制形式。而适用一般侵权行为冲突法规范的仅是后者,对于前者,即以维护市场秩序为目的的非民事规制的对象属于强制性规定,应直接适用法院地法。[③] 横沟教授也在此观点的基础上,进一步认为对于反不正当竞争法的特殊性如何在冲突规则中予以体现的问题,作为具有市场规制法性质的法规,应视为强制性法规,并区别于合同、不当得利、侵权行为等所规定的冲突规范,并考虑竞争市场受到实质性影响的国家的法规的适用。[④]

而对于如何划定一国反不正当竞争法中所谓的绝对强制性规定的范围的问题,由于尚缺乏明确的判断基准,所以只能详细考察各项规定

---

① W. Wengler, *Law Concerning Unfair Competition and the Conflict of Laws*, the American Journal of Comparative Law, 1955, Vol. 4, p. 184.

② 参见田村善之:《不正競争防止法》(第2版),有斐閣2003年版,第7页。

③ 石黒一憲:《国際私法の危機》,信山社2004年版,第142~146页。

④ 横溝大:"抵触法における不正競争行為の取扱—サンゴ砂事件判決を契機として",载《知的財産法政策学研究》第12号,第230页。

的政策目的以及公益性色彩，从而个别确定其是否属于绝对强制性规定。[①] 其中横沟教授认为，应将不正当竞争行为予以类型化，即区分为“与营业相关的不正当竞争行为”及“与市场相关的不正当竞争行为”。对于前者适用与一般侵权行为冲突规则相同的冲突规范，而对于后者则将本国不正当竞争法的相关规定视为绝对强制性规定予以适用[②]。对此石黑教授则认为，对于强制性规定的区分应更多地从民事规制与非民事规制的角度出发，并进一步主张将反不正当竞争法中的规制手法是否采用刑事规制为区别点。[③] 虽然两教授的观点略有不同，但是具体来看，一国反不正当竞争法中有关侵害商业秘密行为、仿冒行为、商业诋毁行为等一般认为是与营业相关的不正当竞争行为，并不视为强制性规定；而对于原产地、产品质量等引人误解的虚假宣传行为则由于涉及一般消费者的利益而应视为强制性规定，当其行为对该国市场造成实质性影响时，不论援引侵权行为冲突规范将导致何种外国法的适用，该国法院都应将本国法予以适用。

三、结合《涉外民事关系法律适用法》的相关规定解释国际不正当竞争行为的冲突法规则适用

1. 侵权行为地法的解释

对于《涉外民事关系法律适用法》第 44 条中的侵权行为地法律应当特殊理解为受不正当竞争行为所影响的市场地法律。[④] 从而针对国际不正当竞争行为排除法院选择适用侵权行为发生地法的可能性。此外需要指出的是，对于该连接点的选择并不受互联网技术的影响而有所变化。对于通过互联网在网页上发布虚假广告等行为，依然适用市场影响地法律。而对于由此可能产生的针对同一侵权行为却可能导致

① 浅野有紀＝横溝大：“抵触法におけるリアリズム法学の意義と限界”，载《金沢法学》2003 年 45 卷 2 号 293～295 页[横溝大執筆]。

② 横溝大：“抵触法における不正競争行為の取扱ーサンゴ砂事件判決を契機として”，载《知的財産法政策学研究》12 号，第 230～232 页。

③ 石黒一憲：《金融取引と国際訴訟》，有斐閣 1983 年版，39～40 页。

④ 同样的观点参见杜涛：《涉外民事关系法律适用法释评》，中国法制出版社 2011 年版，第 367 页。

多国法同时适用的问题，世界知识产权组织（WIPO）大会在2001年9月24日至10月3日召开的世界知识产权组织成员国大会第三十六届系列会议上通过的《关于在因特网上保护商标权以及各种标志的其他工业产权的规定的联合建议》[①]中，从当事人是否具备对于该网页的对象市场造成影响的预测可能性的角度进行了限制。尽管该建议并不具备法的约束力，但是可以认为其提供了一个很好的解决办法。

2. 当事人意思自治的适用

对于《法律适用法》第44条中规定的当事人可以在侵权行为发生后协议选择所适用的法律的规定，应理解为并不适用于国际不正当竞争案件。[②]

从比较法上来看，日本《通则法》第21条也规定了侵权行为的当事人可以在侵权行为发生后，合意变更因侵权行为而发生的债权的成立及效力所应适用的法。根据该条规定，对于一般侵权行为，在冲突规则的选择上允许当事人自治原则的适用。基于侵权行为所产生的债权债务关系一般限于金钱债权债务关系，从允许当事人任意处分的角度上看，和其他债权债务关系相比并无实质上的区别，而且考虑到确保侵权行为所涉及的当事人间的公平等因素，所以日本《通则法》在立法中导入了该条规定。[③]

此外，德国《民法典施行法》第42条，[④]瑞士《关于国际私法的联邦

---

① Recommendation Concerning the Protection of Marks, and other Industrial Property Rights in Signs, On the Internet，载WIPO官方网站，http://www.wipo.int/export/sites/www/about-ip/en/development_iplaw/pdf/pub845.pdf（访问时间2013年4月27日）。

② 杜涛：《涉外民事关系法律适用法释评》，中国法制出版社2011年版，第367页。

③ 小出邦夫等："『国際私法の現代化に関する要綱』の概要"，载別冊NBL編集部編：《別冊NBL/No.110法の適用に関する通則法関係資料と解説》，第59页。同时也存在反对在侵权行为等非合同债务的冲突规定选择问题上导入当事人自治原则的见解，如石黒一憲：《国際私法の危機》，信山社2004年版，第104页。

④ 在非合同之债据以产生的事件发生后，各方当事人可以选择支配该非债合同之债的法律。第三人的权利不受影响。

法》第132条,[①]《奥地利联邦国际私法》第48条第1款[②]以及《罗马Ⅱ规则》第14条第1款[③]都存在相同规定。

但是,由于在瑞士《关于国际私法的联邦法》,《奥地利联邦国际私法》及《罗马Ⅱ规则》中,对于国际不正当竞争行为设定了独自的冲突法规则,本身就排除适用一般侵权行为中的当事人意思自治原则。所以问题的核心就在于对于援引一般侵权行为冲突法规则的德国法及日本法如何处理该问题。

在《罗马Ⅱ规则》[④]生效前的德国《民法典施行法》第42条规定,在非合同之债据以产生的事件发生后,各方当事人可以选择支配该非合同之债的法律。虽然并没有明文排除不正当竞争行为对EGBGB第42条的适用,但是在解释论层面上认为相比于针对不正当竞争行为适用当事人自治原则,考虑到市场所在国以及该市场上交易活动的参与者、竞争者的利益关系,维护公平公正的竞争关系的利益更应优先,所以通说认为应该在国际不正当竞争案件的冲突法适用中排除当事人意思自治原则的适用。而日本学说上也普遍认为,尽管对于不正当竞争行为适用《通则法》第17条一般侵权行为的冲突法规定,但是却排除适用《通则法》第21条有关一般侵权行为冲突法适用的当事人意思自治原则。[⑤]

---

① 当事人可在损害事件发生后随时约定适用法院地法律。

② 不在《关于非合同之债法律适用的第864/2007号条例》(罗马Ⅱ规则)适用范围内的非合同性损害赔偿请求权,依照当事人明示或者默示选择的法律判定。

③ 《罗马Ⅱ规则》第14条承认双方当事人有选择非合同之债准据法的权利。这种法律选择既可以事后为之,也可以事前为之:双方当事人可以通过损害的原因事实发生后的协议来选择非合同之债的准据法(第14条第1款第1句a项),也可以通过损害的原因事实发生前自由地商订的协议来选择非合同之债的准据法,前提是双方均从事商业活动(第14条第1款第1句b项)。该法律选择必须是明示的或以确定的方式从情况中得出的,且不得妨碍第三人的权利(第14条第1款第2句)。

④ 《罗马Ⅱ规则》第6条第4款对于不正当竞争行为的冲突法适用明确排除了通过当事人的约定事后变更冲突规则的可能性。

⑤ 嶋拓哉:"国際的な不正競争行為を巡る法の適用関係について—抵触法上の通常連結と特別連結を巡って—",载《知的財産法政策学研究》第37号,第296页。

3. 当事人共同经常居住地法的适用

当事人共同经常居住地法作为侵权行为冲突规则适用的侵权行为地法的例外，为各国所承认。[①] 在 1963 年 12 月 20 日的德国联邦普通法院（BGH）判决[②]中，也认为在外国市场中德国国内企业间产生的竞争纠纷的情形下，应例外地适用当事人双方共通的德国法处理。但是需要注意的是，该判决的射程仅为适用德国法时的单方冲突规则，因为在德国市场内仅由外国企业间产生的竞争纠纷，并不一定适用当事人双方外国企业共通的外国法，而是适用德国法处理的。[③] 但是通说认为，对于“与营业相关的不正当竞争行为”，一般只涉及双方当事人，且民事责任也主要是侵权人对受害人所负之责任，在这种情况下适用当事人的共同属人法，更有利于对受害者的保护。但是对于“与市场相关的不正当竞争行为”，由于不仅涉及竞争双方当事人，往往还涉及市场影响地的商业道德、竞争秩序和消费者的利益，因此不正当竞争往往不是双方当事人的责任问题，因此除特殊情况以外，当事人的共同属人法并不能成为不正当竞争的准据法。[④] 所以对于国际不正当竞争行为应区分类型，并对于“与市场相关的不正当竞争行为”排除适用我国《法律适用法》第 44 条中规定的共同属人法。

4. 同一不正当竞争行为对数个法域产生影响时的法律适用问题

对于同一不正当竞争行为造成的在不同法域内的原告营业受损的情况，如何适用冲突法规则的问题也存在一定的争议。在此种情况下，如果根据通常的“依据受竞争影响的市场地法”的规则并不能得出确定的准据法，而会导致原告针对其在 A 国市场内遭受的损失所提出的损害赔偿请求依据 A 国法处理，针对 B 国市场内遭受的损失所提出的损害赔偿请求依据 B 国法处理，即所谓的断片化（Mosaikthreorie）的问

① 我国《涉外民事关系法律适用法》第 44 条也规定了当事人有共同经常居住地的，适用共同经常居住地法律。

② BGH, Urt. v. 20. 12. 1963, 40 BGH 391 [Stahlexport].

③ BGH, Urt. v. 4. 6. 1987, NJW 1988, 644 [Champagner].

④ 横溝大：“抵触法における不正競争行為の取扱—サンゴ砂事件判決を契機として”，载《知的財産法政策学研究》第 12 号（2006 年），第 217 页。

题。而该断片主义处理方式亦为《罗马Ⅱ规则》第6条的解释论所采纳。①

与此相对,另一种倾向是依实施不正当竞争行为者所在地国法处理。例如在《罗马Ⅱ规则》生效前的德国,对于通过互联网实施的不正当竞争行为,如果该行为不仅造成了实施不正当竞争行为者所在地国市场的影响,还对多个不同法域的市场造成影响的话,一般会以实施不正当竞争行为者所在地国作为连接点来处理(即所谓的起源国主义 Herkunftslandprinzip)。但是该说的问题是,在适用于欧盟内诸国有关不正当竞争行为的实体法规则在一定程度统一化的情况下不会出现什么争议,但是对于世界范围内有关不正当竞争行为的实体法规制尚未达到一定程度的统一,且各国经济发展水平参差不齐时,适用起源国主义就会产生不小的问题。

而1983年国际法学会采纳的《有关于不正当竞争的冲突规则》的决议第2条第2项也认为,横跨多个国家并对各个国家市场造成损害的情况下应分别适用各个市场地法。所以对于同一不正当竞争行为对数个国家产生影响时的法律适用问题,我国在解释论上采取所谓的断片主义处理方式是较为妥当的。

四、结语

综上所述,针对国际不正当竞争行为设立独立的冲突法规则的必要性,如何在援引适用侵权行为的冲突规定时体现国际不正当竞争行为的特点,如何对待不正当竞争行为规制中的强制性规定属性等问题,本文的结论如下:

1. 针对国际不正当竞争行为设立独立的冲突法规则的必要性,取决于其援引侵权行为冲突规则是否能够体现国际不正当竞争行为冲突规则适用的特点。

2. 由于我国对于涉外不正当竞争行为所引起的侵权纠纷的法律适

① P. Huber, *RomeII Regulation*, Sellier European Law Publishers, 2011, Art. 6 Rdn. 55ff [M. Illmer]. 同时日本学者道垣内正人亦主张该观点。参见道垣内正人:《ポイント国際私法[各論]》,有斐閣2000年版,第247~250页。

用问题，在《反不正当竞争法》中没有特别规定，因此只能依据我国《法律适用法》第44条规定的一般侵权行为法律适用原则来确定准据法。

3. 针对国际不正当竞争行为的特点，对于侵权行为地应理解为受不正当竞争行为所影响的市场地，并注意区分"与营业相关的不正当竞争行为"与"与市场相关的不正当竞争行为"，对于前者，适用侵权行为冲突规则的相关解释，并注意侵权结果发生地的重要地位；而对于后者则直接适用市场地法，一般为该国法院所在地法。

4. 在国际不正当竞争行为的冲突规则中应排除当事人意思自治原则的适用，并区分上述两种不正当竞争类型决定当事人共同属人法的适用。

5. 对于同一不正当竞争行为对数个国家产生影响时的法律适用问题，仍采取受竞争影响的市场地法的处理方式是较为妥当的。

（作者系复旦大学法学院博士研究生。）

跨国公司

——跨国法律规范体系*中的调整对象和立法主体

[美]Larry Catá Backer**著　辛丝雨 译

目　次

一、传统的公法规范框架
二、新的软性规范框架(实例)
三、将这一框架理论化
四、结论

* Transnational Law 一般译为跨国法，是融合了国内法、国际法及国际私法等多个部门法的一个较新的法律规范类别。跨国法的规范对象非常广泛，包括个人、公司企业和政府机构等，只要这些对象参与了跨国活动就有可能成为跨国法的规范对象。参见 http://www. google. com. hk/url? q = http://legal-dictionary. thefreedictionary. com/Transnational%2BLaw&sa = U&ei = M1X-UIiCGoTeigeL_oHYCQ&ved = 0CBwQFjAA&usg = AFQjCNEdSYDAmHxHbRzuCjap_-gFiRjLRA 对跨国法更加详细的介绍。

** [美]LARRY CATÁ BACKER("白轲")，作为 W. Richard and Mary Eshelman 荣誉学者，是美国宾夕法尼亚州立大学法学和国际事务科的教授。白轲教授曾获得布兰代斯大学颁发的学士学位，哈佛大学肯尼迪管理学院颁发的公共政策学硕士学位，以及哥伦比亚大学颁发的法律博士学位。白轲教授在 2012 年到 2013 年期间担任宾州州立大学的教授代表会议的主席。他还创办了和平与伦理联合会(Coalition for Peace & Ethics)并负责其事务。白轲教授的研究方向为公法与私法相重叠的领域，他尤其注重研究公司社会责任问题、国内刚性法律和跨国柔性法律之间的互动、国家参与市场活动以及宪政问题。他在法学院和国际事务学院教授公司法、跨国法和国际组织等课程。白轲教授频繁发表专业文章于他的博客"Law at the End of the Day"，http://lcbackerblog. blogspot. com，他的学术成果可见于个人网站：http://www. backerinlaw. com/Site/或者社会科学研究论文库：http://ssrn. com/author = 259226。

一、传统的公法规范框架

传统的规范跨国公司行为的规范框架植根于公权实定法(public positive law)。① 此实定法的渊源包括四类,这四类法律渊源时而密切相关,时而互相抵触。这四类法律渊源包括:国内公司法、其他国内实体法、国际实体法以及国际法律执行程序。

(一)国内公司法

一国的公司法(或者广义一点说,商业组织法)是规范经济体行为的传统法律渊源。自然人出生、集体形成,这些是不需要政府的许可的,例如宗教组织、社会组织等组织团体皆因人们的聚合的意愿而存在。但是,一个组织想要取得法律赋予的便利,尤其是想要取得法律认可的独立自主的个体的地位,则这个组织必须依照法律规定来设立。如今,大多数主权国家和地区都制定了有关经济主体的设立的规则。在法律之下创建自己的组织形式,这些组织团体享有特定的法律地位。同时,国家保留对这些组织团体的重要行为加以管理的权利(不是"权力"——译者注)②。这种管理的权利构成了公司法和其他商业组织法的基础。通常来讲,国家批准设立一个组织,就享有了规范这个组织内部事务的职权。这样的规范职权关系到一个经济体的主要利害关系人(stakeholders)。对于公司来说,这些利害关系人员包括股东、公司高管及董事。更重要的是,拥有管辖职权的国家机构享有法定的权力以决定谁才是一个经济体的利害关系人。各个主权国家的具体规定不同,

---

① 关于如何理解和翻译"public positive law",应译者的要求,原作者 Backer 教授解释道,他的原意是想要表达公法和成文法双重的概念。此处的公法并非仅限于狭义的公法(宪法和行政法),而是指广义的由公共主体指定的法律。这里的公共主体包括立法机关、国际组织或被授予执行权的国际机构等。而 Positive Law 此处被翻译成实定法,指的是由立法机关制定的相对于普通法而言的成文法。——译者注

② 原文中,作者使用了"right"而非"power",似乎与政府拥有公权力的性质不符。由此,译者请求原作者解释其使用"right"一词的意图。作者回复道,"perhaps use the word 'authority'"。即此处的"right"一词可以由"职权"或"权力"取代,或曰,原作者并非想要通过使用"right"一词表达"私权利"的意思。——译者注

因此,国家设立的以公司为代表的经济体,就像自然人一样,是独立自主的存在。在美国,关于这些经济体的义务的讨论已经持续了一个世纪了。一方面,经济体被视为私有的,并且,其存在的价值是为了给它的最主要的利害关系人——股东——创造更多的财富。① 另一方面,个别经济体被视为承担着一定的社会责任,这种社会责任不再局限于企业偶尔为之的慈善捐助行为。②

当然,这种设立经济体的方式仅限于国家在其职权范围之内设立的经济体。在某些国家或地区,这包括一切达到法定标准的、提交国家相关职权部门批准的组织团体,这些国家不考虑组织团体的实际经营地。在另一些国家或地区,国家试图监管一切在其领土范围内进行商业活动的主体。在大多数国家和地区,某个政府注册的组织也会被另一个政府所承认。有时,一个国家给予一个组织在另一个国家从事商业活动的同等的权利,仅保留针对组织内部事务的专属管辖权。

(二)其他国内实体法

不论其组织形式,经济体的行为是受到法律的调整的。正如参与类似行为的个人主体一样,经济组织受其经营活动发生地的法律管辖。当然,这种管辖局限于一个国家的国境之内。但是,国家也一直在试图拓展它们的管辖权,拓展管辖权的方式通常包括规范本国企业在其他司法管辖地区的行为,例如美国《反国外贿赂法》(the Foreign Corrupt Practice Act)③禁止美国公司在海外进行贿赂,以及通过《萨班斯—奥

① Franklin A. Gervurtz, Getting Real About Corporate Social Responsibility: A Reply to Professor Greenfield, 35 U. C. *DAVIS L. REV.* 645, 648 – 49 (2002) [citing Dodge v. Ford Motor Co., 170 N. W. 668, 684 (1919)]. See also Backer-COLUMBIA, supra note 2, at 296; Susan J. Stabile, Using Religion to Promote Corporate Responsibility, 39 WAKE FOREST L. REV. 839, 841 (2004).

② See Backer-COLUMBIA, supra note 2, at 298; Stabile, supra note 4, at 846. See generally Mark J. roe, Political Determinants of Corporate Governance: Political Context, Corporate Impact (2003).

③ Foreign Corrupt Practices Act of 1977, 15 U. S. C. A § 78dd – 1 (West 2008).

克斯利法案》(Sarbanes-Oxley Act①)规范试图进入美国金融市场的外国公司。

(三)国际实体法

国际实体法领域的规范可以被划分为两个重要性不同的分支:硬法和软法(hard law and soft law)②。在过去的一段时间,硬性国际实体法注重解决人权和发展问题,而这类问题可能会关系到跨国公司的行为,③但这种关联是间接的。如今,许多强国仍旧反对在国际法与经济组织之间建立直接的联系,并且它们将政治组织和其他一切组织明显区别开来。因此,这个领域的立法仍旧主要由国家直接完成。这些国际实体法的条款致力于制定一些基本的行为准则,通过各国国内的法律体系贯彻实施。相对的,软性国际实体法不论就其本身而言,还是就其激励机制而言,都很有效。这种软性国际法的代表形式是为跨国公司的境外经营活动提供的指导方针。虽然国际组织和各国政府都积极参与这些指导方针的制定,但是这一领域并没有被公权力机构所垄断。其中具有代表意义的文件包括联合国全球契约(United Nation's Global Compact)④和经济发展与合作组织跨国公司指南(Organisation for

---

① Sarbanes-Oxley Act of 2002, Pub. L. No. 107 - 204, 116 Stat. 745 (codified as 15U. S. C. A § 7201) (West 2008).

② 软法是相对于硬法而言的,通常是指不具有法律约束力但可以产生实际规范效果的文件。See Synder, Soft Law and Institutional Practice in the European Community, in S. Martin(ed.) The Construction of Europe, Kluwer Academic Publisher, 1994, p. 198. 参见罗豪才、毕洪海:"通过软法的治理",载《法学家》2006 年第 1 期,第 2 页。

③ See Julie Campagna, United Nations Norms on The Responsibilities of Transnational Corporations and Other Business Enterprises with Regard to Human Rights: The International Community Asserts Binding Law on the Global Rule Makers, 37 (No. 4) J. MARSHALL L. REV. 1205 (2004); David Weissbrodt & Muria Kruger, Norms on the Responsibilities of Transnational Corporations and Other Business Enterprises with Regard to Human Rights, 97 (No. 4) AM. J. INT'L L. 901, 901 (2003).

④ See United Nations Global Compact, What is the Global Compact?, http://www.unglobalcompact.org/AboutTheGC/index.html (last visited, Jan. 23, 2008); See also, http://www.unglobalcompact.org/Languages/chinese/index.html.

Economic Co-Operation and Development's Guidelines for Multinational Enterprises)①。同时,私权利领域,尤其是国际社会中的民间组织,也在积极制定它们自己的指导方针。

(四)国际法律执行程序

国际法律执行程序的规范框架在"二战"后得到了长足的发展,这种框架使得国际争端解决机制变得更便利,也更有效。在寻找替代性的争端解决机制(alternative dispute resolution)方面,国际社会迈出了大幅的步伐,在认可和执行外国法律判决方面也取得了一定的进步。但是,关于这一领域的很多问题仍存在重大争议。许多国家不愿意放弃本国的司法程序,更多的国家不情愿将本国的司法程序交与外来的组织。另外,很多国家仍旧保留着薄弱且不发达的争端解决机制。

(五)此种规范框架的局限性

此规范框架在规范国内事务方面的可靠性和有效性已经得到了证明。然而,在规范跨国公司及其他相似的主体的行为方面,此规范框架显得较为无力,其主要原因在于主权国家之间的分歧(a matter of territorial disjunction)。一个国家的规范权力(regulatory power)一般不会超越其领土边界。另外,跨国公司经常开展跨国的资产转移和经营活动,由此,政治上的边界已经显得模糊。② 跨国公司可以利用不同国家的政策开展投资活动,在很多国家,资本的自由移动是被鼓励的。③由于不止一个国家有权规范跨国公司的经营活动,跨国公司可以通过精心设立自己的经营活动以逃避某些法律规范。当一个跨国公司不喜

① See Organisation for Economic Co-Operation and Development [hereinafter OECD], The OECD Guidelines for Multinational Enterprises, available at http://www.oecd.org/dataoecd/56/36/1922428.pdf (recommendations addressed by governments to multinational enterprises in a number of governance areas including employment and industrial relations, human rights, environment, information disclosure, combating bribery, consumer interests, science and technology, competition, and taxation).

② See e.g., LESLIE SKLAIR, THE TRANSNATIONAL CAPITALIST CLASS 38–48 (2001).

③ See e.g., Christian Bellack, How Performance Gaps Between Domestic Firms and Foreign Affiliates Matter for Economic Policy, 13 (No.2) TRANSNAT'L CORPS. 29 (2004), available at www.unctad.org/en/docs/iteiit20045a3_en.pdf (last visited Mar. 22, 2008).

欢某个国家的某项法律规定时，它可以避开，因为这个国家没有能力管辖发生在另一个国家的经营行为。许多国家仍旧不愿意将对于经济主体的管辖权交与国际组织。[①]

第一方面的局限性在于领土对规范权力的限制对于跨国公司有着重大影响，而领土界限同时又连带着其他能够影响到跨国公司的规范效应。[②] 这第一种规范效应包括一系列国内、国际上方便跨国资本流动的改革：多边和双边贸易投资协定、大型企业和政府间的协议、将某些政府职能私权化以及国内法的改革，这些改革都使得跨国公司能够更加便利地进行跨国经营活动和投资。在这种情形之下，法律变成了财富制造链条中的一个环节，在作出商业决定时，法律和其他诸如劳动力、资本等因素一样，被比较、选择和考量着。

第二方面的局限性关系到法人人格(legal personality)。法律人格拥有两项利于跨国公司的特征：第一，每一个公司都是一个独立自治的主体。第二，一个法人可以拥有另一个法人。这第二项特征使得建立复杂而庞大的控股企业成为可能。将这两项特征结合起来，大型跨国公司可以在全球范围内分散经营，同时很大程度上避免整个企业为其某个分支部门的经营活动负责。虽然一些国家试图加大它们对于这种整合型公司网络的监管，例如拓宽企业或相关机构责任(related-entity liability)等概念，[③]但是这些努力仍处于萌芽阶段。许多这样的努力因为政府抵制外来的权力而搁浅(企业责任使得一个国家有权力通过规范这个企业从而制约其发生在另一个国家的行为)。

第三方面的局限性关系到法律作为商品的功能。如果经济体现在可以有效地选择法律体制。换言之，经济体可以决定在哪一个产出法

---

① See Peter T. Muchlinski, Multinational Enterprises and the Law 3 – 15 (1995).

② See Tania Voon, Multinational Enterprises and State Sovereignty Under International Law, 21 ADEL. L. REV. 219, 244 (1999).

③ See Jonathan Eisenberg, Beyond the Basics: Seventy-Five Defenses Securities Litigators Need to Know, 62 Business Lawyer 1281, 1374 – 75 (2006 – 2007). Plaintiffs often seek to hold one entity liable for the conduct of another related entity Courts often reject such efforts on the ground that the entities are legally distinct and are not responsible for each other's conduct.

律的国家开展自己的经营和投资活动,那么一个国家的法律成熟程度将对经济体的这个决定产生重大的影响。当一个国家的法律不发达,并且有着较幼稚甚至腐败的法律体系,跨国公司就可以在这个国家的经营活动中掌握更多的主动权。反之,如果跨国公司需要一个较为稳定的法律环境或者创造更多的财富,可能会愿意忍受一个更具干涉性但也更成熟完善的法律环境。无论如何,在这样一个各个国家为取得资本或投资而展开竞争的环境下,法律将成为一个国家吸引经济活动的商品。这就类似于经济学概念中的"特拉华州效应"(Delaware Effect)。[①] 当然,一些法律人或政治学者不能够接受法律成为被兜售的商品,或者成为生产链条上的一个环节的观点。

除了这些体系的局限,当今的经济全球化使得跨国公司的功能与特征都发生了改变。全球化制造了公权力与私权利领域的重叠,强调了市场的作用,削弱了国家在规范经济行为方面的作用。[②] 公司不再仅仅为主要股东和公司本身的利益服务,公司以及其他经济体越来越多地被认为是肩负着一系列的公共及社会义务的。国家寻求将政府行为私营化,这些包括垃圾收集、边境和海关的监管,甚至包括监狱及军队的管理。经济组织与政治组织之间的界限变得模糊,国家成为市场的参与者,企业承担了某些传统意义上的政府职能。

有些企业开始参与政治。从一些公司参与20世纪70年代颠覆智利阿连德(Allende)政权的行动后,跨国企业广泛参与政治。跨国公司的此种行为被认为是不合适的,因为传统意义上说,参与政治活动的主体仅限于自然人、政治派系以及国内企业。此外,大型企业与政府进行谈判的优势给予了这些企业等同于主权国家缔结国际条约的地位。跨国公司开始参与这些行为,似乎国家主权开始从政府及其公民的手中落入来自国外的某些组织的手中了。看上去,这些企业获得了主权国

① 美国特拉华州因为成熟的公司法制度吸引了绝大部分美国公司在这个州注册并进行诉讼。——译者注

② See e. g., Thomas L. Friedman, The Lexus and the Olive Tree 14 (2nd ed. 2000).

家的地位和权力,同时并不需要承担任何公共义务。①

因此,近半个世纪以来,关于跨国公司的地位、特征、义务以及规范其行为的法律根据等问题引起了广泛的争议与讨论。② 现阶段,从传统规范国内企业的方式派生而出的争议有以下几方面:(1)治外法权的范围与密度;(2)主权国在诉讼或法律义务方面的豁免权;(3)跨国公司的责任与法律特征;(4)法律的商品化。③

以上每一个方面都有着强大的生命力(a great dynamism)。1/4 个世纪以后,规范跨国公司的方式将与现如今的方式大相径庭。

这些方面的改革正以多种形式展开着,例如,传统公司法概念"刺破法人面纱"(piercing the corporate veil)可能会得到拓展,使得向拥有共同母公司的数个子公司施加义务更加容易。这一做法的目的在于让在不同法人之间分散资本和经营的做法变得不那么有意义。再如,有人建议建立适用于跨国企业的广泛的司法管辖区。另一些人建议设计并细化严格的企业责任理论,从而颠覆传统的公司独立自治的理念。最后,就如何协调国际层面的针对跨国公司的法律规范,许多组织也给出了建议并作出了努力,包括整合了关于劳资关系、腐败、遣散武装力量以及税收等方面的实体标准。另一些人建议建立针对跨国公司的广泛的司法管辖区。但是,关于这一建议存在广泛争议,同时,相当数量

① See Maria McFarland Sánchez-Moreno & Tracy Higgins, No Recourse: Transnational Corporations and the Protection of Economic, Social, and Cultural Rights in Bolivia, 27 FORDHAM INT'L L. J. 1663, 1668 – 72 (2004) quoting U. N. Econ. & Soc. Council [ECOSCO], Comm. on Econ., Soc., and Cultural Rights, Report on the Seventh Session, annex Ⅲ, ¶ 5, U. N. Doc. E/C. 12/1992/2 (Nov. 23 – Dec. 11, 1992); J. Oloka-Onyango, Reinforcing Marginalized Rights in an Age of Globalization: International Mechanisms, Non-State Actors, and the Struggle for Peoples' Rights in Africa, 18 (No. 4) AM. U. INT'L L. REV. 851, 895 – 99 (2003).

② See Backer-COLUMBIA, supra note 2, at 313 – 19; Richard Meeran, The Unveiling of Transnational Corporations: A Direct Approach, in Human Rights Standards and The Responsibility of Transnational Corporations 161 (Michael K. Addo ed., 1999).

③ See Fleur Johns, The Invisibility of the Transnational Corporation: An Analysis of International Law and Legal Theory, 19 MELB. U. L. REV. 893 (1994). See generally R. J. Barry Jones, Globalisation and Interdependence in the International Political Economy: Rhetoric and Reality (1995); Muchlinski, supra note 13.

的经济发达国家试图通过大肆扩张自己的管辖权以达到掌控市场的目的。在某些地区,例如美国和欧盟,国家之间的战略性谈判统一了不同国家内部的标准,从而削弱了治外法权。

因此,从制定法的角度来说,对跨国公司的规范不可谓不混乱:①一部分观点想要将跨国公司纳入国家的规范领域之内,维护一国的地域管辖权,并且维护国家作为政治权力的最高体现形式的地位;另一部分观点认为国家不应该成为规范的主体,对于跨国公司的规范应该由某些国际上的或者至少是超国家(supranational)级别的组织来行使。现如今多种观点的妥协是通过国际手段或多边行动来协调国内规范的结果。② 人们希望当相关的实体法被统一后,不同国家法律体系之间的分歧会有效地减小。欧盟统一市场框架协议就是一个范例。③ 但问题在于很多国家赞同这种方式的同时又拒绝任何超国家级别的组织(如欧洲法院,European Court of Justice)④来执行或解释法律。就其试用的状况来看(如世贸组织的多边贸易协定),这一体系被限定在国与

① See Steven R. Ratner, Corporations and Human Rights: A Theory of Legal Responsibility, 111 (No. 3) YALE L. J. 443, 452 (2001); Eric W. Orts, The Legitimacy of Multinational Corporations, in PROGRESSIVE CORPORATE LAW 247 (Lawrence E. Mitchell ed., 1995); Jean-Philippe Robé, Multinational Enterprises: The Constitution of a Pluralistic Legal Order, in GLOBAL LAW WITHOUT A STATE 45, 45 - 47 (Gunther Teubner ed., 1997).

② See William W. Bratton & Joseph A. McCahery, Comparative Corporate Governance and the Theory of the Firm: The Case Against Global Cross Reference, 38 (No. 2) COLUM. J. TRANSNAT'L L. 213 (1999).

③ See Martin Rhodes & Bastiaan van Apeldoorn, Capitalism Unbound? The Transformation of European Corporate Governance, 5 J. EUR. PUB. POL'Y 406, 423 - 25 (1998).

④ 欧洲法院是欧盟的最高法院,位于卢森堡。该法院具有宪法法院和行政法院的职能。其职责在于确保欧盟法律得到认真贯彻和执行,条约得到正确解释和运用。欧洲法院有权审查由欧盟议会和欧盟理事会共同制定法令的合法性;审查由欧盟理事会、欧委会、欧盟中央银行以及欧盟议会制定的旨在对第三方直接产生法律效力的法令的合法性(欧洲联盟条约第230条);有权裁决和认定欧盟成员国是否按条约规定履行义务以及欧洲议会、理事会或委员会是否按规定行事。欧洲法院也是唯一能够应各国法院要求,对条约的解释以及欧盟法律的效力和解释作出裁决的机构。这种制度安排确保了欧盟法律在整个欧盟以同样的方式进行解释和运用,即行使司法审查权,监督欧盟统一规则适用的一致性。欧洲法院还有权审查欧盟立法是否尊重欧盟公民的基本权利,对涉及个人的自由和安全问题作出裁决。载 http://eu.mofcom.gov.cn/aarticle/ddgk/zwjingji/201108/20110807689584.html。——译者注

国的关系上,由于缺乏一个核心的法律解释机关来推进实体法统一化进程,这些努力将只能够提供越来越多的语言空泛、而实质只具有指导和激励作用的公约。

二、新的软性规范框架(实例)

当公法体系正挣扎着要重塑它的特性和调整方式时,一种新的规范体系正在诞生。这种新的监管体系,或称行为管理体系,其产生的根源和调整的对象各自形成了一套复杂的网络,而构成这些网络的主体并非以政治主体为主。当经济主体的经营行为不再局限于一国的领土时,这些经济主体将会在更广大的疆域内进行自我规范。同样的规律也适用于非经济主体,例如宗教组织、社会团体等。

这样的自我规范体系不同于通过法律的形式体现的政治规范体系,因为这种规范体系不是通过直接的立法来实现的,它们通常被称为"软法"。软法的渊源是公共组织、私营机构或者它们联合制定的行为规范,这通常包括激励性的、针对跨国公司的行为准则或道德准则。①虽然这些准则没有直接的法律效力,它们仍然可能影响商业行为。②另外,组成一个社团或者共同体的成员之间的、用于规范内部关系的准则也构成了这种软性规范的渊源。在这样的关系中,国家强制力不再得到体现,规范力量的管辖范围也并不大,但是参与的力量可能仍然强大。再者,狭窄的规范管辖范围并没有削弱规范的效力。这些经济主

① See United Nations Global Compact, What is the Global Compact?, http://www.unglobalcompact.org/AboutTheGC/index.html (last visited, Jan. 23, 2008); See Organisation for Economic Co-Operation and Development [hereinafter OECD], The OECD Guidelines for Multinational Enterprises, available at http://www.oecd.org/dataoecd/56/36/1922428.pdf (recommendations addressed by governments to multinational enterprises in a number of governance areas including employment and industrial relations, human rights, environment, information disclosure, combating bribery, consumer interests, science and technology, competition, and taxation). 规范的对象不仅仅局限于公司内部管理,更包括公司与更大的利害关系主体群体的关系,如工人、东道国国内的利害关系人等。

② See Hans. W. Baade, The Legal Effects of Codes of Conduct for Multinational Enterprises, in Legal Problems of Codes of Conduct for Multinational Enterprises 3, 4 – 5 (Norbert Horn ed., 1980).

体所形成的共同体的存在不以一国领土为界线,它们试图在立法的缝隙之间创设新的规范,规范的内容可能是法律没有规定的,也可能是法律无法规范的。

我想来解读这些共同体中的一员——在全球范围从事经营活动的跨国公司。跨国公司的经营和管理都或直接或间接地跨越了国土的界线。通过这样的解读,我将梳理出这些自我参考的(self-referencing)[①]的共同体规范的特性。一个简易的方式是通过一个简短的案例,GAP公司在印度对其供应商的规范活动,来展示这个规范体系。

GAP公司1969年在美国加利福尼亚州的旧金山市设立,是一家从事年轻和街头风格服装零售业务的企业。[②]"今天,GAP公司是世界上最大的专业零售企业之一,拥有超过3100家门店,2006财政年的销售额为159亿美元。我们旗下拥有四个知名品牌:GAP, Banana Republic, Old Navy以及Piperlime。"[③]如此大规模的零售业务需要大量的产品,而GAP公司用来自全世界的产品来满足门店的销售需求。GAP公司自身并不大量生产其销售的商品,[④]相反,它通过订立合同与来自全球的服装和其他产品的独立供应商合作。[⑤]

在传统的商业环境下,GAP公司应该寻求与其供应商建立较为直接的合同关系,由供应商提供一定量的产品并获得货款。而合同的其他部分应该也相当直截了当:品质、送货地点、检验以及质量控制、付款方式,等等。但是,GAP公司和它的供应商签订了另一种形式的协议,这些协议体现了巨大的的社会性和规范性。GAP公司曾骄傲地宣称:

---

① 或称独立的、自治的共同体规范。——译者注"self referencing" can be translated as "independent" or "autonomous"—Backer

② Gap Inc. ,A bout Gap Inc. ,http://www. gapinc. com/public/A bout/a bout. Shtml (last visited Jan. 16,2008).

③ 同上。

④ 同上。

⑤ Gap Inc., Factory Approval Process, http://gapinc. com/public/Social Responsibility/sr_fac_wwf_fap. shtml (last visited Jan. 16,2008).

"在GAP公司,社会责任定义了我们是谁,它也是我们运营企业的基础。"①GAP公司对于其商业合作伙伴的经营方式负责。它要求它的供应商在行为上具备一定程度的统一性,由此,每一个供应商内部的雇佣关系,以及供应商与政府及其他利害关系人的关系,都以GAP公司认为合适的标准展开。②"在GAP,我们相信我们应该超越商业道德这一基本准则,承担起我们对人类和地球的责任。我们相信,这将给我们的股东、我们的员工、我们的客户和整个社会带来持久而广泛的价值。"③

如此"持久而广泛的价值"对GAP公司有着潜在的巨大价值。首先,它在降低成本的同时提高了商品的质量。"当工厂善待工人,工人们往往会生产出更高质量的产品而且将按时供货。当我们越尊重并授权给我们的员工,我们的产品和销售越显现出创造力。"④其次,对于那些要求商品必须生产于某种良好环境之下的消费者而言,公司社会责任的承担给GAP带来了利润。"我们看到越来越多的消费者关心企业在全球经济中的表现。通过扮演一个有责任心的企业,我们可以满足消费者这一需求,提供他们想要的商品。"⑤最后,公司社会责任与良好的公司管理紧密相连。"我们致力于最好的企业管理,因为我们相信

① Gap Inc., Social Responsibility, http://www.gapinc.com/public/SocialResponsibility/socialres.shtml (last visited Jan. 16, 2008).

② Gap Inc., Improving Factory Conditions, http://www.gapinc.com/public/SocialResponsibility/sr_factories.shtml (last visited Jan. 16, 2008).

③ Gap Inc., Factory Approval Process, http://gapinc.com/public/SocialResponsibility/sr_fac_wwf_fap.shtml (last visited Jan. 16, 2008).

④ GAP INC., 2005 - 2006 Social Responsibility Report 12 (2005 - 2006), http://www.gapinc.com/public/SocialResponsibility/sr_fac_wwf_standards.shtml (follow "2005 - 2006 Social Responsibility Report" hyperlink under "Downloads") (last visited Mar. 8, 2008).

⑤ GAP INC., 2005 - 2006 Social Responsibility Report 12 (2005 - 2006), http://www.gapinc.com/public/SocialResponsibility/sr_fac_wwf_standards.shtml (follow "2005 - 2006 Social Responsibility Report" hyperlink under "Downloads") (last visited Mar. 8, 2008).

良好的企业管理将带来良好的产出,最终也将为股东带来更丰厚的价值。"[①]因此,GAP公司的社会责任很大程度上是建立在它与两种关键利害关系人的关系上——消费者和投资者。

GAP公司和它的海外供应商的关系的演变可以追溯到1992年。当年,"GAP公司出台了采购指南(Sourcing Guidelines),制定了供供应商们遵守的用工标准"。[②] 到2004年,GAP公司制作了它的第一份年度社会责任报告,并大范围地分发给投资者以及人权组织。[③] 次年,GAP公司在旧金山举行了第一次峰会,峰会的目的在于"在顶尖的服装生产商之间建立紧密联系和期望"。[④] GAP还参与了全球服装制造产业统一标准的制定。[⑤] 2006年,GAP为管理供应商的经理们提供培训,并且向不同的社会团体寻求咨询以评估自身在遵守新的劳工标准方面的表现。[⑥]

为了保证其全球供应网络中的成员行为的统一性,GAP公司颁布了《供应商行为准则》。[⑦]

"本行为准则适用于所有为GAP公司生产商品的工厂或者它的子公司、部门、附属企业及代理商。虽然GAP公司了解这些工厂是在世界上各个不同的法律和文化环境之下运营的,但是这部准则设定了统一的基本要求,所有与GAP做生意的工厂都必须遵守。这部准则同时

---

① GAP INC. ,2005 - 2006 Social Responsibility Report 12 (2005 - 2006), http://www. gapinc. com/public/SocialResponsibility/sr _ fac _ wwf _ standards. shtml (follow "2005 - 2006 Social Responsibility Report" hyperlink under "Downloads") (last visited Mar. 8,2008).

② Gap Inc. ,Our Social Responsibility History, http://www. gapinc. com/public/SocialResponsibility/sr_fac_hist. shtml (last visited Jan. 16,2008).

③ Gap Inc. , Our Social Responsibility History, http://www. gapinc. com/public/SocialResponsibility/sr_fac_hist. shtml (last visited Jan. 16,2008).

④ Gap Inc. , Our Social Responsibility History, http://www. gapinc. com/public/SocialResponsibility/sr_fac_hist. shtml (last visited Jan. 16,2008).

⑤ Gap Inc. , Our Social Responsibility History, http://www. gapinc. com/public/SocialResponsibility/sr_fac_hist. shtml (last visited Jan. 16,2008).

⑥ Gap Inc. , Our Social Responsibility History, http://www. gapinc. com/public/SocialResponsibility/sr_fac_hist. shtml (last visited Jan. 16,2008).

⑦ GAP INC. , CODE OF VENDOR CONDUCT, available at http://www. gapinc. com/public/documents/code_vendor_conduct. pdf (last visited Mar. 8,2008).

为GAP公司评估其供应商在雇佣和环保方面的表现提供了依据。”①

这部“准则是建立在国际通行的用工标准之上的，尤其是国际劳工组织的核心公约……它同时也表明了我们对于地方的劳动法、环保实践、歧视、强迫劳动和雇佣童工、工资待遇和工作时长、工人的健康和安全以及工人自由结社的保护等问题的立场。”②GAP公司，在一定程度上，为其供应商量身定制了一部劳动法。不仅仅是供应商，这部准则适用于GAP公司整个供应链条，由此供应商和转包商（subcontract work）都必须保证，不论其他合同条款怎样规定，所有的生产都是在合乎此准则的条件下进行的。GAP公司并非独自作战。“这就是为什么我们积极参与公司责任和工人权利运动，这些运动致力于统一全行业的用工标准，以避免各个公司之间对于此问题经常出现的分歧。”③

为了能够与GAP公司合作，一个潜在的供应商必须完成一项在GAP监管之下的认证程序。

从2005～2006年，GAP公司再次要求为公司的品牌（GAP，Banana Republic，Old Navy）生产商品的供应商和分包商（subcontractors），在公司下发订单之前，通过公司的认证程序。这一程序可能需要一周，但也可能需要超过一年的时间来完成。④

这一准则的执行是通过GAP公司的高管或其指定人员、强制性的培训、监督检查和对不遵守此准则的惩罚权来实现的。⑤

如果GAP公司认为任何一家工厂违反了此准则，可以终止与其商

① GAP INC., CODE OF VENDOR CONDUCT, available at http://www.gapinc.com/public/documents/code_vendor_conduct.pdf (last visited Mar. 8, 2008).

② Gap Inc., Our Standards, http://www.gapinc.com/public/SocialResponsibility/sr_fac_wwf_standards.shtml (last visited Jan. 16, 2008).

③ Id. See also Joint Initiative on Corporate Accountability and Workers Rights, http://www.jo-in.org/english/about.asp (last visited Feb. 1, 2008).

④ GAP INC., 2005-2006 SOCIAL RESPONSIBILITY REPORT 30 (2005-2006), http://www.gapinc.com/public/SocialResponsibility/sr_fac_wwf_standards.shtml (follow "2005-2006 Social Responsibility Report" hyperlink under "Downloads") (last visited Mar. 8, 2008).

⑤ Gap Inc., Ongoing Monitoring, http://www.gapinc.com/public/SocialResponsibility/sr_fac_wwf_om.shtml (last visited Jan. 16, 2008).

业合作关系或者要求这家工厂采取矫正措施(a corrective action plan)。如果经GAP提出矫正措施而未执行,GAP会不再从这家工厂订购产品,甚至会要求其中断现有的生产活动。①

这一总体的规范标准成为缔结合同的基础。至少从传统的认知上说,这一基础从方式上更贴近于立法,而不是合同。举例来说,合规管理(compliance)就被制度化了。因此,工厂监控始终是我们提升劳动条件努力的要素之一。我们相信,只要是能够被测量的就可以被监管(what gets measured gets managed),而衡量的数据——尽管不完善——提供给我们一个客观的评估工厂条件的方法,同时也评估了我们自身的监控水平,由此我们可以逐渐提高我们的水平。②

GAP公司知道它的努力是为了"在服装行业创造更系统而长远的改变"。③ GAP的供应商行为准则(Code of Vendor Conduct)严格禁止雇用童工,④违反准则将会受到惩罚。⑤ 准则的执行会导致一系列的后果,这包括警告、监督改正(supervised correction)以及终止与GAP的合同。⑥ 这一规定的执行政策(enforcement policy)近年来被一再修改。违反禁止雇用童工的规定将会导致GAP终止与此供应商的合同。⑦我们相信,这一方式向供应商坚决地表明了低龄劳工是绝对不被允许

---

① GAP INC., CODE OF VENDOR CONDUCT ¶ Ⅷ, *available at* http://www.gapinc.com/public/documents/code_vendor_conduct.pdf (last visited Mar. 8, 2008).

② Gap Inc., The Art and Science of Factory Monitoring, http://www.gapinc.com/public/SocialResponsibility/sr_fac_wwf_afm.shtml (last visited Jan. 16, 2008).

③ Gap Inc., Our Social Responsibility History, http://www.gapinc.com/public/SocialResponsibility/sr_fac_hist.shtml (last visited Jan. 16, 2008).

④ GAP INC., CODE OF VENDOR CONDUCT ¶ V, *available at* http://www.gapinc.com/public/documents/code_vendor_conduct.pdf (last visited Mar. 8, 2008).

⑤ Gap Inc., Violations of Our Standards, http://www.gapinc.com/public/SocialResponsibility/sr_fac_wwf_vos.shtml (last visited Jan. 16, 2008).

⑥ Gap Inc., Violations of Our Standards, http://www.gapinc.com/public/SocialResponsibility/sr_fac_wwf_vos.shtml (last visited Jan. 16, 2008).

⑦ GAP INC., 2005 – 2006 SOCIAL RESPONSIBILITY REPORT 30 (2005 – 2006), http://www.gapinc.com/public/SocialResponsibility/sr_fac_wwf_standards.shtml (follow "2005 – 2006 Social Responsibility Report" hyperlink under "Downloads") (last visited Mar. 8, 2008).

的。然而,从过往的经验和与各方利害关系人讨论的结果来看,我们发现这种即刻解除合同的做法其实并非当然地有利于儿童。① 因此,自从2006年,GAP公司实施了一项新政策,“如今要求工厂将任何一位被发现的低龄工人立刻从他的工作环境遣散、送往学校、继续支付工资,并且保证一旦这个工人达到法定劳动年龄,就能够在本工厂得到一份工作”。② 这一政策变更的目的是要激发人们保护童工的动力。“我们相信,这一新措施不仅仅最有利于低龄工人,而且这将使供应商从一开始就避免使用童工。”③

2007年10月28日,《观察家报》(*Observer*)报道说,“一些只有10岁的童工在条件近乎于奴隶工场的纺织工厂里劳工,而他们制作的产品看上去是为了提供给GAP童装这样的服装业巨头”。④ 甚至这些儿童被要求加班,遭受着威胁和体罚。⑤ 同日,GAP发布了一份声明,⑥表示就在这篇报道刚要发表之前得到了消息,并且立刻展开了一项调

① GAP INC. ,2005 - 2006 SOCIAL RESPONSIBILITY REPORT 12 (2005 - 2006), http://www. gapinc. com/public/SocialResponsibility/sr_fac_wwf_standards. shtml (follow “2005 - 2006 Social Responsibility Report” hyperlink under “Downloads”) (last visited Mar. 8,2008).

② GAP INC. ,2005 - 2006 SOCIAL RESPONSIBILITY REPORT 12 (2005 - 2006), http://www. gapinc. com/public/SocialResponsibility/sr_fac_wwf_standards. shtml (follow “2005 - 2006 Social Responsibility Report” hyperlink under “Downloads”) (last visited Mar. 8,2008).

③ GAP INC. ,2005 - 2006 SOCIAL RESPONSIBILITY REPORT 12 (2005 - 2006), http://www. gapinc. com/public/SocialResponsibility/sr_fac_wwf_standards. shtml (follow “2005 - 2006 Social Responsibility Report” hyperlink under “Downloads”) (last visited Mar. 8,2008).

④ Dan McDougall, Indian “Slave” Children Found Making Low-Cost Clothes Destined for Gap THE OBSERVER, Oct. 28,2007, available at http://observer. guardian. co. uk/print/0,331090351 - 119093,00. html (last visited Mar. 22,2008).

⑤ Dan McDougall, Indian “Slave” Children Found Making Low-Cost Clothes Destined for Gap THE OBSERVER, Oct. 28,2007, available at http://observer. guardian. co. uk/print/0,331090351 - 119093,00. html (last visited Mar. 22,2008).

⑥ Press Release, Gap Inc. , Gap Inc. Issues Statement on Media Reports on Child Labor (Oct. 28,2007), available at http://www. gapinc. com/public/Media/Press_Releases/med_pr_vendorlabor102807. shtml (last visited Mar. 22,2008).

查。“这家公司表明,公司很小一部分的订单发给了一个供应商,而这个供应商显然在没有得到公司许可的情况下与一个分包商建立了供销关系。”[①]GAP公司引用了GAP北美地区总裁Marka Hansen女士的话:

“我们严厉禁止雇用童工,这是绝不可妥协的。听到这样的指控,我们深感震惊和愤怒。正如我们过去所表明的,GAP一贯直面这样的挑战,这一次也不会例外。一接到这个消息,我们就停止了订单,并且阻止这家工厂生产的商品在市场上销售。虽然雇用童工这种情况在我们的供应链上非常罕见,我们仍然召集了这一地区的供应商进行紧急会议,再次强调我们的政策。”[②]

她同时强调,“GAP拥有行业内最完善的体系,用来为海外的工人们争取权利。我们将继续与政府机构、非政府间组织(NGOs)、贸易联盟(trade union)以及其他有着利害关系的组织展开合作,努力终结对童工的使用”。[③]

这一声明,连同最初的新闻报道,被发布在权威民间团体的网站上,例如商业和人权资源中心(Business and Human Rights Resource Centre)。[④] 商业和人权资源中心还发布了美国外交部的一则消息,这一消息似乎确认,截止到2007年10月31日,GAP已经终止了与这个被指控雇用童工的供应商的关系,并且将这个供应商生产的产品从GAP的库存中移除了。[⑤] 这则消息引用了GAP北美区总裁Hansen的

---

① Press Release, Gap Inc., Gap Inc. Issues Statement on Media Reports on Child Labor (Oct. 28, 2007), available at http://www.gapinc.com/public/Media/Press_Releases/med_pr_vendorlabor102807.shtml (last visited Mar. 22, 2008).

② 同上。

③ 同上。

④ See Posting of Gap Inc. Press Release to http://www.businesshumanrights.org/Categories/Individualcompanies/G/Gap? &batch_start = 1 (Oct. 28, 2007) (last visited Mar. 22, 2008).

⑤ See Lea Terhune, U. S. Clothing Company Drops New Delhi Contractor, U. S. STATE DEPARTMENT OF STATE, Oct. 31, 2007, http://www.america.gov/st/washfileenglish/2007/October/20071031123014mlenuhret0.538357.html (last visited Feb. 22, 2008).

话,“我们一了解到这个情况就停止了订单并且阻止产品在门店的销售”。[①] 这则消息也强调,GAP 召集了区域内的供应商,召开紧急会议以强调禁止雇佣劳工的政策。[②]

到 2007 年 11 月 4 日,GAP 似乎已将局势扭转。当初报道雇用童工的同一个媒体报道称,“作为对解决童工问题的最大的承诺,GAP 正计划实施措施,使其销售的产品‘绝对无关汗血工厂’”。[③] McDougall 报道称,GAP 实质上是想实施一套产品认证体系,这一体系类似于在印度地毯制造工业使用的“RugMark”体系。[④] “一位公益律师 Bhuwan Ribhu 说道,美国的企业界提出了一系列极有野心的建议,这包括要求重新将服装标牌,使得消费者可以精确追踪产品的制造地。”[⑤]GAP 确定“这一体系是为战胜童工问题打下根基”。[⑥] 更重要的是,GAP 还感谢了乔装潜入工厂进行调查并最终为《观察家报》提供报道的人。总裁 Hansen 的话如下:“我们诚挚地感谢《观察家报》杂志发现了这个没有被认证的转包商,我们迅速采取了行动。”[⑦]所有这些都在媒体上被广泛地报道了,这些报道无一不被 GAP 的利害关系人——它的消费者和投资者——看在眼里。[⑧]

声明发布后的第二天,印度的英文媒体发表了评论,并非所有的媒

---

① See Lea Terhune, U. S. Clothing Company Drops New Delhi Contractor, U. S. STATE DEPARTMENT OF STATE, Oct. 31, 2007, http://www. america. gov/st/washfileenglish/2007/October/20071031123014mlenuhret0. 538357. html (last visited Feb. 22,2008).

② 同上。

③ See Dan McDougall, *Gap Plans "Sweatshop Free" Labels*, THE OBSERVER, Nov. 4, 2007, available at http://www. guardian. co. uk/business/2007/nov/04/3 (last visited Mar. 22,2008).

④ 同上。

⑤ 同上。

⑥ 同上。

⑦ 同上。

⑧ 同上。

体都评价积极。[1] Natteri Adigal 指出,媒体、跨国公司和社会团体对于禁止雇用童工问题所作的努力弊大于利,这是因为一旦拯救和改革的努力被发表,这些孩子们就被弃之不理了。在这样的环境下,他们可能不得不再去寻求一份类似的工作。事实上,有人指出,这些努力只是提高了非法雇用童工的成本而已。

两周后,一位叫 Michael Liedtke 的记者发表了一篇报道,叙述了 GAP 公司调查的结果。"为了惩罚供应商,GAP 适用了 6 个月的缓刑期,期间订单量减少了 50%。GAP 拒绝透露具体是哪家供应商受到了惩罚,但它一定是 GAP 在印度大约 200 家供应商之一。"[2]这篇报道同时描述了 GAP 将要开展的工作环境改革运动。GAP 将携手民间团体,主要是全球反童工组织(Global March Against Child Labour),为监管家庭工作实施一套系统。这一系统主要关注手工刺绣和珠饰工业,为印度主要的生产此类产品的社区中心提供经费,以使得它们的生产环境受到更好的监控。[3] GAP 还将提供 20 万美元的捐助,旨在提高印度的劳动条件,并且 GAP 将召集全球的零售商参加一个论坛,探讨童工问题。[4]

因此,两个月之内,一系列重要的事件发生了。印度某些民间组织秘密调查了印度雇用童工的情况,这些情况可能违反印度劳动法,同时也违反跨国公司和供应商之间关于社会责任的约定。在一家全球顶尖媒体刊登之前的几日,调查报告被泄露给了这家跨国公司。这家公司即刻采取了行动。公司展开了自主调查,调查的结果是这家公司将所有非法的、雇用童工生产的产品都从它的库存中移除了,制裁了这个供应商,并且终止了与分包商的合作。这家跨国公司也与民间团体的成

① See Natteri Adigal, Do Delhi's Child Workers and Dubai's Labourers Need These Crocodile Tears?, MERINEWS, Nov. 5, 2007, http://www.merinews.com/catFull.jsp?articleID = 127487 (last visited Mar. 22, 2008).

② See Michael Liedtke, Gap Takes Steps to End Child Labor, FOXNEWS. COM, Nov. 15, 2007, available at http://www.foxnews.com/printer_friendly_wires/2007Nov.15/0,4675,GapChildLabor,00.html (last visited Mar. 22, 2008).

③ 同上。

④ 同上。

员展开合作，参加旨在改善印度劳动条件的运动，这包括用于提高工厂管理的经费以及出台了一套由民间团体来进行监督的产品认证体系。来自全球的媒体和人权组织对所有这些行动展开了深入的报道。

当然，主权国家在这些规范活动中并非完全不见踪影，美国政府和印度政府都参与了其中。“一项美国政府颁布的关于禁止进口由童工或强迫劳动生产的商品的通知最终警醒了印度。”①印度政府的反应很有意思，它的相关部门的部长声称他们要适用印度法律，这包括依照印度国内法“开展年度的针对童工问题的审查”。②“出口促进委员会也会准备一份在特别地区抵制雇佣童工的计划。”③印度商务部的部长（Indian minister of state for commerce）Jairam Ramesh 指出，美国政府发布的关于禁止进口由童工生产的产品的通知应当受到重视，部长的这一表示彰显了治外法权、寻求统一行为准则的努力、规范力以及全球经济动态之间的张力。他说：“童工问题 12 年前曾被美国国会讨论，而后舍弃，如今它再一次受到美国政府的注意。这就需要我们重视这一问题了。”④由于美国国会对这一问题的重视，印度出口促进委员会如今也开始在印度的劳工监管市场发挥作用。双方的政治机构由此携手推进各自法律规定的劳动标准。

可见，雇佣童工——一个在印度平常到不会引起重视的现象，却能够引起跨国公司、非政府组织、国际媒体以及两个大国政府都参与其中。在这一规范活动中，各方所扮演的角色绝对不同以往。下一段落，我们就来探讨一下这一规范活动的理论基础。

---

① No More Kidding Around On Child Labour, ECONOMIC TIMES (Delhi), Dec. 4, 2007, at 7, available at http://epaper.timesofindia.com/archive/skins/pastissues2/navigator.asp?login=default (under “Publication” select “Economic Times Delhi”; then under “Year and Month” select “December, 2007”; then under “Day” select “4”; then go to page 7) (last visited Mar. 22, 2008).

② 同上。

③ 同上。

④ 同上。

三、将这一框架理论化

我们能否从这个故事中总结出一套规范体系呢?这一节将从GAP公司与其供应商的故事总结出这个规范体系的基本框架。与主权国家所拥有的规范体系相比,这一体系可以被描述为一个独立、自主、自给(self-communicating)的体系。它提供了可以执行的行为规范,这些规范与这个体系的选民(constituency)相关,并且对特定的选民负责。合同成为这个体系内的"法律"生成的载体。国家通过法律的形式来设定准则,合同在规范非国家方面发挥了和法律同样的作用。①虽然参加是纯粹自发的,而且任何一个利害关系人都可以随时退出,但是所有的成员都很有参与其中的动力,并且尽其所能地维护这个体系的完整性。主要的成员包括跨国公司及其供应商、非政府组织、媒体、投资者和消费者。政府在这一体系中扮演了相对次要的角色。受到这个体系影响的人群,包括供应商和当地的劳动者,他们都是消极的参与者,即这一体系的客体而非主体。

每一个主要的成员都是怎样构建这样一个独立的规范体系的呢?跨国公司占据着这套体系最中央的位置。例如,通过它的精密的供应商网络,一个跨国公司能够充当体系内的立法机关。② 跨国公司不仅仅签订合同,它还施加了一整套复杂的并且会产生社会、文化和政治影响的准则。它向它所控制的群体施加自己的准则,这些群体往往是寻求与这家公司发生生意往来的组织或个人。由此,供应商与GAP公司在商业合作中的协议为GAP公司提供了设定行为标

---

① See e. g., John Ruggie, "Business and Human Rights: Mapping International Standards of Responsibility and Accountability for Corporate Acts", Report of the Special Representative of the Secretary-General (SRSG) on the issue of human rights and transnational corporations and other business enterprises, A/HRC/4/035, February 9 2007, available, at http://www. businesshumanrights. org/Documents/SRSG-report-Human-Rights-Council-19 – Feb – 2007. pdf (accessed Feb. 23, 2008).

② See e. g., Li-Wen Lin, Corporate Social Accountability Standards in the Global Supply Chain: Resistance, Reconsideration, and Resolution in China, 15 CARDOZO J. INT'L & COMP. L. 321, 329 – 330, 340 – 41 (2007).

准的权力以及实施制裁的权力。这些行为标准的执行是通过庞大的监管体系来得以实现的,这些监管体系的"干涉性"(intrusive)不亚于任何一个政府的监管体系,而这一体系下的制裁手段当然也不同于单纯的违约责任,它更类似于公法之下的立法活动和行政管理的形式。GAP可以有效地评估民事惩罚,施行培训或其他"康复"(rehabilitation)活动,勒令进行组织内部的改革,或者终止与某个供应商的合同关系。这些标准本身是面向公司的投资人和顾客的。虽然这些标准是由跨国公司制定和执行的,但它们往往也是社会中其他成员的贡献的结果,这些团体包括与标准中的实质内容有关联的非政府组织。同时,跨国公司花费大量的精力来引导顾客和投资人的意见。例如,GAP公司运用其网站的相当大的一个版块来解读优良管理和社会责任的问题,[①]这两个问题都是GAP有意向投资人和顾客展示的。在这些材料中,GAP描述了它是怎样与非政府主体并肩合作来制定标准的。

非政府组织帮助跨国公司制定标准。它们不仅参与标准的制定,更重要的是,它们还以独立的监督者的身份参与到标准的适用与执行程序之中。[②] GAP公司自身并没有创设禁止雇用童工的要求。许多不同规模的组织通过开展反对雇用童工的运动使公众形成了抵制童工生

① See Gap, Inc., Governance, available, at http://www. gapinc. com/public/Investors/inv_govern. shtm (accessed from the investor's information portion of the Gap, Inc.'s website).

② "By means of campaigns that were promoted at times via high-profile media attention, and at other times by the direct actions of widespread grassroots networks targeting retail outlets of familiar brands—strategies commonly referred to as 'naming and shaming'—activists significantly increased public awareness of the direct power of such companies over the lives of workers in far away countries." Terry Macdonald and Kate Macdonald, Non-Electoral Accountability In Global Politics: Strengthening Democratic Control Within The Global Garment Industry, 17 *EUR. J. INT'L* L. 89, 106 (2006).

产的产品的意志。[①] 如此强烈的公众意志使得,对于像GAP这样的公司来说,顺应公众意志变得有利,即使顺应意味着适用比被投资国更加严格的标准。虽然印度可能也有反对雇用童工的法律,但是事实上是GAP在那些独立的、与GAP有着合同关系的企业执行禁止适用童工的规定。而且,GAP采纳了一个复杂的非政府组织的网络,用来制定劳动标准和开展合规活动。GAP称,"他们正与这些团体和其他民间团体紧密合作来执行我们的行为准则中的规定以及推行我们的合规活动"。[②] 但更重要的是,非政府组织在对供应商以及其他转包商的合规监管方面起到了重大作用。GAP并非是通过它自己的监管行为发现印度工厂雇用童工的情况的,而是非政府组织的调查活动为GAP的行动提供了信息。非政府组织的参与同时也为它们自己创造经济价值。通过灌输劳工和环保方面的理念来参与跨国公司管理供应商的行动,这些非政府组织也获得了资金和人员的重要来源。

而对跨国公司和非政府组织都至关重要的是媒体。[③] 报纸、电视、互联网新闻以及其他信息发布者在跨国公司执行行为准则的程序中扮

---

① The lesson hit home in the United States with the successful mobilization of public opinion against the television talk show host Kathie Lee Gifford and her Wal-Mart marketed clothing line in 1996. "Kathy Lee Gifford, a popular daytime talk-show host and advocate of children's rights, found herself embroiled in a sweatshop scandal when Charles Kernaghan of the National Labor Committee Education Fund in Support of Worker and Human Rights in Central America told the United States by way of Congress that Ms. Gifford's clothing line, made for and controlled by Wal-Mart, was manufactured by girls barely in their teens in a Honduras sweatshop. This served as a lesson for celebrities with clothing lines that they had to monitor the manufacture of their products or face the court of public opinion." Nancy L. Mensch, Codes, Lawsuits or International Law: How Should the Multinational Corporation Be Regulated With Respect to Human Rights?, 14 U. *Miami Int'l & Comp. L. Rev.* 243, 244 (2006).

② Gap Inc., Our Standards, http://www.gapinc.com/public/SocialResponsibility/sr_fac_wwf_standards.shtml (last visited Jan. 16, 2008).

③ This idea is well understood in the context of the American culture wars of the last century. See e.g., Symposium: Tune In, Turn On, Cop Out?: The Media and Social Responsibility, A Panel Discussion: Potential Liability Arising From the Dissemination of Violent Music, 22 *LOY. L. A. ENT. L. REV.* 237 (2002).

演着重要角色。媒体担当论证和传播跨国公司"立法"活动的任务。由于跨国公司如今寻求更加严格地控制关于它们经营管理的信息,媒体在这一程序之中显得尤为重要。① 媒体信息的接收者包括消费者以及投资者,这些对象对于公司主体来说至关重要。媒体同时也是跨国公司和非政府组织之间联系的纽带。② 关于印度工厂雇用童工的新闻,在《观察家报》这一全球受众广泛的英文媒体报道之前,并没有引发强烈反响。而之后 GAP 对此事件的反应,因为被同一家媒体报道而产生了重大的反响。在后续的报道过程中,这家媒体成为不同利害关系人之间沟通的媒介。讽刺的是,媒体也成为政府的消息来源。媒体参与了 GAP 和社会团体之间的对话,所有这一切对于媒体自身来说也非常重要,媒体自身就是信息的消费者,信息是新闻的核心要素,信息为媒体带来经济价值。企业社会责任的一整套实现方式,包括以消费者和投资者为对象,由跨国公司和非政府组织监管等,对新闻的产生非常有益。

和主权国家的公民或居民一样,消费者和投资者在跨国公司的管理体系中扮演着重要却被动的角色。他们通过行动决定着每一个利害关系人的效益——消费产品、投资跨国公司、支持非政府组织的努力以

---

① See e. g. , Vicki McIntyre, Note: Nike V. Kasky: Leaving Corporate America Speechless, 30 *WM. MITCHELL L. REV.* 1531, 1562 – 65 (2004).

② Advertising can play a critical role in the system. Referring to a successful ad campaign waged by Mobil Oil, one commentator noted: "The power of such ads, according to one scholar and the company's own CEO, was to make Mobil Oil's self-interested messages appear more objective, particularly because the ads appeared in credible media outlets, often on op-ed pages. Control over the content and presentation of these ads allowed Mobil Oil to soften its image, distract attention from its profits and counterbalance negative news stories." Susan Dente Ross, The Ad That Changed Libel Law: Judicial Realism And Social Activism In New York Times Co. V. Sullivan, 9 Comm. L. & Pol'y 489, 493 (2004) (citing, S. Prakash Sethi, Advocacy Advertising—The American Experience, 21 *CAL. MGMT. REV.* 55 (1978); S. Prakash Sethi, Business and the News Media, The Paradox of Informed Misunderstanding, 19 *CAL. MGMT. REV.* 52 (1977); S. Prakash Sethi, Issue-Oriented Corporate Advertising, Tax Treatment of Expenditures, 19 *CAL. MGMT. REV.* 5 (1976)).

及阅读媒体的报道。① 在这一体系之中,消费者和投资者是其他利害关系人的行为的客体,利害关系人通过努力让消费者和投资者由价值观或信仰主导自己的行为。信仰的主导和这些团体的欲望,或者将这些信仰和欲望通过政策、规定或行为的方式表达出来,影响着跨国公司的意志(以及它们对于企业的社会责任、良好的公司管理、环境保护和长短期规划等问题的观点)。因此,很大程度上,公司管理的重心从效率转变为价值观及其在经济主体行为中的具体体现。②

正如消费者和投资者的一样,政府(包括一国政府和国际组织)扮演着重要却被动的角色。政府作为一个可靠的行为准则的来源而存在,这些准则的法律效力并没有它传达的价值观来得重要。GAP 的社会责任的准则就是以国际劳工组织的核心准则为基础的。③ 这些准则不存在法律效力,却因为成为 GAP 和供应商之间的合同的内容被执行着。由此,GAP 以政府制定的标准,在一个本来超国家立法不可能实现的政治环境中,作为具有约束力的规范的基础内容。虽然 GAP 的规范行为只涉及一小部分经济主体,而且这些规范是以合同的形式而非法律的形式体现的,但是在它们的效力范围之内,它们实现了法律的目的。同样重要的是,政府的主张和行为引导着消费者和投资者的价值观,基于这些价值观各方主体作出他们自己的反应。而政府往往会去迎合它的利害关系人,美国和印度政府在 GAP 的供应商雇用童工一案中的表现就是一例。

不过,所有这些行为的目的又是什么呢? 是商人为了经营管理他们的供应商网络,还是受保护的儿童以及他们背后的家庭和社区? 在

---

① This, of course, was the moral of the Kathie Gifford story. For many of the documents, see National Labor Committee, *The Kathie Lee Campaign*, available at http://www.nlcnet.org/article.php? id = 403 (accessed March 30, 2008).

② See Larry Catá Backer, Values Economics and Theology: The Contribution of Catholic Social Thought and Its Implications for Legal Regulatory Systems, Law at the End of the Day, http://lcbackerblog.blogspot.com/2008/01/values-economics-and-theology.html (Jan. 12, 2008) (last visited Mar. 22, 2008).

③ Gap Inc., Our Standards, http://www.gapinc.com/public/SocialResponsibility/sr_fac_wwf_standards.shtml (last visited Jan. 16, 2008).

这一规范体系之中,这些群体似乎被删除了,[①]他们的利益被代表了。工人的工作环境被提高了,商业合作关系被改变了,但这种改变却没有征求本地商人(供应商——译者注)的意见。当然,并没有什么人期望所有这些规范活动的客体会积极地参与准则的制定和执行。所有的一切都是外界强加给受影响的地区的。有观点认为,东道国(host nations)是不应当被信任的,因为这些国家的领导人可能被引诱而与跨国公司串通,或者这些国家可能因为太弱小而不能够有效适用自己的法律。[②] 国际的力量从而替代了本国的治理,但国际的力量是基于发达国家的消费者和投资者的感受而形成的。从全球秩序的角度来看,似乎发达国家的人们仍然在向发展中国家灌输他们自己的信仰和价值观。这一次,他们是通过购买商品和投资金融产品的决定来实现的。虽然这不见得是一件坏事,但这必然将部分重要的利害关系人边缘化了。讽刺的是,如今通过私有的经济主体来实现的规范活动,固然和谐,其对发展中国家的控制却绝不亚于曾经的政治上的殖民统治。然而,这也许有着不同。如今跨国公司的权力几乎可以在这个世界上的任何地方滋长。东亚的发展历程就见证了经济力量是如何影响信仰和价值观在一个地区的演变的。

四、结论

这一规范体系的架构已然明了,一部分利害关系人通过利益关系编织了一套封闭的、自我参考的(self-referencing)规范网络系统。在这

① See e. g. , Li-Wen Lin, supra, note 82; Larry Catá Backer, Extraterritoriality and Corporate Social Responsibility: Governing Corporations, Governing Developing States, Law at the End of the Day (March 27, 2008), available at http://lcbackerblog. blogspot. com/2008/03/extraterritoriality-and-corporate. html.

② See e. g. , Surya Deva, Human Rights Violations by Multinational Corporations and International Law: Where from Here? 19 *Conn. J. Int'l L.* 1 (2003) (suggesting that the international regime's inadequacies "becomes more conspicuous when a state is weaker than an MNC, [FN5] is in connivance with an MNC, [FN6] or is more interested in foreign investment than enforcement of human rights." Id. , at 2); Mensch, supra note 86, at 245 – 246.

一网络之中,政府虽有一席之地,却不扮演主要角色,甚至在许多实例中,政府的角色是可以被忽略的。合同取代了法律,关系网络取代了政治关联,利益的需求取代了领土的疆界,规范的客体变成了规范的主体。当然,这个体系所表现出的远离政治管辖的自由仍然是虚妄的(illusory)。正如国家需服务于它的人民一样,作为规范主体的跨国公司仍然是他自己的利害关系人(消费者和投资者)的囚徒。

这个规范体系并非依赖于一个或多个特定的主体而运转,任何非国家的主体都可以运用第二节和第三节所描述的框架和理论。事实上,本土的社区和宗教界都可以在自身的领域内炮制类似的规范体系。GAP公司的案例说明,法律的管辖范围是有很有限的,也是有漏洞的,尤其是在跨越政治领土的情况下,这时,其他的规范方式就可能出现。虽然这些方式可能某种程度上模仿政治组织,但是它们的管辖范围和方式将和政治的方式大相径庭。在国家和其他规范主体并存的世界里,法律可能要部分地丧失它的优越性。

[译者2011年5月毕业于宾夕法尼亚州立大学法学院,获法律博士学位(J. D.),现为中国社会科学院法学研究所民商法方向的博士后]

国际私法上的文化认同*

[德]Heinz-Peter Mansel** 著　邹国勇译

目　次

一、引言:背景和初始问题
二、作为冲突法上讨论论据的文化认同
三、最近发展
四、连结点与文化认同
五、文化认同和对适用外国法的限制(公共秩序)
六、展望:实体法适用与文化认同

今天能在武汉与各位交流,是我莫大的荣幸和快乐。我衷心地感

* 2007年5月14~18日,德国科隆大学国际私法与外国私法研究所所长Heinz-Peter Mansel教授应原武汉大学副校长、国际法研究所所长黄进教授的邀请,在香港王宽诚教育基金会的资助下来武汉大学进行学术访问并做了题为"多元社会、文化认同与国际私法"、"欧盟国际家庭法和继承法的形成"的两场学术报告。本文是Heinz-Peter Mansel教授在其"多元社会、文化认同与国际私法"报告讲演稿的基础上经多次修改而成的。在征得Heinz-Peter Mansel教授同意后,特将此报告译成中文,以飨读者。由于译者学识有限,难免有错译和曲译之处,恳请读者批评指正。——译者注

** [德]Heinz-Peter Mansel(1958—　),男,1988年在慕尼黑大学获得法学博士学位,在民法、民事诉讼法、比较法和国际私法等领域学术造诣深厚,2007年3月当选为德国北莱茵—威斯特法伦州科学院院士,2008年应邀赴海牙国际法研究院演讲,2010年10月当选为德国国际私法参议会(Deutscher Rat für internationales Privatrecht)主席,现为德国科隆大学国际私法与外国私法研究所所长、武汉大学客座教授、德国《国际私法与国际程序法实务》(IPRax)和《国际私法与外国私法年鉴》主编、洪堡基金会评审专家、德国研究基金会法律评审委员会成员、欧洲议会法律事务委员会法律专家。

谢武汉大学副校长黄进教授的热情邀请和盛情接待,也感谢邹国勇博士将本报告译成中文。

一、引言:背景和初始问题

克里斯蒂安·冯·魏茨泽克(Christian von Weizsäcker)最近在一次报告中阐释了有关全球化的问题。他将"全球化"理解为一个在世界范围内效仿西方国家成功的竞争型市场经济模式的过程,而市场经济又根植于一个强大的,并且负责保护私人财产、①法制安全、个人自由、公平竞争和社会调控的国家。由于这种经济活动所扎根的自由、开放的社会模式是以启蒙运动及其个人主义和理性主义为基础的,因而全球化事实上就是"全球欧洲化",但此前所进行的多次尝试,例如基督教化和殖民主义,业已证明是问题重重和彻底失败的。②

不论人们如何看待这种说法,在非西方的社会中——这一点有待观察——全球化似乎引发了一种对自身文化认同较为强烈的自信反应。③ 但是,即便在西方社会中,一提到自身文化认同的自我主张

---

① 这里要特别指出的是,中华人民共和国已将实行社会主义市场经济作为国家目标载入了宪法。参见 Julius/Rehm, Das chinesische Sachenrechtsgesetz tritt in Kraft: Revolution oder Viel Lärm um Nichts?, ZVglRwiss 106 (2007), 367, 368, 374 f。2007年3月,全国人大在北京通过了《物权法》,旨在防止随意侵占公共和私人财产,参见 *Sun*, Die Rezeption der westlichen Zivilrechtswissenschaft und ihre Auswirkung im modernen China, RabelsZ 71 (2007), 645, 657 ff.; Degen/Zuowei Liu, Das chinesische Sachenrechtsgesetz, RIW-Special 1 zu Heft 11/2007, 1, 2。

② *Christian von Weizsäcker*, *Die Angst vor der Globalisierung-Vortrag* 28. 11. 2006, *Köln*(未发表); *Christian von Weizsäcker*, *Logik der Globalisierung*, 1999。

③ 例如,亚洲自20世纪90年代开始探讨西方国家的普世人权和法治国家保障思想时,就提出了所谓的亚洲价值。参见 Xiaorong Li, "Asian Values" and Human Rights, 1996; *Amartya Sen*, Human Rights and Asian Values: What Lee Kuan Yew and Le Peng don't understand about Asia, The New Republic vom 14. 7. 1997; Fukuyama, The Illusion of Exceptionalism, Journal of Democracy 8.3 (1997), 146 ff.; Anthony Milner, What's Happened to Asian Values?, 1999。

(Selbstbehauptung),人们首先想到的不是亨廷顿《文明冲突论》①中醒目的关键字,而是把它归入政治辩论的主题。这里我举一个可以代表许多新发展的简单例子:1999 年的《波兰语言法》规定,当合同一方尤其是债务合同的一方当事人为波兰人时,在波兰境内必须使用波兰语订立合同。《波兰语言法》在其序言道出了缘由:此为全球化进程中保护民族认同的必要举措。② 这种事例在其他语言中也比比皆是。③ 与此同时,人们今天也对宗教强势回归(forcierter Wiederkehr)至公共领域的问题津津乐道。可见,在现代法治国家中,信仰和政治之间的古老冲突、救赎和统治之间的对峙日益紧张。④ 人们不能再自然而然地

---

① 参见 Huntington, The Clash of Civilizations and the Remaking of World Order, 1996, 德文译本为"Kampf der Kulturen-Die Neugestaltung der Weltpolitik im 21. Jahrhundert"(1998)。亨廷顿所考虑的是,东西方之间的冲突已由不同文化(包括宗教方面的社会理念)之间的冲突所取代。这种发展变化在经济和社会全球化的背景下进一步加强。对此表示赞同的,参见 Philippe Nemo, Was ist der Westen? Zur Genese der abendländischen Zivilisation, deutsche Ausgabe 2005, S. 129 ff., 135。相反,有人认为这种冲突已简单化,参见 Amartya Sen, Identity and Violence-The Illusion of Destiny; 德语文本为"Die Identitätsfalle. Warum es keinen Krieg der Kulturen gibt"(2007);其他的著述还有:Harald Müller, Das Zusammenleben der Kulturen. Ein Gegenentwurf zu Huntington, 1998, benutzt wurde die 5. Aufl. 2001。不同的观点,请参见 Di Fabio, Die Kultur der Freiheit, 2005, 180 ff。对于西欧伊斯兰恐惧症的看法,参见对欧盟穆斯林的调查报告:《歧视与伊斯兰恐惧症》(Discrimination and Islamophobia, EUMC 2006, 58ff.)。对于受西方影响的人权与伊斯兰教之间的关系,参见 Ann Elizabeth Mayer, The Islam and Human Rights Nexus: Shifting Dimensions, Muslim World Journal of Human Rights, Volume 4, Issue 1, 2007, Article 4; Mashood A. Baerin, Islam and the Realization of Human Rights in the Muslim World, ebenda Article 5; (Article 4., 5 über Berkeley Electronic Press 2007)。

② 对此,请参见 Jayme, Kulturelle Identität und Internationales Privatecht, in: ders (Hrsg.), Kulturelle Identität und Internationales Privatrecht, 2003, 5 f。

③ 法国 1975 年 12 月 31 日第 75-1349 号法律以及后来的 1994 年 8 月 4 日第 94-345 号法律均规定必须使用法语作为服务和商品的广告语言。

④ Friedrich Wilhelm Graf, Moses Vermächtnis. Über göttliche und menschliche Gesetze, 2006, 15. 还可以参见 *Habermas*, Die öffentliche Stimme der Religion. Säkularer Staat und Glaubenspluralismus, Blätter für deutsche und internationale Politik 2007, 1441 ff。

感知马克斯·韦伯(Max Weber)①所描述的世俗化过程。②

一篇新闻报道揭示了对外来文化理念既排斥又准备接受这种矛盾心态的另一面。在2007年3月的一段时间内,这篇新闻成为人们茶余饭后有关日常政治的中心话题。之后,一位审理家庭纠纷案件的女法官在一起发生于德国缅因河畔法兰克福的诉讼费用救助程序中指出,本案中的一对夫妻争吵不休的原因在于其家庭出身具有“摩洛哥文化背景”。在这种文化背景下,男人对女人行使体罚权司空见惯。因而,作为原告方的妻子(在分居年限届满前)不得基于《德国民法典》第1565条所指的不堪忍受的苛刻情形请求立即离婚。③ 法院因此也拒绝了当事人的诉讼费用救助请求。这里,(假定的)文化认同被国家各级审判机关用作法律拒绝的手段,原因在于肢体暴力通常构成《德国民法典》第1565条第2款意义上的不堪忍受的苛刻情形。④

在本报告中,我关注的是人法、家庭法和继承法,继而探究在一个文化彼此歧异、自由立宪的社会中,对于受国家法律约束的人民而言,法律对其文化方向和文化期望可以起到什么样的作用。本报告之所以仅限于探讨这些法律领域,原因在于这些领域通常被视为具有根深蒂固的文化因素。从根源上来看,⑤这是切合实际的,因为它们在西方各

---

① Max Weber, Die protestantische Ethik und der Geist des Kapitalismus, verwendete Ausgabe: 2. Aufl. 2006.

② 对于“世俗化趋势的传言”,参见 Tempel, Gottesrecht im weltlichen Staat, Kursbuch 2004, 15, 19; 对于新近的发展,请参见 Di Fabio, Die Kultur der Freiheit, 2005, 167 ff., 178 ff.。

③ 对于这个事件以及相关问题,参见 Posch, “Islamisierung” des Rechts?, ZfRV 2007, 124 ff.。实质问题请参见 OLG Rostock FamRZ 2006, 947, 法院在这起因为丈夫对妻子实施暴力而引起的离婚诉讼案中阐明,丈夫的暴力行为完全可以成为妻子“不愿意回到丈夫身边的理由。至于是否在阿尔及利亚有其他说法(几乎不可能,因为根据阿尔及利亚《家庭法典》第4条第2句,婚姻是建立在感情、温柔和相互体贴基础上的,因此暴力行为很难维持婚姻),完全不重要。”

④ 例如参见 BGH FamRZ 1981, 127, 129; OLG Stuttgart FamRZ 1977, 807;尤其对于重复犯罪行为,参见 OLG Stuttgart FamRZ 1988, 1276。

⑤ 另一个问题是,今天所颁布的制定法能在多大程度上被认为具有文化根源。

国历来深受教会法的影响。[①] 因此,西方法律体系下的家庭法、继承法制度基本结构在传统上也是同源同宗的。东方的人法却深受《古兰经》的影响。许多国家将《古兰经》的规范纳入其制定法,或者放弃保留本国原有的法律规则,而在其法律中一概援引《古兰经》。换言之,对犹太人参照犹太教法典,对基督徒则援引基督教的家庭法。[②] 其他两种"经书宗教"(Buchreligion)在伊斯兰国家的特权[③]也是合法的。这些国家通过赋予各种宗教法律自身所需要的空间来满足其原始的、普遍的效力要求。

文化上的法律冲突,并不仅限于打上西方法和伊斯兰法烙印的法律和价值观之间的冲突,也存在于深受种族法影响的亚洲或非洲[④]法

---

① 参见 Strömholm, L'Europe et le droit, 2002, 137 ff.; Berman, Law and Revolution I: The Formation of the Western Legal Tradition, 1983, insbesondere 199 ff., 225 ff.;对于新教法律理念的影响,参见 Berman, Law and Revolution II: The Impact of the Protestant Reformations on the Western Legal Tradition, 2003, insbesondere 184 f., 352 f.(涉及婚姻)。

② 对于宗教间的和受伊斯兰法律影响的冲突法立法技术,以及由于宗教或者种族原因而四分五裂的人际法律体系及其人际冲突法,参见 MünchKomm-Sonnenberger, BGB, 4. Aufl. 2006, Art. 4 EGBGB Rz. 85 ff. 对于当今各国紧锣密鼓的宗教法编纂和西方国家偶尔出现的有关伊斯兰法律发展的错误认识,参见 Krüger, Beharrung und Entwicklung im islamischen Rechtsbereich, in: Freitag et al. (Hrsg.), Internationales Familienrecht im 21. Jahrhundert, 2006, 171 ff., 172, 173 ff., 184 ff。

③ 基督教和犹太教在伊斯兰国家的特权化,参见 Ulrich Dehn, Das Spezifische der "Buchreligionen", Materialdienst der EZW 2/2005, 43 ff。"经书宗教"(Buchreligion)这个概念是指信奉"经书/论著"的人的宗教,因此三种亚伯拉罕教派应遵从《古兰经》里第3.64 章节里的一致令(Einigungsgebot)。

④ 例如,对于印度尼西亚的种族法,参见 Mansel, Anmerkung zu AG Kaufbeuren, StaZ 1984, 208 ff.;对于非洲的种族法,参见 Abd-el-Kader Boye, Le statut personnel dans le droit international privé des pays africains au sud duSahara: conceptions et solutions des conflits de lois: le poids de la tradition négro-africaine personnaliste, Recueil des cours 238 (1993—Ⅰ), 247 ff.;对于决定喀麦隆境内 200 ~250 种习惯法适用的人际冲突法,参见 *Spellenberg*, Das Personalstatut im kamerunischen Kollisionsrecht, Recht in Afrika 2007, 113 ff.;对于一般现实意义上的比较法概况,参见 Nelle, Rechtspluralismus in Afrika-Entwicklung, System und Perspektiven des internen und internationalen Kollisionsrechts, Recht in Afrika 2006, 69 ff。

律体系之中。由于基督教的社会印记在以不同的速度逐渐消失,因此,西方法律之间的冲突也是有限的。例如,受教会法的影响,马耳他法律禁止天主教徒离婚。① 这种法律规定数年前在爱尔兰仍然有效,在西班牙也一直施行至20世纪80年代,而比利时、西班牙和荷兰却在几年前就允许同性结婚。②

在这种大背景下,社会变迁以及欧共体法的最新发展,使得冲突法上的老问题又变得具有现实意义。这个老问题就是确定属人法的问题,应从个人文化认同对国际人法、家庭法和继承法的作用的视角去探讨(见下文四)。此外,也可以从欧洲法院、德国联邦宪法法院以及联合国行政法庭的最新司法裁判中找到有力的佐证[见下文三(二)部分]。接下来就是关于适用外国实体法的界限以维护自身文化认同的问题(见下文五),并在结束本报告前展望一下文化认同在实体法中的意义(见下文六)。当然,在此之前,我还要对有些概念和一般情况进行说明。

二、作为冲突法上讨论论据的文化认同

(一)概念

1. 主题词

自20世纪90年代以来,"文化认同"越来越成为一个——颇有争

① 根据马耳他《婚姻法》(即马耳他法第255章)第33条,夫妻一方可将外国法院作出的离婚判决在官方公共注册机关登记,前提是离婚判决是由有管辖权的国家法院作出,同时夫妻一方必须在该国有住所或具有该国国籍,参见 Pietsch, Länderbericht Malta, in: Bergmann/Ferid/ Henrich, Internationales Ehe-und Kindschaftsrecht (Stand: 1. 5. 2006), 15, 20 f。欧洲共同体所有成员国法院根据欧盟理事会2003年11月27日《关于婚姻事项及父母亲责任事项的管辖权及判决的承认与执行并废除第1347/2000号条例的第2201/2003号条例》作出的离婚判决(但丹麦法院作出的离婚判决除外)不受影响,一概予以承认。

② 参见 MünchKommm-Coester, BGB, 4. Aufl. 2006, Art. 17b EGBGB Rz. 143. 对于荷兰(自2001年起)、比利时(自2003年起),参见 Pintens/Scherpe, Gleichgeschlechtliche Ehen in Belgien, StAZ 2003, 321 ff。对于西班牙(自2005年起),参见 Martin-Casals/Ribot, Ehe und Scheidung in Spanien nach den Reformen von 2005, FamRZ 2006, 1331 ff。

议,因为部分有被排除的嫌疑——论证惯用语(Argumentationstopos),它来源于社会学,后来被引入冲突法领域。这种继受主要源于埃里克·雅伊梅(Erik Jayme)的著述。[①]"文化认同"这个概念是与不同的主题词在一起结合使用的。它一方面涉及自然人的文化认同问题。在冲突法中,与此对应的问题是:所谓的属人法是否应该由连结人(Anknüpfungsperson)的文化认同来决定。本报告首先对此以及相关问题予以探讨,然后再从文化价值的角度探究对适用外国法的限制。

---

① 对于"文化认同"这个概念的历史及其在政治学界的作用,参见 Britz, Kulturelle Rechte und Verfassung, 2000, 94 f.;有人指责这种概念带有种族主义和排外倾向,对于这种指责及其回应,参见该书第104页及以下。在冲突法上,参见 Jayme, Menschenrechte und Theorie des Internationalen Privatrechts, in: Internationale Juristenvereinigung Osnabrück, Jahresheft 2 (1991/92), 8, 10 ff.; ders., Identité culturelle et intégration: le droit international privé postmoderne, Recueil des cours 251 (1995), 9, 167 ff.; ders., Kulturelle Identität und Kindeswohl im internationalen Kindschaftsrecht, IPRax 1996, 237 ff.; ders., Diskussionsbeitrag, BerDGesVR 38 (1998), 117; ders., Kulturelle Identität und Kindeswohl im internationalen Kindschaftsrecht, in: Henrich/Jayme/Sturm (Hrsg.), Ehe und Kindschaft im Wandel, 1998, 47 ff.; ders., Ordre public, droit de l'homme et droit religieux, in: von Bar (Hrsg.), Islamic Law and its Reception by the courts in the West, 1999, 221, 224 ff.; ders., Religiöses Recht vor staatlichen Gerichten, 1999, 30 ff.; ders., Multicultural Society and Private Law. German Experiences, Rom 1999, 16 ff.; ders., Anmerkung zu OLG Karlsruhe v. 25. 11. 1996, IPRax 1999, 49 f.; ders., Zum Jahrtausendwechsel: Das Kollisionsrecht zwischen Postmoderne und Futurismus, IPRax 2000, 165, 169; ders., Religiöses Recht vorstaatlichen Gerichten, 2000, 30 ff.; ders., Kulturelle Identität und Internationales Privatrecht, 2003, 5 ff.; ders., Zur kulturellen Identität des italienischen Rechtssystems in einem Vereinigten Europa, Jahrbuch für Italienisches Recht Band 15/16 (2003), 381 ff.; ders., Die kulturelle Dimension des Rechts-ihre Bedeutung für das Internationale Privatrecht und die Rechtsvergleichung, RabelsZ 67 (2003), 211。对此表示赞同的有:*Gaudemet-Tallon*, Nationalité, statut personnel et droit de l'homme, Festschrift für Erik Jayme, 2004, 205 ff.; Herfarth, Die Scheidung nach jüdischem Recht im internationalen Zivilverfahrensrecht, 2000, 142-161; Rauscher, Heimatlos in Europa? Gedanken gegen eine Aufgabe des Staatsangehörigkeitsprinzips im IPR, Festschrift für Erik Jayme, 2004, 719, 732 f.; Thue, Private International Law as Geisteswissenschaft-Reflections, Festschrift für Erik Jayme, 2004, 971 ff.;对 Jayme 的论题表示批评的有:Mankowski, Kulturelle Identität und Internationales Privatrecht, IPRax 2004, 282 ff.; von Bar/Mankowski, Internationales Privatrecht, Bd. 1, 2. Aufl. 2003, 228 f.; Schack, Religion und internationales Privatrecht, in: Andreas Zimmermann (Hrsg.), Religion und Internationales Recht, 2006, 183, 194 ff.; Henrich, Parteiautonomie, Privatautonomie und kulturelle Identität, Festschrift für Erik Jayme, 2004, 321 ff.; Siehr, Vom universellen zum globalen Internationalen Privatrecht, Festschrift für Erik Jayme, 2004, 873, 879。

它另一方面说的是民族即国家的文化认同问题。例如,《欧盟条约》第6条第3款中的民族认同、《欧洲共同体条约》第151条所指的成员国的民族和区域文化多样性均涉及这一问题。这些规定应予以尊重和遵守。与此相关的民族及其区域文化认同的问题,我在下文中将不予讨论。相应地,我的报告也不关注文化财产返还[①]这个复杂课题,由于文化财产对要求返还国的文化认同意义重大,使得文化财产的返还问题日益复杂,因此我也没有深入研究与此相关的国际物权法[②]问题。

《公民权利和政治权利国际公约》第27条对于特定少数民族的文化认同最终给予了保护,[③]其方式有:保障少数民族每个成员同该民族其他成员共同培育自己的文化生活,包括风俗、道德观念、传统、礼仪、

---

① 参见 Gornig, Wem gehört der Pergamon-Altar? Völkerrechtliche Diskussion der Forderungen Griechenlands auf Rückgabe von Kulturgütern, in: Gornig/Schiller/Wesemann (Hrsg.), *Griechenland in Europa*, 2000, 61 ff。

② 对此,请参见 Mansel, Die Bedeutung des internationalen Privatrechts in Bezug auf das Herausgabeverlangen des Eigentümers bei abhanden gekommenen Kulturgütern, in: Koordinierungsstelle für Kulturgüterverluste Magdeburg und Beauftragter der Bundesregierung für Kultur und Medien (Hrsg.), Im Labyrinth des Rechts? Wege zum Kulturgüterschutz, 2007, 129 ff.; Jayme, Kunstwerk und Nation-Zuordnungsprobleme im internationalen Kulturgüterschutz, in: Sitzungsberichte der Heidelberger Akademie der Wissenschaften: Philosophisch-historische Klasse, Jahrgang 1991, Bericht 3, ders., Neue Anknüpfungsmaximen für den Kulturgüterschutz im internationalen Privatrecht, in Dolzer/Jayme/Mußgnug (Hrsg.), Rechtsfragen des internationalen Kulturgüterschutzes, 1994, 35 ff.; ders., Anknüpfungsmaximen für den Kulturgüterschutz im Internationalen Privatrecht, in: Dominicé/Patry/Reymond (Hrsg.), Études de droit international en l'honneur de Pierre Lalive, 1993, 717 ff.; ders., Nationales Kunstwerk und Internationales Privatrecht, 1999, 95 ff.; jeweils mit weiteren Nachweisen; siehe noch den Überblick bei *Odendahl*, Kulturgüterschutz, 2005, 408 ff。

③ 该条款的标准文本为:"在那些具有种族、宗教或语言方面的少数民族的国家中,不得剥夺该少数民族的成员与他们群体中的其他成员共同培育自己的文化生活、了解和信奉自己的宗教或使用自己的语言的权利。"

饮食和生活习惯以及艺术、音乐和文学的创作等。[①] 尽管少数民族的保护受到集体保障，但由于时间和主题原因，我对此也不做更深入的探究。[②]

2. 与自然人相关的核心概念

不论是社会学[③]还是国际私法，都没有清楚地界定"文化认同"的概念。[④] 雅伊梅将"文化认同"理解为"对自身语言、历史、传统的回忆"，或者"以生活方式、语言、宗教和艺术为外在表现形式，通过人类的意识或感知凝聚在一起"。[⑤]

人们试图把不同的描述归结为一个核心概念，这样人们就可以在涉及个人的概念理解时，将"文化认同"理解为一个人（或多或少地、自觉地）对归属某个群体的自我认识，而该群体成员通过社会因

① 参见 Hofmann/Boldt, Kommentar zu dem Internationalen Pakt über bürgerliche und politische Rechte, in: Das Deutsche Bundesrecht (1986, zuletzt: 973. Lieferung 2005), I A 10c, Art. 27, 该文献同时表明，在《公民权利和政治权利国际公约》以及其他保护少数民族的国际公约里，均未对"少数民族"作出明确的界定。

② 这里要特别提到的报告是 Nolte, Kulturelle Vielfalt als Herausforderung für das Völkerrecht, in diesem Band。

③ 参见 Mansel, Kulturelle Identität und Internationales Privatrecht-Heidelberger Symposium und Heidelberger Abschiedsvorlesung von Erik Jayme, IPRax 2003, 182 unter Hinweis u. a. auf *Giesen* (Hrsg.), Nationale und kulturelle Identität. Studien zur Entwicklung des kollektiven Bewusstseins in der Neuzeit, 3. Aufl. 1996; Viehoff/Segers (Hrsg.), Kulturelle Identität und Europa. Über die Schwierigkeiten und Möglichkeiten einer Konstruktion, 1999; *Drechsel/Schmidt/Gölz*, Kultur im Zeitalter der Globalisierung. Von Identität zu Differenz, 2000。请特别参见 Hall, The Question of Cultural Identity, in: Hall/Held/Hubert/Thompson (Hrsg.), Modernity: An Introduction to Modern Societies, 1996, 595 ff., 613。

④ 仅参见 Basedow, Das Internationale Privatrecht in den Zeiten der Globalisierung, Festschrift für Hans Stoll, 2001, 405, 414 f.; Reinhard Giesen, Die Bestimmung der Heimat für die Zwecke des Kollisionsrechts, in: Frantzen/Giertsen/Cordero Moss (Hrsg.), Festskrift til Helge Johan Thue, 2007, 238, 243; Mankowski, IPRax 2004, 282, 284 ff., 290。对于法律中的文化认同，参见 Britz, Kulturelle Rechte und Verfassung, 2000。

⑤ Jayme, Kulturelle Identität und Internationales Privatecht, in: ders (Hrsg.), Kulturelle Identität und Internationales Privatrecht, 2003, 5, 7; ders., Recueil des Cours 251 (1995), 9, 167; ders, Religiöses Recht vor staatlichen Gerichten, 1999, 30 ff.

素(如语言、宗教或世界观、传统、风俗习惯以及其他人文因素)与其他群体相互区别开来。此时,“文化认同”并不要求对具体的、可识别的人群进行划分,而是只要能归入某个抽象的文化参照体系群就足矣。

文化认同是社会认同的一种形式,因为它是通过智能学习来获得的。与认同的每一种形式一样,它以界限鲜明为前提,既排斥又包容其他形式的认同。① 文化认同通常与追求自身认同的自治权联系在一起,从而这个概念的核心内容就是利害关系人的文化自我认知。② 在个别情况下,文化认知的确定经常取决于其本身对跨文化的感知。③许多抽象的界定问题,因为讨论民族、文化民族和民族国家之间的关系而为人熟知。一个民族国家,④从政治上大致可以描述为“一个拥有自己文化认同的民族”。人们从雅伊梅的论著中可以认识到,一旦文化认同被引入并扩展为冲突法上的论证惯用语,国家(被认为是文化民族国家)作为一个参考点就功成身退了。⑤

如果要分析支撑这一观点的冲突法文献,就必须清楚,界定一个人

① 参见 Jenkins (Hrsg.), Nation and identity in contemporary Europe, 1996, 4。

② 对此,参见 Britz, Kulturelle Rechte und Verfassung, 2000, 108。对于自治权的保护,参见 Parteiautonomie, Privatautonomie und kulturelle Identität, Festschrift für Erik Jayme, 2004, 321, 这里提到了 *Brockhaus-Enzyklopädie* 里的“文化认同”(kulturelle Identität)这个词条。

③ 参见已有的论述,如 Mansel, Das Staatsangehörigkeitsprinzip im deutschen und gemeinschaftsrechtlichen Internationalen Privatrecht: Schutz der kulturellen Identität oder Diskriminierung der Person?, in: Jayme (Hrsg.), Kulturelle Identität und Internationales Privatrecht, 2003, 119 ff。

④ 对该概念已有诸多论述,参见 Hagen Schulze, Der Weg zum Nationalstaat. Die deutsche Nationalbewegung vom 18. Jahrhundert bis zur Reichsgründung, 1985; ders., Staat und Nation in der europäischen Geschichte, 1994。

⑤ 这样,关于文化认同的著述将取代有关孟西尼(Mancini)民族国家理念的著述,参见 Jayme, Pasquale Stanislao Mancini. Internationales Privatrecht zwischen Risorgimento und praktischer Jurisprudenz, 1980; ders., Considérations historiques et actuelles sur la codification du droit international privé, Recueil des cours 177 (1982-IV), 9 ff.。

的文化认同通常是有前提条件的。① 也许正因此而使这一概念在讨论中具有一定吸引力。它内容透明,易于理解,人们不必事先就其前提条件达成一致。这一概念与它的各个组成部分——"认同"和"文化"本身——一样,推动积极的联合,并因此或许具有一种"正能量"。同时,国际法研究院第九委员会在题为"文化差异和家庭国际私法上的公共秩序"的决议初步声明中,也指出了文化认同在冲突法上作用的局限性。其中写道:

"在某种意义上,对文化差异的质疑是毫无意义的,因为其中涉及文化个体尤其是法律方面的问题。② 要观察和了解法律上的文化差异,需要从不同国家的实体法去考察其判决中的内容,只有采用这样的研究方法,风险才最小。"③

(二)根本问题

如今,从冲突法的视角来看,文化认同的论证惯用语有不同的用法。

---

① 这一概念作为假设条件出现于 von Hoffmann/Thorn, Internationales Privatrecht, 9. Aufl 2007, § 2 Rz. 57; § 5 Rz. 8; 还有 Klingenstein, Kulturelle Identität und Kindeswohl im deutschen internationalen Adoptionsrecht, 2000, 18 ff. et passim; Lima Marques, Das Subsidiaritätsprinzip in der Neuordnung des internationalen Adoptionsrechts, 1997, 110 ff.; Ende, Kulturelle Identität als notwendige Ergänzung des gemeinschaftsrechtlichen Gleichheitssatzes-Die UN-Kinderkonvention im Kontext der Unionsbürgerschaft, IPRax 1998, 244。因这种不确定性而提出批评的有: von Bar/Mankowski, Internationales Privatrecht, Bd. 1, 2. Aufl. 2003, 228 f.; Basedow, Das Internationale Privatrecht in den Zeiten der Globalisierung, Festschrift für Hans Stoll, 2001, 405, 414 f.; Giesen, Die Bestimmung der Heimat für die Zwecke des Kollisionsrechts, in: Frantzen/Giertsen/Cordero Moss (Hrsg.), Festskrift til Helge Johan Thue (2007), 238, 243; Mankowski, IPRax 2004, 282, 284 ff., 290; MünchKomm-Sonneberger, BGB, 4. Aufl. 2006, Einleitung IPR Rz. 32, Art. 6 EGBGB Rz. 71。

② 原文这里有一个脚注援引 Jayme, Recueil des cours 251 (1995), 11 f., 167。

③ Annuaire de L'Institut de droit international 71 I (2005), 11, 12. 所引用文字由 Mohamed Bennouna 起草,报告人是 Paul Lagarde。

1.对文化认同予以尊重的权利

雅伊梅[①]认为,对个人的文化认同予以尊重的权利,是主体权利在人权和宪法上的体现。按照他的观点,这种权利影响到属人法的连结因素。就属人法具体领域的一般情况而言,这种尊重规则的结果就是冲突规范应遵循国籍原则。

雅伊梅[②]用以支撑其尊重个人文化认同权利的依据是2001年11月22日在巴黎召开的联合国教科文组织有关促进文化多样性的大会宣言以及《欧盟基本权利宪章》第22条,根据后者,欧盟应尊重文化、宗教及语言的多样性。[③] 然而,无论法律性质的根本问题是什么,《欧盟基本权利宪章》第22条并没有任何主体权利方面的内容。联合国教科文组织大会的宣言,在性质上其实是各会员国对于每个国家借助独立的文化政策,使其本国的商品和服务——自身文化认同的外在表现——不受自由贸易负面影响的权利所做的原则性声明,但很难从中推导出个人的保护权。

雅伊梅从根源于《欧洲人权公约》第8条第1款的权利进一步引申出尊重私人及家庭生活的权利,特别是尊重个人生活方式的权利也应予以保护。然而需要特别指出的是,在司法裁判中,只有诸如挪威[④]

① 参见 Jayme, Recueil des cours 251 (1995), 11 f., 167 f.; 已有的阐述和评论,参见 Mankowski, IPRax 2004, 282, 283。

② Jayme, in: Jayme (Hrsg.), Kulturelle Identität und Internationales Privatrecht, 2003, 5, 6.

③ UNESCO Universal Declaration on Cultural Diversity, UNESCO Doc. 31C/Res. 25, Annex I; ILM 41 (2002), 57; dazu siehe das Referat von *Nolte* in diesem Band. Zum fehlenden subjektiv-rechtlichen Gehalt des Art. 22 Grundrechte-Charta der EU siehe nur *Söbbeke-Krajewski*, Der religionsrechtliche Aquis Communautaire der Europäischen Union, 2006, 290 ff., 292 f.

④ EMRKom, G. und E. / Norwegen, 3. 10. 1983, DR 35/30. 该判决涉及对挪威的萨门人生活方式尤其是与驯鹿一起散步的权利的保护;参见 Schilling, Internationaler Menschenrechtsschutz, 2004, Rz. 167 mit Fn. 491。

的萨门人、罗曼族和辛提人[①]等一些少数民族成员的特殊生活方式以及说少数民族语言的权利,[②]通过这种尊重传统生活方式的权利得以保护。[③] 这种法律推导的说服力值得怀疑。这种特殊的、以归属到某个少数民族为前提的公约性司法裁判(Konventionsrechtsprechung)能否用于接受尊重每个人的文化认同的普遍权利,目前还难以定论。

此外,所涉及的还有《联合国儿童权利公约》[④](第7条、第8条、第21b条,尤其是第29条第1款c项;第30条及序言[12])和欧洲理事会1995年2月1日《关于保护少数民族的框架公约》第5条第1款。[⑤] 然而这些法规文献也只包括了文化认同"法律上的宪法"(rechtliche Verfassung)的特定领域。这方面或许已有一定的发展,但至今尚未形成一项尊重文化认同的主体权利。联合国教科文组织在继上述2002年宣言之后通过的2005年《保护和促进文化表现形式多样性公约》[⑥]将会推动这种发展,然而因其目标方向具有商业政策性和集体性而鲜被接受。

---

① EMRKG, Chapman / Vereinigtes Königreich, 18. 1. 2001; EMRKG, Buckley / Vereinigtes Königreich, 11. 1. 1995. 该判决涉及对英国的罗曼族和辛提人生活方式尤其是其乘坐大篷车四处游荡的权利的保护;对此,参见 Grote/Marauhn-Marauhn/Meljnik, EMRK/GG Konkordanzkommentar, 2006, Kap. 16 Rz. 37。

② EMRKG, *Belgischer Sprachenfall*, 23. 7. 1968, EuGRZ 1975, 298.

③ 参见 Hillgruber/Jestaedt, Die Europäische Menschenrechtskonvention und der Schutz nationaler Minderheiten, 1993, 42 ff.; *Council of Europe*, The Council of Europe and Minorities, 1994, 22 ff。

④ 特别参见 Jayme, Recueil des cours 251 (1995), 9, 167 f.; ders., IPRax 2000, 165, 169; Ende, IPRax 1998, 244; Klingenstein, Kulturelle Identität und Kindeswohl im deutschen internationalen Adoptionsrecht, 2000, 29 ff., 42 ff.; Lima Marques, Das Subsidiaritätsprinzip in der Neuordnung des internationalen Adoptionsrechts, 1997, 110 ff。

⑤ Mankowski, IPRax 2004, 282, 283, 援引的是 Klingenstein, Kulturelle Identität und Kindeswohl im deutschen internationalen Adoptionsrecht, 2000, 64。

⑥ BGBl. 2007 Ⅱ, 234; 其详细论述见 Nolte, Kulturelle Vielfalt als Herausforderung für das Völkerrecht, in diesem Band; 对于通过这种方式所保护的文化多样性的集体财产性,参见 von Bogdandy 的报告。

最后,在文献中,[①]尊重文化认同的权利被归入受《基本法》第 2 条第 1 款保护的一般人格权、《基本法》第 1 条第 1 款(人的尊严)的保护范围以及《基本法》第 4 条第 1 款所规定的宗教信仰自由。

在这个由国际公法规范和宪法规范所组成的"花束"(Strauß)中,能否真正产生独立的、尊重文化认同的个人主体权利,仍然是个问题。这种尊重要求对冲突法的意义是不言自明的。在上述规范中,受益人的群体范围还需进行深入的研究;与此同时,必须对群体权利和少数民族成员以及那些不属于任何少数民族者的个人法律地位加以区分。这样,独立主体权利的具体界限很快就会凸显出来。但是,迄今为止,仍缺少全面的规范分析和在此基础上建立起来的、与之相应的个人主体权利的可靠推导。[②] 在我看来,我也无法完成这项使命。

或许可以确定的是,决定一个人文化认同的所有因素,同时也勾画出了诸多权利的保护范围,其中包括一般人格权、宗教信仰自由、人格尊严、保护婚姻和家庭[③]以及《欧洲人权公约》第 8 条所捍卫的尊重私人及家庭生活的权利、受《欧洲人权公约》第 9 条保障的思想和良心自

---

① 冲突法文献:Coester-Waltjen, Die Wirkungskraft der Grundrechte bei Fällen mit Auslandsberührung-familien-und erbrechtlicher Bereich, in: Coester-Waltjen/Kokott/Kronke, Die Wirkungskraft der Grundrechte bei Fällen mit Auslandsbezug, 1998 = BerDGesVR 38 (1998), 9, 16; Looschelders, Die Ausstrahlung der Grund-und Menschenrechte auf das Internationale Privatrecht, RabelsZ 65 (2001), 463, 469; Klingenstein, Kulturelle Identität und Kindeswohl im deutschen internationalen Adoptionsrecht, 2000, 64 ff。对于基本权利的表现和相关裁判问题,其宪法文献参见 Britz, Kulturelle Rechte und Verfassung, 2000, 108 ff。

② 参见 Y. M. Donders, Towards a Right to Cultural Identity, 2002。

③ 从与国家相关的角度论述的,请参见 Di Fabio, Der Schutz von Ehe und Familie-Verfassungsentscheidung für die vitale Gesellschaft, NJW 2003, 993:"作为成人和儿童的生存和发展空间,家庭是一个社会自由的避风港,防范集体的力量,同时本身也是原始的、首要的和不可衍生的社区。随着孩子在家庭环境中成长,政治社会同时保证其生存的时间及其文化认同;完整的家庭就像一个无第二审的司法程序一样,将一个自由的人铸造成为一个具有道德洞察力的公民;教育要求从事自由的自主活动:因此,国家组织的社区负有明确的保护任务。"

由。这就是说，它们融入这些权利之中，并能通过这些权利产生影响。[①] 因此，文化认同作为国际上日益重要的价值和论证惯用语，[②]将在规范的解释上发挥效用。

2. 追求差异的权利

那些能够塑造一个人文化认同的各种因素，在《基本法》第3条平等原则的背景下也应予以关注。因为——众所周知——它要求立法者和司法裁判非常公平地对待同样的事物，与此相应，本质不同的事物应区别对待。[③]

在特定的专业领域和调整范围内权衡各种划分标志、划分目标和划分作用[④]时，应根据专业领域和调整范围在个案中的不同，将据以构成特定文化认同的特征考虑进去。[⑤] 雅伊梅[⑥]所宣称的"追求差异的权利"可能就是其根源之一。[⑦] 如果立法上的权衡和设计空间被限制得越小，个人或者案件受到的不公平审理就会对行使受基本法保护的自由权产生更强烈的不利影响。如果人群受到的不公正审理事关人格权

---

① 参见 Coester-Waltjen, BerDGesVR 38（1998），9，16；Looschelders, RabelsZ 65（2001），463，469。

② 参见 Kropholler, Internationales Privatrecht, 6. Aufl. 2006，§ 6 III 2，§ 39 III 2。

③ Sachs-Osterloh, Grundgesetz. Kommentar, 4. Aufl. 2007, Art. 3 GG Rz. 36 f. mit Nachweisen.

④ Sachs-Osterloh, Grundgesetz. Kommentar, 4. Aufl. 2007, Art. 3 GG Rz. 22 ff., 35 ff. mit Nachweisen.

⑤ 参见 Mansel, Verfassungsrechtlicher Gleichheitssatz, deutsche Doppelstaater und die Lehre von der effektiven Staatsangehörigkeit im Internationalen Privatrecht, NJW 1986, 625 ff。

⑥ Jayme, Recueil des cours 251（1995），9，251 f.；ders., IPRax 1996, 237, 241；*ders.*, in：Jayme（Hrsg.），Kulturelle Identität und Internationales Privatrecht, 2003, 5, 6 f.（人权的多样性）.

⑦ 对于文化认同这种论证惯用语的根源，参见 MünchKomm-Sonneberger, BGB, 4. Aufl. 2006, Einl. IPR Rz. 1, 342, Art. 6 EGBGB Rz. 71。

的侵害,就需要对侵害程度进行辩解。①

问题是:何时才能根据利害关系人的文化认同将待审案件与那些纯国内案件进行明确区分,使得对纯国内案件适用法院地法显得十分随意,而唯有适用尊重文化认同的法律才不会显得那么随意呢?② 这里我不想去考虑:在谈论整个冲突法的基础时,是否将平等原则作为正义标准? 这一点我已在其他论述中做到了。③

然而可以这么说,与文化认同相关联的具体规则也不能从《基本法》第 3 条推导出来。这是因为,究竟哪一种法律符合利害关系人的文化认同,仍然完全模糊不清。

首先,内国法可能会变得有包容性,使得它不仅不会阻碍文化认同的实现,反而使之完全成为可能。正是随着私人意思自治在婚姻法和亲子关系法④中的不断扩张,以及总条款的相应具体化,在法律适用时才可能考虑文化认同的因素。本报告最后还将对此继续探讨,但中心点还是安德烈娅·毕希勒(Andrea Büchler)的报告中的实体法论题。

但要强调的是,在国际家庭法中,有关以男性权利为联系因素具有

---

① So das Prüfungsprogramm aus BVerfG in IPRax 2007, 217 ff. mit Aufsatz von *Röthel*, Inländerprivilegien und Grundrechtsschutz der Transsexualität: Gleichwertigkeit von Staatsangehörigkeits-und Aufenthaltsanknüpfung?, ebd., 204 ff.

② MünchKomm-*Sonnenberger*, BGB, 4. Aufl. 2006, Einl. IPR Rz. 1; *Mansel*, NJW 1986, 625 ff.

③ Mansel, Personalstatut, Staatsangehörigkeit und Effektivität. Eine international-privat-und verfahrensrechtliche Untersuchung zu Mehrstaatern, einer Ausweichklausel für die Staatsangehörigkeitsanknüpfung und zum innerdeutschen Kollisionsrecht, 1988, 47 ff.; zuletzt: ders., Staatlichkeit des Internationalen Privatrechts und Völkerrecht, in: Leible/Ruffert (Hrsg.), Völkerrecht und Internationales Privatrecht, 2006, 89, 115; *Dannemann*, Die ungewollte Diskriminierung in der internationalen Rechtsanwendung, 2004, 358 ff.; Looschelders, RabelsZ 65 (2001), 463, 469 f.

④ 参见 § § 1626a Abs. 1 Nr. 1, 1626 b BGB (Sorgeerklärung)。

违宪性的著名司法判例①已表明:冲突规范在选择连结点时也必须符合基本法。这在多年来都是天经地义的。自从德国联邦宪法法院对“西班牙人案”作出判决以来,司法判例进一步确认了婚姻法中男性联系因素的违宪性,因为这种联系因素将使妻子一方在冲突法上处于不利地位,这是不公平的。

基本权利对冲突法的影响问题——在方法上类似于公共秩序审查——通常关注的是,适用冲突规范和实体法的具体结果是否侵害了基本权利。个案已表明:只有采取法律上许可的或者实践中行之有效

① 起关键作用的是所谓的“西班牙人”案判决,BVerfGE 31, 58. 第2条裁判要旨指出:“德国国际私法条款以及对其所援引的外国法的适用,均要符合基本法。”这个判决说辞明确,在今天看来已经过期了,但当时在方法论上引起了哗然,其有关论述参见RabelsZ 36(1972)2-140,具体而言:Henrich, Die Bedeutung der Grundrechte bei der Anwendung fremden Rechts, ebd. 2 ff.; Jayme, Grundrecht und Eheschließungsfreiheit und Wiederheirat geschiedener Ausländer, ebd. 19 ff.; Kegel, Embarras de richesse, ebd. 27 ff.; Lüderitz, Grundgesetz contra Internationales Privatrecht?, ebd. 35 ff.; Makarov, Art. 6 I Grundgesetz und die Anwendung spanischen Eherechts, ebd. 54 ff.; Müller, Deutsches Scheidungsurteil als prozessuale Vorfrage und fremder ordre public, ebd. 60 ff.; Neumayer, Zur Zivilehe eines Spaniers mit einer geschiedenen Deutschen, ebd. 73 ff.; Siehr, Grundrecht der Eheschließungsfreiheit und internationales Privatrecht, ebd. 93 ff.; Wengler, Die Bedeutung der verfassungsrechtlichen Bestimmungen über die Eheschließungsfreiheit und den Schutz der Familie für das internationale Privatrecht, ebd. 116 ff.; Neuhaus, Bundesverfassungsgericht und internationales Privatrecht, ebd. 127 ff. Siehe ferner BVerfGE 63, 181; 68, 384; FamRZ 2003, 361 mit Anmerkung *Henrich*; BVerfG IPRax 2007, 217 ff. mit Aufsatz *Röthel*, ebd., 204 ff。至于基本权利在跨境案件中的重要性,参见新近的文献:*Coester-Waltjen/Kokott/Kronke*, BerDGesVR 38(1998), 9 ff.; von Danwitz, Verfassungsfragen des deutsch-amerikanischen Rechtshilfeverkehrs, DöV 2004, 501; Elbing, Zur Anwendung der Grundrechte bei Sachverhalten mit Auslandsbezug, 1992; Mansel, Anerkennung als Grundprinzip des Europäischen Rechtsraums (Neunte Ernst-Rabel-Vorlesung, 2004), RabelsZ 70(2006), 651, 677 ff.; Merten, Räumlicher Geltungsbereich von Grundrechtsbestimmungen, Festschrift für Hartmut Schiedermair, 2001, 331; Yousif, Die extraterritoriale Geltung der Grundrechte bei der Ausübung deutscher Staatsgewalt im Ausland, 2007。

的应对措施,才能避免对基本权利的侵害。①

国籍原则和居所地原则之争以及关于文化认同连结点的问题,不能通过推导《基本法》有关规定的方式予以根本解决。至今尚无从《基本法》中为属人法推导出符合宪法的具体连结点的成功先例。20世纪80年代,曾打算在《基本法》中确立冲突法上的国籍原则(当时正处于两德分立时期,所以讨论的是拥有双重国籍的德国人),但以失败告终。② 同样,也很难从基本权利中推导出与文化认同的直接联系。根据上述情况,这个概念目前还不够确定,在法律稳定性上不具有可操作性。

此外,其他方面已证明:即便是在国际法层面上,也禁止在属人法领域随意制定冲突规范,仅此而已。③

---

① 对于共同体法上的基本自由所产生的影响,请参见 Mansel, RabelsZ 70 (2006), 651, 677 ff.;对于国际公法的影响,也参见 Mansel, Staatlichkeit des Internationalen Privatrechts und Völkerrecht, in: Leible/Ruffert (Hrsg.), Völkerrecht und Internationales Privatrecht, 2006, 89, 115 ff。

② 其例证和观点,参见 Mansel, Die Nation im innerdeutschen privaten Kollisionsrecht-zugleich ein Beitrag zur Verfassungsbindung des Internationalen und innerdeutschen Privatrechts, in: Jayme/Mansel (Hrsg.), Nation und Staat im Internationalen Privatrecht, 1990, 57, 73 ff.;反对的有:Mikat, Zur Diskussion um die Lehre vom Vorrang der effektiven Staatsangehörigkeit, 1983, 38 ff. et passim; *Scholz/Pitschas*, Effektive Staatsangehörigkeit und Grundgesetz, NJW 1984, 2721; Pitschas, Verfassungsrechtliche Vorgaben für das Staatsangehörigkeitsprinzip des Internationalen Privatrechts, in: Jayme/Mansel, Nation und Staat im Internationalen Privatrecht, 1990, 93 ff. 关于国籍连结点和居所连结点在宪法上的同等地位,参见 Rohe, Staatsangehörigkeit oder Lebensmittelpunkt? Anknüpfungsgerechtigkeit im Lichte neuerer Entwicklungen, Festschrift für Dietrich Rothoeft, 1994, 1, 11 f. 德国联邦宪法法院在2006年7月18日的裁决中认定,冲突法上的国籍连结点没有基本法和国际公法上的依据,以居所和住所为连结点在宪法上也是允许的。表示赞同的有 *Röthel*, IPRax 2007, 204, 207. 对于管辖权开放与人权保护,参见 Mansel, Personalstatut, Staatsangehörigkeit und Effektivität. Eine internationalprivat-und verfahrensrechtliche Untersuchung zu Mehrstaatern, einer Ausweichklausel für die Staatsangehörigkeits-anknüpfung und zum innerdeutschen Kollisionsrecht, 1988, 61 ff. 至于 EuEheVO 的背景,参见 Rauscher, Festschrift für Erik Jayme, 2004, 719, 731。

③ 请详细参见 Mansel, Staatlichkeit des Internationalen Privatrechts und Völkerrecht, in: Leible/Ruffert (Hrsg.), Völkerrecht und Internationales Privatrecht, 2006, 89, 115 ff。

3. 制定规范的标准和方法

如上所述,个人的文化认同是一个论证惯用语,应在制定冲突规范时予以尊重。即使人们认为所提出的尊重文化认同的要求具有国际法的依据,但也不能从中衍生出更广泛的、在制定规范时应权衡的法律后果。

一方面,立法者将一般的、抽象的各种指引规范成文化,并通过这种方式制定冲突法规范。另一方面,法律适用者,通常是法官,在个案中执行冲突法的总条款时不得不适用这些规范。在适用公共秩序制度时,会为了处理具体的个案而创制冲突规范,因为一般的联系规则在这种情况下作用有限,并因此使根据一般联系规则所援引的实体法不会或者不会一成不变地得以适用。

然而,为了尊重个人文化认同,最后也可以——如刚刚所提及——在冲突法层面下从实体法角度去探讨。

因此也提出了另一个研究课题,即个人文化认同在下列领域的影响:(1)属人法连结点的选择;(2)公共秩序的适用;和(3)以展望的形式对所援引的实体法适用进行解释。

我们应从一些最近发展的背景下看待这个研究课题,首先应予描述的是:

三、最近发展

(一)一般情况

过去几十年,冲突法所面临的一般情况在不断发展变化。[①] 在德国和欧盟,具有移民背景的人口数量与日俱增。

在德国,下列人员被视为具有移民背景者:1949 年以后移居至联邦德国现有领土的人;所有在德国出生并具有外国国籍的人;所有在德国出生,但其父母中至少有一方是移民或是在德国出生的外国人的德

---

① 对此,参见 *Mansel*, Das Staatsangehörigkeitsprinzip im deutschen und gemeinschaftsrechtlichen Internationalen Privatrecht: Schutz der kulturellen Identität oder Diskriminierung der Person?, in: Jayme (Hrsg.), Kulturelle Identität und Internationales Privatrecht, 2003, 130 ff.(附有早期的统计资料)。

国公民。联邦统计局由此得出结论,在德国境内生活的人口中有近 1500 万人拥有移民背景。这几乎是德国常住人口的 1/5,其中 800 万人拥有德国国籍。①

欧盟必须考虑其常住人口中外国人所占比例不断增长的事实。自 1989 年以来,来自非欧盟国家的移民数量已经大于人口的自然增长数。② 另外,欧共体居民在共同体范围内的流动性进一步增强。值得注意的是,从东部的欧共体新成员国向西的移民运动。一旦让 2005 年 5 月加入欧共体的国家的公民拥有完全的自由迁移权,最迟至 2011 年德国就会迎来从这些东欧欧共体国家涌入的移民潮。在欧共体国家中,尤其在德国,将会持续出现相当大比例的常住人口拥有外国国籍的情况,而且许多人口来自非欧洲国家。德国联邦统计局的统计结果表明,长期以来,德国每年平均有 10 万至 20 万的净移入人口。③

德国 2006 年的状况是这样的:当时生活在德国境内的 8200 万人口中,91%(7500 万)拥有德国国籍,9% 有外国国籍或者无国籍。同时,1/3 在德国生活的外国人来自欧共体国家,2/3 来自第三国,其中的 1/4 来自土耳其。反之,超过 9%(700 万)的德国人具有移民背景。

整个欧盟的发展也与之相似。根据最新调查结果,欧盟人口增长主要归功于外来移民。

---

① Siehe (auch zur Begriffsbestimmung) näher 7. Bericht der Beauftragten der Bundesregierung für Migration, Flüchtlinge und Integration über die Lage der Ausländerinnen und Ausländer in Deutschland (Dezember 2007), 14 f.; 德国联邦内务部:http://www.zuwanderung.de/1_statistik.html。(2007 年 12 月 15 日访问)

② Meng, Völkerrecht als wirtschaftlicher Ordnungsfaktor und entwicklungspolitisches Steuerungsinstrument, in: Meng/ Magnus/ Epiney/Stoll/Cottier/Schlemmer-Schulte (Hrsg.), Das Internationale Recht im Nord-Süd Verhältnis, 2005 = BerDGesVR 41 (2005), 1, 7 ff. 请参见欧盟现在对穆斯林的全面研究。Discrimination and Islamophobia, EUMC 2006, 24 ff.

③ Statistisches Bundesamt, Bevölkerung Deutschlands bis 2050. 11. koordinierte Bevölkerungsvorausberechnung, 2006, 52 (Stand 7.11.2006).

外来移民的首选对象是大城市。[①] 在德国38个人口数量超过20万的城市中,平均有26.5%的居民有移民背景;在人口不足2万的小城镇中,这个数据只有11.7%。在15岁以下的德国居民中,30%拥有移民背景。在人口超过20万的大城市中,44.9%的居民年龄小于15岁。在一些德国大城市中,如奥格斯堡、杜塞尔多夫,美茵河畔的法兰克福、纽伦堡、斯图加特和伍珀塔尔,超过60 %的5岁以下儿童拥有移民背景。

1. 文化飞地

如上所述,在德国生活的人口中,1/5具有移民背景。这个群体中有一部分人与原籍国的联系比与现籍国的联系更密切。当这种联系十分密切时,人们就可称之为所谓的“文化飞地”,这种现象在外来移民比例高的大城市尤为明显。[②] 应该强调的是:对来自土耳其的具有移民背景的庞大群体的最近研究表明,自第二代以后,外来移民的融入情况比第一代移民有显著改观。此外,接受平行社会结构式教育的持续趋势并不明显。[③] 然而,可以确定的是,他们经受过接纳他们的社会的

---

① 有关数据(2006年),参见 den 7. Bericht der Beauftragten der Bundesregierung für Migration, Flüchtlinge und Integration über die Lage der Ausländerinnen und Ausländer in Deutschland (Dez. 2007), 145 ff。

② 参见 Mansel, Das Staatsangehörigkeitsprinzip im deutschen und gemeinschaftsrechtlichen Internationalen Privatrecht: Schutz der kulturellen Identität oder Diskriminierung der Person?, in: Jayme (Hrsg.), KulturelleIdentität und Internationales Privatrecht, 2003, 133 f。

③ Sauer/Goldberg, Türkeistämmige Migranten in Nordrhein-Westfalen: Ergebnisse der siebten Mehrthemenbefragung. Eine Analyse im Auftrag des Ministeriums für Generationen, Familie, Frauen undIntegration des Landes Nordrhein-Westfalen. Zentrum für Türkeistudien, 2006, 212 ff.; Halm/Sauer, Parallelgesellschaft und ethnische Schichtung, in: Aus Politik und Zeitgeschichte (Beilage zur Wochenzeitung Das Parlament) 2006(1-2), 18 ff.; Brettfeld/Wetzels, Muslime in Deutschland-Integration, Integrationsbarrieren, Religion sowie Einstellungen zu Demokratie, Rechtsstaat und politisch-religiös motivierter Gewalt-Ergebnissevon Befragungen im Rahmen einer multizentrischen Studie in städtischen Lebensräumen, 2007, Bundesministerium des Innern, Schriften zur Inneren Sicherheit, 27 ff.

歧视,加之日益弥深的宗教笃信,使他们的伊斯兰教标识越来越清晰。[①]

2. 二元文化、跨国性

全球化以及与之相联的人口流动性使得跨国经历、跨国性或者二元文化等现象频繁发生。[②] 阿马蒂亚·森(Amartya Sen)在他观点鲜明的、与备受追捧的亨廷顿《文化冲突论》针锋相对的著作《认同陷阱》之"什么是认同"[③]这一章节中,用朴素的语言描述了一种情况,即历史和出身不是观察每个人或每个人所属社会团体的唯一视角。由于存在多种隶属范畴,因此"认同"和"归类"很少是唯一的。"认同"显然是多元的;一个人的重要性不能强制毁灭另一个人的重要性。忠诚(Loyalitäten)和偏好(Prioritäten)是平行的、两种不同的"认同",它们结合具体语境相互依存。

3. 现代基本矛盾

上述的发展使现代社会成为一个文化彼此歧异的多元社会。因此我认为,社会中不同的文化参照系和各种生活观并存的现象在居民中大范围存在。此时宗教常作为文化决定因素而根深蒂固。宗教,尤其是伊斯兰教,在今天有着非同寻常的意义。因为众所周知,在许多受伊斯兰教影响的国家,过去的二十年被烙上了社会生活"再伊斯兰化"(Re-Islamisierung)的印记,这也影响到法律服从者接受其本国法以外的其他法律的意愿。与此同时,东西方国家间的联系在各个领域不断深化。西欧社会已经接纳了大量人群,这些人带来的法律观念深受伊

① Halm/Sauer, Parallelgesellschaft und ethnische Schichtung, in: Aus Politik und Zeitgeschichte (Beilage zur Wochenzeitung Das Parlament) 2006, (1–2), 18 ff.; *Brettfeld/Wetzels*, Muslime in Deutschland-Integration, Integrationsbarrieren, Religion sowie Einstellungen zu Demokratie, Rechtsstaat und politisch-religiös motivierterGewalt-Ergebnisse von Befragungen im Rahmen einer multizentrischen Studie in städtischen Lebensräumen, 2007, Bundesministerium des Innern, Schriften zur Inneren Sicherheit, 27 ff.

② 参见 Mansel, Das Staatsangehörigkeitsprinzip im deutschen und gemeinschaftsrechtlichen Internationalen Privatrecht: Schutz der kulturellen Identität oder Diskriminierung der Person?, in: Jayme (Hrsg.), Kulturelle Identität und Internationales Privatrecht, 2003, 133 f。

③ Amartya Sen, Identity and Violence—The Illusion of Destiny, 33 ff.

斯兰教影响。结果,有着广泛效力要求的宗教生活秩序——罗尔斯(Rawls)称之为“全能教义”(comprehensive doctrine)①——与适用于所有人的国家成文法之间的现代基本矛盾,②在西欧社会中再次③更加明朗化。在个别情况下,宗教文化所激发的(法律)冲突在西方社会中有所突破。然而人们应该提防卡尔·施密特(Carl Schmittscher)所指影响的错误泛化。法律大多数是一种较为复杂的控制规则,不能用非黑即白的简单思维模式去思考。④

阿马蒂亚·森⑤唤起了我们这样一种意识:鉴于每个人有同时被归入到不同群体的可能性,社会科学——在我们的情况下还需要补充:它的结果是法律科学——倾向于不同类型的还原主义(Reduktionismus)和“漠视同一性”(Missachtung der Identität)。他将这种有趣的还原主义称为“单一的归类法”(singuläre Zugehörigkeit)。这种方法的假设前提是:人只能隶属于一个集体。这一观点受到了文化政策理论家的大力吹捧,他们主张将全世界人口划分为不同文化圈,认为只要通过对世界进行单一的划分就能成功地解决多群体、多信仰的复杂问题。为此,他同时还指出了国际私法中确定属人法的“症结”(Krux)。传统方式的立法者从政治的(国籍)、空间的(住所地、居所、

---

① Rawls, Politischer Liberalismus, 1998, 76 ff.; *Habermas*, Zwischen Naturalismus und Religion. Philosophische Aufsätze, 2007, 117, 268 ff., 319 ff.

② 对这种基本矛盾,参见 *Graf*, Moses Vermächtnis. Über göttliche und menschliche Gesetze, 2006, 15。

③ 自宗教改革以来,基督徒的生活秩序与国家法律之间的对抗不再是当代公众的基本矛盾,对于宗教意识在受犹太教和基督教影响的欧洲的认知适应能力,参见 Habermas, Zwischen Naturalismus und Religion. Philosophische Aufsätze, 2007, 142 ff., 269 ff.; weiterführend*ders*. Die öffentliche Stimme der Religion. Säkularer Staat und Glaubenspluralismus, Blätter für deutsche und internationale Politik 2007, 1441 ff。

④ 对于作为冲突原因的文化或者伦理差别的一维作用,参见 Schlee, Wie Feindbilder entstehen. Eine Theorie religiöser und ethnischer Konflikte, 2006, dort insbesondere 36 ff. (Entscheidungstheorie als Identifikation), 94 ff. (伊斯兰和非伊斯兰社会的纯正和权力以及“原教旨主义”的幽灵)。

⑤ Sen, Identity and Violence-The Illusion of Destiny, 34 f., 38 ff., 54 ff.

受某种方式限制的[1]也包括普通法上的“住所”)[2]以及——在世界上四分五裂的人际法律体系中——个人的(宗教、种族、出身或群体属性)连结标准中选出连结点,从而接受连结人与某法律体系之间的紧密关系尚未完全建立起来这一事实。

(二)对老问题作出的新司法裁决

国际私法的目的是对涉及个人的法律问题援引并适用与该当事人有最密切联系的国家的法律。这实质上是一种准政治方法。如整个私法领域一样,这种方法是一种个人主义方法(如下文所示,即使遵循国籍原则亦然)。如何正确地从冲突法上确定属人法的问题已是个老问题。以国籍——一种政治标志——为连结因素和以惯常居所为地域连结因素是相对的。我不愿再去做思想史方面的概括。[3] 如今,德国立法者只有在处理具有相同国籍的夫妻之间的婚姻案件,继承权和姓名权案件,诸如性别、权利能力等实体属人法的其他问题,包括抚养、监护(很大程度上限于个人身份的问题)[4]以及亲子关系法的事项时,才会

---

① 对此,参见 AnwaltKomm-Schulze, BGB, 2005, Art. 5 EGBGB Rz. 5; Kegel/Schurig, Internationales Privatrecht, 9. Aufl. 2004, § 13 II 3 (S. 448, 451); Kropholler, Internationales Privatrecht, 6. Aufl. 2006, § 37 I 2 a:住所的概念和国籍一样严格;另请参见 Mansel, Das Staatsangehörigkeitsprinzip im deutschen und gemeinschaftsrechtlichen Internationalen Privatrecht: Schutz der kulturellen Identität oder Diskriminierung der Person?, in: Jayme (Hrsg.), Kulturelle Identität und Internationales Privatrecht, 2003, 123。

② Zum englischen domicile-Begriff ausführlich Henrich, Der Domizilbegriff im englischen Internationalen Privatrecht, RabelsZ 25 (1960), 456 ff.; Kreitlow, Das domicile-Prinzip im englischen Internationalen Privatrecht und seine europäische Perspektive, 2003; zu neueren Entwicklungen siehe Rogerson, Habitual Residence: The New Domicile?, [2000] 49 I. C. L. Q. 86, 101 ff.; *Clive*, The Concept of Habitual Residence, [1997] Juridical Review 137, 142 ff.

③ Siehe Kegel/Schurig, Internationales Privatrecht, 9. Aufl. 2004, § 13 II (S. 437 ff.); *Mansel*, Personalstatut, Staatsangehörigkeit und Effektivität. Eine internationalprivat- und verfahrensrechtliche Untersuchung zu Mehrstaatern, einer Ausweichklausel für die Staatsangehörigkeitsanknüpfung und zum innerdeutschen Kollisionsrecht, 1988, 5 ff.

④ 参见 Art. 19 Abs. 1 S. 2 EGBGB (Abstammung) und Art. 22 f. EGBGB (Adoption)。

以国籍为连结因素，对于其他事项则以居所地为连结点。①

除了涉及身份的问题外，在亲子关系法中，通常适用居所地法，以在各国居民中实行统一的儿童保护。按照国籍来区分，就不能实现对生活在同一国家的儿童予以统一保护的目的。

以下三个判决，分别由欧洲法院（见下文1）、德国联邦宪法法院（见下文2）和联合国行政法庭（见下文3）作出，都包含了对国籍原则以及它与个人的文化社会认同关系的认定。这三个判决简要报告如下：

1. 欧洲法院对“加西亚·阿维略”案的裁决

冲突法学者对欧洲法院就“加西亚·阿维略”（Garcia Avello）②一案所做的判决并不陌生。该判决裁定，一个未曾在西班牙生活却拥有

---

① 参见 Mansel, Das Staatsangehörigkeitsprinzip im deutschen und gemeinschaftsrechtlichen Internationalen Privatrecht: Schutz der kulturellen Identität oder Diskriminierung der Person?, in: Jayme (Hrsg.), Kulturelle Identität und Internationales Privatrecht, 2003, 126 ff. 对于国际亲子法中的居所地原则的批判，参见 *Graul*, Die Tendenz zur Aufenthaltsanknüpfung im internationalen Kindschaftsrecht, 2002, 93 ff。

② EuGH v. 2.10.2003 – Rs. C – 148/02 (*Garcia Avello*), IPRax 2004, 339 ff. 对该判决的批评，参见 Ackermann, Entscheidungsanmerkung, Common Market Law Review 44 (2007), 141 ff.; Frank, Die Entscheidung des EuGH in Sachen Garcia Avello und ihre Auswirkung auf das internationale Namensrecht, StAZ 2005, 161 ff.; Henrich, Anerkennung statt IPR: Eine Grundsatzfrage, IPRax 2005, 422 ff.; ders., Das internationale Namensrecht auf dem Prüfstand des EuGH, Festschrift für Andreas Heldrich, 2004, 667 ff.; Jayme/Kohler, Europäisches Kollisionsrecht 2001: Anerkennungsprinzip statt IPR?, IPRax 2001, 501; Kohler, Der Einfluss der Globalisierung auf die Wahl der Anknüpfungspunkte im internationalen Familienrecht, in: Freitag et al. (Hrsg.), Internationales Familienrecht im 21. Jahrhundert, 2006, 9 ff.; Mansel, RabelsZ 70 (2006), 651, 687 ff（附有丰富的例证）。对判决表示赞同的有：*Baratta*, Problematic elements of an implicit rule providing for mutual recognition of personal and family status in the EC, IPRax 2007, 4 ff.; Coester-Waltjen, Anerkennung im Internationalen Personen, Familien-und Erbrecht und das Europäische Kollisionsrecht, IPRax 2006, 392 ff.; Lagarde, Développements futures du droit international privé dans une Europe en voie d'unification: quelques conjectures, RabelsZ 68 (2004), 225; ders., Internationales Privatrecht und Europa, in: Eva-Maria Kieninger (Hrsg.), Denationalisierung des Privatrechts? Symposium anlässlich des 70. Geburtstages von Karl Kreuzer, 2005, 1, 10 ff. Ballarino/Ubertazzi, On Avello and Other Judgments: A New Departure in the Conflict of Laws?, Yearbook of Private International Law 2004, 85 ff.; Michaels, EU Law as Private International Law? Reconceptualising the Country-of-Origin Principle as Vested Rights Theory, 2 Journal of Private International Law (2006), 195 ff.; Mörsdorf-Schulte, Europäische Impulse für Namen und Status des Mehrrechtstaaters, IPRax 2004, 315 ff。

西班牙和比利时双重国籍的人,如果他的名字“根据西班牙法律和传统”不允许在比利时使用,则他根据《欧洲共同体条约》第18条[1]和第12条[2]所享有的权利将受到侵害。因此欧洲法院认为比利时违反了《欧洲共同体条约》,因为比利时当局没有让根据比利时法律创设的名字在公法上的变更程序中与根据西班牙法律确定的名字相统一。这项判决中有许多值得注意之处。首先让我们感兴趣的是,欧洲法院在判决结果上想赋予这个双重国籍者选择权,使其有权选择依照他的哪个本国法在欧洲共同体范围内使用其姓名,[3]而不需要与西班牙有生活上的密切联系。

欧洲法院对“加西亚·阿维略”一案的判决表明,虽然国籍国同时又是出生国和/或者居住国,但无须考虑在国籍国[4]的注册机关进行登记的先后顺序问题。法院强调,在姓名法方面融入常住人口的问题以及比利时民法上的姓氏不变原则,都不能对比利时的本国法享有优先地位作出合理辩解。[5] 因此,欧洲法院在判决中拒绝以占主流地位的客观标准,如多国籍人在其中一个国籍国居留时间的长短为导向的有

---

① 在不同成员国使用不同的名称会被视为限制了欧盟公民依照《欧洲共同体条约》第18条所享有的自由迁徙权,对于这种教条式的疑义问题,参见 Mansel, RabelsZ 70 (2006), 651, 706 ff. 欧洲共同体国家家庭法的不同规定对人员迁徙自由可能产生的不利影响,参见 Dethloff, Europäische Vereinheitlichung des Familienrechts, AcP 204 (2004), 544, 556 ff。

② 以《欧洲共同体条约》第12条为论据在教条上也并非毫无问题,因为欧洲法院没有阐明它最终从《欧洲共同体条约》第12条的禁止歧视原则推导出了平等原则;对该评论参见 Kohler, Festschrift für Erik Jayme, 2004, 455; Mansel, RabelsZ 70 (2006), 651, 707 ff.; *Wulf-Henning Roth*, Methoden der Rechtsfindung und Rechtsanwendung im Europäischen Kollisionsrecht, IPRax 2004, 338, 344。

③ 结果的详细推导过程,参见 Mansel, RabelsZ 70 (2006), 651, 703 ff。

④ 国籍国是指该当事人所具有的国籍所属国。

⑤ EuGH IPRax 2004, 339, 342, dort Rz. 40 ff.

效国籍[①]作为连结点。[②] "加西亚·阿维略"一案更令人吃惊的是,通过永久居住和在比利时出生这些事实,姓名持有者与他的其中一个国籍国的客观联系非常密切,特别是他母亲这边出于一个比利时家庭。

援引两个国籍中的一个(不考虑其有效性)和(父母)希望用西班牙法律体系对姓名权进行认定,对欧洲法院而言,这些因素足以将其归入西班牙姓名法。这里,明显可以看出与自我定义的文化认同的相互关联性。

2. 德国联邦宪法法院和《变性法》的适用范围

联邦宪法法院虽然最近在2006年7月18日一项有关《变性法》的判决[③]中确认了国籍原则,但在具体案件中又打破了这种做法,并在判决结果中适用了居所地法。[④] 裁决的对象是这样一个问题:在德国有惯常居所的外国变性人,在德国提出了性别认定程序的申请,而其国籍国法又没有规定性别认定程序,在这种情况下,根据《变性法》进行的性别认定程序[⑤]是否符合《基本法》第3条规定?《变性法》只对德国人

① 以德国法为例,如何从比较法上确定有效国籍,请参见 Mansel, Personalstatut, Staatsangehörigkeit und Effektivität. Eine internationalprivat- und verfahrensrechtliche Untersuchung zu Mehrstaatern, einer Ausweichklausel für die Staatsangehörigkeitsanknüpfung und zum innerdeutschen Kollisionsrecht, 1988, 191 ff., 198, 251, 265 ff., 273。

② 此前,从基本自由的角度让人信服地证明了以实效国籍为连结因素的可行性,参见 Benicke/Zimmermann, Internationales Namensrecht im Spannungsfeld zwischen Internationalem Privatrecht, Europäischem Gemeinschaftsrecht und Europäischer Menschenrechtskonvention, IPRax 1995, 141, 145, 150。

③ BVerfG IPRax 2007, 217 mit Aufsatz *Röthel*, ebd., 204 ff.; 其批注参见 *Palowski*, JZ 2007, 413 ff. und *Markus Roth*, StAZ 2007, 17。

④ 马克斯—普朗克外国私法与国际私法研究所为这次裁决而准备的专家意见也是如此。参见 *Basedow/Scherpe* (Hrsg.), Transsexualität, Staatsangehörigkeit und internationales Privatrecht, 2004, 其介绍性报告,参见 Basedow/Scherpe, Der verfassungsrechtliche Rahmen, 8 ff。

⑤ 参见《变性法》(Transsexuellengesetz)第8条第1款第1项并结合第1条第1款第1项。对于改革的批评意见,参见 Grünberger, Ein Plädoyer für ein zeitgemäßes Transsexuellengesetz, StAZ 2007, 357 ff., 367 f。

以及属人法为德国法的难民提供这一程序。[1]

法院认定,"立法者将《变性法》的属人适用范围仅限于德国人,是为追求一个以国籍原则为导向的法定目的,为每个外国变性者的国籍国保留着对变性者的姓名和性别作出决定的权利。这是基于对利害关系人所属国法律体系的尊重,目的在于避免对于同一个人由于其国籍国和居所地国的法律对其性别归类和命名作出不同规定而引发法律的不确定性。"[2]德国联邦宪法法院进一步指出,[3]德国国际私法所遵循的冲突法上的国籍原则,是基于:(1)如同尊重其他法律体系的独立性一样,承认其他国家的主权,以及(2)这样一种假设,即在人身事项上依照其国籍国法来审理,符合外国人的利益,因为根据一般观察,国籍能证明一个人与其国籍国永久的个人联系,而且他对自己的本国法律最为熟悉。

这些考虑基本上论证了姓名权和性别的认定遵循外国人的国籍国法的做法是合理的。[4]

如果一个变性者所主张的性别在法律上得不到认可,此时,为了避免严重侵害受《基本法》第2条第1款与第1条第1款一同保护的当事人的一般人格权,就规定了一种例外情形。那些由立法者为不平等待

---

① 根据《变性法》第1条第1款规定,除了《基本法》意义上的德国人之外,只有无国籍人、在德国有惯常居所的无家可归者、在德国有住所的避难者或者外国难民才可以提出认定性别的申请。通过2007年7月20日颁布的法律,《变性法》原第1条第1款规定施行至2007年11月1日,此后施行新规定。根据《变性法》第1条第1款第3项的新规定,一个外国人,只要其国籍国法没有类似规定,而且他持有无期限的居留权或者持有可延期的居留许可并且永久地合法居留于德国,也有权提出性别认定的申请。

② BVerfG IPRax 2007, 217, 222.

③ BVerfG IPRax 2007, 217, 222 f.

④ 联邦宪法法院(BVerfG IPRax 2007, 217, 223)认定,不论是国际法还是宪法都没有要求适用国际私法上的国籍原则,相反,它们两者都允许以住所地或者惯常居所地为连结因素。

遇而给出的理由不足以对此作出辩解。[①] 因为——巴伐利亚州高等法院在其移送裁决中也是这样认为[②]——每个人对其性别所作出的决定只能在当事人所生活的社会环境中得到实现,对于经允许在联邦德国居留的外国人而言也是如此。在这种情况下,根据宪法规定,对外国人国籍国法的考虑应让步于其受《基本法》保护的请求承认已改变的性别的权利。

因此——联邦宪法法院就是这样认为——在下列情况下,德国的性别认定程序也应向外国变性者开放:(1)他们的国籍国法没有类似的法律规定,和(2)他们合法地而且不是暂时地在德国居留。

这里必须强调的是,这个超国家的法院所做的司法判例在该裁决中进行了仔细的比较法论证和分析。该裁决表明,对外国的变性者拒绝开放性别认定程序也是违反人权的,这是一项国际共识。

这项裁决并没有直接涉及冲突法问题,而是规定了《变性法》的属人适用范围。联邦宪法法院在它的判决中是以该法律具有地域适用范围为前提的。到目前为止,广为接受的观点是:在德国国际私法中,性别改变所产生的法律效力应根据由利害关系人的国籍所确定的本国法来判断[③](此外,联邦宪法法院[④]在其裁决中错误地认为这一原则在德国的司法判例和理论中得到各方理解)。《变性法》能否作为公法上的规范文献而由德国国家主权机构予以适用,在进行冲突法上的讨

① 欧洲人权法院的判决与此相符。根据欧洲人权法院的判决,依照《欧洲人权公约》第1条,凡在该公约的任何缔约国生活的人,均受该公约的保护(EMRKG v. 12.12. 2001 – 52207/99 – *Bankovic u. a. ./. Belgien u. a.*, JW 2003, 413)。据此,《欧洲人权公约》第8条规定,因变性引起的性别变化应予以承认(EMRKG 26.3.1992-13343/87 – *B. /. Frankreich*)。如果变性人在发生性别变化后与一个有着其原始性别的人结婚而被拒绝,则违反了《欧洲人权公约》第12条(EMRKG v. 11.7.2002 – 28957/95 – *Godwin / Vereinigtes Königreich*, NJW-RR 2004, 289)。对此,请参见 Basedow/Scherpe (Hrsg.), Transsexualität, Staatsangehörigkeit und internationales Privatrecht, 2004, 153 ff。

② BayObLG StAZ 2004, 67;另参见 OLG Frankfurt StAZ 2005, 73。

③ 对于各种武断的说理(第7条,不成文的冲突规范,旧文本的《变性法》第1条和第8条的双边化,如果它们可以理解为冲突规范的话),参见 von Bar/Mankowski, Internationales Privatrecht, Bd. 2, 1991, § 1 I 1 d, Rn. 10 – 12。

④ BVerfG IPRax 2007, 217, 224.

论时并没有对此进行充分调查。由此可见,《变性法》第 1 条和第 8 条事实上只是规定了其属人适用范围。这种理解似乎心照不宣地奠定了联邦宪法法院所做判决的基础。所导致的最后结果是,部分地援引了德国的居所地法,并相应地排除了当事人国籍国法的适用。将《变性法》适用于外国人并和其在德国境内居住联系起来的原因是,申请人通过递交申请这一事实,表明其愿意求助于德国法所提供的基本权利保护。就此而言,申请人是在德国这个居所地国,而不是外国的(在本判决中为泰国)国籍国,即那个授予他国籍的国家,找到他的社会文化认同感的。这里,又可以清晰地看到与自我定义的文化认同的关联性。

该判决也涉及宪法上如何确定属人法的连结因素的普遍观点:①

(1)以国籍为连结因素,就存在一种与《基本法》第 3 条第 1 款相关的不平等待遇。它需要得到基本权利方面的辩解。② 勒特尔(Röthel)曾正确地指出,这与冲突法上的一种学说相矛盾,③因为根据该学说,以国籍为多边连结因素并不构成不平等待遇。

(2)国籍连结因素完全可以通过提示尊重外国法律体系的独立性和假设与国籍国存在密切联系这种典型事实,而变得合理有据。

(3)在适用外国法时,只要基本权利保护得到《民法典施行法》第 6 条第 2 句规定(公共秩序)的保障即可。这时,如果所依据的事实与内国具有充分的联系,比如利害关系人在内国有住所,那么只要法院认为外国法律规范违背德国法上的基本正义观念越严重,公共秩序保留

---

① BVerfG IPRax 2007, 217, 222 f.; 对于该案例的分析,参见 *Röthel*, IPRax 2007, 204, 206 f。

② 参见 Basedow/Scherpe (Hrsg.), Transsexualität, Staatsangehörigkeit und internationales Privatrecht, 2004, 5; *Mansel*, Das Staatsangehörigkeitsprinzip im deutschen und gemeinschaftsrechtlichen Internationalen Privatrecht: Schutz der kulturellen Identität oder Diskriminierung der Person?, in: Jayme (Hrsg.), Kulturelle Identität und Internationales Privatrecht, 2003, 119, 148 f.; Claudia Stern, Das Staatsangehörigkeitsprinzip in Europa, 2008。

③ 例如 von Bar/Mankowski, Internationales Privatrecht, Bd. 1, 2. Aufl. 2003, § 3, Rn. 41; Rauscher, Festschrift für Erik Jayme, 719, 731 f。

制度就干预得越多。[①]

(4)以惯常居所为连结因素在宪法上同样也是无可非议的。[②] 因此,国籍和惯常居所这两种连结因素在宪法上基本是同等重要的。[③]

3. 联合国行政法庭:作为共存原则的文化多样性

最后一个值得关注的是由联合国行政法庭[④](UN Administrative Tribunal)作出的判决。这是一个有关文化冲突的教训:一位法国籍的联合国工作人员,在联合国驻肯尼亚的某组织工作,在法国以同居协议(Pacte Civil de Solidarité)的形式进行了伴侣关系注册。他的伴侣是一位男性。申请人要求联合国为他的伴侣提供配偶福利。联合国行政法庭作出了如下的简要论断:因为巨大的文化差异(文化多样性),联合国不能像一个立法者一样自己对婚姻和其他家庭法上的伴侣关系进行规定或者定义,必须尊重和容忍其成员国的国内情况,也必须考虑这方面的社会变化。世界上存在不同的文化和宗教理念,联合国对其只能以这种方式表示尊重,即如同通过国籍来确定联合国工作人员的国籍国一样,将它作为确定婚姻状况的法律基础。

这是一种对本国法的"整体指引"(Blockverweisung)。这种整体指引所援引的是其辖区内的整个法律体系,包括其冲突法和程序法。

---

① 公共秩序在本案中的功能,请参见 Basedow / Scherpe, (Hrsg.), Transsexualität, Staatsangehörigkeit und internationales Privatrecht, 2004, 161 f。

② BVerfG IPRax 2007, 217, 223, 224.

③ 参见 Röthel, IPRax 2007, 204, 207; Mansel, Die Nation im innerdeutschen privaten Kollisionsrecht-zugleich ein Beitrag zur Verfassungsbindung des Internationalen und innerdeutschen Privatrechts, in: Jayme/Mansel (Hrsg.), Nation und Staat im Internationalen Privatrecht, 1990, 57, 73 ff.; Rohe, Staatsangehörigkeit oder Lebensmittelpunkt? Anknüpfungsgerechtigkeit im Lichte neuerer Entwicklungen, Festschrift für Dietrich Rothoeft, 1994, 1, 11 f。

④ Vom 30.9.2004, Judgment No. 1183, Case No. 1276 – *Adrian /The Secretary-General of the United Nations*.

“整体指引”这一概念或者意大利语中的“*rinvio all' ordinamento competente*”[①]均指对一个法律体系整体地指引。

“整体指引”的意思是,如同“整体指引”所援引的法律体系所属国的法院和机关一样,不论所援引的法律体系在诉讼程序法或者实体法方面是否已经改变了法律状况,都应完全这样来审理一个法律问题。如果国籍国认为当事人所选的伴侣形式有法律效力并因此为该伴侣本人提供社会福利,那么,这种伴侣关系就有理由享有与联合国社会福利法意义上的婚姻同等的地位。在冲突法上,这是一种以“等价测评”(äquivalenzprüfung)为条件的替代方法。

为了联合国行政的目的,这个判决提示了一种为确定应适用的人法和家庭法而以国籍为连结因素的既定做法。在国籍这个连结因素中,法院看到了尊重世界上各种不同文化和宗教观念得以认可的机会。这也是在联合国法庭得以对所有国家的主权予以尊重的唯一途径。

在沙特阿拉伯和罗马教廷,同性关系是所有宗教的禁忌,被视为罪孽而不被认可。法院并没有采纳这种公共秩序上的抗辩:联合国是一个宽容、共存和尊重文化多样性的场所。因此,一夫多妻制的婚姻和同性伴侣关系都应予以认可。

法院没有理由认为,人权成为联合国适用本国法的公共秩序极限。但从中可以得出的结论是,应尽量尊重本国法的文化特性。

---

① 对概念的基本认识,参见 Paolo Picone, La méthode de la reference, Recueil des cours 197 (1986 - II), 229 ff.; ders., Ordinamento competente e diritto internazionale privato, 1986; ders., Les méthodes de coordination entre ordres juridiques en droit international privé, Recueil des Cours 276 (1999), 9, 119 ff.; ders., Diritto internazionale privato e diritto comunitario, 2004, 520. 对于德语中的概念,参见 Siehr, Paolo Picone: Gesammelte Aufsätze zum Kollisionsrecht und die Blockverweisung auf die “zuständige Rechtsordnung” im IPR, IPRax 2005, 155 ff. 对于“整体指引”,参见 Kohler, Globalisierung, Der Einfluss der Globalisierung auf die Wahl der Anknüpfungspunkte im internationalen Familienrecht, in: Freitag et al. (Hrsg.), Internationales Familienrecht im 21. Jahrhundert, 2006, 24 f.; Mansel, RabelsZ 70 (2006), 651, 693, 727。

4. 小结

欧洲法院和德国联邦宪法法院的判决只是间接地涉及冲突法问题,其出发点分别是公法上的姓名变更和性别改变的程序。然而,这其中却产生了冲突法上的后果:两个法院都以连结人和本国法之间存在亲近关系为由,为采用国籍连结因素辩解。为此它们采用了一种经典的冲突法论证模式。

在结果上,欧洲法院和德国联邦宪法法院都注意将连结人的自我归属由他的两个本国法中的一个(欧洲法院)或者居所地法(联邦宪法法院)调整。支持这种做法的原因在于,连结人对作为其身份特征的姓名和性别有自我决定权。所选择的法律符合自身的(文化社会)身份。这种确定身份和认同感的方法战胜了国家的秩序观念以及有关法律的确定性及明确性的论点。联邦宪法法院明显考虑到了"跛脚的"法律关系。作为超国家的法院,欧洲法院愿意也有能力在其司法权领域避免产生"跛脚的"法律关系,并让根据一国法律拟定的名字在共同体范围内通用。

联合国行政法庭不把在家庭和个人身份事项以国籍为连结因素视为问题,而将它们——与联邦宪法法院一样——看作缺乏对国家主权和属人管辖权的尊重,并把国籍视为个人在文化上对其法律最信任的标识。紧随这种尊重而来的是对公共秩序的狭义理解。

坚持最大限度的文化宽容原则是文化共存的要求。整个论据都是为了努力让作为超国家的法院尽可能地不要偏向某种特定的文化参照体系。就此而言,决策原则只能有限地向国家法规转移。

四、连结点与文化认同

(一)通过国籍来确定属人法

1. 国籍原则作为文化认同的标识

如前所述,德国联邦宪法法院最近在冲突法上再次支持以国籍为连结因素[①]的古典说理线路。据此,适用通过连结人的国籍所确定的本国法,是以这样一种理想型[②]的假设为依据,即通常情况下本国法是与之联系最密切国家的法律。就连前面已经介绍的欧洲法院和联合国行政法庭的判决也指明了这一方向。这对一个国家中占绝大多数的成

① 对此,参见 Hellwig, Die Staatsangehörigkeit als Anknüpfung im deutschen internationalen Privatrecht, 2001, 115 ff.; Zur Diskussion zwischen Aufenthalts-und Staatsangehörigkeitsanknüpfung mit einer Präferenz für letztere siehe aus jüngerer Zeit etwa *Gaudemet-Tallon*, Festschrift für Erik Jayme, 2004, 205 ff.; Rauscher, Festschrift für Erik Jayme, 719 ff., insbesondere 730 ff.; Kegel, Was ist gewöhnlicher Aufenthalt?, Festschrift für Manfred Rehbinder, 2002, 699, 706(由于流动性不断增强,所以需要一个稳定的、易于确定的属人法连结点);对国籍连结点提出批评的,参见 Basedow, Festschrift für Hans Stoll, 405, 414; Henrich, Abschied von dem Staatsangehörigkeitsprinzip?, Festschrift für Hans Stoll, 2001, 437 ff.; ders., Parteiautonomie, Privatautonomie und kulturelle Identität, Festschrift für Erik Jayme, 2004, 321, 322 ff.; F. K. Juenger, The National Law Principle, in: Gerkens u. a. (Hrsg.), Mélanges Fritz Sturm, Band II, 1999, 1519, 1526 ff.; Lagarde, Développements futures du droit international privé dans une Europe en voie d'unification: quelques conjectures, RabelsZ 68 (2004), 225, 237 ff., 243; Rohe, Rechtliche Perspektiven eines deutschen und europäischen Islam, RabelsZ 64 (2000), 256, 288 ff.; ders., Staatsangehörigkeit oder Lebensmittelpunkt? Anknüpfungsgerechtigkeit im Lichte neuerer Entwicklungen, Festschrift für Dietrich Rothoeft, 1994, 1 ff. [dazu Mansel, RabelsZ 61 (1997), 566 ff.]; Schack, Das IPR-ein Buch mit sieben Siegeln, Liber Amicorum Gerhard Kegel, 2002, 179, 197; Staudinger-Sturm/Sturm, 2003, Einl IPR Rz. 172 f。

② 对于国籍连结点的理想类型,参见 Sonnenberger, Anerkennung der Staatsangehörigkeit und effektive Staatsangehörigkeit natürlicher Personen im Völkerrecht und im internationalen Privatrecht, BerDGesVR 29 (1988), 13; MünchKomm-Sonnenberger, BGB, 4. Aufl. 2006, Einl. IPR Rz. 702, 705; Jayme, Kulturelle Identität und Internationales Privatecht, in: ders (Hrsg.), Kulturelle Identität und Internationales Privatrecht, 2003, 5, 10; Mansel, NJW 1986, 625, 628; 反之,参见 Pitschas, Verfassungsrechtliche Vorgaben für das Staatsangehörigkeits-prinzip des Internationalen Privatrechts, in: Jayme/Mansel, Nation und Staat im Internationalen Privatrecht, 1990, 93, 107 f.;对于作为查明正常情况的运用例证的实际国籍原则在方法论上的理解,参见 Mansel, Personalstatut, Staatsangehörigkeit und Effektivität. Eine internationalprivat-und verfahrensrechtliche Untersuchung zu Mehrstaatern, einer Ausweichklausel für die Staatsangehörigkeitsanknüpfung und zum innerdeutschen Kollisionsrecht, 1988, 199 ff。

员也同样适用。只是法院很少将大多数人与冲突法问题联系起来,因为他们大多拥有法院所在国的国籍,并在这个国家永久地拥有惯常居所和英美法意义上的住所。所以,对他们而言,所有的连结因素都聚集在一起并援引同一种法律。

然而,即使住所在外国,与原籍国的联系也可能比与居所地国的联系更密切。[①] 德国退休人员向土耳其的地中海海岸迁移或者北京的"德国人社区"都可以说明这一点。

对于通过指引文化认同而就国籍原则所做的辩解,有人提出了反对意见,即法律引发认同的力量通常只得到法学家的认可,而在社会中并不是普遍存在。[②] 这里有一个前提性错误。不是法律引发了认同,而是法律通常是文化认同的一种表达(Ausdruck)。[③] 变性、同性之间

---

① 对于通过源语言的媒体节目加强与原籍国的联系,参见有关媒体融合的最近调查:7. Bericht der Beauftragten der Bundesregierung für Migration, Flüchtlinge und Integration über die Lage der Ausländerinnen und Ausländer in Deutschland (Dezember 2007), 192 ff.:有关德国的媒体报价,移民适当参与收看媒体作品以及通过使用东道国的媒体节目获取知识。上述报告第198页还提供了使用媒体的下列信息:在具有移民背景的受访者中,只有14%的一小部分人专门只收看源语言的电视节目,几乎有一半的人只看德语节目。1/4的受访者同时收看德语和源语言节目。源语言节目的使用程度很大程度上取决于能收看的节目的内容。在德国能收看的土耳其和意大利电视节目受到这些移民群体的经常光顾。对于其他的移民群体,则没有同等基础的源语言节目可供收看,他们普遍收看德国的电视节目。

② 参见 *von Bar/Mankowski*, Internationales Privatrecht, Bd. 1, 2. Aufl. 2003, § 7, Rn. 21; Henrich, Festschrift für Hans Stoll, 2001, 437, 444; Mankowski, IPRax 2004, 282, 287。

③ 对于法律与文化的联系,参见 Haltern, Recht als kulturelle Existenz, in: Jayme (Hrsg.), Kulturelle Identität und Internationales Privatrecht, 2003, 14 ff.; Thue, Festschrift für Erik Jayme, 971 ff.; Jayme, ulturelle Identität und Internationales Privatecht, in: ders (Hrsg.), Kulturelle Identität und Internationales Privatrecht, 2003, 5, 13 f. 以及这些著述中的许多论文。另请参见 Wilhelmsson/Paunio/Pohjolainen (Hrsg.), Private Law and the Many Cultures of Europe, 2007; Roellecke, Religion, Recht, Kultur und die Eigenwilligkeit der Systeme, 2007. 但这并不意味着,所有的规范差别仅限于法律文化方面,并且它们不会随着法律统一化而消失;请参见 Leible, Marktintegration und Privatrechtsvereinheitlichung. Notwendigkeit und Grenzen, in: Furrer (Hrsg.), Europäisches Privatrecht im wissenschaftlichen Diskurs, 2006, 6, 36 ff。

登记伴侣关系或婚姻关系的可能性正是自由个人主义社会的产物。女性在婚姻中的社会地位与法律规则之间相互制约。各种社会之间的文化差异越大,它们各自法律体系的基本价值观也就越不同,[①]人们所见到的——许多但不是全部——受伊斯兰教影响的社会及其法律体系就可以说明这一点。

此外,在欧洲共同体法中,家庭法的基本结构尤其表现出带有文化和认同感印记的迹象。这已在冲突法的统一化过程中得以充分体现。因此,根据《欧洲共同体条约》第68条、《欧盟宪法草案》第Ⅲ－269条[②]以及未来将取代《欧洲共同体条约》第65条、第68条的《关于欧盟运作的条约》第81条[③]规定,家庭法方面的条例原则上不得以合格多数通过,而只能由(欧盟部长)理事会一致通过。同时,各国议会在某些情况下享有前述《关于欧盟运作的条约》第81条所赋予的完全独立

---

① 例如,von Bar/Mankowski, Internationales Privatrecht, Bd. 1, 2. Aufl. 2003, § 7, Rn. 21; Hellwig, Die Staatsangehörigkeit als Anknüpfung im deutschen internationalen Privatrecht, 2001, 126; Mansel, Personalstatut, Staatsangehörigkeit und Effektivität. Eine internationalprivat-und verfahrensrechtliche Untersuchung zu Mehrstaatern, einer Ausweichklausel für die Staatsangehörigkeitsanknüpfung und zum innerdeutschen Kollisionsrecht, 1988, 74 f。

② 《欧盟宪法条约》第Ⅲ－269条(未生效;公布于2004年12月16日《欧洲共同体官方公报》第C310号,第1页及以下)第3款规定:"(3)尽管有本条第2款的规定,但理事会仍应颁布欧洲法律或者框架法律就具有跨国意义的家庭法决定有关措施。理事会在咨询欧洲议会以后以一致方式采取行动。经委员会提议,理事会可通过一项欧洲决定,确定家庭法中具有跨国意义的内容,而这些内容可以由按照普通立法程序通过的法律文件予以规范。理事会应在咨询欧洲议会以后以一致方式采取行动。"

③ 《修订欧洲联盟条约和欧洲共同体条约的条约》(欧盟理事会,文件号CIG 14/07;该条约拟于2009年1月1日生效):《欧洲联盟运行条约》第81条第3款规定:"尽管有本条第2款的规定,但理事会仍应根据特别立法程序对有跨国意义的家庭法规定有关措施。理事会在咨询欧洲议会以后以一致方式采取行动。经委员会提议,理事会可通过一项决定,确定家庭法中具有跨国意义的内容,而这些内容可以由按照普通立法程序通过的法律文件予以规范。理事会应在咨询欧洲议会以后以一致方式采取行动。本款第二分段所指的提议应通知成员国议会。如果某个成员国议会在得到此类通知后6个月之内反对这项提议,则决定不应予以通过;在没有反对意见的情况下,理事会可以通过此种决定。"

的否决权。这一例外情形由于家庭法的特殊文化特征而得以成立。① 在今天仍对移交立法权有所保留的背后,或许存在着民族国家的属人管辖权的陈旧观点,②因为家庭法同国籍法一起决定国民的构成。但是,这种主权理念和统治观念在冲突法层面上毫无意义。③

然而,借助文化认同方面的考虑来为国籍原则辩解,只能在理想情况下获得成功。恰恰在一个外国人占很大比重的多元文化社会,各种例外情形频频发生。为此,人们应当自问:难道这些例外情形的量变不会引起一种新的质变?本文第三部分(一)的阐述已经再次表明,对不断增长的国民数量来说,这部分人的国籍所属国不是或者不仅仅是能在其历史和文化中找到他们的文化认同感的国家。由于社会的发展,这种辩解不仅不适用于个体,也不适用于一个不断增长的人群,尤其是对数十年在这里定居并且已不断融入社会的大部分外国居民更是如此。这就提出了这样一个问题,为什么对这些人不能适用其现居国的人法、家庭法和继承法?对他们来说,适用由国籍所确定的本国法是没有说服力的。从文化认同的角度来看,那些通过入籍或者因在德国出生而根据《国籍法》第 4 条第 3 款规定取得德国国籍的德国国民,尽管他们对其原籍国或者父母的原籍国仍有文化认同感,但国籍作为连结点也是无效的。因此,国籍与授予国籍的国家之间存在文化联系的结论并不总令人信服。类似情况也适用于难民,根据德国法,他们遵守的不再是由国籍所确定的本国法,而是居所地法。杜塞尔多夫的州高等法院对此进行了说明:"根据德国国际私法,原则上国籍决定一个人的

---

① 其他的政治性宣言的有 Marella, The Non-Subversive Function of European Private Law: The Case of Harmonization of Family Law, European Law Lournal 2006, 78。

② 这些也被联合国行政法院和德国联邦宪法法院拿来作为证据。

③ Mansel, NJW 1986, 625, 628 ff.; MünchKomm-*Sonnenberger*, BGB, 4. Aufl. 2006, Einl. IPR Rz. 702, 705; aA Pitschas, Verfassungsrechtliche Vorgaben für das Staatsangehörigkeitsprinzip des Internationalen Privatrechts, in: Jayme/Mansel, Nation und Staat im Internationalen Privatrecht, 1990, 93, 107 f. 致力于研究德国国籍的公法专著,也回避和隐瞒了被 *Pitschas* 所接受的有关冲突法上属人法的确定与国家属人管辖权之间的关联性,参见 von Münch, Die deutsche Staatsangehörigkeit, 2007; Ziemske, Die deutsche Staatsangehörigkeit nach dem Grundgesetz, 1995, siehe insbesondere 49, 51 ff。

属人法,因为国籍似乎最适合完成此项任务。它为每个人分配的法律体系——在理想情况下——最符合由共同的民族、历史和文化所决定的、并有其特殊性质和需求的群体中的成员,同时这种法律体系本身就是由这个群体创造的。正如联合国《关于难民地位的日内瓦公约》第12条和《庇难程序法》第3条[①]所规定的那样,排斥国籍而偏向居所地的做法,所涉及的人员由于无法再认同该集体及其法律上的宪法(rechtlich Verfassung),并被要求接受避难国的集体生活,从而必须脱离原集体和法律上的宪法。"[②]

2. 国籍原则与民主参与

其他地方已阐述过,国籍原则可以从民主参与私法制定的想法中找到补充理由,而这种民主参与体现为对立法机关的选择权。[③] 因此,有几个小小的补充注释就足矣。

冲突法上的国籍原则在19世纪发展成为准据法的标识。当时,国籍的政治功能占主导地位。国家对其国民拥有属人管辖权。因此,在那些于18世纪和19世纪形成的民族国家的立法者看来,其所有国民受其法律约束是法定的。这尤其适用于当时还是向外移民国的欧洲大陆国家。然而这种与国家主权有关的观念不能为冲突法上的国籍原则辩解。

在现代民主国家中,人们如今可以从个人主义的角度据理力争:私法是经议会制定的。在世界上的大多数国家里,议会的选举权与国籍是紧密联系在一起的。[④] 德国是这样的:根据《联邦选举法》第12条第2款,即便是生活在国外的德国人也拥有选举权,前提是无论如何他们曾经至少在联

① 对于这两个条款以及新近的法律情况,参见AnwaltKomm-Schulze, BGB, 2005, Anhang II zu Art. 5 EGBGB Rz. 25 ff., 29 ff。

② OLG Düsseldorf NJW-RR 1989, 1033.

③ Mansel, Das Staatsangehörigkeitsprinzip im deutschen und gemeinschaftsrechtlichen Internationalen Privatrecht: Schutz der kulturellen Identität oder Diskriminierung der Person?, in: Jayme (Hrsg.), Kulturelle Identität und Internationales Privatrecht, 119, 135 ff.; ders., RabelsZ 61 (1997), 566, 569; 赞同的有 AnwaltKomm-Schulze, BGB, 2005, Art. 5 EGBGB Rz. 6。

④ 至于德国法,参见BVerfGE 83, 37, 51 ff.; 83, 60., 81。

邦德国境内连续生活过3个月以上,[①]并且现在欧洲理事会的某个成员国生活。如果他们生活在其他外国国家,只有在迁居至该国超过了25年之后才会失去选举权。在世界许多国家都有类似的规定。[②] 即便是土耳其也应该会实行相应的选举权。通过参加议会选举,国民对议会施加影响,使议会允许他们将国籍国的法律接受为自己的法律。[③]

我不仅仅因此而认为卡尔斯鲁尔地方法院的判决依据[④]是错误的:裁决书认为,对于一个拥有德国和土耳其双重国籍的人,凭借外国血统和在德国出生而依照新《国籍法》第4条第3款所获得的德国国籍,相对于单纯凭着血统获得的土耳其国籍而言,在作为连结点方面应退居次要地位,原因是这对父母想给孩子取个(中性的)土耳其名字,而只有土耳其法律才允许这样。法院认为,凭借在德国出生而获得的德国国籍不足以达到适用《民法典施行法》第5条第1款第2句的条件,而对于如此获得的国籍,只能适用《民法典施行法》第5条第1款第1句。在具体案件中,法院就会认为土耳其的国籍比德国的国籍更有效。根据获取国籍的原因去评估国籍,从而认为按照《国籍法》第4条第3款规定所获得的国籍不够条件,这种行为在我看来是不允许的。这种行为方式分裂、阻碍了《国籍法》第29条所指选择权的行使。[⑤] 另

① 这意味着在联邦德国拥有一套住房或者惯常居住于德国。

② 进一步参见 Mansel, Das Staatsangehörigkeitsprinzip im deutschen und gemeinschaftsrechtlichen Internationalen Privatrecht: Schutz der kulturellen Identität oder Diskriminierung der Person?, in: Jayme (Hrsg.), Kulturelle Identität und Internationales Privatrecht, 2003, 119, 136 f。

③ 对于与现代宪政国家的基本认识和 Sternberger 所指的宪法爱国主义(Verfassungspatriotismus)的关系,参见 Mansel, Das Staatsangehörigkeitsprinzip im deutschen und gemeinschaftsrechtlichen Internationalen Privatrecht: Schutz der kulturellen Identität oder Diskriminierung der Person?, in: Jayme (Hrsg.), Kulturelle Identität und Internationales Privatrecht, 2003, 119, 136 f. 对于类似于文中所介绍的解释性概念,参见 *Frankenstein*, Internationales Privatrecht (Grenzrecht), Erster Band 1926, S. 36 ff。

④ LG Karlsruhe IPRspr 2000, 22 f.

⑤ 参见 Mansel, Zur Reform des Staatsangehörigkeitsrechts 2000, in: Deutsch-Türkische Juristenvereinigung (Hrsg.), Auswirkungen der deutschen Staatsangehörigkeitsreform, 2002, 9, 12; Looschelders, Internationales Privatrecht, 2004, Art. 5 EGBGB Rz. 26(附有详细参考,甚至有压倒性的相反的意见)。

一个完全不同的问题是:当德国国籍完全失效时,不论国籍以何种方式获得,是否都要普遍地、有目的地减少《民法典施行法》第 5 条第 1 款第 2 句的适用? 我认为这是正确的。[①] 然而,根据获得国籍的原因(国内出生、血统、入籍)种类而在冲突法上去考虑是否遵守《民法典施行法》第 5 条第 1 款第 2 句,这也是不可能的。

3. 平等原则和欧共体法律中的禁止歧视

如前所述,根据德国联邦宪法法院的司法判例,以国籍为连结因素所体现的不平等待遇违反了平等原则,然而在《基本法》第 3 条的范围内却是合法的。[②] 这同样适用于《欧洲共同体条约》第 12 条的禁止歧视和具有优先效力的特别禁止歧视个人的基本自由。《欧洲共同体条约》第 12 条所规定的是一种相对的、而不是绝对的禁止歧视。因此,在《基本法》第 3 条和《欧洲共同体条约》第 12 条范围内,都是允许使用国籍为连结因素的。这一点已在欧洲法院对"加西亚·阿维略"案的判决中间接地得到证实,因为法院在此案中要求考虑姓名持有者所属国家之一的姓名法,结果却排斥了同时也是其居所地国的另一国籍国的姓名法的适用。在"约翰内斯"(Johannes)案[③]中,虽然提出了国籍

---

① 参见 Mansel, NJW 1986, 632; *ders.*, Zur Reform des Staatsangehörigkeitsrechts 2000, in: Deutsch-Türkische Juristenvereinigung (Hrsg.), Auswirkungen der deutschen Staatsangehörigkeitsreform, 2002, 9, 12; 赞同的有 Looschelders, Internationales Privatrecht, 2004, Art. 5 EGBGB Rz. 25; MünchKomm-Sonnenberger, BGB, 4. Aufl. 2006, Art. 5 EGBGB Rz. 14. Benicke, Auswirkungen des neuen Staatsangehörigkeitsrechts auf das deutsche IPR, IPRax 2000, 172, 179。

② 参见 Mansel, Das Staatsangehörigkeitsprinzip im deutschen und gemeinschaftsrechtlichen Internationalen Privatrecht: Schutz der kulturellen Identität oder Diskriminierung der Person?, in: Jayme (Hrsg.), Kulturelle Identität und Internationales Privatrecht, 2003, 119, 148 (附有具体说明); Claudia Stern, Das Staatsangehörigkeitsprinzip in Europa, 2008。

③ EuGH v. 10.6.1999, IPRax 2000, 305 ff. mit Aufsatz *Rigaux*, ebd., 287 ff.; ferner Pirrung, EuGH und Versorgungsausgleich-keine Diskriminierung durch Anknüpfung an die Staatsangehörigkeit, Gedächtnisschrift für Alexander Lüderitz, 2000, 543 ff.

连结因素的歧视性影响问题，但欧洲法院当时还不需要对它作出裁决。① 尚未生效的《基本权利宪章》第21条第2款②和《欧盟运作条约》（即《里斯本条约》文本中的《欧洲共同体条约》③）第18条分别沿袭了《欧洲共同体条约》第12条④规定，对于冲突法上的国籍原则并没有规定任何新的内容。即便是从个人基本自由引出的特别禁止歧视，也可作为在冲突法上使用国籍连结因素的抗辩理由。⑤

基于联邦宪法法院的裁决，考虑到国籍所指的法律一般与连结人存在着特殊的密切关系，所以在冲突法上采用国籍原则通常是合情合理的。⑥

---

① 参见 Mansel, Das Staatsangehörigkeitsprinzip im deutschen und gemeinschaftsrechtlichen Internationalen Privatrecht: Schutz der kulturellen Identität oder Diskriminierung der Person?, in: Jayme (Hrsg.), Kulturelle Identität und Internationales Privatrecht, 2003, 119, 147 f。

② Charta der Grundrechte der Europäischen Union vom 18. 12. 2000, ABl. EG Nr. C 364 vom 18. 12. 2000, S. 1 ff.

③ Vertrag über die Arbeitsweise der Europäische Union (AEUV) = Vertrag zur Gründung der Europäischen Gemeinschaft (EGV) vom 25. 3. 1957, BGBl. II, 766, unter Beachtung der Änderungen durch Art. 2 u. 5 des Vertrags von Lissabon v. 13. 12. 2007, ABl. EG Nr. C 306 vom 17. 12. 2007, S. 1 ff.

④ Zu Art. 21 Grundrechte-Charta siehe Callies/Ruffert-*Callies*, Das Verfassungsrecht der Europäischen Union, 3. Aufl. 2007, Art. 21 Grundrechte-Charta Rz. 11.

⑤ Claudia Stern, Das Staatsangehörigkeitsprinzip in Europa, 2008; Wulf-Henning Roth, Der Einfluss der Grundfreiheiten auf das internationale Privat-und Verfahrensrecht, in: Baur/Mansel, Systemwechsel im europäischen Kollisionsrecht, 2001, 47, 49.

⑥ 有关该判决以及《基本法》第3条和《欧洲共同体条约》第12条，参见 Mansel, Das Staatsangehörigkeitsprinzip im deutschen und gemeinschaftsrechtlichen Internationalen Privatrecht: Schutz der kulturellen Identität oder Diskriminierung der Person?, in: Jayme (Hrsg.), Kulturelle Identität und Internationales Privatrecht, 2003, 119, 148; Rauscher, Festschrift für Erik Jayme, 719, 732; 对于《欧洲共同体条约》第12条，参见 Pirrung, Gedächtnisschrift für Alexander Lüderitz, 543, 552; Wulf-Henning Roth, Der Einfluss der Grundfreiheiten auf das internationale Privat-und Verfahrensrecht, in: Baur/Mansel, Systemwechsel im europäischen Kollisionsrecht, 2001, 47, 49; ders., Der Einfluss des Europäischen Gemeinschaftsrechts auf das Internationale Privatrecht, RabelsZ 55 (1991), 623, 644; Jayme, Die Charta und der Vertrag von Nizza: Auswirkungen im Internationalen Privatrecht, IPRax 2001, 384, 385; Jayme/Kohler, IPRax 2001, 501, 504。请注意，国际民事程序法上的法律情况应予特别评判。

4. 小结

在人法、家庭法和继承法等领域,以国籍为连结因素从宪法的角度来看原则上是允许的,在法律政策上也可得到支持。

(二)通过惯常居所来确定属人法

1. 欧洲的晚近发展及其内在原因

在最近的国际人权法、家庭法公约以及最近的冲突法立法改革中,以惯常居所为连结点在很大程度上排斥着国籍这个连结点。① 然而它——同国籍连结因素一样——追求一致的目标,即将与连结人联系特别紧密的国家的法律适用于与连结人相关的法律问题。② 对于那些在其祖籍国永久生活的众多市民来说,国籍原则与居所地原则在连结因素上产生的结果是一样的。因此,为那些在国籍国之外生活的人群找到合适的连结因素,才是最根本的问题。长期以来,正如海牙国际私法公约所表明的那样,在欧洲以及其他地方已出现了观点转变的苗头。

瑞士《关于国际私法的联邦法》在属人法领域通常以住所③为连结点。这种做法自有它的原因,因为它是一部制定不久(1987年)的法律,也就是说,当它出现时,已经有许多国际条约采用了住所原则。国籍在瑞士国际私法中作为连结点所起到的作用很有限,具体地说,在确定结婚(瑞士《关于国际私法的联邦法》第44条第2款)、夫妻财产制(第54条第2款)、离婚(第61条第2款)、出身(第68条第2款)、亲子

---

① 对此,其综述见 Henrich, Festschrift für Hans Stoll, 2001, 437 ff.; Mansel, Das Staatsangehörigkeitsprinzip im deutschen und gemeinschaftsrechtlichen Internationalen Privatrecht: Schutz der kulturellen Identität oder Diskriminierung der Person?, in: Jayme (Hrsg.), Kulturelle Identität und Internationales Privatrecht, 2003, 119, 140 ff.; ausführlich dazu Baetge, Der gewöhnliche Aufenthalt im Internationalen Privatrecht, 1994, 15 ff.; Kropholler, Internationales Privatrecht, 6. Aufl. 2006, § 39 III; 区别性的评价,参见 *Rauscher*, Festschrift für Erik Jayme, 719, 736 f。

② 对于以居所地为连结点的目的,参见 Baetge, Der gewöhnliche Aufenthalt im Internationalen Privatrecht, 1994, 79 f.; 对于国籍原则的本身目的,参见前文所阐述的德国联邦宪法法院的司法判例。

③ 瑞士《关于国际私法的联邦法》第20条第1句规定:"在本法意义上,自然人:(a)在其以定居的意思居留的国家内有住所;(b)在其生活了较长时间的国家内有惯常居所,即使该时间在开始时是有限的……"

关系(第82条第2款)准据法时作为辅助性连结点,在子女认领(第72条第1款)中作为二者择一的连结点(Alternativanknüpfung),在确定命名(第37条第2款)以及继承准据法(第90条第2款、第95条第2款)中作为任选性连结点。

奥地利1978年《关于国际私法的联邦法》优先以国籍作为属人法的连结点。①

在德国法学界,如今大多数人支持以惯常居所作为确定冲突法上的属人法的基本连结点。文化认同的观点受到了关注,然而同时应强调的是:法律只是文化认同在特定条件下的反射镜,由国籍确定的本国法并不适用于有融入取向、并在国内居住的外国人。此外,在法律政策和立法方面又出现了推动居所地原则的新动向。

欧共体发现,家庭法和继承法是特别具有文化认同色彩的两个领域。然而,各成员国对于实体法方面的法律趋同化仍持强烈的保留态度,在这方面很少形成联盟:为此忧心忡忡的是那些家庭法相对保守的国家(如马耳他)和作为现代家庭法发展先驱的国家(如瑞典)。两者都希望保持惯性的自由以及逐步适应社会变化的自由。然而,在国际家庭法和国际继承法领域,欧共体已有很多立法提议,②但尚未涉及国际人法以及属人法的其他重要领域。由于冲突法的统一化,使得所有

① 奥地利《关于国际私法的联邦法》第9条第1款第1句规定:"自然人,以其国籍所属国法为属人法。"

② 该领域的工作计划,参见Mansel, RabelsZ 70 (2006), 651, 682 ff.: Mitteilung der Kommission an den Rat und das Europäische Parlament, Raum der Freiheit, der Sicherheit und des Rechts: Bilanz des Tampere-Programms und Perspektiven [SEK (2004) 680 et SEK (2004) 693] vom 2. 6. 2004, KOM (2004) 401 endgültig; Maßnahmenprogramm zur Umsetzung des Grundsatzes der gegenseitigen Anerkennung gerichtlicher Entscheidungen in Zivil-und Handelssachen vom 24. 11. 2000 (konsolidierte Fassung), ABl. EG Nr. C 12 vom 15. 1. 2001, S. 1 ff.; Aktionsplan des Rates und der Kommission zur bestmöglichen Umsetzung der Bestimmungen des Amsterdamer Vertrags über den Aufbau eines Raums der Freiheit, der Sicherheit und des Rechts, vom Rat (Justiz und Inneres) am 3. 12. 1998 angenommener Text, ABl. EG Nr. C 19 vom 23. 1. 1999, S. 1 ff. 最后,对于协调问题,参见*Pocar*, Some remarks on the Coordination of EC Legislation on Family Matters, Festskrift Thue, 2007, 402 ff。

成员国的法院对同一个案件适用同一国家的法律,至少能在具体的个案中实现法律的统一。

在所提的欧共体立法工作中,大多以惯常居所作为属人法的连结点:①

——理事会2006年7月17日《关于修订有关婚姻事项管辖权的欧共体第2201/2003号条例并引入涉及该领域准据法的条款的条例(建议稿)》②第20b条对于离婚的准据法首先以夫妻双方最后的共同居所地为连结点。③

——理事会2005年12月15日《关于扶养事项的管辖权和准据法、扶养判决的承认与执行以及在扶养义务方面进行合作的条例(建议稿)》④第13条也首先遵循居所地原则。

——在欧洲议会2006年11月16日《关于继承法和遗嘱法的决议暨致欧盟委员会的建议》⑤中,其第2条建议希望根据被继承人的最后惯常居所来确定继承准据法,并试图对在其他条例建议稿中未提及的概念进行法律定义。

——2006年7月17日《关于在特别考虑法院管辖权以及对等承认条件下的夫妻财产法冲突规范的绿皮书》,⑥讨论了除国籍原则外的

---

① Lagarde, Développements futures du droit international privé dans une Europe en voie d'unification: quelques conjectures, RabelsZ 68 (2004), 225; *ders.*, Internationales Privatrecht und Europarecht, in: Kieninger (Hrsg.), Denationalisierung des Privatrechts?, 2005, 1, 16 f.

② Dokument: KOM (2006) 399, dazu Jayme/Kohler, Europäisches Kollisionsrecht 2006: Eurozentrismus ohne Kodifikationsidee?, IPRax 2006, 537, 539.

③ 对于英国和爱尔兰的反对意见,参见 Jayme/Kohler, Europäisches Kollisionsrecht 2007: Windstille im Erntefeld der Integration, IPRax 2007, 493, 496。

④ Dokument: KOM (2005) 649; Ratsdokument 16830/06 (20. 12. 2006); Jayme/Kohler, IPRax 2007, 493, 496.

⑤ Dokument: 2005/2148 (INI); siehe dazu Jayme/Kohler, IPRax 2007, 493, 496; Mansel, RabelsZ 70 (2006), 651, 729 ff.; ders., Vereinheitlichung des internationalen Erbrechts in der Europäischen Gemeinschaft-Kompetenzfragen und Regelungsgrundsätze, in: Arkan/Yongalik/ it (Hrsg.), Tuğrul Ansay'a Armağan, 2006; Budzikiewicz, Aktuelle Entwicklungen im Europäischen Familien-und Erbrecht, IPRax 2006, 530 ff.

⑥ Dokument: KOM (2006) 400.

居所地连结点,并且在一定程度上委婉地表现出了对居所地原则的青睐。欧洲国际私法工作小组想要以(第一个)共同惯常居所为客观连结点,德国国际私法参议会对此也表现出一致态度。①

到2011年应该会出台相应的国际家庭法、国际继承法条例。② 这样,在属人法的核心领域,居所地原则作为欧共体首选的确定连结点技术,似乎应得以贯彻。根据所引用的文献资料,(共同)国籍应作为辅助性或是选择性的连结点。

这些条例建议稿似乎不大可能朝着有利于国籍原则的方向发生根本性改变。然而,这些建议稿的成效也不是十分确定。因为正如前文所述,家庭法条例适用一致通过原则:每个国家都有否决权。随着欧盟的东扩,其重心又朝着有利于国籍原则的方向移动,因为欧盟许多新成员国在它们的国际家庭法和国际继承法中更倾向于遵循国籍原则而非居所地原则。③

同时,这些国家在条例起草谈判中却提出了这样的想法:人们可以要求国内法院不适用外国法律。④ 外国法内容的查明及其适用,不能由占优势的基层司法系统来保证。由于通常都在居所地国提起诉讼,因此这一论据可能更利于居所地原则。

问题依旧是:为什么要实行居所地原则?这样做的原因可能是在解决悬而未决的法律问题时有一定的欧洲中心主义,使得第三国的问题在制定规范时在很大程度上被忽视。从法律政策上来说,居所地原

---

① 参见 Jayme/Kohler, IPRax 2007, 493, 496; Wagner, Überlegungen zur Vereinheitlichung des Internationalen Privatrechts in Ehesachen in der Europäischen Union, FamRZ 2003, 803 ff.; Henrich, Probleme des internationalen Familienrechts, in: ders., Deutsches, ausländisches und internationales Familien-und Erbrecht, 2006, 421, 426 ff。

② ABl. EG Nr. C 53 vom 3.5.2005, S. 1, 14.

③ 其综述,参见 Mansel, Das Staatsangehörigkeitsprinzip im deutschen und gemeinschaftsrechtlichen Internationalen Privatrecht: Schutz der kulturellen Identität oder Diskriminierung der Person?, in: Jayme (Hrsg.), Kulturelle Identität und Internationales Privatrecht, 2003, 119, 124 f。

④ Rolf Wagner, Zur Vereinheitlichung des Internationalen Privat-und Zivilverfahrensrechts acht Jahre nach Inkrafttreten des Amsterdamer Vertrags, EuZW 2007, 626, 628.

则在欧洲很可能被用来支持这样一个事实,即虽然欧洲在实体家庭法和继承法领域并不是一个统一的立法区域,但由于对等承认原则[①]隐含着各种法律体系基本等价的内容,因此欧洲被共同体机构理解为一个统一的法律区域。尽管从规范和法律适用的角度来说这或许不符合事实,然而由于一体化政策的原因,虚构出了一种与对等承认原则相关联的设想,即家庭法和继承法方面的法律情况具有可交换性。在可交换性这一背景之下,法律适用的问题显得似乎不再那么重要了。这可被视为支持适用居所地法的论据。

还有一个原因可能与内部市场流动性相关,即在法律政策上以融入居所地国为导向。[②] 由此选定的连结因素,确保了公民在法律上融入有关常住人口的法律。然而此时要想到,只有不到1.5%的欧盟居民已行使了内部自由迁徙权并在其他欧盟国家设立住所。这种情况主要发生在一些边境地区,这些边境地区现已成为统一经济区。[③] 但同时这也意味着,克格尔(Kegel)[④]和劳舍尔(Rauscher)[⑤]针对居所地原则的批评,即认为它在一个"不安分者"(克格尔)的时代宣告着连结因素缺乏稳定性,这对欧盟国家的国民来说并不十分刻薄,因为只有一小部分的欧盟国民生活在别的成员国而非自己的本国中。

另外,惯常居所也是确定受诉法院所在地的恰当标准,这样在冲突法的居所地连结因素上,就能实现准据法和法院国际管辖权的同步性。这是很有优势的,因为这允许法院适用其自己的法院地法,[⑥]从而减少了法律适用的成本,提高了法律适用的质量。

在属人法的确定方面,图厄(Thue)却不认可这样一种较为务实的

---

① 对于该原则的作用,参见 Mansel, RabelsZ 70 (2006), 651 ff。

② 参见 Kropholler, Internationales Privatrecht, 6. Aufl. 2006, § 39 III 2。

③ Straubhaar, International mobile Arbeitskräfte, in: Theurl/Smekal (Hrsg.), Globalisierung, Globalisiertes Wirtschaften und nationale Wirtschaftspolitik, 2001, 94, 106.

④ Kegel, Festschrift für Manfred Rehbinder, 699, 706.

⑤ Rauscher, Festschrift für Erik Jayme, 719, 733 f.

⑥ 对于该论据,参见 von Bar/Mankowski, Internationales Privatrecht, Bd. 1, 2. Aufl. 2003, § 7 Rz. 19;反之,对于婚姻法领域的分析,请参见 Rauscher, Festschrift für Erik Jayme, 719, 735 f。

论据有很高的价值。[①] 然而诸多观点认为,未来欧盟冲突法的发展将会导致优先适用居所地原则。

2. 居所地原则和文化认同

在通过惯常居所,即一个人在空间上的生活中心,确定应适用的家庭法、继承法的背后,可能还存在着完全不同的、秩序政策方面的考虑。《法兰克福汇报》上登载了一篇短文,恳请"国籍原则肩负起有利于住所地原则的使命"。其目标是"消除针对外国人存在的私法飞地,由此避免原籍国法律体系及其价值观与德国法律体系之间的冲突",[②]借此来避免"因适用外国法而形成一种盲区,使德国民法体系对一部分非德国籍人的人口无效",因为由此会产生"平行社会在法律上的制度化"。[③]

本文的根本落脚点是两种思想:在德国的居民不管其国籍为何,均应完全服从于德国法律,这样国家才能贯彻执行其秩序政策上的理念。其目标是让每位居民在法律面前一律平等。社会的文化差异不应从法律方面来体现。

这一论点单方面地关注国内居民和国家利益,但它忽略了这样一种情况,即由于连结因素原则上具有多边性,对于在外国有住所的德国人,德国法院必须适用外国居所地法。在许多情况下,这种做法如同对在德国有惯常居所的外国人适用德国法一样不合适。

重新给出的论据所忽视的是:冲突法的指引规则,在属人法的通常调整范围内,[④]原则上无论如何不是针对国家秩序政策准则的贯彻问

① Thue, Festschrift für Erik Jayme, 971 ff., insbesondere 972.

② Karimi/Koch, Einwanderung und Integration. Ausländische Inseln in der deutschen Rechtsordnung, F. A. Z., 4. 10. 2007, Nr. 230, S. 10.

③ Karimi/Koch, F. A. Z., 4. 10. 2007, Nr. 230, S. 10.

④ 其概念参见 Mansel, Personalstatut, Staatsangehörigkeit und Effektivität. Eine internationalprivat-und verfahrensrechtliche Untersuchung zu Mehrstaatern, einer Ausweichklausel für die Staatsangehörigkeitsanknüpfung und zum innerdeutschen Kollisionsrecht, 1988, 42。

题,[1]而是指向与案件有最密切联系的法律的适用。其核心是私人的法律适用利益。因此,应优先适用多边的冲突规范。

值得注意的是另外一种完全不同的思想,即在德国已经生活许多年的外国人同德国法律文化建立起一种联系,因此使得适用其本国的法律可能显得不合适。当连结人已经扎根于居所地国的法律文化时,表明其可以适用居所地国法律。但我们看到,[2]这种外国人在国内长久居住的情况并不是无条件地接受,一旦我们想到所谓的文化飞地就会明白。此时居所地这个连结因素就失去效用了。然而在那些文化彼此歧异的社会中,情况却完全相反。

但是,这并不是说,以国籍为连结点一定会产生更好的结果。恰恰在自由入籍政策和根据出生地主义取得国籍方面,没有强行要求文化根源和国籍必须一致。

这恰巧是文化分化的社会的一个特征,社会中的部分群体既不能接受由国籍确定的本国法律,也不能接受他们的居所地国法或者其他什么国家的法律作为适合他们的文化根源的法律。

亨里希(Henrich)正确地指出,许多情况足以表明,不管是本国法还是居所地国法都不能反映法律当事人的文化认同。他以辛提人和巴哈伊教派的成员等民族和宗教的少数派为例来进行说明。[3] 德国联邦法院最新的一个司法裁判可以作为另外一个例子。法院[4]剥夺一对信仰浸会教的德国父母对其未成年子女的部分监护权,原因是该父母不让子女去上学,而去参加与他们的信仰相应的家庭教育(为了达到这一目的,把孩子带到奥地利,在那里他们可以获得家庭教育许可。法院必须费尽心思为孩子们在德国拥有惯常居所找到充分的理由,这样才

---

① 对于冲突法上的秩序利益的其他概念,参见 Kegel/Schurig, Internationales Privatrecht, 9. Aufl. 2004, § 2 II 3; Lüderitz, Anknüpfung im Parteiinteresse, Festschrift für Gerhard Kegel, 1977, 31 ff。

② 对于文化认同可能向居所地国转换,参见 Jayme, Anmerkung zu LG Hamburg, IPRax 1998, 490, 491。

③ Henrich, Festschrift für Erik Jayme, 321, 323.

④ BGH NJW 2008, 369 ff.

能适用德国法律,[①]并据此剥夺居所决定权)。

经德国联邦法院同意,哈姆的州高级法院认定:(德国)公众拥有合法权益,“去抵制带有宗教和世界观烙印的‘平行社会’,去加入……少数派别”。[②]

法院的这些正当考虑所涉及的不是国际私法上连结点的确定,而是借助实体家庭法的手段,使公共教育权得以贯彻执行。在冲突法层面上,只有公共秩序抗辩(《民法典施行法》第6条及其特有的表述,如《民法典施行法》第17a条[③])恰当地考虑到了贯彻国家秩序政策理念的问题。

3. 冲突法上的当事人意思自治和文化认同

我们重新回到开头的话题。最新司法裁判已表明,个人文化认同也是一种自我归属。它最终并不取决于个人的自我认识和自身跨文化意识。

我们也看到,欧洲法院和德国联邦宪法法院都将这种自我归属置于属人法核心领域的重要位置(姓名和性别)。对有双重国籍的人,欧洲法院贯彻实施的是他们所希望的(通过国籍所确定的)本国法,以对抗通过居所和融合所确定的本国法。德国联邦宪法法院认为居所地法优先于本国法,因为它对利害关系人的一般人格权及其社会身份都有要求。

居所和国籍是两种典型的连结点。在文化彼此歧异的社会中,居所地国和国籍国的文化根基之间的关联,对很大一部分人来说已经不复存在了。因为所涉及的群体不能通过典型的特征区分出来,所以典型化的解决方式在这里通常会失去效用。

---

① 法院讨论了德国公法性债法的适用问题;它没有明确地提出国际私法应适用哪一种照顾权的问题,尽管小孩被带到奥地利,但仍被视为在国内有居所地,并因此适用《民法典》第1666条和第1666a条。

② BGH NJW 2008, 369 ff., als Beschwerdeinstanz zu OLG Hamm.

③ 对此,《民法典施行法》第17a条(“位于德国境内的婚姻住房及位于德国境内的家用器具,其使用权以及与此相关的禁止进入、禁止接近和禁止接触的命令,依照德国的实体规定。”)特别保护德国的秩序利益,这种秩序利益在实体法上表现为《防止暴力法》的有关规定,参见 AnwaltKomm-Gruber, BGB, 2005, Art. 17a EGBGB Rz. 16。

以文化认同为连结点,其本身就太不确定,在任何国家的法律体系都不反映这种文化认同时,就会失去效用。

因此,以国籍或者居所作为属人法的一般连结点的做法会被法律选择权突破。这种法律选择权允许连结人选择通过其他特征所确定的法律为属人法。当夫妻双方都是连结人时,那么可以选择夫妻任一方的居所地国法或者本国法为属人法。

这——除了国际家庭法、国际继承法的现有法律选择外——在应然法上(de lege ferenda)应该是[①]允许的。在个人的自我抉择受到认可并且生活观念可能以多样化为前提的时代,这样一种普遍的选择权是一种必要的、重要的个人补救措施。

国际法研究院在其第 72 次会议上,于 2005 年 8 月 25 日通过了关于"文化差异和家庭国际私法上的公共秩序"的决议,规定了这种在国

---

① 对于在国际人法、家庭法和继承法中,为了在通过国籍所确定的本国法和根据空间联系因素确定的居所地法之间进行应然法上的选择,参见 Henrich, Festschrift für Erik Jayme, 321, 323 f., 327 ff.; ders., Wenn Schweizer sich in Deutschland scheiden lassen, Festschrift für Heinz Hausheer, 235, 242 ff.; Leible, Parteiautonomie im IPR. Allgemeines Anknüpfungsprinzip oder Verlegenheitslösung?, Festschrift für Erik Jayme, 2004, 485, 500 ff.; Rohe, Festschrift für Dietrich Rothoeft, 1, 37 f.; Rolf Wagner, Zu den Chancen der Rechtsvereinheitlichung im internationalen Familienrecht-Unter besonderer Berücksichtigung des Kommissionsvorschlags zum internationalen Scheidungsrecht, StAZ 2007, 101 ff.;德国国际私法参议会的意见,参见 Bauer, Neues europäisches Kollisions-und Verfahrensrecht auf dem Weg: Stellungnahme des Deutschen Rates für IPR zum internationalen Erb-und Scheidungsrecht, IPRax 2006, 203;欧洲国际私法工作小组对国际继承法的特别意见,参见 Jayme, Internationales Erbrecht und Vereinheitlichung des Europäischen Kollisionsrechts, IPRax 2006, 200 f.; Dörner/Hertel/Lagarde/Riering, Auf dem Weg zu einem europäischen Internationalen Erb-und Erbverfahrensrecht, IPRax 2005, 1, 5; *Franzen*, Europäisches internationales Erbrecht, Festschrift für Erik Jayme, 2004, 187, 190 ff.;大部分欧共体国家对欧盟国际继承法条例建议稿的态度,参见 Lehmann, Internationale Reaktionen auf das Grünbuch zum Erb-und Testamentsrecht, IPRax 2006, 204, 206. 在国际继承法领域反对法律选择的,参见 Bajons, Internationale Zuständigkeit und anwendbares Recht in grenzüberschreitenden Erbrechtsfällen innerhalb des europäischen Justizraums. Eine Abkehr von nationalen Grundwertungen durch freie Orts-und Rechtswahl?, Festschrift für Andreas Heldrich, 2005, 495, 499 ff。

籍和住所的空间特性之间进行选择的权利。① 正是因为文化认同成为了国际法追求的一个目标,因而也必须在国际私法中找到它的对应物。②

法律选择自由在国际债务合同法中越来越受到限制,但这不代表与上述所说的相矛盾。最后,与夫妻一方或者被继承人相比,消费者所拥有的法律选择自由可能要少一些。在消费者合同法中,人们都认为,相对于签订大量类似合同的企业,非组织性的消费者属于结构性弱者。但是,在婚姻法中,人们却不能一开始就认定夫妻一方为结构性弱者。

如果想一想,大部分在欧洲内行使自由迁徙权的人,同时也是职业上高素质人才,③他们知晓这种法律选择权也是合情合理的。

因此,前文已提及的欧盟国际家庭法、国际继承法条例的所有起草准备工作,都或多或少地以广义的法律选择为出发点,所援引的是本国法,而不是主要通过法律选择所确定的居所地国法。

虽然许多人赞成以国籍为连结点,然而由于欧洲的发展,在应然法上应该能预计到居所地原则在将来会优先得以适用,而法律选择权则倾向于连结人本国法的情况。④ 根据荷兰国际离婚法的

① Annuaire de l' Institut de droit international 71 II (2006), 291, 292 = IPRax 2005, 559, 560 (Rapporteur war *Paul Lagarde*); dazu siehe Jayme, Kulturelle Unterschiede und ordre public im internationalen Familienrecht-Universelle Gerichtsbarkeit im internationalen Strafrecht-Pflichten und Rechte erga omnes im Völkerrecht. 72. Tagung des Institut de Droit International in Krakau, IPRax 2005, 560 f.-Siehe die ähnlichen Optionsmodelle des Institut de Droit International, Session du Caire 1987, Résolution La dualité des principes de nationalité et de domicile en droit international privé, Annuaire de l'Institut de droit international 62 Ⅱ (1987), 290, 292.

② 参见所指决议的第四项考虑理由,Annuaire de l' Institut de droit international 71 Ⅱ (2006), 291 = IPRax 2005, 559。

③ Straubhaar, International mobile Arbeitskräfte, in: Theurl/Smekal (Hrsg.), Globalisierung, Globalisiertes Wirtschaften und nationale Wirtschaftspolitik, 2001, 94, 107.

④ 对于独立的、经详细修订并以国籍或者根据成员国的选择而以住所为出发点的规则建议,参见 *Rauscher*, Festschrift für Erik Jayme, 2004, 719, 738 ff., 741 ff。

案例,[①]如果夫妻双方都是连结人,可以考虑要求双方共同选择法律,或是如果只有夫妻一方作出了法律选择,另一方不能对所告知的法律选择持有异议。

虽然尚未作出倾向于居所地原则的基本裁决,但在未来的欧盟国际私法中,一切都朝这一方向发展。正如此前的讨论以及本文开头所提到的德国、奥地利和瑞士的国际私法中的例子所示,在这两个连结点之间作出抉择具有法律政策的性质,而不是法律教条主义。

4. 市场与第三国的涌入

涌向欧洲的最大移民潮是由第三国国民带来的。[②] 在德国生活的外国人中,有1/3来自欧盟国家,大约1/4来自土耳其。然而,也许由于要求在内部市场有最后的惯常居所,或者具有欧盟公民资格,或者财产位于内部市场作为适用条例的前提,相应的欧盟冲突法条例不应仅限于涉及内部市场的案件。因此,欧洲区际指引法[③]无须予以制定。[④]

由此,应规定多边的冲突规范,同等地援引成员国法律和第三国法

---

① 1981年3月25日立法第1条第2项第2句(德文译本见IPRax 1982, 82),1992年公布的国际私法改革法第37条,与所引用的文本完全吻合。根据在立法草案第37条第4款中增补的新规定,选择荷兰法律(参见第1条第4款)或者共同本国法(参见第1条第2款)时,应明示为之,或者必须能毫无疑义地从诉讼行为中推断出来;参见*Charisius*, Das niederländische Internationale Privatrecht, 2001, 205 f.;对于实在法上的隐性选择,参见Van Roeyen, (Echt) scheiding en internationaal privaatrecht, 2001, 43。

② Straubhaar, International mobile Arbeitskräfte, in: Theurl/Smekal (Hrsg.), Globalisierung, Globalisiertes Wirtschaften und nationale Wirtschaftspolitik, 2001, 94, 107 f.;对于统计数据,参见前文"三(一)"部分。

③ 对于欧洲区际冲突法的发展,参见Jayme/Kohler, Europäisches Kollisionsrecht 2000: Interlokales Privatrecht oder universelles Gemeinschaftsrecht, IPRax 2000, 454 ff; *Jayme*, Europa: Auf dem Weg zum interlokalen Kollisionsrecht?, in: Mansel (Hrsg.), Vergemeinschaftung des Europäischen Kollisionsrechts, 2001, 31 ff。

④ 进一步参见Mansel, Das Staatsangehörigkeitsprinzip im deutschen und gemeinschaftsrechtlichen Internationalen Privatrecht: Schutz der kulturellen Identität oder Diskriminierung der Person?, in: Jayme (Hrsg.), Kulturelle Identität und Internationales Privatrecht, 2003, 119, 144 f.; *Rauscher*, Festschrift für Erik Jayme, 2004, 719, 725 ff.; *Lagarde*, Internationales Privatrecht und Europarecht, in: Kieninger (Hrsg.), Denationalisierung des Privatrechts?, 2005, 1, 8 f。

律。这已在以前的欧盟条例建议稿中做了原则性的规定。[①]

5.小结

我们所得到的研究结果并不令人惊讶,不论是国籍连结因素还是居所地连结因素,都不是援引文化认同权的最佳选择,它们都不是完全合理的。

在法律政策上,许多人在解决民族国家的问题方面赞成采用国籍连结因素,然而从有关欧盟的期望出发,许多人支持居所地连结因素。不要误认为这就是某种程度上的欧洲中心主义。因此,不应区分内部市场案件和第三国案件,而应使用多边的冲突规范。

如果优先根据居所地连结因素确定属人法,那么通常允许选择本国法,也就是说,多国籍人[②]和作为连结人的夫妻双方可以选择其中一个本国法。当事人意思自治的强势扩张,使得在文化彼此歧异的社会中,如果法律服从者在自己的国籍国找到了文化认同,应允许他们自己提出尊重文化认同的主张。这项选择权以第三人保护规则的方式相应地被编纂为《民法典施行法》第12条、第16条。

如果连结人还是未成年人,那么这种法律选择权在应然法上就应赋予其亲权持有人。然而,在亲权范围内,当适用居所地法时,不得选择不同的、由国籍确定的本国法。这种情况下,出于保护儿童福利的原因,平等地对待所有生活在国内的儿童是处于第一位的。[③]

---

① 参见 Art. 18 Unterhalt-VO-Vorschlag, Empfehlung 6 zum internationalen Erbrecht, mittelbar folgt es auch aus Art. 20c Scheidungs-VO-Vorschlag;然而,《欧盟扶养条例(草案)》第19条第2款中的转致条款可以视为歧视第三国的欧洲中心主义的高潮部分,参见 *Jayme/Kohler*, IPRax 2006, 537, 538. 该规范只涉及对第三国法律转致的边缘性案件。但是,它也会考虑第三国拒绝转致的情况(第三国本身也不愿意适用)。

② 参见 Mansel, RabelsZ 70 (2006), 651, 692。

③ 对现行法的这种价值,参见前文三(二)部分;Mansel, Das Staatsangehörigkeitsprinzip im deutschen und gemeinschaftsrechtlichen Internationalen Privatrecht: Schutz der kulturellen Identität oder Diskriminierung der Person?, in: Jayme (Hrsg.), Kulturelle Identität und Internationales Privatrecht, 2003, 119, 126 f。

托恩(Thorn)①近来想起了以前的一项建议,②代替或者说除了放宽选择居所地法或者本国法作为属人法之外,还规定了一个例外条款,即有目的地减少(Reduktion)国籍联系因素。据此,在实然法(de lege lata)上,当连结人显而易见地只与他的长期居住国有生活关系,而与他的国籍国渐渐疏远时,应通过有目的地减少相关指引规范,将惯常居所联系因素取代国籍联系因素。就此而言,与选择权存在一定的相似性,即只有当连结人通过相应的事实陈述以这种减少为依据时,才能有目的地予以减少。③ 这种规定并非没有法律上的模版:荷兰1981年3月25日《关于离婚和分居的冲突法》第1条第2款规定,夫妻一方"与共同国籍国明显缺少一种真正的社会关系"的情况,④等同于夫妻双方没有共同国籍。反之,除非夫妻双方选择共同的本国法,否则适用夫妻双方的共同惯常居所地国法,或是辅助性地适用荷兰的离婚法。

如果冲突规范援引了外国的法律,而且文化差异和法律差异也很大,这时不论所选择的连结因素如何,与法院地法都会存在冲突。在这种情况下,就提出了有关公共秩序的问题(对此参见下文五(四)。其主要适用范围是,宗教上中立的德国法律同受宗教影响的外国法律或

---

① Thorn, Diskussionsbeitrag, in: Jayme (Hrsg.), Kulturelle Identität und Internationales Privatrecht, 2003, 182.

② Mansel, Personalstatut, Staatsangehörigkeit und Effektivität. Eine internationalprivat- und verfahrensrechtliche Untersuchung zu Mehrstaatern, einer Ausweichklausel für die Staatsangehörigkeitsanknüpfung und zum innerdeutschen Kollisionsrecht, 1988, 466 ff., 482, 488 ff.; 类似地,对于以"形式上"的国籍为连结点,参见MünchKomm-*Sonnenberger*, BGB, 4. Aufl. 2006, Einl. IPR Rz. 707; 对于荷兰的法律状况,参见Boele-Woelki, Die Effektivitätsprüfung der Staatsangehörigkeit im niederländischen internationalen Familienrecht, 1983。

③ Näher zu den weiteren Ausgestaltungen, insbesondere dazu, wer an Stelle der Anknüpfungsperson die geänderte Anknüpfung geltend machen kann, Mansel, Personalstatut, Staatsangehörigkeit und Effektivität. Eine internationalprivat-und verfahrensrechtliche Untersuchung zu Mehrstaatern, einer Ausweichklausel für die Staatsangehörigkeitsanknüpfung und zum innerdeutschen Kollisionsrecht, 1988, 466 - 491, 497.

④ Gesetz vom 25. 3. 1981 in deutscher Übersetzung in IPRax 1982, 82; Boele-Woelki, Die Effektivitätsprüfung der Staatsangehörigkeit im niederländischen internationalen Familienrecht, 1983.

者通过外国的人际法规则所援引的宗教法律之间的分歧之处[对此参见下文五(二)、(三)部分]。伊斯兰法律就是一个重要的例子。但犹太法和基督教法律中的许多规定也同德国的国家法律观念相冲突。

第二个冲突领域存在于所援引的德国(或者外国)的实体法中,尤其当居所地国法或者本国法都不能反映法律服从者的文化认同时,更为如此。问题是,怎样才能使法律服从者在实体法上的合法要求被接受(参见下文六)。

五、文化认同和对适用外国法的限制(公共秩序)

"衡量一个社区的文化,要看它能在多大范围内认可外来法律。"维尔纳·戈尔德施密特(Werner Goldschmidt)①的这句话表明了公共秩序存在的问题,当人们借助国际私法去追求平等对待所有国家的法律体系②的理想时,公共秩序的介入和干预始终是种例外情形。平等对待这种假设同时也描述了冲突法的一个适用原则。③

对适用外国法律形式上的限制表现为,特定的、改变身份的行为,即使它们按照应适用的外国法属于私人法律行为(如私下离婚、私下结婚),在德国也需要德国国家主权机构的参与才能实现。这有助于

---

① Goldschmidt, Die philosophischen Grundlagen des internationalen Privatrechts, Festschrift für Martin Wolff, 1952, 203, 205.

② Mansel, Personalstatut, Staatsangehörigkeit und Effektivität. Eine internationalprivat-und verfahrensrechtliche Untersuchung zu Mehrstaatern, einer Ausweichklausel für die Staatsangehörigkeitsanknüpfung und zum innerdeutschen Kollisionsrecht, 1988, 46 f.

③ 对于作为指引法的思想基础的宪法中的平等原则,参见 Egon Lorenz, Struktur des Internationalen Privatrechts, 1977, 63 f.; *Wengler*, Internationales Privatrecht I, 1981, 129; Mansel, Personalstatut, Staatsangehörigkeit und Effektivität. Eine internationalprivat-und verfahrensrechtliche Untersuchung zu Mehrstaatern, einer Ausweichklausel für die Staatsangehörigkeitsanknüpfung und zum innerdeutschen Kollisionsrecht, 1988, 47 ff.; *Looschelders*, Die Anpassung im Internationalen Privatrecht, 1995, 82 ff.; Dannemann, Die ungewollte Diskriminierung in der internationalen Rechtsanwendung, 2004, 358 ff., insbesondere 359 f.; kritisch Schurig, Kollisionsnorm und Sachrecht, 1981, 56; von Bar/Mankowski, Internationales Privatrecht, Bd. 1, 2. Aufl. 2003, § 4 Rz. 37 ff。

法律的确定性和明确性。这在一个人的身份发生变化时尤其重要,表现在:根据《婚姻状况登记法》,对这类事件仍负有登记的义务。[①] 国家主权机构的全程介入也保障了对参与人的保护,因为离婚法院和户政官员在适用外国法律的过程中要遵守公共秩序,特别是保障案件参与人的基本权利。因此,只有在德国法院介入离婚案件时,在德国进行的离婚才有法律效力(《民法典施行法》第 17 条第 2 款)。对于那些根据某些法律体系在离婚案件中常处于不利地位的妻子而言,这是一种重要的保护方法。对于结婚也有类似的规定(《民法典施行法》第 13 条第 3 款第 1 句),在德国只能在户政官员或者经特别任命的人处办理结婚手续。在神职人员处举行的宗教婚礼在德国原则上是无效的,除非存在《民法典施行法》第 13 条第 3 款第 2 句所述的例外情况。这种规定也有助于防止逼婚。[②]

公共秩序特殊规范的特别形式则属于对适用外国法律的实质限制。这里应该提到的一个例子是《民法典施行法》第 17 条第 1 款第 2 句。根据该规定,如果夫妻一方现在是或者曾经是德国人,并且当根据本应援引的法律不能离婚时,那么他就可以根据德国法律解除婚姻。德国国籍打通了解除婚姻关系之路。根据欧洲人权法院的司法判例,解除婚姻并不属于国际人权问题。[③] 然而,如下文所示,[④]它却是德国公共秩序的一部分。

此外还有一些相似的规范:例如任何人,即使是非德国人,当按照其本国法不能结婚时,如果这项禁止结婚的规定与受德国《基本法》保障的结婚自由相冲突,那么他在满足德国婚姻法要求的前提下,可以在德国结婚(《民法典施行法》第 13 条第 3 款)。这项规范是应联邦宪法法院对"西班牙人离婚案"所做著名判决的要求制定的。于是,废除了

① 即使注册行为通常没有根本作用。

② 对于逼婚行为,还请参见下文"六"。就此而言,德国《民法典施行法》第 17 条第 2 款并没有违反《欧洲人权公约》,参见 Herfarth, Die Scheidung nach jüdischem Recht im internationalen Zivilverfahrensrecht, 2000, 130 ff., 138。

③ EMRKG v. 18. 12. 1986, 6/1985/92/139, Ser. A no. 112 = EuGRZ 1987, 313; dazu unten IV. 1. und Fn. f.

④ 参见下文五(一)部分。

依照特定法律可能适用于穆斯林或者犹太教徒的不同宗教间的通婚禁令,或者与已解除婚约的订婚者结婚的禁令,如按照以色列、叙利亚或马耳他的法律,这种禁令今天仍然对天主教徒适用,以前对西班牙和许多其他的罗马法国家适用。

最重要的一般内容方面的限制是公共秩序(德国《民法典施行法》第6条,[①]瑞士《关于国际私法的联邦法》第17条,[②]奥地利《关于国际私法的联邦法》第6条)[③]。它的适用范围决定了一种法律体系对接受外国法律的开放性。正因它介于文化上极度不同的法律体系之间,才会有棘手的界限问题。

国际法研究院在其2005年8月25日关于"文化差异和家庭国际私法中的公共秩序"的决议中合理地强调,系统地不适用文化上有差异的法律的行为,没有认识到法律体系间的协调合作需求。[④] 来自世界所有文化圈的冲突法学者在进行了激烈的甚至有时剑拔弩张的讨论之后,他们坚持了一些基本原则,这些原则构成了国际公共秩序的核心组成部分:[⑤]"需要重申的是,在国际惯例和国际条约中,比如在1966年12月16日联合国《关于公民权利和政治权利的国际公约》和《经济、社会及文化权利国际公约》、1966年3月7日《关于消除一切形式种族歧视的公约》、1980年3月1日《关于消除对妇女一切形式歧视的公约》、1989年11月20日《关于儿童权利的公约》和1950年11月4日签署的《保护人权与基本自由欧洲公约》中,明确规定了平等权和不受歧视的权利,尤其是在性别和宗教信仰上不受歧视……"

---

① 标准文本为:"如果适用另一国家法律规范的结果与德国法律的根本原则明显不相容,则该法律规范不予适用。如适用外国法律规范违反基本权利,则尤其不得适用。"

② 标准文本为:"如果适用外国法律规定导致与瑞士的公共秩序不相容,则排除其适用。"

③ 标准文本为:"外国法的规定,在其适用会导致与奥地利法律体系的基本价值相抵触的结果时,不予适用。如有必要,应代之以适用奥地利法律中的相应规定。"

④ Annuaire de l'Institut de droit international 71 Ⅱ (2005), 291 = IPRax 2005, 559 f.

⑤ Annuaire de l'Institut de droit international 71 Ⅱ (2005), 291 = IPRax 2005, 559.

因此,中心任务就是确定公共秩序的干预界限。在个案中,法院应划清偏激的"道德恐怖分子"和有必要地自我主张法院地法的基本价值之间的界限。这体现了对外来文化认同的尊重程度。沙克(Schack)将公共秩序称作造福社会的灵丹妙药,抑制了宗教极权的平行社会在德国的发展。[①] 然而不是所有的药都包治百病,也不是所有剂量都有益于整个机体的健康。因此下文将要阐述公共秩序与尊重法律服从者的文化认同的基本价值之间的关系。

(一)内部市场形势

首先要对不同的形势加以区分,即在哪些情况下援引欧共体国家的法律,在哪些情况下应适用第三国的法律。

欧共体国家的实体家庭法和继承法并不统一,可谓大相径庭。但不是欧洲内的每个法律差异都是影响深远的文化差异所产生的,以至于对个人来说都能引发认同感。就内部市场而言,我怀疑是否恰巧是家庭法和继承法的民族国家的特性,如时常宣称的那样,能如此全面地归因于受文化认同的影响。德国离婚法中在全球范围内特有的养老金补偿制度无论如何不能算在其中。[②]

欧洲有种发展势头值得关注,即对欧盟成员国之间的公共秩序保留予以限制。但这不是普遍原则。[③] 其基本想法是建立统一的欧洲法律区域,[④]然而这恰恰在家庭法和继承法方面还是个幻想,不过它已经对民族国家的法律及其解释起到了反作用。所以联邦法院在阐释《民法典施行法》第17条第1款第2句规定时,反对当时居主导地位的观

---

① Schack, Religion und internationales Privatrecht, in: Andreas Zimmermann (Hrsg.), Religion und Internationales Recht, 2006, 183, 206.

② BGH NJW-RR 2005, 1449, 1450.

③ 对此,参见 Martiny, Die Zukunft des europäischen ordre public im Internationalen Privat-und Zivilverfahrens-recht, Festschrift für Hans Jürgen Sonnenberger, 2004, 538, 541; 对于欧盟公共秩序,另请参见 Basedow, Die Verselbstständigung des ordre public in Europa, Festschrift für Hans Jürgen Sonnenberger, 2004, 291。

④ 参见 Mansel, RabelsZ 70 (2006), 651 ff。

点,[1]对该专属规范进行了非常狭义的解释。根据《民法典施行法》第17条第1款第2句规定,如果按照常规离婚准据法(目前)尚不能解除的婚姻,当离婚申请人为德国人或者在结婚时曾为德国人,可以根据德国法律予以解除。此外,法院用以下考虑来证明其理由:"即使面对日益一体化的欧洲法律体系,国家能够也可以要求它本国的公民作出牺牲,直至公共秩序的边缘",[2]并且援引了草拟的欧盟新离婚法的其他规定。

在《欧共体扶养条例(草案)》中,表明了在欧盟内部有限制地进行公共秩序审查的想法,其第20条第1款含有所草拟的条例的一般公共秩序条款。在未来的条例的适用范围内,该条款将排斥《民法典施行法》第6条的适用。《欧共体扶养条例(草案)》第20条第2句规定,一个成员国不得因为另一个成员国的法律违背本国法院地法的根本原则,而拒绝适用该另一国法律。这就显示了统一欧洲法律文化存在的说服力,这种法律文化无论如何将被纳入一个大的核心领域。

即使还没有在《罗马公约》、[3]尚未通过的《罗马条例Ⅰ》、[4]基本上于2009年1月11日开始适用的《罗马条例Ⅱ》[5]以及其他冲突法条例草案中作出与《欧共体扶养条例(草案)》第20条第2句相应的规定,

---

① 参见 KG IPRax 2000, 544; OLG Schleswig IPRspr 2003, 208; siehe dazu Jayme, Anmerkung, JZ 2007, 651; *Kroll*, Scheidung auf europäisch? -Die (derzeit) nicht scheidbare Ehe im IPR, StAZ 2007, 330 ff。

② 法院在这方面也援引 Rüberg, Auf dem Weg zu einem europäischen Scheidungskollisionsrecht, 2005, 124 f。

③ Römisches EWG-Übereinkommen über das auf vertragliche Schuldverhältnisse anzuwendende Recht vom 19. 6. 1980, Abdruck der konsolidierten Fassung in ABl. EG Nr. C 27 v. 26.1.1998, S. 34 ff.

④ Vorschlag für eine Verordnung des Europäischen Parlaments und des Rates über das auf vertragliche Schuldverhältnisse anzuwendende Recht (Rom I) vom 15. 12. 2005, KOM (2005), 650 endg. Siehe ferner den Bericht des Europäischen Parlaments vom 21. 11. 2007 zum Verordnungsvorschlag, A6-0450/2007 und die vorausgegangenen Materialien, Linksammlung unter http://www. ipr. uni-koeln. de, sub "EU Kollisionsrecht".

⑤ Verordnung des Europäischen Parlaments und des Rates Nr. 864/2007 über das auf außervertragliche Schuldverhältnisse anzuwendende Recht vom 11. 7. 2007, ABl. EG Nr. L 199 vom 31. 7. 2007, S. 40 ff.

但其发展方向是,内部市场情况下的欧盟国际私法未来将限制公共秩序审查制度。在承认判决及执行令方面,朝着统一的、没有公共秩序审查的欧洲承认和执行区域发展的趋势正在不断向前推进。所以,欧盟的《执行令条例》、[①]《催告程序条例》、[②]《关于小额债权的程序条例》[③]以及《欧共体扶养条例(草案)》本身都不再规定任何带有公共秩序审查的可执行宣告程序。[④]

《欧共体扶养条例(草案)》第20条第2句承载着这样的政治愿望,即承认成员国法律体系中的所有扶养规则都是一样的。然而,其难题是要面对这样一种法律事实:欧洲各国的实体扶养法千差万别,迥然各异。要以实体法内容上的相同作为出发点是行不通的。如果该条款生效的话,在扶养法领域通过这种方式间接地给欧盟扶养法实现实体法的趋同化施加了压力。

《欧共体扶养条例(草案)》第20条第2句有其先例可循。一方面,这项规则使人想起以前的中、东欧社会主义国家由于推行社会主义共同体,在许多国际条约中没有规定任何公共秩序条款。[⑤] 另一方面,

---

① Verordnung (EG) Nr. 805/2004 des Europäischen Parlaments und des Rates zur Einführung eines Europäischen Vollstreckungstitels für unbestrittene Forderungen vom 21.4.2004, ABl. EG Nr. L 143 v. 30.4.2004, S. 15 ff., und Verordnung (EG) Nr. 1869/2005 der Kommission vom 16.11.2005 zur Ersetzung der Anhänge der Verordnung (EG) Nr. 805/2004, ABl. EG Nr. L 300 vom 17.11.2005, S. 6 ff.

② Verordnung (EG) Nr. 1896/2006 des Europäischen Parlaments und des Rates v. 12.12.2006 zur Einführung eines Europäischen Mahnverfahrens, ABl. EG Nr. L 399 v. 30.12.2006, S. 1 ff.

③ Verordnung (EG) Nr. 861/2007 des Europäischen Parlaments und des Rates v. 11.7.2007 zur Einführung eines europäischen Verfahrens für geringfügige Forderungen, ABl. EG Nr. L 199 v. 31.7.2007, S. 1 ff.

④ 对于废除执行宣告程序尤其是程序法上的公共秩序审查的政治目的,参见 Wagner, Die Zivilverfahrensrechtlichen Komponenten des Aktionsplan zum Haager Programm, IPRax 2005, 494, 495; ders., EuZW 2007, 626, 629。

⑤ 对于社会主义国家的事例,参见 Staudinger-*Blumenwitz*, BGB, 2003, Art. 6 EGBGB Rz. 79。

还让人想起了萨维尼对公共秩序的理解。[①] 根据他的理解,冲突规则应该只有在各国都属于同一个法律共同体时才有意义。西方所有国家都属于同一个法律共同体,因为它们都根源于基督教和罗马法。[②] 联系到这一点,巴丹(Bartin)[③]将公共秩序限制在这类情况下,即被援引适用的外国法律体系属于其他的法律共同体,而不是法院地法所属的法律共同体。在这个背景下,公共秩序的适用范围被明确地限制于各种规则因来源于文化和政治都不相同的法律制度而相互抵触的情形。[④] 按照《欧共体扶养条例(草案)》的逻辑,欧盟成员国如今似乎形成了现代法律共同体的圈子。在这种观念下,欧洲中心主义也应运而生。只有当人们想起,成员国法律体系所架设的共同人权穹顶受欧洲共同体法中的基础法的特别保障时,这一规范才能恰如其分地构建欧洲共同法律传统观念的基础。

即使《欧共体扶养条例(草案)》第 20 条第 2 句阻碍了对所适用的成员国扶养法是否符合本国的法院地法进行的公共秩序审查,也不能排除对该规范是否符合国际法和欧共体法律的审查。然而,当应适用的外国规范违反国际法或者欧共体法律时,例如违反《欧洲人权公约》和欧共体法的人权保障,[⑤]则不会适用《欧共体扶养条例(草案)》第 20

① Savigny, System des heutigen römischen Rechts, Band VIII. 它对法国的作用,参见 Jobard-Bachellier, in: Juris-Classeur, Droit International, Bd. 5, Droit international privé français, Ordre public international, Fasc. 534 – 1 (1992), Rz. 23, 26 ff., 30 ff。

② 另请参见 Jobard-Bachellier, in: Juris-Classeur, Droit International, Bd. 5, Droit international privé français, Ordre public international, Fasc. 534 – 1 (1992), Rz. 23, 26 ff., 30 ff。

③ *Bartin*, Études de droit international privé (1899), n. 217 s.

④ Jobard-Bachellier: "L' on devait alors constater dans la jurisprudence française une application quasi exclusive de l' exception d' ordre public par le juge du for dans des hypothèses où le droit étranger applicable ne fait pas partie de la communauté juridique à laquelle appartient le système français, parce qu' il est, par exemple, d' inspiration non chrétienne."

⑤ 参见 MünchKomm-Sonnenberger, BGB, 4. Aufl. 2006, Einl. IPR Rz. 358 ff; 特别是对于宗教信仰自由,参见 Söbbeke-Krajewski, Der religionsrechtliche Aquis Communautaire der Europäischen Union, 2006, 76 ff。

条第1句,而是根据《欧共体扶养条例》第20条第2句必须向欧洲法院移交管辖权。没有按照《欧洲共同体条约》第68条移交权限①的法院,将会有目的地减少适用《欧共体扶养条例(草案)》第20条第2句规定,然后当外国法律规范违反国际法或者欧共体法律时不予适用这些法律规范。欧洲法院是否会赞同这种做法,还将拭目以待。②

除了《欧共体扶养条例(草案)》第20条第2句以外,还应注意的是:欧洲法院已在其应德国联邦法院请求所作出的"克龙巴赫"案(Krombach)判决③中(涉及承认法上的公共秩序)表明,成员国的法院地法中的公共秩序受到共同体法的限制。起源于成员国的共同宪法传统和《欧洲人权公约》的一般法律原则,属于欧洲公共秩序的一部分。

文化冲突,触及法律服从者社会文化认同的核心,通常仅在涉及受宗教影响的国家规范时,才会在欧共体成员国的法律之间发生。这类文化冲突十分罕见。这里首先要提及马耳他,该国居民97%为天主教徒,天主教在政治和文化上有着巨大的社会影响。因此马耳他的法律直到今天也不认可国内离婚,但却承认在国外进行的离婚。按照欧洲人权法院1986年12月18日针对"约翰斯顿诉爱尔兰"案④所做的判决,不许离婚无论如何是不违反《欧洲人权公约》的,根据该司法判例,该公约并不承认有离婚的权利。《欧盟基本权利宪章》第9条也应从

---

① 在《欧洲共同体条约》第234条所规定的通常移交程序中,各国的各审级法院都可以移交,终审法院必须移交,与此不同的是,在《欧洲共同体条约》第68条所指的程序中,只有成员国的终审法院才有权移交。

② 对此,另请参见MünchKomm-Sonnenberger, BGB, 4. Aufl. 2006, Einl. IPR Rz. 352。

③ EuGH v. 28.3.2000-Rs. C-7/98 (*Krombach ./. Bamberski*), IPRax 2000, 406 mit Aufsatz *Piekenbrock*, ebd., 364 ff. = Rev. Crit. 2000, 481 mit Anm. *Muir Watt* = Clunet 2001, 690 Bericht *Huet*; siehe auch noch *Matscher*, Der verfahrensrechtliche ordre public im Spannungsfeld von EMRK und Gemeinschaftsrecht-Bemerkungen zu den Urteilen des EuGH und des EGMR in der Sache Krombach (zu EMRKG v. 13.2.2001 -29731/96 - *Krombach ./. Frankreich*), IPRax 2001, 428 ff.

④ 6/1985/92/139, Ser. A No. 112 = EuGRZ 1987, 313.

这种意义上予以解释。[①] 然而我怀疑它能否被遵守。[②]

与此相反,联邦法院[③]在2006年10月11日的判决中裁定,教会法所规定的婚姻不可解除性在今天(42年前还不是这样)[④]与《基本法》第6条第1款以及德国公共秩序相抵触。这一判决涉及的是一对在叙利亚加尔丁教(一个天主教的东正教会)的牧师处办理结婚的叙利亚夫妻。这位丈夫既不信仰罗马天主教,也不信奉叙利亚天主教,而妻子则是叙利亚东正教教徒。卡尔斯鲁尔的州高等法院还以文化认同为论据否定了一项有关违反公共秩序的指控。法院指出,在家庭法方面,恰恰应考虑与原籍国的社会发展所存在的特殊联系。这尤其适用于夫妻双方在联邦德国境内没有稳定居所的情况。[⑤] 海德霍夫(Heiderhoff)[⑥]也持这种观点。她也借助文化认同间接地提出了论证,并且认为,如果夫妻双方共同的本国法被援引为离婚准据法,那么就说明与国内的关系通常不够充分,因此只在少数情况下被认定为违背公共秩序。当夫妻双方已经同自己的祖国非常疏远时,例如他们长期在德国生活而且没有任何回国打算时,实际情况就应另当别论。[⑦]

与之相反,联邦法院认为离婚的可能性在德国是基本存在的,从而在今天肯定了违反公共秩序的行为。根据联邦法院对德国法律核心部分的看法,夫妻双方能够在法律规定的前提之下离婚,并借此重新获得其结婚自由权,这也属于与内国有充分联系的情况,人们必须对其予以肯定。法院的理由使人相信:《基本法》第6条第1款奠定了“世俗的”

---

① Meyer-Bernsdorff, Kommentar zur Charta der Grundrechte der Europäischen Union, 2. Aufl. 2006, Art. 9 Rz. 15.

② 对此,参见 Wolff, Ehe und Familie in Europa, EuR 2005, 721 ff。

③ BGHZ 169, 240 = NJW-RR 2007, 145; dazu u. a. *Elwan/Menhofer*, Scheidungswunsch versus in Syrien geltendes Recht der unierten Ostkirchen? -Zur Entscheidung des BGH vom 11.10.2006, StAZ 2007, 325 ff.; sowie die Anmerkungen von Henrich, FamRZ 2007, 109; *Rauscher*, JZ 2007, 738.

④ BGHZ 41, 136, 147; 42, 7, 11.

⑤ OLG Karlsruhe IPRax 2006, 181 mit Aufsatz *Rauscher*, Bis dass der Tod Euch scheide?, ebd., 129.

⑥ Beck'scher Online-Kommentar-*Heiderhoff*, Art. 17 EGBGB Rz. 69.

⑦ Beck'scher Online-Kommentar-*Heiderhoff*, Art. 17 EGBGB Rz. 69.

的民事婚姻形象的基础。夫妻可以在法律规定的前提之下离婚,并借此重新获得其结婚自由权的情况也属于其范畴。[1]

然而,在适用被视为欧洲内部实例的马耳他法律时,德国法院必定很少动用公共秩序制度,因为这可以从下面的情况中得到理解:当夫妻一方拥有法院国的国籍或者在法院国有住所时,有管辖权的外国法院不得不适用其自己的离婚法。就此而言,在大部分情况下都会反致德国法律。

(二)宗教引发的文化认同成为法律冲突的主要领域

一旦说起在人法、家庭法和继承法方面的文化法律冲突,由宗教引发的法律冲突就首当其冲。国际法研究院在2005年9月25日关于"文化差异和家庭国际私法中的公共秩序"的决议中集中关注了这个领域。这一领域之所以十分重要,是因为宗教在世界范围内重新赢得了举足轻重的地位,同时,当宗教共同体想要帮助差不多包罗万象、无所限制的宗教法律的效力要求比国家法得以更好地贯彻实施时,就此而言,发生了宗教政治化。这点在"再伊斯兰化"运动中显而易见。[2]目前存在的紧张局势是,既要顾及视宗教为一种引发认同的元素的法律服从者,同时也不能妨害受国家保障的其他人的自由空间。

(三)宗教法的表现形式

德国冲突法以及尚在计划中的欧盟冲突法条例[3]只援引国家法

---

① BGHZ 169, 240, 252 f.

② Ladeur, Der Mythos vom neutralen Staat, JZ 2007, 12 ff.-Allgemeiner zur Reislamisierung im Recht siehe *Klingmüller*, Betrachtungen zur Reislamisierung im Recht, Festschrift für Heinz Hübner, 1984, 85 ff.; ders., Recht und Religion, Festschrift für Abdoldjawad Falaturi, 1991, 47 ff. Siehe ferner *Salwa Ismail*, Islamism, Re-Islamization and the Fashioning of Muslims selves, Muslim World Journal of Human Rights, Volume 4, Issue 1, 2007, Article 3 (über Berkeley Electronic Press 2007).

③ 对于欧盟国际合同法领域有关非国家法的可选择性的讨论,参见Wulf-Henning Roth, Zur Wählbarkeit nichtstaatlichen Rechts, Festschrift für Erik Jayme, 2004, 757 ff.; Teichert, Lückenfüllung im CISG mittels UNIDROIT-Prinzipien-Zugleich ein Beitrag zur Wählbarkeit nichtstaatlichen Rechts, 2006。此外,另请参见Bälz, Die islamische Scharia als Vertragsstatut? Kollisionsrechtliche Aspekte des Islamic Banking, Festschrift für Omaia Elwan, 2001, 63 ff。

律。这一结论得之于《民法典施行法》第 3 条、第 4 条规定以及迄今所开展的条例准备工作。因此，只有当国家法律指责受宗教影响的法律规范或者援引宗教法律时，才会出现宗教引发的文化冲突。对宗教法可以进行不同的理解（参见下文 1 和 2）。

1. 天启法（offenbartes Recht，即受上帝启示的法律）

许多国家的法律体系都直接援引宗教法，即通过宗教团体自身所保存或创建的法律。宗教团体认为国家法律尊重自治的宗教法，因为在他们看来，宗教法的效力要求应自有规定。[①] 梵蒂冈援引的是教会婚姻法。以色列、伊朗或叙利亚通过其宗教间的家庭法——我们通过《民法典施行法》第 4 条第 3 款来关注——分别根据法律服从者的宗教归属来援引其宗教团体的法律，即犹太人遵守犹太教的法律，天主教遵守教会法，什叶派教徒遵守什叶派法律，逊尼派遵守逊尼派法律，等等。

2. 受宗教影响的国家法律

在许多阿拉伯和非洲国家的法律体系中，可以找到深受宗教影响的法律规范。[②] 在那里，国家立法机关编纂了宗教法律原则，并且时常对其进行或多或少的修改，以试图适应当今的人权标准，这种情况已发

---

① 对于国家立法和宗教法的具体关系和差别，参见 Krüger, Beharrung und Entwicklung im islamischen Rechtsbereich, in: Freitag et al. (Hrsg.), Internationales Familienrecht im 21. Jahrhundert, 2006, 171 ff., 182 ff., 186 ff., 204 f.; Siehr, Minderheiten im Internationalen Privatrecht, Festschrift für Apostolos Georgidades, 2006, 921; 929; 另参见 Schwarz, Das Recht Afghanistans, IPRax 2005, 383, 384。

② 参见对受伊斯兰教影响的国家的有关综述，MünchKomm-Sonnenberger, BGB, 4. Aufl. 2006, Einl. IPR Rz. 334. 对于“沙利亚”在不同阿拉伯国家宪法中的作用，参见 Yassari (Hrsg.), The sharià in the constitutions of Afghanistan, Iran and Egypt-Implications for Private Law, 2005. 对于伊斯兰法律规范的编纂，参见 Krüger, Beharrung und Entwicklung im islamischen Rechtsbereich, in: Freitag et al. (Hrsg.), Internationales Familienrecht im 21. Jahrhundert, 2006, 171, 184 ff. 还请参见 Ebert, Das Erbrecht arabischer Länder, 2004, 29 ff.; ders., Das Personalstatut arabischer Länder: Problemfelder, Methoden, Perspektiven, 1996, 31 ff.; Menhofer, Neues Internationales Privatrecht in Tunesien, IPRax 1999, 267; Nelle, Neues Kollisionsrecht in Algerien, IPRax 2007, 548; Peter Scholz, Erbrecht der maghrebinischen Staaten und deutscher ordre public, 2006, 4 ff; Kotzur, Kollisionsrechtliche Probleme christlich-islamischer Ehen, 1988, 11 ff。

生于突尼斯和摩洛哥部分地区。

但由于多元社会对法律的反作用,这些从尊重文化认同的角度所制定的规范也出现在新近的西方法律之中。西班牙承认在“伊玛目”(Imam,伊斯兰教教长)处结婚的特殊形式,英国则承认在拉比(Rabbi,犹太教学者)面前缔结的婚姻。我们可以设立具有类似功能的制度,来取代带有宗教烙印的法律制度。虽然古兰经禁止领养,但伊斯兰教的法律体系认可一种对孩子作出保护承诺的“卡法拉”(Kafalla)制度。西班牙法律已设立了与之功能相同的“接受孩子融入家庭”制度。①

3. 受地域限制的特殊宗教法

接下来关注受宗教影响的特殊法律形式,也就是说国家为少数民族制定的特殊法律规范,这种特殊的法律只在有限的地域范围内施行。在西色雷斯(Westthrazien)施行的穆斯林家庭法就是这样一种法律。②按照希腊和土耳其之间的国际条约,希腊法院有义务在其这部分国土上承认穆夫提(伊斯兰教法典说明官)按照伊斯兰法律对伊斯兰居民所做的司法判决。③ 如果冲突法援引希腊法律为离婚准据法,那么德国法院对来自西色雷斯的希腊穆斯林,应按照穆斯林法律还是按照希腊国家法律来判决离婚呢?答案取决于西色雷斯特殊规范的国际和人际适用范围,德国法院必须通过《民法典施行法》第4条第3款遵守该规定。对此有不同的看法,④但这里不予评判。

这个案件证明,少数民族的文化认同如何能在其聚居区中受到国家法律的尊重。与其本身不受限制的效力要求相反,宗教法的地域适用范围受到国家法律的限制。

---

① 参见下文六。

② 对此,参见 IPG 2003/2004 Nr. 22 (*Freiburg*); Muslims in the European Union. Discrimination and Islamophobia, EUMC 2006, 30, ferner 23, 27。

③ Siehr, Minderheiten im Internationalen Privatrecht, Festschrift für Apostolos Georgidades, 2006, 921, 930 f.

④ 仅在西色雷斯适用的法律,参见 Siehr, Festschrift für Apostolos Georgidades, 2006, 921, 930 f.; IPG 2003/2004 Nr. 22 (*Freiburg*), aA Krüger, in einem bisher unveröffentlichten Gutachten, das dem Verfasser vorliegt, erscheint in IPG 2005/2006 Nr. 31 (*Köln*)。

4. 并行执行尊重宗教认同的宗教行为

各国法院时常会自问，如果法院不得不根据德国法律或者其他非伊斯兰教法律进行裁决，那么它是否也必须或者说可以考虑当事人的带有宗教色彩的法律观念？所以也就可能存在这样的希望：在国家离婚程序中遵守带有宗教印记的离婚形式，这样就至少可以实现在离婚判决中所确定的宗教并行执行，使得夫妻双方也能根据宗教法以宗教形式缔结新的婚姻。

绝大多数人承认，德国法院应双方当事人的一致要求，在诉讼程序内可以给予当事人机会，使那些根据伊斯兰教（或犹太教）法律必需的私人法律行为（休妻 = 将妻子驱逐出家门，双方一致同意交付离婚证书）——即使在拉比、伊玛目或其他宗教证人在场的情况下——得以完成，并且在判决中也坚持这点。由于《民法典施行法》第 17 条第 2 款规定，在德国只能通过法院解除婚姻关系，因此在德国所宣告的私人离婚从国家的角度来说是无效的。但它也许展现了在宗教并行法律制度中的所有影响。只要是在双方当事人一致同意，且婚姻关系通过国家法院解除的情况下发生的，那么我并不认为允许宗教上的并行执行进入国家司法程序是一种违反德国程序法或实体法的行为。①

一个另当别论的问题是，法院所适用的离婚法在内容上是否违反公共秩序？除此之外还有一种情况，当妻子在具体案件中被阻止离婚，即使丈夫违背了妻子对婚姻的意愿，但他独自一人的平行愿望就可导致离婚。在这种情况下，出于以宪法和人权法上的平等原则为基础的公共秩序方面的原因，外国法律的离婚禁令不予遵守。这时，通常情况

---

① 对于这个无争议的问题，详细参见 Siehr, Die Berücksichtigung religiösen Rechts bei gerichtlicher Scheidung jüdischer Ehepaare, Festschrift für Peter Schlosser, 2005, 877, 894 ff.; OLG München IPRax 1989, 238；赞同的有 Jayme, Talaq nach islamischem Recht und deutscher ordre public, ebd. ,223；AG Esslingen IPRax 1993, 250；Gottwald, Deutsche Probleme internationaler Familienverfahren, in：Heldrich（Hrsg.）, Festschrift für Hideo Nakamura, 1996, 187, 192 f.; Lüderitz, "Talâq" vor deutschen Gerichten, Festschrift für Gottfried Baumgärtel, 1990, 333, 337 ff.; Wähler, Islamische talaq-Scheidungen vor deutschen Gerichten, in：Kronke/Reinhart/Witteborg（Hrsg.）, Islamisches und arabisches Recht als Problem der Rechtsanwendung, 2001, 113 ff。

下会将德国离婚法作为替代法予以适用,或者将外国离婚准据法中只适用于丈夫的离婚理由同样运用于妻子。在这种情况下,并行执行就或许没有任何意义了,因为它对自治的宗教法律无效。

由于并行执行通常能满足这样的要求,即国家法律不应被理解为对自身宗教认同的干预并因此与宗教法疏远,而应被认为与宗教法规协调一致,因此只有在具备特定条件时,方能允许并行执行并在判决中予以认定。

(四)公共秩序与宗教法

德国《民法典施行法》第6条规定,在适用外国法时,如果适用外国法律规范的结果显然违背德国法律的根本原则,则不适用该外国规范。尤其当适用外国法律规范和受德国法保护的基本权利明显相抵触时,不得予以适用(《民法典施行法》第6条第2句)。正如前文所阐述的那样,宗教的自我认知常常对个人的文化认同有着重要影响。尤其在以联邦德国、奥地利和瑞士的西方国家世俗法律为一方,以宗教法律为另一方的两者之间,存在着价值观念上的冲突。在我们致力于解决这些问题之前,应该用比较法的眼光来看待公共秩序在欧洲的意义。

在适用居所地原则时,由于冲突规范很少会援引外国法律,使得公共秩序的重要性被削弱。多数情况下,在双方当事人的居所地法院提起诉讼。这一论题的正确性已在法院地法占主导地位的美国法律中体现出来,此外美国法律已经在连结点的层面上考虑了政策考量因素。原则上,公共秩序理论在英国法律中并没有像在一些欧洲大陆国家(如法国、德国)的法律中那样扮演十分重要的角色,因为英国冲突法在家庭法的很多领域(离婚、分居、扶养、监护权、收养)以及为了公共利益的传统适用范围内,都规定了住所或者法院地为连结因素,而这些连结因素在英国提起的诉讼程序中实际上经常援引英国法律。① 当适

① 参见 Morris (*McClean/Beevers*), The Conflict of Laws, 6. Aufl. 2005, Rz. 3-003; Dicey & Morris (*Collins u. a.*), The Conflict of Laws, Bd. 1, 14. Aufl. 2008, Rz. 5-004; Collier, Conflict of Laws, 3. Aufl. 2001, 361.

用外国法时，英国法院并不遵从带有歧视性的外国法律，[①]即使该外国法可能受宗教影响也是如此。因此，神父及修女禁止结婚，还有一些对离异者的结婚限制也不予遵守。[②] 一夫多妻制或者通过代理所缔结的婚姻的有效性以及在英国人看来属于近亲属之间的婚姻，反而得到认可，但是，近亲结婚并不是指近亲之间的性交行为，该行为依照英国法属于乱伦而应受刑罚。[③] 另外，和一个未到青春期的孩子结婚，也会被视为违反公共秩序。[④]

比起英国法院，德国法院更热衷于公共秩序审查。其原因在于，由于德国在婚姻法、继承法和人法上优先采用国籍连结因素，对于在德国生活并在此寻求司法保护的外国人更多地会适用外国法，所以德国法院适用外国法的次数也更多。虽然德国通过公共秩序限制外国法适用的法院判决要比瑞士和英国多，但这并不表示德国对外国法不太宽容。恰恰相反，正是因为德国的法律体系给予在该国居住的外国人更多适用外国法的机会，使得其法院比瑞士法院[⑤]或者英国法院更多地面临着限制适用外国法的问题。

与法国相比，无论是在肯定公共秩序的干预功能还是在其法律后果方面，德国法院在运用公共秩序方面的司法实践是非常保守的。在

---

① Morris (*McClean/Beevers*), The Conflict of Laws, 6. Aufl. 2005, Rz. 3 – 006; Collier ,Conflict of Laws, 3. Aufl. 2001, 362 f.; Dicey & Morris (*Collins u. a.*), The Conflict of Laws, Bd. 1, 14. Aufl. 2008, Rz. 5 – 010. North/Fawcett, Cheshire and North's Private International Law, 13. Aufl. 1999, 127 f.

② 也不是绝对禁止结婚或者禁止与其种姓或宗族外的人结婚，参见 North/Fawcett, Cheshire and North's Private International Law, 13. Aufl. 1999, 733 f。

③ Morris (*McClean/Beevers*), The Conflict of Laws, 6. Aufl. 2005, Rz. 3 – 006; Dicey & Morris (*Collins u. a.*), The Conflict of Laws, Bd. 1, 14. Aufl. 2008, Rz. 5 – 011 f. 在"*Cheni v. Cheni*"案中因为乱伦，导致结婚无效；其评论见 North/Fawcett, Cheshire and North's Private International Law, 13. Aufl., 1999, 733。

④ Morris (*McClean/Beevers*), The Conflict of Laws, 6. Aufl. 2005, Rz. 3 – 006; Dicey & Morris (*Collins u. a.*), The Conflict of Laws, Bd. 1, 14. Aufl. 2008, Rz. 5 – 011.

⑤ 对于德国和瑞士法律中有关属人法的连结点原则，参见前文三(二)部分的有关论述。

法国理论界,①人们抱怨道:与德国相比,法国会更快地通过公共秩序来阻碍对外国法律的适用。②

1. 德国法院和公共秩序

现在我们来探讨公共秩序的个别重要问题。这里要区分两种不同的情景。第一种情况,应当指定国家法院,以促使当事人参与受宗教影响的行为。这里我将以"离婚证法规"(*get* statutes)为例。第二种情况是,国家法院为查明法律可以援用宗教法或者受宗教影响的法律。

2. 国家不得强制宗教信仰:以"离婚证法规"为例

如果所援引的外国法律规定国家对宗教信仰采取强制行为,则违反了《民法典施行法》第6条,因为当事人的宗教信仰自由会因德国的司法主权行为而受到损害。

这一命题应以所谓的"离婚证法规"为例予以证明。众所周知,希伯来语中的"*get*"是指"离婚证书",由丈夫在离婚时按照犹太法的规定交给妻子。③ 当应适用的外国离婚法规定以交付离婚证书为前提条件时,德国法院能否在没有交付离婚证书的情况下判决离婚?④ 这个问题在下文中不予讨论,相反探讨的是与此相分离的问题:即使交付离婚证书不是国家判决离婚的前提条件,国家法院能否出于对宗教并行

---

① Loussouarn/Bourel/Vareilles – Sommières, Droit international privé, 8e édition 2004, Rz. 248;另参见 *Audit*, Droit international privé, 4e édition 2006, Rz. 309 a. E。

② Battifol/Lagarde, Traité de Droit International Privé, Tome 1, 8e édition 1993, Rn. 356.

③ 参见 Herfarth, Get – Statutes und ihre Anwendbarkeit in Deutschland, IPRax 2002, 17 ff.; Hirschfeld, Die Anwendung von Get Statutes und die Anerkennung von auf Get Statutes beruhenden ausländischen Urteilen in Deutschland, 2007, 8 ff.; ferner Einhorn, Jewish Divorce in the International Arena, Liber amicorum Kurt Siehr, 2000, 135 ff.; Siehr, Festschrift für Peter Schlosser, 877, 878。

④ 根据联邦法院对于有关婚姻的不可仲裁性(BGH NJW-RR 2007, 145, 148)是否构成违反公共秩序所做的判决,这在任何情况下是应予肯定,参见 Herfarth, Die Scheidung nach jüdischem Recht im internationalen Zivilverfahrensrecht, 2000, 409 ff.;其评价,参见 Herfarths, ebd., 415(由于未交付离婚证书而不得离婚,不构成违反公共秩序),我不是说因为没有交付离婚证书就会对事实上的离婚有影响,就有同等的法律效力。

离婚的考虑而强制要求交付离婚证书？下文将探讨所谓的“离婚证法规”的可适用性，而不是通过制裁来强迫进行契约性的“离婚证书”约定或者契约、侵权方面的损害赔偿请求，而在损害赔偿请求中也会继续出现下列权衡问题。[①]

如同南非一样，美国纽约州和加拿大的安大略省都熟悉所谓的“离婚证法规”。[②] 英国《1996 年家庭法》第 9 条第 3 款也有相似的规定。[③] 这些特殊的规定应该确保，国家判决离婚的可能性不能由夫妻一方用来拒绝并行的宗教离婚。国家法官可以通过扣押国家离婚判决书、更改扶养请求或财产分割来给拒绝宗教方式的并行离婚的夫妻一方施加压力。通过这种方式给予夫妻另一方以自由，以便从宗教婚姻中解脱出来，使自己能够再次以宗教方式结婚。制定“离婚证法规”时应保持宗教中立，在出现私下离婚时予以介入，并首先适用于犹太人和伊斯兰教徒通过单方或者协商一致的法律行为所进行的离婚。

通过“离婚证法规”，国家的立法者消除了由于宗教的集团法(Gruppenrecht)的整体效力要求不得凌驾于国家法而产生的不利因素。一个因为宗教原因而受制于这个整体效力要求的夫妻一方，不得因此而蒙受不利。法律旨在特别保护那些根据犹太法只有解除第一次婚姻时方可再婚的女性。当妻子拒绝自愿受领离婚证书时，其丈夫也许可以开始一次新(形式上是第二次)的婚姻。“离婚证法规”的世俗目的主要是保障妇女享有在宗教形式上第二次结婚的自由。如果她有小孩

---

① 对于这些，参见 Siehr, Festschrift für Peter Schlosser, 877, 886 ff(附有所做司法判决的例证)；对于德国和法国的司法判决，另请参见 *Remien*, Rechtsverwirklichung durch Zwangsgeld, 1992, 169 – 171；对于一般问题，参见 Wengler, Internationales Privatrecht Ⅱ, 1981, 846 N. 35. 这里对于损害赔偿责任和判处交付离婚证及其借助罚金来执行进行了区分。

② Zu ihnen siehe Herfarth, Die Scheidung nach jüdischem Recht im internationalen Zivilverfahrensrecht, 2000, 279 ff.; ders., IPRax 2002, 17, 18 ff.; Hirschfeld, Die Anwendung von Get Statutes und die Anerkennung von auf Get Statutes beruhenden ausländischen Urteilen in Deutschland, 2007, 34 ff.; Gottwald, Deutsche Probleme internationaler Familienverfahren, in: Heldrich (Hrsg.), Festschrift für Hideo Nakamura, 1996, 187 ff.

③ Family Law Act 1996, Chapter 27.

的话,即使在宗教上她还和第一次婚姻有关联,但她和另一个男人所生的孩子就是所谓的“私生子”(Manzer),①这个私生子本身只能和另一个私生子或者改变宗教信仰者结婚。②

这些规定也可调整纯内部案件。它表明实体法律是如何向宗教观念敞开的。这对于德国法律来说恰恰不是顺理成章的。德国《民法典》明确规定,《民法典》意义上的民事婚姻并不影响其宗教义务。这意味着——在俾斯麦文化斗争经验的背景下——德国的婚姻法是以明确区分宗教婚姻和民事婚姻的范围为前提的。现在就提出了这样一个问题:假设纽约州的法律被援引为离婚准据法,那么德国是否可以适用纽约离婚法中的法定“离婚证法规”?或者,比方说纽约州的离婚法通过制裁措施(不准离婚、提高扶养费等)间接地强制男方参与实施宗教法所规定的行为(交付离婚证书,并据此执行宗教离婚决定),其适用是否违背了公共秩序?根据《基本法》第4条规定,男方在其消极的宗教信仰自由(Negative Religionsfreiheit)中受到损害。联邦宪法法院在对“耶稣受难十字架”案所做判决(Kruzifix-Entscheidung)③中强调:根据《基本法》第4条第1款,个人无权免受国外的信仰宣言、宗教仪式行为和宗教符号的侵害。但是根据《基本法》第4条规定,个人有权免受特定信仰、宗教仪式的影响。《基本法》第4条第1款要求在生活领域内保证个人的自由,生活领域不应托付给社会自治组织,而应由国家负责。这意味着:《基本法》第4条防止人们被国家强制去从事体现一定宗教信仰的行为。

司法裁判权,包括离婚判决方面的司法裁判权,也属于国家的预防措施。如果《基本法》第4条不仅涵盖宗教仪式行为(这不是交付离婚证书的行为),而且还涉及根据宗教团体的自我认知属于宗教信仰(这属于交付离婚证书行为)的所有行为,则该条款所规定的保护范围在适用“离婚证法规”时就是开放性的。原则上,交付离婚证书视为遵从犹太法,属于宗教信仰的范畴,因此也在《基本法》第4条的保护范围

① 英语中,这个词语被翻译为“Bastard”。

② 特别参见 Einhorn, Liber amicorum Kurt Siehr, 135, 137。

③ BVerfGE 93, 1, 15 f.

之列。[①] 如果人们会想到法律和宗教在神律论体系(theonomic System)中不会像在犹太法中那样发生分离,那么也是这种情况。因为一方面"离婚证书"模式通过"根据摩西和以色列的法律"这些措辞清楚地表明了"离婚证书"交付与宗教的关系。[②] 另一方面,如果在任何情况下都能像"离婚证书"一样与上帝产生这样一种联系(Gottesbezug),那么在具有全面的效力和规范化要求的、受上帝启示的法律制度中,如犹太法律,就无法明确地实现宗教行为和那些与宗教有关行为的分离。赫尔法特(Herfarth)已经明确强调,要区分仪式性的伊斯兰教或犹太教法律与非仪式性的宗教法律是不可能的。因为所涉及的宗教作为神律论体系都有着全面的规范要求,因此这种区分对这些宗教来说是十分少见的。现在,如果一国法院想要作出这种区分,那么这个法院就要确定:什么是犹太教和伊斯兰教?这样,国家就不会限制宗教信仰,而是无视宗教的自我认识作出内容上的规定。[③]

无论如何,如果拒绝交付"离婚证"与宗教无关,而是由于其他的诸如随意原因引起的,或者应视为刁难(如作为复仇行为或者作为特定扶养规则的施压手段),就不会产生《基本法》第4条意义上的任何违法行为。还有,谁在结婚时表现出对宗教婚姻的冷漠,也就是只应妻子的要求参与了宗教婚礼,将不太可能援引《基本法》第4条意义上的消极宗教自由。因为他已经表明,他并没有将遵守宗教形式理解为宗教信仰。然而,即使是更虔诚或者说在教派上表现更积极的犹太人,也不能援引他的消极宗教信仰自由。因为他所认为的宗教应包括这种情

① 参见 Herfarth, Die Scheidung nach jüdischem Recht im internationalen Zivilverfahrensrecht, 2000, 115 ff., 121 f.; Hirschfeld, Die Anwendung von Get Statutes und die Anerkennung von auf Get Statutes beruhenden ausländischen Urteilen in Deutschland, 76 ff。

② Hirschfeld, Die Anwendung von Get Statutes und die Anerkennung von auf Get Statutes beruhenden ausländischen Urteilen in Deutschland, 2007, 78; ähnlich die Wertung von RGZ 57, 250 (zu einem Vergleich). 至于"离婚证书"(*get*)的范式,参见 Einhorn, Liber amicorum Kurt Siehr, 135, 137。

③ Herfarth, Die Scheidung nach jüdischem Recht im internationalen Zivilverfahrensrecht, 2000, 121 f., ferner 75 f.

况,即在具体个案中,如果丈夫无理拒绝交付离婚证书,可能要遭受犹太法院的强制措施。这里虽然很有争议,然而宗教法院却可以在(特定的)个案中实行强制交付。① 但是,拒绝交付"离婚证书"的丈夫不能根据《基本法》第4条单独援引他的宗教中对其有利的部分。② 因此欧洲人权委员会1983年12月6日的决议③也不反对这一看法。这个犹太丈夫因拒绝交付"离婚证书"而被一个法国法院判决支付损害赔偿金,他援引了他享有积极的宗教信仰自由权作为辩护。④ 如果他交付了离婚证书,那他就能够作为牧师家族的成员,不能再与他以前的妻子缔结第二次宗教婚姻,因为她当时处于离婚状态,然而他作为牧师家族的成员不得再与离婚的女子结婚。因为他的拒绝不符合犹太法律,犹太法律也不认可这样一种拒绝理由,因此不构成违反《欧洲人权公约》第9条。

因此,那些因为消极的宗教信仰自由而受伤人群的范围缩减到了这样一些男性,⑤他们作为虔诚的犹太人踏入婚姻殿堂,然后再从内心背离这种信仰并因此——但不是因为随意和刁难——不想交付离婚证书。但满足这些前提条件的情况却相当少。

对于这一群人还有一个问题,即是否应否认违反德国公共秩序,因

---

① Herfarth, Die Scheidung nach jüdischem Recht im internationalen Zivilverfahrensrecht, 2000, 31 f.; Hirschfeld, Die Anwendung von Get Statutes und die Anerkennung von auf Get Statutes beruhenden ausländischen Urteilen in Deutschland, 2007, 17 ff.; Siehr, Festschrift für Peter Schlosser, 877, 883. 但是,值得注意的是,在文意上并不是指以色列的拉比法院(Rabbinatsgericht)按照世俗法律上发布的执行令,而是由拉比法院自己在即使不具有执行的可能性的情况下发布的强制措施命令。

② 这并不取决于拉比法院(Rabbinatsgericht)能否在具体案件中发布强制措施令。其他观点,参见 Remien, Rechtsverwirklichung durch Zwangsgeld, 1992, 171。

③ EMRKom., D./Frankreich, E 10180/82, European Commission of Human Rights-Decisions and Reports 35, 199.

④ 对其评价,参见 Herfarth, Die Scheidung nach jüdischem Recht im internationalen Zivilverfahrensrecht, 2000, 134。

⑤ 对于何时妇女能因为《民法典施行法》第6条而不能援引"离婚证规定",参见 Hirschfeld, Die Anwendung von Get Statutes und die Anerkennung von auf Get Statutes beruhenden ausländischen Urteilen in Deutschland, 2007, 93。

为在实际一致的方法上也应该考虑妇女的婚姻自由及其积极的宗教信仰自由，而采取这些强制措施就是为了保护这些自由。

在这种情况下，因为《基本法》第6条第1款只保护缔结世俗婚姻(staatliche Ehe)的权利，因此妻子不能援引该条款下的结婚自由。假如外国的离婚或结婚准据法以没有交付离婚证书为由，不允许解除第一次婚姻关系或者进行第二次结婚，那么，在德国却因为受到《民法典施行法》第6条和第13条第2款的保护，使她有可能(在德国法院)解除第一次婚姻并(在户政官员处)进行第二次民事结婚。以宗教形式按照宗教法结婚的自由，不受《基本法》第6条第1款的保护。①

因此，她可以仅仅以《基本法》第4条为依据。② 但是，《基本法》第4条规定的防御权原则上并没有使法院负有义务去让每个人获得实际的宗教信仰机会。③ 因此，在我看来，丈夫的消极宗教信仰自由必须予以执行。因而，对于丈夫发生宗教信仰改变或转向信仰另一种宗教的情况，可以得出这样的结论，“离婚证法规”的适用违反了《民法典施行法》第6条，因为在这种情形下，相对于女人的积极宗教信仰自由，男人的消极宗教信仰自由也必须得以实现。

让我们回顾一下，正是《民法典》第1588条明确区分了宗教婚姻法和世俗的国家婚姻法。无论离婚准据法是德国法律还是外国法律，一个虔诚的天主教徒均不能根据天主教法以婚姻的神圣性及其不可解除性为由去妨碍国家解除婚姻。④ 这种评价对于我们要回答的问题很重要。

---

① 对于婚姻的概念，参见 Maunz/Dürig/Herzog-*Badura*, Grundgesetz, Art. 6 Abs. 1 GG Rz. 47 (Stand: 2000); Hirschfeld, Die Anwendung von Get Statutes und die Anerkennung von auf Get Statutes beruhenden ausländischen Urteilen in Deutschland, 2007, 86 f。

② Zu Art. 3 Abs. 3 S. 1 GG siehe Hirschfeld, Die Anwendung von Get Statutes und die Anerkennung von auf Get Statutes beruhenden ausländischen Urteilen in Deutschland, 2007, 83.

③ 参见 Maunz/Dürig/Herzog-*Herzog*, Grundgesetz, Art. 4 GG Rz. 4108 (Stand: 2000)。

④ BGH NJW-RR 2007, 145 ff. zum ordre public-Verstoß des kirchenrechtlichen Scheidungsverbots.

因此,在刚才所探讨的情况下,尽管德国冲突法援引了"离婚证法规",但是德国法院不能予以适用。这种看法已得到奥尔登堡的州高等法院的证实。[①] 在德国受理的一起离婚案件中,法院忽视了已在以色列受理但尚未作出判决的并行离婚诉讼程序,原因在于丈夫拒绝前往以色列并在那里的犹太法院审理程序中交出离婚证书。在以色列,法院在这种情况下可以采取诸如囚禁等强制手段。

法院争辩说,在以色列的诉讼程序中,因没有交付离婚证书而导致不能离婚,这无论如何是说不通的。间接的强制措施(如同德国法院为尊重外国案件的悬而未决而采取的措施一样)也将违反《基本法》第4条、《欧洲人权公约》第9条以及德国《民法典施行法》第6条。

如果夫妻一方参与宗教法行为被视作宗教信仰,并且他——在上述前提条件下——援引其消极的宗教信仰自由,那么,夫妻另一方的文化宗教认同也因此不被尊重,而对这种文化宗教认同的尊重就要求必须同时执行宗教离婚程序。

3. 结果审查而不是规范审查

借助《民法典施行法》第6条不适用外国法,是基于为个案而制定的具体冲突规范(所援引的外国法的适用违反了公共秩序)。《民法典施行法》第6条从普通的法律方面授权去打破常用的冲突规范。基本权利和国际法上的义务[②]可能会促使强制采用公共秩序保留制度。此

① OLG Oldenburg IPRax 2007, 137 m. Anm. *Henrich*.

② 国际法价值也属于德国法的基本价值(《民法典施行法》第6条第1句),因为根据《基本法》第25条和第59条,它们也属于德国联邦法的组成部分,参见 AnwaltKomm-Schulze, BGB, 2005, Art. 6 EGBGB Rz. 12; MünchKomm-*Sonnenberger*, BGB, 4. Aufl. 2006, Art. 6 EGBGB Rz. 50; Looschelders, Internationales Privatrecht, 2004, Art. 6 Rz. 22。但是,根据《基本法》第25条第2句,强行国际法与其他的一般联邦法相比,具有优先效力,因此也比《基本法》第6条第1款第1句有优先效力。其他观点认为,国际法原则应属于《民法典施行法》第6条第2句的范畴,参见 *Coester-Waltjen*, BerDGesVR 38 (1998), 9, 19 f.; Palandt-*Heldrich*, BGB, 67. Aufl. 2008, Art. 6 EGBGB Rz. 7; Peter Scholz, Islamisch geprägtes Erbrecht und deutscher ordre public, in: Ebert/Hanstein (Hrsg.), Beiträge zum Islamischen Recht VI, 2007, 9, 14 f.; Spickhoff, Der ordre public im internationalen Privatrecht, 1989, 121; Voltz, Menschenrechte und ordre public im Internationalen Privatrecht, 2002, 258。

外,作为审查标准而出现的还有内国法的基本价值,这也可能不是宪法和国际法所支持的主张。

《民法典施行法》第6条限制适用本应援引的外国法,并不违背经由《民法典施行法》第25条作为联邦法而应予以遵守的国际法一般基本规则。联邦法院已强调:不仅仅是《基本法》的前言、第1条第2款、第24条、第25条,还有整个的宪法体系都深受多元化原则和宽容原则的影响。因此,《基本法》承认其他国家为国际法共同体的平等成员,并尊重其法律体系的独立性。这种套路符合联邦宪法法院最近[①]才确认的司法判例。[②] 但是,这种对其他国家法律的尊重既不能使内国的国家主权机构负有义务去适用外国法律,[③]又不能在适用外国法时为侵犯基本权利和人权进行辩解。适用外国法律的条件,由各国立法者自行决定。因此,应适用的宗教(潜在地影响文化认同的)规范毫不减损地受制于《民法典施行法》第6条。

《民法典施行法》第6条的公共秩序审查对象并非外国法律规范本身,而是德国法院在适用外国法律时由于其判决而必须采取的属于国家暴力的主权行为致使违反基本价值观念、宪法,尤其是基本权利和国际法的问题。因此,审查的应是德国的主权行为,而不是外国法律规范本身。这时,外国法规范本身的效力要求一般不会有争议。因此,《民法典施行法》第6条也并没有直接地审查影响文化认同的宗教规范。它讲的不是有关这些规范的价值评判,而是由内国国家主权机构确定其在内国的适用条件,因为德国的国家主权机构(法院、户政官员等)在适用外国法律规范时受制于《基本法》第1条第3款和第20条第3款的规定。[④] 为此,德国、奥地利和瑞士的公共秩序条款只针对适用法律的结果是否违反公共秩序。

如果法律适用的结果应符合审查标准,那么,以适用下列受宗教影

① BVerfG IPRax 2007, 217, 222 f.

② BVerfGE 18, 112, 116 ff.

③ 德国《基本法》和国际公法均未对援引外国法作出标准规定(大多如此,但不是专门以属人法为例)。

④ 参见 BGHZ 120, 29, 36。

响的规定为例,是指:①

在具体个案中,如果由母亲单独照顾未成年子女的人身而由父亲照顾其财产符合子女利益的话,那么,即使抽象的伊朗什叶教的法律规定违反了《基本法》第3条第2款,②但适用伊朗什叶教的法律——该法律强行规定了这种法律后果,而对子女利益不予审查——并不违反德国的公共秩序。应符合《基本法》的并不是外国法律规范,而是德国国家主权机构在个案中的法律适用行为本身。

如果根据伊斯兰法律作出的保护承诺(所谓的"卡法拉")③在具体情况下能像所执行的收养一样符合儿童的利益,并且该儿童的文化认同因此能得以保障,④那么,卡尔斯鲁厄的州高等法院和部分文献也会遵从伊斯兰法律中的收养禁令。但是,只要所请求的收养是以创设后代的身份为目的(通常情况也是如此),伊斯兰教的收养禁令就能予以执行。但更多的是借助《民法典施行法》第6条将德国收养法作为替代法予以适用。《基本法》第6条也保护通过收养而组建的家庭。⑤

---

① 参见 AnwaltKomm-Schulze, BGB, 2005, Art. 6 EGGB Rz. 29; Rohe, The Application of Islamic Family Law in German Courts and its Compatibility with German Public Policy, in: Basedow/Yassari (Hrsg.), Iranian Family and Succession Laws and their Application in German Courts, 2004, 19 ff.; Scholz, Islamisch geprägtes Erbrecht und deutscher ordre public, in: Ebert/Hanstein (Hrsg.), Beiträge zum Islamischen Recht VI, 2007, 9, 22 ff.; ders., Islam-rechtliche Eheschließung und deutscher ordre public, StAZ 2002, 321 ff., Sonnenberger, Wandlungen und Perspektiven des familienrechtlichen ordre public, in: Freitag et al. (Hrsg.), Internationales Familienrecht im 21. Jahrhundert, 2006, 29, 42 ff.; 特别对于 Sonnenberrger 予以肯定的问题,即宗教法对于调整不同宗教之间婚姻的绝对效力要求,是否应借助于公共秩序异议予以拒绝,参见 Sonnenberger (aaO), 29, 38 f。

② BGH NJW-RR 1993, 962, 963. 对于不同的司法裁判,参见 Yassari, Die Anwendung islamisch geprägter Sorgerechtsnormen vor deutschen Gerichten, Recht der Jugend und des Bildungswesens 2006, 197, 202 f。

③ Zu ihr Menhofer, Zur Kafala des marokkanischen Rechts vor deutschen Gerichten, IPRax 1997, 252 f.

④ OLG Karlsruhe FamRZ 1998, 56, 57; Vgl. dazu Jayme, IPRax 1996, 237, 238; 其他例证,参见 Mankowski, IPRax 2004, 282, 288。

⑤ BVerfGE 80, 81; BVerfG NJW 1990, 895.

但是，这条规定并不能派生出任何受基本法保障的收养权。这种困难可能源于作出领养决定的个人取向。但是，应在保护收养家庭的基本前提下对普通的法律作出解释。因此，在我看来，《民法典》第 1741 条及以下各条意义上的收养制度属于德国家庭法体系的核心。① 如果案件与德国有充分的联系，并且通过收养不仅能取得照顾上的承诺，而且能为其出身给出说明，在我看来，《法国民法典》第 370～373 条也会违背德国《民法典施行法》第 6 条，因为根据《法国民法典》该条款规定，当依照国籍所确定的收养人和被收养人的本国法禁止收养，而且被收养人又不在法国出生，②那么就无法依照法国法进行收养。

如果审理离婚案件的德国法官仅仅以丈夫根据一些受伊斯兰法影响的国家法或者宗教法而行使单方面的休妻权而支持离婚，而且案件与德国有充分联系，③这在原则上违反了德国《民法典施行法》第 6 条第 2 款。如果——与往常一样——这种单方面地私人解除婚姻的权利没有按照这些法律以同样的方式向妻子开放，也会很容易违反《基本法》第 3 条第 2 款。但是，在这种情况下，如果妻子赞成离婚或者通过婚约对这种单方婚姻解除权表示肯定，或者在适用德国离婚法时也能实现离婚，则不构成违反《基本法》第 3 条第 2 款；那么，也不应适用《民法典施行法》第 6 条。这在某些情况下是有争议的，但是妻子的赞成或者她通过合同肯定离婚权的这种平等地位消除了丈夫休妻权的歧

① Ebenso：OLG Schleswig NJW-RR 2001，1372；AG Hagen IPRax 1984，279；AG Siegen IPRax 1993，184.

② 此前的讨论，参见 Muir Watt，Vers l' inadoptibilité de l' enfant étranger de statut personnel prohibitif? -A propos de la circulaire du 16 février 1999 relative à l' adoption internationale，Rev. crit. dr. int. pr. 88（1999），469。

③ Dazu und zur Frage，ob er bei Grundgesetzverletzungen überhaupt vorausgesetzt wird，siehe unten IV. 4. e.

视性影响。[①] 仅仅基于夫妻一方的声明,但没有其他可掌控的离婚原因而进行离婚的,单纯这种情形不能成为违反公共秩序的理由。同时,根据外国离婚准据法,在比德国法更简化的离婚条件中,也找不到任何违反公共秩序的行为。[②] 根据日本法律进行协议离婚也不能构成违反公共秩序的依据。[③] 然而,某些人认为,遵从休妻式离婚本身就可视为违反公共秩序,因为妻子在这种情况下作为审理程序的对象而不能获得任何法律上的陈述机会。[④] 这是不对的。《民法典施行法》第17条第2款对德国境内的私人离婚强行规定了司法程序,所关注的正是妻子应在审理程序中被保障享有陈述的机会。[⑤] 她可以陈述拒绝离婚的意愿以及依照德国法也不得解除这段婚姻的原因。因此,不应废除《民法典施行法》第17条第2款规定,而是恰恰相反,应确保在将来的欧盟国际离婚法中找到它相应的位置。

如果妻子违反丈夫的意愿而要求离婚,但是根据外国的离婚法(如同根据许多伊斯兰法律一样)妻子没有被赋予和丈夫同等的离婚权利,而丈夫却可以在这种情形下离婚,[⑥]就会出现违反公共秩序的情形。

即使应适用的婚姻法允许一夫多妻,德国的户政官员也不得在德国进行一夫多妻制的结婚登记,因为《基本法》第6条第1款是以一夫

---

① 具体参见 AG Kulmbach IPRax 2004, 529 f., zustimmend *Unberath*, Scheidung durch talaq vor einem deutschen Gericht und Recht auf rechtliches Gehör, ebd., 515 ff.; BGHZ 160, 332, 344; OLG Köln FamRZ 2002, 166; OLG Hamm IPRax 1995, 174, 175; BayObLG IPRax 1982, 104, 105; Looschelders, RabelsZ 65 (2001), 463, 488; ablehnend OLG Stuttgart IPRax 2000, 427 ff.; OLG Düsseldorf FamRZ 1998, 1113, 1114; 其他的意见和例证,参见 Bamberger/Roth-*Lorenz*, BGB, Bd. 3, 2003, Art. 6 EGBGB Rz. 24。

② 对此以及对于联邦法院以前所做的其他判决,参见 *Looschelders*, Internationales Privatrecht, 2004, Art. 17 EGBGB Rz. 14。

③ 然而,根据《民法典施行法》第17条第2款规定,如果在德国进行了离婚协议,其离婚请求也需要由法院作出判决。参见 Staudinger-Spellenberg, Internationales Verfahrensrecht in Ehesachen, 2005, § 328 ZPO Rz. 584 ff。

④ 参见 OLG Stuttgart IPRax 2000, 427。

⑤ 参见 Unberath, IPRax 2004, 515, 518。

⑥ 例证参见 Bamberger/Roth-Lorenz, BGB, Bd. 3, 2003, Art. 6 EGBGB Rz. 24。

一妻制为原则的。德国国家主权机构受该条款的约束,不得积极协助成立第二次婚姻。[①] 另外,依照国内冲突法所援引的外国婚姻法在外国进行结婚在德国通常是有效的,德国的国家主权机构对于这种婚姻的重视并不违反公共秩序。因为,这里仅仅只有一种依照外国法——依照德国法,一夫多妻制婚姻也违反了普通的法律即《民法典》第1306条规定——在外国缔结的一夫多妻制婚姻受到尊重,[②]那就是在认定继承权的时候。[③]《社会法典》第1卷第34条也以此为基础,并明确规定:

"第34条 对权利和义务的限制

(1)但凡本法典所指权利和义务以家庭法上的法律关系为前提,则依照国际私法应受另一国法支配并依据该法律成立的法律关系,只有当其与本法典适用范围内的法律关系相符时,才够格。

(2)多个配偶索要寡妇养老金或者鳏夫养老金时,则按比例地、终局性地进行分摊。"

这类事例会在很长一段时间内不断发生,尤其是可以从受伊斯兰法律影响的外国继承法中推断出,[④]它可能导致寡妇相对于鳏夫在继承法上处于劣势地位,但这一劣势在个案中可以通过夫妻共同财产制

① 对于这方面的制度保障,参见 Looschelders, Internationales Privatrecht, 2004, Art. 6 EGBGB Rz. 29。

② 对于外国多配偶制婚姻的尊重,参见 BSG IPRax 2003, 267 (Bericht Jayme); Hessisches Landessozialgericht IPRax 2005, 43 (Bericht Jayme; bestehende Zweitehe schließt Witwerrente nach Erstehe aus); näher mit weiteren Nachweisen Staudinger-*Blumenwitz*, BGB, 2003, Art. 6 EGBGB Rz. 120. Dazu, dass die Zweitfrau kein Nachzugsrecht in die Bundesrepublik Deutschland haben soll, weil sie nicht unter den Schutz der Institution der Ehe im Sinne des Art. 6 Abs. 1 GG fällt, siehe BVerwG IPRax 1985, 351 (Bericht *Henrich*). Rechtsvergleichend siehe *Posch*, ZfRV 2007, 124, 130 f。

③ Staudinger-*Dörner*, BGB, 2007, Art. 25 EGBGB Rz. 735.

④ 最近的文献,参见 Looschelders, Grundrechtliche Diskriminierungsverbote, Pflichtteilsrechte und Testierfreiheit im internationalen Erbrecht, IPRax 2006, 462 ff.; *Scholz*, Islamisch geprägtes Erbrecht und deutscher ordre public, in: Ebert/Hanstein (Hrsg.), Beiträge zum Islamischen Recht VI, 2007, 9 ff.; Pattar, Islamisch inspiriertes Erbrecht und deutscher ordre public, 2007。

或扶养法方面的请求权重新达到平衡。但是,像许多伊斯兰法律所规定的那种带有性别歧视的法定遗产分配,基本上违反了《基本法》第3条第3款,从而根据《民法典施行法》第6条不予适用。但是,假设一个德国被继承者在德国遗嘱自由的范围内能够制定类似的继承法规则,那么,外国的法定继承权在通常情况下不会违反德国公共秩序。这是否只有在法定的继承规则也符合被继承人的真实意愿时才适用,目前尚无定论。①

4. 审查标准

正如我们刚才所谈的那样,②公共秩序审查以德国法律的根本原则为标准。这样就提到了德国法律所特有的正义观念的核心部分。③这一方面是普通法律上规范化的基本正义价值观。这里我们将以收养制度的基本保障为例,它属于该制度的核心部分。

如果将实体私法以特殊条款的方式向少数民族的宗教或者其他影响认同感的规范理念敞开,它将对公共秩序审查产生反作用。普通的、没有宪法约束力的基本原则的范围会发生变化。所以,要援引由《法国民法典》第370～373条所创设的收养禁令,在个别情况下应把伊斯兰法律观念也考虑在内。这种立法规则限制了公共秩序。

另一方面,宪法,特别是公民的基本权利,以及对德国有拘束力的国际条约(《基本法》第59条第2款)和《基本法》第25条所指的有约束力的国际法一般规则,也属于其核心组成部分。据此,根据《基本法》第59条第2款,《欧洲人权公约》在任何情况下也算是德国公共秩

① 参见 Looschelders, IPRax 2006, 462, 464 f.; Pattar, Islamisch inspiriertes Erbrecht und deutscher ordre public, 2007, 487 ff., 528 f.; Staudinger-Dörner, BGB, 2007, Art. 25 EGBGB Rz. 713。

② 参见 IV. 4. c; BGHZ 104, 240, 243; BGHZ 160, 332, 344; AnwK-BGB-*Schulze*, BGB, 2005, Art. 6 EGBGB Rz. 28; Bamberger/Roth-Lorenz, BGB, Bd. 3, 2003, Art. 6 EGBGB Rz. 47; MünchKomm-Sonnenberger, BGB, 4. Aufl. 2006, Art. 6 EGBGB Rz. 47; Staudinger-Blumenwitz, BGB, 2003, Art. 6 EGBGB Rz. 105; Staudinger-Dörner, BGB, 2007, Art. 25 EGBGB Rz. 710; *ders.*, Zur Beerbung eines in der Bundesrepublik Deutschland verstorbenen Iraners, IPRax 1994, 33, 35 f。

③ 仅参见 BGH IPRax 2001, 586, 587(附有该裁判的详细佐证)。

序的组成部分。[①] 这同样适用于欧洲共同体法律的基本价值，前提是《欧洲人权公约》在连结点的层面上并不排斥常规的连结点。[②]

因此，一项尊重文化认同的权利，只要它具有国际法上的理由，就应予以考虑。那么，它也可以被理解为对德国公共秩序的限制。个人的这种国际法上的权利，虽有对抗私人的效力，但我却认为是没有依据的。基本权利保障包括文化认同的各个方面。在总体权衡公共秩序时，法律服从者的文化认同本身虽然是一个重要的权衡惯用语，但并非永远如此，在认定违反公共秩序时应保持克制。在谈到侵害基本权利时，只要文化认同能涵盖与基本权利相关的方面，如一般人格权、宗教信仰和结婚自由、人类尊严等，那么，判决所涉及的所有人的文化认同应纳入权衡过程。

今天，公民的基本权利及人权在德国法院的公共秩序审查中处于重要的地位。一方面，因为德国的私法有非常强烈的基本权利和人权基础；另一方面，在家庭法领域也是如此，因为有约束力的婚姻形象不再由立法机关决定。

5. 干预的界限：侵害权利以及与国内联系的强度，尤其是人权的普遍性

根据《民法典施行法》第 6 条第 1 句规定，与公共秩序相抵触必须是“显而易见的”（offensichtlich）。这表明，所援引的外国法律只有在发生非常严重的、极其不能容忍的背离时才不予以适用。侵害权利及与国内联系的强烈程度以及外国法律和德国法律基本原则的差异程度，应予以考量。国内联系可以通过全面衡量案件与国内的所有联系后予以确定。

在这种情况下，必须考虑到相关当事人的文化认同。尤其是在国内的居所以及计划居住的时间都属于要考虑和权衡的因素；利害关系人在国内有惯常居所时，通常就认为与国内有充分联系。[③] 案件的全

① 参见前文五（四）部分的论述。在结果上并没有什么影响，参见 AnwaltKomm-Schulze，BGB，2005，Art. 6 EGBGB Rz. 51。

② 参见 AnwaltKomm-Schulze，BGB，2005，Art. 6 EGBGB Rz. 13。

③ 立法说明，参见 BT-Drucks. 10/504，S. 43。

体参与人拥有共同外国国籍的事实,却不能淡化与国内的联系界限。①

在准备认定违反公共秩序时,联邦法院和联邦宪法法院②的判决表现出强烈的倾向,即通过纳入国际公约规定以及国外和国际法院的司法判决去形成一个比较法上的准则。③ 这也体现为根据《民法典施行法》第6条所做的司法判决以国际开放性和宽容为准线。

但是在司法实践中,几乎只有欧洲和西方国家的部门法(Referenzrecht)和国际公约,尤其是诸如《欧洲人权公约》这种具有区域性意义的国际条约,才会予以考虑。这导致了西方国家公共政策审查的核心部分在缓慢地扩张。但是,通过这种方式并不能在世界范围内塑造文化和法律的多样性。法国的司法判例和学说虽然表现得更为谨慎、保守,但大体类似。它一方面呈现出这样的趋势:从现在开始,国际公共秩序很少用于实现法国立法目标。但另一方面,它更多地通过可比较的文化取向与各国价值观联系起来,人们称之为"文化同类国家的共同价值观"(*valeurs partagées par d'autres pays culturellement homogènes*)。④

德国《民法典施行法》第6条第2句的出发点是,任何对基本权利的侵犯都是显而易见的。然而这并不意味着,基本权利是绝对的、不受限制的,一定会导致违反公共秩序。但是,根据《民法典施行法》第6条,不再需要单独审查与国内联系的强度,这对于侵犯基本权利来说是合乎实际的。必要的国内联系这种平衡因素却并不因此而丧失其控制

① 参见联邦法院以前作出的肯定性裁判 BGHZ 60, 68, 79, ebenso LG Essen IPRax 1998, 213, die aber seit BGHZ 120, 29, 36 zu recht aufgegeben wurde. 至于符合应适用的宗教法律的各方共同的宗教信仰,是否可以在尊重有关各方的文化身份方面提高干预的门槛,对此予以肯定的,参见 LG Essen IPRax 1998, 213(附有 *Jayme* 的赞成评注)。

② 参见上文三(二)2部分所援引的德国联邦宪法法院裁决的一个案例(但仅间接地与《民法典施行法》第6条有关);联邦法院司法裁判的案例,参见有关婚姻的不可解除性违背公共秩序的判决:BGH NJW-RR 2007, 145, 148。

③ 对于《民法典施行法》第6条的适用标准和进一步的细化措施,参见 Jayme, Methoden der Konkretisierung des ordre public im Internationalen Privatrecht, 1989, 49 ff。

④ Libchaber, L'exception d'ordre public en droit international privé, in: Dalloz, l'ordre public à la fin du XXème siècle (1996), 65, 81。

功能。《民法典施行法》第 6 条第 2 句适用于基本权利，并不意味着不必去调查与国内的联系，只不过它现已成为查明是否存在侵犯基本权利的一部分，因为它在确定基本权利的国际适用范围时被视为一个需要考虑的标志。①

基本权利影响范围的确定问题，并不仅是因为公共秩序审查而为人所知，更多的是因为宪法的中心任务就是确定基本权利的影响范围。因此，有必要从基本权利自身去查明其作用范围。通过普通的法律，如德国《民法典施行法》第 6 条，无法确定基本权利的作用范围。作用范围产生于基本权利本身。因此寻找的不是基本权利的冲突法，而是能够确定基本权利的国际影响范围的方法措施。在《民法典施行法》第 6 条第 1 句情况下，权衡措施在方法行为上应当有很多与基本权利的层次上相类似的情况。今天，由此提出的问题除了从国际私法角度以外，还将从宪法理论的角度去探讨，例如分析基本权利对在外国行使德国国家权力的约束力、北约的军事行动等。② 必须强调的是：不是《民法典施行法》第 6 条，而是基本权利本身要决定，对于与国外有关联的案件，它的适用范围到底有多广？国内法院在具体案件中适用外国法律能否构成侵犯基本权利的理由？因此，在审查《民法典施行法》第 6 条第 2 句规定时，有必要分析基本权利保障在具体案件中的作用范围。③

---

① 特别参见 BVerfGE 31, 58, 77; BVerfGE 92, 36, 42; dazu Tomuschat, Grundrechtsfestung Deutschland?, IPRax 1996, 83 ff.; BGHZ 120, 29, 34; BGH NJW-RR 1993, 848, 849; Coester-Waltjen, BerDGesVR 38 (1998), 9, 21 ff.; Kronke, Die Wirkungskraft der Grundrechte bei Fällen mit Auslandsbezug, in: Coester-Waltjen/ Kokott/ Kronke, Die Wirkungskraft der Grundrechte bei Fällen mit Auslandsbezug, 1998 = BerDGesVR 38 (1998), 33, 41 ff., 52 ff., 49, 66。也请参见 Dörner, Bürgenhaftung und ordre public, Festschrift für Otto Sandrock, 200, 205, 208; Looschelders, RabelsZ 65 (2001), 463, 480 ff。

② Siehe dazu zuletzt mit umfassenden Nachweisen *Yousif*, Die extraterritoriale Geltung der Grundrechte bei der Ausübung deutscher Staatsgewalt im Ausland, 2007, insbesondere 104 ff.

③ 对此参见 MünchKomm-Sonnenberger, BGB, 4. Aufl. 2006, Art. 6 EGBGB Rz. 50 ff.; Looschelders, Internationales Privatrecht, 2004, Art. 6 EGBGB Rz. 27 ff.; ders., RabelsZ 65 (2001), 463, 486 ff。

法院并没有总是这样做。因此,联邦法院对于教会法[1]有关婚姻的不可解除性所做的著名判决,在审查《基本法》第6条第1款时是不准确的。比较法上的权衡不能代替对基本权利的推导。[2]

类似的还有受国际法保障的人权对适用《民法典施行法》第6条的影响问题,[3]无论将《基本法》第6条第1句还是第2句适用于国际法上的人权保障,结果都一样。首先应查明的是,在具体情况下是否存在侵犯人权的行为。这只能在国际法规范的层面上进行。这里要探讨的是,国际法上的保障在个案中是否有效?内国法院是否也只有在案件与内国有边缘性联系时才有遵守国际法的义务?这种情况是有疑义的。如果这个得到确认,那么,德国的国家主权机构不遵守《民法典施行法》第6条将意味着违反国际法。这个问题应根据国际法上友好地解释普通制定法(《民法典施行法》第6条)的原则[4]予以避免。因此,当发生通过上述方法确定的侵犯人权的行为时,公共秩序就在《民法典施行法》第6条的层面上介入进来,无须重新审查与内国的联系。

连国际法研究院在2005年由保罗·拉加德主持起草的相关决议[5]中都承认,"内国联系"意义上的"接近"具有属地和属人取向的特征,可以作为公共秩序的平衡因素。[6] 一些会员强调,权利平等、禁止歧视以及宗教自由是得到国际认可的"国际公共秩序"的一部分,它不得因国内关系而受到限制。该决议的第A.3条[7]反映了那些认为核心价值在公共秩序情况下具有相对性的提倡者和认为基本人权没有相对

① BGH NJW-RR 2007, 145, 148.

② 从方法上进行批评的也有 *Elwan/Menhofer*, StAZ 2007, 325, 329。

③ 参见 *Coester-Waltjen*, BerDGesVR 38 (1998) 9, 27 f。

④ 对此,参见 *Mansel*, Staatlichkeit des Internationalen Privatrechts und Völkerrecht, in: Leible/Ruffert (Hrsg.), Völkerrecht und Internationales Privatrecht, 2006, 89, 115。

⑤ Annuaire de l'Institut de droit international 71 II (2006), 177 ff. (Diskussion und Abstimmung).

⑥ 参见 *Jayme*, IPRax 2005, 560 f。

⑦ A 3 条文如下:"L'exception d'ordre public ne devrait être opposée au droit étranger normalement applicable que dans la mesure o , dans les circonstances de l'espèce, son application porterait atteinte aux principes d'égalité, de non-discrimination et de liberté de religion."

效力的代表者之间的妥协。这里涉及的也许恰恰就是所描述的人权保障的一种假象。

6. 审查标准的符合时代性

公共秩序是变化的,社会观念也同样如此,并随着时间的推移而影响着法律规范的解释。[①] 负责审查《民法典施行法》第6条的法院必须合理安排好最后的口头审理时间,而不是对违反公共秩序的情况进行说理的时间。[②] 联邦法院对于依照东正教法律不能解除的婚姻所做的判决就是一个明显的例子。[③] 法院[④]指出,正如法律体系反映了国内以及不断发展的欧洲法律共同体的基本价值观一样,公共秩序并不是静止不变的,它更多的是现行法律体系的一个根基。因此,公共秩序应服从于这些价值观的变化,即使偶尔时间上会延迟,也是如此。

7. 法律后果:尽量少干预

因为只有当外国法可能迫使内国国家主权机构作出有违内国法律体系的判决时,公共秩序保留才排除外国法律在内国的适用,所以在确定法律后果时,应尽可能地考虑外国法。为此,如果可能的话,根据德国司法判决和理论,因适用公共秩序保留而产生的法律规范空白,大多数——如果可能的话——由合适的准据法加以填补,并且只能辅助性地适用法院地法。[⑤] 因此,冲突规范作出的指引命令应尽可能地予以

① 主要参见 Jayme, Methoden der Konkretisierung des ordre public im Internationalen Privatrecht, 1989, 33 f。

② BGHZ 138, 331, 335; beachte aber AnwaltKomm-Schulze, BGB, 2005, Art. 6 EGBGB Rz. 43 f.

③ BGHZ 169, 240 = NJW-RR 2007, 145; siehe Elwan/Menhofer, StAZ 2007, 325 ff.; *Henrich*, FamRZ 2007, 109; Rauscher, JZ 2007, 738. Siehe dazu bereits oben unter IV. 1.

④ BGH NJW-RR 2007, 145, 149.

⑤ BGH NJW-RR 2007, 145, 149; 对于争议(以德国法院地法或者外国准据法的优先效力作为填补法律漏洞的出发点),参见 AnwaltKomm-Schulze, BGB, 2005, Art. 6 EGBGB Rz. 52 ff.; MünchKomm-*Sonnenberger*, BGB, 4. Aufl. 2006, Art. 6 EGBGB Rz. 91, 95; aA (法院地法是填补漏洞的起点) *Kegel/Schurig*, Internationales Privatrecht, 9. Aufl. 2004, § 16 VI; Looschelders, Internationales Privatrecht, 2004, Art. 6 EGBGB Rz. 31 f.; Bamberger/Roth-*Lorenz*, BGB, Bd. 3, 2003, Art. 6 EGBGB Rz. 17。

遵守。相反,法国却采用法院地法来填补法律空白。[①] 对于法律适用者来说,这种解决方案具有简单、务实的优势。

8. 宗教法的民主合法性:国家法和冲突法上的思考

宗教法作为一种受上帝启示的法律(天启法),并不具有民主合法性。我们冲突法所指引的外国人际法,它首先开启了适用宗教法的大门,但没有在法治国家的审理程序中实施过,这一点并不稀奇。但这并不表明德国一般禁止适用外国人际法。只有当法律适用的结果使基本权利受到限制时,才会考虑通过公共秩序来改正。[②]

六、展望:实体法适用与文化认同

国家的法制和个人的文化认同之间的冲突不仅存在于跨国案件中,而且也存在于与国外毫无联系的纯国内案件中。这种冲突尤其频繁出现于下列情形:在当事人有宗教信仰时,受宗教影响的法律规则具有自己全面的效力要求,这时就会出现国家法律和宗教法在主权性或者宗教性规则制定权上的竞争。当国际冲突法或者说人际冲突法不援引适用所涉的非国家的宗教法制时,在跨国案件中就会出现国家法和宗教法在适用上的竞争。[③]

在这种情况下,国际私法显然不是协调国家法和宗教法的合适工具,它也没有这种调整要求。因此,协调两种规则体系的可能性主要存在于实体法领域。这就提出了一个问题,即为了制定没有文化障碍的实体法,该实体法得为宗教的特殊性放开到什么程度?

---

① Mayer/Heuzé, Droit international privé, 8e édition (2004), Rz. 212 ff.; Audit, Droit international privé, 4e édition 2006, Rz. 318; Battifol/Lagarde, Traité de Droit International Privé, Tome 1, 8e édition 1993, Rz. 367 ff.; Loussouarn/Bourel/Vareilles-Sommières, Droit international privé, 8e édition 2004, Rn. 255 – 1 ff.

② 参见 Mansel, Staatlichkeit des Internationalen Privatrechts und Völkerrecht, in: Leible/Ruffert (Hrsg.), Völkerrecht und Internationales Privatrecht, 2006; aA Sachs, in: Stern, Das Staatsrecht der Bundesrepublik Deutschland, Band III/2, 1994, § 80 IV 3 (SS. 439, 442)。

③ 对于非国家的法律规范只能在国家发布适用命令后方予以适用,参见前文五(三)部分的论述。

各种协调可能性要么已被使用,要么有待于进一步开发。只要基本权利保障没有给立法者和司法机关施加努力合作的义务,就会提出法律政治决策的问题。

因此,一方面要对现行法律进行分析,并要质疑其他受文化或宗教左右的价值观是否渗入到对实体规范尤其是总条款的解释中。[①] 劳动法给我们提供了一个"第一视场"(Anschauungsfeld)。哈姆的州劳工法院作出了这样一个裁决:一个作为虔诚的穆斯林而必须在固定时间做祷告的雇员,可以因此而离开工作岗位,前提是不违反企业运作的重大利益。[②] 前文已述及的同时进行国家法和宗教上的离婚也是实然法上的一个实例。尤其是在解释总条款时,所谓的"日期理论"(Datentheorie)[③]可以帮助在国家法律和宗教法之间建立一种关联。"日期理论"作为一种手段,不限于在跨国案件中考虑国家法律,只要它涉及纯国内案件,它还可以被用于将非国家的秩序观念,例如"被排斥"的宗教法律[④]中的秩序观念,融入到准据法中去。

在法律政策的层面上,需要提出这样的问题:为了利害关系人的利益,使文化宗教上的秩序框架与国家的法律适用更加协调,国家法是否应该在应然法上(de lege ferenda)作出特别的合作努力?在实然法上(de lege lata),采用比较法的视角成效将更为明显:美国路易斯安那州

① 有关整体性困难的概述(以伊斯兰教为例):Rohe, Der Islam-Alltagskonflikte und Lösungen. Rechtliche Perspektiven, 2001。

② LAG Hamm NZA 2002, 1090.

③ 在这许多著述中,参见 Jayme, Multicultural Society and Private Law. German Experience, 1999; ders., Ausländische Rechtsregel und Tatbestand inländischer Sachnormen. Betrachtungen zu Ehrenzweigs Datum-Theorie, Gedächtnisschrift für Albert A. Ehrenzweig, 1976, 35 ff.; ders., Narrative Normen im internationalen Privat-und Verfahrensrecht, 1993. 其他例证,参见 Schulze, Datum-Theorie und narrative Norm-Zu einem Privatrecht für die multikulturelle Gesellschaft, in: Jayme (Hrsg.), Kulturelle Identität und Internationales Privatrecht, 2003, 155 ff.; Mankowski, IPRax 2004, 282, 288 f. mit zahlreichen Nachweisen; ders., Buchrezension zu Jayme, Kulturelle Identität und Internationales Privatrecht, RabelsZ 70 (2006), 587, 592。

④ 参见 Mansel, IPRax 2003, 182, 183。

的法律就为此提供了一个范例。[①] 在福音派基督徒的影响下,[②]路易斯安那州于1997年在通常婚姻模式的基础上又引进了第二种婚姻模式,在这一种婚姻模式下,已订婚者双方根据特殊的提议并通过盛大的婚约宣告就进入所谓的誓约婚姻(covenant marriage)。1990年在路易斯安那州的制定法中废除的分居制度在这个婚姻模式下又成为可能,而离婚前的分居期限的延长加大了离婚的难度。此外,在某些特定情况下,还有"无过错离婚"(Verschuldensscheidung)。美国的其他联邦州,如亚利桑那州,也认可相似的规定。"离婚证法规"(*get statutes*)也可以视为国家法律对受宗教影响的法律需求作出反应的另一个例子。当以色列宗教管辖权在一定范围内被赋予国家执法权的时候,[③]"离婚证法规"旨在通过国家强制力去实施宗教价值观和义务。两者都是全球践行的合作模式。

我们可以在欧洲找到其他的例子。雅伊梅首先把视线指向了1996年引入《西班牙民法典》第173a条。该条法律规范有三种不同的家庭寄养(*acogimiento familiar*)形式。经过西班牙司法裁判的重新诠释,在摩洛哥施行的"卡法拉"也属于这种家庭寄养制度。[④] 西班牙法律允许穆斯林、犹太人、天主教徒以及其他某些宗教团体的信徒举行宗教婚姻,但必须随后进行婚姻登记。[⑤]

上述事例均将实体法的友好开放和考虑置于首要地位,与此同时,

---

① Chapman, Covenant Marriage, 2003; Coester, Convenant Marriage. Die "rechte Ehe"? Zur vertraglichen Einschränkung der Scheidungsmöglichkeit, Festschrift für Dieter Henrich, 2000, 73 ff.

② 对于法律起草人的宗教意味,其例证参见 Coester, Festschrift für Dieter Henrich, 2000, 73, 83 f。

③ 对此进行全方面的、让人振奋的盘点和分析的,参见 Günzel, Religionsgemeinschaften in Israel, 2006。

④ Jayme, Kulturelle Vielfalt und postmodernes Internationales Privatrecht, IPRax 1997, 376.

⑤ Garcia Rodriguez, Non-Catholic Religious Marriages in Spain, Spanish Yearbook of International Law 11 (1992年卷, 1996年版), 32.

一些国家已经在实行反对逼婚和童婚的立法改革。①

这些年，一直有人提出在德国的国家法律中为穆斯林引进符合宗教的特殊规则的问题，②并且放弃了1896年《民法典》的基本概念。在普鲁士和天主教进行文化斗争的背景下，该法典通过其第1588条对宗教婚姻法和世俗国家婚姻法的范围做了明确划分。

人们必须准确地讨论这些问题。曾有人指出，在户政官员处缔结民事婚姻的形式和国家对离婚的垄断，正如《民法典施行法》第13条第3款、第17条第2款所规定的那样，具有保护已婚妇女的重要作用。这些方面也应该在改革建议中予以考虑，而改革建议拟规定，夫妻双方可在公证人或者户政官员处宣告离婚。③ 实体法对宗教团体的自治行

---

① 就德国而言，参见 Bundesfamilienministerium (Hrsg.), Zwangsverheiratung in Deutschland, 2007; Schubert/ Moebius, Zwangsheirat-Mehr als nur ein Straftatbestand: Neue Wege zum Schutz der Opfer, ZRP 2006, 33, 36; 多方面的文献请参见 Bogdan, Die Reform des schwedischen IPR zur Vermeidung von Kinder-und Zwangsehen, IPRax 2004, 546 ff。

② 对于该讨论以及相关问题，特别参见 Rohe, Religiös gespaltenes Zivilrecht in Deutschland und Europa?, Festschrift für Christoph Link, 2003, 409; ders., Der Islam und deutsches Zivilrecht, in: Ebert/Hanstein (Hrsg.), Beiträge zum Islamischen Recht Ⅱ, 2003, 35 ff.; ders., Zur rechtlichen Integration von Muslimen in Deutschland, in: Bendel / Hildebrand (Hrsg.), Integration von Muslimen, 2006, 89 ff.; Ehringsfeld, Multikulturalität im deutschen und internationalen Familienrecht, Kritische Justiz 1996, 271 ff. 至于在一个多元文化的社会大背景下提出的基本问题，一般情况下请参见 Cavanaugh, Islam and the European Project, Muslim World Journal of Human Rights, Volume 4, Issue 1, 2007, Article 6 (über Berkeley Electronic Press 2007). 对于意大利国家和天主教教会法关系的反向发展趋势（对教会婚姻法独立作用的抑制），参见 Waldmann, Das System der Komkordatsehe in Italien. Entwicklung und aktuelle Probleme der Kooperation zwischen Staat und katholischer Kirche, 2003, 163 f。

③ 对于相关立法建议的失败，参见 Schnitzler, "Scheidung light" endgültig ad acta?, Forum Familienrecht 2007, 307; 也请参见 Schwenzer, Registerscheidung, Festschrift für Dieter Henrich, 2000, 533 ff.; *dies.*, Grundlinien eines modernen Familienrechts aus rechtsvergleichender Sicht, RabelsZ 71 (2006) 705, 715; abgewogen: Staudinger-Rauscher, BGB, 2004, vor § § 1564dd BGB, dort ausführlich Rz 80 ff。

为每一次开放,都应该确保所有参与者的基本权利都得到保护。[1] 在仲裁程序向家庭法开放的过程中也同样如此。在英美法中,家庭法事项的可仲裁性比在德国受到更多的认可。但是,在欧洲的家庭法领域,调解也被视为和平解决法律争议的重要手段。

仲裁向整个家庭法领域的扩张,[2]使得在不同的文化法律环境下尊重宗教法成为可能。其中心任务就是确保所有服从仲裁裁决者的基本权利和人权受到保护。同时必须保证的是,对仲裁程序法规则的合意应是各方当事人真实的意思表示。问题是:特别是在美国[3]和加拿大经验的背景下,是否应在欧洲就家庭法事项的可仲裁性作出规定,这可能会给社会和法律服从者带来哪些风险?这场讨论将不得不借鉴加拿大安大略省的经验。[4] 安大略省在 2006 年 2 月对其非常开放的《仲裁法》进行了修订,要求对家庭事项作出的仲裁裁决必须以加拿大的国家法为依据。换言之,比如以伊斯兰沙利亚法规为依据的仲裁裁决不得通过国家强制力予以执行。追踪法律的发展过程,人们就会有越来越多的疑虑。

这个展望中的论题已经不是我的国际私法报告的主题,而是毕希纳女士报告的主题,她的报告肯定会给所有问题以启发。对大家而言,还有一个永恒的使命,即对于所有的法律相关人员接受其他类型的,特别是受伊斯兰法影响的法律规则的情况,应探讨以西方为中心的人权理解在不同主体间可能存在的界限。帕特里克·格伦(Patrick Glenn)

① 对于从人权保障的角度看待伊斯兰教,参见 Scheel, Die Religionsfreiheit im Bickwinkel des Völkerrechts, des islamischen und ägyptischen Rechts, 2007, insbesondere 76 ff., 94 ff., 177 ff., 188 ff。

② 对于仲裁在继承法领域的扩张和界限(即不得违反继承法的基本原则),参见 Crezelius, Schiedsgerichte und Erbrecht, Festschrift für Harm Peter Westermann, 2008, 161 ff。

③ 这在应然法上对德国的借鉴,参见 Gilfrich, Schiedsverfahren im Scheidungsrecht, 2007。

④ Schroeder, Die Anwendung der Sharia als materielles Recht im kanadischen Schiedsverfahrensrecht, IPRax 2006, 77 ff.;对于伊斯兰法作为实体法在仲裁中予以适用的情况,参见 Adolphsen/Schmalenberg, zum islamischen Recht als materielles Recht in der Schiedsgerichtsbarkeit, SchiedsVZ 2007, 57 ff。

在其有关《世界的法律传统》这本令人赞叹不已的著作中,对人权的相对化和它在个别情况下所涉及的法律传统意识中的适用进行了明确区分。[①] 从事这项研究,是我们这个时代的使命。

(译者系武汉大学法学博士,武汉大学 WTO 学院副教授,武汉大学国际法“70 后”学术团队成员)

① *Glenn*, Legal Traditions of the World, 2000, 336 f.

WTO争端解决报复制度对发展中国家的效用研究

齐倩倩

目　　次

引言:报复机制对发展中国家的效用究竟如何?
一、报复制度对发展中国家的“无用论”和“有害论”
二、WTO报复机制对发展中国家效用的实证分析
三、有关提高报复机制效用的提案及评析

引言:报复机制对发展中国家的效用究竟如何?

《关于争端解决规则与程序的谅解》(Understanding on Rules and Procedures Governing the Settlement of Disputes,DSU)是世界贸易组织(World Trade Organization,WTO)维持正常运转的支柱之一。而“中止减让或其他义务”(俗称“报复”)是DSU中为保障多边贸易协定的实施所能采取的最后救济手段。DSU第22条对报复制度作出了具体规定:在WTO争端解决机制中,如果一措施被认定为与一项适用协定不一致,有关成员不能使该项措施符合该协定,或不能按照DSU第21.3条确定的合理期限内符合建议和裁决,则该成员国应当与相关成员进行谈判,形成双方均可接受的补偿,若双方未在合理期限内就补偿达成共识,则起诉方可以向DSB请求授权中止对相关成员实施符合协定的

减让或其他义务。① 需要说明的是，DSU 条文中从未直接出现过“报复”一词，而是使用了“中止减让或其他义务”的表述方式。WTO 秘书处所编的材料中均把“中止减让或其他义务”称为“报复”。因此，本文也使用“报复”一词指代 DSU 第 22 条中规定的“中止减让或其他义务”。

长久以来存在一种观点，认为报复机制的设计对发展中国家不公平。因为发展中国家与发达国家的经济和政治实力相差悬殊，发展中国家实施报复难以对发达国家造成足够的压力和威慑，迫使其修改与 WTO 协定不一致的措施，甚至还有可能因实施报复给本国造成更大损害。这导致实践中，一些发展中国家对报复机制退避三舍，除非万不得已绝不启用该机制。那么，报复机制对发展中国家的效用究竟如何？本文将对此进行探讨。

一、报复制度对发展中国家的“无用论”和“有害论”

（一）“无用论”——发展中国家不具备有效的报复能力

该观点的核心内容是，经济和政治实力弱小的发展中国家对强大的发达国家实施报复，往往难以对发达国家形成有效的压力，迫使其废除或者修改与 WTO 协定不一致的措施。WTO 报复机制设计的初衷是，通过中止关税减让或其他优惠，一定程度地提高进口关税或者取消优惠措施，给违约成员制造贸易压力，进而迫使其遵约。然而，这仅仅是制度设计的理想状态。实际上，能否实现这一初衷，一定程度上依赖于报复国的报复能力，而报复机制在制度设计上有意无意地忽略了这一点，没有给予发展中成员“特殊和优惠待遇”。这致使其作为一个有价值的最后的救济手段，很大程度上只能被发达国家、大的经济体、有实力的发展中国家利用，实力弱小的发展中成员难以有效运用该机制维护自身权益。从某种程度上说，报复已经成为发达成员独自享用的奢侈品，发展中成员却由于经济实力的弱小而拿不起这个代价太大的

① 参见 DSU 第 22 条“Suspension of Concessions”。

维权工具。[1] 2007年WTO报告对此也作出评论:"鉴于发展中国家能力有限,无法向发达国家施加足够、有效的压力迫使它们改变与WTO协定不一致的行为。"[2]更突出的一个问题是,DSU报复机制的终极目标是使败诉方能够重新回到遵循适用协定所设定的义务上来。但是由于争端解决机制将报复水平严格限制在与损害程度相等的范围内,这就意味着报复仅仅具有补偿性而不是惩罚性。鉴于各国经济实力不同,报复的这种特性使得一些受报复方承受得起报复措施的影响,从而拒不纠正违约行为,结果使得报复裁决成为一纸空文。

持该观点的人士认为,争端解决实践也表明报复机制对发展中国家成员"无用":在迄今为止争端解决机构(Dispute Settlement Body, DSB)授权报复的11起争端中(涉及9个案件),[3]发展中国家成员作为申诉方的有5起,而仅有1个国家(墨西哥)在1起争端(US-Offset Act)中真正进行了报复。在US-Gambling(安提瓜和巴布达)案中,申诉方差不多是最小的WTO成员,与作为WTO最强大成员的被诉方美国相比国力相差悬殊。申诉方在仲裁过程中提出,即使中止与美国的所有贸易(约每年1.8亿美元),仍不及美国总出口额的0.02%,其实施报复对美国可能造成的贸易影响可以忽略不计。在EC-Bananas Ⅲ(厄瓜多尔)案中,仲裁员在审视厄瓜多尔通过中止关税减让可能对欧共体造成的贸易影响时也作过类似陈述,"考虑到厄瓜多尔是一个发展中小国,进口总额不及欧共体出口总额的0.1%,授权其对欧共体进行报复,对后者可能造成的贸易影响几乎为零"。基于上述原因,众多WTO成员尤其是发展中国家成员认为,报复机制对发展中国家的效用极其有限,"如果被诉方是实力强大的发达国家,报复机制就不可能为

---

① 毛艳琼:《WTO争端解决机制问题与改革》,法律出版社2010年版,第207~208页。

② 2007年世界贸易组织报告,第284页。

③ EC-Bananas Ⅲ(DS27), EC-Hormones(DS26/DS48), Brazil-Aircraft(DS46), US-FSC(DS108), Canada-Aircraft Ⅱ(DS222), US-1916 Act(DS136), US-Offset Act(Byrd Amendment)(DS217/DS234), US-Gambling(DS285), US-Cotton Subsidies(DS267).

发展中国家提供现实有效的选择”。①

(二)“有害论”—— 实施报复会给发展中国家造成更多损害

报复机制“有害论”指出,报复本身有经济成本,报复会给弱国本身带来很大的负面影响,如实施报复会引起进口商品价格上升并进而损害消费者的利益,会耗费大量时间和金钱,还有可能因被报复国家直接或间接的反报复行为给自身造成更多损害等。由于发达成员经济实力较强,可以有效化解报复手段给本国造成的不利影响,但是发展中国家却往往无法承受报复这种维权措施本身所蕴涵的杀伤力。对于经济和政治实力弱小的国家来说,通过中止关税减让或其他优惠的方式对违约的强大国家实施报复,很可能会对本国的经济福利和政治环境造成不利影响。正如一些学者指出的,“实施报复的最大问题是,申诉方很可能会被自己的报复行为咬到,或者说,搬起石头砸自己的脚”。②

持有该观点的人士认为,争端解决实践表明,报复机制对发展中国家不仅无益而且“有害”。例如,在 US-Gambling(安提瓜和巴布达)案中,安提瓜和巴布达向仲裁庭提出,经济和政治实力均非常弱小的安提瓜岛严重依赖进口且超过 50% 的进口来源于被诉方美国,如果其实施报复,美国很可能会限制甚至拒绝对安提瓜的正常出口贸易,从而导致安提瓜必须支付更高的成本从别处进口所需的资源、产品和服务。仲裁庭也认为,来自美国的限制出口行为,相比于安提瓜和巴布达对美国的报复,可能给安提瓜和巴布达带来更多损害。在 EC-Bananas III(厄瓜尔多)案中,仲裁庭同样指出,由于厄瓜多尔对欧共体出口产品的高度依赖,相比于申诉方对被诉方的报复,被诉方可能采取的反报复措施对申诉方会产生更坏的影响。

(三)对“无用论”和“有害论”的评价

笔者认为,实力弱小的发展中国家实施报复,不太可能对违反 WTO 规则的发达国家造成大的经济或政治损失,这一点是符合逻辑

① H. Grosse Ruse-Kahn:“中止 TRIPS 义务的吸引力:加勒比海盗?”,载《国际经济法》2008 年第 11 卷第 2 期。

② B. Hoekman & P. Mavroidis:“WTO 争端解决、透明度和监管”,载《世界银行》1999 年第 6 期。

的。WTO报复规则对成员间实力悬殊状况的忽视,以及对国际间复杂的经济和政治关系的忽视,的确削弱了该机制对发展中国家的效用。然而,是否就可以据此断定WTO报复规则的固有缺陷完全阻碍了发展中国家运用该机制维护自身权益,这一点仍有待商榷。或者说,从表面例证和数据,是否就可以得出确定无疑的结论,认为报复机制对发展中国家"无用"甚至"有害"呢?通过对迄今为止发展中国家参与的WTO报复案件的分析,笔者得出的答案是否定的。

二、WTO报复机制对发展中国家效用的实证分析

WTO争端解决机制前10年的统计数据表明,专家组和上诉机构报告的履行率高达83%。[①] 而且,这些得到履行的争端,不仅限于由发达国家提起申诉的争端,在较小的发展中国家提起申诉并获得专家组或上诉机构支持的争端中履行情况也一样。笔者认为,争端裁决的高履行率表明,有缺陷的WTO报复规则,并未阻碍争端解决机制对发展中国家的适用。从另一个角度说,即使申诉方是经济和政治实力较弱的发展中国家,有限的报复能力通常也不会构成被诉方不履行专家组、上诉机构或者仲裁机构裁决的重要因素。

至于上述作为"无用论"和"有害论"的重要论据提出的,在5起发展中国家获得报复授权的争端中,仅在1起争端中发展中国家实施了报复的问题,笔者认为,表面数据仅能说明部分问题。一个更值得思考的问题是,发展中国家是否全部或者主要基于报复无效或有害的考虑而决定不诉诸报复,或者还有其他什么原因?下文以EC-Bananas Ⅲ(厄瓜尔多)案,Canada-Aircraft Ⅱ(巴西)案,US-Offset Act (Byrd Amendment)(巴西、智利、印度、韩国、墨西哥)案和US-Gambling(安提瓜和巴布达)案为例对这一问题进行分析。

(一)EC-BananasIII(厄瓜尔多)案

这是发展中国家获得DSB报复授权的第一起争端。1996年4月,厄瓜多尔、危地马拉、墨西哥、美国向DSB申诉,认为欧共体有关香蕉进口、销售和分销的制度与WTO有关协议不符。专家组和上诉机构

① W. Davey:"争端解决机制前十年",载《国际经济法》2005年第8卷第1期。

均作出了有利于申诉方的裁决。经过一系列程序，最终厄瓜多尔获得了相当于每年2亿多美元的报复授权，但厄瓜多尔没有将该报复授权付诸实施。在仲裁过程中，厄瓜多尔的确就实施报复的有效性和可能对自身造成的经济损害进行了陈述，仲裁庭对此表示赞同，笔者也表示赞同。然而，其最终决定不诉诸报复的国内决策究竟是基于什么原因作出的，这一点很难探究。然而，我们能客观看到的是，香蕉案另一个争端的申诉方美国也没有付诸实施其获得的报复授权，而是与欧共体签署了香蕉进出口备忘录，完全解决了争端所涉问题。同样，厄瓜多尔在获得报复授权后，也与欧共体签署了香蕉进出口备忘录，该备忘录规定"一旦新的香蕉进口制度得到全面实施，厄瓜多尔享有的对欧共体相当于每年不超过2.016亿美元的报复权利将终止"①。至此，厄瓜多尔就香蕉争端对欧共体进行报复的基础和动力均已不存在。

(二) Canada-Aircraft Ⅱ(巴西)案

这是发展中国家获得报复授权的第二起争端。1997年，巴西就加拿大颁布施行的关于向本国的民用飞机行业提供补贴支持其出口的国内措施，向DSB提起申诉。专家组和上诉机构报告均裁定，加拿大技术合伙公司援助加拿大支线飞机产业的行为违反了WTO补贴与反补贴措施协定。最终，巴西获得了对加拿大相当于2.47797亿美元的报复授权，但其没有付诸实施。然而，这一结果并不能表明，巴西是由于发展中国家的地位以及报复能力的弱小而无法有效实施报复。因为，在其获得报复授权后不久，就与加拿大就争端所涉问题达成了谈判解决方案。而这一谈判解决方案的达成，是在加拿大从Brazil-Aircraft案中获得了对巴西的报复权这一特定背景下发生的，而且两个授权报复的数额十分接近。这在一定程度上可以说明，双方为着"双赢"的目的而不是其他任何目的，选择了通过谈判而不是报复来化解争端。香蕉案和该案也为发展中国家提供了良好范例，即发展中国家能够在获得报复授权的背景下，与被诉的发达国家达成迅速解决问题的方案。正如巴西代表团成员在该案后评说的，"巴西的经验至少表明，提起报复

---

① EC-Bananas Ⅲ(厄瓜多尔)备忘，WT/DS27/60，2001年7月3日。

可以刺激双方寻求谈判,并达成双方都满意的解决方案”。①

(三)US-Offset Act 案

这是发展中国家成员获得报复授权的第三起争端。11个WTO成员(澳大利亚、巴西、智利、欧盟、印度、印度尼西亚、日本、韩国、泰国、加拿大和墨西哥)就美国2000年颁布的“伯德修正案”向DSB提出申诉。专家组和上诉机构均裁定,该法案构成了WTO反倾销协定和补贴与反补贴措施协定中所禁止的具体的反倾销和反补贴行动。2004年1月,该争端移交仲裁,由仲裁庭裁定报复水平与利益受损水平是否相当。最终,5个发展中国家(巴西、智利、印度、韩国、墨西哥)和3个发达国家(欧共体、日本、加拿大)获得了报复授权。3个发达国家均实施了报复,而发展中国家中仅墨西哥实施了报复,这表明发展中国家在进行报复方面积极性较差。然而,也有WTO评论员提出,由于其他较大的经济体已经通过实施报复措施向美国施加了巨大的压力,或者说迫使其考虑修改该修正案的足够压力,发展中国家实施报复性措施的意义已经不大。

(四)US-Gambling(安提瓜和巴布达)案

这是发展中国家成员获得报复授权的第四起争端。2005年3月,安提瓜向DSB提起申诉,认为美国联邦和地方政府采取的一些措施影响了对赌博和博彩服务的跨境支付,这些措施不仅违反了WTO服务贸易总协定(GATS)中关于服务贸易市场准入的规定,而且违反了美国在服务贸易减让表中所做的承诺。专家组和上诉机构均作出了有利于安提瓜的裁定。由于合理期限结束后美国未执行相关建议和裁决,安提瓜提请DSB授权其对美国进行报复。最终,安提瓜获得了根据与贸易有关的知识产权协定(TRIPs)对美国进行相当于每年21,000万美元的报复授权,但是未付诸实施。在仲裁过程中,厄瓜多尔对进行报复的效果和可能对自身造成的损害进行了陈述,仲裁庭对此表示赞同。然而,同样的问题是,这是否构成了其决定不实施报复的关键原因。客

① Hunter Nottage:“对关于WTO报复机制削弱了发展中国家利用争端解决机制的批评的评析”,载《WTO争端解决报复机制的法律、经济和政治分析》,牛津大学出版社2010年版,第334页。

观情况是,授权报复裁决作出后不久,美国就决定修改其在 GATS 下的有关服务承诺,该承诺修改后争端所涉问题将不复存在,安提瓜就不需要也没有权利再对美国进行报复。

通过以上分析笔者认为,一方面,对报复能力弱小的发展中国家来说,WTO 报复规则的固有弱点真实存在且会减损其适用效用。另一方面,争端解决裁决的高履行率,以及涉发展中国家报复案例的实际解决情况都说明,报复机制的固有弱点不足以阻碍发展中国家对其进行有效利用。换言之,从总体上看,报复机制不仅对发展中国家有用,而且有益。

三、有关提高报复机制效用的提案及评析

如上文所述,尽管实践中报复能力的强弱对报复机制是否对发展中国家有效用没有决定性影响,但是一个不争的事实是,这种报复能力的欠缺的确减损了报复机制的使用效用。为此,在 WTO 成员提起的关于修订 DSU 的提案中,一些发展中国家成员提出了旨在提高报复机制对发展中国家效用的提案,主要包括进行"集体报复"、允许"转让"报复权以及引入"无条件"交叉报复

(一)集体报复

提出"集体报复"提案的主要是最不发达国家,包括肯尼亚、古巴、多米尼加、埃及、海地等。该提案的主要内容是,在诉诸报复手段解决争端时,WTO 所有成员均可以得到授权,一起对被诉的违约方进行报复,但是报复水平必须与利益遭到丧失或减损水平相当。[①] 最不发达国家集团还进一步补充认为,如果发展中国家胜诉,作为一项针对发展中国家的特殊和差别待遇,发展中国家可以不经授权自动进行集体报复。通过这样的制度安排,"实力不均衡"将不再构成弱小成员无法迫使强大成员执行裁决的障碍。[②]

---

① WTO 争端解决机构特别会议关于争端解决规则及程序的谅解的谈判——非洲集体的建议,TN/DS/W/15,2002 年 9 月 25 日。

② Rene Guilherme S. Medrado:"再磋商 WTO 的补偿制度:多边行动",载威斯康星《国际经济法》2004 年第 22 卷。

对此笔者认为,集体报复的合理性和可行性均有待商榷。首先,授权利益未遭受任何损害的成员进行报复,既没有法理依据,又违背了报复机制设计的部分初衷,即补偿和利益的再平衡。其次,集体报复会破坏世贸组织争端解决的传统双边性,从而可能引发多边机制下的更多问题,最终影响WTO促进贸易自由化的宗旨。最后,集体报复在实践中难以操作,如何确定集体报复中"集体"的成员范围?集体报复措施又该如何在众多成员间进行分配?如何确保总报复水平与遭受损害的水平相当?如果其中一部分成员对报复行动不感兴趣又该怎么处理?鉴于以上原因,笔者认为,在DSU中不宜引入集体报复制度,或者至少该提案需要进一步修改完善。

(二)"转让"报复权

墨西哥提出,在WTO争端解决机制中应当允许"转让"报复权。该提案的主要内容是,申诉方和第三方可以共同请求DSB授权申诉方把自己获得的报复权转让给第三方,以换取双方商定的利益。① 在这种情况下,报复能力弱小的申诉方可以将其获得的报复权转让给报复能力强大的第三方。墨西哥认为,允许转让报复权有两大优点:一是可以督促被诉方更好地履行判决,因为第三方可能比申诉方具有更强的报复能力。二是可以为无力报复的申诉方提供更多可以获得补偿的渠道,保护其在WTO之下享有的利益。关于"转让"报复权的提案得到了一些发展中国家的热烈支持。然而,也有成员对引入该制度表达了担忧,巴基斯坦、古巴和中国香港地区认为该提案可能导致争端解决机制的政治化,并进而彻底颠覆WTO的性质。②

对此笔者认为,将这一概念引入WTO报复机制可能会产生很多危害:首先,允许利益未遭受任何减损的成员对被诉方进行报复,没有法理依据。其次,如果报复权可以随意转让,可能导致争端当事人不会用心谈判,也不再尽力追求可以令双方满意的解决方案,争端解决机制的目标就难以达成。最后,这样做可能会制造出一个报复权"拍卖市场",从而可能导致报复机制的滥用和误用。

---

① WTO,TN/DS/W/23.

② WTO,TN/DS/W/23,第48、50、55段。

（三）“无条件”交叉报复

9个发展中国家组成一个集团，提交了关于授权发展中成员可以进行“无条件”地交叉报复的提案。该提案的主要内容是，作为申诉方的发展中国家成员与作为被诉方的发达国家成员之间发生争端时，如果合理期限结束而发达国家拒不执行相关裁决，申诉方有权自主寻求授权中止按照任何适用协议涉及的任意部门的减让或其他义务。换言之，就是赋予发展中成员自由选择报复部门的权利，而不需要向 DSB 证明“在利益遭受减损的同一部门或同一协定内进行报复既不可行也无效”。①

对此笔者认为，在报复机制中引入“无条件”的交叉报复，在实际上免除了发展中国家在寻求 DSU 第22.3条所规定的“交叉报复”时承担的举证责任，从而使“交叉报复”成为发展中国家独享的一种常态报复方式。这在一定程度上可以减轻发展中国家和发达国家在争端执行过程中程序上的不对等，而且也没有破坏和违背 WTO 报复机制设计的初衷，能够更好地促进遵约、重新平衡利益以及对利益遭受损害的申诉方进行补偿。不过，该建议可能遭遇发达国家的强烈反对，因为发达国家目前已经对发展中国家寻求在 TRIPS 项下的交叉报复行为表达了不安和不满。

（作者系对外经济贸易大学2008级国际经济法专业博士研究生）

① 参见 DSU 第22.3条(c)。

域外法

印度土地征收与补偿制度研究*

李来孺

目　次

一、土地资本化的限制
二、以政府征收的方式取得土地
三、土地征收的补偿
四、结语

原定于2011年完工的孟买新机场项目,因为土地所有权的问题不得不推迟至2014年。这个例子反映了印度现今经济发展中面临的一个难题:工业发展需要大量的土地。但是,大量的建设项目因为无法获得所需土地而不得不停止。2012年,印度经济自改革开放政策实施以来遭遇了又一个寒冬,经济增长率下降至5.8%。为了促进经济的发展,印度政府计划实施一系列的基础设施项目,建立经济特区和大型生产基地。但是土地纠纷旋即随之而来。每一个大型建设项目的启动几乎必然都伴随着大规模的抗议活动,而矛盾最尖锐的部分则在于通过政府征收而用于企业经营的土地所有权转让。印度的发展似乎形成了一个悖论:没有良好的基础设施和大量的工厂,经济就无法快速发展,农民也无法从中受益,但是,不征收农民的土地就无法开展这些建设。

* 本文为云南财经大学"人才引进"项目研究成果。

一、土地资本化的限制

（一）私营企业土地取得的困境

企业在印度的投资屡屡受到土地的限制。韩国著名钢铁制造企业米塔尔和浦项制铁由于当地农民的反对征地，不得不钢铁厂的建设项目推迟到5年后。另一个例子是本来预计建于斋普尔的印度核能源公司因为无法达成协议购买所需的1000公顷建设用地，因此也不得不一度推迟建设工期。根据政府统计，截至2009年，印度2/3的基础设施项目都是因为土地征收的原因而推迟。印度工商业联合委员会的一项研究结果表明，因建设用地导致的项目延期时长可至10年，共消耗资金预计达到1000亿美元。① 在行政效率的问题上，印度企业常常把自己的处境与中国企业作比较：中国政府的强势与高效，从某种意义上来说，对于企业的发展奠定了良好的基础。在印度，每个邦的政府在土地征收问题上都持有各自的立场。民主制的政体之下，执政者必须考虑不同的反对意见以确保自己的支持率。2008年9月西孟加拉邦发生了反对塔塔征地建设"Nano"汽车的工厂大型抗议活动，西孟加拉邦政府因此转变态度，决定不插手企业建设用地征收工作。但是，如果没有政府的支持，以征收土地的方式取得建设用地，企业的投资则举步维艰。印度国有土地只占30%，这就意味着如果不能依靠政府征收的方式，企业将自己承担70%的建设用地购买任务。大量的土地由私人所有，各个邦对于个人土地所有数量设置了上限。1972年后各邦平均限额为每人20公顷。② 这也就是说，如果一个企业需要连成一片的、大面积的建设用地，它就必须从许多个私人所有者手中分别购买他们的土地。这使企业增加了谈判成本，也极大地限制了交易效率。这个局面使印度最急需获得资金注入和发展的基础设施项目受到了很大制约。

（二）土地登记制度失效

根据1908年《印度登记法》，在签订交易合同4个月之内，必须进

---

① Julien Bouissou, India: Landownership is Everything, *Guardian Weekly*, 30th, April, 2010.

② 盛荣："印度土地制度效果对中国土地制度改革的启示"，载《中国农业大学学报》2006年第4期。

行土地登记。[①] 但事实情况并不尽如人意。土地登记在实践中并没有得到足够的重视,印度土地登记并没有实际发挥财产公示的作用。私人之间如果以购买的方式交易土地,买方将承担很大的交易风险。在印度,由每个邦分别进行土地登记,并且登记工作记录于原始的纸质材料之上,各个邦之间也没有形成联网。所以,登记的资料不能做到及时更新,登记信息也因为地域的限制而效力有限。在印度的土地交易中,购买人很难确定作为标的物的土地的权属状况。然而即便当事人尽到注意义务,权属争议所带来的风险还是要由他来承担。土地的所有者也不满于这种登记的制度,因为他们不能够通过登记这种方式来公示自己的权利,因而也无法在日后通过法律程序保护自己的土地权利。[②] 印度国土资源部于2008年启动了"国家土地记录现代化"项目,以期建立一套现代化的土地登记系统,可以实时更新土地权属信息,并自动进行计算,以此作为国家税收的标准。这个项目现在仍在建设中,预计在第12个五年计划(2012年至2017年)之前完成。

二、以政府征收的方式取得土地

政府在一个社会的功能是什么?从市场经济发展的角度来说,政府的作用在于"为市场经济的形成设立一个好的制度框架;提供良好的社会基础设施以及保护困难群体利益和收入分配的公平"。[③] 对于发展中国家来说,政府的干预往往可以形成更高的效率。这也是"中国模式"发挥作用的原因之一。在中国,推动国家经济发展的直接因素是国家的权力因素。以2005年为例,中国政府征地445.4万亩,约为30万公顷。由此可推测,如同塔塔公司在印度西孟加拉邦的遭遇在中国是不会出现的。如果单纯从效率的角度来讲,中国政府在改革开放后的20余年间确实发挥了巨大的作用。同为金砖五国,印度和中国相比,最大的差距就是落后的基础设施建设和引进外资的能力。任何

---

① 《印度登记法》第23条。

② Sebastian Morris and Ajay Pandey, Towards reform of Land Acquisition Framework in India, *Economic and Political Weekly*, Vol. 42 2007, p. 2083.

③ 张进铭:"政府在经济转型和发展中的作用",载《光明日报》2003年9月30日。

大型的建设项目都必须以土地为基础,但是,如前所述,私人之间的土地交易风险大、成本高。所以,如果政府能够以政府征收的方式取得土地,那么,相对于其他方式来说,则可以将风险与成本都降为最低,从而更有利于社会经济的整体发展。

(一)合法性的根据

根据印度现行的土地制度,政府取得私人土地所有权的途径有两种:征收和购买。土地的购买是建立于合同关系之上的,因此必须以双方的合意为基础,如果作为出卖人的私人不同意出卖土地,则购买的目的无法达成。征收则不同,土地征收是“国家根据公共利益需要而行使公权力,以补偿为条件,强制取得他人的土地所有权,他人的土地所有权因国家的征收而消灭”。[①] 政府取得土地的这种方式在法理上的根据为“国家征用权”原则。这个概念源于格劳修斯首创的“eminens dominium”。他认为,为了社会公众的利益,国家拥有征用或破坏某些私有财产的权力。单独的个人为了获得自身人身和财产的安全,将各自的力量集中于一起,以变得更加强大以抵御其他人可能对自己安全的威胁。为获取这种安全,每一个个体都必须贡献出原先由自己掌握的财产和权利。[②] 这就是个人与政府之间的社会契约。在土地征收的程序中,政府无须获得原土地所有人的同意,征收行为只受到两个条件的限制:公益目的与合理补偿。以购买方式取得土地可以充分实现土地的价值,土地所有权的转移依赖于所有权人的意愿。但是,这种方式在涉及一片土地上有许多个所有权人的情形时同样会增加政府取得土地的成本。如果要获得成片的大面积土地,政府必须逐一与每一个单独的所有权人达成合意。但是从土地的个人价值来说,有的所有权人无论补偿的价格有多么高,也不愿意出让土地,整个土地项目也将因此而归于失败。因此,“通过国家征用权取得土地适用于出让人众多的

① 梁慧星主编:《中国物权法研究》(上),法律出版社 1998 年版,第 330 页。

② The Right of Eminent Domain, *The American Law Register*, Vol. 4, 1856, p. 642.

情况;购买的方式则适用于出让人少的情况”。[①]

印度独立以后,尼赫鲁政府实行进口替代战略下的内向型经济发展战略,利用世界银行、IMF 等国际组织的援助,进行了大量的重工业和国防工业开发项目。[②] 这些大型项目的建设需要以大量的土地作为项目发展的基本要件。1894 年颁布的《土地征收法》规定政府可以征收的方式取得土地,由此为政府征用土地提供了合法性依据。虽然国大党在 1954 年后提出建立“社会主义类型社会”的决议,但其实质上还是属于小资产阶级社会主义类型,系对资本制度的改良。[③] 根据印度国家统计局官方公布的数据,印度在“一五”至“六五”计划 30 年间,公私营企业在计划投资中的比率差距始终保持在 15% 以内。[④] 因此,为了进一步促进工业发展,扩大企业规模,政府为帮助企业实现取得土地作为生产资料的目的,渐渐将这项取得土地的权力从公用领域,进而扩大至了私用领域。这种做法被认为具有公权力服务于少数的私权利的性质,因而不具备公正性,遭到了失地者和各种社会团体和政党的反对。最高法院在 R. I. Aurora 诉 State of UP 案中指出,国家不能成为私人目的用地的代理人,[⑤]为公司获得私利而帮助其取得土地。但是,尼赫鲁政府表现强势,随即于 1962 年在《土地征收法》的修正案中明确规定,当一个公司从事的业务有益于公益的目的时,政府可以为其取得土地。因此,推翻了最高法院的判决。

公权力是代表广义上的私权而存在的,因此,在效力上高于作为狭义上的、具体的个人权利。宪法是印度法律体系中的根本大法,其中第

---

① Steven Shavell, Eminent Domain versus Government Purchase of Land Given Imperfect Information about Owners' Valuation, *Journal of Law and Economics*, Vol. 53, 2010, p. 1.

② 沈开艳等:《印度经济改革发展二十年:理论、实证与比较(1991—2010)》,上海人民出版社 2011 年版,第 67 页。

③ 林承节:《印度独立后的政治经济社会发展史》,昆仑出版社 2003 年版,第 153 页。

④ 印度国家统计局网站,http://www.mospi.gov.in, vsited on 12th, Dec., 2012。

⑤ Birsha Ohdedar, Land Acquisition for Tourism: a review of state practices, laws and policies, *EQUATIONS*, 10th., Feb., 2012, p. 2.

19 条和第 31 条曾分别将“财产权”认定为公民的基本权利。但是 1978 年《宪法》第 44 号修正案将财产权的定义修改为“宪法性权利”。[①] 这个更改表明了《宪法》对财产权评价的降低。事实上,在该修正案出台之前,邦政府和中央政府就已经得到授权依据《宪法》附七为政府取得私人财产制定相应法律。作为政府统治的工具,法律条文上的变化反映了政府的执政诉求。印度早在 1965 年就建立了亚洲第一个出口加工区(古吉拉特的坎德拉)。至 2005 年,全印已经有多达 15 个对外贸易区。[②] 印度自 20 世纪 90 年代开始实施改革开放政策,实施以出口为导向的工业化发展政策。至 2007 年,正式批准设立的经济开发区的数量已增至 404 个,共占地 54,280 公顷。[③]

2011 年,数千农民在印度北方邦爆发了反抗政府强制征收土地的抗议活动。政府征用土地的名义是工业开发,但是这个说辞在印度备受质疑,因此无法成为公众接受的正当理由。2005 年孟买的棚户区拆除工作已经推倒了 6 万余户贫民的住房,造成了 30 多万人无家可归。2007 年国家安置改造政策在前言部分也论述了国家征收权的一些弊端:

“公共设施和基础设施建设的过程中,政府使用国家征用权通过法律赋予的权力取得原属于私人的财产。剥夺其土地、生存资本和容身之所,限制他们接近传统的资源,并使他们与原来的社会文化环境脱离。这一系列的后果会从心理和社会文化效能方面造成对相关群体的伤害。因此,这些群体会要求对他们权利的保护。具体来说,包括的人有法律列举的种姓、部落、少数的农民和妇女。”

事实上,即便是肯定国家征收权的法律也并不否认对其所应施加的限制,即这样一种权力的行使是在一定的范围限定之内的。从权力

---

① V. S. Elizabeth, Distributive Justice—Poverty and Economic Development, *Penn. State International Law Review*, Vol. 28, 2010, p. 470.

② Amitendu, Special Economic Zones in India: New Challenges for Governance and Public Policy, a paper for the 4th Annual International Conference on Public Policy and Management held at the Indian Institute of Management from 9 to 12 August 2009, p. 3.

③ Preeti Sampat, Special Economic Zones in India, *Economic and Political Weekly*, Vol. 43, 2008, p. 25.

的渊源上来说,"权利是权力的基础。"①公权力来源于私权利。前者实际上是由后者让渡和转化而来的。政府得以行使征用权,进入私人财产权利范围,实际上是为了在更高的层面上实现更多的私权利,即大多数人的权利。私权利同时也是公权力的目的所在。因此,作为国家征收权来说,"公共利益"则是其获得合理性的唯一的途径。

(二)"公共利益"标准

印度的相关研究者一直指责土地立法没有对公共利益进行明确的定义,但其实不管是《土地征收法》、《土地征收法议案》,还是《土地征收补偿与安置议案》都以列举的方式明确地指明公共利益的具体范围。② 比如城市发展规划用地和针对低收入者的安居工程用地都被明确列举为符合公益标准的具体情形。"公共利益"概念本身是一个无法确定其范围的定义。不同的社会、不同的法律体系也会形成不同的界定。对于公共利益的界定不但反映了一个社会的基本价值观,也是一个国家政府的政策导向的体现。比如是否允许赌博,是否允许一夫多妻,不同的社会文化背景都会有不同的判定。此外,政府的宏观发展战略对于公共利益的范围也会产生直接影响。例如,一个倾向于发展效率的政府与一个倾向于社会稳定的政府对于公共利益的界定就会有明显的区别。以上所列举的印度土地征用相关的法律和提案都无一例外地保留了开放性的条款:

《土地征收法》第3条第6款第7目:"由政府发起或获得相关地方政府批准的其他项目或发展计划。"

《土地征收法议案》第3条第26款第1目:"除以上五个方面外,可以使大部分公众受益的相关政府用地。"

《土地征收补偿与安置议案》第5条第5款第6目:"其他使大部分公众受益的用地项目。但用地方需通过合法合同取得所需土地百分之七十的所有权。"

如果以时间的先后排列来对这三个法律文件进行对比的话,不难

① 卓泽源:《法治国家论》,中国方正出版社2001年版,第62页。

② 《土地征收法》第3(f)条;《土地征收法议案》第5(v)条;《土地征收补偿与安置议案》第3(za)条。

发现印度政府是在逐步扩大对于公益的定义范围。虽然采用了开放式的定义,《土地征收法》在1984年的修正案的最后一款明确排除了因私有公司使用建设用地的情形。但是《土地征收法》在第17条规定了"紧急情况下的特殊权力":在邦一级的政府宣布的紧急状态下,收税官可以在告知土地所有人15天后以公益为目的的占有任何土地。[①] 2011年的《土地征收补偿与安置议案》则在公益的定义一项中,明确地提出公私合营项目和私有企业的用地都可划归为符合公益目的的范围。[②]

事实上,公益标准的尺度具体是由政府(各级相关政府机构)来掌握的。《土地征收法》中直接以"政府发起或批准"作为是否属于公益范围的标准。《土地征收法议案》只列举了三种关于公益的阐释。第二个部分就是符合公众利益的基础设施建设,而这个建设工程则系属于相关政府的项目。《土地征收补偿与安置议案》则采取了与《土地征收法》相同的方式,由政府来决定土地的使用。由于"公共利益"这个概念无法成立一个完整严谨的定义,因此当运用于土地征用的情况时,需要实际实施的部门,即政府来对具体的案例条件进行判定。作为法院来说,则只能对政府的决定进行判断,从而对于"公益"标准进行间接的判断。因此,"公共利益"原则的运用是由立法机关划定一个范围,然后由政府具体来决定可以适用的情况。

根据英国的案例法,对于公益标准的把握应该由立法机关和法院共同完成:立法机关决定是否可以适用公益标准(以使政府可以行使征收权),如果法院认为立法机关滥用解释,对是否符合公益标准进行不合情理的解释,那么则可以违宪为由主张法律无效。[③] 印度将决定权交给政府的做法是有原因的。在印度,一项法律的通过需要经过议会的批准。作为民主体制下的多党制国家,议会由不同的政党代表组

---

① 法条的解释之后又认为条款中规定的15天应是搬迁的时间,因此这个取得土地的过程最长需要30天的时间。

② 《土地征收补偿与安置议案》第3(za)(ⅵ)(ⅶ)条。

③ The Extent of Public Power in Eminent Domain, *Harvard Law Review*, Vol. 15, 1902, p. 400.

成,他们又分别代表着不同社会阶层的利益。所以,一项提案通过议会同意成为法律的过程往往颇费周折。[①] 印度在土地征收问题上的做法因此是符合印度的实际情况的。法律的规定并没有明显地违背任何一方的利益(政府、开发者和失地者),因而得以经过议会批准生效。政府则可以根据国家社会发展的需要,以相应的法律为依据,通过土地征收达到吸引投资和发展工业的目的。

但是,如果政府滥用这种解释"公益目的"的权力,侵犯私人的土地利益怎么办?印度土地征收矛盾的焦点就是征用土地以为私用。失地者认为企业(尤其是实力雄厚、与政府官员有千丝万缕联系的企业)通过政府,利用政府的行政权力取得土地,以获得自身经济利益的极大满足。这种通过公权力攫取私权利的做法是极为不公平的。土地征收行为也与公共利益实现的目的南辕北辙。政府的行为应该由谁来监督呢?在英国的体制下,法院和立法机关可以形成相互制衡,以确保结果的公正。根据印度宪法规定,[②]印度最高法院和高等法院可以对议会通过的法律和政府的命令进行司法审查,并在其违反宪法规定的情况下宣布其无效。所以,在印度,对于政府公益征收权力的监督与制衡是通过法院来实现的。但是,印度的司法系统却长期面临腐败和人员不足的问题。印度是法官人数在总人口中所占比率最低的国家之一。有一些地方,有近1/4的法官席位是空缺的。以2006年为例,印度未受理案件达2700万件。司法系统的效率低下可见一斑。因此,通过司法系统来监督政府公益征收土地行为的公正性,实际的效果仍会与制度设计的初衷有所偏离。这种不良的效果也就是直接导致失地者抵制征收和政府失去公信力的原因。

---

① 面对低迷的经济,印度政府一度想加大外资投入的力度,但是旨在提高外资持股比率的提案一再被议会否决。虽然从宏观意义上来讲,印度亟须外资投入的事实已经被社会所认识,但外资对小手工业者、印度税收的冲击还是影响到了一部分人的利益,代表他们的政党则一再在议会中反对外资法的通过。

② 印度《宪法》第32条、第136条、第236条和第237条。

三、土地征收的补偿

(一)补偿的标准

土地的征收是一种带有强制性的行政行为。国家以公益为由行使公权力进入到私人利益的范畴,而作为私人来说,一方面不能拒绝出让这部分利益,另一方面则有权要求相应的补偿。在市场经济国家,对于土地的用途实行严格的规划管制,土地的征收属于对规划的变更。对土地规划的变更则破坏了行政相对人对行政行为的合理期待,因此在实质上违反了行政信赖保护原则。行政机关应对利害关系人信赖利益进行相应的补偿。① 根据印度《土地征收法》,中央和邦政府可以征收土地。被征收的对象可以在被通知后提出反对。但是,根据第 17 条,在为了公共利益的情况下,政府可以占有任何私人土地,而仅仅需要对原所有权人进行通知即可。因此,在以公共利益为由的征收过程中,征收问题实际上仅仅只是一个补偿问题。

在自由资本主义时期,以个人主义权利为本位,在“所有权神圣不可侵犯”的理念主导下,行政补偿遵循了完全补偿的原则;20 世纪后,由于社会本位的发展,对所有权的限制得到了认可,从而强调“所有权的社会义务性”,完全补偿原则逐渐式微。衡量“公正补偿”的标准是财产原所有者承担的损失,而不是后来的所有者获得的利益。衡量损失的标准是财产被征收时的公平市场价值。政府无须为财产被征收以后的升值进行补偿。

根据现行的《土地征收法》第 23 条第 1 款规定,征收赔偿通知当天的土地市场价值是印度土地征用补偿的基本原则。因此,被征收土地的期待利益,甚至于土地所有者其他土地财产因征收而损失的期待利益是不在赔偿范围之内的。② 土地征收补偿是根据实际损失来计算补偿标准的。但是,《土地征收法》规定的实际损失的范围不仅仅局限于被征收的土地价值本身。比如,如果为了达到征收土地的目的,需要将

---

① 沈开举:“中国土地征收补偿标准研究”,载 http://law.china.cn/thesis/txt/2007-07/03/content_1665498.htm,访问时间:2012 年 12 月 23 日。

② 《土地征收法》第 24 条第 5 款、第 6 款。

此块土地与土地所有者其他土地分割开,由此产生的损失应该得到赔偿。如果原土地所有者因为征用须搬离其原来的居住地或营业地,由此而产生的费用也应得到赔偿。比如一个寺庙搬迁到新的地方,宗教仪式就应搬迁到新的地址,重新组织这个仪式,按照宗教的规则重新供奉神灵也会产生相应的费用。这些费用系第 23 条所说的损失赔偿范围。再比如,因土地征收而对原土地所有人的其他动产或不动产造成的损失,也应赔偿。在第 23 条的注解中记录了高等法院的一个案例:土地的所有者原来拥有一个码头,经营摆渡的生意。但后来因为政府征收了他的土地并利用土地建造了一座桥梁,他原先经营摆渡的生意也不能继续了。上诉庭最后认为这个人终止码头经营的费用应认定为"征收"所带来的损失,是符合《土地征收法》的征收范围的。

这里的市场价值是否是土地的全部价值呢?除了可以以金钱为衡量的价值外,土地还可能具有许多额外的价值。比如原来的所有者在情感上对土地的依赖。财产所有者对于财产的"主观价值"在客观上是存在的。但是,一方面这方面的价值因个案之间的差异较大而无法形成一个能够通用的判断标准;另一方面这个价值在客观上也无法进行衡量和论证。因此,从效率性和合理性的角度来看,不应将这部分价值纳入"公平"价值的范畴。第 24 条规定失地者的厌恶情绪不可作为赔偿的理由成立。但是,《土地补偿法》为了达到"公正补偿"的目的,并没有单纯以土地市场价值为唯一的依据。在印度的土地征收案件中,失地者一般都是处于弱势的一方。因此,第 23 条第 1(A)款要求法庭在计算赔偿数额时,在市场价值之外另加入其 20% 的数额。因此,最终失地者获得的赔偿应为市场价值的 120%。另外,该法还给予法庭一定的自由裁量空间,根据具体案件的情况给予失地者额外的一部分补偿。例如,第 23 条"说明 2"规定允许法庭因为征地行为的强制性而许可在市场价值之外,加付 30% 的赔偿金。

(二)土地价格的确定

"公平补偿"是一个抽象的、内涵极不确定的概念,不同的国家可能有不同的界说,在不同的政治法律实践中也有着不同认识。因此,市场价值显然是确定赔偿的合理标准。但是,市场价值本身的合理性需要一个健全的、透明的市场作为支撑。

《土地征收法》规定由行政部门来负责赔偿工作，具体为收税官与区委员①。因此，作为官方渠道来说，确定土地价格的唯一依据就只有买卖文书。在印度有一个特别的现象：许多邦里都制定了很高的印花税。在大多数发展中国家，土地交易的印花税大多定在1%、2%。② 而在印度常定于10%。③ 印花税是国家税收的一种形式，由纳税义务人缴纳，最后形成国家税收。因此，交易双方在交易利益的驱动下，往往会考虑在交易文书上提供一个较低的交易价格，以此降低印花税的征收数额。例如，一片市值为1000万卢比的土地，应缴纳印花税100万卢比。如果交易双方商定在买卖合同上把这个价格写为100万卢比，而由双方商定以其他形式支付其余的900万卢比，那么，这笔交易仅需缴纳印花税10万卢比。作为税收征收机关来说，买卖合同上的交易价格是其确定土地市场价格的唯一的渠道，因此，如果当事人采取以上方式更改了交易价格，该片土地的市场价格将是不正确的。以这个价格为"市场价格"决定的补偿数额也必定是不合理的，不足以充分救济失地一方的权利。

对于怎样确定"正确"的土地价格，2007年的《土地征收法议案》提供了几种确定土地合理市场价格的方法：④其一，1899年《印度印花税法》对于涉及土地交易合同所登记的最低的土地价值；其二，当地土地价格的平均值，具体从过去3年登记的买卖合同的50%作为计算基准；或其三，建设项目所购置土地数量的50%作为基准，计算的平均交易价格。

以上第2种方法和第3种方法计算结果中更高的一项为赔偿标准的确定依据。

《土地征收法议案》规定的土地市场价格计算方式，意图在一个广

① 印度《土地征收法》第3(c)条。

② 从2006年11月27日起，根据《关于印花税若干政策的通知》，中国政府对土地使用权出让合同、土地使用权转让合同按产权转移书据征收印花税。土地转让合同应付5%的印花税。

③ 参见 http://www.indiahousing.com/legal-aspects/stamp-duty.html, visited on June 16th, 2012.

④ 《土地征收法议案》第13条。

泛的基础上推算出土地的合理价值。这种计算方法一方面是客观的,因为其结果体现了最大的共性,另一方面其结果的达成就必然要求以完整、详尽的数据库为前提条件。在印度,每个邦都设立独立的机构进行土地登记。不动产的财产登记是强制性的。但是,地方机关的登记资料却并不完备。[①] 此外,《土地征收法议案》的计算方式是建立在登记资料的可靠性的基础上的,即所有登记的买卖合同中的交易价格都是构成最后评估结果的客观性的条件。如上文所述,这一点在印度政府高昂的印花税制度下已经很难做到了。

(三)补偿的形式

"无补偿即无征收"。补偿是征收行为合法的必要条件。给予某个当事人补偿的原因在于他丧失了原本属于他的权利,而征收行为则是其直接的原因。根据《土地征收法》和《土地征收安置与补偿议案》,金钱补偿都是征收补偿的主要方式。不论当事人丧失的土地位置在哪里、面积有多大,这些有关于财产的衡量都可以置换为作为一般等价物存在于市场的货币。

但是征收补偿的实际效果如何呢?无论在中国还是印度,涉及土地房屋的征收,都不乏大量关于失去财产一方的对抗征收行为的案例。"强拆"、"自焚"已经成为征收与城市开发中尴尬的关键词。为什么一个财产变更的过程会危及一个正常人的生命安全?

首先,对财产所有者来说,放弃的财产意味着放弃原有的生活方式。财产对当事人所意味的幸福,是远远不能为其经济价值所概括的。一处作为不动产而存在于法律意义上的土地,对于当事人来说,则可能意味着相处融洽的邻里关系、对生活的回忆,又或者是习惯的生活方式。因此,土地对于当事人的完全价值是无法用经济价值来衡量的。其次,在印度,对于土地的征收往往涉及农民,这部分人因为生产资料的丧失,而被迫放弃了以往的生产方式。有的政策研究者主张要将印

① Amitendu, Special Economic Zones in India: New Challenges for Governance and Public Policy, a paper for the 4th Annual International Conference on Public Policy and Management held at the Indian Institute of Management from 9 to 12 August 2009, pp. 14 – 15.

度的农业劳动力调控至10%以下,这就意味着大量的农民要改变其生产工作的方式。在土地征收行为的初期,印度政府曾经以安排新的工作机会来作为对失地农民的补偿方式,但是随着工业化水平的提高,农民直接转化成为工业劳动力的可能性也降低了。金钱补偿因此成为了最直接和最方便的补偿方式。但是,如此一来农民的再就业问题还是没有得到解决。最后,征收补偿金作为总量来说对于农民和其家庭是一笔巨大的收入。从以上两点来看,这笔钱应该是农民和其家庭生产与生活资料的替代品。也就是说,今后的生活和生产要以此为资本而展开。但是,对于这笔资金的理性规划和使用往往很难做到。农民往往将这笔钱用到了一些原本对他来说属于奢侈品的商品上,例如汽车、电视机、音响等。并且这些消费的目的常常只是满足了男性户主自身的需要,他的妻子和孩子并没有享受到这笔资金的益处。

"以金钱作为唯一的补偿方式来完成对被征收人的安置是中产阶级对待穷人的典型的方式。这种方式完全无视农民与土地之间赖以为生的关系。而这些人正是甘地所说的'最无助的人'。"①补偿的目的实际上应为"安置"。不论是通过金钱还是其他方式,目的是让被征收人最终能够重新"安顿"下来,继续生产和生活活动。而这二者之间,生产行为的继续对于农民及其家庭来说,则更为重要。补偿的效果应具备延续性的特点。补偿行为本身并不能出于一种"息事宁人"的立场,而是应从失地者的立场和情形来考虑,是否能够对其今后的生产生活形成保障。

因此,除了金钱补偿以外,以下几种安置补偿的方式是值得参考的:

其一,以土地换土地。作为印度最大的水利工程之一,达河谷的工程涉及了30个大坝的建设。印度最高法院在2011年5月11日的判决中断定翁噶里士莫和英迪拉萨德大坝的失地者都可以"土地置换土地"的方式得到补偿,最低补偿面积为2公顷土地。撒多撒罗瓦项目亦是这个方面的一个例证。1962年,为了建设给项目员工居住的

① Shankar Venkateswaran, Industrial Displacement: Looking Beyond Cash Compensation, *Economic and Political Weekly*, June, 2007, p. 2051.

Kevadia colony(地名),原来的居民被迫放弃土地,得到按每公顷80卢比计算的补偿款。但原来没有土地所有权的居民则得不到任何补偿。在进行水库建设的土地征收工作时,古邦政府向土地所有者按每公顷15,000~20,000卢比的价格购买土地。但仍然拒绝对没有所有权的土地占有人进行补偿。但由于原土地占有者人数众多,且形成了有组织的活动,一致拒绝搬离所在地,最后,古吉拉特邦政府不得不提出了"以土地换土地"的政策,同时提供2公顷的土地给原来没有土地的搬迁者,并为搬迁提供相应的金钱补偿。但是,享受这一政策的范围被严格地界定为"水库项目的土地征收"。因此,包括Kevadia colony、电厂、管道建设占有土地而引起的征收安置则不能享受这一政策。①

其二,再就业培训计划。随着城市化进程的推进,以及由于公共设施和商业项目征用土地,越来越多的农民被迫脱离原来的生存环境,他们面临着社会生产角色的转变,成为城市工人的一部分。但是,他们原本具备的劳动技能和受教育的程度并不一定能够胜任工业发展的需要。因此,即便有劳动的愿望和需要,失地农民也并不能立刻转变为创造生产价值的工人。另外,新的工业项目的建立,基础设施改善而带来的贸易的发展则需要越来越多的城市劳动力。从这一点来说,由征地而导致的安置工作有很重要的一项职能,即帮助这些失地的农民在新的生产环境下重新整合自身资源,使其成为城市发展中的有效促进因素。

其三,以租地的方式替代征地。土地权从完整的所有权来描述,具体包括占有、使用、收益和处分几个相对独立的权能。土地征收需要原来的所有者转让的是土地的所有权。但是,作为征收土地的一方来说,其最为急需的仅为土地的占有、使用和收益的权利,并不一定需要处分权能的履行。因此,可以考虑的方式之一为需用土地的一方向土地的所有者租用土地,以相对更低的成本满足自己对土地的需求;而土地所有者也因此可以通过土地增加收益,也因为保有所有权而受到保障。但是,这样一种方式的弊端在于,对于土地占有者来说,有一部分人并

---

① Arul Menezes, Compensation for Project Displacement: A New Approach, *Economic & Political Weekly*, Oct., 1991, p. 2467.

不具有所有权,或者无法提供有力的证据证明其所有权,因此,无法通过这一方法对其权利进行保护。因而,必须综合适用再就业工作机会、就业培训等手段。

其四,工业项目中的股份。除了公益用地以外,工业开发也会需要大片土地,从而使企业的经营者成为用地的需求方。大量的经济特区的开发使工业用地需求大增。作为企业经营来说,营利性是其根本的属性。如果以股份转让的方式来替代土地补偿金,一方面可以使企业减少征收土地投入的成本,另一方面企业的股份红利也可以一种可持续的方式向当事人提供补偿,甚至带来盈利。塔塔钢业在建设位于哥巴尔的钢铁厂时就考虑过这种征地补偿方式。但是,这种方式有两个方面的弊端。一方面,相比于直接支付补偿金,以股份分红的方式需要更长的周期。企业从建设到投入运营生产,产生收益需要很长的一段时间,被征地一方必须在企业利润产生之后才能获得征地补偿。另一方面,企业的股东是风险共担的组成。各股东不但可以分享利润,同时也共同承担经营的风险。以股东的方式参与到工业项目中,如果企业不盈利,甚至是亏损的,那么土地补偿就无法实现。所以,从失地者的角度来说,这种方式也许意味着更大的收益,但同时也意味着更大的风险。能够适用这种补偿方式的企业,必须具有较高的声誉和长期以来较好的经营收益,例如塔塔这样的公司可能比其他一般的企业更容易使被补偿方成为其股东。

四、结语

土地征收行为在本质上是一种行政行为。在不考虑被征收土地的一方意愿的情况下,由征收方取得土地的所有权。这种行为本身只能以社会公共利益为合理性的基础。印度土地立法将界定"公共利益"的权力交由政府来完成,由其根据社会发展需要来决定是否以此作为土地征收的依据。但是,实际的案例中,政府常常被批评为"企业的代理人",公益征收最终成为私人企业取得土地的捷径。印度实行三权分立的政治体制,因此,理论上,作为政府的这种解释的权力还是受到了议会和法院的监督。但是,由于印度的三权分立体制并没能有效运行,对于政府行政行为的监督并没有"以权力制约权力"的方式发挥作用。印度土地征收补偿采取的是"公平补偿"的原则,以实际损失为基础计算赔偿数额。但法庭可以根据案件的具体情况,对于处于弱势的失地者给予额外的补偿。但是,单纯金钱补偿的方式不能为失地者提供完全的救济,使其继续其生产生活。实际上的补偿措施,往往又仅仅是政府的"应急措施",计划之后常常难以落实。

法律关系中的权利义务关系决定了主体之间利益的对立性,任何法律都不可能使所有的相关人完全受益。所谓的公平规则,实际上是广义的公平,对于法律关系的相对双方来说,更可谓是一番权衡之后对利益和风险的分配。印度频频爆发抗议征地的游行,反映了土地征收中双方对立的矛盾。印度政府处于一个非常尴尬的境地:一方面,企业批评其效率低下,未能提供良好的发展环境;另一方面,普通民众常常以抗议的形式表达不满,认为其偏袒企业利益,而忽视民众的权益。从现在的局势来看,印度落后的基础设施极大地制约了印度工业发展的步伐。印度需要大规模的建设用地支持企业开展和扩大生产经营。经济的发展和社会的进步是有益于社会公共利益的。印度土地征收最重要的就是运用政府机制公平界定"公共利益"的标准,使土地征收具备合理性的基础。另外,根据印度土地交易价格不实、土地登记资料不健全等缺陷,印度土地立法应该设计合理的土地价格评定机制,以金钱赔偿为主,其他补偿方式灵活运用的方式对失地者进行有效的赔偿,使其损失得到补偿,并帮助其延续生产生活的秩序。只有兼顾了各方的利益,作为法律规则的土地征收制度,才能有效地划分公权力和私权利的界限,在实现效率的同时,达到公平的结果。

(作者系云南财经大学印度洋研究中心、国际工商学院讲师)

日本股东代表诉讼制度的变革及发展动向

——兼谈对我国股东代表诉讼制度的启示

樊纪伟

目　次

一、日本股东代表诉讼制度沿革
二、2005 年日本《公司法》中股东代表诉讼制度之整合
三、2005 年以后日本股东代表诉讼制度发展动向
四、日本《公司法》的最新修改
五、对我国股东代表诉讼制度完善之启示

2005 年,我国《公司法》通过修改,引入了股东代表诉讼制度,旨在保护公司中小股东权益。同年,日本国会也通过了新制定的《公司法》,该法对原商法及商事特例法等法律中有关公司的部分进行了整理、统合。2005 年之前已数次被修改的股东代表诉讼制度也进一步得到整理、完善。《公司法》制定后,日本法院审结了很多股东代表诉讼案件,其中较为典型的案件在理论和司法实践中都深刻地影响着股东代表诉讼制度的发展动向。2010 年 4 月,日本法务省法制审议委员会成立公司法制分会,又开始对《公司法》的新一轮修改。在“关于修改公司法制中期试案”公开征求意见的基础上,2012 年 8 月形成了“关于修改公司法制要纲”。同年 9 月,日本法务省法制审议委员会通过了该要纲,并根据该要纲制作公司法修正案。本文主要探讨日本股东代表

诉讼制度的沿革和最新发展动向,研究日本典型股东代表诉讼案例,借以为我国股东代表诉讼制度理论和司法实践的发展,提供些许启示和借鉴。

一、日本股东代表诉讼制度沿革

股东代表诉讼制度于1950年商法修正时引入日本,2005年制定的《公司法》继续沿袭该制度,并加以修改、完善,成为日本《公司法》第七篇"杂则"第二章"诉讼"中的一部分。该制度实施的数十年中,伴随着日本经济和形势的变化,历经了多次修改。本节以日本股东代表诉讼制度的历史沿革为主线,考察其修改背景、具体内容,探讨日本股东代表诉讼制度发展沿革的历史。

(一)1950年日本商法改正前作为少数股东权的起诉请求权

日本学者普遍认为,股东代表诉讼制度始于1950年商法修改。[①] 在1950年商法改正之前,日本商法因受德国法影响,追究董事责任时只承认少数股东的起诉请求权,股东单独起诉权并不被认可的。[②] 有关董事责任和少数股东权的规定主要有以下三点。

1. 1890年日本"旧商法"[③]是基于德国人制定的草案而形成的。关于董事责任,其规定为:"从事公司业务的董事对公司承担相同责任。"而董事对公司承担责任的依据,并没有明确规定。[④] 对于由谁代表公司对董事提起诉讼,则规定:董事损害全体股东利益的,监事或者由股

---

① [日]神田秀树:《公司法》(第13版),弘文堂2011年版,第243页;[日]上柳克郎等:《新版注释公司法》(第六卷),有斐阁1986年版,第357页。

② [日]周剑龙:《论股东代表诉讼制度》,信山社1996年版,第223页。

③ 所谓"旧商法"是相对于1899年制定的商法而言的。旧商法是指颁布于1890年的商法,为日本最早的统一商法典。该法原定于1891年1月1日生效,但因为"法典争论"的影响,被指责是模仿外国法,无视本国固有的惯例,以及同民法典不能充分协调等理由,被迫延期施行。其后于1893年7月1日,仅该法中的第一编第六章"公司"、第十二章"票价",第三编等先行生效实施,并于1898年7月1日开始全部实施。但在1899年商法被制定并成立实施,旧商法中除第三章"破产"外被全部废除。至今日本现行的《商法》被认为是历经多次修改的1899年成立的商法。参见[日]伊藤正己、园部逸夫主编:《现代法律百科大辞典》(2),2000年版,第102页。

④ [日]池田辰夫:"日本的股东代表诉讼",载《阪大法学》1991年第3号。

东大会特别选定的代理人代为向董事提起诉讼。

2. 1890 年的“旧商法”因“法典争论”被延期实施，后因新《商法》制定于 1899 年被废止。[①] 1899 年新制定《商法》中规定：股东大会决议对董事提起诉讼，或者在此决议被否决的情况下占公司资本 10% 以上的股东向监事请求对董事提起诉讼时，在股东大会决议后 1 个月之内或者自股东提出请求的 1 个月之内，公司应当提起诉讼。为了防止股东滥用请求权，提出请求的股东须将其持有的股票寄存，并应公司监事的请求提供相应的担保，以备在公司败诉时向公司承担损害赔偿。

3. 1938 年日本商法修改时，对能够行使诉讼请求权的股东的范围进一步限制，即能够行使起诉请求权的主体被限定为 3 个月前连续持有相当于公司资本 10% 以上股票的股东，并且起诉请求权应当在股东大会结束之日起 3 个月内行使。

(二)1950 年商法修正确认单独起诉请求权的股东代表诉讼

1. 引入背景

第二次世界大战后的日本处于联合国军最高司令官总司令部(以下简称 GHQ)统治之下，许多法令的起草、修正都受到英美法的影响。[②] 在 GHQ 占领下，GHQ 的意见在很大程度上左右着日本商法的修改。在 GHQ 的主导下，日本的大财阀集团被肢解，GHQ 认为，随着财阀的解体，财阀的关系企业的股票将流入市场，社会大众股东会逐渐增多。另外，美国的投资家也希望作为股东参与到日本企业之中，他们希望日本法能够给予少数股东和美国法同样的保护。由于 GHQ 担心少数股东保护法制的不完备影响到美国投资者投资的正常进行，因此其将日本商法修改的方针确定为强化股份公司民主化的股东权和完善外国公司的相关规定，该方针极大地影响了日本商法修订的方向和内容，[③]其中，作为严格董事责任和强化股东地位中的重要一环，股东代

① [日]伊藤正己、园部逸夫主编：《现代法律百科大辞典》(2)，2000 年版，第 102 页。

② [日]周剑龙：《股东代表诉讼制定论》，信山社 1996 年版，第 227 页。

③ [日]山田泰弘：“代表诉讼和役员等的责任”，载[日]浅木慎一编：《检证公司法》，信山社 2007 年版，第 226 页以后。

表诉讼制度“被引入”1950年日本商法。

2. 董事对公司的责任的具体规定

1950年之前的日本商法规定,董事怠于履行其职务的,其他董事对公司承担连带损害赔偿责任,对于董事应承担责任的依据却没有明文规定。1950年日本商法修改,明确了董事责任产生的原因,即董事在违法分红、向董事贷款、违反同业禁止义务、未经认可与公司间进行交易以及违反法令或公司章程时,应当对公司承担责任(1950年日本《商法》第266条),从而将董事对公司责任的依据明文化、确定化。①

3. 股东代表诉讼制度

1950年之前,对董事提起诉讼时须股东大会决议通过,并在股东大会作出决议之日起1个月内,由监事或者股东大会选出的代理人代表公司提起诉讼,追究董事的责任。如果追究董事责任的决定被股东大会否决,连续3个月以上持有公司资本10%以上的股东在股东大会结束之日起3个月内向监事请求对董事提起诉讼时,在请求提出的1个月之内,公司应当提起诉讼。

1950年《商法》修改法案第267条规定,股东以书面形式要求公司追究董事对公司的责任,公司自收到请求之日起30日内不提起诉讼的,该股东可代替公司提起追究董事责任的诉讼。如果经过30日可能给公司造成无可挽回的损失时,股东可直接提起诉讼。第268条规定,追究董事责任的诉讼由总公司住所地法院专属管辖。其他股东和公司可以参加股东代表诉讼,但不正当拖延诉讼或者显著增加法院负担的除外。并且,提起诉讼的股东应在诉讼提起后毫不迟延地告知公司起诉事宜。胜诉股东向律师支付的报酬,可以在相应范围内请求公司予以补偿。提起诉讼的股东败诉的,仅在该股东具有恶意的情况下,才对公司承担损害赔偿责任。

该法案成立后(实施之前),受到了严厉批评。批评者认为股东权强化,容易引发股东代表诉讼滥用的危险。受此种批评影响,在修改案

---

① [日]山田泰弘:“代表诉讼和役员等的责任”,载[日]浅木慎一编:《检证公司法》,信山社2007年版,第227页。

生效前,有关股东代表诉讼的规定又作了两次修改。① 第一次是根据当时的执政党(自由党)提案,将股东限定为"6个月前持续持有股票的股东"。第二次是增加了关于原告股东提供担保的规定,作为《商法》第267条中的一项,即股东在提起诉讼时,被告如果能够阐明原告股东具有恶意,并向法院提出请求时,法院可以要求原告股东提供相应的担保。

4. 股东代表诉讼制度导入后的利用状况与评价

根据从1952年到1955年4年间东京地方法院受理案件的调查,追究董事等对公司责任的股东代表诉讼案件只有7件。②日本学者在和美国的股东代表诉讼案件数进行比较之后,认为日本的股东代表诉讼制度并没有被充分利用,如此低的利用率,表明该制度的利用已经陷入窒息的状态。③也有学者认为,股东代表诉讼与其简单地说没有被滥用,倒不如说既未滥用也未活用更为恰当。当然,股东代表诉讼案件少的现实,也并不意味着董事遵守法律。如果不需要追究董事对公司的责任,当然也没有活用股东代表诉讼的必要。然而,现实中公司董事违反注意义务和忠实义务的现象仍然大量存在。因此,当时的日本所面临的问题,并不是有没有滥用股东代表诉讼的危险以及如何解决滥用问题,而在于寻找该制度没有被活用的原因并应采取适度措施使其得以活用。④

(三)以活用股东代表诉讼为目的的1993年商法修改

1. 修改背景

1950年股东代表诉讼制度引入日本后,正如前面所述,该制度一

---

① [日]田中英夫、竹内昭夫:"日本的股东代表诉讼制度",载《法学协会》1971年第88卷第5、6号。

② [日]小关健二:"少数股东权行使的实际状况",载《商事法务研究》1966年第393号。

③ [日]田中英夫、竹内昭夫:"日本的股东代表诉讼制度",载《法学协会》1971年第88卷第5、6号;[日]上柳克郎主编:《新版注释公司法》(第2补卷),有斐阁1996年版,第33页。

④ [日]田中英夫、竹内昭夫:"日本的股东代表诉讼制度",载《法学协会》1971年第88卷第5、6号。

直处于“既未活用也未滥用”的状态。原本期待通过股东代表诉讼制度发挥股东监督职能,却因为某些原因阻碍了该制度的充分利用。造成这种状况的最大原因,被认为在于原告股东起诉时根据诉讼请求额来确定并交纳诉讼费用。①因此,从1974年开始的商法修改计划提出要“消除股东代表诉讼制度的利用屏障”。1984年,日本法务省民事局针对胜诉原告能否请求除律师费用之外的相应费用,以及是否删除“6个月持续持有”的持股要件等问题,进行了意见咨询。但是,经济界为代表的人士认为此种修改存在诉讼滥用的危险,表示强烈反对。②

在经济层面上,20世纪80年代末90年代初,日本经济泡沫崩溃,证券公司填补客户损失的金融证券丑闻、建筑承包商行贿问题、向总会屋③提供不当利益、企业资金用途不明等经济丑闻不断曝光。要求企业经营者承担责任,加强对企业经营者监督的呼声日益高涨。在此背景下,以更易于股东利用代表诉讼为目的,修改股东代表诉讼制度便提上了日程。④

2. 关于股东代表诉讼修改的内容

1993年通过的商法修正案于同年10月开始实施。关于股东代表诉讼的修改有以下两点:第一点,在商法第267条第4款中增加“关于计算股东代表诉讼的诉讼标的额,视为涉及非财产请求权上的请求诉讼进行计算”的规定。这样,根据民事诉讼费用相关法律,对涉及非财产请求权的诉讼,其诉讼标的额统一视为95万日元,据此计算出的诉

---

① [日]上柳克郎主编:《新版注释公司法》(第2补卷),有斐阁1996年版,第33页。

② [日]北村雅史:“企业统治与股东代表诉讼”,载[日]小林秀之主编:《股东代表诉讼大系》(新版),弘文堂2002年版,第46页。

③ 总会屋是日本特有的现象,是指通过向公司主张其作为股东的权利,以从公司获得不正当的利益作为职业活动的人。只要其具有行使股东权利的目的即可,而不要求实际上为公司股东。因为其行使股东权利通常在股东代表大会上(股东代表大会日语称为“総会”),故被称为总会屋。也称其为特殊股东或职业股东。参见[日]伊藤正己、园部逸夫等编:《现代法律百科大辞典》(5),2000年版,第152页。

④ [日]北村雅史:“企业统治与股东代表诉讼”,载[日]小林秀之、近藤光男主编:《新版股东代表诉讼大系》,弘文堂2004年版,第44页。

讼费为8200日元。[①] 这对普通的中小股东来说,诉讼费用减少至较低的固定金额,消除了股东代表诉讼在起诉阶段的障碍。[②] 第二点同样旨在减轻原告股东的财产负担,即胜诉股东可以向公司请求补偿其为进行诉讼所支付的必要费用。这样,在调查事实的支出费用、差旅费、通信费等[③]必要费用的范围内,以及向律师支付报酬的范围内,原告股东都可以请求从公司得到相应补偿。

3. 关于修改后的利用状况及评价

1993年日本商法修改,减轻了原告股东的诉讼负担,在当时日本泡沫经济崩溃、公司丑闻相继曝光的背景下,一方面导致股东代表诉讼案件大幅增加,另一方面原告股东请求赔偿的金额也出现激增,很多案件中要求董事赔偿数额高达数十亿日元乃至上百亿日元。[④] 这一时期,股东代表诉讼案件的基本特点表现出两个方面:一是法院受理的股东代表诉讼件数明显增加;[⑤]二是请求金额高额化。[⑥]

此外,1993年日本商法修改前,以中小企业内部纷争为起因的股东代表诉讼案件数占全部股东代表诉讼案件数量的大部分,修改后因

① 2003年日本民事诉讼费用法修改,关于非财产请求案件的诉讼标的额被修改为160万日元,相应地,提起股东代表诉讼时交纳的诉讼费也增加为13,000万日元。

② 例如日兴证券案件中约470亿日元的赔偿请求额,根据1993年商法修改前的规定,诉讼费用为2亿3千万以上,在原告提起诉讼时必须交纳,根据修改后的规定计算,只需要8200日元就可以提起诉讼。从这个意味上说,在提起诉讼入口处的障碍被消除了。参见[日]上柳克郎主编:《新版注释公司法》(第2补卷),有斐阁1996年版,第45页。

③ [日]江头宪治郎:《股份公司法》(第4版),有斐阁2011年版,第466页。

④ [日]北川清:“股东代表诉讼·董事责任制度的现状和问题点”(上),载《商事法务》1995年第1396期;[日]中村直人:“股东代表诉讼的最近的状况”,载《商事法务》1998年第1512期。

⑤ 正审理中的股东代表诉讼案件的件数,在1992年12月末为31件,在1993年12月末为84件,在1994年12月末为149件。参见[日]久保利英明:“因追究泡沫经济后遗症诉讼件数急增”,载《经济学家》临时增刊第3、4号。

⑥ 1993年的蛇目工业案件请求金额为1520亿日元,1994年的日本航空公司案件请求金额为1兆1500亿日元,1995年的东海银行案件请求金额为403亿8600万日元,1997年的住友商事公司案件请求金额2004亿日元等。

诉讼费大幅降低,以大公司董事为被告的股东代表诉讼显著增多。[①]日本经济界认为1993年商法修改造成了"董事受难时期",并强烈要求在立法上对股东代表诉讼制度的利用进行限制。

(四)平衡活用和滥用的2001年商法修改

1. 修改背景

1993年日本商法修改,规定了股东代表诉讼的诉讼费为8200日元等旨在减少起诉障碍的措施,使得此类案件数量急增。对这一现象,经济界表示出担心,认为过多的股东代表诉讼会制约公司的正常经营,如果不采取措施加以调整,将给日本企业的未来发展带来负面影响。[②]在经济界的要求下,有关董事责任减免、公司辅助被告参加诉讼等修改意见被提出来。[③]

2. 董事对公司责任的减轻、免除

2001年前的日本商法规定,免除董事、监事等对公司的责任必须经全体股东同意。公司董事在履行职务时有轻微过失就可能承担巨额的赔偿风险,造成董事因担心赔偿而不敢放手经营。缓和公司董事责任的规制,就成为解决公司经营萎缩、确保优秀人才愿意作为董事参加公司经营管理等必须面对的课题。[④] 2001年日本商法修改了,增加了减轻董事责任的规定,具体而言,符合下列条件之一的,即使没有全体股东的同意,也可以在一定限额内免除董事、监事等对公司应承担的责任:①通过股东代表大会的特别决议方式免除其部分责任;②公司章程中规定以董事会决议方式免除其部分责任时,通过董事会决议可免除其部分责任;③公司章程中规定与外部董事签订责任限定契约的,根据该契约可以减轻独立董事责任。第③项中的责任限定契约并不适用于独立监事,并且,减轻的对象仅限于善意或

---

① [日]北川清:"股东代表诉讼·董事责任制度的现状和问题点(上)",载《商事法务》1995年第1396期。

② [日]神田秀树等"对与企业统治相关的商法改正法的实务的影响"座谈会,载《商事法务》2002年第1617期。

③ [日]田中亘:"董事的责任减轻·代表诉讼",载《法学家》2002年第1220期。

④ [日]太田诚一:"企业统治关系商法改正法Q&A",载《商事法务》2002年第1623期。

无重大过失的外部董事。[1]

3. 股东代表诉讼的改正内容

有关股东代表诉讼的修改,主要有以下四点:①将公司的考虑期限从30日延长到60日。即从股东要求公司提起追究董事责任诉讼之日起60日内,公司不起诉的,该股东可以代表公司,提起诉讼。②增加"公司在提起追究董事责任的诉讼或者收到股东起诉通知时,应当毫不迟疑地进行公告,或者通知其他股东"的规定。③关于股东代表诉讼和解方面的修改,即没有股东代表大会的同意,也可以达成和解;当原告股东与被告(董事、监事等)进行和解,而公司不是和解当事人时,法院将和解内容通知公司,并催告公司在2周内提出异议,如公司未在2周内提出异议,则视为公司同意和解协议。在此次修改前的日本商法中并没有关于和解的规定,而实践中,通过和解结案的股东代表诉讼案例已经存在,[2]2001年日本商法修改只是通过法律形式将和解程序明文化。④关于公司能否辅助被告方参加到诉讼中的规定,通过修改允许公司辅助被告方参加诉讼,但事先必须经全体监事同意。

4. 修改后的利用状况及评价

2001年日本针对股东代表诉讼制度的修改,其目的是实现制度适用的合理化。根据东京地方法院的统计:1999年该院新受理股东代表诉讼案件为30件,2000年为17件,2001年为17件,2002年为20件,2003年为20件,2004年为29件。在这些受理的案件中,涉及大公司丑闻、个人股东追究董事等责任的案件,数量不少且备受关注。同时,小规模公司中,因管理者之间纷争而提起的股东代表诉讼案件也占有相当比例。实践中,股东代表诉讼呈现出两级分化的

---

① 2005年日本公司法制定前,董事对公司所承担的责任为无过失责任。适用减轻责任的规定时,仅限善意或无重大过失的董事等。参见[日]田中亘:"董事的责任减轻·代表诉讼",载《法学家》2002年第1220期。

② 1993年的日本Sunrise公司股东代表诉讼案件在诉讼中达成和解。参见[日]远藤直哉等:"日本Sunrise股东代表诉讼案件的一审判决和调解",载《商事法务》1994年总第1354号,第134页以后。

趋势。①

2001年股东代表诉讼制度的修改体现了追求制度合理化的诉求。但是,仍有涉及和解的一些问题被遗留下来,如对和解的内容应给予怎样的制约,原告是否能从被告董事处得到一部分损害赔偿金等。②

二、2005年日本《公司法》中股东代表诉讼制度之整合

(一)2005年日本《公司法》制度的背景

20世纪80年代末,日本经济泡沫崩溃,其后长期经济不景气,各种公司丑闻不断曝光。同时,伴随经济全球化,提高企业的国际竞争力得到日本各界的广泛认同,经济产业界也期待通过整合《公司法》为日本企业创造竞争力提供强有力的法制上的基本保障和支援。③ 另外,随着经济形势的变化,对董事责任相关规定进行重新考察以及完善股东代表诉讼制度,也变得日益迫切。为了适应国内外形势变化的要求,2000年之后日本更加频繁地修改《商法》。2003年10月,日本法务省公布了"关于公司法制现代化要纲试案",广泛征求社会各界的意见。在征求意见的基础上,2005年2月形成了"关于公司法制现代化的要纲"。④ 根据"要纲"起草的新公司法草案在日本国会的审议中经过一些修改后,于2005年6月正式通过。为了实现股东代表诉讼制度的合理化,2005年的日本《公司法》在原告资格方面对滥用股东代表诉讼进行限制、扩大股东代表诉讼对象的范围、新设不起诉理由通知书等方

① [日]鹿子木康等、山口和宏:"东京地裁商事案件的概况",载《商事法务》2007年第1796号。

② [日]"对与企业统治相关的商法改正法的实务的影响"座谈会,载《商事法务》2002年第1617号。

③ [日]川村正幸:"公司法的沿革",载酒卷俊雄、龙田节主编:《逐条解说公司法》,中央经济社2008年版,第8页。

④ [日]川村正幸:"公司法的沿革",载酒卷俊雄、龙田节主编:《逐条解说公司法》,中央经济社2008年版,第6页。

面,进行了修改。①

(二)股东代表诉讼制度的具体设计

1. 原告股东的资格

(1)原告股东的持股期限与持股比例的要求

股份公司股东连续持股6个月以上(公司章程中规定少于6个月的,依照公司章程规定,非公开股份公司的股东则不受6个月持股期限的限制),可以书面或者法务省令规定的其他方式,②向股份公司请求追究董事等的责任。股份公司在股东请求之日起60日内不提起追究责任的诉讼时,该股东可以自己的名义,提起股东代表诉讼(日本《公司法》第847条第1项、第2项)。日本《公司法》中对起诉股东的持股数量没有作出规定,因此,即使只持有公司1股的股东仍然享有提起股东代表诉讼的权利。但是,公司在公司章程中可以规定单元股份③未满的股东不能行使起诉权利。④ 例如,公司章程规定100股为1单元,不满1单元股份的股东不享有起诉权时,即使某股东拥有99股的股份,也无法行使起诉权。

享有诉讼请求权和股东代表诉讼提起权的股东,要求必须有6个月的最低持股期限。2005年日本《公司法》增加了公司可以在公司章程中缩短该期限的规定,赋予公司章程自由决定权。而对于非公开股份公司的股东则直接取消了持有股票最低期限的限制。

股东向公司提出起诉请求,如果经过60日的期限,可能给公司造

---

① 日本重新制定《公司法》的理由被认为有如下三点:第一,为了使公司法通俗易懂,必须将明治时代文言文式的条文改写成现代口语式的条文,实现公司法条文语言的现代化。第二,分散在商法第二编(公司编)、有限责任公司法、有关股份公司监察法等商法特例法中有关公司的规定在理解上较为困难,必须进行统和。第三,短时间内的多次商法修改使得各项制度很难实现整合性,必须在体系上进行全面的修正。参见[日]相泽哲等:"新公司法的解说(1)伴随公司法制现代化的实质改正的概要和基本的见解",载《商事法务》2005年第1737号。

② 法务省令规定的其他方式为数据电子形式。

③ 单元股份是日本商法于2001年6月改正时创设的制度,是指将一定数量的股票视为1单元,股东表决权也按照1单元赋予1个表决权的制度。该制度不具有强制性,由公司自行决定采用与否。

④ [日]神田秀树:《公司法》(第13版),弘文堂2011年版,第244页。

成无法挽回的损失时,股东可以直接提起股东代表诉讼(日本《公司法》第847条第5项)。

(2)对恶意起诉的限制

股东为了谋求本人或者第三人的不正当利益,或者以损害公司为目的时,不得提起股东代表诉讼(日本《公司法》第847条第1项但书)。

(3)其他股东参加股东代表诉讼

其他股东可以作为共同诉讼人或者辅助一方的当事人加入当事人一方,参加到正在审理的股东代表诉讼中。参加诉讼的股东,不要求其连续6个月持股的要件。但是,不正当地拖延诉讼,或者给法院造成较大事务负担的,则不得参加诉讼(日本《公司法》第849条第1项)。

(4)因股份交换、股份转移或者公司并购使原告丧失股东资格的处理

在已提起的股东代表诉讼案件中,因股份交换或股份转移而使原告股东成为其原所持股公司的全资母公司的股东时,或者原所持股公司因和别的公司合并消灭后,起诉股东成为存续公司股东或该公司的全资母公司的股东时,已提起股东代表诉讼的股东,或者作为共同诉讼人参加股东代表诉讼的股东,即使在案件审结之前不再是原公司的股东,仍可继续进行诉讼(日本《公司法》第851条)。

在公司法制定之前,诉讼中出现因股份交换、股份转移以及公司并购等使原告股东丧失股东资格的情况下,法院一般以原告丧失股东资格为由驳回起诉。① 但是,因为以股份交换或股份转移为由将已起诉的股东摒弃在诉讼资格外的做法过于残酷,也会增加公司或被告董事等滥用该做法的危险,因而受到学者们的强烈批评。②

① 因股票交换丧失股东资格的案件:东京高等法院2003年7月24日判决,载《判例时报》2004年第1858号;东京地方法院2003年2月6日判决,载《判例时报》2004年第1812号。因股票转移而使股东丧失股东资格的案件等:名古屋地方法院2004年8月8日判决,载《判例时报》2004年第1800号;东京地方法院2003年3月29日判决,载《判例时报》2003年第1748号。

② [日]福岛洋尚:“役员等的损害赔偿责任·追究责任的实施”,载川村正幸、布井千博主编:《新公司法制的理论和实务》,经济法令研究会2006年版,第146页。

2. 股东提起代表诉讼的前置条件

股东在向法院起诉之前,应当以书面或其他法务省令规定的方式向公司(在追究董事的责任时为监事,在追究董事以外其他人的责任时为董事长或代表执行官[①])提出请求,要求公司提起追究董事等责任的诉讼。公司自该收到请求之日起60日内不起诉的,应当将不起诉的理由,毫不迟延地以书面或电子方式通知请求股东(日本《公司法》第847条第4项)。关于不起诉理由通知的内容,根据《公司法实施规则》第218条规定,应包括:①公司进行调查的内容;②对于董事等被请求起诉对象是否负有责任的判断;③在判断被请求起诉对象负有责任而决定不对其起诉时,其不起诉的理由。

强制公司将不起诉理由向请求股东说明的规定,为2005年日本《公司法》新创设的制度。因为涉及董事等责任的相关诉讼证据材料大部分由公司掌握,为了妥善解决纠纷,公司对股东的请求进行充分的调查极为重要。而且,不起诉理由通知书无论是原告还是被告提交给法院,该通知书记载的不提诉理由所反映的公司处理对策,对法院自由心证的形成都会产生影响。不起诉理由通知书制度的导入,一方面赋予起诉股东有权要求公司公开不起诉理由,并作出说明,另一方面也能够督促公司进行充分的调查,并保障行之有效的公司内部监督体制之构筑。[②] 从此意义上讲,该制度也有助于强化股东代表诉讼制度的监督机能。[③]

股东提起股东代表诉讼后,必须毫不迟延地告知公司。公司在收到起诉通知后,应立刻进行公告或者通知其他股东(非公开公司的情况下,只需要通知股东即可)(日本《公司法》第849条第3项、第4项)。这一规定是为了保证公司和其他股东能够及时参加到追究董事责任的诉讼中,保障公司和其他股东的合法权益。

---

① [日]前田庸:《公司法入门》(第12版),有斐阁2009年版,第439~440页。

② [日]江头宪治郎:《股份公司法》(第4版),有斐阁2011年版,第461页。

③ [日]相泽哲等:"新公司法的解说(3)股东代表大会以外的机关",载《商事法务》2005年第1761号。

3. 股东代表诉讼的管辖及诉讼费用

股东代表诉讼由股份公司总公司住所地的法院专属管辖(日本《公司法》第848条)。

关于如何计算股东代表诉讼原告应缴纳的诉讼费,日本《公司法》规定,股东代表诉讼视为非财产权请求的诉讼(日本《公司法》第847条第6项)。根据2003年日本修改的《民事诉讼费用法》的规定,非财产权请求的案件的诉讼费一律为13,000日元。

股东代表诉讼的原告股东胜诉时,在其所支出的与诉讼相关的必要费用,包括调查费用、必要的差旅费、通信费用以及律师费用等的范围内,可以请求公司偿付相应金额(日本《公司法》第852条第1项)。原告股东败诉时,仅在其具有恶意的情况下才对公司承担损害赔偿责任(日本《公司法》第852条第2项)。

4. 提供担保制度

股东提起股东代表诉讼时,根据被告的申请法院可以要求原告股东提供相应担保,被告在申请时,必须能证明该起诉是出于原告股东的恶意(日本《公司法》第847条第7项、第8项)。

一般来讲,如果某人知道或者作为普通人能够较容易了解诉讼中主张的权利或法律关系缺乏事实、法律上依据,仍提起诉讼的,则可以认为是进行不法行为,具有恶意。提供担保的目的,一方面要防止此种不法的、恶意的诉讼发生,另一方面当恶意的股东代表诉讼发生时,要确保被告能够实现损害赔偿请求权。所谓"恶意",是指股东明知其请求缺乏事实依据,仍提起诉讼的情况(不当诉讼要件)。缺乏事实依据一般被解释为:①请求主张本身不适当;②原告证据的证明效力较低;③被告抗辩成立的盖然性较高。另外,原告股东以股东代表诉讼为手段,想谋求不法不当的利益时,不论是不是不当诉讼,也认为其具有"恶意"。关于"相应担保"的金额,以未来被告提起损害赔偿诉讼可能被认可的额度为主要基准,也考虑原告股东的恶意形态。被告的律师费、精神痛苦的抚慰金一般也被包含其中,实践中该担保金多为从300万日元到1000万日元不等。[①]

① [日]江头宪治郎:《股份公司法》(第4版),有斐阁2011年版,第463页。

5. 公司的诉讼地位

公司可以作为共同诉讼人或者以辅助当事人一方的方式参加到股东代表诉讼中(日本《公司法》第849条第1项)。公司辅助被告方参加诉讼前,设置监事的公司,必须征得全体监事的同意;设置委员会的公司,应征得全体监事委员的同意(日本《公司法》第849条第1项)。

6. 股东代表诉讼的和解

在公司不参加诉讼或者参加诉讼但没有参与和解时,原告股东与被告董事之间仍可以进行和解。此时,法院应将和解内容通知公司,并催告其在两周内对和解内容提出异议。公司在此期间内未提出书面异议的,则视为公司承认通知内容所记载的和解事项(日本《公司法》第850条)。

三、2005年以后日本股东代表诉讼制度发展动向

(一)经营判断原则之发展

1993年日本大幅降低股东代表诉讼案件应交纳的诉讼费后,该类型案件的数量出现了明显增幅。由于日本法院审理股东代表诉讼时重视董事的经营裁量权,并积极适用经营判断原则,尽管股东代表诉讼案件数量增加,而认定董事应当承担责任的法院判决相对并不是很多。因此,也有日本学者担心,对经营判断原则的过度依赖可能会影响股东代表诉讼制度监督功能的发挥。①

另外,在适用经营判断原则时,为了追求公司的长远利益,公司董事也会考虑股东以外的其他利益相关者的利益,包括债权人的、劳动者的利益。例如,在给社会带来不利后果的敌对企业收购中,董事仅仅按照多数派股东的意思决定收购可能并不适当,在这种情况下,基于经营判断原则,承认董事拥有较大裁量权,可以使董事在考虑股东以外的利益者的基础上采取适当的经营活动。从长期来看,这种考虑社会利益的决定最终也会与股东所追求利益一致。因此,日本法院在适用经营判断原则时已经开始考量扩大公司董事裁量权范围,来稍稍修正股东

① [日]近藤光男:"围绕股东代表诉讼的最新动向",载《商事法务》2011年第1929号。

利益最大化观念。

最近,日本最高法院就 APAMANSHOP 不动产股份公司股东代表诉讼案件[①]进行了判决,该判决对今后日本经营判断原则的适用必将产生重要影响。在该案中,从事不动产租赁中介连锁事业的 APAMANSHOP HOLDINGS 股份公司(以下简称 H 公司)拥有 APAMANSHOP MONTHLY 股份公司(非上市公司,以下简称 M 公司)66.7%的股份。为了将 M 公司完全子公司化,H 公司决定以 1 股 5 万日元的价格从 M 公司其他股东手中收购股份,而收购时 M 公司的股票价格被认定为只有 1 万日元。6 个月前持有 H 公司股份的股东 X 认为,H 公司的董事 Y 决定以不适当的高价进行收购,怠于履行其作为董事的职责,给公司造成了损害,故起诉至法院,要求董事 Y 赔偿公司的损失。东京地方法院一审以董事 Y 没有违反善管注意义务及忠实义务驳回了 X 的诉讼请求。二审东京高等法院认为,董事 Y 没有对不采用 1 股 1 万日元的时价而决定 1 股 5 万日元的必要性以及完全子公司化的效果进行充分的调查和商讨,将价格设定为 1 股 5 万日元,脱离了董事经营上的判断所应当允许的裁量范围,从而肯定董事 Y 对公司应承担违反善管注意义务的损害赔偿责任。

在该案的上告审中,日本最高法院认为,"事业重整计划的决定,应当解释为依赖于完全子公司化的优劣评价以及经过预测将来的经营专门判断。因此,对于此种情形下的股份取得的方法和价格,除了股份评价外,董事可以综合考虑取得的必要性、参与人财产上的负担、顺利进行股票收购必要性的程度等进行判断。只要该判断的过程、内容没有显著不合理的地方,就应当认为没有违反董事的善管注意义务"。同时,考虑到顺利进行收购、与加盟店维持友好关系将有益于今后其旗下集团各公司事业的开展,以及基于事业重整也期待 M 公司的企业价值增加,很难判断本案中决定 1 股 5 万日元价格具有显著不合理。另外,在决定 1 股 5 万日元的过程时,在商议参与人及其旗下的集团企业的全体经营方针的经营会议上进行了讨论,也履行了听取律师意见的手续,故其决定过程也没有不合理之处。因此,日本最高法院认为该案

---

① 日本最高法院 2010 年 7 月 15 日判决,载《资料版商事法务》2010 年第 316 号。

中董事 Y 并没有违反善管注意义务,故驳回了股东的损害赔偿请求。

日本最高法院的判决认为,作为经营判断原则的判断基准,应从董事的意思决定过程和判断内容两方面进行考察。在判断内容没有显著不合理,且其意思决定过程不存在不合理之处时,则认为董事履行了善管注意义务。在判断董事的经营决定内容是否合理时,本案也体现出给予董事较大裁量权限的趋势,仅在经营决定内容具有"显著"不合理时,才会认定董事违反善管注意义务。

(二)违反构建内部治理机制义务的责任

2005 年日本《公司法》第 348 条第 3 款第 4 项规定,公司董事应建立内部治理机制系统,并且,该条第 4 款要求大公司[①]必须建立内部治理机制。根据日本《公司法实施规则》第 98 条的规定,涉及内部治理机制构建的事项具体包括:①关于董事职务执行信息的保存、管理的体制;②关于风险危险管理的规程及其他体制;③为确保董事职务有效率执行的体制;④为确保使用人按照法律法规、公司章程履行职务的体制;⑤为确保公司以及母子公司等集团公司的业务适当进行的体制。

该规定的目的是为了牵制公司董事的独断专行,有效监督公司经营行为。公司的风险管理体制的构建为内部治理机制的内容之一。在因内部治理机制原因引发公司损害时,执行董事以外的董事会被追究怠于履行监督义务的责任。如果是大公司的董事,则会以不履行构建内部治理机制义务而被追究损害赔偿责任。在公司不追究其董事责任时,公司的股东则可以代表公司提起诉讼。

在日本 SYSTEM 技术股份公司(以下简称 S 公司)案件中,[②]日本最高法院于 2009 年 7 月 9 日判决认为,公司董事在构建防止不法行为风险管理体制的义务上不具有过失,否认了公司董事的损害赔偿责任。在该案中,S 公司为东京证券交易所上市的股份公司,S 公司的事业部部长 A 为了维持自己部长的地位,指示部下伪造订单,虚构销售额。

---

① 根据日本《公司法》第 2 条第 6 项规定,大公司是指符合下列条件之一的公司:(1)最终营业年度的相关资产负债表中资本金在 5 亿日元以上的;(2)最终营业年度的相关资产负债表中负债项在 200 亿日元以上。

② 日本最高法院 2009 年 7 月 9 日判决,载《判例时报》2009 年第 2055 号。

2005年2月10日,发现造假的S公司向东京证券交易所报告了过去所提交的有价证券报告书虚假记载的情况。S公司的股票被东京证券交易所确定为受监理股票,造成其股价大幅下跌。S公司的股东X在2004年9月通过证券公司取得S公司的股票,2005年2月18日卖出了所持股票。X主张S公司的董事长Y没有履行应当建立防止公司员工不正当行为发生的风险管理体制的义务,具有过错,诉至法院,要求S公司赔偿自己损失。

一审东京高等法院认为,S公司董事长Y怠于履行构建风险管理体制的义务,具有过错,由于Y的过失造成虚假陈述发生,由此造成股东X的损失应当由S公司承担赔偿责任,故支持了X损害赔偿请求的一部分。二审日本最高法院认为,由于公司事业部A等人欺骗了合同交易方,从其手中得到S公司财务部及监查法人寄给合同交易方的并未拆开的货款余额确认书后,自己填写金额并盖上假章,这种巧妙的伪装S公司董事长X很难预见到,并且,由于A的巧妙伪造,S公司的财务部认为自己得到的是真实的货款余额确认书,而没有直接向合同交易方确认货款余额确认书的真伪,并不能说明财务部的风险管理体制没有发挥应有机能,因此,对于董事长Y,不能说其具有违反建立风险管理体制义务的过错。故日本最高法院驳回了股东的诉讼请求。

该判决在肯定董事应当履行构建风险管理体制义务的同时,对于已经建立起"适当的"风险管理体制的公司,也明确了其董事不会被追究违反善管注意义务的责任。

(三)律师费用之负担

日本《公司法》第852条第1款规定,提起股东代表诉讼已胜诉的股东,在其已支出与诉讼相关的必要费用或者应当向律师支付报酬时,可以请求公司在其支出的必要费用范围内或者律师报酬范围内,偿付其相应的金额。现实的问题在于,股东请求公司偿付律师费用仅是其一部分,还是能够请求公司偿付全部律师费用?

日本大阪地方法院受理过一起股东代表诉讼胜诉的原告要求公司偿付律师费用的案件。[①] DUSKIN股份公司(以下简称D公司)的股东

① 大阪地方法院2010年7月14日判决,载《判例时报》2010年第2093号。

提起股东代表诉讼,部分诉讼请求得到支持后,要求D公司偿付律师费用4亿日元。在该案件中,大阪地方法院认为,所谓“相应的金额”是指股东代表诉讼中,接受股东委托的律师为了开展诉讼事务活动所支出的必要且充分的、社会理念上适度妥当的金额,其具体的金额,应当综合考虑诉讼案件的难易程度、律师所花费的劳累程度和时间、被支持的请求额、判决后公司已经收回的金额、股东代表诉讼的性质等诸因素。大阪地方法院综合考虑上述因素后,认定在原告支付的另案律师费用的范围内“相应的金额”应为8千万日元。

如果股东代表诉讼中支付给律师的费用明显过高,而该费用最终由公司负担的话,会给公司其他所有股东带来不利益,并且也容易诱发为了获取律师费用而滥用股东代表诉讼的危险。在上述判例中,日本法院参考股东代表诉讼判决后公司已经收回的金额来确定应当补偿给股东的律师费用的多少,此认定方法会加重起诉股东的负担,使股东在提起股东代表诉讼时还要考虑公司能够收回损失的多少,会影响广大股东积极行使股东代表诉讼起诉权,进而无法充分发挥有效防止董事等违反法律、法规和公司章程行为的作用。①

四、日本《公司法》的最新修改

(一)日本《公司法》的最新修改情况

1. 修改的背景

(1)深刻的经济背景

2007年爆发的全球金融危机给日本造成了严重的影响,不仅沉重地打击了日本金融业,也严重危及日本的实体经济。2008年9月美国雷曼兄弟公司破产,其影响迅速波及日本,日本股票价格大幅下挫。证券市场的低迷使得公司债券发行环境恶化,并进一步使企业资金周转困难,大、中、小企业均出现了融资环境恶化的状况。另外,由于受金融危机影响,日本外需急剧下降,2008年10月开始日本出口迅速减少,也沉重打击了严重依赖出口的日本经济和企业。股市和企业业绩的低

---

① [日]近藤光男:“围绕股东代表诉讼的最新动向”,载《商事法务》2011年第1929号。

迷,使得日本企业开始丧失其在全球化世界经济中的竞争力。与其他国家的企业相比,日本企业的盈利能力显著下降,[①]造成这种现象的原因,被认为在于:①企业间彼此相互持股;②企业较少采用外部董事,而且外部董事的机能没有充分发挥;③包括机构投资者的股东的话语权较弱,经营者不重视股东价值;④没有发挥股东对经营的有效监督机能。[②]

经济发展的衰退,企业业绩和股价的低迷,使日本产生了变革公司法制的需求,希望通过公司法制修改来进一步完善公司治理结构,发挥股东监督作用,规制关联企业。这些要求表现在:①2007年9月,日本董事协会金融资本市场委员会提出《公开公司法要纲案》,建议统和金融商品交易法和公开公司法、强化公开公司的公司治理和规制集团公司等;②2009年6月,掌管证券交易所和资本市场的日本金融厅之下属金融委员会发布《关于我国金融·资本市场国际化的研究小组报告——实现上市企业公司治理的强化》,希望强化上市公司的公司治理;[③]③2009年6月,日本经济产业省发布《企业统治研究会报告书》,提出强化外部董事和监事监督作用的建议;④2009年9月,日本东京证券交易所发布《上市制度整备的实施计划》,规定了设置外部董事义务、公司集团化的应对措施和子公司上市的应对措施等。

(2)迫切的现实需要

此次日本《公司法》修改涉及的强制设置外部董事的董事会制度改革和企业结合法制整备,是2005年《公司法》制定中没有解决而遗

① 2010年之前的10年,欧美等国家的企业的总资产收益率(ROA)从5%提高到8%,净资产回报率(ROE)从15%上升到25%,而日本企业的ROA仅从3%提高到5%,ROE也仅从10%停留在15%。参见[日]日本内阁府:《平成22年版经济财政白皮书——基于需要创造的成长力强化》,日经印刷2010年版,第387页。

② [日]日本法务省法制委员会公司法制分会第2次会议(2010年5月26日),载http://www.moj.go.jp/content/000049083.pdf。

③ 该报告中的建议,已经通过修改证券交易所和日本证券协会的规则得到实现。参见[日]伊藤昌夫:"有价证券上市准则的部分改正的概要——围绕《上市制度整备的实施计划2009(迅速实施的事项)》的改正",载《商事法务》2010年第1888号;[日]木村祐基:"涉及公司治理的信息披露充分的检证"(上),载《商事法务》2011年第1931号。

留下来的问题。尽管在2002年商法修改时，日本创设了委员会设置公司，要求设立委员会的公司在其委员会中设置的外部董事必须过半数，[①]但是，由于公司可以自主选择是否适用委员会设置公司制度，因此，日本企业的公司治理结构实际上并没有改变。2005年日本制定《公司法》时，由于日本经济界的强烈反对，强制设置外部董事的董事会制度改革和企业结合法制完善并没有得到实现。而此次对涉及上述两个问题的公司法制修改，被认为是《公司法》立法的最终总清算。[②]

2005年日本《公司法》制定以后，日本大型上市公司假账丑闻不断曝光，如日本佳丽宝（KANEBO）公司假账事件、生活门（LIVEDOOR）公司假账事件，2011年又曝光出奥利巴斯（OLYMBUS）公司和大王造纸公司的决算造假事件。这些决算造假事件给股东和债权人带来巨大损失，也削弱了上市公司的信用，要求完善日本公司会计监查制度、完善公司监督机制的呼声越来越高。

2. 修订的过程

2010年4月，日本法务省法制委员会成立了以东京大学教授岩原绅教授为分会长的公司法制分会，开始进行《公司法》修改审议。法务省法制委员会公司法制分会在进行了16次会议讨论审议的基础上，于2011年12月公布"关于修改公司法制的中期试行方案"（以下简称"中期方案"），广泛征求各界意见。在征求意见的基础上，公司法制分会从2012年2月到同年8月先后进行了8次会议审议，最终形成了"关于修改公司法制要纲案"，并提交给日本法务省，同年9月法务省通过该要纲案，开始制定公司法修正案。

（二）是否引入多重代表诉讼的争议

多重代表诉讼是旨在保护子公司的债权人及母公司少数股东权益的一项法律制度。关于母公司的股东能否追究子公司董事的责任，在日本已是多年争议的话题。

---

① 关于日本公司法中的委员会设置公司，参见王作全："完善公司法人治理机制的有益探索——简论日本设置委员会公司制度"，载《青海社会科学》2006年第4期。

② ［日］岩原绅作："总论——公司法制改正的经过和意义"，载《法学家》2012年第4期。

在日本法务省的“中期方案”中,有关多重代表诉讼列出了2种方案,A案主张创设多重代表诉讼,B案主张不创设多重代表诉讼。

主张A案的学者认为,多重代表诉讼制度是保护母公司股东利益的重要手段。该案的具体设计包括:①母公司(只限为股份公司)的股东,可以请求子公司提起追究该子公司发起人、设立时董事、设立时监事、董事、监事、会计参与、会计监查人或者清算人责任的诉讼,但是,该诉讼是为了该股东或第三人的不当利益,或者以损害子公司利益为目的时,以及该诉讼涉及请求原因的事实会给母公司带来损害时,则不得提起;②上述母公司在请求之日应是子公司的全资母公司;③母公司为公开公司时,可以提出请求的母公司股东必须在6个月前连续持有母公司表决权1%以上的股份;④全资子公司的账目资产总额须超过全资母公司的1/5;⑤子公司在请求之日起60日内没有提起诉讼时,提出请求的母公司的股东,为子公司利益可以直接提起诉讼。[①]

主张B案的学者尽管不同意创设多重代表诉讼制度,但是,为了保护母公司股东的利益,也提出了完善母子公司关系的方案。具体包括:①作为母公司董事会的职责,明确规定其对子公司董事的业务执行进行监督;②由于子公司董事的责任造成公司损失的,母公司没有采取追究责任的必要措施时,应推定母公司的董事怠于履行职责;③母公司的股东有足够理由怀疑存在追究子公司董事责任的事实时,可以请求母公司就涉及责任追究的应对方法及其理由作出说明;④拥有母公司3%的表决权的股东,有足够理由怀疑子公司的业务执行上存在不正当时,为了调查子公司的业务和财产状况,可以请求法院选任检查人员。[②]

为强调对母公司股东权益的保护,日本法务省在2012年9月通过的“关于修改公司法制要纲案”中最终选择了创设多重代表诉讼制度。

---

① 日本“关于修改公司法制的中期试行方案”,载http://www.moj.go.jp/content/000082647.pdf。

② 日本“关于修改公司法制的中期试行方案”,载http://www.moj.go.jp/content/000082647.pdf。

五、对我国股东代表诉讼制度完善之启示

日本在1950年引入单独起诉权的股东代表诉讼后，进行了多次修改，其中有政治、外交上的外在因素，也有经济状况等内在原因。从修改内容上看，表现出立法者希望加强少数股东保护，如1993年降低诉讼费门槛，同时又心存顾虑，担心容易提起的股东代表诉讼可能造成该制度滥用，导致经营者因担心被起诉而不敢放手经营，故立法上又采取一些防范性措施，如1951年加入担保提供制度和2001年延长公司对提诉申请的考虑时间等。对此，有观点认为，"股东代表诉讼在日本经历了一个由严格限制到鼓励再到限制的发展历程"，[①]这种看法并不完全准确。事实上，从日本股东代表诉讼制度的发展历程来看，其数次修改，包括日本《公司法》上的修正，并非单纯的鼓励与限制那么简单，而是参考英美判例法导入的股东代表诉讼制度在适应日本社会过程中进行的自我完善。

我国2005年修订后的《公司法》也规定了股东代表诉讼制度，但条文上仅仅为第152条，所规定的股东代表诉讼制度过于原则化、概括化，无论是概念的解释，还是程序的操作，都具有较大的弹性空间。[②]日本股东代表诉讼制度数十年修改完善的立法经验以及在法院裁判中积累的司法经验，对于我国股东代表诉讼制度的发展完善具有重要的借鉴意义。但是，也应当看到，日本股东代表诉讼制度的修正是适应其自身发展的需要，我们在借鉴他国经验时也应当从我国实际出发，做到有扬有弃。为此，笔者针对以下五个方面的问题，探讨如何进一步完善股东代表诉讼制度。

（一）原告股东的资格问题

设立股东代表诉讼制度的宗旨，是为了保护中小股东的权益，监督公司的董事、监事和高级管理人员勤勉尽职。我国《公司法》关于原告

---

① 刘向林："日本股东代表诉讼制度的历史考察"，载《日本问题研究》2005年第3期。

② 刘凯湘："股东代表诉讼的司法适用与立法完善——以《公司法》第152条的解释为中心"，载《中国法学》2008年第4期。

股东起诉资格的规定中,有限责任公司的股东没有附加任何限制性条件,而股份有限公司的股东则被要求必须连续180日单独或合计持有公司1%以上的股份。持有1%以上股份的要求,被认为是为了防止股东恶意提起诉讼、干扰公司正常生产经营。然而,剥夺股份有限公司少数股东行使提起股东代表诉讼的权利,不利于小股东对违法的公司董事和高级管理人员的监督,也与股东代表诉讼制度的立法宗旨不相符。另外,我国有限责任公司的股东提起股东代表诉讼没有持股比例的限制,实践中也并未出现有限责任公司股东代表诉讼遭广泛滥用的情况。

着眼于股东代表诉讼的立法宗旨和我国的司法实践情况,1%以上的持股比例对于大部分中小股东依然是相当高的要求。1%以上的持股比例要求,与其说是防止股东恶意提起诉讼,实践中却成为小股东行使监督权的限制,剥夺了其起诉的权利。因此,应当消除对股份有限公司股东1%以上持股比例的要求,将股东提起股东代表诉讼的权利确定为单独股东权。

可能有人担心,认为没有持股比例的限制会造成股东恶意提起诉讼,造成股东代表诉讼的滥用。然而,此种担心并无必要。因为,通常认为股东代表公司提起诉讼,尽管有时股东会考虑自身利益而提起股东代表诉讼,但股东代表诉讼要求股东并不能从诉讼中获取直接利益,诉讼的最终目的是为了维护公司和全体股东的利益。因而,股东代表诉讼的立法宗旨要求起诉股东主观上须为善意,不得谋求个人私利或其他不正当目的。这种对股东主观意识的要求在日本《公司法》第847条第1款的规定中得到充分体现,即如果股东提起股东代表诉讼的目的是为了追求个人或第三人的不正当利益,给公司造成损害,则该股东不得提起诉讼。我国在司法实践中可以借鉴日本的立法经验,将具有"恶意"的股东排斥于股东代表诉讼之外。

(二)经营判断原则与股东代表诉讼

虽然经营判断原则是从英美法系判例确立并发展起来的一项法律制度,但是,由于其遵循商业活动的基本规则、尊重经营者的合理的经营取向,尽管日本《公司法》没有明确确立适用经营判断原则,但日本法院在股东代表诉讼的司法实践中却已经适用经营判断原则来判断被告董事等是否负有责任。

将经营判断原则引入我国司法实践中，已获得很多的学者的共识。[①] 如何适用经营判断原则，即其适用的标准仍是存在争议的问题。尽管我国同日本在司法制度上存在不少差异，但是，日本有关经营判断原则在司法实践上的经验，对我国经营判断原则的司法适用仍有一定的借鉴意义。如，通过事后审查判断董事的经营决定是否存在失误，应当采取较为谨慎的、尊重经营判断的态度。另外，应当从董事的意思决定过程和决定内容两方面考察董事的经营判断是否合理，并将意思决定过程的判断标准和决定内容的判断标准区别对待。即在董事意思决定过程中不存在不合理之处，且其决定内容没有"显著"不合理时，则认为董事履行了善管注意义务。此种区别适用的标准既可以发挥经营判断原则在消除董事畏缩心理、鼓励董事大胆经营中的作用，也可以减少董事恣意妄为、独断专行之风气。

（三）律师费用的负担问题

无论股东出于何种动机提起股东代表诉讼，如果胜诉的话，诉讼的利益归公司，提起诉讼的股东并不能直接从诉讼中获得利益。诉讼的最终目的是维护公司和全体股东利益，因而，可以说股东提起股东代表诉讼具有一定的"公益性"。

在我国司法实践中，即使胜诉，让败诉方赔偿胜诉方所支出的律师费用的请求通常不会得到法院支持。如果让胜诉的原告股东全额负担律师费用，股东将会过多地衡量起诉的经济成本与效果，从而降低提起股东代表诉讼的积极性。这同样不利于股东监督权作用的充分、有效发挥。

着眼于股东代表诉讼的"公益性"和我国司法实践，由股东代表诉讼的胜诉原告自己负担律师费用，并不符合股东代表诉讼制度的立法本意，也不利于股东有效行使监督权。股东代表诉讼的原告胜诉时，由最终获得诉讼利益的公司承担相应的律师费用可以有效解决律师费用负担的问题。在具体计算"相应的律师费用"时，也应综合考虑公司已经获得的赔偿金额的多少、股东代表诉讼案件的难易程度、律师所花费

① 刘俊海：《股份有限公司股东权的保护》（修订本），法律出版社 2004 年，第 435 页；蔡元庆：《董事的经营责任研究》，法律出版社 2006 年版，第 332 页。

的劳累程度和时间、被支持的请求额与未被法院支持的请求额之间的比例等因素,由法院进行判断,不宜采取固定比例支付的做法。

(四)构建包括风险控制在内的内部治理体系义务的问题

我国《公司法》第 47 条第 10 项规定董事会应当制定公司的基本管理制度,这可以认为是构建内部治理体系的具体要求之一。然而,违反该规定是否构成董事对勤勉义务的违反仍然存在问题。另外,我国《公司法》中董事会是否负有监督义务也没有明文规定。

2008 年 7 月,我国财政部、证监会、审计署、银监会以及保监会联合发布了《企业内部控制基本规范》,强制上市公司、鼓励非上市大中型公司执行。该规范要求企业建立和规范内部控制,包括内部环境、风险评估、控制活动、信息与沟通和内部监督等。然而,该规范在效力上为部门规章,并不具有广泛的法律拘束力。另外,也没有明确由谁具体负责来建立内部控制体系以及未建立内部控制体系时如何承担法律责任,特别没有规定在未建立内部控制或建立的内部控制显著不当给公司造成损害时的民事赔偿责任。因此,该规范在实践中仍然存在不少问题。

鉴于我国已开始逐渐重视企业内部控制体系的建立,为适应这一要求,提高企业经营管理水平和风险防范能力,应当明确内部治理体系构建的具体职责。在未来我国《公司法》修改、完善时,可参考日本《公司法》的立法经验,将构建内部治理体系的职责交由董事会。在董事会成员怠于履行构建内部治理体系职责或者所构建的内部治理体系不适当,给公司造成损害时,公司股东可以对该董事会成员提出股东代表诉讼,追究其对公司的赔偿责任。

(五)多重代表诉讼问题

多重代表诉讼制度发源于美国,在 20 世纪 50 年代为美国判例所确认,是随着美国控股公司的出现和发展而形成的保护子公司的债权人及母公司少数股东权益的一项法律制度。[①] 日本在 2012 年《公司法》修改要纲中采纳了创设多重代表诉讼制度的方案,也是着眼于该

---

① 有关美国的多重代表诉讼制度,参见薛夷风:“论美国的多重股东代表诉讼”,载《厦门大学法律评论》2002 年第 3 期。

制度在保护母公司股东权益上所具有的有效作用。

多重代表诉讼制度对于我国是否具有借鉴意义应当从我国的实际情况出发进行具体考察。在我国,有限责任公司占绝大多数,并且大多为股东人数不多、规模不大的中小企业。因此,多重代表诉讼对于此类公司并不具有任何意义。另外,在集团化的公司中,由于控制关系而形成母子公司时,如何保护母公司股东的利益就成为一个问题。我国现行法中如果存在直接或间接解决该问题的“钥匙”,则无须借助多重代表诉讼制度。

我国《公司法》规定,公司董事由股东会(股东大会)通过普通决议选举、更换,并对公司负有勤勉义务和忠实义务。在董事违反勤勉义务或忠实义务,给公司(假定为A公司)造成损害时,股东会(股东大会)应当更换董事。一种情况下,A公司的控股公司(假定为B公司)没有更换董事,也没有追究该董事的责任,A公司的其他中小股东可以通过股东代表诉讼实现救济。在这种情况下,并不需要多重代表诉讼制度。另一种情况是,A公司为B公司的全资子公司时,A公司董事给A公司造成的损失自然转嫁成为B公司的投资损失,如果B公司对A公司董事责任不予追究,就不能说B公司董事履行了勤勉义务,此时,B公司的中小股东可以通过对B公司的董事提起股东代表诉讼实现间接监督。

因此,基于我国上述制度的适用可以实现对子公司董事监督的要求,我国现行公司法框架下并不需要借助多重代表诉讼制度来监督子公司董事及追究其责任。

(作者系中国人民大学法学院博士后研究人员)

日本、德国信托法的发展路径及其比较*

赵立新

目　　次

一、导论
二、日本、德国信托发展轨迹及其特点
三、日本、德国信托制度的异同及其私法定位
四、小结

一、导论

信托制度起源于英国中世纪，对于众多大陆法系国家来说，虽然在20世纪出于投资的需要引入了英美信托制度，但由于产生于英国的信托制度承认“一物两权”（即受托者拥有普通法上的所有权和受益者拥有衡平法上的所有权），这与大陆法系的“一物一权”的物权法体系产生了冲突，因此，大陆法系国家在导入这一制度时采取了不同的方式，其结果也有很大区别。

作为大陆法系典型国家的德国，由于从罗马法和日耳曼法中发展了一套类似于英美信托的制度，学界和实务界对整体引进英美信托法

* 本文是2010年河北省教育厅研究项目《日本德国信托发展路径的比较及其借鉴》（课题编号：SZ2010102）和2009年河北师范大学研究项目《日本信托法的继受与中国模式的思考》的研究成果。

存在很大阻力,因此,迄今只在投资领域制定了信托法律。[①] 这样,民事领域固有的信托类似制度和投资领域引进的英美信托制度并行不悖,共存发展。反观日本,自近代以后大规模移植欧美法律,并在20世纪初以法国、德国等欧洲大陆法为蓝本建立了较完备的"六法"体系。日俄战争后,随着信托投资的发展,日本以英美信托法为蓝本,制定了完整的《信托法》和《信托业法》。由于日本传统上不存在信托类似制度,加之民法物权制度的建立,在《信托法》制定后的长时期内,日本的信托运用主要在商事领域,民事信托几乎没有发展。[②] 为此,日本在2006年对《信托法》进行了大的修改,试图进一步扩大信托的利用范围。日本和德国的信托发展路径体现了大陆法系国家导入英美信托制度的问题与困境。我国在2000年制定的《信托法》,也参考了日本的旧信托法,但迄今信托的利用仍然集中在商事领域,信托的发展还存在许多理论和法律上的"瓶颈"。不仅如此,1984年,国际私法会议在海牙通过了《关于信托的准据法及其承认的公约》(一般简称《海牙信托公约》),该公约要求那些已经加入公约但本来没有信托法的司法辖区,必须承认信托法是该国国际私法的一部分,为了与大陆法系国家法律相协调,《海牙信托公约》的第2条特意没有提及普通法上和衡平法上所有权的区别,因此,部分大陆法系国家,如意大利、马耳他、荷兰等国已加入并执行了该公约。[③] 但德国、日本、中国等多数大陆法系国家迄今并没有批准该条约。1996年,由英国著名信托法专家海顿等国际信托法权威起草的《欧洲信托法基本原则》,再次把德国推到了两难境地。虽然不批准《海牙信托公约》的国家理由各异,但抛开这些国家信托发展的状况似乎无法理解这些理由,本文试图从这一角度出发,比较德国与日本信托发展的不同路径及其异同点,同时对大陆法系国家继受英美信托法的方式进行理论探讨,以期有益于同样作为大陆法系的

---

① Hein Kötz, The Modern Development of Trust Law in Germany, in David Hayton, *Modern international developments in trust law*, Kluwer Law Intenational Ltd, London, 1999, p. 50.

② 2002年和2003年,日本最高法院通过两项判决开始尝试改变这一状况。

③ 参见[英]D. J. 海顿:《信托法》,周翼、王昊译,法律出版社2004年版,第15页。

我国信托法的发展。

二、日本、德国信托发展轨迹及其特点

(一)日本信托法制的导入及其发展

以《信托法》和《信托业法》为中心的日本现行信托法制基本是20世纪初继受英美近代信托制度的产物。特别是日本《信托法》,它以英美判例法规则为基础,在具体条文化时,参考了印度1885年《信托法》和美国《加利福尼亚州民法典》中的相关规定,同时参考了德国法的债权学说进行修改,于1922年完成,1923年开始实施。《信托法》的制定使源于英国的信托制度开始进入日本的私法体系之中,是日本私法史上一项划时代的事件。① 但长期以来,在英美成长的信托制度,在属于大陆法系的日本私法体系下,像"水中漂浮的油"一样属于异质的存在,②作为调和信托与大陆法的方法,日本流行学说采用了债权说的理论构成。即从法技术上来说,日本《信托法》的母法是英美法(特别是美国法),但在一定程度上受到了德国法的影响。

1. 引进外资的需要与信托制度的导入

信托这一用语最早在日本法律中出现是1900年《日本兴业银行法》,但日本真正导入信托制度是1905年制定的《担保附公司债信托法》,当时正是日俄战争结束的经济复兴时期,为促进产业发展,引进外资成为当务之急,因此,获得外汇成为当时日本政府法政策的一环,这样,通过制定《担保附公司债信托法》和《财团抵押法》,诞生了担保附公司债信托制度和财团抵押制度这两种新的法律制度。③

第一次世界大战开始后,日本出现了信托热的社会现象,对此,当时的日本大藏省想进行规范,取缔恶质的业者,整理信托业务。由于当时对作为规制对象的信托本身的概念都没有明确的法律定义,因此,制定基本的信托法非常必要。④ 为此,大藏省向司法省提议,两省合作,

---

① 参见[日]伊藤正己:《外国法と日本法》,岩波書店1970年版,第283页。

② 参见[日]四宮和夫:《信託法》(新版),有斐閣1989年版,第3页。

③ 参见[日]新井誠:《信託法》(第3版),有斐閣2008年版,第17页。

④ 参见[日]新井誠:《信託法》(第3版),有斐閣2008年版,第18页。

分别同时制定基本法《信托法》和《信托业法》。经过努力，两法最终于1922年公布，1923年同时实施。从制定过程及公布实施可以看出，当时的立法中心是《信托业法》，本来作为基本法的《信托法》处于补充的位置。因此，法律的制定不是出于对个人信托的社会需要，而是出于规制和管理信托业者的目的。

2.《兼营法》的成立

在日本信托业的发展中，还有一个规制法很关键，即1943年公布的《关于金融机关兼营信托业务的法律》（以下简称《兼营法》）。本法最初是要使当时经营困难的信托公司与银行合并，以稳定经营基础为目的，但不久就变成了作为信托银行法的功能发挥作用。其背景是：本来作为业法基本法的《信托业法》在现实中根本不能发挥作用，《兼营法》制定后，专业的信托公司逐渐消失，信托银行成为专业信托机构，这一状况一直持续到2004年《信托业法》的修改，此前的60年间，以《信托业法》为基础申请执照并经营信托业务的企业根本不存在，《信托业法》实际上成了死法。现在日本的信托银行都是以《兼营法》为依据的，这样，《兼营法》成为信托领域经营的核心。

3.《信托业法》与《信托法》的修改

第二次世界大战后，信托兼营机关提供的贷款信托等金融商品，在战后经济复兴到高度成长时期，作为以骨干企业为中心的长期安定的资金供给源发挥了巨大作用，一般民众也将信托作为利息较高的稳定储蓄手段而广泛接受。但随着近年来财产管理形式的多样化，人们希望信托能适应经济产业结构的变化。鉴于此，日本从2001年开始着手对《信托业法》进行修改，2004年完成。新法的主要变化是：(1)受托财产范围的扩大；(2)信托业承担者的扩大；(3)信托服务利用者窗口的扩大（更方便利用）。

与《信托业法》的修改相关联，《信托法》的修改在2004年9月开始，2006年1完成“草案”，经修改审议于同年12月公布，2007年6月正式实施。

新信托法对旧信托法进行了全面修改，主要内容变化如下：(1)包括受托者义务合理化在内的任意法规的增加；(2)受益者权力行使的合理化;(3)为适应多样的使用需要创立了新型的信托类型。[①]

作为新信托类型,首先是承认了"自己信托"(委托者自己作为受托者对属于信托的财产进行管理和处分),作为信托中的众多特例,设立了"受益证券发行信托"(通过有价证券化的受益权,使受益权的流转成为可能)和"限定责任信托"(信托事务产生的债务,受托者的履行责任以信托财产为限,但保护债权者的各种政策也正在制定)。在一般的信托中,必须有确定的受益者,才能对受益者进行信托财产的给付,但新法创立了"没有受益者的信托"。

除新型信托的创立使信托的使用多样化外,为适应信托利用的高度化、信托内容的复杂化、信托期间的长期化等,设立了信托的合并和分割制度。

4. 日本信托法的发展阶段及其特征

纵观日本信托制度及信托法制的发展,其大体经历了三个阶段:(1)从法律制定到20世纪50年代前期,是"信托公司"时代,也是为培养信托公司强化金融行政管理的时期,以有限范围的企业家和投资人的庞大资金的信托设立为主流。(2)从1951年《证券投资信托法》和1952年《贷款信托法》的制定到1975年之前,是信托公司"作为信托银行发展的时期",也是贷款信托大众化的时代。由于《贷款信托法》使金钱信托定型化和小额化,信托获得了新的顾客层。但同时也产生了信托就是贷款信托,是具有长期金融功能的东西这一强烈信念。贷款信托是集团信托之一,所谓集团信托即是以统一的格式条款为基础,将多数委托者的信托财产——金钱,作为整体运用,是日本信托业务的中心,也是日本独创的信托,它作为经济功能与存款类似。(3)从1975年至今。其中,前期以土地信托、特金(基金)、指定单等证券信托为代表的信托时代登场,后期则是以2000年制定《资产流动化法》和《投资信托及投资法人法》为代表的"集团投资结构法整顿的时代"。[②]

总之,土地信托和证券信托是具有泡沫经济意外结果的一面,运用信托的集团投资结构是否能成功还要看今后的运用状况,但信托新发

---

① 参见赵立新:《日本法制史》,知识产权出版社2010年版,第400~401页。

② 参见[日]新井誠:《信託法》(第3版),有斐閣2008年版,第27~30页。

展的萌芽已经出现也是事实。

以上可见日本信托的特点：第一，受托者限定于信托银行（第一期是信托公司）；第二，与固有财产管理功能相比，活用信托金融功能的集团信托长期占主要位置。与英美的发展相比，特别是鉴于信托是一种财产管理制度，日本的信托发展过程稍有一些蹩脚。今后，重视信托的财产管理功能应是信托发展之路。

（二）德国信托法的发展路径

与日本制定专门的《信托法》和《信托业法》不同，在德国法中并不存在专门的关于信托的一般法律。但长期以来，在德国民事法中存在一种类似于英美信托的制度，20 世纪初期后，通过学说和判例的展开，德国的信托类似制度逐渐完善，商业领域则通过部分吸收英美信托法的内容得到发展。因此，“德国虽没有完整的关于信托的制定法，信托类似制度的作用和功能与英美信托法相比毫不逊色”。①

1. 德国信托法的渊源

德国的信托类似制度（以下简称德国信托）源于罗马法上的信托契约（fiducia）和委托遗赠（fideicommissum）制度。

在罗马法中，为了转让人或第三受益者的利益，对于同意行使所有权的受让人，信托契约通过转移财产权来设定，此时，受益者不持有财产权，他的唯一救济手段是对受让人提起“人的诉讼”，受让人本人的债权人可以扣押财产，在受让人破产时，受益者的权利与一般债权人一样，对于受让人违反遗嘱把财产转移给第三者的情形，受益人没有任何救济手段。

在古代日耳曼法中，也有类似的制度。因此，可以说，德国古代也有类似于英美信托的观念存在，甚至有人说，英国的受益或信托制度来源于日耳曼法的受托人制度。当然，在德国继受罗马法后，日耳曼人的受托人制度只是通过监护人或遗嘱执行人来起作用，信托的观念处于

---

① ［日］新井誠：“ドイツ法の信託と英米法のトラスト”，载信託 60 研究：《信託および信託類似制度の研究》，财团法人トラスト60，1993 年版，第 87 页。

冬眠状态。①

2. 近代以后德国信托法的发展

19世纪后,在罗马法的信托实践和日耳曼法信托理论的基础上,德国的信托制度逐渐通过判例和学说发展起来。

德国法信托的原型,是19世纪中期到20世纪初期针对一定的法律行为有效性问题在诉讼中出现的,之后,作为被称作信托法律行为的该种行为形成的法律关系主要包括动产让渡担保、债权让渡担保和追讨的债权让渡、隐蔽的追讨委托背书、寄托担保票据。②

从1910年到1930年,要求制定信托法的呼声开始提高,这些呼声大多是在与英国信托法比较的基础上产生的,明显受到了英国信托法的影响。其代表人物是海尔曼(Heymann)、诺德(Nord)、H. 鲁斯(H. Roth)、海曼鲁拉(Haemmerle)、弗里德曼(Friedmann),前三人从与英国信托法比较的角度,指出了德国类似制度的不足。但是,虽然他们都提交了各自的立法提案,最终的法典化并没有成功。以英美信托为基础制定德国信托法的努力失败之后,关于信托的规律只能由判例和学说来完成。

形成现代德国法信托的基础是1933年由希伯特(Siebert)的论著《关于法律行为中信托关系、一般信托问题的解释学及比较法论考》完成的。他认为,根据信托目的,虽然信托可以区分为以管理信托为中心的非自益信托(纯粹信托)和以担保信托为中心的自益信托(非纯粹信托),但二者都属于信托范畴,并且,在罗马法信托中,债务法的拘束不可能物权化。与此相对,日耳曼法的信托中心是附解除条件信托和授权信托,而解除条件信托的构成不包含在《德国民法典》第137条的范围之内,因而是有效的。这一理论主张把罗马法信托和日耳曼信托结合起来,根据不同的信托目的分别使用。在论文的最后,希伯特指出:“德国现行法决不像喜欢改革的批评家所说的那样是有缺陷的、不充分的,现行德国法通过提供类似信托的法律制度,完全可以满足需要,

① [日]木下毅:“信託および信託類似制度の法系論的考察”,载信託60研究:《信託および信託類似制度の研究》,財团法人トラスト60,1993年版,第27页。

② 参见[日]中田英幸:《ドイツ信託法理》,東北大学出版会2007年版,第45页。

总之,不需要综合的制定法来规制。"①在这一论文发表后,德国关于制定信托法典的议论逐渐消失,直到今天再未提起。

同时,德国法院的判例在许多领域也承认了信托。柏林高等法院在1908年5月的一次"最高价格抵押权"判决中认为,一般来说,如果受托者以信托形式受让债权,可以以受托者的名义设定抵押权。而1917年帝国法院在一项关于"最高价格抵押权设定"的判决中,也承认作为债权者的受托者对外可以以唯一债权者的身份进行登记。②

第二次世界大战后,随着信托利用的扩大,判例和学说进一步发展了德国的信托理论。

由于希伯特的信托理论只涉及一般信托,特殊类型的信托则形成了与其不同的规律。特殊类型的信托主要包括两大类:一是为了他人的账户管理,一般称作信托账户,其中受约款控制的又叫单独账户。二是投资领域信托法的制定。另外,对受托者违反信托的处分进行救济的效果,判例和学说也有很大的发展。③

所谓信托账户是账户权利者以自己的名义为他人保管或管理的金钱账户,虽然存款债权归属于账户权利者,但承认账户权利者的委托者及第三者的异议权。这一原则是通过一系列判例发展起来的。

投资领域的信托法即是1957年制定的《投资公司法》。经过信用团体、经济界和德国政府的长期研究,1953年3月完成该法草案并提交联邦议会讨论,由于议会会期结束未能通过。1955年再次提交联邦议会并获得通过,但联邦参议院不完全同意一些用语,因为草案中把投资公司称作"受托者",把特别财产称作"信托财产"等。由于当时存在投资者对投资财产以共有方式处理的情况,加之信托这一用语所特有的心理魅力,最后对信托相关用语进行了置换,最终,经两院协议会修改,消除了"信托"这一用语,改为"共有",把"投资基金"改为"特别财

① [德]HEIN KÖTZ. TRUST UND TREUHAND ,[日]新井誠訳,勁草書房1999年版,第170页。

② 参见[日]中田英幸:《ドイツ信託法理》,東北大学出版会2007年版,第95页。

③ Hein Kötz, The Modern Development of Trust Law in Germany, in David Hayton, *Modern international developments in trust law*, Kluwer Law Intenational Ltd, London, 1999, p. 51.

产”等,并设立了防止滥用危险的规定,形成了《投资公司法》,于 1957 年 4 月实施。

《投资公司法》的制定,使德国法在明确限定的适用范围内,以法律的形式产生了英美法信托的特别形式,从而在德国法的体系内导入了源于英美法的信托概念。这样,在投资领域,与日本一样,产生了英美法的信托与民法典体系的整合问题,对此,德国法学家 G. 路德(G. Roth)在 1972 年的一篇论文《投资法中的信托模型》中进行了有兴趣的探讨。该论文的主要目的是比较信托与公司法,但就财产的权利归属关系及管理与处分关系,比较探讨了《德国民法典》与《投资公司法》。

3. 德国信托法的特色

通过对德国法中的信托规律及正当化根据发展历程的追溯可以看出,在德国法中混合存在三种信托制度,其中,两种来源于罗马法的信托和日耳曼法的信托,一种来源于英美法的投资信托。进而又可以划分为作为合并了罗马法信托和日耳曼法信托的承认物权救济制度发挥功能的信托和为了投资这一商业交易的信托两大类。

罗马法的信托在初期的学说中,受托者没有财产权,只是在限制的范围内行使权力义务时,转让才是有效的。此时并没有着眼于物权的救济,但是,对于给予目的以上权限的行为予以承认有交易实际的需要。从这一意义上说,是适应交易需要的理论。当然,正如判例所表示的,承认委托者的取回权和对第三者异议权的情况是真正信托,不承认的情况则不是真正信托,这表明德国法中的信托中心是委托者的物权救济。日耳曼法的信托也是为导出物权效力的理论,与罗马法的信托相比,也是倾向于物权救济的信托理论。①

与此相对,《投资公司法》则是吸收英美投资信托思想的结果,是为了在投资领域安全顺利的投资和税收方面的考虑产生的,它不是对英美信托的整体导入,只吸收了投资部分。在该法中,被出资的财产在相当于受托者的投资公司中形成了特别财产,承认了物权的效力。但这只是安全顺利投资法律目的的部分效果,另外,也具有从投资者对财

① ［日］中田英幸:《ドイツ信託法理》,東北大学出版会 2007 年版,第 108 页。

产的权利行使几乎是被限制的这一救济法理角度无法导出的效果。可见,作为救济法理功能的信托与《投资公司法》的规律,其效果的正当化根据不同。

三、日本、德国信托制度的异同及其私法定位

通过对日本、德国信托发展路径的阐述可以看出,日本拥有专门的信托法律,信托法律构成比较完整。在德国,被称作信托的法律制度具有多样的法律构成,除了向受托者转移财产权的信托、附解除条件转移权利的信托之外,还有不转移财产权的授权信托和物权管理权信托。在此主要以转移财产权的信托为主进行比较。

(一)相同点与相异点

1. 相同点

德国法的信托是在向受托者转移财产权时受托者负有为了一定目的管理财产权的义务的法律关系,其中,即使在不以受托者利益为目的的管理信托中,受托者也负有为他人管理财产的义务。这与《日本信托法》第 2 条的定义非常类似。① 在这样的信托中,对信托目的的保护,不仅在当事者之间,在对外方面也被承认,这是德国与日本信托法的共同之处。

关于受托者违反义务处理信托财产时,是否承认债权请求以上的效力问题,两国也是共同的。在德国法中,《德国民法典》第 137 条"禁止物权处分限制"的规定,对受托者违反信托的处分进行物权限制学说持消极态度。当然,根据日耳曼法的信托学说,受托者违反义务的处分将产生包含权利转移解除条件的构成,现在这一观点正成为主流,虽然判例还没有承认,但对于受托者违反信托的处分,适用代理权滥用法理的观点受到众多学说的支持,②这就产生了类似于《日本信托法》第

① 《日本信托法》第 2 条对信托的定义是:该法所谓"信托"是指,根据次条所列举的方式,特定者根据一定的目的所应进行的财产管理、处分以及其他为达到该目的所进行的行为。

② Hein Kötz, The Modern Development of Trust Law in Germany, in David Hayton, *Modern international developments in trust law*, Kluwer Law Intenational Ltd, London, 1999, p. 58.

27条的效果,即对受托者的处分权进行限制成为可能。

另外,对投资目的信托进行规制,在该目的之下使信托的利用更加活泼这一点上,两国也有共同点。在《投资公司法》适用对象的投资信托中,没有根据直接性原则的限制,即承认信托财产不能成为强制执行的对象、不构成受托者的破产财团、受托者违反信托财产的处分可以对抗第三者,试图保护投资者的利益。可以说,在投资领域,德国法和日本法都实现了对受益者相当程度的保护。[①] 并且,《投资公司法》不是作为德国私法的延伸发展起来的,而是直接引入英美法中投资信托的结果,虽然仅限于投资领域,在继受了英美法信托这一点上也可以找出相似点。

2. 相异点

德国与日本的信托法虽然有许多相同点,但其不同点也非常明显。首先,在德国法中,一般来说,只有受托者直接从委托者手里取得的财产才能成为信托财产,因此,在一般德国法的信托中不承认信托财产的物上代位性。当然,关于土地,可以通过让渡的暂时登记(该登记以受托者的信用不足或权限外处分为停止条件)保护受益者,此时,与直接性原则没有关系。并且,存款账户的信托也不适用直接性的原则,特别是在为了律师等的单独账户中,只有为了委托者来管理财产,存款债权才能成为信托财产。总之,在德国法中,除土地和信托账户外,要想成为信托财产,必须满足直接性的原则。[②] 与此相对,日本信托法承认物上代位性(《日本信托法》第16条),信托者从第三者取得的财产也可以成为信托财产,当然,对于需要登记或登录作为对抗要件的财产信托时,要对抗第三者,需要信托的登记或登录(《日本信托法》第14条)。因此,与德国法不同,出现了不能公示的财产,除账号之外,比德国法的保护范围要广。

其次,在受托人完成信托任务后信托财产的处理方式不同。在日本,即使受托者完成信托任务,原则上信托还没有结束,在新的受托者就任时,新受托者权利义务关系的继承被视为追溯到前任受托者的任

---

① 参见[日]中田英幸:《ドイツ信託法理》,東北大学出版会2007年版,第178页。

② 参见[日]中田英幸:《ドイツ信託法理》,東北大学出版会2007年版,第179页。

务结束时(《日本信托法》第75条)。并且,假使受托者任务结束时带来信托的终止,在清算目的的范围之内,信托继续存续,清算的只能是残余财产(《日本信托法》第175~184条)。与此相对,在德国法中,随着受托者的解任信托终止,因为委托者(兼受益者)与受托者的关系基本上是委托关系。作为例外,在单独账户约款中,当律师等死亡或解职时,单独账户的存款债权可以转给别的律师。但是,委托者与旧受托者的合同关系不应继续规范新受托者,在旧受托者死亡时,委托者或终止信托合同,或在变更合同内容的基础上把账户的存款债权委托给新的受托者。结果,在日本的信托中,委托中不能实现的继续管理、处分成为可能,这与德国信托法不同。[①]

(二)信托法在私法制度上的定位

从以上德国信托法和日本信托法的异同点可以看出:首先,两国对信托的规制方式不同。德国法上的信托是作为替他人管理财产时的物权救济制度发展起来的,起源于英美法的信托,始终局限于投资领域,没有制定一般的信托法。虽然在中世纪有关于继承的意定信托制度,但逐渐被遗嘱执行制度所吸收。与此相对,日本则对所有的信托制定了基本的法律。当然,日本也存在《信托业法》和《关于投资信托和投资法人的法律》等个别领域的信托法,但作为适用在所有信托领域的基本法性质并没有改变。

另外,虽然日本信托法中包含以类似于委托的财产管理为目的的信托和投资为目的的信托,但迄今的信托主要在投资等商事领域被使用,近年来的一些判决已经涉及德国法信托中重视的以账户财产管理为目的的信托,如最高法院2002年1月27日判决、[②]2003年6月12日判决。[③] 同时法律也设立了关于可用于继承的财产处分规定(《日本信

① 参见[日]中田英幸:《ドイツ信託法理》,東北大学出版会2007年版,第180页。

② [日]河上正二:"信託契約の成立",载[日]トラスト60研究:《変革期における信託法》,東北信託法研究会2006年版,第57~80页。

③ [日]川副加奈:"他人のために預けられた預金の帰属法理と信託構成について",载[日]トラスト60研究:《変革期における信託法》,東北信託法研究会2006年版,第81~102页。

托法》第3条第2款、第6条、第89~91条、第147条、第148条等)。[①]

在这里重要的是,日本信托法不是根据信托类型来制定规律的,关于信托财产一律承认比德国法更强的保护。在德国法中,投资领域导入了英美法的信托,在该领域中,《投资公司法》上的权利关系与《德国民法典》的所有权产生了一定的矛盾,但该矛盾并没有产生实务上的重大问题,《投资公司法》的目的及其适用范围的限定使其保护正当化,即使在德国法的一般信托中,在考虑使用信托的必要性和与受托者的债权人关系上确定法律效果,不如此,就不能肯定账户存款债权与其他财产的不同。与此相对,日本信托法没有考虑个别目的的信托,毋宁说,只是把信托看作灵活多样的制度。信托的异质性问题不仅在于《信托法》与《民法》确定了不同的规律,而且在于因制度的灵活多样,从制度的宗旨使其规律正当化非常难。[②] 为了探讨信托财产的独立性和受托者物权处分限制的根据,信托的类型化非常必要。

四、小结

本文的目的在于探讨源于英美的信托法财产管理特殊规律从大陆法系私法的角度如何寻找根据。我国《信托法》已颁布10余年,随着社会的变化,信托的利用不断增多,但迄今主要是在商事领域。随着今后信托利用的发展,《信托法》与其他私法制度的紧张乃至冲突会逐渐显现,因此,通过比较大陆法系国家的德国、日本信托发展路径,可以为我们带来一些启示。

德国与日本的信托在利用方式和法律关系方面存在很多相似点。投资目的信托在两国都非常活跃,仅就该领域来说,两国的信托都源于英美。以对受托者信任为基础的类似委托的信托在德国有100年以上的发展历史,迄今仍在继续。特别是管理他人金钱的信托账户预存款债权,承认完全的信托财产的独立性。而关于账户的预存款债权利用信托模式近年在日本也发展很快。

---

① 参见[日]寺本昌広:《逐条解説新信託法》,商事法务2008年版,第32页、第40页、第130页、第167页、第168页。

② 参见[日]中田英幸:《ドイツ信託法理》,東北大学出版会2007年版,第182页。

就日本而言，明治维新后全面继受大陆法，日本法学家对大陆法系的德国法和法国法抱有一种亲近感，在这一背景下，20 世纪 20 年代，日本起草的“信托法草案”虽然以加利福尼亚州民法典和印度 1882 年《信托法》为蓝本，最后依据英国判例和学说，但也参考了德国法的债权学说进行修改。作为调和信托与大陆法的方法，日本流行学说采用了债权说的理论构成。

因此，在对信托进行比较法考察时，在出发点上注意从宏观的观点来看法文化渊源的异同是非常必要的。正是因为渊源与发展轨迹的不同，日本与德国才走上了不同的信托法发展道路。而德国浑然天成的完整信托法组合使其对签署《海牙信托公约》缺乏兴趣，甚至强烈抵触，①日本移植法律文化和全面移植法律制度的特点则使其倾向于接受该公约。②

（作者系河北师范大学法政学院副教授，法学博士，主要研究领域为外国法制史和民商法）

---

① Hein Kötz, The Hague Convention on the Law Applicable to Trusts and Their Recognition, in David Hayton, *Modern International Developments in Trust Law*, Kluwer Law Intenational Ltd, London, 1999, p. 48.

② ［日］新井誠：“ドイツ法の信託と英米法のトラスト”，载信託 60 研究：《信託および信託類似制度の研究》，财团法人トラスト60，1993 年版，第 101 页。

研究报告

重庆市环境民事司法的调查与思考

——以渝北区、万州区环保法庭环境民事裁判文书为样本

陈　亮

目　　次

一、重庆市一、二中院辖区环境民事纠纷解决途径分析
二、重庆市一、二中院辖区环境民事裁判文书基本特征及其原因探析
三、简单结论与对策建议

从2012年1月1日试点审案至今，重庆市渝北区和万州区环保法庭在社会各界的期待与厚望中已运行整整一年，其运行效果如何？是否起到了应有的作用？运行中存在哪些问题？环保法庭有着怎样的生命力？为回答上述问题，笔者以文本分析为主，辅以访谈的方式，对重庆市环保法庭运行一年来的环境民事司法情况进行了充分调研，以期总结重庆市两个环保法庭运行一年来环境民事司法的功过得失，探寻重庆市环境民事司法中存在的问题及其根源，提出完善环保法庭建制的意见与建议，为保持环保法庭的旺盛活力献计献策。

一、重庆市一、二中院辖区环境民事纠纷解决途径分析①

(一)重庆市一、二中院2012年度环境民事纠纷总量及其解决途径

从严格意义来讲,纠纷产生于当事人将其不满诉诸第三方解决之际。② 从这个意义上讲,本文所谓的环境民事纠纷,是指民事主体之间因环境污染或资源破坏导致人身、财产损害而产生的、请求第三方予以解决的争执,从而区别于法社会学上的纠纷概念。③

纠纷解决以维护社会秩序为己任,唯有那些对抗程度相对较高、足以引起社会冲突的纠纷才有可能进入纠纷解决者的视野之内。职是之故,在具体统计环境民事纠纷的数量时,本文对环境民事纠纷进行了两方面的限制:一是将纠纷解决主体限于法院和重庆市环保局(区县环保局被排除在外);④二是将纠纷解决形式限于来信、来访和诉讼三种形态。经由这种限制之后的环境民事纠纷,无论是纠纷当事人之间的对抗程度,还是纠纷当事人解决纠纷的决心,均不可小视。这类纠纷如果不能得到妥善解决,必将成为社会秩序安宁的破坏因素。

---

① 需要说明的是,按照重庆市高院的相关规定,重庆市一、二中院辖区内的一审环境保护诉讼案件、非诉行政执行案件分别由渝北区、万州区人民法院集中审理。因此,渝北区、万州区环保法庭环境民事裁判文书所反映的,实质上是重庆市一、二中院辖区环境民事司法的全貌。职是之故,本文在统计环境民事纠纷数量时,将地域范围扩展到了渝北区、万州区以外的重庆市一、二中院整个辖区。

② 参见[美]麦宜生:“纠纷与法律需求——以北京的调查为例”,载《江苏社会科学》2003年第1期。

③ 社会学青年学者陆益龙在《纠纷解决的社会学研究——问题及范式》一文中指出,法社会学对纠纷概念的理解比法律范畴内的纠纷要宽泛得多:法律范畴内的纠纷,至少要达到双方申诉这一层次,即纠纷当事人双方各自提出了不同的权利、利益诉求、申明或主张;法社会学则将纠纷的外延拓展到日常生活中人们在主观层面上的情绪和态度,也就是人们主观上感受到的所有不公正。(参见陆益龙:“纠纷解决的法社会学研究:问题及范式”,载《湖南社会科学》2009年第1期。)

④ 民众对不同层次的政府部门的信任度是不同的:对高层政府的信任度较高,但对基层政府的信任度偏低。(参见胡荣:“农民上访与政治信任的流失”,载《社会学研究》2007年第3期。)因此,信访部门的层级不同,信访人之间纠纷的对抗程度及其解决纠纷的决心也不一样。信访部门的层级越高,纠纷的对抗程度越高,信访人解决纠纷的决心也越大。职是之故,笔者对本文环境民事纠纷解决机关进行了相应限制。

按照上文对环境民事纠纷的定义以及对于纠纷解决主体与纠纷解决形式的限制,笔者对2012年度发生于重庆市一、二中院辖区内的环境民事纠纷及其解决途径进行了初略统计,得到了如表1所示的数据。

表1 重庆市一、二中院辖区2012年度环境污染民事纠纷及其解决途径

方式径 / 纠纷类型 / 纠纷数量 / 纠纷地		来信					来访					诉讼				
		大气污染	水污染	噪声污染	辐射污染	资源破坏	大气污染	水污染	噪声污染	辐射污染	资源破坏	大气污染	水污染	噪声污染	辐射污染	资源破坏
一中院辖区	渝北	0	0	0	1	0	3	1	1	1	0	0	2	1	0	0
	江北	1	1	3	1	0	5	0	0	1	0	0	0	0	0	0
	沙坪坝	0	0	0	0	0	0	0	0	0	0	0	2	0	0	0
	北碚	1	1	2	1	1	1	1	1	0	0	0	2	0	0	0
	长寿	1	0	1	0	0	1	0	0	0	0	0	0	0	0	0
	璧山	3	1	2	0	0	0	0	0	0	0	0	1	0	0	0
	大足	1	2	1	0	0	0	0	1	0	0	0	0	0	0	0
	合川	0	1	0	1	0	1	0	0	0	0	0	0	0	0	0
	双桥	0	0	0	0	0	0	0	0	0	0	0	0	0	0	0
	铜梁	0	0	1	0	0	0	0	0	0	0	0	28(8)①	0	0	1
	潼南	0	0	0	0	0	0	0	0	0	0	0	2	0	0	0
合计		7	6	10	4	0	11	2	3	2	0	0	37(17)	1	0	1
		27					18					39(19)				
		84(64)														

① 说明:从形式上看,铜梁县诉至渝北区法院的水污染案件共计28件,但从实质上看,其中的21件不仅针对同一被告,而且判决内容大致相同,符合集团诉讼的基本特征,如果按集团诉讼受理的话,实质上仅为一个案件;另外7件虽然也是针对同一被告,但均因各种原因分别按撤诉处理,所以仍单独统计。在统计表中,括号外代表的是形式意义上的案件数量,括号内代表的是实质意义上的案件数量。

续表

纠纷地 \ 纠纷数量 \ 纠纷类型 \ 方式径		来信					来访					诉讼				
		大气污染	水污染	噪声污染	辐射污染	资源破坏	大气污染	水污染	噪声污染	辐射污染	资源破坏	大气污染	水污染	噪声污染	辐射污染	资源破坏
二中院辖区	万州	1	0	0	0	0	1	0	0	0	0	2	0	0	0	0
	开县	1	0	0	0	0	0	0	0	0	0	0	0	0	0	1
	忠县	1	0	1	0	0	1	0	0	0	0	0	0	0	0	0
	梁平	0	1	0	1	0	0	0	0	0	0	0	0	0	0	0
	云阳	0	0	0	0	0	0	0	0	0	0	0	0	0	0	0
	奉节	1	0	0	0	0	0	0	0	0	0	0	0	0	1	1
	巫山	1	1	1	0	0	0	0	0	0	0	0	0	0	0	0
	巫溪	0	0	0	0	0	0	0	0	0	0	0	0	0	0	1
	城口	0	0	0	0	0	0	0	0	0	0	0	0	0	0	0
合计		5	2	2	1	0	2	0	0	0	0	2	0	0	1	3
		10					2					6				
		18														

对于该表所反映的2012年度重庆一、二中院辖区内环境民事纠纷的总量及其解决途径，本文拟整理出下述四个方面作为分析重点：(1)在卷入环境民事纠纷之际，民众是否愿意采取行动？(2)纠纷发生地与纠纷解决机关所在地之间的距离对当事人纠纷解决方式的选择有何影响？(3)纠纷类型及其严重程度对当事人纠纷解决方式的选择有何影响？(4)民众对哪一种纠纷解决方式的认同度相对较高？

（二）重庆一、二中院辖区内环境民事纠纷解决途径的主要特点

从上表数据可以看出，重庆环境民事纠纷及其解决途径具有如下特征：

1. 民众环境维权意识与采取环境维权行动的决心之间仍有一定差距

如果将维权意识理解为人们在其权利遭到侵害后通过某种途径反映问题或讨要说法的话,重庆一、二中院辖区内民众的环境维权意识还是相当高的。举例来说,自2012年1月1日起至2012年11月30日止,万州区民众通过"网上直通车"、电话(包括"三风热线"、"阳光政务114")、区长信箱以及来人来访等途径向区环保局反映环境污染案件共计960余件;渝北区民众通过"12369"热线、公开电子信箱、来人来访以及区长信箱等途径向区环保局、市环保局或者区政府反映环境污染案件共计3299件。这两个数据充分说明一、二中院辖区民众环境维权意识高涨的现状。

与其高涨的维权意识相比,民众采取维权行动的决心并不大。上述表1显示,渝北区民众最终通过信访或诉讼方式解决其纠纷的共计10件,仅占其环境纠纷总量(3299件)的0.3%;万州区最终通过信访或诉讼途径解决的环境民事纠纷共计4件,仅占其环境纠纷总量(960件)的0.4%。换句话说,在为数众多的环境纠纷中,大量纠纷被容忍了,只有极少数纠纷最终会通过较为正式的信访或诉讼渠道加以解决。

2. 各区县对纠纷解决方式的选择略有侧重

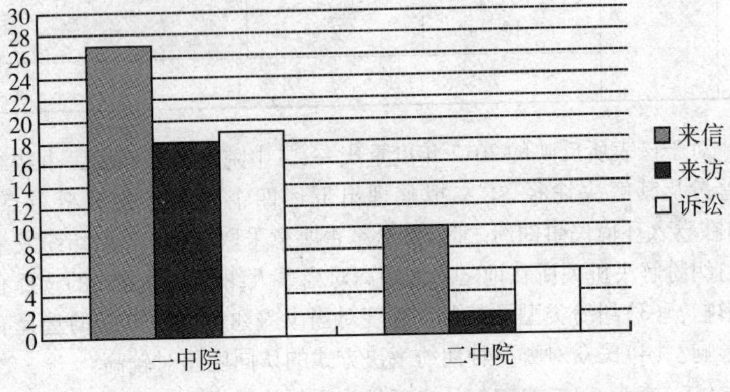

图1　一、二中院辖区环境民事纠纷解决途径及其数量

图2　一中院辖区环境民事纠纷解决途径及其数量

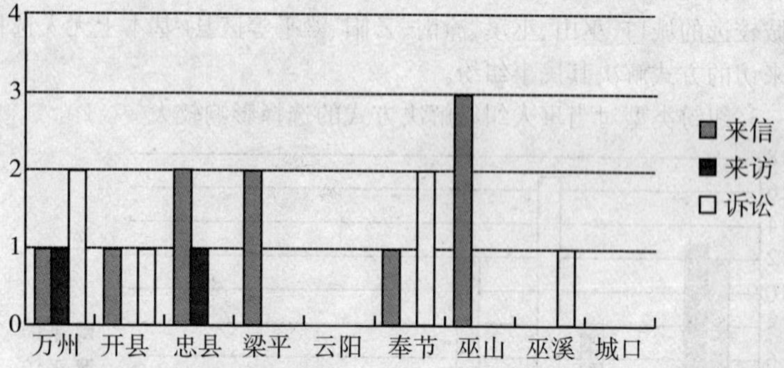

图3　二中院辖区各区县环境民事纠纷解决途径及其数量

从总体上看，信访是民众解决环境民事纠纷的主要手段。如图1所示，在一中院辖区的64件环境民事纠纷中，诉诸信访途径解决的环境民事纠纷达45件，占该辖区环境民事纠纷总量的70.3%；在二中院辖区的18件环境民事纠纷中，诉诸信访途径解决的环境民事纠纷达12件，占该辖区环境民事纠纷总量的66.7%。在诉诸信访的环境民事纠纷中，诉诸来信方式和来访方式所占的比重各不相同，诉诸来信方式的比例远远大于诉诸来访方式的比例。一中院辖区内诉诸信访解决的45件环境民事纠纷中，诉诸来信的27件，占信访总数的60%；诉诸来访的18件，在信访总数的40%。二中院辖区内诉诸信访的12件环境民事纠纷中，诉诸来信的10件，占信访总数的83.3%；诉诸来访的2件，占信访总数的16.7%。

从各区县来看，纠纷发生地与纠纷解决机关所在地之间的距离在一定程度上影响着当事人纠纷解决方式的选择。如图2、图3所示，纠纷发生地与纠纷解决机关所在地之间的距离对来信方式解决环境民事纠纷的影响并不大。无论是距离较近的渝北、江北、北碚,还是距离较远的璧山、大足、巫山、奉节,纠纷当事人都会选择来信方式解决其环境民事纠纷。与此不同的是,来访则随着各区县距离纠纷解决地(主城)的远近而有所不同:距离主城越近的区县,选择以来访方式解决其环境民事纠纷的可能性越大;距离主城越远的区县,选择以来访方式解决其环境民事纠纷的可能性越小。从图标上可以看出,距离主城较近的渝北、江北、北碚,其民众选择来访方式解决其环境民事纠纷的较多;距离主城较远的城口、巫山、巫溪、潼南、云阳、梁平等区县,基本上无人选择以来访的方式解决其民事纠纷。

3. 纠纷类型对当事人纠纷解决方式的选择影响较大

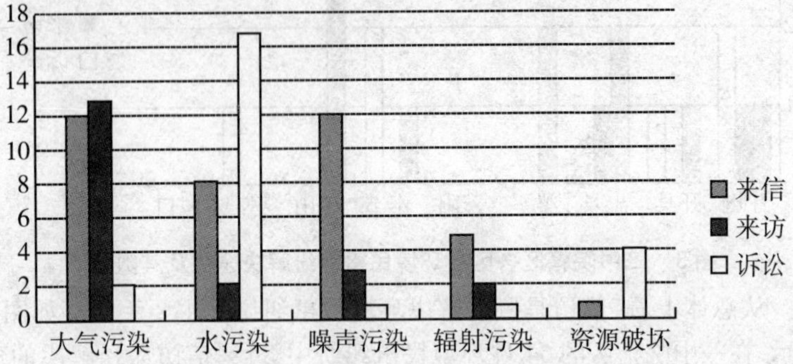

图 4　各种类型环境民事纠纷的解决途径及其数量

如图 4 所示,大气污染、噪声污染以及辐射污染等侵害人体健康的污染,只要未达到相当严重的程度,民众一般通过来信来访途径加以解决。比如,在一中院辖区的 18 件大气污染环境民事纠纷中,全是诉诸来信来访方式解决;一中院辖区的 9 件大气污染纠纷,虽有两件诉诸法院,但均涉及较严重的人身伤害。① 总体来看,大气污染、噪声污染以及辐射污染等侵害人体健康的环境民事纠纷,大多以信访方式解决,诉

① 万州区法院受理的两件大气污染纠纷,均给原告造成了较为严重的人身伤害:原告罗某被鉴定为十级伤残,花费医疗费 14,467.91 元;原告殷某被鉴定为八级伤残,花费医疗费、护理费、鉴定费共计 93,834.78 元。

诸法院的不多。水污染以及资源破坏等环境民事纠纷,因直接给当事人造成较为严重的经济损失,诉诸法院解决的较多。渝北区形式上受理的39件环境民事纠纷中,37件为水污染纠纷(即使从实质上受理的19件环境民事纠纷来看,有17件均为水污染纠纷)。

4. 纠纷严重程度也影响着当事人纠纷解决方式的选择

调查显示,对于人身和财产损害较小的一般纠纷,民众往往诉诸来信方式解决;对于人身和财产损害较大的严重纠纷,民众往往求助于更正式的来访或诉讼途径解决。比如同在万州区内的4件大气污染纠纷,1件以来信方式解决,1件以来访方式解决,2件以诉讼方式解决。仔细分析可以发现,诉诸来信方式的大气污染纠纷并未给当事人的人身或财产造成实质性损害,只是"烟尘或气味外逸,对周边居民造成一定影响";诉诸来访的大气污染纠纷相对而言要严重一些,已是"蚊蝇滋生、气味恶臭",给附近居民生产、生活造成较大影响;诉诸诉讼的2件大气污染纠纷则更为严重,其中一件的原告罗某被鉴定为十级伤残,花费医疗费14,467.91元,另一件的原告殷某被鉴定为八级伤残,花费医疗费、护理费、鉴定费共计93,834.78元。由此可见,环境民事纠纷的严重程度在一定程度上影响着当事人纠纷解决方式的选择:对于一般纠纷,民众更倾向于选择信访途径解决;对于严重纠纷,民众更倾向于通过诉讼途径加以解决。

(三)环境民事纠纷解决途径影响因素分析

前已述及,尽管重庆一、二中院辖区内民众的环境维权意识相当高,但是真正采取环境维权行动的民众却相对较少。是什么原因促使民众放弃较为正式的信访或诉讼而"忍气吞声"地容忍呢?当代法律学者的研究表明,人们对民事纠纷解决途径的选择主要出于三方面的考虑:(1)纠纷类型;(2)合法性认同;(3)理性的算计。[①] 我国民众在卷入环境民事纠纷之际,是否同样遵循着这样的逻辑呢?是否还有别

① Sandefur, Rebecca L., Access to Civil Justice and Race, Class, and Gender Inequality, 34 *Annual Review of Sociology*, (2008),转引自程金华、吴晓刚:"社会阶层与民事纠纷的解决——转型时期中国的社会分化与法治发展",载《社会学研究》2010年第2期。

的因素制约着我国民众对环境民事纠纷解决方式的选择呢?本文认为,成本制约、纠纷性质、权威认同和制度供给是影响我国民众选择环境民事纠纷解决方式的主要因素。

1. 成本制约

"人是其自利的理性最大化者",[①]换句话说,"每个人都能通过成本—收益或趋利避害原则来对其所面临的一切机会和目标及实现目标的手段进行优化选择"。[②] 作为理性经济人的环境民事纠纷当事人,在决定以何种方式解决自己的纠纷时,不可避免地会进行成本—收益分析。

在来信、来访和诉讼三种纠纷解决方式中,来信无疑是最经济、便捷的,不仅受理条件宽松,而且无须付出太多的人力、物力和财力。相比之下,诉讼的成本最高,不仅受理条件苛刻,而且必须付出数额不菲的诉讼费、律师费以及人力成本。[③] 来访的受理条件虽然也比较宽松,但毕竟要耗费一定的人力成本和食宿、交通费用,因而其成本介于来信和诉讼之间。明确了这三种纠纷解决方式的成本差异,也就可以理解重庆市一、二中院辖区内民众选择环境民事纠纷解决途径的不同侧重了。

从总体上来看,信访成为重庆一、二中院辖区内民众解决其环境民事纠纷的主要手段,这是因为信访的成本远远低于诉讼的成本,在成本—效益核算之下,纠纷当事人自然会选择信访而非诉讼了。从各区县来看,来信方式不因纠纷发生地与纠纷解决地之间的距离而受影响,来访方式则随着纠纷发生地与纠纷解决地之间距离的增大而逐渐减少。之所以出现这种情况,是因为来信方式的成本与各区县距离纠纷

① [美]理查德·A. 波斯纳:《法律的经济分析》,蒋兆康译,中国大百科全书出版社1997年版,第4页。

② 张宇燕:《经济发展与制度选择》,中国人民大学出版社1992年版,第60页。

③ 关于信访与诉讼之间的成本比较,国内不少学者多有论及。比如张修成指出:"目前信访受理条件的确十分宽松,层级次数限制较少,又有信访'绿色邮政'等形式上的免费,使得信访与'先拿钱来'的仲裁、诉讼相比,其入场券显示出经济、便捷的优势。"(张修成:"信访制度与诉讼等纠纷解决途径之比较研究",载《理论学刊》2007年第4期。)对此,本文不再赘述。

解决地之间的远近没有关系，而来访方式的成本则随着各区县距离纠纷解决地之间的远近而不同。距离纠纷解决地越远，其投入的人力、交通、食宿费用越多，其成本也就越高；距离越近，其投入的人力、交通、食宿费用越少，成本也就越低。或许正是出于这种成本考量，距离主城较远区县的环境民事纠纷很少以到重庆市环保局上访的方式来解决，而距离主城较近区县环境民事纠纷以上访方式解决的较多。

2. 纠纷类型

笔者的调查表明，总体来看，大气污染、噪声污染以及辐射污染等侵害人体健康的环境民事纠纷，大多以信访方式解决，诉诸法院的不多；给当事人人身或财产造成实质性损害的水污染或资源破坏等环境民事纠纷，诉诸法院的较多。隐藏在这一现象背后的行为逻辑是什么呢？这一现象实际上是纠纷当事人根据信访和诉讼的不同运行机理进行理性选择的结果。

诉讼与信访在运行机理上存在较大差异。信访具有“非规范性”、“非程序性”、“非专业性”、“缺乏交往理性”以及“结果的高度或然性”等特征，[①]而“司法部门是一种非常正式的解决纠纷途径，不仅有规范的条文，而且有严格的程序，它所遵循的是‘形式理性’的法律，所以至少在程序上保证了权利的明晰，保证了公正性”。[②] 信访和诉讼在运行机理上的差异为纠纷当事人根据纠纷性质选择纠纷解决方式提供了依据。

仔细分析可以发现，未能诉诸法院的大气污染、噪声污染以及辐射污染等大多数环境民事纠纷，要么损害额度较小，要么纠纷事实不明，要么权利义务不清，要么纠纷诉求不具有适法性。[③] 将这类纠纷诉诸法院，要么因诉求不具有适法性而不予受理，要么因纠纷事实不明而被

---

① 周永坤：“信访潮与中国纠纷解决机制的路径选择”，载《暨南学报》（哲社版）2006 年第 1 期。

② 郭星华、王平：“中国农村的纠纷与解决途径——关于中国农村法律意识与法律行为的实证研究”，载《江苏社会科学》2004 年第 2 期。

③ 纠纷诉讼的非适法性，是指纠纷所指的对象不一定是法定的标的，不一定是当事人法律上的权利和法定利益受到侵害。（参见陈柏峰、董磊明：“治理论还是法治论——当代中国乡村司法的理论建构”，载《法学研究》2010 年第 5 期。）

判败诉,要么因赔偿额度较低而得不偿失。无论哪一种结果,都不是理性的当事人所能接受的。如果诉诸信访,当事人则既不必担心因纠纷不具有适法性而被拒之门外,也无须充分的法律知识和必要的诉讼技能,更不必因为证据准备不充分而感到无助。换句话说,大气污染、噪声污染以及辐射污染等大多数环境民事纠纷之所以最终未能走上司法途径,是当事人根据纠纷性质和各种纠纷解决机制的不同特点进行理性选择的结果。

3. 权威认同

笔者的调研表明,在来信、来访和诉讼三种纠纷解决方式中,以来信方式解决的环境民事纠纷最多(37件),占环境民事纠纷总量(82件)的45.1%;位居第二的是以来访方式解决的环境民事纠纷(20件),占环境民事纠纷总量的24.4%;以诉讼方式解决的环境民事纠纷最少(25件),占环境民事纠纷总量的30.5%。这是否表明民众对来信方式的权威认同度最高呢?事实并非如此。对于某种纠纷解决方式权威认同度的衡量,不仅要看该种方式解决的纠纷数量,还要看该种方式解决的纠纷性质及其严重程度。

威廉·费尔斯汀纳等人曾经指出,民事纠纷的形成是一个对纷争进行事实和性质"认定"(naming),对他人进行"归咎"(blaming),并最后为此而向自认造成伤害的加害方"主张权利"(claiming)的过程。[①]在这一过程中,越是一般的纠纷,当事人对纠纷的重视程度越低,对纠纷解决方式的选择也越随意;越是严重的纠纷,当事人对纠纷的重视程度越高,对纠纷解决方式的选择自然也就越谨慎。

在笔者的调查中,虽然高达69.5%的环境民事纠纷都通过信访途径加以解决,只有30.5%的环境民事纠纷是通过诉讼途径解决的,但仔细分析我们可以发现,诉诸信访的环境民事纠纷,大都是一般性纠纷,这些纠纷的损害额度较小,纠纷事实不明,权利义务不清。若将这

① Felstiner, William L. F., Richard L. Abel & Austin Sarat, The Emergence and Transformation of Disputes: Naming, Blaming, Claiming... 15 *Law and Society Review* (1980-1981),转引自程金华、吴晓刚:"社会阶层与民事纠纷的解决——转型时期中国的社会分化与法治发展",载《社会学研究》2010年第2期。

类纠纷诉诸以“规范性、程序性、专业性”为其特点并注重“形式理性”的司法途径，其结果可想而知。相反，诉诸法院的民事纠纷大都是比较严重的纠纷，不仅损害额度较大，而且纠纷事实相对清楚，权利义务比较明确，当事人的胜诉把握较大。因此，即使要付出比信访途径高得多的代价，当事人也不惜铤而走险，将这类纠纷诉诸法院，以求得一个相对明确、权威的判决，足见当事人对司法权威的认同度相对较高。

这一结论其实也得到了学界经验研究的证实。杨敏、陆益龙的经验研究表明，人们对法律权威的认同度与其对法律途径的选择之间呈现出一种负相关：越是认同法律权威者，选择法律途径的概率越低。[①]这或许正是源于当事人对司法权威的敬畏，从而不愿或不敢将那些纠纷事实不明、权利义务不清的纠纷提交司法机关裁决所致。

4. 制度供给

在制度经济学看来，“制度是一系列被制定出来的规则、守法程序和行为的道德伦理规范，它旨在约束追求主体福利或效用最大化利益的个人行为”；[②]制度供给则是指制度的生产与创设，即为规范人类行为而提供的行动范型和准则体系。笔者在调查重庆市一、二中院辖区环境民事纠纷及其解决途径时发现，民众对环境民事纠纷解决方式的选择与纠纷解决的制度供给之间存在明显的关联：许多纠纷的解决之所以止于信访途径而没有升级到诉讼程序，是因为我国现阶段相关制度供给的不足。

以辐射污染民事纠纷为例。在重庆市一、二中院辖区中，辐射污染民事纠纷共计 8 件，其中 5 件诉诸来信方式解决，2 件诉诸来访方式解决，只有 1 件诉诸诉讼司法途径解决，仅占全部纠纷的 12.5%。这种状况的出现，与我国环境侵权法对这种类型民事纠纷的制度供给状况关联极大。根据《侵权责任法》第 65 条的规定，只有因环境污染对个人的人身或财产造成现实损害的，侵权人才承担责任，尚未造成损害或

---

① 参见杨敏、陆益龙：“法治意识、纠纷及其解决机制的选择——基于 2005 CGSS 的法社会学分析”，载《江苏社会科学》2011 年第 3 期。

② 诺思：《经济史中的结构与变迁》，陈郁等译，上海三联书店 1991 年版。

仅有损害之虞者,不在侵权法的救济范围之内。[①] 在重庆市一、二中院辖区内的8件辐射污染民事纠纷中,有7件纠纷均是因为民众担心已建、在建或拟建的移动基站或高压线的辐射会对其人身健康造成影响而产生,唯一的一件纠纷之所以诉诸法院,是因为当事人已经明显感到身体不适,并在其房间内发现了带电现象。由此可见,辐射污染民事纠纷当事人对纠纷解决方式的选择,是他们根据现有制度供给状况进行理性思考的结果,只要制度供给充足,他们是不吝于使用司法途径解决其纠纷的。

二、重庆市一、二中院辖区环境民事裁判文书基本特征及其原因探析

裁判文书是司法现状的重要载体,是认识一定区域内环境民事司法现状的重要途径。为此,笔者对重庆市一、二中院辖区2012年度环境民事裁判文书进行了收集、梳理和分析,以期发现我国环境民事司法中存在的问题。

(一)特征描述

从形式上看,2012年度重庆市万州区、渝北区环保法庭共受理环境民事案件45件(不包括环境民事公益诉讼案件),其中渝北区法院受理环境民事案件39件,万州区法院受理环境民事案件6件。在受理的45件环境民事纠中,除3件没有审结外,其余的42件全部审结。在审结的42件环境民事纠纷中,有9份裁定书、11份调解书、22份判决书。[②] 如果将其中针对同一被告、判决内容大致相同的21分判决视同一份判决的话,重庆一、二中院辖区2012年度环境民事纠纷(实质意义上的)裁判文书共计22份。[③] 经过梳理,笔者发现重庆市一、二中院辖区环境民事裁判文书具有如下特征:

---

① 《侵权责任法》第65条规定:"因污染环境造成损害的,污染者应当承担侵权责任。"

② 有意思的是,在这22份判决书中,有21份判决书均针对同一被告(重庆铜梁某锶业公司)、判决内容大致相同。若以集团诉讼方式处理的话,实质上是一个案件。所以本文在进行相关分析的时候,将其作为1个案件、1份判决对待。

③ 笔者后文所提到的判决,除非明确说明,均指实质意义上的判决。

1. 案件调撤率较高

不同的裁判文书对应着不同的结案方式。在笔者收集到的22份裁判文书中，调解书11份，裁定书9份，这意味着重庆市一、二中院辖区环境民事案件的调撤率达到90.9%。这与吕忠梅教授等人对全国环境民事司法的调研结果相去甚远。吕忠梅教授等人在对全国千份环境裁判文书进行调研后发现，环境民事裁判文书中判决书、裁定书、调解书的数量分别为598份、145份和39份，①即高判决与低裁定、低调解现象并存，这一结果与笔者的调研所得恰恰相反。

进一步调研还可以发现，如此高的撤诉率与集团诉讼案件的存在紧密相关。万州区法院唯一1件以撤诉方式结案的环境民事纠纷，正是因原告之间诉讼请求相互冲突而撤诉的集团诉讼。渝北区法院以撤诉方式结案的8件环境民事纠纷中，除2件不属于集团诉讼案件外，其余6件均是以重庆某锶业有限公司为被告的水污染类案件，从理论上讲是应按集团诉讼处理的案件。也即是说，在以撤诉方式结案的环境民事纠纷中，集团诉讼案件占了77.8%。

2. 权威机构的鉴定结论左右着裁判的结果

对于环境民事案件而言，事实认定主要集中在两个部分：一是加害行为与损害后果之间的因果关系；二是损害后果的大小。调查表明，对于这两个事实的认定，无论是万州区法院环保法庭，还是渝北区法院环保法庭，均主要依靠相关鉴定机构出具的鉴定结论。如果鉴定结论不明，那么法院的审理将无法进行。

权威机构的鉴定结论是法院认定因果关系的主要依据。以重庆某航运建设发展有限公司为被告的4件环境民事纠纷中，正是因为有了西南大学司法鉴定所出具的“网箱养殖鱼死亡的直接原因是鱼类患了气泡病，而鱼类患气泡病的原因是上游大坝下泄水中的溶解气体过饱和”的鉴定结论，才使得该案因果关系的认定变得相对容易，也使该案的调解变得相对顺利。原告袁某某诉中铁某局股份有限公司一案，也是因为有了璧山县环境监测站作出的监测报告，才使得因果关系之争

① 参见吕忠梅、张忠民、熊晓青：“中国环境司法现状调查——以千份环境裁判文书为样本”，载《法学》2011年第4期。

尘埃落定。由此可见,权威机构的鉴定对于因果关系的认定至关重要。

权威机构的鉴定结论也是法院认定损害后果并据此决定损害赔偿额的主要依据。万州区环保法庭尚未审结的2件环境民事纠纷均源于损害后果鉴定结论不明;唯一1件以判决方式结案的环境民事纠纷,法院以专家认为通过科学耕种即可净化土壤为由而驳回了原告要求更换土地的诉讼请求;即使是以调解方式结案的两起大气污染致人伤害纠纷,也是因为有较为明确的伤残鉴定结论,才使损害赔偿额的认定变得不那么复杂。由此可见,在环境民事纠纷损害后果的认定上,鉴定结论扮演着至关重要的角色。

3. 法官释明权行使不足

释明权是"为使诉讼关系明了,审判长可以就事实上及法律上的事项对当事人发问或促使其立证"的权能,[①]是为保障当事人诉讼地位平等、促进司法效率而设。在环境侵权民事纠纷中,受害人多为处于弱势地位的普通民众,与加害人之间的诉讼地位明显不对等,因而法官释明权的行使至关重要。不过,在笔者的调查中,环境民事纠纷中法官释明权的行使明显不足。

法官释明权行使不足首先体现在裁判结果对赔偿损失这一救济手段的偏爱。由于环境侵权的特殊性,除赔偿损失之外,停止侵害、排除妨碍、消除危险以及恢复原状等救济方式也对环境侵权受害人具有十分重要的意义。不过,笔者在调研中发现,损害赔偿几乎成了环境民事纠纷的唯一救济方式,其他救济方式基本上没有采用。这种结果的出现,根源在于环境侵权受害人对环境污染或生态破坏可能造成的后果认识不足,以为救济自己受损的环境权利,最为直接和有效的方式就是经济赔偿,因而未能提出损害赔偿方式以外的其他救济方式。在这种情况下,法官释明权的行使就可以弥补原告对损害后果的误认,促使其提出其他诉讼请求,以实现妥当且公正的裁判。遗憾的是,在笔者调研的案件中,法官只是一味地满足当事人的损害赔偿请求,未能充分行使其释明权。

---

① [日]中村英郎:《新民事诉讼法讲义》,陈刚、林剑锋、郭美松译,法律出版社2001年版,第178页。

法官释明权行使不足还体现在法官对原告不理性举证行为的默认上。举证责任倒置规则是为了弥补环境侵权受害人的弱势地位而设，旨在确保纠纷当事人诉讼地位平等。① 对于本应由被告举证的事项，如果原告自行举证，法官应予以释明，这既是法官释明权的题中之义，也是举证责任倒置规则的目的所在。遗憾的是，在司法实践中，对于本应由被告举证的事项，如果原告自行举证，法官也予以默认。比如，在以重庆某航运公司为被告的水污染类环境民事纠纷中，原告自行委托西南大学司法鉴定所对其网箱鱼的死因进行鉴定，以确认鱼的死亡与被告的污染行为之间存在因果关系；在黄某某诉巫溪水电站一案中，原告黄某某也主动提供相关机构出具的地质监测报告，以证明其损害后果与被告加害行为之间的因果关系。

4. 集团诉讼制度未能得到应有的重视

因为受害人众多是环境民事纠纷的一大特点，所以国内外学界对以解决大规模侵权纠纷为己任的集团诉讼寄予了厚望，希望利用该制度的“接近正义”功能、“司法效率”功能、“行为矫正”功能以及“政策形成”功能，公平、高效地解决环境民事纠纷。② 遗憾的是，从笔者的调研情况来看，集团诉讼制度在环境民事纠纷的解决中并没有得到法官的足够重视。

在渝北区环保法庭形式上受理的 39 件环境民事纠纷中，有 28 件是针对同一被告（重庆铜梁某锶业公司）的同一污染行为（水污染）；另有 5 件环境民事纠纷则是针对另一被告（重庆某航运建设发展有限公司）的同一污染行为（水污染）。在万州区环保法庭受理的 6 件环境民

---

① 无论是《侵权责任法》，还是最高人民法院《关于民事诉讼证据的若干规定》，都对这一规则进行了明确规定。《侵权责任法》第 66 条规定，因污染环境发生纠纷，污染者应当就法律规定的不承担责任或者减轻责任的情形及其行为与损害之间不存在因果关系承担举证责任。最高人民法院《关于民事诉讼证据的若干规定》第 4 条第 3 款规定，因环境污染引起的损害赔偿诉讼，由加害人就法律规定的免责事由及其行为与损害结果之间不存在因果关系承担举证责任。

② 参见陈亮：“环境侵害下的我国代表人诉讼制度：功能局限与制度创新”，载《河北法学》2008 年第 1 期；Garry D. Watson, Class Actions: The Canadian Experience, 11 *Duke J. Comp. & Int'l L.* 269, 269 – 71 (2001)。

事纠纷中,杨某某等 243 人诉奉节某矿产公司的案子虽然以集团诉讼的方式受理,但因各原告之间诉讼请求上的差异,原告最后撤诉。另一件发生在奉节的电磁辐射纠纷,虽然只有 1 人起诉,事实上遭受损害且拟起诉的远不止 1 人。也就是说,本可以按集团诉讼案件受理的环境民事纠纷,出于各种原因被拆分或者未能以集团诉讼的方式起诉。由此表明,以解决群体性纠纷为其主要目的的集团诉讼制度并未受到司法实践部门的足够重视。

(二)原因探析

1. 制度供给不足是主因

孙笑侠教授在论及法官思维时曾经指出,"法官的思考遵循'向过去看'的习惯,表现得较为稳妥",[①]这种遵循既定规则的"教义式"职业思维,决定了法官是制度丛集中的行动者,其司法行为永远是现行制度约束下的产物。职是之故,笔者认为,无论是释明权行使不足,还是集团诉讼未能得到应有的重视,都源于我国立法层面相关制度供给的不足。

有的学者将法官释明权行使不足归因于法官司法能力不敷使用而导致的司法能动性不足,[②]笔者对此持保留态度。我国《民事诉讼法》对法官释明权没有明确统一的规定,而是散见于相关司法解释和规定之中,且法官释明权行使的范围、内容、时机以及尺度等并不明确。这使得法官在司法实践中惧于行使或怠于行使释明权,以免自己陷入不必要的麻烦。[③] 由此可见,释明权行使不足,并非源于法官司法能力不敷使用,而是制度供给制约的结果。

集团诉讼未能得到应有的重视,同样是我国相关制度供给不足所致。举例来说,万州区法院以撤诉方式结案的集团诉讼,主要是因为当事人之间的诉讼请求相互冲突,导致法官无法以集团诉讼的方式进行

---

① 孙笑侠:"论法官与政治家思维的区别",载《法学》2001 年第 9 期。

② 参见吕忠梅、张忠民、熊晓青:"中国环境司法现状调查——以千份环境裁判文书为样本",载《法学》2011 年第 4 期。

③ 释明权的行使往往意味着对一方当事人进行援助,容易导致对方当事人的误解,所以许多法官不愿意行使释明权。

判决，最后不得不动员当事人撤诉之后另行起诉。如果我国法律规定了美国集团诉讼中的“集团拆分”制度，①那么法官就可以在诉讼过程中对集团成员的诉讼请求进行归类，并据此将全体原告拆分成若干个子集团进行审理，从而避免该案“被撤诉”的命运。

2. 理性算计也有重大影响

与其他任何理性经济人一样，法官也是其自利的理性最大化者。法官的最大化目标，除闲暇与工资之外，还包括众望、威望、公益、回避判决被撤销以及声誉等多样化的目标。② 无论是畸高的调撤率，还是对科学证据的过度偏好，都是法官在现行制度丛集下对这些目标进行最大化的结果。

畸高的调撤率，首先是法官迎合绩效考评指标的逻辑结果。绩效考评是在最高法院三个五年司法改革纲要出台后逐步推行的，是法院审判管理活动的一项重要内容，已成为法院的一项常态化和制度化工作。在绩效考评的各项考核指标中，结案数、接收案比、平均审限、调解率、上诉率、申诉率、发改率等成为法官业绩考核的重点考核对象。在这一量化考评的“硬杠杠”之下，各个法官的司法行为不得不围绕“绩效考核”这一指挥棒转，片面追求调撤率也就成为法官们最理性的选择。

畸高的调撤率，也是法官为回避判决被撤销而进行的策略性选择。调解过程不同于判决过程的主要特征在于“程序法与实体法约束的双

① 集团拆分制度是美国集团诉讼中用以解决集团诉讼原告之间的利益冲突的一种制度，是指法院针对集团诉讼原告之间的利益冲突，将原告集团拆分成若干个子集团（sub-classes），每个子集团都有共同的争点以及自己的诉讼代表人和律师的制度。［参见张平、陈亮：“集团诉讼中的利益冲突与被代表人利益保护机制研究”，载《暨南学报》（哲社版）2010 年第 3 期。］

② ［美］理查德·A. 波斯纳：《超越法律》，苏力译，中国政法大学出版社 2001 年版，第 135 ~142 页。

重软化”,[①]这使得法官既不必拘泥于实体法规则的约束,也无须担心程序法上的监督机制,从而可以较为模糊地处理案件的事实和法律问题。最为重要的是,调解不存在上诉问题,法官可以免受错案追究的风险,在“上诉率”、“发改率”成为绩效考评重要指标的现行考评机制下,片面追求调撤率就成为法官们的最佳策略。

对科学证据的偏好,则是法官为维护自己的声望与声誉而进行的“自保”之举。美国学者罗伯特·库特曾经指出,法官非常看重“自己在提交案件的律师和诉讼当事人中的威望(prestige)”,[②]而波斯纳也将声誉纳入法官的效用函数之内。[③] 作为法官,最不能容忍的是别人对自己公正性的质疑,使自己的声望和声誉受损。为此,对科学证据的偏好就成为环境侵权因果关系认定中的最佳选择。吕忠梅教授等人就曾指出:“由于环境纠纷当事人之间的尖锐矛盾,法官试图以‘鉴定结论’这样一种第三方判断为判决寻找依据,以求‘自保’,从而减少当事人对法官公正性的质疑。”[④]

总而言之,环境民事司法过程中出现的种种特征,并不是法官司法能力不足所致,而是作为“经济人”的法官在现有制度丛集下进行理性算计的结果。

---

① 程序法的约束软化主要表现为调解不可上诉,而申请再审的可能性又不高,从而导致程序上对法官的监督约束机制大为弱化;实体法的约束软化则主要因为调解是一种更侧重于结果导向的纠纷解决方式,其正当性并非源于实体法的规定,而是源于当事人双方的合意,正是这个外化于调解协议上的“合意”软化了实体法上条条框框对法官的约束。(参见 李浩:“论法院调解中程序法与实体法约束的双重软化”,载《法学评论》1996年第4期。)

② Robert D. Cooter, The Objectives of Private and Public Judges, 41 *Public Choice* 107, 129 (1983).

③ 参见[美] 理查德·A. 波斯纳:《超越法律》,苏力译,中国政法大学出版社2001年版,第135~142页。

④ 吕忠梅、张忠民、熊晓青:“中国环境司法现状调查——以千份环境裁判文书为样本”,载《法学》2011年第4期。

三、简单结论与对策建议

(一)简单结论

1. 环境侵权受害人“接近正义”较难

“接近正义”更直接的表述是“获得司法救济”。在崇尚以人为本的当今时代,民众能否获得及时、便捷、充分、公正的司法救济,成为衡量民众福祉实现水平的标准,成为衡量一个国家文明程度和法治水平的基本参数。也正因为如此,各个国家均将接近正义作为其司法改革的重要任务来抓。遗憾的是,正如笔者调研所示,我国环境侵权受害人在接近正义方面仍有较大难度,这要么是因为纠纷解决成本过高,要么是因为程序制度设计不周,要么是因为实体规则供给不足。正是这些因素的存在,才使得我国环境纠纷的当事人不得已选择诉讼之外的信访途径解决纠纷,由此形成了我国环境民事纠纷解决“金字塔”的底端过宽、顶端过窄的不合理状态。

2. 环境法庭的存在仍大有必要

从笔者的调研来看,来信、来访和诉讼三种途径所解决的环境民事纠纷数量呈现出一种上窄下宽的“金字塔”结构:位于“金字塔”底端的是来信方式解决的环境民事纠纷,位于“金字塔”顶端的则是诉讼方式解决的环境民事纠纷,中间则是来访方式解决的环境民事纠纷。与法社会学提出的“纠纷金字塔”理论①不同的是,我国环境民事纠纷解决“金字塔”顶端较窄的原因,不是因为人们对低层次解纷解决渠道的偏好所致,而是因为高层次纠纷解决渠道不畅的结果。纠纷当事人弃用司法途径而选择信访,要么出于成本考量,要么因为制度供给不足,要么因为纠纷性质与司法途径冲突。如果这些障碍得以排除,相信诉诸司法途径解决的环境民事纠纷会越来越多。考虑到调查显示的民众对

① 法社会学中的纠纷金字塔理论有两个基本假设:第一,人们对生活中的冤屈所作的反应,从双方协商到双方主张、找第三方仲裁、提出诉讼等高低不同层次,只有少数冤情会上升到司法程序中的纠纷即金字塔顶;第二,纠纷金字塔的结构取决于各个层次的纠纷解决情况,低层次纠纷解决比例减少,相应就会使高层次纠纷比例上升,上升到司法程序的纠纷即纠纷金字塔顶越宽,说明低层次的纠纷解决渠道较少为人们所选择。(参见陆益龙:“纠纷解决的法社会学研究:问题及范式”,载《湖南社会科学》2009 年第 1 期。)

司法权威的高度认同,笔者认为环境法庭的存在仍大有必要。

3. 法官的角色错位导致法官的裁判功能异化

按照法理型司法的设想,“法官应只服从于法律”,以对抗国家体制和权力逻辑的扭曲。按照这一设想,“法官只能根据可以纳入法律要件的事实对当事人提出的符合法律要求的具体诉讼请求进行裁判”,以最终实现“规则之治”。① 遗憾的是,我国的法官越来越多地介入政治性与政策性议题,从而迷失了自己的“道”:无论是为了和谐社会建设而人为拉高调撤率,还是基于维稳需要而拒绝受理集团诉讼或对集团诉讼进行拆分,均是法官为了回应国家治理的不同需要而出现的角色偏差,使本应以纠纷解决为目的的司法机关沦为国家治理的工具,民众对司法独立与法官权威的质疑也随之而起。

(二)对策建议

1. 降低诉讼成本,便利民众接近正义

诉讼成本的降低,不仅仅体现在直观层面上的诉讼费用降低或减免,还体现在纠纷解决机关的合理布局、高昂律师费的合理分摊、司法效率的提升以及小额诉讼法庭的建立等多种举措之上。我们应在“便利民众接近正义”这一大原则的指导下进行全方位的探索。

2. 改革法官考评机制,激励法官真正回归裁判功能

法官也是其自利的理性最大化者,会对激励作出反应。为此,我们必须改革现行法官考评机制,剔除那些背离裁判功能的不合理指标对法官的不当干扰,使法官真正回归裁判功能。

3. 完善环境侵权实体法和程序法规则

实体法和程序法供给的不足,不仅影响着当事人将纠纷诉诸法院的意愿,也影响着法官对纠纷的受理和裁判。为了充分发挥司法在解决环境侵权纠纷中的积极功能,立法机关应尽快完善环境侵权实体法和程序法的相关规则,避免因制度供给不足而使环境民事纠纷得不到应有的解决。

(作者系西南政法大学应用法学院副教授)

---

① 陈洪杰:“从程序正义到‘摆平正义’——法官的多重角色分析”,载《法制与社会发展》2011年第2期。

建议法案

《中华人民共和国器官移植法草案(建议稿)》

起草说明

本草案是在国家社科基金青年项目《器官移植立法研究》基础上完成的。起草人在本研究完成过程中有半年时间在美国做访问学者,对美国器官移植的技术实践、立法理论、法律法规和组织规制有了深入了解,也更加感受到两国文化的差异对器官移植的影响,从而坚定了器官移植立法的本土化、整体视角、实践性的理念,即器官移植本身具有特殊的文化价值,尤其应当注意到器官移植立法与一个民族国家的本土文化的密切关联。实际上,器官移植本身仰仗于本土文化中特殊的价值观,而一个真正合理有效的器官移植立法必然根植于本民族的文化和生活世界,顺遂本民族对生命价值的理解以及对生死问题的探问与超越。显然,器官移植立法的所有讨论若脱离了本土的文化特征,则必然流失了其实践上的意义和价值。

此项器官移植立法研究和《中华人民共和国器官移植法草案(建议稿)》的制定具有理论与实践相结合、借鉴域外经验与传承本土文化相结合、宏观分析与微观探讨相结合、全面评介与个案探析相结合的特征,力求在理论上有所创新,使之具有良好的实践价值。故本土化与实践性为此《中华人民共和国器官移植法草案(建议稿)》的最为突出的特征。

草案制定中"借鉴域外经验与传承本土文化相结合"的特征体现于以宽广的视野大量研究与借鉴域外法理与法规的基础上对器官移植法律进行本土化改造。如对器官捐献的家庭决策体系和脑死亡的独特立法途径进行了制度设计,并对"必须请求"、"常规问询"、"合理搜寻"等大量法律制度进行了本土化改造。

本草案的"全面性"体现在力图较为全面地对器官移植技术的各方面进行规范,对一些前人还没有深入研究的领域做了系统的探讨并提出立法建议。如我国卫生部已经提出推动心死亡死体器官捐献的策略,本研究在对世界范围内心死亡死体器官捐献的实践与立法充分了解和介绍的基础上,对两类主要的心死亡死体器官捐献提出了适合我国国情的立法建议;再如,草案中给出了多种器官捐献的立法框架,包括死体器官捐献基本框架和各种特殊的死体器官捐献框架(包括M—Ⅲ类可控型心死亡死体器官捐献的立法框架、器官原位保留下的心死亡死体器官捐献立法框架、使用流产胎儿的组织与器官的立法框架、使用无脑畸形婴儿的组织与器官的立法框架及使用在押犯人的器官的立法框架),活体器官捐献基本框架和特殊框架的立法建议(包括未成年人、无决策能力的成年人、在押犯的器官捐献框架和保护措施)等。

本草案的"实践性"体现为立足器官移植临床实践,作出大量程序性的规范,应用性强。如对器官移植中的最重要的原则、如回避原则、病人和捐献人分开原则、死亡后捐献原则等都进行了详细的程序立法,充分体现了器官移植立法本该具有的程序性特征。

本草案的制定采用"整体化"的视角。首先,不将器官移植立法看作一个单独的节点,而是在民族生活之整体观下讨论立法,研究涉及文化、经济、社会、习俗、生死认知等民族生活整体的各个方面,在此基础上提出立法建议;同时,秉持"学科交叉与综合"之研究理念。即器官移植立法是一个跨学科和专业的研究,故将法哲学、法伦理学、医学、文化学、心理学一起融入立法的法学研究中。

本草案的制定也力图做到"求根性"的实质研究,即不停留于常识性的"想当然",而是对问题进行深入探索。如在器官捐献中树立家庭决策的理念,秉持捐献者与受体最大利益原则,在"给予伦理"下分析受体的规制等。

本草案的另一特征为"原则的纲领性",即在鲜明的立法原则的引导下作出符合本土与本民族现实生活世界的立法规范,力求清晰。

希望本草案的制定为中国的器官移植技术和器官移植立法的发展

起到些许推动作用。

第一章 总 则

第一条 【立法目的】为了规范人体器官移植,保证医疗质量,保障捐献人、受体的人体健康和其他合法权益,合理鼓励器官捐献,制定本法。

第二条 【适用范围】在中华人民共和国境内从事人体器官的移植,适用本法。从事人体细胞和角膜、骨髓等人体组织移植,不适用本法。

本法所称人体器官移植,是指摘取人体器官捐献人具有特定功能的心脏、肺脏、肝脏、肾脏或者胰腺等器官的全部或者部分,将其植入受体身体以代替其病损器官的过程。

特定种类的人体组织的移植,可由国务院卫生行政主管部门决定参照适用本法。

[立法理由]本法中器官与器官移植的范畴

当今,人体可移植的器官与组织范围越来越广(从心脏到肠到角膜到脑组织等),这些器官组织的来源也越来越多,如自体的(血液、骨髓或皮肤)、他人的、同种异体的(心脏、肝脏、肾脏等)、胎儿的(神经组织、胰岛 B 细胞)、其他物种的(猪的心瓣膜和胰岛 B 细胞)、人造的(心脏、膝关节等),还有一些不久就会得到广泛应用的器官来源(如转基因猪器官)。

目前,于法律的语境中,实体器官和人类其他组织没有明显界限,也没有广泛接受的法律上的器官的定义。大体上,法律上器官的范畴有广义与狭义之分。

美国采用的为广义的器官的概念。如 1984 年美国《统一器官移植法案》中的“器官”便包含了一些组织,如骨髓。① 在美国弗吉尼亚州、加利福尼亚州、密歇根州、纽约州以及德克萨斯州的成文法中,人体器官包括人类或人类胚胎的肾脏、肝脏、心脏、肺脏、胰腺、肠、骨髓、眼角膜、骨髓、皮肤或者这些器官的部分,还包括被卫生与公众事业部指定

---

① Dickens B. M. ,Donation and Transplantation of Organs and Tissues,in Ian Kennedy, Andrew Grubb,*Principles of Medical Law*,Oxford University Press,1998,pp. 789 – 90.

的其他人类器官或是器官的部分等。同时,头发、血液、精子或是卵子并不包括在此定义之中。

我国《人体器官移植条例》中给出的人体器官移植的概念为:“本条例所称人体器官移植,是指摘取人体器官捐献人具有特定功能的心脏、肺脏、肝脏、肾脏或者胰腺等器官的全部或者部分,将其植入接受人身体以代替其病损器官的过程。”显然,这是个狭义的器官的范畴,即器官仅仅指脏器,而不包括组织。

我们在此沿用《人体器官移植条例》中所划定的狭义的“器官”的范畴,即器官单指脏器而不包括组织,也即骨髓、眼角膜、血液及其制品、精子、卵子等不在讨论之中。

第三条　【禁止非法人体器官交易】任何组织或者个人不得以任何形式非法买卖人体器官,不得从事与非法买卖人体器官有关的活动。

第四条　【捐献人体器官的原则】人体器官捐献应当遵循自愿、无偿和家庭捐献的原则。

公民享有拒绝捐献其人体器官的权利,任何组织或者个人不得强迫、欺骗或者利诱他人捐献人体器官。

没有公民生前或死后关于捐献的家庭同意,任何组织与个人不允许摘取公民的器官。

[立法理由]器官捐献立法中的家庭同意及制度设计

世界范围内器官捐献的立法多采取个人的知情同意。然而我们发现,这样的立法形式有可能造成实践与法律的背离而贬损法律的权威。因此,我们设计了以家庭同意为基础的器官捐献体系,而它的合理性并不仅仅局限于儒家社会中。为了证明其合理性,我们需要找到器官可以由家庭捐献的法哲学基础,然后再将它带到重构主义的儒家生命伦理学中接受审视。

一、器官捐献强明示同意系统中法律与实践的冲突

(一)域外器官捐献强明示同意系统中法律与实践的冲突

世界范围内的器官捐献立法中,活体器官捐献都要得到活体器官捐献者的知情同意。死体器官捐献中,同意系统分为明示同意(指器官捐献是死者或其家属积极地意思表示的结果)和推定同意(指器官

捐献是死者或有时候死者家属没有表示拒绝捐献的情况下进行的)两类。显然,前者更符合知情同意的伦理本质。明示同意又分为强与弱的系统,强明示同意系统中,捐献者本人生前的意愿便可以构成器官摘取的合法性,而弱的明示同意系统中,家属的拒绝可以推翻死者本人生前的捐献意愿。

法律中规定弱明示同意系统的国家很少,如日本和黎巴嫩。然而,在规定强明示同意系统的国家中,如美国,即使死者生前已有捐献器官的意思表示,医生在实践中仍然会征求家属的意愿。如果家属反对,器官摘取同样不能进行。也就是说,医生的临床实践与法律文本的规定相冲突,很多规定了强明示同意的国家,实践中实施的为弱明示同意。由此引发的问题为法律被悬置而失去了它的权威。

(二)我国当前器官捐献相关的法律与实践的冲突

当前,规范中国器官捐献的全国性的法律主要是国务院2007年颁布的《人体器官移植条例》。其中规定,人体器官捐献应当遵循自愿、无偿的原则;捐献人体器官的公民应当具有完全民事行为能力。公民捐献其人体器官应当有书面形式的捐献意愿,对已经表示捐献其人体器官的意愿,有权予以撤销;公民生前表示不同意捐献其人体器官的,任何组织或者个人不得捐献、摘取该公民的人体器官;公民生前未表示不同意捐献其人体器官的,该公民死亡后,其配偶、成年子女、父母可以以书面形式共同表示同意捐献该公民人体器官的意愿。由此可见,在法律上,对于公民的生前的捐献同意,我们规定的是个人决策的明示同意系统。同时我们注意到,法律没有赋予家属推翻死者生前捐献器官的意思表示的权利,因此属于强明示同意系统。

然而,与法律相冲突,我国器官捐献的实践中采取的是家庭决策的形式。2010年1月,卫生部正式委托中国红十字会开展人体器官捐献相关工作。2010年3月2日,由中国红十字会和卫生部联合主办的全国人体器官捐献试点工作启动会在天津召开,会议确定了《中国人体器官捐献试点工作方案》,在天津等11个省(市)开展为期一年的试点工作。2010年3月中国红十字会和卫生部联合下发《关于印发人体器官捐献试点工作方案的通知》,对器官捐献及移植的过程作出较为详细的规定。红十字会作为受卫生部委托的合作部门,业已培养出一支器官捐献协调员队伍,完善一系列相关制度。

在红十字会参与的器官捐献架构下,一个具有完全民事行为能力的成年人可以向省级人体器官捐献办公室(PODO)自愿提出器官捐献申请,填写器官捐献志愿书表明自己的捐献意愿。除亲自前往省级红十字会下设的PODO登记外,人体器官捐献协调员在医疗机构中发现的潜在捐献者,也可在协调员的帮助下,完成捐献手续并公证相关资料。捐献者完成登记之后,其资料将被录入中国人体器官捐献者登记管理系统。各地PODO一般会给捐献者发放一张器官捐献卡。捐献者可以将卡片随身携带,如遭遇意外,这一卡片可以在第一时间证明捐赠人的捐赠意愿。

以上通知明确,只有在配偶、成年子女、父母有捐献意愿时,协调员才可以帮助完成捐献手续。在实践中,有的地方要求配偶、成年子女、父母中的至少一人在器官捐献志愿书上签字,也有的地方允许捐献者以口头方式向其配偶、成年子女和父母说明捐献意愿,征得其同意;在部分试点省份,捐献者可以通过电话通知当地的器官获取办公室或红十字会,表达自己的器官捐献意愿,人体器官捐献协调员可以上门为捐献者办理捐献手续;除捐献者生前意识清醒情况下表示同意捐献的以外,捐献人近亲属书面同意且死者在生前没有作出相反的意思表示的,也可以进行器官捐献。①

由此可见,至少在我国的部分地区出现了法律与实践的冲突。

二、器官移植立法中器官捐献的家庭同意系统的构建

为了避免上述器官捐献中法律与实践的冲突,我们建议在《中华人民共和国器官移植法》的立法中采用以家庭同意为基础的知情同意体系。其实,由于世界范围内的家庭均为以爱为纽带而紧密联系的伦理实体,故我们认为器官捐献的家庭同意的合理性并不只限于中国。

(一)概念辨析

器官捐献之家庭决策中的家庭仅指捐献者与其最近亲属(即其配

---

① "个人如何捐献器官",载财新网,http://china.caixin.com/2012-09-25/100442023.html。

偶、父母与子女)构成的家庭。因最近亲属相互间的爱最为自然真切,故为家庭决策的合理性提供了根本的基础。

所谓家庭决策,是指由家庭成员在自愿基础上共同作出的,旨在达到体现家庭伦理精神和实现家庭利益最大化的决策。显然,家庭伦理精神和家庭利益最大化的实现需要以信息沟通和自愿协商为基础。同时,家庭决策并非患者个人决策,更非家属决策。作为家庭成员的共同决策,家庭决策一旦达成便统一了患者和家属的意愿,弥合了他们之间可能发生的分歧。

(二)死体器官捐献中的以家庭同意为基础的强明示同意系统及其优势

我们建议将死者生前的个人同意转变为家庭(共同)同意。即公民生前的捐献意思表示应为家庭共同决策,需要捐献人及其家庭代表共同签字的知情同意书。如此,捐献人死亡后,医生便不再需要征求家属的同意而可以直接摘取被捐献的器官。当然,器官捐献的知情同意书需要特殊设计适合于家庭同意的格式。

在此种家庭同意的器官捐献中,公民对自己尸体的处置权和死者家属对尸体(器官)的类所有权都得到了尊重;同时,从实效看,家庭决策可以缩短死亡到摘取器官前的时间,从而有利于保证器官的活性;再者,医生免除了向家属请求器官的尴尬,更免除家属不同意的情形下摘取器官的风险,从而有利于医患之间的和谐;进而,避免了实践中医生置法律于不顾而使法之权威受到贬损的尴尬。

需要注意的是,对于公民生前拒绝捐献的登记,因其本身就是对家庭有利的,故我们并不建议家庭决策,有当事人本人的拒绝即可。

当死者生前没有作出同意或拒绝捐献的意思表示时,其死体器官的捐献仍然坚持家庭共同决策的形式,具体地,需要一个家庭代表签署捐献器官的知情同意书。

(三)活体器官捐献中的家庭同意原则

在活体器官捐献中,我们同样认为捐献器官并非当事人一个人的事情,故建议此种捐献需要家庭的共同同意,即需要捐献者与其最近亲属的一名代表共同签署的知情同意书。

同时,为了最大限度地避免捐献者可能遭受的压力或"面子"的潜在胁迫(实际上,在个人捐献中这种压力也同样存在),我们建议家庭同意原则配合“随时、无条件与体面地退出原则”之应用。具体地,移植中心的医务人员应提供让捐献者不感到“丢面子”的适当理由以帮助他们随时无条件退出同意(理由可以是虚假的,这些理由常为“临床指标不相配”)。通常情况下,一个指定的捐献者支持者(常为医生或是高级护士)单独会见潜在捐献人,告知她/他可以在任何时候撤销同意。如果他们愿意,会将一个双方同意的、保密的、可以为不移植找借口的医疗原因告诉受体及其他家属。

三、器官捐献的家庭同意的法哲学基础——健康的家庭公共事务属性与器官的家庭共有属性

器官捐献的家庭同意的合法性基础在于健康的家庭公共事务属性与器官的家庭共有属性。

首先,我们重温家庭的定义。这里所谓家庭,一般仅指由最近亲属(本人、配偶、父母与子女)构成的家庭。在这样的家庭中,父母对儿女的慈爱,子女对父母的敬爱,父母之间的恩爱是源于人类本性的最为本真自然的、顽强热烈的力量,家庭中的爱构成了家的强大凝聚力。而这种爱的凝聚力古今中外并无所异。同时,在男女之间,婚姻是一种伦理关系,是有法的意义的伦理性的爱,即这样的爱中消除了反复无常的主观因素。

(一)家庭的本质(统一的伦理实体)

1.(家庭成员间的)爱

无疑,家庭是以爱为其伦理关系,以爱为其规定性的。这种家庭成员间的爱,就是意识到我和别人的统一,是我不专为自己而孤立起来;相反,只有我抛弃我独立的存在,并且知道我是与别一个人和别一个人与我的统一,才获得我的自我意识。家庭中的爱是具有自然形式的伦理。“爱的第一个环节就是我不愿成为孤立的、孤单的自己,我如果成为这样的人,我就会觉得残缺不全。至于第二个环节,就是我在别一个人身上找到了自己,即获得了他人对自己的承认,而另一个人反过来对我亦同。因此,爱是一种最不可思议的矛盾,绝非理智所能解决的。爱

制造矛盾又解决矛盾,作为矛盾的解决,爱就是伦理性的统一。"①

2. 从独立的人到家庭伦理实体中的成员

婚姻的本质为当事人双方自愿组成"一个人",同意为那个统一体而抛弃自己自然的和单个的人格。而这一统一体正是他们的解放,因为他们在其中获得了实体性的自我意识。

家庭以爱为其规定性,在婚姻、家庭财产和子女教育三个方面得以完成。② 家庭成员间的爱是一种自己与他人统一的感觉,因此,在家庭中,人们意识到自己是在这种统一中,从而使自己不再是一个独立的人,而成为家庭这个伦理实体中的一个成员。也就是说,在家庭中,个人的独立的人格已然消解而依照爱的规则融入了家庭这个直接自然的伦理实体中,从而体会到了恩爱、慈爱、敬爱、信任及个人整个实存的共同性。即个人与家庭这个伦理实体间并非外在,而为直接同一。在这里,不再有个体的人格,而只有作为伦理实体的家庭统一体。

伦理是自由的概念及其现实化。正如法(这里主要指权利)是自由的定在(定在:指实现或体现),家庭作为伦理实体,它也是自由的定在。意志自由只是抽象的目的,现实的自由只有在伦理实体中存在,即个人只有抛弃了自己的自然的和单个的人格而在家庭这一伦理实体中依照爱来生活,才能获得真正的自由,因他们抽象的自我意志在这里获得了自己实体性的自我意志。而个人根据家庭统一体所享有的权利,首先是他在这统一体中的生活。只有在家庭解体时,从家庭中脱离出的个体才重新成为一个独立人格者存在于家庭之外。

(二)家庭成员对家庭的服务义务——个人健康的家庭公共事务属性

在家庭的伦理统一体中,个人的独立的人格已然消解,从而使自己不再是一个独立的人,而成为家庭这个统一的伦理实体中的一个成员。家庭中的单个成员必须献身于家庭这个伦理统一体。因此,其身体的

---

① [德]黑格尔:《法哲学原理》,范扬、张企泰译,商务出版社 2010 年版,第 175 页。

② [德]黑格尔:《法哲学原理》,范扬、张企泰译,商务出版社 2010 年版,第 176 页。

健康与长寿不再是其一个人的事情,而是更好服务于家庭的事情,是家庭统一体的共同事情,即个人健康具有了家庭公共事务属性。

(三)从独立的人对自己器官的权利到家庭对其成员器官的共同权利

1. 独立的人对自己器官的权利

人是可意识到自身自由的主体。"人为了作为理念(自由的概念及其现实化)而存在,必须给他的自由以外部的领域。"①人格是人作为人而应有的东西,但不可停留在抽象的自我中,而是必须与外物结合,在外物中肯定自我,即将自由意志贯彻在外物中,则外物就成为自身的一部分。因此,所有物为人格的定在(所谓定在,指实现或体现),是自由的定在,尊重人的所有物即是尊重人格。也就是说,人有权将他的意志体现在物中,从而使该物被称为"我的"。"我作为自由意志在占有中成为我自己的对象,从而我初步成为现实的意志,即构成所有权的规定。"②同时,我在身体这个有机体中活着,我的身体是我外部的定在。但作为人,"我像拥有其他东西一样拥有我的身体,只要有我的意志在其中。只有在我愿意要的时候,我才具有四肢和生命,动物是不会自杀的,只有人可以"。③ 而离开身体的器官也为我人格的定在,是我自由的定在,因此,人对其身体器官应具有所有权。如奥蒂(Audi)所说,"我们可以假设身体作为一个整体不是我们的财产,但仍可以坚持认为身体的一部分可以是我们的财产,只要我们不坚持认为我们拥有身体所有的部分,因为假设拥有事物的所有部分便暗示我们拥有它"。④的确,美国法律改革委员会发现,如果人对自己身体组成部分没有所有权,我们便更难解释为什么可以捐献器官。

2. 家庭对其成员器官的共同权利

前面我们论述有独立人格的不属于任何伦理实体的个人对其身体

---

① [德]黑格尔:《法哲学原理》,范扬、张企泰译,商务出版社2010年版,第50页。

② [德]黑格尔:《法哲学原理》,范扬、张企泰译,商务出版社2010年版,第54页。

③ [德]黑格尔:《法哲学原理》,范扬、张企泰译,商务出版社2010年版,第56页。

④ Robert Audi, The Morality and Utility of Organ Transplantation. *Utilitas*, 1996, 8, pp. 141 – 143.

具有所有权。如果这样的两个人组成家庭,情况仍是如此吗?实际上,结果会大相径庭,在家庭这样的一个统一的伦理实体中,作为家庭成员而失去了独立人格的个人的器官已经具有了家庭共同属性。

家庭是一个伦理实体这一规则因其直接自然性而古今中外始终适用。家庭作为人格来说,在所有物上具有它的外在实在性,即拥有家庭财产。家庭不但拥有所有物,而且作为普遍的和持续的人格,它还需要设置稳定和持久的产业,即财富。在这里,单单一个人的需要和欲望的私心转变为一种对共同体的关怀和增益。而家庭财产为一种共同所有物,归家庭成员共同所有。以此延伸,家庭成员对其器官的所有权在家庭共同体中同样转换成家庭统一体对器官的共同所有。而单个人也便失去了独自处置它的权利,故器官的捐献需要家庭决策就是情理之中的事情了。

四、重构主义的儒家生命伦理学视角下的器官捐献的家庭同意

法律与规范只有适合它所根植的社会和文化,才能获其合理性而成为良法。当我们以重构主义的儒家生命伦理学的视角考察器官捐献的家庭同意时,同样找到了它的强大支撑。更进一步,它们都统一于对家庭本质的认识——家庭为统一的伦理实体。

(一)重构主义的儒家生命伦理学——研究的中心及所需解决的问题

重构主义的儒家生命伦理学是“摒弃了妖魔化的儒家,告别殖民化的儒家,而构建本真的当代儒家,即面对当代的社会现实,综合领会和把握儒家的核心主张,通过分析比较的方法找到适宜的当代语言进行表述,为当代政策与制度改革提供直接的、具体的儒家资源”。同时,“重构主义的儒家生命伦理学的中心为坚持儒家的最基本性格和最关键承诺,并必须解决现实生活中的问题”。[①] 如此,根基于儒家的基本主张为当代的器官移植技术提供切实可行,符合我们民族精神的捐献规范便自然成为儒家生命伦理学的题中之义。

---

① 范瑞平:《当代儒家生命伦理学》,北京大学出版社2010年版,第2页。

(二)儒家核心主张下器官捐献的家庭决策

重构主义的儒家生命伦理学是以亲亲之爱基础上的家庭为本位的,也就是说,儒家生命伦理学是构筑于作为儒家最基本的价值之一的(亲亲之爱基础上的)家庭观之上的,而后者是符合家庭之伦理统一体的实质属性的,故而,"当代西方生命伦理学不再能够体会的真理"①呈现于儒家生命伦理学中。同理,因儒家生命伦理的家庭观与家庭的伦理统一体的本质相一致,因此可以正确地指引人们的生活实践。

1."亲亲之爱"视角下器官捐献的家庭同意

儒家的家庭观是建立在"亲亲之爱"基础上的。对儒家来说,仁爱的来源是亲亲之爱。具体地说,儒家仁爱学说的特点便是由近及远,由己推人。孟子说:"老吾老,以及人之老;幼吾幼,以及人之幼。"(《孟子·梁惠王上》)这是儒家的原则,即强调孝悌是仁的基础。孔子的弟子有若说:"君子务本,本立则道生。孝悌也者,其为仁之本与!"(《论语·学而》)孟子说:"孩提之童,无不知爱其亲者;及其长也,吾不知敬其兄也。亲亲,仁也;敬长,义也。无他,达之天下也。"(《孟子·尽心上》)可见,仁是亲亲的扩大;义是敬长的扩大。进一步地,儒家以仁为最高道德,以孝悌为基本的道德。在儒家孝悌观下,个人最基本的道德操守就是爱家人。②

亲亲之爱是亲人间的血脉连接,是最自然与稳定的伦理关系,而亲亲之爱的特性便是抛弃我独立的存在,而意识到我与家人和家人与我的统一。"二十四孝"中"割肉孝母"的故事便淋漓尽致地体现了自己与家人间的统一与家庭的统一。在亲亲之爱的血脉连接下,家庭便成了统一的伦理实体,成了"一个人",同时也拥有了共同财产。而家庭成员的与身体分离的器官被家庭共有的属性便彰显出来。同时,在亲亲之爱下,个人也不再把自己的健康看成自己的事情,而是家庭的公共事务,健康的目的也便是增加家庭统一体的幸福。自然,捐献器官因其具有的对健康的损害特征而必须得到家庭的同意。

总之,中国古代的伦理思想中,居于核心地位的是关于"仁爱"的

---

① 范瑞平:《当代儒家生命伦理学》,北京大学出版社2010年版,第9页。

② 张岱年:《中国伦理思想研究》,江苏教育出版社2009年版,第80~82页。

学说,进一步地,孔子以仁为最高原则,故《吕氏春秋》说,“孔子贵仁,墨子贵兼”。而“孝悌”则是“仁”的基础,是儒家伦理的基本道德。器官捐献的家庭决策则完全契合了儒家的“仁爱”和“孝悌”之道德精髓。

2.“儒家家庭观”视角下器官捐献的家庭决策

在亲亲之爱的血脉连接下,儒家历来重视家庭,往往并不将自己的生命与生活视为自我的,而是将它看做是家庭与家族大生命中的一个环节,所以其生存活动不仅是自我的生活享乐,甚至主要不是为了自我的生活享乐,而是增加家庭、家族的幸福,把自我的生命与家庭或民族的大生命相沟通。因此,儒家有“修身,齐家,治国平天下”的传统理想,即个人的人生及行为是非自我的,而是家庭、家族甚或国家的。

此种对家庭的积极投身与融入使得自我之幸福极大地依赖于家庭之幸福。如此,自我的健康同样也非自我的事情,而变成了家庭的事务;同时,儒家传统的家庭中并不存在个人的财产,而只存在家庭的公共财产。儒家家庭中个人隐匿财产(俗称“小金库”)是不被赞许的。当然,对于家庭财产,个人肯定是没有处分权的。

建立在上述儒家家庭观上的儒家生命伦理学认为,无论是一般人还是病人,或者是潜在的器官捐献者,都应被看作家庭中的一员,除非在家庭中,否则很难恰当地理解作为家庭成员的个人以及评估和实现其价值。① 于家庭中,捐献者是和家庭、家庭成员融为一体的,因此,在儒家家庭统一体中,“自由、平等”无从谈起,根本为不必要的修辞。由此,个人必须献身于家庭这个伦理统一体,其身体的健康与长寿不再是其一个人的事情,而是更好服务于家庭的事情,是家庭统一体的共同事情;同时,因与人体分离而具有物的属性的器官在家庭中自然也具有了家庭共同财产的属性,故个人是没有处分权的,其捐献必须由家庭共同决定。

3.“和合”理念下的器官捐献的家庭决策

儒家生命伦理学所坚守的儒家价值观中的另一核心理念为“和合”。“和合”两字最早分别见于甲骨文和金文。“和”的本义是“声相应”,引申为调和、谐和。“合”字的本义是指人口的上唇与下唇、上齿

---

① 范瑞平:《当代儒家生命伦理学》,北京大学出版社2010年版,第9页。

与下齿的合拢,引申为协调一致。①

中国传统的和合思想博大精深、源远流长,可区分为一般层面上的含义和哲学层面上的含义两大部分。对一般层面上的含义进行简单归纳,主要包含人与大自然的关系、人与人之间的关系、人与国家及社会之间的关系三大方面,其中当然也涵盖人自身的和合及人与心灵的和合。对于哲学层面上的和合思想,张立文教授下的定义是:"所谓和合,是指自然、社会、人际、心灵、文明中诸多元素、要素的相互冲突融合,以及在冲突融合过程中各元素要素的优质成分和合为新的结构方式、新事物、新生命的总和。"②这表明凡存在都蕴含着冲突与融合,大至日月星辰,小至草木蝼蚁,都是无所不在、无处不有的冲突和合,宇宙间一切现象都蕴含着和合,一切思维都浸润着和合,一切融突存在都是和合存在。③

"和合",又称"和",是指异质事物的多样化统一,而非所谓的"无冲突境界"。④"和"指异质因素的和谐共处,"合"指异质因素的融会贯通。⑤"和合"两字自春秋时期开始连用,形成和合概念,它包含了和谐、和平、和睦、中和、融合、联合、合作等含义,更注重从整体性上把握事物之间的关系。和合并不是取消事物之间的差分,相反,它的存在前提就是事物普遍的差异性,是通过矛盾的克服与解决,形成总体上的平衡、和谐、合作状态。总之,和合思想是一个以和谐为核心的综合性概念,是中国传统文化所认为的所有关系的最佳状态。⑥ 同样,"和合"也为家庭关系的最佳状态。"和合"理念下,儒家强调人与人之间的关系

① 吴秀兰:"古代'和合'思想与构建社会主义和谐社会",载《青海师范大学学报》(哲学社会科学版)2005年第6期。

② 张立文:"中华和合人文精神的现代价值",载《社会科学研究》1997年第5期。

③ 参见阎献晨:"关于和合文化现代价值分析",载《前进》1999年第9期。

④ 参见张文:"浅议和合思想的哲学基础及其现实意义",载《钦州师范高等专科学校学报》1999年第2期。

⑤ 参见程思远:"二论世代弘扬中华和合文化思想",载《中华文化论坛》1998年第1期。

⑥ 参见李莉华、刘立强:"和合思想·无讼·诉讼调解",载《中共南宁市委党校学报》2005年第4期。

要“以和为贵”,要追求“人和”。孔子把“和”作为人生理想:“礼之用,和为贵。先王之道,斯为美,小大由之。”①。他还提出:“中也者,天下之大本也;和也者,天下之达道也。”②把“和”作为“达道”,作为“君子”的标志,说明与人和谐相处的极端重要性。

毋庸置疑,儒家家庭即是多个异质个人放弃了个体的人格而相互融合成的统一体,即家庭统一体本身就体现了异质因素融会贯通的“合”;而器官捐献的家庭共同决策所达到的当事人的意愿与家属意愿的和谐统一则体现了异质因素的和谐共处之“和”。追求和谐是中国文化传统的特质之一,在儒家看来和谐是至上的理想。故器官捐献中的家庭的共同决策便因体现了“统一”且“和谐”而与儒家“和合”的核心价值相吻合。

和合的理念是儒家生命伦理学所坚守的儒家价值的核心理念之一,在这样的理念下,儒家生命伦理学不会赞成损害家庭和谐的器官捐献的个人决策。故儒家生命伦理学的视角下,器官捐献唯有在家庭决策下才可获得其合理性。

(三)确认作为“礼”的器官捐献的家庭同意

毋庸置疑,中国古代的伦理思想中,居于核心地位的是关于“仁爱”的学说,进一步地,孔子以仁为最高原则。而从“古也有志,克己复礼,仁也”来看,遵礼行事为仁德的主要表现。即仁只能在特定的人际关系中通过爱的行为而得到实现。③

“礼”为一系列在儒家共同体中共同践行的家庭和社会礼仪。“在儒家看来,德行的培养特别是通过德行的力量来进行德行的培养都是通过礼来实现的。我们应该认识到,有德的仁爱行为是因为我们正当地遵循礼的结果。良好的礼仪行为使人转化为真正的人。”④而器官捐献中的家庭决策无疑便是将儒家的核心价值实践于生活世界的恰当的

---

① 见《伦语·学而》。

② 见《中庸·天命》。

③ Ruiping Fan, Reconsider Surrogate Decision-Making: Aristotelianism and Confucianism on Ideal Human Relations, *Philosophy East and West*, 2002 (52), pp. 346 – 372.

④ 范瑞平:《当代儒家生命伦理学》,北京大学出版社 2010 年版,第 9 页。

行为体系和规范。

这里之所以是“确认”,而非“设置”器官捐献的家庭决策,原因在于我们中国人的生活中,家庭决策本身就是一种生活常态,我们仅仅是将这种常态在法律中固定下来并赋予其合法性。由此,既避免了当前有法却不依的尴尬而还法律以尊严,同时也避免了不合伦理的法律对家庭这一伦理统一体的破坏。

(四)以器官捐献的家庭决策改造不适合当前生活世界的“礼”

我们应该认识到,在儒家生命伦理学的重构中,儒家的核心价值是我们需要坚守的,而“礼”则是我们重新审视的对象。原因在于,作为核心价值的实践系统的“礼”必须适应它的生活世界,当生活世界变迁时,不适应新的实践环境的旧的“礼”便应该被新的“礼”所代替,否则将会造成对儒家核心价值的消解甚至歪曲。而儒家生命伦理学的体系也便是一个儒家核心价值观和作为规范和实践系统的“礼”在生活世界中不断反思平衡的结果。

例如,儒家的“身体发肤,受之父母,不敢毁伤,孝之始也”,在当前便是阻碍中国人捐献器官的主要原因之一,同时也歪曲了儒家体现在“仁”中的大爱精神。其作为旧的“礼”,它所适用的时代中,人们根本无法想象器官移植技术的应用,更无从适应它。因而,在当前的崭新的生活世界中,我们不仅需要对“身体发肤”给予更宽泛的解释(如可以代表自己人格的全部),同时还可以借鉴它的理念重塑新的“礼”,如我们可以借用“身体发肤,受之父母”作为家庭决策的原因。即我的人格的全部来源于父母,故在家庭中我不是具有独立人格的,我与家庭与父母与其他家庭成员是统一为一体的,我的幸福快乐也是他们的幸福快乐,他们的忧伤烦恼也是我的忧伤烦恼,我可以为他们奉献一切,他们也会同样对待我。因为“身体发肤,受之父母”,我们之间亲亲之爱是天然的骨血的相承与联系。所以我的器官捐献并非我一个人的事情,需要得到家庭的同意。而得到了他们的“同意”,我便尽到了对父母的“孝”,对家庭统一体的“责任”。由此,个人捐献不捐献器官的问题便转移为征求家庭成员同意的问题,由此打破了“身体发肤,受之父母”对捐献的阻碍。

同时,在儒家家庭观之关照下,家庭决策更容易达成。在儒家家庭观之视角下,每个家庭成员都以家庭的和谐与持续发展为自我之责任和利益之所在,因此,他们乐于参与家庭决策;同时,家庭成员自我之利益最大化与家庭整体之利益最大化契合度更高,更容易达成家庭决策;进而,家庭成员也更乐于尊重家庭决策。

综上,器官捐献中的家庭同意是对家庭作为一个伦理统一体的顺应,是对人之天性的呵护。同时,家庭同意绝不只适用于儒家的家庭,在所有有家、有爱的地方都可以彰显它的合理性。

第五条 【医学与伦理正当性】施行器官移植手术应依据确实的医学知识,符合本国医学科技的发展,并优先考虑其他更为适当的医疗方法。

医疗机构及其医务人员从事人体器官移植,应当遵守伦理原则和人体器官移植技术管理规范。

第六条 【器官分配原则】人体器官的分配应当符合医疗需要,遵循公平、公正、公开的原则进行。具体办法由国务院卫生行政主管部门依照本法有关规定制定。

[立法理由] 器官必须根据一定的公正和透明的原则进行分配。

《世界卫生组织的指导原则》中规定:“在分配正义和公平的原则下,捐献的器官应当提供给医学上需要的人,而不考虑经济等无关因素。”《欧洲理事会器官移植协定草案》也提到,要以特定的医学标准,保证使用透明及合理的规则。①

器官分配是一种对稀有资源的分配。事实上,它也是一场零和博弈的竞争,即如果张三得到了,那么李四就会死。因此,器官需要以适当的方式分配给在官方等待名单上注册的病人便显得非常重要。政府分配器官必须依据透明、客观、公正的医疗原则。负责分配决定的个人或团体必须是在这种指导框架下指定的。需要强调的是,遵守这些原则不仅关系到对等待名单上病人的公正,还是在移植系统中建立公众信心,进而鼓励器官捐献的基本条件。

第七条 【鼓励捐献人体器官】国家鼓励和支持公民死后捐献人

---

① Mark J. Waples *et al.* ,Living Donor Nephrectomy:A 20 Year Experience, *Urology*, 1995(2)45, pp. 207 – 210.

体器官。给予器官捐献人或其近亲属适当补偿,补偿的类别和金额由省、自治区、直辖市的卫生主管部门协同本级红十字会确定。市级卫生行政部门协同本级红十字会应对捐献人家庭的捐献予以表彰。

鼓励和支持新闻媒体、社会组织开展器官捐献的公益性宣传。

[立法理由]

一、立法确立适当经济或财政补偿制度

为提升捐献率,很多国家和地区试图给予捐献者或其家属补偿。如美国的几个州已经企图给予捐献者经济激励。最显著的是 1994 年宾夕法尼亚州通过法律,使得居民通过缴纳一元钱的登记费而设立器官捐献者信托基金(Organ Donor AwarenessTrust Fund)。这个法律也为捐献成功的捐献者提供最高 3000 美元的丧葬费。① 2004 年威斯康辛州改变了它的收入所得税法,对于活体器官捐献者减少最多 1 万美元税金(作为旅游、住宿、话费以及减少的薪水等的补贴)。有很多其他的州已经接受了类似的法律。就在这一年,总统签署了《器官捐献及摘除法案》(Organ Donation and Recovery Act),它授权美国健康和人类服务部(HHS)部长同意州、移植中心、器官获取组织(OPOs)以及其他机构给予活体器官捐献者(旅行、生命损失等)补偿,授权资助医院和 OPOs 合作的器官捐献活动,资助提高公共意识以及评估行为。

(一)补偿的原因

我们建议为捐献提供适当的补偿,原因在于:

第一,不必讳言,死体器官摘除损害了尸体的完整性,也是对死者亲属丧失亲属之情绪的干扰,基于干扰死者尸体所引起的冒犯,这种痛苦是可预知而且是实在的,应该给予补偿,如在美国,多数情况下是给予补偿的。基于中国注重家庭与亲情的传统文化以及"留全尸"的传统观念,(较西方国家)中国死者的亲属所能体会的痛苦更加强烈,因

① Peter A. Ubel, Cindy L. Bryce, Laura A. Siminoff, Arthur L. Caplan, Robert M. Arnold, Pennsylvania's Voluntary Benefits Program: Evaluating an Innovative Proposal for Increasing Organ Donation, *Health Affairs*. 2000(5) 19, pp. 206 – 211.

此建议对其捐献给予补偿。

第二,补偿捐献者也显示了对器官提供者的公平。即人们常说的,在当前的制度下,器官捐献与移植过程中,每一个环节的人之贡献都得到了补偿,唯独关键的提供器官的人被漠视(几乎没有补偿),这是不公平的。

第三,使受体有补偿捐献者的机会(当然,受体提供的补偿应该在力所能及的范围内,且应该由国家与社会担负大头)可以减缓他们对捐献者欠债的负面心理,是对受体的更为根本的慈悲。

第四,显而易见但又必须声明的是,补偿并非死体器官的对价,补偿的原因在于对尸体的干扰和家属的痛苦。因此,并不存在对人之尊严的贬损。

(二)补偿的方式

建议补偿中最基本的应该包括丧葬费;如果期望通过补偿增加器官的捐献率,则建议通过以下形式进行经济或非经济的补偿。

其中,经济补偿包括:(1)全部或部分最后一次住院的医疗费(可设置一定数额的补偿上限);(2)死者家庭医疗保险的优惠;(3)死者家庭税收的减免。

非经济补偿可以包括:(1)其一位近亲属高考或其他升学上的优惠;(2)其本人或一位最近亲属在需要器官时的优先使用权。

在互惠政策下,谁表示要捐赠器官则于将来当他们或其近亲属需要移植时可优先得到器官。此制度的提议最早由1986年《华尔街日报》上的一篇文章开始,此提议的一个版本被新加坡在1987年接纳。虽然1993年美国统一器官共享网(UNOS)委员会一份报告中建议一个关于此种"互惠"制度的优先权计划的更广泛的讨论,但它被忽略了。其后,2004年在医疗机构联合评审委员会(JCAHO)的报告(名为《缩小器官捐赠缺口和保护病人的策略》)上被认同。

在互惠政策中,捐献器官者如果以后需要器官移植,将得到在器官分配中的显著利益。这使他们能够像寻找政府工作的老兵一样在器官等待名单上被安置在一些不愿捐献者之前。

具体地,肾的潜在器官接受者得分大约在10分到25分之间,而从前的活体肾捐献者得到额外的4分,承诺的死体捐赠人可以得到的额外分数为最多2分。额外的分数将基于已经登记捐赠意愿的时间分步给予。个人如改变主意则会丢失之前时间的分数。

那些由于健康状况(如艾滋病或肝炎)而不能捐献的人引起一些问题。这个提议将允许这样的个人因为同意为移植的研究捐献他们的身体得到相等的分数。

如同以前的血液捐献的家庭互助系统(一个血液捐献人的贡献能为他的家庭成员的每年血液要求"投保"),有的提议与此相似。

(三)提供补偿的人

我们建议由国家、社会和受体(我们之所以提供给受体提供补偿的机会,是希望他可以摆脱和捐献者间的欠债的符咒)共同提供补偿。当然,国家和社会提供大部分的补偿。

对于死体器官捐献者,受体可以提供部分丧葬费,并提供部分将死者名字镌刻在墓碑供人们瞻仰的费用或印制纪念章的费用;其余部分由国家和社会承担。

同时需要关注的是,死体器官捐献仍需要遵循"匿名捐献"原则,即受体提供的补偿首先交与第三方(如红十字会的相关部门),再由第三方转交给捐献者的家属。

二、对器官捐献的精神向度的鼓励

挪威的研究表明,30%的死体器官捐献家庭认为,在家人们作出如此痛苦的决定并为许多病人提供了挽救生命的机会后,医院很少对家人进行慰问随访。[①] 医院没有任何感谢信或感谢文件送给死者家人,而接受器官移植的人也不允许给他们的器官捐献家庭写任何感谢信。目前,还没有一个机构可以使死体器官捐献家人互相见面,互相扶持。由于以上这些原因,有些死体器官捐献者的亲人认为他们被当成了隐形的不被重视的少数人。

应该说,无论是死者生前的捐献还是家属的捐献,都是人类无私利他的大爱精神的写照,是一个良性社会应该大力鼓励和褒奖的。因此,建议以追思会、随访、慰问、感谢信、专门刻制墓碑、印制纪念章、媒体宣

---

① Hamor S. ,Tracing the missing donors. *Nepszabadsag*,2000 (3),p. 34.

传等方式对他们进行精神向度的鼓励。许多伦理学家、神学家、律师及其他一些人相信社会应当集体对捐献者及其家人致以感谢之情。

精神慰问与褒奖的形式可以是:(1)将死者名字镌刻在墓碑上供人们瞻仰;(2)印制纪念章;(3)慰问与感谢。

三、推动公众教育

实践证明公众教育对提高捐献率是有用的。如美国国家少数族裔器官与组织移植教育计划(MOTTEP)由哈佛大学的移植外科医生Clive Callendar创立于1993年。MOTTP最开始只针对3个城市展开,但是从国家医疗协会在1995年获得基金支持后发展到了15个城市。[①]最初它工作的重点是提高非裔美国人移植的意识和捐献的需求,后来扩大其目标人群至其他少数族裔。它确实提高了非裔美国人死体器官捐献的比例(从1960年的8.8%到1998年的11.2%,再到2008年的16%)。[②]

教育的方式可以很灵活。如尽可能地告知人们器官捐献的进行方式就是最为基本的方法,然而,目前还很少有实行的医院。在有些医院,人们能够找到一些信息性小册子(由医药或医疗器械公司赞助),主要在一些透析中心。有时候移植外科医生受邀在各地进行演讲来传授移植相关的知识。除了这种零星的信息,人们不太了解器官捐献。因此,我们建议进行大规模正规的相关教育,让器官捐献与移植教育走进社区、学校、电视和网络等。

第八条 【移植系统与医疗随访】国家建立全国统一的器官捐献和共享系统,负责管理志愿死后捐献人体器官者和需要器官移植的患者的信息;开展人体器官捐献的宣传、推动工作,组织协调人体器官的使用;对活体器官捐献者和受体在移植后进行适当的医疗随访。

---

① Callender C. O., P. V. Miles, M. B. Hall, Experience with National Minority Organ Tissue Transplant Education Program in the United States, *Transplantation Proceedings*, 2003 (3)35: pp. 1151 – 52.

② Organ Procurement and Transplantation Network (OPTN), 2009, Data reports: National data. Washington, DC: U. S. Department of Health and Human Services, http://optn. transplant. hrsa. gov/data/.

志愿死后捐献人体器官者和需要器官移植的患者向该组织进行登记的办法由国务院卫生行政主管部门依照本法有关规定制定。

[立法理由]

一、移植系统

欧洲理事会制定的《人权与生物医学公约》的《关于人类器官和组织移植的附加协定》主要是为保护公民(尤其是保护器官和组织的捐献者和接受者)而设立的。协定要求国家担负的第一项相关职责(第3条)是保证有一个移植系统存在。这个系统的特性和结构并未在内容中定义,这是每个国家需要决定的。移植系统必须致力于保证捐献者的权利和自由受到尊重,同时器官和组织的接受者也受到尊重。

移植系统的存在尤其保证了器官和组织捐献与移植的可追踪性信息的收集和记录。要求其可追踪性,是因为当前技术还无法完全排除从捐献者到受体的疾病传染的风险和保存或运输资源(器官)过程中器官被污染的风险。因此,任何器官必须保持可以追踪到捐赠者和受体的双向可追踪性。

欧洲理事会制定的《人权与生物医学公约》的《关于人类器官和组织移植的附加协定》第6条要求,参与器官或组织移植的专家采用必要的手段尽量减少疾病传染受体的可能性,避免任何可能会影响器官或组织植入后的稳定性的行为与情形。

二、医疗随访

欧洲理事会制定的《人权与生物医学公约》的《关于人类器官和组织移植的附加协定》第7条要求,对活体器官捐献者和受体在移植后进行适当的医疗随访。随访的性质和持续时间根据手术性质和其对个人健康的潜在影响而定。短期随访对于保证从手术中恢复十分重要。长期随访对于需要进行免疫抑制治疗的病人有重要意义。此外,对于活体捐献者来说,随访有助于发现术后的远期并发症。

第九条 【隐私保护与器官的双向可追踪性信息的收集】有关单位和个人应当保护人体器官捐献人、受体和申请人体器官移植手术的患者的个人隐私。

器官的摘取和移植的可追踪信息必须被收集记录,并保存完整的医疗资料。记录的方式由省级卫生行政主管部门规定。

隐私权的保障不能妨碍器官可追踪信息的收集与记录。

[立法理由] 器官移植患者的信息保密和器官与组织信息的双向可追踪性

于医疗中,医生必须对患者的隐私权体认、尊重、照护,否则,患者难免感到自己的主体性被打折,甚至滑向了客体地位。器官移植立法所关注的隐私权保护中,较为特殊的为死体器官捐献中的"匿名捐献"原则,同时,所有与捐献者和受体相关的数据信息都是保密的,不可以随意泄露。唯有充分尊重捐献人和受体的隐私权,"患者"才可以感受到自己被当作"人"来尊重,而非当作"物件"而被探头探脑!

但是,医生保障隐私权的义务之地位低于医生应给予患者合理保障义务的地位,后者包括对器官和组织信息的可追踪性。即当两种义务出现冲突时,医生的合理保障义务(包括器官信息的双向可追踪性)是优先的。

所谓可追踪性,是指移植系统必须保证器官和组织捐献与移植的可追踪性信息的收集和记录。要求可追踪性是因为当前技术还无法完全排除从捐献者到受体的疾病传染的风险和保存或运输资源(器官)过程中器官被污染的风险。因此,任何器官必须保持可以追踪到捐赠者和受体的双向可追踪性。

典型的相关立法,如欧洲理事会制定的《人权与生物医学公约》的《关于人类器官和组织移植的附加协定》第 23 条规定,所有与捐献者和受体相关的数据信息都是保密的。但是这个义务的地位低于合理保障,后者包括对器官和组织的可追踪性。

第十条 【监管机构】国务院卫生行政主管部门负责全国人体器官移植的监督管理工作。县级以上地方人民政府卫生行政主管部门负责本行政区域人体器官移植的监督管理工作。

第十一条 【器官移植手术资格管理】医疗机构和医师应分别报请省、自治区或直辖市卫生行政主管部门核定其从事器官摘取与移植手术的资格及可摘除与移植的器官类别。

医疗机构或者医师未取得相应的器官摘取与移植手术的资格,不

得施行器官摘除与移植手术。

第十二条 【社会监督】任何组织或者个人对违反本法规定的行为,有权向卫生行政主管部门和其他有关部门举报;对卫生行政主管部门和其他有关部门未依法履行监督管理职责的行为,有权向本级人民政府、上级人民政府有关部门举报。接到举报的人民政府、卫生行政主管部门和其他有关部门对举报应当及时核实、处理,并将处理结果向举报人通报。

第十三条 【同行业内监督】具有器官移植资格的医疗机构和医师应当加入器官移植学会。器官移植学会组织开展器官移植有关的学术交流活动,并对各会员开展器官移植情况进行自律性监督。

第十四条 【红十字会】各级红十字会依法参与人体器官捐献的宣传、组织捐献等工作。

各级红十字会应设立器官移植办公室负责器官的获取。省级红十字会的器官移植办公室负责培训医疗机构的相关人员辨别潜在的器官捐献者,培训作为社会工作者的器官移植协调员。

第十五条 【设立器官移植法律伦理审查委员会】设立器官移植法律伦理审查委员会,对特殊捐献者或特殊情形下的器官捐献与移植进行审查与授权。

前款所称器官移植法律伦理审查委员会由法官、心理学专家、伦理专家、移植专家组成。

[立法理由] 器官移植法律伦理审查委员会

我们借鉴域外立法经验,建议设立器官移植法律伦理审查委员会这样一个准司法性质的委员会,其作用在于对特殊的器官捐献(特殊捐献者或特殊情况下的捐献)进行审查与授权,并以兜底条款的形式为器官移植参与者提供周详的保护。

(一)器官移植法律伦理审查委员会的组成

器官移植法律伦理审查委员会为一特殊的准司法性质的审查与授权组织,主要负责对特殊的器官捐献(特殊捐献者或特殊情况下的捐献)进行审查与授权(包括未成年人、无决策能力的成年人的活体器官捐献、超出法律规定的活体器官捐献者—受体学关系限制的捐献或在押犯的捐献等)。建议由法官、心理学专家、伦理专家、移植专家组成。

(二)建议设置器官移植法律伦理审查委员会的理由

首先,设置"器官移植法律伦理审查委员会"可以以兜底条款的形式为患者提供周详的保护。我们知道,法律是建立在理性人和人之理性基础之上的,同时,法律所关照的为大多数人的行为。因此,我们没有必要为个别人或个别行为立法,我们也不可能站在理性之外考量立法。尽管如此,在法律难以照护到的地方,依靠审查的设置应可尽量提供更为稳妥的保护。故建议在器官移植法中设立兜底条款,规定特殊捐献者或特殊捐献情况下的器官捐献需要"器官移植法律伦理审查委员会"的审查与授权。

其次,这个准司法性质的组织既可以提供有效的授权,又较司法程序简便快捷,同时也保障了审查和授权的专业性。由于有法官的参与,可以使得审查与授权具有法律效力(事实上,此种委员会可以与当前我们的基层法院在街道开展的社区法庭做类比);由于有心理学专家、伦理学专家、移植专家的参与,使得委员会的审查与授权具有相当高的专业性,也更容易取得申请审查的人的信赖;与正规法律程序相比较,此委员会的审查与授权快速便捷,适合医疗救治的紧急性。

(三)器官移植法律伦理审查委员会审查与授权的情形

总的来说,器官移植法律伦理审查委员会负责对特殊的器官捐献(特殊捐献者或特殊情况下的捐献)进行审查与授权,主要包括如下情形:

首先,对活体器官移植中法定的捐献者—受体关系限制之外的捐献者的捐献进行特殊审查,即这些特殊捐献者的捐献在得到了"器官移植法律伦理审查委员会"的同意与授权后也是可以接受的。通过这样的制度,那些与受体有密切关系但非法律限定的关系内的人可以有机会成为活体器官捐献者。

其次,在有决策能力的未成年人的活体器官捐献中,不仅需要成熟的未成年人的同意,还需要器官移植法律审查委员会根据未成年人最大利益原则审查与授权;且14岁以上的具有决策能力的未成年人只能捐献活体器官给父母或兄弟姐妹。对其他重要关系人的捐献需得到器官捐献法律审查委员会就此特殊关系下捐献的审核与授权。

再次,对无决策能力的成年人的活体器官捐献进行授权。即器官移植法律伦理审查委员会审查无决策能力的成年人是否在受体的健康上有实在的利益(也就是说,捐献器官是当事人保护自己利益的方式),同时审查是否存在"特殊正当理由"(如无现实的可以替代的其他捐献者或其他治疗方案)等。

最后,对死刑犯的器官捐献的授权。建议死刑犯不可捐献器官给陌生人(只能捐献给其配偶、子女、父母与兄弟姐妹),无论是死体器官捐献还是活体器官捐献。死刑犯的器官捐献需得到器官移植法律伦理审查委员会的授权。

总之,法律与制度从来不是一个封闭自洽的体系,随着社会的发展与进步,法律与制度必将不断适应社会的需要而不断完善。我们相信,器官移植法律伦理审查委员会的设立将是对我国法治框架的有益补充。

第二章 死体器官捐献

根据死亡的标准不同,死体器官捐献分为两类:即脑死亡死体器官捐献(其捐献者又称有心跳的死体器官捐献者 heart-beating donor)和心死亡死体器官捐献(其捐献者又称无心跳的死体器官捐献者 non-heart-beating donor)。

心死亡死体器官捐献

所谓的心死亡死体器官捐献,是指由心肺死亡判断标准确认的死体进行的器官捐献。

历史上,首例死体肾脏供体是心死亡的供体(non-heart-beating donor,NHBHs),但研究中逐渐显露的移植后器官衰竭的发生率和大众对脑死亡标准的渐渐接受使人们对 NHBHs 渐渐失去兴趣。[①] 当前,除了我国外,只有少数国家不接受脑死亡标准,如伊朗、以色列和韩国。但是近年来,由于可移植器官的短缺,人们又重新采用心死亡供体的器官进行移植。

作为心死亡死体器官捐献研究与应用的里程碑,1995 年马斯特里

① F. Rapaport, Alternative Sources of Clilically Transplantable Vital Organs, *Transplantation Proceedings*, 1993, 25, p. 42.

赫特(Maastricht)会议沿用了国际通用的对无心跳捐献者进行分类的Maastricht 分类标准。该分类标准于 2003 年进行了修订,最后扩充为 DCD 的 5 型分类,[①]即:(1)M - Ⅰ类:入院前捐献者已宣告死亡,送达医院时死亡已经发生,但时间不超过 45 分钟;(2)M - Ⅱ类:捐献者于医院外发生心脏停搏,急诊入院后经心肺复苏 10 分钟无效,宣告死亡,即在 ICU 死亡的病人;(3)M - Ⅲ类:受到严重的不可救治性损伤,通常为毁灭性脑外伤,但还未完全达到或完全满足脑死亡的全套医学标准,同时生前有意愿捐献器官,经家属主动要求或同意,在 ICU 中有计划地撤除生命支持和治疗(主要介入手段为终止呼吸机人工通气给氧,使心脏缺氧而停搏及残余脑细胞彻底失活)等待死亡发生的病人,即放弃继续治疗的病危患者;(4)M - Ⅳ类:设想脑死亡死体器官捐献的病人在脑死亡判定成立后,器官捐献手术之前所发生的心脏;停搏;(5)M - Ⅴ类:住院患者的心脏停搏(2003 年新增标准),主要指在 ICU 抢救过程中发生的心脏停搏。

根据其心脏停搏是否具有计划性和可预测性,以上的五大心死亡器官捐献者又可分为不可控型和可控型。M - Ⅰ、M - Ⅱ、M - Ⅴ都属于不可控型心死亡死体器官的潜在捐献者,即捐献者入院前心肺复苏失败,或者心脏骤停在不可控的情况下发生,生命体征已经完全丧失。[②] 在不可控型的死体器官捐献中,器官的热缺血时间较长、利用率低、移植物远期预后较差、移植后并发症的发生率高。相应地,此种捐献对于药物、技术水平的要求相对更高,致使其应用非常有限(如法国、西班牙等)。当然,随着技术的进步,会有越来越多的国家掌握此种器官的应用技术。[③] 在五类心死亡器官捐献者的分型中,M - Ⅲ属于一种可控型的死体器官捐献,是指有计划地、有预期地撤掉生命支持

① Ridley S. ,Bonner S. ,Bray K. ,UK Guidance for Non-heart-beating Donation,*Br J Anaesth*,2005(5)95,pp. 592 - 595.

② Kootstra G. ,Daemen J. H. ,Oomen A. P. ,Categories of Non-heart-beating Donors, *Transplant Proceeding*,1995(5) 27,pp. 2893 - 2894.

③ Sa' nchez-Fructuoso AI. , Marques M. , Prats D. , Victims of Cardiac Arrest Occurring Outside the Hospital:A Source of Transplantable Kidneys,*Ann Intern Med*,2006, 145,p. 157.

设备,致使器官捐献者血液循环骤停,等待特定一段时间后,患者不能恢复循环永久死亡后,开始摘取器官。① 此种器官捐献的特点是器官热缺血时间较短、器官损伤较小、移植者远期预后与脑死亡死体器官捐献(DBD)相近。M－Ⅲ型器官捐献经常出现在那些预期死亡时间不明且家属同意放弃呼吸循环支持的病人身上,此种情形中出现了心死亡但没有出现脑死亡,捐献者多处在死亡边缘,长期需要呼吸机支持或者出现了渐进性的神经衰退的病人;M－Ⅳ属于比较特殊的可控型心死亡死体器官捐献(DCD),尽管循环功能停止出现在医生可控制的范围内,却可能突发在医生没有准备、没能得到家属捐献确认的情境之下,因此其热缺血时间长短不一。

脑死亡死体器官捐献

脑死亡死体器官捐献,是指由脑死亡判断标准确认的死体进行的器官捐献,其捐献者又叫有心跳的器官捐献者(heart-beating donor)。大多数的死体器官捐献属于脑死亡死体器官捐献。

当今,临床上大多数器官捐献者都需要用呼吸机,因此多数死在医院,尤其是重症监护室中。人工呼吸机的使用提出了一个关键的问题:人什么时候死亡?死体器官移植很大程度上依赖于有心跳的供体的概念和基于脑死亡的死亡概念的接受。英国《国王基金报告》(The King's Fund Report)指出,脑干死亡的概念和诊断对死体供体和重症治疗很重要。尽管它在医学领域已经不再存在争议,却还是很难为大众所理解。② 因缺乏支持和理解,大众由此产生了对于被过早宣布死亡的忧虑,造成某些人不同意器官摘除。实际上,在1980年之前的几年,针对这个问题,在英国、丹麦等都有广泛争论。尽管脑死亡被广泛接受,但是在20世纪末仍有反对意见(德国尤为明显)。此种争论在我国仍在继续。

当合适的捐献者死亡,必须有器官摘除的条件才可能从潜在的捐

① Kootstra G., Daemen J. H., Oomen A. P., Categories of Non-heart-beating Donors, *Transplant Proceeding*, 1995(5)27: pp. 2893－2894.

② King's Fund, *A Question of Give and Take*: 9.

献者成为真正的捐献者。英国国王基金报告(The King's Fund Report)发现,人口密度低于每平方公里20人的国家严重影响获得脑死亡死体肾脏的能力,[①]如芬兰、瑞典、挪威、澳大利亚、加拿大;同时,还需要有支持脑死亡死体器官的重症监护设备,而且要有专门的人员(或设备)诊断脑死亡。这就意味着重症监护人员、床位以及手术时间都会影响捐献率。1996年,英国移植社会工作组(British Transplantation Society Working Party)指出,和其他欧洲国家相比英国低水平的重症监护情况降低了器官捐献率。[②] 在完全缺少此种资源设备时,便当然没有脑死亡死体器官捐献了。

死体器官捐献的立法框架

在死体器官捐献中,以单独的一个死体器官捐献基本框架规制所有不同类型的死体器官捐献在道德上是不充分的。显然,基本的死体器官捐献框架只适合常规情况,而不足以适用于全部。为了充分尊重和保护全部的捐献者,需要各种特殊的死体器官捐献框架。申言之,即使常规死体器官捐献框架内容充分、发展良好,我们仍需要特殊捐献框架的补充。本章不仅包括死体器官捐献的基本立法框架,还包括五个特殊的死体器官捐献立法框架——M-Ⅲ类可控型心死亡死体器官捐献的立法框架、器官原位保留下的心死亡死体器官捐献立法框架、使用流产胎儿的组织与器官的立法框架、使用无脑畸形婴儿的组织与器官的立法框架及使用在押犯人的器官的立法框架。

第十六条　【公民生前的家庭捐献】公民志愿死后捐献人体器官或者尸体的,应当向市级红十字会的器官捐献办公室申请依书面捐献志愿书向全国器官捐献和分享系统登记捐献人体器官或者尸体。捐献志愿书应由本人及一名具完全民事行为能力的家庭代表签字。

前款"家庭"由捐献人及其配偶、父母及子女组成。

---

① King's Fund, *A Question of Give and Take*:28.

② Conference of Medical Royal Colleges and their Faculties in the UK, Report of the Working Party on the Supply of Donor Organs for Transplantation (Hoffenberg Report), 1987, p. 4.

捐献死体器官的公民应当具有完全民事行为能力。

捐献志愿书中应当明确载明捐献的意愿和捐献器官的范围。

[立法理由]

一、世界范围内死体器官捐献的同意系统的分类

(一)分类标准

1. 明示同意与推定同意

世界范围内的对死体器官捐献的同意大致可分为明示同意与推定同意系统。明示同意(express consent, EC)和推定同意(presumed consent, PC)间的分歧(或者说 opt-in 系统和 opt-out 系统的分歧,或 contract-in 系统和 contract-out 系统的分歧)反映了一个事实,就是明示同意中器官捐献是死者或其家属积极意思表示的结果,而推定同意中器官摘取是死者或有时候是死者家属没有表示拒绝捐献的情况下进行的。具体地:在明示同意(express consent 或 opt-in system)中,器官捐献是死者或其家属积极地意思表示的结果,其逻辑结构是"不……除非……";推定同意(presumed consent 或 opt-out system)中器官捐献是死者或有时候是死者家属没有表示拒绝捐献的情况下进行的。其逻辑结构为"是……除了……"。

正统的明示同意法规通常开篇表示:如果死者生前书面同意(有时可以是口头)捐献则可以进行器官摘取。然而,常规的推定同意法律也有一个类似的开篇,但没这么明显的表示。① 此外,实行推定同意法的许多国家(如比利时和芬兰)开篇是:只要死者明确表示同意捐献,则其家属的任何其他反对意见都不能影响其效力。所以,大多数法律的基础都是相同的。但是,如果没有死者的明确同意则不同系统显示出了根本差别。

2. "强"与"弱"

两种同意系统(明示同意/推定同意)可以被进一步划分成"强"和"弱"体系。在强的明示同意/推定同意体系下,死者的明示同意或缺

① 尽管挪威1973年出台的相关法律采用推定同意,在它的死体器官捐献部分(第2部分)也有这样的规定。

失拒绝本身足以赋予器官摘取合法性;在弱的明示同意/推定同意体系下,死者的明示同意和推定同意都不够充分,还需要其家属的明示同意或推定同意才能进行器官摘取。

(二)死体器官捐献的同意的四类系统

根据如上的两种分类标准,死体器官捐献的同意可分为四类系统,即强明示同意系统,弱明示同意系统,强推定同意系统,弱推定同意系统。具体地:(1)强明示同意的体系要求死者的捐献决定为最后决定;(2)强推定同意体系下,死者生前未拒绝捐献被推定为同意捐献,不允许家属有任何反对意见,即只要没有死者拒绝捐献的意思表示,就足以进行合法的器官移植而不用考虑其家属的意愿;(3)弱明示同意体系下,尽管死者生前已同意捐献,必须得到死者家属同意方可摘取器官;(4)弱推定同意体系下,死者生前没有表示拒绝捐献时,家属有权拒绝捐献。

然而,甚至这种进一步的细分都无法真正反映这些体系的多元性和多样性,体系间的细微差别可以彻底地影响体系的特征和它们的影响力。

二、世界范围内各种同意系统立法的地理分布

早期颁布的大多法律都是有关各种明示同意的,但之后情况开始转变了。1981 年 Stuart 等人报告说除美国之外的国家中有 13/28 的比例有关于推定同意的规定,而且 1987 年欧洲理事会的一项研究发现 21 个成员国和芬兰都已经有了关于推定同意的规定。①

同意系统立法存在着地理上的不同:北美洲的大多国家司法上都有关于器官捐献的明示同意制度;欧洲大陆的许多国家都有推定同意制度;②南美洲的规定各有不同;亚洲只有新加坡颁布了推定同意的法

---

① F. Stuart, F. Veith, R. Cranford, Brain Death Laws and Patterns of Consent to Remove Organs for Transplantation from Cadavers in the United States and 28 other Countries, *Transplantation*, 1981:31, p. 238.

② G. Wolfslast, Legal Aspects of Organ Transplantation, *Journal of Heart and Lung Transplantation*, 1992 (11), p. 160.

律(只适用于国家中的大多数人);非洲只有突尼斯采用推定同意体系。① 同时,推定同意的法律更多的是关于组织的捐献而不是器官捐献。例如,美国许多州的推定同意只适用于角膜捐献。

实践中,绝大多数拥有明示同意系统的国家采用的是"强明示同意"的体系,②极少有国家有"弱明示同意"的体系,即家属有权否决死者明确表示的器官捐献决定。其中日本的1997年法律规定:死者生前书面同意捐献器官用于移植时,若其家属明知而不反对或死者没有家属时,医生可以摘取已经确认脑死亡的死者的器官;③另一个例子是在黎巴嫩,只有当死者和家属都同意的情况下医生才能摘取死者的器官。④ 然而,很多国家在立法上并没有授权撤销或推翻死者生前的捐献同意,但实践中医护人员常常寻求家属的意见。这种现象在英国、澳大利亚和美国普遍存在。⑤

然而,当几乎所有明示同意立法都是"强明示同意"时,这些法规也常要求在死者没有正式表示同意捐献的情形下需要家属的同意,除非有证据表明死者拒绝捐献。例如,美国1987年的《统一遗体捐献法案》颁布后,按规定的优先顺序,某些特定的人员可以将尸体全部或部分捐献,除非死者生前曾拒绝。⑥ 1997年德国法律也规定,死者表示同意捐献,或者既没有书面证据表示同意,也没有书面证据表示拒绝捐献的情况下,根据法律规定的优先顺序而有决定权的人作出同意捐献的决定时,才允许摘取器官。同样的法规全球都有,并不局限于欧洲和北美。⑦

---

① 1991年4月颁布,第3部分。

② 例如阿根廷、澳大利亚、白俄罗斯、加拿大、丹麦、挪威、菲律宾、罗马尼亚、斯洛文尼亚、英国、委内瑞拉、津巴布韦以及几乎美国全部的州。

③ 1997年7月16日颁布的法律,第6部分(1)。

④ 1983年9月16日颁布的法令,第2部分。

⑤ Mesich-Brant, Jennifer L., Lawrence J. Grossback, Assisting Altruism: Evaluating Legally Binding Consent in Organ Donation Policy, *Journal of Health Politics, Policy and Law*, 2005(4)30, pp. 687 – 717.

⑥ 1983年9月16日颁布的法令,第3部分。

⑦ 例如委内瑞拉,增补1992年法律的1994年决议的第2部分就有几乎相同的规定。其他国家还有阿尔及利亚、斯里兰卡及土耳其等。

有强推定同意制度的国家包括奥地利、法国、卢森堡、波兰、葡萄牙、斯洛伐克共和国和西班牙等。《奥地利联邦法》第62a部分规定,除非死者明确表示拒绝捐献,其他情况下都可以进行器官摘取。同样,波兰1995年通过的法案第四章规定,除非死者生前表示拒绝捐献,其他情况下都可以对其进行器官摘取。① 尽管这些法规起初是在欧洲,但并不仅仅局限于这个地方。秘鲁最高法令第23部分规定,当死者生前没有明确拒绝捐献时可以进行器官移植。新加坡法规同上。

有弱推定同意制度的国家包括比利时,在这个国家除非死者明确表示拒绝或其亲属拒绝,其他情况下都可以进行器官摘取。② 同样,芬兰法律规定,如果死者生前没有拒绝捐献而且没有理由相信其家属或监护人将可能拒绝捐献,则可以进行器官摘取。这里的"可能性"高度区分了比利时和芬兰法规的不同,而且引发了一个问题,就是医学专家应该承担多大的责任来寻求或参与这种可能的拒绝捐献意见。

三、推定同意体系——实践、质疑与分析

显然,在本草案中,我们设立的为器官捐献的(家庭同意为基础的)强明示同意体系。为什么我们不接受被认为"可以增加器官供给"的推定同意体系呢?

推定同意制度最初来源于哪里?Dickens、Fluss和King讨论道:"推定同意将尸体视为公有财产,但个人允许拒绝自身或家属的死体器官被摘取。"③以美国为例,实际上,许多推定同意法律都以19世纪通过的无人认领尸体的法规为起源,该法规授权使用无人认领的尸体供医学院校解剖使用而无须征得同意。④ 尽管美国1986年器官移植特别小组认为:"目前需要努力的应该是如何加强捐献者的自愿而不是减少真正同意的行为。"至少13个州已经实施了推定同意的法规,但

---

① 1995年10月26日颁布的法律,第4条。

② 突尼斯是弱的推定同意法,参见1991年3月25日颁布的法律,第3部分。

③ B. Dickens, S. Fluss, A. King, Legislation on Organ and Tissue Donation, *Organ and Tissue Donation for Transplantation*, 1995(2), p. 101.

④ Ruth Richardson, *Death, Dissection and the Destitute*, University of Chicago Press, 1987, p. 56.

仅适用于角膜和由法医保管的尸体,[①]其中很多已经上升到了宪法的高度(如在佛罗里达州、乔治亚州和密歇根州)。其中典型的立法为:只要没有被知晓的拒绝,就无须征求家属意愿而允许无家属同意的情况下摘取角膜。这样的法规实际上是"强的推定同意",即无须征得任何人的同意。实施强推定同意的国家还有奥地利与巴西。

挪威和瑞典的同意制度为典型的弱推定同意。挪威法律规定,如果死者生前有书面或口头的捐献意思表示,或没有这种意思表示而死者及其家属也没有表示拒绝捐献,同时也没有理由推定这种获取器官的行为违背了死者或其亲属的意愿时,[②]则可以进行器官摘除。瑞典有极其类似的法规(还有比利时和芬兰[③])。挪威和瑞典的弱推定同意中,死者生前的明示同意足以证明摘取器官合法,所以这就相当于一个明示同意法规;这些法规也允许在没有死者和家属明示同意的情况下进行器官移植,前提是双方都没有表示拒绝,这是推定同意。也就是说,这些法规的第一层意义是"明示同意",第二层意义是"推定同意"。[④] 实际上,正是第二层意义构建了这些法规的最基本性质。也就是说,上述法规将获得死者或家属的明示同意作为前提,它们不符合"不……除非……"的框架,所以是弱推定同意体系。

(一)对推定同意的质疑与分析

很多人认为明示同意不利于捐献器官数量的提升,原因在于:首先,由于各种原因造成的人们不便、懒于或疏于做器官捐献的登记,器官采集人员所能获得的死者的明确意思表示数据远小于真正的潜在器官捐献群体数量;其次,很多情况下死者的意思表示可能不那么重要,因为大多是由死者家属来做最后决定的。而这样,家属的决定权又大

① Wilcox, Samantha A., Presumed Consent Organ Donation in Pennsylvania: One Small Step for Pennsylvania, One Great Leap for Organ Donation, *Dickson Law Review*, 2003 (4) 107, pp. 935 – 951.

② 1973年2月9日颁布的法律,第2部分。

③ 比利时、芬兰、突尼斯等地也存在此种情形。

④ I. Kennedy, The Donation and Transplantation of Kidneys: Should the Law be Changed?, *Journal of Medical Ethics*, 1979 (5) 13, pp. 15.; P. Skegg, *Law, Ethics, and Medicine*, Clarendon Press, 1988, pp. 242 – 244.

量减少了器官捐献量,因为很多情况下家属都拒绝捐献。与此相反,推定同意制度可以产生更多用于移植的器官,因为在推定同意制度下死者几乎没有拒绝捐献的,如在比利时,虽然建立了一个记录死者拒绝捐献的意思的登记中心,但只有 1.8% 的比利时人进行了此项登记。然而,当我们进一步推敲时便会产生疑问:推定同意体系是否合理? 它是否真的是器官捐献率提升的关键因素?

1. 推定同意有强制征收的嫌疑——是“拿”还是“给”

有专家认为所谓的“推定同意”本质上就是强制征收。Kevorkian 认为它等同于国家“偷”器官。① Ruth Richardson 评论说:“这里,这种空话(指推定同意)是为了满足知情同意的要求,但事实上这种同意并不存在,因为它是假定存在的。推定同意只是针对无须寻求知情同意而为的一种公关语言。”②不过,Erin 和 Harris 将推定同意形容成“谎言”,因为他们认为“任何没有经过患者的真实同意的同意都不能称之为同意”。③ 因此,推定同意是“拿”而不是“给”。

2. 推定同意为公民设置了拒绝捐献的义务

推定同意的支持者们认为,在任何社会体制下,死者(可能包括其家属)都可能拒绝摘取器官,因此,这仍然是一种同意后的摘取,而不是掠夺。恩格尔哈特教授对此的反驳为:一个人越是认为器官不是社会财产,就越难接受拒绝捐献器官是个人责任与负担。④ 狄更斯(Dickens)推断:通过登记、遗嘱或是其他方式而为那些不愿捐献器官

---

① J. Kevorkian, A Controlled Auction Market is a Practical Solution to the Shortage of Transplantable Organs, *Medicine and Law*, 1992 (11): 47 – 48.

② R. Richardson, Fearful Symmetry, in S. Youngner, R. Fox and L. O'Connell (eds.), *Organ Transplantation: Meanings and Realities*, University of Wisconsin Press, 1996, pp. 66 – 78.

③ C. Erin, J. Harris, Presumed Consent or Contracting Out, *Journal of Medical Ethics*, 1999, 25, p. 365.

④ H. Engelhardt, Allocating Scarce Medical Resources and the Availability of Organ Transplantation, *New England Journal of Medicine*, 1984, 311, pp. 66 – 70.

的个人施加负担是非法的。① 这在大量具有信仰的人群的司法管辖区中更有说服力,因为人们出于宗教或其他原因而更多地反对捐献。

3. 沉默能否代表同意

英国为代表的明示同意和比利时、芬兰、突尼斯等国家的推定同意间的不同在于,后者司法中死者的沉默是积极的决定因素,即推定"同意",而在明示同意的司法上则不能将死者的这种沉默视为同意。但是,沉默是否真的可以代表同意呢,或者说,沉默是不是代表了不言而喻的同意?实际上,无论法律上还是生活上,沉默都不被视为就是同意本身。

这里就出现了"形式和内容"这种哲学辨证上的混淆。事实上,无论法律上还是生活上,沉默都不被视为就是同意本身。更精确地说,沉默代表"没有表示反对"(可能为同意、疏于表示拒绝、还未来得及表示拒绝、没有机会表示拒绝或不知不拒绝的后果等),而不是同意。"同意"只是不拒绝的一种,故后者不应是进行器官移植的条件。正如Crothers和Uglem说的,推定同意法就是"允许在没有死者或家属明确表示同意的情况下进行移植"。②

尽管死者具有拒绝器官捐献的权利,但有很大可能当死者沉默时他的器官被摘除,因为有些人,尤其是年轻人,未能想到他们的死亡,或是直接面对这一问题,或是由于普遍惯性(比如不愿注册)。《美国医学协会报告》指出:"许多案例中,认为一个未清楚表明意愿的个人同意器官捐献这一假设是错误的。如果69%的人愿意捐献他们的器官,那么这种假定的同意的不准确性将达到31%。"③

综上,沉默仅仅为死者没有实施其反对的权利,因此并不是不言而喻的同意,所以"推定同意"纯粹是误称。"同意"是不拒绝的一种,而

---

① B. Dickens, Legal and Judicial Aspects of Post Mortem Organ Donation, in G. Collins *et al*. (eds.), *Procurement, Preservation and Allocation of Vascularized Organs*, Kluwer Dordrecht, 1997, pp. 343 – 346.

② D. Crothers, C. Uglem, A Proposal for a Presumed Consent Organ Donation Policy in North Dakota, *North Dakota Law Review*, 1992, 68, pp. 637 – 646.

③ Strategies for Cadaveric Organ Procurement, *The Journal of American Medical Association*, 1994 (September 14).

后者并不一定是进行器官移植的条件。尽管在许多情况下这样解释沉默对器官供应的增加可能有效,但是将这种意愿强加到死者身上有点过分。死者可能在他的一生中都没有考虑过器官捐献这件事;或许除了和亲属交流,还没有足够的机制来记录拒绝的决定。因此,这就是一种不合理的假定。显然,如果是死者的意愿,直接表达出来会更好。而依照美国加利福尼亚法律,死者生前可约见律师,通过委任书授权他作出关于捐献与否的决策。当死者死亡时,此律师为第一顺位具有决定权的人。①

4. 对拒绝方式的质疑和为医生设置了发现拒绝的义务

推定同意中,拒绝的方式和医方承担责任的程度各有不同,在家属拒绝的情况下尤为如此。在实施推定同意的一些国家不要求直接从死者家属处获取信息,而只需要进行合理的调查。如美国 1968 年《统一遗体捐献法案》(UAGA)使死者或家属的同意成为器官摘取的必要条件,而 1987 年修订的《统一遗体捐献法案》(UAGA)则规定在付出了合理的努力以检查死者病历及提前告知亲属允许或拒绝的权力的前提下,法医或地方公共卫生长官可以进行或允许摘取器官。② 换句话说,必须调查确定亲属是否同意捐献,但如果无法获知家属的意思表示时,可以进行摘取,除非死者曾明确表示拒绝。美国的很多州都采用了这一示范法的此类规定,且通常都只是有关角膜的捐献,但某些情况下会覆盖器官捐献。③ 如在亚利桑那州,法律仅将此类规定用于角膜捐献,也只要求切实寻求家属的意愿不少于 4 个小时而不多于 5 个小时,医护人员应该以 15 分钟为间隔努力以电话方式通知家属,在无法电话联系的情况下应试图直接与家属接触。④ 很明显,上述规定下,医生在实践中很可能不去征求死者家属意愿而直接进行移植。因为没有试图弄清家属意愿,所以此规定在实践中就变成了强的推定同意法规,在没有

① 1987 年《统一遗体捐献法案》,第 7 部分。

② 第 4 部分。它还阐明了"合理的努力"指的是什么。

③ 如在加利福尼亚州、路易斯安那州、马里兰州、堪萨斯州和犹他州等。

④ 在亚利桑那州,"组织"包括了器官,此州规定必须尽合理的努力(reasonable attempt)联系近亲属;在伊利诺伊州,仅限于角膜,"合理并可信的努力"是必需的;在密西西比州,对通常意义上的"组织"(包括器官),"合理的尝试"指必须与近亲属联系。

弄清家属意愿的情况下便可以进行器官摘取。显然,在这里,沉默并不代表同意。

在英国,1961年《人体组织法案》中的第一部分给出了弱"opt-out"框架,应用于死者并没有留下任何表达其意愿的证据记录的情况下。此时,只要通过合理的询问发现死者生前不反对自己的器官被摘除,或者他的妻子或"任何活着的亲属"[①]未表达关于使用其器官的反对意见,那么可以摘除死体器官用作移植的目的。法律并未给出"合理的询问"以明确的定义,虽然有的解释认为这应该理解成是一种不会拖长到影响器官可用性的询问;[②]在挪威,占有尸体的人有义务尽早地先于器官摘取而通知最近的亲属关于死者死亡的消息。相反,在芬兰,只要医生认为没有拒绝捐献的意见存在即可摘取器官。在比利时,除非拒绝被医生知晓,否则就可直接进行移植。后一情形下,医生责任不明确,甚至不存在。事实上,Matas 等人讨论道:在许多推定同意制度下,医生没有提前告知家属实际情况的义务,而且不给他们反对的机会,那么家属反对的可能性就极小。[③]

同时,仔细观察以上的制度,我们发现它们或多或少为医生建立了一种发现是否有反对捐献意见的义务,从而增加了医生的负担与责任。同时,在实践中,"发现反对捐献的义务"和"发现同意的义务"在一定程度上可能合并。如英国正是这样,只需要合理询问来确定亲属反对的存在,实际中也存在从他们那里询问是否同意的情况。在比利时,尽管没有任何法律义务,但是1987年4月11日的《医生规范》指出医生摘除器官必须通知死者近亲属。这明显使一些想从亲属那里得到明确同意的医生感到压力。

5. 家属的意愿比死者的意愿重要

在弱推定同意法规下,死者没有明确表示拒绝(但推定其同意)

---

① 1(2)(b).

② P. D. G. Skegg, *Law, ethics and medicine*, Clarendon Press, 1984, p. 86.

③ A. Matas *et al.*, A Proposal for Cadaver Organ Procurement: Routine Removal with Right of Informed Refusal, *Journal of Health Politics, Policy and Law*, 1985(2)10: pp. 231 – 237.

时,家属拒绝则不能进行移植,即亲属仍可以合法地推翻这一意愿;但在绝大多数规定了明示同意的国家中,亲属并未被正式授予这一特权(尽管实践中常常并不如此),即如果死者明确表示愿意捐献后,亲属任何意愿都可忽略(如比利时和芬兰)。这意味着推定同意和明示同意对家属意愿和死者意愿的权衡不能等同,即明示同意远比推定同意能更好地表明死者意愿。

同时,在强推定同意的实践中,医生常常寻找家属的同意。如在挪威,理论上,《器官移植法》第6条规定,医生没有义务在器官摘取前获得亲属的同意,只需要尽可能在器官摘取进行前对亲属告知死者死讯。如果亲属无法在死者死亡时联系到,医生不需要通知亲属死体器官已被摘取。然而,实践意义上,医生享有的权利并没有法律上暗示的如此宽泛,医院的行为准则一般要求征求近亲属的允许。尽管家属不会被要求签署任何正式文件,但如果近家属中有任何一个人对捐献提出保留意见,医生将其看为非正式否决,即使死者在生前对器官移植呈积极态度。

在决定器官捐献时,在推定同意制度下家属的作用比明示同意制度下家庭的作用更重要。申言之,在明示同意制度下,家属在情感上的拒绝捐献与死者意愿捐献器官同等重要。而在推定同意制度中,家属的拒绝比死者的意愿更重要。

6. 没有足够的机会作出拒绝——回避同意的嫌疑

从前面的讨论中我们已经看到,无论法律上还是生活上,沉默都不被视为就是同意本身。然而,Beauchamp 和 Childress 认为,在其他前提条件都满足的情况下,将推定同意视为一种“不言而喻”的同意还是很合情合理的。他们以一个患者举例,患者被告知将对其进行 HIV 抗体检测,除非他或她拒绝。他们认为,如果患者在被告知上述情况时表示沉默,则认为其同意。[①] Childress 认为这些前提应包括:(1)患者对该体系了解而且知道其作为或不作为的含义;(2)他们有足够的时间表

① T. Beauchamp, J. Childress, *Principles of Biomedical Ethics*, 4th edn, Oxford University Press, 1994, p. 129.

示拒绝;(3)他们的不拒绝不会带来"极大损害"。① 此外,面对社会对器官的极度需求,降低建立在自主意愿基础上的同意的临界点的方式是可取的,而问题在于:在这样的情况下,人们是否有足够的机会来作出拒绝的决定。然而,通常情况下,答案是否定的。

首先,美国医药协会伦理和司法事务委员会的报告写道:"当死者及家属没有被告知可以拒绝或如何拒绝捐献时,推定同意事实上就成了完全回避同意的手段。"②Childress 指出,在美国,由于一些州缺乏眼角膜组织(推定同意)法律运行的相关知识,那些政策在伦理上是值得怀疑的。③

其次,世界各地的登记制度建立与否和是否简便易行并不相同。有些案例里"政策实际上就是披着推定同意外衣的征收制度",④尤其当没有简单易行的途径来记录拒绝意见的情况下,如随时可以进行的登记或捐献卡制度。

最后,1987 年的英国《霍芬伯格报告》列出了推定同意制度存在的一个主要问题——"可能会有这样的风险,就是在死者及其家属还没有决定是否捐献时他的器官就已经被摘了"⑤(当然,明示同意制度引起的问题是,死者事实上已经同意了捐献但器官并没有被摘取)。

如此,"仅仅在大众普遍不愿表示异议或是无知,或是在那些不想捐献但暂时还未填写反对记录的人群中,假定的同意捞取好处以获取

---

① J. Childress, "Ethical Criteria for Procuring and Distributing Organs for Transplantation" in D. Mathieu (ed.), *Organ Substitution Technology: Ethical, Legal, and Public Policy Issues*, Westview Press, 1988, pp. 87-96.

② David Price. *Legal and Ethical Aspect of Organ Transplantation*, Cambridge University Press, 2002, p. 107.

③ David Price, *Legal and Ethical Aspect of Organ Transplantation*, Cambridge University Press, 2002, p. 107.

④ Childress, James F., Ethical Criteria for Procuring and Distributing Organs for Transplantation. *Journal of Health, Politics, Policy, and Law*, 1989 (Spring), p. 98.

⑤ Conference on Medical Royal Colleges and their Faculties in the UK, *Report of the Working Party on the Supply of Donor Organs for Transplantation* (Hoffenberg Report), 1987, p. 6.

更多的器官”。[1]

7. 分割谬误

在有争议的情况下采取不摘取器官的行为应该是正面行为。然而有人说,这种情形下无正负行为之说,相反,从广大器官需求量的事实角度出发,因错误而致的器官捐献才是正面行为。[2] Cohen 说:“不该使用而使用器官的行为不正确,但至少跟应该使用而没有使用器官的情形相比更能让人接受。”[3]《欧洲卫生部长会议报告》指出:“当待移植的死者的生命健康权与不再被称为公民的尸体‘权’相冲突时,活体的权利应大于死体权利。集体利益大于尸体的个人利益。”[4]推定同意制度就是这一观点的反映,也是优先权利的反映,该优先权利被认为享有绝对优先地位,除非有个人的明确拒绝意见存在。

推定同意制度建立在“大多数人都自愿捐献”之假设前提下,而民意调查显示大多数人都支持该说法。Cohen 确信这种制度不仅为权宜之策,而且是公正的有益的,应该采取跟人们真正需要的东西相一致的假定(同时,明示同意制度下,器官摘取率常常低于民意调查的自愿捐献率)。[5]《美国医药协会报告》写道:“全民公投并不能回答推定同意制度引发的伦理上的问题。尽管全民公投通过了推定同意制度,但那些拒绝捐献的公民的意愿也仍应该受到尊重,而不应该被大多数人的意愿覆盖。”[6]Prottas 认为,根据“分割谬误”,因多数人同意捐献而设计推定同意制度是错误的。这里有个逻辑谬误,即若某个群体或阶层人士“集体”(实际为大多数人)认为某事是正确的时候就认为该群体或

① Strategies for Cadaveric Organ Procurement, *AMA*, p. 811.

② B. Hoffmaster, Freedom to Choose and Freedom to Lose: The Procurement of Cadaver Organs for Transplantation, *Transplantation Proceedings*, 1985 (17) (Supp. 4), p. 24.

③ Cohen, The Case for Presumed Consent to Transplant Human Organs after Death, *Transplantation Proceedings*, 1992, p. 2171.

④ Conference of European Health Ministers, p. 7.

⑤ Cohen, The Case for Presumed Consent to Transplant Human Organs after Death, *Transplantation Proceedings*, 1992: p. 2172.

⑥ Strategies for Cadaveric Organ Procurement, AMA, p. 811.

阶层里的每个个体都认为某事是正确的(从宏观事实出发作出的微观决定);[①]另一方面,如果这里采取了大多数人意见,那这就是区分了不同利益具有优先顺位的表现,而且如果存在公正的话,则这种公正是建立在高于个人利益的集体利益之上的。

《美国医学协会报告》指出,"推定同意制度如果未能证实不存在反对的原因(比如将家庭成员排除在决定之外),则因它未能尊重个人偏好,故在伦理上是有问题的"。[②] 有意思的是,在法国,尽管有强推定同意法律存在,实践中仍要"历史地"找到亲属。然而,即使考虑到亲属,如果不是在明示同意制度下也会产生相似的未能尊重个人偏好的矛盾,显得有些狭隘。

(二)推定同意在实践中的效果

在这里,我们需要检验这样一个前提是否正确,即"推定同意制度能使更多的器官用于移植",因为这是支撑推定同意制度的基本依据。

尽管普遍观点是推定同意制度提高了捐献率,但分析者们的结论却不一致。Land 和 Cohen 在 1992 年分析道:"捐献率上升和推定同意法律之间没有明显关联。"[③]另外,考虑到影响捐献率的有无限可变的因素,所以很难对这个前提作出评价;还有,许多国家的捐献实践与法规并不一致,至少并不是每个捐献案例都符合法规,也就是说,在一些规定了推定同意制度的国家,医生在实践中依然会寻求同意。结果是,所有的结论都有待进一步试验来证明,或者说所有结论都只是暂时的。

在欧洲,奥地利和比利时司法上有推定同意条款,并提供了大量数据和经验以供比较;而欧洲以外,新加坡的司法和临床经验在某种程度上和美国一些州中关于角膜捐献的立法与实践一样有参考价值。

---

① J. Prottas, The Rules for Asking and Answering: The Role of Law in Organ Donation, *University of Detroit Law Review*, 1985, 63, pp. 183 - 187.

② Sipes, Does it matter whether there is public policy for presumed consent in organ transplantation?, *Whittier Law Review*, 1991, p. 530.

③ W. Land, B. Cohen, Postmortem Living Organ Donation in Europe, *Transplantation Proceedings*, 1992 (24), pp. 2165 - 2167; P. Michielsen, Informed or Presumed Consent Legislative Models, in J. Chapman, M. Deierhoi, C. Wight, *Organ and Tissue Donation for Transplantation*, Arnold, 1997, pp. 344 - 354.

在奥地利,肾捐献比例从1985年的每百万人中的15人上升到了1990年的每百万人中30人,这是欧洲最高的捐献率,之后就开始下降。[①] 很多人将这次的高捐献率归功于"强的推定同意"法律的颁布,在这种法律中,家属无权拒绝捐献。然而20世纪90年代初奥地利的捐献率极度下降:1990年维也纳有146名捐献者,到1991年降到了115名,而1992年人数更少。Gotzinger等人做的一项研究的结论是:"我们国家捐献率下降的趋势说明只靠稳定的法制环境不能保证捐献器官的必要数量;甚至很出色的移植中心也不得不努力使其员工们都掌握器官移植的相关知识、信息和动机。"[②]此外,尽管推定同意法于1982年就颁布了,但直到1985年捐献者才开始增多。Wamser等人将注意力转移到1986年设立的大量公关活动上,并将捐献率的提升归因于它。[③] 另外,某些特定捐献中心(如维也纳和林兹)从1984年开始逐渐引入一种分散模式,结果这些中心的器官捐献和移植率大幅提升。采取集中模式的格拉茨和因斯布鲁克的捐献和移植率则没有变化。尽管90年代初捐献率下降,但总体而言移植率则保持不变。[④] 1997年平均每百万人中有42.9人进行了肾移植,同年欧洲只有西班牙超过了这个数字。[⑤]

同样,比利时的器官移植和捐献率一直保持增长态势,所以它的推定同意制度常被当作一个范例。在1986年"弱推定同意"法律颁布后,1985年到1989年间肾移植增长了114%,从每百万人18.9例涨到

---

① 国王基金报告发现从1985年到1992年肾脏的捐献率提升了33%。King's Fund Institute, *A Question of Give and Take*, *Research Report* 18, King's Fund Institute, London, 1994, p. 20(Fig. 8).

② 尽管没有告知家属死讯及预期的器官移植的义务,但是,有34.8%的员工"一般"会进行这样的通知,1.7%的员工"总是"会进行这种通知,而进行这种通知恰恰导致了大约5%的拒绝率。参见:*Eurotransplant Newsletter*, June, 1994, p. 6.

③ P. Wamser *et al.*, Discontinuing of a Permanent Information and Education Program Among Donor ICUs Leads to a 50% Decrease of Organ Donor Rates, *Transplantation Proceedings*, 1993(25), p. 2988.

④ 在维也纳,捐献者的数字从1985年的40增长到1990年的146。

⑤ 只有24个为活体器官捐献者。参见:ITCS transplant statistics, 1997, at http://www. kuleuven. ac. be/ Facdep/ medicine/itcs/Home. html.

每百万人41.3例。因为有了不断增多的器官捐献者,所以尽管对非常住居民进行移植没有限制,等待移植的人数仍保持不变;[①]尽管比利时血液透析的比例很高,但接受透析的比率也保持不变。[②] 同样值得关注的是,同一段时间内同一地理范围内的其他没有推定同意法律的国家,如荷兰和德国,就没有出现这种增长现象。[③] 尽管如此,英国医学会认为这种增长的主要原因可以解释为,在同一时间,更多的比利时医院参与到器官摘取中,而不是因为实行的器官捐献同意体系类型的改变。[④] 另外,Michielsen也注意到自从1986年立法通过之后在比利时许多地区分散式模式是如何盛行的。同时,从比利时不同捐献中心收集来的1986年法律实施后的数据显示,不同捐献中心的捐献实践和器官捐献率并不相同,如勒芬在实践中采取了推定同意,而布鲁塞尔和安特惠普在实践中仍继续寻求亲属同意。[⑤]

在新加坡,1987年颁布的推定同意新法(《人体器官移植法》)使得捐献率急速增长,肾捐献率从(1972年至1987年间的)平均4.7人/百万人增长到了(1988年到1990年间的)平均31.3人/百万人;[⑥]从1975年起,美国许多州都颁布了法律允许法医病理学家在死者家属没有表示反对或死者一方无任何反对迹象的情况下摘取角膜,使得这些州角膜捐献和移植取得极大飞跃。[⑦] 然而,在器官捐献的实践领域,美国的很多医生还是会寻求家属的同意;在推定同意制度下,丹麦曾为欧洲器官捐献率最高的国家之一。

基于以上资料,表面看来,推定同意法是器官捐献率增长的主要因

---

① 主要来自于意大利以及奥地利和比利时。

② L. Roels *et al.*, Effect of a Presumed Consent Law on Organ Retrieval in Belgium, *Transplantation Proceedings*, 1990 (22), pp. 2078 - 2079.

③ 在奥地利,1993年到1995年肾脏的平均获得率为46/每百万人;比利时同时期为39.9人/百万人;荷兰为27.9人/百万人;德国为24.2/百万人。

④ King's Fund, *A Question of Give and Take*, p. 58.

⑤ ITCS Transplant Statistics.

⑥ King's Fund, *A Question of Give and Take*, p. 58.

⑦ 这样的立法已经使得角膜的捐献率有了实质性的升高。参见:E. Farge *et al.*, The Impact of State Legislation on Eye Banking, *Archives of Opthalmology*, 1994, 112, pp. 180 - 183.

素。然而,并不是说其他因素就不重要,而可能更重要。如西班牙,尽管有立法上的强推定同意制度,但实践中家属常常参与做决定,而且医护人员经常遵从传统的医疗实践(即积极寻找家属同意,这是事实上的明示同意)。讽刺的是,Gerson 和 Sipes 都按照西班牙推定同意法的"失败"推测出他们会有充足的器官来源。①

西班牙是欧洲器官捐献率最高的国家,1997 年西班牙进行了 1861 例肾移植手术(约合 46.9 人/百万人),比欧洲其他任何国家都多。而且,Matesanz 等人的研究表明,道路交通高死亡率和器官的高获取率间并无多大关系,②而高度组织化的、有良好经费来源的、拥有大量移植协调者的分散式体系对器官捐献率的提升有极大影响。在没有推定同意制度的情形下,组织和器官来源与组织管理方面的变化也会成为一种"成功"。由此可见,推定同意制度是一个调节器官供给的机制,但绝不是一个成功的必要或充分条件。

综上所述,将沉默自动定义为同意实际上侵犯了人类的基本价值。比如,我们有可能会丧失几个世纪留存下来的对死亡的敬畏之情。在这里我们也犯了类似于所谓"滑坡谬误"的错误。如果我们不经过人的同意就摘取器官,那么会导致什么样的后果?我们是否可能会考虑使用死尸进行撞击测试以获得更精确的结果?同时,这样做的代价也并没有带来器官供给的必然的和绝对的增加。

由此可见,推定同意系统并不可取。因此,我们选择了更能体现知情同意原则精髓的强明示同意系统,且对其做了本土改造,即以家庭决策为基础。

第十七条 【预先指示】公民可以通过遗嘱预先指示其具有完全

---

① W. Gerson, Refining the Law of Organ Donation: Lessons from the French Law of Presumed Consent, *New York University Journal of International Law and Policy*, 1987 (19), pp. 1013 – 1029; D. Spies, Does It Matter Whether There is a Public Policy for Presumed Consent in Organ Transplantation?, *Whittier Law Review*, 1991 (12), pp. 505 – 516.

② R. Matesanz *et al.*, "Organ Procurement in Spain: The National Organisation of Transplants", in J. Touraine *et al.*, (eds.), *Organ Shortage: The Solutions*, Kluwer Dordrecht, 1995, pp. 167 – 171.

民事行为能力的近亲属一人或者多人在其死后决定遗体或者器官的捐献。

被授权的近亲属为多人的,捐献器官的决定应共同作出,并在捐献意愿书上签字。

[立法理由] 授予患者“预先指示权”

为了更好地保障患者的自主权,美国1990年《患者自我决定法》赋予患者“预先指示权”,使得患者有权在还未丧失决策能力时预先行使医疗决策权,这实质上是对患者自主决定权拓展性的更为完满的保护。根据预先指示的原理,我们在《中华人民共和国器官移植法草案(建议稿)》中还建议设立常规问询制度(第25条)。

所谓患者的“预先指示”是指:当患者具备决策能力时,预先决定在未来失去决策能力之情形下选择哪种医疗或选择谁为代理决策。预先指示分为代理型指示和指令型指示。前者为指定在未来丧失代理能力时,谁可以为代理决策;后者为指示在未来丧失代理能力时,接受或拒绝哪种医疗救治。而“预先指示权”则是指患者所具有的预先指示的权利。这种制度已经得到了一些国家法律和国际法文件的认可。如美国联邦患者自我决定法要求每一个接受医疗保障计划的医疗卫生服务提供者应尽早告知患者关于预先指示的法定权利。欧洲《人权和生物医学公约》第9条也规定,“在进行医疗干预时,若患者处于不能表示其意愿的状态,那患者就这一医疗干预原先表达的意愿应得以考虑”。美国明尼苏达州还全面创立了精神卫生领域的预先指示规则。该立法允许患者事先作出指示,同意或拒绝接受某种精神治疗,包括某些侵袭性治疗,如电击疗法。根据立法,医生必须依据法律和合理的医学规范尽可能地遵守患者的指示。

应该说,对于曾经具备决策能力的患者来说,在其具备决策能力时,通过“预先指示”的方式来表达其真实意愿是一种维护患者本人真实意志,避免他人代理可能滥用代理权的较好选择。在美国,已经有很多病人通过“预先指示”避免了自己不愿接受的医疗措施。如2001年,一位已经患有19年严重神经系统疾病,靠呼吸机维持生命的老人,在他还能用眼睛的眨动表达“同意”或“拒绝”时表达了自己的要求:希望在他再也不能与外界交流后的两个星期撤掉生命维持治疗。法庭最终认可了他的这一预先指示。再如,在 Mallette v. Shulman(1990)案中,身为耶和华见证者的原告因车祸入院,当时已经昏迷。人们在她的皮夹中发现了不接受输血的声明,然而,医生还是为她进行了救命的、而又违反其意愿的输血,结果医院败诉。由此可见,"预先指示"的制度设计是对患者自我决策权更全面的保护,体现了以人为本的人文取向,是值得借鉴的。

第十八条 【公民捐献的个人拒绝有效原则】公民生前表示不同意捐献其人体器官的,任何组织或者个人不得捐献、摘取该公民的人体器官。

公民可以向全国器官捐献和分享系统登记拒绝捐献器官或者尸体的意愿。

第十九条 【公民死后家庭的捐献志愿书】公民生前未表示捐献或拒绝捐献其人体器官的,该公民死亡后,其家庭可以以书面形式捐献器官。捐献志愿书上需要一名具完全民事行为能力的家庭成员代表家庭签字。

前款中的家庭指由死者的配偶、子女及父母组成的家庭。

公民死亡时,无配偶、成年子女和父母的,其成年兄弟姐妹、成年孙子女、外孙子女、祖父母、外祖父母可以书面形式表示同意捐献该公民人体器官的意愿。

[立法理由](第十六条、第十八条、第十九条)

一、以家庭同意为基础的强明示同意系统的设计

推定同意系统在伦理上存在着一定程度的质疑与缺陷,于实践中也没有必然与绝对地提高死体器官的捐献率。与之相比,明示同意系统应为更符合伦理的法律构建。同时,强明示同意系统较弱明示同意系统可以获得更多的器官,且更为尊重本人的捐献意愿,因此,建议我国坚持强明示同意系统并辅以强有力的执行框架。同时,建议根据中国的国情和传统文化,将死者生前的个人同意转变为家庭(共同)同意。我们借鉴国外规制的经验,作出如下立法建议:

(一)死者生前捐献的家庭同意原则和个人拒绝有效原则

鉴于我国家庭本位的传统文化,我们建议公民生前的捐献意思表

示应为家庭决策。此种家庭决策并非家属决策,它调和与消弭了捐献者本人的决策和家属的决策,即此家庭决策是捐献者本人的意愿,也是家属的意愿。

公民生前的捐献意思表示应为家庭决策,即公民生前的死体器官捐献应为捐献者与其最近亲属的共同意愿,由捐献者及一名家庭代表(配偶、父母或子女)共同在书面的捐献志愿书上代表家庭签字。如此,捐献人死后就无须再寻找家属的捐献同意。同时,公民对自己尸体的处置权和死者家属对尸体(器官)的类所有权都得到了尊重。

需要注意的是,公民生前可以进行拒绝捐献的登记,而此种拒绝并不建议家庭决策,有当事人本人的拒绝即可。

同时,禁止任何人明知死者拒绝捐献的情况下接受或使用死者的组织与器官。

(二)供体死后家属捐献的家庭同意原则

当死者生前没有作出同意或拒绝捐献的意思表示时,我们依然坚持家庭捐献的原则,即由最近家属组成的家庭(配偶、父母、子女)按照家庭同意原则捐献死体器官。具体地,由死者最近亲属中的一名家庭代表在捐献同意书上签字代表家庭捐献。

二、自愿基础上的双向登记系统

很多时候,自我决定权的尊重和行使程度并不完全依赖于某个法律体系,而是更依赖于这个体系的组织及附属功能是如何运作的。对于器官捐献的同意系统而言,将它落于实践的无疑是有效的登记体系。

(一)世界范围内登记系统的分类与分布

世界范围内对于同意捐献与拒绝捐献的登记系统的设置是不同的:有些地区可记录人们同意或反对的意见,如在奥地利、比利时、丹麦、荷兰、西班牙和瑞典;有的地区只记录同意的意见(如英国);有的地区只记录反对的意见(如葡萄牙、法国在1998年9月开始针对希望拒绝器官摘取的人们开放登记处)。颁布明示同意法的国家中大多都有捐献卡系统,但一些实行推定同意法的国家也有捐献卡系统。

通常情况下,这样的登记体系并不只是某种法律体系下的一种正式机制,它还影响着人们对这一法律体系的伦理上的认可。

(二)域外非自愿的双向登记系统的讨论

为了增加可用器官的数量,域外有关于非自愿的双向登记系统的讨论,主要为以下两种。

1. 授权选择

授权选择需要所有人都清楚地陈述他们是否同意在死后将他们的器官或者组织(或者两者)从身体中摘除。实际上,可以通过创造机会请人们表达他们的愿望来实现此种方法(比如填写纳税申报单或是申请驾照时)。这些信息要被记录在中央数据库,这样就能让所有器官接受和分配机构看到。

授权选择体系在1994年被美国医学协会同意,尽管它还没有被实施。支持授权选择的人声称,不论是实践中还是伦理道德上,它都比其他方法要好。授权选择可以让那些在调查中表示他们想要同意,但还没有这么做的人昭示给大家自己的愿望;同时,授权选择可以让人们以更轻松的方式选择器官捐献;进而,因为所有有能力的成年人都会因为授权选择而考虑捐赠他们的器官,所以这个体系将会提高公众对于器官需求的意识;最后,“授权选择会减少因要向家属取得同意而耽误时间,从而可能损害器官质量的事情的发生”。①

除了这些实际益处外,支持此体系的人还认为与其他方法相比,授权选择有许多道德伦理上的优点。这些优点中经常被提到的是这种器官接受体系会避免在死者死后向其家属请求捐赠其器官时所面临的额外压力。② 支持授权选择的人认为,授权选择既考虑到家属利益,同时也能考虑到死者的自主。在这个体系下,死者的愿望能够被大家知道(和尊重)。③

反对授权选择的人认为,与提高潜在捐赠者的自主相比,此体系会使其受损,因为它强迫人们决定是否捐赠他们的器官,而强迫是有害于

---

① Spital, Aaron, Should all human immunodeficiency virus-infected patients with end-stage renal disease be excluded from transplantation? The views of U. S. transplant centers, *Transplantation*, 1998, 65, pp. 1187 - 1191.

② 同上。

③ 同上。

自主的。[①] 授权选择体系强迫人们决定是否捐赠他们的器官,就是在强迫人们去完成面对自己死亡这一艰难的任务。因此,这个体系不仅会让人们的自主受损,同时还可能影响他们的"健康"。

2. 吉·彭宁斯的强制登记系统

另一个与"授权选择"相似的强迫人们表达捐献与否的观点的方法为吉·彭宁斯设计的"强制登记"系统。在他斯的强制登记系统中,所有人必须登记下他们关于死后尸体处理的意愿,但在他们记录"是"或"否"的同时也可以记录下"无法回答"。这个系统可使器官捐献者的数量增加,此外,死者的意愿会被作为最后结论,因为准许近亲反对捐献会将一个人无私的捐献贬低为需要别人证实的猜测。

彭宁斯的系统暗示了人们有"采取确定行为的社会义务"的义务论观念,此种情境下便需要人们作出关于捐献的登记。这更像强制性的选择性的登记系统,它迫使人们履行"义务"。但是,在这里,功利仍然被发现为最主要的原则,就好像在"opt-out"系统中一样。

正确的观点可能是这样的,如果一个人从中获益,这个人应对社会其他人承担相应的义务,但与权利相联系的行为不是强迫某个行为,而是从那些有能力却没有在合理时间作出捐献器官的积极决定的成年人那里收回器官移植的好处。

(三)本草案的建议——自愿基础上的家庭同意与个人拒绝的双向登记系统

当前的同意系统只记录捐献的意思表示,没有记录反对的意思表示。这样,当死者不愿意捐献而没有登记同意时,不太了解死者价值观的亲属可能违背死者的意愿。正确记录反对意愿的系统要比正确记录捐献意愿更重要,因前者的未记录可能造成不愿捐献的死者的器官被摘取,而后者的未记录可能造成愿意捐献的人没能捐献。

根据如上讨论,最周全的方式为立法建立同意捐献与拒绝捐献的双向登记系统。正如Dickens、Fluss和King指出的:"保持允许的权利来维护个人的自主性……记录他们的个人宗教和其他信仰,并且宣称

---

① Veatch, Robert M., Routine Inquiry about Organ Donation—An Alternative to Presumed Consent, *New England Journal of Medicine*, 1991, 325, pp. 1246 – 1249.

他们拒绝向社会贡献任何资产。”①

由此,建议我国采用“同意”与“拒绝”的双向登记系统,需要注意的是,此系统登记的“同意”应为家庭同意;而登记的“拒绝”只需当事人个人拒绝就可以。同时,由于我国已经初步建立起一个同意捐献的登记体系,故在此体系中增加“拒绝”的登记应该不会增加太多的成本。

显然,自愿基础上的同意或拒绝的双向登记提供给公民表达自己真实意愿的机会,尽量杜绝不愿捐献器官的人死后,其家庭捐献其器官之情形的发生。同时,它没有强制性,没有给公民增加额外的义务与负担。

此种方法虽然短期对增加器官数量没有帮助,但是我们相信,因为它可以增加人们对器官移植组织管理与技术的信心,可以敦促人们思考死亡、超越与捐献等命题,故长期效果来看,应是对器官移植技术的发展有助益的。同时,更为重要的是,合乎伦理的法律规制在任何时候都比增加可用器官的数量更为重要。

(四)完善与丰富同意或拒绝捐献器官的意思表达体系

记录器官捐献意向的体系除了同意与拒绝捐献器官的双向联网登记系统外,还包括发放捐献卡和驾照上增加“器官捐献意向书”。

同意与拒绝捐献器官的双向联网登记系统。在主要依靠捐献卡和在驾驶证上的捐献声明表示捐献意愿的方式的系统中,只有很小一部分潜在捐献者在死时是携带着捐献卡或驾驶证的。因此,一个方便医务工作者随时查询的公众同意捐献与拒绝捐献的联网登记系统便很重要。

发放捐献卡。目前,世界上绝大部分发达国家甚至大多数发展中国家,都实施了器官捐献卡制度。2007 年,我国设立了首批器官捐献卡(全称为器官、眼角膜自愿捐献者随身携带卡),上面有申请人签名、联系方式、直系亲属姓名及紧急情况下的联系方式,以便万一持卡人意外身亡,此卡可以作为当事人生前已表达过器官捐献意愿的证据。

---

① David Price, *Legal and Ethical Aspect of Organ Transplantation*, Cambridge University Press, 2002, p. 113.

驾照上增加“器官捐献意向书”。虽然美国在全球器官移植领域首屈一指,但总需求与供给依然还有很大缺口。为了解决这样的问题,美国大部分州采用了领取驾照时登记捐献器官意愿的制度。器官捐献的具体推行方法由各州自行决定,州和州之间有着较大的区别。有的州只需要在申请或者更新驾照时对器官和组织的捐献问题回答“是”,就自动登记为器官捐献志愿者;有些州的驾照上不仅显示捐献意愿,还带有选项,标明是愿意捐献全身任何器官或组织,还是只捐献特指的某个器官或组织。美国卫生部曾表示,该国器官移植和死体器官捐献总数出现的较大增幅与在驾照上印制器官捐献志愿密不可分。建议我国可以借鉴此种方式,将驾照当作捐献卡的一种。同时,建议在驾照上详细记载捐献人意愿捐献哪些器官、拒绝捐献哪些器官、是否愿意捐献尸体用作教学科研等。

第二十条　【公民个人撤销捐献同意】已经表示捐献人体器官意愿的公民本人有权随时无条件地对捐献决定进行撤销。公民生前撤销捐献意愿的,应及时向市级红十字会的器官捐献办公室提交书面通知。

其他依法有权作出捐献决定的人,可以在器官摘取手术开始前随时无条件地撤销捐献决定。

[立法理由]立法提供随时且无条件撤销同意的机会

撤销权本身就是自主决策权的一部分。同时,在器官捐献中,提供随时的无条件撤销捐献的机会可以减轻潜在捐献者的压力,是很好的促进捐献的战略措施。因此我们建议立法规定,当人们登记捐献器官后,在任何时候可以撤销捐献的同意,且无需提供任何理由。

第二十一条　【公民家庭变更所捐献的器官】已经表达捐献人体器官意愿的公民家庭有权对所捐献器官的种类进行变更。公民家庭变更捐献意愿的,应及时向市级红十字会的器官捐献办公室提出书面通知。

其他依法有权作出捐献决定的人,可以在器官摘取手术开始前变更捐献决定。

第二十二条　【匿名捐献与指定捐献】为保护捐献人及其家属的隐私,一般情况下实施匿名捐献。

捐献器官的家庭或者依法作出捐献决定的人可以指定捐献人的近

亲属作为受体。

[立法理由]

一、死体器官捐献一般情况下的匿名捐献

在器官移植立法所关注的隐私权保护中,较为特殊的为死体器官捐献中的匿名捐献原则,即不可向受体透露死体器官捐献者及其亲属的个人信息。与此同时,受体对死体器官捐献的补偿仍需要遵循匿名捐献原则,即受体提供的补偿首先交与第三方(如红十字会的相关部门),再由第三方转交给捐献者的家属;或在捐献者生前先由第三方垫付给捐献者,在器官捐献后再由受体偿还给第三方。

当然,在实践中,一些受体会询问更多关于供体的信息以及要求联系供体的家属。在许多情况下,供体家属的隐私必须受保护,如果供体家属要求见受体,并且受体同意这个请求,则关于见面的详细讨论和计划会使双方参与者心理上感到更舒适些。

二、指定捐献

器官捐献需要社会的积极参与和干涉。虽然移植用的人体器官被称为"生命的礼物",而器官捐献的捐献方式与真正的礼物的赠送方式却完全不同:器官捐献需要移植团体的干涉和专业知识;器官捐献永远无法像大多数礼物那样是私人间的交易;其过程要求必须有他人在场。由于以上提到的社会的积极参与,捐献者的个人意欲与群体价值观需适当调和。此外,移植依赖于公众通过捐献器官支持这一事业的意愿。最终,移植建立在公众对器官获取和分配的政策和实践的信任和信心之上。

指定捐献指的是这样一种捐献实践,即捐献者指定了其器官打算捐献给的受赠人。美国《统一遗体捐献法案》允许捐献者指定任何类别的可能的受体,包括医院、教育机构、医生或者个人。尽管自从《统一遗体捐献法案》颁布以来,这一实践在美国得到了法律的批准,但是指定捐献提出的伦理问题还未获得足够的关注。实际上,指定捐献的出现立即将捐献者的价值观与器官分配的(公平的)价值观并列起来。

显然,活体器官捐献都是个人之间的指定捐献。存在伦理争论的,也是我们在这里讨论的,是发生于死体器官捐献中的指定捐献。具体地,对于死体器官,亲属间或熟人间的指定捐献似乎没有引起公众的公开反对。但是,关于指定捐献给公众人物(如媒体报道或公开征集的人)或者特定阶级的人,则引起了伦理与法律的争论。一般认为,指定捐献器官给有既存密切关系的个人在道德上是合理的。但是,其他种类的指定捐献存在道德上的问题。有道德问题的指定捐献可能最终威胁到移植事业赖以发展的脆弱的公众信任。

(一)指定捐献在美国的典型立法及实践

指定捐献典型的立法最初是1968年美国的《统一遗体捐献法案》和后来修订的1987年《统一遗体捐献法案》,它们都包括一些条款允许捐献者指定"任何医院、外科医生或医生……任何委任的医学或口腔医学院、学院或者……任何银行或储存设备……或任何具体的个人用于治疗或移植"。

尽管在美国的器官摘取实践中,器官获取组织(OPO)可能是默认的接受器官的机构,但是《统一遗体捐献法案》的条款清楚地说明允许个人直接把器官捐献给各种各样的其他受体。① 下面列举的情形显然解释了上述规定:

1983年7月,总统罗纳德·里根在他的每周电台演讲中为一位名为Ashley Bailey的德克萨斯州女孩公开呼吁器官捐献。这名女孩才11岁,患有肝脏疾病。他说:"我向全国发出请求为Ashley寻找一名器官捐献者,如果你们中有谁知道一位可能的为Ashley捐献的人,请打电话告诉我。"②

1990年佛罗里达州的一位白人男子被指控是"三K党"的同情者而遭到一名非裔美国人枪杀。死者家人同意捐献器官,条件是器官只能捐给白人受体。③

---

① Recent Cases Bring Directed Donation to the Forefront, *UNOS Update* 10, No. 2 (Feb. 1994), pp. 22 - 26.

② Ronald Reagan, Speech of July 23, 1983. *Public Papers of the Presidents of the United States*: *Ronald Reagan*, 1983, Book 2, U. S. Government Printing Office, 1985, p. 1074.

③ St. Petersburg Times(Jan. 9), 1994.

1994年夏天,田纳西州东部一名年轻的女士死于一场交通事故。她的父亲在密歇根等待心脏移植已经几年了。其家人同意捐献器官,随后决定将她的心脏移植给她的父亲。器官获取组织和移植中心实际上能够允许指定捐献。由此,指定捐献已经成为国际媒体关注的主题。①

(二)指定捐献的形式

正如上述这些情况暗示的,指定捐献有三种普遍形式:

第一种形式,捐献者可以将器官捐献给与自己有既存密切关系的个人,例如需要进行移植的亲人或朋友。

第二种形式是指将器官指定捐给一个没有私交但是以某种方式为公众所知道的人(如名人或其困境得到媒体关注的人)。

第三种指的是"指定阶级捐献",又称"限制捐献"。在这种情况下,捐献者可能要(通过种族、宗教信仰、意识形态、性别、性取向或病因)对特定人群给出定义。当然,需要特别定义的人群要么是优先获得捐献的器官的人,要么是被排除在考虑范围之外的人,如"只捐献给白人"、"不捐献给女人"等。

毋庸置疑,人们对各种各样指定捐献的例子做何反应取决于自主权和群体价值观哪一个优先的考量。

(三)指定捐献给亲属个人的合理性

1. 器官分配中"公正与效率平衡"的视角——与效率相关的优先权

由于亲属之间天然的骨血与情感联系,故世界上很多国家都承认与允许此种指定捐赠,如美国联合器官分享网(UNOS)便接受死者为他(她)的某些亲属捐献器官。如上述1994年发生在密西根的那例死体器官捐献中,一名妇女死于车祸,而其器官(心脏)只捐献给了她的父亲。Kluge认为,活体个人可以给家庭成员捐献器官,这一事实在原则上是"伦理区分的",且被视为正当的。他说:"亲属关系是很独特的、有特权的且确定的,发生于直系家庭背景下的指定器官捐献不会侵

① Nashville Tennessean(Aug. 26),1994.

犯平等和公平原则。”①这个原理可延伸至感情密切的亲属或朋友。

显然,在努力权衡捐献者的自主要求和群体(社会)利益的过程中,器官捐献和分配实践中的价值(即公正与效率)是我们重点应该关注的。通常,公正的价值是关注的中心,因此,美国联合器官分享网将公正引为管理器官分配的一条基本原则。正如联合器官分享网定义的那样,公正要求获取和分配器官的权利和义务要被公平地分配。换句话说,公正要求同样的病人要被同样对待。

然而,指定捐献是对公平的一个挑战,因它在实践操作层面上是不公正的,因为它对名单上的其他病人弃之不顾。然而,实践中,这类“弃之不顾”的现象十分频繁。

器官分配实践中“弃其他病人不顾”的情况指向器官分配的另一核心价值——效率。根据“先来先得”的原则进行器官分配可能对移植的效果无益;与此相反,我们可以优先考虑一些可能提高预后的因素(即基于效率的优先权的设置),如肺移植中的大小尺寸和肾脏移植中的免疫学匹配度。在这些情况下,如果预测有些病人会有更好的预后效果,等候名单的顺序就会被弃之不顾。同样,这也是指定捐献给亲属个人的合理性所在。

(1)亲属间免疫匹配度高

实际上,分配体系并不要求公正价值至高无上,也不要求效率至高无上,而是努力平衡两种因素。当我们认识到公正并不要求我们同等对待所有病人,但要求同样的病人要同样对待时,这种公正与效率的平衡便已然达到。也就是说,我们可以将免疫学匹配度高的病人与等候名单上的其他病人区分开来,简言之,要特殊考虑免疫学匹配度高的因素会提升器官成活率的情况,也即可以因免疫学匹配度高设置优先权。显然,亲属间的免疫匹配度通常高于陌生人,符合效率的原则。

(2)尊重捐献者的自主决策和捐献者个人在受体健康上的利益

活体器官捐献是指定捐献的一种情形。在活体器官捐献中,捐献者在受体健康上的利益要胜过对平等和效能的要求。即在平衡自主

---

① David Price, *Legal and Ethical Aspect of Organ Transplantation*, Cambridge University Press, 2002, p. 450.

权、公正、效率、有效的意愿的过程中,活体器官捐献者将一个特殊的病人同其他可能的受体区分开来。Kluge 注意到,家庭关系是至上而易识别的,亲属间的指定捐献“并不违反平等和公正的条件”。① 在允许活体器官捐献者自己选择受体的过程中,尊重捐献者的自主权显然是最重要的,但是,其他的因素也影响着我们的理解。例如,在许多(尽管不是全部)活体捐献的例子中,因免疫学匹配度更高而提高生存率会成为捐献器官给亲属受体的砝码。在死体器官的指定捐献中,捐献人在受体健康上同样可能存在自己的利益,故应予以尊重。因此,当我们承认活体捐献中血亲的重要性时,有什么理由怀疑当捐献者去世时,这种联系就不那么重要或没有道德价值了呢?

2. 强化“捐献”文义概念的视角

指定捐献强化了构成器官捐献基础的“捐献”的观念。器官捐献的修辞借助于“生命的礼物”这一形象。我们不否认,器官捐献对于受体具有赋予生命的重要性。但是,从给予者的角度,器官捐献(正常的非定向形式的)与我们送与他人的其他礼物不同。通常当我们送出礼物时,都会送给我们自己选择的接受人。但是,在死体器官捐献的情况中,本人或家人们被要求同意将“匿名的礼物”送给最终由电脑匹配的未知的人。也就是说,礼物通常是被要来的,具体地说,经常是由器官移植协调员要来的,这些协调员的工作就是要求这样的礼物;而当我们将器官捐献给自己的亲属时,无须协调员“要”,捐献的“生命礼物”的赠予本性会全面回归。

同时,通过将捐献者的意愿与移植团体建立的分配法则并列起来,指定捐献对捐献者与受体的割裂产生了挑战。像活体捐献一样,死体器官的指定捐献可以使器官捐献的“捐献”观念与“捐献”本身的词义一致。也就是说,个人可以指定将器官捐献给自己选择的受体——捐给他尤其关注的那个人。

---

① Eike-Henner W. Kluge, Designated Organ Donation: Private Choice in Social Context, *Hastings Center Report* 19, No. 5 (Sept.) 1989, pp. 10 – 16.

(四)对指定阶级捐献的限制——公正与公序良俗对自主决策权的限制

正如捐献者可能在促进特定病人的福利上存在既得利益,他们也可能希望使特定的人群从中受益。这就可能构成了定向阶级捐献的基础。然而,大多数非基于生物原因的指定阶级捐献(即将受体以社会学如种族或性别或宗教信仰分类)是不被允许的,因其违反了公正与公序良俗原则。

1.违反公正的视角

指定阶级捐献蕴含了将受体以社会学(如种族或性别或宗教信仰)分类的意义,因此违背了公正与公平。如果一个人的自由和不受限制的选择侵犯了平等和公正,那么他便不是正当行使自主性并且必须被反对。"器官捐献不是一种只关乎本身的行为,它是一种社会行为,直接地或间接地涉及了整个社会。"①事实上,大多数的法规似乎都没有条款规定将"捐献物"以某一类别的捐献者分类。②

在英国,一个将死的亚洲男子准备在死后捐献自己的器官,但是只捐献给穆斯林。他的捐献愿望被拒绝了。③ 然而,几乎在同时,雪菲尔德的一所医院同意了一个家属的愿望:死者的器官只能被捐献给一个"白人"受体。英国政府立即宣布了这种捐献限制的"可恶"之处,并建立了一个小组去研究这个问题并报告给政府。这个小组的报告是《一个附条件的器官捐献的调查》(在2000年发表)。它谴责了附条件捐献这一行为,并且推荐说,如果捐献者或其家属希望对受体加以条件限制,那么这样的器官一定不要接受。它还额外建议卫生署应该将这个指导正式化并且将其应用于这种情况中……不仅仅是当其关于种族问

① Information on 628 Living-Related Kidney Donors at Single Institution with Long Term Follow-Up in 472 Cases, *Transplantation Proceedings*, 1984(16), pp. 5－7.

② P. Michielson, Medical Risk and Benefit in Renal Donors: The Use of Living Donation Reconsidered, in W. Land and J. Dossetor (eds.), *Organ Replacement Therapy: Ethics, Justice and Commerce*, Springer-Verlag, 1990, pp. 32－39.

③ A. L. Caplan, Is Xenografting Wrong? *Transplantation Proceedings.* 1992(2)24, pp. 722－727.

题时。然而,它却没有想到对法律改变的必要性。①

于美国,器官联合共享网指导分配的原则中提到:“我们相信在受体以社会学,如种族或性别或宗教信仰,被分为很多类时,这种自主性不应该被允许。”②Fox也说过,“我要讨论的是,当受体个人被捐献者所知并被指定捐献时,这在道德上是合情合理的。然而,其他种类的指定捐献在道德上是有问题的”。③ 公平的原则会在这种情况中被侵犯。

2. 违反公序良俗的视角

公序良俗就是人类的善良风俗,它来源于传统文化与传统道德的慢火陶铸,表现为天然的“善、恶、荣、辱”的价值意识。它既包括具有人类共通性与世界性的元素(如公平、正义之理念),也涵盖极具民族个性的独特要素(如“亲亲相隐”便是流淌在中华民族血液中的生生不息的价值观念)。典型的以公序良俗对人的自主决策之限制便发生于对某类独特人群的指定捐献。Kluge认为,亲属之间的指定捐献是具有伦理正当性的:同时,此种指定捐献并不违反公平、正义原则。④ 与此相反,指定某类特殊的群体为器官接受体的捐赠(如只捐献给白种人,只捐献给女人,只捐献给穆斯林等)为一种“由社会等级为引导的”捐献,因违反公平原则,甚至带有种族歧视、性别歧视、宗教歧视等价值偏见,违反了公序良俗,故通常不被允许。联合器官分享网(UNOS)认为:“如果捐献者将受体按照社会类别进行区分,则我们认为此种自主决策是不应该被允许的。”也就是说,为了维护人类的善良风俗,捐献者的自主决策可能被限制或排除。

因此,这种以等级为导向的捐献应该受到反对。当对受体进行区别的基础是特定的种族或性别等的时候,这种分配很可能侵犯到社会整体的捐献,故应被禁止。

---

① ITCS World Transplant Statistics.

② Bar Council Report of Organ Transplants, *BMJ*, (September) 1971. p. 716.

③ Haynes v. Harwood [1935] 1 KB 146 (CA); Videan v. British Transport Commission [1963] 2 QB 650, [1963] 2 All ER 860 (CA).

④ E. Kluge, Designed Organ Donation: Private Choice in Social Context, *Hastings Center Report*, 1989(19), pp. 10 – 12.

(五)对指定名人捐献的限制

第三种指定捐献是指将器官指定捐给一个没有私交但是以某种方式为公众所知道的人。例如,宾夕法尼亚州州长罗伯特·卡西在24小时内接受了一个心脏和肝移植手术;棒球高手米基·曼特尔在1995年6月接受了肝移植手术,而这仅仅是他被放在申请人名单上的几天之后;1999年在英国,一个73岁的美国亿万富翁在接受了心脏移植后引发了争议。[①] 虽然此种捐献在实践中经常发生,但法理与伦理上,它应该受公正原则的限制而不被允许。

对指定名人捐献限制的原因在于它挑战了对受体的先到先得的公平原则,同时,其获得优先权(插队)的理由与效率无关,而只是与被指定的个人的身份相关,即此种由社会等级为引导的捐献中的暗示为此人具有更高的价值,由此,它不仅公然违背了机会均等的公平原则,也违背了人们的法律地位与生存权利平等的公正原则。

因此,我们建议在器官移植立法中容忍死体器官捐献中亲属个人间的指定捐献,即允许捐献人(在其生前)或其亲属(在捐献人死后)指定捐献人的某个亲属为器官的受体,这也不失为增加移植用器官数量的一种策略。

综上,在捐献中,当区别的基础是特定的种族或性别或身份等(即"更具社会价值的人")的时候,这种分配会侵犯到在买卖或服务中的公平和禁止歧视的法律原则。因此,在器官移植立法中,唯一可被合法化的为指定受体为亲属个人的指定捐献。

第二十三条　【器官获取组织】器官的摘取必须由政府指定的有资格的医疗机构进行。

第二十四条　【医院的鉴别和通报制度】医疗机构必须建立对潜在器官捐献人的鉴别与信息通报制度;医疗机构鉴别潜在的捐献人必须遵循正规的程序。医疗机构如果发现潜在器官捐献人没有同意捐献或有拒绝捐献的意思表示,必须通报当地市级红十字会的器官捐献办公室。

---

① L. Rogers, US Billionaire Jumps Queue for NHS Heart, *Sunday Times*, (28 February) 1999.

第二十五条 【器官捐献协调员的介入】市级红十字会的器官捐献办公室接到医疗机构关于潜在器官捐献人的报告后必须派出器官捐献协调员与潜在器官捐献人的家属接触。

器官捐献协调员只能在潜在捐献人将死时或者死亡后询问亲属是否捐献器官,器官的请求不可与死亡告知同时进行;器官请求的方式必须真诚合适。

[立法理由](第十四条、第二十四条、第二十五条)"必须请求"制度的本土化

为了在尊重和保护器官捐献者及其家属的基础上鼓励捐献和获取更多的器官,我们在死体器官的捐献中借鉴和改造了美国器官移植法律中的"必须请求"制度。我们相信在这样的"改良的必须请求"制度下,受体、捐献者和医师的权益可以得到充分而有效的保护。

一、"必须请求"制度概述

"必须请求"是美国在1984年为了尝试增加器官移植自愿捐献器官的数量由 Arthur Caplan 提出的,他提议医院应该向那些近期死亡的或者器官适合移植的患者的近亲请求器官和组织捐献。① 俄勒冈州1985年颁布了"必须请求"的法规。② 在这个法规下,当病人在医院死亡又没有捐献同意,同时在其死亡时无具有捐献优先权的亲属在场时,则医院管理者有义务按优先权的先后顺序请求其亲属的同意;纽约州法律有相似规定,而且阿拉巴马州、印第安纳州、西佛吉尼亚州也都有相似的法规。在亚利桑那州、加利福尼亚州、康涅狄格州、乔治亚州、肯塔基州、新罕布什尔州、宾夕法尼亚州、罗德岛州和田纳西州都有法律规定医院应该制定协议,该协议要求告知家属有决定是否捐献的选择权;加利福尼亚州1985年颁布的法律规定,任何急症护理医院都应该拟定协议来确定潜在的器官和组织捐献者。协议要求医务人员因患者死亡或临近死亡而告知死者近亲属或其他人有关死亡的事实时,应该

---

① Caplan, Arthur, Ethical and Policy Issues in the Procurement of Cadaveric Organs for Transplantation, *New England Journal of Medicine*, 1984, 311, pp. 981 - 983.

② 第2902号众议院法案(《器官移植的法案》),1985年7月3号颁布,第379章。

询问该死者是否为器官或组织捐献者或者该家庭是否为捐献家庭。如果不是,该家庭应被告知有选择捐献的权利。①

为了响应美国器官移植特别行动小组的建议(他们指出,现在的自愿捐献系统的主要问题在于家庭并没有被告知他们在患者脑死亡后有选择是否捐献器官的权利),医疗机构联合评审委员会(JCAHO)要求采取正式的器官捐献政策,这些政策用于鉴别潜在捐献者,给近亲属提供捐献的机会,并将此作为医院急症护理的部分检查内容。1986 年美国《预算协调法案》(the Budget Reconciliation Act)进一步要求医院建立书面规定用以识别合适的器官捐献者,通知器官获取机构和告知家属具有捐献与不捐献器官的选择权。法案还规定将此作为医院提供医疗救助与照护的条件。1987 年修订的《统一遗体捐献法案》(UAGA)也首次包含了"常规询问"和"必须请求"的条文,美国超过 44 个管辖区都采用了这样的规定。②

在英国,医学协会反对这种增加器官供应的方法。Hoffenberg 报告中同样指出,有些医生不与家属商讨器官捐献问题,但他们拒绝与美国相似的立法,而倾向于建立伴有有效监督的实践过程。英国重症监护的死亡统计表明,94% 的捐献者家属都会被询问,所以"必须请求"立法在英国没有必要。其后,有关部门要求所有卫生职能部门保证相关医院拥有详细的流程以识别潜在器官捐献者,通知合适的移植单位或移植协调员,规定与指派与亲属商洽的责任人。

在美国,瑞博森(Robertson)等人断言:"必须请求的立法没有产生预期的效果,而且事实上估计有 1/3 的在医学上符合捐献条件的潜在捐献家庭从来没有被医务人员问及。"③实际上,医疗实践上的不配合率很高(在某些州超过了 50%),甚至 Caplan,这种制度的创始人,都承

---

① 第 631 号议会法案,第 779 章。

② David Price, *Legal and Ethical Aspect of Organ Transplantation*, Cambridge University Press, 2002, pp. 102 – 106.

③ V. Robertson, G. George, P. Gedrich, R. Hasz, R. Kochlik, H. Nathan, Concentrated Professional Education to Implement Routine Referral Legislation Increases Organ Donation, *Transplantation Proceedings*, 1998, 30, p. 214.

认这种规制“对用于移植的器官供应的增加只有很小的积极影响”,[①]而且间接影响远大于直接影响,这甚至在高度配合的情况下也存在:一项针对美国两大人口密集区域大城市的23家医院的调查发现,有86.6%的案例中家属被征求意见,但只有46.5%表示同意。研究者最后总结道:“必须请求的立法没有产生预期的器官捐献率增长的结果。对几个州的研究显示,虽然必须请求的法规颁布后有瞬间的小幅增长,但两年后又下降了。”[②]有证据表明,在一些州法律颁布后,立刻引起器官捐献的增加,例如在亚利桑那州就有3倍到5倍的增加,相比之下在没有进行此种立法的地区(如内华达州),同期则没有器官捐献的增加。在纽约和俄勒冈州等地都出现了上述情况。对1985年到1988年田纳西州的分析显示,在1987年实施此法后捐献人数增多,但第二年就下降了,捐献的总人数也减少了。

二、对必须请求制度的质疑

如上所述,几乎没有证据证明必经请求捐献制度能有效地提高器官的供给,也就是说,独立的必须请求政策绝不是灵丹妙药。然而,必须请求制度为什么没有达到预期的目的呢?原因在于如下的几个方面:

首先,这样的政策实际上为医生附加了必须请求的义务,也为家属附加了必须决策是否捐献的义务,即它对医生和家属两方面都存在一定程度的强制性,它加重了医生和家属的负担,此外,也没能使捐献率增长。

其次,必须请求实际上带来了潜在的利益冲突:必须请求的立法需要医护人员转变他们主要的注意力,从对那些他们认定为潜在器官来

---

① A. Caplan, Professional Arrogance and Public Misunderstanding, *Hastings Center Report*, 1988(18), pp. 34 – 35.

② L. Siminoff, R. Arnold, A. Caplan, B. Virning, D. Seltzer, Public Policy Governing Organ and Tissue Procurement in the United States, *Annuals of Internal Medicine*, 1995, 123, pp. 10 – 11.

源的病人的照护,转移到为另一个器官接受者确保器官可用上来。[①]

再次,由医务人员进行请求增加了家属对医护人员获取器官之目的的疑虑,不仅增加了医护人员和家属间的紧张气氛,且长期会降低大众对医务人员的信任,反而使得捐献率下降(即拒绝率增加)。

最后,必须请求政策通过实践加强了明示同意方案在实践中的特性:在大多数明示同意制度下,家属的作用很关键,甚至当公共政策要求遵从死者的意愿而不强调家属意愿时,也不例外。

三、美国对必须请求制度的改良

在美国,必须请求制度有一些改良形式,其中有些形式在提高捐献率方面比其他法律更成功。

第一种有效的改良为死亡病人信息的通报制度。如宾夕法尼亚州通过的1994年法令要求把所有将死病人的信息通报给相关的器官获取组织。结果在特拉华地区,1994年到1996年间器官捐献者的人数增长了24%。

第二种改良措施为请求人的优化,即由器官移植协调员、社会工作者、神职人员等承担请求人的角色。事实上,有证据显示,当器官移植协调员(如社会工作者)与家属沟通时,家属同意率比医护人员参与时的比例高。[②] 在英国,牧师的参与降低了家属的拒绝概率。

第三种改良措施为辅助以相关的支持机制,如丧葬费的补偿、追思、表彰和纪念等。如果没有相关的支持机制,也不太容易目睹到单独必须请求制度下的器官捐献率的增长。

四、根据我国本土资源对"必须请求"制度的进一步改造

我们建议根据中国的国情采用进一步改造的"必须请求"制度,即立法要求医院识别潜在的死体器官捐献者,并建立相关政策来确保死

① Martyn, Sussan, *et al.*, Required Request for Organ Donation: Moral Clinical, and Legal Problems, *Hastings Center Report* (18, April/May), 2005, pp. 27 - 34.

② Letter, Public Policy Governing Organ and Tissue Procurement, *Annuals of Internal Medicine*, 1996, 124, p. 374.

者家属被恰当的器官捐献协调员以恰当的方式征求是否捐献的意见。具体地,我们建议:

(一)红十字会培训医护人员识别潜在器官捐献者

首先,立法要求红十字会培训医院相关人员使其可以确认潜在器官捐献者,如果发现潜在捐献者没有捐献或拒绝捐献的登记,必须通报当地红十字会管理器官摘取的机构。挪威的经验证明,挪威死体器官供应的增加便与挪威器官捐献问询委员会(NOROD)对医生、护士的的教育使得"遗漏的捐献者"数量减少相关,尤其是对除了神经外科病房和ICU病房之外的病房的医疗人员进行教育,提高他们发现潜在捐献者的意识。通过这样的方式可以防止"遗漏的可能"。①

(二)医院对潜在器官捐献者的鉴别与信息通报义务

立法要求红十字会培训医院相关人员使其可以鉴别潜在器官捐献者,如果发现没有同意捐献或拒绝捐献登记的潜在捐献者,必须通报当地红十字会管理器官捐献的机构(器官捐献办公室)。其后,红十字会会派遣经过专门训练的器官移植协调员与潜在器官捐献者的家庭接触。

(三)由红十字会管理下的作为社会工作者的移植协调员请求器官捐献

立法要求由红十字会管理下的器官获取机构培训并派出作为社会工作者的协调员与潜在捐献者家庭接触并询问是否捐献器官。这种以社会工作者代替医务人员所做的捐献问询会打消人们对器官摘取目的的可能疑惑(如认为医院为了挣钱或医生为了某个受体的利益而为捐献请求),在缓解医患关系紧张的同时也可切实增加捐献率。具体地:

1. 立法指派红十字会对相关人员进行培训,使得他们的问询遵循一定的合理与恰当的原则,包括在什么地方讨论器官捐献,如何对待刚刚承受亲人离开之痛苦的家属,给予家属适当的考虑和心情平复的时间等。

2. 立法确认请求与死亡告知分开原则和延后请求原则:即必须请

---

① Anne Hanbri Alnas, Cultural Factors Affacting Organ Donation in Norway, in Peter Morris (Edit), *Transplants*, Council of European Publishing, 2003, pp. 117 - 127.

求可以在潜在捐献者死前或死后进行,但如果是在死后进行,则必须要在通知家属他们的亲人死亡的一段时间之后再向家属寻找死者意愿与询问家属是否捐献。简言之,请求不可与死亡的告知同时进行。

3. 死前的必须请求应被限制在将死或临死时进行。

4. 移植协调员请求的方式必须真诚与合适。如遵循问询的"黄金法则",即"如果你的家人因为某人的器官而获救,难道你不会因此而高兴吗?"在看到他们所爱的人的死亡存在着崇高意义时,捐献器官便为捐献器官的死者家庭提供了一个减轻痛苦的机会。尝试去说服他们并消除他们的疑虑。并且,如果家属相信移植专家对器官移植的崇高目的,那么也有可能改变他们对捐献的决定。

经过对必须请求制度的本土在改造,我们相信它可以起到提升捐献率并增加器官供应的作用。

第二十六条　【常规问询】患者入院时,医疗机构应该询问并记录患者之前是否表达过捐献人体器官的意愿以及是否愿意捐献器官。

[**立法理由**]

根据预先指示的原理,本《草案》建议设立常规问询与医疗声明(器官捐献)卡制度。

一、建议设立"常规问询"制度

借鉴美国的经验,建议设立常规问询制度。修订后的美国《统一遗体捐献法案》(Uniform Anatomical Gift Act)是1987年由统一州法律委员会全国大会批准通过的。此法律规定,医院应对每位患者在其是否愿意成为器官捐献者以及是否曾签署过器官捐献卡方面进行常规问询。

常规问询的法律基础是患者的预先指示权,是对患者自主决定权进行拓展性的更为完满的保护。我们的报告中建议借鉴美国的常规问询制度,将其落实在入院的问诊中,即患者入院时,医生应对每位患者在其是否愿意成为器官捐献者以及是否曾签署过器官捐献卡方面进行常规问询。

二、建议设立器官捐献(临终医疗声明)卡制度

建议建立器官捐献卡制度,且建议为了方便和效率的考量,临终医

疗声明卡可以和器官捐献卡合二为一(其实,对器官捐献的声明也是预先指示权的行使)。此制度不仅包括患者入院时对其预先指示权的告知和对其预先指示内容的登记建卡,同时也包括患者于健康时对未来不测的预先指示。健康时指示的方式可以为:建立全国统一的关于器官捐献(临终医疗声明)的登记、联网、查询和信息共享系统;在领取驾驶执照、社会保险卡、护照、居民卡等身份证件及纳税申报等公民到市政厅等政府机构时填写询问表格;在驾驶证等背面写明预先医疗指示和是否捐献器官及捐献内容等。当然,新近的指示效力最高。声明的内容可以包括:如果丧失自主决策能力,由谁为代理决策?如果身患绝症,是否不愿意知道真相?在不可逆转的生命终期或脑死亡状态下是否愿意接受生命维持治疗?脑死亡状态下是否愿意捐献器官,哪些器官?心死亡状态下是否愿意捐献器官?哪些器官?是否接受原位器官保留?是否有依宗教等的特殊要求?等等。

使公民在健康时可以接触、考量和填写医疗声明和器官捐献的相关内容,除了确保他们的自主决策权之外,附加的意义还在于:通过提醒人们生之"向死存在"的本质意义,使他们不致过分沉溺于物质与享乐而忘记对生与死之终极意义的自觉探讨,使得通过慧识死的祥和与圆满而感悟生的使命、责任与担当。总之,使他们生而尊严,死亦尊严!

第二十七条 【捐献指示的合理搜寻】消防员、急救人员、警察或抢险人员应当合理搜寻死者的捐献指示。

有死者确切的捐献指示的,应及时通知相关器官获取机构和市级红十字会的器官捐献办公室。

[立法理由]合理搜寻制度

借鉴美国的经验,建议设立"合理搜寻"制度。修订后的美国《统一遗体捐献法案》(Uniform Anatomical Gift Act)要求应急人员(例如警察、消防员和医务人员)对受害人的器官捐献卡进行"合理搜寻"。

第二十八条 【流产胎儿器官的捐献】流产胎儿的器官的捐献需要满足:

(一)禁止捐献的讨论先于妇女流产的决定;

(二)不能完全为了获取组织或器官而改变流产的时间、方法或者程序;

(三)禁止付给妇女与流产有关的费用；

(四)禁止妇女有意识地将胎儿的组织或器官移植给亲属；

(五)禁止妇女指定接受流产胎儿的组织或器官的受体；

(六)禁止妇女了解受体的身份；

(七)参与器官摘取与使用的医生不能参与终止妊娠。

[立法理由] **胎儿器官应用中的回避制度**

在胎儿器官和组织的应用中同样适用回避制度。近年发展起来的利用流产死胎或者严重畸形儿的器官作为供体来进行移植及治疗帕金森、糖尿病、再生障碍性贫血等取得了很大的进展。在我国,由于出生是享有民事权利能力的开始;同时,从以往的案例看,胎儿只作为母亲身体的一部分来保护,因此单纯利用胎儿器官的问题不会造成道德冲突。但同样需要避免的是妇女为了出卖器官而流产,或者本身对是否流产不确定时为了经济利益而选择流产。因此,各国制定了相应的回避制度。如1990年,美国科学事务委员会制定的道德准则就尽可能使产妇流产的决定与她同意将胎儿器官捐献分开,与移植相关的医师不能参加终止妊娠等。这些规定合理可行,是很值得我们借鉴的。①

第二十九条　【无脑畸形儿器官的捐献】无脑畸形儿的器官的捐献需要满足:

(一)捐献的讨论只能由父母提出;

(二)父母双方必须被充分告知,并需书面同意;

(三)摘取器官必须在无脑畸形儿死亡后进行;

(四)无脑畸形儿必须由两名具有专业知识的副主任以上职称的医师进行诊断确认,这些医生不能是器官移植专业的医生。

[立法理由]

无脑畸形婴儿的出生率非常低,但因为他们的特殊生理状况(没有也不会有意识)和所提供的器官(因大小而具有的特殊性)的特殊有用性,故一直是医学伦理与法律讨论的重点。

---

① 徐宗良:《生命伦理理论与实践探索》,人民出版社2002年版,第195页。

一、美国使用无脑畸形婴儿组织与器官的活体器官捐献框架及其缺陷

《使用无脑畸形婴儿作为器官捐献者》是美国伦理和司法事务委员会1995年的一份报告。该报告允许父母捐献他们的活体无脑畸形婴儿的全部器官用于移植的目的(因为这些婴儿没有也不会有意识)。这个1995年12月被废除的报告也包括了尊重捐献者家属和尊重可能的捐献者的条款。① 人们本来期待隐含在那个报告中的框架成为一个活体器官捐献框架,而作为活体器官捐献框架,它对无脑畸形儿本人的尊重和保护显得非常"含蓄":

尊重无脑畸形儿的家人的条款有:(1)捐献的讨论只能由父母提出;(2)父母双亲必须被充分告知,并需要书面同意书;(3)父母有不捐献的自由。

关于保护潜在的捐献者的条款有:(1)无脑畸形婴儿没有需要保护的利益;(2)必须有两名具有专业知识的医生进行诊断确认,这些医生不属于器官移植团队;(3)医生必须遵守伦理和司法事务委员会的《使用无脑畸形婴儿作为器官捐献者》报告。②

为了允许捐献,伦理和司法事务委员会建议改变禁止活体无脑畸形儿捐献器官的法律。伦理和司法事务委员含蓄地尝试主张无脑畸形儿活体器官捐献者是如此特别,以至于他们仅仅需要给予像对待死体器官捐献者的尊重和保护那样来对待他们就可以了(只要他们的父母愿意捐献)。报告承认这些捐献者是活着的,但是含蓄的尊重和保护框架非常接近死体器官捐献框架,而与活体器官捐献框架没有任何共同点。这个报告内部不一致,道德上存在异议,违反了所有保护和尊重活体器官捐献者的必须的条款。

---

① Use of Anencephalic Neonates, *Council on Ethical and Judicial Affairs*, pp. 1614 – 1618.; *AMA News*, (Dec. 25) 1995, p. 3.; Anencephalic Infants as Organ Donors (letters), *JAMA*. 1995, 274, pp. 1757 – 1759.

② Opinion 2. 16: Organ Transplantation Guidelines, Council on Ethical and Judicial Affairs, American Medical Association, *Code of Medical Ethics: Current Opinion with Annotations*, Chicago: American Medical Association, 1994.

美国伦理和司法事务委员会的此框架内部不一致表现在:它允许家人和医生改变无脑畸形婴儿的临终护理和为了捐献器官的目的而结束病人的生命,同时还要求医生遵守同样是美国医学协会伦理和司法事务委员会制定的《器官移植指导方针》。[①] 其中包含一些条款直接反对以此种方式摘取无脑畸形儿的器官。这些条款声明:(1)在所有手术中(包括活体器官捐献)医生要忠诚于病人;(2)活体器官捐献者和受体的权利要被平等地保护;(3)器官移植的目的不能使医生放松对可能的捐献者的合法的医疗标准;(4)非成对的重要器官被摘取前必须用当前的公认的标准确定捐献者已死。

在美国《使用无脑畸形婴儿作为器官捐献者》报告中的活体器官捐献框架中,对于一名活着的无脑畸形婴儿,不可能将死亡的判定和不成对的重要器官的获取分开。判定死亡与器官获取之间的联系是必不可少、不可分割的。显然,伦理和司法事务委员会在指导上出现了内部的不一致:不可能既满足上面《器官移植指导方针》的要求,又从活体婴儿身上获取不成对的重要器官。

当它允许从活体器官捐献者身上获取重要器官并允许获取器官成为捐献者的死亡原因时,该框架违反了活体器官捐献框架的条款。伦理和司法事务委员会未能要求捐献者自愿同意,相反,它允许父母享有特权,能够基于自己的利益或他人的利益来捐献活着的亲属的重要器官。父母没有被要求基于婴儿的最佳利益来作出代理决策;相反,他们被提供了捐献活体婴儿器官的权利。此框架中,除了对无脑畸形诊断的确认,无脑畸形婴儿没有被提供任何保护。

伦理和司法事务委员会的报告由于多种原因在道德上存在歧义。这种婴儿对活着没有兴趣,对不被杀死也没有兴趣,对不被轻视也没有兴趣,这个报告将三者混淆在了一起。它允许有意识的人的利益和需要高于无意识的人的权利。活着的无脑畸形婴儿被视为一种商品,一种可以被分割和赠送的东西,一种部分比整体更有价值的东西。

---

① Opinion 2. 16: Organ Transplantation Guidelines, Council on Ethical and Judicial Affairs, American Medical Association, *Code of Medical Ethics: Current Opinion with Annotations*, Chicago: American Medical Association, 1994.

根据伦理和司法事务委员会的报告,实际上,无脑畸形婴儿被视为了一种死体器官捐献者。如果伦理和司法事务委员会提倡了一个高级脑死亡的死亡定义和判断标准(这种定义规定失去意识且不可恢复的人可以被宣告死亡,而不必须是全脑功能停止且不可恢复),那么这个报告本可能更好地支持给予无脑畸形儿器官捐献者死体器官捐献者的尊重。尽管将无脑畸形婴儿视为死了并取走器官可能不是不尊敬的,但是把他们当做活着的却继续这么做显然是更不尊重的。这样看来,当前的关键的问题是我们的社会是否认同采取"高级脑死亡"的定义。答案是否定的。

此框架与活体器官捐献框架的尊重和保护标准偏离太远,同时,对于无决策能力的活体器官捐献者来说风险太大。从无脑畸形婴儿获取重要器官存在着可能的伤害——通常不仅仅是对婴儿的伤害,同时潜在地,对于其他活体器官捐献者、活体器官捐献框架本身和器官捐献和移植机构也会造成伤害。[①] 从伦理和政策的角度来看,在活体器官捐献者身上使用死体器官捐献框架都是会遭到反对的。

二、对我国使用无脑畸形婴儿的死体器官捐献立法框架的建议

无脑畸形儿出生的数量本身就很少,即使我们加大鼓励力度而放松对他们的尊重与保护,也不会增加太多的可用器官数量。既然如此,我们还不如对此类捐献者实施严格的尊重和保护,即我们倾向于将无脑畸形儿本身看作是活着的个体,且只允许无脑畸形儿死亡后捐献,即用一个死体器官捐献框架规制无脑畸形儿的死体器官捐献。具体的建议如下。

尊重无脑畸形儿的家人的条款有:(1)捐献的讨论只能由父母提出;(2)父母双亲必须被充分告知,并需要书面同意书;(3)父母有不捐献的自由。

关于保护潜在的捐献者的条款有:(1)坚持死亡后捐献;(2)必须有两名具有专业知识的医生进行诊断确认,这些医生不属于器官移植团队。

第三十条 【死刑犯的器官捐献】死刑犯的器官捐献需满足:

(一)死刑犯可以捐献自己的死体器官给配偶、父母、子女与兄弟

---

① *AMA News*, Dec. 25, 1995, p. 3.

姐妹;

(二)死刑犯的捐献需要其书面同意;

(三)禁止死刑犯的器官捐献给陌生人;

(四)死刑犯的捐献必须得到器官移植法律伦理审查委员会的授权。

[立法理由]在押犯死体器官捐献一直是倍受重视的一个问题,其立法需要特殊的谨慎。

一、概述

(一)禁止在押犯人捐献器官给陌生人原则

按照一般法律规则,尽管在在押的情况下,一个人可以自主同意医疗操作。但是,有人研究犯人所处的环境,得到如下结论:范伯格(Feinberg)发现在监狱中强制的可能性如此之大,以至于人们不可能确定一个"表面上的"同意有没有不正当的强制性因素。① 尤其是"当犯人作出利他行为时我们有理由对其自愿性表示怀疑,并且不管事实怎样,根据强制性的压力,我们应该禁止犯人的行为"。②

鉴于上述原因,许多人表达说至少犯人不能对陌生人进行活体器官捐献。③ 这些观点对死刑犯进行死体器官移植也同样适用。申言之,自愿性是犯人捐献的首要问题,无论是活体器官捐献还是死体器官捐献。为了最大限度地保障在押犯人的利益,在押囚犯对陌生人的死体或活体器官捐献均应该禁止。

我们已经讨论了,为了最大限度地保护在押犯人,我们禁止他们对陌生人进行死体或活体器官捐献。如果犯人捐献器官给自己的亲人呢?

---

① Sadler *et al*, *The Gift of Life*: *The Social and Psychological Impact of Organ Transplantation*, John Wiley & Sons, 1977, p. 502.

② R. M. Eisendrath, Psychologic Considerations in the Selection of Kidney Transplant Donors, *Surg Gynec Obstet*, 1969, 129, pp. 243 – 248.

③ Land, Dossetor, *Organ Replacement Therapy*: *Ethics*, *Justice and Commerce*, Springer Verlag, 1991, p. 57.

(二)允许在押犯人捐献器官给亲属原则——为己利他的改良功利主义的视角

大量的立法明确地禁止犯人为了移植而捐献器官,如巴拿马的法律规定,“未成年、无行为能力人、犯人以及限制法律权利的人都在此法范围之外”。而巴拉圭也有相似的明令禁止。①

此种一刀切的禁止的好处在于防止在押犯人受到任何可能的侵害,也提供了法律的确定性,然而也太过苛刻。原因在于,如果犯人在潜在受体的健康上有自己的利益,即犯人和潜在受体存在既存的密切关系,则犯人的捐献实际上是在保护自己的利益。如不允许,则不仅侵犯了他/她的自主决策,甚至会酿成悲剧。我们很容易理解一个犯人在没有任何诱因的情况下会完全同意捐献肾给有需要的儿子、女儿、父母、夫妻或是姐妹。在美国曾经出现过因盗窃和收藏海洛因而判处13年监禁的犯人要捐献他唯一的肾给自己肾衰竭的女儿(他之前已经捐献过一个给她)。② 美国的阿沃(Akvel)和卡瑞(De Charro)说:“很正常的是,在押者不被确定他是否能做自由决定,但是在押的事实并不意味着他没有权利决定自己的意愿。这样的思考下,我们就会认为剥夺在押者捐献的权力是错的,这样会限制他们的自我决定权,这不符合民主。”③

二、对我国在押犯死体器官捐献的立法框架的建议

根据如上讨论,我们建议如下死刑犯器官捐献的立法框架:

尊重死刑犯的条款:(1)死刑犯有权自愿捐献自己的死体器官给配偶、父母、子女与兄弟姐妹;(2)死刑犯的捐献需要有书面同意。

保护死刑犯的条款:(1)禁止死刑犯的器官捐献给陌生人;(2)死

---

① M. Haberal, *et al.*, Living Donor Transplantation: Single Centre Experience, *Transplantation Proceedings*, 1996(1)28, pp. 65 - 67.

② L. Westlie, P. Fauchold, T. Talseth, A. Jacobsen, Quality of Life in Norwegian Kidney Donors, *Nephrol Dial Trans*, 1993(8), pp. 1146 - 1150.

③ Roberta G. Simmons, Susan D. Klein, Richard L. Simmons, *The Gift of Life: The Social and Psychological Impact of Organ Transplantation*, John Wiley & Sons, 1977, pp. 431 - 433.

刑犯的捐献必须得到特殊组织(我们建议器官移植法律伦理审查委员会)的授权。

第三十一条　【M－Ⅲ类可控型心死亡(无心跳)死体器官捐献】M－Ⅲ类可控型心死亡死体器官捐献需要满足:

(一)必须由病人或家属发起关于撤除生命维持系统的讨论,必须有本人或家属就撤除生命维持系统的单独的书面同意,此医疗决策需在最佳的疼痛管理下作出;

(二)必须有由本人参与的就此种捐献形式的单独的书面的家庭同意,由与摘取器官无关的一名医师就此种捐献的医疗全过程、所关涉的死亡标准的选择、死亡前可能被给予的医疗介入等问题向捐献者家庭进行全面告知,由另一名与摘取器官无关的副主任医师以上职称的医师以访谈或心理评估的方式对告知结果进行检验;

(三)患者或家属主动要求放弃继续治疗后,才可请求或讨论此种器官捐献;

(四)主治医生必须同意捐献;

(五)必须有医院伦理委员会的一名伦理专家同意捐献,并且参与捐献过程;

(六)患者应被持续给予最佳的疼痛管理,且放弃继续治疗和同意此种器官捐献前此种最佳疼痛管理需被国务院卫生行政主管部门规定的方式证明与记录;

(七)禁止用积极的方式加速死亡;

(八)死前血管舒张等药物的应用应该得到患者家庭的同意,且不可加速死亡,必须由与移植无关的副主任职称以上的医生作出评估报告并出具医学证明;

(九)循环功能停止10分钟后摘取器官,获取器官前必须宣告捐献人已死亡;

(十)病人或其家属应当被提供相关医学和伦理咨询;

(十一)联合原位器官保留的,依照本法中原位器官保留的规定。

前款M－Ⅲ类可控型无心跳死体器官捐献者是指马斯特里赫特分类标准下的第三型。

[立法理由]

历史上,首例死体肾脏供体是心死亡的供体,但心死亡死体器官移植后器官衰竭的发生率和大众对脑死亡标准的渐渐接受使人们对心死亡死体器官捐献渐渐失去兴趣。① 近年来人们又重新采用心死亡供体的器官进行移植。杨尔(Younger)和阿诺德(Arnold)指出,据统计,应用心死亡死体器官捐献至少能增加50%的潜在器官供体。②

然而,在心死亡器官捐献中经常需要给予特殊的医疗干预,而干预的首要甚至也是唯一的目的是通过器官保存而得到更多有用的器官以便器官移植,而不是对捐献人有好处。这些干预的使用需要非常小心,因它们很可能违反英国前皇家医学院的实践规则的规定,即"病人死亡之前在他身上进行的任何试验或是治疗必须是对他有利的而不仅仅是为了保留他的器官";③此外,在很多情形下,它们会违反所谓的"死亡后捐献者"规则,这一规则包括了这样的观念,即不能为了或者通过摘取器官而杀死病人;还有些情况下会侵犯患者及其家属的自主权。因此,立法对这些医疗干预的使用给予限制便成为必须。

一、心死亡死体器官捐献的实践——无心跳器官捐献者协定

无心跳死体器官捐献者协定关涉的是器官的获取和冷冻、灌注等原位保存器官的技术之应用,它是以心肺死亡标准为基础的。在美国,63家器官获取组织中29家有心死亡死体器官捐献协定。29家中的24家只提供给"可控型的DCD"(属于上述的第三类患者),其余5家既

---

① F. Rapaport, Alternative Sources of Clinically Transplantable Vital Organs, *Transplantation Proceedings*, 1993, 25, p. 42.

② S. Youngner, R. Arnold, "Non-Heart-Beating Cadavers: The Beat Goes On", in B. Spielman (ed.), *Organ and Tissue Donation: Ethical, Legal and Policy Issues*, Carbondale: Southern Illinois University Press, 1997, pp. 69 – 70.

③ David Price, *Legal and Ethical Aspect of Organ Transplantation*, Cambridge University Press, 2002, p. 72.

提供给"可控型的DCD",也提供给"不可控型的DCD"。[①]

可控型的DCD协定(如著名的匹兹堡大学的协定)指出,此种供体指决定放弃进一步治疗,而且已经同意捐献器官的个体。在匹兹堡大学的协定中,当得到同意后,允许将深度脑损伤的病人的呼吸机移走,在心脏功能丧失两分钟后,他们的器官将被摘取。许多相似的协定在如何确切判定死亡及到底在哪一确切的时间点开始才可以摘取器官的规定是很模糊的。如巴塞罗那[②]和东京的相关规定中都只简单提到在心跳停止后开始器官摘取;[③]相反,其他一些公布的协定中关于这方面的表达很明确,比如匹兹堡(Pittsburgh)大学的协定较详细具体:(在存在患者或/和家属的知情同意下)患者被逐渐撤去呼吸机,而且当其被宣告死亡后(也就是按室颤、心搏停止、电机械分离三种心电图指标之一显示的持续两分钟的无循环功能及无自主呼吸和无反射状态之后)可以摘取器官。[④] 美国的一份医疗机构报告中说,关于可控的心死亡器官供体,"现有的这些关于心脏停跳后立即至心脏停跳后五分钟摘除器官的协议或不清晰或不具体"。[⑤] 在这里,延迟摘取时间一般从60秒到5分钟。

非可控型的DCD协定在欧洲较常见,主要提供给使用冷冻和灌注技术的潜在捐献者。这些协议在英国9个地区使用,包括了50所医

---

① Bernat J. L., D'Alessandro A. M., Port F. K., Report of a National Conference on Donation After Cardiac Death, *American Journal of Transplantation*, 2006(2)6, pp. 281–291.

② A. Castelao, *et al.*, Update of Our Experience in Long-Term Renal Function of Kidneys Transplanted from Non-Heart-Beating Cadaveric Donors, *Transplantation Proceedings*, 1993, 25, p. 1513.

③ M. Kozaki *et al.*, Procurement of Kidney Grafts from Non-Heart-Beating Donors, *Transplantation Proceedings*, 1991, 23, p. 2575.

④ S. Youngner *et al.*, Ethical, Psychosocial, and Public Policy Implications of Procuring Organs from Non-Heart-Beating Cadaveric Donors, *Journal of the American Medical Association*, 1993, 269, p. 2769.

⑤ Institute of Medicine, *Institute of Medicine Report*, *Non-Heart-Beating Organ Transplantation: Medical and Ethical Issues in Procurement*, National Academy Press, 1997, pp. 40–41.

院,也应用于欧洲的其他地方。此种心死亡死体器官捐献的方式(以肾脏为例)为在死者腹股沟处插入导管注入药物,这意味着肾脏以一个暂时保存方式被冷却保存在原位。

为了提高这些捐献者提供器官的数量与活性,国际上许多技术发展出来,目的为通过对捐献者死前和死后的干预增加器官适宜移植的机会。譬如:向捐献者体内注射肝素、苯妥拉明等药物以在循环停止后延迟血栓的发展;或者在循环依然存在的情况下允许动、静脉导管插入,允许死后低温灌注或者宣告死亡后立即开始心旁路机器循环等;[①]或者在患者死亡后立即在待移植的器官外建立起体外膜肺氧合(Extracorporeal Membrane Oxygenation,ECMO),其原理是将体内的静脉血引出体外,经过特殊材质人工心肺旁路氧合后注入病人动脉或静脉系统,起到部分心肺替代作用,维持人体脏器组织氧合血供,以延长器官移植的等待时间;[②]或者器官快速被摘除并且在体外迅速链接体外膜式氧合器。实验证明,这些方法可有效减轻热缺血损伤并有可能改善 DCD 供器官移植的效果。

二、M-Ⅲ类可控型的心死亡器官捐献的国外实践及质疑

(一)国外实践

M-Ⅲ类可控型的 DCD 协定中最为典型的为匹兹堡协议(UPMC)。在美国,关于无心跳死体器官捐献的伦理道德和政策分析主要集中在匹兹堡大学的协议中。匹兹堡这类的协议允许不久将死的病人决定放弃生命维持治疗,在某种程度上,这使病人有捐献可移植的器官的可能。[③] 患者或/和家属的知情同意下,病人会被带到手术室。在那里,生命维持系统被逐渐撤除,病人将被擦洗干净、盖上白布。心

① Mark M. Boucek, *et al*. Pediatric Heart Transplantation after Declaration of Cardiocirculatory Death, *N Engl J Med*, 2008, 359, p. 709.

② Magliocca, Josefh F. *et al*., Extracorporeal Support for Organ Donation after Cardiac Death Effectively Expands the Donor Pool, *Journal of Trauma*, 2005, 58, pp. 1095 - 1102.

③ Stuart J. Younger, Robert M. Arnold, Ethical, Psychosocial, and Public Policy Implications of Procuring Organs from Non-Heart-Beating Cadaver Donors, *JAMA*, 1993, 269, pp. 2769 - 2774.

脏功能停止几分钟(匹兹堡协议为 2 分钟)后,宣布病人死亡。那时,照护病人的医疗专业人员离开,器官获取团队开始获取器官。①

(二)质疑

1."心脏不可逆性功能停止"与"作为人类深思熟虑的决定的心脏停搏将不会被改变"的混淆

这项政策的支持者认为心肺功能停止是不可逆的(即使在生理上它可以通过医疗的介入而转变,如电除颤),原因为病人已经选择放弃维持生命的治疗,故病人是一定会死的。根据这种推测,只有把伦理上合适的放弃生命维持治疗考虑在内,才能决定是否心肺功能停止是不可逆的。②我们认为这种看法混淆了"心脏不可逆性停搏"与"作为人类深思熟虑的决定的心脏停搏将不会被改变"这两种情形。然而,除了"当死亡被确认之后才允许器官被摘取除"外,我们没有其他更好的社会共识。而死亡的确认则很大一部分是依靠"不可逆性"的概念。而身体机能"不可逆性"的丧失只有在脑死亡的时候才出现。

2.违反了"死亡后器官捐献"原则

进一步地说,死亡的本质为功能停止的"不可逆性",而这种不可逆性只有在脑干死亡时才呈现,也就是说,只有脑干死亡时,死亡的本质特征才出现。然而,心肺功能丧失本身并不能导致脑干死亡,只有经过一段时间后才会引起脑功能不可逆的停止,即才死亡。大家广为接受的这个时间段比匹兹堡协议中规定的两分钟要长。事实上,1994 年在马斯特里赫特的心死亡死体器官捐献研讨会上广为接受的时间长度是 10 分钟,这与美国(President's Commission 的)《关于死亡判定的指南》中确定的相关时间相一致。

当前,大多数国家的法律认为全脑(或脑干)不可逆的功能停止为一个人死亡。即使在中国传统的心肺死亡标准下,因为死亡被认为是心肺功能"不可逆"的停止,故仍然暗示了脑干功能的"不可逆"的停

① David Price, *Legal and Ethical Aspect of Organ Transplantation*, Cambridge University Press, 2002, p. 72.

② Tom Tomlinson, The Irreversibility of Death: Reply to Cole, *Kennedy Institute of Ethics Journal*, 1993(3), pp. 157 - 165.

止。也就是说,即使在中国当前的以“心肺死亡”为独立的判断死亡的标准的情形下,循环停止2分钟并不能引起死亡的本质,即“不可逆的功能停止”的发生。任何伦理和法律都普遍接受的观点是机体机能的“不可逆丧失”,这是判断死亡的核心内容,而不可逆性的丧失是以脑干死亡为前提与基础的。

由此可见,在类似匹兹堡大学医学中心的协定中,患者被摘取器官时并没有真正死亡。我们已经知道,死体器官捐献应该遵循“死亡后器官捐献”原则,即摘取器官不可以发生在死亡前与死亡中,这是死体器官捐献的底线。因此,匹兹堡协定有违反死体器官捐献的“死亡后器官捐献”原则的嫌疑。

3. 摘取器官可能为患者死亡的原因

虽然患者已经放弃了继续治疗,但如前所述,因为摘取器官之时脑死亡并未发生,即死亡的本质特征——功能停止的不可逆性——并没有出现,故患者还是活着的。此时的器官摘取很可能成为患者死亡的直接原因。

由此可见,M-Ⅲ类可控型的心死亡器官捐献在国外的实践(如匹兹堡医疗中心的协定)在伦理上是存在问题的。

三、对我国M-Ⅲ类可控型的心死亡器官捐献特殊立法原则的讨论

匹兹堡协议这类M-Ⅲ类可控型心死亡器官捐献中,包括了对生命维持治疗的拒绝、捐献者是否死亡及捐献者是否被当作工具使用等的困惑,因此,为了尊重和保护捐献者,在立法中应有特殊的规制原则。

(一)关于放弃继续治疗(撤除呼吸机)的“患者或家属就此事的单独同意”原则和“禁止医师主动请求”原则

我们认为,在匹兹堡协议这类可控型心死亡器官捐献中,应该着重坚持尊重与保护的原则。在撤除呼吸机的同意方面,尊重与保护体现为“患者或家属就此事的单独同意”原则和“禁止医师主动请求”原则两方面。

“禁止医师主动请求”原则是指放弃继续治疗(撤除呼吸机)的讨论应由患者家庭主动提起,而不能由医师向患者请求。其根本原因在

于必须将拒绝呼吸机治疗与器官捐献分开,即不可为了获得器官而要求潜在捐献者缩短生命进程。

同时需要注意的是,此放弃继续治疗的决策需在对患者的最佳的疼痛管理下作出。

(二)"本人参与的家庭"就"此种捐献形式"的单独同意

匹兹堡协议这类可控型心死亡器官捐献中,我们认为如果将捐献的前提设置为笼统的"家庭的捐献同意"是不合适的,而应规定"家庭就此种捐献形式的单独同意"为捐献前提。原因在于此种捐献为一种极其特殊的捐献,很多的技术与伦理问题还有待解决。故患者及其家庭对这样的状况应有知情权,否则,在不知情的情况下的同意应为无效,故同意必须是针对此类特殊的可控型心死亡器官捐献所给出,而非笼统的模糊的器官捐献的概念。

同时,因此种捐献方式有将捐献者当作工具(并非为捐献者利益设计)的嫌疑,故单纯家属同意不能赋予其正当性,故必须由本人参与的家庭同意。

(三)告知的高标准原则

因为此类器官捐献关涉死亡标准的选择、生命维护治疗的放弃和生命过程(与有呼吸机相比较)的缩短、死亡前的医疗介入以器官捐献为目的等问题,故此类捐献(与活体器官捐献一样)与人体医学试验更为相近——都是选择性的,都是为他人的福利而设计的,同时也都是具危险性的。根据 Gieson 的"习惯规则",非治疗性的或其实施为试验目的的医疗干预要求其信息公开上有更高的标准。①

告知的高标准应体现在:

首先,于具体内容上,个人应被给予全部及内容清晰的告知,其中包括了一个理性的人在作出同意之前可能要考虑的所有事实、可能性及意见。具体地,除了此种捐献的医疗全过程的信息外,还需包括此种捐献所关涉的死亡标准的选择问题、生命维护治疗的放弃和生命过程(与有呼吸机相比较)缩短的问题、死亡前可能被给予的医疗介入等

① D. Gieson, Civil Liability of Physicians For New Methods of Treatment and Experimentation:A Comparative Examination, *Med Law Review*, 1995(3)22, p. 52.

问题。

其次,于充分性的标准上,应采用客观患者标准与主观患者标准相结合的方法。前者意味着器官移植协会的专家们应根据理性的此类器官捐献者作出有效决策需要了解的内容编制统一的实践指南,即以模板的形式固定告知的最基本内容(必不可少的内容);于后者,医师要根据当前这个患者的教育背景、宗教背景、家庭背景、智力与理解力等情形来决定为使他/她作出理性决策需给予的告知内容和适合她/他的告知方式。

再次,于告知形式上,为了使潜在捐献者或其家属可以充分理解被告知的内容,除了使用通俗的语言外,还应根据潜在捐献者的需要(如是否存在残疾等)提供一种或多种灵活的告知方式(如视听方式、多媒体或口述等)。

最后,在潜在捐献者做决策前,应该对告知的情况(如内容是否充分、是否真正理解等)进行检测。检查可以采取访谈或心理评估等方式。

故建议我国器官移植法律规定:

由与摘取器官无关的一名医师就此种捐献的医疗全过程、所关涉的死亡标准的选择、死亡前可能被给予的医疗介入等问题向患者家庭进行全面告知;由另一名与摘取器官无关的副主任医师以上职称的医务人员以访谈或心理评估的方式对告知结果进行检验。

(四)撤除维持生命治疗与捐献的决定分离原则

为了不让提早停止维持生命治疗的行为受到器官捐献的影响,匹兹堡协议建立了一项原则,即将作出撤除维持生命治疗的决定与器官捐献的决定分离开来,并且作出放弃治疗的决定一定要早于作出器官捐献的决定。这是尊重和保障捐献者的有意义的制度设计,是值得借鉴的。

故建议我国器官移植相关的法律规定:

患者或家属主动要求放弃继续治疗后,才可请求或讨论此种器官捐献。

(五)"最佳疼痛管理"原则

在可控型的心死亡死体器官捐献中,通过最佳的疼痛管理,病人的情况必须被设定为最舒服的状态,而且那种状态在开始器官捐献讨论之前必须被证明。① 当然,在患者死亡前,最佳疼痛管理是必须持续给予的。这些保护心死亡器官捐献者的措施无疑是值得借鉴的。

故建议我国器官移植法律规定:

可控型的心死亡死体器官捐献中,患者应被持续给予最佳的疼痛管理,且放弃继续治疗和同意此种器官捐献前此种最佳疼痛管理需被国务院卫生行政主管部门规定的方式证明与记录。

(六)坚持死亡后捐献原则——延长器官摘取中的延迟时间

这里需要重申的是,呼吸机只应在患方要求的前提下才可撤除。在匹兹堡协定的应用中,病人的意愿构成了一个协议,以允许自己在此种情况下的死亡比有呼吸机支持的状态下更加迅速。此种情形在伦理和法律上应认定为患者以预先指示(Advanced Directive)拒绝生命维持治疗的情形,而非积极安乐死,故不应被限制。但器官摘取必须遵循"死亡后捐献"原则。

1. 匹兹堡协议违反死亡后捐献原则

实际上,匹兹堡协议中的无心跳死体器官捐献者是否真的为死体器官捐献者和隐含在此类协议中的框架是否为特殊的死体器官捐献框架还不明确。匹兹堡协议支持的判定死亡的标准没有脑死亡器官捐献者的死亡标准或法律要求的死亡标准严格。它并不要求心脏功能的停止是"不可逆"的,或者全脑(包括脑干)的功能是永久停止的。而"不可逆的功能停止"才是死亡的本质特征,因此,有可能器官获取的过程是至少一些捐献者死亡的原因。

我们已经知道,死体器官捐献应该遵循"死亡后器官捐献"原则,即摘取器官不可以发生在死亡前与死亡中,这是死体器官捐献的底线。有人认为匹兹堡协定有违反死体器官捐献的"死亡后器官捐献"原则的嫌疑。具体地,大多数国家的法律认为直到脑干不可逆的死亡时一个人才死亡(即使是中国当前的传统的心肺死亡标准下,因为死亡为心肺功能"不可逆"的停止,故仍然暗示了脑干功能的"不可逆"的停

---

① University of Pittsburgh Medical Center, Management of Terminally Patients, A-1-A-2.

止)。匹兹堡协定的反对者认为,(匹兹堡协定所规定的)“丧失心脏功能两分钟后宣布病人死亡”这一点并不合理,因为这并不能证明功能停止是不可逆转的。为了获得更多的器官决不可成为对法定的死亡判定标准进行改变的理由。因此,除非有明确的证据支持两分钟丧失心脏功能造成死亡,否则,反对是成立的。

研究表明,心肺功能丧失本身并不能导致脑干立即死亡,只有经过一段时间后才会引起脑功能不可逆的停止,而广为接受的这个时间段比匹兹堡协议中规定的两分钟要长。事实上,1994 年在马斯特里赫特的无心跳死体器官捐献研讨会上广为接受的时间长度是 10 分钟,这与美国总统委员会(President's Commission)制定的《关于死亡判定的指南》中确定的相关时间相一致:至少脑循环丧失后 10 分钟才能确认死亡。[①] 在美国 1987 年的《生命维持措施的终止和临终患者照护指南》中同样指出,脑循环全面终止 10 分钟后脑组织不再存活。

与此同时,如果我们以心肺功能丧失为死亡标准来判定死亡,是否就可以赋予匹兹堡协议以合理性?答案是否定的。实际上,即使在中国当前的以“心肺死亡”为单一的判断死亡的标准的情形下,循环停止 2 分钟并不能引起死亡的本质,即“不可逆的功能停止”的发生。任何伦理和法律都普遍接受的观点是,身体机能的“不可逆丧失”是判断死亡的核心内容,而不可逆丧失是以脑干死亡为前提与基础的。

当然,一个进退两难的情形是,若按严格章程来确认死亡的话,会导致可以从无心跳供体身上获得的器官减少。然而,在获得更多可供移植的器官和遵循“死亡后捐献”原则间,后者要重要得多。

进一步说,M-Ⅲ类可控型心死亡器官捐献的政策,本质上应该是为缩短“病人死亡的时刻(失去了功能并将会被证明是不可逆的)到第一时间得知病人死亡的时刻(不可逆性已经被确认了)”之间的距离而

---

① President's Commission for the Study of Ethical Problems in Medicine and Biomedical and Behavioral Research, *Guidelines for the Determination of Death*, US Government Printing Office, 1981.

设计的。[①] 由此,确定一个关键的时间点显得尤其重要,即判定心脏不会再次复苏。人体完全死亡的时间点关系到心死亡死体器官捐献的伦理、法律、医学的各个领域,是重中之重,是需要医学、伦理、法律共同规制的。这个适当的时间必须建立在有证据表明捐献者已经不能自主维持循环功能并且外界循环系统也不能干预使其再次恢复[②]的情况。这需要我国医疗工作者在总结国外经验的基础上通过自主研究给出答案。

2. 改良方式——延长"延迟器官摘取的时间"

由前面的讨论可见,匹兹堡协议中器官将会被从那些可能死亡、几乎死亡、大概死亡的病人身上摘取,但绝对不是确定死亡的病人身上取出。这个问题不仅破坏了死亡捐献者规则(dead dornor rule),也有可能挑起人们对器官捐献的不信任甚至是反抗,从而损害器官移植技术的发展。

因此,为了严格遵循"死亡后器官捐献"原则,我们建议延长延迟摘取器官的时间(即心脏功能停止后的等待器官摘取的时间)。在我国医学工作者可以确切地找到判定心脏不会再次复苏(人体完全死亡)的时间点之前,建议采用保守的被多数人认可的10分钟的延迟时间,在此期间,为保障器官活性,可进行器官保留。

(七)病人与捐献人分开原则

移植政策已经意识到在临终病人(潜在捐献者)的利益和等待器官病人(潜在的接受者)的利益之间的潜在冲突。人们强调把仍活着的病人的治疗同那些器官摘取和移植的行为分离开来。[③]

在心死亡死体器官捐献中,同样应该坚持"病人与捐献人分开"原则,即:照护患者的医务人员不可以是与摘取器官相关的医务人员;且

---

① David Cole, Statutory Definitions of Death and the Management of Terminally Ill Patients Who May Become Organ Donors After Death, *Kennedy Institute of Ethics Journal*, 1993(3), pp. 145 – 155.

② James L. Bernat, Alexander M. Capron, Thomas P. Bleck, *et al*. The circulatory-respiratory determination of death in organ donation, *Crit Care Med*, 2010, 38, p. 963.

③ S. W. Tolle *et al*., "Responsibilities of Primary Physicians in Organ Donation", *Annals of Internal Medicine*, 1987, 106, pp. 740 – 744.

请求器官的人员不应该是医务人员;宣告死亡的医务人员不可以是与摘取器官相关的医务人员。

(八)血管舒张等药物的应用——个案的独立评估和不可加速死亡原则

1. 血管舒张等药物使用之情形

根据匹兹堡大学的协定,病人在心脏停搏之前使用肝素来防止形成血栓、铺好手术单、消毒等为随后而来的器官摘取做好准备。事实上,1996 年美国医学研究会(Institute of Medicine)的调查发现,在 29 个现存的无心跳捐献者协议中,有 15 个强调在死亡和捐献过程的某个时刻使用肝素(一种抗凝剂)或者是肝素和酚妥拉明(一种血管舒张药)的联合用药。有 5 个协定专门批准在撤掉生命支持治疗之前使用肝素,其他的协议书是在撤掉生命支持治疗之后但是在宣告死亡之前允许使用肝素。1 个协议允许在撤掉生命支持技术之后宣告死亡之前既可使用肝素,又可使用酚妥拉明。鉴于这些血管舒张药物加速死亡的潜在可能,美国医学协会建议应当做个案评估,而且它们决不能应用在正在发生的颅内出血或其他血容量受损的病例中。①

我们认为,可以缩短死亡过程的药物的使用是否被允许应该比照积极安乐死在本国的实践。只有在安乐死合法化的国家,此种情形才合法。

2. 对我国相关立法的建议

在我国,积极安乐死是不被法律允许的。故比照安乐死的立法状况,如果药物可能造成患者死亡时间缩短,则不应该被允许。

综上所述,建议我国立法规定:

死前血管舒张等药物的应用应该得到患者家庭的同意,且不可以引起死亡过程的缩短。每个个案必须由与移植无关的医生作出评估报告以保证血管舒张类药物的使用不会造成上述后果。

(九)联合原位器官保留的应用

罗切斯特大学的协议有个修改,即在 M－Ⅲ类可控型心死亡器官

---

① David Price, *Legal and Ethical Aspect of Organ Transplantation*, Cambridge University Press, 2002, p. 176.

捐献者的死亡被宣告后用器官原位保留来减少热缺血。在保证器官质量的同时,病人可以留在ICU病房,家属便可以有更多的时间来告别病人。[①] 本草案认为,此政策值得借鉴。

(十)制定全国统一的政策与立法原则

关于心死亡器官捐献问题应该通过政策与立法而形成一个全国性的共识。每一个移植中心都有其各自的协议的做法不可取。原因在于:首先,一些特殊问题的判断需要制定全国性的标准,例如判断可以摘取器官的时间点不应该依据地理背景或是制度背景而变化;其次,任何一个医疗机构都没有足够的医学伦理方面和神经生理等方面的知识以发展出一套非常合理的相关政策;最后,也是最重要的,是一个医疗机构的政策如果不合理,其不好的影响会扩大到其他区域。例如,通过国家和国际化的新闻媒体报道,在匹兹堡作出的一个器官获取决定将会影响到底特律甚至是阿姆斯特丹居民对器官移植技术的想法。

(十一)伦理专家参与和同意原则

因为此种心死亡死体器官捐献关涉到太多的伦理困惑,故伦理委员会不仅需要担负伦理咨询的职责,且需要伦理委员会的一名伦理顾问同意捐献,并且参与捐献过程。

(十二)同行业内监督原则

经验证明,对于技术的实施来说,同行业内监督是最有效且经济的方式。因此,应以一套具体的业内监督方式和规范辅助器官移植法律的实施。

(十三)不可用积极的方式加速死亡原则

Fletcher、Harrison和Robertson曾建议冷冻无脑畸形新生儿的器官来避免器官的灌注减少而带来的热缺血,然而,这会由于大脑肿胀而产生加速死亡的后果,因此不应被允许。[②] 目前,类似这样的医疗介入程序构成杀人,因为它们通过"积极"的措施来加速死亡。同样不被允许

---

① M. S. Orloff *et al.*, Non-Heart-Beating Cadaveric Organ Donation, *Annals of Surgery*, 1994, 220, pp. 578 - 585.

② David Price, *Legal and Ethical Aspect of Organ Transplantation*, Cambridge University Press, 2002, p. 184.

的情形为抗凝药和血管舒张药用于脑出血等的患者身上。因此,在可能造成潜在捐献者生命缩短的药物使用之前,需要经过与摘取器官无关的医师的独立评估。

因此,建议我国器官移植立法规定:

不可用积极的方式加速患者死亡。

抗凝药和血管舒张等药物的使用不可加速患者死亡。在可能造成潜在捐献者生命缩短的药物使用之前需要经过与器官的摘取和使用无关的医师的独立评估。

第三十二条 【原位器官保留】原位器官保留中:

(一)不会造成捐献人死亡过程缩短的循环终止前介入操作必须得到捐献人就此操作的单独的预先指示;

(二)禁止进行可能造成捐献人死亡过程缩短的循环终止前介入操作;

(三)死前血管舒张等药物的应用应该得到患者家庭的同意,且不可加速死亡,使用前必须经过非照护受体的且非器官移植专业的副主任职称以上的医师的独立评估并出具医学证明;

(四)未得到捐献家庭关于器官捐献的同意时不可以做保留器官的循环终止后介入操作;

(五)患者应被持续给予最佳的疼痛管理。

[立法理由]

在心死亡死体器官捐献的原位器官保留的情形中,为了提高这些捐献者所提供的器官的数量与活性,国际上许多技术发展出来,目的为通过对捐献者进行循环终止前和循环终止后的医疗干预增加器官适宜移植的机会。譬如:向捐献者体内注射肝素、苯妥拉明等药物以在循环停止后延迟血栓的发展;或者在循环依然存在的情况下允许动、静脉导管插入,允许死后低温灌注或者宣告死亡后立即开始心旁路机器循环等;①或者在患者死亡后立即在待移植的器官外建立起体外膜肺氧合(extracorporeal membrane oxygenation,ECMO),其原理是将体内的静

① Mark M. Boucek, et al., Pediatric Heart Transplantation after Declaration of Cardiocirculatory Death, *N Engl J Med*, 2008, 359, p. 709.

脉血引出体外，经过特殊材质人工心肺旁路氧合后注入病人动脉或静脉系统，起到部分心肺替代作用，维持人体脏器组织氧合血供，以延长器官移植的等待时间；[①]或者器官快速被摘除并且在体外迅速链接体外模式氧合器。

当前，有好几个心死亡死体器官捐献协议允许在没有得到同意时就开始进行侵入性的器官保留技术（如原位低温灌注，"心肺复苏"努力，或者是将"已死"病人联接到体外循环）。[②] 实验证明，这些方法可有效减轻热缺血损伤并有可能改善心死亡死体器官移植的效果。我们认为，在法律层面上对于死前介入和死后介入的规范应有不同。

一、荷兰的实践与分析

（一）荷兰的相关实践与立法

在荷兰，使用心死亡死体器官捐献者提供的器官用于肾移植开始于 20 世纪 60 年代，很长一段时间内被认为是"边缘器官"（marginal organ），因为它们中的大部分显示出延迟或者缺陷的移植作用。而"经保留的心死亡死体器官捐献者提供的器官"的应用开始于 1980 年，到 2004 年，境内 7 个移植中心已经都将"经保留的心死亡死体器官捐献的器官"作为重要的肝和肾移植的器官来源。现在，荷兰的法律仍然支持利用循环终止后可能的器官保留方法保留的器官用于器官移植，法律甚至允许在没有家属同意情况下使用保留器官的方法。2004 年中 1/3 的用于肾移植的器官来自"经保留的心死亡死体器官捐献者提供的器官"。荷兰在肾移植中使用"经保留的心死亡死体器官捐献者提供的器官"的关键原因在于，无论荷兰国内还是世界范围内的研究

---

① Magliocca, Josefh F. et al. Extracorporeal Support for Organ Donation after Cardiac Death Effectively Expands the Donor Pool, *Journal of Trauma*, 2005, 58, pp. 1095 – 1102.

② R. Valero, et al., Organ Procurement from Non-Heart-Beating Donors from Total Body Cooling, *Transplantation Proceedings*, 1993, 25, pp. 3091 – 3092; K. Vary, et al., Response to Organ Shortage: Kidney Retrieval Programme Using Non-Heart-Beating Donors, *British Medical Journal*, 1994, 308, pp. 549 – 550; R. Schlumpf, *et al.*, Kidney Procurement from Non-Heart-Beating Donors: Transplantation Results, *Transplantation Proceedings*, 1993, 25, pp. 1518 – 1521.

都显示,“经保留的心死亡死体器官捐献者提供的器官”与HBD(脑死亡器官)具有相似的长期的移植肾的存活率。

荷兰法律规定,如果本人宣称同意心死亡后捐献器官,则必须接受这样的事实:保留他的器官质量和有效性的方法会被采用,其中的一些方法最好在死前(当死亡临近时)应用。这些方法包括为了原位保留的插管介入、药物方法(如肝素)甚至呼吸机治疗。只要这些方法不会与濒死的病人的治疗相抵触,法律上就允许,因为如果延迟这样的治疗,器官有可能被损坏。相反,当没有捐献者本人的明确同意或者器官摘取是依据家属的同意,则保留器官的方法只能在循环终止之后进行。

(二)荷兰相关立法的分析

荷兰法对同意心死亡器官捐献的人进行的“强制性”的“循环终止前的器官保留介入”是欠妥的。首先,如前所述,这些措施是存在一定痛苦和损伤的(如肾脏保留要在患者心脏停止前插入输入管,在心脏停止的同时输入保存液,而插入输入管时要在大腿上开一个3厘米至4厘米的切口,伤害到患者的身体),[①]因此笔者认为是必须经过当事人同意的;其次,这样的做法显然为同意心死器官捐献的人设定了容忍“循环终止前的器官保留方法”的普遍义务,侵犯了其自由,显然不妥。

因此,我们认为,对同意心死亡死体器官捐献的人要在告知可能使用的“循环终止前的器官保留”方法和各种方法可能带来的痛苦的条件下,询问其是否接受“循环终止前的器官保留”,由其自由选择并尊重他的选择。如果捐献者不同意,则只能采取“循环终止后的器官保留”,以保证不给捐献者带来痛苦。

二、对我国原位器官保留相关的立法建议

(一)对循环终止前的介入的分析——本人就此操作的独立预先指示原则

就循环终止前的介入而言,因为切口、插入导管等侵入性的操作需要在病人死亡之前完成,不可避免地带给患者痛苦与身体的侵扰;有些药物的使用可能会导致镇痛不足使他们忍受额外的痛苦,或者出现一

① [日]植木哲:《医疗法律学》,冷罗生等译,法律出版社2006年版,第344页。

些更为复杂的肢体缺血或者出血的状况。[①] 也许这些药物在通常情况下并不会加速死亡或者引起对病人的伤害,然而这些药物的使用却纯粹是为了他人的利益而设计,即根本不符合患者的最大利益,故不可以因家属的同意而得到正当性(代理决策必须符合被代理人的最大利益)。

同时,器官保留的循环终止前的介入也违反了英国前皇家医学院的实践规则[②]的规定,即"病人死亡之前在他身上进行的任何试验或是治疗必须是对他有利的而不仅仅是为了保留他的器官"。[③] 因此,1983年英国的死体器官移植的实践规范(Code of Practice)十分清楚地规定:"为了保存器官而使用药物要在病人死后才能被允许,因为在病人死前就使用药物并非是为了病人的利益。"[④]

我们认为,如果病人在被建议实施不会加速病人的死亡且不会制造严重损伤的器官保存措施时具有决策能力,那么他(她)在法律上有权授权这些措施,即使这些措施对病人一点好处也没有。

我们认为,对循环终止前的介入应该分情况对待:(1)不会引起死亡过程缩短的循环终止前的介入必须得到捐献者本人关于此操作的独立同意(而非包含在器官捐献的同意中),即得到他们就此操作的独立的预先指示;(2)若循环终止前的介入为以积极的方式(除撤销呼吸机外)缩短死亡时间,如某些药物的应用,则比照本国对安乐死的立法进行规范。我国刑法中,医生以积极的行为帮助患者安乐死尚不合法,因此,此种操作是不允许的。

(二)对循环终止后的介入的分析

一般来说,对循环终止后的介入而言,这些操作完全可以看作是摘

---

① J. L. Bernat, et al. Report of a National Conference on Donation after Cardiac Death, *American Journal of Transplantation*, 2006,(6),pp. 281 – 291.

② Cadaveric Organs for Transplantation: A Code of Practice Including the Diagnosis of Brain Death, Health Department of Great Britain and Northern Ireland, 1983, at para. 22.

③ B. Knight, *Legal Aspects of Medical Practice*, 5th edn, Churchill Livingstone, 1992, p. 54.

④ David Price, *Legal and Ethical Aspect of Organ Transplantation*, Cambridge University Press, 2002, p. 177.

取器官程序的一部分,只需摘取器官的同意即可,无须单独同意。实际上,器官摘取的法律框架在这里影响深刻。如果死者已表明愿意捐献器官,那么这些保存只是重要的附属步骤罢了。有些司法体系已经明确了这样的立法态度,如1983年巴拿马的法律中指出:“捐献人体器官或尸体的某部分的同意包括为了使用人体器官或尸体的某部分而进行的措施以及必要的检查的授权,不需要任何其他的宣告。”①

在强推定同意法律体系中对生前保持沉默的死者也采取相同推理。波斯(Bos)指出:“在推定同意的体系下,如果死者未表明拒绝捐献器官,可在这些死者死后马上进行这些保存程序,而且不需要等待家人同意来进行这些插管等程序。”②这种理论在弱推定同意体系的国家(如芬兰或瑞典)也赋予此种程序以正当性。在弱推定同意体系下,亲属和死者都可拒绝捐献器官。死者的推定同意(暗示着授权)可以使得保存程序继续进行,直到联系到亲属,询问他们是否反对这种保存程序或器官摘除。如果联系不到他们,那么对他们的意见不予考虑。③

真正问题存在于那些需要死者或者亲属明确的捐献同意的法律体系中,比如德国、丹麦,以及美国采用了1968年《统一遗体捐献法案》的那些州,即当死者生前未表示同意捐献与否,家属还未联络到(家属的同意还未得到)这段时间内是否可以一边进行冷冻或灌注等器官保留一边联系亲属。这些司法体系下,如果死者的意愿不明,那么可联系到的亲属有权决定是否进行器官捐献。然而,在许多情况下,如果在联系到亲属前没有进行冷冻或灌注,这些器官将不可用。在美国,弗吉尼亚州、佛罗里达州和哥伦比亚地区有法律允许在不征得同意的情况下实施这些冷冻和灌注程序。④ 然而,美国医学研究协会在其报告⑤中指出,公众中正盛行一种反对未征得同意的插管和冷冻的观念。在对三

① 第10号法律,1983年7月11日颁布,第11部分。

② M. Bos, Legal Issues Concerning the Use of Non-Heart-Beating Donors, *Transplantation Proceedings*, 1995,27,pp. 2929 – 2930.

③ David Price, *Legal and Ethical Aspect of Organ Transplantation*, Cambridge University Press,2002,p. 163.

④ 同上,p. 170。

⑤ Institute of Medicine,Non-Heart-Beating Organ Transplantation,p. 54.

个城市所进行的调查中,这种强烈的反对意见非常明显。[1] Veatch认为:“一些人可能错误地认为在同意之前插管进行冷冻或灌注保护了家庭捐献的选择权利直到他们表明同意捐献,从而更尊重人的自主或知情同意的权利。这种说法是对知情同意和自主概念的误解。自主性并未使人成为医学过程、试验或器官摘取过程的必然参与者。与此相反,自主性关注的是任何未经同意进行的灌注是对个人自主权的侵犯。这不仅是因为一半的人在被询问的情况下都拒绝同意捐献,也因为同意的那部分人对未经询问而进行创伤手术过程都会反对。”[2]这些话是很有力的。这些器官保存过程是在广义的器官摘取背景下进行的,它们的应用也是相关法律意向的延伸。在一般的知情同意(明示同意)系统下死者生前若没有作出同意或反对的意思表示,人们自然就会认为他将选择的权利交给了亲属。由此可见,在未得到死者或其家属关于器官捐献的同意时不可以为保留器官的死后介入。否则,将侵犯亲属对尸体的处置权。

(三)对我国相关立法的建议

1. 对合理的循环终止前介入的独立的预先指示原则

如前所述,因为心死亡死体器官捐献中涉及提前终止患者的生命和有可能为患者带来痛苦与侵扰的死前介入操作,故一般需要患者就此类操作给出单独的预先指示(如关于保留器官的登记),而不可以认为捐献人捐献器官的意思表示包括了此类操作;如果死前的积极介入(通常为药物的使用)可能造成捐献人生命缩短,则被认为“不合理”而不被允许(我国安乐死尚未合法化);与此同时,死后介入则完全可以看作是摘取器官的一部分,故无须单独同意。

综上分析,我们建议我国心死亡器官捐献立法中规定:

在心死亡死体器官捐献中,不会带来捐献人死亡过程缩短的循环

---

① R. Arnold, Testimony at Public Workshop on the Medical and Ethical Issues of Maintaining the Viability of Organs for Transplantation, Washington D. C., 30 July 1997.

② R. Veatch, “Consent for Perfusion and other Dilemmas with Organ Procurement from Non-Heart-Beating Cadavers”, in R. Arnold, S. Younger, R. Schapiro, C. Mason Spicer (eds.), *Procuring Organs by Transplant: The Debate Over Non-Heart-Beating Cadaver Protocols*, Johns Hopkins University Press, 1995, pp. 195 – 201.

终止前的介入操作必须得到捐献者就此操作的单独的预先指示;禁止进行可能造成捐献人死亡过程缩短的循环终止前的介入操作;肝素等血管舒张药的使用前必须经过非照护受体的,且非移植团队的副主任职称以上的医师的独立评估以确保不会缩短死亡过程。

2. 循环终止后的介入——捐献同意概括性授权原则

对循环终止后的介入而言,这些操作完全可以看作是摘取器官程序的一部分,只需摘取器官的同意即可,无须单独同意。

故建议我国器官移植法规定:

未得到捐献者家庭关于器官捐献的同意时不可以做保留器官的循环终止前或循环终止后的介入操作。

与此同时,因对心死亡死体器官捐献者的很多循环终止前的介入都应该得到捐献者本人的独立的预先指示,故建议在捐献卡或登记表中应该增加这样一个相关条款。无论哪种方式,我们都应该关注的是——需要给予当事人关于程序的完整信息。

第三十三条　【摘取器官的前提】医师自死体摘取器官前,应审查符合下列条件:

(一)捐献的器官只有在确定死亡后才能被摘取;

(二)家庭的有效的书面捐献同意;

(三)将要摘取的器官可以满足进行移植的医学要求。

[立法理由] 死亡后器官摘取原则

死亡后器官捐献原则是死体器官捐献的底线原则,即死体器官捐献的最根本的不可突破的原则为死亡后器官摘取原则。死亡后器官捐献原则要求器官摘取必须发生于捐献人发生法定死亡之后,即被宣布死亡之后,而不能在生命仍然延续之时。毋庸置疑,死亡后器官摘取原则的关键点在于对法定死亡节点的确认。

在死亡后器官摘取原则下,没有意识的植物人与无脑儿在宣布死亡之前被排除在死体器官捐献之外,尽管于哲学上他们并没有人格属性。原因在于这两类人虽然没有了意识和与之相联系的人格,但在当前的立法下,他们仍为活着的人而非死者。

第三十四条　【回避原则与病人与捐献人分开原则】照护捐献人的医生不可是照护受体的医生,不可参与器官的摘取与使用。

[立法理由] 死体器官捐献中的回避原则和病人与捐献人分开原则

移植政策已经意识到在临终病人(潜在捐献者)的利益和等待器官病人(潜在的接受者)的利益之间存在的潜在冲突。人们强调把仍活着的病人的治疗同那些器官摘取和移植的行为分离开来。①

在死体器官捐献中应该坚持病人与捐献人分开原则,即对于医生来说:(1)照护捐献者的医务人员与摘取和使用器官的医务人员(或移植专业的医务人员)或照护受体的医务人员应该是不同的;(2)请求器官的人员不应该是医务人员;(3)照护捐献者的医务人员、照护受体的医务人员和参与器官摘取与使用的医务人员不参加判断与宣布捐献者死亡;(4)在M-Ⅲ类可控型的心死亡死体器官捐献中,必须在患者已经做了拒绝生命维持治疗的决定后询问是否同意此种器官捐献,法律同时应该规定器官获取只能在政府指定的医院进行。

病人与捐献者分开原则还体现在:(1)医生要忠诚于病人;(2)器官移植的目的不能使得医生放松对可能的捐献者的合法的医疗标准的执行。

第三十五条 【死亡判定的共同判断原则和回避原则(独立证明死亡原则)】死亡的判断必须是由两名以上接受过专门训练的神经内科、神经外科、麻醉科、急救中心的副主任职称以上的医师组成的医师组共同作出的书面判断,其中至少有一人必须是精通脑干机能试验的神经内科或神经外科医生。

参与捐献人死亡判断的医师不能参与器官的摘取或使用,并不得与死者有利害关系,不得为照护捐献人或受体的医生。

死亡确认标准和程序由国务院卫生行政主管部门制定。

[立法理由]脑死亡

一、法定死亡的概念、标准与准据

实际上,死亡不仅仅是生物学问题,还是哲学问题与社会学问题。

① S. W. Tolle, et al., Responsibilities of Primary Physicians in Organ Donation, *Annals of Internal Medicine*, 1987, 106, pp. 740-744.

实际上,提供死亡的定义是哲学的任务;选择死亡的准据主要是医学的任务;而选择死亡测试则仅仅是医学的事情。在这里,我们首先要区分法定死亡的概念、标准和判断准据。

一般来说,法定死亡的概念是指建立在代表死亡的生理状态基础上的立法表达;这里死亡的生理状态被称为死亡的标准(如 Bernat 等人[①]支持将全脑永久性地停止功能作为死亡的判断标准);同时,判断准据是指临床上的诊断操作标准。三者之间的关系为:只有满足了死亡的准据(即诊断操作标准),才能保证符合了死亡的生理标准,法定死亡才存在。[②] 同时,临床医生会根据选用脑死亡或心肺死亡的不同而选择不同的死亡测试,确认是否达到了某类死亡的诊断操作标准。

立法确立死亡的最佳方式是确立死亡标准,而不是抽象的死亡定义。实际上,无论何种标准最后被采纳,都反映出了对隐含的死亡定义的赞同,同时也需要建立一套准据和测试用以真正建立这种死亡标准。

二、脑死亡标准的合理性

首先,死亡的最根本特征为功能丧失的不可逆性,而只有在脑干(全脑)死亡时,这种不可逆性才出现。也就是说,“患者的心跳、呼吸、血压等生命体征都可以通过一系列药物和先进设备加以逆转或长期维持。但如果脑干发生结构性损伤破坏,无论采取何种医疗手段最终必然发展为心脏死亡”,[③]故脑死亡是更为精准的死亡标准。

其次,传统的心肺死亡标准的表述并不准确,准确的表述应该为“心—肺—脑”死亡。也就是说,在传统的心肺死亡标准下,由于判断死亡的标准为心肺功能不可逆地停止,而非单纯的心肺功能停止,而前者必须以脑死亡为前提(在临床实践中经常体现为在一定时间的心肺

① J. Bernat, C. Culver, B. Gert, On the Definition and Criterion of Death, *Annuals of Internal Medicine*, 1981, 94, p. 389.

② President's Commission for the Study of Ethical Problems in Medicine, *Defining Death: A Report on the Medical, Legal and Ethical Issues in the Determination of Death*, US Government Printing Office, 1981.

③ 关宝瑞、朱永喆:“确立脑死亡鉴定标准的伦理学意义探究”,载《南京医科大学学报》(社会科学版)2008 年第 1 期。

复苏努力中,即在心肺复苏期间如若发生了脑死亡,则心肺功能发生“不可逆”的功能停止,出现死亡;而如果脑死亡未发生,则心肺复苏成功,死亡不会发生)。如此可见,传统的“心肺”死亡标准更为确切的表述应为“心—肺—脑”死亡标准,故法律确认死亡的节点在此时仍可称为脑死亡。

再次,在法律层面上,可供选择的死亡节点有两个,即“脑死亡”和“心—肺—脑死亡”,而前者更有利于确定什么时候可以撤除呼吸机,也有利于获得更多以器官移植为目的的可用器官。

最后,在全脑死亡中,意识的丧失也代表了哲学上的人格、自我的丧失,即“作为生命过程极限现状的死亡是人的生命本质特征即自我意识不可逆的丧失,即大脑功能不可逆地终止”,①此时,人作为精神向度和生理向度的人的整体消解了。

由此可见,脑死亡为更为理性的法定死亡标准。当然,任何法规中的死亡定义都毫无疑问需要医疗专家所做的临床指南或临床法典来充实内容,予以详细说明。ALRC(澳大利亚法律改革委员会)在其报告中指出:“现代社会中,医疗技术发展如此迅速以至于法规中的科学标准变得逐渐陈旧与过时,然而法律上的变革却未能及时出现。”②

三、脑死亡的立法形式

(一)世界范围内脑死亡立法形式

1. 器官移植法之外与之内的脑死亡立法

世界范围内脑死亡立法的形式不尽相同,有的在器官移植法中进行规定,而另外一些国家和地区则选择在器官移植法之外的其他法律中进行脑死亡的立法。

(1)器官移植法之外的脑死亡立法

在许多地方,立法者通过器官移植法外的其他法律给出死亡的定

---

① 雷瑞鹏:“脑死亡:概念和伦理学辩护”,载《华中科技大学报》(社会科学版),2004年第2期。

② David Price, *Legal and Ethical Aspect of Organ Transplantation*, Cambridge University Press, 2002, p. 80.

义。如1961年的英国《人体组织法案》只陈述:经注册的医生必须在检查患者没有任何生命迹象以后才能摘除器官组织(除非医生从一开始便可以证实患者死亡)。[①] 由于此法本身以及其他现行法律中都没有规定什么是"患者没有生命迹象",故需要根据判例和医学指南作出判断。美国的《统一死体捐献法案》(Uniform Anatomical Gift Act)涉及死者或死亡的判定,但是起草者并没有在此法律中对其进行更加详细的解释。实际上,美国各州都有独立的法律以建立死亡标准。

(2)器官移植法之内的脑死亡立法

与上述形式不同,在一些地方采用的立法方式是将脑死亡的概念包括于移植法律内,而不是将它规定于其他法律中。事实上,20世纪70年代美国三个州的州法律规定了只应用于器官移植的特殊死亡标准,其中包括西弗吉尼亚州(1975年)、伊利诺斯州(1975年)、和康涅狄格州(1979年)。1979年西班牙《器官移植法》规定器官必须从已死者的身体上摘除。死亡是以不可逆转性的脑损伤为依据的。[②] 同样,1996年罗马尼亚《移植法》指出,只有医学上确认脑死亡以后才能摘除器官组织,[③]并在附录中包括了脑死亡诊断的特殊标准。[④]

2. 单一的脑死亡标准与可选择的死亡标准(心肺死亡与脑死亡)

世界范围内的脑死亡立法或者规定单一的脑死亡标准,或者规定可选择的死亡标准(心肺死亡与脑死亡),如在丹麦和美国的大部分州都存在法律上死亡判定的双标准,但在很多其他地区,法律明确规定死亡标准只有脑死亡。究竟应该采用单一标准还是可选择的标准的问题一直在讨论着。

规定可选择的死亡标准的法律如早期的堪萨斯州的法律。再有,美国的《死亡判断统一法案》(US uniformed determination of death act, UDDA)指出,个体如果(1)循环、呼吸功能不可逆转地停止;或者(2)整个脑功能(包括脑干)不可逆转地停止就证明是死亡了。死亡的

---

① 在第4部分。

② 王室法令,1980年2月22日颁布,第10条。

③ 《人类组织与器官摘取与移植法》,第6条第1款。

④ 第7条第1款。

判断必须和已接受的医学标准相一致。Bernat 等人斥责以上的法案创造了两个不同的死亡标准,而不是两套指标支持同一死亡标准。[①] 在世界上很多其他国家和地区,法律明确规定死亡标准只有脑死亡。

规定单一脑死亡标准的国家有加拿大。加拿大在其成文法中规定:(1)当一个人的脑功能发生不可逆的丧失时即死亡;(2)这种脑功能不可逆的功能丧失可通过持续的自主循环和呼吸功能缺失来判断;(3)当因使用人工支持技术无法对持续的自主循环与呼吸功能缺失进行判断时,脑功能不可逆地丧失可通过其他任何目前医疗界认可的通常标准来判断。

(二)对脑死亡立法形式的风险讨论

1. 器官移植法之内的脑死亡立法之风险

将脑死亡立法包括在器官移植立法中是有风险的:首先,脑死亡立法的目的在器官移植之外,还应包括判断何时可以撤除呼吸机以尊重患者和节省医疗资源。如将其包括在器官移植法之内,则会造成这部分功能的缺失。其次,会让人们产生器官捐献者有可能(相较于一般患者)被特殊对待的感觉,甚至连脑死亡测试的各个方面都将会使人们产生这种印象。由此会产生对脑死亡和器官捐献的抵触心理,甚至会有因为要达到器官摘取的目的,医生可能提前宣布死亡的错觉。总之,对器官的供给不利。

2. 可选择的死亡标准(心肺死亡与脑死亡并存)之风险

相对于单一脑死亡立法,立法中采用可选择的死亡标准(心肺死亡与脑死亡并存)也是存在风险的。风险存在于两个方面:

第一方面的风险与器官移植内的脑死亡立法的风险一样,使得人们产生会被不同对待的感觉,由此会产生为了得到可用器官和节省医疗成本(在确定何时需要撤除呼吸机时)而提前被结束生命的不信任与担心。我们举例说明:1984 年瑞典政府颁布的报告承认将脑的不可逆损伤作为死亡的标准。它可以由临床试验单独确认,除非有器官移植的预期目的时(此时,以放射学检查证明血液流动停止是需要的)。

---

① J. Bernat, A Defense of the Whole-Brain Concept of Death, 28 *Hastings Center Report*, 1998(14), p. 21.

McCullagh 指出,这更加显示出"脑死亡"在移植中需要更加确定,①从而可能加重人们对未被合理对待的担心。

第二方面,可选择的死亡标准可能产生司法上的混乱。显然,当死亡的判断需要选择的时候,司法实践中必然有产生混乱的可能性。即同一种情形下不同的法院可能采用不同的死亡标准裁判而产生不同的结果。

事实上,与加拿大示范法类似的单一死亡标准(脑死亡)的立法形式更容易被接受。Lynn 和 Cranford 说:"……两种毫不相关的方法可以分别判断死亡……这就可能会引起这样的麻烦,即同样一个人,依这种标准可被判断死亡,而依另外一种标准则还没有死亡。"②如 Skegg 所说:"加拿大法律避免了有两种死亡定义的印象,并且明确了传统实验如何与新技术结合使用",③也就是说,在通常情况下,传统方法被用来判断死亡,尽管脑死亡是死亡本身的判断准据。只有当人工支持技术无法通过实验显示自主循环和呼吸缺失时才有必要采用大脑功能实验来判断死亡与否。

(三)对我国脑死亡立法形式的建议

虽然世界上绝大多数国家在法律上都接受了脑死亡(世界上已经有超过 90 个国家将脑死亡作为死亡的标准之一),但遗憾的是,我国还没有脑死亡的立法。我们知道,脑死亡死体器官捐献(即有心跳的死体器官捐献)作为死体器官捐献的最重要的一类,其发生是建立在脑死亡的基础之上的。如若没有脑死亡的立法,则此类器官摘取便因非法而构成犯罪,医生和捐献人的权利均无法保障,也会阻碍器官移植技术的发展和临床应用。因此,我国的脑死亡立法已经迫在眉睫。

根据上一节对脑死亡立法形式的利弊分析,建议我国脑死亡立法采用器官移植法律之外的单一脑死亡立法,同时,建议采用全脑死亡的

---

① Mc. Cullagh, *Brain Dead, Brain Absent, Brain Donors: Human Subjects or Human Objects?*, John Wiley & Sons, 1993, p. 25.

② Joanne Lynn, M. D., and Ronald Cranford, M. D. "The Persisting Perplexities in the Determination of Death" in Youngner, *et al.*, *The Definition of Death*, at 112.

③ P. D. G. Skegg, *Law, Ethics and Medicine*, Clarendon Press, 1988, p. 226.

标准,并结合我国的现实采用“脑—肺功能不可逆丧失”(脑—肺死亡)的死亡标准的文字表述。同时建议我国脑死亡立法的原则为共同判断原则和回避原则。

1. 器官移植法之外的脑死亡立法

我们建议将脑死亡立法规定在器官移植法律之外,其原因在于:

首先,从立法目的的视角看,脑死亡立法不仅有利于器官移植技术的发展,其目的还包括确定何时撤除呼吸机以尊重患者和节省医疗资源。因此,脑死亡不宜局限在器官移植法律中。

其次,为了避免在器官移植法律之内的脑死亡立法可能造成的人们被差别对待的错觉和可能被提前结束生命的担忧,我们也建议中国的脑死亡立法采用器官移植之外的立法形式。在这样的立法中,人们因相信未被特殊对待而感觉安心,故更有利于保护人们对医务人员的信任,有利于器官移植技术的开展。

2. 单一脑死亡立法——建立两套死亡测试与准据(即诊断操作标准)而支持同一死亡标准

建议我国立法采用单一脑死亡立法,即建立两套死亡测试与准据(即诊断操作标准)而支持同一死亡标准。这两套死亡测试与准据分别为:一般死亡情形下测试心、肺与脑功能的不可逆丧失的诊断操作标准;脑卒中情形下测试脑功能的不可逆丧失诊断操作标准。在这两种情形下的诊断操作标准不同,对脑功能的测试内容也是不同的(对于前者,一般采用床边测试;而对于后者,基本床边测试不足以启动器官摘取或呼吸机的撤除。一般需要认定:主要的脑的疾病或创伤、完全丧失意识、呼吸停止、全部脑神经反射停止、全部脑电活动停止,且必须有强制进行的脑血管造影以确认脑内血循环停止运行并获得图像证据)。

建议采用单一脑死亡立法的原因与合理性在于:

首先,传统的“心肺”死亡标准更为确切的表述应为“心—肺—脑”死亡标准,故“脑死亡”(也可称为“脑—肺死亡”)的表述可以全部涵盖死亡发生的两种情形(脑功能先停止和心肺功能先停止两种情形),只是脑死亡最先发生和最后发生的不同。

其次,在法律层面上,可供选择的死亡节点有两个,即“脑死亡”

(也可称为“心—肺死亡”)和“心—肺—脑死亡”,而前者更有利于确定什么时候可以撤除呼吸机,也有利于获得更多以器官移植为目的的可用器官。

再次,心肺功能不可逆丧失是脑干(全脑)功能丧失的外部表现。呼吸心跳不同于生命本身,它们只是生命的表征,就如同观察与认定更深层的更复杂的事实(由脑统领的三个相互联系的系统)的“窗户”。①在临床上,传统的死亡标准不仅是以两项,而是以三项症状为依据的,其中包括瞳孔的扩张(可显示脑干功能的丧失)。同时,瞳孔的扩张也常代表意识的丧失,即哲学上的“人格”、“自我”的消解。

最后,两个死亡标准同样不利于器官移植技术的发展,即会让人们产生不被平等对待的感觉及提前被结束生命以提供器官的恐惧。这在单一死亡标准立法中会被克服。

3. 采用全脑死亡的标准

从意识与人格的视角考察,我们建议采取全脑功能不可逆丧失的全脑死亡标准,而不是脑干功能不可逆丧失的脑干死亡标准。

意识与人格的视角下,全脑死亡是更合适的死亡标准,因为当作为整体的人的精神向度与生物向度的功能活动均停止时,他/她才被认为死亡。②

具体地,人类个体不仅仅包括机体,而且也是生理向度和精神向度的结合体。生存还是死亡不是身体的特质,而是整个人的特性。即生存还是死亡取决于两大系统(意识和生物机体)有功能还是丧失功能。这样看来,脑干死亡概念没有完全依赖于生理与精神(或意识与身体)的二元论,原因在于脑干控制与整合的仅仅为机体的生理机能。如此,如果控制意识的更高级的脑活动继续进行,但是机体已经停止功能,不能被认为死亡发生,反之亦然。因此,即使丧失了脑干所拥有的将多种身体机能综合成一个统一的机体的能力,只要意识继续,就不能称一个人为死人。

由此看来,全脑死亡较脑干的死亡更为理性恰当。美国哈佛委员

---

① President's Commission Report, *Defining Death*, Chapter 3, p. 33.

② D. Lamb, *Organ Transplants and Ethics*, Routledge, 1990, pp. 36 – 37.

会提出了全脑死亡标准。如今,英国支持脑干死亡标准,更多地方采用全脑死亡标准。

4.采用脑—肺死亡标准的表述方式

建议我国立法中采用脑肺死亡标准文字表述全脑死亡,即不可逆转性的意识丧失结合不可逆转性的自主呼吸停止。原因在于:

首先,中国传统的死亡观为心肺死亡,故采用全脑与肺功能不可逆丧失的表述代表全脑死亡更容易被国人接受,也照顾到了人们的日常体验和一般情感的反应。关于传统死亡标准的意义,1988年丹麦伦理委员会指出,死亡的概念必须和日常体验相联系,故建议死亡标准为呼吸心跳的停止。① 这引出了一个问题:政策应该在多大程度上体现一般情感的反应。而全脑与肺功能不可逆丧失的表述则照顾到了人们的日常体验和一般情感的反应,为人类理性思考与感性体验相结合的结果。

其次,全脑与肺自主功能不可逆丧失可以将死亡的整体功能论与主要功能论相结合,显得更为周全。有专家认为,死者丧失了构成身体对内部与外部环境之敏感性的特征,其或者是指身体的三大器官功能(心、脑、肺)不能作为功能整体而进行,或者指脑(作为人体的重要器官)不再调节人体的功能。② 恩格尔哈特教授评论说:很难给出既包括“主要器官论”,即只包括全脑功能不可逆停止功能,又包括“整体功能论”,即不仅通过不可逆的脑功能的丧失,同时也通过不可逆的心脏功能与肺功能丧失作为整个机体崩溃(死亡)的指标。③ 而全脑与肺自主功能不可逆丧失便是具有这种特征的死亡标准。我们需要关注的是,在全脑死亡的情形中,自主呼吸功能会不可逆地丧失,由于缺氧和没有脑神经系统的支配,心脏也很快会停止跳动;但如果有呼吸机存在,即使没有脑神经系统的支配,心肌有可能保持一段时间的自主收缩。

---

① David Price, *Legal and Ethical Aspect of Organ Transplantation*. Cambridge University Press, 2002, p. 41.

② President's Commission Report, *Defining Death*, at 36.

③ David Price, *Legal and Ethical Aspect of Organ Transplantation*. Cambridge University Press, 2002, p. 92.

1998 年英国关于脑干死亡的实践守则(the 1998 Code of Practice on Brain Stem Death)之中这样论述:在戴呼吸机时,被诊断为脑干死亡的成人和儿童可能维持几天或(很偶然地)几周的心跳。然而,此时脑死亡患者的呼吸和循环是依赖人工呼吸机支持的,而不是他自己的功能。

最后,英国医师皇家学院(the Royal College of Physicians)发展出的死亡的新的定义即是以不可逆转性的意识丧失结合不可逆转性的自主呼吸停止为基础的。①

四、脑死亡立法内容的建议

建议在《民法通则》中或单独的《脑—肺死亡法》中规定:

(1)当一个人的全脑功能(和自主呼吸功能)发生不可逆的丧失时即死亡;(2)全脑功能不可逆的功能丧失可通过意识丧失和持续的自主循环和自主呼吸功能缺失来判断;(3)当因使用了人工支持技术无法对持续的自主循环与呼吸功能缺失来进行判断时,全脑功能不可逆地丧失可通过卫生部制定的全脑死亡判断指南上的标准来判断。

当然,任何法规中的死亡定义都毫无疑问需要医疗专家所做的临床指南或临床法典来充实内容,予以详细说明。

五、死亡判断的共同判断原则和回避原则

1. 死亡判断的共同判断原则

器官移植法律的程序性首先体现在死亡的判断中。

医疗本身固有的风险性决定了在脑死亡操作过程中接受此死亡标准的当事人的生命健康将处于不特定的风险中,而这种风险又随时有被滥用和误用的现实可能。而一套健全的程序虽然不能完全避免风险的发生,但会在很大程度上限制其发生的可能性,更重要的是,它是我们可以寻找的最有效的方法。

1979 年西班牙通过的移植法规定,脑死亡必须由 3 位与移植工作

① Review by a Working Group convened by the Royal College of Physicians, Criteria for the Diagnosis of Brain Stem Death, *Journal of the Royal College of Physicians of London*, 1995,(5)29,p. 381.

无关的医师确认,其中1位是神经外科医师或神经病学专科医师;美国负责判定脑死亡的医生为神经内科或外科医师,并需要两位医师同时在场时进行判定;英国标准规定,由具有经验的急救中心医生来判断,有疑问时还要与神经内科或神经外科医生会诊;台湾标准规定,由2名接受过专门训练的神经内科、神经外科、麻醉科、急救中心医生担当,两人中至少有一人必须是精通脑干机能试验的神经内科或神经外科医生,参与器官移植的医生不能诊断脑死亡。日本厚生省脑死亡研究班标准规定,判定脑死亡的医生为:① 具有丰富的诊断脑死亡经验,但与移植无关;② 由两人以上完成;③ 两次以上检查时不必由同一医生来进行,但这一医生必须参加过脑死亡的诊断。另外,确认"脑死亡"所需的医生人数,巴尔干各国、希腊、波兰、西班牙、意大利需要3名医生,法国需要2名医生,澳大利亚和芬兰只需1名医生。[①] 这些都是很值得我们辨别与借鉴的。

我们建议在脑死亡的判断中坚持共同判断原则。即建议脑死亡的判断必须由两名以上接受过专门训练的神经内科、神经外科、麻醉科、急救中心的副主任职称以上的医师组成的医师组给出,其中至少有一人必须是精通脑干机能试验的神经内科或神经外科医生,他们与当事人无利害关系,必须与受体或捐献者的照护无关,且不是移植专业的医生。

其实,器官移植立法中对捐献者心肺死亡的判定同样是慎重和注重程序的。如《深圳经济特区人体器官移植条例》就规定:自遗体摘取人体器官的,应当经至少两名未参与治疗的具有副主任医师资格以上的医师作出书面判定,确认捐献者死亡后方可进行。

2. 死亡判断中的回避原则(独立证明死亡原则)

和欧洲理事会的其他规定一样,《人权和生物医学公约》的《关于人类器官和组织移植的附加协定》主要是为保护公民(尤其是保护器官和组织的捐献者和接受者)而设立的。在第16条规定了保证独立证明死亡原则(回避原则)的程序性条款:证明死者死亡的医生与执行从死者身上摘除器官或组织的医生,或与进行移植手术的医生,或有责任

① 熊伟、江华:"脑死亡的概念和历史发展",载《三思科学》2002年第9期。

照料潜在器官或组织接受者的医生不能是同一个人。

回避制度存在于脑死亡的判定环节。毋庸置疑,在整个脑死亡的判定过程中,脑死亡判定标准的接受者的生命健康客观上存在因为被非法侵害而受到损害的可能,因此回避制度的设计是必不可少的。包括:(1)不允许与接受脑死亡标准的当事人有利害关系的医师为当事人判定脑死亡;(2)参加器官摘取和使用的医师不能判定接受脑死亡标准的当事人的脑死亡;(3)照护受体的医生不可以参与脑死亡的判断;(4)照护捐献者的医生不可以参与脑死亡的判断。第1项的规定可以防止利害关系人利用脑死亡而杀人;而后三项的规定实际上是为了防止医生为了获取进行器官移植所急需的供体器官而非法宣布事实上还没有脑死亡的人已经脑死亡,以致侵害患者的生命健康权。

实际上,心死亡的判定过程中,自人体摘取器官的,参加器官摘取和植入的医师同样不能判定接受心死亡标准的当事人的心死亡。《深圳经济特区人体器官移植条例》就规定:自遗体摘取人体器官的,应当经至少两名未参与治疗的具有副主任医师资格以上的医师作出书面判定,确认捐献者死亡后方可进行。判定捐献者死亡的医师,不得参与该人体器官的摘取或者植入手术(第10条)。

第三十六条 【恰当处理尸体和避免不必要损害】从事人体器官摘取的医疗机构及其医务人员应当尊重死者的尸体与器官,避免对尸体造成不必要的损害;对摘取器官完毕的尸体,应当进行符合伦理的处理;摘取器官后,应当恢复死者的外形。

[立法理由] 死体器官捐献的合理与合法性之来源——尊重原则

在死体器官捐献的境遇中,死体器官捐献的合法性来源于其符合尊重原则。死体器官捐献对死者及其家属的尊重体现在两个方面:一方面为尊重死者和其家属的自主,即尊重其同意捐献或拒绝捐献的意思表示;另一方面为尊重死者的尊严,体现在恰当与合理地处理尸体和避免不必要的损害中。

一、恰当地处理尸体

人们对尸体的直觉反应是:应该尊重死者身上“人”的残留,即用身体鉴别的“人”不会因为死亡而突然中止。因此,在所有文化中缺乏生命活力的尸体应给予尊重,因为身体是人格的外在的物质形象。Chadwick指出,刚死的人的尸体中存留着此"人"的象征。[①] 同时,大众的行为的确在不断完善这种联系。如传统上,对死者的处理方法体现了对一个曾经活过的人的尊重问题(相反的例子为,19世纪对死刑犯的尸体进行解剖被认为是惩罚的一种措施)。实际上,即使是那些不认为尸体是已故的人的躯壳的人仍尊重地处理尸体。

恰当与体面地处理尸体无疑在世界各地都被认为是一件严肃的事情,同时,这也通常是一个潜在的犯罪领域,如在中国,与尸体有关的罪名为"侮辱与盗窃尸体罪";在英国,有违反普通法的"侮辱公众礼俗"、"侮辱尸体"、"非法损害尸体"和"非法阻止埋葬"罪等规定;[②]加拿大刑法典中规定了侮辱或猥亵死者罪。以上这些刑法规定一方面表达了人们长期持有的观点,即尸体是应该给予尊重的;另一方面它们表明应尊重家属的宗教情感和情绪,并且尊重广大社会的道德安宁。

总之,许多国家的法律规定,人们都有权决定死后尸体如何被对待,并且家属和继承人可实施相似的权利。这并不是说一般意义上的所有权属于个人,而是法律保护对死者的尊重和敬畏:人类,不论是生是死,其尊严都应受到尊重。一个人道主义观点应被总结如下:生命的历程必须受到安抚,死者必须受到尊重。尸体曾经为人的事实有着崇高价值,必须以合理的处置为原则。

二、禁止对尸体的不必要的损害

事实上,对死者的尊重常被理解为对生者的尊重。对尸体及其家属情绪的尊重要求在实践层面上必须阻止滥用尸体并尽量减少损害。[③] 而在器官捐献中,摘取死体器官时必须避免不必要的损害。

我们大多数人都不希望哪怕在死后被当成客体,因为我们相信被

---

① W. May, Attitudes Toward the Newly Dead, *Hasting Center Studies*, 1973(3), p. 3.

② S. White, An End to D-I-Y Cremation?, *Medicine, Science and the Law*, 1993, 33, p. 151.

③ California Health and Safety Code, s. 7052 (West 1988 Supp.),; Pennsylvania Consolidated Statutes Annotated, Vol. 18, s. 5510 (Purdon 1990 Supp).

当做物品一样对待就侵犯了我们基本的尊严和人格。想象着病房里死亡的一些人,死亡的几个小时之前还被称作“某先生或小姐”,“老师”或是“警官”,死后就变成了一件东西,一个在冷冻室的尸体,被压在一堆正在腐烂的死尸下面,这真是一件很悲伤的事。

鉴于上述对尸体和亲属情感的尊重,器官移植法律一般包含了对死体器官捐献合理性的规定,即在摘除器官时,禁止对尸体的不必要的损害,如阿根廷、意大利、新加坡和菲律宾都有明确的相关规定;奥地利法律规定,器官摘除不能引起与摘取不相称的外形的毁坏。①

我们建议器官移植法律规定器官摘除不能引起不必要的伤害,不能引起与摘取器官不相称的外形的毁坏,且摘除器官后必须尽量恢复死者的外形,即恰当处理尸体和避免对尸体的不必要损害。

具体地,在器官、骨或其他身体部位摘取后,如何重建一个较有美学意义的可接受的尸体是非常重要的。重建外形失败或是仓促完成对亲人来说可能会有长久的影响,他们必然会对整个医学,尤其是器官移植丧失信心。死者的最后一面会深深印在我们的脑海,也许甚至会比我们此前的记忆更深刻,因此,我们在葬礼上见到的我们所爱的朋友或家人是什么模样,其意义非凡。

第三十七条 【器官的保存】为妥善保存摘取之器官以供移植之用,得设立人体器官保存库;其设置应该经卫生部许可。

第一款所称人体器官保存,包括人体实体器官、组织、细胞的处理与保存,及以组织工程、基因工程技术对组织、细胞所做的处理及其衍生物之保存。

前款规定的人体器官保存库的设置资格、条件、申请程序、应具备的设施、作业流程、许可之废止及其他应遵行事项的管理办法由卫生部规定。

允许付给器官和组织的获取、加工、处理、保存、质量控制或者移植等步骤合理的费用,收费标准由国务院卫生行政主管部门规定。

［立法理由］以法律规制组织器官库——必须为非盈利性和公立性

① 1982年6月1日颁布,第62部分第a(1)。

美国的人体器官库和细胞库均为私立。因为人的趋利避害的本性,这些私利性的人体器官库和细胞库不可避免地具有营利性倾向。正因为如此,从1984年这些人体器官库和细胞库就开始实施器官的有偿供给,他们将脑死亡和心死亡的捐献者的心脏瓣膜、皮肤、血液和肝脏的细胞等收集起来,有偿地供给需要进行器官移植者和新药开发者。这项商业的利润颇丰,如今加入全美人体器官库协会的企业约达到70家,其销售额也在逐年增加。据称,包括生殖器官等在内,美国人体器官市场的规模已经超过了100亿美元。①

毫无疑问,这样的运作显然已经将器官商品化(虽然他们收集器官时是免费的,但是却以高价卖出,从而获得颇高利润);同时,这样的行为有直接或者间接地伤害器官移植中各方当事人之虞。1991年世界卫生组织通过了人体器官移植的指导性原则,其中规定人体及其各个部分均不应成为商业交易的对象,包括登广告求取、提供器官及支付、收取钱财的行为等都应予以禁止,同时也禁止任何参与器官移植程序的个人或机构收取适当的服务费用之外的报酬。这些私立的人体器官库和细胞库的运作显然违背了此精神。

可以设想如果那些满怀高尚情操与博爱激情捐献器官的人们地下有知,当看到自己无偿奉送的生命礼物成了这些私立人体器官库和细胞库的摇钱树时做何感想,估计除了愤闷便还是愤闷!而本想捐献的人们也必纷纷捂紧自己的器官。

毋庸置疑,美国的教训值得我们所有人深思。希腊在修改器官移植法律的时候就注意到了这个问题,为了不走美国的老路,希腊已经在法律中排除了私立的、营利性的人体器官库和细胞库成立的可能性,同时私人医院和私立医疗中心不允许建立自己的人体器官库和细胞库。②

我们认为,人体器官库和细胞库必须在法律的规制下设立和运作。

---

① 唐德祥:"美国'全国器官移植法'在运行中的经济问题探析",载《企业经济》2003年7月。

② Marla Canellopoulou Bottis, A New Law on Organ Donation in Greece: One More Effort to Advance Transplants, *European Journal of Health Law*, 2000(7), pp. 427-439.

只有在国家的投入与支持下,只有在政府的介入与管制中,才能使生者安心捐献,使死者宽慰于九泉。避免人体器官库和细胞库的利益驱动的制度设计应该为:人体器官库和细胞库必须为国家设立,强行规定其非营利性。其可以收取的费用只能限定在器官、组织的保存、运输等费用,且由国家统一限价。唯有如此,才能堵塞人体器官库和细胞库利用博爱者的上善之行为自己谋图利益——甚至是利益最大化——的可能途径。同时,这些必须明文规定在器官移植法中。

第三十八条 【废弃器官的处理】捐献的人体器官在摘取后,无法用于移植治疗的,应当对该器官进行符合伦理的处理,不得用于任何其他目的。但捐献人家庭有明确指示的,依照捐献人家庭意愿处理。

第三章 活体器官捐献

器官捐献的一个完整的立法框架应该包括三个价值向度:尊重潜在的器官捐献者及其家属、保护可能的捐献者(通过设计合理的程序规避可能的利益冲突)、鼓励捐献。不同的框架用不同的方式详细说明和平衡着三类价值的法律和政策问题。例如,与活体器官捐献的立法框架对比,死体器官捐献的基本框架更注重鼓励捐献的价值追求;与此相反,活体器官捐献的基本立法框架更加注重对活体器官捐献者的尊重与保护,且不鼓励捐献。

第三十九条 【活体器官捐献的替补(例外)原则和必要原则】只有死体器官供应不足时才能考虑活体器官移植。当潜在的受体既适合做死体器官移植也适合活体器官移植时,应该等待死体器官移植。如果在合理的时间内没有出现适合的死体器官,则可以选择活体器官移植。

当死体器官移植不是切实可行的方案,且不存在具有疗效可比性的其他治疗方案时可直接选择活体器官移植。

[立法理由]死体器官捐献优先原则及必要原则

一、死体器官捐献优先原则(活体器官捐献替补原则)及必要原则概述

世界卫生组织的《器官移植指导原则》的第1条便指出:移植器官的来源首选应该是死者;欧洲理事会的《人权和生物医学权利公约》第

19条表明:只有当缺乏死体器官,且没有具有可比之疗效的其他治疗方法时,才允许从活体器官捐献者身上摘取器官;2009年到2010年在日内瓦等会议上,世界卫生组织(The World Health Organization, WHO)、国际移植学会(The Transplantation Society, TTS)和国际器官捐献和获取学会(International Society of Organ Donation and Procurement, ISODP)共同制订了一个死体器官捐献的发展计划,即"4D (Development of Donation from Deceased Donors)战略计划",其中的人体器官捐献原则为:第一,死体器官捐献优先于活体器官捐献;第二,脑死亡器官捐献优先于心死亡器官捐献;第三,活体移植有违医学伦理学无伤害原则,应尽量避免,非万不得已不得为之。[①] 在这里,我们称之为死体器官捐献优先原则(即活体器官移植是一种在一定条件下可以接受的死体器官移植的替补方法,故也称为活体器官捐献替补原则)[②]及必要原则。

虽然死体器官捐献优先,但特殊情况下可直接考虑活体器官捐献,这多为必要的情形,包括:在紧急情况下,当无法得到死体器官时;因为医学原因受体不适合死体器官移植;等待名单很长,得到死体器官需要长期等候,可能超过患者能够承受的时间;或活体器官移植的疗效存在显著的优势时。欧盟理事会的欧洲人权公约的注释中指出,公约条款背后的意欲为:如有可能,移植的器官应该来自死体而非活体,即如果可以找到合适的死体器官,则活体器官移植属于例外的措施。[③] 另外还提到,如果活体器官移植的效果与死体器官移植相比有显著的优势,那么就应首先采用活体器官移植。这些条款强调需要显著的优势来使

---

① 陈忠华:"25年磨一见(剑)环球性器官短缺与移植危机中的中国新(心)路历程",载《中华移植杂志》2010年第4期。

② C. Casabona, Legal Issues Concerning the Living Donor and Some Criteria for Harmonised European Legislation, in D. Price, J. Akveld, (eds.), *Living Organ Donation in the Nineties: European Medico-Legal Perspectives*, EUROTOLD, 1996, 139, p. 146.

③ David Price, *Legal and Ethical Aspect of Organ Transplantation*, Cambridge University Press, 2002, p. 263.

活体器官移植合理化。①

我们需要关注病人透析等候器官这段时间,因为透析而造成的身体素质下降可严重影响受体成活率,同时也造成器官浪费,甚或直接使得受体完全丧失手术机会。申言之,在某些情况下,较长透析等待的不利后果比活体器官移植对捐献者造成的不利影响更多,同时也造成对家庭和社会的不利后果。因此,世界上接受活体器官捐献的国家也大多接受透析前器官移植,因为移植时间越早,效果越好。因此,等待时间,尤其是透析等待时间常常是我们考虑必要性的重要因素。

必须强调的是,活体器官摘取引起的伤害和危险很小才是可以接受的。除此之外也必须表明,在许多情况下活体器官移植是唯一可选择的方案。同时医生也有义务建议活体肾脏移植给已经透析并等待死体器官很长时间的病人,活体器官移植减少他们等待治疗的时间,避免身体素质下降。

二、国外立法经验

世界范围内的移植法律有时直接要求给出一个选择活体器官移植的理由。如加拿大示范法要求在授权批准的过程中审查是否活体器官移植是一种可选择的治疗方法;②哥伦比亚法律要求活体器官移植在治疗上是必需的;③阿根廷的法律表明活体器官移植能用在其他办法已经用尽或者疗效不足时,或者对于特定的病人还没有找到任何其他恰当的解决方案时;④比利时的法律规定,如果器官或组织的摘除对捐献者有影响或者所摘除的这些器官是不可再生的,那么只有在受体有生命危险并且从死体器官移植不能产生同样满意的效果时,才能进行活体器官移植;⑤墨西哥法律规定,只有来自死体的组织或器官不可用

① David Price, *Legal and Ethical Aspect of Organ Transplantation*, Cambridge: Cambridge University Press, 2002, p. 263.

② 《统一人体组织捐献法案》,1990 年颁布,第 5(3)部分和第 7(6)部分。

③ 第 1172 号法令,1989 年 6 月 6 日颁布,第 24 部分。

④ 第 24193 号法律,1993 年 3 月 24 日颁布,第 2 部分。

⑤ 第 32 号法律,1986 年 6 月 13 日颁布,第 6 部分。

时才能进行活体器官移植;①厄瓜多尔要求捐献者与受体之间要有积极的组织相容性,②从而排除不相配的器官捐献;瑞典的法律规定尽量避免使用活体器官捐献者;③斯洛文尼亚法律表明活体器官捐献者只能捐献出部分肝脏和一个肾,④与受体必须有血缘或家庭的联系,且在一定合理的时间内不能得到死体器官捐献,且必须得到伦理委员会的批准。⑤

三、对我国器官移植立法的建议

我国器官移植立法中,需要同时遵循死体器官移植优先原则(活体器官捐献替补原则)和必要原则,但不建议采用其他方法用尽意义上的必要原则,因前所述,过长时间等待,尤其是透析等待将对受体、家庭与社会造成更大损害。因此,建议采取合理等待时间内意义上的必要原则,即当没有或不可能在合理的时间内找到合适的死体器官时允许活体器官移植。合理时间应该不仅仅指单纯的时间长度,还要考虑病人的医疗需要和生命质量。等待时间的压力对不同病人和不同区域来说是不同的。显然,如果每天长距离地为了透析来回奔波,则会给正常生活方式和生活质量带来巨大影响,压力相对就较大。合理时间的等待后,活体器官移植无疑成了最好的和必要的方法。故建议规定:

只有死体器官供应不足时才能考虑活体器官移植,死体器官捐献优先于活体器官捐献。

当潜在的受体既适合做死体器官移植也适合活体器官移植时,那么应该等待死体器官移植;如果在合理的时间内没有出现适合的死体器官,则可以选择活体器官移植。

当死体器官移植不是切实可行的方案,且不存在具有疗效可比性

---

① 《健康法通则》,1983年12月26日颁布,第322部分。

② 第64号法令,1987年5月26日颁布,第2部分。

③ Linda Nielson, Living Organ Donors: Legal Perspectives from Western Europe, in D. Price, H. Akveld (eds.), *Living Organ Donation in the Nineties: European Medico-Legal Perspectives*. EUROTOLD, 1996, pp. 58 – 71.

④ 1996年法律第8条。

⑤ 1996年法律第8条。

的其他治疗方案时可直接选择活体器官捐献。如:

(一)在紧急情况下,当无法得到死体器官时;

(二)因为医学原因受体不适合死体器官移植;

(三)等待名单很长,得到死体器官需要长期等候,可能超过患者可以承受的期限;

(四)对比普通的死体器官移植,活体器官移植有绝对的移植物存活优势;

(五)其他情形。

第四十条 【活体器官受体的范围】活体器官受体限于活体器官捐献人的配偶、直系血亲或者三代以内旁系血亲、养父母与养子女、继父母与继子女。

前款所称配偶指与受体结婚三年以上或共同生育了子女的配偶。

本条第一款关系外的活体器官捐献,必须证明活体器官捐献人与受体有特别密切关系,排除存在器官非法买卖的合理怀疑,并得到器官移植法律伦理审查委员会的特殊授权。

[立法理由] 活体器官"捐献者—受体"关系的限制和对限制之外捐献的独立机构的特殊授权

1991年颁布的《世界卫生组织关于器官移植的指导原则》第3条声明:活体器官捐献中,捐献者一般应该是与受体有亲缘关系的人,在骨髓移植和其他可再生组织移植中可有例外。世界上大多数立法对活体"捐献者—受体"关系也设置了相关限制。2001年的《人类器官和组织移植的欧洲理事会协议(Council of European Protocol on Transplantation of Organs and Tissues of Human Origin)》第10条规定,活体器官捐献者与受体之间必须有由法律规定的密切的关系,或者此捐献获得了由合法独立机构的审批授权。

一、"捐献者—受体"关系的相关限制

(一)对"捐献者—受体"关系设置限制的原因

首先,设置限制的目的在于保障自愿。通常认为,无密切关系的捐献者与受体之间的器官捐献容易受到强制、胁迫、操控、压力等的影响,从而影响捐献的自愿性,最终使得捐献同意无效。

其次,设置限制的目的在于排除非法器官买卖。申言之,在无密切关系的捐献者和受体之间的捐献更容易出现非法器官交易与买卖。

最后,设置限制的目的在于保障器官摘除手术的合理性。也就是说,它有利于实现捐献对于捐献者来说是利大于弊的原则。具体地,在这样的器官捐献与摘取中,捐献者的收益不仅包括心理的收益(如自尊心的提升),还包括因密切关系而使捐献者在受体生命与健康上的利益的实现,因此可以保障器官摘除手术在捐献者方面的合理性。

(二)相关域外立法

一些立法限制活体器官捐献者只能为与之有密切关系(血缘关系、亲缘或情感关系)的受体进行捐献。德国法律限制捐献范围为:只能捐献给与捐献人有一级或二级亲属关系的人、配偶、未婚妻或其他与捐献者有特殊密切关系的人。[①] 这里所谓的有"特殊密切关系"没有限定是否有性关系,还是关系亲密的朋友或在感情上比较亲近的亲属或教父教母关系等。

哥斯达黎加法律规定只能给四代以内的血亲、三代以内的姻亲或配偶进行捐献。[②] 葡萄牙法律限制对有三代以内亲属关系的人进行非再生性器官的活体捐献。[③] 法国法律的限制为只能为核心家庭成员进行捐献,除非是紧急情况下才允许夫妻之间捐献。[④] 意大利法律规定活体肾脏捐献只能给核心家庭成员(包括同父异母或同母异父的兄弟姐妹)。[⑤] 在斯洛文尼亚,非再生性组织和器官,如部分肝脏和肾脏的移植被限制在有血缘关系或家庭关系的成员之间。[⑥]

一些立法将特定的"捐献者—受体"关系在活体器官移植中限定得更加严格。如委内瑞拉法律限制在一级血亲关系的亲属之间,但是允许国家执行委员会授权关系限制之外的捐献。[⑦] 瑞典法律规定在

---

① 1997年11月5日颁布的法案的第8部分第4节。

② 第5560号法律,1974年8月20日颁布,第15部分。

③ 第12号法律,1993年4月22日颁布,第6部分第2节。

④ 第12号法律,1993年4月22日颁布,第6部分第2节,第671~673条。

⑤ 第458号法律,1967年6月26日颁布。

⑥ 1995年颁布的法律的第8条。

⑦ 1992年11月19日颁布的法律,第11部分。

“捐献者与受体之间应有亲缘关系或因其他原因有特别密切关系,其他捐献则仅仅限于特例”。① 俄罗斯联邦法律为了消除因压力导致的捐献,禁止与受体有依存关系的人员的捐献。

我国香港相关条例限制活体器官捐献发生在近血缘关系人员(在第五部分第二节将近血缘关系定义为核心家庭成员加上叔舅、姑姨、堂兄弟等)、②3 年及以上婚龄的夫妇和得到依法建立的委员会特殊授权的人员③之间。

英国 1989 年颁布的《人体器官移植法案》(HOTA)规定,任何捐献或接受器官都是犯法的,除非捐献者与受体之间有基因相关。有趣的是,关于哪些人才是“基因相关的人”的定义比人们预期认为的要更广泛,其中甚至包括同父异母或同母异父的兄弟姐妹及他们的姑姨和叔舅。HOTA 中“基因相关关系”的限定不包括那些有远距离血缘关系的人、夫妻和其他有感情关系的人。具体地,受体的基因关系被定义为:(1)他/她的血缘父母与儿女;(2)他/她的兄弟姐妹(包括同父异母和同母异父的兄弟姐妹);(3)他/她的血缘父母的兄弟姐妹(包括同父异母或同母异父的兄弟姐妹)、他/她的血缘父母的兄弟姐妹(包括同父异母或同母异父的兄弟姐妹)的孩子。本法案的第二部分第一节中规定了为与捐献人无基因相关关系的人进行活体器官移植的惩罚。

(三)对限制之外的特殊捐献者的特殊审查与授权

有些立法规定了对限制之外的捐献者的捐献进行特殊审查,即得到特殊审查机构的事先同意与授权的捐献也是可以接受的。在这样的制度中,人们可能会有机会提出让那些与他们有密切关系但非法律限定的关系内的人做活体器官捐献者。

例如,根据英国《器官移植法案》(HOTA)第 2 部分第 3 节制定的《人体器官移植(非关系人)条例》(这里的关系人指法定的捐献人—受体关系限制之内的人)规定,建立“非关系人活体器官移植监管委员会”(Unrelated Live Transplants Regulatory Authority, ULTRA)来审查捐

---

① 第 831 号法律,1995 年 6 月 8 日颁布,第 7 部分。

② 1995 年第 16 号条例。

③ 1995 年第 16 号条例,第 5 部分。

献人—受体关系限制之外的人员的捐献。远距离血亲之间和有感情关系的人员(如配偶)之间的活体器官移植在满足特定条件时可以在ULTRA面前达成同意。印度法律规定,如果授权委员会事先同意,来自核心家庭成员以外的人可以捐献。该授权委员会的授权是建立在捐献者对受体有爱或依赖或其他特殊的基础之上的。①

(四)对我国活体器官移植立法的建议

我国法律已经设置了捐献者—受体限制:在《人体器官移植条例》和《关于规范活体器官移植的若干规定》中,活体器官捐献人与接受人仅限于以下关系:(1)配偶:仅限于结婚3年以上或者婚后已育有子女的;(2)直系血亲或者三代以内旁系血亲;(3)因帮扶等形成亲情关系,仅限于养父母和养子女之间的关系、继父母与继子女之间的关系。

同时,建议规定超出限定范围的特殊捐献者的活体器官捐献需要器官移植法律伦理审查委员会审查与授权。

(五)特例——交叉捐献

湖南常德市的何一文与何志刚都是尿毒症患者,急需进行肾脏移植手术来挽救生命,但各自家里所有的亲人都未能与其配型成功。就在几乎绝望的时候,一个好消息传来,两个家庭中各自肾源提供者恰恰能与对方进行匹配,只要交换一下,双方都能得到最好的手术效果,两个家庭在经历了多种波折后最终一起从湖南来到广州准备做交叉换肾手术。手术被医院伦理委员会以8:1的票数否决。2008年1月6日,他们辗转来到海南省农垦总局医院,而医院伦理委员会却以13票全票通过了移植手术的申请。

患者双方与家属交叉换肾进行活体肾移植无疑是出于自愿,而伦理委员会进行审查也是正常履行对患者自主决策加以正当限制的职责。然而,令我们疑惑的是,为什么两个医院的伦理委员会作出了截然不同的决定?

其原因在于当时法律规定的模糊。2007年5月1日起施行的《人体器官移植条例》指出:“活体器官的接受人限于活体器官捐献人的配偶、直系血亲或者三代以内旁系血亲,或者有证据证明与活体器官捐献

---

①　1994年颁布的第42号法令第9部分。

人存在因帮扶等形成亲情关系的人员。”而当时,立法机构并未对“存在因帮扶等形成亲情关系的人员”之确切含义予以说明,这必然造成不同的人予以互不一致的个性化的解读。因此,应该说两家医院的伦理委员会都没有错。

当法律规定存在模糊地带时,需要的是恰当的法律解释。笔者认为,虽然法律解释方式各异,然而,此处最适合目的解释。申言之,法律之所以限制活体器官的捐献人,其根本目的在于禁止器官买卖。而在此种交叉换肾的情形中,通常并不存在器官买卖,故完全可以予以放行。

此事件在社会上引起了关于伦理与法律之权衡、冲突、交锋与和解的大辩论,半年后,此次讨论终于尘埃落定:2008 年 6 月 14 日,卫生部副部长黄洁夫正式对外回应:“两个患者家庭之间交叉供肾是合法的。”这一决定是由卫生部人体器官移植技术临床应用委员会(OTC)作出的,已成文下发给 164 家获准开展器官移植手术的医院。毋庸讳言,卫生部的明确解释奠定了交叉换肾行为的合法地位,充分体现了人性化,是法律的进步。由此可见,法律与伦理均不是封闭自恰的系统,而要适应社会的需要。当社会呈现新的情况与新的要求时,法律与伦理应该适时予以回应。

实际上,美国在 20 年前就有人提出相关观点①和相关的计划。2003 年年底美国第一个地区完成了几例交叉捐献;②2004 年华盛顿地区也产生几对交叉捐献。

一些国家和地区形成了扩大的器官交叉换肾池,如新英格兰的交叉换肾计划中建立了一个面向全国的器官交换池,这样方便找到更多

① Felix T. Rapaport, The case for a living emotionally related kidney donor exchange registry, *Transplantation Proceedings*, 1986(2)18, pp. 5 – 9.

② Francis L. Delmonico, Paul E. Morrissey, George S. Lipkowitz, Jeffrey S. Stoff, Jonathan Himmerlfarb, William Harmon, Martha Pavlkis, et al., Donor kidney exchanges, *American Journal of Transplantation*, 2004(4)10, pp. 1628 – 1634.

更好的匹配的肾。①

二、建议设置器官移植法律伦理审查委员会

我们借鉴域外立法经验,建议设立器官移植法律伦理审查委员会这样一个准司法性质的委员会,其作用在于对特殊的器官捐献(特殊捐献者或特殊情况下的捐献)进行审查与授权,并以兜底条款的形式为器官移植参与者提供周详的保护。

(一)器官移植法律伦理审查委员会的组成

器官移植法律伦理审查委员会为一特殊的准司法性质的审查与授权组织,主要负责对特殊的器官捐献(特殊捐献者或特殊情况下的捐献)进行审查与授权(包括未成年人、无决策能力的成年人的活体器官捐献、超出法律规定的活体器官捐献者—受体学关系限制的捐献或在押犯的捐献等)。建议由法官、心理学专家、伦理专家、移植专家组成。

(二)建议设置器官移植法律伦理审查委员会的理由

首先,设置器官移植法律伦理审查委员会可以以兜底条款的形式为患者提供周详的保护。我们知道,法律是建立在"理性人"和"人之理性"基础之上的,同时,法律所关照的为大多数人的行为。因此,我们没有必要为个别人或个别行为立法,我们也不可能站在理性之外考量立法。尽管如此,在法律难以照护到的地方,依靠审查的设置应可尽量提供更为稳妥的保护。故建议在器官移植法中设立兜底条款,规定特殊捐献者或特殊捐献情况下的器官捐献需要器官移植法律伦理审查委员会的审查与授权。

其次,这个准司法性质的组织既可以提供有效的授权,又较司法程序简便快捷,同时也保障了审查和授权的专业性。由于有法官的参与,可以使得审查与授权具有法律效力(事实上,此种委员会可以与当前我们的基层法院在街道开展的社区法庭做类比);由于有心理学专家、伦理学专家、移植专家的参与,使得委员会的审查与授权具有相当高的

---

① Dorry L. Segev, Sommer E. Gentry, Daniel S. Warren, Brigitte Reeb, Robert A. Montgomery, Kidney paired donation and optimizing the use of live donor organs, *Journal of the American Medical Association*, 2005, 15. pp. 1883 – 1890.

专业性,也更容易取得申请审查的人的信赖;与正规法律程序相比较,此委员会的审查与授权快速便捷,适合医疗救治的紧急性。

(三)器官移植法律伦理审查委员会审查与授权的情形

总的来说,器官移植法律伦理审查委员会负责对特殊的器官捐献(特殊捐献者或特殊情况下的捐献)进行审查与授权,主要包括如下情形:

首先,对活体器官移植中法定的捐献者—受体关系限制之外的捐献者的捐献进行特殊审查,即这些特殊捐献者的捐献在得到器官移植法律伦理审查委员会的同意与授权后也是可以接受的。通过这样的制度,那些与受体有密切关系但非法律限定的关系内的人可以有机会成为活体器官捐献者。

其次,在有决策能力的未成年人的活体器官捐献中,不仅需要成熟的未成年人的同意,还需要器官移植法律审查委员会根据未成年人最大利益原则审查与授权;且14岁以上的具有决策能力的未成年人只能捐献活体器官给父母或兄弟姐妹。对其他重要关系人的捐献需得到器官捐献法律审查委员会就此特殊关系下的捐献进行审核与授权。

再次,对无决策能力的成年人的活体器官捐献进行授权。即器官移植法律伦理审查委员会审查无决策能力的成年人是否在受体的健康上有实在的利益(也就是说,捐献器官是当事人保护自己利益的方式),同时审查是否存在特殊正当理由(如无现实的可以替代的其他捐献者或其他治疗方案)等。

最后,对死刑犯的器官捐献的授权。建议死刑犯不可捐献器官给陌生人(只能捐献给其配偶、子女、父母与兄弟姐妹),无论是死体器官捐献还是活体器官捐献。死刑犯的器官捐献需得到器官移植法律伦理审查委员会的授权。

总之,法律与制度从来不是一个封闭自洽的体系,随着社会的发展与进步,法律与制度必将不断适应社会的需要而不断完善。我们相信,器官移植法律伦理审查委员会的设立将是对我国法治框架的有益补充。

第四十一条 【活体器官捐献的合理性】活体器官捐献应当具有医学合理性,符合下列条件:

(一)活体器官摘除手术对捐献人的健康和生命应没有明显的严重伤害的风险,任何可能导致捐献人必须依靠医疗帮助继续生存的器官捐献都应该被禁止。

(二)受体接受移植的成功率应很高。

第四十二条 【对捐献人健康的独立评估】对潜在捐献人的全面的医疗检查是必须的。如果捐献人的身体状况不允许或该捐献可能对他的健康造成严重危险或伤害,则器官不能被摘除。

必须由与照护受体无关的非移植专业的一名副主任以上职称的医师对手术将对捐献人的伤害与风险是否在合理限度内进行独立的评估,并出具医学证明。

[立法理由](第四十一条和第四十二条)什么样的捐献可以被允许——合理性原则与独立评估原则

在活体器官移植的规制中,只有合理的器官捐献才会被允许。然而,什么才是合理的活体器官捐献呢。

一、合理性原则与独立评估原则概述

对于活体器官捐献者,可被允许的捐献必须具有合理性,而合理性体现在如下两个方面:确保对捐献者的伤害被限定在一定限度之内;同时,也要权衡其他治疗方法对于受体来说是否与活体器官移植具有疗效可比性。前面讨论的必要原则已经隐含了后一方面的内容,故此处仅讨论第一方面,也是合理性最重要的向度——确保对捐献者的伤害在一定限度内。

从伦理上讲,为帮助他人而参与为自己带来危险和伤害的活动(比如活体器官捐献)显然比为娱乐而冒险(如拳击运动)更可取。值得怀疑的是,从权利的角度来讲,如果一个成人自愿承担风险与伤害,即使超过了一定的限度,我们是否应通过法律限制或保护他们?

答案是肯定的。首先,一些人拿自身冒险的同时也在拿其他人冒险,这种效果应该被考虑,即这不仅是保障当事人的权益,同时也可能是保障第三人的权益或公共利益的要求;其次,法律的干涉不是为了阻止人们自愿承担风险,而是阻止其他人企图利用人们同意这一事实残害他们;再次,法律通常在可能影响人类生存安全或伦理安全的关键节点上对人之自主决策进行审核与限制,即所谓严格审核下的意思自治制度;最后,医务工作者实施治疗时有他自己的伦理框架、职业环境以及法律要求,故患者不能强迫医务工作者提供特定形式的治疗。因此,在任何人们可能会受到伤害的实践系统中,我们应该尽量减少伤害的可能性。在医疗环境中,法律的作用是在伦理允许的范围内限制医疗专家的行为。这意味着无论有没有患者的同意,医学专家都要保证治疗给他们的病人带来的伤害和危险是在合理的范围内的。这些限制不仅保护病人在医疗过程中是被合理对待的,也保证了医师的执业安全。

其实,这里的主要问题是法律允许的限度应该多大和限制应该如何放置。我们认为,在活体器官捐献中,任何可能导致捐献者无法不依靠医疗帮助继续生存的器官捐献(可能为捐献者自身身体状况的原因,也可能为捐献手术本身的性质的原因)都应该被禁止。换句话说,这是我们允许伤害的最大限度。同时,这种合理性应经过与照护受体无关的医师的独立评估才可被采信。

二、国外立法经验

几乎所有的关于活体器官移植的法规都禁止给捐献者带来超过限度的伤害和危险的器官摘取,不管捐献者是否同意捐献。如芬兰的法律规定:"医疗介入不应该造成对健康的严重危险或是严重损害。器官摘除一定不能包含任何可能导致捐献者死亡或永久残废的可预见的危险。"①黎巴嫩的法律规定:"如果捐献者的身体状况不允许或对他的健康造成严重危险或伤害,任何组织和器官都不能被摘除。"②斯洛伐克法律的最基本的要求是:"活体器官移植对捐献者和受体的危险都是适度的,并且成功的概率很高。"③白俄罗斯的法律规定对活体器官捐献者的器官进行摘除只在以下两种情况下被允许:一是摘除人体成对器官中的一个;二是摘除的组织的缺失对捐献者的健康不会造成不

① 第355号法律,1985年4月26日颁布,第3部分。

② 第109号法令,1983年12月16日,第1部分。

③ 《器官移植法》,1996年颁布,第2条。

可挽回的伤害。[①] 西班牙的法律规定,器官的摘除不仅对捐献者的生命没有威胁,而且由于它的缺失也不会严重削弱捐献者正常运作的身体功能,[②]这里,正常运作不仅指身体功能上的,也指工作能力和社交能力,等等。

一些国家或地区的立法要求有医学上的证明来说明危险是低于某一水平的。比如,希腊的法律规定根据所在治疗单位的负责的医师的观点,摘除手术不会对捐献者的健康和生命有任何明显的严重的危险才可进行。[③] 加拿大示范法规定,只有在对手术是否会对捐献者有实质的生命与健康危险进行独立的评估之后,非再生器官的摘除才被允许。[④]

一些法律通过限制哪些器官可捐献来减少伤害与风险的可能性。大多数情况下,这种限制只适用于无行为能力的成人和未成年人。然而有时,它也适合有决策能力的成人。比如,斯洛伐克的法律只允许捐献肝脏的一部分和成对的肾脏中的一个。[⑤]

第四十三条　【伦理审查(独立授权原则)】活体器官捐献必须通过本医疗机构器官移植技术与伦理审查委员会的审核。

伦理审查委员会应当对活体器官捐献人及其亲属进行当面问询。

[立法理由] 活体器官移植的独立授权

一些移植法律包括活体器官移植的独立授权条款,在一定程度上是为了保证捐献的自愿性。各国立法在指定授权人员和他们与受体间的独立性水平上都存在着不同。如:芬兰法律要求得到国家健康理事会的同意;[⑥]斯洛伐克法律要求有特殊咨询委员会的意见;[⑦]德国法律要求得到一个委员会(包括一名与协议达成无关的医生、一个有心理

---

① 第24193号法律,1993年3月24日颁布,第14部分。

② 第426号皇家法令,1980年2月22日颁布,第2部分。

③ 第1383号法律,1983年8月颁布,第5部分。

④ 《统一人体组织捐献法案》,1990年颁布,第7部分。

⑤ 《器官移植法》,1996年颁布,第8条。

⑥ 第355号法律,1985年4月26日颁布,第2部分和第3部分。

⑦ 第277号法律,1994年8月24日颁布,第46部分第2节 *IDHL*,1995,46(2),151~157 at155.

学经验的人和被指定的一名具有资格执行法官职能的人)的同意;[①]匈牙利法律要求有三个与移植无关的医生的意见;[②]阿拉伯叙利亚共和国法律要求有与移植无关的三个医疗专家的授权。[③]

于我国,长期以来活体器官捐献都需要医院器官移植伦理委员会的授权,收效很好。故建议继续沿用此制度。

第四十四条 【决策能力独立评估】成年活体器官捐献人一般应具有决策能力,必须由与照护受体无关的非移植专业的一名副主任以上资格的医师对其进行精神或心理评估与筛查以检测其决策能力。

无决策能力的成年人的捐献必须得到器官移植法律伦理审查委员会的特殊授权。

[立法理由]活体器官捐献立法中引入决策能力测试

(一)决策能力的内涵

所谓患者的自我决策权,是指“患者对即将发生于自身的侵袭性医疗行为按自己的独立意志为同意、拒绝和选择等的权利”。医务人员对患者的自我决策权需要进行严格保护。

患者自我决策的基础为患者的决策能力。在我国,患者决策能力的确定为刚性标准,即只认定具有完全行为能力的成年人具有决策能力。具体地,只认定精神与智力正常的 18 周岁以上的公民和 16 周岁以上不满 18 周岁但以自己的劳动收入为主要生活来源的公民具有医疗上的决策能力。

与我国的刚性的决策能力判断不同,为了最大限度地发挥患者的决策能力,最大限度地保护患者的决策权,英、美等国的立法与判例中多采用决策能力测试,即考虑当事人是否具有决策能力所包含的素质;德国的相关判例中亦不采用年龄、行为能力这些民法上的明确判断标准,而注重于患者本人的判断能力、理解能力这些最本质的东西。

实际上,若严谨地考量决策能力则需要决策能力测试。Gunn 论述道:“以一个能力测试建立一个标准来允许尽可能多的人能够对自己

---

① 1997 年 11 月 5 日颁布的法案的第 8 部分第 4 节第 2 小节和第 3 小节。

② 第 18 号条例,1972 年 11 月 4 日颁布,第 1 部分第 2 节。

③ 第 31 号法律,1972 年 8 月 23 日颁布,第 2 部分第 5 节。

的治疗作出决定是很重要的。"[1]英国法律委员会同意他的看法,并认为不可以根据一个人作出的选择的性质来推论出其有无决策能力。其论述道:"不能仅仅因为他/她是精神病人,他/她作出的选择与通常的人不同而认定此人无能力作出决定。"[2]

通常情况下,Gillick测试是为了测试基于年龄的决策能力水平的一种测试,除此之外,还有许多其他方法用来测试非基于年龄的决策能力水平。在Re F[3]案中检测的是当事人是否有能力理解手术或治疗的本质和目的,[4]该方法通常被称为功能法或认知法。英国《精神健康法案工作准则》对决策能力给出了更为详细的定义:(1)理解医学治疗是什么的能力,理解他需要治疗并且知道该治疗被提出的原因;(2)在广义上理解治疗的本质;(3)了解主要的利益和风险;(4)了解如果不接受此治疗的结果;(5)拥有做选择的能力。

英国Re C660[5]案中,Thorpe法官强调了专家证人Eastman博士的观点:成年人的决策能力包括理解和保有信息、交流并权衡这些信息而最终作出选择的能力。该观点充实了以上观点。

故在这种设置下,对于容易理解而风险较小的医疗措施,未成年人也可以行使自主决策权(比如,一个十二三岁的孩子一般可以自行决定接受或拒绝拔牙、补牙、简单的局麻下外伤清创缝合术等)。

此种人性化的制度设计之目的在于:首先,充分调动或激活限制行为能力之患者的行为能力,使他们尽其所能参加到医疗决策中,从而最大限度地保护他们的权益,实现其自身利益的最大化。这也暗合了民法越来越关注保障和维护人之意思自治和人之尊严的趋势。其次,避免了以年龄或行为能力做"一刀切"之情形下出现的具有决策资格之人所作的决策不理性之尴尬与困惑,如严重临床抑郁症之患者很可能拒绝治疗甚至要求安乐死,而实际上,他(她)是没有决策的实质能

---

① Gunn, The Meaning of Capacity, *Med Law Review*, 1994(2), pp. 8-29.

② Law Com N0 231, HMSO, 1995, Draft Bill, clause 2(4), p. 39.

③ [1990] 2 AC 1.

④ [1990] 2 AC 1.

⑤ NLJ, 1993, 143, 1642.

力的。

(二)建议活体器官捐献中对每一位捐献者做决策能力的测试

活体器官摘取手术的目的是为了受体的利益,而非直接为了捐献者的利益,因此,活体器官捐献中捐献人是否具有决策能力就显得非常重要,且必须非常精确,不可“估摸”和“大概”,因此,活体器官捐献中对每一位捐献者做决策能力的个案评估测试便是必需的了。

第四十五条 【捐献的家庭同意原则】活体器官捐献必须家庭同意。捐献人本人及一名家庭代表需共同在书面的捐献志愿书上签字。

第四十六条 【告知的高标准原则】与照护受体无关的医师应根据器官移植学会制定的实践指南及潜在捐献人个人的情况,以书面以及在适当的情况下的视听手段等形式,向活体器官捐献人及其近亲属进行有关器官移植的告知,使其理解器官捐献与移植对捐献人和受体可能产生的生理、精神和心理、家庭生活、职业生活等的影响,手术过程与可能的并发症和风险,手术中可能产生的费用和得到补偿的方式,及可以随时无条件与体面地撤回同意的权利等。告知的内容应被记录写入同意声明文件中。由告知医师征求捐献的同意。

[立法理由]高标准告知原则

实际上,活体器官捐献与人体医学试验更为相近:二者都是选择性的;都是为他人的福利而设计的;同时也都是具危险性的。根据 Gieson 的“习惯规则”,非治疗性的或其实施为试验目的的医疗干预要求其信息公开上有最高的标准,[①]他也指出应将广泛且细致的信息给予可能的活体器官捐献者。Mck Norrie 坚持对捐献者的告知应该有一套比一般治疗更高的标准。[②] 加拿大上诉法院对 Halushka v. University of Saskatchewan[③] 案的判决中写道:“在考虑到这样的医疗干预时,个人应被给予全部及内容清晰的告知,其中包括了一个理性的人在作出同意

---

① D. Gieson, Civil Liability of Physicians For New Methods of Treatment and Experimentation: A Comparative Examination. *Med Law Review*, 1995(3), pp. 22 – 52.

② K. McK Norrie, Human Tissue Transplants: Legal Liability in Different Jurisdiction. *ICLQ*, 1985(34), p. 442.

③ [1965] 53DLR (2d) 436.

之前可能要考虑的所有事实、可能性及意见。"

事实上,对受体来说,器官移植虽然属于治疗性质,但其告知同样需要更高标准,因为受体有责任只在合适与必需的情况下使用活体器官移植,因为如果使用的话,有可能对捐献者造成伤害。为了将可能的受体的责任有效实现,就需要信息披露的高标准。

告知的高标准应体现在:

首先,于内容上有更高要求。常规医疗中的患者常会被告知治疗的影响与其他可选择的方案及其影响,然而,潜在的受体和捐献者还要被告知治疗和替代方案对对方的影响和对两者之间关系的影响;医师也需要告知捐献者有关费用和补偿的问题,如捐献过程中所产生的花费大约多少,这些花费可以得到补偿的主要方法是什么等。

其次,于充分性的标准上,应采用客观患者标准与主观患者标准相结合的方法。前者意味着器官移植协会的专家们应根据理性的活体器官捐献者作出有效决策需要了解的内容编制统一的实践指南,即以模板的形式固定告知的最基本内容(必不可少的内容);于后者,医师要根据当前这个患者的教育背景、宗教背景、家庭背景、智力与理解力等情形来决定为使他/她作出理性决策需给予的告知内容和适合她/他的告知方式。

再次,于告知形式上,为了使潜在捐献者可以充分理解被告知的内容,除了使用通俗的语言外,还应根据潜在捐献者的需要(如是否存在残疾等)提供一种或多种灵活的告知方式(如视听方式、多媒体方式、纸质方式等)。

最后,在潜在捐献者做决策前,应该对告知的情况(如内容是否充分,是否真正理解等)进行检测。检查可以采取访谈或心理评估等方式。

一些国家立法中详细说明告知的程度。例如,在罗马尼亚《器官移植法》中规定:[①]信息必须根据法律公开;比利时、[②]墨西哥[③]法律中

---

① 《器官移植法》,1996年颁布,第4条。

② 第32号法律,1986年6月13日颁布,第9部分。

③ 《联邦法规》,1976年8月16日颁布,第29部分。

规定,信息必须完全公开;斯洛文尼亚法律规定告知为“适当的”。[①] 总之,这些条款的表述都有点含糊,解决的方法是辅以实践指南,提供什么应该被告知的模板。

世界范围内,关于告知的内容在立法上存在很大的不同。有些立法规定要披露那些由手术引发的直接风险和后果。例如,墨西哥的法律规定,捐献者必须充分被告知手术对自己的风险和摘除器官的后果,及移植手术成功的可能性;[②]匈牙利的法律规定,捐献者必须被以一个全面而详细的方式告知手术的必要性、它的风险和可能发生的并发症;[③]波兰的法律规定,捐献者必须被详细告知手术、风险和对健康产生的可能后果;[④]斯洛文尼亚法律则需要捐献者被恰当地告知手术的性质、目的、操作过程、它的成功率和通常的风险;[⑤]在芬兰,一位医生(不应是照护受体的医生)应对捐献者解释手术及其对捐献者自己和受体的效果,同时,在给国家健康理事会的申请中必须有一份声明,以说明这些内容已经向捐献者告知。[⑥]

1987 年 11 月在巴黎召开的第三次欧洲卫生部长会议建议,捐献人应当被给予“适当的信息,如摘除器官的可能后果,特别是医学、社会和心理的影响,以及捐献所带来的对受体的意义”。一些法律规定了对捐献者同样范围的披露。西班牙法律声称,活体器官捐献者应了解可预见的生理的、精神的和心理的影响,也必须了解捐献可能产生的对捐献者的个人、家庭和职业生活的影响及受体有望得到的源自移植的影响;[⑦]在比利时,医生必须提供清晰、完整的信息给捐献人和那些给予同意的人,信息包括可能产生的生理、心理、家庭和社会的影响;[⑧]

---

① 《器官移植法》,1996 年颁布,第 10 条。

② 《联邦法规》,1976 年 8 月 16 日颁布,第 29 部分。

③ 第 18 号法令,1972 年 11 月 4 日颁布,第 2 部分第 1 节。

④ 1995 年 10 月 26 日颁布,第 9 条。

⑤ 1996 年法令第 10 条。

⑥ 第 355 号法律,1985 年 4 月 26 日颁布,第 2 部分;第 724 号条例,1985 年 8 月 23 日颁布。

⑦ 第 426 号皇家法令,1980 年 2 月 22 日颁布,第 3 部分。

⑧ 第 32 号法律,1986 年 6 月 13 日颁布,第 9 部分。

土耳其也有类似的规定,且独特的是,捐献者的配偶也应该被告知;[①]荷兰法律规定:"……捐献人需要被告知器官摘取手术的本质、目的和对他的健康和生活所产生的可预见的危险和影响。"[②]

荷兰的法律中还明确说明捐献者必须被给予有关支出的补偿的信息。[③] 它也非常周到地提出了告知的不同的形式:"告知必须以如下形式:口头、书面以及在适当的情况下借助视听手段。"

第四十七条 【告知和理解情况的独立检测】在潜在捐献者做决策前,与照护受体无关的告知之外的非移植专业副主任以上职称的医师应对告知和理解的情况以访谈或心理评估等方式进行检测。

[立法理由] 告知结果的独立评估原则

我们知道,在知情同意的操作过程中,不仅要求专家给予患者或医疗自愿者充分与正确的信息,同时要对特定信息进行解释,还需要用特定的方式对所解释的东西进行沟通,总之,其目的在于尽力确保所给的信息能被理解。为了确保告知的有效和被理解,一个独立于告知者和照护受体之医护团体的评估机制是必要的。

同时,为了规避可能存在的利益冲突,应该将告知的医师、对告知结果进行评估的医师、移植专业的医师和照护受体的医护团队分开。

一些立法的规定中暗示了披露的信息必须被理解。例如,罗马尼亚的法律规定,同意必须以深思熟虑的方式给出,[④]这意味着基于理解之上的谨慎的考量是必需的;比利时的立法要求捐献是"刻意"发生的,这也意味着必须谨慎地意识到将要发生什么。[⑤] 有些立法则对"理解"有进一步的规定:荷兰法律要求摘除器官的医师要确保器官捐献者的同意是在已经充分认识其后果的前提下做出的;[⑥]葡萄牙要求医

---

① 第2238号法律,1979年5月29日颁布,第7部分。

② Austen Garwood-Gowers, *Living Donor Organ Transplantation: Key Legal and Ethical Issues*, Dart-mouth Publishing Company, 1999, p. 81.

③ 第2238号法律,1979年5月29日颁布,第3部分。

④ 《器官移植法》,1996年颁布,第4条。

⑤ 第32号法律,1986年6月13日颁布,第8部分。

⑥ 《器官移植法》,1996年5月24日,第3部分。

师有义务保证捐献者对被告知内容有一定程度的理解。①

一些法律明确规定要确保患者理解被告知的信息。例如,挪威的法律规定得更加深入,它要求在同意捐献之前必须把风险等相关信息告知捐献者,外科医生也必须保证信息披露和信息被理解。② 在这样的情形下,立法暗示了除非事先履行了告知信息和使信息被理解的义务,否则同意将无效。黎巴嫩的法律要求医生告知捐献者手术的后果和风险,并确保捐献者已正确理解。③ 南澳大利亚州的法律要求医生提供医疗证据以确保捐献者已正确理解摘除手术的目的、结果与性质和移植手术的性质等。④ 同样,丹麦的法律要求医生的披露要确保捐献者理解捐献过程的性质、后果以及可能带来的风险。⑤

我国香港的《器官移植条例》规定了对于医师的告知与捐献者的理解的检测程序。它规定,一个与器官移植与摘取无关的注册医师必须向捐献者和受体解释整个程序及其可能存在的风险以及可以在任何时候撤回同意的权利,且所给予的信息必须保证捐献者和受体都能理解。⑥ 捐献者的同意声明必须是不受强制力和诱导因素影响的。⑦ 需要有一个对潜在捐献者和受体的访谈,目的为检查上述要求是否被满足。⑧

在英国,在《器官移植法案》(HOTA)中(第2部分)规定非基因相关的捐献者(包括远亲、配偶和仅仅情感相关的人)的同意要遵守1989年的《人类器官移植的规定(非基因相关的人)》的规制。其中,规则3规定供体与受体双方都必须被有资质的人访问。这个人将访问的结果

---

① 第12号法律,1993年4月22日颁布,第8部分。

② 第6号法令,1973年2月9日颁布,第1部分;阿根廷的第21541法律,第11部分;丹麦1990年6月13日颁布的第402号法律的第13部分(3);匈牙利1972年11月4日颁布的第18号条例的第2部分(1)到(3)。

③ 第109号法令,1983年9月16日颁布,第1部分第2节。

④ 1983年《器官移植和解剖法案》,第9部分第2节。

⑤ 第402号法律,1990年6月13日颁布,第13部分第3节。

⑥ 1995年第16号条例,第5部分。

⑦ 1995年第16号条例,第5部分。

⑧ 1995年第16号条例,第5~6部分。

报告有权的机关,报告内容包括某些条件是否被满足,访问的交流中遇到什么困难,以及困难如何被克服。① 其中,一个必须被满足的因素是注册医生必须解释了捐献者的医疗过程的本质以及风险等问题。

第四十八条 【活体器官捐献的书面同意】活体器官捐献的书面同意应当在进行充分告知并检测受告知者能完全正确理解告知内容后,在两名以上医师见证下作出。捐献人、一名家庭代表和见证医师应共同签字。

同意书应包括捐献特定器官的意愿以及对受体的指定。同意书还需表明捐献人已经充分了解其中的风险,没有要求或接受任何支付,并且是在不存在外界压力与胁迫的前提下自愿同意捐献的。

[立法理由] **捐献同意给出的方式**

大部分移植法律都对捐献者作出同意决定的程序性做了描述。其中许多都规定同意声明需要书面形式,而关于需要通过何种方式写下来就没有更多具体的描述了。捐献者的同意声明很少以书面形式以外的其他替代形式给出。例外的情形如塞浦路斯,在证人在场的情况下,口头同意可以作为一种替代形式。②

很多立法都具体规定同意声明必须在具体机构和个人面前给出,从而被证明。如匈牙利要求捐献者作出同意捐献的声明,并由公证人计入文档并保存到捐献者的临床卷宗内。③ 一些立法中,同意必须是在法律权威面前给出的。例如在法国,捐献者必须在首席法官或其所指定的法官面前表达同意。④ 在西班牙,书面形式的同意声明必须在负责记录当地公众事件的地方法官在场的情况下给出。同意声明文件必须有在场其他人员的签名。⑤

其实,太强的官僚取向的方法不太可取。为避免造成阻碍活体器官移植之应用的影响,一种更为直接的方法就是在医疗权威面前达成

① 1989年颁布《人体器官移植条例(非关系人之间)》,第3(2)e条。

② 第97号法律,1987年颁布,第7部分。

③ 第18号条例,1972年11月4日,第2部分。

④ 第94-654号法律,1994年。

⑤ 第426号皇家条例,1980年2月22日颁布,第4部分。

同意协议。医疗权威可以是任意医生,但应不隶属移植团队或不是依赖于照护受体团队的某个医师。德国法律要求应在另外一名医生(如有必要,应为专家人员)在场的情况下由医生给予当事人相关信息。信息的内容和器官捐献者的同意声明应被记录写入文件并由两名医生和捐献者签字。所有捐献都需通过一个委员会(此委员会包括一名与协议达成无关的医生,一个有心理学经验的人和被指定的一名具有资格执行法官职能的人)的仔细审查。该委员会的功能之一就是保证同意协议是自愿达成的。[①]

一些立法要求同意协议要在证人(无须具有法官或医疗职能的人员)面前达成。例如,希腊法律规定自愿进行捐献的声明必须有两名见证人在场,并且该两名见证人和捐献者都要在声明书上签字。[②] 这类要求有见证人在场的情况可以被限定应用在那些捐献者相对弱势的情形中。例如,土耳其法律规定只有在未成年人或无完全行为能力的成人给出同意捐献声明时要有证人。[③]

第四十九条 【强迫告知原则】在潜在捐献者被告知信息之前,或信息已被告知但告知与理解情况还未被检测前就已经决定进行活体器官捐献时,医师必须依照前款进行告知直到确保信息已被传达及理解之后才可接受捐献决定。潜在捐献者在此之前所作的捐献决定都应看作初步的想法。

[立法理由] 强迫告知原则

Fellner 和 Marshall 发现活体器官捐献者趋于作出"当即的决定,甚至在了解可能产生的后果之前,或在确保会给受体带去帮助之前"。[④] Simmons 等人调查的结果显示 88% 的捐献者在得知被需要后考虑捐献,61% 毫不犹豫作出选择,仅 25% 的人是考虑后作出的有意识的选择。[⑤] "欧洲活体器官移植多中心研究"(EUROTOLD——European

① 第 5 号法案,1997 年 11 月,第 8 部分。

② 第 1383 号法律,1983 年 8 月 2 日颁布,第 5 部分。

③ 第 2238 号法律,1979 年 5 月 29 日颁布,第 6 部分。

④ C. H. Fellner, S. H. Marshall, Twelve Kidney Donors, *J Am Med Assoc*, 1968, 206, pp. 2703 - 2707.

⑤ Simmons, *Gift of Life*, Wiley and Sons, 1977, p. 242.

Multicenter Study of Transplantation Using Living Donors)的调查问卷证实,大多数捐献者做决定是没有经过思考的。在捐献者做决定甚至捐献时,很多信息是不被捐献者所知的。总体上是因为他们觉得自己不需要那些信息,因为他们已经决定了;有时是因为那些关于危险的信息很可能是非常恼人的。

表 捐献者知情选择——"欧洲活体器官移植多中心研究"(EUROTOLD)的调查问卷结果①

问题	人数
毫不考虑作出决定	36/48
捐献器官时不知道有风险	31/48
不记得被告知过有什么风险	11/24
觉得捐献器官没有风险	19/26

当准捐献者被告知信息之前,或信息已经告知但还没检查准捐献者是否理解这个信息之前就已经决定进行活体器官移植时,从业者应该怎么做?这是目前需要解决的问题。法律可以要求从业者详细说明直到确保信息已被传达及理解之后才会接受决定。准捐献者或受体在这之前所作的任何选择都将被视为仅仅是一个初步的想法。

因此这里需要强调的是,对潜在捐献者的告知具有强迫性,换句话说,医师的告知是"必须"的,无论潜在捐献者是否愿意知道。也就是说,即使捐献者渴望扮演自我牺牲的角色而不愿意知悉手术相关信息,医生也有法律责任清楚地告知并使他们理解其中的风险。他们可能不愿听这些,但实情的信息必须强加给他们。

第五十条 【医学检验后行原则】只有在潜在捐献者已经清楚地表达其捐献器官的初步意愿,且医师已经告知潜在捐献者可以为其提供不失体面的撤销同意的理由与机会后才能进行捐献前的医学测试。

① Austen Garwood-Gowers, *Living Donor Organ Transplantation: Key Legal and Ethical Issues*, Dart-mouth Publishing Company, 1999, pp. 67 - 68.

[立法理由]

一、避免"得寸进尺"式的诱导依从性操控——医学检验后行原则

普通心理学显示,让一个人作出初步行为可以增加一个人实施目标行为的可能性,即所谓的"得寸进尺技巧"(Foot in the Door Technique)。① 即随着一系列小的顺从的作出,承诺的概率会增加,包括首先作出一个大请求然后是一系列小的,或者是先作出一个小的请求然后一个大的。② 总体来说,所诱导的行为越初级,人们执行目标行为的可能性就越大。这种类型的技巧在推销员中是很常见的,他们最关注的就是如何干扰沟通最终达成让他们成为最大受益者的结果。在活体器官移植中可能也有类似情况发生,其中的目标行为是使某人有意识或无意识地成为活体器官捐献者,使用的鼓励达成目标的诱导行为包括:讨论当前的情形;做血液检查;做组织相容性或健康适应性的检查等。在经过这一系列活动后,一个人在心理上就很难再拒绝捐献了。Schwarz 关于自愿成为骨髓捐献者的研究发现,很多人在被问及是否愿意捐献之前会被诱导进行这一系列检查。③ 同样的情形也可能发生在器官捐献过程中,即在活体器官移植(LDT)背景下有很多可能性让这一效应发挥影响(如潜在肾捐献者都要进行一系列的测试和咨询等)。显然,早期给予信息能防止个体进行快速决定而不可挽回。

当然,正确的顺序应该是:一旦潜在捐献者有了进行活体器官移植

① J. L. Freedman, S. C. Fraser, Compliance without Pressure: The Foot in the Door Technique, *J of Personalityand Soc Psych*, 1966(4), pp. 195 – 202.

② J. L. Freedman, S. C. Fraser, Compliance without Pressure: The Foot in the Door Technique, *J of Personalityand Soc Psych*, 1966(4), pp. 195 – 202.; G. Kent, Psychological Aspects of Informed Consent, *Current Practice in Surgery*, 1994(6), pp. 235 – 238; S. Schwartz, Elicitation of Moral Obligation and Self Sacrificing Behavior: An Experimental Study of Volunteering to be a Bone Marrow Donor, *Journal of Personality and Social Psychology*, 1970(15), p. 283.

③ S. H. Schwartz, Elicitation of Moral Obligation and Self-sacrificing Behaviour: an Experimental Study of Volunteering to Be a Bone Marrow Donor, *J of Personality and Soc Psych*, 1970(15), pp. 283 – 293.

的可能性时,他/她及可能的其他潜在捐献者均应被告知相关信息。然后,专业人员应核实他们是否已理解重要的问题。在他们理解并同意后,潜在捐献者才可以进行一系列医学检测,这些检测仅仅是为了找出谁是适合的捐献者。除非潜在捐献者有想要成为一名捐献者的意愿,否则不应给予检查。其实,即使他们被发现在医学上是适合的捐献者,也不能就认为他们是必须进行捐献的。并且,移植中心人员还应提供机会与理由让他们体面地随时无条件地退出捐献。

二、避免压力和面子的潜在胁迫——随时、无条件与体面地退出原则

WHO的指导原则第3条声明,捐献者的决定应该是不受任何不适当的影响和压力的。其实,潜在捐献者对于来自捐献的压力显得很脆弱。研究显示有不少捐献者都能很清醒地感知压力。Simmons指出有11%的案例都有明显的压力,[①]而Westlie的一项关于挪威捐献者的生活质量的研究显示有15.7%的捐献者在整个过程中会感到有压力,这些人中有9.3%最后还是接受捐献,还有6.4%没有捐献。[②] 压力的来源有朋友、家庭和医务人员。但是,值得注意的是,"欧洲活体器官移植多中心研究"(EUROTOLD)捐献者问卷调查/采访未发现任何证据说明这些捐献者是被迫捐献的。实际上,与公开劝诱或强迫相比,大部分影响是非常微小的或通常很难察觉到。但无论如何,那些产生压力和诱导的情形应该通过设计恰当与合理的法定程序而得以避免。

毋庸置疑,在一个崇尚"慈爱"、"孝悌"、"仁义"的社会中,当人们面对至亲或至朋遭受危及生命的苦痛而自己有可能拯救时,时常会感受到来自社会、家庭、移植团体和自身的压力(实际上,即使更加崇尚个人主义的西方人也面临压力,一项研究表明,46%的公众参与者承认

① R. G. Simmons et al, *The Gift of Life: The Social and Psychological Impact of Organ Transplantation*, John Wiley& Sons, 1977, p. 158.

② L. Westlie et al, Quality of life in Norwegian Kidney Donors, *Nephrol Dial Transplant*, 1993(8), pp. 1146 - 1150.

当被要求进行捐献,表示拒绝时会感到一种很强的负罪感或进行自我批评);①同时,当人们曾经表示过捐献的兴趣而后又希望退出时也会担心被他人指摘而颜面无光。有时,这些压力隐匿而难以察觉,但仍可能影响潜在捐献者捐献的自愿性,为此,移植中心人员应提供让他们不感到丢面子的适当理由以帮助他们随时无条件退出捐献。

为了试图保护供体,许多移植中心都引入了“临床指标不相配的借口”这一概念。在这种情况下,一个指定的“供体支持者”(通常情况下是医生或是高级护士)单独会见供体,告知他/她能在任何时候撤销同意。如果他们愿意,一个双方同意的保密的可以为不移植找借口的医疗原因会告诉受体。在这里,不进行手术的借口常常与供体生理状况相关(例如高血压或体重),而且将供体放在完全利他的角色中。一些中心报道了在他们的项目中成功采用了这种技术。② 实际上,挪威奥斯陆器官中心便使用了这样的做法:专业移植人员告诉潜在捐献者,医生随时准备告诉他们的亲属他们在医学上不符合捐献标准。

无疑,在任何时候都可以撤回捐献同意是潜在捐献者自我决定权的一部分。我们需要关注的是,它既是一项基本法律原则,也是鼓励人们进行善意捐献的战略方法之一。大部分立法都保持着该条移植法律原则,如德国、③我国香港、④匈牙利、⑤葡萄牙、⑥西班牙、⑦澳大利亚的大部分州⑧等。根据英国《器官移植法案》(HOTA)制定的1989年《人类器官移植规定(非基因相关关系的人)》的第3条规定,必须满足捐献者随时撤回同意的权利。医务人员必须保证捐献者知晓自己有随时

---

① C. H. Fellner, S. H. Schwartz, Altruism in Disrepute: Medical Versus Public Attitudes toward the Living Organ Donor, *The New Eng J Med*, 1971, 5, pp. 582 – 585.

② Hilton. B. A., Starzomski. R. C. Family decision making about living related kidney donation, *Nursing Nephrology Journal*, 1994(21), p. 346.

③ 《器官移植法案》,1997年11月5日,第8部分。

④ 第16号条例,1995年,第5部分。

⑤ 第18号条例,1972年11月4日,第2部分。

⑥ 第12号法律,1993年4月22日,第8部分。

⑦ 第426号皇家法令,1980年2月22日,第4部分。

⑧ 如1983年南澳大利亚州的《移植与解剖法案》第16部分;1984年昆士兰《移植与解剖法案》第21部分;1982年西澳大利亚第116号法案第14部分。

撤回同意的权利。

第五十一条　【公民个人撤销捐献同意】已经表示捐献人体器官意愿的公民本人有权随时无条件地对捐献决定进行撤销。

第五十二条　【设置反悔期】活体捐献者家庭作出捐献决策到器官摘取手术开始之间应有至少24小时的时间间隔。

[立法理由]

在一些立法(如西班牙[①]和大部分澳大利亚的州法律)[②]中,法律会详细规定从作出捐献决策到器官摘取手术开始之间需要有一定的时间间隔,多为24小时,目的为给予活体捐献人更充裕的时间与机会反省自己的决策是否妥当与心甘情愿,并可随时退出同意。如果捐献不是当事人的真实意愿,这段时间可以让捐献者仔细思考并改变选择。

第五十三条　【对照料受体的医师的限制(回避原则)】照料受体的医师不可为:

(一)对活体捐献的合理性进行独立评估而出具医学证明的医师;

(二)对潜在捐献者的告知和理解情况进行独立检测的医师;

(三)对捐献的同意声明的给出进行见证的医师;

(四)向捐献人进行告知和征求同意的医师。

[立法理由]回避原则

器官移植立法通常会指定特定人员负责向捐献者传达信息。如希腊、[③]土耳其、[④]匈牙利、[⑤]比利时[⑥]和巴拿马[⑦]的器官移植立法中,为了保证当事人能够获得充分的信息,会要求负责移植的人员向潜在捐献者告知信息。与之正好相反的一种方法是,为了保证不偏向同意捐献,捐献信息的给予者应为实施移植手术的团队之外的人员。实行这种方

---

① 第426号皇家条例,1980年2月22日颁布,第4部分。

② 如1983年南澳大利亚州的《移植与解剖法案》第10部分;1984年昆士兰《移植与解剖法案》第11部分;1982年西澳大利亚第116号法案第9部分。

③ 第1383号法律,1983年8月2日颁布,第5~6部分。

④ 第2238号法律,1979年5月29日颁布,第7部分。

⑤ 第18号条例,1972年11月4日,第4部分。

⑥ 第32号法律,1986年6月13日颁布,第9部分。

⑦ 第10号法律,1983年7月11日颁布,第6部分。

法的国家与地区包括波兰、[①]西班牙、[②]斯里兰卡[③]和我国香港。[④] 另外一些国家,如芬兰[⑤]和瑞典,[⑥]采取了更为直接有效的表述:捐献信息的给予者不应为照顾受体的医师。

鉴于器官移植技术相对来说较为普及,医师们对它都较为了解;同时,保证客观的无倾向的告知与医师了解患者情况相比更为重要,也更为困难。因此,建议我国器官移植立法采用芬兰等的方法,即所谓回避原则,也就是向捐献者提供信息的和征求同意的医师不应为照料受体的医师。

实际上,需要回避的人员还包括:对活体捐献的合理性进行独立评估而出具医学证明的医师;对告知结果独立检测的医师;对同意声明的给出进行见证的医师等。

第五十四条 【成熟的未成年人器官捐献的限制】成熟的未成年人进行活体捐献必须满足:

(一)一般仅可捐献组织和一侧肾脏给父母与兄弟姐妹;

(二)必须得到器官移植法律伦理审查委员会的特别审查与授权;

(三)除经本人同意外,必须有其父母或监护人的共同同意与签字;

(四)对于受体来说其他治疗手段不切实可行;

(五)没有切实可行的其他捐献人、无具有疗效可比性的其他治疗方法或其捐献的器官成活率非常显著地优于其他捐献人。

成熟的未成年人是指14岁以上,经具有副主任以上职称的心理医生的评估证明具有决策能力的未成年人。

[立法理由]

世界卫生组织的《器官移植指导原则》第5条规定:"禁止从存活的未成年人身体上摘除任何器官进行移植。"同时,指导原则也允许了

---

① 《器官移植法》,1995年10月26日,第9条。

② 第426号皇家条例,1980年2月22日,第3部分。

③ 1987年第43号法案,第7~8部分。

④ 1995年第16号条例,第5部分。

⑤ 第355号法律,1985年4月26日颁布,第3部分。

⑥ 第190号法律,1975年5月15日颁布,第5部分。

可再生的组织的例外。据此,很多国家与地区的立法和政策对这类情形的一般规定为:对未成年人来说,可再生组织的捐献是允许的(如骨髓),非再生的器官捐献是不允许的。我国2007年的《器官移植条例》将活体器官捐献者限定为具有完全行为能力的成年人,由此便排除了未成年人成为活体器官捐献者的可能性。由此可见,包括中国在内的很多国家和地区(阿尔及利亚、白俄罗斯、玻利维亚共和国、哥斯达黎加、法国、德国、印度、黎巴嫩、墨西哥、巴拿马、俄罗斯联邦、西班牙、突尼斯),都采用了世界卫生组织的第5条指导原则,即禁止从存活的未成年人身体上摘除任何器官进行移植。由此,这些法律在未成年人不可捐献活体器官上显示了较为专制的姿态。

我们将首先质疑当前法律完全禁止未成年人活体器官捐献的立法,并建议根据"成熟未成年人"规则接受有决策能力的未成年人的活体器官捐献。并建议设定门槛年龄(14岁)与决策能力评估机制,即对14岁以上的未成年人引入心理评估以判断其是否具有决策能力。其后,探讨对未成年人活体器官捐献者的法律保护,包括:(客观上的)最大利益原则及既存特殊密切关系原则;未成年人有意义的同意原则及拒绝有效原则;父母(或监护人)同意原则;特殊的正当理由原则和特殊独立组织的评估与授权原则。

一、对拒绝未成年人活体器官捐献的质疑及立法规制形式的建议

当今医事法的趋势是赋予未成年人更多的自主性:一方面,人们普遍接受低于成年人年龄的人对关涉自己的医疗作出力所能及的决策;另一方面,鼓励未成年人对于自己的事情有更多的发言权可以保证他们的最大利益的切实实现。应该承认,有的时候,捐献是未成年人保障自己在受体的生命与健康上的利益的最佳方式。故对潜在未成年人活体器官捐献者来说是存在捐献需求的。在有社会需求的事物的管理上,法律的疏导与规制应胜于严格禁止。

(一)对拒绝未成年人活体器官捐献的质疑

加拿大法律改革委员会在1992年的《人体组织和器官的获得和移植的报告》中,观察了所有禁止任何形式的未成年人捐献的依据,每一条都在该文献中被反对,该报告总结道:"在特定情况下,没有非常有

说服力的争辩来反对未成年人(有行为能力的)进行捐献,即使是捐献成对的不可再生性的器官。”①

如我们所见,完全拒绝未成年人活体器官捐献的优点是能保护他们不承担风险,且提供了法律的确定性。但有人认为,这显得过于严格,至少那些有决策能力的未成年人应该被允许捐献,单纯地拒绝他们,是对他们的自主决定权的很大干扰。在特殊的例子中,盲目的禁止甚至可能会导致悲剧的发生。也就是说,若未成年人在受体的生命与健康上有很大利益,则捐献可能为未成年人保障此利益的最佳方式,是他/她的最大利益的实现。若禁止捐献,则对他/她不利,同时,对受体、家庭与社会也为损失(虽然后者不是我们所强调的)。

我们举例说明,作为对捐献者和受体的采访与问卷调查的“欧洲活体器官移植多中心研究”(EUROTOLD)项目的一部分,有专家对来自都柏林的未成年捐献者进行了采访——她将近14岁,给她的双胞胎姐妹捐献了一个肾。从采访来看,很明显,她同她的姐妹的关系非常好,她们都高度珍视这份关系。她们之间甚至在很远的距离都能有一些心理感应。她姐妹的健康对她有很大利益,目前保护她的这种利益的最有效的方式是捐献与移植手术——她的捐献可能维持的存活时间为37年,这要比其他替代捐献者的4倍还多。考虑到她捐献所承受的危害和风险不多于那些正常进行肾脏移植的人,她捐献的利益要比不捐献多。②

综上所述,对未成年人是否可以成为活体器官捐献者的问题确实不应该采取“一刀切”的禁止立法模式,原因在于:首先,它干扰了有决策能力的未成年人的自由;其次,它没有满足部分潜在未成年人活体器官捐献者实现自己的最大利益的需求。需要注意的是,虽然未成年人受体对未成年人活体器官捐献确实存在需求(因为成人器官不可避免地存在一定程度的衰退),但受体的需求本身并不能赋予未成年人活

---

① Austen Garwood-Gowers, *Living Donor Organ Transplantation: Key Legal and Ethical Issues*, Dartmouth Publishing Company, 1999, p. 144.

② Austen Garwood-Gowers, *Living Donor Organ Transplantation: Key Legal and Ethical Issues*, Dartmouth Publishing Company, 1999, p. 123.

体器官捐献合理性,只有当双方存在特殊密切关系时,也就是当受体的需要转换为潜在未成年人活体器官捐献者实现自己最大利益的需求时,未成年人活体器官捐献才呈现其合理性。当然,未成年人的活体器官捐献必须有严格的条件限制以对其权益实施保障。

(二)对未成年人活体器官捐献立法规制形式的建议

实际上,较为开明的国家和地区在一定程度上接受未成年人活体器官捐献,一般采用两种立法形式规制此种捐献。

第一种是只允许成熟的(有决策能力的)未成年人成为活体器官捐献者,如塞浦路斯、[①]丹麦、[②]伊拉克、[③]科威特、[④]挪威、[⑤]斯洛伐克[⑥]和土耳其[⑦]等。这些禁止无决策能力的未成年人进行器官捐献的立法并未禁止他们捐献组织。例如,罗马尼亚[⑧]就允许在得到适当的同意时可以给兄弟姐妹捐献骨髓。

更为开明的国家会既允许无行为能力的未成年人也允许有行为能力的未成年人捐献活体器官。如在美国,许多州法院支持未成年人捐献的案例,包括 Masden v. Harrison[⑨](14岁)和 Rappeport v. Stott[⑩](17岁),他们为这种捐献创造了先例,至今仍用做参考(需注意的是,在美国,州法和判例法决定法律的态度,而非成文法的规定)。当然,未成年人的捐献必然是有一定条件的。

建议中国的立法在全部禁止和全部开放之间采用折衷的策略,即只接受具有决策能力的未成年人成为活体器官捐献者。这种立法既可保障有决策能力的未成年人的自由,又可尽量避免无自主决策能力的

---

① 第97号法律,1987年,第7部分。

② 第402号法律,1990年6月13日颁布,第13部分。

③ 第698号法令,1986年8月27日颁布,第2部分。

④ 第55号法令,1987年12月20日颁布,第2部分。

⑤ 第6号法律,1973年2月19日颁布。

⑥ 第227号法律,1994年8月24日颁布,第46部分。

⑦ 第2238号法律,1979年5月29日颁布,第6部分。

⑧ 1996年颁布,第5条。

⑨ Eq. No. 68651(Mass, June 12, 1957).

⑩ Civil No. 1. 74 – 75(Mass, Aug 28, 1974).

未成年人被客体化与工具化的风险。

毋庸置疑,未成年人的活体器官捐献必须有严格的条件限制以对其权益实施保障。未成年人活体器官捐献会涉及很多方面,包括:就年龄而言,一个人在什么年龄才能被认为是有能力同意器官捐献的成年人?就成熟性和理解能力而言,未成年人具备到什么程度才能够有能力进行捐献?人们需要对未成年人的利益进行小心权衡,因为在利益方面会涉及许多压力和冲突,考虑到捐献过程中潜在的伤害和风险,未成年人捐献是不是应该进行事先审查,或是得到法院或其他法律机构的事先同意?这些都是不容忽视的。

二、对未成年人决策能力的判断

因自我决策可以避免主体仅仅成为实现他人目的的手段和工具,故什么样的未成年人可以捐献活体器官可以转换为如下命题,即什么样的未成年人具有自主决策能力。

我国《器官移植条例》规定活体器官捐献人为具有完全行为能力的成年人,即只有精神与智力正常的18周岁以上的公民和16周岁以上不满18周岁但以自己的劳动收入为主要生活来源的公民可以进行活体器官捐献。然而,以这样的刚性年龄判断未成年人是否有捐献活体器官的决策能力合理吗?

(一)决策能力的心理学基础

智力发展研究显示:从7岁到8岁儿童便能够合理分析客观事物或事件,尽管还不能对假设情境进行分析;从11岁到15岁,他们对假设情景的分析能力得到发展,器官捐献也包括其中。① Weithorn和Campbell对未成年人的决策能力进行了广泛的研究。他们的研究结果显示,14岁的儿童作出判断的能力同成年人相同。② 然而,并非所有结论都这样(其他研究得到的结论为更小的年龄,如9岁是理解临床研究

① David Price, *Legal and Ethical Aspect of Organ Transplantation*, Cambridge University Press, 2002, p. 343.

② L. Weithorn, S. Campbell, The Competency of Children and Adolescents to Make Informed Treatment Decisions, *Child Development*, 1982, 53, p. 1589.

给出同意的关键点)。[①] 许多美国的判决,包括 Masden v. Harrison[②](14岁)和 Rappeport v. Stott[③](17岁),都表明未成年人有能力捐献器官。

(二)成熟的未成年人规则

完全禁止未成年人捐献的法律实际上是假定人们在到达成年年龄后才有决策能力。这种方案与西方未成年人接受治疗性医疗介入时的方案不同。在后种情况下,未成年人的成熟度和认知能力比年龄本身更重要。

于英国, Gillick v. West Norfolk and Wisbech Area Health Authority[④] 案中,法官认为有能力(被称为 Gillick 决策能力)认识相关决策的本质和含义的未成年人可以对医学治疗给出有效的同意;于美国,历史上未成年人不能同意自己的医学治疗,但自从大多数州通过成熟的未成年人的例外后,未成年人得到了适当的"解放"(典型案例包括阿拉巴马州法庭认为一个17岁的少年能够明确同意将自己的肾脏捐给他16岁的妹妹;[⑤]马赛诸塞州法庭在 Harrison 案件中认为未成年人有捐献肾脏的能力)。[⑥] 如今,成熟的未成年人规则在医疗法中已有坚实的根基。[⑦]

当然,即使法律允许有决策能力的未成年人作出医疗决定,依然存在着在器官捐献这一领域中成熟的未成年人规则是否适用的问题。在英国,Re W 案的附带意见中论述道:这种原则同样适用于器官和血液捐献。确实,没有理由不认为这种功能性方法可以延伸到这种程序,尽

---

① N. Ondrusek *et al.*, Empirical Examination of the Ability of Children to Consent to Clinical Research, *Journal of Medical Ethics*, 1998 (24), p. 158.

② Eq. No 68651(Mass, June 12, 1957).

③ Civil No. 1.74 – 75(Mass, Aug 28, 1974).

④ [1995] 3 All ER 402.

⑤ G. Smitherman, The Legal Dilemma of Minor Sibling Kidney Donation, *Alabama Journal of Medical Sciences*, 1982(3)19, p. 309.

⑥ No. 68666 Eq., Mass. Sup. Jud. Ct, 30 August 1957.

⑦ D. Dickenson, D. Jones, True Wishes: The Philosophy and Developmental Psychology of Children's Informed Consent, *Philosophy, Psychiatry and Psychology*, 1996(2)4, p. 301.

管严格上讲,它并非治疗性的。[①] 美国医学协会伦理和司法事务委员会的报告指出,如果一个未成年人能够自己作出医疗决策,那他就被认为有能力决定是否成为一名器官或组织捐献者。[②] 另一种观点(如那菲尔德委员会)认为,基于这种过程的非治疗性,应该有特殊的政策介入与规制。[③]

我们认为,根据前述心理学研究(从 11 岁到 15 岁,儿童对假设情景的分析能力得到发展,器官捐献也包括其中),[④]成熟的未成年人规则应该适用于器官捐献领域。但需注意的是,虽然成熟的未成年人有资格成为活体器官捐献人,但其同意并非捐献的唯一决定性因素(还需捐献在客观上符合未成年人的最大利益,且有父母/监护人的同意及特殊独立组织的授权等)。

(三)建议设定门槛年龄(14 岁)与决策能力评估机制

当未成年人有能力权衡问题并作出决定时,就不能否定他/她作出捐献决策的可能性。但将刚性的时间年龄作为对未成年人是否有能力作出器官捐献或保护他人的决策的标准显得太过鲁莽。与此相反的方式为:应用具有弹性的决定决策能力的标准,或者设定一个门槛年龄,超过门槛年龄而低于成年人年龄的,则采用灵活的评估操作。后一种方法被加拿大《统一人体组织捐献法案》采用(对于非再生组织为 16 岁),并已在不同的省应用,也被美国的密歇根州采用(对于非再生组织为 14 岁)。[⑤]

鉴于应用具有弹性的决定决策能力的标准需要对任何年龄的捐献

① David Price, *Legal and Ethical Aspect of Organ Transplantation*, Cambridge University Press, 2002, p. 341.

② David Price, *Legal and Ethical Aspect of Organ Transplantation*, Cambridge University Press, 2002, p. 341.

③ David Price, *Legal and Ethical Aspect of Organ Transplantation*, Cambridge University Press, 2002, p. 341.

④ David Price, *Legal and Ethical Aspect of Organ Transplantation*, Cambridge University Press, 2002, p. 343.

⑤ David Price, *Legal and Ethical Aspect of Organ Transplantation.* Cambridge University Press, 2002, p. 345.

者进行评估,显然繁琐且成本较高,故建议我国也采用设置门槛年龄的方法。根据上述 Weithorn 和 Campbell 的研究(Nicholson 同样认为 14 岁的儿童作出判断的能力基本与成年人相同),①建议将门槛年龄设置为 14 岁。也就是说,只要精神与智力正常的潜在活体器官捐献者达到成年人年龄(18 岁或 16 岁),我们一般假定其具有器官捐献的决策能力;而对于 14 岁以上的未成年人,我们需要引入心理评估(如 Gillick 测试便是为了测试基于年龄的行为能力水平的一种测试),以判断此特定未成年人是否具有决策能力。这样一种方法不仅提供了决策能力判断的灵活性,也通过设立门槛而避免了伤害,即为可能的风险设立了上限。

三、对未成年人活体器官捐献者的保护——及对我国相关立法的建议

未成年人活体捐献必然引起特殊关注,尤其一些法律和伦理上的重要问题。这类捐献在法律上不能定义为医疗治疗,它的目的是让受体受益而非未成年捐献者受益,故该行为是非治疗性医疗介入。在个人权利的视角下,受体的困境的改善与未成年人的最大利益是无关的。只有当捐献过程中未成年捐献者本人得到的收益程度大于身体所受的伤害和承受的风险时,这才叫做为他们的最大利益着想。

以医疗伦理考量,我们应该尊重未成年人以其自己为目的的权利。如果未成年人基于他人的利益而被迫进行捐献,或者单单因为他是未成年人而禁止其进行捐献,都没有将未成年人本身当作目的。在此伦理基础上,我们讨论对未成年人活体器官捐献者的立法保护。

(一)什么器官可以捐献

欧洲理事会在决议(78)29 中声明,有决策能力的未成年人才能捐献不可再生性的人体"材料",该声明在《人权和生物权利公约》的第 20 条中被再次确认。一些立法也遵循了该原则,包括阿根廷、大部分

---

① R. Nicholson(ed.), *Medical Research with Children: Ethical, Law, and Practice*, Oxford University Press, 1986, p. 191.

澳大利亚立法、比利时、芬兰、葡萄牙等。[①]

如果严格定义再生性,那么部分肝脏捐献也是被允许的。关于这点,值得注意的是,欧洲成员国部长委员会会议关于活体器官捐献者进行肝脏捐献的建议[②]之附录的第4条指出,那些没有能力作出同意声明的未成年人不应被用作部分肝脏捐献者。以此类推,较肝脏捐献风险更大的不可再生性的人体器官捐献便更不允许。不言而喻,在当前技术下,只有单个肾的捐献是可以接受的。

(二)(客观上的)最大利益原则及既存特殊密切关系原则

在这里,之所以强调客观上的最大利益原则,原因在于此处的最大利益测试中考量的均为客观利益,并不是未成年人的主观同意。

1.(客观上的)未成年人的最大利益原则

(1)适用的合理性

《儿童权利公约》第3条规定:"关于儿童的一切行为,不论是由公私社会福利机构、法院、行政当局或立法机构执行,均应以儿童的最大利益为一种首要考虑。"在此基本法律原则下,未成年人的活体器官捐献必须符合他们的最大利益。最大利益测试这种客观评价机制最早被用于一些涉及无决策能力的未成年人的案例中,如马萨诸塞州1957年的Foster v. Harrison案[③]和Huskey v. Harrison案。[④]

本书认为,在有决策能力的未成年人的活体器官捐献中,最大利益原则仍然适用,且为特殊独立组织(建议为器官移植法律伦理审查委员会,下文将有论述)授权捐献的重要依据之一。其原因在于:首先,它是《儿童权利公约》的要求。其次,未成年人确实为弱势群体,较易受剥削和功利主义的伤害。因此,未成年人的主观同意不能单独授权器官摘除手术,客观上还需符合未成年人的最大利益,且需有父母的同意和特殊独立组织的授权,缺一不可。最后,最大利益测试还可以排除

---

① Austen Garwood-Gowers, *Living Donor Organ Transplantation: Key Legal and Ethical Issues*, Dartmouth Publishing Company, 1999, p. 130.

② 《欧洲成员国部长委员会会议建议》, No. R(97)16.

③ Eq. No. 68674(Mas., Aug. 30, 1957).

④ Eq. No. 68666(Mass., Aug. 30, 1957).

强迫未成年人捐献的情形(因为强迫常出现在捐献并不是未成年人的最大利益的情形中;同时,强迫未成年人作出同意也违反了捐献者在心理上的受益要大于身体上所承受的伤害和风险的规则)。

(2)(客观上的)最大利益如何判断

在 Curran v. Bosze 案[①]中,Calvo 法官针对未成年人的活体器官捐献问题提出了一条标准:未成年人必须同潜在受体存在既存的密切关系。该规则的原理在于:显然,我们较难确定未成年人捐献的直接心理受益(如自尊心的提升)是否能抵消在捐献过程中所承受的身体伤害和损害。但是,如果此外,未成年人同潜在受体有既存的密切关系,则潜在受体的健康便赋予未成年人具体的心理及其他利益,即利益具有了可论证性,这样就足以超过了损害与风险。例如,未成年人不捐献受体会死亡(死体器官移植不现实,没有其他可替代捐献者),而未成年人在潜在受体的健康上有很大的利益,那么未成年人可能会因捐献而更为具体地受益,即该捐献便是保护这种利益的最佳方法,也就符合了他的最大利益。

Calvo 法官在逻辑上还将此规则增加到:“照顾儿童的人必须给予情感上的支持。”有一个诉讼涉及该观点:在诉讼中,三岁半的双胞胎被拒绝给一个同父异母(或同母异父)的兄弟姐妹捐献骨髓,依据是缺少感情上的支持(每天照顾双胞胎的人不支持该过程)和缺乏紧密的关系(双胞胎仅仅见过预期受体两面,不是很了解他)。[②]

在分析什么时候活体捐献对无行为能力的未成年人来说有最大利益这一问题上很有帮助的英国案例就是 Re Y 案。该案例讨论一个无行为能力的未成年人是否可以成为活体骨髓捐献者。关于 Re Y 的相关评论显示,即使是在骨髓捐献的案例中(更不要说是器官捐献中),法院也需找到当事人之间是否有密切关系(该种关系会随着死亡而消失)的相关证据。并且,如果儿童的年龄还未达到可以同潜在受体形成密切关系的年龄时,法院则不会考虑对儿童有任何有风险的医疗介

① (1990) 566 NE 2d 1319 (Illinois Sup Ct.).

② Austen Garwood-Gowers, *Living Donor Organ Transplantation: Key Legal and Ethical Issues*, Dartmouth Publishing Company, 1999, p. 141.

人,即使风险极其微小。①

2. 既存特殊密切关系原则(利益可论证性)——对捐献对象的严格限制

前面已经论述,在活体捐献中,未成年人得到的直接心理收益(如自尊心的提升等)是否能够抵消捐献对他/她身体的伤害和风险不太确定,故需要未成年人与受体之间存在特殊密切关系,导致受体的生命和健康状况对未成年人有特殊利益。也就是说,只有当未成年人与受体存在既存的特殊密切关系时,即利益具有可论证性时,才能保证捐献符合未成年人的最大利益。为此,立法要对捐献对象有严格的限制。

(1)国外经验

一些国家和地区的移植法律对未成年人捐献对象的限制要比对成年人捐献对象的限制严格。如叙利亚仅允许捐献给双胞胎兄弟姐妹。② 比利时《器官移植法》声明移植必须是兄弟姐妹之间进行的。③ 瑞典《器官移植法》只允许未成年人捐献给其亲属。④ 荷兰 1996 年《器官移植法》规定 12 ~ 18 岁的捐献者只能捐献给他的一级或二级亲属。斯洛维尼亚法律规定未成年人捐献者只允许捐献给他的直系家庭成员。⑤ 哥伦比亚法律只允许未成年人捐献给其四代以内的血缘亲属。⑥

(2)对我国立法的建议

根据既存的特殊密切关系原则,建议我国器官移植法规定:14 岁以上的具有决策能力的未成年人只能捐献活体器官给父母或兄弟姐妹。对其他重要关系人的捐献需得到器官捐献法律伦理审查委员会的审核与授权。

(三)未成年人有意义的同意原则及拒绝有效原则

现代民法发展的趋势是越来越重视对人之尊严的尊重,加强对人之意思自由的维护,重视对人之自我决策权的保障。比如,成年人的监

---

① [1996] *Med L Rev*. 204 – 207at 206.

② 第 31 号法律,1972 年 8 月 23 日颁布。

③ 1986 年颁布,第 8 条。

④ 1995 年颁布,第 8 部分。

⑤ 1996 年颁布,第 9 条。

⑥ 第 1172 号法令,1989 年 6 月 6 日颁布,第 32 部分。

护制度中,各国纷纷废止了剥夺行为能力的禁治产宣告制度,而新的监护制度均体现了充分调动意思能力不足者的残余能力,保护其行为自由,尊重其自我决定权,给予其恰当的自治范围的原则。①

在前述的大背景中,世界上大部分允许未成年人活体器官捐献的国家和地区都强调了未成年人同意的必须性,同时,无论是否具有决策能力,其拒绝有效。许多国家和地区通过移植法律明确地排除强迫未成年人捐献的行为,包括比利时、②哥伦比亚、③芬兰④和瑞典⑤等。

1. 有意义的同意原则

因为器官捐献是非常严肃的法律情形,且其直接目的是使受体受益,而非未成年人,故只有得到未成年人的同意才能将其作为捐献者,才可避免对弱势群体可能的剥削,避免康德哲学中所谓仅仅将他/她作为实现他人目的的一种方式与手段。

大部分现行法律都强调了未成年人同意的必须性。同时,未成年人的同意必须基于有意义的理解,也就是说不仅仅是同意。实际上,在器官捐献方面,非常年轻的未成年人不可能有能力做这种有意义的理解,因为这要求他们有一定的假设推理能力。这种能力正常出现的年龄通常是11岁到15岁。实际上,在英国,即使是无行为能力的未成年人捐献组织,一般情况下也需要未成年人的有意义的同意(这在Re Y案⑥的评论中被称为骨髓移植的习惯规则),当然,捐献同时也要在客观上满足他或她的最大利益。

我们需要再次强调的是,未成年人确实为弱势群体,较易受剥削和功利主义的伤害。因此,未成年人的主观同意不能单独授权器官摘除手术,客观上还需符合未成年人的最大利益,且需辅以父母的同意和特殊独立组织的授权。

---

① 罗施福、李津津:“论我国成年人监护制度之重构”,载《阿坝师范高等专科学校学报》2005年第22卷第2期。

② 1986年颁布,第5~7部分。

③ 第73号法律,1988年12月20日颁布,第3部分。

④ 第355号法律,1985年4月26日颁布。

⑤ 第831号法律,1995年6月8日颁布,第8部分。

⑥ [1996] *Med L Rev*. 205-207.

2. 拒绝有效原则

因为未成年人确实比成年人更易受剥削和功利主义的危害,而捐献也并非直接为未成年人的利益设置,因此立法经常授予未成年人否决捐献的权利(即使他们不具有决策能力)。

于英国,1989年的《儿童法案》规定有足够理解力的儿童有权在知情情况下拒绝医疗或精神病学的评估或检查;于美国,在Re W案中,Donaldson坚持认为,至少在理论上,父母可能同意有决策能力的未成年人所不同意的器官捐献,尽管从伦理上讲,在未得到未成年人同意的情况下,医生不应做器官摘除。但他认为在任何情况下,有决策能力的未成年人的反对可以否认器官捐献。①

(四)父母(或监护人)同意原则——即坚持家庭同意原则

美国医疗协会报告委婉地指出,即使未成年人有能力作出决定,任何器官捐献都要得到父母(或监护人)同意。确实,一方面,未成年人是传统的弱势群体,易受剥削和功利主义的影响;另一方面,这类捐献的目的是让受体受益而非未成年人捐献者受益,即为非治疗性的医疗介入。故这种结合了未成年人的明确同意和其父母(或监护人)的明确同意的方式对未成年人最为有利;同时,父母(或监护人)同意的另一个重要原因为,这是未成年人实现其最大利益的需要。如前所述,Calvo法官认识到,若实现未成年人捐献的最大利益,照顾儿童的人必须给予情感上的支持。

一些国家和地区的立法,如丹麦,明确指出在允许有决策能力的未成年人决定器官捐献的同时要获得行使父母权利的人的同意。②Donaldson大法官在Re W案中认为,在英美法律体系下,一个有能力的未成年人足够授权进行这一过程,而在伦理上讲,也需要父母的同

---

① David Price, *Legal and Ethical Aspect of Organ Transplantation*, Cambridge University Press, 2002, p. 347.

② 1990年6月13日颁布,第13部分。

意。[①] 挪威[②]和保加利亚[③]也要求父母(或行使父母权利的人)同意,当然,他们也可以因反驳而使未成年人的意愿不能实现。

在未成年人的器官捐献中,我们建议规定父母的授权的基础在于我们坚持的家庭同意原则,即将未成年人的健康看作家庭公共事务,而其器官也为家庭共有。故捐献便为家庭统一体的事务,需家庭共同同意。

(五)特殊的正当理由原则

在大多数情况下,移植法律都要求立法对于使用未成年人作为活体器官捐献者给出特殊的正当理由,也就是说,除了要求未成年人在潜在受体的健康状况上有重要的利益外,还要有其他有力的原因来支撑为什么选择他/她捐献。如芬兰法律要求,如果使用未成年人进行活体捐献就必须有特殊的正当理由,关于什么才是正当理由,它并未做详细阐述;瑞典法律要求必须是受体不能从另外一个人那里得到相兼容(匹配)的材料,移植要有特殊的理由支撑;[④]昆士兰《器官移植法》规定捐献发生的情况是:如果没有未成年人的捐献,核心家庭成员可能会死亡,同时要保证最小化风险。[⑤] 丹麦[⑥]要求想要得到捐献允许就要有特殊理由,包括:捐献对潜在未成年人捐献者的伤害的水平要很低;捐献者和受体之间必须要有很重要的关系;相比其他选择,要有选择捐献的特殊原因(如捐献能够提供更好的生存概率或其他替代者不合适)。

综上,根据合理推理,除了捐献是未成年人的最大利益(即捐献者和受体之间必须要有既存的特殊的密切关系)外,特殊的正当理由还应包括:对于受体来说其他治疗手段不切实可行;没有切实可行的其他捐献者或其捐献器官成活率非常显著地优于其他捐献者(如未成年人捐献者与受体为双胞胎);捐献对未成年人的伤害的水平要很低。

---

① David Price, *Legal and Ethical Aspect of Organ Transplantation*, Cambridge University Press, 2002, p. 346.

② 第6号法律,1973年2月19日颁布,第1部分。

③ 1996年颁布。

④ 第831号法律,1995年6月8日颁布,第8部分。

⑤ 第12部分。

⑥ 第402号法律,1990年6月13日颁布,第13部分第2节。

(六)特殊独立组织的评估与授权原则

一些法律对于未成年人的活体器官捐献要求有特殊独立组织的评估与授权。在美国,未成年人的活体器官捐献行为一般必须得到法院的事先同意(华盛顿除外)。在一些国家与地区,相关捐献无须法院介入,但需要有其他一些团体授权,如在芬兰需要得到国家健康理事会的授权;[①]在瑞典需要得到国家健康与福利委员会的授权;[②]斯洛伐克法律要求有特殊咨询委员会的意见;[③]德国法律要求得到一个委员会(包括一名与协议达成无关的医生:一个有心理经验的人和被指定的一名具有资格执行法官职能的人)的同意。[④]

鉴于未成年人的活体器官捐献的话题非常重要而且非常严肃,所以建议建立一个独立于家庭与照护受体团队的有一定法律或类法律职能的组织(由法官、心理专家、伦理专家、移植专家组成的器官移植法律伦理审查委员会)对其进行独立评估与授权。一方面,是保护未成年人的需要;另一方面,也是法律在可能影响人类生存安全或伦理安全的重要节点上对人之自主决策的审核与限制,即所谓严格审核下的意思自治制度。评估内容包括:未成年人是否具有决策能力;客观上捐献是否未成年人的最大利益。同时,要审核是否有未成年人的有意义的同意;是否有父母(或监护人)的同意;是否存在特别时,特殊的正当理由等。当条件符合器官移植法律伦理审查委员会给予器官摘取手术的授权。显然,这样一个独立组织的介入降低了未成年人遭受压力的机会,并且减少了真实的同意被忽略的情况。

综上所述,关于未成年人活体器官捐献的法律既要使得捐献行为更大程度地发挥作用,同时也保证捐献行为符合伦理规范。在这一领域的法律应该是明确的、综合的,而不是过度严格的。但法律规制最终要足够简单明了地表明活体器官捐献整体上是在不鼓励的规范框架下进行的。

---

① 第335号法律,1985年4月26日。

② 1995年6月8日颁布,第8部分。

③ 第277号法律,1994年8月24日颁布,第46部分。

④ 1997年11月5日颁布,第8部分。

第五十五条 【无决策能力的成年人捐献的限制】无决策能力的成年人的捐献必须满足:

(一)仅可捐献组织和一侧肾脏给父母、子女与兄弟姐妹;

(二)必须得到器官移植法律伦理审查委员会的特别审查与授权;

(三)必须有家庭的捐献同意,必须有由监护人和家庭代表共同签字的书面捐献志愿书;

(四)无决策能力的成年人不拒绝;

(五)对于受体来说其他治疗手段不切实可行;

(六)没有切实可行的其他捐献人、无具有疗效可比性的其他治疗方法或其捐献器官成活率非常显著地优于其他捐献人。

[立法建议]

一、对禁止无决策能力的成年人捐献活体器官的质疑

我国《人体器官移植条例》将活体器官捐献者限定为具有完全行为能力的成年人,也就暗示了对无决策能力的成年人的排除。然而,这样的一种旨在防止弱势人群受到伤害的立法是否是最恰当的呢?

(一)无决策能力的成年人

显然,我们在此部分的讨论起点应该是什么是无决策能力的成年人。

1.无决策能力的原因向度的讨论

我国《民法》规定,18周岁以上的公民和16周岁以上不满18周岁但以自己的劳动收入为主要生活来源的公民为完全民事行为能力人,即他们被推定为有作出医疗或其他决策的能力。当然,该推定在下列情况出现时应被认定为不成立(即当事人被认定为不具决策能力的成年人):由于精神或智力疾患和残疾或暂时性因素(如休克、严重疲劳、疼痛或在治疗过程中食用的药物引起的缺陷)而使其欠缺决策能力。英国法律委员会在名为《精神欠缺的无决策能力者》(Mental Incapacity)的白皮书中建议在如下情况下,一个人可以被定义为无决策能力:由于精神残疾而不能对所讨论的事情作出决定,或出于其他原因丧失意识而不能考量或表达他对事情的决定。①

由此,我们得到了病因视角下无决策能力的成年人的定义:由于精神或智力上的疾患、残疾或暂时性因素(如休克、严重疲劳、疼痛或在治疗过程中食用的药物引起的缺陷)对精神和意识的影响而欠缺决策能力的成年人。

2. 决策能力测试向度的讨论

实际上,若严谨地考量决策能力则需要决策能力测试。Gunn 论述道:"以一个能力测试建立一个标准来允许尽可能多的人能够对自己的治疗作出决定是很重要的。"②英国法律委员会同意他看法,并认为不可以根据一个人作出的选择的性质来推论出其有无决策能力。它论述道:"不能仅仅因为他/她是精神病人,他/她作出的选择与通常的人不同而认定此人无能力作出决定。"③

通常情况下,Gillick 测试是为了测试基于年龄的决策能力水平的一种测试,除此之外,还有许多其他方法用来测试非基于年龄的决策能力水平。在 Re F④ 案中检测的是当事人有能力理解手术或治疗的本质和目的,⑤该方法通常被称为功能法或认知法。英国《精神健康法案工作准则》对决策能力给出了更为详细的定义:(1)理解医学治疗是什么的能力,理解他需要治疗并且知道该治疗被提出的原因;(2)在广义上理解治疗的本质;(3)了解主要的利益和风险;(4)了解如果不接受此治疗的结果;(5)拥有做选择的能力。

英国 Re C660 案中,Thorpe 法官强调了专家证人 Eastman 博士的观点:成年人的决策能力包括理解和保有信息、交流并权衡这些信息而最终作出选择的能力。该观点充实了以上观点。⑥

由此可见,若以决策能力测试考量,无决策能力的成年人便是理解

① Law Committee. No. 231, HMSO, 1995, Draft Bill, clause 2(1) at 37.

② Gunn, The Meaning of Capacity, *Med Law Review*, 1994(Spring), pp. 8 – 29.

③ Law Committee. No. 231, HMSO, 1995, Draft Bill, clause 2(4), p. 39.

④ [1990] 2 AC 1.

⑤ [1990] 2 AC 1 at 55 per Lord Brandon.

⑥ Austen Garwood-Gowers, *Living Donor Organ Transplantation: Key Legal and Ethical Issues*, Dart-mouth Publishing Company, 1999, p. 144.

信息的能力、保留信息的能力、交流信息的能力或权衡信息并最终作出选择的能力有欠缺的成年人。

3. 无决策能力的成年人的定义

综合以上两个向度的讨论,我们将无决策能力的成年人定义为:由于精神或智力上的疾患、残疾或暂时性因素(如休克、严重疲劳、疼痛或在治疗过程中食用的药物引起的缺陷)对精神和意识的影响而使得理解信息的能力、保留信息的能力、交流信息的能力或权衡信息并最终作出选择的能力有欠缺的成年人。

(二)国外立法模式

在世界范围内,对无决策能力的成年人的活体器官捐献问题存在两种完全不同的态度,即禁止与允许。

1. 禁止的立法

和中国一样,世界范围内许多国家和地区也全面禁止无决策能力的成年人成为活体器官捐献人如玻利维亚、[①]古巴、[②]塞浦路斯、[③]厄瓜多尔、[④]巴拿马、[⑤]波兰、[⑥]罗马尼亚、[⑦]俄罗斯联邦、[⑧]斯洛伐克、[⑨]西班牙、[⑩]阿拉伯叙利亚共和国、[⑪]突尼斯[⑫]和土耳其[⑬]等。

有意思的是,有的国家和地区的立法甚至过于严格,以至于有决策能力的人也不能捐献活体器官。如在墨西哥禁止那些处于意识衰退状

---

① 1982 年 3 月 15 日颁布的条例的第 4 部分。

② 第 41 号法律,1983 年 7 月 13 日颁布,第 80 部分。

③ 第 97 号法律,1987 年颁布,第 7 部分。

④ 第 64 号法律,1987 年 5 月 26 日颁布,第 1 部分。

⑤ 第 10 号法律,1983 年 7 月 11 日颁布,第 10 部分第 1 节。

⑥ 1995 年 10 月 26 日颁布的法律。

⑦ 1996 年法律第 4 条第 1 项。

⑧ 1992 年 12 月 22 日法律第 3 部分。

⑨ 1994 年 8 月 24 日颁布的法律第 46 部分第 1 节[*IDHL*,1995,46(2),151 ~ 154]。

⑩ 第 30 号法律,1979 年 10 月 27 日颁布,第 4 部分 b。

⑪ 第 31 号法律,1972 年 8 月 23 日颁布,第 2 部分第 3 节。

⑫ 第 91 – 22 号法律,1991 年 3 月 25 日颁布。

⑬ 1979 年颁布,第 7 部分。

态的人和那些根据1976年的《精神健康法案》而无决策能力的人进行捐献;津巴布韦共和国禁止精神紊乱或有缺陷的人进行捐献;①在斯里兰卡、②西澳大利亚、③塔斯马尼亚④和昆士兰⑤法律禁止心智不健全的人捐献器官;巴拉圭禁止法律规定的有残疾的人捐献器官。⑥ 显然,这些法律对于那些虽然精神有困难或有状况,但实际上有能力捐献的成年人的自主性来说,限制过于严格。

2. 允许的立法

一些国家和地区(如葡萄牙、英国、美国等)的立法允许无决策能力的成年人捐献器官(虽然没有允许未成年人捐献器官的管辖居多)。当然,在这些允许无决策能力的成年人捐献活体器官的立法中通常会对捐献有严格的要求和限制。

(三)对禁止无决策能力的成年人捐献活体器官的质疑及立法建议

我国《人体器官移植条例》排除了无决策能力的成年人成为活体器官捐献者,其优点是能保护他们不承担风险,且提供了法律的确定性,另外,它也阻断了其他无决策能力的成年人从捐献中受益的可能。也就是说,若无决策能力的成年人在受体的生命与健康上有很大利益(如他们之间存在对无决策能力的成年人十分重要的密切关系,则捐献可能为无决策能力的成年人保障此利益的最佳方式,是他/她的最大利益的实现),此时若禁止捐献,则不仅对他/她不利,对受体、家庭与社会也为损失(虽然后者不是我们所强调的)。关于此类为了无决策能力的成年人最大利益而授权捐献的典型案件是美国的 Strunk v. Strunk 案。⑦ 其基本情况如下:

家住肯塔基州的54岁的 Arthur L. Strunk 和52岁的 Ava Strunk 夫

① 1976年颁布的第34号法令,第13部分第3节。
② 1987年颁布的第48号法令,第7部分(2)(b)(ii)。
③ 1982年颁布的第116号法案,第8部分(1)(b)。
④ 1985年颁布,第9部分(c)(ii)。
⑤ 1979~1984年颁布的《器官移植和解剖法案》,第10部分(b)。
⑥ 第836180号法律,1980年12月15日颁布,第279部分。
⑦ 445 S. W. 2d 145 (Ky. Ct. App. 1969).

妇有两个儿子。大儿子 Tommy Strunk 28 岁,已婚,是宾夕法尼亚州铁路公司的员工,也是辛辛那提大学兼修生,不幸患上了致命的肾脏疾病——肾小球肾炎。Tommy 不得不依靠人造肾脏进行持续的治疗,但这种治疗难以维系很长时间。小儿子 Jerry Strunk 27 岁,没有行为能力,智商只有 35 分左右,大概相当于 6 岁儿童的智力状况,而且其语言表达能力有缺陷,不是非常熟悉的人很难与他沟通。根据 Tommy 的病情,其要想长久维持生命就必须换一个健康的肾脏。医生曾考虑如果可行的话可以进行死体肾脏移植,或者活体肾脏移植。整个家庭中,Tommy 的父母以及一些旁系亲属都接受了测试,但由于血液或组织的不相容,没有人适合捐献。最后,Jerry 接受了测试并且非常适合捐献。于是,Jerry 的母亲请求地方法院裁定批准 Tommy 和 Jerry 兄弟之间的肾脏捐献。地方法院审查后发现该手术很有必要,在该案的特定情形下,移植手术不仅对 Tommy 有益,而且对 Jerry 也非常有益。因为 Jerry 非常依赖 Tommy,如果失去 Tommy,Jerry 无论在情感上、心理上还是物质上都将比摘除一只肾脏所受到的损害要大。一位负责照护 Jerry 的精神病医生在该案中作证时谈了自己的观点,认为在这种情形下 Tommy 的死亡将会对 Jerry 产生极其严重的损害。联邦精神健康部门作为法官的顾问参与了该案件,根据对手术严重性以及失去 Tommy 后 Jerry 所受到的不利影响的评价和判断,他们建议法院允许该移植手术。他们的建议如下:"相对于正常人来说,Jerry 的心智缺陷使他仅具有部分的情感和反应。他非常认同哥哥 Tommy,Tommy 是他的典范,是他和家人联系的纽带。Tommy 对 Jerry 在法兰克福医院状况的提高和改善非常重要。医院代表的证言反映了 Tommy 和家人对 Jerry 探访的重要性,并且 Jerry 经常询问关于 Tommy 来看他的事情。Jerry 知道哥哥在减轻他压力方面的重要性。我们作为精神健康部门,必须尽职防止因 Tommy 的去世而给 Jerry 带来任何不利的损害。根据 Tommy 是 Jerry 唯一的同胞这一事实,Tommy 的生命对 Jerry 的治疗和最终恢复的重要性是显而易见的。如果 Tommy 因此而死亡,在他们的父母去世后(现在已经 50 多岁了),Jerry 将失去对他如此有帮助的所有关心他体贴他的亲人。事实表明,根据目前的医学水平,Tommy 依靠尸体器官移植存活的概率非常小,如果移植 Jerry 的肾脏,则其存活的概率就非常高。"①

同时,案卷中的证言显示,到案件发生时在美国大约有超过2500例的肾脏移植手术被开展。在现有的技术条件下,手术可以以对供体和受体最小的影响开展。Hamburger 和 Crosneir 医生陈述了捐献者的风险:"该探讨仅限于肾脏移植手术,因为很难想象肾脏以外的重要器官为了移植手术的目的从一位健康的、活的捐献者身体摘除。从健康捐献者身体切除一只肾脏时直接的手术风险约为0.05%。长期的风险很难估计,因为单一肾脏个体各种肾脏疾病的发生率和严重性并不比正常个体高。另一方面,手术问题的演变、创伤、肿瘤以及必需的肾切除手术,确实增加了捐献者的长期风险;参考这些因素,长期的风险率大概在0.07%。这些资料数据是结合有关期望寿命的统计数据考虑的,一个健康的35岁的成年捐献者在随后的5年里不发生风险的概率为99.3%到99.1%,这种风险会随着年龄的增加而呈现增加的趋势,如同我们驾车一样,里程越远,风险越大。捐献者的风险很小,这是不争的事实,到目前为止,世界上还没有因并发症危及捐献者生命的报告。但是,毫无疑问,随着肾脏移植手术例数的不断增多,这种情况将不可避免地发生。"②

针对这一上诉案件,上诉法院阐述道:"我们面对的事实是所有最亲近的家庭成员都建议这一移植手术,精神卫生部门也给出了建议,地方法院已经批准,巡回法庭也认为手术的开展符合被监护人 Jerry 的最佳利益。从法律程序看,Jerry 由诉讼指定监护人代理,诉讼指定监护人不断地质问国家是否有权力授权从国家的被监护人身上摘除无行为能力人的器官。我们认为,地方法院有权批准手术。"巡回法庭也认为:"该案中移植手术符合 Jerry 的最佳利益,并且裁决也有充分的证据证明。因此,我们认为裁决应当予以维持……"上诉法院最终维持了

---

① 祝彬:"成年智障者特定情形下作为活体器官捐献者之探讨",载《经济研究导刊》2009年第35卷。

② 祝彬:"成年智障者特定情形下作为活体器官捐献者之探讨",载《经济研究导刊》2009年第35卷。

下级法院的裁决,支持肾脏移植手术的开展。[1]

由此可见,对无决策能力的成年人的活体器官捐献问题要具体情形具体分析,太过严格的全面禁止并非最佳的立法方案,甚至在特殊的例子中,盲目的禁止甚至可能会导致悲剧的发生。因此,建议中国器官移植法可以撤除此禁令,采用疏导的方针,即允许此类人的捐献,同时,需要设置非常严格的限制以实现对无决策能力的成年人权益的保护。

二、对无决策能力的成年人活体器官捐献者的保护及对我国相关立法的建议

尽管无决策能力的成年人活体器官捐献的情况很罕见,但是它却成为了美国很多倍受关注的案例的主题。考虑到无决策能力的成年人可能从中受益,也就不难理解为什么许多立法都允许该情况的发生。同时,与未成年人捐献一样,也存在这样的问题:如果潜在捐献者不愿捐献或不能给出任何形式的有意义的同意,我们应该怎样做?在什么情况下(如有哪些特殊理由时)应该同意捐献?

一般来说,只有存在如下严格的条件下,捐献才允许发生:即需要精神或心理评估与筛查,有很严格要求的利益可论证性和危害有限性,通常必须得到法院、独立团体或权威机构同意或授权、父母或法定监护人的同意,存在捐献的特殊理由等。本部分将具体论述对无决策能力的成年人在活体器官捐献中的立法保护,并对我国器官移植立法提出建议。

(一)对活体器官捐献者的普遍的精神或心理评估与筛查

1.精神或心理评估与筛查的原因

我们知道,医生倾向于以敷衍的方式获得同意,那么临床上他们可以筛选出所有决策能力存在疑点的成年人病例吗?尤其是当其无精神病史或其他残疾经历时?

答案很确定,他们肯定会错过一些这样的病人。"欧洲活体器官移植多中心研究"(EUROTOLD)对移植中心的调查问卷发现,只有

---

[1] 祝彬:"成年智障者特定情形下作为活体器官捐献者之探讨",载《经济研究导刊》2009年第35卷。

31.4%的实施活体器官移植项目的欧洲器官移植中心对捐献者进行了精神或心理评估。当然,在一些中心,如果对潜在捐献者的决策能力有疑问,一些神经科专家会被召集来对其进行评估。[①] 显然,这是不够的。较为审慎的办法应该为对每一个活体器官捐献自愿者进行普遍的精神或心理评估与筛查,发现有决策能力缺陷时,便需要启动对无决策能力的成年人活体器官捐献者的限制与保护机制。与此同时,对成年活体器官捐献者的普遍的精神或心理评估与筛查也可精确分辨出其是否有决策能力,是否为真正的无决策能力的成年人,防止对有决策能力的精神或智力迟滞的成年人(即虽然精神有困难或有状况,但实际上有能力捐献的成年人)自主性的侵犯。

2. 对我国相关立法的建议

根据上述讨论,建议我国器官移植立法规定,对所有活体器官捐献者必须实施精神或心理评估与筛查以检测其决策能力。

(二)严格要求的危害有限性

《欧洲理事会决议(78)29》和欧洲理事会《欧洲人权和生物医学公约》都限制无决策能力的人只可捐献可再生性人体材料,并且对此附加以严格的条件。如果严格定义"可再生性"这一术语,那么肝脏是可以捐献的,但是《欧洲成员国部长委员会会议建议》No. R(97)16《关于活体器官捐献者进行肝脏移植》的附录第4点中声明,没有能力作出同意声明的成年人不能作为肝脏捐献者。然而,在大多数允许无决策能力的成年人活体器官捐献的立法中,并没有限制无行为能力成年人可以捐献的器官的种类,但是捐献行为必须满足他们的最大利益,这使得更为有害形式的器官移植的发生更为困难。由此可见,无行为能力的成年人可以捐献的实体器官几乎就只有单侧肾脏了。

另外,捐献的风险除了来自器官摘除手术外,捐献者本人的精神与身体状况同样很重要,当捐献者不适合器官摘除手术时,任何组织与器官不允许摘取,这就要求对捐献人的独立的(独立于照护受体的医疗团队)生理和精神状态的评估。

---

① 1994年8月24日颁布,第46部分第3节。

1. 国外立法

1990年加拿大《统一人体组织捐献法案》要求对于无决策能力的成年人进行独立评估;在芬兰,一个精神病科医生要对捐献者的精神状况和他的捐献适合性作出说明。通常“不适合的”捐献者会被取消捐献资格。[①] 通常情况下,精神病科医生认为一个无决策能力的成年人适合捐献时,需要有特殊的理由。

2. 对我国相关立法的建议

根据如上讨论,建议我国器官移植立法规定:

无决策能力的成年人作为活体器官捐献者,除了可捐献可再生组织外,只可以捐献一侧肾脏。

必须由与照护受体无关的副主任以上资格的医师对无决策能力的成年人活体器官捐献者的生理与精神状况进行独立的评估,并出具医学证明。

(三)最大利益原则与特殊重要的密切关系原则

代表未成年人或无决策能力的成年人所做的捐献同意必须根据他们的最大利益来考量,而不应该考虑其他方式(如代理判断准则,即如果未成年人或无决策能力的成年人有决策能力他/她会如何去做)。原因在于:首先,活体器官捐献是为受体利益,而非为无决策能力的成年人的利益而设计的,因而对捐献者的保护要更审慎;其次,这些人多数未曾有过或永远不会有决策能力,故无法预测其有此能力时的判断,同时,即使对于少数曾经有过决策能力的人来说,亲属也不一定真的了解他的价值观与判断;最后,这部分人确实为弱势的群体,比较容易受剥削和功利的影响,因此我们应更加审慎地使他们不成为实现他人目的的工具或手段。然而,最大利益又应该怎么衡量呢?

1. 最大利益测试

在无决策能力的成年人作为活体器官捐献者的情形中,最大利益测试是应该被应用的。在组织捐献的背景下,英国的Re Y(关于对无决策能力的成年人所做的非治疗性医疗介入的合法性问题)案中,Connell法官在决定一个无行为能力的成年人捐献骨髓给其姐妹的合

① 第724号条例,1985年8月23日颁布,第2部分。

法性时应用了最大利益测试。[1] 在器官捐献的背景下,肯塔基州上诉法院在 Strunk v. Strunk 案[2]中曾考虑是否使用代理判断准则,但根据 Little v. Little 案[3]中的论述,法院的判决不是根据代理判断准则作出的,而是应用了最大利益原则。在 Little v. Little 案中的论述如下:

"很明显,在移植案例中,不管是否使用了'代理判断准则'这一术语,法院都将把捐献者的利益作为允许一个无行为能力人进行器官捐献的依据。尽管在 Strunk 案中肯塔基州法院就代理判断准则的细节进行了一些讨论,但是大部分的结论还是依据无行为能力的捐献者可能获得的利益而做的,而不是依据如下理论:如果无行为能力人有行为能力,那么他或她会同意移植。我们采用的也是最大利益测试。"[4]

对无行为能力的成年人来说,什么是最大利益呢?英国上诉法院的 Donaldson 法官在绝育案例 Re F[5] 中表明,医师代表病人做选择时所依据的原则应该与那些理性的成年人进行医学治疗的决策时所依据的原则是相同的。[6] 其后,大法官 Brandon 认为,治疗必须满足患者的最大利益,也就是说,治疗是用来拯救患者生命或者保证可以改善或防止患者生理或精神健康状况的恶化。[7] 许多学者根据这点争辩,Re F 案中将最大利益仅仅限制在了医疗方面,[8]这将导致如果不是恰好在医疗上必须摘除器官,摘除无行为能力的成年人的组织或器官将是非法的。这种结果与 Re Y 案中批准无行为能力的成年人骨髓捐献的决定相矛盾。实际上,在任何情况下,最大利益测试都不应该被禁锢在某一方面,它应该考虑到可能对无行为能力人有利的所有方面。英国法

---

① Austen Garwood-Gowers, *Living Donor Organ Transplantation: Key Legal and Ethical Issues*, Dart-mouth Publishing Company, 1999, p. 204.

② 445 SW 2d 145(Ky1969).

③ 576 SW 2d 493(Tex Civic 1979).

④ 576 SW 2d at 498(Tex Civic 1979).

⑤ [1990] 2 A. C. 1.

⑥ [1990] 2 A. C. 1, 18.

⑦ [1990] 2 A. C. 1, 55.

⑧ A. Grubb, D. Pearl, Sterilisation-Courts and Doctors as Decision Makers, *CLJ*, 1989, pp. 380 – 382.

律委员会建议在确定无行为能力者最大利益时应该考量:(1)可确定的过去的和现在的无行为能力者的意愿及个人感受;(2)如果此人有能力去做决策时他所考虑的各方面的利弊因素;(3)如果此人有能力去做决策时所做的决策;(4)允许和鼓励此人尽量全面地参与或提高此人参与能力的需要;(5)适当就此人的意愿和感受咨询那些恰当有用的人,并咨询什么是此人的最大利益;(6)所要决定的事项的目的是否可以用对个人的自由权的限制更小的方式得到。①

以上观点的特点为综合了以下几个方面的考虑:代理判断准则的考量,让无行为能力人最大程度参与决策过程的有益影响,尽可能多地考虑相关资源与利弊,选择对无行为能力人的限制最小的选择的要求等,因此为一种比较周全的考虑方式。

在活体器官捐献的情境下,以上几条原则可以被解释为将无决策能力的成年人有行为能力时的所有观点和意愿考虑在内,强调无行为能力人的现存观点和意愿,从无行为能力人的家庭成员和其他人员处收集证据,最后一条可解释为,如果有其他可接受的替代者,就尽量避免使用无行为能力人作为捐献者。这些原则是非常有帮助的,但是,活体捐献是非常特殊的情况,所以,最好有法律明确指明相关要求来决定什么时候才是对无决策能力的成年人最有利的。目前在英美已经有许多案例涉及将无行为能力的成年人作为活体器官捐献者,但还没有关于什么是无行为能力者最大利益的一套规则与指南。

2. 特殊重要的密切关系原则——利益可论证性

显然,无决策能力的成年人的捐献必须符合他/她的最大利益,这需要捐献者在捐献过程中明显受益,并且受益程度要明显高于摘除组织器官所造成的身体上的伤害。其中,支持此捐献的心理因素分为两类:第一类为心理受益,如自尊心的提升;第二类为避免不捐献可能造成的心理伤害。对于精神与智力迟钝的成年人来说,乐于帮助他人的内在价值不可能抵消在捐献过程中所承受的伤害和损害。然而,我们必须强调的是,无决策能力的成年人可能会有更为具体的受益方面,也就是说,捐献可能是保护他或她在潜在受体健康上的利益的最佳方法。

① Law Committee. No. 231. at 44 - 45.

这通常为"捐献人—受体"间存在特殊重要密切关系的情形,使得捐献者在受体的生命与健康上存在很大也很具体的收益,于是捐献成了无决策能力捐献者最佳利益的实现。当然,无决策能力人在潜在受体的健康状况上有很重要的利益,不一定必须是源于近的基因关系,找到重要联系的关键是两者之间要有很重要的密切关系,这种关系的延续对无决策能力者非常重要。因为潜在受体在无行为能力人的生活中扮演着非常重要的角色,所以捐献不仅能够使捐献者得到心理上的收益,并且其身心健康状况同潜在受体的健康状况紧密相连。

在英国,Connell 法官在 Re Y 案中提出了三条原则,即:无行为能力人从捐献行为中的受益程度必须要大于所受到的损害;潜在受体在该过程中得到的生命健康收益与无行为能力人的最大利益相关;收益方面不仅仅只是医疗上的,还应包括"情感上、心理学和社会方面的利益"。[①] 在该案例中,利益来源于以下事实:如果无行为能力人拒绝捐献器官,那么他的姐妹会死亡,这将给他的家庭增加额外负担。尤其对他已经患病的母亲来说还要面对照顾原告的女儿的责任。此案中,无行为能力人拒绝捐献的主要后果如下:因他同他的家庭成员很亲近,故如果拒绝捐献,他的亲人由于遭受面对死亡这一事实,可能会不再来看望他或是减少探望次数(他被收容),这对他来说是一种伤害。这种伤害要远远大于骨髓捐献可能带来的极微小的缺点和伤害。另外,如果同意捐献,他还能得到亲人的感激并且从中受益。

然而,Rc Y 案中的受益证据在案例的评论中被描述为"不是非常有力",[②]尽管相关证据足够使得骨髓捐献有正当理由,但是对于器官捐献来说还是不够充分。Connell 法官本人也声明 Re Y 不能被看作"在涉及更大侵害性的手术是非常有用的先例参照"。[③] 最有用的先例是美国无行为能力的成年人器官捐献案例。

第一个相关案例就是 Strunk v. Strunk。[④] 在该案例中,肯塔基上诉

---

① Re Y [1996] Med L Rev. 204 – 207 at 205.

② Re Y [1996] Med L Rev. 204 – 207 at 205 – 206.

③ Re Y [1996] Med L Rev. 204 – 207 at 205 – 206.

④ 445 SW 2d 145 (Ky) 1969.

法院允许一名无行为能力人进行肾摘除。他将肾捐献给他的兄弟(即将要死于肾脏疾病),并且该过程被认为是满足捐献者的最大利益。Strunk案中的大多数人没有明确表明他们同意捐献的准确原因。肯塔基州联邦卫生署作为无行为能力人Jerry的监护人,认为捐献对他来说有很大的心理学上的价值,该观点很明显影响了法院的看法。法院认为Jerry同潜在受体(他的兄弟)有很亲密的关系,受体是他与外界的主要联系渠道。结论认为,Jerry同其兄弟之间的连续性密切关系对于Jerry的康复和治疗意义重大。同时,Jerry也是唯一适合的活体器官捐献者,他的捐献比一般的死体器官捐献在医学意义上有更高的优越性。显而易见,同意捐献是Jerry保护他在其兄弟的生命健康上的利益的最佳方式,但也显示出这并不是唯一选择。

发生在路易斯安那州的Re Richardson①案和StrunkPVS的主要差别在于:在Richardson案中,潜在受体在无行为能力人的生活中不是很重要的人。Strunk案同时与Re Guardianship of Pescinski②案也有很大区别。后者是关于一个37岁的无行为能力人捐献器官给他的兄弟的提议被拒绝的案例,原因是无行为能力人不能从中受益:

"……对一个无行为能力人更应该特殊保护他或她的个人利益。因此,对他不能有任何形式的利用企图。如果没有他本人的真实同意,并且实际情况对他毫无利益时,任何法院不能同意该手术。"③

由此可见,在无决策能力的成年人的活体器官捐献中,捐献者的最大利益原则需要严格要求的利益可论证性,这便是要求无决策能力的成年活体器官捐献者与受体之间必须存在现实的特殊重要的密切关系(如无决策能力人可能在保护其配偶、父母或子女的健康上有特殊利益,因此,在这种情况下的捐献行为可以被看作是保护那种利益的最佳方法),而此关系的特殊重要性则需要如Strunk v. Strunk④案一样进行严肃与严格的评估。

① 284 So 2d 185(La App 1973).
② [1975],67 Wis 2d 4,226 NW2d 180.
③ Pescinski,67 Wis 2d at 8 -9,226 NW 2d at 182.
④ 445 S. W. 2d 145 (Ky. Ct. App. 1969).

3. 对我国器官移植相关立法的建议

根据特殊重要的密切关系原则,建议我国器官移植法规定:

不具有决策能力的成年人只能捐献活体器官给其父母、子女或兄弟姐妹。对其他重要关系人的捐献需得到器官捐献法律伦理审查委员会就此特殊关系(我们已经介绍了这一准司法组织)的审核与授权。

(四)监护人同意与家庭同意

1. 国外立法经验

根据一般法律原则,捐献必须由具有法律授权的(可以代表无决策能力者的)监护人的允许。有些国家和地区的法律默认此种同意为唯一"同意"的需要(如匈牙利、①哥伦比亚)。② 但是,更多地区立法也使用移植法律来增加一些附加的同意或授权进行进一步限制。同时,使用无决策能力的成年人做活体器官捐献者需要有特殊理由。

如瑞典法律③做了如下要求:无决策能力人要与潜在受体有关系;具有匹配性的生物材料在其他替代者中不能获得;捐献行为没有违反无行为能力人的意愿;捐献得到监护人或法定代理人的同意;捐献有特殊理由并且得到法律授权决定器官摘除的医生的支持,并以此得到了国家健康和福利委员会的授权。如果不符合以上条款,无决策能力的成年人的捐献很难被判定为符合他们的最大利益。实际上,瑞典法律可能没有看起来那么严格,因为很难想象一个无行为能力的成年人的器官捐献如果是他/她的利益最大化却没有满足上述条件。

2. 对我国立法的建议——监护人同意与家庭同意

在无决策能力的成年人的器官捐献中,为了更好地保障当事人和当事人的家庭的共同利益,我们坚持家庭同意原则,即由监护人(代表无决策能力的成年人)与家庭代表共同签字。

(五)提供特殊正当理由

根据合理推理,除了捐献是无决策能力的成年人的最大利益(即捐献者和受体之间必须要有特殊重要的密切关系)外,特殊的正当理

---

① 第18号法律,1972年11月4日颁布,第13部分。

② 第1172号条例,1989年6月6日颁布,第30部分。

③ 第831号法律,1995年6月8日颁布,第8部分。

由还应包括:对于受体来说其他治疗手段不切实可行;没有切实可行的其他捐献者;无决策能力的成年人所捐献器官的成活率非常显著地优于其他捐献者;捐献对无决策能力的成年人的伤害的水平很低。

因此,建议我国器官移植立法规定:

无行为能力的成年人的活体器官捐献需要提供特殊正当理由,包括:对于受体来说其他治疗手段不切实可行;没有切实可行的其他捐献者;无决策能力的成年人所捐献器官的成活率非常显著地优于其他捐献者;捐献对无决策能力的成年人的伤害水平很低。

(六)司法或类司法机构的审查、同意与授权

无决策能力的成年人确实为弱势群体,较易受剥削和功利主义的伤害。因此,监护人的同意不能单独授权器官摘除手术,客观上还需符合未成年人的最大利益,还需要补充以某团体的严格审查,此团体独立于家庭,更独立于与此治疗相关的医疗团队,且有资格考虑这样困难的情况,应为司法或类司法团体。该团体能够对一些实践者认为是边缘性或不确定性的案件作出判断。

1. 国外立法经验

有的国家和地区的立法要求此类捐献有法院介入,如在葡萄牙,法律规定此种捐献必须有法院的授权;[①]在英国,Connell 法官在 Re Y 案中建议在无决策能力的成年人的骨髓捐献案例中法院的涉入是适当的。[②] 进一步,由于组织捐献(如骨髓捐献)对捐献者造成的伤害和损伤相对于器官捐献要小很多,故活体器官捐献中便更需要法院的介入。与此同时,人们经常将无决策能力的成年人的器官捐献与对无决策能力的成年人进行绝育手术进行类比,我们可以从 Re F 案[③](对精神病患者进行绝育手术)中看到, Bridge 大法官[④]同 Neill 大法官[⑤]和上诉法院的 Donaldson 大法官[⑥]都提到,无行为能力人的活体器官捐献手术

① 第12号法律,1993年4月22日颁布,第6部分第3节和第8部分第5节。

② Re Y [1996] Med L Rev. 204 – 205 at 205.

③ Re F [1990] 2 A. C. 1.

④ Re F [1990] 2 A. C. 1 at 52.

⑤ Re F [1990] 2 A. C. 1 at 33.

⑥ Re F [1990] 2 A. C. 1 at 19.

要求同绝育手术有同样的安全保障,并且要有法院的强制性介入。

在名为《精神上无行为能力者》(Mental Incapacity)的白皮书中,英国法律委员会的如下建议得到了极大的支持:根据英国法律,无决策能力的成年人的活体器官和骨髓捐献都要被看作是特殊类别的程序,并且都需要司法的涉入。①

在美国,是否要求法院的介入根据所在州的不同而有所不同。如在马萨诸塞州,从许多案例中可以看到法院的介入是义不容辞的;在华盛顿州,州检察长就可以授权无决策能力的成年人捐献器官。

2. 对我国器官移植相关立法的建议

根据以上的讨论,建议在我国建立一个名为器官移植法律伦理审查委员会的类司法组织,此组织应该由法官、心理学专家、伦理专家、(不属于此移植中心的)移植专家组成,目的为审查与授权包括此类捐献的特殊情形的捐献。

(七)拒绝有效原则

同未成年人一样,一般情况下,无决策能力人的拒绝捐献也是有效的。我们知道,在无特殊法规要求时,法律一般不会将无决策能力的成年人的意愿看作神圣不可侵犯的,但在活体器官捐献的情形中,为什么规定无决策能力的成年人的拒绝在一般情形下有效呢?首先,无决策能力的成年人确实比一般人更易受剥削和功利主义的危害,而捐献也并非直接为他们的利益设置,因此立法需授予无决策能力的成年人否决捐献的权利(即使他们不具有决策能力);其次,此为对无决策能力成年人的最佳利益的考量,在对无决策能力成年人的最大利益的评估时应考虑他/她事先表达的意见,因为如果无决策能力的成年人拒绝捐献而强迫其捐献,则捐献在其心理上的收益便不仅不存在,甚至为负收益;最后,现代民法发展的趋势是越来越重视对人之尊严的尊重,加强对人之意思自由的维护,重视对人之自我决策权的保障。比如,成年人的监护制度中,各国纷纷废止了剥夺行为能力的禁治产宣告制度,而新的监护制度均体现了充分调动意思能力不足者的残余能力、保护其行

① Law Com No. 231 at p. 85.

为自由、尊重其自我决定权、给予其恰当的自治范围的原则。① 在前述的大背景中,在全球化的裹携下,力争与世界接轨的中国法律是不可能逆潮流而动的。

1. 域外立法经验

《欧洲理事会决议》和瑞典器官移植立法在无决策能力人拒绝的情况下禁止捐献行为的发生。哥伦比亚法律通过规定捐献者的意愿要高于来自其亲属或其他任何人的与之相反的意见,来保护无行为能力的成年人,使他们免于被强迫进行捐献。②

2. 对我国相关立法的建议

建议我国器官移植法律规定:一般情况下,若无决策能力人拒绝,则禁止捐献行为的发生。

(八)强制捐献的严格条件限制

一般来说,在无决策能力的成年人的活体器官捐献中未成年人的拒绝是有效的,但在以下极为特殊的情形中能够否决无行为能力人的拒绝捐献,即强迫捐献(显然,对强迫捐献要有特殊严格的限制)。这种特殊情形为:同意捐献是保护无行为能力人免于遭受严重伤害的必要条件,如无行为能力人在潜在受体的健康状况上有很重要的利益,在没有其他适合的替代选择时,如果拒绝捐献,会严重损害该利益。与此相反,如果无行为能力人想要捐献,他在潜在受体健康状况上的利益仍然很重要,但是在这种情况下,真正重要的就不是看该捐献是否唯一合理的选择,而是看相比其他选择,捐献在保护此利益上要好得足够多,且捐献的受益程度要高于可能存在的伤害和风险。

1. 国外立法

在活体器官移植中,如果要驳回无行为能力人的拒绝声明,法官一定要非常谨慎,因为器官摘取不是为了无行为能力人的最大利益而设计的。强制捐献的前提不仅仅是捐献的收益大于使用强制手段造成的心理上和器官摘取手术所造成的生理上的伤害的总和,法律还应该明

① 罗施福、李津津:“论我国成年人监护制度之重构”,载《阿坝师范高等专科学校学报》第22卷第2期。

② 第73号法律,1988年12月20日颁布,第3部分。

确规定在什么情况下可以强制捐献,在什么情况下不可以。

英国法律委员会建议那些反对无行为能力人拒绝声明的行为应该被限制在“采取必要的措施来防止对无行为能力人可能造成严重损伤的实质性风险”。[①] 对于活体器官移植来说,这意味着,只有在拒绝捐献将给无行为能力人带来严重伤害的风险非常明显时,才能驳回他或她的拒绝捐献器官的决定。强制捐献器官的理由一定不再仅仅是说无行为能力人如果错过帮助他人的机会就会错失积累心理受益的机会,一定还有其他一些原因,如无行为能力人在受体的健康状况上有很大利益,拒绝捐献对该利益的损害非常严重,该捐献是唯一合理的选择。

2. 对我国相关立法的建议

根据如上讨论,建议我国器官移植立法规定:

只有同意捐献是保护无行为能力人免于遭受严重伤害的必要条件时,才能够否决无行为能力人的拒绝声明。此时要求无行为能力人在潜在受体的健康状况上有很重要的利益;其他治疗手段不切实可行且没有切实可行的其他捐献者;捐献的受益程度要高于可能存在的伤害和风险。强制捐献必须得到法律伦理审查委员会对此事项的审查与授权。

综上所述,当今人们普遍地意识到了促进无行为能力人的理解与参与能力的重要性,这可以让他或她更有效地表达自己的意愿,从而更好地保护他们的利益。Barnard 推荐了一个协调患者和医务人员之间交流的以人为中心的模型:“患者都有向好的方向发展的潜力……医生的主要作用就是帮助病人重新获得这种发展的力量和趋势。在特定环境下,病人需要医生帮助他们来表达自己的需要和目标,并且根据他们的个人价值进行选择、计划和行动。”[②]经过优化之后,该种方法能够更好地适用于患者无行为能力的情况。当然,对无行为能力人来说,该鼓励性措施最好由心理治疗师或心理咨询师来实施,而不是由医生或精神病医生来做。我们相信,这样一种以人为中心的交流模型如果被

---

① Law Committee, No. 231 at 62.

② Barnard, The Personal Meaning of Illness, in J. Shlien (ed.), *Client-Centered Dimensions of Medicine and Health Care: Client-Centered Therapy*, 1998, pp. 337 – 351.

应用于无决策能力的成年人的活体器官捐献中,必将更加促进对无决策能力成年人自主与权益的保障。

第五十六条　【在押犯的器官捐献】在押犯的活体器官捐献需满足:

(一)在押犯可以捐献自己的活体器官给配偶、父母、子女与兄弟姐妹;

(二)禁止在押犯的器官捐献给陌生人;

(三)在押犯的捐献必须得到器官移植法律伦理审查委员会的授权。

第四章　人体器官的移植

显然,受体是器官移植的重要参与者,故对其权利的平等保障构成了器官移植立法的重要内容。在器官移植的医疗照护中,受体是作为"生理—社会—心理—精神"之总体存在的人,而非可以拼接或更换部件的机器,故兼顾其心理和精神的完整、修复与成长的立法才是对受体更为根本的照护。同时,器官移植建立在公众对器官获取和分配的政策和实践的信任和信心之上,因此,器官如何被公正、公平与透明地分配与应用便显得尤为重要。

第五十七条　【医疗机构从事人体器官移植的条件】医疗机构从事人体器官移植,应当依照《医疗机构管理条例》的规定,向所在地省、自治区、直辖市人民政府卫生行政主管部门申请办理人体器官移植诊疗科目登记。

医疗机构从事人体器官移植,应当具备下列条件:

(一)有与从事人体器官移植相适应的执业医师和其他医务人员;

(二)有满足人体器官移植所需要的设备、设施;

(三)有由医学、法学、伦理学等方面专家组成的人体器官移植技术临床应用与伦理委员会,该委员会中从事人体器官移植的医学专家不超过委员人数的1/4;

(四)有完善的人体器官移植质量监控等管理制度。

第五十八条　【器官移植资格的审批】省、自治区、直辖市人民政府卫生行政主管部门进行人体器官移植诊疗科目登记,除依据本法规定的条件外,还应当考虑本行政区域人体器官移植的医疗需求和合法的人体器官来源情况。

省、自治区、直辖市人民政府卫生行政主管部门应当及时公布已经办理人体器官移植诊疗科目登记的医疗机构名单。

第五十九条 【医疗机构的报告义务】从事人体器官移植的医疗机构应当定期将实施人体器官移植的情况向所在地省、自治区、直辖市人民政府卫生行政主管部门报告。报告事项应包括:

(一)摘取器官的类别;

(二)移植病例及捐献器官的基本资料;

(三)移植病例的成活率和存活情形;

(四)实施手术的医师;

(五)省级卫生行政主管部门规定的事项。

进行报告的具体办法由国务院卫生行政主管部门制订。

第六十条 【移植资格的取消】已经办理人体器官移植诊疗科目登记的医疗机构不再具备本法规定条件的,应当停止从事人体器官移植,并向原登记部门报告。原登记部门应当自收到报告之日起2日内注销该医疗机构的人体器官移植诊疗科目登记,并予以公告。

第六十一条 【器官移植业务能力评估】省级以上人民政府卫生行政主管部门应当定期组织专家根据人体器官移植手术成功率、植入的人体器官和术后患者的长期存活率,对医疗机构的人体器官移植临床应用能力进行评估,并及时公布评估结果;对评估不合格的,由原登记部门撤销人体器官移植诊疗科目登记。具体办法由国务院卫生行政主管部门制订。

第六十二条 【医学检查与合理保障】实施人体器官移植手术的医疗机构及其医务人员应当对人体器官捐献人进行医学检查,对受体因人体器官移植感染疾病的风险进行评估,并采取必要措施降低风险。

第六十三条 【摘取器官前的伦理审查】在摘取活体器官前或者死体器官捐献人死亡前,负责人体器官移植的执业医师应当向所在医疗机构的人体器官移植技术临床应用与伦理委员会提出摘取人体器官审查申请。

人体器官移植技术临床应用与伦理委员会不同意摘取人体器官的,医疗机构不得作出摘取人体器官的决定,医务人员不得摘取人体器官。

第六十四条　【伦理审查内容】人体器官移植技术临床应用与伦理委员会收到摘取活体人体器官审查申请后,应当对下列事项进行审查,并出具同意或者不同意的书面意见:

(一)人体器官捐献人的捐献意愿是否真实;

(二)有无非法买卖或者变相非法买卖人体器官的情形;

(三)人体器官的配型和受体的适应症是否符合伦理原则和人体器官移植技术管理规范。

经2/3以上委员同意,人体器官移植技术临床应用与伦理委员会方可出具同意摘取人体器官的书面意见。

[立法理由] 医院伦理委员会在器官捐献与移植中的作用

众所周知,"自律性的尊重"是自律性的自我决定权具有伦理正当性的根据。所谓"自律性的尊重"是指尊重他人的能力和对事物的看法,承认他人有根据他个人的价值观和信念持有见解、选择和行动的权利。① 对患者知情同意权的承认与规定便是确立在这样的伦理正义基础之上的。

然而,若力促患者的知情同意权从形式正义走向实质正义,必仰仗以下三个基本要素,即信息之正确与完全(即医生的全面准确告知)、无妨碍之意思自由(即患者决策之完全自主)、决策者之正常理性。医院伦理委员会即是针对这些靶位上可能存在的缺陷,通过严格审核和咨询作用而实现对知情同意之校正正义。

一、对捐献者器官捐献的自我决策的严格审核作用

严格审核是"严格核准下的当事人意思自治"制度中的审核机制。所谓严格核准下的当事人意思自治即相对意思自治,是国际私法的法律适用原则之一,指尽管当事人作出意思表示,但还是需要经过法律规定的严格审查。医院伦理委员会对患方决策的审核即可被看做是一种严格核准下的当事人意思自治(相对意思自治),是保证患者最佳利益的制度安排。这种严格审核的执行单位应为医院伦理委员会这一由医

① 夏芸:《医疗事故赔偿法》,法律出版社2006年版,第344页。

师、法学家、生命伦理学者、评论家和患者团体代表组成的第三方机构。

伦理委员会对自我决策的严格审核作用常出现于实施生命控制技术、器官移植、基因技术、改变性别等容易遭遇伦理困境的特殊医疗中。为了保障人类之生存安全与伦理安全,保障个人的权利与尊严,在实施这些伦理相关性较强的医疗技术之前,医疗介入虽然已经得到患者的同意,还必须得到医院伦理委员会的授权才可以进行。如卫生部发布的《人体器官移植技术临床应用管理暂行规定》提出,医疗机构每例人体器官移植前,必须将人体器官移植病例提交本医疗机构人体器官移植技术与伦理委员会进行充分讨论,并说明人体器官来源合法性及配型情况,经同意后方可为患者实施器官移植。

因此,并非所有捐献器官的善意都能得以实现。如意欲为父母捐献一侧肾脏或部分肝脏的未成年人,或愿意成为活体捐献者的陌生人,都可能被伦理委员会拒绝。前者是对未成人进行特殊保护的需要,而后者则是为了杜绝器官买卖。

当然,此种规制的出发点为现代民法对患者之弱势和公序良俗的考量。一方面,在现代民法的视野下,人由"智而强"慢慢转化为"愚而弱"之主体,同时也渐次倾向于从抽象人格向具体人格的特殊保护,而医院伦理委员会之审核目的无疑使患者群体"沐浴于民法慈爱的目光下",能得到更好的利益保护;另一方面,以公序良俗原则限制意思自治的范围是自罗马法以来的通行法则。医院伦理委员会可以通过判断当事人之自主决策是否符合公序良俗原则并因此而具有社会妥当性以保护社会公德与国家、家庭利益。正如哈耶克所指出的:"我们之所以享有自由,实是因我们对自由的约束所致。"

必须说明的是,在通常情况下(即不发生上述牵涉伦理困惑的生命技术之常规医疗中),患者的自主决策通常是需要严格保护的,伦理委员会并无介入之余地,因为自我决策权的严格保护是避免患者成为他人实现自我目的之工具的保障。是对基本人权和人之尊严保护的一部分,是近现代民法自由之理论基石的延伸。

二、在器官捐献与移植中的咨询作用

咨询作用为医院伦理委员会的基本功能之一。显然,无论潜在的器官捐献者、潜在的受体、治疗患者的医生与移植专业的医生,他们在器官捐献与移植过程中经常遭遇到伦理选择和医疗方案选择的矛盾与困惑,急需专业的建议、疏导与指引,此时,医院伦理委员会是不二的选择。如在M－Ⅲ类可控型心死亡器官捐献中,鼓励觉得存在伦理疑问的人员(任何参与者)进行全面伦理咨询,签署知情同意书之前病人或家属必须被满足伦理咨询服务的要求。

国外医院伦理委员会大都负有咨询服务的职责,有些较大的医院甚至在其伦理委员会下设有专门的伦理咨询委员会,专职负责向病人、家属和临床医务人员提供咨询服务。这是我们需要借鉴的。

三、对器官捐献与移植的监督

伦理委员会对器官捐献与移植的参与者(捐献人、受体、医师)的权利保障和义务履行之情况,及整个操作过程的合法性等进行监督。如是否存在潜在或现实的利益冲突、是否有充分的告知和有效的知情同意书、是否有器官买卖嫌疑等。

另外,于M－Ⅲ类可控型心死亡器官捐献中,需要有伦理专家参与和同意捐献。在此过程中伦理委员会同样起到监督的作用。

总之,伦理委员会介入器官捐献与移植过程是发扬医疗的人文性一面的特殊制度设计。伦理委员会在器官移植的咨询、监督与审核方面都被期待起到更加切实的作用。

第六十五条　【受体的国籍】器官移植受体以我国公民为主。

在我国连续居留两年以上的外国公民,可以在我国境内进行器官移植,但该国对我国公民接受器官移植有限制的,根据对等原则办理。

每个器官移植医疗机构每年为非本国公民进行的器官移植数不能超过此年此中心器官移植总数的10%。

省级卫生行政主管部门要对前一年为非本国公民进行器官移植数目超过本中心移植总数5%的移植中心进行特殊审核。

第六十六条　【器官出口】人体器官出口要逐例报国务院卫生行政主管部门批准。

[立法理由](第六十四条和第六十五条)

一、问题的提出

在欧洲,一些国家的器官等待人名单已经被其他国籍的人很不均衡地挤满了,最明显的就是意大利需要肾脏的病人出现在奥地利、比利时和法国的等候名单上,这尤其给法国造成了大量的不安。这种影响经常会减少本国居民进行移植的可能性,或至少将等待器官的时间延长了。外国病人的器官移植问题在全世界范围内都出现了。在美国,有钱的外国人已经在主要的移植中心持续地获得高昂的器官移植服务。

我国也同样面临这样的问题,如有很多韩国、日本和新加坡的患者到中国来做手术,实际上将我国很有限的器官资源占用了。卫生部于1999 年曾明令禁止外国患者在华接受器官移植,但是禁止归禁止,由于对外国患者的收费比中国患者高出好几倍,许多医院仍然对外国患者采取来者不拒的态度。

二、域外经验

美国器官移植专责小组曾很有说服力地断言:“如果金钱是给非移民外国人优先权的真正原因,那就是说,移植中心等机构正在出售免费捐献给它们的器官”。① 在它的推荐下,美国联邦法律已经限制了非本国公民被允许获得美国器官的人的数量,不能超过整个移植项目病人的 10%;器官联合共享网对所有非本国公民器官移植数量大于 5% 的移植项目进行审查;美国器官出口必须得到器官联合共享网的逐例授权。不过,美国器官移植专责小组反对全面禁止为非本国公民的移植或是美国人优先的政策,因为疾病没有国界。② 因此,这样一种妥协性的政策措施正在实行。

欧洲国家器官储运组织(Eurotransplant)的器官摘取和分配是在“超国家”基础上的。例如,比利时会将器官(在欧洲国家器官储运组织区域内)送给其他国家。欧洲国家器官储运组织最近为来自欧洲移

---

① Task Force. *Organ Transplantation*, p. 93.

② A. L. Caplan, Equity in the Selection, *Am Heart Association*, 1987, p. 15.

植区域以外的肾脏病人引入非常驻民政策。[①] 在欧盟内当人们有职责去保证劳动力、商品和服务在成员国内的自由流动时,拒绝给非常驻民器官移植治疗可能是很有问题的。

第六十七条　【对受体的告知】受体必须被充分告知手术的风险、并发症、免疫抑制剂的副作用及其他手术可能对其生理与心理的影响。

活体器官受体不仅需要被告知自己的,还需被告知活体器官捐献人的手术的风险与收益和替代方案对自己和对方的影响等。

在受体做决策前,应由一名与移植团体无关的副主任以上职称的告知之外的医师以访谈或心理评估等方式对告知的情况进行检测。

死体器官的使用一般遵照捐献人和受体双方匿名的原则,但受体对器官来源的种类有知情与同意的权利。在器官移植手术实施之前,受体可随时无条件地撤回同意。

使用边缘器官的,受体必须知情并书面同意。

[立法理由]

一、对活体器官受体告知的高标准

在活体器官移植中,对受体来说,器官移植虽然属于治疗性质,但其告知需要更高标准,原因在于受体有责任只在合适与必需的情况下使用活体器官移植,因为如果使用的话,有可能对捐献者造成伤害。为了将可能的受体的责任有效实现,就需要信息披露的高的标准。

告知的高标准应体现在:

首先,于内容上有更高要求。常规医疗中的患者常会被告知自己的治疗的影响与其他可选择的方案及其影响,然而,活体器官受体不仅需要被告知自己的,还需被告知活体器官捐献者的手术的风险与收益和替代方案对自己和对方的影响,及对两者之间关系的影响。

其次,于充分性的标准上,应采用客观患者标准与主观患者标准相结合的方法。前者意味着器官移植协会的专家们应根据理性的活体器

---

① B. Haase-Kromwijk, F. B. Cohen, "Organ Transplantation and European Community Law: The Case of Non-Residents", *Journal of Health Services Research Policy*, 1997(2)3, p. 168.

官受体作出有效决策需要了解的内容编制统一的实践指南,即以模板的形式固定告知的最基本内容(必不可少的内容);于后者,医师要根据当前这个患者的教育背景、宗教背景、家庭背景、智力与理解力等情形来决定为使他/她作出理性决策需给予的告知内容和适合她/他的告知方式。

再次,于告知形式上,为了使潜在受体可以充分理解被告知的内容,除了使用通俗的语言外,还应根据潜在受体的需要(如是否存在残疾等)提供一种或多种灵活的告知方式(如视听方式、多媒体、纸质方式等)。

最后,在潜在受体做决策前,应该对告知的情况(如内容是否充分,是否真正理解等)进行检测。检查可以采取访谈或心理评估等方式。

二、边缘器官(ECD)的使用中的知情同意

由于器官长期不足,很多国家和地区开始使用边缘器官。2001 年美国移植协会和美国移植临床医生召开了相关会议,提出相关使用方针。[①] 随后,给出了鉴别边缘器官的四个因素,即年龄、中风引发死亡、高血压病逝和在捐献之前肌酐水平高于一定水平。一般来说,若捐献者年龄超过 60 岁,则直接定义为 ECD;如果捐献者年龄在 50 岁到 59 岁,又有所列的其他危险因素之一,则为 ECD。

一般来说,边缘器官的使用需要对受体充分告知,并得到受体就此种边缘器官使用的同意。同时,边缘器官也应有特殊的分配原则,在受体选择上也应有特殊性。

第六十八条 【试验性质的器官移植】具有试验性质的器官移植,应遵守人体试验的有关规定。

第六十九条 【手术记录】器官的摘取和移植手术应当进行完整

---

① Bruce R. Rosengard, Sandy Feng, Edward J. Alfrey, Jonathan G. Zaroff, Jean C. Edmond, Mitchell L. Henrey, Edward R. Garrity, *et al*. Report of the Crystal City Meeting to Maximize the Use of Organs Recovered from Cadaver donor, *American Journal of Transplantation*, 2002(8)2, pp. 701 - 711.

的记录。手术过程必须被以器官移植学会规定的有效方式记录下来，手术结果也要通过器官移植学会规定的公开的统一的业内评价方式被监督。

第七十条　【向患者的收费】从事人体器官移植的医疗机构实施人体器官移植手术，除向受体收取下列费用外，不得收取或者变相收取所移植人体器官的费用：

(一)摘取和植入人体器官的手术费；

(二)保存和运送人体器官的费用；

(三)摘取、植入人体器官所发生的药费、检验费、医用耗材费。

前款规定费用的收取标准，依照有关法律、行政法规的规定确定并予以公布。

第七十一条　【鼓励受体提供适当补偿】鼓励受体通过器官捐献与分享组织为死体器官捐献提供部分丧葬费、镌刻墓碑的费用或其他适当的补偿。

[立法理由] 以提供补偿机会平衡受体心理欠债

研究表明，使受体有补偿捐献者的机会可以减缓他们欠债的负面心理，是对受体更为根本的慈悲。同时，捐献者也理应得到补偿。具体地，对死体器官捐献来说，补偿基于干扰死者尸体所引起的冒犯，在此，家属的痛苦是可预知而且是实在的，应该给予补偿；对活体器官捐献来说，器官摘除手术造成了潜在的生理与心理健康等的损失，更应补偿。当然，补偿应由国家、社会与受体共同负担，且应由国家与社会担负绝大部分。

一、给予伦理——受体的心理债务

从人体机理来说，从一个死人身上取下器官移植到活人身上，在心理上并非是中性的。相反，这可能扰乱受体对身份(统一性)的认知。

首先，心理上，受体成为了捐献者的债务人。在人类社会中，给予意味着互利主义，保护的是双方的平等的尊严。因此，常态下，接受器官的人被期待给予一定的报答，至少是以感激或爱的形式。那些只索取不给予的人就会遭骂名，天真地接受馈赠的人也会被加以一定的伦理义务——接受是危险的，它会让接受者象征性地变成给予者的债务人,而实际上不能偿还时就会产生一种愧疚,愧疚产生于不能尊重“给予的伦理”,会产生一个永远无法偿还的债务,这些影响人的一生,永远无法摆脱。

在古老的德国的语言中,gift 既表示“礼物”,又表示“毒药”。希腊语中也有类似的双重含义。这种语言的潜意识提醒我们,“给予”将授予者和接受体连在一起形成一个“符咒”,不能仅仅靠回赠相同价值的东西来解除。

想想这样的场景,会令人觉得可悲:对于受体,一旦他们明白移植是必需的,他们就会在还未死但即将死的人身上下赌注。一直以来,他们在等电话,希望等到器官即将到来的消息。常常在周末,即事故死亡的高发期,他们看新闻希望能减少等待期限。但是现在,他们愧疚得不能控制,常常警觉着“自己带着他人的器官”。

一个肾衰的年轻患者接受了肾移植手术,使他脱离了依靠血液透析的生活。两年后,当被问及他对这个手术有什么想法时,他说他知道自己的肾已经失去功能并且给“扔”掉了,他把新肾看成是“可以使他免除透析的新器官,它像是假的,它确实是属于另一个人”。这个器官像是从别人那抢的,对他来说很陌生,也给他带来一笔债,使他一生都在愧疚;一个心脏移植的病人间接表达了债务的力量:“什么还能被称作我自己?我还会拥有什么?其实我不再属于我自己。道德上,我感到应该给出一切。”受体不得不遭受欠债的支离破碎的感觉,无法破除“符咒”。

二、鼓励受体偿还债务

为了应对负债感,受体常常制定个人计划和解决方案(“一旦我有机会,我也会帮助别人”,“我死时也会捐献器官”),或投入到鼓励捐献中,或对其他受体给予心灵上的支持——所有这些都是缓解“符咒”的有效方法。帮助那些等待移植或是移植后恢复的人,积极鼓励捐献,尝试去还债,并且将其变成一生使命。

显然,减轻受体的心理欠债,最有效的方式是为受体提供机会向捐献者还债,也就是说,使得受体可以向捐献人提供补偿。毛利人认为物体的魂灵或“hau”与之同在,他们鼓励受体——这个痛苦活着的人——偿还供体。“hau”的能量持续提醒着受体一定要根据交易中互惠互利的原则重新得到意识的自由。在死体器官移植时,形式上对“hau”(其身体的一部分)的供体的偿还被死亡阻止,同样也是死亡让摘除变得可能。死亡是患者康复的来源,这就使得患者(受体)难忘这个事实。他们的生命建立在别人的死亡之上,别人的器官在他们的身体里。

三、对我国相关立法的建议——为受体提供补偿机会

基于以上讨论,建议我国立法支持受体对器官捐献者的适当补偿,这是弥合受体欠债心理的有效方式,也是对器管捐献者的公正待遇。同时,因补偿并非器官的对价,器官也不进入市场,不会存在对人类尊严的贬损问题。相反,它更体现对器官捐献者无私奉献的尊重。当然,应该由国家、社会和受体共同提供补偿,且国家与社会提供大部分补偿。同时,尽量接纳受体进入与器官移植相关的社会服务,通过偿还社会的方式解除这种特殊的符咒。

具体地,对于死体器官捐献者,受体可以部分提供丧葬费,或提供部分将死者名字镌刻在墓碑上供人们瞻仰的费用或印制纪念章的费用。同时需要关注的是,死体器官捐献仍需要遵循匿名捐献原则,即受体提供的补偿首先交与第三方(如红十字会的相关部门),再由第三方转交给捐献者的家属;或在捐献者生前先由第三方垫付给捐献者,在器官捐献后再由受体偿还给第三方。

总之,器官移植是拯救生命的医疗方案,但是也要考虑到受体心理、生理与精神上的适应。这种适应对我们的立法提出了更高的要求。

第五章 法律责任

第七十二条 违反本法规定,有下列情形之一,构成犯罪的,依法追究刑事责任:

(一)组织他人出卖人体器官的;

(二)强迫、欺骗他人捐献器官的;

(三)违背本人生前意愿摘取其尸体器官,或者本人生前未表示同意,违背其家庭的意愿摘取其尸体器官的。

第七十三条 违反本法规定,非法买卖人体器官或者从事与非法

买卖人体器官有关活动的,由设区的市级以上地方人民政府卫生主管部门依照职责分工没收违法所得,并处交易额8倍以上10倍以下的罚款;医疗机构参与上述活动的,还应当对负有责任的主管人员和其他直接责任人员依法给予处分,并由原登记部门撤销该医疗机构人体器官移植诊疗科目登记,该医疗机构3年内不得再申请人体器官移植诊疗科目登记;医务人员参与上述活动的,由原发证部门吊销其执业证书。

国家工作人员参与非法买卖人体器官或者从事与非法买卖人体器官有关活动的,由有关国家机关依据职权依法给予撤职、开除的处分。

第七十四条　以出版物、广播、电视、电子讯号、电脑网络或其他媒体,散布、播送或刊登非法器官买卖讯息的,由相关执法部门处1万元以上20万元以下的罚款。

第七十五条　医疗机构未办理人体器官移植诊疗科目登记,擅自从事人体器官移植的,依照《医疗机构管理条例》予以处罚。

第七十六条　医疗机构有下列情形之一的,对负有责任的主管人员和其他直接责任人员依法给予处分;情节严重的,由原登记部门撤销该医疗机构人体器官移植诊疗科目登记,该医疗机构3年内不得再申请人体器官移植诊疗科目登记:

(一)不再具备本法规定条件,仍从事人体器官移植的;

(二)允许未取得器官移植执业资格的医务人员从事器官移植业务;

(三)未经人体器官移植技术临床应用与伦理委员会审查同意,摘取人体器官的,或者胁迫医务人员违反本法规定摘取人体器官的;

(四)摘取活体器官前未依照本法规定履行说明、查验、确认义务的;

(五)实施器官摘取与移植手术时,未善尽医疗与礼仪上的必要的注意的;

(六)对摘取器官完毕的尸体未进行符合伦理的医学处理,恢复尸体原貌的;

(七)试验性的器官移植未遵守试验性医疗的相关规定的。

第七十七条　医疗机构未定期将实施人体器官移植的情况向所在地省、自治区、直辖市人民政府卫生主管部门报告的,由所在地省、自治

区、直辖市人民政府卫生主管部门责令限期改正;逾期不改正的,对负有责任的主管人员和其他直接责任人员依法给予处分。

第七十八条 医务人员未取得从事人体器官移植的执业资格,或未经所在医疗机构允许,擅自从事人体器官移植的,由原发证部门吊销其执业证书;并处违法所得3倍以上10倍以下罚款;构成犯罪的,依法追究刑事责任。

医务人员以外的人员非法从事器官移植,由县级以上人民政府卫生行政部门予以取缔,没收其违法所得及其药品、器械,并处违法所得3倍以上10倍以下罚款;构成犯罪的,依法追究刑事责任。

第七十九条 实施人体器官移植手术的医疗机构及其医务人员违反本法规定,未对人体器官捐献人进行医学检查或者未采取措施,导致受体及其亲属因人体器官移植手术感染疾病的,依严格责任归责并予以处罚。

[立法理由] 移植物引起疾病传播的责任——以严格责任归责

在器官移植手术中,受体会因移植的器官而从一个特定的捐献者那儿获得有传染性或是恶性肿瘤等对他造成威胁的疾病。世界范围内,这一情况的发生可能会引发过失引起的一般侵权或是合同基础上的违约,甚至视引发疾病的移植物为"缺陷产品"而以严格责任归责。

一、域外关于承担一般侵权责任的案例

在英格兰,Sumners v. Mid-Downs Health Authority 案中,一个癌变的肾脏被植入了受体体内,随后受体因这个肾脏得了癌症。最后这个肾被切除掉,这个病人不得不接受了第二个肾移植手术才得以存活。法院拒绝承认医院没有检测出癌症的疏忽大意的过失,但确认医院在知道捐献者得了癌症后没能立即告知病人且及时摘除肾脏的法律责任。[①] 然而,在 Ranis v. Detroit General Hospital[②] 的案件中,两个病人从同一个病人那儿接受了角膜后各自由于感染而失去了一只眼睛。美国

---

① Sumners v. Mid-Downs Health Authority (1996) (unreported) LEXIS transcript, ENGGEN Library.

② 234 N. W. 2d 411 (1975).

法院认为医院应该为未能适当检测和选择捐献者的疏忽大意的过失行为承担责任。相似地,在法国,一名医生因将一个死于狂犬病的捐献人的角膜移植给受体而承担法律责任。[①] 在苏格兰,[②]也有关于死于克雅氏病的人的眼角膜被移植到三个病人眼内的报道,尽管后来没有出现诉讼。

二、域外关于以严格责任归责的规定

所谓严格责任是指行为人主观无过错而致害于人,在没有免责事由的情况下,仅根据其行为造成的客观存在的损害结果来承担法律责任的原则。严格责任有利于节约社会成本,实现社会公正的目标。在严格责任里,仍有一些有限的对责任的抗辩理由可以援引,但当事人已尽到合理的注意不能作为抗辩的理由。被告方想要抗辩成功,必须证明有法定的抗辩事由存在。也就是说,严格责任是比过错责任和过错推定责任要求更高注意义务的责任,这些注意义务是由法律来规定的。

严格责任不同于过错责任。在过错责任中,考察的是被告是否以一位合理谨慎之人的标准行事,因此,原告需证明被告知道或应该知道此危险;而在严格责任下,被告被假定为知道产品的危险。严格责任也不同于无过错责任,后者纯粹为客观归责,一旦被告的行为或者物件致人损害,被告就要承担责任,而严格责任仍然允许加害人提出特定的抗辩事由。[③]

严格责任制度主要适用在产品质量侵权领域。1963 年,在美国加州因产品缺陷引起的格林曼诉尤巴电力公司一案,被公认为标志严格责任制度得以确立的里程碑。在美国 50 个州中,有 45 个州针对产品的制造者与销售者规定了严格责任。从 1988 年 7 月 30 日开始施行的《欧洲经济共同体产品责任法令》导致欧洲各国对产品缺陷引起的损

① D. Giesen, *International Medical Malpractice Law*, Martinus Nijhoff, 1988, p. 251.

② Health Alert after Eyes of CJD Victim are Transplanted, *The Times*, 1997 (1 December).

③ 王卫国:《过错责任原则:第三次勃兴》,中国法制出版 2009 年版,第 93 页。

害赔偿基本上采取了严格责任制度。[①]

在英国,1987的《消费者权益保护法案》规定了针对缺陷产品的严格责任制度,在立法意图上回避了是否移植器官或组织应该被视为“产品”的问题;英国纳菲尔德委员会工作小组报道的意见是:“供给病人的感染的血液和用于移植的缺陷器官都有可能被视为‘缺陷产品’。”[②]这也是英国皇家委员会在《人身伤害的民事赔偿责任和赔偿》的皮尔森报告中所推荐的观点。

三、对我国相关立法的建议——比照产品责任以严格责任归责

产品侵权责任理论是在美国发展起来的侵权行为法学说,[③]其基础是加害给付理论(此理论是由对标的物品质的明示担保责任、默示担保责任发展而来的)。加害给付理论解决了违反合同履行义务的行为损害债权人固有利益的赔偿问题,但现实中,尤其是在现代科技高度发达的商品社会中,缺陷产品在流通、使用中,不仅造成买卖合同债权人的损害,更会造成大量不是买卖合同的当事人的第三人的损害。为了解决缺陷产品致合同关系以外的第三人受到损害的赔偿问题,美国的侵权行为法创造了产品侵权责任理论。这就是说,缺陷产品造成他人损害,无论受害人是否合同当事人,都可以依据侵权行为制度请求损害赔偿,补偿自己受到的损害。[④]

产品侵权责任理论及其制度的出现,起码产生了以下两个方面的重要影响。第一,解决了对缺陷产品侵害第三人造成损害的救济问题,使受到损害的第三人能够得到赔偿,使受到损害的权利得到恢复。第二,使受到损害的合同关系中的债权人只能依据违约责任请求赔偿,改变为既可以依照加害给付责任请求承担违约损害赔偿责任,也可以按照产品侵权责任理论请求承担侵权损害赔偿责任,给受到损害的债权

---

① [英]斯蒂芬森·W.海维特:《产品责任法概述》,中国标准出版社1991年版,第117页。

② Nuffield Council, *Human Tissue*, p.57.

③ 李琰:“药物产品责任的伦理研究”,载《医学与哲学》2007年第2期。

④ 张海燕:“产品责任法律制度研究”,载梁慧星主编:《民商法论丛》第29卷,法律出版2004年版,第541页。

人以更为广泛的选择余地,更有利于保护其权利。①

我们建议比照缺陷产品引发的产品责任规范因移植手术引起疾病传播的侵权。

(一)可以比照缺陷产品引发的产品责任以严格责任归责的原因

需要澄清的是,我们在这里只是比照缺陷产品引发的产品责任归责,而非将器官真正认为是产品。而比照的原因自然是可以更好地保护受体及其他受害者的利益与安全,进而可以更好地保障公共安全和公共利益。

我们认为此类侵权可比照缺陷产品引发的严格责任的原因在于:

首先,我们可以比照输血引发感染时的归责。在美国,血液在某种程度上也被视为产品。② 确实,如果将血液视为产品,那么为什么不能将至少受到检查、保存或者是更多技术加工的身体部分也包括在内呢?

其次,我们比照动物器官。在异种移植的背景下,产品责任是最具有相关性的,因为异种移植的本质及危险程度未知,而动物器官在法律意义上是产品或商品是不存太多异议的。

最后,我们曾经讨论过,在尸体(及其器官上)上存在类财产权(准物权),故存在比照产品责任归责的基础。

(二)比照产品责任以严格责任归责的优势

毋庸置疑,比照产品责任处理器官缺陷致受体感染的侵权更有利于对受体和其他受害人的保护。③

首先,器官移植机构将这样的器官提供给患者,可比照认为它居于类似销售者的地位;器官获取机构可比照认为它居于类生产者的地位;以此类推,还可能存在器官的“类加工者”和“运输者”。在产品侵权责任领域,缺陷产品致人损害,受害人既可以向产品的制造者请求赔偿,也可以向产品的销售者、运输者等请求赔偿。如此,受体具有了求偿选

---

① 《输血致第三人感染病毒医院该不该赔》[EB/OL].(2004 - 12 - 15)[2008 - 05 - 15]. http://www. hb. Xin huanet. com/health/2004 - 12/15/content_3397628. html.

② *Carter* v. *Inter-Faith Hospital of Queens* 304 N. Y. S. 2d 97 (1969).

③ 顾加栋:“关于药品侵权的几点思考——一起注射疫苗过敏案件评析”,载《法律与医学》2003 年第 2 期。

择权,从而得到了法律更周详的保护。

其次,由移植器官引起的感染,如乙肝或艾滋病,很有可能传染给受体的亲属。而比照产品责任则更有利于缺陷产品侵害第三人造成损害的救济。

最后,目前世界上通行的做法是对产品责任采用严格责任的归责原则(如英国1987年的《消费者保护法》,德国1989年的《产品责任法》中都有规定)。严格责任采用了更加严格的标准,大大减轻了消费者的举证责任,更好地平衡了制造者、销售者、消费者之间的利益,发挥了提高效益和实现公平的作用。[①] 于移植手术引起感染的侵权中,比照产品责任归责也减轻了受体的举证责任,更好地保障了受体的安全。

(三)我国当前关于产品责任适用的法律

在此类侵权中,除了医疗纠纷适用的一般规范(如《民法通则》、《医疗事故处理条例》、《侵权责任法》等)外,还可以适用有关产品责任的其他法律。目前,我国通过四部法律的相关条款调整产品责任关系:《民法通则》第122条是我国民法对产品特殊侵权责任的笼统规定;《产品质量法》第41条和第42条规定了生产者和销售者要承担的责任《侵权责任法》第五章就产品责任做了专门规定;《消费者权益保护法》也是我国规范产品责任的立法。

(四)建议我国器官移植法的规定

根据以上讨论,我们建议我国器官移植法规定:由于移植物引发疾病传播的,以严格责任归责。

四、可容忍的疾病感染的冒险——受体的知情同意

无论如何,在器官移植领域的质量控制是急需的,这不仅仅是为了保护器官受体,也是为了保护社会大众。器官和组织的常规检查是为了预防各种各样的疾病、细菌,当然还有肿瘤。除了皮肤肿瘤和中枢神经系统的肿瘤外(转移率低),恶性肿瘤通常被视为移植的禁忌。

但是,是否应该使用已知有肿瘤的捐献者的器官呢?在美国,这种捐献者占所有捐献者库的15%,并且由于这些肿瘤向受体的低传播

---

① 郝建志:“美国产品责任归责原则的演进”,载《河北法学》2008年第10期。

率,这种捐献者的器官还在被继续使用,尽管人们知道捐献者是死于这种疾病的,[①]就像有丙型肝炎的捐献者的器官仍然在全世界上使用。而这种器官的使用必须有受体本人的充分知情和书面同意才具有合法性。当然,随着捐献者的供应逐渐增多,去冒险的需要就会被消除。

综上所述,法律制定的终极目的为对人类群体生存安全与伦理安全的保障,对人类个体的权益与尊严的确保。而这便是以严格责任规范移植手术引起疾病传播的本意所在。

第八十条 从事人体器官移植的医务人员违反本法规定,泄露人体器官捐献人、受体或者申请人体器官移植手术患者个人隐私资料的,依照《执业医师法》或者《护士条例》的相关规定予以处罚。

第八十一条 医务人员有下列情形之一的,依法给予处分;情节严重的,由县级以上地方人民政府卫生主管部门依照职责分工暂停其6个月以上2年以下执业活动;情节特别严重的,由原发证部门吊销其执业证书:

(一)未经人体器官移植技术临床应用与伦理委员会审查同意摘取人体器官的;

(二)摘取活体器官前未依照本法规定履行说明、查验、确认义务的;

(三)医师实施器官摘取与移植手术时,未善尽医疗与礼仪上的必要的注意的;

(四)对摘取器官完毕的尸体未进行符合伦理的医学处理,恢复尸体原貌的;

(五)试验性的器官移植未遵守试验性医疗的相关规定的。

第八十二条 从事人体器官移植的医务人员参与死体器官捐献人的死亡判定的,由县级以上地方人民政府卫生主管部门依照职责分工暂停其6个月以上1年以下执业活动;情节严重的,由原发证部门吊销其执业证书。

第八十三条 人体器官保存库之设置与运行违反卫生部相关规定者,由省级卫生行政主管部门处以二十万元以上二百万以下罚款,并责

---

① Transplant Risk in Tumour Death, *The Times*, 1998(2July).

令限期改善;届时未改善者,按此连续罚款,必要时废除许可。

人体器官保存库之收费需严格遵循国务院卫生行政主管部门制定的收费标准,超额或自立名目收费者,由省级卫生行政部门处以十万元以上五十万以下罚款,并责令限期退还收取之费用或为其他改善;届时未退还或改善者,按日连续处罚。

第八十四条　违反本法规定收取费用的,依照价格管理的法律、行政法规的规定予以处罚。

第八十五条　违反本法规定,给他人造成损害的,应当依法承担民事责任。

对于移植手术造成的伤害或损伤,捐献人不负法律责任。

第八十六条　国家机关工作人员在人体器官移植监督管理工作中滥用职权、玩忽职守、徇私舞弊,构成犯罪的,依法追究刑事责任;尚不构成犯罪的,依法给予处分。

第六章　附　　则

第八十七条　本法自　　年　　月　　日起施行。

(起草人:蔡昱,女,云南财经大学法学院特聘教授。)

图书在版编目(CIP)数据

民商法论丛(第54卷)/梁慧星主编.—北京:法律出版社,2013.12

ISBN 978-7-5118-5876-4

Ⅰ.①民… Ⅱ.①梁… Ⅲ.①民法—研究—文集②商法—研究—文集 Ⅳ.①D913.04-53

中国版本图书馆CIP数据核字(2014)第002566号

民商法论丛(第54卷) | 梁慧星 主编 | 责任编辑 吕丽丽 装帧设计 李 瞻

开本 A5 **印张** 27.5 **字数** 812千
版本 2014年1月第1版 **印次** 2014年1月第1次印刷
出版 法律出版社 **编辑统筹** 学术·对外出版分社
总发行 中国法律图书有限公司 **经销** 新华书店
印刷 三河市龙大印装有限公司 **责任印制** 陶 松

法律出版社/北京市丰台区莲花池西里7号(100073)
电子邮件/info@lawpress.com.cn 销售热线/010-63939792/9779
网址/www.lawpress.com.cn 咨询电话/010-63939796

中国法律图书有限公司/北京市丰台区莲花池西里7号(100073)
全国各地中法图分、子公司电话:
第一法律书店/010-63939781/9782 西安分公司/029-85388843
重庆公司/023-65382816/2908 上海公司/021-62071010/1636
北京分公司/010-62534456 深圳公司/0755-83072995

书号:ISBN 978-7-5118-5876-4 **定价**:58.00元
(如有缺页或倒装,中国法律图书有限公司负责退换)